中国地质调查局年鉴

Yearbook of China Geological Survey

2009

中国地质调查局　编

地质出版社

·北　京·

图书在版编目（CIP）数据

中国地质调查局年鉴．2009/中国地质调查局编．
—北京：地质出版社，2010.12
ISBN 978-7-116-07094-3

Ⅰ．①中… Ⅱ．①中… Ⅲ．①地质调查-概况-中国
-2009-年鉴 Ⅳ．①P622-54

中国版本图书馆CIP数据核字（2010）第263927号

ZHONGGUO DIZHI DIAOCHAJU NIANJIAN 2009

责任编辑：王倩倩 王 超 李 华 李 莉
责任校对：杜 悦 谭 英
出版发行：地质出版社
社址邮编：北京海淀区学院路31号，100083
电 话：（010）82324519（办公室）；（010）82324567（编辑室）
网 址：http://www.gph.com.cn
电子邮箱：zbs@gph.com.cn
传 真：（010）82310759
印 刷：北京天成印务有限责任公司
开 本：787mm×1092mm 1/16
印 张：43.5 图 版：16面
字 数：1350千字
印 数：1—700册
版 次：2010年12月北京第1版
印 次：2010年12月北京第1次印刷
定 价：120.00元
书 号：ISBN 978-7-116-07094-3

1. 领导活动

2009年8月17日，中共中央政治局常委、国务院副总理李克强在中国地质科学院亲切看望地质、矿产院士专家，并同他们座谈。

2009年1月12日，国土资源部党组书记、部长、国家土地总督察徐绍史到中国地质调查局调研座谈。图为徐绍史部长在全国地质资料馆馆藏库检查工作。

2009年4月22日，国土资源部党组副书记、副部长鹿心社听取了关于我国深部探测技术研究的汇报。

2009年8月9日，国土资源部党组成员、副部长，中国地质调查局党组书记、局长汪民到青岛海洋地质研究所调研，并参观了所海洋科技馆。

2. 重要会议和活动

2009年2月24~25日，全国地质调查工作会议在北京召开。

2009年2月26~27日，中国地质调查局2009年工作会议在北京召开。

2009年5月26日，中国地质调查局承办的新疆“358”项目总体方案汇报会在乌鲁木齐召开。

2009年3月31日，中国地质调查局开展地质找矿改革发展大讨论座谈会在北京召开。

2009年9月8日，中国地质调查局在京举办能源高级论坛暨能源与国家经济发展成果汇报会。

2009年11月25日，由国土资源部主办，中国地质调查局承办的境外矿产信息发布与矿产勘查论坛2009在北京举办。

3. 国际合作与交流

2009年4月1~3日，中国地质调查局和CCOP组织联合主办的CCOP元数据和EPPM项目天然气元数据研讨会在上海召开。

2009年10月24~27日，1:500万国际亚洲地质图第四次工作会议在北京召开。

2009年11月8日~12月4日，联合国教科文组织国际岩溶研究中心在广西桂林举办岩溶水文地质与生态国际培训班。

2009年5月18日，中国地质科学院勘探技术研究所承担的土耳其天然碱钻井三期工程在土耳其贝帕扎里施工现场举行了开工仪式。

4. 地质调查野外工作考察

2009年5月10日，国土资源部党组成员、副部长，中国地质调查局党组书记、局长汪民赴汶川地震科学钻探现场考察。

2009年9月17日，国土资源部总工程师，中国地质调查局副局长张洪涛在青海木里陆域天然气水合物钻探现场考察。

2009年7月28日，中国地质调查局党组副书记、副局长钟自然在内蒙古扎鲁特盆地与大庆油田负责同志联合开展松辽盆地外围油气地质野外考察。

2009年8月28日，中国地质调查局发展研究中心技术人员在西藏野外测试数字地质罗盘。

2009年6月24~28日，参加亚洲北-中-东部三维地质结构及成矿规律研究国际合作项目的中外科学家在俄罗斯北部卡罗里亚开展野外地质考察。

2009年9月22~24日，参加“东亚和南亚的地质解剖：东特提斯的古地理和古环境”国际学术研讨会的中外科学家在云南开展野外地质考察。

5. 地质调查进展与成果

2009年10月18日，“海洋六号”调查船下水入列。中国地质调查局党组成员、副局长王学龙在广州向广州海洋地质调查局局长马申达移交船舶国籍证书。

2009年6月，中国地质调查局在青海木里成功钻获天然气水合物实物样品。

2009年8月1日，中国地质科学院勘探技术研究所2000米全液压岩心钻探装备示范工程在山东省乳山市金州金矿开工。

2009年11月25日，我国地下水科学领域第一个“973”项目“华北平原地下水演变机制与调控”启动。

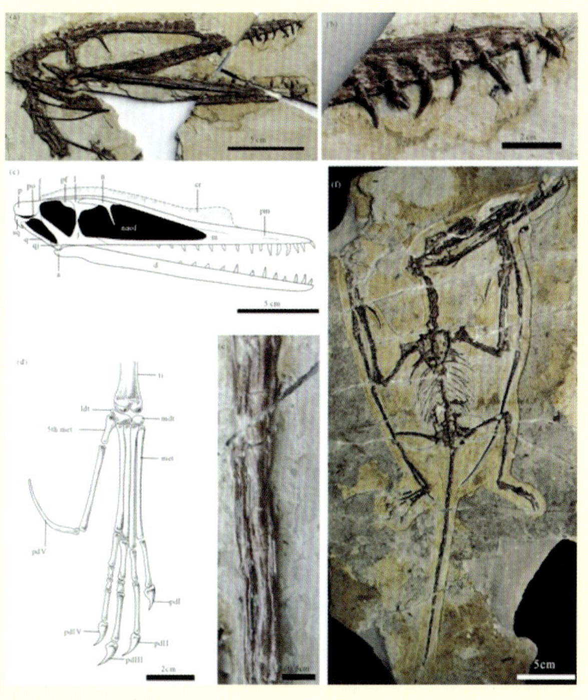

2009年10月，中国地质科学院地质研究所的研究小组发现达尔文翼龙(Darwinopterus) 化石和头骨、吻端、足部、尾巴结构，该发现填补了原始翼龙向进步翼龙演化的过渡类型的空白。

2009年11月，全国地下水资源及其环境调查评价成果由地质出版社和中国地图出版社出版。

6. 党建与精神文明建设

2009年2月16～18日，中国地质调查局第一届职工篮球赛决赛在河北廊坊举行。国土资源部党组成员、副部长，中国地质调查局党组书记、局长汪民为比赛开球。

2009年12月3日，中国地质调查局党组副书记、副局长王宝才带队参观国土资源部公文展览。

2009年2月27日，中国地质调查局2009年党风廉政建设工作会议在北京召开。中国地质调查局党组成员、纪检组长李广湧做工作报告。

2009年下半年，中国地质调查局第一届职工文艺汇演分三个赛区进行演出。图为中国地质科学院水文地质环境地质研究所承办的石家庄赛区的演出。

2009年7月1日，中国地质调查局发展研究中心组织职工赴河北乐亭参观李大钊纪念馆，开展“牢记党史，缅怀先烈，改进作风，增强凝聚力”主题教育活动。

2009年9月22日，中国地质科学院矿产综合利用研究所召开“西部之光”访问学者欢送会。

孙清元　江汉发　闫军印　何松　吴春明　宋成　宋燕
张兰　张民福　张贵　张浩　李广忠　李文祥　李风华
李军　李成城　李丽　李志高　李国胜　李绍丹　李宪
李基宏　李增水　杨安国　杨玲　杨蓓　汪西海　肖桂义
肖都　苏田梅　谷秋丽　连卫　邱业惠　陈正国　陈伟
陈兴仁　陈建宇　陈梦熊　周衍龙　周雪　尚武　范朝霞
姜义　胡朝云　胥吉林　胥良　赵守生　赵余　赵郑立
钟春根　徐文喜　徐连龙　栾亚兰　郭兴华　高征西　高素花
高鹏　高赞东　曹锡林　黄乐琴　黄磊　彭粉光　曾明元
曾维刚　程忠富　程辉　谢占清　谢盛周　窦云涛　路彦明
翟鸣娟　臧运波　戴明元　魏耀文

撰稿人　（按姓氏笔画排序）

卜建军　于海涛　马成义　尹光侯　尹淑英　方光沛　毛晓长
王小华　王世轶　王东方　王旭光　王欣宝　王昭　王选革
王鸿卓　王萱　王显锋　王群栗　王蔚　冯东向　田升平
田素军　田深　申勤　白冶　石森　付小方　任安秀
任际周　刘凤山　刘华　刘迎娟　刘建亚　刘洁　刘雅彦
华英　后立胜　孙国发　安俊良　朱欢欢　许晓梅　闫小灵
汪汶燕　何中发　余国栋　吴见　宋云力　宋时锐　张大权
张华　张宇　张虹　张进才　张学君　张明春　张海泉
张敏　李友良　李凯　李朋武　李海波　李海鹏　李敏
李敬一　杨亚琴　杨初长　杨建梅　杨健　杨森林　杨毅
沈结苟　邵帅　陈启飞　陈军元　陈成毅　陈丽　周玉才
周会武　周绪辉　罗璟　郑建平　姜亚东　段向东　胡思敏
胡影　贺颢　赵霞　赵立新　郝社锋　郝晓红　倪振平
唐兰　唐承敏　徐从荣　涂其军　秦绪文　袁曙光　郭洪周
高延光　高志华　崔玉军　曹黎　梁亚南　黄海　黄俊宝
曾云　程京林　舒思齐　蒋仕金　覃家海　韩亚斌　滕睿
潘永胜　霍燕

英文翻译　杨添天

英文校对　蒋仕金

编辑说明

2009年《中国地质调查局年鉴》（以下简称《年鉴》）由中国地质调查局编撰。为了更好地履行中国地质调查局“统一部署和组织实施国家基础性、公益性地质调查和战略性矿产勘查工作”职责，进一步加强与地方公益性地质调查队伍、中央管理的地勘单位以及相关院校的联系，《年鉴》在篇章结构和编纂内容上都作了一定调整和扩充，其主要内容包括工作概述、领导重要批示与讲话、重要会议简介、重要文件与规章制度、地质调查进展与成果、地质科技进展与成果、地质调查信息化建设与服务、地质调查项目管理、国际合作与对外交流、综合行政管理、经济与财务管理、基建与装备管理、干部人事教育、安全生产管理、纪检监察审计工作、党群工作、局属单位工作、地方公益性地质调查单位工作、中央管理地质勘查单位工作、院校地质调查院工作，以及附录和统计资料等。

由于统计口径不同，书中部分数据与统计资料不尽一致，编辑时专门作了修改。

谨此说明。

中国地质调查局

2010年12月

目　录

工作概述

领导重要批示与讲话

重要会议简介

重要文件与规章制度

地质调查进展与成果

地质科技进展与成果

地质调查信息化建设与服务

地质调查项目管理

国际合作与对外交流

综合行政管理

经济与财务管理

基建与装备管理

干部人事教育

安全生产管理

纪检监察审计工作

党群工作

局属单位工作

地方公益性地质调查单位工作

中央管理地质勘查单位工作

院校地质调查院工作

附录

统计资料

Contents

Summary

Remarks and Speeches by Leaders

Important Meetings

Important Documents and Regulations

Progress and Achievements on Geological Investigation

Progress and Achievements on Geoscience and Technology

Geo-information and Public Service

Projects Management

International Cooperation and Exchanges

Comprehensive Management

Economic and Financial Management

Infrastructure and Equipment Management

Human Resources and Education

Work Safety Management

Discipline Inspection and Financial Audit Work

Communist Party and Mass Work

Activities of CGS Affiliated Organizations

Activities of Provincial Geological Institutions for Public Service

Activities of Other Geological Institutions Funded by Central Government

Activities of Universities and Colleges

Appendix

Statistics

工作概述

中国地质调查局2009年工作概况

中国地质调查局

2009年，中国地质调查局巩固深入学习实践科学发展观活动试点成果，认真学习贯彻落实李克强副总理“8.17”讲话指示精神，按照部党组统一部署，深入开展地质找矿改革发展大讨论和作风建设活动。进一步解放思想，深化改革，探索推进新机制，加强地质调查工作总结梳理和战略谋划，完善项目管理和规章制度，精心组织实施，强化经济管理，提升服务功能，地质找矿工作取得一批重要成果，队伍建设迈出新步伐。

一、解放思想，地质找矿改革发展大讨论取得重要成效

局党组高度重视地质找矿改革发展大讨论活动，第一时间响应部党组号召，迅速动员部署，成立专门机构，精心组织，深入研讨，扎实推进，圆满完成各项任务，取得重要成效。

（一）精心组织讨论。

组织局系统深入学习党中央和国土资源部的要求，特别是《国务院关于加强地质工作的决定》、温家宝总理关于地质工作的6次重要讲话、李克强副总理“8.17”重要讲话和徐绍史部长关于地质找矿改革发展的7次重要指示，开展10个重点主题研讨和12项专题研究，组织召开300多次研讨会，分析形势，寻找差距，聚焦问题，研究对策。邀请130个单位参与相关讨论活动，走访各地国土资源管理部门、地勘单位、省级公益性地质单位，深入直属单位、野外一线，开展调查研究，了解实情，梳理问题，总结经验，启发思路。广泛开展征文活动，局属单位领导班子成员和局机关部室负责同志撰写文章140余篇，局网站、部分直属单位网站设立专题网络论坛，拟定60道问卷调查题目，印发180个相关部门和单位征求意见，反响热烈，收到回复逾5000份。

活动组织中，地调局突出抓好3个方面：一是站位要高。立足大局看形势、立足单位看全局，从经济社会发展需求、国土资源管理需要和全国地质工作全局中找定位、把方向。二是搞好结合。将大讨论与学习实践科学发展观、李克强副总理重要讲话、作风建设、“十二五”和更长时期地质工作谋划、各单位工作实际有机衔接。三是突出重点。从思想观念、体制机制、标准规范、制度设计和执行能力等关键环节入手，查找瓶颈问题，寻求破解途径，力争取得实效。

（二）形成改革发展新认识。

经过广泛深入讨论，地调局大讨论活动在思想认识上，主要取得了3个方面收获：

1. 明确了定位。明确了地调局工作定位：一是只有瞄准温家宝总理提出的“两个更加”，才能找到工作位置。地质工作必须服务于国家目标，面向经济社会发展、国土资源管理和社会公众的迫切需要，不断增强对经济社会可持续发展的服务能力，才能体现自身价值，得到各方支持，迎来长远发展。二是只有在国土资源管理全局和全国地质工作整体格局中思考，才能摆正地调局位置，准确定位，有效发挥作用。三是只有不断提升自身能力，才能体现“龙头”地位。地调局要发挥对全国地质工作的引领和对国土资源管理工作的支撑作用，迫切需要有更大提高和更快发展，必须靠能力赢得尊重，靠成果赢得地位。

2. 认清了使命。8月17日，李克强副总理到国土资源部、地科院视察并作重要指示，将大讨论工作推向深入。李克强副总理重要讲话凝练了党中央、国务院对加强地质工作的明确要求与深切期望，更加明确了国家地质工作的目标任务，是指导今后一段时期内地质工作的行动指南。

大家清醒地认识到当前形势下的重要使命：一是立足国内，加强地质勘查，增强国内能源资源的保障能力，解决能源资源严重制约问题；二是加强国家地质工作引导促进作用，有效拉动商业性矿产勘查投资；三是加强境外前期地质调查的引导和地质与矿业投资信息的支撑，有效推动国内企业走出去；四是加强地质调查信息服务能力，有效满足国土资源管理、环境保护、灾害防治等对地质工作的新要求。

3. 提出了推进地质找矿和地调局改革发展思路。

（1）明确了国家地质工作框架思路。按照中央和部党组加强对国家地质工作进行统筹规划部署的要求，对“十二五”和更长时期国家地质工作构架进行总体设计，以《地质矿产保障工程总体方案》统筹规划陆域的国家地质工作，以《海洋地质保障工程总体方案》统筹规划海域的国家地质工作，两者共同构成国家地质工作总体框架。按照经国务院批准《海洋地质保障工程》组织实施好海域国家地质工作，迅速启动编制《地质矿产保障工程》总体方案和实施方案。

（2）明确了加快地调局建设的基本思路。在系统分析全国地质工作的总体态势和突出问题的基础上，提出了加快地调局建设、促进地质找矿改革发展的基本思路，即：充分发挥国家地质工作的引领作用，促进地质找矿改革发展；准确把握中央和部党组对地调局工作的要求，真正落实《决定》和“三定”方案赋予地调局的职责任务，建设一支人员精干、装备精良、以高新技术为支撑、调查与科研相结合、善于攻坚打硬仗的国家公益性地质队伍，大力提升野外调查能力、科技创新能力和支撑服务能力。为此，需要进一步健全体制机制，加强制度建设，充实队伍力量，改善保障条件。

（三）落实思路举措取得初步成效。

在深入学习、认真贯彻落实李克强副总理重要讲话指示精神和大讨论活动认识成果、措施建议基础上，地调局积极抓好落实，取得阶段性成效。

1. 编制完成《地质矿产保障工程总体方案》。组织院士专家对新形势下国家地质工作进行深入研究论证，全面总结以往工作，广泛征求意见，在综合分析中国矿产资源潜力基础上，提出《地质矿产保障工程总体方案》，统筹部署陆域基础性、公益性地质调查和战略性矿产勘查工作。基本思路是：围绕“立足国内，增强能源资源保障能力”的国家目标，通过对陆域范围内国家地质工作进行全面的统筹规划、统一部署，在全面提高地质工作程度，增强地质环境、基础地质、科技创新等支撑能力基础上，突出能源和重要矿产资源勘查，尽快实现找矿重大突破，努力开拓一批新的战略资源接替基地，充分挖掘老矿山潜力，大幅提高资源综合利用率，努力改变矿产资源开发利用格局，显著提高国内能源资源供应能力。

总体方案主要包括油气资源战略调查、重要矿产勘查、青藏高原地质矿产调查与评价、矿产资源节约与综合利用、境外重要矿产资源勘查与评价、矿山地质环境治理、基础地质调查 7 项工作。方案以 2009 年为基准年，近期目标为 2012 年、2015 年，展望到 2020 年。根据地质矿产保障工程总体方案的思路和主要目标任务，组织编写了《地质矿产保障工程实施方案》。

目前《地质矿产保障工程总体方案》、《地质矿产保障工程实施方案》已报部，正在组织准备地质矿产保障工程论证工作。

按照“保重点，促成果，以续作为主”的原则，统筹衔接地质大调查与其他专项和实施《地质矿产保障工程》，研究提出《2010 年地质调查项目计划建议》。

2. 研究制定加强队伍建设方案。在深入调查研究基础上，提出加强中央公益性地质调查队伍建设的总体思路：根据国家需求和国务院有关要求，进一步明确中央公益性地质调查队伍规模与结构，强化统一管理国家地质工作和公益性地质调查队伍的职能。以地调局现有单位为基础，通过组建、划转、调整和扩编，弥补油气等专业队伍缺失，完善队伍结构，扩充队伍规模，充实专业力量。经过 5 ~ 10 年的建设，建成一支由地调局统一管理，人员精干、结构合理、专业齐全、装备精良、以高新技术为支撑、地调与科研紧密结合、能承担重大任务、善于攻坚打硬仗的高素质的中央公益性地质调查队伍。队伍总体规模 20000 人。

根据上述思路，地调局编制了《加强中国地质调查局队伍建设方案》（建议稿）、《关于进一步明确国土资源部与中国地质调查局职责分工的建议》等材料。

3. 进一步健全完善地质调查工作新机制。在学习实践科学发展观活动试点工作成果基础上，结合大讨论活动成果，进一步健全完善保障地质调查工作科学发展新机制。

（1）积极推进地质找矿新机制落地。在部党组的决策部署下，在部和有关省级人民政府的领导下，地调局与部有关司局和有关各方通力合作，积极推进各项工作开展。经过3年的探索，部（局）已与11个省级人民政府和4个大型矿业企业签订了17项合作协议，地质找矿新的运行机制和工作模式正在建立完善，矿产勘查的新格局正在逐步形成。一是探索形成了以部省合作为平台，以重要成矿区带为单元，统一部署，分工协作，共享信息，多方联动，综合评价，整装勘查，实现找矿重大突破的总体思路。二是实现了地质工作统一部署，初步建立中央与地方政府各部门会商协调机制，初步实现中央与地方财政投入的统一安排。三是加大了地质工作投入。2007年以来部省合作共投入资金41亿元，其中，中央财政13亿元，地方财政28亿元，带动企业投入达50亿元以上。四是形成了地质找矿合力。统筹协调配置队伍、人才、技术和信息等资源，形成合力。通过资源整合，加快了找矿进度，提高了找矿效果。五是促进了地勘单位改革发展。地勘单位充分发挥了自身的技术和地质资料优势，促进了与矿业企业资本的结合，加快了勘查开发一体化。六是初步获得一批重要找矿成果。新疆“358”项目前三年目标基本实现，青藏专项实施初见成效，在西南三江、南岭、大兴安岭等成矿带和安徽庐枞地区的地质找矿工作取得重要进展，在松辽盆地及外围发现油气资源新线索。

（2）拓展服务领域延长地质工作产业链。深化成果，延伸服务，提高服务能力。在总结完善环渤海经济区贯穿项目全过程供需互动机制的基础上，开展长江三角洲、珠江三角洲、海峡西岸、北部湾等沿海经济区以及长江中游城市群地质环境调查评价工作，为经济区和城市群建设规划提供基础地质资料，保障开发建设的工程、环境、资源安全。

上海城市地质调查建立三维可视化信息管理系统，及时应用于城市规划评估、土地管理以及地铁等工程建设和安全预警，为政府管理决策提供强有力支持。基于调查成果在城市建设中发挥的有效作用，上海市建立了跨部门资料汇交和信息共享法律机制，北京市将地质工作纳入城市规划体系，要求重大工程建设决策需听取地质部门意见。

加强地质信息资料深度开发，探索地质资料信息服务集群化产业化。形成了青藏高原、重要成矿区等专题的地质资料信息系列产品，为矿产勘查等相关行业提供了内容丰富、形式多样的信息服务；以地质资料信息增值服务为扩展，延长产业链，促进信息服务市场化。

（3）落实大项目管理机制。围绕国家战略目标，推进统筹队伍建设与业务建设的大项目机制。一方面在对大调查已有工作梳理的基础上，按照“四重”原则，协调引导相关单位进一步聚焦，增强了成果的重要性和针对性；另一方面及时总结经验，落实单位法人负责和项目负责人遴选以及项目运行管理程序及要求，保证了项目顺利实施。按照大项目机制，编制完成2010年地质调查项目计划建议。同时，根据新形势，进一步完善形成了新的地质调查项目管理办法。

4. 清理完善管理制度。根据新形势新任务要求，结合地质找矿改革发展大讨论、作风建设活动，按照“管理有序、运转高效、节奏明快，发挥制度的约束、导向、奖惩和教育作用”的思路，对制度建设开展全方位、多层次、宽领域的评估和清理，对19项与当前形势要求不相适应的制度，拟废止7项，修订12项。对227项地质勘查现行技术标准进行系统清理，废止18项，修订74项。

二、精心组织实施，地质调查科研取得新成果

通过严格项目设计审查，加强各单位出队及地质调查工作各环节管理，加强地调项目进展情况跟踪。落实责任制，将预算执行率达到80%作为单位主要领导和领导班子的考核依据，实行一票否决。2009年安排地质调查项目939个，包括往年结转项目，共有1526个地质调查项目开展工作，预计全年除个别钻探工程外，其他工作量都能完成。

（一）重要成矿区带地质找矿效果显著。

新疆“358”项目统筹规划，统一部署，确定西天山阿吾拉勒铁铜矿、祁漫塔格白干湖-迪木纳里克钨锡铁矿、西南天山乌拉根铅锌矿等6个矿集区为近期找矿突破区，现已取得可喜成果。在西天山新源县发现一批铁矿远景区，新发现航磁异常456处，第一批查证5处，见矿4处，预测新增铁资源量5.4亿吨。在东疆沙尔湖、三塘湖等地区开展千人煤炭勘查会战，不到一年时间，勘探发现刷新全国纪录的217m巨厚煤层，探明资源量超过1286亿吨。

青藏高原地质矿产工作成果丰硕。通过统筹部署，协调各方资金，引导商业性投入，优选引进精干队伍，推进整装勘查，初步形成雄村铜金矿、甲玛铜金矿两大资源开发基地，提交大批可供进一步普查—详查的矿产地。其中，班公湖-怒江成矿带西段控制和推断的资源量铜705万吨、伴生金148吨，多不杂铜矿估算铜321万吨、金50吨，波龙铜矿估算铜384万吨，金98吨。西藏亚贵拉铅锌矿发现铅锌矿体13个，获得资源量铅锌257万吨、银3019吨，均达超大型矿产地规模。西藏南冈底斯克鲁帕南矿区见总厚达200余米的钼钨（铜）矿化，努日矿区新发现2条矿化带。

川滇黔成矿区，里伍铜矿今年新增铜储量/资源量累计超过30万吨、锌25万吨，贵州那雍枝铅锌矿床经工程估算可望成为贵州第一个大型铅锌矿床，攀枝花钒钛磁铁矿区兰家火山矿段估算铁矿石资源量15 840万吨，云南麻栗坡地区累计新增钨资源量约20万吨。西南三江成矿带，云南红山铜矿区新增铜资源量近25万吨，西南三江北段莫海拉-叶龙达地区圈出3条长1km以上、宽100多米褐铁、铅锌矿化蚀变带。南岭钨锡优势矿产勘查，在"五方"合作协议推动下，探明垄上矿段资源量5.3万吨，达大型规模。东部地区铁矿勘查，在辽宁本溪歪头山一带施工4孔，见30～80m厚矿体；吉林塔东－汪清地区铁矿资源调查亦有较好找矿发现。

（二）能源与油气资源调查取得新成果。

继2008年，2009年再次在祁连山钻获天然气水合物样品。9月25日，部举行新闻发布会向全社会公布了此项重大发现，并专报国家领导人，李克强副总理做了重要批示。这是中国首次在陆域发现天然气水合物，是继加拿大和美国之后，在陆域通过钻探获得天然气水合物样品的第三个国家，而且采用的勘探技术装备具有自主知识产权。油气资源调查与评价取得新发现：可可西里盆地发现较好油气显示；羌塘盆地改进地震勘探技术，显示出具有形成大中型油气田潜力，并优选出6个有利区带、9个有利区块；松辽盆地及外围为大庆石油公司提供1500m深的钻井方案，目前该钻已终孔，见较好烃源岩显示；西北中小盆地和雪峰山西侧地区油气基础地质调查均取得阶段性成果。

（三）基础地质调查取得新成绩。

完成1:5万区调面积42825km^2，完成1:25万区调面积47052km^2。新发现物化探异常2923处，检查物化探异常561处，验证物化探异常232处，见矿物化探异常71处。新发现矿产地27处，其中大中型21处。提供可供普查基地18处。综合整理青藏高原基础地质成果，建立青藏高原各类基础地质数据库及成果管理系统，完成122幅1:25万地质图数据库更新，编制完成1:150万的地质、矿产、旅游资源等100余份系列图件；围绕关键地质问题专题攻关，建立了具有自主知识产权的青藏高原演化理论体系，整体提升了青藏高原基础地质调查与研究水平。海洋保障工程顺利启动，海洋地质调查工作进展顺利，海洋区域地质调查、各海洋专项工作扎实推进，取得一批重要成果。

（四）地下水调查取得良好效果。

完成鄂尔多斯盆地陕北和内蒙古能源基地30处水源地勘查，在陇东能源基地圈定勘查富水靶区5个。在严重缺水地区、地方病区和西南岩溶山区地下水勘查，累计为20万多群众解决了饮水困难。出版中国第一份反应北方11个主要平原盆地地下水资源及其环境问题的调查成果。完成中国东部平原区区域地下水污染调查面积约7万km^2，系统分析2万多组地下水污染测试数据，编制了地下水污染现状与对策建议专报。在华北平原等6个北方平原（盆地）构建了控制平原（盆地）的国家级骨干监测剖面。

（五）地质灾害与环境调查成果显著。

完成25个县市地质灾害详细调查，查明地质灾害隐患点3000多个，协助地方建立地质灾害群测群防网络和防灾预案，为政府减灾防灾工作提供了基础数据和技术支撑。基本建立长江三角洲、华北平原和汾渭盆地等地面沉降严重区地面沉降立体综合监测体系。动态掌握全国矿山地质环境变化，更新全国矿山地质环境数据库。揭示北京地区地应力环境，建立地应力实时监测网，填补北京地区没有深孔地应力测量与监测空白，为首都安全增加一份保障。

（六）重要经济区和城市地质环境调查进展顺利。

环渤海经济区曹妃甸新区项目阶段成果为曹妃甸新区国际生态城选址、防风暴潮堤坝设计等提供了重要依据。曹妃甸港深槽沟侵蚀淤积状况和区内活动断裂调查成果及时通报了曹妃甸新区管委会，引起高度重视。天津滨海新区项目研究绘制了5000年以来渤海湾西岸岸线变迁的系列图件，在国际生态城规划选址和沿海高速建设等方面发挥了作用。珠三角、海峡西岸、北部湾等重要经济区和长江中游城市群地质环境综合调查评价项目按照环渤海经济区工作模式实施，基本完成区域地质环境调查评价工作。完成广西、山西、安徽3省区23个主要城市环境地质调查评价，截至2009年，全国已累计完成15个省200个地级以上城市环境地质调查评价。

（七）地质科学研究取得一批原创性成果。

初步编制完成1:500万国际亚洲地质图，是世界上唯一一份资料最新、数据库内容最全、采用国际统一规范数字化的亚洲地质图。汶川地震带科学钻探完成钻探施工，发现北川-映秀地震主断裂和近20条古地震断裂带，以及世界罕见的20m厚断层泥。古生物研究在辽宁发现一种新的哺乳动物化石，命名为亚洲毛兽，《科学》报道了这个发现，保持了中国在这一领域的世界领先地位。

（八）新技术新方法研究取得新进展。

完成300m，600m，2000m全液压钻机系列研发，初步形成从浅到深具有自主知识产权的达到国际先进水平的全系列岩心钻机，部分成果已应用于汶川地震断裂带科学钻探项目。GBS-40型非开挖铺管钻机研制成功，先后在塘沽、唐山的工程中出色完成管线铺设工作。2000m全液压多功能车装深水井钻机完成野外生产试验，并成功应用于煤层气预抽采井钻探施工。研制出用于野外流动观测的电子重力仪重力传感器，组装了地面电子重力仪样机。突破深孔膨胀套管护壁技术的关键技术，完成膨胀量测试系统样机一套。锰银矿选矿富集扩大试验，锰、银回收率分别为90.2%和91.3%。对大红山难利用铁矿经预选—弱精选—磁筛精选，磁铁矿精矿品位在66.5%以上。完成化探样品中主、次、痕多种元素快速分析等4种XRF光谱仪通用分析方法的研究。研制成功手提式多元素X射线荧光分析仪，可在野外对铬、铁、铀等20种元素进行定性或定量分析，分析质量可满足异常查证、矿点检查要求。地调局牵头研制的“气密性孔隙水原位采样系统”，在国际上首次直接从深海海底沉积物中成功获得原位孔隙水样品，是天然气水合物勘探开发技术的重大突破。开发了完全拥有自主知识产权的冻土区天然气水合物钻探技术体系，为中国今后开展其他目标靶区的天然气水合物调查钻探取样奠定了基础。

（九）国际合作与境外地质调查迈出新步伐。

进一步扩大国际合作网络，拓展地学合作领域，与坦桑尼亚等7个国家地调机构签署了地学合作谅解备忘录，与西澳地调局、智利地质矿产局等明确了具体合作内容。积极申请地学组织落户中国，由联合国授权设立的国际岩溶中心在广西桂林岩溶研究所挂牌成立，并正式运行。国际合作和境外地质调查不断取得新进展，1:500万亚洲地质图编图和数据库建设基本完成，关键地质问题对比研究取得重要进展；援埃塞俄比亚和津巴布韦地质调查圈定大量矿致异常，成功引导企业登记境外矿权；全球矿产资源信息系统数据库建设稳步推进，编写了菲律宾等8个国家的地质矿产和矿业开发国别报告；探索利用新机制开展境外地质调查和资源潜力评价取得新进展。主办国际学术研讨会，聚焦重大地学科技问题，扩大了地调局影响，成功主办国际城市遥感、探月与地球科学、地方病与地质环境、国际地球化学填图、中国西南部与中南半岛地质矿产等10多个国际学术研讨会。

（十）积极为国土资源管理提供支撑服务。

基本完成全国铁矿、铝土矿、铜、铅锌、金等矿产资源远景区圈定、筛选，完成9个铁、铝矿区和2个铀矿区、2个煤炭矿区的典型示范，共圈定铁矿预测区488处、铝土矿38处，辽宁鞍本、河北冀东、四川攀枝花等典型示范成果为工作部署提供选区依据。截至11月底，全国已完成近13万个矿业权实地核查外业实测工作，占总工作量的91%。分六大片区对各省级储量核查技术要求进行1600余人参加的大规模培训，召开三大石油公司、中联煤等参加的石油天然气资源储量核查会议，全面启动石油天然气资源储量核查工作。

开展覆盖国家163个重点监测矿区的矿山多目标遥感监测，为部开展“以图管矿、一年一图”工作提供支撑。及时为年初华北地区抗旱提供服务，组织13个单位40多名技术骨干，编制完成抗旱打井找水应急行动方案和10个省（区、市）水文地质图件，在中央政府网站和部局网站辟专栏提供服务，解决了5万多人饮水和5万多亩❶冬小麦灌溉水源问题，取得广泛社会影响和良好效果。落实部领导指示，编制部应对全球气候变化地质响应与对策专项报告。及时参加部组织的重庆武隆山体垮塌现场勘查与应急调查、地质灾害汛期巡查、地震灾区地质灾害防治督导等工作。积极为部组织的国土资源战略综合研究、矿产资源战略研究、地质工作发展战略研究等工作提供支撑。

（十一）地质资料社会化服务力度加大。

基本完成地质调查数据共享与服务平台应用性开

❶ 1亩=666.6m^2。

发，形成“国家地质空间数据网格服务系统”。建成了地质调查业务网络系统的总体技术框架和网络分级管理体系。扩大地质资料信息社会化服务，新完成4000种地质资料数字化工作，累计完成3.8万种馆藏资料数字化。开展了重要岩心的采集与数字化，目前国家实物地质资料中心库房已保管岩心累计达4万余米。累计完成3万册地质文献图书的数字化建库。国家地质资料年服务量已达到12万人次。

三、采取有效措施，经济管理取得显著成效

把经济管理作为年度重点工作，下大力气扭转经济管理工作被动局面。针对薄弱环节，以全面贯彻落实《关于加强经济管理工作的意见》为主线，以规范经济行为和保障预算执行为核心，通过采取财经法律法规宣传教育、加强监督检查与整改、健全完善制度、强化责任追究等措施，在多方面取得积极成效。

（一）着力推进预算执行，实现执行率80%的目标。

预算执行仍然作为今年重要任务，继续实行“一把手”负总责和年度考核评优评先“一票否决”制度，并采取多项新措施：一是从4月份开始提前实行执行率进度月度通报；二是局领导及早深入预算资金总量大、执行进度慢的重点单位进行调研，分析原因，帮助解决预算执行问题；三是在局内网增加预算执行动态专栏，为相关部室及时提供项目预算执行率信息；四是根据每月执行率情况，对重点单位、重点项目实行执行率动态跟踪；五是主动与国土资源部、财政部主管司局沟通，力争预算用款额度及时下达。在部有关司局鼎力支持下，截至12月25日，预算执行率达到77.8%以上，年底实现80%的既定目标没问题。在积极推进预算执行的同时，地调局还积极与其他专项主管司局联系，在了解拟安排给局属单位预算额度的基础上，统筹局系统各单位2010年预算“收支计划”，严格实行项目预算总量控制，为解决预算执行缓慢问题从源头开始把关。

（二）完成地质调查项目预算定额调整建议报告。

在2007年以来对项目预算标准进行跟踪评估的基础上，组织国土资源经济研究院、局属六大区地质调查中心、部分省（区、市）和行业地质调查机构、实验测试等单位的专家，采取实地调研、相关数据综合分析、专家研讨等方式，于7月份提出了“地质调查项目预算标准”修订和建立“地质调查预算标准动态调整机制”建议报告，8月份，经专家评审、修改完善后报部。并在2010年地质调查项目预算编制中，调整了地面测绘、钻探等12种主要工作手段的预算定额，将对保障项目有效开展、促进项目成果取得发挥重要推动作用。

（三）认真组织财经法律法规宣传教育，全员依法理财意识显著提高。

按照局党组要求，于今年一季度在全局28个预算单位开展了一次财经法律法规宣传教育活动。以单位领导、管理部门、项目负责人等为重点对象，通过组织全员集中对《预算法》、《会计法》、《事业单位财务制度》，国家和国土资源部关于部门预算、重大项目、专项资金、国有资产管理等相关制度的学习，违法违规经济案例分析，使各级领导干部和广大职工对新时期财经法律法规有了较为系统地了解，为进一步强化依法理财观念、切实规范经济行为奠定了基础。

（四）强化内部审计与整改，有效促进经济行为的规范。

按照局委托专业审计机构对各单位近几年经济管理情况开展一次审计的计划，2009年在各单位的大力支持与配合下，完成对局机关和地质调查中心、矿产综合利用研究所、地球物理地球化学勘查研究所等19个单位的2005～2008年4个财务年度的审计。通过内部审计，摸清了被审单位预算收支、基本建设、经济实体、资产与技术装备、会计核算、制度建设与执行等方面的基本情况，资产、负债、净资产的家底，同时查找出经济管理与财务运行，还不同程度存在着预算管理不够科学、财务支出不规范、基本建设超概算、经济管理尚未全面覆盖、内部管理制度不完善、财务管理基础薄弱、个别单位仍然存在账外资产、“小金库”、项目支出套取财政资金等违法违纪问题。向各单位正式下发“审计报告”和纠正意见，要求尽快开展审计问题整改。各单位成立了“一把手”挂帅、相关部门组成的整改工作小组，陆续实施自行整改和查处相关问题。并以审计整改为契机，进一步转变理财理念，健全完善内部管理制度与运行机制，不断强化制度执行力，加快经济管理人才队伍建设，促进经济管理制度化、规范化。

（五）企业清理整顿工作取得有效进展。

在2008年企业清理规范工作基础上，按照“全面清理，逐一规范”原则，召开“局属单位企业清理整顿工作研讨会”，与25个单位主管领导一起对所属企业逐一进行核实，进一步确定清理规范方案，对10余个局属单位所属企业情况进行实地调研，形成105个企业清理规范工作方案建议报告，拟保留规范发展53个，撤销52个。在部的支持帮助下已经完成了3批次、21个所属企业规范撤销、转让工作。局属单位根据部、局要求，加大了对保留企业清理规范和产业结构优化调整力度，规范了企业的运营监管制度，确保企业规范经营和国有资产保值增值。

（六）积极落实“四项费用”控制政策。

加强领导，抓好落实。在全面清理局属单位近3年“四项费用”实际支出情况的基础上，按照党中央和国务院有关要求，结合地调局实际，对“四项费用”实行分类压缩，编制下达局系统2009年度“四项费用”控制总量和各单位控制指标，科学区分一般性支出预算和专项项目预算“四项费用”支出指标。完成20个单位“四项费用”管理和使用情况专项检查，对检查发现的疑点问题，责成相关单位调查核实处理，确保了“四项费用”控制政策落实。

（七）全面开展设备资产清查盘点。

针对去年装备审计发现的问题，成立4个工作组对各局属单位开展装备清查盘点。有关单位针对在自查核查中发现的问题积极进行整改。通过设备资产清查，摸清了家底，掌握了装备专项已购设备使用状况及局属单位设备管理情况，充实了装备数据库，对完善局系统设备管理体系打下了基础。

四、完善管理，全面推动队伍建设

按照“抓业务，带队伍”总体思路，全面加强局属单位领导班子建设，积极推进局机关“四个转变”，完善管理，加强监督，全面推动队伍建设。

（一）领导干部队伍得到充实。

配合中组部开展局领导班子副职后备干部民主推荐和考察，提出局领导班子副职后备干部人选。制定了局属单位、局机关干部调整交流工作方案，正在积极稳妥地实施。完成矿产资源研究所等单位11个副局级领导职位竞争上岗工作。组织开展六大区地调中心总工程师公开选拔工作。完成发展研究中心、勘探技术研究所、中国地质图书馆4名领导干部职务调整。完成局属单位领导班子和领导干部、局机关2008年度考核工作，结合巡视工作，开展干部选拔任用工作监督检查，整治选人用人不正之风，提高选人用人公信度。

（二）加强人才培养。

推进人才规划落实，研究制定人才规划配套措施。开展了地质调查人才机制专题研究，在全面分析局系统人才现状和国家地质工作需求的基础上，针对人才队伍总量不足、结构不合理、能力不强等问题，提出以地质调查项目为依托，以重点实验室建设为平台，将人才培养工作纳入项目部署与组织实施全过程，依托高等院校培养人才的具体机制和措施，形成了《中国地质调查局关于依托项目及重点实验室培养人才暂行办法》和《中国地质调查局关于依托高等院校培养人才的意见》送审稿。

做好干部教育培训工作，选派22名处级以上干部参加中央党校及其分校、延安和井冈山干部学院培训；选派3名处级以上干部参加高等院校MPA学历学位教育；选派3名年轻干部到局属单位和地调院进行基层工作锻炼。开展海外高层次人才引进工作，起草《海外高层次人才引进办法》。举办各类勘查方法技术培训班15期，来自全国地勘教学、科研和应用等单位的1500多名学员参加培训。

（三）局属单位人事制度改革进一步深化。

深化局属事业单位收入分配制度改革，经过与人力资源和保障部、财政部多方协调汇报，将天津地质调查中心等8家单位职工工资纳入野外地质勘探队工资标准，顺利完成相关审批调整工作，提高了这8家单位职工的收入水平。积极推动局属事业单位岗位设置管理改革，在部的领导下，组织天津地质调查中心、中国国土资源航空物探遥感中心、中国地质环境监测院、地质研究所、水文地质环境地质研究所5家单位开展岗位设置管理改革试点工作，在试点的基础上，总结交流经验，梳理问题，进一步完善岗位设置有关政策要求，规范岗位设置有关程序、标准和审核内容，对局系统岗位设置管理改革工作作出了全面部署安排，目前各单位正在积极稳妥地推进。完成了局属单位196名离休人员津贴补贴清理规范工作及34名离休人员提高享受医疗待遇工作。

（四）有效推进基本建设。

积极组织开展京区科研实验基地建设前期准备工作，成立项目建设领导小组，结合业务功能定位及队伍建设，开展了项目建设规模论证，多次走访咨询中关村科技园区管委会进行选址咨询，取得部规划司和北京市国土资源局的理解和支持。指导西安地质调查中心、沈阳地质调查中心、岩溶地质研究所、勘探技术研究所和青岛海洋地质研究所新基地建设规划编制，完成6个项目可行性研究报告初步设计审批。围绕建设项目主要环节，对35个项目进展情况进行跟踪，有针对性地对北京离子探针和李四光纪念馆建设等重点项目进行实地调研。举办局属单位基本建设管理培训。积极推进重点实验室建设，整合大陆动力学和同位素两个部级重点实验室，完成了国家重点实验室建设方案申报

（五）装备保障能力增强。

中国第一艘自主研制的可燃冰综合调查船“海洋六号”正式入列，满足了海洋地质调查工作对调查船舶的急需，将使中国海洋地质调查装备进入国际先进行列。全面完成地质队伍“野战军”技术装备专项计划明细采购项目采购工作，设备进口免税、机电证申报等工作已逐项展开，大部分设备到货并投入使用。完成2010年度中央级科学事业单位修缮购置专项资金项目申报工作，专项资金采购的大型科学仪器陆续到位，保障了地质调查和科研的需要。

（六）作风建设活动取得良好效果。

按照部党组统一部署，在局党组领导下，局机关和各单位努力把转变机关作风与抓工作落实紧密结合起来，围绕中心抓落实、凝聚合力抓落实、营造氛围抓落实。广泛深入调研，多方听取意见，提出“局党组关于深入基层改进作风增强服务意识提高执行力的意见”和“地调局作风建设评议工作方案”。局机关进一步转变观念、职能、作风和管理方式，找准定位，加强国家宏观经济战略和全局发展战略研究。在项目管理上，充分发挥大区中心作用，赋予大区中心项目管理职能，引导发挥局属单位在区域、专业领域和科技支撑方面的引领作用。通过作风建设活动，全局上下谋发展、干事业、比奉献、树形象的自觉性和主动性明显提高，深入实际、服务基层的意识明显增强。

（七）党风廉政建设扎实开展。

完成局机关各部室负责人、各单位领导班子和领导干部2008年度落实党风廉政建设责任制的考核，考核结果与评优结果挂钩。与局机关部室和各单位行政一把手签订2009年廉政建设责任书，明确任务，落实责任。在局系统内全面开展法律法规宣传和典型案例警示教育。加强对领导班子的监督管理，组成3个巡视组对9个单位开展巡视，总结宣传好的做法，发现并整改存在的问题。加大查办案件力度，对审计署移送的问题线索进行调查核实，对相关责任人作出了处理决定。加强对装备采购、干部选拔、项目立项论证等重点环节和部位监督，发现问题及时提醒纠正，局系统重要岗位和关键环节必须接受和经得起监督检查的意识明显增强。

（八）凝聚力工程深入推进。

把实施凝聚力工程与开展学习实践科学发展观、地质找矿改革发展大讨论及作风建设活动有机结合，统筹推进。召开局实施凝聚力工程座谈会，总结交流实施凝聚力工程取得成效和工作经验。先后组织局系统第一届职工篮球比赛和职工文艺会演，反响热烈，为活跃局系统气氛，丰富职工文体生活，增强队伍凝聚力提供了很好的平台。

（九）推动地方公益性地质调查队伍规范化建设。

积极推进地方公益性队伍建设，召开全国公益性地质调查队伍地调院、站研讨会，研究制定并印发实行《地方公益性地质调查队伍能力建设评估办法（试行）》。根据评估办法，对内蒙古自治区地质调查院进行了评估试点工作，陆续开展了16家单位的评估工作。通过开展评估，摸清了地方公益性地质调查队伍实际建设状况，加强了对地方公益性地质调查队伍的业务指导和联系，推动了地方地质调查队伍建设步伐。

（十）安全生产形势稳定。

根据国务院部署，认真组织局属单位和项目承担单位开展落实“三项行动”有关活动，推动安全生产。完成2008年度局属单位安全生产责任制考核。加强地质调查安全保障体系建设，组织开展野外地调安全行车手册修改、安全管理平台设计、野外工作站管理系统建设等工作。扎实做好离退休干部服务工作。各单位加强维稳工作责任制落实，密切关注安全形势，及时消除隐患，确保各项工作顺利开展。

（后立胜）

领导重要批示与讲话

中共中央政治局常委、国务院副总理李克强在会见第四届黄汲清青年地质科技奖获奖者时的讲话

（2009 年 1 月 14 日）

很高兴和荣获第四届黄汲清青年地质科技奖的同志们见面。在此，我谨代表党中央、国务院向大家表示热烈的祝贺！并通过你们，向地质战线和整个国土资源系统广大干部职工致以诚挚的问候和崇高的敬意！

黄汲清先生享誉国内外地质学界，是新中国地质事业的重要开拓者和奠基人之一。你们来自地质勘查、科研、教学第一线，继承了老一辈地质科技工作者的优良传统，发扬奉献、创新、求实、协作的精神，以献身地质事业为荣，以艰苦奋斗为荣，以找矿立功为荣，不畏艰难、勇攀高峰，在平凡的岗位上创造了不平凡的业绩，为中国地质事业和国土资源事业发展作出了突出贡献。这次获奖，是国家对你们的肯定，是人民对你们的肯定。你们是新一代青年地质工作者的杰出代表。

地质勘查是探索地球奥秘、造福人类社会的重要活动，是经济社会发展的基础性、先行性工作。能源资源对全面建设小康社会、加快推进社会主义现代化至关重要，必须从战略上加以谋划。在我们这样一个拥有 13 亿人口的大国实现现代化，从中国国情和国际环境看，最大的问题就是粮食和能源资源问题。回想 20 世纪 50 ~ 60 年代，新中国建设百废待兴，又面临自然灾害带来的严重困难，当时发展经济、建设国家最缺乏的就是以石油为标志的能源资源。李四光、黄汲清等老一辈地质工作者以国家需要为己任，实现了地质找矿的重大突破，为新中国发展建立了功勋。现在，我们要推进现代化建设，在努力勘查国内资源的同时，必须充分利用国际国内两个市场、两种资源。在经历了 30 年社会主义市场经济发展和改革开放以后，我们对利用两个市场已经有了比较丰富的经验，但在利用两种资源方面还需要进一步探索。

还要看到，在当前形势下进一步做好地质工作，对于提高资源保障程度、扩大国内需求、支持城乡规划建设、增强防灾减灾能力，都具有重要意义。要立足当前、着眼长远、突出重点，完善体制机制，加快科技创新，加大重要矿产资源勘查力度，力争在国内拿到更多的地质储量，进一步加强地质技术信息服务，更好地服务于经济社会发展大局。同时，要积极走出去参与资源开发利用的国际合作，更好地利用两个市场、两种资源，实现互利共赢。

青年地质工作者是地质事业的生力军，代表着未来。希望你们继承李四光、黄汲清等老一辈地质学家严谨治学、重视实践、服务社会的光荣传统，弘扬爱国奉献、求真务实、拼搏创新精神，刻苦钻研，勤奋探索，在地质勘查、科研、教学的一线锤炼本领，不断获取和创造出更高水平的地质工作成果，为振兴地质事业和实现国家现代化贡献更大力量。广大地质人员经常在野外工作，条件非常艰苦。各有关方面要重视和关心地质工作者，切实帮助解决生活和工作中的实际困难，解除后顾之忧，努力创造有利于发挥才干的良好环境，为地质事业发展繁荣打下坚实的人才保障基础。

借此机会，就国土资源工作讲点意见。过去的一年，国土资源系统认真贯彻落实党中央、国务院决策部署，积极应对突发事件，主动改进服务管理，全力支持地震抢险救灾和恢复重建，突出加强地质灾害防治；精心组织土地规划编制和土地资源调查，严格管理土地特别是耕地；继续推进矿产资源合理开发利用

和保护，积极为经济社会发展提供资源保障和基础信息资料服务，各项工作迈出新步伐，取得新进展，有了新成效。

新的一年，我们面临的任务十分艰巨。应对国际金融危机的挑战，保持经济平稳较快发展，需要更好地发挥国土资源部门的作用。要深入贯彻落实科学发展观，进一步增强责任感和使命感，坚持积极主动服务与严格规范管理并举，促进经济增长与推动结构调整并举，统筹土地管理、地质勘查、矿产资源开发利用和保护等工作，建立健全有利于科学发展的体制机制，促进经济社会全面协调可持续发展。

新春佳节就要到了，在此给大家、并通过你们给国土资源系统的全体干部职工拜个早年，祝大家身体健康、阖家欢乐、万事如意！谢谢大家！

国务院副总理李克强与中国地质科学院部分院士座谈时的讲话

（2009 年 8 月 17 日）

今天，我和国务院有关部门的负责同志到中国地质科学院来，一是考察地质工作，了解国家能源资源勘查开发前景；二是看望地科院的院士和专家，并问计于大家。地科院的科技工作者历史上为国家建设作出了巨大的贡献，现在还在继续发挥大的作用。在此，我转达温家宝总理对各位专家以及地科院广大干部职工的问候，也一定转达你们对温总理的问候。

今年是新中国成立 60 周年。中国地质科学院建院于 1956 年，几乎与新中国走过了相同时间的历程，在中国地质科学发展中起到了不可替代、十分重要的作用。你们谱写的历史是辉煌的。50 年代末，由于中苏关系破裂，国家油气资源奇缺，经济发展受到很大制约。在李四光同志的带领下，老一辈地质科学家和地质工作者在地质找矿特别是找油工作中实现了重大突破，为经济发展提供了必要保障，也振奋了民族信心。当时大庆人自豪地说，“甩掉了中国贫油的帽子！”从 20 世纪五六十年代大庆油田、攀枝花钒钛磁铁矿等一批重要矿产地的发现，到新世纪一批大气田、大铜矿的发现，都凝聚着地质工作者的心血和汗水。你们在青藏高原这样的高寒缺氧地带以及缺水无人区，做了大量地质勘查，令人钦佩。你们的工作，提供了宝贵的基础地质资料，展示了中国资源未来前景。总之，在新中国建立独立完整的工业体系和国民经济体系中，在改革开放和现代化建设中，地质工作者功不可没。

随着中国现代化建设事业的持续推进，遇到了一些新情况新问题，其中一个重要问题就是，能源资源瓶颈已成为制约经济社会发展的突出矛盾，迫切需要地质找矿实现新的突破。在中国这样一个 13 亿多人口的发展中大国实现现代化，当然需要依靠国际国内两个市场、两种资源。无论是保障能源资源供给，还是提高地质科技水平、培养地质优秀人才，都要树立世界眼光，加强国际合作。我们要坚持走和平发展的道路，坚持扩大对外开放。但对中国这样一个大国来说，无论从历史还是从现实乃至今后发展看，提高能源资源保障程度，还是要立足国内，依靠自己的力量。

中国能源资源需求量很大，近几年我们在国际市场几乎是买什么什么就涨价，而且涨得不可想象。去年宝钢和力拓集团铁矿石谈判，尽管价格涨幅很高，但也不得不买。因为国内铁矿石产量品位不高，数量也不够。西气东输二线的天然气，从中亚地区过来，价格比国内高得多。目前中国石油进口依存度已超过 50%，铜、铝等进口比例更高。照这个路子走下去，大量进口资源需要花费巨额外汇，影响全球资源性产品价格，甚至影响国家经济安全。一旦国际局势有大的变化，能源资源供应就有可能产生问题。目前中国进口的石油很大一部分是从中东地区运过来，而且要过马六甲海峡。中国从非洲也进口一些能源资源，面对亚丁湾的海盗威胁，派出了军舰护航。所以利用海外能源资源要付出很多成本，企业要付出高价的成本，国家要付出外交、国防等成本。

到底国内资源潜力还有多大，有没有可能提高能源资源自给程度，如何挖掘这种潜力，这是我今天到这里来问计于科学家的问题。当年外国人说中国贫油，但我们在经济发展水平还很低的情况下找到了大庆油田。目前国内资源供给状况仍然是富煤少油少气，其他一些重要资源也十分短缺。我们不能改变中国的资源禀赋条件，但在目前经济发展达到一定水平和地质工作程度还比较低的情况下，我们能不能有所作为，改善国内资源的供应状况，需要大家研究。

现在中国在资源开采开发、节约利用、综合利用以及可再生资源利用等方面水平都不高，比如资源储采比、回采率和综合利用率就很低。这种状况不改变，不仅浪费资源抬高成本，而且即使新发现了大的矿产资源地，也很难缓解面临的能源资源压力。地科院正在提高回采率和综合利用率方面开展研究，这很好。现代科学技术发展很快，为高效开发利用资源提供了有力支撑。刚才看了离子探针实验室和大陆动力学实验室，很受启发。国外实验室的先进设备，我们的科学家通过现代信息技术在国内也可以使用、可以操控，这大大节约了成本，明显提高了科研效率和水平。希望你们提供更多的先进技术，在提高资源开发利用水平中发挥更大作用，为保障国家能源资源可持续利用作出更多贡献。

非常希望更多地听到各位院士的意见和建议，大家可以直接给我写信。刚才你们谈到了几个问题。关于开展油气资源普查，在“十二五”规划中要认真研究。关于加大国内钾盐勘探力度，请有关部门考虑。关于地科院设立国家重点实验室，要尽可能给予支持。

最后，再一次向各位院士、专家，并通过你们向地科院的全体职工表示敬意和谢意。谢谢大家！

中共中央政治局常委、国务院副总理李克强在第十一次李四光地质科学奖颁奖大会上的讲话

（2009 年 10 月 23 日）

同志们：

今天，我们在这里隆重集会，为第 11 次李四光地质科学奖获奖者颁奖，同时纪念李四光同志诞辰 120 周年，这是为了深切缅怀李四光所作出的卓越贡献，弘扬他热爱祖国、创新求实、服务人民的精神，进一步激励广大地质科学工作者为国家建设顽强拼搏、开拓创新。我代表党中央、国务院，向获奖者表示热烈的祝贺！向为国家建设辛勤工作和作出奉献的地质战线广大干部职工，表示深深的感谢和崇高的敬意！

2009 年 10 月 26 日，是中国现代地质学的开拓者和新中国地质事业的主要奠基人李四光同志诞辰 120 周年。李四光同志把一生都献给了祖国和人民，是卓越的科学家、教育家，是中国先进知识分子的杰出代表和科技界的一面旗帜。早年时期，他就立志报国，远涉重洋赴海外求学，参加同盟会和辛亥革命，投身五四运动，开展中国地质教育和地质科技国际交流活动。新中国成立后，李四光同志曾担任全国政协副主席、地质部部长、中国科协主席、中国科学院副院长等职务。他创建了地质力学这一新学科，以及中国第四纪冰川地质学，提出了不少中国人自己的地质科学思想，并坚持运用理论指导地质实践工作。在地热开发和地震预报等方面，也作出了杰出贡献。他组织了新中国第一次地质普查和大规模矿产勘探工作，推动建立了比较完整的地质科研、教育、勘探体系，为新中国培养了大批优秀地质人才。特别是在他的指导下，中国先后发现了大庆、胜利等大油田，摘掉了“贫油国”的帽子；还实现了铀矿资源勘查的突破，为发展核工业和“两弹一星”提供了资源基础。李四光同志用自己的毕生精力，为中国地质科技和经济建设作出了巨大的贡献。我们要弘扬他热爱祖国、创新求实、服务社会的精神，缅怀他的不朽业绩。

今年是新中国成立 60 周年。一个甲子过去，祖国发生了翻天覆地的巨变，取得了举世瞩目的成就。其中，也凝结了广大地质工作者的心血。地质工作是经济社会发展不可或缺的基础性、先行性工作，在现代化建设中发挥着重要作用。60 年来特别是改革开放 30 年来，在党和政府的领导下，在李四光等老一辈地质工作者的带领和感召下，一代又一代地质工作者秉承“以献身地质事业为荣，以艰苦奋斗为荣，以找矿立功为荣”的精神，锐意进取，使中国地质事业从小到大、由弱渐强。基础地质调查从基本空白到中比例尺全面覆盖，矿产资源勘查开发利用从一穷二白到成为世界勘查生产和消费大国，地质工作从单纯找矿到为经济社会发展提供多元服务，地质科技从严重依赖国外到基本形成自主研究创新体系。地质工作在建立新中国工业和经济体系、推进改革开放大

业、全面建设小康社会进程中，都作出了不可磨灭的重要贡献。

地质工作和能源资源关系国计民生和现代化建设全局。中国有13亿人口，正处于工业化、城镇化快速发展时期。在今后相当长一段时间里，我们面临的一个突出制约，就是经济社会持续发展和能源资源供给相对不足的矛盾。近年来，中国主要资源对外依存度不断提高，石油已经超过了50%，铁矿石超过了60%，铝土、铜、钾的比例更高。据测算，中国能源资源消费要在2030年后才能达到峰值。如同粮食安全、金融安全一样，能源资源保障和安全是涉及国家根本利益的重大问题，也是我们必须长期应对的重大挑战。

解决能源资源问题，需要适应经济全球化的大趋势，充分利用两个市场、两种资源。同时也要看到，能源资源不仅是重要的战略物资，也是国际政治经济竞争的重要砝码，对外依存度过大，容易受制于人，付出大的代价。近年来，国际能源资源市场大幅波动，总体是价格上涨的趋势，不仅影响了中国经济平稳运行，也加大了中国发展的成本。因此，在我们这样一个发展中大国，解决能源资源问题，始终要坚持立足国内，主要依靠自己的力量，增强国内能源资源的保障能力，以更好地把握发展的主动权，维护国家的安全。增加国内资源勘探储备和供应，还要求地质工作超前一步。如，新中国成立之初，地质工作当时十分薄弱，我们有过“一马挡路，万马不能前行”的经历。还要看到，随着现代化建设的推进，对地质工作也提出了多样化、高水平的服务需求。新的形势，赋予地质工作者新的使命、新的任务、更高的要求。

面对现代化建设的需要和新的形势，我们要以李四光等老一辈地质工作者为榜样，弘扬优良传统，勇担历史使命，深入贯彻落实科学发展观，切实加强地质工作，全面做好地质工作，加快推进中国由地质大国向地质强国迈进，实现中华民族伟大复兴。

要立足国内挖掘潜力，努力实现地质找矿重大突破。这是当前和今后一个时期地质工作的重点任务。中国拥有960万km^2土地和约300万km^2管辖海域，地质成矿条件较好，但由于地质工作程度相比较而言还较低，资源勘查开发的潜力还没有充分发掘。我们国家勘探深度大多在500m以浅，如果拓展到1000m，找矿空间潜力还是巨大的。但地质找矿发现与现代化建设的要求比还远远不够，形势紧迫，时不我待，我们要急国家之所急，想人民之所想，科学部署、加大投入、适度超前，突出重点成矿区带和重点资源品种，切实搞好勘查开发，尽快取得一批对发展全局有重要影响的找矿新成果，尽快形成一批新的资源接替基地，增强能源资源对经济社会可持续发展的保障能力。

要不断拓展地质服务领域，更好地发挥地质工作的基础性支撑作用。多年来，地质服务在三峡工程、南水北调、青藏铁路以及核电建设等重大工程选址中都发挥了重要作用。去年“5.12”特大地震中，多年积累的宝贵地质资料，为抗震抢险赢得了十分宝贵的时间，为灾后重建提供了科学依据。当前，国际“物联网”、智能地球的概念正在兴起，经济正孕育着重大变革和机遇，国内建设发展日新月异，地质服务需求也在日益扩大，地质服务大有可为。地质工作者要进一步发挥主动性、创造性，面向发展建设和人民生活，面向日益多样化的需求，开拓新领域，在城乡规划、国土开发、工程建设、防灾减灾、生态环保等方面，提供更多技术支撑和信息服务。为此，国家也会进一步加大投入，同时也用政策来引导社会资金，形成多渠道投入格局。

要大力推进地质科技创新，加快地质工作现代化步伐。当前，科学技术在经济结构调整过程中正在孕育着重大的突破。我们既面临着重大挑战，也存在着赶超机遇，必须加快创新步伐，抢占科技制高点。就地质领域来讲，无论是找矿开矿用矿，还是工程水文环境地质，都有许多重大科技问题需要攻关，都需要以科技进步来带动地质工作。要进一步增强创新意识，提高创新能力，大力推进重点和关键领域的科研开发，努力实现成矿理论、找矿方法和勘探开发的重大突破，力争取得一批在国际上叫得响的科技成果。

要不断完善体制机制，为地质事业可持续发展提供制度保障。地质工作要遵循市场经济规律和地质工作规律，进一步深化改革，建立和完善与社会主义市场经济体制相适应、有利于科学发展的地质矿产工作新机制。健全公益性地质工作体系、加强公益性地质队伍建设，探索稳定的地质投入保障机制、发挥商业性矿产勘查作用等问题，这些都需要进一步探索。同时，要完善资源有偿使用和价格形成机制，建设全社会节约资源的激励与约束机制，还要进一步扩大对外开放，加强国际交流合作，更好地利用国际国内两个市场、两种资源。

广大地质工作者尤其是野外地质人员，跋山涉水，风餐露宿，任务繁重，条件艰苦。各级政府和有关部门要一如既往地关心地质人员的工作和生活条件的改善，切实地解决实际问题，营造干事创业的良好环境，更好地保护、激发他们的积极性和创造活力。要进一步加强人才培养，壮大人才队伍，优化人才结构，为地质事业提供强有力的智力支撑和人员保障。

同志们，现代化建设需要地质和矿产资源的有力支撑，地质工作者承担着光荣而神圣的历史使命。我们要以纪念李四光周志诞辰120周年为契机，继承光荣传统，发扬优良作风，更加紧密地团结在以胡锦涛同志为总书记的党中央周围，高举中国特色社会主义伟大旗帜，坚持以邓小平理论和“三个代表”重要思想为指导，深入贯彻落实科学发展观，开拓创新，扎实工作，以满腔的热情投身到地质事业中去，为祖国社会主义现代化建设事业再铸辉煌!

国土资源部部长徐绍史在听取中国地质调查局工作汇报时的讲话

（2009年1月12日）

这次来地调局，主要是学习调研，也看看地调局搬到新楼后的办公条件和精神面貌。借此机会向地调局和发展中心干部职工表示亲切的问候和良好的祝愿。因为时间关系，没来得及到大家办公室转转，请地调局和发展中心的负责同志转达我对广大职工的问候。刚才钟自然同志简要汇报了地调局工作，此前还听了发展研究中心的简单介绍，对地调局2008年工作有了整体印象。下面，我讲两点想法：

一、地调局做了大量工作，取得了长足进步

（一）落实地质调查新机制迈出了非常重要的一步。

主要通过部（局）省合作和工作部署这两个抓手推进了新机制的落地。目前，已与新疆、青海、黑龙江、西藏、云南、福建、湖南等省（区）签署了部（局）省（区）合作协议。地调局还和内蒙古、安徽省厅，以及五矿、大庆等企业开展了合作，形成了很好的平台。与新疆、青海、西藏等省（区）的合作协议还有专门的组织机构。特别是新疆王乐泉书记看得很远，提出了“358”要求。新疆专项推动很快，今年落实了5.6亿元，青藏专项落实了4.5亿元。你们还抓了一些重点矿区，对安徽庐枞铁矿勘查进行了积极探索，大企业跟进，短时间内评价了一个大型铁矿。天津滨海新区和河北曹妃甸，开展“3+1”型工作模式，结合经济社会建设，推进广义的环境地质工作，取得了积极成效。这些探索都是根据经济社会发展的需求、地质成矿条件和地质环境可能设置一些大项目，既尊重经济规律又尊重地质工作规律，确实是一种可行的做法。

（二）在抗震救灾和灾后恢复重建工作中发挥了重要的作用。

及时开展遥感调查评价、地质灾害应急排查和资源环境承载力评价，提供了大量基础数据、图件，为抗震救灾和灾后重建做了很多基础性工作。

（三）地质调查取得了一些新的重要成果。

特别是在陆地冻土层钻获天然气水合物。这项工作要继续加强。油气资源基础地质调查评价，在新的区域、新的领域和新的层位显示出新的资源潜力。现在油气资源基础调查势头很好，油页岩、油砂等非常规能源方面的调查评价也要考虑。在重要成矿区带的矿产普查、详查也有一些新的进展。地面沉降的控制、地方病形成机理研究，特别是微量元素和地下水的研究等方面也有新的进展。去年和四川签订了地下水调查评价协议。大骨节病等地方病的机理研究多年没有突破，需要我们开阔视野，加强与医学专家、病理专家的配合。基础地质调查、海洋调查专项、海洋地质保障工程的启动，地质理论研究、勘查技术等方面都有一些新的进展。

（四）服务功能进一步增强。

资源潜力评价、资源开发现状调查、地质勘查形势分析、地质灾害防治、地质工作发展战略和管理的研究等都发挥了很好的作用，特别是地质资料信息服务及其数字化、信息化工作，都在进一步增强。

此外，地调局在队伍建设、业务建设和党的建设、反腐倡廉工作等方面也都在进一步加强。

对地调局所取得的成绩表示祝贺，向付出辛劳的广大干部职工表示敬意和谢意。

二、迎难而上，开拓创新，加快推进地质找矿工作

（一）认清形势，保持清醒头脑。

一是地质勘查和矿产开发工作呈现出“一紧一松，震荡调整”的局面。我赞同这个判断。最近一个时期，矿产品价格下降，矿业股股价下跌，矿山企业和矿产品加工企业停产半停产的也不少。受金融危机冲击，整个矿产品和矿产勘查开发市场降温，供需矛盾趋缓，矿业投资环境趋于宽松，勘查可能出现萎缩。二是要客观分析出现这种局面的原因。近10年矿业繁荣是由现实需求和投机需求这两个因素相互作用推动的。当前矿业面临的局面也是由矿业周期性调整和金融危机冲击这两个原因叠加而致。三是严峻的形势中也蕴含着许多机遇。从矿政管理来看，矿产勘查开发秩序规范情况会好转，资源整合的难度会相对减小，矿山企业和矿产品加工企业兼并、收购、参股等比以前会更容易。到境外去勘查、开发的条件也会好得多。这些都是机遇，大家大可不必悲观。从矿业需求来看，国际上矿产品需求还很旺盛，特别是新兴国家和发展中国家的需求还是持续上升。国内矿产品需求随着工业化、城镇化发展也会持续上升。从地质勘查市场来看，2008年钻探工作量1300万m，勘查投资700多亿元，增长势头很猛。现在勘查市场中央的资金和地方（包括民营）资金比例是4:6，中央资金可能不会少，但社会资金可能会减少。根据扩大内需的需要，地勘单位的部分勘查力量可能会走向工勘市场。从地质工作服务来看，去年第四季度开始已经看出需求在上升，信息服务、重大工程选址、工程建设和区域性评价工作对地质工作服务的需求都会有明显增加的趋势。我们要针对新的情况，搞好新一年的工作部署。

（二）持续推进地质找矿工作的改革创新。

一是要调整工作结构。基础地质、矿产地质、广义环境地质工作的结构要更为合理。地调局的资金和项目如何在这3个部分摆布大有讲究。中国有18000km的海岸带，环渤海、长三角、珠三角、北部湾、海峡西岸5个重要经济区，海洋工作的重要性越来越凸显。中国近海、专属经济区、西太平洋、印度洋等海洋地质调查工作要合理布局。一些城市群地质工作的结构和布局也要进一步协调好。

二是坚持合理工作部署。按照“找新区、挖老点、上专项、走出去、依靠科技和人才”的要求，把工作部署到重要成矿区、重要经济区、重大地质问题区、重要工程区和海洋区域，点面结合，区域展开，坚持产学研紧密结合，多目标、多手段、多技术，综合部署。

三是坚持开拓创新。要清理各种现有的地质调查规范标准。这些已经指导地质工作几十年并取得很大成绩的规范标准，也存在诸多与当前市场经济条件不适应的地方，需要进行很好的清理。在清理的基础上实事求是地进行改革。要大胆创新和运用新的理论、方法和技术。你们已经申请专利的数字采集系统，很好地将“3S”技术运用到了地质找矿工作中。要更好地开发利用地质资料，提供信息化服务，最重要的是形成集群和产业，这里大有文章可做。上海市地质调查研究院研发的地质资料三维信息系统，如果应用到一个省域或者重要成矿区带，融入测绘信息，形成包含地理、地质信息的、按照产业化思路设计的信息系统，应该大有可为。这样数据处理、数据库建设和应用软件开发的思路就会完全不一样。中国地质调查局、发展研究中心、部信息中心都要深入思考。

四是持续推进构建新机制的工作。中央、地方、企业相互联动，公益性地质工作、商业性矿产勘查和勘查基金衔接，勘查与开采结合，地质找矿、地勘单位改革发展和矿业权设置相配合。在部省合作、工作部署这两个抓手之外，还要广泛探索，推进新机制构建。要着重考虑3个问题：第一，地勘行业的服务和管理问题。部里要考虑把财政预算安排的地质勘查工作统起来，先拼成一个整盘子。地勘司要考虑部里能为地勘行业提供什么服务，将管理寓于服务之中。第二，地勘单位的改革发展问题。地勘队伍虽然属地化了，但怎么指导地勘单位走稳走好？我赞同地勘单位在一段时间内戴事业帽子，走企业路子。但到2020年，我们国家要建成比较完善的社会主义市场经济体制，地勘单位必须以深化管理制度改革增强动力，深化经营制度改革增强活力，最终形成在市场经济条件下生存发展的综合实力。第三，矿业权市场建设、矿业权审批制度改革、矿产资源费税款改革、矿产勘查秩序整顿规范等。地调局大量接触这方面工作，要认真研究，为部里出主意，提建议。

（三）深入总结大调查，规划安排好“十二五”部署。

对大调查的成效、经验、问题，都要实事求是地加以总结。总结大调查，谋划“十二五”，特别重要的是一定要贯彻好温家宝总理讲的“两个更加”（更加紧密地与经济社会发展结合、更加主动地为经济社会发展服务）。这不是一般口号，而是要求我们克服自我封闭。改革开放以来，整个地质找矿工作受市场经济冲击，有一段时间日子很难过。但从20世纪90年代末到现在，投资在不断增加，地调局2008年安排的资金已近45亿元。拿到这些资金，安排了项目，小日子挺滋润，这种情况下就更不容易打破自我封闭。要更好地贯彻“两个更加”，更坚定地打破自我封闭，开拓创新。赞同你们开展“十二五”规划部署研究思路，请外部门的研究单位与我们一起考虑经济社会发展的需求，开展专题的、区域的和综合研究，统筹考虑陆地、海洋和境外地质工作。盘点大调查，谋划“十二五”，要抓住这些关键环节，才能有新的思路，形成新的部署。

（四）加强业务管理和队伍建设。

业务管理和队伍建设最重要的是人才。业务管理，要通过重大项目、重大成果来带动人才成长。这些重大项目应该滚动推进，参与人员和单位要相对固定，这样才能出重大成果、出高端人才。要高度重视预算管理和财务管理。大调查有这么大的预算，涉及众多单位，预算管理、财务管理一定要有有效的措施予以加强，否则就会出大问题。此外，要关注人才需求。地调局要从公益性地质队伍的发展，考虑整个地勘队伍人才如何接续的问题。我们与中国地质大学在培养人才方面开展了合作，也准备与吉林大学合作。这方面请地调局配合部一起研究。

（五）几个需要研究的问题。

一是加强油气队伍、海洋队伍建设问题。我们这么大的国家，没有一支搞战略性、基础性、区域性油气调查研究队伍，是说不过去的，也无法给国家交代。要认真研究组建方案，尽快把队伍建起来。同时，要统筹考虑海洋地质队伍建设，更好地为国家做些事情。二是地质勘查费用如何纳入经常性预算。这件事情需要部里考虑。三是如何拉长地质工作链，向应用领域延伸。我们在这方面可以有所作为。国土资源工作，特别是地质找矿工作，长期局限于就地质找矿谈地质找矿，这个行业发展就会受到非常大局限。对地调局来说，最现实的就是研究地质信息集群与产业化。这方面你们已经走了一大步，还要继续努力。四是部机关各司局如何更好地支持地调局履行职责，搞好地质找矿工作。要把权力和责任一起交给地调局，部机关要加强指导、加强监管。请规划司、财务司、勘查司等司局拿出方案。短期应急性措施要与中长期改革结合起来，如果实践证明短期应急性措施是可行的，我们就可以规范提升并推广。部机关对地调局的管理，可以循着这个思路来做。部机关主要是加强指导和监管，不要去管太多具体事情。

还有不到半个月，就到春节了，借此机会，提前给大家拜个早年，祝大家发展进步，幸福安康。

国土资源部部长徐绍史在全国地质调查工作会议上的讲话

（2009年2月25日）

很高兴参加这次会议，来看望、慰问各省地调院和环境监测站工作在一线的负责同志，以及六大区地调中心、各院所的同志们，并听取大家的意见。会议开始时，汪民同志做了个很好的工作报告。大家对报告反应非常热烈，评价很高，我也完全赞成。

去年2月25日在京丰宾馆召开的全国地质调查工作会议上，我讲了7个问题。今年1月6日，我们专门就地质找矿问题召开了一次院士座谈会。院士们谈了很多真知灼见，很有建设性，很有参考价值，我们正在深入地研究和落实。今年1月12日，我专门到地调局调研，对地调工作讲过一些看法，在此不再重复。借此机会，我就同志们发言谈一点想法，做个交流，希望能够启发更多的思考和探索。下面，我着重讲两个问题。

一、肯定成绩，增强做好地质找矿工作的信心

地质找矿有一支很大的队伍。对一年来甚至一段时间以来的地质找矿工作，做一个回顾，肯定成绩和收获，查找存在的问题，很有必要。我主要讲3点：

（一）学习实践科学发展观，着力转变观念，服务经济社会发展。

地调局及在京单位，去年都进行了深入学习实践科学发展观活动试点工作。总体来看，通过学习实践科学发展观活动，我们的思想观念有了新的转变，工作作风有了新的改进，执行能力有了新的提高，制度

建设有了新的成果，业务工作有了新的进展。

（二）地质找矿工作结构、科技创新、布局思路、体制机制进一步完善。

从工作结构看，过去几年，基础地质调查、矿产地质工作、环境地质工作、海洋地质工程和工程地质工作的结构不断调整，进一步完善。从科技创新看，新理论、新方法、新技术的研究、开发、应用在进一步的发展。从布局思路看，按照“找新区、上专项、挖老点、走出去、依靠科技和人才”的思路，把地质找矿工作部署到重要经济区、重要成矿区带、重大地质问题区（包括地质灾害）、重大工程建设区和海洋区域，点面结合、区域展开，产学研紧密结合，多目标、多手段、多技术综合部署。从体制机制看，“中央、地方、企业三者相互联动，公益性商业性工作有机衔接，勘查和开采紧密结合，地质找矿、地勘单位改革发展和矿业权配置协调配合”的体制机制通过积极探索不断取得进展。同时，我们还在考虑3个问题：一是进一步加大公益性队伍特别是一些“缺门”队伍建设力度。处理好部、地调局、地科院、大区所（中心）的关系。二是继续推进地勘单位的改革发展。由于这支队伍存在大量历史遗留问题，当前继续“带事业的帽子、走企业的路子”是可行的。但是到2020年，中国将建成完善的社会主义市场经济体制，地勘单位最终要在市场经济体制下生存与发展，必须通过改革内部管理制度以增强活力，通过改革经营机制以增强动力，从而切实提高地勘单位生存发展的综合实力。三是促进地质找矿与矿政管理工作相互结合。矿业权市场建设、矿产资源税费款改革问题，以及矿产资源勘查开发秩序规范问题，这些都会对地质找矿工作产生影响，我们也都进行了一些探索。在过去的一年里，地质找矿工作结构、科技创新、布局思路、体制机制都不同程度地得到进一步完善。

（三）地质找矿取得了一批新的重要成果。

在青海柴达木北缘陆域冻土带钻获天然气水合物是一个很大的突破。以往我们只是在南海钻获过天然气水合物。油气资源调查，在新区域、新领域、新层位也有一些新的发现。在重要成矿区带，普查、详查、勘探也都有一些新的进展。环境地质调查、地质灾害防治等也都取得了一些可喜成绩。特别是地质灾害防治，去年成功避让滑坡、崩塌、泥石流的次数多于往年，没有发生群死群伤，生命财产损失也是历年来比较小的。

这些成绩都要充分地予以肯定，增强我们做好地质找矿工作的信心。

二、统一认识，持续推进地质找矿工作改革发展

新中国成立60年，大规模地质找矿工作取得了巨大成果，作出了卓越贡献，积累了海量地质勘查找矿信息。改革开放30年，伴随着地质部、地质矿产部、再到国土资源部的管理体制变迁，伴随着中国经济体制改革，地质工作改革也进行了大量的艰苦探索。特别是近10年，地质找矿工作体制进行了重大改革，主要是公益化、商业化的分离，地勘单位属地化管理。总体上看，改革的方向是对的，成效是显著的。但也还存在许多问题，需要继续通过深化改革来解决。

（一）地质找矿工作正处在非常重要的关键节点上。

第一，全球金融危机对地质找矿工作带来严重冲击。对于地质勘查开发工作所面临的形势，我们已经做了全面的分析，主要表现就是“一紧一松，震荡调整”。所谓的“紧”就是矿产品价格跳水，矿业板块股价下跌，企业限产或停产，勘查开发投入放缓。金融危机主要通过资本市场的传导冲击实体经济。矿业作为上游产业首当其冲，并具体关联到关系非常密切的技术层面、结构层面和本质层面。所谓的“松”就是矿业企业兼并、收购、参股门槛大大降低，遇到了很好的机会。最近国内企业在国际市场上有了几次大的手笔，其他小的参股、收购、兼并更多。国内的兼并、改组、资源整合也将会陆续展开。中国有色金属对外依存度很高，国内有色工业存在产能过剩和技术落后等突出问题，在技术改造、控制产能过剩中，企业将兼并重组。不少矿业企业着眼于金融危机后的发展，正在尽可能削减成本、收缩规模，保证重点项目、维持一般项目、不轻易新开项目。虽然这次危机尚未见底，但从世界各国应对危机的各种做法来看，估计今年下半年或明年可能会出现比较好的迹象。中国二月份有一个统计指标非常令人鼓舞，发电量增加了15%，直接反映出工业用电的增长趋势。

危机使人们受到触动，感觉到变革的紧迫。历史经验证明，每一次重大危机都孕育着巨大的制度创新，也会给人类社会带来重大的进步。所以，当前在应对危机的非常时刻，世界各国、国内各省（区、市）都会采取一些特殊的手段，来刺激需求、扩大内需。这些在非常时期采取的特殊做法，很可能会引起经济理论、管理理念、政策思想的重大转变。我们应该有思想准备、工作准备，要顺势而为，以宽容的态度对待非常时期采取的特殊手段，积极主动地推进自身改革，争取在应对危机中提高自己。

第二，经济社会可持续发展对地质找矿工作的需求不断上升。工业化、城镇化进程对地质找矿的需求持续上升。中国还处于工业化、城镇化的中期，离实现工业化、城镇化还有相当长的一段路要走。中国经济结构中“二产”比较重，主要是重化工业。这决定了中国对矿产资源的需求会持续上升。中国可持续发展面临3个突出问题，就是人口、资源和环境问题。资源和环境问题与我们的工作有直接关系。

改革开放的深化对地质找矿提出新的要求。到2020年，中国要建立起比较完善的社会主义市场经济体制。地质找矿工作体制机制应该坚持社会主义市场经济的改革取向，主动适应社会主义市场经济要求。开放的深化，主要是经济全球化，使我们不管在国内还是在国外都面临全球性的竞争，这就要求我们必须开辟两个市场，利用两种资源。

科学技术进步给地质找矿工作带来新的驱动。地质找矿工作是知识、技术密集型工作，需要深入研究新理论、新技术、新方法，并善于应用到实际工作中去。相对比较成熟的有深部探测技术、成像光谱遥感技术、宽频地震技术、数字化调查技术等。这些技术的应用，对地质找矿工作而言都是革命性的进步。随着科技进步，有些技术还会有大的突破。引领未来可持续发展的低碳经济所涉及的碳的捕捉和存储技术，与清洁能源有关的地源热泵技术，正在逐步应用并不断发展。以金属钍为核燃料的重水反应堆技术，加拿大已经试验成功。中国铀资源不足，如果采用钍的开发技术，会在一定程度上缓解铀资源供应的紧张。新理论、新方法、新技术带来新的驱动，对地质找矿工作来说至关重要，影响非常深刻。

第三，国土资源管理工作需要地质找矿加大支撑服务力度。国土资源大调查已经进入尾声，需要很好地总结、盘点。矿产资源规划、全国地质勘查规划、地质灾害防治规划，以及全国土地利用总体规划已经开始实施，要认真研究谋划“十二五”地质找矿工作。国家可持续发展国土资源战略研究已经启动。《中华人民共和国矿产资源法》修改正在紧锣密鼓地进行。这些工作与地质找矿工作关系都非常密切，要围绕中心，做好支撑。

（二）地质找矿工作迫切需要更大的提高。

要全面深刻地审视我们自身的工作。中国地质调查局、部有关司局在大力推进地质找矿工作改革发展方面，已经取得了很大进展，但也还存在不少问题，有制度设计缺陷、体制机制障碍，以及思想观念和执行能力问题。这三大原因使我们一些很好的思路和方案不能完全落地。

要注重创新体制机制。中国幅员辽阔，依靠现有的大调查经费、矿产资源补偿费以及各种专项资金开展地质找矿工作是远远不够的。增加地质工作投入是必要的。通过沟通，财政部门已经同意加大地质找矿这个基础性、先行性工作的投入。今年在应对全球金融危机、多方面均需要大量资金的情况下，财政还安排了8亿元的地灾防治经费。但是如果体制机制不创新，不仅增加投入起不到积极作用，而且还可能把现存的一些问题继续放大。

要转变思想观念和管理理念。我们的职责主要是行政管理、社会管理和公共服务。部机关和中国地质调查局应该从项目管理、技术管理当中跳出来，从微观走向宏观，从审批走向监管，更好地增强服务能力。要加强科技工作和人才培养。统筹考虑工作结构，摆布好基础性、公益性地质工作和战略性普查工作。现在的基础地质调查、资源调查、环境调查、工程调查参数少，功能和用途比较单一。基础地质调查方面，1:5万地质填图一年也就覆盖5万多km^2。300万km^2的海域，海洋地质调查只有一幅1:100万的图，以我们现有的能力，也得做10多年。

要解决一些突出问题。地调局在学习实践科学发展观活动中，查找出一些突出问题，主要有：基础地质工作薄弱，工作程度低；服务能力不够强，具有宏观影响的成果不多；保障机制方面仍然存在障碍；一些传统观念、做法的影响依然存在；队伍建设还没有到位，等等。

总之，我们必须通过转变思想观念、创新体制机制、解决突出问题，使我们自己有一个更大的提高。

（三）集中开展地质找矿工作改革发展大讨论。

要发动整个系统、整个行业来思考、探索地质找矿工作的改革发展问题。要造势，形成一定的声势，以利于在最大范围内统一思想，达成共识。

一要进一步解放思想。部（局）机关在学习实践科学发展观活动中提出，要从“三不”（安于现状不想改，畏首畏尾不敢改，视野狭窄不会改）走向“三勇”（勇于革思想的命，勇于削手中的权，勇于去部门的利）。从一定意义上看，“三不”对整个行业、整个系统都是普遍适用的。改革阻力只有在最困难的时候才是最小的。30 年前，小岗村连饭都吃不饱，冒着掉脑袋的风险也要改革。地勘队伍这几年投资相对比较充裕，日子比较滋润，但千万不要因此背上包袱，销蚀改革创新的意愿。我们要转变不符合、不适应地质找矿工作发展的思想观念。

二要解决制约和影响地质找矿发展的突出问题。刚才发言当中大家谈了不少，在此就不展开说了。

三要创新体制机制。更深入地审视我们自己的思想和工作，更深入地进行探索、创新，更深入、更全面地认识社会主义市场经济体制下地质工作的规律。解放思想的指向就是要突破固有的发展模式来拓展工作领域，创新服务方式，更好地推动地质找矿工作的发展，真正落实温家宝总理提出的“两个更加”（地质工作要更加紧密地与经济社会发展相结合，更加主动地为经济社会发展服务）的要求。

我们要形成一个系统方案，开展广泛、深入、多层面、多领域的地质找矿工作改革发展大讨论，使地质找矿工作既服务于经济社会发展，又实现地质找矿工作自身的持续快速发展。我相信，通过这样的大讨论，能够进一步统一思想，转变观念，聚焦问题，创新体制机制，突破固有模式，更好地推动地质找矿工作的发展。这就是我今天来参加座谈，想与大家沟通、向大家传达的一个最重要的信息。

国土资源部部长徐绍史在中国地质学会2009 年学术年会上的讲话

（2009 年 10 月 23 日）

各位院士，各位专家，各位代表，同志们：

大家上午好！

中国地质学会 2009 年学术年会今天在这里召开。首先，我代表国土资源部党组、代表中国地质学会第 38 届理事会，向参加会议的全体代表表示热烈的欢迎！并通过你们向辛勤工作在地质科研、勘查、教育等领域的 5 万多名地质学会会员和全国广大地质工作者表示亲切的问候！向这次荣获中国地质学会第 11 届青年地质科技奖的同志们表示热烈的祝贺！

中国地质学会举办学术年会历史悠久，数十年来已经召开过 33 届。学术年会在展示会员成果、交流学术思想、探讨科学原理、破解地学难题、推动科技进步等方面发挥了积极作用。学会年会同时也是团结会员，凝聚共识的重要平台。因此，开好学术年会非常重要。

今年的学术年会与往年又有所不同。8 月 17 日，中央政治局常委、国务院副总理李克强视察中国地质科学院，与院士进行座谈，随后又听取国土资源部的汇报，发表了重要讲话。突出强调了 3 方面内容：一是充分肯定了广大地质工作者和地勘行业以及国土资源系统广大干部职工所作出的重大贡献；二是强调解决中国的资源问题要立足国内，要加强地质找矿工作；三是对国土资源系统和地勘行业寄予厚望，希望我们进一步做好地质找矿工作，做好国土资源管理工作，为经济社会发展作出更大贡献。

我们这一届年会要紧紧围绕学习领会和贯彻落实李克强副总理重要讲话精神，深入探讨如何加强和做好地质找矿工作，努力实现中央所要求的能源资源问题要立足国内，要增强能源资源的保障能力。我们要通过学习贯彻李克强副总理的重要讲话精神，把这次年会开好，进一步明确工作方向。

下面，我谈 6 点看法。

一、认真学讲话，增强使命感，满怀信心地迎接挑战

李克强副总理 8 月 17 日视察中国地质科学院和国土资源部，与院士座谈，并作了重要讲话。部里先组织了两次学习，然后于 9 月 9 日又召开全系统、全行业的电视电话会议，进行了传达学习，提出了贯彻落实的具体要求，前不久又正式转发了李克强副总理的重要讲话，要求各地认真学习、深刻领会、贯彻落实。

今年是新中国成立 60 周年。从地质工作来看，由于广大地质工作者的艰辛努力，我们已从一个资源家底不清的国家变成了一个世界资源大国。地质工作服务从传统领域逐步发展，渗透到了经济社会发展的方方面面。地质工作的体制，特别是改革开放 30 年来，也已经从计划经济下的大一统，走向市场经济条件下的持续改革。所以，从地质工作、服务领域、体制改革来看，通过广大地质工作者的辛勤工作和艰苦求索，取得了辉煌成果，作出了重大贡献，这一点要充分肯定。

同时，我们也应该看到，党的十七大之后，中国经济社会发展又站在了一个新的历史起点上。从全球发展来看，依然面临着人口、资源、环境三大问题，从去年第四季度开始，又在应对波及全球的金融危机。从国内来看，党中央、国务院见事早，出手快、出拳重，为了应对金融危机，及时调整宏观政策，实施积极的财政政策和适度宽松的货币政策，研究出台了一揽子计划，国家统计局昨天公布了前三季度的经济数据，国内经济企稳向好。下一步将要着力调整经济结构，转变发展方式，实现科学发展。在这个进程当中，从资源角度来看，我们又碰到很大的问题，主要是需求持续增长，国内资源供需失衡，而且想利用两个市场和两种资源的风险在加大，概括起来就是需求增长、供需失衡、风险加大 3 句话。我们面临的形势非常严峻。从我们行业本身来看，国土资源大调查明年就到了收尾阶段，我们开始实施新一轮地质勘查规划和地灾防治规划。从今年初开始，启动了国家可持续发展的国土资源战略，并在系统评估“十一五”规划执行情况的基础上，开始谋划“十二五”规划，而且针对整个行业的实际情况，开展了地质找矿改革发展大讨论。可以说，形势的发展和中央的要求，又一次把广大地质工作者推到了经济社会发展的“先行者”的位置上。

在这种情况下，我们如何来迎接这个挑战？我觉得最重要的是精神状态。回顾一下在新中国成立初期的艰难日子中，在改革开放的年代里，在全面推进科学发展的进程中，我们靠的是什么？靠的就是忠诚事业的坚强信念，高昂振奋的精神状态和艰苦奋斗的优良作风。我们应该继续发扬这些优良传统，增强使命感，为国分忧解难，满怀信心地迎接挑战，把握机遇，通过我们对矿产资源的勘查、评价和合理开发利用，来保障资源的永续利用，经济的持续发展和国家的经济安全。

二、解放思想、转变观念，切实担负起历史赋予我们的责任

新中国成立 60 年来，地质工作有了很大发展，地质队伍有了很大进步。但我们也应该清醒地认识到，由于多方面的原因，与快速发展的形势相比，我们的思想观念还有诸多不适应的地方，解放思想、转变观念的任务依然非常艰巨。整个系统在解放思想、转变观念方面要解决的问题，最典型的是要从“三不”走向“三勇”。“三不”就是一定程度上存在着安于现状不想改革、畏首畏尾不敢改革、视野狭窄不会改革。解决“三不”走向“三勇”，就是要勇于革思想的命，勇于削手中的权、勇于去部门的利，这样才能轻装上阵，更好地履行职责，做好我们的工作。从“三不”到“三勇”，对地勘行业也是适用的。

针对地勘行业区别于其他行业的特殊情况，还有几方面的问题需要大家一起来解决。一是要进一步转变自我封闭、自我循环的思想观念，真正更加紧密地结合经济社会发展，更加自觉地服务经济社会发展。二是要进一步转变怨天尤人，等、靠、要的思想观念，振奋精神走向市场。三是要进一步转变小进则满、小富即安的思想观念，永不满足，持续开拓。更为重要的是，要进一步突破固有的工作模式和管理模式。应该说通过 30 年的改革，我们的工作有很大发展，有很大进步，但工作模式、管理模式不应一成不变。今天，解放思想和转变观念最直接的指向就是要突破固有的工作模式和管理模式，争取又好又快科学发展。

资源保障、地质环境和技术信息服务，是地勘行业的三大主要任务。要坚定不移地从供给驱动走向需求驱动，坚定不移地实现从供给驱动到需求驱动的转变，在市场经济条件下就应该是需求驱动，我们要坚定不移地完成这个转变，实实在在地进一步解决项目从哪里来、成果由谁来使用等问题，目前这个问题还没有完全解决。

项目从哪里来，成果由谁来用？应该从经济社会发展的重大需求来，因此我们更应该抓大项目、大投入、大成果。实际上，地质工作的成果一部分是一个工作链上的上下游关系，我们的产品可能是下游成果的基础，但这不是主要的，地质工作的成果直接服务首先是政府，第二是法人，第三是公众。因此我们的产品应该更多，成果应该更加丰富。

唯有解放思想、转变观念，我们才能很好地避免美国地质调查局、英国地质调查局、澳大利亚地质调查局曾经面临过的问题，才能切实担负起历史赋予我们的重任，有所作为，有为才能有位。这里最关键的就是要解放思想、转变观念，超越自我、舍弃利益、凝聚共识，为我们国土资源和地勘事业的改革发展注入新的动力。

三、勇于探索、改革创新，努力实现地质找矿大突破

今年我们在全系统开展的地质找矿改革发展大讨论，主要是基于3方面的判断：一是党中央、国务院领导同志对加强地质工作早有一系列的指示，但是这些指示没有完全贯彻落实；二是加强地质找矿工作的思路和布局已经很明确，但是没有顺畅落地；三是构建地质找矿新机制的课题已经提出来，也正在探索，但是还没有破题。基于上述考虑，地质找矿改革发展靠零敲碎打、点滴推进已经解决不了问题，因此我们部署开展了地质找矿改革发展大讨论。这个大讨论着重从思想和实践两个层面，围绕着思想观念、体制机制和技术规范3方面展开。把影响和阻碍地质找矿改革发展的问题梳理出来，把解决问题的措施办法提出来。大讨论搞了半年多，已取得了一定成果。

当前，在大讨论基础上，应该继续围绕着资源保障要立足国内这个党中央、国务院给我们提出的新任务和新要求进一步深化认识。历史上，一些西方强国早期是殖民式崛起，完全靠殖民地政策；随后一些西方大国靠掠夺式崛起。中国作为一个发展中大国，有13亿多人口，现在的GDP是30万亿，绝对不可能再走西方发达国家崛起的老路，只能是自主式的和平崛起。所以，资源保障要立足国内，也是从这种大判断下提出来的。

地质找矿大突破，探索也好，改革创新也好，必须遵循市场经济规律和地质工作规律。

构建地质找矿工作新机制，要着重在4个方面进行探索，即中央、地方、企业如何联动；公益性地质工作、商业性地质工作和地勘基金如何衔接，矿产勘查和开发如何结合；地质找矿、矿业权市场建设和地勘单位的改革如何配合。这4个方面是侧重从市场经济规律的角度来考虑，也是地质找矿改革发展所需要探索解决的问题。在这个过程中，政府不能与市场争权，不能与企业争利，政府最重要的是要为地质找矿改革发展创造政策环境。

遵循市场经济规律，一个重要的主体就是地勘单位。属地化改革已经快10年了，在各级党委、政府的支持和关心下，地勘单位有了很大发展，经济实力增强，工作生活条件改善，而且市场经营能力也提高了。但是地勘单位也面临着不少困难和问题，改革发展的任务还非常艰巨。到2020年要建成比较完善的社会主义市场经济体制，到那时地勘单位应该是一个名副其实的市场主体，一个企业法人。

当前，一部分比较困难的单位，依然是“戴着事业的帽子、走企业的路子”。但也有相当一部分单位通过近10年的改革，已经在市场经济条件下具备了生存发展的能力，他们开始感觉到事业的帽子阻碍了地勘单位的深化改革，我们鼓励按照市场取向进一步深化改革。部里正在把大家比较公认的广东、内蒙古、陕西和云南的做法以及其他一些省份有利于地勘单位改革发展的做法，做一次系统的归纳总结，形成一套政策方案，随后向各地推荐。一项既能把本地地勘单位搞活、搞富，特别是资源丰富的省份还能把自身的资源优势转变为经济优势的政策方案，相信各地政府一定会欣然接受并努力去参照实施。

从地质找矿来说，还要遵循地质工作规律，我们也提出了一些初步设想。从地质工作的安排部署上，就是要“找新区、上专项、挖老点、走出去，依靠科技和人才”，把地质工作部署到重要成矿区带上去、重要地质问题区上去、重要经济区域上去、重大工程建设区和海岸带上去。在这些区带上解决一些与地质工作有关的技术、信息、工程问题，更重要的是要通过这一系列部署，找出一些大型、特大型的矿床，特别是资源战略接续基地。在地质工作部署上，还要产学研相结合，多技术、多目标、多手段部署，争取在点上有突破，随后把点拉成线，把线扩成面，争取重大突破。

地质工作部署、地质找矿体制机制创新和探索，近两年也有了积极进展。像安徽的泥河铁矿、河南嵩县的金钼矿等都是一些整装勘查、短时间内评价的大型矿的典型例子，这些探索非常有益，也有一些基本特点。一是公益性地质工作起到了引领拉动作用，商业性地质工作进一步跟进，公益性和商业性地质工作相衔接。二是地勘单位发挥专业和技术优势，矿山企业发挥资金和管理优势，两种不同类型的主体和优势都能得到发挥。三是整装勘查，集团施工。普查、详查、勘探、开采，一条龙设计，多功能、多方法联合，加快评价。而且矿山开采企业加入进来，在勘查阶段就开始投资，融资问题也得到很好的解决。四是勘探开采一体化。一些单位与矿山企业通过多种形式组建股份制公司，找矿、开矿联合统筹，提高了投资效益，保证了地勘单位的权益，这些做法非常有益。

在遵循地质工作规律中，政府非常重要的一条就是帮助地勘单位或者矿山企业在一定程度上规避风险。目前，中国还没有比较成熟的地质勘查资本市场，现在唯独可以做的是发挥中央和地方两级勘查基金的作用，在公益性地质工作做到普查之后，中央和地方的勘查资金帮助勘查和开发企业规避勘探风险。政府还应该整合矿产资源，科学设置矿权，支持在整装勘查上下工夫，而且要统筹规划，统一部署地质勘查工作。要注重把调查和研究结合起来，政府要更注重管规划，而不是去管计划，甚至管项目。

总体来看，中国地质找矿潜力非常大，有3个字可以说明：一是“低”。中西部地区特别是西部地区地质工作程度低；二是“浅”。矿山勘探深度一般都在500m左右；三是“少”。现有的探明储量只是资源量的1/3。所以，“低、浅、少”反映出地质找矿的潜力非常大，现在已经在一些点上陆续取得重要进展。比如青藏专项，今年9月我们分别在西宁和拉萨总结了去年下半年到现在的工作，研究部署明年的工作，势头很好。新疆专项、青藏专项，现在确定一个目标，就是“358”计划，3年有重大进展、5年有重大突破、8年重塑矿产勘查开发新格局，现在来看“358”目标完全有可能提前实现。另外，还有两个很有希望的地方，一是蒙东地区和黑龙江北部，也就是大兴安岭成矿带，也有重大突破；二是云南。所以青藏、新疆、内蒙古和黑龙江北部以及云南这4个地区很有希望成为重大的资源战略接续区。

这里最核心的问题是制度设计和安排。现在有些同志还认为是投入不足，也有一定道理，我们正在争取，明年地质勘查工作投入还会进一步增加。今年前3季度，全国固体矿产投资已接近200亿元，由于金融危机，很多社会资金投入缓慢，基本上是把现有的重点项目保住，新项目一般不投入。今年的特点是中央和地方两级财政持续投入，社会投入有所萎缩。但是尽管这样，地勘投入还是接近200亿，明年还会有较大幅度的增加。如果我们的机制体制没有及时创新，制度设计安排不合理，资金投入越多，存在的一些问题将会进一步放大。所以，机制体制的探索创新极为重要，要及时自主地设计出方案，打造一个好的制度平台。无论是中央财政、地方财政或者是企业，投入到矿产勘查领域里来都会收到实效，取得比较好的效果，这样地质找矿工作才能持续不断地发展。

地质找矿改革没有多大风险，但如果不改革则会有危险的。因此，我们要进一步凝聚共识，为探索、改革、创新注入新的动力和活力。

四、开拓新领域，延长工作链，更好地服务经济和社会发展

地质工作既是经济建设的先行，又贯穿于长期建设的整个过程，而且已经开始渗透到经济建设的方方面面。当前，中国工业化、城镇化、农业现代化、城乡一体化的趋势非常明显，并在不断加快。

从区域上看，西部大开发、中部崛起、东部要率先实现现代化、东北老工业基地振兴，整个建设布局已经全面铺开。经济社会发展越来越多地对地质工作提出了多样化、高水平的服务需求，地质工作的服务功能和服务空间还很大，同志们对此一定要有清醒的认识。要加快传统地质工作向现代地质工作的转变，从资源保障为主向资源、环境、技术信息等多目标、多功能的地质工作转变，也就是要树立“大地质”理念，要捕捉和发掘需求，改进和创新工作，开拓新领域，延长工作链，更好地服务经济社会发展。

当前，要在做好传统的基础地质调查、矿产勘查、环境地质工作的同时，在清洁能源、气候变化、农业地质、城市地质、旅游地质和地质遗迹保护等方面进一步开拓创新。

为什么要讲清洁能源问题？同志们都知道，现在已经历了3次工业革命。第一次是英国的蒸汽机工业革命，第二次是美国主导的钢铁电力为主要特征的工业革命，第三次是以信息技术为主要内容的工业革命。第一次工业革命中国闭关自守丧失了发展时机，第二次工业革命我们被动挨打也没有抓住时机，但是第三次工业革命我们抓住了机遇，从落后者变成一个追赶者，在一定程度上又变成了领先者。从去年第四季度开始，波及全球的金融危机很可能正在酝酿着第四次工业革命。这次工业革命很可能就是以节能减排、绿色产业为特征。我们要很敏锐地意识到这种发展趋势，主动做好我们的工作。

开拓新领域和延长工作链，最重要的是要有抓手，要有平台。现在有不少好的理念、好的主意，由于没有抓手和平台落不了地。这里有几件事情需要进一步考虑和加强。

一是浅层地温能的勘查、评价、规划和开发。200m以上的浅层地温能，是基于地源热泵技术的应用，既能够制冷又能够供热。它要摸清变温层、恒温层和增温层的热源、热汇的分布规律，然后合理规划、开发利用。这项工作提得很早，但是进展并不快。前几天我们已跟天津市商定，让天津市先进行示范试点，也想请北京做一个示范试点，搞得比较好的还有沈阳、重庆。我们多做一些示范试点，在示范试点的基础上召开全国现场会，用典型示范来推动这项工作。这是可以做、应该做而又很少有人去做的事情，这项工作企业比我们要敏感得多，北京华清地热已经做得很大了。

二是应对气候变化。地科院一些研究单位在碳汇、碳储，包括气候变化的研究方面做了大量工作。最近，我们给国务院写了一个报告，也给节能减排、应对气候变化的牵头单位国家发改委做了一次沟通。对这项工作，地质工作要从独特的角度切进去，把我们的工作做好。

三是农业地质工作。这项工作我们做得比较早，但是成果利用还需要进一步深化。对54种微量元素的测试已经搞了200多万 km^2，对农业种植结构调整、化肥施放、特色农业发展都起到了非常大的作用。这项成果应用的宣传工作还要进一步跟上。我们的成果应该以更加通俗易懂的方式来提供使用，来进行宣传。

四是城市地质工作。中国的城镇化道路跟其他国家不太一样，形成一些巨型城市、超大型城市、特大型城市、大型城市的趋势非常明显。理论界说，巨型城市一般是有8000万人到1亿人；超大型城市一般是5000万人到7000万人；特大型城市一般是2000万人到4000万人；大型城市800万人左右；还有100万人的中型城市。随着经济的发展，一两小时交通的城市经济圈，促进了区域经济一体化，城市群内的经济一体化。现在可以看到，沿着欧亚大陆桥和长江通道两个横轴，沿着东部沿海，京哈、京广、包昆线这3个纵轴展开，这“两横三纵”的城市群正在形成。这就是上面说的巨型城市、超大型城市、特大型城市、大型城市。

城市地质工作大有可为。城市地质工作的抓手是什么？我们在上海、北京搞了两个试点，就是搞“数字城市”，地下的地层构造、地下水、地热，等等，都在计算机系统里，需要的话都可以提取、演示。如果要搞地下交通通道、搞地铁，还可以模拟穿过这些地层构造，看看施工可能会碰到什么问题。这些城市进一步还可以把市政建设的一些资料，比如地下管道等组合到“数字城市”信息里去。前不久，我们又跟国家测绘局的徐德明局长沟通过，国土资源部和测绘局联手搞“数字城市”，把地面的测绘资料加载进去，这对城市经济社会发展会起到积极的促进作用。这项工作可以实实在在地做起来，它是一种技术信息服务，其中地表的一些东西还可以向社会公开。

五是环境地质工作。全国有1600多个丘陵山区县，地灾分布很广，灾情也比较严重。现在是按照体量在进行地灾分类。今年也有一些新举措，如搞“十有县”建设，更好地防范地灾。将来的地灾防范能不能进一步开拓思路，把它搞成不同的区划，分区划进行监测、监控和治理。同时，要突出重点，主要是城镇人口居住集中区、重要流域包括三峡库区、重要交通干线、重要基础设施等。地灾防治重点要转移，面上要搞，可以通过不同的分区办法，但是点上更应该突出一些重点，防治工作要进一步转变到保区划、保重点上来。灾害地质学需要在现有基础上进一步做好。

还有重金属的污染。实际上，54种微量元素的土壤测试都做了。最近甘肃、陕西、湖南一些地方出现了血铅事件，今年3月我也到湖南株洲清水塘去看过那里的镉污染。那个地方重金属对土壤的污染非常厉害，已经不能再种庄稼了。

再有就是矿山环境、地下水监测。地下水是水资源，也是矿产资源，但更为重要的是地质环境问题，应该从地质环境的角度更好地对待地下水的监测问题。

六是旅游地质和地质遗迹保护。国务院最近要出台关于加强旅游工作的决定。我们也去过一些地方，有的叫一线天，有的叫大峡谷，有的叫地质公园，抬头一看，有的岩石都悬在头顶上，很危险。有关旅游公司每年应该请地勘单位去排查一次，尽量避免发生灾害造成伤亡。地质遗迹保护也需要加强相关研究工作。

七是地质信息的集成化和产业化服务。怎样进一步推进地质资料的统一汇交。一年花那么多钱，打那么多钻探工作量，但是这些资料相当一部分还分散在各个企业手中，有的都已经流失，非常可惜。汇交后还要搞好集成化和产业化服务。

所以，开拓新领域、延长工作链，能做的事很多，关键是要捕捉和发掘需求，改进和创新的工作。核心要设计出抓手和平台，实实在在地推进这项工作，才能够把它做好。

五、依靠科技进步，加强人才培养，加速地质工作的发展

地质工作探索性很强，又是技术密集型的工作。在社会需求、科学发展、技术进步三大动力的驱动下，地质工作已经“上天、入地、下海、登极”。今年的雪龙号是历史上搭载的科学家最多的一次，达251个人。今年在极地要搞53个研究项目。现在极地的争夺也是非常厉害。因此地质科技进步十分紧迫。

一是要重视基础研究、创新地质理论。历史上，陆相成油理论的创立促使中国摘掉了“贫油”的帽子。20多年前，我们引进卡林型金矿理论和韧性剪切带金矿理论，对于金矿找矿获得重大突破起到了积极的促进作用。中国金矿的开采量、产量在短时间内有了大幅度增长。最近几年，我们在推覆体下找煤，如福建虽然能源很缺，但推覆体下有煤，现在已打出2亿多吨煤，对福建来说是一个很大的事情。还有构造底下火山岩中找油，低缓磁异常区带找铁，最近几年都有突破。这充分说明基础研究和理论创新对地质找矿工作的重大作用。这项工作千万不要松懈。

我们还有一个很大优势，就是地质区位优势。我们有青藏高原，有东部4000多千米的高压变质带，有西北新生代的黄土、南方的岩溶，还有澄江动物群和热河生物群，这些地质现象都是世界上绝无仅有的。抓住这些地质现象开展研究，提供一些具有独创价值的研究成果，对全球地质学科的发展，对中国地质科研和地质找矿工作的推进都很有意义。所以，要突出重点，选择一批有基础有优势，一旦突破能起到重大带头作用的项目，争取加强研究，争取率先突破。

还有一项重要工作，就是现有地质数据资料的二次开发利用。这项工作跟地质信息集成化、产业化服务密切相关，希望大家给予重视。这是一项最经济、最容易见效的工作，大家一定要抓好。

二是要重视技术、方法、装备的创新和应用。要加大研发的力度，建立高效率、高分辨率、探测深、抗干扰、多元素、多参数的野外勘查技术体系。要充分利用3S技术，形成地、物、化、遥多学科交叉，空中、地面和深部立体探测与模拟一体化的地质调查和资源评价系统，而且要利用新理论、新技术、新方法和新装备来争取实现重大突破。未来大型矿床的发现，在很大程度上要依靠高新技术的应用和多技术的综合。特别是地质工作程度比较高的地区，像大型矿床的发现就得依靠高新技术和综合技术的应用。

三是要注重综合利用。矿产综合利用主要有3件事：第一是提高回采率，这是最主要的，要采用最先进的设计理念和开采技术提高矿产回采率。第二是要综合利用低品位、多元素、难选冶的矿床。中国80%的矿产都是共、伴生的，而且富矿不多，所以低品位、多元素、难选冶是综合利用中一个突出的问题，需要很好地研究。第三是特定矿种的利用研究。随着科技进步，这方面的前沿课题越来越多，需要加强研究。

四是要加大人才培养力度。现在整个行业大概140万人，专业技术人员只有32万人，只占整个队伍的23%，这是我们面临的一个非常大的问题。有些地勘单位非常敏锐地感到，未来一段时间，人才匮乏可能是最大的一个障碍，这些单位已经开始与大学甚至与学生签订合同，而且采取了很多措施，和一些学校联办培养人才。人才培养有3个途径：第一是加强院校培养；第二是鼓励一线成长；第三是用大项目、大成果来培养一批领军人才。我们正在考虑青藏项目整体打包，核心团队要持之以恒地做下去。我多次讲过，大项目我们有老专家做后盾，把年轻人当领军人物推到一线去磨炼，项目搞成之际也是人才成就之时。所以，要注意选拔和培养一批有良好职业道德和敬业精神，真正有真才实学和业务突出的年轻领军人才，辅以重任，重点培养，形成一批兼具野外和室内工作并有丰富经验的带头人队伍。同时，还要注意培养一批既了解地质科技发展，又熟悉地质科技的管理人才。这样才能相辅相成，才能使人才队伍很好地建立起来。

国土资源部已经与中国地质大学和吉林大学地学部签订了合作协议，并且每年做一次评估，总结进展情况，找出存在的问题，提出下一年要做的工作。这个评估要向院校通报。

六、地质学会要继续搭好平台，更好地为会员服务

中国地质学会要继续利用学术会议、科技期刊、现场观摩、科技讲座、互联网等传播科技知识，以利于大家提高水平和能力。当前，要围绕经济社会发展的需求，提高我们的保障和服务水平，来加强科研、勘查和教学工作。

中国地质学会是一个跨行业、跨部门的学术性组织，要研究解决一些大家普遍关心的问题，尤其像资料和信息共享问题，除了学会要研究之外，部里也要很好地研究。

中国地质学会还要当好部里的助手和参谋，发挥好咨询和建言献策的作用，为地质工作发展作出贡献。

当前，地质工作正面临重大的机遇。我们要增强责任感和紧迫感，继续秉承和发扬“三光荣”精神，团结一致，努力奋斗，为地质工作科学发展和经济社会持续平稳发展作出更大贡献。

创新机制　夯实基础　不断开辟地质调查工作新局面

——国土资源部副部长汪民在全国地质调查工作会议上的报告

（2009年2月24日）

同志们：

这次会议的主要任务是以科学发展观为统领，深入贯彻党的十七大会议精神和国务院关于加强地质工作的决定，落实中央经济工作会议、全国国土资源厅局长会议精神，总结去年工作，明确今年主要任务。

不久前，李克强副总理在会见第四届黄汲清青年地质科技奖获奖者时，就如何做好新时期地质工作发表了重要讲话。明天，徐绍史部长还将亲临会议并作重要讲话。我们要认真学习，深刻领会，切实贯彻落实。下面，我代表地调局党组讲3个方面意见。

一、2008年地质调查工作回顾

2008年是极不平凡的一年。在部党组领导下，我们以深入开展学习实践科学发展观活动为契机，解放思想，转变观念，着力构建保障和促进科学发展新机制，组织全国相关地质队伍，奋力投入抗震救灾，大力推动地质找矿，精心组织项目大检查大盘点，扎实推进业务和队伍建设。努力克服冰雪灾害、汶川地震等不利因素的影响，项目顺利实施，完成全年地质调查任务。

（一）学习实践科学发展观，探索地质调查新机制。

在中央的统一部署和部党组的领导下，局机关和在京直属单位扎实开展学习实践科学发展观活动。通过大学习、大讨论，广大党员干部进一步树立了保障科学发展的理念，增强了贯彻落实科学发展观的自觉性和坚定性。紧紧抓住地质调查系统落实科学发展观的重点环节，深入分析影响和制约地质调查事业发展的观念、体制、机制、人才和科技五大关键问题。以构建地质调查新机制为主线，探索破解长期困扰全局工作难题的治本之策，推动科学发展观在地质调查工作中落地生根。

一是推进地质找矿新机制。按照“找新区、上专项、挖老点、走出去、依靠科技和人才”的总体思路，以部（局）省合作为平台，探索构建中央、地方和企业相互联动，公益性地质工作、地勘基金和商业性矿产勘查合理分工、有机衔接，共同推进地质找矿新机制。以编制总体部署方案为抓手，联合组建项目办公室，统筹协调中央、地方、企业和地勘单位，统一部署和组织实施重点成矿区带地质找矿，推进整装勘查。

部（局）已分别与新疆、青海、西藏、黑龙江、云南、福建、湖南等省（区）人民政府，与内蒙古、安徽国土资源厅及五矿集团、紫金矿业、大庆油田签署合作协议；与中央地质勘查基金管理中心建立了会商和协调机制；与新疆、青海、西藏、黑龙江、安徽、福建等省区共同组建了项目实施的组织机构，编制了总体部署方案，初步实现了各类资金统一安排和多专业综合部署，并有效促进资本与技术结合，充分发挥地勘队伍找矿主力军和社会投资两个积极性。相关省（区）地质调查院在总体部署方案编制和组织实施过程中发挥了重要作用。

二是探索实施大项目机制。为解决地质调查项目分散、业务建设难以系统展开、有序推进以及领军人才缺乏等突出问题，总结大调查开展以来的经验，研究提出构建大项目机制的总体思路。按照大项目机制的要求，明确项目管理体系，做实计划项目，落实管理责任，强化业务实施，充分发挥广大业务干部积极性，着力改变项目设置散而小、项目管理一统到底、抓不细抓不实的工作弊端，初步形成了业务实施与项目管理的新框架，研究提出了2009年计划项目建议方案。

三是积极探索服务经济社会发展的新路子。进一步贯彻落实温家宝总理关于地质工作“两个更加”的要求，在天津滨海新区和河北曹妃甸新区，探索开展环境地质调查新模式。项目组主动向政府部门了解需求，提供服务。政府部门积极为项目实施排忧解难，提供条件。两个新区凡有新的规划决策，必先征求地质单位意见。项目组凡有新认识、新进展，主动及时向政府决策部门通报。调查评价成果为重大工程规划选址发挥了重要作用，中央投入带动了数倍地方投入。依托项目，培养出了两个技术过硬、作风优良的工作团队，初步实现了陆海统筹、资源环境工程统筹、多技术多专业多学科综合部署、产学研联合攻关。

城市地质工作迈出新步伐。上海地质调查推动立法建立跨部门资料汇交和信息共享机制，集成各类数据，建立三维可视化信息管理系统，及时应用于城市规划评估、土地管理以及地铁等工程建设和安全预警，为政府管理决策提供强有力支持。北京市将地质工作纳入城市规划体系，研究重大工程建设决策均听取地质部门意见。天津、南京、杭州、广州城市地质调查，在城市规划和建设中发挥了重要作用。试点工作带动了合肥等6个城市开展城市地质调查。

部省合作开展的土壤地球化学调查，主动与地方政府合作，开展土地质量和名优特产品地球化学背景调查，不仅取得了一大批系统完整的珍贵资料，而且发掘了一批特色产品基地，为农业规划、农业结构调整以及土壤污染治理等提供了基础服务。

同时，在科技创新与国际合作、人才培养、公共服务等方面进行了积极探索。

（二）强化管理，地质调查业务建设取得新进展。

一是精心组织大检查大盘点。按照统一部署要求，认真组织开展自查盘点、抽查、展评、整改、汇总梳理5个阶段盘点检查工作，取得良好成效。

通过检查盘点，全面掌握了地质调查工作基本情况。1999~2007年，国土资源大调查地质调查共安排3795个项目，涉及184个承担单位，总经费75.6亿元。总体上看，大调查项目实施和运行管理情况良好，预算财务管理比较规范，取得一批重要成果。但也有一些项目存在质量下滑、成果水平不高、资料汇交不及时、经费管理不规范等现象，个别项目没按计划完成任务。

在盘点检查的基础上，以凝聚形成整装大成果为目标，提出了重点地区、重点领域和重点专业数十项成果集成方案。对检查盘点发现的问题，认真分析原因，提出了整改要求，正在抓紧落实。总结大调查项目实施和管理的经验教训，深入研究改进完善项目管理和业务推进的工作思路。

二是加强工作部署和专项申报。按大项目机制，积极推进各专项统筹部署、各专业综合部署、技术与预算协调互动。2009年设置了96个计划项目，项目计划已经部务会审查通过，报送财政部，全部纳入部门预算。计划项目总体实施方案已通过论证，完成审查，工作项目任务书正陆续下达。积极推进专项申报，《海洋地质保障工程》、《青藏高原地质矿产调查评价专项》、“汶川地震断裂带科学钻探工程”经国务院同意，顺利实施。“深部探测技术与实验研究专项”启动。“十二五”地质调查规划部署研究工作逐步推开。

三是着力完善项目的组织实施。加强与有关部门沟通协调，及时下达项目任务书，较往年提前2~3个月。明确责任，加强设计审查把关，4月份基本完成设计审查，为及时开展野外工作奠定基础。在项目实施过程中，对野外调查项目实施情况，加强跟踪了解。积极应对突发事件影响，对涉及藏区、南疆三地州、地震灾区等项目，加强协调，帮助解决困难和问题，及时调整工作任务。各项目承担单位负责同志深入野外一线、靠前指挥，保障了项目工作的顺利实施。

四是加强技术交流与研讨。围绕地质调查的重点领域、重大地质问题，积极开展跨学科、综合性、多层面、多领域的国际国内学术交流、现场考察与业务研讨，对促进学科发展，提高业务能力起到了良好作用。全年共组织各类学术活动200余次。全国铁矿会议之后，地调局及时跟进，完善部署，狠抓推进，铁矿勘查呈现新的局面。

五是人才培养力度加大。通过岗位练兵、野外现场考察交流、挂职锻炼以及与大学联合培养等方式推进人才培养。举办地调院总工、环境监测站长等各类业务培训班30多期，全国百余家地勘单位2500余人次参加。依托大项目、重点实验室培养人才，建立老中青结合的优秀专业团队。南京地质调查中心与院校合作，地质调查与教学实习相结合，出成果出人才。江西省地质调查研究院、西安地质调查中心等设立博士后科研工作站，推动了高层次专业人才培养。

（三）精心组织实施，地质调查取得一批新成果。

一是基础地质工作程度进一步提高。在大兴安岭等重点成矿区带完成1:5万区调5.4万km^3、1:20万区重19万km^2、1:20万区化23万km^2、1:20万航空物探6万测线千米，使全国工作程度分别提高到20.6%，41%，58%，54%。提交一批基础地质图件。在羌塘高压变质带、罗平生物群、古亚洲洋闭合时限等基础研究方面取得重要进展。编制了东天山—北山等8个重要成矿带和青藏高原地物化遥系列图件。完成大瑞铁路和南水北调西线工程沿线1:2.5万地质图测编。启动全国地质志修编工作。

二是矿产资源调查评价取得新进展。新发现物化探异常1210处、矿产地29处，其中大中型矿产地20处，为资源勘查提供了新的靶区。雅鲁藏布江成矿带山南地区发现大型斑岩铜钼矿，冈底斯1200万吨铜资源基地继续南扩。念青唐古拉地区初步形成千万吨级铅锌资源基地，仅亚贵拉铅锌矿资源量便超过400万吨。班公湖－怒江成矿带显示巨大潜力，多龙矿区铜资源量扩大到400万吨。安徽泥河铁矿，一年集中投入1.4亿元，形成最多时19台钻机“会战”场面，短时间内探明了1.1亿吨的大型铁矿。深部找矿在辽宁、山东、山西、河北等探获厚大隐伏铁矿体，本溪基本探明一个超大型铁矿，前景令人振奋。东昆仑成矿带索拉吉尔发现富铜、钼矿化带。

三是能源地质调查展示新的资源潜力。青藏高原羌塘盆地圈定5个最具远景勘探目标区。雪峰山西侧初步圈定海相碳酸岩油气资源勘探选区。松辽盆地外围初步圈定6个远景区。西北银额盆地初步证实石炭—二叠系是良好的油气远景区。吐哈盆地、鄂尔多斯盆地和二连盆地铀矿取得重要进展，新发现矿产地9处，有望形成大型铀矿资源基地。海域天然气水合物调查评价圈定了新的远景区。

四是水文地质环境地质调查取得新成果。开展北方地方病严重区、西南岩溶石山地区、四川阿坝大骨节病区水文地质勘查，为70多万人提供了饮用水源，建立了一批示范工程。完成内蒙古能源基地地下水勘查，查明5处大型超大型水源地。完成北方主要盆地平原地下水动态监测优化方案，初步建立国家地下水监测剖面。完成珠三角、长三角、淮河流域和华北平原32万km^2区域地下水污染调查，为制定“全国地下水污染防治规划”提供科学依据。初步查明15个省177个地级以上城市主要环境地质问题状况。

五是地质灾害调查监测取得新成效。新完成山地丘陵区地质灾害调查300个县，累计完成1430个县。完成地质灾害详细调查29个县9.4万km^2，查明地质灾害隐患点7360余处。在四川、重庆、湖北、陕西和青海等地完成677个特大型滑坡调查及风险评估，提出防治对策。北京等6个地质灾害监测预警示范区建设稳步推进。汾渭盆地建立地面沉降与地裂缝监测网络，成果及时为西安地铁建设提供重要依据。各省地质环境监测总站克服重重困难，坚持并加强地下水监测，积极组织开展地质灾害预警预报。地调局被联合国教科文组织国际滑坡协会评为“国际滑坡减灾杰出中心”。

六是海洋地质调查步伐加快。在中国海域开展4幅1:100万海洋区调，获得了海底沉积物、海底地质结构、地貌地形以及海洋动力学资料。黄河三角洲、长江口北、北部湾等重点海岸地质调查，初步查明近岸海底地质环境，对工程建设、规划选址和工程维护提出了重要建议。在东沙、南黄海、南海北部圈定新的油气远景区。海洋地质调查专项顺利推进，取得一系列新成果。

七是地质科技取得新进步。物探、化探、钻探、难选冶矿产综合利用技术、地质灾害监测技术和信息提取技术等6个领域15项技术取得重要进展。作为《地壳探测计划》的培育性计划——“深部探测技术与实验研究”国家专项正式启动。深部探测技术的试验应用和航磁资料的再解释，促进了辽宁、河北、山东、山西、安徽等深部隐伏铁矿的勘查发现。成功研制地质灾害报警器，在地质灾害防治中发挥了作用。成矿地质条件与成矿预测的研究，对指导冈底斯成矿带铜矿勘查发挥了重要作用。新增广西下石炭统杜内－维宪阶、湖南寒武系古丈阶两个“金钉子”。在江西赣州发现两枚带有胚胎的窃蛋龙蛋化石，属国内首次。全球变化地质响应研究开始启动。月岩陨石测年获得锆石年龄（3918±9Ma）。2008年共获得国家科学技术进步二等奖3项，国土资源科学技术一等奖3项、二等奖37项。

八是国际合作与境外地质调查得到加强。与9个国家地调机构签订协议。成功举办3期研修班，亚非26个国家70多位官员参加学习。江西、河南等地调院和沈阳、武汉地调中心开展境外地质调查取得重要成果。马达加斯加地球化学调查发现较好的铁、镍等矿产地，引导国内企业跟进。精心组织参加第33届国际地质大会，1:500万亚洲地质图、1:250万亚洲中部地质草图、关于汶川地震地质报告等，引起国际地质界广泛关注。合作开展周边14个国家成矿带对比研究，完善全球矿产资源信息系统，举办第二届“境外矿产勘查论坛”，为企业“走出去”提供服务。联合国教科文组织国际岩溶研究中心在桂林岩溶地质研究所正式揭牌成立。国际工程地质与环境协会活动构造地质灾害专业委员会挂靠地质力学所。中荷合作“中国地下水信息中心能力建设”和北京、山东、新疆3个监测示范区建设取得重要成果，起到了示范作用。

（四）服务大局，地质调查支撑能力进一步增强。

一是全力以赴为抗震救灾和灾后重建提供服务。地震发生当晚，立即协调人员和飞机，紧急开展灾情遥感调查，第一时间向国务院提交重灾区航空遥感影像，为中央及时掌握灾情、指挥抗震救灾提供重要依据。地质系统大批专家冒着生命危险奔赴灾区现场，风餐露宿，攀上爬下，深入细致地开展地质灾害应急排查，多次成功指导当地群众避险。配合水利部圆满完成10个堰塞湖风险调查评价。

快速组织一支专家队伍，夜以继日，完成地震灾区84个县（市）次生地质灾害遥感解译和综合评估，为防范地质灾害提供可靠信息数据。完成灾区资源环境承载力评价，为土地利用规划、地质灾害防治规划及灾后重建提供重要依据。开展地震发震机理和灾情分析研究。积极参与国家汶川地震专家委员会。研究编制《汶川地震地质灾害图集》。部署实施汶川地震带科学钻探工程。地震地质研究在国内外引起比较强烈的反响。向中央办公厅、国务院办公厅、国务院应急办等30多个政府部门和川、甘、陕3省人民政府提供相关资料共1200余件。

各有关省（区、市）地质调查院、环境地质总站、地质院校、中央管理的地勘单位、地调局系统广大地质工作者将抗震救灾作为神圣使命，发挥技术优势，迅速采取行动，奋力投入抗震救灾和灾后重建，关键时候拉得出，顶得上，为灾区人民作出了应有的贡献，向祖国交出了一份令人满意的答卷。

二是主动为扩大内需促进经济平稳较快发展提供服务。积极响应中央关于扩大内需促进经济平稳较快发展的新要求，落实部决策部署，研究提出关于加大地质信息资料服务力度等10条措施。主动与铁道、交通、建设、环境、水利、电力、测绘等部门联系，召开供需见面会，为国家重大工程选址和建设提供地质资料。积极支持中央关于加快新疆修建铁路保障资源外运等新的重大决策，研究完善地质调查工作部署方案。

三是加大为国土资源管理决策服务的力度。积极参与矿产资源规划编制，扎实推进危机矿山接替资源找矿相关业务，矿情调查工作有序推进。省级地调院在承担资源潜力评价工作中逐步显示出信息和技术实力。完成85个重点矿区矿山多目标遥感监测，为部整顿规范矿产资源开发秩序、实现“以图管矿”提供了决策依据。为云南哀牢山特大地质灾害、山西襄汾溃坝和防治冰雪融化引发地质灾害等事件，提供了重要技术支撑。及时发布汛期地质灾害气象预报预警。广东、福建、浙江、湖南、贵州等地质调查单位，支撑地方政府防灾减灾取得良好效果。上海地调院积极利用地质调查评价成果，开展基本农田质量评价、土地后备资源潜力评价和地下地籍管理探索。江苏、内蒙古、黑龙江等地质调查院，积极支撑国土资源管理部门做好规划和地勘基金管理。

四是提升地质资料服务能力。健全完善地质资料汇交、信息共享服务制度。初步构建以全国地质资料馆为统一窗口的分布式信息服务体系。新公开发布一批1:5万和1:25万数字地质图，1:20万数字水文地质图、航磁异常图，1:20万自然重砂数据库，国家级地下水动态监测数据，及3000种地质调查成果报告。全国地质资料馆地质资料服务量达12万人次，比上年翻了一番。

总之，过去的一年，在部党组领导下，大家齐心协力，克服了种种困难，取得了重要成绩。在此，我代表局党组，向广大地质调查工作者，向关心支持地质事业的各级领导和朋友们，表示衷心的感谢！

二、当前形势与2009年任务

2009年是经济最为困难，挑战最为严峻的一年。

一方面，受金融危机和矿业周期性调整的双重影响，全球矿业经济正处于“一松一紧，震荡调整”的关键时期，国内外矿产勘查投资紧缩，社会投资矿产勘查更加谨慎，矿业形势严峻。地质工作面临新的挑战和机遇。

另一方面，新兴国家和发展中国家，矿产品需求仍会持续上升。从长远看，全球对矿产资源需求偏紧的局面没有改变。中国处于工业化城镇化时期，发展的基本面没有变，资源、环境约束仍是经济社会发展的主要矛盾，实现地质找矿重大突破仍然是地质工作的重大任务。尤其是中国基础地质工作欠账太多，勘查后备基地严重不足，加强前期工作显得尤为迫切。

去年下半年以来，为应对全球金融危机，党中央、国务院果断采取一系列扩大内需促进经济平稳较快增长的政策措施。实施民生工程，加快城镇化和工业化，对地质工作尤其是地质信息服务、重大工程选址、区域性调查评价和广义环境地质工作等提出了迫切需求。开展国土资源规划、矿政管理、地质灾害防治、地质环境合理开发利用和保护，以及土地适宜性评价等，非常需要地质调查工作提供强有力支撑。

随着国际矿业投资环境趋向宽松，矿产勘查开发“走出去”将出现新的局面，迫切需要我们加强境外前期地质调查，及时提供境外地质矿产和矿业投资环境信息服务。

面对新形势、新要求，地质调查工作要抓住机遇，主动作为。特别是2009年是大调查即将收官之年，要全面总结、谋划未来，完善机制、调整结构，加强基础、依靠科技，切实抓好业务、带好队伍，推动找矿突破，增强服务功能。所有地质工作者都要把认识调整统一到中央的要求上来，坚定决心，增强信念，发奋工作，千方百计为扩内需保增长调结构，促进经济平稳较快增长作贡献。

（一）强化基础，着力提高地质调查工作程度。

以解决资源、环境调查迫切需要解决的基础地质问题为目标，创新填图方式，狠抓图幅质量，提升调查水平，充分发挥基础地质支撑作用。

一是继续开展昆仑-阿尔金、冈底斯、大兴安岭和西南三江等重点成矿区带的1:20万区域地物化遥调查和重点地区的1:5万区调填图，查明成矿带地质背景，指明找矿方向。按照“填图扫面—区带综合—全国集成”的思路，完成西南三江、南岭、西天山等8个重要成矿带的地物化遥系列编图。

二是推进“长三角”和环渤海经济区、四川地震灾区、大瑞铁路的区调填图，为重大工程建设和规划提供基础图件。

三是继续推进青藏高原基础地质调查成果集成和综合研究，强化全国区域地质志修编的组织实施。

四是选择羌塘、西昆仑、大兴安岭、“长三角”、大瑞铁路等不同类型地区，开展填图示范。结合国际合作，充分应用高新技术开展填图试验，分类制定区调技术要求，清理完善标准体系。

五是加强1:100万海洋区域地质调查、重点海域油气资源战略调查、近海海砂及相关资源潜力调查与评价，以及重点海岸带环境地质调查与评价工作。

（二）争取突破，加强能源与重要矿产资源调查评价。

围绕国家需求，加强能源基础地质调查，对能源勘查选区提供有效指导；开展重要成矿区带的矿产远景调查，增强矿产勘查后劲；依托新机制，推进重点成矿区带勘查，力争形成有宏观影响的大成果。

一是继续组织开展青藏地区、新疆地区、西南三江、大小兴安岭、长江中下游等成矿带的矿产资源调查评价。部省联合实施勘查会战，在西天山、乌拉根、祁漫塔格、金达、山南、滇西北、庐枞-九瑞、锡田、二连-东乌旗和多宝山等10个重点区加大地质找矿力度。加大对班公湖-怒江铜多金属矿、扬子地台周缘铅锌矿等新区及新类型资源评价力度，为矿产勘查提供后备选区。

二是加快推进全国矿产资源潜力评价。完成全国铁、铝定量预测，提供使用。加快推进省级建造构造图、大地构造图、重要成矿区带重点矿种预测要素图等基础图件的编制。开展成矿区测，圈定、筛选预测区，为“十二五”部署研究提供依据。大区中心要高度重视，与各省厅加强联系，搞好指导与监督。地调院等承担单位要将这项工作摆在重要位置，配备专职人员，抽调专门力量，确保任务完成。

三是加强能源基础地质调查。加大天然气水合物的调查评价力度，力争陆域重大突破，海域取得新进展。继续围绕中上扬子海相盆地、西北银额晚古生代盆地、松辽盆地外围等地区开展油气基础地质调查评价，开展成油成藏前景研究，力争圈定油气资源勘查选区。

（三）服务民生，推进水工环地质调查评价。

围绕地下水资源与环境安全、地质环境保护和地质灾害防治，重点在中国西部严重缺水区、地质灾害多发区、重要经济区和重大工程区部署工作。

一是加强重要区域环境地质调查评价。总结推广环渤海项目工作经验，全面推进“一带五区”（海岸带和“环渤海”、“长三角”、“海峡西岸”、“珠三角”、“北部湾”）环境地质工作。落实部省合作协议，开展武汉、长株潭、昌九等城市群综合地质调查试点。综合集成全国矿山地质环境调查成果，完善评价信息系统。做好城市地质调查试点工作总结，完善技术标准。继续开展生态地球化学调查，按照流域、省域、专题3个层次开展成果综合集成。继续推进全国区域生态地质环境遥感调查。

二是深化推进水文地质工作。发挥国际岩溶中心作用，继续开展贵州、云南、广西和湖南等省区岩溶水文地质调查和重大问题研究。以四川省大骨节病区和东北、华北地区为重点，继续开展地方病严重区地下水勘查。加快推进淮河流域、华北平原和下辽河平原等地区的地下水污染调查评价。加强华北、松嫩等北方主要平原盆地地下水动态调查与监测。

三是做好地质灾害调查与监测预警工作。加强汶川地震灾区、秦巴等4个地质灾害易发区的详细调查，建立群专结合的监测预警系统。继续在重庆等地质灾害严重地区开展特大型滑坡灾害调查工作。完善四川雅安、陕西延安等8个监测预警示范区建设。综合集成青藏铁路、滇藏铁路、三峡引水等重大工程建设区的区域地壳稳定性调查评价成果，开展活动构造与地质灾害成生关系研究。继续推进长江三角洲地区、华北平原和汾渭盆地地面沉降监测，开展西安地区地裂缝机理与防治试验研究和长江三角洲地区地面沉降风险管理试验研究工作。

（四）依靠科技创新，加强国际合作。

围绕资源、环境的重大地质科技问题，发展地质科学理论，研发关键技术，坚持调查与研究相结合，示范与应用相结合，国内与国际相结合，不断提升地质调查能力和水平。

一是加强地质理论研究。开展重点成矿区（带）成矿规律和找矿模型研究，发展成矿理论和矿床预测方法。开展青藏高原大陆动力学与成矿作用、全球变化地质响应、关岭等重要生物群落起源演化研究。继续开展1:500万亚洲地质图、亚洲地下水资源与环境图等系列图件编制。继续加强全球界限层型剖面研究。初步完成全国多重地层表编制。积极推进国家级重点试验室的申报，加强和完善部级重点试验室的管理与支持。

二是加强方法技术研究。建立“区域地质分析—地面物化遥调查—深孔钻探施工—井中物探”深部勘查综合技术体系。完善浅覆盖区浅钻取样化探技术示范。研制多功能电法仪、150－2000米系列岩心钻机等一批仪器设备。完善数字地质调查系统和综合信息管理系统。开展鄂西宁乡式铁矿等开发利用技术研究。完善分析测试标准体系，研制一批标准物质。继续加强地质勘查技术培训与推广。

三是积极开展国际合作与交流。组织地质调查单位参加加拿大探矿者协会年会（PDAC）和美国地球物理年会（SEG）等重要国际会议，及时掌握国际最新动态。扩大与国际地科联、CCOP、国际滑坡协会等国际组织的联系与沟通，积极参与各项活动，提高国际影响力。加强与国外地调机构交流与合作，争取与印度尼西亚等6个国家签订合作谅解备忘录，扩大国际合作网络。

四是为“走出去”做好支撑。继续开展援外地质调查。探索与金融机构、矿业公司和地勘单位合作模式，推动境外地质勘查工作。加快全球矿产资源数据库建设，新增一批国家的基础资料。开展中国周边重要成矿带境内外对比研究，提出勘查选区建议。办好境外矿产勘查论坛和国外地矿管理官员培训班。

（五）围绕国土资源管理中心工作，加大支撑服务力度。

围绕部2009年重点工作，积极配合，主动服务，做好国土资源规划、管理、保护与合理利用的技术支撑工作。

一是继续推进全国矿产储量利用调查评价和矿业权核查工作。开展煤炭、铁、铜等8个矿种的储量核查。完成矿业权实地核查的野外工作。

二是扩大监测范围，完善工作方法，开展163个重点矿区矿山多目标遥感监测，为部推动“一年一图”和“以图管矿”提供技术支撑。继续做好危机矿山接替资源找矿的相关业务工作。

三是为地质灾害防治与地质环境保护提供支撑。加强汛期地质灾害巡查与突发地质灾害应急处置工作，重点为三峡库区和汶川地震灾后重建地质灾害防治提供技术支撑。继续做好地质灾害气象预报预警。

四是支撑部重大战略研究和规划编制工作。配合做好矿产资源规划、地质勘查规划实施。开展“十二五”地质调查规划和境外勘查开发规划研究。积极参与地质找矿突破大讨论、矿与地质工作战略研究。开展地勘行业改革发展调查研究。跟踪研究国际矿业经济发展态势。开展国内矿产勘查进展与形势分析。协助开展矿产勘查实施方案、矿产资源开发利用方案审查。

五是积极做好地质资料服务。完善地质资料信息共享与服务机制。进一步做好为国家重大工程建设提供基础资料的信息服务工作。加强网络服务，开发多层次、多目标、不同表达形式的地质信息产品。促进地质信息资料集群化服务，探索地质信息产业化的途径。新增加3000种成果地质资料、5000册地学文献资料，10类专业数据库的网上在线服务。

（六）总结成果，谋划好“十二五”工作部署。

全面系统梳理地质调查成果。在大检查大盘点的基础上，总结10年来地质调查工作，分专业、分地区、分领域，梳理形成重大成果，加强成果的转化应用。局机关要做好部署，抓好组织落实。项目承担单位要按照局的统一部署要求，做好本单位项目成果的梳理总结，加强综合集成与应用服务。

认真做好“十二五”工作部署。在部的指导下，着重做好国家重大需求分析，研究部重大决策，合理确定“十二五”工作总量、结构和布局，统筹部署好陆域、海域、境外的地质工作。大区地调中心要紧密结合区域发展需求，主动与地方政府沟通协调，联合区域内各地调院、总站等单位，扎实做好区域部署研究。局有关部室要组织有关单位加快专题部署研究。区域部署和专题部署研究要在6月底以前完成，综合部署研究要在年底之前完成。局属各单位、地调院、环境监测总站要认真做好本单位“十二五”业务发展规划，对国家地质调查工作部署提出建议。

积极推进重大专项立项。抓紧协调落实海洋地质保障工程和深部探测技术与实验研究专项的经费预算。加快推进国家地下水监测工程、地质资料开发利用工程等重大专项的立项申报。

2009年地质调查任务已经明确，各单位要早准备、早行动，及时开展野外工作，做好安全生产，确保完成任务。

三、着力推动地质调查工作科学发展

巩固学习实践科学发展试点工作成果，进一步解放思想，改革创新，遵循经济规律和地质工作规律，扎实推进各项工作，使科学发展观落地生根，不断增强地质调查工作对经济社会可持续发展的服务能力。

（一）进一步解放思想，转变观念。

一是确立科学发展理念。在新的历史时期，地质工作在保障资源、保护环境、防治灾害、应对全球变化等重大问题上，肩负重要历史使命。广大地质工作者必须进一步增强责任感，准确把握新形势新要求，加快构建保障和促进科学发展新机制，着力提高推进业务、带好队伍的能力，着力提升攻坚克难、科技创新的水平，促进地质事业繁荣发展，为中国经济社会全面协调可持续发展提供重要基础支撑。

二是树立主动服务意识。要坚决破除自我封闭的工作模式，面向国家重大需求，积极主动地开展工作，为国家宏观决策服务，为经济社会发展服务，为国土资源管理服务。以项目为抓手，在立项、实施、成果转化应用等各个环节，主动征询各有关部门和各类用户的意见。地调局机关要进一步增强对国家宏观发展战略和重大决策的敏感性，主动向部相关司局沟通汇报，及时提供决策支持。局属各单位要切实做好技术支撑，善于将对地质条件和规律的认识，转化为服务国土资源管理的技术和政策工具。各省地调院、环境监测总站要主动向省级国土资源厅局汇报沟通，为国土资源管理提供技术支撑。

三是强化基础地质工作。基础地质工作程度是衡量国家地质工作水平的标志，具有鲜明的探索性、综合性以及服务上的多功能性和长效性，需要超前部署、长期积累、有序更新、不断深化。中国基础地质工作程度不高，仍然是制约资源、环境和工程勘查的瓶颈，各单位要把基础地质工作作为立业之本。

四是创新工作方式。当前地质勘查体制机制发生了重大变化，我们必须改变“过去怎么干、现在还怎么干”的习惯，树立大视野，立足干大事，下决心打破项目、专业之间的分割，实行统一部署、综合部署。大胆创新和运用新的理论和技术方法手段，修订各类地质调查技术标准规范，创新成果表达形式，提高质量和效率，更好地满足实际应用需要。

（二）调整结构，延长地质工作链。

一是调整地质工作结构。矿产工作主要集中精力做好重要成矿区带的矿产前期调查、成矿规律研究和潜力评价工作，开展攻关示范，提供公益服务，依靠新机制推进找矿突破。要适当收缩点上的矿产勘查项目，与勘查基金衔接协调。基础地质调查和环境地质工作必须进一步加强。环境地质工作要调查、监测与研究紧密结合，加强区域整体评价，准确把握客观规律，强化点上技术攻关，突出成果转化应用，不断拓展服务能力。基础地质工作重点是为后续的资源、环境、工程等各方面提供坚实基础，以重点成矿区带、重要经济区、重大工程建设区、重大地质问题区为重点，集中力量，地物化遥综合部署，多专业联合攻关，图幅带专题，区带设综合，项目带学科。

二是统筹协调中央和地方基础地质工作。着力建立中央与地方合理分工、有机衔接的运行机制。鼓励地方加大基础性地质工作投入力度。加强中央与地方基础地质工作的统筹协调和信息共享。工作部署和组织实施要统一技术规范，统一成果要求，强化资料汇交，确保基础数据的质量。

三是拓展地质调查应用领域。围绕中央扩大内需、产业结构调整和民生工程，主动提供已有地质信息资料。根据不同用户需求，深度开发已有的调查成果和地质资料，创新表达方式，增强服务实效性。项目设置和任务设计要深入研究经济社会发展对地质工作的具体要求，增强项目针对性。工作部署要统筹考虑经济社会发展方方面面的重大需求，扩大服务领域。

（三）开拓创新，持续推进地质调查新机制。

一是加快落实矿产勘查新机制。要对部（局）省合作协议落实情况进行一次全面评估。已完成方案编制的，依据新形势新情况，完善部署，抓紧落实，及时跟进技术研讨和专家会诊，推进合作顺利实施。尚未形成方案的，要尽快研究论证。加大与省级人民政府协调力度，敦促地方资金及时到位。加强与中央地勘基金中心协调，切实形成地质找矿工作的有效接替。依托地质大调查，借助勘查基金，积极促进资本与技术的有机结合以及矿业权的合理设置，推动矿产勘查各项环节、各有关方面的相互衔接和良性互动，加快实现找矿突破。

二是进一步推进大项目机制。在工作部署上，紧扣国家重大需求设置大项目，形成以大项目为支撑的地质调查工作部署新格局。在业务推进上，做实做强计划项目，明确目标任务，落实工作责任，充分发挥实施单位统筹作用，组织相关承担单位共同参与，出大成果，培养大人才。在项目管理上，健全完善局机关、大区中心、项目承担单位三级管理体系，逐级落实责任目标。局机关统筹协调，大区中心加强监督管理，承担单位强化项目业务推进质量、进度和经费的管理。

三是积极推动地质资料服务机制。完善制度，将地质资料汇交与承担新项目挂钩，将地质资料利用情况纳入成果评价指标体系，将信息服务情况作为单位考核的重要内容。逐步建立以国家、大区（专业）中心和项目承担单位的三级信息服务体系，形成统一标准下的集群服务新局面。积极推进地质资料信息服务集群化和产业化。

要积极探索推进科技创新、国际合作等新机制。科技创新关键是要营造宽松环境，鼓励探索。国际合作要从事务性迎来送往和一般性的交流走向战略层面，着力打造平台，予以战略性推动。

（四）改进管理，狠抓项目组织实施。

一是切实加强组织实施的管理。各单位一把手要高度重视项目的组织实施，高度重视本单位的各项业务与队伍建设，完善内部管理制度和管理程序，强化业务管理，狠抓业务推进，保证项目组人员、装备和经费到位，确保工作质量和各项预定任务的完成。要按照生产力标准，将项目质量和项目成果作为局属单位的重要考核指标，作为其他单位承担地质调查的基本要求，进行定量化考核。

大区地调中心要做好区内项目的组织管理，加强项目实施进展的督促、检查和指导，全面掌握项目的质量和进展情况。发现问题，及时与承担单位协调处理，并将有关情况报中国地质调查局。

局机关要加强跟踪统计，检查督促。探索建立地质调查项目承担单位准入制度和信誉等级评估制度。对管理规范、质量可靠、成果突出的项目承担单位给予奖励。对完成不好的单位，要加强督促检查，及至取消承担项目的资格。

二是强化预算与财务管理。各单位要高度重视预算财务管理，确保国家资金安全和运行高效。地调局已将财务预算管理作为局属单位领导班子考核的重要内容，对强化财务管理、严把项目立项和设计审查关，科学编制项目预算，统筹协调技术与经济管理，加强项目实施进度、预算执行、经费支出的有效监督，限期整改项目财务检查和审计中发现的问题等作出了全面部署，后天的局工作会议，还要做出进一步安排。这项工作要逐步延伸到局系统以外其他单位。所有承担项目的单位，都要对承担项目的预算执行、经费支出与核算等情况进行全面清理，严格按照国家财务管理制度和项目管理要求，查找漏洞，完善管理，发现问题，抓紧整改。要探索加强预算执行监督的有效措施，尽快建立预算标准动态调整机制。各单位对财务执行中的共性问题，要及时向局报告。

（五）加快步伐，推进地方公益性地质调查队伍建设。

去年，我们开展了地方公益性队伍建设调研。从了解的情况看，地方公益性队伍建设有了长足发展，在服务地方经济社会发展和国土资源管理方面，作出了重要贡献，地位越来越重要，作用越来越大。但各地发展不平衡，部分单位没有建实，更没有建强。关于地方公益性地质调查队伍建设，《国务院关于加强地质工作的决定》和经国务院同意印发的国土资发〔2003〕358号文，都有明确要求。大家必须统一认识，按照文件要求落实编制、落实经费、建实机构。地调院和地质环境总站都要健全符合从事公益性地质工作要求的组织机构、管理体系，具备能承担地质调查任务的专业技术人员规模、结构和能力，以及装备、基地等保障条件。

会后，各省地调院、环境监测总站要立即向所在厅局主要负责同志汇报，认真贯彻落实。地调局将以业务为纽带、以项目为抓手，通过项目部署、资质审查、业务考核以及技术培训、业务交流、学术研讨、国际合作等措施，进一步密切与地方公益性队伍联系，促进队伍建实建强。经过深入调查研究，我们起草了《地方公益性地质调查队伍能力建设评估要点》（讨论稿），对地方公益性队伍建设的目标、人员、基地、装备、承担任务能力等方面提出了具体要求，拟在广泛征求意见的基础上，修改完善后印发实施。对于建设条件不具备、资质达不到要求的，地调局将削减其项目任务。经整改后仍达不到要求的，将取消其项目承担资格。

同志们，地质事业波澜壮阔，地质工作源远流长。地质工作者责任重大，使命光荣。希望大家振奋精神，坚定信心，努力工作，全面完成今年各项任务，推动地质调查事业不断发展。

坚定信心　破解难题
建设一支作风硬能力强的公益性地质队伍

——国土资源部副部长汪民在中国地质调查局2009年工作会议上的讲话

（2009年2月27日）

同志们：

两天来，各单位通过专题报告、成果展评、座谈讨论等形式，总结工作、梳理思路、谋划发展。总体上看，大家对今年工作思考深入，思路开阔，措施扎实，会议开得务实、生动。我听后有3点感受。

一是队伍的凝聚力进一步增强。经过10年发展，共同的事业、使命和责任把大家紧密联系在一起，大局意识、全局意识普遍增强。二是各单位领导班子，尤其是一把手把业务和经济管理摆在更加突出的位置。更加注重对项目组织实施的领导，以此带动队伍建设，核心业务能力得到了加强。更加重视经济管理，观念和理念都有了较大程度的提高，依法理财的意识明显增强。三是局机关抓业务带队伍的意识和能力不断增强，在指导、协调重大项目的实施上下了功夫，在业务研讨、技术培训等方面都投入了比较大的精力。观念、作风、工作方式有了新变化，对直属单位存在的问题和困难，给予了更多的关心和指导。只要我们坚持按这个路子走下去，地调局大有希望，地质工作大有希望。

会前，我翻阅了各单位的工作总结和2009年工作安排，会上又听了各单位的发言，觉得大家都进行了认真思考，但还不够平衡。希望明年的工作会能够准备得更加充分，开得更有成效。关于今年的地质调查工作，在全国地质调查工作会议上已经做了全面部署。这次会上，对经济管理工作和党风廉政建设也都做出专门安排。下面，我讲几点意见。

一、2008年取得成绩显著

2008年是极不平凡的一年，抗震救灾、科学发展观试点、重点业务推进，工作任务繁重，挑战与机遇并存。面对新的形势，大家迎难而上，抓当前，谋长远，保稳定，求发展，很努力，很辛苦，成绩也比较突出。对于去年工作，部党组是肯定的。对于大家取得的成绩，局党组心中是有数的。徐绍史部长在全国厅局长会上的工作报告中，把地质调查工作作为一项重点内容加以部署，充分体现了部党组对地质调查工作的重视。春节前夕，徐部长又专程到地调局看望局机关和发展中心的同志，并发表重要讲话。全国地质调查工作会议上，徐部长对地调局过去一年在探索新机制、服务抗震救灾和灾后重建，以及地质调查取得的重要进展等方面再次给予了充分肯定，充满深情，寄予厚望。这对我们既是鼓励，也是鞭策。

关于地质调查业务工作，我在全国地质调查工作会议上已经讲了，这里主要就队伍建设有关工作做一简要回顾。

（一）学习实践科学发展观取得重要成果。

开展深入学习实践科学发展观试点活动，对于我们这样一个成立10年、体制机制尚待完善的单位，具有重要意义。局党组抓住机遇，组织开展大学习，大讨论，着力在解放思想，创新思路，构建机制，破解难题上狠下工夫。通过学习实践活动，广大党员干部观念上有了新的转变，认识上有了新的提高，工作作风上有了新的改进。特别是通过学习研讨，查找问题分析原因，在理清发展思路，着力构建长效发展机制等方面取得重要成果。各级领导干部想大事，抓大事，破解影响科学发展难题的能力有了提高，在抓业务、带队伍等方面形成了具体的措施。这对地调局建设、地质调查事业的持续健康发展具有重要意义。

（二）在抗震救灾中经受住了考验。

汶川地震发生后，在部的领导下，地调局举全局之力，迅速行动，调集全国地质调查技术力量，组织开展多兵种、多专业协同作战，为部组织实施抗震救灾和灾后重建工作提供了有力的支撑和服务。一批专家迅速奔赴一线，进行现场科学考察。广大干部职工夜以继日、不怕危险、连续作战，经受住了考验，受到各方面的好评。局机关和各单位发挥自身优势，全力以赴投入抗震救灾。航遥中心发挥遥感技术优势，及时进行航拍，为抗震救灾提供第一手资料；地科院组织专家对汶川地震的发震构造动力条件等进行分析，研究部署现场地震断裂变形调查计划；成都三所、南京、西安地调中心等单位抽调专家参加部地质灾害应急救援行动；水环地调中心为灾区紧急生产裂缝报警器和滑坡预警仪；环境监测院、水文所、发展中心等单位积极为防范次生地质灾害和灾后重建开展了大量工作。汶川地震断裂带科钻工程顺利开钻。这些都充分体现了地调局长期以来的基础地质积累和应对突发事件能力。实践证明，我们这支队伍素质是过硬的，是一支能够攻坚克难的高素质专业化队伍。

（三）队伍能力有所提高。

局属单位调查研究与业务推进能力，尤其是组织实施重大项目的能力进一步提高。局属单位普遍承担了一批有重大影响的地调科研项目。通过实施重大项目，锻炼了队伍，提升了能力，促进了调查和研究的结合，提交了一批有重要影响、高质量、高水平的地调科研成果。特别是海洋专项的实施，提升了服务国家重大战略的能力，得到中央领导的高度关注。2008年局系统获得国家科学技术进步二等奖3项，部国土资源科学技术一等奖3项（占一半）、二等奖26项。共发表学术论文1601篇，其中SCI检索233篇，核心期刊918篇，专利12项。

大区地调中心积极落实部、省合作协议，推进重要成矿区带地质找矿统一部署，组织实施大项目的能力进一步增强。通过承担中央地勘基金监理工作，加强了与地方政府有关部门、地勘单位的联系和协调，也为组织实施大区地质调查工作搭建了新的平台。

国际交流合作能力不断提高。2008年国际合作项目共执行259项，970人次。通过组织跨国编图、开展境外前期地质调查、举办境外矿产勘查论坛，以及与有关国家开展地质调查与科研交流、参加国际会议等，提高了局的创新能力和国际影响力。

各单位面向和服务于国土资源管理，为部的中心工作提供了有力支撑。

（四）队伍建设力度加大。

干部队伍建设进一步加强。优化干部配置，调整补充交流了10个局属单位领导班子成员和4个局机关部室负责人。扩大选人视野，启动11个副局级领导职位竞争上岗工作。加强干部培养，选送7名局级干部、29名处级干部参加中央党校、国家行政学院脱产培训，推荐7名干部参加第六批援疆挂职锻炼和支援四川地震灾区建设。规范干部管理，出台了《领导干部选拔任用工作办法》，完善了领导班子和领导干部考核办法。

队伍结构调整稳步推进。研究提出了局“三定”方案调整建议，组织拟订了地科院、转企所等14个单位“三定”方案。天津地调中心等13个单位积极落实“三定”方案实施意见。出台了2008～2012年人才队伍建设规划。研究提出了地质调查、科研项目和重点实验室培养人才办法和依托高等院校培养地质调查人才的初步意见。充实专业力量，引进、招收专业人才260名。

安全生产管理进一步强化。针对安全生产严峻形势，召开安全生产工作情况通报会和座谈会。及时查处安全生产事故，对重大责任交通事故进行责任追究。开展全局安全生产检查。加强野外工作站安全保障能力建设。针对西藏和新疆特殊形势，采取积极措施，强化野外安全生产工作。

（五）经济管理得到加强。

预算执行率有所提高。面对2008年度财政预算较上年大幅度增加的情况，全局共同努力，积极主动采取措施，强化预算执行，全年总预算执行率达到62%，较2007年提高9个百分点。扣除野战军装备专项、三峡库区地质灾害防治等受特殊因素制约的项目，全局预算执行率达到84%。

财务管理进一步规范。认真对待审计和财务检查发现的问题，加大整改力度。对存在的问题“举一反三”分析原因，研究加强预算和财务管理的措施，对部分单位开展了“拉网式”财务检查。

企业清理整顿取得进展。按照部关于企业清理规范工作的统一部署和要求，再次对局属单位企业进行清理，制定了57个规范发展企业、30个拟撤销企业的清理整顿方案，其中已撤销11个企业。

（六）党建和精神文明建设取得新进展。

党的建设不断加强。各单位党组织紧紧围绕局中心工作和本单位任务目标，加强组织建设、思想建设、作风建设，引导党员干部进一步转变观念，统一思想，凝聚力量，党建工作服务中心的能力不断提高。召开了局系统党建工作座谈会。评选出局系统62名优秀共产党员和35名优秀党务工作者。航遥中心党委和局灾后重建规划研究组临时党支部被评为中央国家机关抗震救灾先进基层党组织。

党风廉政建设扎实推进。对6个局属单位进行了巡视，完成了6个局属单位内部审计，首次开展了2009年地质调查项目论证监督工作。严肃查处5起违纪违法案件。充分发挥了纪检监察审计在采购、基建、干部任用、经费使用和财务管理等方面的监督作用。

精神文明建设成果丰硕。各单位认真实施凝聚力工程。开展群众喜闻乐见的文体活动，锻炼体魄，活跃气氛，增强了凝聚力。为职工办实事，解决职工最关心的问题，凝聚了人心，调动了职工的积极性。精神文明创建活动取得新成绩，涌现出一批精神文明创建先进单位，在京直属单位绝大多数单位获得中央国家机关文明单位以上荣誉称号，京外各单位也都获得了省级文明单位、省直文明单位或市区文明单位的荣誉称号。

需要指出的是，各单位领导班子抓业务、带队伍，管理能力、业务推进能力都有了很大提高。特别是五个转企所面临职工养老、医疗保险、职工住房等一系列困难，保持了队伍的稳定，做出了很大成绩。

这些成绩的取得，凝聚着大家的心血和汗水、努力和奉献，我代表局党组向大家表示衷心的感谢。

二、正视问题，坚定信心

通过大调查的实施，各单位队伍建设、业务建设等方面取得显著成绩，队伍面貌发生了很大变化。但是，我们这些单位都是老单位，历史包袱重，欠账多，特别是在计划经济向市场经济转轨过程中，体制机制还有待进一步理顺，自身建设和管理等方面存在许多不适应。

（一）经济管理亟待加强。

近几年，审计部门查出了不少问题，有的甚至涉及违法违纪。有的单位对查出的问题、尤其是内审自查发现的问题重视不够，整改不坚决、不彻底，有的单位没有引以为戒，存在侥幸心理，致使同样或相似的问题屡被查出。主要原因：

一是观念问题。过去困难时期，为求生存保稳定，各单位探索了一些改革措施，对稳定队伍和单位发展都起到了积极作用。随着市场经济不断完善，有些做法已经不适应财政管理体制改革新要求。但我们不少同志仍然抱着“只要是为了单位，个人不拿，就没问题”的错误观念，沿袭过去的做法。

二是运行机制问题。部分单位为解决经费不足，自办企业闯市场。随着大调查任务的增加，将项目经费以外协形式转入自办企业，形成结余甚至虚假结余，再变相用于单位，乃至出现个人贪污、占用。

三是管理不规范问题。一些单位错误理解所谓科研项目首席科学家制，认为谁争取来的项目就谁说了算，以致“项目部门化、部门利益化”，分管领导、财务和业务等部门不能形成管理、审核、监督的有效衔接和制约，被少数人钻了空子，而且越钻越大，酿成大问题。有些单位放任对业务骨干管理，部分业务骨干认为自己水平高、能力强、贡献大，无视国家财经纪律，随意支配项目资金，违规套取项目经费。资金使用脱离监管，导致一系列问题出现。

四是预算管理不科学，先定钱再定事。定钱拍脑袋，预算不严谨。重技术轻经济，重资金数量轻资金安排，技术与经济管理不协调。局在安排项目时，对单位项目预算总量控制不严。技术方案与预算审查相互脱节，结合不够。预算执行难，也是隐患之一。

总的来看，在审计出的问题中，还没发现单位领导班子成员有问题，说明我们的干部素质是好的，都是为了单位的生存发展。我们应当有决心、有信心，花大力气彻底解决这些问题。

（二）业务管理亟待完善。

局机关主要工作已由成立之初的以管项目为主，转向抓业务带队伍。各单位也从过去求生存为主，转向抓业务促发展。但我们的工作方式、管理模式还不适应这种变化，突出表现在以下三个方面。

一是统筹谋划能力不够强。不少同志仍然习惯于传统的惯性思维、自我封闭的工作模式，缺乏想大事干大事的意识与动力，缺少超前谋划和战略策划，对地质调查工作整体布局缺乏全面把握、统筹部署和协调。对于如何发挥方方面面的作用，带动全国地质工作发展，考虑不够。

二是项目管理制度不完善。过去，项目管理是局机关一手抓，但由于项目多、承担单位多，精力顾不过来，往往是重立项、轻监管。对项目承担单位的制度建设、内部管理要求不严、指导不力，在项目业务实施上尚未充分调动各单位的积极性。各单位重视要项目、争经费，对项目实施和成果形成重视不够，项目管理制度在各单位没有得到很好的落实。一些领导班子的工作重点还没有完全转到业务推进上来。

三是职能转变不到位。局机关“大项目办”的色彩还比较浓，主要精力仍然放在组织实施地质大调查专项上，对全局业务建设的结构和布局，各单位的业务建设、学科发展、人才培养、实验室等基础平台建设，缺乏具体推进措施。对各单位承担大调查以外的专项、各类科研项目、横向项目等统筹协调、指导监管不够。

（三）队伍建设亟待加强。

队伍建设存在职责落实不到位，规模不明确，经常性经费严重不足，野外工作人员待遇偏低，基地建设缺口较大等体制性和机制性障碍，也存在队伍结构不合理，业务骨干，尤其是从事野外一线地质调查人员和领军人才缺乏等突出问题。队伍建设任重道远。

这些问题，特别是经济管理问题已经非常严重，成为影响、制约地调局当前建设和长远发展的“拦路虎”、“绊脚石”。各单位主要负责同志要切实增强责任意识和忧患意识，既要高度重视、严肃对待，更要坚定信心，主动应对，破解难题。这对我们能否履行好职责、能否顺利推进各项工作至关重要。

地调局作为国家公益性地质队伍骨干力量，肩负着保障资源安全、保护地质环境重要职责。受国际金融危机的影响，矿业经济受到极大冲击。但从长远看，中国对矿产资源巨大需求的基本面不会改变，促进找矿重大突破，仍然是我们的重要目标。扩大内需促进经济平稳较快发展，需要我们及时提供服务。防治地质灾害、保护地质环境、应对全球变化，对我们提出了新的挑战。面对新形势新任务，广大干部职工，特别是各级领导干部，要胸怀全局，牢固树立以振兴地质事业为己任的决心和信心，发挥地质工作基础性、先行性作用，发挥对全国地质工作引领作用，履行好新的历史条件下国家赋予我们的新使命。

要承担起历史赋予我们这代人的责任，必须着力加强队伍自身建设，妥善解决改革发展中的问题，建设一支素质高、作风硬、能力强的公益性地质队伍，让中央放心，让部党组放心。

三、2009年突出抓好几项重点工作

地质大调查即将结束，2009年局的中心工作是总结过去、部署未来、提升能力。要强化管理、从严治军，完善制度、落实责任，抓好业务、带好队伍，确保全年目标任务的顺利完成。

（一）加强经济管理。

经济管理工作涉及我们队伍与业务建设诸多方面，是与业务管理同等重要的命题。各单位要不断适应国家财政体制改革的要求，转变观念，完善制度，强化执行，力争在2009年从根本上扭转经济管理工作被动局面。学龙同志对加强经济管理工作进行了专门部署，我再强调几点：

一是转变观念。作为一名合格的领导干部、公职人员，要坚守法律“底线”。面对难题，首先要明确一个大前提，就是决不违法、决不违纪。办法要在合法范围中寻找，坚持依法理财、依法办事。部财务司编纂的《财务管理制度汇编》已经下发各单位，各单位领导干部、项目管理部门、项目负责人及技术人员要重点学习其中的《预算法》、《会计法》、《政府采购法》、《预算法实施条例》、《财政违法行为处罚处分条例》等。

二是完善制度。各单位要根据财经法律法规要求，全面清理和完善经济管理制度，对于不适应形势、不符合国家政策的内部经济管理制度，该废止的废止、该修订的修订。对于单位内部二级机构加挂企业牌子，实行“一套人马、两块牌子”的，要坚决清理。对效益不好、肥己亏公一类的公司，一律停办。对必须办的公司，要全面清理，逐一规范，集中向局务会作出报告。

要在单位领导班子中逐步配备懂经济管理的成员。经济总量规模大的单位，要探索建立总经济师（总会计师）制度。财务部门作为单位经济管理枢纽，要配好专业干部，负责人变更，必须严格执行事前经局相关部门同意的规定。

三是明确责任。各单位要通过理顺机制，把管理责任、监督责任融入内控制度，贯穿于经济管理工作的全过程。出了问题，不仅要追究直接责任人的责任，还要追究领导责任和管理责任。

四是强化监管。各单位要强化财务管理部门的监督、把关的职责，主要负责同志要大力支持，做坚强后盾，坚决制止违法违规行为。充分发挥纪检监察、审计的作用，大单位要设纪检监察部门，其他单位要有纪检员，赋予权力，落实责任。要强化内审、探索外审、明确责任、完善措施，形成党政齐抓共管新局面。出了问题，要同时追究纪检监察的监管责任。局要主动向驻部纪检监察局和审计局汇报工作，接受指导。

各单位都要“对症下药”地开展一次财务管理问题自查清理，特别要认真清理会议费、出国费、外协费等，发现问题，及时整改，重要情况要及时向局报告。要按照部的要求，确保购用车费、会议费、招待费、出国费“零增长”。今年局将对各单位财务管理情况进行一次全面检查。

关于预算执行问题，我再强调一下。去年，大家为完成预算执行率，压力很大、干得很苦。今年，预算执行仍然是一项重要任务，对预算执行和任务推进继续实行一把手负责制。各单位要把加强项目管理、增强地调与科研能力，作为提高预算执行能力的抓手。对2010年的项目，各单位及早筹划，落实任务、编实预算。局机关要提前介入，加强预审。要对各单位实行预算总量控制，任务、经费安排要与队伍能力相适应。对于工作安排不当，审查把关不严，继续造成任务积压的，也要追究局机关相关部门的责任。对预算完成不好的单位，必须核减下年度项目经费。

（二）完善项目管理。

要下决心通过完善大项目机制调整当前的业务工作体系，转变业务推进方式，完善项目管理制度。着力完善项目业务实施和项目管理两条线。

业务实施上，局机关要从以往项目过程管理中超脱出来，集中精力钻研业务、推进业务，通盘考虑全局，确定大项目。结合各单位的业务定位和发展方向，选好实施单位，将组织实施大项目的责任和任务交给大项目实施单位。大项目实施单位要主动进位，对项目实施和成果目标负责。单位一把手要按要求，遴选项目负责人，组织调配技术力量，为项目的顺利实施提供后勤保障，加强督促检查，协调解决相关问题。项目负责人，要潜心钻研业务，研究提出实现目标任务的总体设计和经费预算，提出任务分解方案，按统一的指导思想和技术要求，对每一个工作项目进行技术指导，大力推进大项目的实施，提交大项目成果，积累业务，锻炼人才，建设团队。

项目管理上，健全完善局机关、大区中心、项目承担单位三级管理体系。工作项目承担单位是项目质量、进度和经费安全的第一责任主体，局要通过推广质量管理体系和建立信誉等级制度，促进各单位自觉加强内部监督管理。赋予大区中心项目管理职能，加强属地项目的监督检查，保障项目的顺利实施。局机关要做好统筹协调，保持有序运转。

要认真总结大项目机制的试运行情况，形成制度，规范大项目设置论证、实施单位的选择、项目负责人的遴选以及项目运行管理操作程序及要求。要认真研究，明确赋予相关部门的业务管理职能，推动全局业务建设与发展。

（三）抓好队伍建设。

加强领导班子建设，关键是提高各级领导干部政治鉴别、战略思维、工作推动、持续创新能力。要优化班子结构，配强班子。加大公开选拔力度，抓好部分单位副局级领导职位竞争上岗和大区地调中心总工程师公开选拔。加大干部交流力度，包括局机关和直属单位之间的交流，直属单位之间的交流，京内和京外干部的交流，以及不同岗位之间的交流。

加快人才培养。各单位要把培养人才作为促进事业发展的根本大计。尽快出台人才队伍建设规划的配套措施，建立激励机制，依托项目和重点实验室等平台，加大人才引进、培养和使用的力度。实施人才培养工程，启动优秀人才遴选工作。

理顺局院所关系。地科院所属各研究所存在部、局、院多重管理，多头指挥现象，既制约了在国家层面的创新基地作用的发挥，也影响了在地质调查主战场的科技支撑作用。在务虚会上我提出，地科院要尽快拉上地质调查主战场。去年，在学习实践科学发展观活动中，我们就改进管理体系，减少管理层次和环节，理顺局、院、所关系，提出了初步方案。改革的基本原则就是地科院不带队伍，主抓科技创新工作，加强地质科技工作的统筹部署，实现地质调查科技项目和国家科技项目的统一管理和协调，推进调查与研究的有机结合。我们要站在更高的层面上思考推进这项工作。地科院要尽快实现由带队伍向抓科研业务的转变。

加强党建和精神文明建设。党建工作要与中心工作紧密结合，把业务工作的薄弱环节作为党建工作的重要抓手。实施好凝聚力工程，各单位都要推出几项措施，办几件实事，关心职工疾苦，改善工作环境，活跃文体生活，为事业发展营造宽松和谐的环境。

强化带队伍意识。要落实部室业务与队伍建设管理职能，积极推进队伍保障条件建设，争取解决部分单位基本支出预算偏低问题。要尽快协调推进野外地勘事业单位工资标准和野外地质工作人员津贴标准，指导、规范野外地质工作人员津贴发放工作，提高野外地质工作人员待遇。要积极争取有关部门的理解与支持，尽快妥善解决5个转企所的定位与发展问题。

（四）精心谋划“十二五”部署。

要在全面总结大调查成果的基础上，着力抓好“十二五”地质调查规划部署。一要全面贯彻落实《全国地质勘查规划》和《全国矿产资源规划》，紧扣国家需求和部中心工作，科学确定“十二五”地质调查工作的目标、结构、布局和时序，统筹部署陆地、海洋、境外地质调查工作。二要突出重点，着力深化重要成矿区带、重要经济区、重大工程建设区和海洋区域地质调查工作部署研究。三要统筹考虑地质调查工作部署与局业务建设、队伍建设、人才培养的关系，科学设置大项目，促进业务队伍建设。各单位、各部室要高度重视，组织精干力量，采用开放式的工作方法加强研究，年底前要将“十二五”地质调查规划建议报部。

2009年是新中国成立60周年，各种重大事件、重大活动聚集，影响社会稳定的不确定因素增多，做好安全稳定工作责任重大。各单位要严格落实安全生产和维护稳定责任制，强化野外安全生产，确保安全稳定。

最后，我要突出强调持续推进地质找矿改革发展问题。这是徐绍史部长前天出席全国地调工作会议时所做出的一项重大战略部署。徐部长从经济社会发展全局和国内外形势变化的大局考虑，站在历史高度，敏锐指出，当前地质工作正处于历史发展关键节点和新的起点，迫切需要有更大的提高和更快的发展。为此，要在整个系统和全行业广泛深入地开展多层面、多领域的地质找矿改革发展大讨论，坚决克服“不敢改、不想改、不会改”的现象，着力解放思想，更全面深入地审视我们的思想和工作，更全面深入地认识市场经济体制下的地质工作规律，找出并解决制约和影响地质找矿改革发展的各种问题，突破固有模式，创新体制机制，更好地推动地质找矿工作的发展，真正做到“两个更加”。徐部长的讲话是新时期地质工作实现大发展的动员令。各单位、局机关各部室都要积极行动起来，认真学习徐部长讲话，深刻领会、准确理解和正确把握讲话精神，深入、系统地查找自身和当前工作存在的不足，解放思想，创新理念，聚焦问题，勇于变革，充分做好参加大讨论和推动地质找矿大发展的各项准备。部、局将对大讨论作出专门部署，也请大家提出好的建议，于3月15日前报局办公室或直接报局党组。

同志们，今年工作任务繁重，对各单位、各部室领导干部的精神状态和能力水平都是一次全面考验。让我们振奋精神，坚定信心，奋力拼搏，努力推进各项工作迈上新台阶。

国土资源部副部长汪民在中国地质调查局开展地质找矿改革发展大讨论动员部署会议上的讲话

（2009年4月1日）

昨天，部召开电视电话会议，就如何推进地质找矿改革发展大讨论，进行了动员部署，徐绍史部长发表了重要讲话。昨天晚上，局属各单位、局机关各部室主要负责同志和局党组同志一起进行了专门讨论。今天，我们召开局系统动员部署大会，钟自然同志进行了全面的动员部署。下面，我讲三点意见。

一、深刻把握这次大讨论活动的背景

了解为什么开展大讨论，是确保大讨论活动顺利推进的前提。如果不了解它的背景，不充分认识它的重大意义，大家在思想上就会产生疑问。关于地质工作的讨论已经开展过多次了，地调局每次都全力投入，积极参与，尤其是在去年学习实践科学发展观活动中，我们许多单位都进行了全面检查、深刻剖析、认真整改，为什么今年又要搞地质找矿改革发展大讨论？这个问题不解决，就会在一定程度上有疲劳感和厌战情绪，大讨论也就难以取得预期成果。

关于大讨论活动的背景和它的重大意义，在部里动员会上我从3个方面进行了论述，这也是徐部长反复强调的。一是经济社会发展提出新的更高要求，二是地质找矿处于非常重要的关键节点，三是地质找矿工作迫切需要更大的提高。关于这场大讨论，徐绍史部长在公开场所一共讲了7次（2月5日听取各司局工作思路汇报会，2 月 13 日部务会，2 月 25 日全国地调工作会，3 月份到湖南考察和地勘局长座谈，3 月 24 日部专题会，3 月 25 日部长办公会），其中系统性的论述就有 3 次。为什么要这样做？就是因为领导着急呀！现在机会这么好，中央这么重视，国务院出台了加强地质工作的决定，又召开了全国地质工作会议，家宝总理对加强地质工作的指示非常明确。但现在看来很多问题落实得并不好。这也从另一方面说明问题的复杂性和任务的艰巨性。一些重大问题的出现不在我们职工身上，但要靠发动广大职工来解决，要营造氛围，构建平台，大家都这样想，都这样干，一些认为不合理的东西在大家强烈呼吁下就比较容易解决。包括我们自身在观念、认识、能力方面还存在诸多的不适应。昨天我在座谈讨论会上也讲了，我们现在遇到很多问题，就是计划经济和市场经济两种理念，或者说两种管理模式的冲突，具体到地调局，就是项目管理的模式和“野战军”建设的方式两种模式的冲突。局机关的管理方式在这方面非常突出。包括部局的关系，局的地位、作用该怎么发挥，地调局在推进地质事业中发挥什么作用，它的历史使命是什么，我们这些单位如何发挥骨干作用？如果把它简单化了，地调局可以不要队伍，有一个项目办就可以了。为什么《决定》要求建设一支人员精干、装备精良、能打硬仗的高素质队伍？现在看来，认识还没有很好地解决，队伍建设的措施也就一直难以真正到位。这是从大的方面讲，同时我们自身建设也存在很多问题，各单位不满足现状但又适应现状，往前走了一步但问题又没系统解决，没有形成更为生动的局面。所以，大讨论对于我们进一步解放思想，转变观念，统一认识，改革创新，完善管理，意义十分重大。

二、精心组织推进大讨论活动

关于这项工作的推进，部已经有明确要求，局的实施方案也已基本完善，大家都提出了许多好的建议。刚才，钟自然同志就局系统开展大讨论活动进行了动员部署，各单位回去先传达学习，局的实施方案随后下发。方案要求很明确，任务很具体，成果有预期，大家要认真学习，认真研究，深刻理解，准确把握。对各单位、各部室，我再强调几点。

（一）深入学习，广泛发动。

大讨论活动势必会涉及方方面面，本质上讲是一种利益调整。在一些问题上，有的会有争论，但讨论问题要有是非标准，这个是非标准就是中央的要求。所以，大家要把家宝总理的一系列讲话和国务院的一系列文件精神吃透，要掀起一场学习高潮。会后，局将印发学习材料，大家要认真学习。局系统是主力军，大讨论中要做排头兵。首先要思想武装，明确中央是怎么要求的，我们的使命是什么。在深入学习的基础上实现广泛发动。部大讨论方案要求从中央到地方，从系统到行业，从室内到野外，从机关到基层，就是要将这场大讨论活动深入到地质工作的每一个环节，每个角落。这种广泛的发动是一种思想的武装、问题的查找，也是一种工作的促进，凝聚共识，提高干劲。

查找问题就是比照中央精神，比照社会需求，社会要求我们干什么，中央要求我们干什么，我们还有什么差距，还存在什么问题。查找问题和学习实践科学发展观活动既有区别又有联系。大讨论既要查找思想观念问题，也要查找体制机制问题，本质是学习实践科学发展观活动的进一步深化和拓展。

（二）区分层次，突出重点。

大讨论涉及思想、工作方方面面，问题要全面查找，系统梳理，分清层次，抓住关键，要避免宏观、泛泛的议论。这里需要把握好以下几点。

一是对地质找矿突破和实现“两个更加”，体制机制、地质工作发展、队伍建设人才培养、科技创新等问题，不能就局谈局，就自己谈自己，就公益谈公益。区分层次就是有些问题要拿到国家的层面上去看，比如，地调局要建设多大规模的队伍，有人说至少要 1.5 万人，也有人说要两到三万人最合适。简单地和国外对比说明不了问题。应该谈中国这样大国有哪些地质问题在若干时间内需要集中解决，而解决和完成这些需要多大的投入、要多大的队伍，队伍要有什么样的结构，什么样的布局，什么样的能力。不结合这些问题去谈就缺乏说服力。不能就公益谈公益，公益性工作要加强，然后去拉动商业，怎么去拉动商业，需要建立什么样的机制，实现找矿突破？要联系起来看，统筹考虑，首先看中央对我们是如何要求的，其次要研究市场经济条件我们的工作如何推进。市场经济条件下地质工作的活力要更加迸发，问题要更加有效解决，找矿要不断突破，重大地质环境问题，重大地质问题都需要加快解决。如果没有这种生动局面，我们就要认真反思，不能抱着书本，抱着理论，不看社会发展。这也是绍史部长反复强调的两大问题，就是我们服务社会经济发展的能力和促进我们自身改革发展的能力。大家要围绕自身的不足和服务能力的不足，查找原因，破解难题。

二是要着力推动重大问题的解决。要结合各单位工作的特点，工作的规律，全面认真地去查找制约我们自身发展的都有哪些因素，包括部层面，局层面，以及各单位自身存在的问题。对于自身存在的问题应该认真研究拿出解决的办法，对于自身不能解决的，或是难以解决的，把它集中起来，最终形成全局重大共性问题，把它研究透，请求支持、请求解决。当然，局自身的问题由局来解决，包括业务怎么推进，工作怎么开展，包括我们的观念理念，比如说填图，怎么填？怎么从传统到现代？调查研究怎么结合？科学技术部政策体改司翟司长在一次会议上，对地质科学研究的定位非常清楚，定位就是应用基础，围绕行业发展重大问题推动科技进步，我们是不是都这样定位了？此外还有装备问题。整合集成缺乏有效的管理和机制，缺乏向科技高峰攀登的有效平台，对这些问题，要分门别类，全面梳理，然后一个一个进行研究，最后抓住几个重点问题，集中研究解决。

三是着力促进局的各项工作迈上新的台阶。当前最重要的是理顺内部各方面关系。局的内部关系不仅仅是局、院、所，还包括各单位之间的关系。要通过理顺关系，改进和加强局机关的能力建设。比如说局部室、处室该怎么设置。现在海洋工作投入这么大，海洋这块工作怎么推进，力量怎么摆布，队伍、局机关的能力能不能跟得上。还有物化遥怎么加强，科技、外事怎么统筹。局机关的能力，包括管理的理念，管理的方式，怎么适应新形势要求。再比如业务管理和技术管理体系如何完善等。

（三）集中研讨，务求实效。

各单位要认真去查找，首先是把握工作特点和规律，你这个单位特点是什么，工作规律是什么，你的困惑是什么，要好好查一下。徐部长提出来要深化3大规律认识，这3大规律尤其是地质工作规律和市场经济条件下地质工作管理，我们要把它搞明白，我们要把它讲清楚。这对全国都有意义。

局里要集中精力研究一些宏观层面的重大问题，这些重大问题首先还是制约和影响我们服务经济社会发展能力的重大问题，找矿怎么突破，重大地质环境问题怎么解决，地质科技怎么进步。为了解决这些问题需要采取哪些措施，需要解决什么具体问题，包括我们自身的问题。这里面要考虑局和各个单位的发展规划问题，在学习实践科学发展观活动中我们进行了部署研究，要通过大讨论，进一步解放思想，在已有研究成果的基础上，拿出局规划。

（四）成果要有预期。

从徐部长提出开展这场大讨论以后我一直在思考，部、地调局、各单位如何实现预期目标。虽然随着讨论的深入，大家会有更深层的思考，但是要有一个总的构想，围绕这些问题要提早开展研究。地调局在促进地质找矿重大突破上，在推动地质事业繁荣伟大进程中，能够起到什么作用。能不能有一批重要勘查区，一批重要环境问题突出区，一批重大地质问题区，由地调局统筹，利用新机制调动各方面的力量，包括统筹我们自己的队伍，以及其他方面的力量，一抓到底，给中央，给社会，为经济社会发展提供可靠资源环境保障。构建新机制就是把各项事情统筹起来，把各个区带，各项问题都摆出来，然后运用新机制，调动各方面力量，拉开战场，摆开队伍，然后实现大突破，这种大的突破不仅仅是我们在成果上有突破，也要在解决我们自身发展一些久拖不决问题上取得突破性进展。

三、强调一下需要注意的几个问题

（一）把握方向，防止跑偏。

把握方向，防止跑偏，主要是指不能一上来就谈具体困难问题，最后甚至成了发牢骚，不能把所有问题都归于外部环境，要把我们自己摆进去，把单位摆进去，我们自身有没有努力不够，开拓性不够，思想解放不够，观念不能跟上的问题。

（二）不能离开大局谈单位，单纯围绕自身讲发展。

各单位讨论不能完全陷入具体问题，更不能只谈局部利益。我原来在局里开过一次如何建设业务中心的讨论会，一个专家一个中心，都是围绕自己来谈工作。结合自己谈工作是对的，但是不能围绕自己谈发展，而要围绕经济社会谈发展，围绕大局谈工作，比照中央要求找差距。

（三）要放得开，又能收得住。

各单位要认真组织，认真引导，要把大家的积极性保护好，不能讨论完了还是原来的样子。这次讨论如果取得不了实质性进展，将对我们同志的积极性是一个极大的打击。这是我请大家注意的一个问题。要力求解决一些自身问题，在局层面解决一些问题，在部层面解决一些问题，提请中央解决一些问题。否则，我们对地质工作没法交代。

（四）把握大局，保持稳定。

大讨论谈工作，谈问题，把自己摆进去，要谈体会，谈认识，但不搞人人过关，不搞整风，更没有什么所谓的秋后算账。要围绕建设世界一流地调局的目标，找差距、找问题。我们说建设世界一流的地调局既是目标更是过程，工作上我们瞄准什么方向走。各单位要特别注意，把握好这些问题。

（五）妥善处理好和其他工作的关系。

局属单位有的正在推进科学发展观实践活动，有的还没有开始，要把大讨论和它衔接好，结合好，和全年的工作结合起来。目前正是开展野外工作的大好时期，各单位主要领导把主要精力放在大讨论上，还要有足够的专门精力抓好业务工作。这就要统筹兼顾，要“两手抓，双促进”。这就对各单位领导提出了更高的要求。还有就是部正在开展国土资源战略研究，其中有两个重大课题，一个是地质工作发展战略，一个是矿产资源发展战略。大讨论也要和它们很好地结合起来，其实是互相促进的过程。

总的来讲，部党组对大讨论寄予厚望，而能不能开展好这场大讨论又对地调局寄予厚望。各单位要在这次大讨论过程中体现地调局的形象，解决我们的难题，促进我们的发展。通过战略发动实现思想解放，促进观念转变，实现工作的发展。

中国地质调查局副局长王宝才在局领导干部能力培训班上的讲话

（2009 年 7 月 27 日）

同志们：

今天，中国地质调查局新任领导干部能力培训班正式开班。首先，我代表局党组向参加培训的各位学员表示热烈的欢迎！向协办单位国家行政学院和部人力资源中心表示衷心的感谢！

局党组高度重视领导干部能力建设工作，对领导干部能力进行培训，已连续开展多年，今年安排的是第 3 期培训。这期培训班，局党组对培训内容、培训地点和培训教师等方面又进行了专门的研究和安排，借助国家行政学院这个平台，进一步提升培训层次和培训效果，提高大家推动事业发展的能力。国家行政学院是培养中、高级公务员的摇篮，这里风景如画，教学设施完备，学习研究氛围浓厚，是一个学习的好地方。我们专门聘请了来自中央党校、国家行政学院、国家审计署和地调局的专家为大家讲课，他们既是专家，又是领导干部，专业功底深厚，实践经验丰富，他们的专业才华和人格魅力一定会让学员们大受裨益。

下面，我受汪民同志委托，讲 3 点意见。

一、充分认识加强领导干部队伍能力建设的重要性

领导干部是党的事业永续发展的组织者、推动者和实践者，是党的事业的中坚力量，关乎党的形象，肩负着神圣的使命。加强局领导干部队伍能力建设，既是干部自身发展的需要，也是加强领导干部队伍建设一项重要举措，对于建设一支高素质的干部队伍、推动地质事业的科学发展具有十分重要的意义。

（一）加强领导干部队伍能力培训，是提高干部队伍领导水平，推动地质事业科学发展的迫切需要。

党的十七大从中国特色社会主义经济建设、政治建设、文化建设、社会建设四位一体的总体布局出发，提出了实现小康建设奋斗目标的新要求。地质工作作为支撑经济社会发展基础性、先行性工作，在服务小康社会目标实现的过程中发挥着不可或缺的重要作用。当前和今后一个时期，是中国经济社会发展的战略机遇期，也是人口资源环境制约加大的矛盾凸显期，随着工业化、城镇化的推进，国家对矿产资源的需求日益增加，缓解资源瓶颈制约、提高资源保障能力需要进一步加强地质工作，推进国家重点工程、支持城乡协调发展需要进一步加强地质工作，改善生存环境、保障人民生活需要进一步加强地质工作，优化产业结构、促进经济协调发展需要进一步加强地质工作。毫无疑问，加强地质工作，需要一支高素质的干部队伍作保证，需要切实加强中国地质调查局领导干部队伍能力建设，提高综合素质水平，更好地服务和推进经济社会全面、协调、可持续发展。

（二）加强领导干部队伍能力培训，是科学把握新形势新任务，坚持改革创新，破解地质工作改革发展问题的迫切需要。

当前，我们正处于金融危机和矿业周期性调整时期，国内外矿产勘查投资紧缩，社会投资矿产勘查更加谨慎，矿业形势严峻；矿产资源规划、全国地质勘查规划、地质灾害防治规划，以及全国土地利用总体规划已经开始实施，海保工程正在筹备组织实施，我们承担的工作任务日益繁重；“十二五”地质找矿工作正在积极研究谋划，国家可持续发展国土资源战略研究已经启动，筹划地质事业未来发展的责任更加紧迫；《中华人民共和国矿产资源法》修订工作正在紧锣密鼓地进行，正在开展的地质找矿改革发展大讨论进入提交意见建议的重要阶段，制约和影响地质调查工作科学发展的问题，包括体制、机制问题更加凸显。公益性地质调查工作面临着许多前所未有的新机遇、新挑战。这些新机遇、新挑战，需要我们认真地去学习、去研究、去思考，需要我们紧密结合工作实际去实践、去探索、去开拓，需要我们加强领导干部队伍能力建设，不断提高我们领导地质调查事业科学发展的能力，以适应新形势新任务的要求。

（三）加强领导干部队伍能力培训，是全面提高干部队伍思想道德素质和科学文化素质的迫切需要。

我们的干部队伍主体力量是学习地质类专业的，大家学历层次高，综合素质好，业务能力强，思维活跃，从事项目管理的经验比较丰富。但同时，一些领导干部也存在明显的缺陷和不足，主要表现在两个方面：一是许多干部忙于自己的专业，对于经济、法律法规知识学习的比较少，对于行政管理知识掌握的也不多，依法办事的能力还不强，应对突发事件、解决复杂问题的能力也不强。二是对于层出不穷的新知识、新事物、新情况缺乏必要的了解和认识，出现老知识不管用、新知识不够用的情况。我们的干部队伍中，也还存在个别干部思想境界不高、作风漂浮、党性锻炼缺乏等问题，在理想信念、大局意识、奉献意识、清正廉洁等方面需要进一步加强修养，提高思想政治素质。解决这些问题，迫切需要加强领导干部队伍的能力培训，不断学习新知识、新技术，牢固树立马克思主义的世界观、人生观、价值观，带头实践社会主义核心价值体系，提高履行本岗位职责的专业本领，努力成为德才兼备的领导干部。

二、明确学习的重点内容

古往今来，政治、经济、文化、天文地理等各类知识浩若烟海，需要学习的东西很多，对于领导干部来说，要善于抓住学习的重点，学习管用的东西。领导干部个人的一些喜好、偏好可以学习钻研，但是也不能“学无止境”，古代有这样的皇帝，比如喜欢诗词、书画、音乐的南唐李后主，擅长书法、收藏的宋徽宗，还有一位是喜欢木匠手艺的明熹宗朱由校，他们喜欢学习，不过学的不是治国理政的知识，所以后来祸国殃民。我们党的领导干部有健康的情趣爱好是好的，但是要把主要的精力用在学习为人民服务的本领上，用在领导和推动社会主义事业改革发展上，要急用先学，急学先用。在工作中，大家要注重以下3个方面的学习：

（一）加强理论学习。

理论是实践经验的凝练总结，是指导实践的真知灼见。科学的理论有利于指导我们工作实践向正确的方向推进，我们将理论运用到实践，也是对理论的验证与反馈。我们不仅要学习党的政治理论，也要研究运用与我们工作相关的经济理论、管理理论、地质工作理论等等。当前，最为重要的是加强党的思想政治理论学习。

中国特色社会主义理论体系，是我们党励精图治、开拓进取、探索真理、把握规律的结果，也是实践经验的总结和升华。领导干部要认真学习马列主义、毛泽东思想、邓小平理论、“三个代表”重要思想，深入学习实践科学发展观，要把理论学会弄懂，自觉运用中国特色社会主义理论体系指导客观世界和主观世界的改造，提高政治鉴别力，提高运用科学理论分析和解决实际问题的能力，我们的工作才会有灵魂、有目标、有动力，否则就是无本之木，无源之水。中国特色社会主义理论是我们党领导全国各族人民全面建设小康社会的理论指南，是推进中国各项事业不断取得新的胜利的不竭动力和力量源泉。领导干部必须加强理论学习，坚定理想信念，坚定党性宗旨，清醒地认识我们党的历史地位和重要作用，清醒地对待我们应该履行的责任，清醒地看待我们手中的权力，切实增强党性意识、责任意识和忧患意识，认认真真学习，踏踏实实工作，清清白白做人，为中国特色社会主义事业作出自己最大的贡献。

（二）加强新形势的学习。

在建设小康社会的进程中，我们会遇到许多新情况、新问题、新挑战，加强新形势的学习，就比任何时候都显得更重要、更必需、更紧迫。地质工作渗透在经济社会发展的方方面面，地质工作也同样面临着许多新情况、新问题、新挑战。我们必须深刻理解国务院和国土资源部对地质工作的新要求，深入学习研究国土资源工作新形势、新任务，将形势要求与地质调查工作紧密结合起来，与自己的工作职责紧密结合起来，认识变化、运用变化、推动变化。要在贯彻落实新任务的工作实践中，努力增强统揽全局的能力、科学决策的能力和应急应变的能力。有的干部对于新形势、新目标置若罔闻，不知道、不清楚、不明白，有的满足于一知半解，甚至有的不懂装懂，故步自封，盲目蛮干。对新形势学习不好，必然对中央和上级的决策思想认识不到位，贯彻执行不到位，必然影响和制约事业的科学发展。这些问题，是不愿学、学的不深的缘故，既是态度问题，也是认识问题，这些错误态度和认识都需要在学习和实践中，切实加以克服。

（三）加强履行岗位职责所需专业知识的学习。

履行岗位职责需要的专业知识比较广泛，是一门基本功，要求领导干部必须广泛学习涉猎，但是也要突出重点。要根据自己的职责分工，加强业务学习，不能吃老本，更不能因为自己不熟悉、不喜欢，就不钻研分管的工作。局属单位的工作专业性比较强，作为领导干部，必须本着缺什么、补什么的原则，加强学习，提高综合素质，努力把自己造就成为复合型的领导人才。当前，要重点加强财经政策法规、项目管理办法和有关领导艺术、方法的学习，提高领导干部依法办事的能力、沟通协调的能力和执行的能力。

三、掌握科学的学习方法

借这次机会，我想和大家交流一下学习方法问题。2007 年，地调局举办了一期新任领导干部培训班，培训班请到了中组部干部培训中心姚雪主任，她讲的内容是关注我们的学习，介绍了学习的方法、途径等内容，引起了大家的共鸣，大家觉得收获比较大。要想学习好，有收获，就要自己多下工夫，多思考。学习本身不仅是了解知识信息、掌握学习方法、转变思想观念，更重要的是能触动世界观、人生观和价值观。我体会主要有 3 个方面。

（一）博学。

古人讲，非学无以广才。要广泛涉猎各类书籍、材料，各类知识会相互碰撞，相互启发，博学多思，把握事物的规律性，这样才能够在工作、生活中有“前车之鉴”，“先见之明”。领导干部尤其要加强历史知识、管理知识、法律法规、经济知识的学习。要做到博学，有了困难需要克服，就是要养成一个很好的学习习惯。大家经常抱怨没有时间学习，就是没有合理安排好工作与学习的时间。学习是一生的事情，并且是点点滴滴积累的事情，要根据自己的工作、生活实际情况，养成良好的学习习惯，要有开放的、持之以恒的学习态度，坚持长期学习，永不懈怠。

（二）精读。

古时候有“半部《论语》治天下”之说，反映的是要精读，要读懂、读通，要管用。毛泽东同志喜欢夜晚读书，并且做批注，划圈圈，做记录，这是精读，有体会，有思考，才能有收获。建议大家认真读一下毛泽东同志的文章《反对党八股》，这是指导我们党改善学风、文风、会风的经典文献。对于我们来说，要坚持以我们正在做的事情为中心，《国务院关于加强地质工作的决定》、《中华人民共和国矿产资源法》、地质调查项目管理办法、国家的“十一五”规划等等，这些都要精读，要学会、弄懂，做到了然于胸，运用自如。中央领导同志关于地质工作的指示精神，徐绍史部长关于地质调查工作的重要讲话精神，汪民副部长在局党组务虚会议上的重要讲话，我们的领导干部都必须认真学习、深刻理解，指导工作实践。领导干部要对本单位的人员情况、经济情况、业务工作情况都要熟悉掌握，要精通，对于存在的问题和发展中的困难也要非常清楚，只有这样，我们才能带着问题学习，带着问题思考，着力发现问题、解决问题，实现地质工作的突破。

（三）融会贯通。

学习要与工作实践紧密结合，要注意学习、实践、再学习、再实践。要善于总结，善于思考，融会贯通。知识丰富并不意味着有思想内涵，有思想并不意味着有行动，知难行更难。记得清华大学大礼堂前有一日晷，镌刻着 4 个字“行甚于言”，强调的就是务实、实干的作风。领导干部要高度重视知、言、行的有机结合，要善于将理论知识与工作实践紧密结合，做事情要有理论基础，有思想动员，有具体的实施步骤，有严格地贯彻执行，这样才能保证工作稳妥推进，取得实效。

地质学作为自然科学的六大基础学科之一，有着自身的规律性，地质调查工作要遵循地质规律，地质调查管理工作也要顺应地质工作规律。我们既要研究地质科学，也要研究管理科学，将历史与现实、国际和国内、本行业与其他行业、本单位与其他单位、改革发展和稳定等等的情况融会贯通起来，要紧密结合实际，对比研究分析，去粗取精、去伪存真、由此及彼、由表及里。

当前，我们正在开展的“地质找矿改革发展大讨论”活动，既是一项重要的工作，也是对地质工作改革发展问题的一次重大研究。我们要认真研究地质工作改革发展的理论和实践，地质工作要始终坚持与时俱进，把握规律性、体现时代性、富于创造性；要始终坚持解放思想，深入查找问题，敢于面对问题，务实地解决问题；要始终坚持改革创新，转变观念、转变作风，着力构建保障地质调查事业科学发展的体制机制，立足自身业务建设，加强宏观统筹协调，推进事业改革进步，不断开创地质调查工作的新局面！

同志们，这次培训班是在各单位工作非常繁忙的情况下举办的，工作越繁重，越要挤时间学习，所谓“磨刀不误砍柴工”，学得好才能干得好。请大家一定要珍惜这次很好的学习机会，静下心来，超脱具体工作，超脱频繁的迎来送往，超脱复杂的人际关系，集中时间，集中精力，集中思想，认真学习思考、认真沟通交流。学习新知识，打开新视野，总结积累经验，提升素质能力。在这里，我再着重强调一下培训期间的纪律和安全。

一是严格纪律，服从管理。要切实遵守培训班的规定，按时听课，按时作息，完成好老师布置的作业，保证各项学习任务圆满完成。二是厉行节俭。在培训期间，不得进行与学习无关的应酬活动，反对吃请，杜绝铺张浪费。三是注意安全。夏天比较热，注意防暑，外出时候要请假，要特别注意交通安全。大家学习过程中遇到什么问题或者困难，请及时与局人事教育部联系。

最后，祝大家身体健康，学习愉快！

谢谢！

认清形势　振奋精神　大力推进凝聚力工程建设

——中国地质调查局副局长王宝才在局实施凝聚力工程座谈会上的讲话

（2009 年 10 月 27 日）

同志们：

今天，我们在这里召开局系统实施凝聚力工程座谈会，深入学习党的十七届四中全会和中纪委十七届四次会议精神，进一步贯彻落实李克强副总理“8.17”重要讲话精神，总结交流实施凝聚力工程的经验，研究部署下一步工作。这两天看了各单位提交会议的材料，感到大家都做了很多工作，取得了很好的成效。借此机会，我代表局党组向在座各位，并通过你们向局系统广大干部职工表示衷心的感谢和问候！

距年底还有两个月的时间，各单位正处于完成全年任务、谋划明年工作的关键时期，工作非常繁忙。但党组认为，召开这次会议非常必要。主要有以下几点考虑，一是党的十七届四中全会和中纪委十七届四次会议，对新形势下进一步加强和改进党的建设提出了新的任务、要求和措施，迫切需要把广大党员干部的思想统一到会议的精神上来，把力量凝聚到会议提出的各项目标任务上来，以贯彻落实会议精神为动力，推动各项工作取得更大的进展。二是李克强副总理就新时期地质工作提出了明确要求，向地质工作发出了战略性的号召，赋予我们战略性任务，提出了战略性要求。地调局能否担负起这项历史责任，能否在地质找矿上实现新的跨越，首先取决于我们在队伍业务建设等各方面能否实现一个大的跨越、迈上一个新的台阶。三是各单位在地质找矿改革发展大讨论和深入学习实践科学发展观活动中，对照中央和部党组要求找差距，总结经验教训，查找瓶颈问题，寻求破解途径。在思想认识、实践推进等方面都取得了重要进展。在大讨论基础上进一步认清形势，提高认识，理清思路，对于我们统筹谋划发展，凝聚各方力量，破解发展难题，意义重大。

局党组对这次会议高度重视，专门进行了研究部署。在京的局党组成员都参加了这次会议，汪民同志本来是要参加会议的，但因临时有更重要的事不能参加了。他要我们一定组织开好这次会议。受汪民同志的委托，在大家交流讨论之前，我就实施凝聚力工程先讲几点意见。

一、认清形势，切实增强实施好凝聚力工程的责任感和紧迫感

实施凝聚力工程，是局党组在2007年工作会议上提出的，经过实践和总结，2008年初，局党组印发了实施凝聚力工程的意见。各级领导对这项工作都高度重视，做了大量卓有成效的工作，特别是去年以来，各单位把实施凝聚力工程与开展学习实践科学发展观、地质找矿改革发展大讨论及作风建设活动结合起来，统筹安排，认真组织，大力推进，为构建和谐系统，和谐单位，加强队伍建设，推进地质调查事业的发展提供了有力的支撑和保障。做好这项工作意义重大，这不仅是贯彻落实中央构建和谐社会要求，更是事业发展的需要，干部职工的期盼，是一项打基础的工程。各单位要继续给予高度重视，总结经验，深化拓展，持续推进，努力实现事业发展和队伍建设“双跨越”。

当前，实施凝聚力工程的最重要任务，就是围绕贯彻李克强副总理的重要讲话精神来统一思想，凝聚人心，凝聚力量，抓住机遇，实现跨越。李克强副总理“8.17”重要讲话各单位已经进行了传达学习，按照李克强副总理重要讲话精神，部具体分解为11项任务。局负责的地质矿产保障工程总体方案、国家地质队伍建设方案、京区科研实验基地建设方案等都在抓紧推进。这几项工作，无论哪一项都关系地调局的建设和长远发展，可以说，地调局建设处在一个新的起点上。李克强副总理要求我们立足国内提高能源资源保障程度，在国内地质调查、资源勘查、开发和集约利用方面，形成一次新的跨越。李克强副总理把这个问题是放到经济社会发展全局和国家安全角度，放到中华民族伟大复兴的高度。尽快实现找矿重大突破，为经济社会发展做好支撑保障，是党中央、国务院赋予我们的重大战略任务和神圣历史使命，全局上下必须以此统一思想，以此凝聚力量，以此统一行动，而不能有丝毫犹豫和含糊。

地调局要担负起缓解资源瓶颈制约的历史使命，责任大、任务重。我们深感压力巨大，深感迫切需要凝聚全局力量，引领全国地质工作，共同推进地质事业发展。凝聚产生力量，凝聚催生和谐。人心齐、泰山移。有了凝聚力，才能产生战斗力，才能有效化解难题、应对挑战，才能成功抓住历史机遇，取得跨越式发展。

地调局要不断增强凝聚力，必须花大力气在工作思路、工作方式、自身建设上不断创新，必须在工作能力上有新的提高和突破，坚决打破“过去怎么干、现在还怎么干”的习惯，着力转变管理方式，转变工作作风。要按照部党组提出的对地调局模拟一级管理的要求，局机关重点抓宏观、抓指导、抓监督，为国土资源管理做好支撑服务。要向局属单位放权，为科研松绑，把不该管、管不了也管不好的职能交给局属单位。要尽快完善项目管理办法，加强综合研究，强化计划项目的整体性、系统性，突出做好重点成矿区带、整装勘查区的规划和整体部署。各单位也要积极行动，提升能力，改进管理，提高水平。要着力解放思想，全面深入认识社会主义市场经济条件下的地质工作规律，突破固有模式，创新体制机制，更好地推动地质找矿发展。要按照“找新区、上专项、挖老点、走出去，依靠科技和人才”的总体思路，以部（局）省合作为平台，探索构建中央和地方、企业相互联动，公益性地质工作、地勘基金和商业性矿产勘查合理分工、有机衔接，通过整体部署、基础先行、基金拉动、企业跟进、产学研一体，共同构建地质找矿新机制。

总之，面对当前形势，我们要有高度的责任感和使命感，紧紧抓住当前难得的历史机遇，充分利用好当前有利发展条件，做好地质找矿这篇大文章，做好队伍建设这篇大文章，在地质找矿工作中真正发挥龙头骨干作用，推动队伍建设迈上新台阶。

二、明确任务，大力推进凝聚力工程建设

实施凝聚力工程，其主要目的就是要以邓小平理论和“三个代表”重要思想为指导，以科学发展观为统领，认真贯彻执行部、局党组的各项重大决策，努力建设和谐系统，和谐单位，为凝聚队伍，促进发展提供有力支撑和保障；就是要努力使全局的认识更加统一，政令更加畅通，关系更加协调，步调更加一致，营造宽松和谐的内外部环境，使大家一心一意谋发展，聚精会神干事业，为建设世界一流地调局奠定坚实的基础。实施凝聚力工程的任务涉及很多方面，今天，我着重强调几点。

一是要把围绕中心、服务大局作为实施凝聚力工程的重要任务，为促进地质事业的发展提供保障。坚持事业立局，业务兴局是我们的建局方针，发展地质调查事业，提高业务能力，为国家经济建设提供资源保障是我们的中心任务。实施凝聚力工程，首先就是要紧紧围绕这个中心任务开展工作。通过扎实细致的思想政治工作和宣传教育，调动一切可以调动的积极因素，凝聚一切可以凝聚的力量，促进地质调查事业的发展，增强单位经济实力。事业和经济的发展，也必然会促进和谐，稳定队伍，增强凝聚力。从一些单位的实际情况来看，也完全说明了这一点，单位的业务建设加强了，事业发展了，干部职工就对班子满意，对单位依赖，现在有不少人愿意到我们系统来，过去调出的，也想再回来，他们看重的主要是我们持续、稳定的发展，是不断改善的良好环境。因此，我们一定要靠事业的发展凝聚力量，鼓舞士气。目前局正在组织制定“十二五”地质工作规划，落实地质矿产保障工程，保证地质大调查项目结题后的相当长一个时期内，继续推进地质调查事业的发展。各单位也要根据克强副总理的讲话精神和局的统一部署，认真研究和完善本单位的中长期发展规划。要以发展规划为目标统一思想、坚定信心；以落实发展规划为抓手，统筹安排、扎实工作，积极推进业务建设和事业发展。

二是要把培养人才、凝聚队伍作为实施凝聚力工程的重要措施，为加强公益性地质调查队伍建设创造条件。事业兴旺，关键在人才。人才资源是最重要的战略资源，是一个单位竞争实力的突出体现。实施凝聚力工程，就是要着眼于人才总量的增长和人才素质的提高，紧紧抓住人才培养、引进和使用3个环节，努力创造鼓励人才干事业，支持人才干成事业，帮助人才干好事业的良好条件。目前，我们有些单位承担的地质调查、地质科研和技术开发等项目越来越多，有的业务骨干同时要承担或参与两三个项目，有的甚至更多，不但本人压力很大，项目质量也难以保证。随着地质调查事业的发展，将来我们的任务可能更重，不抓紧人才队伍建设是很难适应形势和工作需要的。西安地调中心近年来不断加大人才引进、培养力度，尤其是的水文地质队伍从无到有，迅速发展壮大，现在已经成为拥有70多名专业人员的业务团队，取得了非常明显的工作成效。广州海洋局建立长效人才培养和引进机制，努力创造鼓励人才干事业的良好条件，设立人才培养基金，为引进的博士无偿提供住房，吸引了高素质人才。他们的经验就很值得好好总结和借鉴。要干成事业，发展事业，就必须要有人才，要有一支过硬的队伍，这个道理谁都明白，关键是如何抓好落实。从近几年各单位队伍建设情况来看，凡是领导重视，规划合理，措施有力的，就见到了实效，促进了发展。因此，这次我们要在认真学习贯彻李克强副总理讲话精神的基础上，进一步研究队伍建设问题，局的层面要加强统筹规划和工作指导；各单位也要结合实际，认真研究队伍建设规划，尤其是“十二五”期间要达到什么样的规模，引进哪方面的人才，怎样培养中青年骨干，如何营造能引来人，能留住人，能发展人的环境条件，要提出实实在在的方案，采取得力措施，抓好落实。通过我们上下配合，共同努力，切实加快公益性地质调查队伍建设的步伐。

三是要把改进作风、提高执行力作为实施凝聚力工程的重要抓手，努力营造政令畅通的良好环境。作风建设和执行力的问题，也是我们一直重点抓的工作。这次要通过学习贯彻十七届四中全会精神和李克强副总理的重要讲话精神，通过贯彻落实《局党组关于深入基层改进作风、增强服务意识、提高执行力的意见》，进一步推动思想观念、工作作风的大转变。首先要从局机关做起，要适应新形势新任务的要求，转变观念，改进作风，切实增强带队伍的意识，强化服务理念，真正做到面向基层，面向野外，面向一线。要进一步明确工作职责，简化审批程序，减少办事环节，提高办事效率。要结合地质找矿改革发展大讨论，进一步搞好相关工作制度的顶层设计，加快推进建立统一部署工作体制机制，完善项目管理办法，研究制定模拟一级预算管理等规章制度。要加强对局党组、局行政重大决策、重要决定事项的督办工作，强化执行效力。各单位领导班子要加强思想政治建设和作风建设，不断提高领导班子和领导干部推动科学发展、促进单位和谐的能力，不断增强领导班子和领导干部的凝聚力和影响力。要加强与局机关的沟通、协调，该汇报的及时汇报，该贯彻的抓紧贯彻，局机关和直属单位要心往一处想，劲往一处使，上下互动，协调一致，保持政令畅通，共同推进工作。

四是要把加强党建、改革创新作为实施凝聚力工程的重要保证，充分发挥党组织的战斗堡垒作用。党的基层组织是党全部工作和战斗力的基础，也是我们推进实施凝聚力工程的重要保证。要按照党的十七大和十七届四中全会精神，进一步加强和改进基层党组织建设，选配好党委、纪委和党支部负责人，努力培养一批具有创新意识的党务干部。要适应新形势新任务的要求，创新基层组织活动内容，把服务中心、建设队伍贯穿党组织活动始终，把做好思想政治工作、促进事业发展贯穿党组织活动始终；要坚持以党内民主带动单位民主，以党内和谐促进单位和谐，使党的基层组织真正在推动发展、服务群众、凝聚人心、促进和谐等方面发挥重要保障作用，增强党组织的吸引力和向心力。要以改革创新的精神，进一步加强和改进党建工作，积极探索党建工作与实施凝聚力工程的切入点和结合点，增强党建工作的针对性和实效性，做到哪里有群众哪里就有党的工作、哪里有党员哪里就有党组织、哪里有党组织哪里就有健全的组织生活和党组织作用的充分发挥。广大共产党员要在实施凝聚力工程中发挥模范带头作用，真正成为牢记宗旨、维护团结、心系群众的先进分子，自觉带领群众投身和谐单位建设，积极推进各项工作。

五是要把以人为本、服务群众作为实施凝聚力工程的出发点和落脚点，切实解决关系职工群众切身利益的实际问题。实施凝聚力工程说到底主要是做人的工作，只有坚持以人为本，贴近群众，贴近实际，贴近生活，才能得到大家的欢迎和认可。局机关和各单位领导以及党群组织，要深入实际，深入群众，及时了解干部职工都在想什么、干什么、需要我们做什么。我们常说，群众利益无小事，但凡受到群众敬重、支持的干部，在群众中有一定威望的干部，肯定是为群众办好事、办实事、解难事的干部。我们都要而且应该成为这样的干部。最近在局党组民主生活会上大家就一致认为，要进一步加强与有关主管部门的汇报沟通，积极争取解决一些大家关心的预算、财务管理中存在的体制机制问题，转制所改革发展问题，以及基地和社会养老统筹等问题，抓紧推进理顺部、局、院、所关系，完善加强国家地质科技创新体系。各单位也要高度重视，认真解决关系职工群众切身利益的实际问题，在政策规定的范围内，采取积极措施，争取每年办两三件实事，着力改善职工工作、生活环境，帮助解决实际困难。要注重做好人文关怀和心理疏导工作，尤其是当有人有意见、有要求时，要耐心地听取人家的诉求，确属合理的，要及时解决，暂时难以解决的，也要说明情况，争取理解。对不合理的要求，要讲清政策，做好工作，使职工群众心情舒畅，单位和谐稳定。

六是要把加强地质文化建设作为实施凝聚力工程的重要载体，积极创造良好的舆论氛围。文化建设是一个单位发展的精神动力。我们这个系统有着深厚的文化底蕴，已经形成了“热爱祖国、追求真理、开拓创新、无私奉献”的崇高精神，形成了“三光荣、四特别”的优良传统，这些都是我们必须大力弘扬和继承的。同时，也要不断总结和提炼能为广大职工所认同和接收的特色地质文化，用一致的发展愿景，共同的使命责任凝聚人心，鼓舞士气。天津地调中心组织开展的文化建设系列活动就很有创新，他们确定了中心精神，奋斗目标和管理核心理念，设计了中心标志、旗帜和歌曲，体现了团结奋斗的精神风貌。局机关党委去年组织开展的局系统职工篮球赛，最近还要举办局系统职工文艺会演，局党组都是赞成和支持的。这些活动为丰富职工文体生活，增强队伍凝聚力提供了很好的平台。现在随着物质条件的不断改善，人们的精神文化需求也日益增长，除了局组织的一些大型活动外，各单位都要因地制宜，开展健康活泼、丰富多彩的文体活动，也应该鼓励相邻单位联合搞些健康有益的联谊活动，有的单位已经在这方面做了些努力和探索，希望局机关和各单位很好地总结经验，通过开展多种形式的文化建设、精神文明创建等活动，增强团队意识和进取意识，为实施凝聚力工程奠定良好的舆论氛围。

三、加强组织领导，充分发挥各方面保障作用

实施凝聚力工程是当前和今后一个时期的重要任务，是一项涵盖多方面工作的系统工程。局机关和各单位都要高度重视，切实加强组织领导，把各种资源整合起来，把各方面力量调动起来，形成合力，共同推进。抓好这项工作，要着重发挥好 5 个方面的作用。

一是领导的作用。实施凝聚力工程，领导是关键。领导的作用，一是根据实际作决策，二是组织协调抓落实，三是身体力行作表率。要结合学习贯彻十七届四中全会精神和李克强副总理的重要讲话精神，结合地质找矿改革发展大讨论和作风建设活动成果，进一步完善工作方案，研究如何围绕中心，服务大局，更好地推进凝聚力工程建设。要谋长远，管全局，抓大事，加强组织协调，抓好工作落实；要按照局的统一部署，结合实际，创造性地开展工作，务求取得实效。

二是组织的作用。实施凝聚力工程内容很多，任务很重，要建立健全党委统一领导，党政工团齐抓共管，有关部门各负其责的领导体制，主管部门要发挥好组织协调作用，充分调动各方面的积极性，相互支持，相互配合，各尽其职，各负其责，努力形成思想教育、文化建设、精神文明创建和行政管理多管齐下，多措并举的工作格局，确保实施凝聚力工程各项任务落到基层，落到实处。

三是机制的作用。要建立和完善实施凝聚力工程的目标任务，执行责任和考核评价工作机制，把工作任务、职责，要求，层层分解细化，落实到每个部门，每个岗位，一级抓一级，层层抓落实，使“软任务”真正变成“硬任务”。要加强经常性的考核评价，充分发挥机制的激励作用，对工作勤奋，作出突出贡献的单位和个人要给予表彰奖励，对不思进取，碌碌无为者要给予批评教育。

四是群众的作用。实施凝聚力工程只有植根于群众，才能有生命力和感召力。要从满足群众的不同需求出发，设计各种活动载体，充分调动职工群众普遍参与的积极性，并在参与活动中受教育，得实惠。要尊重群众的首创精神，坚持从群众中来，到群众中去，从群众最欢迎的事情做起，从群众最不满意的事情改起，切实维护好群众的知情权和参与权，发挥好群众的积极性和创造性。

五是宣传的作用。要进一步加强实施凝聚力工程的宣传工作，努力营造建设和谐系统，和谐单位，凝聚力量，开拓进取的舆论氛围。要抓好典型，注重典型的代表性和多样性，及时总结交流经验，发挥先进典型的示范作用。

同志们，实施凝聚力工程与局系统和各单位的改革发展密切相关，与广大干部职工的切身利益紧密相连，是一项非常重要的工作。我们要以深入学习贯彻十七届四中全会和李克强副总理重要讲话精神为契机，以科学发展观为统领，齐心协力，求真务实，大力推进凝聚力工程建设，为开创地质工作新局面作出贡献。

谢谢大家！

中国地质调查局副局长钟自然在全国地质调查工作会议上的总结讲话

（2009年2月25日）

各位院士、同志们：

受局党组委托，我对这次会议做一个简要总结。

一、会议的主要收获

这次全国地质调查工作会议，是在国际、国内形势发生深刻变化，地质工作面临新的形势和任务的情况下召开的，非常及时，非常重要。徐绍史部长到会看望大家，发表了重要讲话，对地质调查工作取得的成绩给予了充分的肯定，给我们很大的鼓舞和鞭策，坚定了我们推进工作的信心。他深刻剖析了当前面临的形势，提出要统一认识，持续推进地质工作的改革与发展，部署开展全国性多层次的地质找矿改革发展大讨论。这是对在新形势下做好地质调查工作的一次总动员，是一次重大的部署。

汪民副部长代表地调局党组作了工作报告，系统总结了2008年地质调查工作，深刻分析了当前的形势，全面部署了2009年主要任务，并以科学发展观为统领，提出解决影响地质调查事业全局和长远发展难题的总体思路。

大家一致认为，徐绍史部长的重要讲话和汪民副部长的工作报告，对推进2009年的工作，谋划今后一个时期的工作，具有非常重要的指导意义。

这次会议气氛非常热烈，大家发言踊跃，交流了经验、研究了问题、探讨了措施，会议效率高、会风实、收获大，主要体现在以下4个方面：

（一）深化了对地质调查工作面临形势的认识。

徐绍史部长和汪民副部长从不同的角度对地质调查工作面临的形势进行了科学分析。受全球金融危机和矿业经济周期调整的双重影响，包括中国矿业在内的全球矿业，正处于“一松一紧，震荡调整”的特殊时期。中国地质工作处于一个关键节点和新的起点，面临新的机遇和挑战。大家学习贯彻徐绍史部长重要讲话和汪民副部长工作报告精神，推进和谋划地质调查工作，要着重把握好以下4点：

1. 当前商业性矿产勘查投资萎缩，迫切需要公益性地质工作发挥强有力的引导和拉动作用。这里面有3层含义：

一是虽然短期内矿产品供需矛盾有所缓解，但是从中长期看，资源保障能力仍然是中国经济社会发展的重要制约因素。地质工作需要提前一到两个“五年计划”，甚至要更长一些，加大地质找矿仍然是刻不容缓的重大任务。

二是商业性矿产勘查迫切需要公益性地质工作提供基础信息服务。近20年来，中国基础地质工作严重欠账，矿产勘查处于“吃老本”的状态。世纪之交地质工作处于低谷，1999年启动的国土资源大调查对维持矿产勘查、保持地质队伍的稳定发挥了历史性的作用，也为2004年以来这一轮矿产勘查的热潮准备了一些靶区。但从总体上看，即使现在商业性矿产勘查投资不降温，可供部署勘查的靶区也已经严重不足，迫切需要加强基础性地质工作。

三是全球金融危机情况下加强基础地质工作更具紧迫性。自2008年第4季度以来，相当一部分社会资本撤出了矿产勘查领域，留在矿产勘查领域的投资也大大加强了风险管理。在矿业市场景气的时候，社会资本敢于冒投资风险，现在则变得谨慎了。这就迫切需要加强基础性地质工作，降低风险，促进投资。

2. 中央实施扩大内需促进经济平稳较快发展的战略决策，对基础性地质调查评价工作提出了强大而迫切的需求。开展重大工程选址、实施民生工程、加快城镇化工业化进程等等，包括铁道、交通、建设、环保、水利、电力等部门所开展的一些国家重大工程的建设，对区域地质调查、水工环地质调查，以及地质资料信息服务的需求都非常大、非常急迫。

3. 随着国际矿业投资环境的显著改善，国内企业走出去的步伐大大加快，迫切需要境外前期地质调查的引导和地质矿产信息与矿业投资环境信息的支撑服务。

4. 国土资源管理工作对基础性、公益性地质调查提出新的更高的要求。在部召开的务虚会议上，在1月份召开的全国国土资源厅局长会议上，以及2月份部里召开的各个司局工作思路汇报会上，部党组对国土资源管理工作提出了新的任务和要求。我们是部的事业单位，地调院、环境监测总站是省级国土资源部门的重要支撑力量，必须为国土资源管理工作提供强有力的支撑和服务。

大家一致认为，通过学习讨论徐绍史部长的重要讲话和汪民副部长的工作报告，深化了对全球金融危机下地质工作形势的认识，明确了公益性地质队伍的神圣使命，增加了责任感和紧迫感。

（二）明确了2009年地质调查工作的思路和任务。

李克强副总理在1月14日会见第4届黄汲清青年地质科技奖获奖者时指出：“要立足当前，着眼长远，突出重点，完善体制机制，加快科技创新，加大重要矿产资源勘查力度，力争在国内拿到更多的地质储量，进一步加强地质技术信息服务，更好地服务于经济社会发展大局。同时，要积极走出去参与资源开发利用的国际合作，更好地利用两个市场、两种资源，实行互利共赢。”

这次会议认真贯彻李克强副总理关于当前形势下做好地质工作的重要指示，认真落实全国国土资源厅局长会议精神，以巩固和扩大深入学习实践科学发展观的成果、构建地质调查新机制为主线，在总结工作、分析形势的基础上，明确提出了“总结经验、谋划部署、创新机制、调整结构、加强基础、依靠科技、抓好业务、带好队伍、推动找矿突破、增强服务功能”的总体思路。这一部署完全符合徐绍史部长讲话精神。大家认为，通过学习讨论，工作思路更加清晰，工作任务更加明确。

（三）增强了发展地质调查事业的信心。

大家认为推进地质调查事业改革发展存在重大机遇和一系列有利因素，主要表现在以下6个方面：

1. 党中央、国务院，国土资源部和有关部门，以及地方党委、人民政府高度重视，大力支持地质调查工作。首先，国务院的领导同志非常关注地质调查工作，李克强副总理在1月14日的讲话中就特别强调，在当前形势下进一步做好地质工作，对提高资源保障程度、扩大国内需求、支持城乡规划建设、增强防灾减灾能力，都具有重要意义。第二，部党组和徐绍史部长对地质调查工作非常重视。徐绍史部长到部主持工作两年以来，多次到地调局、各省的地勘单位、地调院、地质环境监测总站视察指导工作，多次发表重要指示。在不同的会议上、在不同的场合都要求部有关司局和地调局，为地质队伍排忧解难、研究出台政策、加大支持力度。第三，地方政府比以往更加重视地质调查工作，地质工作在地方政府决策中的地位也越来越重要。

2. 组织实施公益性地质工作的资金保障条件大

大改善。《国务院关于加强地质工作的决定》（以下简称“《决定》”）出台以来，中央和地方财政对地质工作的投入力度越来越大。就中央财政而言，在大调查之外，每年新增5亿元用于基础性公益性地质调查工作，主要用于资源调查方面，另外还启动了海洋地质保障工程、深部探测工程、青藏专项等专项工程。国家科技投入在地质领域也在逐步加大力度。地方财政投入力度也比以往有很大程度地提高。

3. 地质勘查体制机制改革的不断深化正在逐步解决地质调查工作发展的一系列障碍，大大释放了公益性地质队伍的能量。第一，政府与企业合理分工、相互促进的地质勘查体制框架正在逐步形成，矿业企业和地勘单位在上一轮矿业经济周期中逐步发展成为矿产勘查市场主体。这样做的结果，一方面改变了过去主要由中央财政包揽地质工作的体制，政府得以集中资金发展公益性基础性地质事业，调控和引导商业性勘查。另一方面，蓬勃发展的商业性地质工作反过来对公益性地质工作提出要求，促进了公益性地质工作的发展。第二，中央和地方各负其责、相互协调的地质工作体系正在初步形成。过去地质工作主要由中央政府出资并组织安排，现在地方政府组织开展公益性地质工作的积极性和主动性大大提高。通过部（局）省合作开展地质找矿、农业地质、城市地质、地下水勘查，探索了中央与地方地质工作分工合作的有效方式。

4. 地质调查新机制初步显示了重要作用和重大潜力。在促进地质找矿突破、服务经济社会发展重大决策、提升公益性队伍能力建设等方面，新的机制都已经发挥了重要的作用。汪民副部长的工作报告专门对此做了阐释，各位代表在发言当中也讲了很好的例子。通过合作，中央、地方和企业资金形成合力，矿业企业的资本与地质队伍的技术形成合力，区调、物探、化探、遥感、钻探、科研多专业、多学科形成合力，产学研技术力量形成合力，集中兵力打歼灭战。通过建立合作机制，地质调查工作环境得到了改善。

5. 中央和地方地质队伍发展条件有了明显改善。一是经济实力大大增强。二是地方地质队伍，人均收入的水平、人均事业费的水平都有较大的提高，工作条件和生活待遇都有很大的改进。三是地方公益性地质队伍编制，由9100人增加到14000人，为地方队伍建设提供了很好的空间。四是装备和基地条件也有不同程度地改善。这些条件的改善，为吸引人才、稳定队伍奠定了重要的基础。

6. 经过近10年的艰苦磨炼，造就了一支素质高、作风硬、能力强的公益性队伍。地调院大学本科以上学历人数占53%，硕士、博士占10%，地质环境监测总站本科以上占38%，其中硕士、博士占6%。地调局直属队伍中高学历的比例更高一些，本科以上占58%，硕士、博士占23%。高级职称的比例也相当高，地方公益性队伍大约占25%，局直属队伍大约占35%。这些数字也能大体上反映我们这支队伍的基本素质。中央和地方公益性队伍现有人数是1.56万人，现有的编制是2.4万人。中央和地方公益性队伍建设，组建不到10年，我们是老单位，新任务。在这10年当中，我们这支队伍经受住了一系列的考验：经受住了抗震救灾的考验！经受住了防治地质灾害的考验！经受住了抗击地质工作低迷，保持发展、稳定，引导拉动商业性地质勘查的考验！

（四）专门研究了加强公益性地质队伍建设的措施。

这次会议将加强公益性队伍建设特别是地方公益性队伍建设作为重要的议题。会前，组织人员进行了调查研究，提出了《地方公益性地质调查队伍能力建设评估要点（讨论稿）》。今天上午又专门召开了专题座谈会。徐绍史部长和汪民副部长对这支队伍充满深情，寄予厚望。他们分别代表部党组和局党组就加强公益性地质队伍建设讲了非常重要的指示意见。各省地调院、地质环境监测总站对部党组和局党组高度重视地质队伍建设感到欢欣鼓舞，纷纷表示地调局应当加强对地方地质队伍的指导和联系，统筹规划中央和地方公益性地质工作，动员、整合、协调全国各类地质调查队伍和科研力量，开展公益性、基础性地质调查和战略性矿产勘查工作。

二、关于2009年重点工作

徐绍史部长对新形势下如何做好地质调查工作做了重要指示，汪民副部长对2009年工作做了全面部署。讨论当中，大家又提出很多有针对性的意见。下午6位代表的发言又提出了很好的建议。为了准确理解这次工作会议的精神，贯彻落实好徐绍史部长重要讲话和汪民副部长工作报告，切实做好2009年的工作，我再强调5个方面：

（一）全力实施地质调查与科学技术项目。

2009年地质大调查项目已经纳入部门预算，预算下达的时间将比往年提前2到3个月。局机关已经对96个计划项目总体实施方案进行了初步审查，近期对项目中的会议费、出国费、外协费等进行专项审查后，将会很快批复。局机关，大区地调中心以及计划项目牵头单位务必在第一季度完成项目实施（包括野外出队）的各项准备工作。经商部财务司、规划司和财政部经建司，具备开展野外工作条件的，可以先行出队。各项目承担单位要加快项目实施各项准备工作，能够开展工作的，要尽快开展项目工作。

各单位、各部室要以实施项目为抓手，全力推进业务建设和人才培养。区域地质调查，要以解决资源环境调查迫切需要解决的重大基础地质问题为目标，以"四重"地区为重点，即重点成矿区带、重要经济区、重大工程建设区、重大地质问题区，改进填图方式，提高图幅质量，加快区调步伐。

资源调查要以部（局）省合作和工作部署为平台，深化推进地质找矿新机制。力争在10个重点调查区和3个重点评价区取得重要进展，同时加快推进全国矿产资源潜力评价和能源资源基础地质调查。

水工环地质调查要紧密围绕部、省地质灾害防治与地质环境保护的重点工作部署，突出加强地质灾害多发区调查监测与预警预报，总结推广滨海新区和曹妃甸工业区的地质工作模式，探索推进"一带五区"（即海岸带、"环渤海"、长江三角洲、"海峡西岸"、珠江三角洲和"北部湾"）和长江中游城市群的综合地质调查，在严重缺水地区加强水文地质调查。

地质科技要着力加强影响资源环境勘查突破的关键问题进行理论创新和技术攻关，特别是要加快深部找矿技术、特殊景观区的勘查技术、大宗难利用资源开发利用技术的研究开发和推广应用。

国际合作要充分发挥好提升队伍能力建设的平台作用，强化在信息获取、技术引进、人才培养和国际形象塑造等方面的功能，以推进境外地质调查、周边跨境成矿带对比与合作编图和国际合作交流为抓手，迅速扩充全球矿产资源信息系统，打造境外矿产勘查论坛品牌，提升为走出去支撑服务的能力。局机关要充分发挥好地调院、地质环境监测总站在国际合作中的作用。

（二）精心谋划"十二五"地质调查工作部署。

着力抓好6个方面的工作。一是认真整改大检查大盘点中发现的问题；二是全面总结国土资源大调查实施10年来的经验和教训；三是系统梳理地质调查与科学技术成果，围绕重大需求，加大综合集成与转化应用的力度；四是深入开展需求分析；五是组织开展"十二五"规划部署研究。局已经按照专题部署、区域部署和综合部署3条线部署安排了有关工作，要加大力度、加快进度、加强力量、强化协调，年底之前务必将部署建议草案报部。地调局各单位、地调院、地质环境监测总站也要全面总结过去的工作，策划好本单位的业务建设和队伍建设方案。

（三）深化推进地质调查新机制。

今年要在推进下列3个新机制上取得更大的成就。

一是加快落实地质找矿新机制。要特别注意以下几点：第一，充分利用好部（局）省合作平台，推进共同部署、共同实施、共享信息，形成新形势下的多元投资的会战局面。第二，省级地调院、地质环境监测总站要与地调局直属单位一起，在推进新机制当中发挥核心和骨干作用。第三，局机关有关部室和地调院、地质环境监测总站要及时向部有关司局、有关省厅汇报协商工作，积极主动地接受部、省国土资源管理部门的指导和监督，加强沟通协调。第四，要通过新机制的探索实践，促进地质找矿突破，促进矿产勘查开发一体化机制改革的完善，促进地勘单位和矿业企业的改革发展。

二是坚定不移地推进大项目机制。要力争通过近3年即2008～2010年的探索实践，形成比较完善的项目管理新机制，为实施"十二五"地质调查规划奠定坚实的基础。正如赵鹏大院士所讲的：大调查要有大气魄，立足国内、放眼世界。大项目要有大思路、大目标和大成果。这个大项目机制的核心就是围绕大需求，设置大项目，力争出大成果和大人才。关于大项目机制的含义，汪民副部长在工作报告中做了充分的阐释，请各单位，包括地调局直属单位、地调院、地质环境监测总站、中央管理的地勘单位、院校的地调力量，共同研究完善。推进这项机制关键在于能否真正落实"两个更加"的要求，按照重大需求来设置重大项目，并通过重大项目的实施形成能够满足重大需求的大成果。而能否实现这样的大成果，人才又是最关键的因素之一。因此，检验这项机制成效有两条重要标准，一是能否形成满足国家重大需求的成果；二是能否培养出一批人才，特别是骨干和学科带头人。

三是加大推进地质资料服务机制的力度。着力做好4件事。第一，健全完善由全国地质资料馆、大区中心、专业中心和项目承担单位构成的统一窗口、统一标准、分布式多层级的服务体系。第二，清理、整合、盘活、共享现有的数据库，初步清理依托项目建立的数据库。据不完全统计有200多项，怎么发挥好这些数据库的作用非常重要。第三，以最大限度地满足用户需求为目标，改进服务方式，丰富信息服务的内容。第四，建立地质资料汇交与应用服务的考评奖惩机制。

（四）努力增强服务经济社会发展大局的能力。

要着重把握好4点。

一是坚决打破自我封闭，牢固树立为国家宏观决策、经济社会发展和国土资源管理服务的理念，增强对国家重大需求的敏感性。

二是完善项目制度，确保工作部署、项目设置、任务设计、项目实施、成果表达和评审验收各个环节都要紧紧围绕用户需求来开展工作。

三是要建立项目组织实施和承担单位与用户面对面的对话机制，增强立项的针对性和成果的实效性。

四是要大力加强对国土资源管理支撑服务的力度。

（五）加快公益性地质调查队伍建设步伐。

一是必须坚定不移地按照《决定》和国土资源部《关于加强地方和行业公益性地质调查调查队伍建设的意见》（国土资发〔2003〕358号）确定的目标、原则、基本要求、组织实施与保障措施，加大建设力度，加快建设步伐。

二是地方公益性队伍建设必须坚持《决定》和“358”号文中确立的公益性的基本定位，即主要承担中央与地方财政出资的区域性、基础性、公益性地质调查和战略性矿产勘查工作，为国土资源管理提供业务基础支撑，为经济社会发展提供公益性服务。江苏省地调院院长袁晓军同志讲得好，公益性地质队伍只有服务经济社会发展才有生命力，必须按照“358”号文的要求建实建强队伍，力争出大成果。河南省地调院经过前些年的探索实践提出要坚持“三个服务”和发挥“五个作用”的定位。这个定位很符合《决定》和“358”文的要求。服务要更为贴切，更为有效，要在服务中赢得尊重，找准位置。

三是省级地调院、地质环境监测总站要健全完善符合公益性地质工作要求的组织机构、管理体系，具备承担地质调查任务的专业技术人员规模、结构和能力以及装备、基地等保障条件。河南省地调院院长张良同志说，能力建设是队伍建设的核心，有能力才有作为，有作为才有地位，有地位才能有大发展。他还提出，科技创新是能力建设的核心，机制创新是能力建设的保障。按照《决定》和“358”号文的要求，我们在实践探索中获得了很多成功经验。

四是对承担国家地质调查项目的公益性地质队伍，实行承担能力资格审查制度。印发会议讨论的《评估要点》是评估地质调查项目承担单位资格的重要依据，基本的要求是单位承担能力资格必须与承担的项目相适应。

五是地调局将依据《决定》和“三定”方案的规定，通过各种措施加强对地方公益性地质队伍的联系和指导，充分发挥好地方公益性地质队伍的作用，并协调有关方面为地方队伍的建设和工作创造必要的条件，排忧解难。

希望省级地调院、地质环境监测总站按照汪民副部长工作报告的要求，加强与地调局的联系和沟通。发生机构变动、领导干部任免以及地质调查重大发现等重大事项，及时向地调局报告。

三、抓好会议的贯彻落实

谈3点意见：

（一）认真学习领会会议精神。

会后，要抓紧在全国地质调查系统传达学习徐绍史部长的重要讲话和汪民副部长的工作报告，以及汪民副部长在地调院院长、地质环境监测总站站长座谈会上的讲话精神，切实把思想统一到科学发展观的要求上来，统一到部党组、局党组的重大决策部署上来，统一到部党组、局党组对地质调查面临形势的判断和工作部署上来。请地调院、地质环境监测总站、中央管理的地勘单位、院校的同志会后向主管的厅局和部门汇报这次会议的精神，特别是徐绍史部长和汪民副部长的讲话精神。地调院和地质环境监测总站要结合这次会议精神，研究提出加强地方公益性队伍建设的方案，向主管厅局汇报，并向地调局反馈落实情况。

（二）将贯彻落实会议精神与深入学习实践科学发展观紧密结合起来。

当前京外单位正在开展深入学习实践科学发展观的活动，京内各单位也在巩固和扩大学习实践科学发展观的成果。请各单位结合学习实践科学发展观的要求，结合本地区本单位的实际，研究提出贯彻这次会议精神的措施。要把贯彻这次会议的精神，落实部党组和局党组关于2009年地质调查工作的整体部署，特别是刚才徐绍史部长提出的部署和要求，作为学习实践科学发展观的一项重要任务。把学习实践科学发展观与开展地质找矿改革发展大讨论紧密结合起来。

各单位要深入分析影响制约地质调查事业发展和

本单位业务建设、队伍建设的关键问题，准确把握地质调查系统和本单位落实科学发展观的重点环节，以构建地质调查新机制为主线，以地质工作“四个统筹”为实现科学发展观在地质领域落地生根的着力点，不断提高地质调查工作的支撑服务能力。

（三）分解落实2009年的工作部署安排。

各单位要按照这次会议研究部署的地质调查目标任务，研究落实本单位的具体工作安排。要建立目标任务责任制，对于重点任务层层分解，逐项落实到主管领导、主办部门和具体承办人。同时要加强检查指导，注重结果考核，确保工作实效。局机关要及时掌握了解会议精神的学习贯彻情况，各单位贯彻落实会议的情况要及时报告地调局。

最后再强调一点，各个单位一定要注意安全和稳定工作。今年又是一个非常特殊的年份，是新中国成立60周年，也是地调局建局10周年、大调查实施10周年。各单位一定要把安全、稳定工作放在非常重要的议事日程，确保今年平安无恙，确保工作有新的起色、有新的成效。

谢谢大家！

中国地质调查局副局长钟自然在局开展地质找矿改革发展大讨论动员部署会议上的动员报告

（2009年4月1日）

同志们：

开展地质找矿改革发展大讨论，是部党组做出的一项重大战略部署，是新时期加快地质找矿改革发展的动员令，是巩固和扩大学习实践科学发展观活动成果的重大举措。局党组研究决定，地调局系统要抓住这次重大机遇，按照部的统一部署，组织动员局系统全体干部职工，迅速采取行动，积极投入这场大讨论。受汪民同志委托，我就局系统组织开展大讨论活动，谈3点意见。

一、充分认识开展大讨论的必要性和紧迫性

在昨天下午部动员部署电视电话会议上，徐绍史部长深刻阐述了开展大讨论的背景和目的，赋予这次大讨论更高的站位。开展大讨论活动是应对金融危机的一次重大行动，也是转“危”为“机”，深化改革，突破体制机制障碍，取得更多制度性成果的一次重大行动。汪民副部长从经济社会发展对地质找矿工作提出新的更高要求、地质找矿正处于非常重要的关键节点、地质找矿工作迫切需要更大的提高等3个方面，全面系统论述了开展这次大讨论的重要意义。大家要认真学习，深刻领会。开展这场大讨论，对地调局系统具有更强的现实性、必要性和迫切性。

（一）地质工作面临的内外部环境发生了深刻的变化。

早在1999年5月，温家宝同志就向国土资源部出了3道题：一是社会主义市场经济条件下，地质工作怎么做？二是利用两种资源两个市场形势下，地质工作怎么做？三是新科技革命条件下，地质工作怎么做？10年之后的今天，这3个问题对我们研究推进地质工作，仍然具有很强的针对性。

经过10年的改革发展，地质工作情况有了新的变化。首先，地勘队伍体制改革逐步深化。公益性与商业性分体运行，大部分地勘单位属地化，中央和地方公益性地质队伍建设初具规模。其次，矿产勘查开发一体化和投资主体多元化的格局初步形成。在2004～2008年矿业热潮中，很多矿业企业如中国铝业、中国黄金、紫金矿业、西部矿业，甚至包括五矿集团，向上游发展；地勘单位向下游发展。这些新型的矿产勘查市场主体得到迅速发展壮大，在利用国内和国外资源、市场方面逐步增强影响力，成为提供资源保障的重要力量。第三，地质工作走出世纪之交的低谷，进入新一轮周期之后，最近又受到金融危机的深刻影响，面临着新的挑战。面对这些新的情况和新的变化，我们应该思考，原有的思想观念，体制机制、政策制度、管理体系和工作方式等能不能适应新形势的要求。

（二）经济社会发展对地质工作的需求发生了深刻的变化。

随着工业化、城镇化进程加快，“十一五”与

“十五”相比，资源和环境问题越来越成为制约经济社会发展的重要因素。国家在分析“十五”面临的形势的时候，把资源环境问题作为影响和制约经济社会可持续发展6大问题的第3位。而到了“十一五”前夕，资源制约成为经济社会发展面临的4大瓶颈因素之首，可见资源问题在经济社会可持续发展全局中的地位和分量。

2009年2月27日，李克强副总理在经济社会可持续发展国土资源战略研讨会上特别强调，要充分认识国土资源在国家可持续发展中的极端重要性。同时指出，要实现现代化，必须推进工业化和城镇化，资源需求在相当长的时间内是增长的。世界上没有哪一个国家的工业化是靠采用低碳经济、资源低消耗实现的。

增强矿产资源对经济社会发展的保障能力是国土资源部的主要职能之一，加大地质找矿是刻不容缓的重大任务。在矿产勘查处于“吃老本”的状态下，在全球金融危机对矿业经济影响日趋深刻的情况下，加强基础地质工作，对于降低风险，促进投资，更具有迫切性。中央实施扩大内需促进经济平稳较快发展的战略决策，对资源、环境、工程地质工作，提出了迫切的需求。随着国际矿业投资环境的改善，国内企业走出去的步伐大大加快，迫切需要境外地质调查引导和地质矿产与投资环境信息的服务。国土资源管理工作对于基础地质调查提出新的更高的要求。上述4个方面都对我们的基础地质工作提出新的更高的要求。我们要用“两个更加”的要求来审视我们的思想和行动，采取得力措施改变“两个不适应”的问题。

（三）地质找矿改革发展正处于关键节点。

昨天汪民副部长从整个国土资源系统和全国地质行业的角度对此做了深刻的阐释。从地调局角度来看，我们也正处于一个非常关键的节点。一是我们正处于谋划“十二五”的关键时刻。国务院启动了国土资源可持续发展战略研究。国家“十二五”经济社会发展规划研究也已启动。把地质工作纳入国家的整体战略和国家的整体发展规划当中，是一项非常紧迫的任务。二是全球金融危机对于地质工作的影响日趋深刻。危机尚未见底，形势依然严峻。如何发挥地质工作对扩大内需促进经济平稳较快发展的基础性作用？这是我们必须立即做出回答的课题。三是国土资源大调查专项即将进入尾声。如何总结大调查的经验和教训，如何谋划大调查以后的地质调查工作，也是迫在眉睫的任务。四是今年是新中国成立60周年，改革开放30周年，特别是与我们最为关切的地勘体制改革10周年，地调局组建10周年，大调查实施10周年。对于以前怎么看，对于以后怎么干，需要我们思索。五是《国务院关于加强地质工作的决定》（以下简称《决定》）已经出台3年多，局党组提出“建设世界一流地调局”的目标也近两年了，去年局党组在学习实践科学发展观试点活动中又系统分析了当前存在的突出问题，提出了整改措施，特别是实施地质调查“五大新机制”。在这些关键节点上，我们能不能把握时机，摆脱被动，对我们是一个挑战，是一个考验，也是一个重要的机遇，必须紧紧抓住大讨论的机遇，推进一些重大问题特别是体制机制问题的解决。

中央对于地质工作的大政方针是明确的，国务院发布了《决定》，温家宝总理先后6次对加强地质工作发表重要讲话。部党组对于地调局的要求是清晰的，徐绍史部长在2008年和2009年全国地质调查工作会议上发表了两个“2.25讲话”，2007年7月18日和2009年1月12日两次到地调局调研，都对地调局的工作提出了明确、具体的要求。局党组关于治局方略的工作思路也是非常清楚的。在重大问题基本清楚、工作思路基本明确的情况下，为什么我们推进工作还困难重重，问题出在哪里？我们在执行中央的大政方针、部党组的重要决策、局党组的治局方略当中，为什么推进不够理想？问题出在哪里？必须从思想观念、体制机制、制度政策、管理体系等方面来查找问题，寻求对策。

地质找矿改革发展是一项系统工程，既涉及地质工作本身，也涉及矿政管理的方方面面。落实中央精神，贯彻部党组决策需要有一个大的推动，需要全面深入地开展大讨论，统一思想，提高认识，形成新思路，提出新举措，推进地质工作根本转变，加快地质找矿重大突破，努力增强对经济社会可持续发展的保障能力和服务功能。

二、明确大讨论的目标和任务

根据徐绍史部长的重要讲话和汪民副部长的动员部署报告，此次大讨论的总体目标任务是：转变观念，找准问题，改进管理，创新体制机制，提高服务水平。结合局系统的实际，局党组提出要通过大讨论实现4个方面的目标任务：

（一）解放思想，统一认识。

深入学习中央一系列指示精神，准确领会徐绍史等部领导关于地质找矿工作讲话要求，以战略眼光审视形势，把握机遇，应对挑战。针对当前普遍存在的忧患意识、责任意识不强，缺乏推动地质找矿事业全面发展的紧迫感和主动性，条条框框太多，习惯于传统工作领域和工作模式，开拓不够，闯劲不足，办法不多，部门封闭，服务意识不强等问题，树立大地质、大服务理念，切实把思想认识统一到中央的指示精神和部党组的要求上来，统一到促进地质找矿重大突破和提升服务能力上来。

（二）找准问题，剖析根源。

准确把握当前经济社会发展新形势对地质找矿工作提出的新要求，总结经验教训，跳出圈子看工作，走出家门找借鉴。通过专题辅导、座谈讨论、问卷调查等多种形式，充分发挥专家学者的作用，充分调动广大干部职工积极性，踊跃参与，献计献策。各单位结合各自职责定位、工作领域，查找突出问题，深入剖析根源，为寻求治本之策奠定扎实基础。

（三）突出重点，破解难题。

紧紧围绕加快地质找矿改革发展，着力解决体制不顺、机制不活、创新和服务能力不强、队伍建设不到位等突出问题，充分发挥地调局在推进实现地质找矿重大突破的重要作用，统一部署和组织实施地质找矿工作，调整完善地质工作结构和布局，强化公益性地质工作、中央地勘基金与商业性矿产勘查的有机衔接。建立中央和地方地质工作分工合作关系，密切与省级国土资源管理部门、地勘单位和矿业企业的联系，加强对地方公益性地质队伍建设的指导。研究提出关于公益性地质队伍建设的建议，明确队伍规模，完善队伍结构，组建油气队伍，充实海洋队伍，理顺部、局、院、所关系，推进解决5个转制所问题。协调落实经费、基地等条件保障。深化推进大项目机制、地质找矿机制、科技创新机制、公共服务机制和人才培养机制，打造大平台，实现大突破。

（四）完善制度，改进管理。

更新管理理念，克服业务管理行政化、地质工作简单化的倾向，转变重立项、轻监管，重调查、轻服务的工作方式。健全业务推进、项目管理体系，完善技术管理、经济管理制度，系统清理完善各项技术标准、规范，全面提升业务技术管理水平。

三、把握好大讨论的基本要求

（一）基本原则。

各单位、各部室要切实贯彻汪民副部长在部地质找矿改革发展大讨论动员部署报告中提出的要求，坚持解放思想，把握正确方向，着力解决问题，实行分类指导。

（二）总体要求。

按照部党组总体部署，深入学习领会和贯彻落实中央精神和国务院关于加强地质工作的决定，全面分析经济社会发展大局对地质找矿工作提出的新要求，比照中央精神和部党组要求找差距，紧紧围绕如何尽快实现找矿重大突破、提升服务经济社会发展的能力，发动全局干部职工，集中专家学者智慧，遵循社会经济发展规律、市场经济规律、地质工作规律，解放思想，超越自我，开展广泛深入的大讨论，系统梳理问题，着力解决长期困扰地调局发展的议而不决、久拖不决的问题，在转变思想观念、创新体制机制、加强队伍建设、改进工作作风、完善管理制度等方面务求实效。

（三）参加范围。

局机关各个部室和各直属单位的全体干部职工。其中，地科院开展专题研讨时，可以邀请其他部门领导和专家参加，如科技部等有关部委、科研院所、大专院校；6个大区地调中心可以邀请所辖地区地调院、环境监测总站的同志参加；环境监测院可以邀请环境监测总站的同志参加。在具体活动安排中，根据专题研究需要，也可以邀请更大范围的专家和同志参加。

此次大讨论虽叫“地质找矿改革发展大讨论”，但实际上涉及整个地质工作。水工环等有关部门和单位也要按照部和局的统一要求，参与大讨论活动。部领导提出的扩大服务领域、延长工作链、促进地质工作“两个更加”等要求，对水工环地质工作单位有很强的针对性。

（四）实施步骤。

整体时间进度安排与部里完全一致，但在实际安排上要比部里提早一些，这样才能将我们的意见建议纳入到部的整体解决问题方案当中。时间是从2月25日～8月31日。

第一个阶段是准备动员阶段。从2月25日～4月15日。主要任务是按照部党组总体部署要求，制定实施方案，编印学习材料，召开动员大会，广泛发动，周密部署。

第二个阶段是学习讨论阶段。从4月16日～6月15日，两个月的时间。主要任务是全面、深入、系统学习，提高认识，统一思想，广泛讨论，总结经验教训，聚焦制约地质找矿改革发展的突出问题，营造气氛，创造环境，提出解决的初步思路。

第三个阶段是解决问题阶段。从6月16日~7月31日。主要任务是针对重大问题，深化讨论研究，分层次、分领域提出解决的措施建议，破解难题，务求实效。对于那些我们各单位、部室可以自己解决的问题，要立即采取行动，提出改进措施；对于我们自己解决不了的，需要局层面研究解决的问题，应提供方案和建议，并尽快报局；对那些局里自己解决不了的问题，我们做进一步的梳理研究，提出措施与建议方案报部，提请部研究。

第四个阶段是总结完善阶段。8月1~31日。主要任务是对讨论活动进行总结，形成总结报告和专报，召开总结大会，进行全面总结。

（五）组织领导。

一是要加强组织领导。局党组统一领导，重大问题及时研究。局成立大讨论办公室，负责日常事务和组织协调，局领导任办公室主任，资源部、总工室、办公室主要负责同志任副主任，并成立专家顾问组。办公室下设综合组、协调组、专题组和秘书组，人员由相关单位人员组成，集中办公。

二是落实工作责任。各单位要把组织开展大讨论活动作为今年的一项重要任务，列入计划，统筹安排，明确责任，协调推进。各单位负责本单位的学习讨论工作，主要负责人为第一责任人。局大讨论办公室要加强对各单位、各部室开展大讨论活动的指导和协调。各单位、各部室要及时向局大讨论办公室报告情况，重大事项要向局党组报告。

三是强化交流互动。充分利用信息简报、专报等形式，搭建信息沟通交流的平台，及时交流活动经验，深入讨论分析问题，充分反映大讨论中产生的新思路新举措，形成生动活泼的互动交流局面。

各单位、各部室要将大讨论活动与推进全年地调、科研工作紧密结合起来，与深入学习实践科学发展观紧密结合起来，努力做到“两手抓、两不误、两促进”。要按照部的统一部署，结合实际，积极推进，使这次大讨论活动取得实实在在的成效。

在昨天晚上的座谈会上，已将实施方案印发各单位和各部室征求意见。我们将根据大家的意见进行修改完善，经局党组审议后报部备案。关于大讨论组织实施的一些具体安排，局将随时根据部的统一部署要求，结合局的实际情况，另行通知。

地质工作的若干理念

——中国地质调查局副局长张洪涛在地质工作发展战略座谈会上的讲话

（2009年2月12日）

新春伊始，“全国国土资源厅局长会议”对2009年工作进行了全面部署。在不久前举行的“部工作思路汇报会”上，徐绍史部长又进一步要求“情况明、思路清”，“用心思考”，“思路”落地。没有正确的理论，就没有正确的实践。本文未敢涉足“理论”，只是对一些“理念”（或概念）做探讨，以求正本清源，正其名，谋其事。

一、关于“地质勘查”

《地质词典》和新版《地球科学大辞典》中均没有“地质勘查”条目，英文中也没有相应的词汇，只有“地质调查”和“矿产勘查”（分为概查、普查、详查、勘探四阶段）。

但是“地质勘查”在中国地学界是常用的。1998年国土资源部成立，设立了地质勘查司（管理地质勘查行业和石油、天然气、煤层气矿产资源探矿权、采矿权的审批登记）。2006年国务院颁发了《关于加强地质工作的决定》，未用“地质勘查”，用的是“地质工作”（定义是经济社会发展重要的先行性、基础性工作，服务于经济社会的各个方面）。2008年国土资源部出台《全国地质勘查规划》，明确“地质勘查”包括公益性和商业性两类，并规定了具体工作内容。此外，我部还管理中国矿联的“地质勘查分会”。因此要正确履行地质勘查行业的管理职能，首先是把“地质勘查”的内涵予以理清。我认为，根据中国国情，应当把“地质勘查”看成是广义的“地质工作”，从社会属性讲，可以分为公益性和商业性两大类；从工作阶段分，可以包含地质调查、矿产勘查，乃至相关的地质科学研究、勘查技术研发等。

结论：国土资源部主持的“地质勘查”就是国家地质工作，《全国地质勘查规划》是对国家地质工作的全覆盖。

二、关于“两个更加”

是否坚持“两个更加”，业内外、部内外争议较多。有的持积极态度，大胆探索，围绕“两个更加”拓展地质工作领域。但也有的却提倡“纯专业”路线，不许越雷池一步，否则是不务正业，是“种别人的田，荒自家的地”。也有人认为“地质工作”就是“找矿”，与普通百姓没关系。

地质学是一门学科，很古老，很珍贵，但是，恰恰是18世纪初发展起来的地质学，推动了工业革命，此后逐渐成为各国经济社会发展的必不可少的前期工作。因此地质学的最大特征就是“基础性”。随着地质知识的普及和经济社会的发展，地质学的用途变得多种多样，地质工作不仅充当经济建设的“尖兵”，而且可以服务于社会的诸多领域。这方面，许多发达国家走在前面，我国也有成功的先例。国土资源部成立以后，传统的地质工作模式，正随着经济形势悄悄变化，旅游地质、农业地质、城市地质、医学地质等方兴未艾。但就总体而言，时下的地质工作与国家经济社会高速发展仍不相适应。对此，温家宝总理反复强调“必须大力推进地质工作的根本转变，更加紧密地与国民经济与社会发展相结合，更加主动地为经济和社会发展服务”，这是对传统地质工作的重新认识和重大调整。对如此重要的转变，我们从理念到手段都缺乏准备，认识不足，办法不多，走不出“传统”框框，“会什么吆喝什么”，而不是“国家需要什么唱什么”。正如老部长周永康指出的“自己服务自己，许多地质成果锁在箱子里，或者存在脑子里，太可惜了，等于将国家的巨额投资束之高阁，发挥不了作用”。

地质工作事关全局，影响长远。目前我国处于工业化或现代化建设时期，经济社会发展对地质工作的依赖前所未有，一是对水资源、能源和矿产品的需求，远远超过储量增长水平；二是国家重大工程建设，特别是当前“拉动内需”政策，对地质工作的需求与日俱增；三是我国地质条件复杂，地质灾害频发，预测和防治对地质工作的需求愈加迫切；四是浅层地表生态环境（广义环境地质）对地质工作提出了新的需求；五是公众对地学知识、地学信息的需求量大大增加。因此，要变被动为主动，紧紧跟踪需求，拓宽工作领域，延长工作链条，把地质工作从“纯专业”路线中解放出来，推动地质成果向生产力转化。

结论：践行“两个更加”，是地质工作符合“科学发展观”的唯一衡量标准。

三、关于“挖老点”

新中国成立以来，我们成功发现了大庆油田、白云鄂博铁矿、德兴铜矿等一大批超级矿床，培育了上万座矿山，立下了不可磨灭的功勋。但是到“文革”时期，地表矿渐渐难找，特别是“富铁矿会战”之后，“中国再无大矿”的悲观论调慢慢浸入地质界，找矿工作也陷入了长期徘徊。1998年国土资源部成立，翌年“国土资源大调查”启动，通过中央投资和科技进步，催生了新一轮找矿热潮，取得了一批新成果。但是，对于高速发展的形势，后来取得的成果，质和量都跟不上需要，大批功勋卓著的“老矿山”，渐渐进入“老年期”，矿山、矿工、矿城、矿业等“四矿”问题突出，矿产品的对外依存度急剧攀升。如何拯救“老矿山”，难倒了业内外。实际上，“就矿找矿”是人类长期积累的宝贵经验，对“老矿山”的认识并不会穷尽。随着科学进步和技术发展，“老矿山”完全有可能焕发青春。2004年国土资源部启动了“危机矿山”专项，通过综合研究和技术攻关，重新认识资源的禀赋特点和演化规律，探边摸底，深入挖潜，在已经实施的216个项目中，39个项目新增储量一举达到大型或超大型，平均延长矿山寿命13年，稳定60余万人就业。因此，我们要坚定“就矿找矿”的信心，在新的经济、科技条件下，强化“老矿山”的矿床特征、矿带背景、区域延伸等规律性问题研究，提出找矿方向，在“老点”中发现“新矿”，实现第二次创业。因此，部党组把“挖老点”作为一项重大任务提出来，充分体现了科学的认识论和方法论，非常及时，绝对正确。应当总结“危机矿山”专项，及早谋划第二轮。

结论：一手抓“理论突破”，一手抓“技术创新”，新成果还会有的。

四、关于“找新区”

《国务院加强地质工作的决定》规定了我国地质找矿的主要任务，即11个大型含油气盆地、13个国家级煤炭基地、16个重要成矿区带以及16个重要矿种，重点投入，争取突破。这一方针直接指导了“十一五”的地质找矿工作，找矿努力有了回报，资源短缺有所缓解，成绩是主要的。如今5年过去了，当时的“新”认识相对变“老”，上述目标也与实际拉开了距离。因此，人类对地质现象、成矿特点的认识是不断深化的，必须坚持解放思想，与时俱进，调整部署，研究新情况，发现新异常，追踪新线索。我们完全有能力通过“挖老点”，再拿出一批“新地区”、“新层位”、“新领域”，实现新突破。另外还要考虑海洋和极地工作。这大概就是部党组明确提出“找新区”的现实意义。

结论：“找新区”就是解放思想。

五、关于“上专项”

“上专项”不是“等靠要”。这里至少有三层意思，一是“上专项”后，层次提高，既体现国家意志和全民利益、解决国计民生的重大问题，又提高国土资源部在国家宏观层面的贡献率；二是效益导向，指向解决中央重视、百姓关注的重大问题；三是投入加大，只有在国家专项的框架下，才有发挥跨部门、跨学科、跨地界的集成优势。还有一点很重要，在策划国家专项时，必须立意高远，突出重点，有所为，有所不为，避免小而散，大拼盘。实践证明，“上专项”能够引起中央领导重视，可以得到中央各部门支持，最终可能得出震动性的大成果。只要国家确有需要，技术路线正确，我们就有可能搭上“十二五”班车，搞成三、五项大项目。最近我部“海洋保障工程”专项已基本落实，“青藏高原”专项也已经启动，规模均接近100亿。目前规划司牵头的“拉动内需”重大专项的策划，只要谋划得当，并集国土资源系统之力，有希望有所斩获。

结论：“上专项”的关键是有所不为。

六、关于“走出去”

第33届国际地质大会上，有两位享有盛名的外国地质学家，分别引用了温家宝总理表述的“地质无国界”的理念，并以地质界出了一位伟大的政治家而引以为豪。确实，地球是个整体，为人类所共有，地质大会的七大主题之一就是“地球系统”。从任何角度看，地质科学的全球合作，谁也不能阻挡。当前金融危机威胁了大多数国家，对矿业和地质工作也产生了很大冲击，但就世界而言，资源分布不均、资源全球配置的基本格局并没有改变，相反，各国经济的复苏，在很大程度上需要依靠资源的支撑，许多地质学家呼吁团结起来，继续探索“地球系统”的综合作用，寻找资源的全球规律，推进资源的全球配置。在此形势下，我们应当坚定“两种资源，两个市场”的基本政策，积极参与“走出去”工作。这里的“走出去”，我认为并不单指矿产勘查，而应有重点，分层次，多角度，甚至包括“请进来”，一是积极参与国际地学组织活动，推动全球尺度的地学合作，特别是发挥青藏高原“最佳实验室”的虹吸效应，创造一流水平的成果；二是优先开展与周边国家在区域调查、基础研究、跨界编图等公益性领域的合作；三是研究、借鉴跨境成矿区带的成矿规律和找矿方法，指导境内找矿；四是为中外矿山企业提供专项研究、前期风险勘查、实验测试等服务。

结论：地球是大系统，地质工作应有全球视野。

七、关于“依靠科技与人才”

地质学包罗万象，博大精深。地质工作是“学术钻研、野外认知、室内提高”的复杂劳动，本质上是一种科学活动。随着地表资源的开发，地下未知领域逐渐显现，边缘学科的相互渗透更加平常，特别是近半个世纪以来，地质作用与人类的关系越来越紧密。在我国，新型工业化与优化布局、城镇化与新农村建设、海洋资源保护开发、能源和重要矿产资源循环利用、非常规资源开发、低品位难选冶资源的技术研发、生态建设与环境保护，以及相关的地理信息系统、全球定位系统和遥感技术等等，都包含有无穷的科技含量和技术难题。唯有依靠科学技术，才能深化对地质规律的认识，才能解决扩大服务领域、推动学科发展的诸多难题。这里还要强调一下人才短缺问题，新形势下，我们太需要一大批品德优良、基础厚实、知识广博、专业精深的地学新人了，应当奋起直追，采取措施，以重大地质勘查和科技攻关项目为依托，大力培养创新型人才、复合型人才和科技领军人才。

结论：科技待攻关，人才成“瓶颈”。

八、关于“新机制”

加强矿政和地勘行业管理、探索“新机制”是部党组今年工作重点之一，各有关司局也在研究、探讨“思路落地”的方略。我认为，要推行新机制，首先需要思想观念上的根本转变，这里既有方法论的问题，更有世界观的问题，正如徐绍史部长指出的“总体上看，我们的技术管理、微观管理、项目管理的色彩还比较重”。因此我们要用“学习实践科学发展观”成果指导研究“新机制”，推进“新机制”，学会从微观走向宏观、从项目管理走向行业管理、从技术管理走向与社会管理结合。推行“新机制”难度大，内容多，因篇幅原因不能展开，但总体上讲，可以归纳为四句话：政事企社结合，宏中微观协调，多元资金统筹，上中下游融通。

结论：“新机制”不是技术问题，而是观念问题。

总之，地质工作在服务方向上的定位，就是随着经济社会的发展与时俱进。在工作层面上的定位，就是使履行国土资源规划、管理、保护与合理利用的政府职能更加科学。在思维方法上的定位，就是不违背地质工作规律。在工作内容上的定位，就是资源与环境并重，服务方方面面。在终极目标上的定位，就是使地质成果转化为生产力。

探索地质规律　从源头发展低碳经济

——中国地质调查局副局长张洪涛在“低碳经济与绿色建筑产业发展高峰论坛”上的演讲

（2009 年 11 月 14 日）

尊敬的韩启德副委员长、王志珍副主席，各位领导、各位专家：

首先我代表国土资源部，支持和响应“九三学社中央”和辽宁省人民政府发起的“低碳经济与绿色建筑产业高峰论坛”，衷心祝贺大会的隆重召开！应大会要求，我作一简短发言，题目是“探索地质规律，从源头发展低碳经济”。

当前，全球气候变化已经由一个“科学问题”或“道义问题”，发展成为一个涉及世界政治、经济、社会、科技、生态和环境的综合性“难题”。从某种角度讲，可以说已经走出了争论，演变成为人类社会的共同理念，并正在变为行动。

目前，我国正处于工业化、城镇化、现代化发展的关键阶段，未来 20 年是难得的战略发展机遇期。在这样一个特定的发展阶段，我认为我们面对的是 4 个“不可能”，即：大规模基础设施建设不可能停止，能源资源的需求快速增长势头不可能消退，以煤炭为主的能源结构调整不可能一蹴而就，从“高碳”向“低碳”经济转变的技术难题解决起来不可能轻松。

不久前，李克强副总理在考察国土资源部时强调，地质工作要在应对全球气候变化中有所作为，要充分发挥地质工作在二氧化碳减排、地质灾害防治、地质环境保护等方面的基础作用。因此，国土资源部在专家论证的基础上，明确提出了四大战略目标：一是系统开展近、现代地质环境变化规律调查，揭示自然、人为活动分别对全球变化的影响程度，预测全球气候变化可能造成的环境和灾害效应，提出防灾减灾对策措施；二是根据已有工作基础，开展二氧化碳储存的地质条件和潜力、碳汇能力评价等；三是进一步深化我国土壤地球化学调查，评价土壤的固碳能力及其发展潜力；四是在全国寻找新的清洁能源，优先评价地热、浅层地温、天然气水合物等清洁能源的开发利用潜力。

我认为，与国外某些人士的认识相反，在地质学方面，我国完全具备推动全球低碳经济的技术储备和能力。

第一，在二氧化碳地质储存方面，早在 2004 年国土资源部就启动了二氧化碳地质储存潜力评估及关键技术研究，近年来动作不断加大，初步认为，我国地质条件有利于开展二氧化碳地质储存，我国广阔的陆域和近海主要大型盆地，并且发育了大厚度的沉积地层，深部咸水含水层发育，相对隔水层构成了良好的封闭条件。据估算，我国可用于二氧化碳地质存储的深部咸水层的面积达到 34 万 km^2。

中国是煤炭大国，煤层分布广泛，辽宁、山西、陕西、内蒙古、新疆等省区的主要煤层分布区，都具有较大的二氧化碳地质储存潜力。

中国是石油生产大国，陆上大型含油气盆地中大多进行过二氧化碳驱油试验，枯竭或废弃开采井田的油藏封闭条件，也有利于二氧化碳地质的深部储存，包括大庆、胜利、辽河、克拉玛依等在内的 46 个油田。迄今，我国24个大型沉积盆地具备大厚度的咸水含水层、46个大型含油气盆地、68个大型煤层区的深层地下空间。总体上，我国二氧化碳的地质储存潜力可达14540亿吨，可以满足未来数百年全国二氧化碳储存的需要。

第二，在土壤固碳的潜力方面，我们有相当高的研究程度。在全球碳循环中，土壤碳库的储存量约为25000亿吨，是陆地生物碳库的碳储存量的4.5倍，是大气碳库的碳储存量的3.3倍。据估算，土壤中有机含量只要变化0.1%，将会导致大气圈中二氧化碳浓度变化1.0 mg/L。若全球土壤中有机碳含量变化10%，其数量则相当于目前人类活动水平下的30年排放二氧化碳的总和。因此土壤碳库相对稳定，是最具潜力的碳储存载体之一。

近10年来，国土资源部组织完成了160万 km^2 的土壤地球化学调查，结果表明，我国土壤有机碳含量总体上低于世界平均水平，主要农耕区土壤表层，其平均碳密度为4880吨/km^2，低于美国的5030吨/km^2、欧盟的7080吨/km^2。开展如此大面积的土壤地球化学调查并获得巨量数据，在世界上尚属首次。目前我们正组织专家研究土壤碳汇机理，以及人类干预的切入点，初步认为，我国农业勤耕细作，土地利用率高，可能是我国耕地具有巨大的固碳潜力的原因，从这点出发，中国合理利用耕地、加大碳汇规模，可以有所作为。

第三，在地热能的开发潜力方面，国土资源部具有几十年的调查基础，截至2007年底，我国31个省（区、市）共有87个城市实施了“浅层低温地热”开发利用项目，其中80%集中在华北、东北等地区，以北京、河北、河南、辽宁、天津等为主。全球应用浅层地热能供暖制冷的建筑面积已近8000万 m^2，北京有1300万 m^2，沈阳已超过2000万 m^2。北京的国家大剧院和奥运村，上海的世博会展区，这些影响全球的等标志性工程，都已经成功使用了地源热泵技术。总量虽然不大，但节能效果十分明显，发展潜力令人鼓舞。为此，2007年国土资源部设立了“浅层地温能研究与推广中心”，2008年下发了一系列指导性文件，重点从浅层地热能调查评价、规划编制和检测监测等方面，鼓励、规范和推动浅层地热能资源的开发和利用。

同时，国土资源部正在加大传统地热资源的开发力度，近年不断地加大勘查评价力度。我国大陆最早的高温地热田——西藏羊八井地热田是在1975年成功勘探、开发的，80年代国土资源部又对北京、天津、陕西等省（市）的中、地温地热田进行了研究和勘探，并逐步推进商业性开发。2004年以来，国土资源部在全国进行了系统部署，实施了“全国地热资源现状调查”专项工程，调查数据相当乐观，迄今，全国一共有温泉2710处，已开发利用的达700余处，其中用于发电的4处，电力装机容量为25.78兆W。全国一共成功勘探地热田275处，地热井2200余眼，全国地热水开采总量已经达到3.5亿 m^3/年，居世界第一位；直接利用地热资源热能为126亿kW·h，设备容量3687兆W，居世界第三位。我国构造复杂、岩浆活跃的地质条件，为开发地热资源提供了优越的产业基础。目前，我国地热勘探开发的势头不减，地热开采利用量以每年10%的速度增长。

第四，优先寻找开发新型替代能源“天然气水合物”，也就是俗称的“可燃冰”，这是21世纪最具有商业开发前景的大宗战略资源。据分析，全球天然气水合物的储存量是现有煤、天然气、石油等化石能源总储量的两倍，美国、加拿大、日本、印度、韩国等国均已加紧研究和勘探，最快的提出将在2016年进入商业性试采。我国在这一领域奋起直追，于2002年设立了国家专项，国土资源部中国地质调查局于2007年在我国南海首次投入钻探工程，成功获取了天然气水合物实物样品；2009年又在青海省天峻县永久冻土带勘探成功，获得了大量实物样品，表明我国利用“可燃冰”这一清洁能源的前景已经明朗。目前面积性普查和勘查技术研发正在加速！

总之，国土资源部将发挥地质工作的基础性、先行性作用，全力推动和发展低碳经济。目前我们与辽宁省政府正在合作开展环渤海经济区及海岸带的环境地质调查。希望进一步加强与九三学社在推进低碳经济方面的全方位合作，开拓与有关省（市、区）的合作渠道，做好服务区域低碳经济的技术接口，为全国乃至全球经济社会的可持续发展作出我们的贡献！

预祝“低碳经济与绿色建筑产业高峰论坛”圆满成功！

谢谢大家！

树立依法理财观念　强化经济管理工作

——中国地质调查局副局长王学龙在局2009年工作会议上的讲话

（2009年2月27日）

2008年，地调局经济工作按照局党组的要求，认真贯彻落实局《关于加强经济管理工作的意见》，全局上下齐心协力，采取积极措施，稳步推进，取得良好进展，各项经济指标比上年有不同程度增长。现将2008年经济运行情况予以简要通报，并对今年加强经济管理工作进行部署。

一、2008年财政预算执行与主要经济指标完成情况

（一）财政预算收入情况。

2008年，地调局财政预算总额为44.9亿元。其中，基本支出预算4.6亿元，项目支出预算40.3亿元。全年财政资金总预算中，国库资金为39.26亿元。

（二）财政预算执行情况。

1. 预算执行率。2008年，地调局完成财政预算27.7亿元，全年预算执行率为62%，比2007年（53%）提高了9个百分点。

全局财政资金预算执行率达到了85%（扣除不以80%作为硬性考核的项目），与2007年同口径（64%）相比，提高了21个百分点。

2. 重要专项预算执行情况。全局各类项目支出预算执行率平均为58%（扣除不以80%作为硬性考核预算项目），项目支出预算执行率为83%。其中，海洋调查、基础性公益性地质调查、国家科技支撑计划课题等13个专项预算执行在80%以上，预算执行较好。国土资源大调查、全国土壤调查与污染防治等5个专项预算执行率在76%以上，预算执行基本正常。两权使用费及公益性行业科研专项预算执行率低于50%，预算执行缓慢。

3. 国库资金预算执行率。2008年，全局完成国库资金预算支出27.86亿元，预算执行率为71%。其中国库资金基本支出预算执行率为97%，项目预算完成率为68%。

4. 各单位预算执行情况。按照局《关于加强预算执行通知》（中地调发〔2008〕308号）要求，全局28个预算单位中，26个单位的预算执行率达到了80%以上。

（三）2008年度主要经济指标情况。

2008年全局货币工作总量53.2亿元，其中本年事业收入、经营收入和其他收入7.35亿元。货币工作总量超过亿元的单位有11家。全年完成支出总额33.67亿元，比上年增加2.5亿元。

年末总结余19.45亿元。其中财政资金结余约17亿元，比上年减少了近7亿元。

2008年末全局资产总额48.26亿元，其中固定资产20.44亿元，比上年增加2.17亿元。

全局人员经费支出（含离退休经费及对个人和家庭补助）总计7.43亿元。在职职工人均收入6.18万元/年（不含住房改革支出），离退休职工人均收入2.53万元/年（不含医药费等其他支出）。

（四）企业清理规范工作进展及经营情况。

2008年，按照上年确定的企业清理整顿方案，完成了11个企业的规范撤销。按照部关于开展事业单位投资兴办企业清理规范工作的新要求，对局属单位投资办企业再次进行清理。初步确定规范发展和撤销的企业方案。

2008年，21个单位的56个规范发展企业，实现总收入7.46亿元，本年实现净利润6324万元，比上年增加4656万元。企业经营开发工作在拓展工作领域、安置转岗人员、增加单位收入等方面起到了较好的作用。

二、存在主要问题与原因分析

（一）存在主要问题。

2008年，我们虽然采取了积极措施，不断规范财务支出行为，经济管理水平有所提高。但从全局的情况看还存在很多问题，主要表现在：

1. 部分专项执行进度缓慢，预算执行管理不够严格。有2个单位的预算执行率未达到80%的要求，部分地质调查项目、地质科技项目、装备与基本建设等财政专项进展较慢，全局财政预算总执行率与国家要求还有很大差距。

部分单位“重项目申请、轻预算管理”的观念还没有转变。预算编制不科学、不合理，预算执行随意，擅自变更国家批复的预算资金使用额度和途径，预算实际支出与立项不符，挤占挪用专项资金等。

2. 预算支出违规行为较普遍，经费报销把关不严。部分单位在项目外协费、野外施工费、会议费等大额支出报销中存在违规现象。经费使用中，违规列支专项资金管理规定严禁开支的费用，列支与项目无关的费用。超范围使用现金的现象较为普遍，有些单位用现金支付材料购置费、工程款、业务借款，现金额度单次高达50多万元，严重违反《现金管理暂行条例》。有些单位违规发放津贴补贴、住房公积金和购买商业保险。有些单位经费报销审核把关不严，支付手续不完备，报销凭证不规范。有的使用假发票、过期发票，支出内容与出具发票单位的业务性质不符，同一商家出具的发票序号与时间先后不吻合等。

3. 国有资产管理不到位。有的单位购进的仪器、设备、专用软件等，未按规定纳入资产管理入固定资产账。购置设备报账时未做固定资产入账处理，有些房产多年使用，至今未纳入单位固定资产管理。有的单位出售土地使用权没有取得相关部门批复，设备报废处置手续不完备，严重违反国有资产管理相关规定。

4. 对外投资不规范，对企业监督管理不够。有的单位对外投资手续不完备，以固定资产或货币资金投入所属经济实体，不按规定办理非经营性资产转经营性资产报批手续和企业国有资产产权登记手续。有的单位投资办企业不履行报批程序。在全局拟保留的57个企业中，主办单位虚假出资的3家，出资不到位的8家，还有24个没有办理产权登记手续。个别单位在进行企业改制时，没有履行必要的申请批准手续。这些都不符合国家有关法律法规。

部分单位在给企业制定的收益分配政策上，对国家、集体、个人利益处理不符合国家财经制度。部分单位与企业存在关联交易，单位与企业之间随意转账等。对企业的经营活动简单采取定期报表、阶段总结等管理方式，疏于监管。

另外，还存在着基建项目超概算超范围、自筹资金来源不清、竣工决算不及时等问题。

（二）原因分析。

去年，审计署对地调局部分单位的“野战军”地质技术装备专项和部门预算执行审计，查出了多起令人触目惊心的违纪违法问题。分析这些问题，有体制机制方面的客观原因，但从主观方面检查，我们在以下几个方面还不适应国家财政体制改革的新要求：

1. 思想观念不适应新形势的要求。部分单位依法理财的观念淡薄，缺乏市场经济是法治经济的基本认识。不能正确处理国家、单位、个人的关系。存在为了单位利益，只要不装个人腰包就不是问题的糊涂思想。上世纪，在地质工作低谷时期，我们为了队伍生存和稳定，想了很多办法闯市场渡难关，在当时是可行的。但是，随着社会主义市场经济体制目标的确立，公益性地质工作队伍定位的明确，各项制度改革的不断深化，过去的一些办法已不适应科学发展的要求。近年来局属单位经费逐渐增加，但基本经费支出预算与实际支出需求差距较大，资金结构不合理的问题继续存在。基本支出缺口大，项目经费又相对充足，这是体制性问题。有的单位为了弥补基本支出不足，在项目资金使用时，忽视了财经法律法规的基本要求和国家专项资金管理规定，有些经济行为严重触犯了国务院《财经违法行为处罚处分条例》。例如，国家多次清理，三令五申严禁私设“小金库”“账外账”的问题在个别单位依然存在。有的单位不学习税法，违法避税问题时有发生。一些单位主要领导或班子集体决定一些重大违纪事项，反映出这些单位思想观念与国家财政制度改革的新要求极不适应，依法理财观念淡薄。

2. 管理方式和管理制度不适应新形势的要求。旧的管理方式严重制约了地调局的健康发展。如有的单位“一套人马两块牌子”的运行模式，主要依靠自办企业运作资金等。部分单位的经济管理制度已经不符合国家现行财经法律法规的要求，未及时修改完善。如在横向项目中提取信息费，在国家地质调查项目中提取管理费、奖金，收入分配与项目货币工作量挂钩等，一些重大决策缺乏民主决策程序，听不到、听不进不同意见等，都是导致违纪违规问题发生的重要原因。

3. 经济管理执行力不适应新形势的要求。执行不力是经济管理出现诸多问题最为主要的根源。根据去年对局属单位调研资料统计，局属单位经济管理方面的制度达426项。但是，在经济活动过程中，尤其是外拨资金、现金使用、费用报销审核等关键环节，存在着制度形同虚设、有章不循的严重现象。部分单位的经济管理制度与监控机制不够健全，对一些重要经济活动的审批、经费支出、报销等重要环节的控制存有漏洞。个别领导和职能部门责任心不强，关键环节审核把关不严，比如，有的单位项目外协合同签订，由项目负责人作为甲方签署，执行过程缺乏监管，违规行为不能及时制止和纠正，违规行为由轻到重，金额由小到大，最终构成经济犯罪，也是财务问题积少成多，从量变到质变的重要原因之一。

4. 经济管理队伍建设不适应新形势的要求。部分单位经济管理基础工作薄弱。近年来，局属单位财政资金预算总量大幅度提高，2008 年仅财政预算超过亿元的单位为 16 家，其他多数单位也都在 5 千万～1亿元之间，财政资金收入与历史相比，增长数倍甚至数十倍。与此同时，随着国家财政部门预算、政府采购、国库集中收付制度不断完善，对财务信息细化程度和快速反应能力的要求日趋提高。然而，地调局多数单位经济管理人才队伍现状、业务能力与管好用好巨额财政资金的需求极不适应。有的财务部门人员数量少，甚至还达不到财务管理岗位设置的基本规定。有的财务部门人数多，但真正的专业人员数量少。有的财务部门重要岗位业务人员的技术素质较低，基本起不到监控、把关的作用。多数单位财务部门的主要精力忙于巨大数量资金的支付、报销，无力对其合规性、合法性进行严格审核，忙于完成应接不暇的各类报表的编制与报送，无力对经济指标的综合分析与有效监控，没有时间学习和掌握财经管理的新制度，财务部门依法理财和监管职能难以发挥。

三、2009 年加强经济管理的工作部署

（一）总体思路。

2009 年，经济工作要以科学发展观为统领，以全面贯彻落实《关于加强经济管理工作的意见》为主线，以规范经济行为和保障预算执行为核心，以健全完善制度、加强监督检查、强化责任与追究、增强制度执行力为抓手，加大经济管理基础能力建设力度，努力提高经济管理工作水平。

（二）重点工作。

1. 切实加强国家财经法律法规学习宣传教育，牢固树立依法理财意识。《局关于加强经济管理工作的意见》对加强财经法制宣传教育提出了具体要求，各单位要认真落实。由财务部门牵头，科技、装备、党办、监察审计、人事等部门密切协作，抓住各种时机，定期不定期地向各级领导和职工（重点是领导、计划项目负责人和工作项目负责人），开展国家财经法律法规的学习、宣传和教育活动，努力营造从领导到职工，依法理财和遵守财经法纪的良好氛围。需要强调的是各单位领导班子成员，一定要加强对国家新的财经法律法规的学习，时刻把住重要关口，坚决反对盲目蛮干。要正确对待人事、财务、装备、监察审计等管理部门的意见，充分发挥他们的职能作用。

局要分期分批组织班子成员进行经济法规的集中学习教育，增强领导干部依法理财的意识。今年一季度出队前，各单位要组织举办一次全体职工参加的财经法律法规制度讲座活动。局财务部做好落实情况的监督检查。

2. 认真整改，举一反三，找准漏洞和薄弱环节。各单位对审计署、内审检查、大盘点大检查等提出的问题，要积极主动，认真整改。有重大问题和较多问题的单位，主要领导亲自挂帅，成立整改小组，制定详细整改方案，限期完成整改任务。对发生的问题要举一反三，认真分析根源，找准自身管理存在漏洞和薄弱环节，研究制定杜绝类似问题再次发生的办法。并将整改结果及时向局报告。

局财务部、装备部和监察审计室等部门，要加强指导，对因体制机制等形成的难以一时整改的问题，积极与相关主管部门沟通，寻求妥善解决途径。对整改进度进行敦促检查。主动向主管部委汇报整改结果和强化管理的措施。

3. 健全制度和运行机制，确保经济活动有章可循。各单位要按照《局关于加强经济管理工作的意见》，根据国家财经法律法规新要求，进一步健全完善经济管理各项规章制度。对现有制度做一次全面梳理，过时的要及时废止，不完善地要尽快修改，没有的要尽快制定。

2009 年的重点任务：一是建立健全各类专项资金预算财务管理的内控制度与运行机制。各单位要构建法定代表人负总责，地调科研、装备、人事、财务等相关管理部门，包括各类经济活动直接人，齐抓共管的经费支出内部控制体系，明确各个环节的审查、审核责任，规范运行程序。二是尽快建立预算管理的统筹协调机制，职能部门密切协作，加强从源头控制的力度，保证单位年度项目预算总量与结构的科学性，实行单位主要领导、项目负责人，既对项目预算申请真实性负责、又要对预算执行负责的预算管理责任制度。三是完善投资主体与企业经济关系、经营监管运行机制，修改与国家财政要求相悖的管理制度、分配政策等。

局财务部要对各单位经济管理制度与机制健全完善情况进行指导、敦促检查。

4. 强化制度约束力，确保经济行为科学规范。强化制度约束力是规范经济行为、预防违规违法事件发生的根本途径。各单位在经济管理中，要以提高制度约束力，确保制度的严肃性为抓手，进一步规范各类经济行为，积极预防经济违法违规问题的发生。要把严格执行制度、严格办事程序，当做加强经济管理的头等大事抓实抓好，抓出成效。各级领导干部要做执行制度的模范，尽快营造出不按制度不按程序寸步难行、人人执行制度、依靠制度管理的良好氛围。

各单位要以相关法律法规制度为准绳，以各类项目预算、设计为依据，本着对国家资金负责、对单位科学发展负责的态度，有敢于暴露自身问题、自行纠正错误的勇气，于6月份之前，对本单位承担的各类项目的经费核算情况，近年来的预算执行和财务核算情况，开展一次系统地自查自纠工作。对发现的问题，尤其是对触及“红线”的违规行为，要毫不犹豫地进行自查自纠，并将自查自纠结果上报局。

局监察审计部门要有计划地开展对局属单位经济运行的审计调查。局财务部要对各单位的预算、会计核算、资金流向、银行往来等财务运行情况，资产管理、企业经营以及财务制度执行，采用日常例行检查与临时抽查相结合的方式，加大对预算财务管理工作的监督检查力度，严防重大财务事故的发生。装备部要强化对政府采购、基本建设项目管理的指导和监督检查。

5. 实行经济管理责任制，强化责任追究。实行责任追究，也是国家《财经违法行为处罚处分条例》的要求。各单位要在预算、费用支出、政府采购、基本建设与资产、企业经营等重要方面建立相应的内部责任制。局机关业务部室，要对所负责管理项目的业务执行过程实行监管责任制。包括项目执行进度、重大业务活动的真实性、业务委托与项目经费流向等方面的进行监管。

强化责任追究制度的落实，对不认真履行管理职责而出现的经济问题，要追究责任，按照有关规定严肃处理。

6. 采取有效措施，切实加强经济管理基础能力建设。预算财务管理基础能力建设滞后于当前实际需要，是制约加强经济管理工作的障碍之一。各单位要下决心充实预算财务管理的技术力量，满足业务运行的基本需要。同时，要重视对经济管理人员的业务培训，使经济管理人员及时了解和掌握国家财政体制改革、国家财经制度等要求。要支持和鼓励经济管理人员参加各种学习培训和继续教育，提升学历层次，拓宽工作视野，提高政策水平和业务能力。

7. 加快推进企业清理规范工作，规范企业经营行为。按照部和局关于开展企业清理整顿工作的相关精神，保留企业着重从以下几方面进行规范。对57家保留企业进行调研，逐一修订、完善、落实企业整顿方案。未进行国有资产产权登记的，按照要求限期补办产权登记手续。企业改制时未履行相关审批手续的，要求重新申报或补报相关手续。对外投资手续不完备或企业注册资金不到位的，要尽快按照国家、部、局相关规定进行规范。

对于撤销的企业，要按照规定办理国有资产注销的相关手续，争取在今年12月底前完成任务。

8. 强化预算管理，提高预算执行率。今年地调局已经初步落实的各类财政资金预算总量在40亿元以上，工作任务饱满，预算执行压力大。各单位要继续把预算执行率作为预算财务管理的重要任务扭住不放。尤其要重点加强以前年度预算执行率较低的科技专项、装备与基建的工作推进。认真落实预算执行责任制，尽早推进地质工作，在保证资金安全的提前下，按时完成财政预算执行率。局也积极与主管部门沟通，力争2009年度预算尽早批复下达，保障工作不受影响。从4月份开始实行预算执行月通报制度，及时做好项目预算执行中合理调整的批复。同时，进一步加强2010年预算编制、申报等各项工作。

9. 严格控制一般性支出,切实做到“4个零增长”。

2008年年底，财政部下发通知，要求各单位有效落实国务院关于严格控制一般性支出，勤俭办一切事业，对公务购车用车、会议经费、公务接待费用、出国（境）经费等支出实行零增长。部办公厅就此专门通知，进一步提出了具体要求。

我们要认真贯彻落实财政部、国土资源部通知中的各项要求，把严格控制一般性支出，做到“四个零增长”，作为今年财务管理的重点工作，抓实抓好，抓出成效。

各单位要在2008年“四项费用”自查清理工作的基础上，对2009年一般性支出、各类专项支出中安排的购车用车、会议、公务接待和出国（境）等费用预算，进行全面清理，按照不高于2008年的实际支出总额，制定和细化2009年支出预算。结合地调局工作特点，严格区分一般性支出预算的“四项费用”开支和各类专项预算的“四项费用”支出。按照零增长的总体要求，切实加强各类装备购置、使用和更新的管理。切实落实会议定点管理，严格控制会议次数、规模、时间和开支标准。采取有效措施，强化各类公务接待管理，严格控制用餐标准和陪餐人数。坚决贯彻落实出国（境）各项管理规定，严格控制出国（境）团组的数量与规模，严格执行各项费用开支标准。

同志们，经济管理是地质事业不断发展壮大的重要基石，我们一定要转变观念，转变管理方式，严格执行国家财经法律法规，坚持依法理财，采取有效措施，克服困难，把强化经济管理工作落到实处，扭住不放，抓出成效，坚决杜绝经济违法违纪问题的发生。

抓住重点　持续推进　切实加强局系统反腐倡廉建设

——中国地质调查局党组成员、纪检组长李广湧在局2009年党风廉政建设工作会议上的报告

（2009年2月27日）

同志们：

根据局党组的工作安排，我们召开2009年度党风廉政建设工作会议。主要任务是，深入学习贯彻十七届中纪委三次全会精神，认真领会落实胡锦涛总书记的重要讲话，根据国土资源部党组的工作部署，以科学发展观为指导，分析形势、统一认识，总结工作、部署任务，明确要求、签订责任书。受局党组的委托，我向大会作工作报告。

一、2008年反腐倡廉重点工作回顾

2008年，局系统各单位在部党组的正确领导和驻部纪检组监察局指导支持下，按照局党组的工作部署，认真贯彻落实中央《建立健全教育、制度、监督并重的惩治和预防腐败体系实施纲要》和《建立健全惩治和预防腐败体系2008～2012年工作规划》，在全面构建惩防体系第一阶段工作的基础上，结合实际，突出重点，抓巩固、抓完善，着力解决薄弱环节，消除隐患，稳步推进教育、制度、监督和案件查处等方面的工作，反腐倡廉建设取得了新的进展。

2008年局系统反腐倡廉建设的一个明显特点是，紧紧围绕加强经济管理这个重点，领导重视，上下联动，部门配合，多管齐下，惩处与预防并重，查纠与规范结合，主动开展了加强经济管理的攻坚战。

（一）建制与教育先行，打牢防范的基础。

局党组对经济管理工作高度重视。在新班子组建之初，就举办了局属单位主要负责同志财务管理培训班，加强了审计工作情况通报，并采取一系列措施加强经济管理。在2008年局党风廉政建设工作会议上，汪民同志又重点强调要切实加强经济管理，并提出了具体要求。在此后开展的深入学习实践科学发展观试点活动中，局党组仍然把经济管理工作作为自查整改的一个重要问题，查找漏洞，分析原因，提出改进措施。在认真调研分析局系统经济管理工作面临的形势和存在的主要问题基础上，结合国家财政体制改革要求，制定下发了《关于加强经济管理工作的意见》，提出了8条具体措施。

局属单位也紧紧抓住经济管理这个重点，从源头预防出发，针对容易发生经济问题的重点部位、重点环节，本着缺什么补什么、哪里管理薄弱就加强哪里的原则，着力健全完善经济管理制度。中国地质科学院机关、中国国土资源航空物探遥感中心、矿产资源研究所、矿产综合利用研究所等单位分别修订完善了《财务管理办法》、《科研项目经费管理办法》和《财务报销审批办法》等制度。发展中心就加强企业经济监管工作进行了专题调研，形成了加强对企业经济管理的相关制度。环境监测院在经济运行的内部控制上逐步采取了包括职责分工控制、授权控制、审核批准控制、预算控制、财产保护控制、会计系统控制、内部报告分析控制和目标责任制考核控制等一套比较完整的措施，尤其是采取的职责分工控制，按照“分级、分权、分层次管理”的原则，建立了“分管院领导—预算管理部门—预算执行部门—预算员”4级责任追究制，将预算管理形成综合连锁、相互协调且互相牵制的集体活动，一年来运行效果良好。

在建章立制的同时，各单位采取多种形式加强廉

洁自律教育。一是普遍加强了党纪法规教育。一些单位主动请审计署资源环保审计局的负责同志和有关专家作公共财政与地质调查经费管理的专题讲座，请本单位财务处长宣传讲解规章制度等，使干部职工树立起依法理财的观念。二是进行警示教育。南京地调中心请南京市检察院预防职务犯罪宣讲团来中心作报告，发展中心组织中层以上领导干部到司法部燕郊监狱参观，通过经济犯罪服刑人员的现身说法，使大家受到了震动和教育，增强了廉洁自律的紧迫感。三是结合实际，充分运用各种载体开展经常性廉政教育。地科院开展的“反腐倡廉每月一课”系列教育、广海局开展的“纪律教育学习月”、地质图书馆开展的“党课一小时”等活动，都增加了经济法规和规章制度等教育内容，收到了良好效果。

（二）多检查手段并用，发现问题查找隐患。

2008年，局为了摸清局属单位财务管理状况，落实监督关口前移，采用多种方式，加强了检查工作，争取整改的主动权，检查范围之广、持续时间之长、检查力度之大，在局近年的工作中是少有的。

1. 开展“拉网式”财务检查。局财务部组织两个财务检查组，对地科院地质所、资源所分别进行了深入的财务检查摸底。通过对5年来全部总账、部分明细账、相关会计凭证、会计记账凭证的检查，发现这两个所在制度建设与执行、会计核算、项目经费支出和固定资产管理4个方面存在的问题，特别是在资金往来、经费支出上存在的突出问题和薄弱环节。

2. 开展重点抽查。在局组织进行的地质调查项目大检查大盘点中，在138个单位对1999～2008年承担的，已经完成和正在实施的3297个地质大调查项目经费管理进行自盘自查的基础上，局组织专家对78个单位承担的233个项目进行了抽查，其中局属单位27个，抽查108个项目。重点检查了预算执行、经费核算、内部财务管理等情况，发现存在的预算执行随意，经费支出与设计脱节；超范围支出；经费支出管理控制不严，会计基础薄弱和违规采购设备、材料以及资产管理不严格等方面的问题。

3. 开展内部审计。根据局的统一安排，抽调了27名人员，组成了6个审计组，对宜昌地质调查中心、水文地质环境地质研究所、郑州矿产综合利用研究所、探矿工艺研究所，沈阳地质调查中心、岩溶地质研究所等6个局属单位开展了内部审计。其中4个单位是财务收支审计，2个单位是领导干部离任经济责任审计。审计中发现各单位不同程度地存在着超范围使用现金比较普遍；往来款项清理不及时；违规发放津贴补贴、住房公积金和购买商业保险；项目预算执行不严格；经费报销审核把关不严；会计核算不规范；固定资产不入账，处置手续不完备；基建投资管理不严格；对外投资不规范，对企业监督管理不够；个别单位科研项目管理办法与国家规定不相符等十个方面的问题。宜昌地质调查中心、南京地质调查中心、广州海洋地质调查局等单位也针对自己实际情况，有重点地对地质调查项目经费使用情况和所属企业财务收支情况开展了审计工作。

4. 开展专项检查。各级纪检监察部门，认真履行职责，积极参与经济管理活动，针对野战军技术装备政府采购、办公设备采购、会议费支出结算、基本建设招标、地质调查项目招标、项目负责人竞聘、合同谈判等重点环节和部位开展专项检查和监督，及时发现问题，堵塞漏洞。

（三）着力落实整改，研究解决存在问题。

针对资源环保审计局在财务收支审计和技术装备专项资金效益情况审计中发现的问题，局党组高度重视，专门听取有关部室汇报，及时召开各单位主要负责人会议，通报情况，制定整改措施，进行全面系统的整改部署。审计中发现存在问题的单位都制定了整改方案，及时进行整改纠正。一些单位挪用项目经费的问题，已经调整了相关会计账目，资金归还原渠道。一些单位资产管理中存在的问题，已经在清理的基础上，由财务部门补记资产账目，管理部门补登资产登记卡片。勘探技术研究所等3个单位在设备采购中违规套取的1560.52万元资金已经全部追回，上缴局本部。广州海洋地质调查局、青岛海洋地质研究所利用项目经费购买油料、套取资金、账外保管的问题，已按要求进行纠正，收回全部资金，纳入正常经费管理渠道。

针对局内部检查和审计发现的问题，涉及的单位都采取了具体的整改措施，有的单位对资金使用不规范的问题进行了及时纠正，有的单位对资金用途不清的问题进行了认真核实，有的单位对职工个人大量借款的问题进行了认真清理、限时归还。

发生经济案件的单位，认真查找问题，分析原因，采取措施，堵塞漏洞。力学所针对发生经济案件反映出在备用金借用、票据管理、物品采购和野外差旅费报销手续等方面存在的问题，进一步完善了财务管理办法，严格了借款清结和报销审核程序，加强了审批把关。沈阳地调中心针对原财务处长挪用公款暴露出来的问题，组织开展对问题资金的清查，对尚未做账资金及时入账，进一步完善了财务部门的内控制度。广海局针对发生的两起经济案件，及时采取措施，追回了被挪用的资金。

（四）严肃查处案件，遏制案件高发势头。

2008 年以来，局系统连续发生 5 起重大经济违规违法案件，其中 4 起是审计署资源环保审计局审计发现的。案件涉及局属 7 个单位，主要涉案人员 8 人。目前由检察机关受理的 1 件，在查的 4 件，其中部局立案和局查处的各 1 件，局属单位立案查处的 2 件。

局党组对这些案件高度重视，及时召开党组会，多次进行专题研究，组织力量，明确责任，认真进行调查处理。在接到审计署移送的地质力学研究所、广州海洋地质调查局方法所、青岛海洋地质研究所海勘院有关人员违纪问题的审计结果和线索后，局立即行动，按规定的程序开展立案查处。对地质力学研究所研究员王××套取项目资金违规使用等问题，成立了部局联合调查组，经过内查外调，主要事实已查清，目前正在办理中。按照案件管辖权限，广州海洋地质调查局对所属方法所原所长张××、报账员潘×挪用公款等问题，青岛海洋地质研究所对所属海勘院业务员朱××使用虚假发票提取工作费等问题进行调查核实。目前张××、朱××的问题已基本查清，正在进行处理。沈阳地质调查中心原财务处长汪×挪用公款问题发生后，中心立即成立专案组进行调查；局工作组及时进驻详细了解案情，指导查处工作；在对中心主要负责人离任审计中进一步核查了汪×挪用公款的事实，目前此案正由检察机关办理。对勘探技术研究所、郑州矿产综合利用研究所、北京探矿工程研究所 3 个单位，在地质装备专项采购中套取国债资金的行为，局已成立调查组，正抓紧核实处理。

在查处这些案件的同时，按照党风廉政建设责任制的要求，局党组加大了对负有领导责任人员的责任追究力度，目前已对沈阳地调中心和勘探所两名主要负责同志进行了相应组织调整或组织处理。

在肯定过去一年工作成绩的同时，我们也清醒地看到，局系统反腐倡廉建设面临着有利条件和不利因素并存、取得一定成效与存在不小差距并存的局面，构建惩防体系的工作正在经受着实践的检验。

一是反腐倡廉取得的成效为深入开展工作奠定了基础。党中央对反腐倡廉建设旗帜鲜明，措施有力。局党组高度重视、局属单位领导班子落实责任，坚持把反腐倡廉工作摆在突出位置。局系统构建惩防体系工作持续深入，取得比较明显的成效。特别是通过近年来审计工作的推动，局系统经济管理工作逐步得到改进和加强。绝大多数领导干部能够严格要求自己，廉洁自律。

二是面临的新情况新问题给管理工作带来一定难度。近年来，中央财政加大了对地质调查工作的投入力度，财政资金总量迅速增加，且呈逐年增长的趋势，仅去年就已达 40 多亿元，有 12 个局属单位资金总量过亿元，今年将增加至 14 个单位。资金总量的增加，为我们走出困境、持续发展，创造了十分有利的条件，如何管好用好这些资金，尤其是如何解决确保预算执行率和安全有效使用资金这个问题，也给管理工作带来了一定的难度和压力，是我们面临的一个新课题。此外，经常性经费保证不足与队伍的稳定发展，也使得我们的工作处于两难境地。

三是一些单位管理观念和方式与财政体制改革要求还不相适应。在管理观念上法规意识不够强，一些领导同志还存在着“只要为了本单位和职工的利益，不揣个人腰包，即使违反了财务规定也没有什么大事”的思想。一些项目组负责人存在着“项目是我争取来的，除了分摊合理管理费用外，其他的由我做主，单位不要过多管理”的思想。在管理方式上还不适应现代管理的要求，一些领导同志在传统的“求生存”思维定式下，不顾单位实际能力去“争项目、争资金”，一些决策存在随意性。有些单位的领导缺乏对项目的后续管理，致使地质调查项目管理不到位，科研项目管理缺位。有些单位内部管理制度和办法与国家规定不相符合，也未及时修改。从已查案件也反映出有些单位管理工作存在教育覆盖面有“空白”、有“死角”，预算执行把关不力，报销审查审批环节责任不到位、财务部门内控制度形同虚设等问题。

各级领导同志要正确认识当前反腐倡廉工作的形势，坚定信心，增强紧迫感，积极探索和解决当前面临的新情况、新问题，要正视存在的问题，采取有力措施，认真加以解决。

二、2009 年反腐倡廉建设主要任务

2009 年是地调局构建惩防体系，全面完成第 2 阶段目标任务的重要一年，反腐倡廉建设的总体要求是，认真贯彻落实十七届中纪委三次全会和胡锦涛总书记重要讲话精神，坚持以科学发展观指导反腐倡廉建设，按照国土资源部党组的部署和要求，全面落实党风廉政建设责任制，以加强经济管理为重点，深化教育、完善制度、强化监督、提高执行力，积极稳妥地推进惩防体系建设，以反腐倡廉建设的新成效保障地质事业健康发展，促进队伍凝聚和谐。

根据新的形势和任务，结合工作实际，今年要重点抓好以下4个方面的工作。

（一）继续以加强经济管理为重点，进一步确保资金安全运行。

加强经济管理既是国家财经制度的要求，也是预防腐败现象滋生的重要任务。各单位要在自查自纠、认真整改的基础上，抓紧落实局党组关于健全体系、完善制度、明确责任、强化监管的要求，力争用两年时间扭转当前的被动状况，开创经济管理工作新局面。

1. 继续落实已发现问题的整改工作。各单位要针对审计和检查中发现的问题，进一步加大整改力度，针对自身存在的问题，完善整改措施，明确整改责任，做到组织、人员、任务和时限4个落实，确保整改工作切实到位。局机关相关部门要及时跟踪了解整改工作进展情况，对行动不快、整改不够认真的单位要提出批评，立即改正；对管理工作比较薄弱、问题比较集中的单位，局要组织工作组重点帮助和督促整改工作。各单位要围绕“小金库”、外协费、大额支出资金等问题加强经常性自查自纠，做到问题早发现早纠正。

2. 针对经济管理中存在的问题做好源头预防工作。要重视和加强经济法规宣传教育。局拟组织3次大的教育活动。一是分期分批组织局属单位领导班子成员进行经济管理法规的集中学习教育；二是办好经济管理人员业务培训班；三是结合局系统发生的案例，面向局系统全体干部职工进行警示和法规教育。各单位也要把经济法规和规章制度的教育作为今年教育的重点，采取多种形式，利用不同时机，针对不同人员，开展经常性的教育。领导干部特别是一把手要增强依法理财的观念，干部职工尤其是技术业务人员要增强执行法规和制度的自觉性，努力形成依法理财和遵守财经法纪的良好氛围。

要进一步完善经济管理制度。各单位要结合学习实践科学发展观活动整改工作的要求，进一步查找经济管理工作中的问题和漏洞，建立健全经济管理制度。对时间较长、已不适应当前管理工作要求的规章制度及时废止，抓紧改变当前企事不分的状况；对不够完善的规章制度尽快修订；对尚需建立的规章制度抓紧研究制定，争取尽快形成一套能够覆盖整个经济管理工作、比较健全完善的制度体系。要切实提高制度的执行力，坚决制止有法不依、有章不循的现象。各单位纪委书记要协助一把手加强对制度执行情况的监督检查，对管理部门履行职责、敢于坚持原则的，要支持和鼓励；对不执行规章制度的行为要批评和教育；对违反规章制度的行为要坚决制止和纠正，问题严重的要严肃处理。

要加强内外部监管体系建设。一是以强化责任为重点，构建单位法定代表人负总责，相关部门齐抓共管的经费支出内部控制体系。明确相关部门和人员在经费管理中的责任，严把预算的关，明确审批的权，控住花钱的手，卡住报销的口，做到纵向运行流畅，横向制约有效，发现问题及时纠正，保证各项经费支出的真实性、规范性。特别是大额资金的使用，一定要经过领导班子集体讨论决定，提高决策的合规性。二是以协调运转为重点，建立外部监管体系。探索实行总经济师制度，健全完善内部审计制度，大单位要设立审计部门，小单位要设专职审计员，一把手要重视和支持内部审计，纪委书记要组织和安排好审计工作，对经济运行情况实施有效监督。各单位要积极探索经济管理的新方式，研究解决项目组备用金如何合理保管和使用，如何利用现代手段，实现地调科研项目、设备购置、基本建设等资金使用情况网上监控等问题，使监督的关口前移。

3. 上下联动形成工作合力。局机关要进一步增强带队伍的意识，提高带队伍的能力，落实部室业务与队伍建设管理职能，完善经济协调、内部控制、分级管理责任制度。积极争取上级部门的理解和支持，努力协调解决经常性经费不足、基本支出预算定额偏低、基地建设缺口较大等问题，为基层单位克服困难，规范管理营造良好环境。各单位要高度重视经济管理工作，树立全局一盘棋的思想，单位利益要服从国家利益，局部利益要服从全局利益，上下联动，形成合力，切实加强和改进经济管理工作，确保资金安全运行。要加强对经济管理工作的领导，进一步健全经济管理机构，完善岗位设置，加强经济管理人才培养和选拔，支持财务人员的工作，不断提高财务管理水平。

（二）以加强作风建设为动力，进一步促进领导干部廉洁自律。

加强领导干部党性修养，树立和弘扬优良作风，是党的执政能力建设和先进性建设的重要内容，是贯彻落实科学发展观的重要保证。党中央、国务院对领导班子和领导干部作风建设多次做出重要规定，在十七届中纪委三次全会上，胡锦涛总书记又针对当前一些领导干部作风上存在的问题，再次强调领导干部要加强党性修养，进一步改进作风。局属各单位党委要认真学习领会胡锦涛总书记重要讲话精神，结合学习实践科学发展观活动，把加强和改进领导班子作风建设作为一项重要内容抓紧抓好。要通过党委中心组理论学习研讨和召开民主生活会等形式，认真查找领导班子和领导干部在作风方面存在的主要问题，分析原因，及时整改。要不断总结加强领导班子作风建设的经验，建立长效机制，推进领导班子作风建设的制度化和规范化。

当前，在改进作风、加强领导干部廉洁自律方面要重点抓好3项工作。一是加强领导干部党性党风党纪教育，树立正确政绩观和利益观，做到讲党性、重品行、作表率，严格执行中纪委《关于严禁利用职务上的便利谋取不正当利益的若干规定》，切实做到廉洁自律，充分发挥模范带头作用。二是严格控制领导干部出国（境）考察。严格执行领导干部因公出国（境）计划报批、审核等规定，严格控制出国（境）团组数量、规模和停留时间。认真贯彻落实五部委《关于加强党政干部因公出国（境）经费管理暂行办法》，因公出国（境）的团组，要严格执行各项费用开支标准，对因公出国（境）经费使用情况，加大监督检查力度。三是认真执行中央有关厉行节约、反对铺张浪费的规定，规范会议和公务接待标准，严禁用公款大吃大喝和进行高消费娱乐、健身活动。要落实国务院部署，严格控制各项经费支出，确保实现公务购车用车、会议经费、公务接待费、出国（境）经费等“四个零增长”的目标。

（三）以监督检查为抓手，进一步发现和解决问题。

加强监督检查，是防治腐败的关键环节，也是发现和解决问题的重要措施。按照中央和部党组的部署要求，结合局的实际，今年检查监督的重点，一是贯彻落实科学发展观，执行上级部署要求，保持政令畅通情况；二是领导干部作风建设和执行廉洁自律规定情况；三是单位重大决策、干部任免、重大项目安排和大额度资金使用情况；四是重点部门、重点岗位和重点环节权力运行情况；五是涉及职工群众切身利益问题的解决情况。纪检监察审计部门要把制度落实情况作为监督检查的重点，加强经常性和专项检查，不断提高制度的执行力。要认真执行领导干部重大事项报告制度，建立和完善领导干部廉政档案。

监督检查的方式，从局的层面主要把握开展巡视、内部审计和专项检查3个抓手。巡视工作的主要任务，是对局机关部室领导、局属单位领导班子及其成员尤其是一把手进行监督，坚持在发展中看班子、看干部、看队伍，发现问题，查找不足，落实整改，促进领导班子建设，推动各项工作开展。近两年通过对8个局属单位和1个机关部室的巡视，取得了较好的成效，也积累了一些经验。今年要进一步加大巡视力度，争取全面展开。内部审计是对企事业单位经济活动进行的一种内部经济监督。去年以来，局开展了两年为一个周期的内部审计，从实践来看，这项工作非常必要，达到了发现与纠正问题、规范与预防的作用，应该长期坚持下去。今年要配合加强经济管理工作，采取聘请中介审计机构和局内统一抽调力量的方式，对局属单位进行内部审计。开展专项检查，是了解和掌握有关经费使用情况的重要手段。今年局将对会议费、公务接待费、出国（境）经费和外协费使用等情况开展专项检查，把问题消灭在萌芽状态，防微杜渐。

局属各单位大都已初步建立了党委领导下的多主体监督体系，较好地发挥了党内监督、行政层级监督、职工民主监督和职能部门监督的作用。今年要继续巩固和完善监督体系，加大监督检查力度，做到经常化、制度化，层级监督不留死角，内部约束不留空挡。主管部门要履行职责，严格把关，对倾向性、苗头性问题及时反映情况、提出改进意见。同时要加强与相关部门的联系沟通，及时了解掌握经济管理运行情况，发现问题及时采取措施解决。

（四）以严肃党政纪律为目的，进一步加大查处案件的力度。

查办案件是遏制腐败，严肃党政纪律，促进反腐倡廉建设的重要手段。要旗帜鲜明地反对腐败，坚决查处违纪违法案件，重点是经济案件。严肃查处权钱交易，以权谋私案件；严肃查处项目管理，采购、基建、招标活动以及对外经营活动中的行贿、受贿等商业贿赂案件；严肃查处违反财经纪律、私设小金库、报销虚假发票、做假账、偷税漏税等案件。同时，要及时处理和纠正领导干部公车私用、私费公报、公费旅游和生活不检点等违反廉洁自律规定的问题，严重违纪违规的要按相关规定做出处理。

对正在核查的案件和已发现问题线索的，要组织力量抓紧查清事实，准确定性，及时处理。在查办案件中，加大责任追究力度，在追究直接责任人的同时，也要对管理不严、长期失察、负有领导责任的人员区别情况，追究责任，责任重大的，要严肃处理。重视信访举报工作，认真受理干部职工来信来访。对获取的案件线索，纪检监察部门要迅速组织人员进行初核，对重大问题，主要领导要亲自过问和督办。

改进办案方式和手段，提高办案能力和水平。要加强对新形势下办案工作特点和规律的研究，严格区分违纪与违法界线，正确把握政策和策略，综合运用法律、纪律、行政和经济处罚、组织处理等方式和手段，宽严相济、区别对待，认真查处不同类型的案件。要严格依纪依规办案，既要严厉惩处腐败，还要坚持实事求是，为受到不实举报甚至诬告的同志澄清事实，使查办的每一起案件都经得起历史的检验。各单位要通过来信来访和查办案件，及时解决存在问题，完善防控措施。尤其是已发生严重经济问题的单位更要深刻总结教训，举一反三，认真进行整改，完善管理工作。要认真执行重大案件报告制度，各单位发生的重大案件要及时向局报告。

三、提高认识，狠抓落实，确保反腐倡廉建设取得实效

2009年局系统反腐倡廉建设主要任务已经明确，要做好各项工作，实现惩防体系建设第二阶段目标，就必须进一步提高思想认识，切实履行职责，认真抓好落实，确保反腐倡廉各项工作落到实处。

（一）要进一步提高思想认识。

胡锦涛总书记的重要讲话，对反腐倡廉建设面临的形势做出了客观准确的判断，强调指出形势依然严峻，任务仍然艰巨。局属单位领导班子一定要充分认识反腐败斗争的长期性、复杂性、艰巨性，把反腐倡廉建设放在更加突出的位置，把思想和行动统一到中央的精神上来，强化政治意识，增强紧迫感。当前，要着力纠正和克服影响反腐倡廉建设持续性、深入性和实效性的一些模糊认识。一是要纠正和克服在一些领导干部中存在的麻痹松懈思想。二是要纠正和克服一些纪检监察人员存在的工作不好深入的思想。三是要纠正和克服一些业务和管理部门存在的与己无关的思想。

反腐倡廉建设是一项长期的任务，特别是在当前利益主体多元化、思想认识多样性的时代，只要环境和条件具备，腐败现象随时可能发生，我们的思想万万不可麻痹，工作万万不可懈怠。纪检监察部门是领导班子的参谋和助手，思想要敏锐，认识要正确，工作要进取。反腐倡廉建设是一个系统工程，需要各方面的支持和努力，业务和管理部门的工作做好了，就是对反腐倡廉建设的最好推动和贡献。只要思想认识统一，工作任务明确，就能行动一致、齐抓共管，以更加扎实的工作，更加明显的成效推进反腐倡廉建设。

（二）要进一步履行好职责。

在惩防体系建设中，每个层面都有明确的职责。党委统一领导，一把手负总责，党政齐抓共管，这是对领导班子和班子成员的职责要求。党委要统筹兼顾，统一研究，统一部署，统一考核；一把手要及时了解工作进展情况，督促副职落实分管工作，亲自过问和指导重点问题的解决；班子副职要落实责任制，了解掌握分管工作和部门的情况，检查规章制度执行情况，注重解决苗头性、倾向性问题。组织协调，这是对纪检监察部门的职责要求。根据党委统一部署，组织协调各方抓好落实，加强教育和监督检查，严肃查处违纪问题，并定期分析工作形势，提出工作建议，向党委报告。各负其责，这是对业务和管理部门提出的职责要求。要通过积极主动的工作，使党委的各项工作部署落到实处，确保本部门、项目组不发生违纪问题。

履行职责的一项重要任务是及时发现和解决存在问题。发现不了问题或看不到差距，就会使我们的工作缺乏针对性，工作只能在低水平上重复；对问题不重视或解决不力，就会使问题积少成多，由小变大。发现问题一靠主动、二靠深入、三靠细致。解决问题一靠责任心、二靠原则性、三靠及时抓紧。如果我们每个单位每年能发现和解决几个问题或管理漏洞，我们的工作效果和工作水平就能逐年提高。

（三）要进一步抓好工作落实。

反腐倡廉建设各项工作要取得成效，关键在于抓好落实。一是要切实加强领导。局机关、各单位党委和行政领导班子要高度重视，切实加强对反腐倡廉工作的领导，要认真学习胡锦涛总书记的重要讲话，及时传达部、局党风廉政建设工作会议精神，把落实党风廉政建设责任制与中心业务工作结合起来，确保工作到位，积极推进。二是要抓好工作安排。按照中央和部、局党组的工作部署，紧密结合本单位实际，研究制定切实可行的工作计划，明确主要任务，落实责任制度，按照谁主管谁负责的原则，把任务分解到部门、量化到岗位、细化到人头，采取有力措施，认真抓好落实。三是要加强督促检查。要深入基层了解情况，掌握工作进展，认真研究和解决工作推进中存在的问题，使反腐倡廉各项任务落到实处。

纪检监察审计部门要在贯彻落实科学发展观的过程中，找准定位、履行职责、拓展领域，扎实推进惩防体系建设。要坚持在解放思想中破解反腐倡廉工作难点，着力研究解决教育、制度、监督和惩处等方面存在的矛盾和问题，当好党委的参谋，推动工作上水平。要坚持在履行职责上凸现亮点，着眼于保证行使权力安全、资金运行安全、工程项目安全和干部成长安全。加强监督检查，从维护政令畅通上为科学发展提供保证；加强廉政教育，从思想引导上为科学发展提供保证；强化激励保护，从凝聚力量上为科学发展提供保证；惩治腐败行为，从严肃纪律上为科学发展提供保证。各级领导班子要主动指导和支持纪检监察审计部门的工作，充分发挥他们的作用，为他们开展工作提供必要的条件。

同志们，扎实推进反腐倡廉建设，完成好今年各项工作任务，责任重大，使命光荣。我们要在局党组的领导下，以更加饱满的热情，求真务实的作风，开拓进取，扎实工作，不断开创反腐倡廉建设新局面，促进地质事业的健康发展和队伍的凝聚和谐。

重要会议简介

中国地质调查局2009年重要会议

一、全国地质调查工作会议

时间：2009年2月24~25日

地点：北京

参加人员：国土资源部部长、党组书记、国家土地总督察徐绍史、国土资源部副部长、党组成员、中国地质调查局党组书记、局长汪民，局领导班子成员，中组部四局、中编办四司、国办秘书二局、国家发展和改革委员会、科技部、财政部、人力资源和社会保障部公务员局、国家审计署等中央国家机关的特邀嘉宾，国土资源部相关司局、部有关直属单位的负责同志，院士专家以及地科院领导班子成员、局属单位党政主要负责人、各省（区、市）地质调查院院长、地质环境监测总站站长、中央管理的地勘单位负责人、地质院校代表。

主要内容：国土资源部部长、党组书记、国家土地总督察徐绍史出席会议并作重要讲话，国土资源部副部长、党组成员、中国地质调查局党组书记、局长汪民作了题为《创新机制 夯实基础 不断开辟地质调查工作新局面》工作报告。

会议深入贯彻党的十七大精神和《国务院关于加强地质工作的决定》，落实中央经济工作会议、全国国土资源厅局长会议精神，总结2008年地质调查工作，分析当前形势，部署2009年地质调查工作任务。

会议针对地质调查项目大盘点大检查中发现的主要问题，研究部署整改措施，部署安排2009年地质调查工作，突出加强基础地质调查，为实现地质找矿突破打下坚实基础，积极主动地为扩大内需促进经济平稳较快发展提供服务。会议期间，套开全国地质调查院长、环境监测站长座谈会，在省级公益性队伍建设情况调研基础上，探讨加强中央和地方公益性地质调查工作协调配合和业务能力建设。

二、中国地质调查局2009年工作会议

时间：2009年2月26~27日

地点：北京

参加人员：局领导班子成员，局机关各部室、局属各单位的主要负责同志。

主要内容：国土资源部副部长、党组成员、中国地质调查局党组书记、局长汪民作了题为《坚定信心 破解难题 建设一支作风硬能力强的公益性地质队伍》的工作报告，并发表重要讲话。中国地质调查局党组成员、副局长王学龙通报经济管理工作情况。

会议总结了2008年工作，展评了地质调查项目成果与质量，研究部署了2009年工作，着重解决局系统预算财务管理中存在的突出问题，针对审计问题提出整改措施。会议期间，套开局党风廉政建设工作会议。

三、中国地质调查局2009年党风廉政建设工作会议

时间：2009年2月27日

地点：北京

参加人员：局领导班子成员，国家审计署资源环保审计局、驻部纪检组监察局以及部财务司、人事司、机关纪委有关负责同志，局机关全体干部，局属单位党政负责同志、业务主管领导、纪委书记，在京局属单位领导班子成员。

主要内容：会议总结回顾了2008年局系统反腐倡廉工作，通报了审计情况及经济案件查处情况，签订了经济管理责任书和廉政建设责任书，部署了2009年党风廉政建设工作。局党组副书记、副局长王宝才主持会议，党组成员、副局长王学龙通报经济管理工作情况，党组成员、纪检组组长李广湧做工作报告。

国家审计署资源环保审计局冯丽茹局长就加强预算财务管理工作作了重要讲话，强调要强化预算意识和法律意识，划清违规违法和经济犯罪界限，走出“只管结果不管过程、只管进度不管效益”的误区，充分发挥财务监督的把关作用。树立责任意识，依法理财，确保财政资金运行安全有效。

会议对2009年局系统党风廉政建设工作作了部署安排，重点抓好4个方面的工作：一是继续以加强经济管理为重点，进一步确保资金安全运行；二是以加强作风建设为动力，进一步促进领导干部廉洁自律；三是以监督检查为抓手，进一步发现和解决问题；四是以严肃党政纪律为目的，进一步加大查处案件的力度。

四、中国地质调查局2009年纪委书记座谈会

时间：2009年11月5~6日

地点：湖北武汉

参加人员：局党组成员、纪检组组长李广湧，驻部纪检组监察局、部直属机关纪委的负责同志出席会议。局系统各单位纪委书记、局机关相关部室的同志。

主要内容：学习领会党的十七届四中全会精神，围绕贯彻落实局党组的实施意见，在全面总结局系统构建惩防体系2005年以来工作情况的基础上，结合对第二阶段工作情况的自查，疏理工作成效，分析存在的问题和原因，研讨2010年工作思路。

会议紧紧围绕局系统惩防体系建设，回顾总结工作中的基本做法和取得的成效，分析研讨存在的主要问题和工作推进中的难点，对下一步应重点抓好的工作和具体措施提出建议。会议达到了沟通情况、查找问题、相互学习、相互借鉴、明确任务的预期目的。会议还通报了局落实《中央纪委推进惩治和预防腐败体系建设检查办法》的自查情况。

五、2009中国国际矿业大会地质调查专题论坛

时间：2009年10月21日

地点：天津

参加人员：局领导，局机关有关部室负责同志，局属单位有关项目负责人。矿业大会的参会代表。

主要内容：在2009年中国国际矿业大会期间，中国地质调查局举办“中国矿产资源潜力——中国地质调查进展”专题论坛。6位主题发言较系统地介绍了地质调查工作部署、找矿新进展、找矿工作中的物化探方法技术运用，并新向社会发布了一批地质调查成果资料。

六、李四光星命名仪式暨纪念李四光诞辰120周年、李四光地质科学奖成立20周年学术研讨会

时间：2009年10月26日

地点：北京

参加人员：国土资源部、中国地质调查局领导、院士、专家，共265人。

主要内容：会议由中国地质调查局、中国地质科学院、李四光地质科学奖办公室等主办，中国地质科学院地质力学研究所、中国地质学会地质力学专业委员会承办。国土资源部党组成员、副部长、中国地质调查局党组书记、局长汪民出席并讲话。国家天文台台长宣读“李四光星”命名公报，国家天文台课题组发现代表介绍“李四光星”发现情况和运行轨道图，国家天文台向中国地质调查局颁赠“李四光星”命名证书和运行轨道图。命名仪式后，20多位专家学者进行了学术交流。

七、1:500万国际亚洲地质图第四次工作会议

时间：2009年10月24~27日

地点：北京

参加人员：来自日本、韩国、朝鲜、蒙古、柬埔寨、老挝、越南、泰国、菲律宾、印尼、缅甸、印度、巴基斯坦、伊拉克、俄罗斯、哈萨克斯坦、法国等18个国家以及世界地质图委员会的代表共80多人，其中国外代表46人。

主要内容：会议就编制1:500万国际亚洲地质图，建立数据库，撰写文字说明——亚洲地质，审议国际亚洲地质图草图及其数据库，完善图件和数据库等内容进行了详细的讨论。

八、东南亚中南半岛及中国西南邻区地质矿产国际研讨会

时间：2009年8月11~15日

地点：四川成都

参加人员：来自中国、越南、老挝、澳大利亚等国家的政府地矿主管部门、地质调查机构、矿业地质大学、地勘单位及矿业公司的60多位代表。

主要内容：会议就中南半岛（包括越南、老挝、柬埔寨、泰国、缅甸）及我国云南、广西相邻地区的区域地质构造、区域矿产资源、矿床地质、地球化学勘查、环境地质、古生物化石等诸多主题进行了广泛和深入的研讨和交流。

九、中俄蒙等毗邻地区第八届地质及成矿对比研讨会

时间：2009年9月22~23日

地点：辽宁沈阳

参加人员：来自中国、俄罗斯、日本等国家的政府地矿主管部门、地质调查机构、矿业地质大学、地勘单位及矿业公司的60多位代表。

主要内容：会议就东北亚地区（包括中国、俄罗斯、蒙古、朝鲜、韩国和日本）的区域地质、区域矿产、成矿规律、深部构造、油气地质及勘查技术方法等诸多主题进行了广泛和深入的研讨和交流。

会议还安排了野外地质考察。代表们考察了在中国辽宁鞍山地区发现的最古老3.8Ga.的不同类型太古宙奥长花岗岩、中国辽宁省东部太古宙沉积变质铁矿床、辽宁金刚石矿产矿床、辽东古元古界地质剖面及相关矿床（大石桥和海城地区菱镁矿）等。

会议期间，沈阳地质调查中心与俄罗斯科学院远东分院大地构造与地球物理研究所签署了“关于合作开展《东北亚地区（俄罗斯远东南部、中国东北部）深部构造、地球动力学及成矿学》研究工作协议书”；与俄罗斯联邦矿产资源署后贝加尔边疆区政府自然资源与生态部等单位领导和专家学进行了座谈讨论，明确了第九届中俄蒙毗邻地区国际地质研讨会的有关事宜，探讨了今后双方进一步合作的方向和研究工作的领域。

十、CCOP元数据和EPPM项目天然气元数据研讨会

时间：2009年4月1~3日

地点：上海

参加人员：来自CCOP组织成员国的中国、韩国、日本、柬埔寨、泰国等国家以及CCOP组织秘书处从事地学信息和石油天然气数据管理的技术人员40余人。

主要内容：在ISO19115和中国地质调查局地质信息元数据标准［DD2006-05］的基础上，为CCOP组织建立涵盖能源（油气、煤、地热）、矿产、地下水、地质灾害、海岸带、地球物理、地球化学、资料档案等专业的空间和非空间数据应用的元数据标准及应用软件，以适合CCOP组织成员国在今后的这些工作领域中使用。

会议就CCOP元数据和EPPM项目天然气元数据标准进行了研讨，依据制定的“CCOP地学信息元数据标准”，开展天然气元数据工作计划。

十一、国际城市遥感大会

时间：2009年5月20日

地点：上海

参加人员：国土资源部副部长、中国地质调查局局长汪民，上海市人大副主任胡炜，国际城市遥感联合会议主席Paolo Gamba教授。来自世界22个国家和地区的300多位遥感专家和代表。

主要内容：会议共设8个专题，收到26个国家和地区的论文285篇。中国地质调查局、北京大学、华东师范大学等单位的专家介绍了中国遥感在城市地质、城市地面沉降、矿产资源勘探与开发、生态环境监测、土地利用调查等方面的遥感应用成果。北京一号卫星在土地利用、森林火灾、冰雪洪水监测方面的应用，以及卫星遥感在长三角地区的实施及应用等成果。

会议期间，举办了中国地质调查局遥感应用成果展，主要展示了中国地质调查局在航空遥感数据获取与处理系统、基础地质调查与矿产资源勘查、地面沉降干涉雷达调查与监测、地质灾害调查与监测、突发性重大地质灾害遥感应急监测、矿产资源开发多目标遥感调查与监测、海洋地质与工程地质调查、土地利用调查与动态遥感监测、生态地质环境调查与监测、遥感与GIS技术综合应用、城市综合调查等领域取得的丰硕成果。

十二、地方病与地质环境国际学术研讨会

时间：2009年8月10~14日

地点：吉林长春

参加人员：来自联合国儿童基金会、亚洲砷联网协会、美国、俄罗斯和中国水利部、卫生部疾控中心、中国医科大学、吉林大学等国内外100多位科学家。

主要内容：会议围绕地方病区水文地质勘查、中国农村饮水安全、世界高砷高氟地下水的分布迁移特征、克山病大骨节病区水文地球化学特征、人体健康与自然环境等内容进行了研讨，系统分析了当前地方病与地质环境的研究现状和趋势。

十三、国际地球化学填图会议

时间：2009年10月10~15日

地点：河北廊坊

参加人员：来自美国、加拿大、澳大利亚、印度、挪威、德国、芬兰、南非、哥伦比亚、墨西哥等10个国家的14位专家和19个省的地调院、地质环境监测总站和中国地质大学等单位的专家共100多人。

主要内容：会议展示了各国地球化学填图的新进展，交流了各国地球化学填图的经验，讨论了地球化学填图的未来发展，讨论了全球地球化学填图的采样代表性及具体的实施方案。专家们一致认为，中国地质调查局的地球化学勘查技术在资源与能源勘查、环境评价、土地利用以及农业规划等方面发挥了非常重要的作用。

十四、探月与地学科学研讨会

时间：2009 年 6 月 15 ~ 19 日

地点：北京

参加人员：国土资源部、国家航天局、国家探月工程中心、中科院、教育部、测绘局、地震局、民政部以及香港、澳门相关院校的百专家学者，美国、日本、印度等国的科学家，共 150 人。

主要内容：会议分 6 个专题进行研讨①行星探测与行星科学；②月球遥感与月球地质；③月球地球化学与月岩样品研究；④月球地球物理；⑤当前月球探测动态；⑥未来月球与行星探测计划。

来自美国华盛顿大学（圣路易斯）、布朗大学、圣母大学、霍普金斯大学的 7 位专家教授与日本“月光女神”号探月船首席科学家，围绕美国、日本、印度近期探月动态及最新研究成果作了精彩的学术报告。30 余位专家分别作了 34 个学术报告。

（张　娜）

重要文件与规章制度

中国地质调查局2009年纪检监察审计工作要点

中地调发〔2009〕24号　2009年2月11日

2009年纪检监察审计工作总的要求是：以科学发展观为统领，全面贯彻落实十七届中央纪委第三次全会各项部署，按照构建惩防体系第二阶段任务目标的要求，认真履行职责，主动开展工作，围绕中心，服务大局，坚持惩处与预防并重，教育、制度、监督并举，突出重点，抓巩固抓完善，积极稳妥地推进局系统惩防体系建设。重点做好以下6个方面工作：

一、深化反腐倡廉教育

坚持大教育的工作格局，把党风廉政教育纳入党委工作总体计划统一安排，整体推进，完善长效机制。认真组织学习中纪委三次全会精神，开展反腐倡廉形势教育，典型案例教育，遵纪守法教育，党的优良传统和作风教育。促进领导干部加强党性修养，牢固树立和弘扬优良作风，勤政廉洁。积极探索和采取多样化的教育形式，把普遍教育和重点教育结合起来，提高教育的说服力和感染力，增强教育的针对性和时效性。要采取切实措施着力解决教育的空白和死角问题，使对重点部门和人员的教育落到实处。

二、强化制度的执行力

根据构建惩防体系的要求，以学习实践科学发展观为动力，围绕易发腐败关键点，督促和协助相关部门对现行制度进行检查，及时修改、补充和完善。针对当前预算、财务管理问题突出的现状，进一步健全完善内部控制制度，强化内部约束机制。

要加强监督检查，切实提高制度的执行力。一是推动和协助相关管理部门开展制度法规的教育，使干部职工熟悉制度，明白怎样执行制度。二是积极开展制度执行情况的监督检查，促进制度的落实。三是加大责任追究力度，对违反制度的行为坚决制止和纠正。对造成严重后果的部门及其人员要严肃处理。

三、加强监督检查工作

积极协助党委开展对贯彻执行局地质调查工作统一部署和建立完善地质调查工作管理体制和运行机制等情况的检查，推动部局科学发展重大决策部署的贯彻落实；开展对领导班子贯彻民主集中制的领导原则，实行科学化、民主化决策情况的监督，促进领导干部正确行使权力；开展对领导干部作风建设情况的检查，认真落实“八个坚持、八个反对”的要求，大力倡导8个方面的良好风气，认真解决作风浮躁、不负责任、弄虚作假等问题。

组织开展专项检查，重点是对会议费、招待费、出国经费使用的监督检查，倡导艰苦奋斗精神，勤俭办一切事业。

加强日常检查工作，积极参与干部选拔任用、基建工程招标、装备物品采购、项目立项等关键环节的监督检查，促进关键岗位人员规范履行职责。

按照局的统一部署认真开展巡视工作。

四、严肃查处违纪问题

以处级以上领导干部、管理部门工作人员违反党纪政纪的案件为重点，严肃查处滥用职权、以权谋私、腐化堕落、失职渎职的案件，以及严重侵害群众利益的案件。严肃查处管理和项目人员违反财经纪律，弄虚作假、徇私舞弊、侵害国有资产的行为。深入开展治理商业贿赂专项工作，巩固自查自纠的成果，对存在的突出问题认真进行整改。坚决纠正和处理领导干部公车私用、私费公报、公费旅游、生活作风不检点等违反廉洁自律规定的问题。

认真受理信访举报，妥善处理举报信件，重视和及时处理信访反映的重大案件。对信访发现的苗头和倾向性的问题，及时督促相关部门改进完善和妥善解决，化解矛盾，维护稳定。

认真剖析案件，研究案发规律，加强警示教育和制度建设，充分发挥查办案件的治本功能。

五、充分发挥内部审计作用

各单位要高度重视内部审计工作，配备专职人员，主动采取有效的组织形式和工作方式，积极开展内部审计工作。按照局加强预算和财务管理的统一部署，结合单位的实际，重点加强对地调、科研项目经费中外协费、会议费、劳务费，大额设备购置费、材料费，以及经济实体的审计检查，及时制止和纠正存在的问题。要针对存在的问题进行原因分析，积极推动相关部门完善管理制度。要积极配合有关部门做好审计问题的整改工作，强化对审计问题整改的监督检查，发挥内部审计在促进和改进管理中的作用。

六、切实加强纪检监察审计干部队伍自身建设

纪检监察审计部门和广大纪检监察审计干部要在党政班子的领导下，克服人员少、难度大的困难，认真履行职责，努力开展工作。要牢记使命和责任，保持谦虚谨慎、奋发有为的精神状态和恪尽职守、秉公办事的职业操守，狠抓工作落实，力求工作取得实效。要切实加强自身的能力建设，通过培训和研讨等多种方式，改善知识结构、拓宽工作视野，努力提高工作水平。

中国地质调查局关于对西安地质调查中心等十三个单位进行表彰和表扬的决定

中地调发〔2009〕34号　2009年2月20日

局属各单位、局机关各部室：

2008年，局属各单位在部、局党组的领导下，坚持以“三个代表”重要思想和党的十七大精神为指导，深入学习实践科学发展观，努力构建保障和促进地质调查工作科学发展新机制，积极参加抗震救灾工作，大力推进业务建设和队伍建设，强化项目组织实施管理，加大预算执行力度，积极参加抗震救灾工作，为国土资源工作提供了有力的管理技术支撑。地调科研能力提升，单位经济实力增强，各项工作取得了积极的进展。

为表彰先进，推进工作，根据2008年度考核结果，局党组决定，对2008年各项工作取得突出成绩的西安地质调查中心、中国地质调查局水文地质环境地质调查中心、中国地质环境监测院、中国地质科学院地质研究所、中国地质科学院水文地质环境地质研究所、中国地质科学院矿产综合利用研究所6个单位予以表彰。对取得明显成绩的南京地质调查中心、宜昌地质调查中心、中国国土资源航空物探遥感中心、中国地质图书馆、中国地质科学院、中国地质科学院岩溶地质研究所、中国地质科学院地球物理地球化学勘查研究所、中国地质科学院探矿工艺研究所8个单位予以表扬。

2009年是新中国成立60周年，是应对国际国内环境重大挑战，推动党和国家事业取得新发展的关键一年，也是局成立10周年，推进“国土资源大调查十一五规划”的攻坚之年。局属各单位要进一步深入学习实践科学发展观，解放思想，转变观念，开拓创新，加强管理，超前谋划。要全面推进业务、队伍建设，强化地质调查项目组织实施管理，推动科技进步，提升地质调查成果质量，增强服务经济建设与社会发展的能力，全面完成2009年各项工作任务，为推进地质调查事业的改革发展作出新的贡献！

中国地质调查局关于调整会议费综合定额标准的通知

中地调发〔2009〕55号　2009年3月23日

局属各单位、局机关各部室：

根据《国土资源部办公厅关于转发调整会议费开支标准有关文件的通知》，参照国务院机关事务管理局、财政部《关于调整中央国家机关会议费开支标准的通知》（国管财〔2008〕331号）精神，针对地调局实际情况，经研究，对《中国地质调查局会议费管理暂行规定》（中地调发〔2007〕157号）中的会议费综合定额标准进行相应调整，调整后的会议费综合定额标准详见下表，请严格遵照执行。

单位：元/人天

会议类别	房租费	伙食补助费	其他费用	合计	备注
综合性会议	280	150	70	500	含会议室租金
专业管理会议	230	120	50	400	含会议室租金
项目业务会议	230	120	50	400	含会议室租金

按照《关于调整中央国家机关会议费开支标准的通知》（国管财〔2008〕331号）文件的规定，由于会议费综合定额标准调高增加的会议费支出，不再增加预算。各单位要采取精简会议、压缩会议规模等方式解决。

局系统各类项目业务会议较多，各单位要按照改进会风、勤俭办会的要求，严格控制会议数量、会议时间、参会人数，对于项目设计审查、报告评审会议，积极采取提前向专家送阅的方式来压缩会议时间；在不影响业务质量的情况下，尽可能采用函审方式来减少会议数量等措施；努力降低会议成本，减少会议支出。

各单位不得向下属单位或地方有关单位转嫁会议费负担。

中国地质调查局转发《国土资源部关于中国地质调查局所属8个地质调查单位工作人员执行野外地质勘探队工资标准的函》的通知

中地调发〔2009〕61号　2009年4月2日

天津、沈阳、南京、宜昌、成都、西安地质调查中心，水文地质环境地质调查中心，青岛海洋地质研究所：

现将《国土资源部关于中国地质调查局所属8个地质调查单位工作人员执行野外地质勘探队工资标准的函》（国土资函〔2009〕459号）转发给你们，请认真组织实施。执行野外工资标准政策性强，涉及职工的切身利益，为做好这项工作提出以下要求：

一、各单位领导一定要高度重视，按照批复要求，依据人事部、财政部、国土资源部《地质勘探事业单位贯彻〈事业单位工作人员收入分配制度改革方案〉的实施意见》（国人部发〔2006〕125号）文件规定的岗位工资标准和在职职工现执行的岗位工资等级进行套改，野外工资标准从2009年2月起执行。在执行中要严格执行政策，不得改变工作人员现行的岗位类别和岗位工资等级，把好事办好。

二、按照批复，执行野外工资标准的范围是在职的工作人员，2009年2月以前办理离退休手续的职工不执行。各单位一定要向已于近期办理离退休手续的同志讲明政策，做好解释工作，保持队伍稳定。同时为避免单位之间、行业之间的横向攀比，此文件精神不宣传、不报道。

三、请各单位于2009年4月底之前将《执行野外地勘单位工资增资审批表》（一式二份）报局人事教育部，经审核批准后执行。同时填写《执行野外队工资标准增加岗位工资审批表》，按照干部管理权限审批后存入个人档案。

附件：

1. 执行野外工资标准增资情况审批表

2. 地质调查单位工作人员执行野外队工资标准审批表

附件 1

执行野外工资标准增资情况审批表

填报单位（盖章）：　　　　　　　　　　　　填表时间：

岗位类别	岗位等级	人数（人）	原工资标准（元）	野外勘探工资标准（元）	人均月增资（元）	月增资额（元）
专业技术人员	一级		2800	2800	0	
	二级		1900	2300	400	
	三级		1630	2000	370	
	四级		1420	1760	340	
	五级		1180	1490	310	
	六级		1040	1330	290	
	七级		930	1200	270	
	八级		780	1020	240	
	九级		730	950	220	
	十级		680	880	200	
	十一级		620	790	170	
	十二级		590	730	140	
	十三级		550	660	110	
管理人员	三级		1640	2010	370	
	四级		1305	1640	335	
	五级		1045	1340	295	
	六级		850	1100	250	
	七级		720	940	220	
	八级		640	830	190	
	九级		590	730	140	
	十级		550	660	110	
工人	技术工一级		830	1040	210	
	技术工二级		690	890	200	
	技术工三级		615	780	165	
	技术工四级		575	710	135	
	技术工五级		545	650	105	
	普通工		540	630	90	
见习期和初期工资标准	初中毕业生		570	655	85	
	高中中专毕业生		590	680	90	
	大学专科		655	755	100	
	大学本科		685	790	105	
	双学历、研究生班毕业、未获得学位研究生		710	820	110	
	硕士研究生		770	890	120	
	博士研究生		845	970	125	
合计			……	……		

单位负责人：　　　　　　　　审核：　　　　　　　　制表：

人教部审核意见：

附件 2

地质调查单位工作人员执行野外队工资标准审批表

<table>
<tr><td>姓名</td><td colspan="3"></td><td>单位</td><td colspan="3"></td></tr>
<tr><td>性别</td><td></td><td>出生年月</td><td></td><td>参加工作时间</td><td></td><td>文化程度</td><td></td></tr>
<tr><td>现任行政职务</td><td colspan="3"></td><td>任职时间</td><td colspan="3"></td></tr>
<tr><td>现任专业技术职务</td><td colspan="3"></td><td>任职时间</td><td colspan="3"></td></tr>
<tr><td rowspan="3">原基本工资标准</td><td>岗位</td><td colspan="2"></td><td rowspan="3">野外地质勘探队基本工资标准</td><td>岗位</td><td colspan="2"></td></tr>
<tr><td>岗位工资（元）</td><td colspan="2"></td><td>岗位工资（元）</td><td colspan="2"></td></tr>
<tr><td>薪级工资（元）</td><td colspan="2"></td><td>薪级工资（元）</td><td colspan="2"></td></tr>
<tr><td>月增资额（元）</td><td colspan="3"></td><td>执行时间</td><td colspan="3"></td></tr>
<tr><td>调整工资标准依据</td><td colspan="7"></td></tr>
<tr><td>呈报单位</td><td colspan="3"></td><td>审批单位意见</td><td colspan="3"></td></tr>
<tr><td>备注</td><td colspan="7"></td></tr>
</table>

中国地质调查局人事教育部制

中国地质调查局地质找矿改革发展大讨论实施方案

中地调发〔2009〕69 号　2009 年 4 月 10 日

开展地质找矿改革发展大讨论，是国土资源部党组的一项重大战略部署，是新时期加快地质找矿改革发展的动员令，是巩固和扩大学习实践科学发展观活动成果的重大举措。各单位、各部室要抓住这次重大机遇，动员全体干部职工，迅速行动，积极投入这场大讨论。认真学习中央和部关于加强地质工作的一系列指示精神，总结地调局组建发展的 10 年经验，分析内外部环境的巨大变化，把握经济社会发展和国土资源管理对地质工作的新要求，聚焦制约地质找矿改革发展的重大问题，解放思想，统一认识，形成新思路，提出新举措，加快地质找矿重大突破，推进地质工作根本转变。根据《国土资源部开展地质找矿改革发展大讨论工作方案》，结合局的实际情况，制定实施方案。

一、总体要求

按照部党组总体部署，深入学习领会和贯彻落实中央精神和国务院关于加强地质工作的决定，全面分析经济社会发展大局对地质找矿工作提出的新要求，比照中央精神和部党组要求找差距，紧紧围绕如何尽快实现找矿重大突破、提升服务经济社会发展的能力，发动全局干部职工，集中专家学者智慧，遵循社会经济发展规律、市场经济规律、地质工作规律，解放思想，超越自我，开展广泛深入的大讨论，系统梳理问题，着力解决长期困扰地调局发展的议而不决、久拖不决的问题，在转变思想观念、创新体制机制、加强队伍建设、改进工作作风、完善管理制度等方面务求实效。

二、目标任务

（一）解放思想，统一认识。

深入学习中央一系列指示精神，准确领会徐绍史等部领导关于地质找矿工作讲话要求，以战略眼光审视形势，把握机遇，应对挑战。针对当前普遍存在的忧患意识、责任意识不强，缺乏推动地质找矿事业全面发展的紧迫感和主动性，条条框框太多，习惯于传统工作领域和工作模式，开拓不够，闯劲不足，办法不多，部门封闭，服务意识不强等问题，树立大地质、大服务理念，切实把思想认识统一到中央的指示精神和部党组的要求上来，统一到促进地质找矿重大突破和提升服务能力上来。

（二）找准问题，剖析根源。

准确把握当前经济社会发展新形势对地质找矿工作提出的新要求，总结经验教训，跳出圈子看工作，走出家门找借鉴。通过专题辅导、座谈讨论、问卷调查等多种形式，充分发挥专家学者的作用，充分调动广大干部职工积极性，踊跃参与，献计献策。各单位结合各自职责定位、工作领域，查找突出问题，深入剖析根源，为寻求治本之策奠定扎实基础。

（三）突出重点，破解难题。

紧紧围绕加快地质找矿改革发展，着力解决体制不顺、机制不活、创新和服务能力不强、队伍建设不到位等突出问题，充分发挥地调局在推进实现地质找矿重大突破的重要作用，统一部署和组织实施地质找矿工作，调整完善地质工作结构和布局，强化公益性地质工作、中央地勘基金与商业性矿产勘查的有机衔接。建立中央和地方地质工作分工合作关系，密切与省级国土资源管理部门、地勘单位和矿业企业联系，加强对地方公益性地质队伍建设的指导。研究提出关于公益性地质队伍建设的建议，明确队伍规模，完善队伍结构，组建油气队伍，充实海洋队伍，理顺部、局、院、所关系，推进解决5个转制所问题。协调落实经费、基地等条件保障。深化推进大项目机制、地质找矿机制、科技创新机制、公共服务机制和人才培养机制，打造大平台，实现大突破。

（四）完善制度，改进管理。

更新管理理念，克服业务管理行政化、地质工作简单化的倾向，转变重立项、轻监管，重调查、轻服务的工作方式。健全业务推进、项目管理体系，完善技术管理、经济管理制度，系统清理完善各项技术标准、规范，全面提升业务技术管理水平。

三、参加范围

局机关及直属单位全体干部职工。

有关问题研讨，可邀请省级地调院和环境监测总站、中央管理地勘单位、有关院校等参与。

四、实施步骤

从2月25日至8月31日，分4个阶段进行。具体安排如下（详见附表1，附表2）：

（一）准备动员阶段(2月25日~4月15日)。

按照部党组总体部署要求，制定实施方案，编印学习材料，召开动员大会，广泛发动，周密部署。

1. 制定实施方案。按照部制定的工作方案，制定局实施方案，明确总体要求、目标任务和具体安排。

2. 成立工作班子。成立大讨论活动办公室，抽调专门人员，组建工作班子。

3. 编印学习材料。编印中央关于加强地质工作的一系列文件和重要指示、部领导重要讲话和国内外地质找矿工作改革发展研究有关参考材料。

4. 动员部署。参加部视频动员会议，组织召开局动员大会，进行全面部署。

5. 全面启动。各单位分别制定实施方案，报局大讨论办公室统筹协调后，分别进行动员部署。

预期成果：

1. 印发局实施方案。

2. 印发学习材料。

3. 形成动员报告。

4. 汇总各单位实施方案。

（二）学习讨论阶段(4月16日~6月15日)。

主要任务是全面、深入、系统学习，提高认识，统一思想，广泛讨论，总结经验教训，聚焦制约地质找矿改革发展的突出问题，营造气氛，创造环境，提出解决的初步思路。

1. 深入学习。各单位可采取自学、集中学习、培训辅导、座谈研讨等多种方式，全面、深入、系统地学习中央关于加强地质找矿工作的一系列重要文件和指示精神，统一思想，提高认识。

2. 明确主题。在分析已有问题的基础上，进一步收集汇总制约地质找矿改革发展新的突出问题，系统梳理，明确不同层次、不同领域的讨论主题。

3. 广泛讨论。一是局机关、局属各单位有侧重地从技术管理、经济管理、科技创新、队伍建设和人才培养等不同层面和领域，组织开展多种形式的座谈研讨。二是在局网站开设“地质找矿改革发展大讨论”专栏。三是以专报形式将讨论情况及时报部。四是征集推进地质找矿改革发展的相关文章。

4. 剖析问题。结合实际，着力从思想观念、体制机制、管理制度、科技创新、人才培养和队伍建设等方面，聚焦问题，剖析原因，研究提出解决问题的初步思路。

预期成果：

1. 明确不同层次、不同领域的讨论主题。

2. 提出解决突出问题的初步思路。

3. 各单位、各部室提出分析检查报告。

4. 形成阶段总结报告。

（三）解决问题阶段(6 月 16 日 ~7 月 31 日)。

主要任务是针对重大问题，深化讨论研究，分层次、分领域提出具体的措施建议，破解难题，务求实效。

1. 专题讨论。在广泛讨论的基础上，针对地质找矿改革发展的突出问题，局机关及局属单位组织开展专题研讨。

2. 深化专题研究。充分利用已有研究成果，通过大讨论，研究提出加快地质找矿改革发展的若干意见建议。明确部局分工，提出关于促进地质找矿统一部署和组织实施的建议。深化公益性地质队伍建设研究，形成关于加强油气、海洋、物化探和勘查技术队伍建设的具体方案，提出关于理顺中央与地方公益性地质队伍关系和部、局、院、所关系，推进 5 个转制所问题解决的建议。深化找矿新机制，探索在重点成矿区带推进公益性地质工作、中央地勘基金和商业性矿产勘查的统筹部署试点，总结形成找矿新机制经验和模式。推进大项目机制，修改完善项目管理办法。深化科技创新机制研究，加强创新能力建设。深化地质找矿技术体系研究，创新区域地质调查工作，促进地质工作现代化。清理现有技术标准规范，完善区域地质调查等技术标准。加强需求研究，延长地质工作链，进一步拓展服务领域。开展地质信息资料集群化产业化研究，提高服务水平。明确地质工作作为资源基础、环境基础、工程基础的基本定位，深化地质工作结构和布局研究，提出加强基础地质工作和环境地质工作的总体思路，拟定“十二五”规划部署建议。

3. 提出措施建议。通过讨论、专题调研和研究，分层次、分领域提出具体措施建议。对自身能够解决的问题，研究提出整改落实措施；需要与上级部门协调解决的问题，提出相关建议，积极沟通推进。

预期成果：

1. 提出加快地质找矿改革发展的若干意见建议。

2. 提出促进地质找矿统一部署和组织实施的建议。

3. 形成健全完善公益性地质调查队伍建设和加强公益性地质工作的意见建议。

4. 形成修订地质调查项目管理办法、地质勘查标准和规范以及相关制度的总体思路和实施方案。

5. 提出延长地质工作链拓展服务领域的意见。

6. 提出地质信息资料集群化产业化工作方案。

7. 提出加强科技创新能力建设的意见。

8. 提出加强基础地质和环境地质工作的总体思路。

9. 提出地质找矿工作“十二五”规划部署建议。

（四）总结完善阶段(8 月 1 日 ~8 月 31 日)。

主要任务是对讨论活动进行总结，形成总结报告和专报，召开总结大会，进行全面总结。

1. 全面总结。汇总成果，起草总结报告，筹备总结大会。

2. 制定解决方案。针对突出问题，按照轻重缓急和难易程度，分阶段逐步推进，提出相应的解决方案并明确工作布局。

3. 召开总结大会。

4. 上报总结报告。

预期成果：

1. 大讨论总结报告。

2. 各单位总结报告。

3. 主要问题的解决方案。

五、组织领导

（一）加强组织领导。

局党组统一领导，重大问题及时研究。局成立大讨论办公室，负责日常事务和组织协调，局领导任办公室主任，资源评价部、总工程师室、办公室主要负责同志任副主任，并成立专家顾问组。办公室下设综合组、协调组、专题组和秘书组，人员由相关单位人员组成，集中办公。

（二）落实工作责任。

各单位要把组织开展大讨论活动作为今年的一项重要任务，列入计划，统筹安排，明确责任，协调推进。各单位负责本单位的学习讨论工作，主要负责人为第一责任人。局大讨论办公室要加强对各单位、各部室开展大讨论活动的指导和协调。各单位、各部室要及时向局大讨论办公室报告情况，重大事项要向局党组报告。

（三）强化交流互动。

充分利用信息简报、专报等形式，搭建信息沟通交流的平台，及时交流活动经验，深入讨论分析问题，充分反映大讨论中产生的新思路新举措，形成生动活泼的互动交流局面。

各单位、各部室要将大讨论活动与推进全年地调、科研工作紧密结合起来，与深入学习实践科学发展观紧密结合起来，努力做到“两手抓、两不误、两促进”。要按照部的统一部署，结合实际，积极推进，使这次大讨论活动取得实实在在的成效。

附件：

1. 地质找矿改革发展大讨论办公室组织机构与职责分工

2. 地质找矿改革发展大讨论主要工作安排表

3. 地质找矿改革发展大讨论主要工作进度表

附件 1

地质找矿改革发展大讨论办公室组织机构与职责分工

主　任：钟自然

副主任：陈仁义（专职）、刘延明、严光生

职　责：在局党组领导下，全面负责、指导局系统大讨论活动。

办公室下设综合组、协调组、专题组、秘书组。

综合组

组　长：陈仁义（兼）

副组长：文冬光、翟刚毅

成　员：余浩科、窦云涛、赵洪伟、肖桂义、马成义、后立胜、施俊法、王　文

职　责：1. 起草局大讨论活动实施方案，审查各单位实施方案、分析检查报告和总结报告。

2. 起草大讨论活动重要文件、领导讲话、汇报材料。

3. 拟定指导各单位、各部室开展大讨论活动的具体安排。

4. 研究策划局系统开展大讨论重大行动方案。

5. 研究提出地质找矿改革发展建议。

6. 撰写大讨论活动阶段报告、总结报告。

协调组

组　长：刘延明（兼）

副组长：甘行平、申　勤

成　员：包永东、赵　余、王志新、王忠义、胡　影

职　责：1. 负责大讨论活动总体协调工作。

2. 协调、督促各单位大讨论活动。

3. 负责有关会议的组织协调工作。

4. 协调落实专项经费、办公地点等条件保障。

专题组

组　长：严光生（兼）

副组长：徐　勇、龙宝林

成　员：李知用、连长云、郝爱兵、周　昶、韩志军、宋时锐、叶锦华、石　森、李志忠、秦绪文、颜世强、伍光英

职　责：1. 制定专题计划，拟定专题研究内容。

2. 组织开展专题研究。

3. 汇总专题研究成果，提出解决问题方案。

秘书组

组　长：余浩科

副组长：吴登定

成　员：楼红英、张大权、夏　鹏、聂大海、刘玉霞

职　责：1. 综合研究各单位、各部室开展大讨论活动情况，编发大讨论活动专报、简报，负责宣传报道。

2. 做好有关文件归档，编写活动大事记。

3. 组织编印相关学习材料。

附件 2

地质找矿改革发展大讨论主要工作安排表

阶段	时间	主要活动	参加人	阶段预期成果
准备动员阶段 2 月 25 日 ~4 月 15 日	3 月中下旬	制定实施方案，组建大讨论办公室	局领导、局机关	1. 印发局实施方案； 2. 印发学习材料； 3. 形成动员报告； 4. 汇总各单位实施方案
	4 月上旬	召开动员大会	另行制定方案	
	4 月上旬	编印学习材料	局领导、大讨论办公室	
	4 月上旬	全面启动	局机关、局属各单位	
学习讨论阶段 4 月 16 日 ~6 月 15 日	4 月中下旬	组织学习	所有参加单位	1. 明确不同层次、不同领域的讨论主题； 2. 提出解决突出问题的初步思路； 3. 各单位提出分析检查报告； 4. 形成阶段总结报告
	5 月中上旬	明确主题	所有参加单位	
	5 月下旬 ~6 月上旬	广泛讨论	所有参加单位	
	6 月中上旬	透析问题	大讨论办公室及相关单位	
解决问题阶段 6 月 16 日 ~7 月 31 日	6 月下旬	专题讨论	大讨论办公室及相关单位	1. 提出加快地质找矿改革发展的若干意见建议； 2. 提出促进地质找矿统一部署和组织实施的建议； 3. 形成健全完善公益性地质调查队伍建设和加强公益性地质工作的意见建议； 4. 形成修订地质调查项目管理办法、地质勘查标准和规范以及相关制度的总体思路和实施方案； 5. 提出延长地质工作链拓展服务领域的意见； 6. 提出地质信息资料集群化产业化工作方案； 7. 提出加强科技创新能力建设的意见； 8. 提出加强基础地质和环境地质工作的总体思路； 9. 提出地质找矿工作“十二五”规划部署建议
	7 月中上旬	深化专题研究	大讨论办公室及相关单位	
	7 月下旬	提出措施建议	大讨论办公室及相关单位	
总结完善阶段 8 月 1 日 ~8 月 31 日	8 月上旬	起草总结报告，筹备总结大会	大讨论办公室及相关单位	1. 大讨论总结报告； 2. 各单位总结报告； 3. 主要问题的解决方案
	8 月中下旬	制定解决方案	大讨论办公室及相关单位	
	8 月底	召开总结大会	另行制定方案	

附件 3

地质找矿改革发展大讨论主要工作进度表

	准备动员阶段 （2 月 25 日～4 月 15 日）	学习讨论阶段 （4 月 16 日～6 月 15 日）	解决问题阶段 （6 月 16 日～7 月 31 日）	总结完善阶段 （8 月 1 日～8 月 31 日）
重要会议	动员大会	召开 1～2 次专家报告会	召开 1～2 次专题研讨会	总结大会
编印材料	1. 印发局实施方案 2. 编印相关学习材料			
学习讨论		1. 各部室、各单位采取多种方式，学习汇编材料； 2. 各部室、单位组织开展多种形式的座谈研讨	根据需要开展小范围讨论	
宣传活动	制定宣传方案	1. 在局网站开设“地质找矿改革发展大讨论”专栏； 2. 征集推进地质找矿改革发展的相关文章	各种形式的宣传活动	
专题研究	启动专题研究	专题研究		
预期成果	1. 印发工作方案； 2. 印发相关学习材料； 3. 形成调研方案； 4. 形成动员报告	1. 明确不同层次、不同领域的讨论主题； 2. 提出解决突出问题的初步思路； 3. 各单位提出分析检查报告； 4. 形成阶段总结报告	1. 提出加快地质找矿改革发展若干意见建议； 2. 提出促进地质找矿统一部署和组织实施的建议； 3. 形成健全完善公益性地质调查队伍建设和加强公益性地质工作的意见建议； 4. 形成修订地质调查项目管理办法、地质勘查标准和规范以及相关制度的总体思路和实施方案； 5. 提出延长地质工作链拓展服务领域的意见； 6. 提出地质信息资料集群化产业化工作方案； 7. 提出加强科技创新能力建设的意见； 8. 提出加强基础地质和环境地质工作的总体思路； 9. 提出地质找矿工作“十二五”规划部署建议	1. 大讨论总结报告； 2. 各单位总结报告； 3. 主要问题的解决方案

中国地质调查局关于印发中国地质调查局2009年重点工作布局安排的通知

中地调发〔2009〕70号 2009年4月16日

局属各单位、局机关各部室：

为全面贯彻落实国土资源部关于2009年度工作部署、全国地质调查工作会议和中国地质调查局工作会议精神，保证工作部署和思路落实到位，局研究提出了今年重点工作布局安排，经局务会议审议通过，现将《中国地质调查局2009年重点工作布局安排》印发执行，并就落实的具体要求通知如下：

一、高度重视并严格执行局重点工作布局安排。分管领导亲自抓，责任单位具体负责（责任单位较多的，第一责任单位为牵头单位）。要对重点工作扭住不放，一级抓一级、层层抓落实，一抓到底，抓出实效。

二、建立健全领导责任制。把工作成效纳入对领导班子和领导干部年度考核的主要内容，考核结果作为工作实绩评定的重要依据。

三、加强报告和舆论宣传。重点工作的推进情况和取得的重大成果及时向局汇报，并做好宣传工作。

四、加强督促检查。采取多种形式，加强对重点工作安排落实情况的督促检查，发现问题及时解决，切实将各项任务落到实处。

五、各单位要积极主动开展工作，密切配合，上下联动。

中国地质调查局2009年重点工作布局安排

工作分类	序号	重点工作任务	落实措施	预期成果	完成时间	责任单位①	分管领导	备注
健全组织实施管理，全力推进年度地质调查工作	1	积极开展地质找矿改革发展大讨论	1. 落实部党组部署：按照部统一部署，组织局系统开展多层面、多领域地质找矿改革发展大讨论； 2. 总体要求：围绕如何实现找矿重大突破、提升服务经济社会发展能力，在转变思想观念、创新体制机制、加强队伍建设、改进工作作风、完善管理制度等方面，发动全局干部职工，集中专家学者智慧，开展广泛深入的大讨论； 3. 加强组织：局党组统一领导，成立大讨论办公室，负责局系统大讨论日常事务活动和组织协调，局领导任办公室主任，成员由相关单位和部门人员组成，集中办公； 4. 制定方案：局制定统一的实施方案，各单位根据局方案结合各自实际情况制定具体实施方案； 5. 强化交流：充分利用信息简报、专报等形式，搭建信息沟通交流平台，及时交流活动经验，深入讨论分析问题	1. 解放思想，统一认识：把思想认识统一到中央的指示精神和部党组的要求上来，统一到促进地质找矿重大突破和提升服务能力上来； 2. 找准问题，剖析根源：结合各自职责定位、工作领域，查找突出问题，深入剖析根源； 3. 破解难题，推进工作：明确公益性地质队伍建设的定位和如何加强公益性地质工作，完善地质工作技术和业务管理体系，构建地质找矿工作新机制，搞好传统地质工作和现代地质工作的结合，推动实现“两个更加”	8月	大讨论办公室、局机关各部室、局属各单位	汪民、钟自然	部重点工作任务之(30)
	2	精心组织实施年度地质调查工作	1. 组织：3月底前完成任务书的下达、设计编写与审查，4月初全面启动野外工作，8～11月开展项目野外施工质量抽查，年中适时召开地质调查工作调度会，组织完成年度成果验收； 2. 管理：健全项目管理制度，推进项目承担单位质量体系建设，开展项目野外施工质量抽查，修订技术标准，举办资料展评和成果评奖活动； 3. 培训：按照局统一安排，组织搞好总工研讨班和业务技术骨干培训班； 4. 整改：根据2008年地质调查项目大检查大盘点工作发现的问题，搞好进一步的整改和跟踪指导	1. 完成全年各项任务，有效推进各项任务目标的落实； 2. 完成年度成果验收，提交一批工作成果； 3. 建立健全符合项目运行与管理的新体系； 4. 跟踪整改大检查大盘点中发现的问题； 5. 探索建立项目承担单位信誉评价体系	12月	总工程师室、各业务部室	钟自然、王学龙	部重点工作任务之(4，31)

续表

工作分类	序号	重点工作任务	落实措施	预期成果	完成时间	责任单位①	分管领导	备注
强化基础，着力提高地质调查工作程度	3	加强重要成矿区带基础地质调查	1. 区调：开展大兴安岭、昆仑—阿尔金、冈底斯、天山和西南三江等重点成矿区带的区域地物化遥调查； 2. 编图：开展西南三江、南岭、西天山等8个国家重点成矿区带地物化遥成果的编图、综合和研究验收工作； 3. 会议：筹备召开第三次全国区调工作会议； 4. 试点：开展六大区不同地理条件区调工作方法、技术手段的试点	1. 提交5个重点调查成矿带年度工作报告； 2. 提交8个重要成矿带地物化遥系列图及报告； 3. 提交区调工作总结报告、提出“十二五”区调、化探、物探、遥感工作规划建议稿	12月	基础部	王学龙	部重点工作任务之（31）
	4	加强重要经济区带基础地质调查	1. 区调：推进青藏高原东缘地震灾区填图，完成大瑞铁路的填图； 2. 农业地球化学调查：开展中东部、中西部经济区1:25万多目标区域地球化学调查，开展流域和全国农业地质工作总结； 3. 综合研究：开展青藏高原1:100万区域重力调查综合研究	1. 完成年度工作任务； 2. 提交有关项目年度报告、系列图件； 3. 完成大理—瑞丽铁路沿线1:5万区域地质与地质灾害调查，编制线路1:2.5万带状区域工程地质图； 4. 召开生态地球化学香山会议	12月	基础部	王学龙	部重点工作任务之（31）
	5	做好海洋区域地质调查	1. 完成海洋地质保障工程实施方案外审工作，落实领导小组，制定相应管理制度，部署年度工作； 2. 开展1:100万海洋区域地质调查； 3. 开展重点海域油气资源调查； 4. 开展重点海岸带环境地质调查与评价； 5. 开展近海海砂及相关资源潜力调查与评价	1. 海洋地质保障工程实施方案定稿； 2. 提交南海沉积物常、微量元素及烃地球化学研究报告、我国东海陆架盆地沉积充填演化与油气资源潜力研究报告； 3. 提交长江口以北泥质海岸带、黄河三角洲湿地环境地质调查与评价报告； 4. 提交黄海成山头近海海砂资源及相关潜力调查报告； 5. 提交海岸带地质调查工作规划建议稿	12月	基础部	张洪涛、王学龙	部重点工作任务之（10，31）
	6	继续推进青藏高原基础地质调查成果集成与综合研究	1. 综合集成：集成青藏高原177幅1:25万地质图数据库，编写青藏高原地质－资源－环境系列专题成果和综合报告，编辑112幅1:25万区域地质图与地质调查报告； 2. 研讨会：适时召开全国青藏高原学术研讨会；年中、年底分别组织召开项目业务研讨会	1. 建成青藏高原177幅1:25万地质图数据库并运行； 2. 出版青藏高原22幅1:25万区域地质图与报告，编辑其余90幅的图件与报告； 3. 出版青藏高原地质、资源和环境等系列图及说明书，建立专题成果数据库	12月	基础部	张洪涛、王学龙	部重点工作任务之（31）

续表

工作分类	序号	重点工作任务	落实措施	预期成果	完成时间	责任单位①	分管领导	备注
争取突破，加强能源与重要矿产资源调查评价	7	认真组织实施青藏高原地质调查与评价专项	1. 确定重点：在重点规划区开展地质矿产调查与重点矿区普查； 2. 搞好组织：5～10月组织开展野外调研、监督检查、技术咨询与成果交流研讨，11月底完成工作部署优化研究； 3. 加强协调：5～10月份不定期组织2～3次与西藏、青海省国土资源厅的沟通协调会	1. 完成年度工作量； 2. 项目外部工作环境得到明显改善； 3. 铜、铅锌等重点矿种，提交一批战略性矿产地、资源量，圈定一批找矿远景区； 4. 在成矿理论认识上有所突破	12月	资源评价部	王学龙	部重点工作任务之（31）
	8	推进全国矿产资源潜力评价	1. 阶段性成果验收：4月初完成新疆东天山等9个典型示范成果验收；7月开展省级铁、铝土矿潜力评价工作成果验收； 2. 培训：4月完成总体技术要求全国培训； 3. 出版：6月完成总体技术要求出版； 4. 督查：4～11月份配合部勘查司开展工作进度和工作质量督查； 5. 推进省级工作：1～12月组织省级项目全面开展煤炭、铀、铜、铅、锌、金、钨、锑、稀土、磷、钾等潜力评价工作	1. 提交铁、铝土矿产资源潜力评价的最终成果报告和9个典型示范成果； 2. 提交全国铁、铝土矿成矿规律总结，完成主要典型矿床研究及其编图； 3. 初步完成全国煤炭、铀、铜、铅、锌、钨、锑、稀土、钾、磷、金等矿产预测区的圈定和优选	12月	资源评价部	张洪涛、王学龙	部重点工作任务之（31，49）
	9	加强海域新能源基础地质调查	1. 开展南海北部重点目标区天然气水合物调查，进一步圈定有利地带，推进与台湾地质调查所的民间合作； 2. 修改完善后118专项立项报告； 3. 开展920专项海上三维地震调查； 4. 继续加强相关基础研究，攻克关键科学技术问题	1. 提出第二次海域天然气水合物钻探靶区，提交天然气水合物勘探开发阶段性研究成果； 2. 提交后118专项立项报告审定稿； 3. 提交南黄海、南海北部、南海南部海域油气战略选区调查与评价总体设计； 4. 提出920专项第二批油气钻探井位，实施1～2口钻探	12月	基础部	张洪涛、王学龙	部重点工作任务之（10，31）

续表

工作分类	序号	重点工作任务	落实措施	预期成果	完成时间	责任单位①	分管领导	备注
	10	推进找矿勘查新机制	1. 完善合作协议：配合部有关司局完善部与河南、广东等省的合作协议； 2. 编制实施方案：编制和完善新疆、黑龙江、青海、西藏、云南、福建等省区总体部署方案，并组织专家论证； 3. 落实组织机构：组建项目办公室，落实工作职责，落实中央与地方投入； 4. 加快试点：推进新疆“358”项目的试点，及时总结经验，并逐步在其他中央成矿区带推广； 5. 推进新机制：探索建立与中央地勘基金有机衔接的机制，互派人员参与重大业务活动	1. 完成新疆、黑龙江、青海、西藏、云南、湖南、福建等省部（局）合作总体实施方案的编制与论证，促进部与河南、广东等省签署部省合作协议； 2. 建立与中央地勘基金有机衔接工作机制； 3. 完善合作项目办公室工作机制，推进合作顺利实施； 4. 初步取得一批找矿重大成果； 5. 通过“358”项目试点，形成成熟模式，拿出有效办法和措施，明年全面推进	12月	资源评价部	汪民、王学龙	部重点工作任务之（29，31）
服务民生，推进水工环地质调查评价	11	加强重要经济区带环境地质调查	1. 研讨会：3月份召开水工环地质成果总结和“十二五”部署研讨会，召开重要经济区和城市群环境地质调查评价工作方案咨询研讨会； 2. 培训：4月份开展沿海重要经济区1:5万环境地质调查评价指南和技术方法培训	1. 明确沿海重要经济区和长江中游城市群新开计划项目总体工作思路，提交高质量总体设计； 2. 提交主要城市环境地质调查评价综合集成方案； 3. 提出“十二五”水工环部署建议； 4. 培训项目技术骨干100人	12月	水环部	王学龙	部重点工作任务之（31）
	12	做好地质灾害调查与监测预警工作②	1. 成果验收：4月份召开汾渭地区地面沉降与地裂缝成果验收会； 2. 野外质量抽查：7~9月份开展华北平原地面沉降区、西北黄土高原区、西南山区、湘鄂桂山区地质灾害详细调查野外质量抽查； 3. 交流会：11月召开东亚地质灾害早期预警现场交流会，以云南哀牢山预警项目为实例进行现场交流地质灾害监测技术方法与经验； 4. 成果集成：开展青藏铁路、滇藏铁路、三峡引水等重大工程建设区域地壳稳定性评价成果集成	1. 对已经完成的项目进行成果验收，提交正式成果报告； 2. 交流地质灾害监测预警工作技术、方法； 3. 提交集成成果，服务社会	12月	水环部	王学龙	部重点工作任务之（31）
	13	深化水文地质工作②	1. 组织：2~7月份组织编制宁南严重缺水区、宁东能源基地和柴达木盆地地下水勘查可行性研究报告，开展专家论证； 2. 研讨：5月份召开地下水污染调查评价成果编制技术要求研讨会；8月份召开地方病与地质环境关系国际学术研讨会；9月份召开地下水数值模拟国际研讨会；10月召开平原盆地地下水调查成果总结集成研讨会； 3. 推进国家地下水监测工程； 4. 继续组织开展地方病和缺水严重区地下水勘查及供水示范、西南岩溶石山地区地下水及环境地质调查等工作	1. 提交平原盆地地下水调查成果总结报告； 2. 提交地下水污染调查评价成果编制技术要求； 3. 提交地方病与地质环境关系论文集； 4. 提交地下水数值模拟现状和发展趋势论文集； 5. 提交宁南、宁东和柴达木盆地3个地区地下水勘查可行性研究报告； 6. 提交国家地下水监测工程论证报告； 7. 提交严重缺水区和地方病严重区地下水勘查及供水示范阶段性报告； 8. 提交西南岩溶石山地区地下水及环境地质调查示范阶段性报告	12月	水环部	王学龙	部重点工作任务之（31）

续表

工作分类	序号	重点工作任务	落实措施	预期成果	完成时间	责任单位①	分管领导	备注
依靠科技创新，加强国际交流	14	加强地质理论和勘查方法技术研究	1. 组织：3 月份完成设计审查，4 月份提出项目管理节点表和成果计划，6 月份提出项目进展年中分析报告，8 月份开展野外质量检查，12 月份提出项目年度进展分析报告； 2. 深部矿产勘查：组织协调多项目、多单位、多专业在山东开展深部矿产勘查综合技术研究示范，上半年施工一口 2000 m 钻孔，开展地面和井中物化探工作，10 月份召开现场交流会，11 月份提交深部矿产勘查综合技术报告； 3. 冻土区水合物研究：3 月份召开项目工作会，4 月份底开钻，6 月份完成采样和分析测试，7 月份完成物探和测井资料研究，8 月份提交第一轮调查评价报告，9 月份召开成果新闻发布会； 4. 专项工程：做好深部探测技术与实验研究专项启动工作； 5. 培训：3 ~12 月份举办 15 期技术培训班； 6. 重点实验室申报和管理：做好大陆动力学国家重点实验室申报的协调服务工作，4 月份开展 9 个部重点实验室的调研，5 月份召开部重点实验室运行管理座谈会，6 月份提出支持部重点实验室运行的措施建议	1. 全面完成年度工作任务，提交年度进展报告； 2. 提交深部矿产勘查综合技术报告； 3. 提交青海木里冻土区水合物调查研究报告； 4. 完成 15 期技术培训，提交培训总结报告； 5. 提交局系统部重点实验室调研报告； 6. 提出支持部重点实验室运行的措施建议	12 月	科技外事部、地质科学院	钟自然	部重点工作任务之（31，51）
	15	积极开展国际合作与交流	1. 组织管理：4 月份完成外事管理办法征求意见、6 月份正式发文、9 月份开展培训；4 月份统计建立全局国际合作协议数据库； 2. 国际合作：推进中美、中加、中挪滑坡合作和中德海洋合作协议的签署，3 ~5 月份分别接待德国、挪威和美国专家，6 月份形成中美、中加项目合作文件； 3. 国际会议：2、7、10 月份分别组织参加加拿大 PDAC、澳大利亚国际矿床、美国 SEG 等国际会议；5 月份筹备中德科技合作年会； 4. 成果报告管理：3 月份完成 2008 年出访成果报告上网，4 月份召开评审会，7 月份内部印刷出版优秀出访成果报告	1. 9 月份完成局外事管理办法； 2. 6 月份完成局国际合作协议数据库建设； 3. 6 月份陆续签订中法、中泰、中英、中印、中津、中坦地学合作协议和中美、中加合作项目文件； 4. 7 月份印刷优秀出访成果报告集； 5. 10 月份提交参加重要国际会议的总结报告及相关建议	10 月	科技外事部	钟自然、张洪涛	部重点工作任务之（31，52）

续表

工作分类	序号	重点工作任务	落实措施	预期成果	完成时间	责任单位①	分管领导	备注
	16	为“走出去”做好支撑③	1. 境外矿产勘查开发规划：5月份完成初稿，8月份完成送审稿报部； 2. 援外项目：10月份完成津巴布韦项目野外验收，12月份完成埃塞俄比亚项目成果报告验收，争取启动1~2个项目前期考察； 3. 境外数据共享：3~4月份与国家开发银行研究完善境外地质矿产数据共享机制； 4. 境内外对比研究和全球数据库建设：4月份提出计划项目节点管理进度表，5月份验收7个结题项目，6月份完成成果梳理报告汇总，8月份开展重点项目质量抽查和野外检查，11月份召开项目成果交流会； 5. 中亚5国地矿官员培训：9月份完成； 6. 境外矿产勘查论坛2009：10月份中旬召开	1. 5月份提交境内外对比研究系列图件一套； 2. 6月份提交地调局－国家开发银行境外数据共享方案； 3. 6月份实现全球数据库资料服务目录清单网上服务； 4. 8月份提交境外矿产勘查开发规划（送审稿）； 5. 11月份新增5个国家数据库和国别报告，周边3个国家勘查开发指南； 6. 完成援外项目野外验收和成果验收报告、援外培训报告、境外矿产勘查论坛总结报告	12月	科技外事部	钟自然、张洪涛	部重点工作任务之(31，52)
围绕国土资源管理中心工作，加大支撑服务力度	17	地质调查业务网络系统建设与资料服务	1. 部署会：4月下旬前召开网络建设工作部署会； 2. 网络系统建设：加快建设完善局属单位网络系统、地调局公文传输系统、地质调查项目管理系统、地质调查数据共享与服务系统； 3. 培训：开展相关技术培训； 4. 服务：通过召开用户征询会、上门调查等方式，积极为中央和地方新增投资计划项目提供地质信息资料服务	1. 新增3 000种成果地质资料、5 000册地学文献资料及10个地质数据库产品公开服务； 2. 有针对性地为列入新增1000亿中央投资计划清单大中型建设项目，提供及时有效的地质信息资料服务； 3. 完善地质调查业务网络系统建设； 4. 地质资料管理和服务水平进一步提高； 5. 提出改善地质资料服务和加强地质资料汇交管理的措施和办法	12月	总工程师室、办公室、装备部	钟自然、王学龙	部重点工作任务之(9)
	18	全力为国土资源管理工作提供支撑服务	1. 储量核查：6月底完成储量核查各项技术要求全国培训，12月底完成储量核查省级重点矿区储量核查典型示范； 2. 矿业权核查：12月底基本完成全国矿业权实地核查的野外工作，基本完成矿业权核查数据库框架的搭建和管理信息系统的开发； 3. 遥感监测：开展覆盖国家163个重点监测矿区的矿山多目标遥感监测，8月份召开矿山遥感监测技术和成果交流会，继续推进全国区域生态地质环境遥感调查与监测； 4. 地质灾害防治：做好地质灾害高发区和汛期地质灾害防治的调查、监测、预警预报和应急处置等工作	1. 储量核查和矿业权核查试点工作，为部矿政管理提供基础支撑； 2. 多目标遥感监测工作，提交重点监测区矿区的矿产资源规划执行情况、开发利用现状和矿山地质环境现状的监测结果，为部推动“一年一图”和“以图管矿”提供技术支撑； 3. 编制完成矿山遥感监测方法技术要求	12月	资源评价部、基础部、水环部	张洪涛、王学龙	部重点工作任务之(26，49)

续表

工作分类	序号	重点工作任务	落实措施	预期成果	完成时间	责任单位①	分管领导	备注
总结成果，谋划好『十二五』工作部署	19	系统梳理地质大调查实施以来的成果	1. 发文：3月份下发《关于开展地质调查项目成果梳理工作的通知》； 2. 组织：3月份各专业部室完成部署安排，局机关相关部室负责组织，相应项目实施单位负责落实，要求专人负责；3~5月分别汇总1999年大调查开展以来与各项成果相关的项目设置、工作量与经费投入、主要成果及进展，研讨确定各项成果梳理要点；4~5月份组织工作交流会，及时指导大区地调中心和有关工业部门开展相应工作；6月份汇总提交成果梳理初步报告；7~10月份开展地质调查项目成果综合集成工作； 3. 新闻宣传：加强成果宣传和转化应用	1. 系统集成1999~2008年地质大调查成果； 2. 提交地质调查项目成果综合集成总报告； 3. 及时宣传大调查工作重大成果以及服务经济社会方面的重要情况，重要情况及时报告部党组	10月	总工程师室、办公室、各业务部室	钟自然、王学龙	部重点工作任务之（4，31）
	20	编制地质调查“十二五”规划部署建议及实施方案	1. 组织：局机关各业务部室及相关业务支撑单位围绕“十二五”地质调查工作部署，开展15项专题研究；3月底局印发“十二五”地质调查工作部署指导意见；6月底各局属单位向局提交“十二五”地质调查工作部署建议、各专业部室提交专题部署研究报告、六大区地调中心提交区域部署研究报告；8月底提出“十二五”地质调查部署建议以及实施方案征求意见稿，11月底提交送审稿； 2. 部署研究：研究确定地质调查工作合理的总量、结构和布局，统筹部署陆域、海域、境外地质工作	1. 6月份完成地质调查“十二五”规划专题部署建议及区域部署建议报告； 2. 10月份提交2010年地质调查工作部署方案、2010年地质调查项目计划建议； 3. 12月份提交地质调查“十二五”规划部署建议	12月	总工程师室、财务部、各业务部室	钟自然、王学龙	部重点工作任务之（4，40）
	21	做好地质调查形势分析研究	1. 召开形势分析会：分8个小组，按季度召开4次地质调查形势分析汇报会； 2. 跟踪研究：各形势分析小组密切跟踪，掌握了解地质调查各方面进展，推进地质调查组织实施； 3. 提供资料：不定期向局党组报告形势分析报告，为部开展国土资源战略和“十二五”规划等基础研究提供基础资料	1. 建立完善形势分析会制度； 2. 每季度形成一次形势分析专题报告报局党组； 3. 为地质调查工作部署研究提出意见建议； 4. 积极为部参与国家宏观调控等工作提出资源环境方面的意见建议	12月	办公室、总工室	钟自然	部重点工作任务之（1，41）

续表

工作分类	序号	重点工作任务	落实措施	预期成果	完成时间	责任单位①	分管领导	备注
强化经济管理	22	局属单位所属企业清理整顿	1. 发文：3 月下发文件《关于进一步深化企业清理规范工作的通知》； 2. 开会：4 月份召开清理整顿工作研讨会； 3. 拟定方案：4 月底提出清理整顿实施意见，5 月份向部报告局清理整顿和规范发展方案，并根据部批复下发方案； 4. 检查指导：7 ~ 12 月份对局属单位清理整顿和规范发展工作进行检查指导	1. 解决事业机构挂企业牌子的问题； 2. 撤销规范难度大、经营效益差的企业； 3. 对拟保留（包括改组改制）企业，按照“一个企业一个方案”要求，逐一编制规范发展方案，报部批准； 4. 办理好拟撤销企业的相关手续	12 月	财务部	王学龙	
	23	局属预算单位内部审计检查	1. 签订合同：3 月底前完成与有关会计师事务所谈判和合同签订； 2. 制定方案：4 月上旬完成 18 家局属单位审计工作方案； 3. 开展内审：4 月中旬 ~ 11 月份完成 18 家局属单位审计； 4. 跟踪调研：跟踪了解局属单位审计情况，重大问题及时报告局领导； 5. 总结情况：12 月份汇总整理审计情况； 6. 整改检查：完善整改方案，督促检查相关单位进行整改	1. 查找财务管理制度建设、管理机制、预算执行、经费核算、固定资产管理、财务人员等方面存在的问题； 2. 解决财务管理中存在的重大问题和隐患； 3. 对存在的问题，提出整改方案，进行整改	12 月	财务部	王学龙	部重点工作任务之（43）
	24	地质调查预算标准动态调整	1. 研讨会：3 月份召开预算标准研讨会； 2. 分析：根据 2005 ~ 2008 年主要原材料价格变动情况，分析对预算标准的影响； 3. 调研：开展本年度预算标准跟踪研究和动态调整机制建设方案调研； 4. 总结：对预算标准跟踪情况进行汇总，提交动态调整机制建设方案	1. 7 月份提出预算标准调整研究报告，报部； 2. 除普遍调整外，重点解决岩矿测试预算标准偏低的问题，增加地下水有机污染物分析测试标准； 3. 提出预算标准动态调整方案； 4. 提交预算标准跟踪情况总结报告	12 月	财务部	王学龙	部重点工作任务之（43）
	25	局属单位设备清查盘点工作	1. 制定方案：3 月份制定工作方案； 2. 组织自查：3 月份下发通知，全面部署，开展局属单位自查工作； 3. 组织核查：4 ~ 6 月份成立核查工作小组，以单位为单元，陆续开展核查； 4. 分析整理：7 月份对设备清查情况分析整理，提出相应整改措施和实施方案； 5. 总结情况：8 月份底完成总结	1. 形成设备清查盘点工作方案； 2. 摸清家底，掌握局属单位设备资产状况； 3. 查找并及时整改问题； 4. 建立装备动态管理系统，完善监管系统； 5. 修订和完善部分资产管理制度； 6. 促进局属单位自身管理建设	8 月	装备部	王学龙	

续表

工作分类	序号	重点工作任务	落实措施	预期成果	完成时间	责任单位[①]	分管领导	备注
加强队伍建设	26	加强局机关、局属单位组织机构建设	1. 协调推进：8~10月份与部有关司局和有关部委沟通，争取上报批复局机关新“三定”方案，研究解决5个转制所体制问题； 2. 理顺关系：上半年向部上报理顺地调局、地科院及所属研究所关系的意见建议，制定实施方案；下半年起草制定地科院及所属研究所新“三定”方案； 3. 研究上报：上半年对中央公益性地质调查队伍规模、结构、布局进一步调研，研究提出局属部分单位人员编制调整建议方案，8~10月份向部和中编办汇报，争取批复调整局属单位人员编制	1. 局机关、局属单位职责更加明确清晰，组织机构更加完善； 2. 地科院及所属研究所管理关系进一步理顺，促进地科院及所属研究所进入地质调查主战场； 3. 中央公益性地质调查队伍建设规模逐步明确； 4. 在解决5个转制所体制问题上，取得实质性进展	12月	人事教育部、办公室、总工程师室、财务部、科技外事部、地质科学院	王宝才、王学龙	
	27	加强领导班子和人才队伍建设	1. 竞争上岗：3~4月份组织开展局属单位11个副局级领导职位竞争上岗； 2. 公开选拔：5~6月份在全国地勘行业内公开选拔六个大区地调中心总工程师； 3. 调整补充：下半年调整补充局属单位领导班子和局机关部室领导；9月份开展局级后备干部集中补充工作； 4. 动员部署：8月份召开全局人才工作会，9月份印发实施人才队伍建设3个配套措施； 5. 能力培训：6~9月份举办局级领导干部能力建设培训班、地质调查总工程师培训班和高级专业技术干部培训班、局级干部经济管理培训	1. 通过竞争上岗公开选拔，17个副局级领导职位配备到位，局属单位领导班子基本补充配齐，班子力量进一步加强，结构进一步优化； 2. 健全完善局级后备干部名单，为班子调整提供充足的力量储备； 3. 人才队伍建设进一步加强，干部队伍能力进一步提升	12月	人事教育部、总工程师室、科技外事部、财务部	王宝才	
	28	深化事业单位改革，完善健全工资保障机制	1. 岗位设置：上半年组织进行5个局属事业单位岗位设置管理改革试点，下半年全面开展岗位设置管理改革工作； 2. 协助解决问题：4月份批复局属部分单位执行野外地勘单位工资制度；5~8月份向部有关司局汇报，协助部商人力资源和社会保障部、财政部争取出台地质工作野外津贴新标准；上半年，向上级有关部门汇报沟通，争取协调解决局机关有关人员待遇问题	1. 进一步推进局属单位岗位聘用制度改革，逐步建立规范、灵活、高效的用人机制； 2. 争取部分单位和部分人员工资待遇得到进一步改善	12月	人事教育部、财务部	王宝才、王学龙	

续表

工作分类	序号	重点工作任务	落实措施	预期成果	完成时间	责任单位①	分管领导	备注
	29	进一步加强党建研究	1. 调研：掌握情况，进一步加强局系统党建工作，以及与京外单位的联系； 2. 研讨会：3月份召开局机关支部书记座谈会；5月份召开局系统党办主任座谈会； 3. 培训：入党积极分子培训	1. 制定局机关党支部考核补充方案； 2. 制定直属机关党委联系点制度； 3. 筹备成立局系统党建工作研究会	12月	机关党委	王宝才	
	30	组织实施凝聚力工程	1. 组织局系统文艺会演； 2. 召开局系统实施凝聚力工程座谈会，交流工作经验，研究推进工作	1. 10月底召开局系统文艺会演； 2. 11月前召开局凝聚力工程建设座谈会； 3. 准备到部分局属单位巡演	11月	机关党委、人事教育部	王宝才	
	31	加强反腐倡廉建设	1. 发文：2月份印发局党组2009年反腐倡廉建设和纪检监察审计工作要点； 2. 廉政教育：3~4月份结合局系统经济案例，对全体干部职工进行警示和法规教育； 3. 监督检查：4月份起组织4个巡视组对18个局属单位进行巡视、专项审计调查、四项费用使用情况检查，年底对局机关部门负责人和局属单位领导班子考核； 4. 案件查处：按规定程序，对正在核查的和已发现问题线索的案件抓紧办理； 5. 研讨会：3月份召开巡视工作座谈会，10月份召开局系统纪委书记座谈会	1. 进一步提高全体职工遵纪守法意识； 2. 形成巡视工作报告、审计工作报告和专项检查报告、年度考核报告； 3. 违纪违规问题得到遏制，惩防体系不断完善； 4. 总结工作，交流经验，提出明年工作思路	12月	监察审计室	李广湧	
	32	加强地方公益性队伍建设	1. 制定办法：5月底前印发地方公益性地质调查队伍能力建设评估要点，6月底前研究制定评估办法； 2. 制定方案：9月底前制定评估工作方案； 3. 开展评估：四季度末依据办法和局确定的“评估工作方案”陆续开展评估工作	1. 印发《地方公益性地质调查队伍能力建设评估办法》； 2. 完成10家地调院的能力评估工作	12月	装备部	王学龙	

①责任单位较多的，第一责任单位为牵头负责单位。②部落实国务院2009年《政府工作报告》重点工作分解（国土资厅函〔2009〕217号）第1项内容之任务（3），第3项内容之任务（8），（11）。③部落实国务院2009年《政府工作报告》重点工作分解（国土资厅函〔2009〕217号）第10项内容之任务（18）。

中国地质调查局关于成立深部探测技术与实验研究专项管理办公室的通知

中地调发〔2009〕84号　2009年5月8日

局属各单位、局机关各部室：

根据《深部探测技术与实验研究专项管理办法》和深部探测技术与实验研究专项领导小组第一次会议精神，经局研究，决定成立深部探测技术与实验研究专项管理办公室（以下简称专项办公室）。专项办公室依托中国地质科学院组建，由中国地质科学院提供人员和条件保障。

一、专项办公室的主要职责

专项办公室的主要任务是承担深部探测技术与实验研究专项（以下简称专项）运行日常管理任务。主要职责是：

1. 承担专项日常管理与信息沟通工作，建立专项进展的实时动态管理机制；

2. 负责汇总、整理、管理专项内部数据资料、技术方案等，组织项目、课题成果资料的汇交，按要求落实成果资料归档工作；

3. 组织编制并报送各类管理报告，包括重要会议纪要、研究简报、年度进展报告、年度预算执行报告及相关报表；

4. 负责专项的社会宣传、科学普及、网站运行和管理；

5. 承担上级交办的其他工作。

二、专项办公室组成

专项办公室设主任1名、副主任2名，内设综合组、技术装备组、预算管理组、资料管理组和网络运行组。

主　任：吴珍汉　处　长　中国地质科学院科技处

副主任：孔　瑞　副处长　中国地质科学院财务处

陈宣华　研究员　中国地质科学院地质力学所

三、专项办公室内设机构职责

1. 综合组。承担专项、项目、课题的日常管理及信息沟通任务，组织编制并报送各类管理报告，负责对内对外联络，组织开展专项的社会宣传与科学普及。

2. 技术装备组。承担专项技术管理工作，对专项进度、质量、成果进行监督管理；组织开展专项学术交流与国际合作；按照政府采购法的相关规定，组织编制仪器设备采购计划，协调大型科学仪器设备采购工作，组织协调深部探测技术装备和仪器设备共享管理，组织成套大型仪器设备调试和日常维护任务；会同相关单位组织批量地球物理数据采集及重要钻探等山地工程施工的采购工作。

3. 预算管理组。负责组织项目和课题编制年度经费预算，编制专项年度预算，对项目与课题经费的预算执行过程实施有效监管和监督检查，编写并报送各类财务报表。

4. 资料管理组。负责汇总、整理、保存、管理专项内部数据资料与技术方案，组织编写专项数据资料管理技术要求，组织项目与课题进行成果资料汇交，按要求落实成果资料归档工作。

5. 网络运行组。承担专项中英文（SINO-PROBE）网站建设、网络维护及运行管理，承担网络科普宣传任务。

中国地质调查局地方公益性地质调查队伍能力建设评估要点

中地调发〔2009〕86号　2009年5月8日

为逐步建立完善适应社会主义市场经济体制和中国经济社会发展需求、符合地质工作特点与规律的地质工作新体制，中央要求建设一支人员精干并相对稳定、装备精良、以高新技术为支撑、调查与科研相结合，能担当重大战略任务，善于攻坚打硬仗的高素质、专业化公益性地质调查队伍。建实建强的地方公益性地质调查队伍，既是解决各省（区、市）资源环境问题、完成国家公益性地质调查任务骨干力量，又是全国公益性地质调查队伍不可或缺的重要组成部分。

为深入贯彻落实《国务院关于加强地质工作的决定》、《地质勘查资质管理条例》（国务院令第520号）精神，按照《关于加强地方和行业公益性地质调查队伍建设的意见》（国土资发〔2003〕358号）的要求，依据“项目联系，业务指导”的原则，中国地质调查局拟组织开展对地方公益性地质调查队伍能力建设评估工作。以期通过评估的方式，推动地方公益性地质调查队伍加快建设步伐，更好地为经济社会发展提供公益性服务。具体评估要点如下：

一、单位性质

各省（区、市）级地质调查院和地质环境监测总站（院、中心）是开展能力建设评估的主要对象。

地方公益性地质调查单位是经省（区、市）级编制机构批准的具有独立法人资格的公益性事业实体，主要承担区域性、基础性、公益性地质调查和战略性矿产勘查工作，为国土资源管理提供业务基础支撑，为区域经济社会发展提供公益性服务。应当具备《事业单位法人证书》、《组织机构代码证》、《税务登记证》、《银行开户许可证》等相关证明。

二、单位人员

地方公益性地质调查队伍必须精干并相对稳定，具有合理的人员年龄结构与专业结构，专业技术人员应占队伍总人数的70%以上，并保持合理的高中级专业技术人员结构。

1. 具有满足承担当前公益性地质调查和战略性矿产勘查任务所需要的人员队伍。根据各地具体情况，各省（区、市）级地质调查院队伍规模可控制在100人以上；地质环境监测总站（院、中心）队伍规模可控制在80人以上；

2. 高中级技术人员应为单位技术人员总数的50%，在野外一线工作的高中级技术人员应不低于野外技术人员的50%；

3. 设有异地分支机构的单位，其分支机构应是非法人单位，人员须是本单位正式在册职工；

4. 具有与单位在册职工名册一致的相关人事关系证明、工资发放证明、专业技术人员学历证明和职称证明等有关基础资料。

三、单位经费

地方公益性地质调查队伍的经常性支出和基本建设经费要纳入地方财政预算，并在省（区、市）级主管部门或主管单位的部门预算中统一安排，实行独立经济核算。

1. 建立稳定的地方公益性地质工作经费投入、增长机制。将地方公益性地质工作纳入当地国民经济与社会发展计划，落实经常性经费，保证人员经费不低于当地事业单位的同等水平，具备经常性支出和基本建设经费纳入地方财政预算的相关文件及财务资料；

2. 对国土资源大调查地质调查项目经费实行专款专用，单独核算；

3. 对异地分支机构（非法人单位）实行财务统一核算办法和会计制度，财务档案单独管理。

四、单位技术装备与基地建设

地方公益性地质调查队伍要拥有与地质调查任务相适应的基本装备、设备和仪器；拥有固定的办公场所及基本的基地保障条件。

1. 具有各类设备、仪器、装备清单及有关管理使用的基础资料；

2. 具有房屋、土地或拥有固定办公场所等方面的资产证书及相关资料。

五、单位资质

地方公益性地质调查队伍应获得与其职责任务相适应的《地质勘查资质证书》、《地质灾害治理勘查（设计、施工、监理）单位资质证书》、《地质灾害危险性评估单位资质证书》等资质。

省（区、市）地质调查院，须拥有区域地质调查甲级资质；固体矿产勘查甲级资质；水文地质、工程地质、环境地质调查乙级及以上资质；地球物理勘查、地球化学勘查乙级及以上资质。

省（区、市）地质环境监测总站（院、中心），须拥有水文地质、工程地质、环境地质调查乙级及以上资质；须拥有地质灾害治理工程勘查（设计、施工、监理）或地质灾害危险性评估单位甲级资质；须拥有与职责任务相适应的其他乙级及以上调查和勘查资质。

省（区、市）地质调查院和地质环境监测总站（院、中心）质量管理体系和安全生产管理体系建设，包括管理机构、管理制度、质量管理体系认证等内容，应与获得的《地质勘查资质证书》、《地质灾害治理勘查（设计、施工、监理）单位资质证书》、

《地质灾害危险性评估单位资质证书》类别等级要求相匹配。

六、单位内部管理

地方公益性地质调查队伍要根据单位特点，建立健全组织结构、管理与制度体系。

1. 具有与地质调查工作相适应的技术、经济管理及业务部门等内部组织机构；

2. 具有包括技术、经济、安全和资料管理在内的各类规章制度，特别是与国土资源大调查项目管理有关制度要求相衔接的单位项目管理制度；

3. 建立质量管理体系并健康运行，具有质量管理体系二方或三方认证证书和有效运行的原始记录证明；

4. 制订发展规划，开展人才与业务建设。

七、单位业务能力

地方公益性地质调查队伍要有近5年各类地质工作业绩资料。地方公益性地质调查队伍的业务能力，主要评估承担中央、地方公益性地质调查项目效果和服务于中央、地方国土资源管理状况。

1. 地方公益性地质调查队伍具有近5年承担的各类公益性地质工作项目清单；近5年承担的各类公益性地质工作项目报告评审、成果验收和资料汇交等各阶段的相关文件、获奖证书、审查意见等方面的文件及资料；2004年以来承担中央和地方公益性地质调查项目优良率，以出资方的项目评审意见为依据。

2. 具有2004年以来，从事和服务于中央及地方国土资源管理工作内容的清单，相关部门的鉴定评价意见。

3. 具有2004年以来，地质资料汇交清单，资料管理部门接受文件及相关证明材料。

附件：

地方公益性地质调查队伍能力建设评估要点相关内容参考

附件

地方公益性地质调查队伍能力建设评估要点

评估内容参考一

单位性质评估内容

单位名称			
法人代表			
技术负责人			
省（区、市）级编制机构批复文件			
《事业单位法人证书》			
《组织机构代码证》			
《税务登记证》			
《银行开户许可证》			

基本要求：

1. 提供单位所在省（区、市）级编委（办）批复文件；

2. 提供的《事业单位法人证书》、《组织机构代码证》、《税务登记证》、《银行开户许可证》等证书的户名必须是省（区、市）地质调查队伍的名称，各类证书均合法有效。不得借用上级单位或其他单位的证书；

3. 提供法人代表、技术负责人、财务负责人等单位领导人的任职文件。

地方公益性地质调查队伍能力建设评估要点
评估内容参考二

单位人员评估内容

省（区、市）级编委（办）批准编制人数		
在册实际人数		
管理人员		占全部人员比例 %
专业技术人员		占全部人员比例 %
其中：高级职称人员		占技术人员比例 %
中级职称人员		占技术人员比例 %
初级职称及以下人员		占技术人员比例 %
外聘人员		占全部人员比例 %

基本要求：

1. 提供省（区、市）级编委（办）批准的编制人数；
2. 提供单位在册职工名单，以及与名册一致的人员调令、人事关系、（与人员调令时间一致、连续的）工资表等人事资料；
3. 专业技术人员必须提供省（区、市）级以上人事部门认可的职称证书；
4. 专业技术人员必须提供国家承认的学历证明；
5. 高中级技术人员与野外一线高中级技术人员必须分别占技术人员总数和野外一线技术人员总数的50%以上；
6. 专业技术人员占单位在册职工总数的70%以上；
7. 设有异地（非法人单位）分支机构的单位，其分支机构人员必须是单位在册职工。

地方公益性地质调查队伍能力建设评估要点
评估内容参考三

单位经费评估内容（年度）

经费来源	金额（万元）	开户账号
地方预算经常性拨款		账号：
地方预算基本建设拨款		账号：
大调查项目经费		账号：

基本要求：

1. 要提供其经常性支出和基本建设经费纳入地方财政预算的相关文件及财务资料；
2. 单位财务独立核算；
3. 有保证单位工作需要的固定资产、流动资产；
4. 按照地质事业单位财务制度规定，单独设置财务机构。财务负责人必须具备会计师以上职称或具备财务管理大专以上学历，具备财务工作经历5年以上；
5. 财务机构内部必须设置财务、统计等岗位，财务人员必须具备会计证。地质调查项目预算人员必须具备预算员证。其他人员也必须根据相关规定持证上岗；
6. 内部财务管理制度健全，其中地质调查财务管理、项目预算管理、统计管理制度健全，符合中国地质调查局地质调查项目财务、预算、统计等有关规定；
7. 按照《国土资源大调查地质调查项目专项经费管理暂行要求》的规定，实行单独管理和独立核算，专款专用；
8. 单位设有异地（非法人单位）分支机构的，要对其实行统一核算，并提供相关资料。

地方公益性地质调查队伍能力建设评估要点
评估内容参考四

单位技术装备、基地评估内容

《房产证》		
《土地使用证》		
野外交通工具	数量：　　（台 套）	净值：　　（万元）
	数量：　　（台 套）	净值：　　（万元）
物化探测试仪器	数量：　　（台 套）	净值：　　（万元）
野外通信及定位设备	数量：　　（台 套）	净值：　　（万元）
计算机设备	数量：　　（台 套）	净值：　　（万元）
其他设备	数量：　　（台 套）	净值：　　（万元）

基本要求：

1. 提供单位办公用房、基地等房产的《房屋产权证》、《土地使用证》等合法有效的资产证明和财务资料；

2. 单位应拥有一定数量的、能够满足基本工作需求的野外交通工具、物化探测试仪器、野外通信及定位设备、计算机设备、其他设备等，单位应提供上述设备的清单（包括：名称、数量、原值、购买日期、净现值等）、固定资产登记账以及其他相关财务资料；

3. 提供各类设备、仪器、装备的采购、分配、维修、更新、检测等内容的设备管理基础资料。

地方公益性地质调查队伍能力建设评估要点
评估内容参考五

单位资质评估内容

单位名称			
《地质勘查资质证书》			
《质量管理体系认证证书》			

基本要求：

1. 省（区、市）地质调查院，须拥有区域地质调查甲级资质；固体矿产勘查甲级资质；水文地质、工程地质、环境地质调查乙级及以上资质；地球物理勘查、地球化学勘查乙级及以上资质；

2. 省（区、市）地质环境监测总站（院、中心），须拥有水文地质、工程地质、环境地质调查甲级资质；须拥有地质灾害治理工程勘查（设计、施工、监理）、地质灾害危险性评估单位甲级资质；须拥有与职责任务相适应的其他乙级及以上调查和勘查资质；

3. 省（区、市）地质调查院和地质环境监测总站（院、中心）质量管理体系和安全生产管理体系建设，应与获得的各种资质证书类别等级要求相匹配；

4. 具有完整翔实的获得各类资质时的申请资料。

地方公益性地质调查队伍能力建设评估要点
评估内容参考六

单位规章制度评估内容

编号	制度名称	颁布日期	备注
1			
2			
3			
4			
5			
6			
7			
8			
9			
10			
11			
12			
13			
14			
15			

基本要求：

1. 建立了完整的组织管理结构，提供现行的反映单位组织工作流程的“单位组织结构图”；
2. 单位必须建立起完善的地质调查项目质量管理制度体系、地质调查项目经费管理制度和安全生产管理制度；
3. 应逐步完善涉及地质调查项目全过程管理体系的制度、提交所有制度的汇编和清单。

地方公益性地质调查队伍能力建设评估要点
评估内容参考七

单位业务能力评估内容

1. 提供地方公益性地质调查队伍近5年承担的各类公益性地质工作项目清单；近5年承担的各类公益性地质工作项目野外验收、报告评审、成果验收和资料汇交等各阶段的相关文件、获奖证书、审查意见等方面的文件及资料；2004年以来承担中央和地方公益性地质调查项目优良率，以出资方的项目评审意见为依据；
2. 提供2004年以来，从事和服务于中央及地方国土资源管理工作内容的清单，相关部门的鉴定评价意见；
3. 提供2004年以来，地质资料汇交清单，资料管理部门接受文件及相关证明材料。

中国地质调查局地方公益性地质调查队伍能力建设评估办法（试行）

中地调发〔2009〕225号　2009年9月29日

第一章　总则

第一条　为进一步加强对地方公益性地质调查队伍的业务指导，协助其主管部门或主管单位，推动地方公益性地质调查队伍建设步伐，提高其地质工作业务能力，依据《国务院关于加强地质工作的决定》和《关于加强地方和行业公益性地质调查队伍建设的意见》（国土资发〔2003〕358 号）的相关精神，制定本办法。

第二条 本办法主要适用于各省（区、市）级地质调查院和地质环境监测机构（院、总站、中心）。

第三条 中国地质调查局负责地方公益性地质调查队伍能力建设评估的组织实施和管理，评估工作实行动态管理。

第四条 地方公益性地质调查队伍能力建设评估遵循客观、公正、简便易行的原则，采取单位自评和实地评估相结合的方式进行。

第二章 评估内容及标准

第五条 按照中国地质调查局《关于印发地方公益性地质调查队伍能力建设评估要点的通知》（中地调发〔2009〕86 号，以下简称《评估要点》）要求，地方公益性地质调查队伍能力建设评估内容包括：单位性质、单位人员、单位经费、单位技术装备与基地建设、单位资质、单位内部管理、单位业务能力 7 个方面。评估总分为 100 分。

第六条 单位性质评估

评估内容：单位是否由所在省（区、市）级编委（办）批复定位为承担区域性、基础性、公益性地质调查和战略性矿产勘查工作的公益性事业实体；单位是否具有所在省（区、市）级编委（办）批复文件、《事业单位法人证书》、《组织机构代码证》、《银行开户许可证》、法人代表和分管业务等单位领导人的任职文件等。没有得到所在省（区、市）级编委（办）批复文件的单位，不参加评估。

评估总分为 15 分，有下列情形的分别减分：

（一）无《事业单位法人证书》、《组织机构代码证》、《银行开户许可证》等相关证明的，每缺少一份证书减 2 分。

（二）无上级主管部门对法人代表、分管业务等单位领导人的任职文件的，每缺少一项减 2 分。

第七条 人员评估

评估内容：人员编制及规模、人员结构、专业技术人员占队伍总人数的比例、高中级专业技术人员结构等。

评估总分为 15 分，有下列情形的分别减分：

（一）省（区、市）级编委（办）批准的单位人员编制少于《评估要点》规定的控制人数，减 1 ~ 2 分。

（二）在岗人数少于《评估要点》规定的控制人数，减 1 ~ 2 分。

（三）高中级技术人员少于单位技术人员总数的 50%，减 1 ~ 3 分。

（四）野外一线工作的高中级技术人员低于野外技术人员的 50%，减 1 ~ 2 分。

（五）专业技术人员少于在册职工总数 70% 的，减 1 ~ 2 分。

（六）设有异地分支机构的单位，其分支机构和人员不符合《评估要点》要求的，减 1 ~ 2 分。

（七）职工人事资料、专业技术人员职称证书和国家承认的学历证明等基础资料不够齐备，减 1 ~ 2 分。

第八条 经费评估

评估内容：经常性支出经费、基本建设经费、国家出资的项目经费及其他经费的来源和核算等情况。

评估总分为 15 分，有下列情形的分别减分：

（一）经常性支出经费和基本建设经费，没有纳入主管部门或主管单位的部门预算中统一安排的，减 5 分。

（二）没有对异地分支机构实行统一核算的减 4 分。

（三）没有单独设置财务机构，财务负责人条件未达到《评估要点》规定要求的，减 1 ~ 3 分。

（四）其他财务人员和经济管理人员没有按《评估要点》规定持证上岗，减 1 ~ 3 分。

第九条 技术装备与基地建设评估

评估内容：单位拥有的基本装备、设备和仪器；拥有固定的办公场所及基本的基地保障条件等。

评估总分为 10 分，有下列情形的分别减分：

（一）不能提供房屋或拥有固定办公场所等方面的资产证书及相关资料，减 3 分。

（二）不能提供各类设备、仪器、装备清单及有关管理使用的基础资料，减 5 ~ 7 分。

第十条 资质评估

评估内容：单位获得与其职责任务相适应的《地质勘查资质证书》、《地质灾害治理勘查（设计、监理）单位资质证书》、《地质灾害危险性评估单位资质证书》等资质情况。

评估总分为 15 分，有下列情形的分别减分：

（一）省（区、市）地质调查院，须具有区域地质调查甲级资质；固体矿产勘查甲级资质；水文地质、工程地质、环境地质调查乙级及以上资质；地球物理勘查、地球化学勘查乙级及以上资质。未获得相应资质等级的，减5～10分。

（二）省（区、市）地质环境监测机构，须具有水文地质、工程地质、环境地质调查乙级及以上资质；地质灾害治理工程勘查（设计、监理）、地质灾害危险性评估单位甲级资质；须具有与职责任务相适应的其他乙级及以上调查和勘查资质。未获得相应资质等级的，减5～10分。

（三）省（区、市）地质调查院和地质环境监测机构质量管理体系和安全生产管理体系建设，应与获得的各种资质证书类别等级要求相匹配。未达到要求的，减1～3分。

（四）单位获得各类资质时的申请资料不够齐备的，减1～2分。

第十一条 内部管理评估

评估内容：建立健全组织结构、管理与制度体系等情况。

评估总分为15分，有下列情形的分别减分：

（一）设立的技术、经济管理及业务部门等组织机构不够健全的，减1～5分。

（二）建立健全技术、经济、安全和资料管理等各项规章制度并认真执行。制度不健全的，减1～5分。

（三）建立质量管理体系并正常运行，具有质量管理体系二方或三方认证证书和有效运行的原始记录证明。没有认证证书的，减3分；有认证证书无运行记录或运行记录不全的，减2分。

第十二条 业务能力评估

评估内容：各类地质工作业绩，承担中央、地方公益性地质调查项目效果，服务于中央、地方国土资源管理的工作成效等情况。

评估总分为15分，有下列情形的分别减分：

（一）提供近3年承担的各类公益性地质工作项目完成情况清单；近3年承担的各类公益性地质工作项目报告评审、成果验收和资料汇交等各阶段的相关文件、获奖证书、审查意见等方面的文件及资料；近3年以来承担中央和地方公益性地质调查项目优良率（以出资方的项目评审意见为依据）等基础资料。不能完整提供上述基础资料，减1～3分。

（二）依据相关资料文件证明项目优良率达到65%以上不减分；项目优良率65%以下，60%以上，减1分；项目优良率60%以下减2分。

（三）具有近三年以来，从事和服务于中央及地方国土资源管理工作内容的清单，相关部门的鉴定评价意见。不能完整提供上述基础资料，减1～5分。

（四）具有近3年以来，地质资料汇交清单，资料管理部门接受文件及相关证明材料。不能完整提供以上资料或存在未按规定汇交资料的，减1～5分。

第三章 评估程序及结果

第十三条 地方公益性地质调查队伍能力建设评估工作按下列程序进行：

（一）各单位按照《评估要点》和本办法自评。

（二）根据自评情况向中国地质调查局提出评估申请（附自评报告），上级主管单位对自评报告和评估申请提出评价意见（附表1）。

（三）中国地质调查局接到申请后，及时组织相关人员开展现场评估工作。

（四）现场评估工作结束后，评估组与评估单位初步交换意见，并及时向中国地质调查局报告初步评估结果（附表2，附表3）。

（五）中国地质调查局下达正式评估结果通知。

（六）中国地质调查局核发地方公益性地质调查队伍能力建设等级证书，一般其有效期为3年。

第十四条 地方公益性地质调查队伍能力建设评估，分为D级、C级、B级和A级4个等级。90分以上为A级；80～89分为B级；70～79分为C级；69分以下为D级。

第十五条 评估结果使用

（一）评估结果将分批及时通报；

（二）中国地质调查局将依据评估结果，部署安排中央出资的公益性地质调查任务：

1. 对未进行评估和评估为D级的单位，不安排新上项目；

2. 对评估为C级的单位，限制安排新上项目；

3. 对评估为B级和A级的单位，优先安排新上项目。

第十六条 地方公益性地质调查队伍能力建设评估工作，根据各单位能力建设条件和建设进度分批开展。

第十七条 地方公益性地质调查队伍经过评估获得相应等级证书后，在单位性质、人员、经费、技术装备与基地建设、资质、内部管理、业务能力等方面发生重大调整和变化，可以向中国地质调查局提出新的评估申请。

第十八条 纪律规定

（一）评估组成员不得擅自将评估数据、资料提供他人或对外发布。

（二）被评估单位需对提供的评估自评报告、各种数据、基础资料的真实性、可靠性负责。提供虚假数据、基础资料，致使评估结果失实，将进行通报批评，并视情节轻重将降低评估等级或取消评估资格。

第四章　附则

第十九条　本办法由中国地质调查局负责解释。

第二十条　本办法自印发之日起实行。

附表 1

地方公益性地质调查队伍能力建设评估申请表

申请单位全称	
单位法人代表	
主管上级单位全称	
申请评估时间	
单位自评情况归纳 （另附自评报告）	盖章 年　月　日
主管上级单位 评价意见	盖章 年　月　日
中国地质调查局 回复意见	盖章 年　月　日

附表 2

地方公益性地质调查队伍能力建设评估汇总表

单位：

序号	评估内容	标准分	单位自评分数	评估组分数	备注
1	单位性质	15			
2	单位人员	15			
3	单位经费	15			
4	单位技术装备与基地建设	10			
5	单位资质	15			
6	单位内部管理	15			
7	单位业务能力	15			
合　计		100			
评估组 意见	评估组长签字： 年　月　日				

附表 3

地方公益性地质调查队伍能力建设评估——单位性质评估表

单位：　　　　　　　　　　　　　　　　　　　　编号：3－1

评估内容	标准分	评估内容	减分标准	减分分值	单位自评分数		专家组评估分数		备注
					减分	得分	减分	得分	
单位性质	15 分	省（区、市）级编委（办）批复文件	无所在省（区、市）级编委（办）批复文件的不参加评估						
		《事业单位法人证书》	无《事业单位法人证书》减 2 分	2					
		《组织机构代码证》	无《组织机构代码证》减 2 分	2					
		《银行开户许可证》	无《银行开户许可证》减 2 分	2					
		上级主管部门对法人代表的任职文件	无上级单位对法人代表的任职文件减 2 分	2					
		上级主管部门对分管业务等单位领导人的任职文件	无上级单位对分管业务等单位领导人的任职文件减 2 分	2					
合计									
评估组意见	评估组长签字： 年　月　日								

注：有所在省（区、市）级编委（办）批复文件，得 5 分；其他项目对应减分分值得分，满分为 15 分。

附表 3

地方公益性地质调查队伍能力建设评估——单位人员评估表

单位：

编号：3－2

评估内容	标准分	评估内容	减分标准	减分分值	单位自评分数		专家组评估分数		备注
					减分	得分	减分	得分	
单位人员	15分	单位人员编制及规模	省（区、市）级编委（办）批准的单位编制少于控制人数10%减1分，少于15%以上减2分	1～2					
		单位人员结构	单位实际拥有人员少于控制人数10%减1分，少于15%以上减2分	1～2					
		专业技术人员占队伍总人数的比例	专业技术人员低于标准10%减1分，低于15%以上减2分	1～2					
		高中级专业技术人员结构	高中级技术人员低于标准10%减1分，低于15%以上减2分	1～2					
			在野外一线工作的高中级技术人员低于野外技术人员标准10%减1分，低于15%以上减3分	1～3					
		异地分支机构人员结构	设有异地分支机构的单位，其分支机构不是非法人单位的减1分，人员为非正式职工减1分	1～2					
		单位人事资料	单位职工人事资料不齐减1分，证书不齐减1分	1～2					
合 计									
评估组意见	评估组长签字： 年 月 日								

附表 3

地方公益性地质调查队伍能力建设评估——单位经费评估表

单位： 编号：3－3

评估内容	标准分	评估内容	减分标准	减分分值	单位自评分数		专家组评估分数		备注
					减分	得分	减分	得分	
单位经费	15 分	单位经常性经费、基本建设经费、中央出资的项目经费及其他经费的来源和核算等情况	经常性支出和基本建设经费，没有纳入主管部门或主管单位的部门预算中统一安排的减 5 分	5					
			没有对异地分支机构实行统一核算的减 4 分	4					
			没有单独设置财务机构减 1 分，财务负责人条件未达到“评估要点”规定要求减 2 分	1～3					
			其他财务人员未取得会计证上岗减 2 分，预算管理人员没有按“评估要点”规定持证上岗减 1 分	1～3					
合　计									
评估组意见	评估组长签字： 年　月　日								

附表 3

地方公益性地质调查队伍能力建设评估——单位技术装备与基地建设评估表

单位：

编号：3－4

评估内容	标准分	评估内容	减分标准	减分分值	单位自评分数		专家组评估分数		备注
					减分	得分	减分	得分	
单位技术装备与基地建设	10 分	拥有固定的办公场所及基本的基地保障条件	不能提供房屋或拥有固定办公场所的资产证书及相关资料减 3 分	3					
		单位拥有的基本装备、设备和仪器	不能提供各类设备、仪器、装备清单及所有权归属证明减 5 分，不能提供管理使用的基础资料减 2 分	5～7					
合　计									
评估组意见	评估组长签字： 年　月　日								

附表 3

地方公益性地质调查队伍能力建设评估——单位资质评估表

单位：　　　　　　　　　　　　　　　　　　编号：3－5

评估内容	标准分	评估内容	减分标准	减分分值	单位自评分数		专家组评估分数		备注
					减分	得分	减分	得分	
单位资质	15 分	单位获得与其职责任务相适应的《地质勘查资质证书》、《地质灾害治理勘查（设计、监理）单位资质证书》、《地质灾害危险性评估单位资质证书》等资质情况	省（区、市）地质调查院，无区域地质调查甲级资质减 5 分；无固体矿产勘查甲级资质减 3 分；无水文地质、工程地质、环境地质调查乙级及以上资质减 1 分；无地球物理勘查、地球化学勘查乙级及以上资质减 1 分； 省（区、市）地质环境监测机构，无水文地质、工程地质、环境地质调查乙级及以上资质减 5 分；无地质灾害治理工程勘查（设计、监理）或地质灾害危险性评估单位甲级资质减 4 分；无与职责任务相适应的其他乙级及以上调查和勘查资质减 1 分	5～10					
			无质量管理体系减 2 分，无安全生产管理体系减 1 分	1～3					
			单位获得主要资质时的申请资料（前两项），提供的不够齐备，每缺一项减 1 分	1～2					
合计									
评估组意见	评估组长签字： 年　月　日								

附表 3

地方公益性地质调查队伍能力建设评估——单位内部管理评估表

单位：　　　　编号：3－6

评估内容	标准分	评估内容	减分标准	减分分值	单位自评分数		专家组评估分数		备注
					减分	得分	减分	得分	
单位内部管理	15 分	单位建立健全组织结构、管理与制度体系等情况	无技术管理机构减 2 分，无经济管理机构减 2 分，其他内部组织机构不够健全的减 1 分	1～5					
			单位建立健全各类规章制度，提供制度汇编。不能提供制度汇编的减 1 分，技术、经济、安全和资料管理每缺一方面分别减 1 分	1～5					
			单位建立质量管理体系并正常运行，未获得认证证书减 3 分，无运行记录或运行记录不健全的减 2 分	5					
合计									
评估组意见	评估组长签字： 年　月　日								

附表 3

地方公益性地质调查队伍能力建设评估——单位业务能力评估表

单位：　　　　编号：3－7

评估内容	标准分	评估内容	减分标准	减分分值	单位自评分数		专家组评估分数		备注
					减分	得分	减分	得分	
单位业务能力	15 分	单位各类地质工作业绩，承担中央、地方公益性地质调查项目效果，服务于中央、地方国土资源管理的工作成效等	提供近 3 年承担的各类公益性地质工作项目清单，不能提供减 1 分；近 3 年承担的各类公益性地质工作项目报告评审、成果验收和资料汇交等各阶段的相关文件、获奖证书、审查意见等方面的文件及资料，不能提供上述基础资料减 2 分	1 ~ 3					
			依据相关资料文件证明项目优良率达到 65% 以上不减分；项目优良率 65% 以下，60% 以上，减 1 分；项目优良率 60% 以下减 2 分	0 ~ 2					
			单位具有近 3 年以来，从事和服务于中央及地方国土资源管理工作内容的清单，不能提供清单减 2 分；不能提供相关部门评价意见减 3 分，不能完整提供减 1 ~ 2 分	1 ~ 5					
			单位具有近 3 年以来，地质资料汇交清单，不能提供清单减 2 分；不能提供资料管理部门接受文件及相关证明材料减 3 分，不能完整提供减 1 ~ 2 分	1 ~ 5					
合　计									
评估组意见	评估组长签字： 年　月　日								

中国地质调查局深入开展作风建设活动实施方案

中地调党发〔2009〕12号　2009年6月2日

为进一步巩固和扩大学习实践科学发展观活动成果，切实提高党员干部在党性、党风、党纪和执行力等方面的能力，按照《中共国土资源部党组关于解放思想改革创新改进作风增强执行力的决定》（以下简称“部党组《决定》”）精神和《国土资源部深入开展作风建设活动方案》要求，从2009年5～7月，在局党组和局机关各部室、局属单位领导班子两个层面，集中开展以“解放思想、改革创新、改进作风、增强执行力”为主题的作风建设活动。具体方案如下：

一、目标要求

巩固和扩大深入学习实践科学发展观活动成果，结合地质找矿改革发展大讨论活动，进一步转变观念、职能、工作方式和作风，坚持以业务工作的薄弱环节为抓手，大力提倡主动作为，反对被动应付；提倡积极跟进，反对消极对待；提倡沟通协作，反对自我封闭；提倡开拓创新，反对墨守成规。强化责任意识、谋划意识、协作意识和创新意识，着力提高能力，解决问题，为构建保障和促进地质工作科学发展新机制、更好地服务经济社会全面协调可持续发展提供思想和作风保证。

活动重点针对业务工作主动谋划不够、工作办法不多、协调联动不足、落实能力不强等问题，深刻反思、认真整改，努力做到主动谋划有作为、推进工作想办法、协调联动要主动、扭住不放抓落实，使作风建设活动的要求具体体现在完成和推进各项业务工作中。

二、范围对象和组织领导

活动对象：以局党组和局机关各部室、局属单位领导班子为重点对象，局党组带头开展。

活动组织领导：由局党组统一领导和部署，机关党委会同办公室、人教部、监察审计室共同组织。各部室、各单位党组织负责本部门（单位）的作风建设工作，按照实施方案认真开展活动。

三、总体安排和具体措施

（一）集中梳理突出问题，认真整改（5月末～7月末）。

认真对照部党组《决定》精神，紧密结合业务工作，结合地质找矿改革发展大讨论和“讲党性、重品行、作表率”活动的深入开展，联系工作实际，寻找薄弱环节，进一步梳理查找作风建设方面存在的突出问题，深刻剖析产生原因，提出解决问题的思路，明确责任，认真整改。

具体措施：

1. 征求意见。发放局党组作风建设征求意见表，广泛征求局机关各部室、局属各单位干部群众对局党组在作风建设方面的意见和建议。

2. 梳理突出问题。按照中央深入学习实践科学发展观活动领导小组开展“回头看”、巩固和扩大学习实践活动成果的要求，主要围绕主动谋划、工作办法、协调联动、落实能力等方面，在学习实践活动的基础上，进一步梳理作风建设中迫切需要解决的突出问题，抓住重点，认真分析查找内在的深层次原因，着力转变职能，转变作风，明确权责，规范管理；着力完善体制，理顺机制，改进服务，充分调动广大干部职工的积极性，激发地质调查工作的活力。推进地质找矿改革发展大讨论，重点围绕制度设计缺陷、体制机制障碍和思想观念及执行力等方面深入查找问题，改进工作。作风建设重在解决作风方面的突出问题。两项活动要统筹安排，协调推进。

3. 树立典型。要对近年来特别是深入学习实践科学发展观活动以来加强作风建设的有效做法、取得的积极成效进行总结和提炼，树立正面典型，切实加强宣传引导。

4. 召开民主生活会。局党组、各部室和局属单位领导班子要召开以“加强领导干部党性修养、树立和弘扬良好作风”为主题的专题民主生活会，可将年度民主生活会与专题民主生活会合并进行。重点对照自身在加强党性修养和作风修养等方面的突出问题，深刻分析原因，研究提出整改措施，形成专题民主生活会报告。局党组的报告要通报局系统，局机关各部室、局属各单位的报告上报局党组。

5. 进行整改。针对群众反映的、“回头看”等活动梳理的和专题民主生活会上查找出来的问题，列出具体整改措施，明确整改重点，落实整改责任，切实进行整改。专题民主生活会对照检查情况和整改措施落实情况要在一定范围内向干部、群众通报，自觉接受监督。

预期成果：

1. 局和局属各单位进一步找准自身在作风方面特别是主动谋划、工作办法、协调联动和落实能力等方面存在的突出问题及原因。

2. 树立一批作风建设正面典型。

3. 局党组和局属各单位形成具体整改措施，并将落实情况在局内网专栏公布，接受群众监督。

4. 形成修订地质调查项目管理办法、地质勘查标准和规范以及相关制度的总体思路和实施方案。

5. 提出促进地质找矿统一部署和组织实施的建议。

6. 办公室、机关党委形成深入基层改进作风增强服务意识的意见初稿。

7. 机关党委形成关于直属机关干部思想状况的分析报告。

（二）开展作风评议，建立长效机制（7 月末后）。

制定作风和执行力评议标准，组织开展作风评议与通报，探索建立加强作风建设的长效机制。

具体措施：

1. 8～9 月，机关党委、人教部、监察审计室根据部要求研究提出开展作风和执行力评议标准。

2. 开展作风评议。根据作风和执行力评议标准，结合今年局年度考核述职、述廉，对局机关各部室和局属各单位领导班子作风情况、有关重要工作成效及党风廉政建设情况进行评议，要通过开展作风评议，广泛征求群众的意见和建议，有针对性地加强和改进作风建设。

3. 将评议结果运用到评选表彰“执行力好班子”、公务员年度考核、干部任用和奖惩工作中。

4. 总结通报。机关党委对局机关整体作风建设活动情况进行总结，形成局开展作风建设情况的总结报告，报局党组。机关党委、人教部、监察审计室对局属各部室和局属单位领导班子作风进行评议并通报结果，办公室对局公文、督办事项和政务信息报送等工作情况进行统计、定期通报，监察审计室对党风廉政建设情况进行评议并通报。

预期成果：

1. 总工程师室完成地质调查项目管理办法修订工作。

2. 总工程师室提出地质调查工作统筹部署意见。

3. 办公室、机关党委形成深入基层改进作风增强服务意识的意见。

4. 机关党委、人教部、监察审计室形成机关部室、局属单位领导班子作风评议结果通报。

5. 办公室形成公文、督办事项和政务信息报送等工作情况通报。

6. 监察审计室形成党风廉政建设情况通报。

7. 机关党委形成局开展作风建设情况总结报告。

四、几点要求

1. 领导带头，抓好实施。在局党组的领导下，要根据方案安排、细化具体措施。局党组要带头，局机关各部室、局属各单位主要负责人思想上要高度重视，工作上精心部署，切实抓好落实，尤其对第一阶段工作要进一步细化方案，明确要求。领导要以身作则，充分发挥模范带头作用，力戒形式主义、走过场，征求意见要广泛，梳理问题要深入，树立典型要扎实，民主生活会要认真，整改要务求实效。

2. 注重结合，推动工作。要紧密结合当前国际国内形势，紧密结合地质找矿改革发展大讨论以及“讲党性、重品行、作表率”活动，紧密结合日常工作，精心组织，搞好衔接，将作风建设活动与业务工作有机融合起来，相互促进，切实转变作风，增强执行力，推动各项工作。

3. 加强宣传，营造氛围。要充分利用和发挥局和所属单位门户网站、简报、橱窗等的作用，加强宣传，营造开展作风建设的浓厚氛围。要开动脑筋，创新形式，因时因地灵活开展活动，做到既符合实际，又便于操作、易于接受，让作风建设活动真正成为改进工作、提高效率的重要推手。

附表：

地质找矿改革发展大讨论暨深入开展作风建设活动主要工作安排表（略）

中共中国地质调查局党组关于深入基层 改进作风 增强服务意识 提高执行力的意见

中地调党发〔2009〕18号 2009年9月24日

局属各单位党委，局机关各党支部：

为深入贯彻落实李克强副总理8月17日重要讲话精神，全面落实《国土资源部党组关于解放思想改革创新 改进作风 增强执行力的决定》，抓住机遇，巩固和扩大学习实践科学发展观活动和作风建设活动成果，建立作风建设长效机制，加快推动地质调查工作改革发展，局党组就进一步深入基层、改进作风、增强服务意识、提高执行力提出如下意见：

一、提高认识，进一步增强责任感和紧迫感

（一）认清形势，抓住机遇。

近年来，局机关和各单位以科学发展观为指导，不断增强贯彻落实科学发展观的自觉性和坚定性，着力解放思想，改进作风，紧密联系实际，解决突出问题，推动改革发展，各项工作取得明显成效，作风建设得到明显改善。但同时也应清醒地看到，与新形势、新任务的要求还有一些不适应，与部党组的要求还有一定差距，广大党员干部尤其领导干部一定要增强责任感和紧迫感，要从改进作风着手，化危为机，把握大局，开拓进取，迎难而上。

（二）充分认识抓好作风建设的重大意义。

抓好作风建设，是加强党的执政能力建设、推动经济社会又好又快发展的迫切需要，也是确保部、局政令畅通和提高执行力的必然要求。局机关和局属各单位工作作风、工作效率、服务意识和执行力，直接关系到地质调查工作改革发展稳定大局，关系到建设世界一流地质调查局目标的实现。局机关和局属各单位要通过加强作风建设，在改革创新、主动谋划、协调联动、狠抓落实和提高执行力上下工夫，持续推动地质调查工作改革发展。

二、深入基层，调查研究，推动工作

（一）搞好调查研究。

要紧紧围绕地质调查工作改革发展稳定的重点问题和影响业务工作的突出问题，深入实际，深入野外一线，问计各方、寻求对策。局党组成员原则上每年至少到基层调研1个月，撰写1篇调研报告，直接推动出台一项措施，破解一道难题；局机关部室主任、大区地调中心主任每年到基层和相关单位调研1~2个月，撰写1~2篇调研报告，提出至少1条合理化工作建议，重点推进1项工作。加强对调研整改措施的跟踪反馈。每年组织评选优秀调研报告和最有价值建议。

（二）健全完善局党组成员、部室联系基层单位制度。

局党组成员和各部室要与对口联系单位保持密切联系，健全完善联系基层单位工作规则，加强对联系单位的指导。局党组成员每年至少深入对口联系单位一次，了解掌握单位实情，通过“解剖麻雀”，既解决个别问题，又以点带面推动全局工作。要善于集中民智，及时发现、总结和推广基层职工创造的好经验、好做法。要注意倾听民意，通过多种方式听取干部职工的意见、建议，帮助解决实际问题。领导干部深入基层要轻车简从，不搞层层陪同，不得超标准接待。

（三）坚持领导接待日和工作通报制度。

局领导和各单位负责人要坚持每月半天接待来访群众，倾听职工心声。定期向全体职工或职工代表通报单位主要工作情况和重大事项。对于职工群众普遍反映的问题，要及时研究提出切实可行的解决方案。要贯彻落实好《信访条例》，切实加强信访工作，化解矛盾，确保稳定。要实行信访工作问责制，对因领导不力或领导不作为、滥作为造成信访事项较多、重要信访件久拖不决的，要依据有关规定追究相关领导的责任。

三、规范管理，加强督查，提高执行力

（一）健全制度，规范管理。

局机关和局属各单位要根据新形势新任务的要求，每两年对地质调查工作规章制度和规范性文件进行一次全面评价和清理，提出立、改、废的意见和建议。对已出台的制度要定期对落实情况进行检查、跟踪问效，提高制度的执行力。

（二）加强督查，狠抓落实。

健全和完善督办制度，对局党组议定事项、局重大决定、重要文件、重要会议决定事项和领导批示的贯彻落实情况，要及时跟踪检查，抓好落实。各单位行政办公室、人事、党办和纪检监察部门要按要求抓好重要事项的督办，特别要加强对事关单位经济发展和群众切身利益政策落实情况的督促检查。凡督办事项都要明确目标任务、工作内容、完成时限、执行单位和责任人，对督办事项要一督到底，切实提高督办效率。督办要坚持实事求是，客观公正，督办情况要及时反馈。

（三）精简各类会议。

按照“精简、规范、务实、节约”的原则，严格遵守部关于精简会议活动的有关规定。局机关要率先垂范，采取切实措施，坚决精简各类会议活动。能不开的会议不开，内容相近的会议合并召开，杜绝一般性层层照转的会议。从严格控制以局名义召开的全局性会议，严格履行报批程序，严格控制会议规模和会期。已由局党组、局行政文件形式部署的工作，原则上不再召开会议。确需局机关部室主任和各单位党政主要负责同志参加的会议，须报经局长批准，并严格按局规定的会议管理程序办理。能由局分管领导同志出席的不再安排局主要领导同志出席。坚持开短会、讲短话，会议主要报告原则上不超过8000字，领导讲话稿一般不超过5000字。全局性会议讨论时每人发言时间原则上不超过10分钟。严明会议纪律，杜绝参会人员迟到、旷会或会议期间使用手机等现象。

（四）压缩文件简报。

局机关、局属各单位要严格压缩各类文件、简报。发文要注重实效，突出业务性、指导性、针对性和操作性。控制发文数量和规格，严把公文质量关，控制公文流转程序，定期组织公文展示。清理规范内部简报，原则上一个单位只能保留一份简报，内容以调查研究、建议类为主。各单位报送的简报信息要简明扼要，直切主题，主要内容为业务、技术方面的最新进展和成果。

（五）加强沟通协调。

对于重点工作部署、重大项目立项、重要工作安排等，分管领导之间、局机关部室之间、局机关与局属各单位之间要加强沟通协调。局要加强与部及有关部门的汇报沟通，建立与国土资源管理部门、地方政府的沟通、合作机制。

四、发挥领导表率作用，建设服务型机关

（一）发挥领导干部表率作用。

要求广大党员干部做到的，各级领导干部要首先做到。各级领导干部特别是主要领导干部要敢抓敢管、善抓善管，勇于负责、恪尽职守。对事关全局的突出矛盾和问题不回避、不上交，及时组织研究，亲自推动解决；对涉及多个部室、多个单位的重要问题，要主动沟通、主动协调，不推诿扯皮、不揽功推过；对中央及部、局重大决策部署，中央及部、局领导同志批示事项，局办公室转请提出意见或办理的其他事项，局机关部室及局属单位主要领导同志要亲自作出布置，亲自督促落实。

（二）建设服务型局机关。

局机关要强化服务意识，把“基层需要的，就是我们要做的”作为局机关服务宗旨，树立“服务在机关，满意在基层”的服务理念。热情服务基层和群众，对前来办事的同志，要“来有迎声，问有答声，走有送声，办有回声”，以热情周到的服务得人心、暖人心。进一步明确管理职责，简化审批程序，减少办事环节，畅通服务渠道，及时了解基层之急需、职工之疾苦，进一步密切干群关系。突出服务重点、拓宽服务领域，把确保部、局党组的决策、工作部署和总体工作思路顺利实现作为工作重点，主动想事、主动谋事、主动干事，不断提高工作质量和效果，树立局机关良好的风气和形象。

局机关各部室、局属各单位要根据本意见精神，认真研究提出本部室、本单位的具体实施方案，并建立相应制度、机制加以保证。局党组每年要对局机关部室和局属各单位领导班子作风建设情况、主要工作成效及党风廉政建设情况进行评议、考核，严格责任追究，力求切实加强作风建设，努力提高工作效率和执行能力，推进地质调查事业更好更快地发展。

中共中国地质调查局党组关于追授李向同志“优秀共产党员”称号的决定

中地调党发〔2009〕21号　2009年11月25日

各局直属单位党委、局机关各党支部：

西安地质调查中心原主任、党委书记李向同志，1956年5月出生，1973年7月参加工作，1974年4月加入中国共产党。曾任内蒙古地矿局第五地质矿产勘查开发院院长、党委副书记，西安地质矿产研究所所长、党委书记，西安地质调查中心主任、党委书记。第六届、第七届内蒙古武川县人大代表。2009年9月出差西宁时因病逝世。

李向同志是新时期地质工作者的优秀代表，是局系统广大共产党员的学习楷模。他对党忠诚，理想信念坚定，具有共产党员的先进思想和高尚品德。他把握大局，坚持地质工作服务国家经济社会发展的工作思路，为实现西北地区地质找矿重大突破，为地区经济和社会发展积极贡献力量。他爱岗敬业，为了单位事业的发展呕心沥血，辛勤工作。在他和领导班子的带领下，十年来，西安地质调查中心的总收入由最初的每年几百万元达到了2009年的1.5亿元，各项工作扎实推进，实现了跨越式发展。他注重队伍建设，破除旧的人事观念，树立新的用人机制，抓住一切机遇，大胆引进人才，不断加强人才队伍建设，形成了一支战斗力强，结构合理的三级人才梯队，为促进单位的发展发挥了重要作用。他心系群众，着力改善职工办公、生活条件，营造良好的工作、生活环境。他以身作则，清正廉洁，严格要求，工作兢兢业业，任劳任怨，无私奉献。李向同志的一生是积极向上、辛勤耕耘、奋斗不息的一生。

为激励局系统各级党组织和广大共产党员振奋精神、坚定信心、牢记宗旨、心系群众，在推进队伍建设和地质调查工作中充分发挥战斗堡垒作用和先锋模范作用，中共中国地质调查局党组决定，追授李向同志“优秀共产党员”称号。

局系统广大党员干部要以李向同志为榜样，学习他牢记宗旨，无私奉献的崇高思想；学习他开拓进取、勇攀高峰的创新精神；学习他爱岗敬业、争创一流业绩的进取意识；学习他雷厉风行、求真务实的工作作风；学习他任劳任怨、清正廉洁的优秀品质；学习他辛勤耕耘、奋斗不息的人生境界。

各级党组织要紧密联系本单位实际，坚持以科学发展观为指导，结合地质找矿改革发展大讨论活动的深入开展，认真学习宣传李向同志的先进事迹；广大党员干部特别是各级领导干部，要像李向同志那样，加强党性修养，弘扬优良作风，努力实践共产党人的人生价值，努力创造无愧于时代、无愧于人民的业绩。

当前，地调局的改革发展正进入一个关键阶段，尽快实现地质找矿重大突破，为经济社会发展提供支撑和保障，任务艰巨而繁重。各级党组织和广大共产党员要以贯彻落实李克强副总理“8.17”重要讲话精神为契机，以李向同志为榜样，团结带领广大干部职工努力奋斗，解放思想，开拓进取，为地质调查事业的发展作出新的贡献。

中共中国地质调查局党组关于贯彻落实中央反腐倡廉四个法规文件　推进惩防体系建设的意见

中地调党发〔2009〕17号　2009年9月7日

局属各单位、局机关各部室：

为深入贯彻落实中央颁布的《中国共产党巡视工作条例（试行）》、《关于实行党政领导干部问责的暂行规定》、《国有企业领导人员廉洁从业若干规定》

以及《关于开展工程建设领域突出问题专项治理工作的意见》等法规文件（以下简称“四个法规文件”），努力从源头上预防和解决腐败问题，不断完善局系统惩治和预防腐败体系，切实加强反腐倡廉建设。根据国土资源部党组的要求，结合实际，提出如下意见。

一、充分认识制度在反腐倡廉建设中的重要意义

推进反腐倡廉制度建设，是完善惩治和预防腐败体系、从源头上防治腐败的根本途径，是以改革创新精神推进反腐倡廉建设的必然要求。“四个法规文件”的实施，是反腐倡廉法规制度建设的重要成果，对于提高党的执政能力、保持和发展党的先进性，全面推进党的建设新的伟大工程，促进经济社会又好又快发展，具有十分重要的意义。局属各单位、局机关各部室要认真组织学习和全面把握基本精神、主要内容和具体要求，紧密联系本单位本部门实际，采取得力措施，切实抓好落实。要以此为契机，进一步推进反腐倡廉制度建设，不断提高反腐倡廉建设的科学化、规范化、制度化水平。

二、结合实际，把握重点，抓好贯彻落实

（一）《中国共产党巡视工作条例（试行）》是完善党内监督制度的一部重要党内法规。

在实施中要把握和做好3个层面工作：一是巡视组织者要坚持巡视工作的指导思想和基本原则，重点掌握巡视的对象、内容、工作程序和结果运用。适时修改完善局党组《关于在局系统开展巡视工作的意见》，本着突出重点、抓住根本的原则，进一步明确巡视的范围和主要任务，围绕巡视的重点和关键，完善各工作程序的内容，切实提高巡视的效果和水平。二是被巡视单位的领导班子及其成员要增强自觉接受监督的意识，履行职责，重点做好巡视内容的各项工作。三是做好干部职工的宣传教育工作，使他们了解巡视工作的目的意义，以关心班子建设、干部成长和事业发展的良好心态积极参与。

（二）《关于实行党政领导干部问责的暂行规定》是规范问责工作，健全党政领导干部责任追究体系，加强党政领导干部管理和监督的重要法规。

在实施中要掌握6个重点：一是健全领导岗位责任体系。要依据领导岗位职责，界定层级清晰的权责，把具体责任落实到岗位、个人。二是掌握问责的原则。坚持严格要求、实事求是，权责一致、惩教结合，依靠群众、依法有序。三是明确问责的情形。包括决策严重失误；职责范围内发生的特别重大事故、事件、案件；管理监督不力；强令或授意实施违法违规行为；群体性、突发性事件处理失当以及用人失察、失误等6种。对造成重大损失或者恶劣影响的失职行为，也应当实行问责。四是严格执行问责程序。实行问责必须明确主体，按照干部管辖权限，严格依据规定的步骤和方式进行，确保问责正确及时、规范有效。五是合理运用问责方式。问责方式规定为公开道歉、停职检查、引咎辞职、责令辞职、免职等5种，确定问责方式要根据实际情况妥善把握，必须与党政领导干部被问责情形的性质和危害程度相适应，避免畸轻畸重。同时，要严格规范被问责干部的安排、使用。既要避免随意性，又要防止弄虚作假或欺上瞒下。六是正确处理实行问责和纪律处分的关系。问责是组织处理，不能与纪律处分互为代替，实行问责后，需要追究党纪政纪责任的，应当根据党纪政纪处分的有关规定执行。

（三）《国有企业领导人员廉洁从业若干规定》是规范国有企业领导人员廉洁从业行为的基础性法规。

在实施中要做好4个方面工作：一是结合局属单位所办企业清理整顿工作，对保留的企业在抓紧整改规范的同时，及时调整配备好领导人员。二是健全企业领导人员廉洁从业的规定和制度，监督检查和绩效考评办法。三是加强监督检查。分管领导要经常深入企业了解情况，听取反映，对苗头性问题及时引导，对不正当经营行为及时制止。财务、审计部门要通过财务检查和经济责任审计等方式，及时发现企业财务管理方面存在的问题，督促整改。纪检监察部门要及时向企业宣传有关政策法规，根据反映及时提醒企业领导人员。四是严肃查处企业违纪违规行为。

（四）《关于开展工程建设领域突出问题专项治理工作的意见》是中央加大源头治理，有效防治腐败问题滋生的重要专项治理工作文件。

在组织实施中要紧密结合实际，切实加强基建项目管理。一是组织好自查。各单位要对近年来的基建项目进行检查，认真查找项目立项、工程招投标、资金拨付和使用等重点部位和关键环节存在的问题；深入分析原因，从主观和制度等层面查找漏洞和薄弱环节；认真进行整改。二是健全完善基建项目管理制度。特别注意组织分工、职责划分、岗位约束、环节制约等方面的制度设计。三是加强对在建项目的监督检查。

三、加强领导，完善措施，确保落实到位

充分发挥“四个法规文件”的作用，切实取得实效，关键在抓好贯彻落实。各部门各单位要增强大局意识和责任感，以良好的作风贯彻好、执行好、落实好。

（一）加强组织领导。

要把贯彻落实好“四个法规文件”摆到重要议事日程，精心组织安排。要与其他行政业务工作结合起来，统筹考虑，研究具体措施，明确职责任务，制定落实方案。

（二）加大宣传力度。

要把学习领会“四个法规文件”作为廉政教育的重要内容纳入计划安排，采取专家辅导、学习研讨等多种方式对干部职工进行宣传教育。领导干部要带头认真学习，深刻领会、把握重点，自觉贯彻落实。

（三）强化督促检查。

纪检监察部门要协助党政领导班子抓好组织协调和监督检查，把日常督促、专项检查和年终考核有机结合。积极推进巡视、领导干部问责、企业领导人员廉洁从业等法规制度的落实，促进基建项目规范管理。

（四）加强调查研究。

反腐倡廉制度建设是构建惩防体系的重要组成部分，局机关和局属单位要在调查研究的基础上，进一步梳理完善本单位反腐倡廉制度体系，加强源头规范，促进各项管理工作有序开展。

中国地质调查局2009年保密工作要点

中地调办发〔2009〕18号　2009年6月30日

2009年局保密工作总的要求是：贯彻落实党的十七大精神，以邓小平理论和“三个代表”重要思想为指导，深入学习实践科学发展观，认真贯彻党的保密工作方针，按照胡锦涛总书记等中央领导同志关于进一步加强新形势下保密工作的重要指示精神，根据《国土资源部保密委员会2009年工作要点》，按照国土资源部保密委员会的统一部署和要求，紧紧围绕局的中心任务，结合地质调查工作实际，深入开展保密教育和培训，制订和完善保密工作制度，重点加强涉密项目、计算机网络系统、涉密文件及其存储介质、要害部门（位）和重点人群的管理，组织开展经常性的督促检查，为地质调查工作提供服务和保障。

一、重点抓好涉密单位和涉密项目的管理

大力提高局属各单位和局机关各部室的保密意识和管理水平，进一步加强局属广海局、青岛所、航遥中心、发展中心，局机关基础部、财务部等重点涉密单位和部门保密管理工作，落实各项措施，完善相关制度，规范内部管理。

抓好涉密项目立项、组织实施、成果资料管理等各环节的保密工作，严格执行保密制度。承担涉密项目的单位要责任到人，确保项目执行全过程的秘密安全。

加强日常保密工作，抓好涉密文件运转、使用、办理过程中的保密管理。

二、加强涉密计算机和网络安全管理

严禁涉密计算机与内网和国际互联网连接，严禁在连接内网和国际互联网的计算机上处理涉密信息。同时，做好涉密笔记本电脑、涉密移动存储介质、办公自动化设备以及手机等新型涉密载体的保密管理。严禁在涉密计算机与内外网计算机之间交叉使用移动硬盘、U盘、数码相机、MP3、MP4等各类移动存储介质。采取有效措施，及时配备保密技术设备，提高技术防范水平；加强实时监控和定期检查，确保涉密计算机和网络安全。

根据局信息系统建设方案，加强信息系统建设的保密安全管理，建立并完善相关制度与配套技防措施。

三、加强涉密文件和资料的保密管理

按照《国土资源部、国家保密局关于做好涉密地质图开发利用工作的通知》（国土资发〔2009〕6号）要求，积极做好涉密地质图矢量化和涉密信息删除工作，为社会提供更多的非涉密地质资料服务。

严格涉密文件的管理，加强机要文件登记、传阅、保管和清退环节的监管。同时，加强涉密资料销毁工作的管理，严格遵守涉密资料销毁的有关规定。

加强涉密资料的管理，重点做好涉密地形图等涉密地质资料的管理。加强野外工作人员借阅、使用、保管涉密地形图及地质资料的管理，严格履行审批手续，使用单位要签订保密承诺协议，严格履行保密义务。

加强信息资料公开的保密审查，严格执行上网信息审批制度。地质成果的宣传报道、发布要按照相应的审批制度严格执行有关保密规定。

四、健全保密机构设置和完善保密制度

加快局保密制度体系建设的步伐，制定和完善相应的保密工作规范、规程和管理办法。

建立和完善局属单位保密工作机构向局保密委员会办公室报告工作制度，及时掌握各单位、各部室保密工作负责人变动情况和重要工作进展情况。

加强涉密人员管理，做好局机关在岗和离岗人员的保密承诺书补充签订工作。

五、建立保密问责制度和加大督促检查力度

进一步落实保密工作责任制，强化各部室、各单位负责同志履行保密工作重要职责的责任意识，及时组织部署和研究解决重大问题，把领导干部履行保密工作责任情况，纳入领导干部考核述职内容，加大问责力度。

继续加大涉密项目管理、涉密计算机管理、计算机网络和移动存储介质交叉使用、涉密信息载体及销毁管理的监督检查力度，开展不定期的检查活动。对重点涉密单位和部门的保密工作进行专项检查。

六、开展保密宣传教育和培训

采取多种形式开展保密宣传教育，提高保密防范意识。加强全体干部职工特别是涉密人员、出国人员和新上岗人员的保密教育。把保密教育培训纳入干部教育培训计划，作为上岗培训和在职培训的重要内容，使保密教育培训制度化、经常化。

（汪汶燕整理）

地质调查进展与成果

地质调查项目实施概况

中国地质调查局总工程师室

2009年开展的地质调查项目1784个。其中：基础调查项目383个，矿产资源调查评价项目419个，灾害预警项目230个，数字国土项目62个，资源调查与利用技术发展项目223个，青藏高原地质矿产调查与评价项目157个，大调查成果整合集成与区域部署项目14个，地质调查项目组织实施费项目8个，基础性、公益性地质调查项目288个。

2009年新开项目268个，续作项目635个，结转项目881个（含2008年增量2009年未安排的项目）。

一、地质调查项目费用完成情况

2009年项目经费总额345610万元，其中：2009年国土资源大调查项目预算137457.24万元（含青藏高原地质矿产调查与评价项目37584.64万元），2009年基础性公益性地质调查项目（增量）57330万元，地方财政44857万元，其他资金300万元，2008年国土资源调查经费结余资金40612万元，2008年增量结余资金65054万元。

2009年完成地质调查项目费用230902万元，为计划的67%。其中：国土资源调查经费132466万元（含青藏高原地质矿产调查与评价项目）为计划的74%（青藏高原地质矿产调查与评价项目完成35583万元，为计划的81%）。基础性、公益性地质调查项目完成81962万元，为计划的67%。

地方财政资金完成16405万元，比上年增加9430万元。其中矿产资源潜力评价项目完成3943万元。矿产资源现状调查项目完成7360万元。

二、取得主要地质成果

（一）新发现矿产地和物化探异常情况。

新发现矿产地28处，按矿种分：煤矿1处，铀矿1处，铁矿2处，锰矿2处，铜矿1处，铅矿1处，铝土矿1处，钨矿3处，锡矿1处，钼矿1处，铅锌矿10处，金矿1处，银矿1处，石墨矿2处。

新进展矿产地11处，提交可供普查矿产地29处。

新发现物化探异常2425处，检查物化探异常406处，验证物化探异常186处，查证物化探异常112处，见矿物化探异常96处。

（二）查明矿产资源量情况。

煤、铁、铜、铅锌、铝土矿、钨、锡、铋、钼、锑、金、银、磷、石墨矿等14种矿产提交了资源量（333+3341），其中：煤524.82亿吨、铁矿6702万吨、铜73.59万吨、铅12.52万吨、锌21.21万吨、铝土矿5611万吨、钨（WO_3）12.94万吨、锡矿34.71万吨、铋矿0.26万吨、钼矿197吨、锑矿18.91万吨、铅锌矿1027.28万吨、金2.65吨、银矿777吨、磷矿3.78亿吨、墨石83万吨。

（三）提交地质调查报告情况。

2009年提交地质调查报告审定稿177份，其中：基础调查计划项目42份，矿产资源调查评价项目75份，地质灾害预警工程项目25份，数字国土工程项目10份，资源调查与利用技术发展工程项目18份。青藏高原地质矿产调查与评价项目5份，地质调查项目组织实施费项目1份，基础性、公益性地质调查（增量）重点成矿带项目1份。

提交正式报告159份。其中，基础调查计划项目40份，矿产资源调查评价项目65份，地质灾害预警工程项目24份，数字国土工程项目7份，资源调查与利用技术发展工程项目21份，青藏高原地质矿产调查与评价项目1份，基础性、公益性地质调查（增量）重点成矿带项目1份。

（四）地质灾害调查情况。

县（市）地质灾害调查共建立群策群防点1766处，专业监测点248处，应急处置点168处；查处危险点：崩塌1767个，滑坡3509个，泥石流1026处，地面塌陷268个，地裂缝641条；受威胁人口67.08万人，受威胁财产126.47亿元；避免直接经济损失0.92亿元，避免人口伤亡1436人。

三、主要实物工作量完成情况

包括以往年度未完结转和2009年计划安排的主要实物工作量完成情况：

——1:5万区域调76251km²，为计划的93%。

——1:5万矿产调查60382km²，为计划的99 %。

——1:20万区域重力测量231587km²，为计划的90%。

——1:5万区域水文调查25260km²，为计划的103%。

——1∶10万区域水文65600km²，为计划的104%。

——1∶20万区域化探216599km²，为计划的100%。

——1:5万区域化探83854km²，为计划的100%。

——1:5万航空遥感地质40000km²，为计划的100%。

——1:20万航空物探30000测线千米，为计划的100%。

——1:5万航空物探136900测线千米，为计划的74%。

——单道地震4179测线千米，为计划的119%。

——机械岩心钻探215509米，为计划的83%。

——坑探3379米。为计划的110%。

四、承担地质调查项目工作单位及人员情况

2009年承担地质调查项目的工作单位127个，其中：中国地质调查局及局属单位28个，地方地质调查单位64个［省（区、市）地质调查院31个，省（区、市）地质环境监测站23个，属地化的工业部门地勘单位10个］，中央管理的地勘单位8个，院校7个，其他单位20个。

期末投入地质调查工作19030人，其中：中国地质调查局及局属单位7177人，地方性地调队伍7931人，［省（区、市）地调院6693人，省（区、市）地质环境监测站882人，属地化的工业部门地勘单位356人］，中央管理的地勘单位1038人，院校1023人，其他单位1861人。

（高延光　张　敏）

基础地质调查

中国地质调查局基础调查部　水文地质环境地质部

一、区域地质调查

2009年完成1:5万区域地质调查43545km²，全国累计完成203.5万km²，工作程度提高到了21.2%。完成1:25万区域地质调查55000km²，全国累计488万km²（含实测和修测），工作程度提高到了50.8%。全面完成了全年工作量，提交了一批高质量的图件和数据。青藏高原基础地质调查成果集成和综合研究、6大区基础地质综合研究、全国和省级地质志修编、全国重要地质遗迹产地质调查查进展顺利。取得以下主要成果：

1. 地层调查发现大量有价值的化石，填绘出大量新地质体，重新厘定了一批地层。如罗平生物群精细地层剖面测制和大比例尺填图，发现了以海生鱼类、爬行类为主的脊椎动物化石群落，其中8种鱼类化石大部分为新属种，并伴生有节肢、腕足、棘皮、软体动物门、牙形动物、有孔虫，以及植物、遗迹化石等11类化石；首次获得了241.2Ma的罗平生物群的精确年龄；首次在中国发现鲎类和千足虫类化石；新发现的中三叠世混鱼龙新种为鱼龙的双孔型起源提供了直接证据。内蒙古1:5万敖包特陶勒盖等8幅区调发现了丰富的早—中二叠世华夏植物群化石组合，对于揭示西伯利亚板块与华北板块主拼合带位置、拼合时间的研究提供了重要的依据。内蒙古1:5万喇嘛音乌苏等4幅区调将原本巴图组中基性火山岩划为查干诺尔火山岩，采集到丰富的腕足类、珊瑚类、海百合茎化石等。内蒙古1:5万辉音敖包等4幅区调在侏罗系白音高老组底部发现一套底砾岩，砾石多为玛尼吐组的安山岩，表明两套层位呈不整合接触，为火山岩演化阶段岩基和地层划分对比提供了依据。内蒙古1:5万孟恩套勒盖等5幅区调首次在灰岩中发现古生代地层，并采集到大量化石。陕西1:5万紫阳幅区调测制了紫阳志留系温洛克统底界精细生物地层剖面，完成了5个笔石生物化石带的划分，新填制出下南华统莲沱组和下三叠统大冶组两个地层单位。新疆1:5万若羌县阿尔金沟口泉等4幅区调在寒武系卡拉塔格组中首次发现中晚奥陶世三叶虫碎片、海百合茎化石和丰富的蓟县纪叠层石化石，为其时代提供了新的证据；对原蓟县系卓阿布克组进行了解体，新建阿克达坂组。新疆1:25万捷尔任斯克、托里县幅区调修测发现下二叠统卡拉岗组陆相火山岩与石炭系包古图组角度不整合关系，在石炭系黑山头组内发现了一处不整合关系，并在其上部层位采获植物化石。辽宁1:5万铧铜镇等10幅区调查明永宁组不整合于古元古代花岗岩之上，其上被钓鱼台组平行不整合覆盖，时代置于青白口纪底界。云南1:5万瓦窑等8幅区调在双麦地群中首次采到三叶虫，确定了该岩群的时代，并首次发现有变玄武岩、变流纹岩及凝灰岩等夹层；在栗柴坝组中首次发现了海生藻类向陆生蕨类过渡的原始蕨类化石。湖北1:5万分乡等4幅区调在震旦纪地层中识别出浅水浊积岩、风暴事件、滑塌事件等时间序列，在石板滩段顶部发现了丰富的串珠状疑难化石，为震旦纪年代地层划分对比提供了新的资料。

2. 岩浆岩调查研究获得了一批重要的同位素资料，为构造演化和成矿作用研究提供了重要资料。如新疆1:5万若羌县阿尔金山沟口泉等4幅区调在红柳沟岩群玄武岩中获得471Ma的锆石SHRIMP测年数据；在原长城系扎斯勘赛河组、蓟县系塔昔达坂群斯米尔布拉克组及中元古代变质玄武岩、辉长岩、变斜长岩中获得1818 ± 25Ma，1869 ± 27Ma，1889 ± 27Ma，1907 ~ 2579Ma的锆石SHRIMP测年数据。辽宁1:5万铧铜镇等10幅区调取得一批年龄数据，将原侏罗纪二长花岗岩进一步划分为细粒二长花岗岩和中粗粒似斑状二长花岗岩，脉岩划分为花岗斑岩、流纹斑岩。内蒙古1:5万辉音敖包等4幅区调新获得晚侏罗世花岗斑岩SHRIMP年龄为153 ± 2Ma，晚三叠世花岗斑岩SHRIMP年龄222 ± 3Ma，为中生代侵入岩的划分提供了年代学依据。内蒙古1:5万乌日尼图幅区调划分出中晚石炭世、早二叠世两个时代的侵入岩，归并为3个序列、共19个填图单元，获得了16个精确的单颗粒锆石U - Pb同位素位年龄，为二连—东乌旗成矿带古生代岩浆岩演化和构造-岩浆热事件序列研究提供了重要资料。内蒙古1:5万锡林浩特市幅区调发现基性岩墙群，主要岩性为辉长-辉绿岩和粗玄岩，侵入于石炭纪以前的地层和侵入岩体中，对地质构造演化进程具有重要意义。江西1:5万桃墅店等6幅区调通过同位素年龄确定区内存在一条北东向加里东期花岗岩带；在辉绿玢岩侵入体中获锆石同位素年龄值801 ± 4 Ma，限定了计林组地层沉积时代的年龄上限。浙江1:5万鸣鹤镇等5幅区调发现125Ma的A型花岗岩，为华南晚中生代大地构造演化研究提供了新资料。

3. 发现了一批重要的构造现象，为区域构造格架厘定和地质演化历史研究提供了重要资料。如新疆1:5万若羌县阿尔金山沟口泉等4幅区调初步确定两条蛇绿混杂岩，初步查明蛇绿混杂岩的分布、物质组成、结构构造等。西藏1:5万双湖角木日地区4幅区调厘定俯冲增生杂岩由陆源深水复理石沉积岩，海山（洋岛）块体，洋壳残片、高压超高压变质岩片组成，建立了增生杂岩构造样式及变形变质序列。西藏1:5万类乌齐马察拉地区4幅区调将吉塘岩群解体，识别出古老的变质侵入体和两套变质程度不同的地层单元，为深化澜沧江构造带演化研究提供了新的资料。宁夏1:5万白疙瘩等4幅区调新发现一处至少由4个推覆体组成的后展式推覆构造。新疆1:5万空贝利等4幅区调发现一大型构造混杂岩带。新疆1:5万达布达等4幅区调发现一系列高角度叠瓦状逆冲推覆构造。新疆1:25万捷尔任斯克、托里县幅区调修测新发现一条蛇绿构造混杂岩带。四川1:5万炉霍县城地区3幅区调确认了如年各蛇绿混杂岩群存在，进一步证实了原炉霍—道孚古裂谷曾拉伸至大洋壳这一论述；在鲜水河断裂带上发现一处断层破碎带，对研究鲜水河断裂发震机制有较大意义。安徽1:5万平里等4幅区调在赣中东乡发现加里东期典型的大洋岛弧拉斑玄武岩和辉石岩，初步判定扬子与华夏两大古陆块最终发生碰撞拼贴时期为加里东期。云南1:5万瓦窑等8幅区调新发现一套构造混杂岩，初步查清了其结构样式、物质组成及动力学特征。

4. 区调中新发现矿（化）点、矿化线索100余处，为下一步资源勘查提供了基础资料。如新疆1:5万祁曼塔格喀尔瓦地区4幅区调发现金铁矿化点1处，金铁铜多金属矿化点1处，铁矿化点1处。新疆1:5万空贝利等4幅区调发现铜矿化点6处，铁矿化点2处。新疆1:5万阿克陶县小勒布隆等4幅区调发现铜矿化线索6处。新疆1:5万若羌县阿尔金山沟口泉等4幅区调发现金、锑（铅、锌）矿化带1处、铜金矿化带2处。新疆1:5万阿尔金山清水泉地区4幅区调发现铜矿点和铁矿点各1处。新疆1:5万白干湖西部地区4幅区调发现铜矿化点2处，铜金多金属矿化点1处。新疆1:25万富蕴县、青河县幅区调修测发现磁铁矿化点和铜金矿化点各1处。新疆1:5万阿勒塔什等4幅区调发现铅锌矿化点1处。云南由旺街等4幅区调发现磁铁矿化点1处，方铅矿化线索1处。云南1:5万大寨等5幅区调发现铜矿化点1处。内蒙古1:5万南木等4幅区调发现多处黄铁矿化蚀变带。黑龙江1:25万漠河县等3幅区调发现镜铁矿化点1处、黄铁矿化等找矿线索多处，硅石矿点1处。内蒙古1:5万孟恩套勒盖等5幅区调发现2条矿化蚀变带、4个矿（化）点。内蒙古1:5万额仁布格幅等5幅区调发现铁多金属矿点2处、萤石矿点1处。内蒙古1:5万锡林浩特幅等4幅区调发现辉钼矿化点1处。内蒙古1:5万陶其格廷温多尔等8幅区调发现铁铅锌矿化点2处、水晶矿化点2处。内蒙古1:5万勃洛浑迪等4幅区调新发现铜、银等金属矿化点4处。内蒙古1:5万敖包查干等5幅区调发现褐铁矿化蚀变带3处。内蒙古1:5万陶其格廷温多尔等8幅区调发现矽卡岩型铁（铅锌）矿化点4处。内蒙古1:5万南木等4幅区调发现多处黄铁绢英岩化矿化蚀变带，发现了铜铅银等多金属矿化点和铅银等多金属矿化点各1处。内蒙古1:5万孟恩套勒等5幅区调发现2条矿化蚀变带，4个铅锌矿（化）点。黑龙江1:5万嫩北农场等4幅区调发现5处矿化蚀变线索。内蒙古1:5万宝日根等3幅区调发现1处铁矿异常点和1处铜铅锌多金属矿化点。浙江1:5万鸣鹤镇等5幅区调发现硅化、黄铁矿化蚀变带2条，发现铅锌矿化点1处，高岭土矿化点1处，萤石矿化点2处。海南1:5万兴隆等4幅区调发现2个钼矿化点。

5. 第四纪调查与研究为全球气候变化研究提供了新资料。安徽1:5万和县等5幅区调首次在沿江盆地北缘地表发现中新世地层，总体组成一个从河流相到湖泊相沉积的完整序列。江苏1:5万南通市等4幅区调建立了第四纪沉积模式，绘制了13个沉积时代的岩相古地理图；查明晚更新世以来，长江河口地区经历了海退—海进的海平面变动旋回，形成了下切古河谷—古河谷充填—海泛沉积—河口湾充填的海退-海进沉积旋回。天津1:5万武清城关镇等4幅区调建立了晚更新世以来的地层序列，初步确定了测区3期海侵的具体边界。青海1:5万滩北雪峰地区等4幅区调发现了古人类文化层及灰烬层等人类活动遗迹。湖北省1:5万汉阳县等6幅区调发现早更新世阳逻砾石层由两套特征差异明显的砾石层组成，内部发育重要的侵蚀界面，首次确定江南地区存在早更新世砾石层；在原大片分布的中更新统洪积相红土层中发现具多种成因的堆积类型，并对其空间分布进行了解体。四川1:25万成都市幅区调修测综合集成了成都平原区第四纪钻孔、地球化学、遥感、水文地质调查资料，初步划分出不同的第四系堆积区，发现了再沉积砾岩。

6. 大理—瑞丽铁路沿线区域地质综合调查为国家重大工程建设提供了有力支撑。完成了大理-瑞丽铁路主选线路沿线22个图幅的1:2.5万地质图和工程地质图，编制大瑞铁路沿线1:2.5万带状综合地质图。对主选线路区区域地质特征、地质灾害分布和工程地质条件进行了详细研究。建立了大瑞铁路沿线活动断裂格局，查明了晚第四纪活动性最为明显的3个活动断裂带，对晚新生代构造形迹进行了期次划分，确定了它们与工程稳定性的关系，认为第四纪构造形迹是影响未来工程稳定性的主要构造因素。基本查明高黎贡隧道工程区的地表地质构造特点和工程地质环境，建立了多尺度和多层次的数值模拟地质模型和高黎贡山越岭段优选线三维地质模型。

7. 青藏高原基础地质调查成果集成和综合研究初步构建了信息共享和社会化服务平台，提升了青藏高原地学研究水平，为国家和青藏高原区域经济与社会发展规划提供了科学依据。构建了青藏高原1:25万地质图、矿产资源、旅游资源及重力、航磁、化探编图成果数据库和管理系统；编制完成青藏高原地质图（新版）、大地构造图、前寒武纪地质图、构造-岩相古地理系列图、构造-岩浆岩地质图、新生代地质图、第四纪地质与地貌图、矿产图、旅游资源图、区域重力系列图、区域航磁系列图和区域化探系列图；建立了青藏高原多碰撞、多期叠加的多岛弧盆演化模式，带动了青藏高原的找矿突破，特提斯洋的消亡，以及青藏高原的隆升时间等研究取得了新认识，推进了青藏高原地学理论的重大创新。

8. 重要成矿带成矿地质背景综合研究编制了成矿带系列基础地质图件，对成矿地质背景进行了详细分析，为资源勘查提供了基础资料。完成了西南三江、辽东—吉南、武夷山、南岭、晋冀、东天山—北山、西天山、松潘—阿坝8个成矿带基础地质综合研究，在编制了各成矿带工作程度图、地质图、物化探异常图的基础上，运用大地构造相和构造地层学相结合的理论和方法创新性地编制了成矿带地质背景图，对成矿地质背景进行了详细分析，厘定了主要成矿建造，划分了成矿有利地段，提交了成矿带基础地质综合研究报告。为矿产勘查提供了基础资料，提高地质找矿的预见性和有效性。

9. 全国地质志修编，制定了全国、地区和省级不同层次地质志和系列地质图件编制与数据库建设技术要求，确定了统一的技术标准，统一各类术语、分类命名原则和划分方案，已下发各单位试用。制定了全国地层区划、构造区划方案、岩浆岩、变质岩分期、分区（带）方案。辽宁、山东、安徽、陕西等11个省级地质志修编试点工作进展顺利，完成了部分报告章节编写，完成地质图、岩浆岩地质图、地质构造图、第四纪地貌地质图、航磁异常图和重力异常图等图件编制，并开始建立数据库。

10. 全国地质遗迹资源区划与保护规划研究，制定了重要地质遗迹调查技术要求征求意见稿，编制中国重要地质遗迹资源分布图，编制了全国重要地质遗迹产地分布图初稿。初步建立中国重要古生物化石分类分级标准；编制了第一批重要古生物化石保护名录，对古生物化石保护条例进行了修改完善。

二、区域地球物理调查

2009年共完成1:20万区域重力调查25万 km^2、1:20万航空物探30000测线千米、1:5万航空物探180000测线千米，除1:20万区重完成年度工作量的95%外，其他全年主要实物工作量已全面完成。

1. 青藏铁路沿线航磁成果综合研究。完成青藏铁路沿线航磁基础图件、数据转换处理图件的编制，及野外岩石物性测定工作，初步总结了青藏铁路沿线航磁调查找矿效果，初步筛选出具有找矿意义的航磁异常。在格尔木昆仑山南山口青C-75-110航磁异常附近发现磁铁矿体一处，其磁化率值变化范围为 $7477\times10^{-5}\sim112000\times10^{-5}$ SI，平均值为 40191×10^{-5} SI，矿体出露部分高约2m，宽约1.5m，长约3m。

2. 西南三江重点成矿区带中段1:20万航磁调查。通过对野外数据正常场水平梯度校正、磁日变校正、调平等航磁 ΔT 数据位场转换处理，编制了航磁 ΔT 异常图和剖面平面图、化极图、化极上延图、垂向导数图等图件。选编航磁异常647处，初步筛选出有找矿意义的异常30处，异常踏勘发现铁矿化一处。

3. 江西武夷山北部地区直升机航空物探（电磁、磁）测量试生产。根据航磁 ΔT 磁场反映的断裂构造标志，全区共划出一级断裂1条，二级断裂2条，三级断裂13条。一级断裂 F_1 是已知的宜黄大断裂，二级断裂 F_2 和 F_{14} 的发现对本区构造格局的形成和地质构造发展均具有重要作用。由航磁、航空电磁和重力异常特征新发现隐伏岩体9个和半隐伏岩体6个，新圈出蚀变岩带19条，为研究本区构造特征、岩浆活动等提供了依据，特别是为本区寻找与其相关的铁、铅、锌、铜、金、银等多金属矿产指出了方向。建立了本区铁、铅锌铜综合找矿标志，编制航磁异常70个，其中新发现具有找矿意义的航磁异常43处，航空电磁异常33处，圈定6个找矿远景区。7处航空电磁、磁异常地面检查表明空地异常对应良好，并确定了具有铁、铅锌铜前景的找矿靶区。

4. 东昆仑祁漫塔格地区1:5万航磁勘查。总结测区主要成矿规律，尤其是与磁性有关矿产地成矿规律，初步建立了该区地质与地球物理找矿模型，提出了该区下一步应用航磁资料找矿方向。完成高原山区1:5万航磁测量不同飞行高度实际测量效果试验，针对高原地区地形切割复杂，飞行难度大等问题，结合实际测量结果提出了适合高海拔地区大比例尺高精度航磁测量实际飞行高度。

5. 云南瑞丽-腾冲地区1:20万区域重力调查。完成所有重力观测点的地形改正，编制布格重力异常成果图件，初步统计了潞西—瑞丽幅沉积岩、火成岩、变质岩岩石密度。圈定瑞丽、陇川、户撒、盈江等多个沉积盆地，龙陵以南及槟榔江一带多个岩体，南北向、北东向及北西向数条断裂。

6. 内蒙古罕达盖牧场—扎赉特旗地区1:20万区域重力调查。查明全区重力异常值东高西低，处于中国东部大兴安岭—太行山—武陵山重力梯级带或地壳厚度陡变带的北段；区内莫霍面等深线呈北北东—南南西向平行延伸，自东向西莫霍面降低超过4km，地壳由薄变厚。重力场特征基本反映了本区的大地构造格架，东部北北东向线状的重力等值线是全国巨型北北东向重力梯度带的一部分，主要构造为查干敖包—阿荣旗深断裂，其间的垂直于主体构造的不同步的扭曲推断为一系列东西向次一级的断裂构造的反映；西部低缓、呈大致等轴状扭曲的重力低值区，应是一系列复背斜带—东乌珠穆沁旗—加格达奇复背斜带（酸性岩层形成的短轴）的反映，东部近似等轴状重力高推断为一系列隆起。

7. 内蒙古1:20万达来滨湖、兴安里、阿里河、克一河镇幅区域重力调查。通过对工作区内布格重力异常场（ΔgB）线性和局部场态特征的初步分析，依据地质和物性资料，初步划分出7条主要断裂和15个局部异常。其中北东向断裂4条，北西向断裂1条，南北向断裂2条。

三、区域地球化学调查

2009年共完成1:20万区域化探234416km^2，全面完成了全年主要实物工作量。

1. 西藏1:20万罗拉木幅等两幅区域化探。共圈出各类单元素异常区490个，综合异常40个。对录龙等8处异常用了不同检查手段分别进行了检查，8处异常均重现性好，其中录龙、崇郎、普荣扎古、平嘎孙那均见到不同矿种的矿（化）体。在录龙异常中部次级构造中发现了一条矿化蚀变带，宽50m，出露长约300m，在拣块化学样中有5件达工业品位以上。在普荣扎古异常路线地质调查中发现铬铁矿体，产在超镁铁质岩中，出露长100m左右，宽1.5～0.2m，东宽西窄，产状较陡，在矿体最宽处及最窄处各采集一件化学样，铬含量最高含量达30.2%、全铁最高含量16.98%、镍最高含量0.23%。在平嘎孙那异常发现铁矿体产在二长花岗岩与泥晶灰岩接触带上，接触带出露长8km，铁矿体出露长100m以上，宽0.7～2m，拣块化学样3件，测试结果Fe含量在45%～64%之间。对崇郎异常已知砂金点上游进行地表揭露时采取化学样28件，其中采集的拣块化学样分析结果Au达4.62×10^{-6}，As达533.75×10^{-6}，为“砂金追源”提供了依据与线索。

2. 西藏自治区曲松革吉地区1:20万区域化探。编制了39种元素（氧化物）地球化学图。基本查明了测区的区域地球化学分布规律和地球化学分布与地层、侵入岩、构造的关系。共选择24处不同元素组合的异常进行查证，各异常重现性较好；查证结果都见到矿（化）体，其中找到较好的有铜多金属矿点1处、铜矿点3处、铅锌矿点4处、镍矿点1处、锑矿点1处，取得了较好的找矿效果。

3. 西藏1:20万逊格亚幅郎马尔幅区域化探。共圈定综合异常70个，其中钨锡钼多金属异常18个，铜铅锌银多金属异常18个，稀有稀土及放射性异常15个，金砷锑异常5个，铁镍钴多金属异常11个，半金属非金属异常3个。根据本地区综合异常特征，共圈定8个找矿远景区，钨、锡、钼异常多分布在岩体及周围，铅、锌、银多数与构造活动有关。

4. 黑龙江1:20万霍龙门公社、嫩江县、沐河屯、孙吴县区域化探。圈定了金、银、砷、铅、钨、锌、钼、铋、铜、铅、锌11个元素异常，组合异常33处，查证11处异常，圈定1:5万水系沉积物异常16处，异常查证区地质草图10张。

四、遥感地质调查

2009年共完成1:5万航空遥感4万km^2，全面完成全年主要实物工作量。

（一）全国区域生态地质环境遥感调查与监测。

已全部完成全国3期（1975年、2000年、2007年）1:25万区域地质环境多专题因子遥感解译工作，获得重要的遥感调查监测数据。

查明30年来现代冰川面积减少了0.41万km^2。青藏高原现代冰川快速退缩，短期内会增加下游地区的河川径流量，如新疆祁连山北缘山前地下水溢出带上的绿洲近年来面积增加，但传统的湿地分布区变干、退缩，这将显著改变中国西部地质环境的总体格局。

查明30年来荒漠化面积减少了2.6万km^2，荒漠化总体形势有所改善，沙质荒漠化土地面积基本保持稳定，盐碱质荒漠化土地面积减少明显。其中2000年左右是中国土地荒漠化面积增减变化的拐点。显示中国近年来开展的环境治理工作取得了初步成效，初步遏制荒漠化不断增加的发展趋势。但中国荒漠化整体形势依旧严峻，土地沙化程度加重的趋势比较明显，30年来中度和重度沙化面积增加了6.97万km^2，中度和重度盐碱化土地面积比轻度盐碱化面积减少幅度明显的小。

查明30年来湿地面积减少了1.92万km^2。以沼泽草甸湿地、湖泊湿地为代表的原生湿地面积大幅萎缩逾21.2%，其中沼泽草甸湿地减少了近40%；同期人工湿地面积有明显增加，增加了131%。原生湿地大幅萎缩，生态系统服务功能和价值的损失无法靠增加人工湿地来弥补，需要加强监控和管护。

查明30年来河湖面积增加了0.66万km^2，变化不大，但变化格局在空间上的分异规律还是相当明显。例如中国北方黄、淮、海、辽流域，30年来河流湖泊面积退缩明显。

查明30年来海岸线长度减少了0.06万km^2。其中人工海岸线长度有明显增加，而以淤泥质海岸、生物海岸、沙砾质海岸和基岩海岸为代表的自然海岸线长度呈减少趋势。海岸线变化一是由于港口开发建设和围海养殖、造田等沿海地区经济活动，二是由于海平面上涨引发的海岸堤坝建设。

查明30年来因城市扩展引起建成区面积增加了3.69万km^2，年均增速为4.69%。2007年以后，中国城市扩展处于加速发展过程中，年均增速为7.25%。城市化的规模效应“城市群”，凸显资源环境约束下的区域地质环境问题。

深化研究了中国第四纪地质环境形成、演化的地质作用规律和地质原因。

（二）*矿产资源开发多目标遥感调查与监测。*

实现了163个国家重点矿区的全覆盖，部分矿区开展了连续4年的动态监测，为全国整顿和规范矿产资源开发秩序工作、加强矿山地质环境保护和治理、制定矿产资源规划等工作提供了基础数据和科学依据。

矿产资源开发秩序遥感监测发现一大批涉嫌违规开采矿山，开发秩序有好转趋势，但局部矿产资源开发秩序问题依然突出。在监测的93660个矿山中，发现各种涉嫌违规开采点17972处，占总数的19.2%。其中无证开采占涉嫌违规开采总数的40.9%，越界开采占27.0%，以采代探占27.0%，井工变露采占2.9%，开采矿种与采矿证不符占1.9%，未批在建占0.3%。2006年全国矿山遥感监测查明的界外矿业开采点平均7处/100km^2，2007年、2008年、2009年分别下降至3处/100km^2、2处/100km^2和1处/100km^2。今年累计查明各类涉嫌违规开采活动4801处，以越界开采和无证开采为主。建筑石材等非金属矿产的违规开采现象突出，占其中的69%，金属矿涉嫌违法开采占22%，煤矿涉嫌违法开采占9%。2009年新增监测矿区涉嫌违规开采现象尤为严重。调查中还发现鄂尔多斯能源成矿带，湖南新田岭、柿竹园，贵州水城煤矿区等国有大中型矿山存在大量盗采现象。

矿山地质环境遥感调查查明矿产资源开发引起的矿山地质灾害（隐患）问题突出，矿业活动违规占用大量土地，环境恢复治理工作亟待加强。查明各类矿山地质灾害2301处、重大地质灾害隐患区67处，圈定采空塌陷区429处，面积53.45万公顷，主要集中在山西、陕西、内蒙古、河北、新疆、甘肃等以煤炭开发为主的传统矿产资源开发大省。查明各类矿业活动占地总计280万公顷，其中合法及废弃矿山占地为全部矿业活动占地的73.3%，越界、无证等违规开采占地为26.7%。208处矿山生态环境恢复治理规划区监测表明治理恢复的面积不足规划要求的2%。开展矿山地质环境遥感评价，综合圈定急需治理的矿区854处。

矿产资源规划执行情况遥感监测查明728个矿产资源开采规划区执行情况监测结果表明执行情况总体较好，仅3处存在不符合规划的现象。

矿山遥感监测技术和管理体系开展了无人机、高分辨率雷达等技术的应用研究，研发了矿山地物变化信息提取技术，形成了较成熟的矿山遥感监测技术方法体系。开展了遥感应急调查技术研究，初步形成航天、航空、低空和地面快速核查的应急遥感调查的技术方法。制定了项目管理办法，形成了以航遥中心为龙头，各省（区、市）公益性地质调查单位、行业及有关大学等22家单位遥感力量共同参与的专业遥感队伍。

矿山遥感调查与监测成果及时为部提供技术支持和服务，在部矿产资源监督管理中发挥了重要作用，成果应用取得显著成效。《国土资源部关于健全完善矿产资源勘查开采监督管理和执法监察长效机制的通知》（国土资发〔2009〕148号）将矿山遥感监测作为健全完善矿产资源勘查开采监督管理和执法监察长效机制的重要手段之一。2009年12月10日，国土资源部副部长贠小苏、汪民主持召开专题会，明确利用矿山遥感监测成果进行矿产资源监督管理和矿产卫片执法检查。2009年11月24日，部印发了《国土部办公厅关于核查处理遥感监测发现的矿产资源勘查开采违法违规行为的函》（国土资厅函〔2009〕1097号）要求各省级国土资源主管部门对遥感监测的成果进行核查。部规划司在新一轮矿产资源规划制定中充分利用了遥感监测的成果。部环境司利用遥感监测成果制定了矿山地质环境恢复治理规划，推广利用遥感成果，并对遥感调查发现的重大地质灾害（隐患），如贵州水城煤矿滑坡隐患等，安排省国土资源主管部门进行排查。

（三）*长江上游航空遥感调查。*

全面获取的长江中上游江津-宜昌段4万km^2面积，分辨率为0.35～0.5m的1:5万全数字航空数据，重点区1000km^2面积的机载LIDAR数据，为三峡库区生态地质环境变化、地貌变形遥感调查与稳定性评价提供了高质量信息源。

（四）*雅鲁藏布江成矿带中段矿产资源遥感综合调查。*

利用多光谱遥感数据，开展了雅鲁藏布江成矿带1:10万矿产地质遥感解译和遥感异常信息提取，基本摸清了工作区内的地层、岩石、变质、构造等特征，基本查明了区内主要矿床类型，以及它们的成矿条件、矿化特征和成矿规律；新发现了具地质找矿意义的线性构造和环弧构造，建立了斑岩型矿床、矽卡岩型矿床、热液型矿床、铬铁矿床等的遥感地质找矿模型和矿产地质遥感预测系统。结合工作区的地质构造和区域成矿特点，划分为班公湖—怒江铁、铬、铅、锌、金多金属成矿带，念青唐古拉多金属成矿带，冈底斯火山岩浆弧铜金多金属成矿带，雅鲁藏布江结合带铬铜金铂钯成矿带，特提斯喜马拉雅金、锑、多金属成矿带，圈定了73个找矿靶区，划分出18个成矿远景区。野外检查3处找矿靶区，其中2处新发现了矿化线索。

（五）西藏班公湖—怒江成矿带中西段矿产资源遥感综合调查。

在多不杂斑岩铜矿区及其外围地区，利用ETM+数据与ASTER数据编制遥感影像图，通过增强处理等方法编制假彩色合成遥感影像图，有针对性地分类提取斑岩铜矿的蚀变遥感异常，显示斑岩铜矿和破碎带蚀变岩型金矿的围岩矿化蚀变中，绢云母、蒙脱石、绿泥石、伊利石、方解石等蚀变矿物与矿化关系密切。初步建立了多龙斑岩铜矿典型矿床的遥感找矿模型，为在班公湖-怒江成矿带中西段工作区寻找斑岩型铜金矿提供遥感找矿技术支撑。

（六）西昆仑—阿尔金成矿带矿产资源遥感综合调查。

编制新疆中昆仑地区1:10万与1:5万比例尺标准分幅遥感影像图、遥感异常图、遥感地质解译图及遥感找矿预测图。新发现了1367条具地质找矿意义的线性构造和23个环弧构造。初步圈定了97处找矿靶区，其中A类遥感找矿靶区11处，B类遥感找矿靶区23处，C类遥感找矿靶区63处。

五、多目标区域地球化学调查与评价

全面开展多目标区域地球化学调查与评价成果集成，系统总结多目标区域地球化学调查与评价方法技术，开展全国农田、湖泊和浅海生态系统区域生态地球化学评价成果集成，建立全国52项元素的土壤地球化学基准值与背景值，进行土壤碳储量研究。各地依据调查评价成果积极进行成果转化，在土地、农业和矿产等各方面应用广泛。

建立国家土壤碳库，探索开展土壤碳储量研究。全国多目标区域地球化学调查，首次系统地获得的中国中东部主要农耕区表层（0~20cm）和深层（150~180cm）土壤有机碳和全碳的高精度海量数据，覆盖了不同气候带、不同地理景观区、不同土壤类型和土地利用类型。依据调查数据，首次提出了“单位土壤碳量”，采用指数模型计算方法，按照土壤类型、土地利用类型、生态系统及地理景观等进行不同深度土壤有机碳储量统计，初步分析了四川、湖南、吉林、江苏、河北、陕西等代表性地区有机碳储量空间分布特征。

结果表明，中国土壤有机碳储量空间分布不均，与各地区不同的土壤类型、土地利用方式、成土母质等密切相关。以面积加权平均推算，中国调查区0~0.2m的碳密度为3186 t/km^2，0~1.0m的碳密度为11646t/km^2，0~1.8m的碳密度为15339t/km^2。中国土壤有机碳密度分布的差异性特点，显示出巨大的土壤储碳空间和固碳能力。为深入研究中国土壤碳库空间分布特征、影响因素和碳地球化学循环规律奠定了重要的基础数据，为中国应对全球变化、在国际碳减排谈判获得话语权提供重要依据。

加速成果转化，服务土地资源的合理利用、农业生产与矿产资源的潜力评价等。各地依据有益元素分布特征，挖掘土地利用潜能，为绿色无公害和名优特农产品的开发提供重要依据，取得显著的经济社会效益。海南省通过多目标区域地球化学调查发现全岛1/3面积（9500km^2）天然富硒区，其中定安县已确定2010年5万亩种植发展计划，预期可使该县农业年增收5亿元以上。青海省通过调查首次在东部地区发现7个富硒或含硒的区域，其中以平安-乐都富硒区面积最大，约840km^2，呈不规则状沿湟水河流域两侧分布。青海东部地区的富硒土壤资源除具有土壤硒含量适中、农作物硒含量较高、富硒品质好等特点外，还因其特有的碱性土壤环境，更有利于优质、环保、安全的富硒产品开发及高原绿色富硒产业的推进，对该地区规划种植蒜、小麦、青稞、大豆等高原富硒作物，提升青海东部地区农作物的经济价值具有重要意义。黑龙江省农业地质调查表明调查区98.6%的面积达到A级绿色食品基地标准，土壤环境质量优良。首次在绥化、甘南等地区发现了2188km^{2}富硒土壤分布区，在拜泉、富裕地区发现了469km^{2}富锗土壤分布区，进行了初步生态效应评价，为该地区发展绿色、无公害农业和特色农产品奠定了基础。

云南省滇池—抚仙湖经济区多目标区域地球化学调查圈出与金属矿产有关的表层土壤铅锌银综合异常17个，深层土壤8个；表层土壤铜铁锰综合异常17个，深层土壤14个。其中宜良响水箐铅锌银异常与已知铁、铅锌矿床（点）对应较好，中部铜铁锰异常与二叠纪峨眉山玄武岩分布一致。沿昆明—海口—双河及宜良—澄江—华宁分布的汞、碘等异常，与区内的地质构造走向一致，同时也指示了地热田异常的分布与走向。西藏拉萨地区调查结果也表明土壤地球化学元素分布特征与岩浆岩、地层的展布关系密切。

六、城市地质调查

全国6个城市地质调查试点项目已基本完成，北京、上海、杭州已经完成成果验收。广州、天津、南京3个城市正在进行后期的综合研究和评价工作。通过6个城市的试点工作，建立了各城市松散层（第四纪地层）的三维地质结构、工程地质结构与水文地质结构；开展了区域地壳稳定性评价、建筑场地适宜性评价；科学评价地下空间开发利用的适宜性程度，系统提出地下空间开发利用过程中可能遇到或诱发的地质问题的防治对策和措施；系统获得了城市生态地球化学数据；建立了城市地质动态数据库和城市三维可视化的地学信息管理和服务系统。建立了城市地质调查的技术规范和技术方法体系，示范、指导地方政府开展城市地质工作。

（一）天津城市地质调查。

松散沉积层地质结构调查，基本查明了松散沉积层的岩性、结构、空间分布、时代、成因类型。

基岩地质调查，基本查明了基岩面地层及断裂展布。进一步查明区内断裂平面展布、深部发育状况，确定了杨柳青、王庆坨、武清西、大孟庄、河西务、下伍旗等断裂，通过航空磁测推断出14条壳断裂、14条结晶基底断裂、9条盖层断裂。圈定了本区隐伏岩体的分布和地热远景异常分布。基本查明了基岩面地层及断裂展布，建立了区域构造格架。

工程地质结构调查，全面获取了天津中心城市区域内100m以浅地层系统资料，划分了12个工程地质层。查明地貌类型具有从洪冲积平原到海积平原组成的比较完整的地貌分带规律，其形成主要是河流与海洋共同作用的结果。查明砂粉土液化主要沿海河河道分布。其成因一是海侵与上游河流供给共同作用形成的海侵层中的粉土，二是古河道新近沉积层。基本查清了滨海新区软土分布规律和埋藏特征。查明浅层地下水以上层滞水形式为主，水位整体是自西北向东南方向降低。水化学类型受海洋作用、上游河流的影响较大。自西向东浅层地下水的矿化度逐渐增高，至滨海为卤水。

水文地质结构调查，构建了天津市平原区水文地质结构，对资料相对较少的地区和层位进行了重点调查，进一步研究了含水层岩性分布特征、水文地质参数。

活动断裂及地壳稳定性调查，综合研究区域构造格架和断裂系统，编制了断裂构造图。以地震活动和活动断裂为构造稳定性的因子，结合工程地质条件和地面沉降因子进行综合性评价。

地面沉降预警系统研究，查明引起地面沉降的原因包括自然因素及人为因素。自然因素中，包括构造活动、软弱土层、地震活动及海平面上升等；人为因素中，过量开采地下水、地下热水及油气资源均可引起地面沉降。过量开采地下水仍是引起天津地面沉降的主要原因。根据地面沉降危险性综合评价结果，将预警等级划分为5级。

地下水资源可持续利用研究，基本查明了天津市2005~2007年地下水开采量状况。基本查明了地下水位动态特征和分布特征。重新研究了天津市平原区地下水的水文地质参数，系统建立了天津平原区深、浅层地下水的水文地质参数系列。建立了地下水资源计算相关模型，并进行了计算分区的划分，对天津市地下水资源进行了计算，完成了地下水资源潜力评价。

地热资源开发潜力评价，基本掌握了天津地区热储层分布、结构特征和边界条件，地热资源的分布及开发利用情况，查明了热流体水动力场、温度场分布特征、补径条件、天然动态和开采动态变化规律，获得了各项热储参数，为地热资源潜力评价提供了基础条件。

水土环境地球化学调查，查明了天津市土壤和浅层地下水的环境地球化学特征。获得了天津市土壤54项指标的背景值和基准值。对化学元素与农作物生长和环境进行了分析。查明天津市土壤总体上环境质量良好，影响天津市土壤环境质量的重要因素土壤中氯和硫含量过高，造成植物生理缺水减产甚至死亡。查明天津市西北部浅层地下水环境质量总体上比较好；东南部环境质量较差，属于劣Ⅴ类水。查明于桥水库周边浅层地下水硝酸盐污染较严重，属Ⅳ~Ⅴ类水。查明滨海新区范围内分布有大面积的盐碱化土壤，盐渍化类型主要为硫酸盐-氯化物盐渍土和氯化物盐渍土。

阶段性成果应用，先期向相关政府部门提交了《天津市滨海新区土壤盐碱化调查工作报告》、《天津市中心城区周边土壤污染调查报告》、《中心城区地下空间资源开发利用评价报告》3个阶段性成果报告，服务于天津城市的规划、建设和管理工作。

（二）南京城市地质调查。

地层调查，针对南京地区在第四系、新近系及中生界3个方面的研究不足，重新厘定并建立了可以对比的地层层序，确定了第四纪长江、滁河及秦淮河3大沉积单元的界线和各自的沉积特征。

活动断裂及地壳稳定性调查，根据重磁分布异常特征，重新厘定了南京市区域构造格架，提取了较大及较明显的线性构造43条；结合钻孔资料厘定了南京市域内岩性分区及基岩分布特征；根据重力异常初步定性认识了老山与幕府山在长江江底连接抬升的特征；对新发现的F_8和F_9断裂性质进行了初步论断，认为该断裂在与北西向断裂的综合作用下，具有一定的活动性，其活动性对南京市的地壳稳定性产生一定的影响。

对秦淮河研究取得新认识，认为秦淮河平原应是湖积平原而非冲洪积平原，主城区内的古河道非以往认识的秦淮河古河道而是长江分支古河道，二者不是一个体系，秦淮河的形成要远早于长江南京段。

阶段性成果应用，开展并完成了南京市城乡用地评定工作，建立了评定标准和主题数据库，确定城乡用地评定中主城、新市区、新城三级重要的规划单元，通过规划单元与用地分类单元的空间复合，分析确定了各个规划单元的用地评定结果，可作为现状用地风险分析的支撑。成果纳入了南京城市总体规划修编。

（三）广州城市地质调查。

三维地质结构调查与地下空间可利用性评价，基本查明了广州市三维地质结构，对影响及制约城市规划建设、发展的软弱岩性层和断裂构造的分布、发育情况进行了勾绘，编制了1:5万广州市地质图、广州市基岩地质图、广州市断裂构造图等图件。查明珠江三角洲断裂活动始于距今5万年前后，晚更新世以来至少发生过两次较强的突发性活动。查明北部从化-花都区和东部增城区主要为稳定区和弱活动区，而广州主城区及其南部至番禺一带和黄埔-南沙一带为活动区，局部为中强活动区。建立了包含13个评价因子的广州城市地下空间资源质量与容量评估的指标体系，构建了广州城市地下空间资源综合评估模型，广州城市地下空间资源质量综合评价较好。

城市地质灾害调查与危险性评价，基本查明广州市岩溶地面塌陷、地面沉降、地下采空区潜在地面塌陷和低山丘陵区的崩塌、滑坡、泥石流等地质灾害发育现状。对潜在的各类地质灾害危险性进行了研究，查清了各类地质灾害发育规律。查明地质灾害危险性和地质灾害易损性风险大区、风险较大区、风险中等区分布和范围。查明南沙区、萝岗区、从化市、增城市等地区崩塌、滑坡地质灾害危险性大。花都区和从化市鳌头镇等地泥石流具有一定危险性。广花盆地、珠江两岸和珠江口一带存在地面沉降的危险。广花盆地是岩溶地面塌陷危险区。提出了减灾防灾的治理措施。

城市环境地球化学调查与污染评价，首次系统调查核实了广州市72处垃圾处理场特征及基本地质环境条件等情况。对李坑和新丰垃圾处理场区的地质环境条件与水土污染状况进行了调查评价，对不同地质环境条件垃圾场区的污染趋势进行了评估，结果表明分布于地质环境条件较差地区的垃圾处理场水土污染有较强的趋势。开展了垃圾处理场址优选区划，建立了广州市垃圾处理场分布和垃圾填埋场址优选区划数据库。开展了从化吕田等6个农业区环境地球化学研究。

城市地质信息管理服务系统建设，完成了广州城市地质测试数据库的建设，完成南沙、花都、都会、白云新城、荔城“三江”5个片区三维模型制作。基本完成了软件系统开发工作，实现了数据结构的动态管理，建立了二维通用评价模型，实现了大数据量剖面三维模型的构建、显示和分析。

七、海洋地质调查

2009年度继续开展了1:100万海南岛幅、上海幅、中沙群岛幅、大连幅海洋区域地质调查，长江口以北沙泥质海岸带、黄河三角洲滨海湿地、北部湾广西近岸等海洋地质环境和地质灾害调查与评价，东沙群岛海域油气资源调查，南海北部陆坡深水区和南黄海海域油气资源普查，中国海域1:100万地质地球物理系列图编制，中国海域油气勘探开发数据库建设与形势图编制等。启动了1:25万青岛幅海洋区域地质调查试点，浙江舟山海域海底淡水资源调查试点，南海北部湾全新世环境演变及人类活动影响研究、华南西部滨海湿地地质调查与生态环境评价，第二批全国油气资源战略选区调查与评价专项中南黄海崂山隆起和滩海区海相地层油气资源战略选区、南海北部中生界油气资源前景战略选区工作，以及中国海及邻域地质地球物理及地球化学系列图编制等。完成多道地震测量26100km、单道地震测量24485km、浅地层剖面测量10870km、海洋磁力和重力测量各31975km、水深测量41893km、旁侧声呐测量2600km、海底地质取样885个站位，圆满完成了年度外业调查任务，室内资料处理、样品测试，以及资料解释和研究工作按计划进展顺利。

（一）海洋区域地质调查。

1∶100 万海南岛幅、上海幅、中沙群岛幅、大连幅 4 个图幅，以及 1∶25 万青岛幅海洋区域地质调查试点，本年度共完成多道地震测量 6580km、单道地震测量 20486km、磁力和重力测量各 12783km、浅地层剖面测量 9101km、多波束测量 43178km、水深测量 18941km、旁侧声呐测量 1108km、地质取样 178 个站位。圆满完成了年度海上调查任务。正在开展本年度采集数据处理、样品测试分析和综合研究工作。

1∶100 万大连幅海洋区域地质调查。通过采集数据处理、样品测试和综合分析，初步建立了调查区新近纪以来的地震地层层序格架，结合区域磁力异常特征，将区内中新世以来的火成岩进行了分区。发现了 6 个浅层气分布区，认为北黄海海域的两个浅层气分布区具有一定的油气勘探前景。同时，编制了 1∶100 万大连幅地理底图。

1∶100 万上海幅海洋区域地质调查。通过以往和本年采集数据处理、样品测试和综合分析，初步编制了 1∶100 万上海幅自由空间重力异常图、布格重力异常图、磁力异常图、海底微地貌分区图，进一步修改和完善了海底沉积物分布图，建立了新近纪以来地震地层层序，开展了东海陆架海区新构造运动特征、晚第四纪地层层序及演化特征综合研究，进一步掌握了东海陆架海区沉积物的地球化学特征、组分及其物源特征、矿物组合特征及微体古生物组合特征等基础信息，以及东海陆架海区的海底微地貌特征、浅部地层尤其是晚更新世以来地层结构特征、平面分布及演化特征。

1∶100 万海南岛幅海洋区域地质调查。通过地球物理采集数据处理，结合钻井资料分析，提出了晚更新世以来海平面经历 4 次变化。根据区内热流分布特征、断裂展布和岩浆活动等综合分析，研究了新近纪以来的构造活动，总结了海底滑坡、泥底辟、埋藏古河道、陡坡和活动断层等潜在地质灾害类型。根据海底沉积物的粒度、矿物及微体古生物特征，探讨了地形地貌、水动力条件、物源及沉积环境等因素对海底沉积作用的影响。根据 $CaCO_3$ 含量变化、氧同位素和 ^{14}C 测年，结合古地磁资料，初步划分了晚更新世以来的地层年代。

1∶100 万中沙群岛幅海洋区域地质调查。通过单道高分辨率地震资料精细处理，识别了 8 个地震反射界面，初步确定了各层序的地质属性。通过地震相-沉积相分析，识别了调查区内晚新近纪以来发育的三角洲、斜坡扇、浊积扇，以及碳酸岩礁滩、火山碎屑岩等沉积相，发现图幅的南北沉积作用存在差异。分析了晚中新世以来断裂展布和岩浆活动等构造特征。根据海底沉积物的粒度、矿物及微体古生物特征，结合古地磁、氧同位素和 ^{14}C 测年资料，对晚更新世以来的地层进行了划分。

1∶25 万青岛幅海洋区域地质调查试点。主要开展了海域浅地层剖面、水深测量、ADCP 走航测量、沉积物取样等外业工作。根据浅地层剖面资料显示结果，将调查区浅部地层初步划分为 5 个地震相单元。

（二）重点海岸带滨海环境地质调查与评价。

长江口以北沙泥质海岸带环境地质调查与评价、黄河三角洲滨海湿地系统综合地质调查与评价、北部湾广西近岸海洋地质环境与地质灾害调查、南海北部湾全新世环境演变及人类活动影响研究、华南西部滨海湿地地质调查与生态环境评价，以及浙江舟山海域海底淡水资源调查试点工作，本年度共完成单道地震测量 3999km、浅地层剖面测量 1769km、水深测量 4649km、旁侧声呐测量 1492km、地质取样 206 个站位、海水取样 138 个站位、温盐深测量 62 个站位、海流走航观测剖面 1494km、地质浅钻 1 口进尺 35.8m。全面完成了年度外业调查任务。

长江口以北沙泥质海岸带地区环境地质调查评价。通过长江口以北沙泥质海岸带长期调查研究，编制了 1∶25 万日照至连云港海岸带底质类型图、底质重金属系列图。发现海底浅层存在多种地质灾害类型，如潮成沙脊、沙波、古河道、古三角洲、断层、浅层气、水下浅滩等，根据对它们的声学特征及成因机制分析，认为潮流是调查区海底表层地质灾害形成的主要动力因素，而浅层地质灾害因素以古河道、断层、浅层气等为主。通过 10 条海滩剖面监测，认为人类活动对海滩演化产生了重要影响，1950 年以来日照至连云港海岸带发生了明显的侵蚀后退，局部地区（如胶南海滩）后退超过 100m。

黄河三角洲滨海湿地系统综合地质调查与评价。通过黄河三角洲滨海湿地在线观测井、水位长期监测井、统测水位和渗透系数测量、浅孔水取样和综合研究，建立了 8 条黄河三角洲湿地沉积地层剖面，构建了 1855 年以来三角洲沉积序列和维持新生湿地沉积物的时间框架，进行了现代沉积环境分区。建立了黄河三角洲湿地系统生境演替与水文、水化学空间配制模式，初步建立了湿地水文地质模型，提出了生境演替的盐度及生态水位控制机制，进一步了解了现代黄河三角洲演化过程和沉积体系特征。

北部湾广西近岸的海洋环境地质调查与评价。通过北部湾北海银滩海域采集数据处理、样品测试分析和综合研究，查明了该海域的海底地形地貌、沉积物类型分布、海水质量、水动力特征、海底浅地层结构、潜在的地质灾害因素和海底土的工程地质特性等，并进行了海洋地质环境综合评价，结果显示：北海银滩海洋地质环境质量总体上为良好状态，但某些地段海水有害因子超标严重。通过海岸线变迁、红树林动态变化及沿岸土地利用状况等综合分析，认为人类的开发活动是本区海洋环境影响的重要因素。

南海北部湾全新世环境演变及人类活动影响研究。与德国波罗的海海洋研究所合作在南海北部湾开展了综合地球物理调查、沉积物地质取样、海水取样，以及采集数据处理和样品测试分析，结果显示全新世地层可清晰地划分出 5 个沉积层，自更新世至全新世，海岸线的进退发育经历了从湖泊沉积到海洋沉积的变化过程。

华南西部滨海湿地地质调查与生态环境评价。主要开展了海底表层沉积物取样，海水化学取样和水深测量等外业工作，以及上述地质样品测试分析、测量数据处理和相关研究工作。

浙江舟山海域海底淡水资源调查试点。收集了舟山海域及附近陆地地区的地球物理、地质、水文等资料，开展了单道地震和水深测量，以及测量资料数据处理。初步了解了舟山北部海域海底第四纪地层分布规律，东北部沉积层较厚，南部较薄，最大厚度 410m，主要受控于岛礁分布。根据单道地震测量结果，结合区内钻孔资料，将第四纪地层划分出 12 个区域性的地震反射界面。

（三）海洋油气资源调查。

东沙群岛海域油气资源调查，南海北部陆坡深水区和南黄海海域油气资源普查，以及南黄海崂山隆起和滩海区海相地层油气资源战略选区、南海北部中生界油气资源前景战略选区工作，本年度共完成多道地震测量 19522km、磁力和重力测量各 19192km、水深测量 18303km。全面完成了年度外业调查任务。

东沙群岛海域陆坡深水区油气资源调查。继续开展了多道地震、水深、重力和磁力等外业测量工作。通过测量资料数据处理和解释，追踪识别了 7 个地震反射界面，划分了地震层序，推断解释了层序的地质属性，了解了中、新生代地层的厚度及其分布情况，进一步证实调查区内尖峰北盆地发育较厚的中、新生代地层。

南海北部陆坡深水区油气资源普查。继续开展了多道地震、水深、重力和磁力等外业测量工作。根据地震反射界面的追踪识别，建立了地震层序，初步了解了部分区域中、新生代地层分布，其中西沙海槽盆地、双峰南盆地发育较厚的新生界，局部残留中生界。初步圈定了调查区沉积盆地分布范围，分析了盆地沉积和构造特征。指出西沙海槽盆地为新生界油气资源赋存的有利区域。

南黄海海域油气资源普查。通过海上地震采集技术方法试验，数据处理攻关研究，进一步获取了深部地震反射信息，深部反射能量及信噪比得到明显改善；地球化学取样的微生物测试结果表明，在崂山隆起与烟台坳陷的交界处，有一条长 130km，东西向展布的异常带；初步形成了以南黄海沉积岩速度、厚度调查与海陆联测为目标的海底地震（OBS）海上施工技术方案。

南黄海崂山隆起和滩海区海相地层油气资源战略选区。通过崂山隆起主干剖面的地震测量，发现崂山隆起主要由上覆中新统坳陷构造层和下伏海相中、古生界稳定构造层组成。在隆起中、东部发现了大型构造形迹。

南海北部中生界油气资源前景与战略选区。主要开展了该海域多道地震采集技术方法试验，以往地震资料数据处理攻关。通过地震资料重新处理，提高了地震剖面品质，重新追踪解释了 8 条区域性地震大剖面，识别出 8 个重要的构造界面，重新厘定了各个界面的地质属性，建立了骨干剖面的构造-地层格架。

（四）编图和综合研究。

中国海域 1:100 万地质地球物理系列图编制，中国海及邻域地质地球物理及地球化学系列图编制，中国海域油气勘探开发数据库建设与形势图编制等工作进展顺利，完成了年度任务。

中国海域 1:100 万地质地球物理系列图编制。进一步完善了中国南海 1:100 万空间重力异常图、布格重力异常图、磁力异常（ΔT）图、沉积物分布图和区域构造图等作者原图和说明书初稿。对南海及邻域的区域构造特征和地壳深部信息进行了分析，对部分区域构造单元进行了重新划分。

中国海及邻域地质地球物理及地球化学系列图编制。收集了陆地和海洋的各种地质地球物理资料，初步建立了编图资料库，制定了 9 种图件的编图细则，初步完成 1:500 万海陆地理底图的编制。

中国海域油气勘探开发数据库与形势图。收集整理了 2009 年度中国海域油气勘探开发最新动态资料，编制了本年度中国海域油气勘探开发形势图，对当年中国管辖海域内油气勘探开发现状进行了分析，并将成果及时提供有关部门使用，为加强国家海域油气资源勘探开发管理工作发挥了重要作用。同时，继续完善中国海域油气勘探开发数据库结构设计，制定了数据录入目标。基本完成了珠江口盆地、北部湾盆地、莺歌海盆地和琼东南等盆地已有的油气勘探开发主要成果数据收集、整理和标准化录入。

八、水文地质、环境地质及地质灾害调查

2009 年水工环专业共安排计划项目 29 个，其中，水文地质 8 个，环境地质 9 个，地质灾害 16 个。工作项目 164 个。

（一）全国地下水资源及其环境问题调查评价。

1. 继续进行主要平原（盆地）地下水资源及其环境问题调查评价工作。重点开展了中国北方主要盆地地下水资源及其环境调查成果综合集成，拟定了综合集成总体要求和编写提纲，各专题研究进展顺利，取得了预期成果；开展了河套平原地下水资源及其环境问题调查评价，完成了水文地质调查、水文地质钻探、物探、水土样采集及测试等野外工作，取得了大量的第一手资料和数据，对取得的数据进行了初步分析，对河套平原地下水资源及其环境问题作出了初步评价，完成了 1:5 万和 1:10 万地理底图及相关图件的编制。

2. 开展了重点地区水文地质环境地质调查评价工作。完成了青藏铁路沿线水文地质环境地质调查评价工作；完成了西藏拉萨-工布江达、青海格尔木、德令哈、江西萍乐地区等重点地区水文地质环境地质调查评价工作；初步编写了各重点地区水文地质环境地质调查评价报告和图件。

3. 开展了重大水文地质调查规划的示范和预研究工作。开展了国家大型煤炭基地含水层保护战略研究，完成了山西省、冀鲁豫皖和鄂尔多斯周边地区 3 个煤炭规划区的基本情况、煤炭资源开采和含水层破坏现状的调研，划分了规划矿区的矿床水文地质类型；完成了华北山前平原区典型地区 1:5 万水文地质调查示范工作，完成了 1:5 万水文地质调查技术方法相关专题研究，确定了 1:5 万水文地质调查技术方法体系；初步制定了 1:5 万区域水文地质调查编图技术要求和综合研究方案。

4. 进行了水文地质工程地质学科发展战略及国际合作编图研究。开展了工程地质学科发展战略及对策研究，总结了工程地质学科的研究现状，初步分析了发展趋势，根据对重大工程的调研及区域规划的需求分析，发展了为重大工程及区域规划服务的区域稳定性理论，提出了工程地质学科的体系结构改革方案；开展了亚洲地下水资源与环境地质编图，完成中、英文《亚洲地下水资源与环境地质编图大纲》（试编稿），与蒙古和越南合作编制了湄公河、克鲁伦河两个流域地下水资源图、地下水环境图、水文地质图，试编了东亚、中亚和东南亚水文地质图和地下水资源图，建立了亚洲地下水资源与环境地质编图信息数据库；完成了水文地质学科发展战略及对策研究，总结了中国 50 年的水文地质工作，结合不同时期中国社会经济的要求和特点，分析社会需求对水文地质学科发展的推动作用，以及学科发展对水文地质工作的促进作用，完成了《中国区域水文地质学》初稿，出版了《中国地下水科学的机遇与挑战》；

5. 进行了地质调查方法及关键技术研究，完成了水文地质调查方法研究与手册编制，开展二氧化碳地质储存关键技术研究，青藏高原资源开发的环境承载力评价方法研究，以及地下水科学与工程大型试验基地水文地质环境地质参数研究。

（二）中国北方主要平原（盆地）地下水动态调查评价。

1. 开展了典型地段的水文地质调查，调查内容主要包括地下水位统测、泉水测流、开采量调查、生态地质环境调查，以及水质调查等工作，完成调查总面积 68750km^2。

2. 开展了区域水文地质钻探调查，完成钻探总进尺 8250m，新建国家级地下水动态监测井 90 眼，安装自动监测仪和保护装置 129 套。

3. 开展了各平原（盆地）丰枯水期地下水水位统测工作，弥补了区域监测井的不足，较为准确地刻画了重点区主要开采层地下水流场，为区域地下水动态调查评价和地下水资源量的估算奠定了良好的基础。

在鄂尔多斯盆地、河西走廊疏勒河流域等多个平原（盆地）建立和完善了地下水动态监测网。

4. 通过地下水水质取样和分析，掌握和查明了重点区地下水的水质状况，为开展典型区地下水超采指标研究提供了翔实的基础数据。开发完善中国北方主要平原（盆地）地下水动态调查评价基础信息系统与成果集成信息平台。

（三）鄂尔多斯盆地能源基地地下水勘查。

1. 全面完成了内蒙古能源基地地下水勘查项目，提交了10处水源地的C级地下水允许开采资源量。其中，达拉特旗三响梁水源地规模达到超大型，伊克乌素、达拉图鲁、棋盘井库计、查布、乌兰陶勒盖、陶利、大路新区水源地规模达到大型，上海庙、乌兰淖水源地规模达到中型。

2. 在区域水文地质与生态环境调查基础上，以水源地勘查资料为补充，采用均衡法和地下水数值法对鄂尔多斯盆地内蒙古能源基地区域地下水资源量进行了重新评价，并完成了内蒙古能源基地地下水勘查项目的成果报告编写与成果图件编绘工作。内蒙古能源基地地下水天然补给资源量为57.81亿m^3/a，区域允许开采资源量为35.08亿m^3/a，现状开采量为6.12亿m^3/a，尚有28.96亿m^3/a的开采潜力。

3. 甘肃能源基地在区域地下水资源调查评价基础上，新圈定了华亭县石堡子、平凉崆峒山南部山口子梁、镇远茹河谷地、长庆桥、环县西部小南沟5处富水地段，并开始对3处富水地段开展供水水文地质详查工作，初步估算可提交大型水源地1处，中型水源地2处，地下水C级总允许开采量预计$10\times10^4m^3/d$。

（四）地方病严重区地下水勘查及供水安全示范。

1. 查清了示范区水文地质条件，确定了取水目的层，编制的县域地方病区地下水开发利用区划，为实施地质工程，全面解决其饮水安全问题提供了地质依据。

2008～2009年，北方冬春连旱，国土资源部部署的山区抗旱饮水解困工作第一井选在太行山区严重缺水的顺平县，利用泡沫潜孔锤钻探施工18个小时，完成井深160m、单井出水量$30m^3/h$的示范井。显示了中国地质调查局在国家需要时快速反应的能力。

2. 高砷地下水分布规律及形成机理研究取得新进展。中国高砷地下水主要分布于北方地区，吉、晋、蒙、宁、青、新自东而西形成条带状分布区，一般为盆地的沉降中心地带，地层分布极不均匀，主要赋存于河湖相沉积地层，高砷地下水一般呈弱碱性，存在于还原环境中，一般为$Na-HCO_3$型。地下水中砷的迁移转化不仅受地下水组分和沉积物矿物成分的影响，而且受含水介质中砷形态的控制。按地下水中砷的来源和赋存方式分为3种，即松散岩含水层还原型高砷水、温泉地热型高砷水和富砷矿区矿化高砷水，以第一种分布最为广泛。在前两年工作基础上，以地下水砷、氟含量等值线图的形式对松嫩平原和河套平原不同层位含水层分布规律进行了分析，对银川平原和河套平原高砷地下水的形成机理进行了探讨。

3. 大骨节病区地下水勘查与供水安全示范及地质环境研究取得新认识。进一步查明了四川省阿坝州红原县、理县、马尔康县和小金县病区的水文地质条件，包括地下水类型及富水性、地下水的补径排特征、地下水水化学类型及水质特征等，划定了水量可达到$30m^3/d$供水要求的区域，从而确定了不同地貌单元、不同地层岩性、不同水文地质单元的找水方向。

在分析阿坝州大骨节病与地质环境关系的基础上，进行了全国对比研究，认为大骨节病与自然、地质环境密切相关，是与骨代谢有关的元素缺乏或比例失调有关的地方病，即水土病；大地构造及其塑造的地貌单元控制着病带的分布，地层岩性是影响病带病区与轻、非病区分布的基本因素，微地貌单元及地下水补径排条件影响不同病情分布；饮水和粮食均为暴露因素，两者具有互补性；大骨节病成因复杂，水、粮氟含量极低可能为控制因素，硒等元素贫乏或其他物质比例失调为影响因素。

4. 地下水勘查技术方法研究与仪器研制取得新突破。利用遥感、水文地质、物探、钻探等多专业配合、验证的优越性，提高了勘查成果准确性；总结了各种物探技术方法在山区找水工作中的适用性及特点，并按应用频率提出排序。

完成7参数水质快速检测仪和砷快速检测仪的野外测试实验。水质快速检测仪与国外品牌仪器的检测数据相比，变化趋势是完全一致的，误差范围在设计精度之内，基本达到了国外产品所具有参数的检测精度。砷快速检测仪检测精度和重复性检测也达到了设计要求，填补了砷现场快速检测的空白。

高砷水水质改良技术2009年在内蒙古河套平原临河区和大同盆地山阴县进行了6个月的试验，其总砷含量分别为0.650mg/L和0.319mg/L，结果稳定去除率为90%以上，基本满足农村分散供水砷含量小于0.05mg/L的国家标准。

5. 完成探采结合井和供水示范井150眼，直接解决了7万人的饮水安全问题，社会效益显著。

（五）西南岩溶石山地区地下水与环境地质调查。

完成了1:5万水文地质综合调查面积$19388km^2$、水文地质钻探5362m，岩石、水化学、土壤等测试分析样品1812件。通过开展水文地质综合调查，查清了调查区地下水的补给、径流、排泄条件和水资源特征，调查岩溶地下河111条，新发现地下河6条，调查岩溶大泉200多处。查明了石漠化、干旱缺水、岩溶内涝和煤矿开采产生的环境地质问题，掌握了岩溶地下水开发利用条件，制定了开发利用和治理规划。区内地下水开发利用程度低，人畜饮水十分困难。通过调查，根据物探、遥感确定的重点地区构造靶区，贵州凤冈县、沿河县、德江县等地，寻找地下有利富水带，实施水文地质钻探，成井25口，解决了74090人、43000多头大牲畜饮用水和3万多亩旱地灌溉用水问题，为西南岩溶区水资源有效开发利用积累了经验。通过西南岩溶石山地区环境地质调查成果综合集成，对该区重大环境地质问题有了深入认识，掌握了石漠化形成的主要机制和区域性地下河系统分布状况，编制了1:200万岩溶地下河分布图。除普遍存在岩溶干旱、石漠化和内涝问题外，还有城镇及矿产资源开发造成的水质污染和大型水利工程建设引发的重大环境地质问题。在总结该区峰丛洼地、溶丘谷地、深切河谷、峰林平原和断陷盆地等不同岩溶类型水资源环境特点，以及岩溶地下水开发利用成功经验与失败教训的基础上，进行了西南岩溶水资源可持续利用战略研究，提出了水资源有效开发利用与生态环境综合治理模式。

（六）全国主要城市环境地质调查评价。

1. 截至目前，共查明了15个省152个城市的环境地质条件，编制了反映地质环境背景的相关图件，为城市建设发展奠定了基础。2009年完成河南、湖南、吉林、贵州、福建5省的成果验收。

2. 初步查明了152个城市的地下水污染、地下水资源衰减、特殊土分布、土壤污染、海岸线变迁等环境地质问题现状，分析了其变化趋势。其中存在地下水降落漏斗的城市有65个，共154处；地下水污染的城市共129个；土壤污染的城市65个，共369处；存在特殊土工程问题的城市有56个，共278处。

3. 基本查明了152个城市崩塌、滑坡、泥石流、地面塌陷、地裂缝、地面沉降等地质灾害特征与发展趋势。其中崩塌、滑坡、泥石流、边坡失稳等在内的突发性地质灾害共5140处，分布在87个城市；地面沉降109处，分布在28个城市；地裂缝83处，分布在19个城市；地面塌陷685处，分布在55个城市；岸坡失稳及海岸侵蚀淤积危害159处，分布在36个城市。

4. 评估了环境地质问题或地质灾害对这些城市造成的危害、经济损失。

根据目前已调查152个城市各类环境地质问题危害与造成的损失总体情况，不完全估计结果显示，各类问题发生数量为9876处，毁坏房屋数量为97768栋（间），造成直接经济损失2749.1亿元，间接损失7254.38亿元，总损失18799.43亿元，仍然威胁着147.659万人城市居民的生命财产安全，如不采取措施防治，还将造成9067.26亿元的经济损失。基本查明了132个城市中的1105个垃圾场对环境的污染状况。调查了53个城市的地质景观332处；47个城市有地热122处；为75个城市初步论证地下水源地208处；调查了48个城市的天然建筑材料场地340处。

5. 评价了152个城市环境地质条件、地质环境质量状况，分析了其对城市发展的影响和作用。针对城市规划、城市建设与管理，从地学角度提出了城市地质资源、地质环境的科学利用与保护的一系列建议。为78个城市地质灾害防治、49个城市地下水保护与污染治理、13个城市地下热水开发利用、17个城市建筑地基适宜性利用提出了合理对策建议；为75个城市论证了后备地下水资源208处，为17个城市未来垃圾的填埋处置初选了26个场地；从环境地质的角度，为35个城市规划建设与管理建设提出了建议。

6. 根据综合研究编制的全国性城市环境地质图及各工作项目编制的各省（区、市）城市环境地质系列图件，编制（编辑）了中国主要城市环境地质图集。按城市地质环境背景图组、城市环境地质问题图组、中国主要城市地质资源图组、城市地质环境资源保障与保护图组、城市地质环境与规划建设和谐图组分类，各类图件共2168张。利用统一的数据库与信息系统，建立了146个城市的环境地质调查评价数据库与信息系统。

（七）环渤海湾重点地区环境地质调查及脆弱性评价。

1. 天津滨海新区海岸带环境地质调查评价。首次系统查明了滨海新区沿海低地-潮间带全新世浅表地层结构和重点浅海区全新世浅表地层结构、海底形态和潮间带及底质粒度组成分布。发现并确认了“蛏头沽断层”的存在。创造了华北地区松散沉积层全孔取心最深的纪录（1266m），并开展了综合研究，为建立华北平原松散地层基准孔奠定了基础。建立了目前为止亚洲控制深度最大的地面沉降分层标组（1218m）。开展了地热开发等引起地面沉降机理的研究，为天津滨海新区地面沉降预警系统建设奠定了基础。在800～1200m之间发现3个重要的含水砂层，对改善天津滨海新区供水安全、增加水资源战略储备具有重大意义。

2. 河北曹妃甸滨海地区海岸带环境地质调查评价。围绕区内活动断裂探查与区域地壳稳定性评价，收集相关资料进行基础性图件编制。采用多种手段方法对2008年度重点探查的3条断裂进行了详细探查，取得了新认识和重要进展，对曹妃甸国际生态城和新区重大建设工程规划布局提供了重要依据。初步掌握了曹妃甸新区地面沉降现状速率及其成因。首次建成一组曹妃甸岛区地面沉降分层标，补充完善了现有地面沉降监测网。与中国科学院、中国国土资源航空物探遥感中心合作开展了地面沉降机理研究、高分辨率InSAR地面沉降监测试验研究，取得了初步成果。从区域上开展近岸海洋水动力条件与沉积环境调查，获得了一批最新实测数据。建立了近岸潮流场、悬浮泥沙、海床冲淤等水动力环境数值模型，开展了曹妃甸工业区建设工程布局与海洋水动力环境的相互影响评价，并与以往研究成果进行对比分析，取得了新认识和重要进展，可为曹妃甸工业区建设规划布局、保障重大工程安全，以及工程设计提供了直接依据。对曹妃甸国际生态城规划区、曹妃甸工业区等重点地段和曹妃甸新区南部地区的土地工程能力进行了分区评价，初步掌握了近岸海区的工程地质条件，为曹妃甸国际生态城建设规划提供了直接依据，受到生态城管委会的好评。掌握了最新岸线位置及其近30年来的变化，对曹妃甸工业区填海造地工程进展进行了遥感动态监测，及时提供当地国土资源等政府管理部门利用。

3. 环渤海重点地区活动断裂调查与区域地壳稳定性调查评价。充分收集已有资料和深入综合分析基础上，编制了环渤海地区的部分基础性图件。采用综合物探方法、钻探查证等，对曹妃甸新区分布的活动断裂进行了详细探查，对保障曹妃甸新区开发建设安全具有重要意义。采用重力测量、EH-4测量、高密度电法、微震监测等手段，围绕宁河地区的蓟运河断裂进行探查，获得断层上断点埋深等部分重要信息。通过环境地质调查和重力剖面测量，围绕昌邑地区郯庐断裂进行初步调查，初步显示有断裂通过。在河北昌黎县城北部山前实施了500m深度的地应力监测孔，进行了水压致裂法地应力现场测量试验，取得显著的试验效果。邀请该试验方法的创始人Bezalel Haimson到现场指导工作。这项工作将为京津冀都市圈地震地质研究、地应力场变化监测与区域地壳稳定性评价的深入开展奠定了实物基础，特别是对区内城市发展与重大建设工程地质安全保障具有重大意义。

4. 环渤海地区国土规划与资源环境承载力关系研究。研究对比国内外国土规划与资源环境承载力评价研究的进展及趋势，以环渤海地区为试点，初步创新适合中国国情的资源环境承载力综合评价方法和模型，对中国国土规划与资源环境承载力的关系进行了一定深度的探索。

（八）长江三角洲经济区地质环境综合调查评价与区划。

在“多目标地球化学调查”基础上，开展了长江三角洲地区土地质量地球化学评估，从地质地球化学背景、地球化学作用过程、元素迁移循环及其生态环境效应和人类生产生活等不同角度研究分析元素分布、分配规律和相互关系，主要目的是为农业种植区域调整、土地资源优化等土地宏观管理提供依据。

评估了经济区土地质量，对经济区土壤地球化学进行了分区；评估了经济区土壤酸化现状；划分了经济区土壤污染等级；综合评价了经济区土壤环境质量：Ⅰ类土壤区面积32327.5km^2，占全区42.1%；Ⅱ类土壤区37363.8km^2，占全区48.8%；Ⅲ类土壤区6694.4km^2，占全区8.7%；超Ⅲ类（Ⅳ类）土壤区面积315.1km^2，占全区0.4%。

地质环境功能区划首先在南京市和上海市开展方法试点，用两种不同的方法针对两种不同类型的城市（低山丘陵城市和沿海平原城市）开展地质环境功能区划方法研究。

上海市功能区划方法。基于城市建设高度发展、水资源紧缺、土地资源高度开发及矿产资源匮乏等自身特点，上海市功能区划研究主要围绕“地下水资源开发利用”、“农业开发利用”、“地面建筑开发利用”和“地下空间开发利用”4个类型开展。沿着全面分析地质环境-人类活动两者之间相互影响和反馈效应的前提下，抓住“地质环境对区域经济建设的支撑条件及承载能力”和“人为活动对地质环境的改造及其反馈作用”主线，根据上海市城市发展对于地质环境的不同需求，分析、总结出地质环境相应的功能类型；进而针对不同的功能类型，结合地质环境的天然条件和上海市已有开发现状，进行相应的评价，划定出不同功能类型的地质环境分区，并对各分区做相应的说明。

南京市地质环境功能区划。根据地质环境功能区划的特点和要求，区划要保持区内地质环境的相似性和地质环境服务功能的一致性。地质环境功能区划侧重于地质环境的自然属性，从地质环境现状、地质环境敏感性、地质环境服务功能几个方面进行评价。

区域地质环境功能区划。2009年在方法试点的基础上对地质环境功能区划的目的、意义做了系统研究，同时对比两种功能区划方法，提出了区域地质环境功能区划方法体系。

地质环境功能是指基础地质环境系统支持人类社会和社会发展的功能，地质环境功能区划是根据区域地质环境要素、地质环境敏感性与地质环境服务功能的空间分异规律，将区域划分成不同地质环境功能区的过程。其目的是使区域地质环境功能得到最佳发挥，地质环境得到最好保护，最终实现社会效益、经济效益、环境效益最大化。

（九）海峡西岸经济区地质环境调查评价与区划。

1. 完成了1∶5万水工环综合调查面积3000km²，遥感解译面积3000km²，水文地质钻探986.6m，工程地质钻探1013.8m，完成地热井施工1205.8m。

2. 收集了区域地质及水工环地质资料并进行综合分析，编制了区域性的系列图件。主要有海峡西岸经济区遥感影像图、区域地质图、环境地质图、水文地质图、工程地质图、主要活动断裂及抗震设防烈度分布图、地热资源分布图、地下水资源分布图、重大工程设施分布图、水文地质工程地质工作程度图、环境地质地质灾害工作程度图等。

3. 按工作任务要求，编制了《海峡西岸经济区地质环境调查评价与区划实施技术细则》，很好地指导了各工作项目的顺利开展。

4. 开展了重大环境地质问题调研工作，通过野外调查典型地质点和对前人的资料综合分析，对区内的重大环境地质问题进行了总结，重点对海岸带的类型、侵蚀淤积、环境污染情况，花岗岩风化壳不稳定岩土体特征，区域地壳稳定性特征等进行了调研总结。另外对研究区内的地下水质量、土壤质量现状、地质灾害现状进行了调查，并采集了部分地下水和土壤样品进行测试分析。

5. 在野外调查的基础上，更深入地分析了研究区的地质环境背景条件。通过遥感解译和实地验证，认识了闽江口经济区沿海的海岸线变化主要受人类生产活动的控制，1994～2008年近15年间，局部海岸线向海推进2km。通过追索法调查，重新厘定了研究区内第四系界线。特别是残坡积地层与基岩界线，残坡积地层与第四系冲洪积、冲积地层的界线。调查了第四系地貌，并对第四系地貌特征及其分布进行了总结。调查区内第四系地貌主要包括残坡积地貌、冲洪积地貌、冲积地貌、风积地貌、海积地貌、海蚀地貌及疑似“冰臼”地貌。

6. 通过1∶5万水文地质调查，认识了区内的水文地质条件，分析了闽江口经济区后备水源地水文地质基础条件，圈定了可作为后备水源地的富水地段。

7. 通过1∶5万工程地质调查，认识了闽江口经济区临港工业区的工程地质条件及特殊性土的特征，绘制了工程地质剖面图。

8. 开展了地热调查，通过调查和对收集到的资料分析，基本掌握了闽江口经济区地下热水分布与开采情况，绘制了地热资源分布图，运用新技术新方法施工了福建省最深的地热井。

（十）珠江三角洲经济区地质环境综合调查评价与区划。

珠江三角洲经济区活动断裂特征的梳理和调查成果。通过资料梳理，珠江三角洲的主要断裂系统有北西、东西和北东3组。前者主要有西江断裂、白坭—灵山断裂、化龙—黄阁断裂和南岗—太平断裂；后者主要有北江断裂、石龙—厚街断裂、古劳—广州断裂、新会—市桥断裂，及五桂山南、北麓断裂；东西向断裂主要有广州—罗浮山断裂和河口断裂。这3组断裂多属正断层，它们不仅控制整个三角洲的外部轮廓，而且还控制着河道的延伸方向、古海岸线和第四系沉积物的展布。通过资料梳理，对珠三角新构造基本特征有了一些新的认识：①晚第四纪以前，新构造运动随时间推移而减弱；②晚更新世后期新构造运动重新增强；③北西向活动断裂是控制三角洲形成和发展的主要构造；④广州地区古地震震中集中于沙湾断裂和西江断裂之间，成带状分布，但北西向活动断裂调查工作较薄弱。

珠江三角洲经济区软土地面沉降问题调研成果。本次调查发现，广州市南部、中山市东部超过50%建成时间超过5年的水利工程因持力层为软土层而受到不均匀沉降影响，修建时间越早者所受影响越大，部分水闸完全废弃而不得不就近重修新的水闸；最近5年内修建的水利工程因持力层选择适当、地基处理较好，普遍未受到地面沉降的影响。初步评估，地面沉降在水利工程方面造成的直接损失约10亿元，间接损失超过50亿元。代表性的例子有三宝沥旧水闸（长60m左右）多个桥墩因地面非均匀沉降沿中间完全开裂（裂隙宽度最大约8cm）而被废弃，10年前修建的新闸及新闸西侧房屋周围地面沉降量最大达44cm

左右。

珠江三角洲经济区环境地质图系编制的进展。初步编制完成了1:25万珠江三角洲经济区地貌单元分区图、地质图、第四纪地质图、水文地质图、地下水水化学图、人口密度图、土地利用现状图、活动断裂与历史地震分布图等基础图件。

（十一）北部湾经济区地质环境综合调查评价与区划。

1. 完成了“北部湾经济区地质环境综合调查评价与区划实施技术细则”。在中国地质调查局水文地质环境地质部的“经济区地质环境调查评价与区划技术要求”的基础上，结合北部湾经济区的实际，完成了实施技术细则的编制。

2. 对北部湾重大环境地质问题进行了调查，取得了如下初步认识：北部湾断裂活动性调查。对延伸全区的灵山—防城活动断裂带进行了野外地质地貌调查，重点对防城港江山半岛断层、钦州市平吉镇断层进行了露头现场调查。基本查明了灵山县、浦北县花岗岩地区地质灾害的主要类型、基本特征、发育和分布规律。初步查明十万大山一带的侏罗系中统与花岗岩接触带普遍存在可供勘探开发的偏硅酸矿泉水。上思盆地存在较为丰富的地下热水资源。沿海城市及填海造地的地基稳定性问题。海岸线长度和滩涂面积随着人类工程活动呈递增的变化趋势。水资源不足的问题仍然突出。北海市海水入侵局部加剧，但总体入侵范围在缩小。

3. 对北部湾重大环境地质问题进行了初步梳理。在上述重大环境地质问题之中，结合北部湾经济区的实际需求，选取以下两个专题在下一阶段开展专题调查：①断裂活动性及地壳稳定性问题。北部湾经济区位于钦防造山带与右江造山带交汇地带，地质构造复杂。区域性断裂的活动对新生代沉积盆地的展布、岩浆作用、现代构造地貌格局有明显的控制作用，对本区地壳的稳定性和生态地质环境产生重大影响。②地下水污染及应急水源地质调查查评价问题。随着北部湾经济区经济建设不断推进，地下水污染问题越来越突出，因此有必要加强对北部湾经济区应急水源地的调查。

（十二）长江中游城市群地质环境调查与区划。

1. 基本查明了可溶碳酸盐岩分布。基本查清了1:5万工作区隐伏碳酸盐岩分布范围，通过勘察及动态监测，对1:5万岩溶工作区碳酸盐岩的岩溶发育规律及水文地质条件有了初步认识。

武汉城市群项目组对汉南周家墩2线典型存疑剖面进行了物探电测深测试，后期钻孔进行了验证。作出原始曲线及推断解译剖面图，发现物探推断与钻孔验证吻合的较好，说明物探对碳酸盐岩覆盖深度的探查在本地区较为有效，继续开展工作可以获得更详尽可溶岩分布状况，为武汉市规划服务。

2. 基本掌握了应急水源分布。调查研究表明，武汉周边现有开采井39口，年开采量约601.9万m^3，主要开采［Q_{2+3}］含水层的地下水。其中仙桃城关至袁市镇的过渡地带开采量最大。下部新近系含水层开采量小，开采潜力较大，水质较好，宜于做应急水源地。

3. 基本查明了地下水污染物分布。2009年基本查明了武汉城市圈地下水水质异常及污染状况孔隙水中Fe和Mn异常，主要分布在江汉平原、黄广平原，江、河支流的阶地；F异常主要分布在黄石市含膏地层区及英山、罗田的温泉分布地区。

4. 补充调查了地质灾害分布状况。2009年补充调查了武汉城市圈地质灾害分布及危害状况，调查清理各类地质灾害点662处，其中：滑坡243处，崩塌72处，泥石流13处，不稳定斜坡183处，地面塌陷151处。

（十三）全国矿山地质环境综合研究与动态评估。

1. 开展了全国矿山地质环境综合研究与动态评估工作。通过野外调查、遥感调查，掌握了太原东西山、安徽淮南矿区等4处矿产资源集中开采区和全国20个重点矿山的矿山环境情况。共完成了矿产资源集中开采区地面调查9070km^2，典型矿区遥感解译2663km^2。在充分调研的基础上，开展了动态评估技术方法研究，确立矿山地质环境动态评估指标，建立矿山地质环境统计报表体系。汇总了全国矿山环境动态调查资料，修改完善了全国矿山地质环境调查信息系统，更新了数据库的部分数据，对动态调查数据进行了综合分析。

2. 开展了小秦岭金矿带主要矿山环境地质问题调查研究。完成了小秦岭南麓金矿开采区的矿渣型泥石流隐患详细调查和矿业活动影响区水土环境污染研究工作，在此基础上，开展了矿渣型泥石流启动机理的模拟试验、重金属污染区大田对比试验和树木年轮反演矿区污染历史研究3项专题研究工作。全面查明了小秦岭金矿带采矿废渣堆排形成的矿山泥石流隐患沟分布；实施了矿山泥石流启动模拟试验获得了泥石流启动主要参数，建立了矿山泥石流隐患沟3处雨量监测站；查明了小秦岭金矿带矿山重金属污染的主要污染源、水土环境污染现状，以及对人体健康的危害。

3. 查明了双鸭山市矿山地质环境现状，对矿山环境地质问题进行了评估。通过对双鸭山东保卫煤矿、七星煤矿、新安煤矿进行资料收集，辅以遥感解译和物探工作，查明了工作区矿山开发引起的环境地质问题主要为地面塌陷、崩塌、不稳定斜坡地质灾害，地下水位大幅度下降、采矿占用大量土地资源、采矿造成水土污染、对地貌景观及植被的严重破坏等。调查了解矿山环境地质问题造成的危害及损失。分析了导致矿山环境地质问题的主要因素。

4. 开展了邯邢煤矿区矿床水文地质调查工作。完成了峰峰矿区和邢台矿区矿床水环境的野外调查，并对峰峰煤矿区和邢台煤矿区矿床水环境问题进行了评价；建立了峰峰矿区和邢台矿区 MODEL FLOW 地下水评价预测模型，完成了初始流场的模拟，并对岩溶地下水流场进行了预测。总结研究了邯邢煤矿区矿床水文地质及区域水文地质条件及其水环境变化，查明了煤矿开采引发的主要水环境问题，评价了煤矿开采对矿区、区域地下水系统和区域地下水资源的影响。

（十四）全国地质灾害调查与综合研究。

1. 完成 1200 个县市地质灾害调查数据库建设。通过检查验收，汇总集成了全国 1200 个县（市）地质灾害调查数据库。目前数据库中存储了 15 万条地质灾害点相关信息。

2. 县（市）地质灾害调查信息管理系统（单机版）。县（市）地质灾害调查信息管理系统是基于 Windows XP 开发的单机版地质灾害信息管理系统，实现了县（市）地质灾害调查成果资料的汇总集成、浏览、查询、统计、数据更新和输出等功能。通过本系统可以为全国、省和县地质灾害管理部门及业务部门提供对县（市）地质灾害调查数据翔实而直观的管理功能，为县（市）地质灾害调查数据管理的自动化、规范化和信息化服务。截至目前，县（市）地质灾害调查信息管理系统管理着全国 1200 个县（市）的地质灾害调查成果，包括地质灾害调查与区划报告、地质灾害分布与易发区图、防治区划图、地质灾害调查与区划数据库和重点地质灾害隐患点防灾预案等。管理的地质灾害点信息共有 154290 个，其中：滑坡 66893 个，崩塌 25821 个，泥石流 16933 个，地面塌陷 8427 个，地裂缝 2460 个，斜坡 33741 个。

3. 地质灾害群测群防信息系统（网络版）。为方便政府管理部门对地质灾害群测群防点的管理，基于 MAPGIS－IMS 7.0 开发了“地质灾害群测群防信息系统（网络版）”。该系统通过网络平台实现对地质灾害群测群防点信息的查询；结合地质灾害气象预报预警，实现预报预警信息短信发布；实现地质灾害灾情、险情速报等。该系统是基于全国县（市）地质灾害调查数据库开发的，是全国县（市）地质灾害调查数据库中地质灾害群测群防点防灾预案、工作明白卡、避险明白卡等信息对外发布的窗口。通过系统中群测群防点信息的添加、修改，以及灾情险情速报等功能能够实现全国县（市）地质灾害调查数据库的更新。目前，该系统已在国土资源部主干网上发布运行。系统中汇总集成了全国 30 个省（区、市）10 万多条地质灾害群测群防点记录。

4. 地质灾害详细调查信息化成果技术要求及录入管理系统。为使地质灾害详细调查信息化成果的规范，便于系统的开发及推广，依据《1:50000 滑坡崩塌泥石流详细调查规范》，编写了《地质灾害详细调查信息化成果技术要求》。技术要求中主要对空间图形库和地质灾害数据库做了详细的规定。其中，空间图形库的技术要求主要是对需要提交的图件、图件提交的格式及投影参数、图件图层的划分及命名、“统一编号”的编码规则、图层内部属性表的编制、MapGIS 工程文件的命名和输出图形的技术要求等做了规定；地质灾害数据库技术要求主要是对数据库中表与表之间的连接关系，以及每个表中各数据项的含义、数据类型、长度、单位和填写要求等做了规定。在此基础上，开发了地质灾害详细调查信息系统，可以实现对野外调查表、空间/输出图形、成果报告等详细调查成果的统一录入、规范检查、整体入库和综合管理。

5. 省级县（市）地质灾害调查综合研究技术要求。为配合各省（区、市）县（市）地质灾害调查综合研究工作的顺利开展，编制完成了《省级县（市）地质灾害调查综合研究技术要求》和《省级县（市）地质灾害调查综合研究信息化成果技术要求》，对省级县（市）地质灾害调查综合研究的目标任务、工作内容、报告编写提纲，信息化成果中空间数据库建设、输出图形建设、信息化工作文档编写及成果提交格式进行了明确规定。

（十五）西北黄土高原区地质灾害详细调查。

2009 年共开展了陕西延安黄龙等 12 个县（市、区）的地质灾害详细调查，共调查各类地质灾害及隐患点 4341 个，为制定和完善地质灾害防治规划、实施治理或搬迁避让措施，提供了基础资料和初步依据，切实为政府的减灾防灾服务。

逐步采用风险管理的理念进行调查和评价地质灾害。经过计划项目近几年的实施，逐步形成了一套针对不同尺度的区域进行地质灾害调查与风险评价的技术方法，在延安市宝塔区地质灾害调查和陕西省特大滑坡调查中进行了实践和应用，同时在对各工作项目进行技术指导和培训过程中不断灌输和强化风险管理的理念，使调查结果能更好地服务于地质灾害管理职能。

2008 年开始实施的编图方法、遥感数据处理、特大滑坡风险调查等研究性工作项目已取得一些进展。编图方法和遥感数据处理主要服务于地质灾害详细调查，已初步形成了一套适用于西北黄土高原区的地质灾害编图和遥感调查技术方法，提高了详细调查的规范性、精确性、工作效率和工作水平。特大滑坡风险调查是围绕地质灾害的成灾机理而进行的综合性研究，已取得一定的阶段性认识。

（十六）湘鄂桂山区地质灾害详细调查。

1. 长江上游宜昌—江津段环境工程地质调查完成了长江支流神农溪、草堂河两流域环境工程地质调查工作，基本查明了工作区地质灾害形成的地质环境条件和各类地质灾害的发育、分布规律、形成机理及灾害体特征，分析了流域大型滑坡与工程地质岩组之间关系、对流域进行了工程地质分段，开展了岸坡结构调查与评价工作，对重要灾害点进行了勘查工作，并对人类工程活动对环境工程地质影响进行了调查与分析。

2. 湖北省特大型滑坡调查与风险评价共核实特大型滑坡 166 处，选择 11 处典型滑坡开展了勘查工作。基本查明湖北省特大型滑坡灾害分布、发育特征和形成的地质环境条件。分析研究特大型滑坡形成的主控因素和稳定性，进行灾害风险评价，并提出风险管理对策，为防御特大型滑坡灾害对人民生命财产和重大工程建设的危害提供基础依据。

3. 清江流域地质灾害详细调查通过遥感解译、地面调查、工程地质测绘等工作方法，基本上查明了建始县、利川市、鹤峰县、宣恩县、咸丰县、来凤县、宜都市等 7（县、市）地质灾害类型、发育特征及分布规律，更新完善地质灾害数据，为地方政府制定防灾减灾提供了基础资料。

（十七）西南山区地质灾害详细调查。

基本查明了各类型地质灾害的发育、分布规律、形成机理、危害程度及特征，加强了对地质灾害与地质背景关系的研究，在重点工作区对第四系进行了重新划分。对地质环境进行了调查，特别是加强了对地震引发灾害点的调查和核查工作。加强了为地方政府防灾减灾服务的工作，并协助地方政府建立群策群防网络。

西南山区地质灾害编图技术方法研究项目，形成了编图指南框架并编制《西南山区地质灾害编图指南》形成了岩土体工程地质制图单元分类及表示方法，建立了岸坡稳定性评价方法，确定了计算机编图技术方法，根据调查类图件内容划分了图类图层，定义了地图符号库，编制了地图符号库管理软件及易发区 GIS 评价系统，制作了图件主要图例及图式。

特大型滑坡调查与风险评价项目，初步查明了四川省特大型滑坡的发育分布特征，编制了四川省特大型滑坡分布图，查明了四川省震后新增特大型滑坡的分布现状，项目完成了 6 个滑坡的初步勘查工作，查明了 5 处特大型滑坡的基本特征与成因机制为特大型滑坡的风险评价奠定基础。

西南山区城镇建设地质灾害风险管制方法及示范项目：开展了汶川县城重大泥石流（羊岭沟泥石流）运动堆积过程的概化物理模拟试验，对泥石流地质灾害危险范围进行预测评价，建立了地质灾害易发性评价指标体系，并对汶川县城进行了地质灾害易发性评价。

典型泥石流防治关键技术及示范项目：在地质环境条件调查的基础上，总结了区域背景条件对示范区泥石流的影响，对泥石流治理工程区工程地质和水文地质条件进行了勘查，完成了示范区（923km^2）流域泥石流勘查报告，提出了示范区泥石流灾害防治措施，研究了示范区泥石流治理的可行性及合理性，确定了可研设计标准及设计参数，进行了防治工程对环境的影响评价，进行了施工组织设计，完成了泥石流灾害防治方案比选、优化、泥石流灾害防治方案可研设计和示范区（923km^2）流域泥石流综合防治可行性研究报告。

（十八）典型地质灾害监测预警与示范治理。

建立并完善了 7 个示范区地质灾害群测群防网络体系及 16 处典型地质灾害（隐患）专业监测站，开展了区域预警判据等综合研究工作。专业监测点采用了自动雨量站、地表位移、深部位移、土壤含水率、地下水水位等专业监测仪器设备，实现了监测数据的自动采集和传输，为以地质灾害变形特征研究与监测、成灾机理研究与监测、地质灾害主要控制因素研究与监测为主要内容的区域地质灾害监测预警网络建设提供了科学的数据来源。

选择地质灾害（隐患）体进行解析，研究了不同灾害体的稳定性和破坏模式，开展了地质灾害（隐患）承灾体的风险确定等问题；研究了地下水渗流模型与滑坡稳定性模型的耦合等问题。

定性分析了示范区的降雨入渗机理，在哀牢山示范区，确定了当日雨量型、前期雨量型和持续雨量型3种诱发滑坡泥石流灾害的降雨类型；在延安宝塔示范区，把降雨入渗诱发黄土崩滑的模式概括为：缓慢下渗诱发型、入渗阻滞诱发型和入渗贯通诱发型3种类型。在北京示范区，建立了北部山区泥石流发生的临界雨量曲线。进行了地质灾害监测预警信息网站建设，并在不断完善之中。

（十九）华北平原地面沉降监测与综合研究。

基本完善了地面沉降和地裂缝监测网络的建设，网络建设完善主要包括水准标石埋设、GPS监测墩和基准站建设，其中地面沉降监测包括一等水准测量、二等水准测量、GPS监测、InSAR监测、分层标监测，以及大量的野外调查监测。北京市区的地面沉降监测持续进行中，河北保定市、沧州市的地裂缝现状调查已经完成。另外，部分地震勘探、面波勘探和a杯测量工作也已完成。在此调查基础上初步掌握了调查区地裂缝的分布和发育特征。截至目前，监测工作总体上完成设计工作量的80%左右。另外，在河北衡水、天津等地进行了钻进和取样工作，获得一批水和土力学数据，通过分析模拟结合野外调查和已有监测数据，基本查明了地面沉降机理，为科学防治地面沉降提供了决策依据。

基本查明京津城际轨道交通沿线区域（北京段）地面沉降对线性工程的影响，掌握京津城际轨道交通沿线区域地面沉降的发展历史、发育现状，以及沉降产生的机理、主要影响因素。在调查的基础上对京津城际轨道交通地面沉降发育情况进行了地面沉降严重性分区，并对严重的地段进行了地面沉降危害性评价。

基本建立华北平原地面沉降信息系统，该信息系统具有界面操作简单，拥有庞大的数据库管理和查询功能，以及包含柱图/曲线绘制功能、自动生成钻孔岩性柱功能，在内的特色功能的特点。InSAR技术的应用为大范围的监测地面沉降及沉降区描绘成图提供了极大的帮助。在2009年的监测工作中重点总结和分析了大区域地面沉降InSAR监测数据处理存在的问题，分析了限制大区域高精度InSAR地面沉降信息提取的若干关键问题，对北京地区、天津地区、河北中部，以及山东北部等地区6万km^2地面沉降信息进行了提取，得到工作区地面沉降InSAR监测速率图，查明了工作区地面沉降分布状况和北京、天津地区年度变化情况，发现了一些新的沉降中心。

（二十）长江三角洲地区地面沉降监测与风险管理。

1. 较全面的掌握了研究区地面沉降与地裂缝特征和基本规律，为地面沉降与地裂缝灾害的防治提供理论依据。通过3个典型地面沉降发育地区的地面沉降和地裂缝灾害调查与监测综合研究，在总结过去多年地面沉降与地裂缝灾害调查研究成果基础上，分析了研究区内地面沉降与地裂缝灾害的形成背景、成因机理与分布规律，较全面的掌握了研究区内地面沉降与地裂缝灾害的发育特征和基本规律。为地面沉降与地裂缝灾害的防治提供了理论依据和技术支撑，具有重要的科学价值，对重大工程建设也具有重要的实用和参考价值。

2. 建立和完善了研究区地面沉降与地裂缝灾害监测网络，为地面沉降灾害的全面监测提供了保障，为地面沉降防治提供坚实的技术依据。建立了基本覆盖研究区的地面沉降GPS监测网络，并探索性地开展了地面沉降与地裂缝的监测技术方法的研究。开展InSAR地面沉降监测试验研究；长江三角洲地区建立统一的设施规划、建设和监测技术标准；补充建立了重点区域的基岩标分层标监测站，对地裂缝发育地区开展了水准监测和仪器站监测，为地面沉降与地裂缝灾害的防治提供了科学的技术依据。

3. 开展地面沉降机理研究，建立了研究区地面沉降数学模型，科学预测地面沉降发展趋势。建立了地面沉降预测模型研究，在综合研究地下水开采量和含水层组成基础上，充分分析地下水渗流特征和土体变形特征，各地区分别建立了地下水渗流模型和土体变形模型，长江三角洲地区率先实现了真三维地下水流和土体变形模型的完全耦合，同时计算了提出满足各地区地面沉降控制要求最低水位标准的地下水可开采量，成为政府实施地下水开发利用的依据。

4. 编制并出台了地面沉降相关技术标准和法规，为地面沉降防治提供了有效的行政和技术保障。上海市出台了《地面沉降防治管理办法》、《深基坑工程地面沉降管理办法》等法规，为地面沉降防治提供了行政保障。实施了地质调查标准《地面沉降监测技术要求》，上海在全国率先编制了工程建设规范《地面沉降监测与防治技术规程》，已颁布实施。目前正在实施《地面沉降测量规范》、《地面沉降监测与防治技术规程》等技术标准编制工作。

5. 初步建立了长江三角洲地区风险管理区，为政府开展有效地面沉降防治工作可操作的依据，为全国其他地区开展地面沉降防治管理提供示范。在长江三角洲地区开展地面沉降风险管理试点研究，初步统一了基础评价指标和评价方法，完成了地面沉降风险区划评价工作，按照两省一市地面沉降防治工作特点，分别开展了地面沉降防治管理区试点建设工作，为两省一市地面沉降防治联动提供了技术支撑，为全国其他地区开展地面沉降防治管理提供示范。

（二十一）汾渭地区地面沉降地裂缝调查与监测。

1. 渭河盆地地裂缝断层调查取得重要成果。为全面掌握汾渭地区地裂缝的分布和发育规律，2009 年新完成渭河盆地 1:1 万地裂缝调查共计 400km^2，总共调查地裂缝达 21 条（带）。

2. 地裂缝勘探取得重要成果。2009 年继续在渭河、太原、临汾和运城盆地等地区进行了大量野外地质调查、槽探和物探工作。地震勘探共完成反射生产炮 2000 余炮，完成地震测线总长 50 余 km，地震勘探揭示，地裂缝与第四系中的断层相交接。

3. 大西高速铁路沿线地裂缝勘察取得重要进展。结合新建大同至西安客运专线铁路工程，对大西高铁沿线进行了地裂缝调查和访问，同时，对高速铁路与地裂缝交汇地段进行了地裂缝定位测量、槽探、钻探和物探工作，目前野外工作已完成，初步确定了与线路相交的地裂缝条数及其基本特征。

4. 地裂缝成因机理和防治研究取得重要成果。项目开展了黄土破裂力学特性试验、地面沉降大型物理模型试验、地裂缝环境下土与地下结构动力相互作用模型试验、地裂缝环境下地基基础变形破坏机理大型物理模型试验、地裂缝与地铁隧道斜交致灾机理大型物理模型试验，以及地震的隐伏地裂缝破裂扩展效应研究、渭河断陷盆地及其邻区地震层析成像研究等一系列地裂缝成因机理和防治方面的试验和研究工作，并取得重要成果或进展，有的已应用于国家大型工程项目的建设。

5. 汾渭盆地 GPS 建点和监测获得重要成果。建立了太原清徐地裂缝 GPS 监测网。在太原原有 8 个 GPS 点的基础上，新布设 3 个 GPS 点。针对近年西安高新区地面沉降地裂缝发展较快的问题，在沉降量较大的地区增设 3 个 GPS 沉降监测点，另增设 2 对（4 个）地裂缝 GPS 对点，通过监测和数据分析，获得了近期西安地裂缝活动和地面沉降发展的最新情况。

6. 汾渭盆地精密水准监测获得重要成果。在西安地区开展了新一轮的水准监测，获得了各条地裂缝近期的活动数据。在三原地裂缝试验场，新增加 4 个监测点 BC25，BC26，BC27，BC28，并重新埋设了被破坏的监测点 BC03，全年共检测 3 期，每 4 个月监测一期。

7. 汾渭盆地 InSAR 监测获得重要成果。开展了超短基线技术（SBAS）应用研究，改善提高了 InSAR 监测精度。基于 SBAS 技术，首次以较高的可靠度查清掌握了山西地区主要城区近年地面沉降变形分布，以及相应的沉降量级。利用宽幅数据 ScanSAR 干涉技术进行汾渭盆地形变信息的提取试验，获取了汾渭盆地南部 16 万 km^2 范围的地面沉降信息。利用角反射器（CR）技术，明显提高了地裂缝监测位置的准确定位和地裂缝监测精度，与水准监测一致性达 1mm 左右，实现精确探测地裂缝的位置和形变。另外还开展了 InSAR 与 GPS 融合研究大气影响研究并建立了 InSAR 后处理的 GIS 空间分析二次开发系统。

（二十二）国家重大工程区域地壳稳定性调查与评价。

1. 主要隐伏活动断裂研究，自北东向南西方向，沿黄庄-高丽营断裂地表可能穿过位置开展了野外路线地质调查，在高丽营周围发现地表明显现今变形点 6 处，调查表明该断裂在高丽营附近走向北北东—北东、北西侧上升、南东侧下降。探槽开挖揭示近地表存在明显正断错动特征，主断层产状：60°/SE∠50°，断距 0.8～1.2m。为研究北京地区主要隐伏活动断裂深部特征，首次在北京地区黄庄-高丽营断裂带和孙河南口断裂带部署微地震监测台站 50 个，拟通过地震震源定位和地震层析成像技术，对主要隐伏活动断裂带空间展布进行精确定位，目前正监测获取微地震数据，并取得初步成果。

2. 深孔地应力测量与监测研究，对 2008 年所建“国土资源部活动断裂地应力实时监测平谷示范站”进行了必要的完善，自 2009 年 2 月 14 日开始获取地应力实时监测数据，已有监测数据表明该监测点现今地应力大小较平稳，呈微小增大趋势；2009 年深孔地应力测量与监测位于国土资源部十三陵培训中心北院山坡前，目前正在进行中，将于 12 月上旬完成钻探工程，然后进行地应力测量、地应力实时监测台站建设等工作。

3. 雅砻江流域河谷区第四纪地质环境调查与灾害效应研究。①建立了雅砻江上游流域晚新生代地层序列。②对雅砻江上游河段河流阶地开展了详细调查。③古环境剖面的野外样品采集。④对河谷区第四纪湖相地层空间分布特征及形成的地质背景进行了调查。

4. 云南盈江地震地质灾害研究。目前正在野外开展两个重点地区的地震地质灾害调查：一是2008年8月21日震中区勐弄乡一带，继续调查地震破坏情况，特别是注意了解当时人们对地震的感觉、房屋的破坏形式等，并沿勐弄乡至卡场镇的公路调查以前所确定的两条近南北向断裂的形迹和活动性；另一是2004年严重地质灾害区支那乡至盏西镇一带，沿大盈江的支流槟榔江到支那河直至当时的重灾区庐山村，主要调查内容是地质灾害。

（毛晓长 贺 颢 秦绪文 李 敏 郭洪周 姜 义）

矿产资源调查评价

中国地质调查局资源评价部

2009年中国地质调查局矿产资源调查评价在重要成矿区带勘查、国情调查、新机制探索等方面取得了重要进展。年度共设置地质找矿工作项目199项，总经费73433万元。主要实物工作量：钻探154km，1:5万矿产地质测量21189km^2，1:5万区调35411km^2，1:5万磁法23707km^2，1:5万水系22360km^2，1:5万遥感解译92396km^2。

一、稳步推进矿产资源国情调查

全国矿产资源潜力评价、全国储量核查和矿业权核查3项矿产资源国情调查工作按总体部署稳步推进。

1. 全国矿产资源潜力评价。全国矿产资源潜力评价工作按照“统一部署方案、统一技术要求、统一工作进度”的原则，全面开展省级煤炭、铀、铁、铜、铝、铅、锌、金、钾、磷等重要矿产资源潜力评价工作。到2009年底，新增11900个矿产地数据记录，新增地质工作程度数据库记录16511条等。完成了除新疆、青海、西藏、内蒙古、黑龙江5省区之外，其他25个省（区、市）1:25万基础编图工作（包括省级成矿地质背景、重力、磁测、化探、遥感和自然重砂等系列图件）和数据库建设，系统总结了区域地质构造格架，为全面完成潜力评价工作奠定了基础。在省级完成的1:25万基础地质编图和建库基础上，以及开展铁、铝潜力评价典型示范的基础上，各省通过成矿地质背景、典型矿床、成矿规律研究和物探、化探、遥感、重砂等资料应用研究，累计完成了15000余张中、大比例尺图件编制和相关数据库建设实物工作量，全面完成了全国30个省（区、市）铁、铝单矿种资源潜力评价，全国圈定铁矿找矿远景区112处，预测潜在铁矿资源量2000亿吨以上。全国圈定铝土矿找矿远景区32处，预测潜在铝土矿资源量100亿吨以上。完成了煤炭、铀、铜、铅锌、金、钨、锑、稀土、钾、磷等矿产的预测区圈定和优选工作。全国初步圈定具有较大找矿前景的远景区铜89处、铅锌97处、金100处、钾盐9处、锰矿27处、镍18处、钨45处、锡12处、钼30处、锑25处、稀土18处、磷12处。全国矿产资源潜力评价阶段性预测成果已在编制地质矿产保障工程和全国“十二五”矿产勘查部署中得到应用。

2. 全国矿产资源勘查与开发现状调查。该项工作2009年列入部重点工作，采取措施予以强力推进。截至2009年底，全国已按计划全部完成了矿业权实地检查野外实测工作，实地核查矿业权总数为149110个，实现了年初部提出的阶段性任务目标。为2010年全面完成全国矿业权实地核查工作奠定了良好基础。通过本次野外实测，全国共计完成加密大地测量控制点51172个，向矿区引入大地测量控制点178103个，埋设界桩332507个，为进一步提高推进矿政管理科学化、信息化创造了良好条件。

3. 全国矿产资源利用现状调查。分6大片区分别对各省级储量核查“技术要求”进行大规模培训，培训人员达1600余人。全面启动石油天然气资源储量核查工作。截至年底，全国已完成核查矿区占总数的20%。

二、重要矿产资源调查评价取得新进展

经过一年的探索，煤炭、钾盐、铁、铜、铝土矿、铅锌、钨锡、金等重要矿产资源调查评价不断取得新进展。

煤炭：通过“358”项目合作，用不到一年时间，组织近千人开展煤炭勘查会战，在淖毛湖、库木塔格-

沙尔湖、大南湖-野马泉、伊拉湖-艾丁湖、三塘湖5个预查区圈定出15个可供进一步普查的赋煤区，面积4650km²，探获煤炭资源量1286亿吨，其中，沙尔湖区钻孔见煤达210m之厚。为“西煤东运”战略提供重要资源保障。

钾盐：青海柴达木西部第三系（古近系、新近系）富钾、硼、锂深循环卤水矿产调查工作区位于柴达木盆地西部地区成盐盆地，2009年完成钻探工作量2026.48m。钻探成果表明在大浪滩梁中凹地深部赋存有硫酸镁亚型及氯化钙型卤水矿层。其中梁ZK05孔深1025.28m，在孔深331m即进入以砂砾石为含水介质的巨厚的卤水矿层，一直到终孔未能揭穿卤水矿层，总厚度694.05m。梁ZK06孔深1001.20m，在小梁山构造的边缘发现了巨厚盐层，自277.35～997.20m，有卤水矿层116层，总厚度385.30m。目前初步估算液体氯化钾资源量2亿吨以上，远景可达3亿吨。

铁矿：安徽泥河铁矿控制矿体长2.4km。矿体厚度较大，一般都有数十米至百余米。单层磁铁矿体平均品位为16.33%～34.63%，平均25.07%；单层硫铁矿体平均品位为13.66%～22.99%，平均16.31%。估算磁铁矿矿石量1.8亿吨；共生、伴生的硫铁矿矿石量约3500万吨。磁铁矿和硫铁矿均达大型矿床的规模。新疆塔什库尔干铁矿找矿远景区取得重要进展，预测铁矿资源量10亿吨以上。祁漫塔格找矿远景区迪木那里克铁矿新增铁矿资源量3000多万吨，预测矿集区铁矿石潜力在10亿吨以上。新疆阿吾拉勒铁矿找矿远景区和静县备战铁矿深部见厚大矿体，累计见矿视厚度大于200m。四川攀西地区矿产资源潜力评价典型示范，在兰家火山预测区钻探验证，见厚大磁铁矿体，估算铁矿资源量1.68亿吨；全区共优选19个预测区，预测潜在资源量194亿吨。

铜矿：西藏多龙矿集区初步评价了多不杂铜矿和波龙铜矿，通过2009年工作铜资源量大幅增长，初步探获铜金属资源量（333+334_1）704.7万吨，伴生金资源量168.8吨，矿床规模达超大型。此外，矿集区又新发现地堡那木岗、拿顿、拿若、铁格龙等一批有找矿潜力的斑岩型铜矿点，进一步找矿潜力巨大。西藏乃东-桑日地区综合运用地质、物探、化探及遥感多种方法和手段，在工作区新发现9处矿（化）点，其中3处具有良好的找矿前景。目前已对洛村铜（金）矿和麻麦铜矿开展了少量的浅部工程控制。新疆祁漫塔格找矿远景区找矿潜力巨大，其中，吐拉-白干湖铜-铁-钨锡矿集区预测铜资源潜力达1000万吨，维宝-军正岭铁-铜-铅锌矿集区预测铜资源潜力达200万吨。

铝土矿：山西、河南、广西和贵州等铝土矿优势省份继续取得重大成果。山西省新发现9个大型铝土矿矿床，兴县后发达远景区预计可提交铝土矿资源量1.3亿吨；河南渑池礼庄寨、郁山、下冶控制铝土矿资源量1.3亿吨，通过进一步工作，有望提交铝土矿资源量2亿吨。

钨锡矿：湖南锡田地区施工10个钻孔（4205m）均见矿，主要矿体累计估算资源量（332+333+334_1）锡+三氧化钨27.04万吨，其中锡田矿区已估算332+333资源量锡2.37万吨，三氧化钨3.68万吨，334_1资源量锡12.76万吨，三氧化钨8.23万吨。地质找矿成果较好。2009年新增锡资源量（333+334_1）5万吨。

铅锌矿：内蒙古乌拉特后旗东升庙矿区三贯口南段硫锌矿，查明锌资源储量205万吨；东乌珠穆沁旗查干敖包矿区铁锌矿，查明锌资源储量77万吨。青海杂多县莫海拉亨-叶龙达铅锌矿新增铅锌资源量20万吨；沱沱河地区楚多曲多金属矿估算铅锌资源量新增25万吨，多才玛多金属矿初步估算铅锌资源量40万吨。

金矿：青海曲麻莱县大场地区金矿新增金资源储量16吨，都兰县沟里地区金矿新增金资源储量11吨，五龙沟地区金矿新增金资源储量8.8吨。

三、油气基础地质调查展示新前景

西北地区银额盆地及其邻区、柴达木盆地油气资源调查前景良好。以银-额盆地为重点，以石炭-二叠系为主要目的层，采取盆山结合的工作方法，在盆地形成于演化与原型盆地沉积体系研究，油气地质条件评价等方面取得重要进展。认为，银-额盆地石炭-二叠系残留厚度大、不乏良好的烃源岩，主要生烃期为早白垩纪之后，侏罗系—下白垩统可作为区域盖层。获得了与石炭-二叠系烃源岩有关的油气藏赋存的信息，显示了良好的油气资源前景，是开展新区、新层系、新领域油气基础地质调查有望取得突破的地区之一。

柴达木盆地油气资源潜力评价，进一步明确了石炭系是柴达木盆地油气勘探的一个新领域。盆地内石炭系地层及烃源岩分布广泛，厚度很大，烃源岩地球化学品质良好，并具有生烃和油气运移过程，盆地石炭系油气资源潜力很大。

中上扬子海相盆地的古生界油气成藏特征的基础地质调查取得进展。雪峰山西侧下古生界原始油气地质条件有利，发育3套生储盖组合，后期造山运动虽然强烈，但对下古生界的变形影响微弱，雪峰山西侧边缘地区下古生界—震旦系具有良好的油气勘探前景。

松辽盆地外围新圈定了中新生界含油气盆地，发现了石炭-二叠系的找油气线索。初步确定松辽外围4套烃源岩新层系。建立大兴安岭地区石炭-二叠系地层格架，发现多地点、多层位、多类型生物礁和滩相灰岩。提出林西-扎鲁特地区—突泉地区的晚古生代泥岩厚度大、分布范围广、有机地球化学指标较好，具有明显生烃能力的认识。以石炭-二叠系油气调查成果为引导，与大庆油田合作，在大兴安岭南段扎鲁特盆地成功钻探鲁D1地质井，井深1500m，钻遇上二叠统林西组单层厚达100余米暗色泥岩层。

四、探索和深化矿产勘查新机制

推进重要成矿区带地质找矿统一部署。组织编制了《大兴安岭成矿带地质找矿工作部署方案》、《长江中下游成矿带地质找矿工作部署方案》、《全国铁矿勘查统一部署方案》和《安徽省庐枞地区矿产勘查部署方案》等，并通过专家论证通过。推进钦杭成矿带地质找矿工作，研讨下一步工作部署。

完善省部合作实施方案的编制。按照省部合作总体部署安排，修改完善云南、西藏、青海、新疆、福建、湖南、黑龙江等的公益性地质调查和重要矿产勘查总体部署方案，组织专家对总体部署方案进行技术经济论证，召开领导小组会议对总体部署方案审议。配合地勘司开展与广东省部合作协议的相关准备。

加快推进“358”项目全国试点。组织召开“358”项目领导小组会议和“新疆地质找矿成果交流研讨会”。编制总体部署方案，统一部署中央和地方财政出资的地质找矿工作。组织编制新疆东部主要含煤区煤炭调查评价实施方案，为“西煤东运”提供资源保障。积极推广“358”组织与落实成功经验，推动其他省部合作相关工作，组建项目办公室，落实工作职责，协调中央与地方投入。

（张大权）

地质科技进展与成果

地质科学研究

中国地质调查局科技外事部

一、地质科技工作取得良好效果

2009年全局共有两个项目获得国土资源科学技术奖一等奖，18个项目获得国土资源科学技术奖二等奖。杨经绥获得第11届李四光地质科学野外地质工作奖；王登红、施俊法获得第5届黄汲清青年地质科学技术奖——地质科技研究者奖；地质力学研究所青藏铁路沿线活动断层调查与地应力检测项目组、成都地质调查中心、西安地质调查中心和地质研究所大陆动力学重点实验4个单位获得全国野外科技工作先进集体，许志琴和陈毓川两位院士获得野外科技工作突出贡献者，袁道先院士、叶天竺等14人获得全国野外科技工作先进个人称号。图书馆、武汉地质调查中心、岩溶地质研究所被授予国土资源部科普基地。

水文地质环境地质研究所成功申请了华北平原地下水演变机制与调控“973”项目，中国国土资源航空物探遥感中心成功申请了高光谱小卫星载荷关键技术研究“863”重点项目。

二、基础地质研究再创佳绩

2009年通过实施地质大调查项目和积极组织承担国家油气资源战略调查专项、科技部“973”项目和国家自然科学基金项目，在基础地质领域取得了一系列重要科技进展。

（一）天然气水合物研究取得重大突破。

2008~2009年中国地质科学院矿产资源所、勘探技术所、物化探所和青海煤田105队等单位在地质大调查项目资助下，在祁连山永久冻土区成功钻获了天然气水合物样品，项目共实施了3口科学钻探井，均成功获得了天然气水合物实物样品，经多种方法验证证实为天然气水合物。使中国成为世界上第一个在中低纬度高原冻土区发现天然气水合物的国家，具有重要的科学、经济和环境意义。

针对冻土区天然气水合物不同于海域水合物的特点，围绕天然气水合物调查需求，研究开发了拥有中国自主知识产权的冻土区天然气水合物钻探技术体系，为中国今后开展其他地区天然气水合物调查评价奠定了技术基础。

广州海洋地质调查局在承担的“南海天然气水合物富集规律与开采基础研究”国家“973”项目中，提出了天然气水合物成核新假说——笼子吸附假说，比国际上著名的团簇结合假说和局部结构假说更趋合理；在“天然气水合物流体地球化学现场快速探测技术”国家“863”计划课题中，研制出一套气密性孔隙水原位采样系统，实现了在短时间内同时取得多层次原位气密性无污染的孔隙水，为海洋天然气水合物勘探开发提供了重要技术支撑。

（二）辽宁西部晚中生代脊椎动物研究获得重大发现。

自地质大调查实施以来，通过近十年的持续支持，以中国地质科学院地质研究所季强为首的科研团队在古生物和生命起源研究领域取得了一系列的重要研究成果，推动中国进入了这一领域的世界前沿。2009年该团队在辽宁西部晚中生代陆相沉积地层中又获得了一系列重大发现，为生命起源研究提供了重要线索。其中：

在北票下白垩统义县组中发现了哺乳动物化石新种——亚洲毛兽，一种陆生的对称齿兽类。该化石保存了完好的耳区结构，研究表明它代表了现代哺乳动物如何获得中耳结构的一个过渡情况，为认识哺乳动物中耳的演化提供了极为关键的论据。

在喀左下白垩统九佛堂组中发现了霸王龙科新属种——喀左中国暴龙。它是辽西热河生物群中最大的兽脚类恐龙，也是世界上早白垩世最大的霸王龙类。它的发现显示霸王龙科应起源于早白垩世的东亚地区，并在晚白垩世才迁徙到北美西部并得到进一步演化。为恐龙演化史提供了新的关键证据。

在建昌中侏罗世地层中发现了翼龙类新属种——模块达尔文翼龙，它的头骨、颈椎具有进步翼龙的特征，而其尾部和足部却为原始翼龙的特征。这一发现填补了由原始翼龙向进步翼龙演化的过渡类型的空白，在研究大尺度演化模式、翼龙次一级的分类方面具有重要意义。

在建昌中侏罗世地层中新发现的另一化石——孔子天宇龙，是一种小型的鸟臀类异齿龙科分子，它的发现将该类恐龙的分布从南非的侏罗纪早期扩展至亚洲的白垩纪早期。其身体表面的丝状羽毛结构表明这种原始羽毛广泛存在于恐龙不同的类群中，为研究羽毛的早期发生提供了新的信息。

以上成果在国际著名《科学》、《自然》等杂志上发表，在国内外学术界产生重要反响。

（三）地层学研究扎实推进，进展突出。

新一代中国地层表及说明书初步编制成型。在全国地层委员会组织实施下，太古宇—古太古界（早前寒武系）、中元古界、新元古界、寒武系、奥陶系、志留系、泥盆系、石炭系、二叠系、三叠系、侏罗系、白垩系、古近系、新近系、第四系 15 个断代编表组均已完成了各自的编表任务和说明书的撰写工作，新一代中国地层表基本成型；在全国地层委员会组织实施下，又有 4 个地层剖面有望成为国际地层划分与对比的“金钉子”。推动中国地层学研究进入世界前沿，并为地质调查提供了重要基础支撑。

地质研究所通过多年工作，在南秦岭耀岭河群、郧西群等变质哑地层中发现了众多微体化石，为重新厘定地层时代提供了重要依据，在争议地层碧口群中发现泥盆纪化石，在原划为寒武-奥陶系洞河群中发现晚古生代化石，更正了北大巴山腹地没有晚古生代地层的普遍认识，将原划为志留系及相关的下古生界重新厘定为二叠纪末或三叠纪形成的增生杂岩，而非被动陆缘沉积地层。这些新认识为研究南秦岭地区的区域成矿规律和指导找矿工作提供了重要基础。

（四）前寒武纪地质研究取得可喜进展。

地质研究所在阿拉善西部原划归前寒武纪阿拉善岩群中，多处发现新元古代早期同碰撞型花岗岩（900～930Ma）及古生代火山岩和侵入岩（分别为 330Ma 和 280Ma 两组年龄数据）；以丰富的测年数据建立了本区岩浆演化序列，探讨了华北克拉通西缘前寒武纪基底演化与归属，对重新认识阿拉善地区的构造属性具有重要意义。

地质力学研究所在华北克拉通北部发现了大量辉绿岩床（墙）广泛侵位于下马岭组页岩及其下部的中元古代沉积地层之中，在区域上延伸可达数百千米，侵位时代经同位素测年为 13.5 亿年左右。通过年代学研究及其与全球中元古代基性岩墙（床）群对比和古地磁数据的重新分析表明，华北克拉通在中元古代期间应为哥伦比亚超大陆中 Nena 陆块群的一员，并可能与北美及西伯利亚克拉通相连。华北克拉通从哥伦比亚超大陆的裂解可能开始于中元古代中期（13.5 亿年左右）。为重新认识华北克拉通的构造演化提供了新资料。

（五）全球气候变化的地质响应研究获得新证据。

岩溶地质研究所在基础较好的桂林丫吉岩溶试验场获得岩溶作用产生的无机碳碳汇通量，揭示了若干石灰土的特性和有机碳赋存与动态变化的特点，获得了 4000～100 年的 4 个年轻石笋年龄数据；通过桂林盘龙洞、贵州荔波董格洞现代滴水的监测，揭示了洞穴沉积物、洞穴环境中的 CO_2 特征与地表气候条件之间的关系。

地质力学研究所通过黄河三门峡段河流和湖泊地貌发育阶段的研究分析，确定了 2.2 万年以来的 9 级湖积台地或河流阶地，分别形成于 2.2～2.0Ma B.P.，1.84～1.62Ma B.P.，1.25～1.18Ma B.P.，0.87Ma B.P.，0.63～0.50Ma B.P.，0.25～0.20Ma B.P.，0.15Ma B.P.，0.08～0.06Ma B.P.，和 Ma B.P.。邵寨红粘土剖面的磁性地层结果，顶界年龄为 2.6 Ma B.P.，底界年龄为 6.7 Ma B.P.，其中典型风尘沉积始于 5.25Ma B.P.。

青岛海洋地质研究所发现了中国东海陆架沉积地层中记录的 3 次明显的海平面阶梯式上升过程，上升总高度 120m，时间分别为 16～14ka，12.8～11.5ka 及 7.8～8ka，快速海平面上升后的停滞期是陆架的主要沉积期，7.8～8ka 以来海平面变化基本趋于稳定，沉积体系中气候环境变化的信息趋于丰富。

天津地质调查中心在渤海湾地区发现了第四纪以来的地层沉积间断、晚更新世以来断块构造差异运动、浅海区全新世极端事件，并分析了它们与过去全球变化的关系，预测了未来30～100年，渤海湾地区将表现为由陆变海的自然演化过程，并且随着海平面的上升，这种趋势将进一步加强。

这些进展为开展全球气候变化研究提供了新的重要证据，提升了科外部在全球气候变化研究领域的地位。

（六）探月和极地研究拓宽了地学研究领域。

针对目前国内外探月研究重点，中国地质调查局依托中国地质科学院等单位成功组织召开了探月与地学科学研讨会，不仅为国内外月球与行星科学交流提供了重要平台，还对中国探月科学发展及行星科学国际合作产生了重要促进作用。利用嫦娥一号成像光谱数据，开展了月球表面“阿里斯基尔”陨石坑矿物与岩石化学填图，进行了月岩（壤）化学成分相关性分析；利用离子探针测年方法，对美国华盛顿大学提供的第一批月球陨石样品成功进行了锆石年龄测定；完成了月球表面取样系统的总体设计初步方案；对青藏高原柴达木盆地火星实验场开展了遥感学、地质学、环境学、生物学等方面深入研究。

地质力学研究所陈虹参加了中国第26次南极科考任务，作为10名格罗夫山考察队成员之一，深入南极内陆格罗夫山地区工作两个多月，开展格罗夫山北部构造地质研究，采集相关数据与样品，并成功在格罗夫山基岩露头上安装了微地震台站，这是中国首次在南极内陆基岩上设立的微地震台站，对研究南极大陆地质与地壳结构具有重要科学意义。

（七）汶川地震断裂带科学钻探进展顺利，获得大量研究数据。

2009年，汶川地震断裂带科学钻探项目取得重大进展，完成了WFSD－1孔先导孔的钻进任务，WFSD－2孔、WFSD－3孔正在按计划实施钻进，获得了探索地震机制极为珍贵的、高质量的岩心，发现地下主断裂面及古地震断裂带，确定汶川地震断裂带断层泥的位置和厚度，初步认识了主断裂带的物理化学和矿化异常特征，开展了地下流体异常与余震和构造变动的相关关系及深部流体孔隙压扩散特征与强余震的关系的研究；建立了WFSD－1系列剖面和动态监测技术系统，为未来地震断裂带动态监测提供了新的技术途径，并利用固定和流动地震台站，进行了地震震源深度的重新定位。

（八）综合编图进展顺利。

1:500万国际亚洲地质编图圆满召开了第四次工作会议，进一步完善了地理底图地理注记翻译和数据整理，基本完成国际亚洲地质图图幅内编图和数据库建设框架。1:500万中国变质地质图进一步修改完善了编图的指导原则和技术要求，选择藏东地区、苏鲁超高压变质带、华北克拉通的鲁西变质地区代表性地区进行了试编工作。1:2500万世界海洋矿产资源图编制对已采集的世界海洋矿产资源数据进行综合处理，基本完成1:2500万世界海洋地质构造背景图及世界海洋矿产资源图（草图）。1:100万地质图国际合作编图通过国际交流与合作，基本掌握OneGeology技术，通过试验，基本打通了技术流程。

（九）围绕中国大陆重大地质构造问题，详细探讨了大陆构造演化与成矿的关系。

明确了华北克拉通燕山期岩石圈演化与拆沉的过程，建立了扬子克拉通东部中生代岩石圈减薄时间和机制的框架，初步勾画了整个中国东部中生代岩石圈减薄所导致的面型岩浆活动的时空格架。

成果显示晚石炭世岩浆活动在东天山地区广泛发育，总体上呈现出岛弧岩浆岩的成分特征。获得了北天山浅色辉长岩锆石年龄为328.8±3.5Ma，斜长花岗岩锆石年龄为337.7±1.3Ma，并含377～773Ma的继承锆石，说明这些岩石侵位于陆内环境。

通过区域地质考察及矿区填图，明确了青海沱沱河－玉树地区晚古生代—早中生代以陆碎屑岩、碳酸盐岩、弧火山岩为主，晚古生代—早中生代羌塘地块北缘属活动陆缘环境。矿化主要出现在晚古生代灰岩内，局部出现在第三系（古近系、新近系）泥灰质岩石中。

针对新类型盆山结合带，试验了浅—深反射地震剖面探测方法技术与深部结构探测研究方法，反演结果揭露出西秦岭上地壳向临夏盆地逆冲，临夏盆地具有较厚的沉积，变形较弱，具有生成油气远景的沉积环境，这与反射剖面的发现类似。

新疆大型矿集区找矿又有新突破，在阿尔金东段又发现10km长的含铁玄武岩带和新矿化点5个。矿产勘查方法技术组合研究又有新进展，ETM蚀变遥感异常信息技术在铁矿和铅锌矿勘查评价中取得良好效果，荒漠戈壁地区多光谱遥感的岩性岩相信息识别技术取得成功，利用多光谱遥感技术方法发现的部分矿化体，利用多种物探方法组合在隐伏矿床预测方面效果明显。矿产基础地质综合研究取得新认识，利用锆石 SHRIMP U-Pb 年龄确定阿勒泰南缘康布铁堡组时代为晚志留世—早泥盆世、阿勒泰南缘阿勒泰镇组时代为中晚泥盆世，在阿尔泰市骆驼峰阿勒泰镇组顶部发现了三叠纪玄武岩等。

建立了南岭地区构造-热事件剖面，显示出中新生代构造-岩浆作用-成矿作用具有明显的阶段性特征，并具有从华南内陆经武夷褶皱带至沿海和台湾东部构造-岩浆-成矿事件年代逐渐变新的趋势。印支期花岗岩发育在早期（243～233Ma）和晚期（224～204Ma），但没有造成大规模的金属成矿作用；燕山早期岩浆活动主要集中在 187～170Ma（以 Cu，Pb，Zn 为主）和 168～150Ma（以 W，Sn，Mo，Nb，Ta 和 REE 等稀有金属为主）；燕山晚期火山-侵入岩主要为 147～124Ma 和 124～81Ma（以 Sn，U，Au，Cu，Pb，Zn，Ag 为主）；新生代古近纪火山岩浆活动微弱，几乎没反应。

将内蒙古中东部地区划分为两大构造域和 9 个构造-地层单元，研究结果表明中生代构造格局是控制银多金属矿床分布的主导因素，矿床主要沿中生代断隆区和断陷区交接带（边界）附近分布，大多数矿床（点）分布于靠近交接带的断隆区内，部分矿床（点）产于断陷带的边部、特别是坳中隆的位置上。含锡的银多金属矿床主要分布在断隆区，铅锌含量较多的银矿床主要分布在断陷区中的局部隆起（坳中隆）部位，含铜的银矿床主要分布在断隆和断陷交接部位。

在原定新元古界新寨岩组中发现了一层分布广泛的基性火山岩-次火山岩，在全区均有分布，多数部分呈透镜体侵入到猛洞岩群和花岗质岩石中。在穹窿西部都龙附近的新寨岩组底部首次发现了厚度可达 20m 的底砾岩，砾岩下部为泥质胶结，上部为硅质胶结。

初步编制完成了“西昌-滇中地区”系列图件，在东川播卡、汤丹、易门铜厂发现了因民组与下伏美党组之间存在平行不整合界线的证据，沿东川地区金沙江沿岸小河口、茂麓、奚家坪之大理岩地层之下及板岩内均发现了基性火山岩，初步拟定了研究区中晚元古代地层层序为 12 个组，由老到新为：黄草岭组、黑山头组、大龙口组、美党组、因民组、落雪组、鹅头厂组（黑山组）、绿汁江组（青龙山组）、大营盘组（柳坝塘组、淌塘组）、力马河组、凤山营组、天宝山组。

对雪峰隆起西缘地区逆冲推覆构造系统进行了分带，自南东往北西分为叠瓦状推覆构造带、隔槽式褶皱推覆构造带、隔挡式褶皱推覆构造带 3 条带，沿该方向推覆变形程度逐步减弱，推覆距离减小。明确了陆内盆地边缘推覆构造系统分带的、递进的、持续的推覆运动方式，该推覆构造系统自南东往北西推覆，具有前展式特征，发育的时代为印支-燕山期。

编制了祁连-龙首山前寒武系地质分布图，对祁连-龙首山地区出露的火山岩、基性-超基性岩进行系统研究。对金川超大型铜镍矿床的成岩成矿年龄进行了研究，结合目前国内外的最新研究进展，尤其是对锆石 U-Pb 测年技术的研究，重新认识了金川大规模岩浆事件的时代。

（十）地质调查情报、系列手册工作稳步推进。

围绕当前地质调查工作部署和研究热点，系统跟踪、收集和报道美国、英国、加拿大、澳大利亚、俄罗斯、印度、巴西等国家的地质调查、矿产资源评价和实施全球矿产资源战略的先进经验、管理运作模式和矿产勘查新技术方法的成果资料，全年共出版《地质调查动态》24 期，累计 15 万余字。大力推进世界典型成因类型矿床找矿模型研究和地质调查科技“十二五”部署研究，提交了“地质调查科技工作‘十二五’部署方案”（建议稿）。

出版了《火成岩鉴定手册》和《变质岩鉴定手册》，完成了《显微构造鉴定手册》的补充研究和评审工作，《金属矿物鉴定手册》和《蚀变岩研究方法导论》编制进展顺利，启动了《沉积岩和沉积相研究方法手册》、《构造形迹鉴定手册》、《矿田构造鉴定手册》和《遥感技术解译指导手册》编制工作。

（刘凤山）

地质调查方法技术研究

中国地质调查局科技外事部

一、地球物理勘查方法技术

（一）物探仪器研制。

对高精度重力仪器结构、电路设计进行了改进。调整了仪器石英系统的传感器参数，加工了新的石英系统。增加了平行度测试。对仪器检测电路、电源及控制电路进行了优化升级。进行了温控电路、保温装置的联调和保温效果测试。选用高精度电解液倾角传感器，制作完电路板并电路调试。仪器的操作控制、数据采集和处理、温度、倾斜和固体潮的实时改正采用32位嵌入式系统。

高精度井中三分量磁力仪倾角测量的精度和稳定性已经得到很好的解决，小口径陀螺的方位测量精度也有了进一步的提高（2°左右），三轴磁场传感器部件已经成型，并在野外的平稳地磁场中进行了多次数据测试，其性能技术指标基本达到设计要求。通过试验数据确定了三轴磁场传感器的正交度≤0.3°。采用数学改正方法消除了倾角、方位在坐标转换中对总场造成的影响。采用D/A数值反馈新方法的积分回路，实现了对系统的闭环控制。采用高速A/D进行循环采样，克服了系统的随机误差，提高了各分量测量精度及总场转向差。采用长环形双线圈结构方式大幅提高磁探头的接收灵敏度。采用过饱和激励来消除磁滞现象对零偏的影响。采用稳定可靠的轴向系统来提高仪器的可靠性，同时通过坐标旋转将探管坐标系转换到大地坐标系上。

研制高温超导磁强计瞬变电磁的GPS同步系统。采用GPS与中稳定性的晶体振荡器相结合的方法，利用高同步精度、高稳定性的GPS秒脉冲信号作为参考信号，间断性地修正本地时钟的时间和频率，使各时钟保持同步。该方法的主要特点是无需采用高精度的石英钟，可大大降低成本。根据高温超导磁强计信号的特点，调整信号通道的输入阻抗和放大倍数，解决两套系统的匹配问题。

对井中磁场三分量梯度仪进行系统整体设计与优化。完成整机电子线路、井下单元电路的设计。数据采集用10通道选择器。对磁传感器进行实验，保证测量精度。磁传感器采用25mm跑道型传感器，通过多次试验测试，该传感器的灵敏度不低于1nT时可以保证性能指标。通过对单分量磁梯度仪几个关键位置测得的数值进行分析，验证其两组磁传感器的平行安装偏差角度规律，45分钟内梯度稳定性误差<1.2nT。通过偏差角规律实验，得出垂直分量的垂直梯度的主要误差是由上下磁传感器不严格平行导致的，规律基本符合余弦定理，经理论推导，其公式符合误差值=偏差角$\times H_0 \times \cos$方位角，H_0为水平磁场值，此实验为三分量梯度仪的理论研究提供了前提条件和基本假设。

完成钻孔组合式应力-应变多参数自动监测系统总体设计，主体结构机械设计加工；分量式/体积式应变仪、测汞仪、电路设计、电路板制作、单元电路调试；工控机控制程序编写；数据传输的高效通信网络组建；测汞仪样机研制，测氡仪二次开发，长期试验观测站选址和长期观测站井口气汞-氡观测条件试验研究等年度计划任务，研制工作取得了重要进展，部分成果已经应用到科技专项“汶川地震断裂带科学钻探”项目，产生了一定的社会效益和学术影响。

对国内外相关物探软件的开发应用现状进行了分析，并归纳各专业软件的功能和特点。确定了物探（MT法、CSAMT法和MTEM法）、遥感（航空LiDAR数据处理）和地质综合类（水文地质）软件测评大纲内容，形成测评大纲。

（二）勘查地球物理技术。

对重磁场多尺度小波分析算法进行了优化分析和测试，提高了分析的精度和运算的速度。编制了多尺度小波分析算法的程序，并对部分实际资料进行了处理，取得良好效果。完成的x^2深反射地震特殊处理软件，处理效果能真实地反映深部地质结构的特征，达到了预期的目标。

区域地温调查技术方法研究，设定了测温基准孔和特殊地形实验孔，为示范区开展1:400万区域测温的施工孔深度确定提供了相关依据。通过对43个油页岩矿区的踏勘与物性标本采集和茂名油页岩矿区物性标本的测定，根据油页岩矿床成因确定其勘探方法在某种程度上可与煤田勘探相类比，可以借鉴煤田勘探的方法技术进行油页岩勘探方法技术的研究。

通过对厚层有机质覆盖区磁法、相位激电及常规激电3种方法有效性试验发现，不同类型矿床随着从高温到低温分带其磁背景也呈现由高到低的变化趋势，从异常形态来看在高温的矽卡岩型铜矿，高背景下的低磁异常为矿体（矿化体）的反应，而其余类型矿床则为低背景下的高磁异常为矿体（矿化体）的反应；激电、相位激电在低阻高极化（视相位）对应的部位为矿体（矿化体）的反应，相位激电对浅部矿体（矿化体）的反应更为明显。

实现了复电阻率法三维交错采样有限差分法数值模拟算法；分析和建立了三维正演并行计算的详细实现过程；完成了三维共轭梯度反演方法的理论研究和岩矿石标本频谱特性曲线测定工作；重点研究了盲分离技术中的FastICA算法和JADE算法，以MATLAB为平台，成功实现了地震数据的降噪，并给出了实际地震资料盲分离降噪后效果剖面图。

开展了全国重要成矿区带金属矿典型矿床勘查中，物化探方法应用情况的调研工作。收集并整理了近10年来新发现的部分典型金属矿床有关资料。对中国16个重要成矿区带，金属矿找矿有效物探、化探勘查技术应用现状开展了相关的调研工作，收集物探、化探勘查技术应用成果资料。

（三）航空地球物理技术。

直升机航空电磁资料处理解释方法及时间域航空电磁系统方案研究工作方案，完成了频率域航空电磁系统不同装置类型一维正演计算方法研究，实现了IMPULSE系统水平共面、垂直同轴装置一维的正演计算；研究了频率域航空电磁系统视电阻率换算方法，并进行了试算；研究了频率域航空电磁系统质心深度近似反演理论，实现IMPULSE系统质心深度近似反演计算；实现IMPULSE系统马奎特反演计算、OCCAM反演计算、水平共面、垂直同轴联合装置反演，并进行了试算。

二、地球化学方法技术研究

根据对内蒙古中东部半干旱草原覆盖区的亚景观进行实地质调查查与划分，初步绘制出覆盖区范围的分布图。结合地貌类型进一步划分出侵蚀中山、侵蚀低山、干燥剥蚀高平原、干燥剥蚀丘陵、熔岩台地、冲积平原、沙丘覆盖的平原等各类适于开展区域化探采样的微景观。在内蒙古中东部半干旱草原覆盖区小面积区开展采样介质、粒级、层位的有效性试验工作。初步研究认为细粒级样品为半干旱草原覆盖区开展大面积区域地球化学勘查的有效介质。

固体金属矿产地球化学定量预测与矿床定位技术，初步建立了拜仁大坝银铜多金属矿地球化学模型；以拜仁大坝银铜多金属矿为研究重点，确定了利用元素分带理论进行判定矿种和矿床初步定位的方法；用回归分析估算法、面金属量估算法、丰度估算法等各类方法对矿床储量进行测算对比。确定了区域化探异常中主成矿元素的提取方法。

应用机动浅钻的地球化学勘查方法技术研究，在1:20万浅钻化探面积测量范围内选择有良好异常显示地段，开展1:5万浅钻化探详查工作。选择典型异常浓集中心位置，共布设4条浅钻剖面。应用车载空气正循环冲击取样钻，开展以钻探代替槽探圈定矿化体的对比实验。对车载机动浅钻进行了改进。经改进台时效率由原来的4.45m提高至7.73m，车载浅钻钻进效率有了显著提升。

三、高光谱应用及遥感新技术研究

编写了《高光谱遥感矿物填图工作方法指南》，并根据高光谱遥感矿物填图的技术流程处理了新疆东天山8个航带，约1000km^{2}的HyMap高光谱数据和云南普朗-怒牛场地区高光谱立体矿物填图试验，处理了4景，约1200km^2 Hyperion数据。填出了富铝白云母等矿物与矿物组合。

利用新疆东天山地区航空高光谱HYMAP数据试验的结果表明，综合利用光谱角和混合调制匹配滤波能较有效地减少误识别率。利用单一方法均会造成大面积的误识别，利用综合指数则明显地提高了矿物识别的准确性。为此提出了基于光谱角与混合调制匹配滤波组合指数的光谱组合识别策略。典型矿区高光谱立体矿物填图研究的试验区主要为新疆土屋铜矿。初步总结了立体矿物填图的基本技术流程。开发了矿物填图结果的三维表达程序模块，为挖掘矿床矿物立体分布中的矿物信息奠定了基础。

中国新一代星载高光谱数据地质应用试验系统研建方面，明确了地质应用系统的运行环境、开发平台和开发规范。在高光谱数据模拟及载荷指标分析研究方面，通过航飞获取机载高光谱数据，并开展同步地面光谱测量，将所得数据进行高光谱数据模拟精度的评价；模拟了不同空间分辨率、光谱分辨率和信噪比的星载高光谱数据，并对矿物填图结果进行对比分析，提出了载荷指标组合优化方案。针对境外试验区高光谱卫星数据铜矿信息提取与潜力评估的需要，以刚果和赞比亚为试验区，重点开展了在无地面或少地面资料的境外试验区如何进行铜矿高光谱信息提取的研究，提出了人工神经网络方法在境外铜矿高光谱信息提取中的应用方法。在稀土矿高光谱信息提取研究方面，以江西赣州为试验区，获取了2景Hyperion高光谱数据，对比了6S模型和FLAASH模型在数据预处理中的效果，得出FLAASH更适合试验区Hyperion数据预处理的结论。重点研究并总结了稀土矿高光谱信息提取的技术方法和流程。研究总结了金、铜矿高光谱遥感信息提取的技术方法和流程，完成了相关软件模块开发的设计。研究总结了基于油气微渗漏理论的油气高光谱遥感探测技术方法和流程，完成了相关软件模块开发的设计。地下煤火高光谱遥感探测技术方面，提出了基于模型选择理论和广义加法模型的地下煤火高光谱遥感探测技术方法和流程，完成了相关软件模块开发的设计，并已经开始进行开发。

遥感地质资源评价应用综合实验场研究，利用ASTER数据，开展了试验场遥感数据矿物初步填图。编制了试验场的总体建设方案、本底数据采集和测试的技术要求等初稿。编制了试验场本底数据库及信息系统的研建方案，并初步进行了数据库的试验性开发工作。

四、地质钻探技术研究

完成1500m全液压岩心钻机和600m坑道钻机的主要技术参数的确定，完成了钻机总体方案的设计与各主要部件的设计，对钻机的外购件进行的选型，完成了钻机零部件的加工试制。完成的主要技术参数的确定，完成了钻机总体方案的设计与各主要部件的设计，对钻机的外购件进行的选型。定向钻进高精度中靶系统克服了MWD产生累计误差的固有缺陷。以人工营造磁场方式检测钻头与靶点之间的方位和距离，总结出某一地区某MWD的惯性偏差，提供预纠偏指导。被动测距系统的测距范围大，可提前作方向调整，实现一次中靶。测量精度随着对靶点的不断趋近在不断地提升。

深孔复杂地层取心钻具SS－150，采用双钻头半合式三层管结构，保证强松散、强松软地层的岩心采取率与取心可靠性；在图纸上突破了传统的绳索取心钻具悬挂环悬挂结构，采用收缩悬挂方式保证钻具内总成选用标准管材通过小间隙钻柱通道；三层管钻具与双层管钻具共用一套外总成，施工中可根据地层变化投放不同的内总成而无需提大钻；内总成到位报讯与岩心堵塞报讯机构较传统方式有所改进。KZ－150隔水式单动钻具对外总成的螺纹联结进行了改进，在不增加接头壁厚的前提下提高了钻具的抗扭能力，试样在台架上静扭加到10kN·m时无损，足可保证钻具承受孔内异常；钻头与钻具的结构配合，可改变钻头与内总成接合部的液流流向，避免根部岩心经受液流的径向冲蚀。

深孔膨胀套管护壁技术研究，通过计算机的仿真和室内膨胀试验数据对比，基本上确定了膨胀套管在膨胀过程中各种参数的相互关系，确定出膨胀套管护壁技术的关键技术、主要影响参数。研制出一套结构合理的扩孔钻头。研制出一套适合地质岩心钻探用膨胀套管护壁用的下入工具。建立的实体锥型膨胀套管模型程序具有自动生成相应尺寸的膨胀套管图像、自动生成相应尺寸形状的膨胀锥头图像等主要功能。

组装完成了两套小直径钻孔测斜仪。完成了测斜钻具顶角、方位角的解算和软件编写工作。完成一台室内微型校验台和一台密封压力温度试验台。完成了小直径钻孔测斜仪底层软件包和后宿人机界面软件包的测试。

完成了无缆多参数组合钻孔测漏仪的软件编写，设计研制了无缆多参数组合钻孔测漏仪样机。完成了堵漏灌注器的设计加工及调试。通过对硅酸盐型主料、硫铝酸盐型主料、铝酸盐型主料的凝结时间、流动性、强度发展、结石率等性能选择对比，确定了以硫铝型原料为基础的硅铝基胶凝固结材料主料。完成拦截式堵漏工具室内实验及堵漏配方研究，同时加工完成改进的拦截式堵漏工具。

确定了沼泽浅滩多功能钻车的底盘形式，完成了钻机的方案设计、液压系统的设计和钻车的卷扬选型。复杂地层高效钻进技术的研究，完善新材料钻头胎体的基础研究和生产适应性研究，完成了新型液压剪切式取心工具试制，完成空心螺旋钻具的选材及整体结构设计，并进行了试加工。完成ϕ46绳索取心钻具及ϕ58空气反循环钻杆加工。完成溶胀型随钻堵漏剂研制。接枝淀粉共聚物现场试验取得良好效果。

精细、原位、保真、多元取样技术的研究，完成了深孔多元复合取样工具的结构原理设计及可靠性研究；完成了衬管主体材料的调研与分析，选择铝合金作为衬管主体材料；完成了衬管吸附材料的调研与分析，选用聚氨酯海绵作为液体吸附材料；完成了复合衬管的结构设计及复合工艺研究，并试制成功。完成了多元复合取样钻具的图纸设计 1 套（ϕ91 规格）；完成了第四纪非固结地层取样工具的试验钻进；完成了多元复合取样钻具（ϕ91 规格）的试制工作；完成了多元复合取样工艺流程的研究。

难钻进地层新型钻探设备器具及工艺的研究，完成了 300m 全液压岩心钻机的动力头加工和装配、桅杆的加工及装配，钻机底座及液压系统加工及装配；完成油页岩取心高效复合片钻头研制、泥浆体系设计、取心钻具研制。

五、实验测试技术方法研究

通过改进完善土壤中 20 种有机氯农药及多氯联苯分量的分析方法，样品提取速度从 16 个小时缩短到 1 个小时，检测下限达到 10～25g/g 级甚至更低。建立了土壤中 16 种多环芳烃的分析方法。建立了粮食、蔬菜和水果中 25 种有机氯农药、多氯联苯分量的 GC－MS 分析方法和 16 种多环芳烃的 GC－MS 分析方法。完善了吹扫-捕集/气相色谱-质谱在线检测地下水中和土壤中挥发性苯系物、卤代烃分析方法。初步建立了地下水中总石油烃的气相色谱测定分析方法。开展了土壤样品中总石油烃的气相色谱测定的方法研究。初步完成了加速溶剂-气相色谱/质谱检测土壤中毒杀芬的方法研究。进一步完善了地下水中 16 种多环芳烃的测定和地下水中苯酚类化合物的测定方法。建立地下水、土壤样品中有机磷农药的测定方法。建立了水溶液中 5 种 As 和尿液标准物质中 3 种 As 形态的分析方法。初步建立了土壤样品中 As 和水溶液中 Sn 的 4 种形态分析方法。制定了较为详细的土壤中 PAH 的 GC/MC 和单体碳同位素分析方案。初步建立 PAHs 的单体同位素仪器分析和配套识别方法。在岩石中氯仿沥青快速溶剂抽提方法研究方面，确立了优化的 ASE 抽提条件。抽提时间可以由索氏抽提的 48～72 小时缩短为 20～25 分钟。原油和岩石可溶物有机物中石油族组分的中压液相色谱制备方法研究方面，建立了效果稳定的分离制备方案。在饱和烃组分生物标志物定量分析方法研究方面，确立了用于饱和烃中正构烷烃、类异戊二烯烷烃、多环生物标志物进行色谱定量分析的内标化合物、色谱条件，以及质量-峰面积校正因子，建立了重现性较好的分析测试条件和可靠的数据出来方法，并初步形成了相应的 GC 和 GC－MS 分析作业指导书。在含氧化合物分析方法研究方面，系统研究了对原油及岩石抽提物中非烃化合物进行进一步族组分分离、化学衍生化处理及 GC 和 GC－MS 分析的方法和条件，建立了重现性很好的分离制备酸性非烃组分、醇类非烃组分和醛酮类非烃组分的中压液相色谱方法，定量性能良好的羧酸甲酯化和醇类硅烷基化方法，以及可靠的分析测试条件和数据处理方法。

完成了黄铁矿、闪锌矿、钴镍多金属矿石样品分析标准方法相关矿石的 ICP－AES 和 ICP－MS 分析方法研究和完善工作；编写相关矿石的 ICP－AES 和 ICP－MS 分析方法初稿。进一步研究了动物样品的前处理条件，完善现有的作业指导书。从广东、山西、四川等地采集了污染土及矿山废渣废料等固体污染物标准物质候选样品。完成了两个地下水中 As 形态标准物质样品的采集和制备。完成了样品制备和保存实验，采用冷藏、冻干燥技术进行样品的制备。

研制完成了多个标准物质和 3 种不同浓度的地下水无机元素测定监控样品。开展了生态环境地球化学调查评价中生物样品分析标准方法研究，完成部分方法的精密度实验。

初步完成黄铁矿 XRF 仪器分析方法。La－ICPMS 主要进行了进样系统的完善和方法改进，尝试性进行了标准样品的测定。完成了 49 个主要、次要和痕量元素的 XRF 通用分析方法的建立工作。建立了岩石、土壤、沉积物等样品的面向野外现场及驻地的制样及分析方法。确立了对激发源微区 X 射线光管和 X 射线能量探测器的设计要求与仪器整机的设计方案；结合电镜和 X 衍射，确定了矿区土壤中主要的矿物为长石、石英，并且个别样品中见有黄铜矿和方铅矿。

建立了 HPLC－ICP－MS 测定生物样品中甲基汞与乙基汞形态分析方法，建立了 HPLC－ICP－MS 测定天然水、土壤及植物样品中碘形态分析方法。建立了硅酸盐矿物多元素微区 LA－ICP－MS 定量分析方法，在国内率先提出了基体归一校正法，初步建立了锆石 U/Pb 的 LA－ICP－MS 方法。建立了封闭溶矿、小体积快速比色法测定铂钯的方法，对锇的样品分解、分离富集和测定方法进行了研究，制定了模拟野外驻地现场铂钯快速分析方法。利用优化处理后的带消解、蒸馏和萃取的 4 种功能模块，建立了总磷、挥发酚、氰化物及阴离子表面活性剂的在线分析方法。

研制出除氟滤料产品，其吸氟率达到 1.1g/kg，研制出多功能除氟配套装置，制定了简单、合理的除氟工艺流程，除氟效果达到国家生活饮用水标准。提出了测试方法检出限与地球化学图色阶划分的关系。

建立了一种基于气流粉碎的超细样品制备方法，该方法可降低取样量，减少试剂消耗和样品处理时间。建立了电子探针测定U，Th，Pb和稀土的分析方法；建立了电子探针测定独居石年龄的分析方法和编程工作；完成了独居石电子探针应用实例。初步建立了3个地区不同类型油气地质样品微量元素分析的电子探针分析测试方法和针对不同类型油气地质样品的能谱分析方法，改进了制样技术，使对油气样品的微观形貌观察达到纳米级；将能谱、背散射电子探头和扫描电镜联用，拓宽了传统方法的研究范围；将样品微观形貌观察和成分分析有效的结合，为油气样品的综合评价提供了新手段。建立了水、土壤或底泥中多氯联苯工业合成物质、邻苯二甲酸酯类和有机磷3类环境激素类有机污染物分析方法并应用于多目标地球化学中生态环境的监测和地下水水质与污染的监测。提出了电子轰击和负化学电离源联合测定多氯联苯的新方法，使检测的灵敏度和准确性明显提高。首次采用国产502树脂制备可重复使用的固相萃取小柱。建立了采用加速溶剂萃取技术测定烃源岩可溶有机质萃取和氯仿沥青质含量的方法，并形成了烃源岩样品可溶有机质萃取的ASE操作规范；建立了石油族组分分离制备（中压液相色谱）方法，并提出了中压液相色谱技术分离制备石油族组分的操作规范。建立了ICP-MS、ICP-AES、氢化物发生原子荧光法等技术测定湖泊水体生态环境调查样品中30项化学组分的分析方法。建立了一套合理的农业地质植物样品的制备方法，形成了一套较完善的样品分解配套体系，提出以仪器分析方法和常规分析方法为主的两套配套多元素分析方案。研制了一个尿素有机碳同位素实验室工作标准，建立了EA-IRMS测量碳同位素测量方法和GBⅡ-IRMS测量水中氧同位素和氢同位素分析方法。

六、难利用矿产资源及共伴生资源利用技术研究

完成了白马矿区钒钛磁铁矿原矿工艺矿物学研究。对含80% TiO_2 的钛渣产品进行了工艺矿物学检测。完成了粗粒抛尾选铁工艺流程、两段球磨选矿工艺流程、铁精矿的制备等试验并进行了冶金试验研究。确定了宁乡式铁矿的性质及其主要成分。获得了矿石中主要矿物的物性数据。开展了200目80%磨矿产品单体解离度和集合体解离度测试。完成了磨矿和脱泥技术的研究，初步找到减少矿泥产生的方法，确定了磨矿-脱泥工艺流程。完成了浮选工艺的研究。经过一次强磁选，精矿TFe品位达到54.5%，回收率为65.6%，精矿中P含量为0.65%。铁精矿TFe品位为57.3%，TFe浮选作业回收率为91.34%，铁精矿含P 0.20%。完成了焙烧温度试验、配煤量试验、焙烧时间试验等，确定了焙烧条件。四川省白玉铜铅锌共生矿物相分析表明，矿石中铜铅锌矿物主要是硫化矿物，氧化率较低，铜、锌在硫化物矿物中的含量占全铜、锌的96%以上，硫化铅则大于93%。原矿中确认了的矿物有40余种。进行了部分混合优先浮选选矿试验研究，其中包括磨矿细度试验，捕收剂种类及用量试验，开路试验和闭路试验确定了该矿的选别需要在细磨条件下进行。选取了选择性较好的捕收剂MAC-12。确定了部分混合优先浮选的工艺技术条件。开展了重浮联合流程的选矿试验，通过重选来分离铜铅精矿，得到部分合格的产品，初步试验结果表明，重选可以获得铅品位63%、含锌2.69%的铅精矿。

按实验室试验推荐的流程进行了长江上游煤系硫铁矿扩大试验，扩大试验进行了快速样、班样及流程样的考察，并取了尾矿水质分析样；对扩大试验截取的快速样、班样、流程样和尾矿水质样等进行了化学分析测试，按测试分析结果对选矿流程进行了流程计算，获得了硫、铁在分选过程中的走向分布；对经过自然沉降的尾矿水进行了选矿试验研究，研究发现经自然沉降的尾矿水对选矿没有影响，甚至好于自来水；实验室小型试验进行了浮选、重选-浮选、重选3种工艺流程及相应参数的对比试验研究；实验室对获得的高品位硫精矿进行了沸腾焙烧试验研究，经多次试验、分析，焙渣TFe含量≥60%，S含量≤0.2%，达到合格铁精矿的质量要求；进行了选矿尾矿制作墙体材料的试验研究，试验结果表明，该尾矿可以作成墙体砖、装饰砖等。在小型试验的基础上，进行了扩大试验（半工业试验），获得的产品强度等级可达到MU15。

基本完成中国主要的难选铁矿资源调研，完成试验样品采集、制备工作，基本完成大红山铁矿和惠民铁矿的主要矿物成分、含量，矿石矿物的结构构造、有用矿物以及主要脉石矿物、硫化物、含磷矿物的嵌布特征，原生嵌布粒度及工艺粒度。查清有用矿物的化学成分及脉石矿物铁的含量，查清硫、磷等有害元素的分布状态。对大红山铁矿的5种类型原矿经采用碎矿—预选—粗磨—（浮选）—弱精选—磁筛精选—强磁（或重选）—再磨精选的选矿工艺流程，取得了较好选矿阶段试验指标，对弱磁精矿采用精选后可得品位为65% ~68%的铁精矿。对惠民铁矿3种类型矿样菱、褐铁矿，采用弱磁选-强磁的工艺流程精矿品位和收率较低，采用磁化焙烧-磁选可得到品位45% ~60%磁选精矿。

锰银共生矿完成选矿富集试验，试验样品锰、银回收率分别达到90.24%和91.29%；锰银湿法分离控制锰、银浸出回收率约92%；开展了锰回收制硫酸锰、浸银液初步回收银的条件试验等。滑石型难选辉钼矿通过工艺矿物学研究，已查明试验用矿物的物相组成、结构构造特征及嵌布特征和共生关系；选矿采用磁选—磁场筛—浮选联合流程，钼粗选回收率达84.65%，中试流程试验钼粗选回收率为82.29%，铁精矿品位TFe66.36%，回收率大于70%；稀有多金属矿完成物质组成研究和小型试验研究，粗选富集中间试验完成了选矿中间试验完成样品的分拣、破碎设备的检修和场地的清理、样品破碎混匀、中试设备的筹备和检修、非标设备的加工、流程连接和设备单机调试，流程连续运转调试及流程取样测定，工艺流程进一步优化；以Nb_2O_5，ZrO_2，REO计，3种主要成分综合回收率均大于80%。

查清了横峰钽铌矿中矿物的种类、含量、嵌布粒度特性和镶嵌关系，为确定钽铌矿选矿方案提供了理论依据。查明了金银矿物的嵌布粒度特性及关系，方铅矿是金银矿的载体矿物。完成钽铌矿粗选连续扩大试验，混合粗精矿钽铌品位富集了20倍，回收率达到73.5%，取得了比较理想的技术指标，为该矿的开发利用提供了合理的粗选工艺流程。对伴生矿物长石、石英进行综合回收，产品经陶瓷工业窑炉焙烧试验，性能达到陶瓷行业原料技术指标要求。

七、地质调查方法技术培训与推广

结合地质大调查成果梳理集成，共完成了16期新技术方法培训班，其中物化探技术4期、钻探技术3期、遥感技术2期、分析测试技术3期、综合利用与循环经济2期、方法技术综合培训2期。参加培训总人数超过1500人次，70%为年轻技术人员，参加培训授课的专家90多人。编辑培训教材8册，汇总的PPT讲稿130多个，现场录制的培训DVD光盘7张。

由地球物理地球化学勘查技术研究所研发的阵列式多功能电磁测量系统、电法勘探工作站、重磁三维反演技术、瞬变电磁原理及数据处理方法、地下电磁波方法技术、高温超导磁强计在瞬变电磁法中的应用技术、成都理工大学研发的野外X射线荧光分析技术和勘探技术研究所研发的高精度钻进参数仪、绳索取心钻探及事故处理技术、复杂地层取心技术、复杂地层钻井液技术、深孔硬岩用金刚石钻头和扩孔器、液动潜孔锤钻进技术、定向钻探技术得到了推广；为配合全国地下水污染调查评价工作需求，举办的地下水污染分析培训班，将培训授课、专家现场指导、规范考核和实验室资格认定等多项工作结合起来；以浅覆盖区“以钻代槽”工作需求为导向，围绕浅层取样钻探技术、浅层钻探机械机具研究、化探填图浅层取样技术、不同景观区的钻进工艺等方面进行了授课。遥感红外光谱分析技术培训采用简单易懂的方法授课，60%以上的学员当天可以熟练使用仪器。总体来讲，培训内容丰富，形式多样，成效较为显著。

（张学君）

地质调查信息化建设与服务

地质调查信息化建设

中国地质调查局总工程师室

2009年，按照中国地质调查局总体部署，地质调查信息化工作围绕地质调查数据集成与共享服务平台建设和地质调查信息化支撑体系建设两大方面展开，取得了一系列重要成果和进展。

一、区域地质图空间数据库建设

新完成326幅1:5万区域地质图空间数据库的建设和46幅1:25万区域地质图空间数据库的建设。截至2009年底，1:5万区域地质图空间数据库建设全国已完成2223个标准图幅。1:25万区域地质图空间数据库建设已完成197个标准图幅，包括青藏高原地区122幅，覆盖国土面积约275.8万km^2。

二、海洋地质数据库建设

补充完善数据库建模及数据库维护的工作方法及规程，包括《海洋地质数据库建模》、《海洋地质数据库数据入库指导》、《海洋地质数据库数据备份策略》和《海洋地质数据库数据恢复策略》。《区域海洋地质数据库管理信息系统》开发方面：一是对上年度开发的“B/S架构成果图件定制系统”进行功能补充和调整，新增加了空间信息的图形查询、自定义查询、缓冲区查询等功能，调整了图片输出模块；二是开展了“海洋地质三维可视化软件”的开发，主要采用三角形网格来构造高真实感的三维立体模型，实现了三维地层缩放、旋转、移动、漫游变换，并研究了正切、斜切切算法，初步实现表面模型的正、斜切操作。公众数据库入库方面，形成入库数据集14个，数据存储量约2.4GB。

三、国家基础地质数据库更新与维护

一是完成2008年前工作程度和矿产地数据库维护成果的汇总集成。共新增矿产地数据12043条，更新维护矿产地数据20320条。工作程度数据库新增工作程度数据15985条，更新维护19652条。二是完成国家基础地质数据库的日常维护工作。三是完成部分省市物化探专业数据库维护成果的汇总，主要涉及区域重力数据库、区域地球化学数据库等。四是完成工业部门工作程度和矿产地数据库更新情况调研，了解了各个工业部门在两个数据库维护方面需要做的工作，总结了各行业部门矿产地和工作程度数据库存在的问题。四是完善了地质信息元数据管理系统，对原来的元数据采集和发布系统进行了完善，补充了数据的采集和更新功能、批量修改功能、分级权限管理功能等，并将该系统进行了翻译，形成了英文版本，满足了中国地学信息领域国际交流与合作的需要。六是开展了基础地质数据库管理系统的开发。完成了“基础地质数据库管理信息系统”的总体设计，实现系统主界面设计及框架搭建。七是开展了国家地质资料数据中心研究工作，基本理清了国家地质资料数据中心建设的思路，初步完成了数据中心的定位和职责，以及数据中心建设内容的研究。

四、国土资源信息集成与共享平台建设（地质调查）

完善了跨多平台一站式服务的中国地质调查信息网格体系。编写了中国地质调查信息资源聚合标准与协议。建立了一站式服务的中国地质调查信息网格平台架构与机制，实现了分布式对资源进行描述、组织、发现与集成。初步建立了中国地质调查信息网格同步机制，实现了资源的上传、下载、添加、修改、删除等，最终完成资源的同步。创建了分布式结点PORTAL，实现了本地结点与其他结点的协同与共享，并通过全局资源的共享和平台功能资源的同步与更新机制实现了资源的协同与共享。基本完成了北京、天津、成都、郑州、云南、西安、西藏网格结点的部署，并开始发布服务，基本形成了中国地质调查信息网格布局。实现了多种形式的数据服务，无论表现形式如何，直接从元数据目录发现数据。基本完善了地质图栅格流服务。国家地质空间数据网格服务系统获国家发明专利授权，且已进入实用推广阶段。

五、地质科学数据集成及服务系统

开展了地质科学数据体系研究工作，进一步完善了地质科学数据体系的总体架构。按统一标准完成12个地质科学数据库的元数据采集工作。岩溶地质数据库整合建库方面，首次完成对洞穴、天坑、地下河、大型岩溶泉4个数据集的集成整合，为进一步集成岩溶领域其他专业数据集奠定了基础。初步完成100个重点岩溶洞穴数据集完善工作，补充采集了30个岩溶大泉系统背景资料及相关动态监测资料。更新《中国岩石地层名称辞典库》数据100条目，待质量检查后，即可加载入库，该库收录总条目将达12800条目。对服务网站进行了完善与维护：地质科学数据服务系统已迁移到基于VMware虚拟化架构的新硬件平台；6个数据库（大陆科学钻探数据库、地下水资源数据库、岩溶地质数据库、中国岩石地层名称辞典库、深部地球物理数据目录库、国家地质公园数据库）经过优化完善，已具备通过网络在线提供共享服务的能力。

六、地质环境信息集成及服务系统

开展地质环境数据集成与整合。收集整理了现有的地质灾害、地下水、矿山地质环境调查及监测数据，研究地质环境综合数据库模型体系框架，设计地质环境综合数据库结构，完成部分地下水动态监测、地质灾害监测、县市地质灾害调查、矿山地质环境调查等的数据体系工作，统一了空间数据库的组织形式，开展基础地理空间数据库的建库工作。按照地质环境综合数据库体系结构，利用开发完成的地质环境数据集成服务系统，实现了部分地质环境调查数据库的导入及其元数据的录入工作，完成了部分地下水动态监测、地质灾害监测、县市地质灾害调查、矿山地质环境调查等属性数据的整合入库，数据量约200兆。根据地质灾害、地下水、矿山地质环境综合数据体系，利用地质环境信息集成及服务系统数据抽取功能，从地质环境成果数据中提取地下水、地质灾害、矿山地质环境综合信息，建立地质环境综合数据库体系结构（测试版），为地质环境信息服务提供数据基础。

地质环境动态监测信息的集成及网络服务方面，初步形成了123个地下水实时动态监测点监测数据和四川雅安、云南新平等地区10个地质灾害动态监测点的监测数据的采集、传输及入库工作，实现了地质环境动态信息服务系统提供网络浏览服务。

地质环境综合信息服务系统功能模块开发方面，开发了面向动态监测的数据交换服务子系统软件、数据库管理软件和基于WebGIS的信息浏览服务软件及工具软件，开发了地质环境信息服务系统的数据集成、信息提取、地图服务等功能模块，初步满足正常开展信息集成的需要。

七、资源与遥感信息化基础平台建设

按照遥感影像数据库建库的规程，进行航片的数字化扫描和元数据采集，影像数据库新增了4万km^2的航空影像数据。完成遥感工作程度数据库数据更新工作，物探程度数据库数据更新工作成了总量的80%。根据《地质信息元数据标准》完善了元数据库，为“地质调查数据集成与共享服务平台”节点的建立提供了数据基础。

八、地质调查基础网络应用支撑系统建设

地质调查骨干网络系统的总体技术框架和网络分级管理体系已基本形成。建立起了覆盖中国地质调查局及局属单位的AD域环境、视频会议系统和网络电话语音系统；初步建立了业务网门户系统和互联网网站集群。

配合网络系统集成的具体实施，完成了网络集成前期的规划。开展机房配电改造工程，共新增配电24路（其中32A配电8路），改造配电耦合器18路，安装4组配电柜144支路配电互感器，完成防雷接地改造前期工作。

设计开发了中国地质调查局业务门户系统，实现了局业务网各门户网结点之间的信息推送功能。设计、部署了中国地质调查局、西安地质调查中心、成都地质调查中心、发展研究中心业务网门户。系统设计了32个常用栏目供选择，并具有良好的栏目扩充的功能。编制了地质调查业务网门户运行维护制度，并通过专家论证。在保证局国际互联网网站正常运行的同时，及时准确地更新了国家地质调查各项工作动态信息和综合类信息，其中基础地质调查、水工环地质调查、矿产资源调查评价、地质调查科学技术研究、地质调查信息化建设方面业务动态信息超过80% 。围绕部、局工作重点，利用网络优势，通过网上专栏进行全方位的信息采集发布，提供快捷的信

息咨询服务。抗旱期间，在网上及时开辟专栏，发布全国各省抗旱打井各省技术服务资料，提供免费下载服务。结合部和局工作重点，及时开辟“找矿大讨论”、“全国矿业权实地核查”网上专栏，通过最新消息、专项介绍、简报、论坛、技术下载等多个栏目进行全方位信息采集发布，同时结合地球纪念日，进行网上图文科普知识的信息采集发布。本网原创信息被国内搜索引擎、部网站等媒体转发的数量也日益增加。局网站2009年采集发布动态信息3267条，比2008年增加一倍。网站访问量60万人次，年度增长5.23%。局网站累计访问量已经突破300万人次，并呈上升趋势。

完成地质调查数据资源分级体系和容灾技术研究，对地质调查数据现状、存在问题进行调研、分析，为数据分级提出建议与对策。完成地质调查数据分级体系，并在此基础上开展中国地质调查局异地容灾的需求分析、风险分析、规划设计，提出了地质调查数据容灾的技术方案和地质调查数据容灾的管理方案。

九、国家地质工作业务管理信息系统

1. 国家地质工作办公信息系统：业务网办公系统在试点单位进行了一年的试运行，应用效果良好。顺利完成了局机关办公自动化系统的运行维护工作。保证了局办公楼搬迁对局机关网络办公环境的要求。

2. 项目管理系统：研究确定了系统的新权限模型和工作流控制模型。完成了数据结构改造设计，以及计划项目和工作项目数据标识的设计，并收集整理了1999～2010年地质调查项目（工作项目）数据9790条记录。完成了项目管理信息系统（V2.0）各项功能的开发、测试。

3. 探矿权审批业务辅助系统：完成了需求分析，通过对功能需求和现有数据源的分析，给出了系统的逻辑模型和物理模型，对每个具体功能设计了实现技术途径、方法。根据功能需求和详细设计，初步实现了系统原型。

十、地质调查信息化标准建设

完成6个已完成的地质调查信息化标准的清理与协调，对已完成的地下水资源调查评价数据库标准、地质调查软件系统生产测试管理规程、地质调查软件设计编写规范、数字区域地质调查技术要求、多目标区域地球化学数据库标准、区域重力数据库标准进行了清理和协调，主要包括与相关国家标准和行业标准之间的协调、标准的格式调整等内容，并对标准文本进行了标准样式的修改和完善，拟于近期发布实施。完成了地质调查资源目录数据库标准的制订。开展了地质数据模型研究，初步建立了基础地质和矿产地质领域地质数据模型谱系框架，基本完成了基础地质和矿产地质领域地质数据模型内容标准的研究和制订。

十一、地质调查信息化新技术适用性评价与推广

基本完成三维罗盘整机设计（带LCD＋大电池＋GPS）实现方案的研究试验。通过对TCM系列芯片的调研、试验与剖析，完成了验证电路的设计与实现、三维定向模块算法研究与编程、性能指标的统计与标定。基本解决了位置、方位、产状、坡度和坡向等数据测量的简单化、自动化和数字化要求。可以不再需要手持，只要把装置放到被测物体上，就可以把倾斜角、方位角、位置等一次测出，并把结果显示到屏幕上或者通过有线或无线通讯方式传送到接收终端。产品指标达到设计要求，已形成整机（带LCD＋大电池＋GPS）方案。

基本完成了野外地质调查数码纸数据采集本的定型设计。针对目前野外地质人员不习惯在触摸屏上进行数据采集的习惯及部分工作对原始记录的特别要求，改造、开发和利用市面上的数码记录本设备，进行PRB数据采集的模块集成研究，为野外地质调查人员提供与传统模式一致的记录（包括素描）模式和方法。在对国外相关产品进行充分了解和分析后，根据可采购到的元器件，已完成了产品样机定型设计，经试验性能指标达到行业应用要求（实现手写笔录采集功能、手写笔录采集信息采用向量化记录、笔录向量化信息在导入PC后，实现80%～90%的代码化识别，并形成结构化数据库记录代码），并在性能指标方面接近进口模块产品指标。

完成4种矿产资源评价方法的适用性评估工作。在对现有的矿产资源评价方法进行系统分析总结基础上，收集整理了广西试验区相关实验数据，对目前常用的矿产资源评价系统（MARS）、矿床模拟法、丰度估算法、体积估算法、区域价值估计法进行了有效性实验，并总结了其使用条件，其试验结果已提交全国矿产资源潜力评价预测组参考使用。

十二、矿产资源调查数据处理与综合分析子系统

1. 资源量估算软件：①基于边界约束和表达式的单工程矿体圈定过程：实现在整个圈定过程中，需要同时考虑矿石类型与品级的自动划分、共生矿体的品位确定和综合矿石折算因素的基于条件表达式的单工程矿体圈定流程；②基于不同高程范围及矿界约束条件的储量估算与统计：系统实现了在进行储量统计中，根据矿区一定的中段范围及实际矿界约束范围进行储量统计的功能；③地质块段法矿体投影图边界外推规则：实现矿体投影点的增加、删除功能，用于控制处理采空区（天窗）的边界，以及带控制的投影点处理方式：工程间约束生成投影点；工程与勘探线间约束生成投影点；勘探线间约束生成投影点；④资源量估算图表的完善：包括中段图的编辑、勘探线剖面图中责任表的改进、勘探线剖面图的样品品位表的改进、矿体连接面积曲线连接模式改进等功能；⑤增加沿脉坑道样品参与储量估算过程的相关功能；⑥三维边界约束等相关功能的改进：增加了剖面矿体面按实际三维方式进行显示，以便后期矿体建模应用；矿块属性模型按多个元素联合显示和切割，并保存MapGIS文件。

2. 数字地质调查软件后期数据处理成果：实现了基于word格式的野外手簿输出、实际材料图库和空间数据库辅助工具的完善、矿调建库过程物化探数据的入库提供标准化转换接口、管理自定义的素描图、空间数据属性批量从Excel导入导出、距离和角度量算、图层参数输出等功能。

3. 地质空间信息通用管理内核模块的阶段性成果：开发函数库提供对工作区实施操作的一系列函数；研究开发地质空间数据可视化模块，包括空间坐标变化、符号库存储方式及二次开发接口等。

4. 初步完成了数码本数据库与数字填图系统野外路线数据库（结构化及非结构化野外地质数据）接口的开发及应用试验，并对系统识别率进行优化。

5. 初步实现三维电子罗盘功能与数字填图系统的集成。实现电子罗盘GPS与数字地质调查野外数据采集系统的功能集成，从而实现野外产状数据的自动测量，剖面方位、坡角数据的自动测量，以及GPS定位等功能。包括：①通过蓝牙模块实现电子罗盘与野外数据采集设备的数据传输；②读取串口数据，解析电子罗盘GPS信号；③在产状点，剖面导线等数据采集时，实现方位角、倾角及坡角的自动采集；④利用电子罗盘GPS进行定位与导航。

6. 数字地质调查软件获专利2项。软件更新7次。

十三、地质环境数据处理与综合分析系统

地质环境数据处理与综合分析系统能够完成地质环境质量评价、地质灾害调查数据空间综合管理和统计分析、滑坡三维建模与动态稳定性分析等工作。系统基于自主研发的三维空间信息系统和处理分析方法，基本实现了多维地质环境条件、地质灾害体及影像融合一体化数据设计管理技术，形成了能够对地质灾害调查数据进行统计分析、对地质环境进行综合评价、对滑坡模型进行空间分析、对滑坡过程进行模拟的系列工具型产品，产品综合了水工环地质环境调查领域一些新模型、新方法，主要方法包括：地质环境数据管理（基础空间数据、地质环境条件数据、地质灾害调查数据、地下水监测数据、地面沉降调查数据、工程地质数据）、三维建模（钻孔-剖面-表面模型-实体模型）、三维地质环境场景（三维地理空间、三维基岩模型、三维水文地质模型、三维地面沉降模型、三维地质灾害体模型、三维工程地质体模型）、模型综合分析（地质体综合查询、地质环境评价、抗滑工程计算、滑坡过程模拟、地下水过程展示、地面沉降过程展示）和立体可视化与编辑。

十四、主要盆地地下水资源信息系统建设

收集了塔里木、下辽河平原、鄂尔多斯等5个盆地综合成果图件31幅及部分地下水动态监测资料。完成了5个盆地全部综合成果图件的数据库建设工作，内容涵盖水文地质、地下水资源、环境地质、水文地球化学、土壤改良、地下水开发利用等，共含单要素图层64层，数据量约974MB。开展了塔里木、下辽河平原、鄂尔多斯等5个盆地原始资料数据库建设工作，补充、整合入库资料内容包括：水文地质钻孔、机民井调查、抽水试验调查、地下水位监测、水质监测、河流水文观测站、野外水样采集、水源地质调查查、水质分析等，数据量约80MB。开发了基于大型网络环境下的地下水资源数据处理与综合分析系统，实现针对大型数据库的数据检索查询、数据处理和专题制图等功能。

十五、地质调查实时传输示范系统建设

1. 网络体系结构研究：①建立了连接国土资源部、中国地质调查局、地质灾害多发区（三峡、四川雅安）和突发地质灾害点的多级网络体系。提出基于多级网络的通信解决方案，形成了地质调查数据实时传输系统的总体框架，实现了基于卫星通信和数字视频无线传输的集成方案，通过多次的实地演习和模拟测试，保证野外的数据节点可以方便地连接到不同的专业网络系统中，达到在国土范围内对地质灾害处置的快速部署和数据实时传输。②开展了网络规划、网络设备调试等内外网改造工作，配合已到位地质调查野战军技术装备，实现内外网综合布线物理隔

离，将国土资源部主干网、中国地质调查局广域网、三峡库区地质灾害防治中心专线、中国气象局数据专线等多条业务专线按照安全级别进行重新规划接入，保障业务及数据安全，已初步形成内外网物理隔离的网络框架。③根据实时传输系统的需求，对构建多级网络系统的安全体系做探索性研究，基本形成了安全、稳定、高速率、抗干扰能力强、频带资源利用率高的卫星设备配置方案。在不断优化卫星通信设备集成方案的基础上，完成了卫星通信管理系统的功能集成，结合卫星通信管理系统，从多方面提高了实时传输保障能力。

2. 通信系统集成和传输技术研究：①根据地质调查工作的需求，在大量室内、野外实地测试的基础上，采用现阶段成熟、稳定的通信技术和仪器设备，研制了包括卫星地面站、便携车载两用移动站、无线单兵和固定链路相结合的地质调查远程数据传输系统。②形成了地质调查数据实时传输系统配置方案，在此基础上，辅助完成了四川、河北等地的卫星站接入工作。通过在多个省进行推广应用，取得了良好的效果。③开展了卫星资源管理系统建设工作，完成了VMS卫星通信管理系统环境搭建、集成及系统测试，初步形成了远程通讯卫星资源调度机制，具备了可随时自主进行资源分配的能力，极大提高了卫星资源的合理调度和应变能力。完成了卫星通信管理系统的功能集成，结合卫星通信管理系统多方面提高实时传输保障能力，形成了比较系统的工作模式和流程。

3. 实地演习和模拟测试：在河北、山东、湖南、广西、湖北、四川等地开展实时传输系统测试及多级网络联调和实地演练，针对卫星通信设备进行优化调整，完成语音回传、视频会商、无线单兵等系统的测试工作，根据测试结果对卫星通信设备集成技术进行优化。

十六、水工环地质调查技术方法应用服务系统

明确了水工环技术方法的分类、数据库内容、技术标准等，编写了数据库详细设计方案。在确定方案的基础上，建立了基于SQL Server的技术方法信息数据库、规程规范数据库和典型案例数据库。在完成数据库结构设计和确定应用服务需求的基础上，设计并开发了部分系统功能模块：系统权限模块、角色分配权限、数据录入模块、系统管理模块。初步构建了应用服务平台，完成应用服务平台的整体框架结构，实现部分功能模块在框架结构中的展示。

十七、编制地质调查信息化“十二五”规划

通过广泛调研和对国际国内相关地质调查信息化发展战略或规划的跟踪分析，在对中国地质调查局自成立以来开展的地质调查信息化工作进行系统总结评估的基础上，结合相关规划或战略计划，编写了地质调查信息化“十二五”规划，提出了地质调查信息化2020年和2015年的目标和工作思路，确定了地质调查工作信息化的总体框架，明确了到2015年工作的重点方向和重点任务。提出了国家地质调查数据中心建设、地质调查全过程信息化、地质资料信息服务集群体系建设、地质资料信息服务支撑能力建设的具体工作目标和任务建议。

（曹　黎）

地质资料社会化服务

中国地质调查局总工程师室

一、地质资料服务

（一）成果资料管理与服务。

2009年，全国地质资料馆共接收成果地质资料2253种，其中各省馆转交资料1879种，局系统提交374种。通过到馆借阅、电话、电子邮件及网站接待阅者共计137410人次。纸质地质资料复印服务309946页，比2008年增长13%；电子地质资料复制服务938396页，比2008年增长43%；加工处理和复制地质图件服务52036幅（按1:20万标准图幅计算），比2008年增长7%。

完成全国地质资料馆网站的改版，网站在界面上对全文在线阅读和馆藏各类数据库导航等重点数据和应用进行了着重展示，并在首页上提供了资料检索入口。完成约6000种地质资料的数字化和3000种图文数字化资料的上网保密处理工作。新增上网图文地质资料3000种，共计1.1万余种图文地质资料上网提供服务。对各类关键词查询、图形查询和图文资料查询等检索模块进行了功能集成，提升了目录检索深度，其中图形查询功能基于 Google Map 开发完成。全国地质资料馆网站访问量就达 12.5 万次，

开展了资料验收、整理、著录工作，并定期对地质资料目录数据库进行了更新和维护。完成了 4000 档资料的定密和部分资料的文件级数据录入。完成了近 3.5 万种成果地质资料涉密清理登记表打印工作和近 4.7 万种成果地质资料涉密清理数据质量检查工作。

开发了《全国地质资料馆区域地质调查资料检索图集》等系列产品。向全国 31 个省（区、市）地质资料馆分发全国 1:20 万地质图空间数据库等 11 个地质数据库，为整体提升地质资料数据的服务能力奠定了基础。编辑制作、出版、印刷了多套地学相关宣传产品，其中包括全国地质资料馆服务指南 1000 册、地质资料服务目录和政策法规合集光盘 1000 盘、地质资料现代化管理培训教材 500 套，以及矿业大会参会宣传材料等。

组织开展 4 期地质资料现代化管理培训，来自全国相关行业的约 400 名代表参加了培训，对提高地质资料现代化管理水平，规范成果地质资料工作起到了积极的推动作用。修订《中国地质调查局原始地质调查资料管理办法》（建议稿）。编辑分发《地质资料动态与参考》12 期，涉及地质找矿大讨论、地质资料集群化、产业化研究等方面，为进一步加强全国地质资料宣传工作，加强全国馆和各省级地质资料馆藏机构之间的业务交流，提高地质资料管理和服务水平提供了平台。

（二）实物资料和原始资料管理与服务。

开展大调查重要岩心、标本筛选与服务体系建设。编写完成《岩心管理规程（初稿）》和《地质调查项目实物地质资料管理办法（初稿）》。举办两期实物地质资料汇交培训班。接收实物地质资料目录清单 42 份，处理实物地质资料目录清单回执 61 份，下达实物地质资料汇交通知书 30 份。完成十余个地质调查项目约 12000m 岩心采集工作，收集了相关文本资料。完成入库岩心的整理、入库、建档和文本资料数字化工作，完成 4000 余米岩心扫描和图文数据库建设。

开展全国实物地质资料现状调查，对现状调查数据进行了统计分析，主要包括实物地质资料类型、数量、库藏设施、管理机构、保存状况等，编制了实物地质资料现状调查总结报告。开展两个试点省实物资料清理试点工作，示范清理实物库岩心、副样、标本 3 种主要类型实物地质资料，清理岩心 5900m、副样 12900 件、光薄片 30 件。完善实物地质资料现状调查数据采集系统，实现了实物地质资料现状调查数据采集系统网上下载。形成全国实物地质资料清理指南和工作方案（修改稿）。

开发实物地质资料管理信息系统。完成实物地质资料汇交管理与图形图像查询总体设计方案的编制。搭建完成汇交管理信息数据库框架，编制了建库说明。完成实物地质资料汇交业务管理系统（试用版）和实物地质资料图形检索与实物图像（岩心）网上浏览模块的开发。采集试点省重要钻孔数据和 6 万 m 重要钻孔数据。形成固体钻孔数据库建设工作指南（初稿）及全国地质钻孔数据建库方案（讨论稿）。2 万 m 岩心数据提供网上服务。

开展原始地质资料清理研究。修改完善清理软件（测试版），形成清理软件（升级版）。清理试点单位完成约 3 万条目录数据采集。开展了原始地质资料清理研究成果推广和技术支持工作。

（三）地质资料服务集群化产业化研究。

以满足国家和社会公众对地质资料的需求为核心目标，开展了地质资料信息服务集群化产业化研究。初步完成地质资料信息服务集群化产业化基础理论分析，界定了地质资料信息服务集群化与产业化的内涵与外延。收集整理了美国、加拿大、英国等国，以及国内档案、高校图书馆、地理信息行业的数据资料、服务资料。较全面总结、分析了 6 个试点省市地质资料信息服务集群化和产业化的主要经验做法与启示，对现有的地质资料信息服务管理政策法规做了全面梳理。开展了“地质资料信息集群化产业化理论”、“地质资料信息服务集群体系建设”、“地质资料信息共享与服务平台建设”等 13 个专题的研究工作，提出了地质资料信息服务集群化产业化的总体思路，初步形成了中国地质调查局地质资料信息服务集群化产业化方案。

（四）专项服务。

为贯彻落实国家扩大内需促进经济平稳较快发展的重大决策，通过上门调研、E-mail、邮件、电话、QQ 等形式，主动为铁道部设计研究院等多家单位，提供资料查询、检索、复制、数据加工等服务，有力支撑了国家重点工程施工设计的快速开展。到目前，已为“新建杭州至长沙铁路客运专线”等多个重点

工程施工设计提供了大量地质资料，提供纸质报告复印1.3万页，电子报告复制9.7万页，电子图件复制1200幅，数据量24.8GB。

针对青藏专项，建立了青藏高原地质资料信息数据库，采集全国地质资料馆及西藏、青海、新疆、云南、四川、甘肃等6省（区）的所有与青藏高原有关的成果地质资料信息，形成了青藏高原地区成果地质资料目录，总计16925档资料。对青藏高原地区地质调查研究工作进行了综合评述。编制《全国地质资料馆馆藏区域地质调查资料检索图集》、《青藏高原及邻区地质文摘（2000—2007）》、《青海省地质环境及地质灾害现状编研报告》、《青海省公益性基础性地质调查成果资料目录检索图册》、《矿产勘查地质资料检索图集》等资料，提供相关单位和人员使用。上传一批青藏高原公开数据资料，包括青藏高原及邻区1∶150万地质图、西藏、青海、新疆3省（区）的地下水资源分布图、地下水资源开发利用状况图、地下水环境图等。

二、地质文献信息服务

2009年接待来馆读者共计34192人次（其中阅览2861人次）。借还书刊合计141303册。提供文献全文传递3516页。提供咨询服务1626人次，复印喷绘打印及大图幅扫描共335531页幅，其中一般复印、喷绘打印及大图幅扫描59920页幅，双面复印275611页（共1536册）；为中国地质科学院提供了229人次的上门服务，外刊展示7批次、160种1410册。为中国地质科学院、水文地质环境地质研究所等多家单位提供专题文献服务与定题检索服务11例。全年完成科技查新服务21例。

在对上年度所订购的电子资源进行使用统计分析后，本年度对上年所订购的GeoRef国外地学文摘数据库等11个电子资源进行了续订工作，保证了这些深受广大用户欢迎的电子资源的连续性。为部局直属单位开通了共享电子资源一种（GSW），搜集OA（开放获取）电子资源数据库3种（DOAJ全文期刊、Socolar教图OA、加拿大国家研究委员会OA期刊）。采集各类试用电子资源数据库共12种。2009电子资源访问量超过2008年的100万篇次，达120万篇次。图书馆网站访问次数超过30万。

完成中国地质文献数据库（中文）文献选题、加工，入库数据15648条，数据库数量有较大幅度提高。在中文数据库的基础上，结合英文数据的实际需求，初步完成中国地质文献数据库（英文）系统开发。完成中国地质文献数据库（英文）数据库数据3643条数据制作。

共数字化中西文图书12000册，已发布可供读者网上检索利用的全文图书9094册。珍本文献的研究与保护工作，完成《金石识别》等60种300册再造制作，通过验收了馆藏珍本图书《石雅》上、中、下、仿古装版图书200套。完成《国外地质资料目录——地质学》、《中国地质文摘》（中文版）、《中国地质文摘》（英文版）3刊的出版发行工作。完成《地质学汉语叙词表》（第3版）的文字修订及终审工作。

推进文献资源联合联机编目及共享服务系统的建设。先后完成了天津地质调查中心、南京地质调查中心、沈阳地质调查中心、成都地质调查中心的文献联机联合编目系统客户端系统安装、原书目数据处理、中国地质图书馆书目数据的导入、本地书目数据与中国地质图书馆书目数据的归并、系统模块基本使用培训、MARC基本培训等工作。基本完成《中国地质调查局中西文文献联合编目机读目录手册》的编写工作。目前中国地质调查局局属单位联机联合编目客户端系统已经在4个局属单位正常运行，为地学文献资源的共建共享奠定了良好基础。

三、地质灾害预报

2009年全力推进了基于地质环境要素组合与激发因素耦合的第二代预警系统（显式统计预警），实现了地质灾害气象预警系统的升级，并在预警模型的完善性、操作的便利性、界面的美观性等各方面不断修正完善。利用第二代预警系统开展全国地质灾害气象预报预警159天，制作预警预报产品159份，在中央电视台、中央人民广播电台和国土资源部政府网上发布地质灾害预警预报信息40次，在中国地质环境信息网上发布地质灾害预警预报信息109次。地质灾害气象预报预警与群测群防体系紧密结合，在2009年的地质灾害防灾减灾工作中发挥了重要作用。据统计，2009年5月到9月，全国各地共成功避让地质灾害178起，安全转移13744人，避免财产损失约1.51亿元。

（张　虹）

地质调查项目管理

地质调查项目立项管理

中国地质调查局总工程师室

2009地质调查项目计划，重点体现大项目、找矿突破、科技创新、成果服务、人才培养5大新机制的要求。紧密围绕国家需求和部的中心工作，着力策划好大项目、选好项目实施单位，确保干好大项目，产出大成果。

一、国土资源大调查专项地质调查项目计划

按照2009年国土资源大调查项目计划编制要点要求，2009年地质调查项目建议编制着重体现了以下几方面特点：一是力求体现地质调查5大新机制的要求，即全面推进大项目部署，紧密围绕国家需求和部的中心工作，明确目标任务，优选实施单位，多学科、多技术、多方法统一部署，做实做强计划项目；按照部地质勘查新机制的要求，积极探索找矿突破机制，全面落实部局省合作协议，加强重点成矿区带地质调查工作统一部署，力求实现找矿重大突破；计划项目部署紧密结合地质调查队伍建设与业务发展方向，以项目安排推进业务发展，以业务发展带动队伍建设；统筹大调查专项资金、基础性公益性地质调查项目资金、青藏专项资金工作部署，统一编制计划项目建议，促进各类资金有效衔接，提高地质调查工作的效率与水平。

二是力求突出重点、统筹兼顾。突出加强了新疆地区、青藏地区、西南三江、大兴安岭、长江中下游、武夷等重点成矿带地质矿产调查，加大了“环渤海”、“长三角”、“海峡西岸”、“珠三角”、“北部湾”等重要经济区地质环境综合调查评价，加强为国土资源部中心工作提供支撑的工作力度，对近两年能出大成果的项目优先保证。

三是广泛征求意见，加大协调力度。主动向部有关业务司、局沟通汇报。积极征求各省国土资源厅的意见建议。各大区中心在组织编制计划项目总体实施方案的过程中，进一步与各大区国土资源厅（局）座谈沟通，协调工作安排，均取得良好的信息反馈。

四是技术、预算密切配合。改变以往技术、预算分开论证的做法，由技术、预算专家共同组成专家组，共同听取项目申报单位的方案汇报，共同讨论确定技术方案，科学合理确定项目预算。

五是充分发挥纪检监察的作用。立项论证期间，专门成立监察组，对论证专家、工作人员、工程程序、工作纪律进行监督检查，取得良好工作效果，有力促进论证工作严肃、认真、规范开展。

六是加强立项论证的审核把关，提高了项目论证和计划编制的工作质量。加强对立项申报材料的内审、预审把关；实行问责制，各单位主要负责人对承担的计划项目总体方案负责，机关各业务部室负责人对负责组织实施的地质调查计划项目总体方案负责。2009年论证分实施单位内审、业务部室预审、专家论证3阶段开展立项论证，取得良好效果。

2009年地质大调查项目计划，共安排计划项目84项，工作项目740项，年度总经费145270万元。续作工作项目470项，经费101770万元；新开工作项目270项，经费43500万元。其中，基础地质调查计划项目17项，工作项目174项，经费34985万元。矿产资源调查评价计划项目12项，工作项目125项，经费38445万元。地质环境调查评价计划项目28项，工作项目169项，经费36320万元。地质科技计划项目20项，工作项目180项，经费20510万元。地质资料服务与信息化建设计划项目3项，工作项目25项，经费4170万元。组织实施费、紧急救援等计划项目4项，工作项目19项，经费5600万元。

二、青藏高原地质矿产调查与评价项目计划

根据2009年国土资源大调查项目计划编制要点和《青藏高原地质矿产调查与评价专项规划纲要》，全面推进青藏高原地质矿产调查与评价工作。项目组织实施按照“归口管理、分工负责、统筹协调、统一标准”的原则。安排工作项目131项，经费34625万元。另有9个矿产项目5980万元的转入基金安排。2009年青藏地区实际安排140项，经费40525万元。在加快推进青藏高原基础地质调查，提高区域地质调查工作程度基础上，摸清青藏高原重要矿产资源家底和矿产资源开发利用的环境承载力；实现重要矿产资源勘查重大突破，形成10～15处可建成大型以上规模矿山的资源基地；形成一批原创性科研成果。

三、基础性公益性地质调查项目计划

在国土资源大调查基础上，进一步加大基础性公益性地质调查工作投入，切实提高基础性公益性地质工作水平，安排2009年基础性公益性地质调查项目计划。共安排计划项目20项，工作项目164项，年度总经费54620亿元。其中续作工作项目149项，经费48430万元。新开工作项目15项，经费6190万元。基础地质调查计划项目6项，工作项目64项，经费14010万元。矿产资源调查评价计划项目14项，工作项目100项，经费40610万元。

重点安排西南、西北、东北、华北地区基础地质调查基础调查，矿产资源开发多目标遥感监测，云南大理至瑞丽基础地质综合调查等基础调查工作及全国矿产资源潜力评价、全国矿产资源利用现状调查、全国矿产资源勘查与开发现状调查，北山-祁连、秦岭、西南三江、川滇黔相邻区、兴安岭、内蒙古索伦山-东乌旗、长江中下游地区地质矿产调查评价，西北地区油气基础地质调查、中上扬子海相含油气盆地油气地质综合调查、松辽盆地深部及外围油气基础地质调查工作。

（李基宏）

地质调查项目组织实施管理

中国地质调查局总工程师室

一、圆满完成2009年地质调查项目任务下达及设计审查工作，加强野外工作开展情况的跟踪和服务

按照项目管理办法和局新思路要求，统筹协调，积极组织做好2009年地质调查项目任务书的编制与下达及设计审查工作。在2月17日前，及时下达了2009年地质大调查项目任务书，6月11日，按时下达了2009年基础性公益性项目任务书。对2009年设计审查工作进行了精密部署，明确设计审查工作原则上以计划项目为单元进行，要求各项目承担单位按时提交项目设计，设计审查组织单位及时组织评审。确保2009年的项目设计工作有序开展，为地质调查工作提供了良好保证。

加强了地质调查工作各环节的管理，特别对出队情况及项目野外工作进展情况进行跟踪。向各单位通报了每月的工作进展和存在问题。针对存在问题，通过实际调查和跟踪，提出了各种应对方法，积极主动采取各种措施，确保地质调查项目全年任务的完成。

二、全面及时反映地质调查项目的进展情况，确保地质调查项目的顺利实施

完成了2008年地质调查项目进展年报和统计年报，编印了3期地质调查成果信息。全面及时地总结了2008年地质调查项目进展情况及取得的主要成果；完成了2008年国土资源综合统计快速年报和年报的上报工作及国土资源公报、国土资源大调查成果公告的编制工作。

加强了地质调查项目进展情况生产其间月报（月）的信息反馈工作。将进度和存在问题及时反馈各相关单位，紧密围绕项目实施进展中的主要问题，开展地质调查工作进展情况形势分析，寻找存在的问题及原因，及时提出解决问题的建议，促进全年各项任务的完成，充分发挥了统计的监督与服务作用。

（张海泉）

地质调查质量管理

中国地质调查局总工程师室

一、质量监督管理

2009年，在全面总结去年地调项目检查盘点整改工作的基础上，3月拟订了跟踪检查工作方案，6月下发了“关于开展2009年地质调查项目质量抽查及2008年检查盘点整改情况复查工作的通知（中地调函〔2009〕86号文)”，在局的统一部署下，各大区中心、地科院和局机关，认真准备、精心组织，共组成了80多个专家组，对78个单位承担的145个地调和科研项目进行了全面抽查和复查，没有发现严重的质量问题，但一般的质量问题依然较多，主要有部分项目技术力量薄弱、项目人员投入不足、人员培训工作不到位、技术标准、技术要求不统一、资料搜集不全、记录偏简单、综合整理不及时，跟踪不到位、综合分析研究程度低、三级质量检查制度执行尚不够彻底等。针对项目存在问题，每个质量抽查报告都提出了具体的整改要求和建议，限期整改，跟踪复查，取得了良好的效果，杜绝了重大质量事故的发生，保证了地质调查工作质量。

地调局积极推进制度建设，在局的统一安排下，总工室认真调研，结合机制创新，起草了《中国地质调查局地质调查项目施工与质量管理细则》《中国地质调查局质量监督管理办法》《中国地质调查局质量管理体系认证办法》《中国地质调查局技术经济监审专家管理办法》，对完善质量管理相关制度办法、推动质量管理工作的深入发展起到了良好的作用。

二、质量管理体系建设

1. 积极探索适用于地质行业的质量管理体系标准，经过一年多的时间，组织完成了《地质调查项目承担单位质量管理体系建立指南》、《地质调查项目承担单位质量管理体系认证指南》《GB/T19001—2008质量管理体系标准转换指南》的起草和发布，这套指导性文件和标准的出台，有利于统一地调项目承担单位统一质量管理体系建设标准，特别是对各单位质量管理体系文件的整体换版工作起到了重要的指导作用，最大限度地促进了各单位质量管理体系的精练和高效运行。

2. 为促进地质调查项目承担单位质量管理体系建设建实建强，一季度开展了质量管理体系建设摸底调查，全面了解和掌握了地调项目承担单位质量管理体系建设的基本情况，有针对性地指导了江西、吉林、安徽、陕西地调院、天津地调中心、云南地调局等单位的质量体系建设，促进了这些单位质量管理体系的持续改进，取得了预期效果。

3. 在网上开辟了质量管理体系建设专栏，适时发布质量管理体系建立与认证的相关标准和信息，加大了对质量管理体系建设的宣传力度，收到了良好的效果。

三、地质调查标准化建设

2009年，地调局进一步完善了地质调查技术标准体系、在标准的清理、制订、修订、升级等方面均取得了明显的成果，具体为：

1. 根据国土资源部的统一部署和中国地调局《关于开展地质找矿改革发展大讨论专题研究工作的通知》（中地调办发〔2009〕9号）要求，我局于5~6月份，在充分调研和广泛征求专家意见的基础上，对与地质调查相关的227项地质勘查现行技术标准进行了清理，分析了地质勘查领域现阶段技术标准的基本现状和存在问题，提出了18项不适应当前地质勘查工作应予废止的标准和75项“十二五”期间应予安排的制修订标准及解决地质勘查领域标准化问题的有关建议。

2. 我局在5~12月期间，通过清理评价、充分调研、分专业召开座谈会和广泛征求专家意见，再次完善了地质调查标准体系框架，合理划分了4个标准层次，重新厘定了10个标准子体系，编制了标准体系表，为“十二五”标准地质调查标准化工作布局和单项标准的制修订定位提供了科学依据。

3. 我局2009年加大了对标准化工作的投入，着重安排了19项地质调查急需标准的研制和10项国标行业修订及2项标准的升级，目前已完成10余项标准的制修订，条件成熟的已上报行业标准化委员会，正在履行相应的报批手续，这批标准的发布实施，可为各类地质调查勘查工作提供统一的内容和方法要求，对于保证项目工作精度、质量、成果等具有重要意义，地质调查勘查标准已成为地质调查勘查工作强有力的技术支撑。

4. 标准的推广应用方面，我局通过标准培训、技术培训、地质调查系列标准汇编发放等形式，推广应用标准，取得了明显的成效。

年初，我们组织了 GB/T19001—2008 质量管理体系标准培训，来自全国各地质调查项目承担单位的 100 余名质量管理体系内审员、质量管理人员参加了培训，通过宣讲 GB/T19001—2008 标准和内审培训，基本掌握了质量管理体系标准和审核技巧，对各项目承担单位贯标和 2008 版换版工作发挥了重要作用。

年中，组织专家编写了信息化标准培训教材，拟举办信息化标准培训班，推广应用新标准。

年底，组织核工业有关单位汇编了铀矿地质勘查现行标准，两个分册，免费发放给了各地质调查项目承担单位，成为地质调查工作者的操作手册，备受欢迎。对推动标准的贯彻执行发挥了重要作用。

（白　冶）

国际合作与对外交流

重要国际合作与交流

中国地质调查局科技外事部

根据中国地质调查局2009年地质调查工作部署和外事工作计划安排，今年共派出团组165个，出访人数570人次；接待来访团组50个，来访人数297人次。

一、完善国际合作平台网络建设

1. 双边合作。根据中国地质调查局外事年度计划，王宝才副局长率团出访芬兰、德国；钟自然副局长率团赴牙买加参加联合国海底管理局会议，赴越南参加第46届CCOP年会和第54届CCOP指导委员会会议；王学龙副局长率团出访澳大利亚、新西兰局；李广湧书记率团出访挪威、英国。与芬兰、英国、挪威、坦桑尼亚、智利、秘鲁地质调查局、澳大利亚联邦科工组织和西澳大利亚地质调查局签订了地学合作谅解备忘录，与新西兰地质与核科学研究所续签了地学合作谅解备忘录。加强与欧洲、大洋洲国家的联系，与这些国家探讨了双方感兴趣的地学合作项目，为局的对外合作提供了更多的平台。

2. 接待重要团组来访。坦桑尼亚地质调查局局长代表团来访。5月接待坦桑尼亚地质调查局局长代表团来访，钟自然副局长会见了坦桑尼亚地质调查局局长穆濡马一行4人，双方就合作开展坦桑尼亚矿产资源勘查与开发交换了意见，签订了地学合作谅解备忘录，双方同意在地学合作谅解备忘录的框架下建立长期合作机制，加强人员交流与互访，在平等互利互赢的基础上开展合作，促进双方地学技术和矿业的发展。

加拿大等国地质代表团来访。10月在天津举办中国矿业大会期间，钟自然副局长会见了加拿大联邦和省地质代表团、澳大利亚地质代表团、沙特地质调查局局长、智利地质调查局局长、埃塞俄比亚地质调查局局长。

阿根廷地质调查局局长来访。12月钟自然副局长会见阿根廷国务秘书兼阿根廷地质调查局局长，双方就开展进一步的具体合作项目进行了探讨，双方同意将矿业地质信息交换、同位素地质年代等研究列入双方优先合作领域。

3. 多边合作。与CCOP组织开展了CCOP地学信息元数据标准合作项目，举办了CCOP组织地学信息研讨会，参加了CCOP第46届年会、CCOP第53届和第54届指导委员会会议；为东盟10+3举办了地学信息共享研讨会；为联合国教科文组织举办了岩溶水文地质与生态国际培训班，召开了联合国教科文组织国际岩溶研究中心第二届理事会会议；参加了国际滑坡协会召开的滑坡会议；与国际地质科学联合会就秘书处迁址中国事宜进行了商讨。通过国际组织这个多边合作平台开展地学活动，培养和锻炼了中国地质调查局一批中青年科学家在国际地学舞台上的交往能力。

4. 对中国地质调查局签订的合作协议进行了评估。根据国土资源部科技与国际合作司安排，对1999年建局以来，与国外地调机构、大学和科研单位签署的合作协议进行了评估。为中国地质调查局的国际合作网络的建设发挥了重要作用，进一步加深了国际合作与交流，提升了中国地质调查局在国际合作中的地位和知名度。10年来，中国地质调查局与国外地学单位共签署合作协议30份，涉及国家28个，有合作项目的均有中国地质调查局部署的和相关的国际合作项目的支撑，约占63%；没有合作项目的如委内瑞拉、芬兰、瑞典等，约占14%；其他是近两年与澳大利亚、智利等国签署的协议、对这些国家和机构需要找准合作点，尽快开展合作与交流，目前正在寻找合作领域和合作项目的支撑。

二、国内重要地质问题研究

1. 中美地震滑坡灾害危险性评价与编图合作研究。2009 年接待美国地质调查局 3 名滑坡灾害专家赴汶川地震灾区进行滑坡灾害野外考察，并与成都地质调查中心就开展“地震滑坡灾害危险性评价与编图合作研究”进行了商谈。中美双方将通过合作开展地震灾区滑坡调查与编图，共同开发适用于汶川地震灾区的地震滑坡风险评价模型，分享双方地震滑坡研究经验，以提高在地震滑坡运动过程、诱发因素和地形演化等方面的科研水平。

由于涉及地形图等敏感问题，美方提出由他们设法提供合作研究区的地形图。目前，美方正在与美国内有关部门联系地形图的有关事宜。待地形图的问题解决之后，下一步将讨论具体的合作内容，包括示范区和人员培训等。

2. 中德南海北部湾全新世环境演变及人类活动影响研究。根据 2008 年中国地质调查局与德国波罗的海海洋研究所签署的合作谅解备忘录，双方同意开展“南海北部湾全新世环境演变及人类活动影响研究”合作项目。2009 年 6 月，广州海洋地质调查局 3 人赴德国波罗的海海洋研究所商谈德方参加该航次的具体内容和申请德国政府资助德国“太阳号”科学调查船到中国北部湾开展海上作业的有关事宜。9 ~ 10 月，德方 7 名科学家来华参加了“奋斗 5 号”调查船在北部湾的综合物探、地质与环境调查，双方科学家完成 1192.5km 测线调查。2010 年，该局还将派 4 名技术人员赴德国波罗的海海洋研究所接受培训，下一步双方将进行样品分析测试。

3. 中挪滑坡地质灾害风险减缓合作研究。挪威地质技术研究院 4 名滑坡专家 4 月下旬对中国西北黄土高原区地质灾害进行了为期两周的联合野外考察，并就双方在该地区进行地质灾害风险减缓合作研究的目标、内容、方法、合作方式等进行了商谈，形成了《实施计划草案》。西安地质调查中心 4 名技术人员 9 月赴挪威进行了野外考察，确定合作技术内容，明年双方将分别在中国和挪威进行技术考察。通过中挪科学家联合开展野外工作，研究确定滑坡热点区，建立早期预警和监测系统，编制灾害图件和数据库，推进双方科学家交流访问，举办项目研讨会，提升治理滑坡灾害的能力建设和技术水平，并将先进的技术方法推广到亚洲周边国家。

4. 中加选定地区滑坡监测合作研究。中加选定地区典型滑坡监测技术示范研究项目合作已经于 2009 年 3 月结题。在项目实施过程中，加方了解到中国地质调查局正在就滑坡位移及推力光导监测开展研究并取得了一定的成果，加方建议中国地质调查局与加拿大地质调查局联合开展合作研究，由我方向加方传递在滑坡光导监测方面的技术经验。12 月，加拿大地质调查局 3 名专家赴巫山、树坪、千江坪等中国地质调查局滑坡监测示范点考察。

5. 中德科技年度合作会晤。受部国际合作司委托，负责筹备了 8 月在北京举行的中德科技年度合作会晤。双方确定了 2010 ~ 2011 年中德合作交流计划，双方将在矿山环境保护和区域规划、地面沉降、二氧化碳储存和地质信息方面开展技术交流和互访。会后德方专家赴云南东川考察泥石流。除年会外，环境监测院 8 月在江苏承办了中德地面沉降和矿山环境两个专题讨论会。

6. 中澳二氧化碳地质储存合作。2009 年 7 月，澳大利亚联邦地质调查局石油海洋部二氧化碳项目负责人瑞克和阿列克斯到中国地质调查局访问，与局水文地质环境地质部、水文地质环境地质调查中心进行了技术交流，商谈了合作。9 月，联邦地质调查局石油海洋部主任福斯特到中国地质调查局，就合作内容进行了商谈，达成了意向。澳方邀请中国地质调查局技术人员参加 2010 年 1 月 18 ~ 22 日在堪培拉召开的澳大利亚二氧化碳地质储存项目工作讨论会，会后，中方两名技术人员可以在联邦地质调查局停留 2 ~ 3 个月，参与澳方二氧化碳储存项目组的工作，了解工作流程，积累经验。

7. CCOP 元数据标准建设项目。该项目合作为 3 年（2008 ~ 2010 年）。2009 年 4 月在上海召开了第二次会议，根据第一次会议制订的《CCOP 地学信息元数据标准（草案）》及两轮征求 CCOP 组织各成员国意见的基础上，最终形成了《CCOP 地学信息元数据标准（第二版）》。12 月发展研究中心派出 3 名专家赴泰国帮助 CCOP 组织技术秘书处安装调试元数据软件。

三、派出人员参加重要的国际专业会议

为了解国际地学前沿和地学发展情况，跟踪国际地学发展前沿，加强中国地学人员与国际同行的交流与合作，中国地质调查局派出人员参加了一些在国外召开的重要国际会议，如钟自然副局长率团参加由外交部组织的在牙买加召开的联合国海底管理局会议和率团参加在越南召开的 CCOP 会议（参会人员来自国土资源部、中国地质调查局、中石油、中石化、中海油、中联煤层气公司等 9 个单位 14 人）。中国地质调查局人员还参加了在加拿大召开的 PDAC 会议，在澳大利亚召开的国际矿床会议，在加拿大召开的国际地球化学会议，在意大利召开的国际滑坡会议，在印度召开的国际地下水会议等。通过参加各种国际学术会议，宣传了中国地质调查局的地学研究成果，扩大了中国地质调查局在国际地学界的影响和知名度，拓宽了中国地质调查局科学家的视野和思路。

四、人员培训

1. 请进来。为执行商务部资助的为亚非拉国家地矿部门的管理人员和技术人员提供管理和技术培训，宣传中国地质调查局在地学领域的管理经验和技术优势。2009 年，为商务部举办 2 期培训班，来自 13 个国家的 39 人参加了培训。通过援外培训，进一步提升了中国地质调查局在国际上的影响力。

中国地质调查局发展研究中心 9 月在北京举办了“中亚国家矿产资源评价与管理官员研修班”。来自哈萨克斯坦、吉尔吉斯斯坦、乌兹别克斯坦、塔吉克斯坦和土库曼斯坦 5 国的 22 名地质矿产部门的官员参加了本次研修，研修班邀请国内 13 名专家、学者、政府官员为学员就地质工作在中国国民经济社会发展中的作用与成就等 13 个方面作了专题讲座。通过 21 天的研修，学员们学习了中国在地质领域先进的技术，并与中国的地学领域专家、学者结下了深刻的友谊。为中国地质调查局将来与中亚 5 国可以开展合作的领域与方式进行了探讨，特别是与塔吉克斯坦地质管理总局就双方在地质调查领域全面合作商定了合作框架协议，为两国将来的合作奠定了基础。研修班也为即将和中亚做矿产资源勘查开发的企业铺路搭桥，在本次研修班期间，共有 13 个国内企业参加了与中亚官员的交流会议，并有几个企业与学员进行了单独沟通，为企业“走出去 ”搭建了桥梁。

桂林国际岩溶研究中心 11 月为联合国教科文组织举办了一期为期 28 天的“岩溶水文地质与生态国际培训”，共有来自印度、越南、印度尼西亚、罗马尼亚、肯尼亚等 8 国 17 名学员参加了培训，国际岩溶研究中心聘请国内外教员 24 人，其中来自澳大利亚、美国、加拿大、奥地利等国教员 10 人。培训内容主要有岩溶动力学理论、岩溶水文地质、岩溶生态环境等。培训期间，很多学员表达了与中心合作和参加 IGCP 项目的强烈愿望。希望利用国际岩溶研究中心国际合作与交流平台，建立灵活有效互访机制。通过培训，扩大了国际岩溶研究中心的影响，进一步拓展了国际合作空间，增进了与发展中国家人民的友谊。在提供咨询和培训，传播岩溶科学知识的同时，实现了商务部援外培训项目的宗旨。

2. 派出去。为熟悉掌握中国地质调查局引进的国外地质装备，根据与国外仪器装备公司签订的人员培训合同，2009 年广州海洋地质调查局、青岛海洋地质研究所、中国国土资源航空物探遥感中心、中国地质科学院等单位共派出 23 批次，114 人次赴国外仪器装备制造公司进行仪器设备使用培训。

为培养中青年技术人员，局机关、中国地质科学、中国地质环境监测院派出 3 批次，5 人次赴国外地调机构和大学进行中长期专业培训，或攻读硕博学位。

五、加强外事工作管理，规范出国管理程序

在积极开展对外合作与交流，促进国际地学领域合作活动的同时，严格执行国家外事管理规定，做到出访目的任务明确，中国地质调查局国际合作总体布局和发展方向，与本单位重点工作结合紧密，以确保取得预期的出访成果。同时加强和规范了局外事工作的内部管理程序，对局系统出访项目实行了计划管理。

1. 按照中央严控公务出国（境）规定，编制 2009 年中国地质调查局外事出访计划。为贯彻落实和严格执行中办国办关于进一步加强因公出国（境）管理规定和财政部等 5 部委关于 2009 年出国经费实行零增长，并在前 3 年出国经费总数的基础上再压缩 20% 的原则精神，根据局国际合作总体布局，结合中国地质调查局开展国际合作与交流的实际需要，统筹安排全局出访任务和经费预算，压缩团组规模，严控一般性出国（境）考察项目。

2. 召开局外事工作管理座谈会。为规范局系统的国际合作与交流工作，根据局外事工作的特点和形势的变化，3 月在广州召开了局外事工作管理座谈会，对局系统的外事工作管理人员就国家的外事政策、外事项目管理，出访和接待项目申报及工作流程，以及外事管理工作中存在的问题等进行了座谈。

3. 召开局外事工作管理办法修订研讨会。为规范对局系统外事工作的管理，根据新的形势并结合中国地质调查局开展国际合作与交流的实际需要，7 月在北京召开了局外事工作管理办法修订研讨会，征求对局 2003 年外事管理办法的修订意见。考虑到国土资源部2010年出台国土资源部外事管理办法，为与国土资源部制订的外事管理办法相衔接，中国地质调查局的外事管理办法将在国土资源部制订的外事管理办法出台后再相应修订完善外事管理办法。

4. 清理了1999年建局以来以局名义签署的国际合作协议共54份，其中与31个国外地质调查局签订了地学合作谅解备忘录，项目合作协议。

5. 完成了2008年出访总结报告整理上网工作，印刷出版了2008年出国报告汇编，并发局属单位。同时对2008年出国报告进行了评选，评出优秀出访报告11篇。

6. 与发展研究中心合作，基本完成了局国际合作协议数据库的建设。目前中国地质调查局已与全球30个国家和地区建立了正式的友好合作关系。

（蒋仕金）

境外地质工作

中国地质调查局科技外事部

一、中国周边跨境重要成矿带对比研究取得重要进展

“中国大陆周边地区主要成矿带成矿规律对比及潜力评价”计划项目从2003年设立以来，从需要和研究目标出发，研究范围不断扩展，研究内容日益深化。中国与周边国家合作编图及成矿规律对比研究是计划项目的主要工作内容，这些工作包括两个层次。第一个层次是东北亚地区、南亚地区和中亚地区地质矿产图件综合编制，主要内容包括与国外地调机构合作，编制上述3个地区1:250万地质图、大地构造图和成矿规律图，并按统一要求建设矿产资源信息数据库。在此基础上，通过典型矿床考察，分析对比区域成矿地质背景，总结成矿规律。第二个层次是重要成矿带成矿地质条件对比研究和成矿规律图编制，主要围绕跨越，中国境内的天山成矿带、阿尔泰成矿带、三江成矿带、额尔古纳-上黑龙江成矿带、巴尔喀什-准噶尔成矿带、哀劳山-红河-马江成矿带等重要成矿带开展，研究内容包括通过国际合作，在广泛收集和分析境内外成矿带已有地质矿产资料的基础上，配合适当的野外地质考察，编制跨境成矿带1:100万成矿规律图，开展成矿带境内外成矿作用与成矿规律对比研究，分析成矿带矿产资源潜力，一方面指导国内地质找矿工作；另一方面为国内“走出去”的企业提供基础资料和指导意见。2009年部分项目顺利完成任务，已经结题。

2009年7月，“中美矿产资源评价合作研究”项目顺利完成研究任务，提交了成果报告。参照美国“三部式”评价方法，全面收集整理了中国斑岩铜矿、砂岩铜矿、钾盐、铂族元素、铅锌矿床资料，建立了相关数据库，总结了分布特征，进行了成矿规律研究，初步建立了适合中国特点的潜力评价模型。综合圈定了斑岩铜矿、砂岩铜矿等的成矿可行地段，估算了潜在资源量。编制了1:1000万中国地球动力学纲要图、1:500万中国基性—超基性岩分布图、中国中酸性岩分布图、中国铂族元素矿床分布图和中国铅锌矿分布图，为资源评价提供依据。提交的《中国斑岩铜矿和砂岩铜矿资源潜力评价（英文版）》，为国际交流提供了好的资料。

2009年11月，“中国东南大陆周边地区成矿规律对比研究”项目顺利完成研究任务，提交了成果报告。该项目全面收集和整理了菲律宾、中国台湾和日本地质矿产资料。收集菲律宾英文资料58份，光盘13个，中文资料48份。收集编制菲律宾矿产卡片55处，翻译英文资料60万字。了解了菲律宾地质与矿业现状。全面收集中国台湾和日本区域地质、区域矿产资料，其中台湾省矿产地资料277处。日本矿产地资料108处。编制了菲律宾（1:100万）、中国台湾（1:50万）和日本（1:100万）地质图、大地构造图、矿产图和成矿规律图。

2009年12月，“中国东南大陆周边地区成矿规律对比研究”项目顺利完成研究任务，提交了成果报告。该项目开展全球、亚洲、非洲、欧洲、北美洲、南美洲和大洋洲，以及部分国家和重要成矿带的地理、地质、矿产和矿业开发信息数据等各个层次资

料的收集工作。收集了全球各国地理底图数据、全球463815余条矿产数据、192826个矿山数据、2275个矿业公司的基本信息，全球地质图、各大洲地质图和全球绝大多数国家地质图，以及部分国家地质调查工作程度与矿产储产销等相关数据，数据总量达30多GB；开展了全球矿产资源信息数据库建设工作，完成了大量数据的整理和入库工作，包括矿产地数据269429条、矿山数据192826条、矿业公司数据1242条、全球储产销数据7100条、国家储产销数据922条，此外还有全球1:2500万地质图、亚洲和非洲1:500万地质图；缅甸等21个国家1:100万地质图、地质调查工作程度图、矿权登记图及矿业法等文本资料。研制、开发了全球矿产资源信息数据库应用系统（GMDAS 2.0）。已为国家政府部门、研究机构、省（区）地勘局和矿业公司等200余家单位和部门提供了境外地质矿产图文数据服务。

二、援外地质工作进展

“援埃塞俄比亚 Gimbi-Nejo 地区 1:25 万地球化学测量”项目 2007 年 10 月启动以来，进展良好。2009年2~4月，由武汉地质调查中心、湖北省地球物理勘察技术研究院组成的12名地质技术人员及埃塞俄比亚地质调查局配合的5名技术人员对 Gimbi-Nejo 地区开展了为期70天的异常查证、矿点检查及地质图的修编工作，并于2009年4月上旬完成全部野外任务。2009年4月15~16日，由中国地质调查局、埃塞俄比亚地质调查局组成的专家组对异常检查和矿点检查阶段野外工作进行野外验收，并给予了优秀级评价。2009年5月至今，主要开展了样品的测试、数据处理及室内综合整理工作，已完成各类基础图件的编制及报告主要部分的编写。

“援津巴布韦东部 Chimanimani 地区 1:25 万地球化学测量”项目2008年年初正式启动实施。2009年1月进行了第一阶段野外工作，完成了区域化探扫面采样及相关工作任务。2009年2~5月基本完成了扫面样品的分析测试。分析样品按每4 km^2 组合1个分析样，定量分析39种元素。样品分析采用多种先进分析方法配套方案完成，共分析了2830件样品。2009年6月完成了区域地球化学图和异常图的编制，对区域地球化学资料进行了初步的综合研究，对重点异常进行了分类筛选，确定了异常检查的工作方案。2009年8月开始第二阶段的野外工作，即异常检查。共选择了以金、铜镍、铅锌为主要目标的6处重点异常。2009年底全面完成地球化学调查野外工作任务。

（舒思齐）

综合行政管理

文秘档案与保密工作

中国地质调查局办公室

一、公文管理

2009年，全年共办理普通内部发文774件、普通内部签报308件、涉密发文函签报113件，办理普通外部文件1639件、普通外部来函38件，涉密外部文件471件，参阅文件137件。同时，还收发77件中央文件、100期内部参考、51期内部选编。总体来看，内部文件比上年略有增多，参阅文件和普通外部来函减少幅度较大，其余文件比上年略有减少。

1. 明确公文规范。4月30日，按照国务院办公厅和国土资源部办公厅关于进一步规范公文报送工作的要求，在对局系统公文报送工作进行了认真检查和梳理的基础上，针对局系统公文报送工作中存在的突出问题，印发了《关于进一步规范公文办理和报送工作的通知》（中地调办发〔2009〕13号），要求局属各单位向局报送文件，必须由主要负责人或主持工作的负责人签发或审核；局属各单位不得直接向国土资源部行文，地科院所属单位及实物地质资料中心不得直接向局行文；局属各单位报送局和局报送国土资源部的请示事项要一事一文；报批紧急公文须说明紧急原因与紧急程度，并留出足够的办理时间；局机关各部室对涉及多个单位或部门的事项，在进入公文办理程序之前，要先向主管局领导请示、汇报，与有关单位或部门沟通协调一致；同时要求局属各单位、局机关各部室要切实加强公文审核，提高公文质量。

2. 加快运转速度。针对公文办理和报批过程时间过长、运转效率不高、公文办理不及时的问题，认真分析了其中原因，采取有力措施，加强公文催办、协办。同时要求局机关各部室文秘岗加强二级催办，严密监控文件处理过程，发现压文情况，及时通报，迅速催办。加强对公文系统中正在办理的内外部文件的监控，定时清理，掌握文件办理状态，发现问题，尽早解决。此外，利用互联网络开通了局机关各部室与局属各单位之间的文件加密传输，加快了局机关与局属各单位文件传递和交换。

3. 提高公文质量。一是加强公文审核把关。全年所有774件内部文件、308件内部签报、113件涉密发文发函几乎全部要经过双人4次审核，对存在的文件格式和内容方面的问题进行修改。二是加强业务培训和业务指导，提高公文写作水平，树立公文质量意识。4月16日，在成都举办了公文写作规范与技巧培训，邀请部办公厅秘书处景天晖处长主讲公文写作知识，局机关和局属各单位办公室主任和文秘人员参加培训。9月3日，邀请国务院秘书一局综合处梅玉宝处长在局机关举办了公文写作与审核培训，局机关工作人员和在京局属单位办公室主任和相关人员参加。三是组织局机关和局属单位职工参观部机关公文展览，从中学习公文规范和要求，对照规范和要求找出我们在公文办理过程中的问题和不足。

二、档案管理

1. 文书档案的归档工作。5月20～22日，局办公室组织局机关各部室负责文秘档案工作的人员进行了2008年文书档案的集中归档工作。2008年的归档文件总量为1655件，包括内部文件、签报、相关的外部文件、部室发文、重要信息刊物、重要会议材料、局党组会（局长办公会、局务会）会议记录、调研（考察）报告、协议、年鉴等。

2. 组织开展局机关文件材料归档范围和文书档案保管期限的研究制定工作。2006年12月18日，国家档案局颁布了《机关文件材料归档范围和文书档案保管期限规定》（国家档案局第8号令）。2009年

6月15日，国土资源部办公厅按照国家档案局8号令的要求，印发了《国土资源部机关档案管理规定》和《国土资源部文书档案保管期限表》。按照国家档案局8号令和国土资源部办公厅的要求，局机关组织开展了文件材料归档范围和文书档案保管期限的制定工作。9月21日，局办公室印发了《关于做好机关文件材料归档范围和文书档案保管期限制定工作的通知》（中地调办发〔2009〕26号），要求各部室高度重视，认真负责，密切配合，安排专门人员开展编制工作，组织学习和深刻领会8号令关于归档范围和保管期限的新规定，学习有关归档范围和保管期限的有关辅导材料，包括文字、视频、图像资料等，按照国家档案局8号令和国土资源部办公厅的要求，提出初步方案。

三、保密工作

1. 召开保密工作专题业务会。4月29日，钟自然副局长主持召开局保密委员会扩大会议，传达学习部保密委员会全体会议精神，部署局保密、安全和稳定工作。会议学习传达了中央保密委员会2009年工作要点，中央保密委员会办公室、国家档案局关于近期中央和国家机关保密抽查的情况通报，关于严肃查处泄密事件的情况通报，中组部和国家保密局等4部门《关于组织开展保密承诺书签订工作的通知》，部保密委员会2009年工作要点（送审稿）和王世元副部长的重要讲话等文件精神。钟自然副局长对保密工作提出了6项要求：一是各单位、各部室要充分认识保密形势的严峻性和保密工作的重要性、迫切性；二是保密工作要全面覆盖，不留死角；三是要特别关注重点单位、重点人员、重点环节、重点事项、重点部位；四是要加强宣传教育和监督检查；五是要进一步强化问责制；六是要求局保密办尽快采取措施，抓好落实。

2. 签订保密承诺书。2008年11月，地调局按照国土资源部的要求，已经开展了保密承诺书的签订工作。2009年3月，为进一步提高保密意识，落实保密责任，中组部、国家保密局、人力资源社会保障部和国家公务员局等4部门联合发出了《关于组织开展保密承诺书签订工作的通知》（国保发〔2009〕3号），要求全国党政机关和涉密单位组织开展保密承诺书的签订工作。6月17日，按照中央保密办、国家保密局等4部委的要求，局办公室印发了《关于组织补签保密承诺书的通知》（中地调办发〔2009〕17号），要求局机关和局属单位开展保密承诺书的补签工作。补签工作主要是在2008年已签订2份承诺书的基础上再签一份，部分由于各种原因尚未签订承诺书的人员补签3份。经过补签工作，局机关和局属单位保密承诺书签订工作基本实现了全覆盖。

3. 印发加强保密工作的通知。为进一步增强保密意识，消除保密隐患，规范保密工作管理，防止发生泄密事件，针对局系统存在的突出问题，2009年7月27日印发了《中国地质调查局关于加强保密工作的通知》（中地调发〔2009〕167号）。《通知》要求局属各单位、局机关各部室：一要高度重视保密工作，充分认识保密工作的重要性，增强政治敏锐性和责任意识，强化保密观念，强调保密纪律，把保密工作放在突出位置，任何时候不得有任何松懈和麻痹大意思想；二要严格管理涉密项目、涉密文件、涉密资料、涉密信息；三要严格按照保密规定确定文件、资料和信息的保密等级，涉及保密项目、保密文件相应内容的资料信息应该与原定密级保持一致，不得擅自变更甚至取消密级；四要严格审查在互联网上公开发布信息，严禁在互联网上发布带有涉密内容的领导讲话、工作安排、工作总结、学术论文、活动征文等；五要加强保密文件的复制印刷管理，未经批准一律不得复制涉密文件，严禁在接入互联网和局域网的计算机上制作涉密文件，严禁将涉密文件交由非经国家保密机构认证的企业、单位及个人印刷；六要加强计算机网络的安全管理，涉密计算机及移动存储介质要严格实行登记管理，专人保管使用，严禁移动存储介质在涉密计算机和非涉密计算机之间交叉使用；七要加强外协合作项目的保密管理，严格履行保密资质审查和报批手续，签订专项保密协议；八要加强保密教育，开展保密宣传，采取多种形式提高保密意识，重点做好领导干部和涉密岗位人员的培训教育。

4. 组织开展保密检查。2009年全年共组织开展4次全面的计算机保密检查和抽查，重点检查了局机关和局属单位计算机网络及移动存储介质的使用和管理，包括涉密计算机是否连接互联网，局域网和互联网计算机是否存储涉密信息，移动存储介质是否有在涉密机和互联网计算机之间交叉使用现象等。4月14日，局办公室印发了《关于检查国家秘密载体管理工作的通知》（中地调办发〔2009〕8号），全局系统开展了一次秘密载体管理工作专项大检查。6月10～15日，局保密办组织人员对局机关的计算机进行了保密抽查。7月，局保密办组织开展了对广州海洋局、青岛海洋所和航遥中心等保密工作重点单位的专项检查工作，重点突击抽查了各单位计算机网络系统。11～12月，局安全稳定保密综合检查组对12个在京局属单位进行了保密检查，随部保密检查组对部分局属单位和国家土地督察局进行了保密检查，对保密制度、保密机构和人员、保密设备配备情况、保密宣传教育情况、计算机和移动存储介质保密管理情况等5个方面进行了检查和评价。

（周绪辉）

新闻宣传和政务信息工作

中国地质调查局办公室

2009年，中国地质调查局新闻宣传和政务信息工作始终围绕部、局的中心工作开展，服务大局，主动作为，及时了解掌握局系统的主要情况、工作进展和重大成果，并将这些进展与成果及时进行上报，系统策划对外宣传。通过新闻宣传和信息报送，地质大调查成果得到了很好的宣传，扩大了地调局的影响力，进一步树立了中国地质调查的整体形象。

一、新闻宣传工作

新闻宣传工作以部、局的中心工作和年度重点工作布局为主线，以宣传地质调查成果为重点，以中央主流宣传媒体为平台，注重发挥局系统的整体功能，注重加强新闻舆论的引导作用，重点宣传局在构建大项目机制、找矿突破新机制等科学发展新机制上的积极探索，大力宣传局地质找矿改革发展大讨论好经验和做法，策划宣传了陆域天然气水合物取得重大突破、新疆358项目地质找矿取得积极进展等。同时，对局近60个会议和活动进行了宣传。据不完全统计，国内主要新闻媒体均对地质调查工作和成果进行了宣传报道，源发性消息和报道达200多篇。其中，新华社、中国新闻社12篇，人民日报4篇，中央人民政府网站20篇。

一是重要会议活动的宣传。全年对全局的近60个会议和活动进行了相应的宣传报道。精心组织策划了全国地质调查工作会议、局2009年工作会议、徐部长到局调研座谈、2009年中国国际矿业大会地质找矿新成果专题会、探月与地学科学研讨会、局开展地质找矿改革发展大讨论系列活动、局开展作风建设活动系列活动的宣传。

二是重要成果的宣传。根据地质找矿、基础地质调查、水工环地质、地质科技与国际合作等不同专业领域的成果，策划开展一系列的成果宣传活动。重点宣传农业地质调查成果、陆域发现天然气水合物、新疆“358”项目找矿新进展等近20项重要成果。宣传效果良好，舆论导向正确，提高了地质调查成果的社会认知度，提升了局的整体形象。

三是建立完善的宣传渠道。在日常工作中，以中央主流新闻媒体为宣传平台，积极与新华社、人民日报、中央电视台等中央主流媒体沟通联系，建立了地调局与主要新闻媒体的联系机制，确保了宣传渠道畅通，同时，注重发挥部系统的宣传平台，短平快的新闻与后续深度报道结合，消息、评论、连载等多种新闻报道形式结合，打造立体化的宣传攻势，取得较好效果。

四是形成有序宣传工作机制。新闻宣传工作逐步形成了一套有序的机制：一是对每个重大新闻活动事先进行合理策划；二是与新闻单位保持良好联系，争取媒体对地调局的宣传及时、到位；三是刊发稿件一律严格执行审批制度；四是对报道情况及时进行汇总整理。

二、政务信息工作

政务信息工作以局重点工作布局安排为重点，进一步规范和简化信息报送，对信息进行及时筛选和编辑，不断提高时效和质量，近两年来在部政务信息报送中排在前列。全年共编报《地质调查要情专报》47期，《地调工作动态》56期，《局内要情》39期，《局领导一周会议活动安排》52期。局属各单位、局机关各部室全年报送信息1341条，局动态信息采用443条。报送信息在部的信息得分中计1362分，排在部系统各单位第一位。

一是构建局系统政务信息员体系。在局属各单位和局机关各部室设立信息员，开展政务信息编写培训，组织有关讲座，提高信息员的写作水平，提高简报质量。

二是规范清理局系统简报刊物。按照部办公厅的要求，对局系统各单位的政务信息刊物进行了一次全面清理，要求各单位原则上只保留一份信息刊物，提高信息采编速率，加快了局系统信息报送的速度。

三是加强与部有关部门的沟通协调。注重与部政务信息主管处室部办公厅督查室的联系和沟通，及时提供部关切的重点信息，了解地调局信息被采纳情况，争取地调局重要信息上报中办国办。

四是切中局重要工作进展作出专报。地调局高度重视《地质调查要情专报》的编写工作，加强与局业务部室的联系，及时跟踪局重要工作进展情况，与有关部室积极配合起草专报，由于专报直接报送至部领导，所以局对专报内容和质量的要求都很高，往往一个专报要修改十几稿才最终成稿，每周1～2期专报将局重要工作情况及时报部。

五是及时报送局系统工作情况动态。在清理简报和构建信息员队伍的基础上，从质量和时效两个方面抓好日常的信息编发工作。开展信息编写业务培训，提高简报质量；加快报送渠道建设，局属单位及时提交信息，改变以往单一通过纸介质报送的形式，建立起局系统信息员邮箱系统。每周两期《地调工作动态》，一期《局内要情》，交流局系统的工作动态。

（夏　鹏）

经济与财务管理

地质调查项目经济管理

中国地质调查局财务部

一、预算下达情况

2009年，财政部下达地调局组织实施的地质调查项目经费预算共计194727.24万元，其中：本年财政拨款190809.24万元，动用结余资金3918万元。

1. 地质调查项目预算按照经费渠道分。国土资源大调查经费分8批下达预算，共137397.24万元，其中：本年预算133479.24万元，动用结余资金3918万元。基础性公益性地质调查经费分3批下达预算，共57330万元。

2. 地质调查项目预算按承担单位隶属关系分。地调局组织实施的地质调查项目经费预算中，地调局及局属单位87184.24万元，省（区、市）地质调查院71610万元，省（区、市）地质环境监测站9120万元，行业地勘单位13650万元，院校7500万元，其他单位5663万元。

二、地质调查项目经费使用情况

1. 累计预算及执行情况。2009年度纳入项目经费年报的地质调查工作项目共2304个。项目承担单位有139家，包括：省（区、市）地质调查院31家，局及局属单位28家，省（区、市）环境监测总站28家，院校8家，行业地勘单位22家，其他单位22家。

2304个项目累计安排预算81.16亿元。其中：已完项目5.44亿元，未完项目75.72亿元。累计支出72.04亿元。累计形成结余9.13亿元。

2. 2009年预算及执行情况。2009年初结余资金5.74亿元，本年预算24.42亿元（其中包括2008年12月下达预算5.34亿元），收到经费拨款共计23.72亿元。本年实际支出21.04亿元，期末预算结余9.13亿元。实际支出21.04亿元按成本费用分：人员费4.96亿元，占当年支出总数的（下同）23%；办公费0.21亿元，占0.99%；印刷费0.42亿元，占2%；水电费0.22亿元，占1.02%；邮电费0.16亿元，占0.78%；交通费1.21亿元，占5.75%；差旅费1.96亿元，占9.34%；会议费0.52亿元，占2.46%；培训费756.88万元，占0.36%；专用材料费2.26亿元，占10.73%；劳务咨询费1.53亿元，占7.26%；委托业务费5.9亿元，占28.05%；设备购置费0.36亿元，占1.71%；维护费0.13亿元，占0.63%；其他1.13亿元，占5%。

三、国家财政地质调查专项管理

2009年，中国地质调查局组织实施的由中央财政资金安排的海洋地质调查专项共有3个，预算79000万元。承担项目的工作单位有7个，包括局属单位4个，其他单位3个。根据海洋专项项目进展需要，组织海洋油气三维地震、后期资料精细与特殊处理、钻探工程等商务谈判工作，完成与中国石油集团东方地球物理勘探有限责任公司和中海石油（中国）有限公司合同签订相关工作。

四、地质调查经济管理主要工作

1. 修改完善地质调查项目预算编制与审查制度。为进一步规范地质调查项目预算管理要求和程序，科学界定经费预算编制内容和细化程度，依据国土资源部的项目支出预算编制办法，对地质调查项目预算编制与审查要求进行了全面修改，于10月中旬印发了《地质调查项目预算编制与审查要求》（中地调发〔2009〕209号），在编制2010年地质调查项目预算编制和审查工作中开始使用。

2. 开展地质调查预算标准跟踪评估和动态调整机制建设。2009年3月，在长沙召开了地质调查预算标准研讨会，对预算标准存在的突出问题和建立动态调整机制进行了研讨。2009 年上半年完成了 2005 ~2008 年生产资料、原材料等 10 大类商品价格信息和指数收集工作；系统收集了国家有关部门 2005 ~ 2008 年的人员工资数据，以及中央公益性地勘单位、省级地勘单位自 2005 年以来人员工资、野外津贴等增长数据。同时，六大地质调查中心深入基层开展调研，广泛征求各项目单位对预算标准的意见。7 ~ 10 月，完成了地质调查预算标准跟踪评估和动态调整机制研究报告评审和上报工作。11 月地质调查项目预算标准在 2010 年地质调查项目预算编制和审查中开始使用。

3. 加强地质调查项目预算编制基础工作，举办 3 期项目预算编制培训班。2009 年共举办 3 期地质调查项目预算编制培训班。4 月应青海省国土资源厅的要求，开展青海省地质勘查队伍预算编制培训，11 月为煤炭地质调查系统开展培训，12 月举办承担地调局地质调查项目单位预算编制培训，共培训人员 395 人，新增取得合格证书人员 372 人。至此取得地调局地质调查预算项目编制培训合格证书人员达到 1468 人，进一步充实了预算编制人员队伍。

（田素军　王旭光　王　蔚　沈结荀）

局系统预算财务管理

中国地质调查局财务部

一、预算下达情况

2009 年国土资源部批复地调局各类财政预算共 14 个批次，预算总额 445409.96 万元。其中：本年预算 281974.47 万元，上年结转 163435.49 万元。

1. 基本支出预算 47925.69 万元（本年预算 47611.75 万元，上年结转 313.94 万元），其中：人员经费 28647.70 万元，包括：在职人员经费 16523.05 万元，离退休人员经费 12124.65 万元；公用经费 7226.99 万元；住房改革支出 13020.50 万元，包括：住房公积金 4401.00 万元，提租补贴 470.00 万元，购房补贴 7187.00 万元。

2. 项目支出预算 397484.27 万元（本年预算 234362.72 万元，上年结转 163121.55 万元），其中：地质调查类项目 249292.73 万元，地质科研类项目 42852.25 万元，事业运行类项目 8933.45 万元，基建及修购类项目 96405.84 万元。

各专项预算具体安排情况如下：①海洋地质调查专项 97195.50 万元；②国土资源大调查专项 89515.69 万元；③基础性公益性地质调查专项 25000.23 万元；④全国土壤现状调查及污染防治专项 903.41 万元；⑤全国危机矿山接替资源勘查专项 8774.72 万元；⑥矿产资源补偿费矿产资源远景调查专项 266.07 万元；⑦探矿权采矿权使用费和价款管理及成本费用支出专项 5146.46 万元；⑧全国油气资源战略选区调查与评价专项 5889.72 万元；⑨行政事业项目 7590.37 万元；⑩深部探测技术与试验研究专项 26986.68 万元；⑪公益性行业科研专项 7159.00 万元；⑫国家科技支撑计划课题 2466.67 万元；⑬非营利性科研机构改革专项 5999.52 万元；⑭国家科技基础条件平台建设项目 104.01 万元；⑮中央级科学事业单位修缮购置专项 10371.17 万元；⑯中央级公益性科学院所基本科研业务费项目；⑰基本建设项目 11718.74 万元；⑱地质队伍“野战军”技术装备建设专项 72721.52 万元；⑲地震灾区次生地质灾害调查评价专项 50.05 万元；⑳国外矿产资源风险勘查专项 940 万元；㉑三峡库区地质灾害防治工程 13315.75 万元。

二、财政预算执行情况

通过全局的共同努力，2009 年财政预算执行率比往年有了较大提高。截至 12 月 31 日，全局国库预算完成 311858.19 万元（比 2008 年 263275.04 万元增加 48583.15 万元），执行率为 79.5%（比 2008 年 71.2% 提高 11.1 个百分点），基本实现国土资源部确定的 80% 的目标。其中：

1. 基本支出国库预算完成 48362.87 万元（比 2008 年 37649.51 万元增加 10713.36 元），执行率为 99.7%（比 2008 年 96.1% 提高了 3.6 个百分点）。

2. 项目支出国库预算完成 263495.32 万元（比 2008 年 225625.53 万元增加 37869.79 万元），执行率为 76.7%（比 2008 年 65.2% 提高 11.4 个百分点）。如扣除 2009 年 12 月份批复下达的预算和地质队伍

“野战军”技术装备建设专项资金等客观因素的影响，全局国库预算完成272856.02万元，执行率为84.9%。

三、财务收支情况

1. 总收入情况。全局本年度可使用的货币资金总量56.39亿元，同比上年增长3.19亿元。总量包括：上年结转资金19.80亿元；本年收入36.59亿元。

本年收入构成：本年财政拨款27.98亿元，同比上年财政拨款20.55亿元增加7.42亿元，增长36%；事业收入6.38亿元，同比上年增长22%；经营收入0.63亿元，同比上年下降24%；其他收入1.59亿元，同比上年增长24%。本年收入过亿元的单位有14家：地调局、广州海洋局、航遥中心、发展研究中心、青岛海地所、天津地调中心、成都地调中心、西安地调中心、环境监测院、地科院、矿产资源所、地质研究所、物化探所、地质力学所，比上年增加3个单位。

2. 总支出情况。全局本年形成支出总额39.58亿元，同比上年33.67亿元增加5.91亿元。

①总支出的构成。工作用支出24.73亿元，占总支出63%；人员支出8.48亿元，占总支出的21%；其他资本性支出2.11亿元，基本建设支出3.66亿元，经营及其他支出0.61亿元。本年全局人员经费支出（含离退休经费及对个人和家庭补助）总计8.48亿元，其中：在基本支出中开支的人员经费为5.27亿元，占人员经费总支出的62%；在项目支出中开支人员经费3.21亿元，占人员经费总支出的38%。②在职人均收入。全局系统在职人员共计6642人，比上年净增6人，在职人均收入6.84万元/年（不含住房改革支出），同比上年6.18万元/年，增加6600元/年。③离退休支出。全局系统离退休人员共计5734人，比上年增加121人，全局离退休经费预算1.21亿元（比上年减少2100万元），支出2.33亿元，同比上年2.03亿元增加3000万元。

四、资产负债及净资产情况

1. 资产负债情况。截至2009年末，全局资产总额55.58亿元，负债总额9.26亿元。资产总额55.58亿元，同比上年资产增长7.29亿元。其中固定资产25.44亿元，同比上年增加5亿元，主要为20万元以上单套设备净增加1.26亿元，同比上年增长49.72%。

资产总额中固定资产占45.76%，流动资产占40.07%，资产结构基本合理。负债总额9.26亿元，主要为流动负债。

2. 净资产情况。年末净资产总额46.33亿元，比上年末增加5.15亿元。其中：事业基金3.75亿元；固定基金25.42亿元；专用基金6.01元；经营亏损0.03亿元；其他净资产（专项资金结余等）11.18亿元。

五、预算财务管理重要活动

1. 精心组织内部审计与整改，为不断促进规范经济行奠定了基础。按照局的决定，组织完成委托中审亚太会计师事务所对局机关及18个局属单位进行经济运行情况全面审计。4月完成了审计方案确定、委托合同起草与签订等工作，并及时组织审计组有序进驻19个单位，于8月底如期完成了对天津地调中心、成都综合所、物探所等19个单位，2005～2008年4个财务年度的现场审计。在对《审计报告》梳理、分析存在主要问题、研究整改措施基础上，于11月份下发《整改工作要求通知》，促进各单位自行纠正和完善管理工作的如期进行。

通过审计，摸清了局属单位预算收支、基本建设、经济实体、资产与技术装备、会计核算、制度建设与执行等方面的基本情况；资产、负债、净资产的家底；基本掌握了被审单位近年来经济运行与财务管理中存在的主要问题；达到了预期目的，为推进经济管理规范化提供了可靠依据。

2. 认真组织财经法律法规宣传教育，各级领导依法理财意识显著提高。按照局党组要求，于今年3～4月份组织财务部和局属单位财务处，按时开展了财经法律法规宣传教育活动。通过在各单位组织全员集中对《预算法》、《会计法》、《事业单位财务制度》，国家和国土资源部关于部门预算、重大项目、专项资金、国有资产管理等相关制度的学习，违法违规经济案例分析，使各级领导干部和广大职工对新时期财经法律法规有了较为系统地了解，依法理财观念显著增强。

一年来，各单位在预算执行、财务支出、资产处置等重要事项操作上，向局申报、请示批准、依规行事的氛围已经显现出良好态势。

3. 认真落实“四项费用”控制政策，全面实现了各项支出控制指标。按照财政部、审计署关于严格控制“四项费用”的有关要求，在全面清理局属单位近3年“四项费用”实际支出情况的基础上，根据2009年公务用车购车、出国（境）、招待费压缩指标，以及部关于会议费控制指标要求，为解决地调局地质调查项目实施车辆费用支出大、承担境外勘查项目多等实际问题，通过与部财务司、资源环境审计局协商，在科学区分一般性“四项费用”和专项项目“四项费用”的条件下，编制下达了局系统2009年度“四项费用”控制总量和各单位控制指标，并对执行进行跟踪监控。从2009年的执行结果来看，全局和各单位“四项费用”控制指标基本达到了预期目标。

4. 精心组织开展“小金库”专项治理工作。按照治理“小金库”专项工作的要求，与内部审计工作相结合，深入局属单位宣传政策。对广州海洋局、发展研究中心（十三陵培训中心）、实物资料中心（秦皇岛项目组）、勘探技术所、航遥中心5个单位自查发现的“小金库”，及时敦促进行了纠正。并对沈阳地调查中心、勘探技术所等13个单位的自查自纠结果开展了重点检查。

配合中央检查组完成了对局属单位自查自纠结果的检查，主动与国家审计、部主管司局沟通协调，对航遥中心、资源所被查出的“小金库”问题，进行了及时妥善处置。

上述工作保证了地调局治理“小金库”专项的有序完成。同时，也使部分单位财务管理存在的不规范行为得到纠正。地调局的工作受到部治理“小金库”专项工作办公室的好评。

（申　勤　石　森　余国栋　程京林）

局机关财务管理

中国地质调查局办公室

一、预算管理工作

为了合理安排资金，落实预算执行率达到80%的要求，编制了年度局机关经费各项支出预算，并下发了“关于下达局机关各部室2009年度经费支出预算的通知”；编报了年度部门预算实施方案；编报了国土资源大调查组织实施费2008年度总结，国土资源大调查组织实施费2009年度工作方案；为了控制“四项费用”的支出，编制“四项费用”支出控制预算；编报了局本级2010年部门预算及项目预算。

二、会计核算工作

编报完成局机关年度部门决算报表、国土资源地质调查项目专项资金会计报表、财政性资金投资基本建设项目决算报表、中央行政事业单位住房改革支出决算；中央部门事业单位基本情况调查表；财政拨款净结余资金情况表；填报了事业单位职工人数和工资情况等统计表；填报了行政事业单位“四项费用”情况调查表；中央部门出国等3项费用支出情况统计表；编报了“中央部门规范津贴补贴资金安排情况统计表”。

填报2006～2008年因公出国实际成行情况统计表；填报2009年党政干部因公出国季度及全年实际成行情况表。编报《中央行政事业单位国有资产年度决算报告》；编报参照公务员管理事业单位规范津贴补贴情况表；编报完成经济普查统计报表及综合统计年报、工资联审等工作；对2009年以前的固定资产进行了清理、登记、建卡工作；完成2008年野战军装备设备采购调拨工作及2009年装备设备采购资金支付工作；根据基本建设项目工程结算审核报告编制了基建项目竣工决算；完成对各资金账套进行会计核算及资金结算相关业务等工作。

三、财务检查工作

根据《国土资源部关于开展“小金库”治理工作的通知》（国土资厅发〔2009〕59号文）要求，汇总提交“小金库”自查自纠情况报告，配合部及审计署完成治理“小金库”的核查工作；并提交2006～2008年规范津贴补贴发放标准情况表，中央部门规范津贴补贴资金来源情况表；配合部财务司“小金库”治理检查组完成审查工作；配合会计师事务所完成2005～2008年财务审计工作。

（许晓梅）

企业管理

中国地质调查局财务部

一、经济实体情况

截至2009年末，22个局属单位所属各类经营开发实体有59家。其中：制造业5家、建筑业6家、批发和零售业5家、住宿和餐饮业5家、科技服务和地质勘查业20家、居民服务和其他服务业6家、其他行业12家。

二、从业人员情况

2009年期末从业人员744人，比上年减少162人。本期平均从业人员807人，比上年减少187人。期末正式职工486人，比上年减少74人。

劳动报酬及补贴3760万元，年人均报酬46590元，比上年增加6350元，增长13.6%。正式职工劳动报酬及补贴2682万元，年人均报酬51281元，比上年增加4626元，增长9.1%。

三、经营状况

2009年59家经营开发实体中，盈利的有36个，亏损15个，盈亏平衡2家。有6家处于停业状态。实现总收入62593万元，比上年减少14355万元，降低18.6%。总支出59103万元，减少9134万元，降低13.4%。利润总额3491万元。

2009年末总资产为69033万元，比上年减少8326万元，降低10.7%。其中：流动资产47488万元，固定资产11946万元，长期投资2912万元，无形资产及递延资产1045万元，其他长期资产5642万元。

负债为34554万元，比上年减少10210万元，降低22.8%。其中：流动负债31669万元，长期负债2885万元。

所有者权益为34479万元，比上年增加1884万元，增长5.8%。其中：实收资本21231万元，资本公积金899万元，盈余公积金3138万元，未分配利润9211万元。

四、企业管理重要活动

在2008年企业清理规范工作基础上，按照加快推进的要求和“全面清理、逐一规范”原则，2009年在细化清理和推进规范或撤销清算方面下工夫。

一是深入南京地调中心、沈阳地调中心、成都综合所等10个单位，对20多个企业情况作了进一步的调研摸底。结合对19个单位的全面审计工作，将地科院所属的“北京科地招待所”等12个经济实体（非独立法人）纳入清理规范之中。

二是组织召开“局属单位企业清理整顿工作研讨会”，与各单位逐一进行企业状况核实，进一步确定清理规范方案。最终形成105个企业清理规范工作方案建议报告，拟保留规范发展50个，撤销55个。

三是对55个拟撤销企业，一方面积极与部沟通努力争取政策，一方面为所属单位出谋划策，稳步推进撤销清理或转制工作。全年完成了35个决定撤销或转让实施方案的上报工作。截至年底，已有20个企业完成或基本完成撤销清算或转制（转让）工作。

四是对拟保留50个企业，结合内部审计整改，按照“产权清晰、权责明确、事企分开、管理科学”的现代企业管理理念，在促进投资主体将所属企业纳入单位经济运行统一管理（资产购置于与处置、收入与分配、决算等环节的监督管理）、健全完善企业内部管理制度等方面取得积极进展，为继续推进企业规范工作奠定扎实基础。

（刘雅彦　窦云涛）

基建与装备管理

基本建设管理

中国地质调查局装备部

一、局直属单位基本建设管理

2009年中国地质调查局按照“以基地建设规划指导建设项目申报，根据项目进展情况确定年度投资计划”的工作思路，积极探讨加强建设项目管理的有效方式，并开展相关管理工作。

1. 京区科研实验基地建设。贯彻落实李克强副总理视察讲话精神，根据领导指示，成立了项目建设领导小组，结合业务功能定位及队伍建设，开展建设规模论证和建设规划方案编制工作，多次走访咨询中关村科技园区管委会进行选址咨询，通过多方联系，取得了规划司和北京市国土资源局的理解和支持，项目选址进入规划征求意见阶段。

2. 基地建设规划修编。结合单位定位和队伍建设方案，针对沈阳所、西安所、岩溶所、勘探所和青岛所以及航遥中心等单位出现的新情况，按照政府投资项目建设程序规定，指导其开展新基地建设规划暨项目建议书的编制工作。

3. 建设项目论证和审批。组织编制年度项目论证计划，按照部支持、局承办原则，完成6个项目可行性研究报告、4个项目初步设计、1个项目调整概算的审查报批工作；完成了8个项目政府采购方式的审批工作，并及时将政府采购资料报部备案。

4. 年度投资计划管理。根据国土资源部批准的2009年中央预算内投资计划，分解下达局属单位，对年度预算执行情况进行了分析；组织编报了2010年中央投资计划建议。

5. 建设项目监督管理。按照政府投资项目建设程序规定和部局管理工作要求，围绕建设项目的审批、招标、开工、组织实施和竣工备案准备等主要环节，对35个在建项目的进展情况进行了跟踪，对重点建设项目进行了实地调研，有针对性地监督指导其开展相关管理工作。

6. 加强业务基础建设。举办了局属单位基本建设管理培训班；完成了年度项目档案资料的整理和归档工作。

二、省级公益性地质调查队伍基本建设管理

省级公益性地质调查队伍基地是衡量队伍是否建实的重要指标之一。省级公益性地质调查队伍在解决基地问题上有两种途径：自己拥有基地，具有土地、房屋产权；租用办公场所等。近年来，在上级主管部门支持和单位自身努力下，省级公益性地质调查队伍在基本建设上取得积极进展：

一是一些原先没有基地的单位落实了基地建设规划，开展基地建设。如河北省地勘局已通过基地建设方案，拟在国土勘查中心基地新建一栋地质大厦，由地调院、国土勘查中心共同使用，基地建设正在积极筹建中。贵州省地质调查院2006年2月建实后，暂无固定基地，租房办公。2008年贵州省地矿局决定在贵州省贵阳市金阳新区建设地质科技园，主要解决贵州省地质调查院、环境监测院等单位的业务用房问题。2009年已完成了国有划拨土地立项审批及定点、选址等工作，相关规划正在办理中。

二是原来拥有基地的单位，进行改、扩建，进一步改善办公条件。如：2008年，湖南省地质矿产勘查局将湖南省地球物理化学勘查院整体搬迁长沙，同时为做实做强湖南省地质调查院，也一并迁入该基地，该基地位于长沙市郊云塘镇，2009年该基地正在建设中，规划建筑面积19510m^2；设计总投资5500

万元，其中2025万元列入中央预算补助。湖南监测站成立之初，在长沙市郊大托铺拥有固定的办公场所。1990年迁入长沙市区。随着单位的发展，现有的办公场地受限，2009年根据湖南省国土资源厅的决定，湖南省地质环境监测总站将在长沙市南郊暮云镇兴建新的办公基地，该基地目前已完成包括土地手续、拆迁调查、整体布局、功能分区、投资分析等方面的工作，预计2012年搬入新址。2009年海南省国土环境资源厅正着手厅下属事业单位办公楼的建设工作，前期工作正在进行中。甘肃环境监测院有独立的办公场所，现正进行职工住宅楼建设，并在办公楼前后建造绿化带、篮球场等，预计年底完工，为职工创造良好的办公、娱乐环境和学习氛围。

根据调研和不完全统计数据分析，省级公益性地质调查队伍中有2/3的单位拥有办公基地，其余单位靠租用办公楼办公。截至2009年年底，59个省级公益性地质调查单位中，36个拥有基地，占61%；23个不具有基地，占39%。其中，31个省级地质调查院中，19个有基地；28个省级地质环境监测站中（天津、上海监测站与地调院为同一个单位，所以不再纳入监测站行列统计），17个有基地。地调院和环境监测站中有基地的单位都占61%。

（唐 兰）

装备管理

中国地质调查局装备部

一、局属单位装备建设与管理情况

2009年中国地质查局深入贯彻落实李克强副总理视察国土资源部讲话精神，以地质找矿改革发展大讨论为契机，全面提升局属单位地质技术装备保障能力，有序开展装备专项和装备管理工作，局属单位装备水平得到大幅度提高，地质调查能力明显增强。截至2009年底，局系统约有仪器设备4.4万台套，原值约为15.8亿元。其中新增设备约8523台套，原值约2.3亿元；报废设备约1468台套，原值约2339万元。

1. 装备建设。地质队伍“野战军”技术装备专项。国土资源部累计下达地质技术装备专项中央预算内基建支出预算128000万元，至7月底，全面完成技术装备专项计划明细项目采购工作。其中：签订合同项目109123万元，中止采购项目投资计划14814万元，形成固定资产73718万元。部分合同尚在执行，相关的进口免税、机电证申报、支付及验收等工作逐项开展。

天然气水合物综合调查船建造专项。在国土资源部、中国地质调查局、广州海洋地质调查局及相关部门的共同努力下，完成了天然气水合物综合调查船建造专项，2009年10月12日在上海举行“海洋六号”船交接船仪式，10月18日在广州举行了入列仪式。

中央级科学事业单位修缮购置专项资金2010年项目申报。向部报送中央级科学事业单位修缮购置专项资金2010年项目。申报项目53项，申报资金12693万元；其中：房屋修缮项目1项，预算1080万元；基础设施改造项目5项，预算1284万元；仪器设备购置项目46项，预算10155万元；仪器设备升级改造项目1项，预算174万元。

海洋地质保障工程装备计划等新增专项申报。2009年初，启动了《海洋地质保障工程装备计划》等项目申报工作，由局组织专项工作小组，在部领导和规划司的支持与指导下，通过调研、论证，于2009年7月向部报送了《海洋保障工程装备计划项目建议书》，申请项目投资21.19亿元，主要建设内容为：购置或建造3艘调查船及配套的调查设备，购置3架航空物探飞机及配套相应的调查设备。经部长办公会议审议通过，项目建议书及时报送发改委。

另外，配合中国地质环境监测院，完成《国家地下水监测工程项目建议书》中国国际工程咨询公司评估，经评估项目投资为8.2亿元。

2. 装备管理。为加强局系统装备管理工作，2009年重点开展了3方面工作：

一是完成设备报废审查。办理设备报废等资产处置工作6件次，涉及设备资产94台套；

二是开展新购设备的验收和调拨工作。根据2009年底决算，完成约17493万元地质技术装备调拨工作。

三是加强地质技术装备的基础管理工作，具体包括：开展地质技术装备规划研究。启动装备专项待分配投资、采购结余资金和中止采购项目结转投资新项目计划的论证及申报工作，开展地调局技术装备规划（2010～2020年）编制相关前期工作：①在南京召开局属单位自主研发成果转化座谈会，研究探索建立局自主研发成果转化方式，以及提高局属单位自主创新能力；②分别在北京和成都召开了野外、物探和实验装备配置专题研讨会，研究专业技术装备配置的需求与重点；③下发了局属单位装备规划编制要点。

在局属单位范围内开展设备资产清查盘点工作。审计署《关于国土资源部“野战军”地质装备专项资金使用效益情况审计调查报告》针对装备专项审计发现的问题，局组织专项工作小组，开展了局属单位装备清查盘点工作。在各单位自查基础上，工作小组进行详细外业核查，通过对自查、核查资料的分析整理，形成局系统《设备资产核查报告》。通过设备资产清查，摸清了家底，掌握了装备专项已购设备使用状况及局属单位设备管理情况，充实了装备数据库，对建立完善局系统设备管理体系打下了基础。

二、省级公益性地质调查队伍装备管理情况

1999年地勘单位属地化管理后，按照中央要求，各省（区、市）陆续建立了省级公益性地质调查队伍——省级地调院和环境监测院（站），截至2009年底，全国共有59个省级地调院和环境监测院（站），其中，上海市、天津市地调院和环境监测院（站）为一套人马，两块牌子。

近几年，尤其在《国务院加强地质工作的决定》出台以来，省级公益性地质队伍的建设不断加强，地质技术装备及其管理水平不断提高，地质调查能力明显增强。80%以上的单位建立并通过了质量管理体系认证。在装备管理方面，绝大部分单位建立了设备管理制度与运行机制，设立专门机构或实行专人负责设备管理，基本能够做到从购买、使用、维修到变更的各个环节程序严格、操作规范。

省级公益性地质队伍的建设经历了艰苦曲折的探索变化过程，如：隶属关系变化、队伍的合并与分立等，装备总量也随之发生相应变化，有些单位由于规模的减小导致装备总量也大幅度减少，但从总体变化趋势看，装备总量呈稳步增加趋势，装备保障能力不断提高。据调查统计，2007年年底，省级公益性地质调查队伍装备原值为5.30亿元，其中地调院4.11亿元，环境监测院（站）1.18亿元。截至2009年底，据不完全统计（对于28个有报送装备资料的单位统计，约占队伍总数的50%），装备原值较2007年增加1亿元左右。其中，有些单位在装备建设方面表现比较突出，如：河南地调院2009年购置了工程地震仪、X荧光光谱仪、多功能测井仪、野外数据采集设备等一大批高新设备114台套，总价值400余万元。截至2009年12月31日设备数量共1603台/套，总价值6877.82万元，较2007年增加约1.5倍。浙江地调院2009年在浙江省国土资源厅、省财政厅的支持下，获得480余万元设备专项资金，用于设备更新。广西环境监测站2009年，自治区财政厅、国土资源厅投入了803.23万元购置了地质灾害应急装备，其中350.1万多元用于地质灾害防治技术装备的投入。另外453.13万元用购置越野车，用于广西地质环境监测总站和下属分站地质灾害应急调查。总资产为6029.95万元，其中固定资产1890.74万元。山东环境监测站2009年新增设备452万元。

（王小华）

干部人事教育

干部人事教育工作

中国地质调查局人事教育部

一、领导班子建设

（一）思想政治建设。

根据中纪委、中组部《关于开好2009年度县以上党和国家机关党员领导干部民主生活会的通知》（组通字〔2009〕31号）的要求，8月，中国地质调查局党组召开了以“加强党性修养，树立良好作风、努力提高执行力”为主题的党员领导干部民主生活会。会前，党组成员认真学习有关材料和李克强副总理的重要讲话，深入思考，面向局机关、局属单位广泛征求意见，查找不足，开展谈心。会议当中，结合地质改革发展大讨论活动成果，认真开展批评与自我批评，研究改进措施。中组部干部四局、中纪委驻国土资源部纪检组、国土资源部人事司和国土资源部直属机关党委领导同志应邀到会指导。会后，将整改措施分解落实到领导和部门，并向中组部上报《中国地质调查局党组关于召开2009年度党员领导干部民主生活会的报告》。中国地质调查局局属各单位党委也分别召开了党员领导干部民主生活会。2009年，中国地质调查局党组和局属各单位党委，认真组织学习贯彻党的十七届四中全会精神，在局机关和在京局属单位党员干部中开展学习讨论活动，制定印发“中国地质调查局党组关于深入基层改进作风增强服务意识提高执行力的意见”、“中国地质调查局系统作风建设评议方案”，向中组部报送了《中国地质调查局党组学习贯彻党的十七届四中全会和中纪委十七届四次全会精神情况报告》。

（二）班子调整补充。

根据中组部关于完善公开选拔、竞争上岗和差额选拔等竞争性选拔干部方式的精神，2009年中国地质调查局开展11个局属单位副局级领导职位的竞争上岗和大区地质调查中心总工程师职位的公开选拔工作，竞争性选拔13名领导干部。完成了西安地质调查中心、中国地质调查局水文地质环境地质调查中心、中国地质图书馆、中国地质调查局发展研究中心、国土资源实物地质资料中心、中国地质科学院水文地质环境地质研究所所、北京探矿工程研究所、中国地质科学院地质力学所、中国地质科学院岩溶地质研究所、国家地质实验测试中心等10个单位17名同志的推荐、考察工作。

（三）班子年度考核。

由中国地质调查局党组成员及地科院领导班子成员带队，组成考核组，对中国地质调查局局属27个单位领导班子、114名领导干部进行2009年度工作考核。中国地质调查局各局属单位在中国地质调查局党组的正确领导下，坚决贯彻中央决策部署，以高度的责任感和使命感，认真贯彻中央关于加强地质工作一系列指示精神，巩固和扩大学习实践科学发展观活动成果，深入开展地质找矿改革发展大讨论和作风建设活动，紧紧围绕“推动找矿突破、增强服务功能”中心任务，着力加强队伍建设和业务建设，在地调科研成果、队伍建设、党建与精神文明建设等方面都取得了明显进步。根据年度考核结果，中国地质调查局党组研究决定，对2009年各项工作取得突出成绩的西安地质调查中心、成都地质调查中心、广州海洋地质调查局、中国地质调查局发展研究中心、中国地质科学院地质研究所、北京探矿工程研究所6个单位予以表彰。对取得明显成绩的武汉地质调查中心、青岛海洋地质研究所、中国地质环境监测院、中国地质科学院矿产资源研究所、中国地质科学院地球物理地球化学勘查研究所、中国地质科学院水文地质环境地质研究所、中国地质科学院矿产综合利用研究所7个单位予以表扬。中国地质调查局局属单位领导班子成员中金若时、陈国栋、李金发、丁俊、樊钧、彭轩明、马申达、傅秉锋、邓志奇、侯金武、王洁、侯增谦、王瑞江、尹明、韩子夜、石建省、姜玉池、张金昌、刘亚川、胡时友何远信21名同志“优秀”等次，其他92名领导干部为“称职”。

（四）干部监督工作。

根据中央有关要求，坚持和完善领导干部个人收入申报、有关事项报告和离任审计制度，学习传达中组部《关于在党政领导班子后备干部集中调整中加强监督认真治理拉票行为的通知》（组通字〔2009〕23号）、《印发〈关于对最高人民检察院等20个单位干部选拔任用工作检查情况的通报〉的通知》（组通字〔2009〕24号）等重要文件，向中组部报送《关于报送整治用人上不正之风工作情况的报告》、《关于报送2006年9月以来党员领导干部报告个人有关事项情况统计的函》。结合巡视工作，对沈阳地调中心、武汉地调中心、青岛海地所、地质研究所、矿产资源所、水文环境所、岩溶地质所、郑州综合所、探矿工艺所9家单位2005年以来的干部选拔任用情况进行检查，对检查中发现的问题向有关单位进行意见反馈，提出整改意见。

二、干部人事工作

（一）职工队伍概况。

2009年末，中国地质调查局局系统在职职工6642人。其中，干部5513人，工人1129人，中共党员2957人，本科及以上学历3911人，局级干部128人，处级干部889人，科级及以下干部4496人。2009年，中国地质调查局局系统公开招考录用工作人员273人（录用应届大中专毕业生270人），政策性安置6人，调入62人。

（二）干部人事制度改革。

认真贯彻人力资源和社会保障部、国土资源部岗位设置管理精神，天津地质调查中心、中国国土资源航空物探遥感中心、中国地质环境监测院、中国地质科学院地质研究所、中国地质科学院水文地质环境地质研究所开展岗位设置试点工作，岗位试点工作基本完成。2月，经人力资源和社会保障部、财政部批准，中国地质调查局主要承担野外地质调查工作的天津、沈阳、南京、武汉、成都、西安地质调查中心和水文地质环境地质调查中心、青岛海洋地质研究所执行野外地质勘探队工资标准。根据《关于京外中央国家机关和中央企事业单位离休人员待遇有关问题的通知》（中纪发〔2008〕41号）的要求，中国地质调查局局属单位离休人员津贴补贴的清理和规范工作基本完成，196名离休人员津贴补贴有较大幅度提高。中国地质调查局继续实行新进人员计划备案审批制度，中国地质调查局局属单位2009年新进人员341人，其中专业技术人才299人，人员结构进一步改善，新进人员质量进一步提高。

（三）人才队伍建设。

2009年，中国地质调查局进一步加大人才队伍建设工作力度。依托《全国矿资源潜力评价》项目，与中国地质大学（北京）联合举办矿产资源潜力评价博士研究生班，招收各省、市、自治区地质调查院（局）、中国地质调查局局属单位矿产资源潜力评价博士研究生31名。中国地质调查局天津地质调查中心、成都地质调查中心、发展研究中心、中国国土资源航空物探遥感中心、中国地质科学院岩溶地质研究所，与有关高等院校新签订建立产学研培养人才合作基地协议，进一步搭建产学研培养人才平台。专题研究起草《中国地质调查局关于依托项目和重点实验室培养人才暂行办法》和《中国地质调查局关于依托高等院校培养人才的意见》，进一步建立健全人才培养机制体制，明确人才培养的途径、措施。接收“西部之光”访问学者2人。2009年末，中国地质调查局局系统，院士15人，有突出贡献的中青年专家12人，新世纪百千万人才工程国家级人选18人。

（四）中央公益性地质调查队伍建设。

落实李克强副总理2009年8月17日到国土资源部视察时的重要指示精神和国土资源部第41次、第44次部长办公会议精神，组织开展中央公益性地质调查队伍建设方案研究，广泛调研、组织专家论证和征求有关方面的意见，研究制定《加强中央公益性地质调查队伍建设方案》和《中央公益性地质调查队伍规模论证报告》，并向中编办进行汇报沟通。按照国土资源部地质找矿改革发展大讨论活动安排，组织开展中央公益性地质调查队伍建设专题研究，编制关于加强中央公益性地质调查队伍油气资源和海洋、物探等专业队伍建设方案，完成《加强中国地质调查局队伍建设方案》和《中国地质调查局队伍规模论证报告》，并呈报国土资源部审议。

（五）机构编制管理。

根据中国地质调查局批复的“三定”方案，天津地质调查中心等13个事业单位编制了本单位内设机构、职责任务和人员编制的具体实施方案。根据《中国地质调查局直属单位结构调整的意见》和有关文件要求，中国地质科学院和其所属7个科研所，以及勘探技术研究所、探矿工艺研究所、北京探矿工程研究所、郑州矿产综合利用研究所、成都矿产综合利用研究所等5个转制所制定了本单位“三定”方案，上报中国地质调查局审批。为适应地质调查工作新形势新任务需要，中国地质调查局研究批复同意中国地质调查局发展研究中心、天津地质调查中心调整部分内设机构方案，批复同意中国地质环境监测院成立“地质灾害应急办公室”，报中编办批复同意将宜昌地质调查中心更名为武汉地质调查中心。中国地质调查局会同科技部对中国地质调查局所属的勘探技术研究等5个转制所进行专题调研，提出将5个转制所转为非盈利科研机构、妥善解决有关问题的意见建议。按照国土资源部有关强化宏观管理、转变职能的工作安排，配合国土资源部有关司局按照“责权一致、下管一级”的基本原则，进一步明确国土资源部有关司局与中国地质调查局的职责分工和管理关系，明确中国地质调查局统一部署、组织实施国家地质调查工作和统一管理公益性地质队伍的职能。

（六）组织人事干部自身建设。

根据中组部《关于深入学习贯彻胡锦涛同志在十七届中央纪委三次全会上的重要讲话精神深化拓展全国组织系统“讲党性、重品行、作表率”活动的意见》（组通字〔2009〕18号）精神，中国地质调查局组织人事部门结合地质找矿改革发展大讨论活动统一部署，深化拓展“讲党性、重品行、作表率”活动。开展向王彦生同志学习，开展警示教育，加强组工干部党性修养。中国地质调查局系统组织人事部门建立对口联系点制度，深入基层，改进工作作风，从严管理组工干部队伍。10月29～31日，中国地质调查局在武汉市举办第一期组织人事干部业务培训班暨“讲党性、重品行、作表率”活动座谈会，加强干部人事工作业务学习，总结交流“讲党性、重品行、作表率”活动经验。开展中国地质调查局干部人事信息系统建设。

三、职工教育培训

（一）大规模培训干部。

2009年度，中国地质调查局系统干部教育培训工作以邓小平理论和“三个代表”重要思想为指导，以科学发展观为统领，认真贯彻落实《干部教育培训工作条例（试行）》、《2006～2010年全国干部教育培训规划》和《关于2008～2012年大规模培训干部工作的实施意见》精神，围绕中心工作和工作实际，突出重点，分级分类开展各类人员培训。从培训内容上分，主要开展3类培训：政治理论培训、专业知识（岗位任职、专业技术、岗位资质、特殊工种等）培训、学历学位教育。从参加培训人员类别上分：综合管理干部培训661人，占24%；专业技术干部培训1866人，占68%；工人培训206人，占8%。从培训时间上分，累计参加12天以内培训的为2173人，占86%；13天至1个月的为176人，占7%；1～3个月的为69人，占3%；3个月以上的为109人，占4%。从培训渠道上分，党校和行政学院培训占1.2%，其他培训占98.8%。从培训类型上分，继续教育占99%，学历学位教育占1%。2009年度中国地质调查局系统干部教育培训5072人次，其中党校44人次，行政学院20人次。

（二）政治理论培训。

一是结合深入学习实践科学发展观活动、地质找矿改革发展大讨论、作风建设活动、“讲党性、重品行、作表率”活动和凝聚力工程，通过举办或参加辅导报告、讲座等，认真学习中国特色社会主义理论体系，认真学习十七届三中、四中全会精神，进一步提高干部职工理论素养。二是坚持中心组理论学习制度以及支部定期政治学习制度，开展“学习经济法规、剖析经济案件”、“弘扬延安精神、加强作风建设”、“深入学习领会胡锦涛总书记讲话，加强党员领导干部党性修养和作风建设”等专题学习研讨，进一步提高党性修养，转变工作作风。三是选派干部参加外部理论学习。2009年选派6人参加中央党校地厅级干部培训班，1人参加中央党校中青年干部一年制培训班，4人参加井冈山干部学院和延安干部学院短期培训，34人参加中央党校国家机关分校培训，3人参加地方党校培训，20人参加行政学院培训。此外，中国地质调查局各局属单位重视非党和民主党派人士的学习，南京地质调查中心选派2人参加江苏省委组织部举办的入党积极分子分析培训，中国地质科学院地质力学所选派2名民主党人参加国家机关工委举办的民主党派基层组织负责人研讨班。2009年，中国地质调查局局系统综合管理人员总计培训人次达1405人次，其中政治理论学习为450人次，约占总人次的32%。

（三）专业技术培训。

通过举办讲座、培训班、依托项目等方式开展对不同层次专业技术人员的培训。一是提高高级专业技术骨干人员的宏观部署和组织实施能力。举办地质调查总工培训班、监测总站站长培训班、高级技术骨干等培训班，通过新技术、新方法、新理论培训以及考察矿区等方式，提高高级专业技术骨干人员的宏观部署和组织实施能力。二是提高中层专业技术人员的业务水平和实践能力。通过举办新技术、新方法、新理论及各类专业技术讲座和培训班，不断丰富中层专业技术人员的专业知识，提高他们承担地质调查项目的能力和水平。此外，还在实践中通过承担重大地质调查项目和科研项目提高专业技术人员的业务能力。对于年轻有潜力的专业技术人员，中国地质调查局部分单位还派其出国进修或进行学术交流，中国地质科学院郑州矿产综合利用研究所选派1名年轻专业人员到南非攻读博士学位，广州海洋地质调查局选派技术人员到国外进行技术培训和交流77人次。三是提高年轻专业技术人员的野外技能和实际动手能力。针对年轻专业技术人员野外基本功、实际动手能力较差的状况，中国地质科学院矿产资源研究所等单位组织野外工作经验丰富的业务骨干对年轻专业技术人员进行野外技能培训。此外，中国地质调查局各局属单位积极利用野外收队之际，积极开展集中培训业务和岗位练兵活动。

（四）综合管理干部培训。

一是中国地质调查局举办第三期局级领导干部培训班，提高局属单位领导干部和局机关部室领导的组织协调、财务管理等能力，提高局级领导干部贯彻科学发展观的能力。共有35名领导干部参加培训。二是举办外事、预算管理、综合统计、财务管理、成果宣传、基建管理、干部人事、质量管理体系、安全生产等各类培训班，提高综合管理干部的综合业务管理水平。此外，天津地质调查中心、中国国土资源航空物探遥感中心、中国地质调查局发展研究中心等单位举办新进人员培训，沈阳地质调查中心举办转岗人员培训。三是鼓励人员参加职称计算机、英语、注册人员考前培训以及BFT等资质考试。四是选派人员参加学历学位教育。2009年中国地质调查局局系统共有67人在职攻读学历学位教育。

（五）干部基层锻炼。

2009年，中国地质调查局局机关、中国地质调查局发展研究中心、国土资源实物资料中心等单位安排近几年新参加工作的年轻干部到基层或野外进行锻炼。中国地质调查局局机关安排2人、中国地质调查局发展研究中心安排5人到省地质调查院、大区地质调查中心等基层单位进行为期半年到一年的锻炼，国土资源实物资料中心安排11人、北京探矿工程研究所安排2人到等野外进行短期锻炼。

（六）依托高校开展培训。

中国地质调查局局机关和局属单位积极拓宽培训渠道，利用地质高等院校的场地、师资等优势，加强与地质高校间的合作。一是加大高层次专业人才培养力度，按照依托重大项目培养人才的思路，加强与高校培训合作。二是中国地质调查局局属单位与高等院校签订共建协议，加强产学研人才培养和人才培训基地建设。天津地质调查中心与中国地质大学（北京）共建“地学研究生联合培养示范基地”；西安地质调查中心与中国地质大学（武汉）共建“地学人才合作培养实践基地”；成都地质调查中心与中国地质大学（北京）共建“地学研究生联合培养示范基地”；中国地质调查局发展研究中心和吉林大学共建产学研基地；中国国土资源航空物探遥感中心与吉林大学共建产学研基地；中国地质科学院岩溶地质研究所与中国地质大学（武汉）签订科教协议，与桂林理工大学共同申报教学研究基地。三是委托高校举办培训班。中国地质科学院矿产资源研究所委托中国地质大学（北京）举办了15天野外地质现象观察记录与描述培训班。

四、离退休干部管理

（一）离退休干部队伍基本情况。

2009年末，中国地质调查局系统离退休职工5730人。其中，离休干部321人，党员270人；退休干部4441人，党员2292人。离退休干部党支部83个。2009年度退休职工226人。

（二）落实离退休干部待遇。

一是根据中纪委、中组部、监察部、财政部、人力社保部、审计署6部委联合下发的《关于京外中央国家机关和中央企事业单位离休人员待遇有关问题的通知》（中纪发〔2008〕41号），开展清理规范离休人员津贴补贴工作。清理规范后，中国地质调查局各局属单位离休人员月人均补贴有较大幅度提高。二是为体现党中央、国务院对离休干部的关怀和照顾，根据中组部《关于提高部分离退休干部医疗待遇的通知》（组通字〔2009〕43号），提高部分离休干部医疗待遇。9月，经中组部批准，局系统7名离休干部提高到享受副省（部）长级医疗待遇；经国土资源部党组和中国地质调查局党组批准，27名离休干部提高到享受副司局级医疗待遇。

（三）离退休干部综合管理。

一是贯彻落实中组部、人力资源和社会保障部《关于进一步加强新形势下离退休干部工作的意见》（中组发〔2008〕10号）精神。开展离退休干部工作检查，组织离退休支部书记参加国土资源部离退休干部支部书记培训班。二是慰问、走访离退休干部。受国土资源部的委托，1月19日，中国地质调查局召开离退休干部春节茶话会，慰问原地质矿产部直管局、原中国地质矿业集团总公司筹备组、原地质矿产部地质调查局以及中国地质调查局局机关离退休同志。在新中国成立60周年大庆前夕，中国地质调查局及各局属单位结合自身情况，开展慰问离退休干部、专家和困难职工活动。三是组织开展离退休干部活动。中国地质调查局在京局属单位离退休干部积极参加国土资源部离退休干部书画展。7月，中国地质调查局局机关退休干部赴青岛参观学习考察。根据中组部《关于做好全国先进离退休干部党支部和离退休干部先进个人推荐工作的通知》（组通字〔2009〕22号），经推荐，中国国土资源航空物探遥感中心退休干部曾朝铭同志被评为全国先进离退休干部。四是做好2009年离退休干部统计年报表工作，上报《中国地质调查局2009年离退休干部统计报表》。五是做好中国地质调查局局机关退休职工服务工作。组织退休职工体检，发放公园门票，为退休职工庆祝生日，协助退休支部开展政治学习活动。

（宋时锐　安俊良　华　英　孙立君）

安全生产管理

安全生产工作

中国地质调查局人事教育部

一、安全生产责任制

2009年，中国地质调查局认真贯彻落实党中央、国务院关于开展“质量和安全年”和开展安全生产“三项行动”的重大决策部署，围绕中心，服务大局，以防范和遏制安全生产事故为目标，以开展安全生产“三项行动”为抓手，全面落实安全生产责任制，加强隐患排查治理，强化宣传教育培训，提高安全生产保障服务水平，确保地质调查工作任务顺利完成。2009年，中国地质调查局局系统和地质调查项目承担单位没有发生特大、重大生产安全伤亡事故，中国地质调查局局系统生产安全因工责任死亡事故为零，因工重伤事故为零。

1. 责任制建设。地质调查安全生产责任制建设坚持“一岗双责”、分级负责、层层落实的原则。2009年度，地质调查项目承担单位逐级建立完善安全生产责任制，重视地质调查项目组安全生产责任体系的建立。中国地质调查局局属单位与各部门、科室等逐级签订安全生产责任书。中国地质科学院勘探技术研究所与关键岗位签订安全生产责任书，将安全生产责任落实到具体岗位，签订了《安全行车责任书》、《地质项目野外作业安全生产责任书》；中国地质科学院地球物理地球化学勘查研究所在野外项目组中明确现场安全员；广州海洋地质调查局严格实行安全生产责任追究制度。安全生产责任制建设基本形成纵向到底、横向到边，层层有人管、事事有人抓，年初有计划、年终有考核，各司其职、各负其责的安全生产责任体系。

2. 责任制考核。根据《中国地质调查局安全生产管理规定》，中国地质调查局对26个局属单位2009年度安全生产责任制落实情况进行了考核，严格奖惩。南京地质调查中心、武汉地质调查中心、西安地质调查中心、广州海洋地质调查局、中国地质调查局水文地质环境地质调查中心、中国地质图书馆、中国地质科学院岩溶地质研究所、中国地质科学院水文地质环境地质研究所、中国地质科学院矿产综合利用研究所，2008年、2009年连续两个年度考核为优秀，授予“2008~2009年度安全生产先进单位”荣誉称号。青岛海洋地质研究所、中国国土资源航空物探遥感中心、中国地质科学院地球物理地球化学勘查研究所、中国地质科学院探矿工艺研究所2009年度考核为优秀。天津地质调查中心、沈阳地质调查中心、成都地质调查中心、中国地质环境监测院、中国地质科学院、国家地质实验测试中心、中国地质科学院地质研究所、中国地质科学院矿产资源研究所、中国地质科学院地质力学研究所、中国地质科学院勘探技术研究所、北京探矿工程研究所、中国地质科学院郑州矿产综合利用研究所、中国地质调查局发展研究中心2009年度考核为合格。

二、安全生产“三项行动”

1. 部署行动。根据国务院办公厅《关于进一步推进安全生产“三项行动”的通知》（国办发〔2009〕32号）精神，地质调查单位认真开展安全生产“三项行动”。4月30日，中国地质调查局印发《关于落实国务院办公厅进一步推进安全生产“三项行动”有关要求的通知》（中地调发〔2009〕79号），要求中国地质调查局局属单位和各省、自治区、直辖市地质调查院结合实际制定方案，认真开展安全生产遵章守纪行动、安全生产治理行动、安全生产宣传教育行动。中国地质调查局局属单位和其他地质调查项目承担单位根据统一部署要求研究制定安全生产“三项行动”实施方案。

2. 落实行动。6 月 29 日，中国地质调查局人事教育部在中国国土资源航空物探遥感中心召开落实安全生产“三项行动”有关要求现场会，中国国土资源航空物探遥感中心、中国地质调查局发展研究中心、中国地质环境监测院进行现场经验交流，中国地质调查局在京局属单位和京区周边局属单位有关同志参加会议。7 月 10 日，中国地质调查局印发《关于贯彻落实安全生产“三项行动”情况的通报》（中地调通〔2009〕6 号）。结合地质调查工作实际，部分地质调查项目承担单位成立专项工作领导小组，江西省地质调查院严厉查处野外驾驶员超载超速、无证驾驶、酒后驾驶行为，重点排查野外作业场所和岩土、选矿、分析测试等的隐患，加强对安全管理人员、转岗人员、新进人员和特种作业人员的岗位安全培训教育工作。中国国土资源航空物探遥感中心重点对未按要求整改隐患、未经批准擅自出野外等 9 项违规行为进行处理，对违章指挥、违章操作和野外作业通信、劳动防护用品配备不到位等 7 项重点问题加强整治，在安全生产法规、安全文化建设、野外安全技能等 5 个方面重点加强宣传教育培训。

三、安全生产检查

1. 隐患排查。2009 年，中国地质调查局局属单位开展各层次安全生产检查共计 200 次，其中检查 70 多个野外地质调查项目组。7 月，中国地质调查局印发《关于开展 2009 年安全生产检查的通知》（中地调发〔2009〕143 号），8 月 24 日至 9 月 30 日，中国地质调查局在各局属单位安全生产自检自查的基础上，组织 4 个检查组针对野外安全管理、交通安全管理、制度落实等薄弱环节，分两个阶段对局属 27 个单位开展分片互检。分片互检实行检查组长单位负责制，共计发现事故隐患 71 处。

2. 隐患治理。地质调查单位认真开展隐患治理。2009 年度，中国地质调查局及所属单位投入安全生产经费 2410 万元，整改了一批隐患。与 2008 年相比，安全生产经费投入增加 29%。

四、安全生产宣传培训

1. 安全生产培训。2009 年中国地质调查局及所属单位共计举办各类安全生产培训班 68 期次。中国地质图书馆举办“安全伴我行”演讲比赛；国家地质实验测试中心、中国地质科学院岩溶地质研究所等单位开展安全知识答卷活动。武汉地质调查中心等单位开展新职工安全教育；西安地质调查中心、中国地质科学院探矿工艺研究所等单位开展野外生存技能及应急救援培训；广州海洋地质调查局、青岛海洋地质研究所以船舶逃生、救生和船舶消防等为主要内容开展船员和随船作业人员安全生产技能培训，培训 480 余人次；中国地质科学院矿产资源研究所、中国地质科学院郑州矿产综合利用研究所等单位举办消防知识培训和实际演练。12 月 21 日，中国地质调查局印发《关于开展安全生产培训活动的通知》（中地调发〔2009〕299 号）。

2. 安全生产宣传。2009 年地质调查单位以“安全生产月”活动为主要载体，集中开展安全生产法规、安全生产常识宣传工作。11 月，中国地质调查局组织编制的《野外安全行车手册》、《野外地质调查安全手册（修订版）》由地质出版社正式出版发行。2009 年度，中国地质调查局及所属单位共计发放安全生产宣传资料 2986 份，张贴悬挂安全标语条幅 860 条，编辑安全专刊（栏）33 期。

五、野外地质调查安全保障

1. 针对性保障。7 月 7 日，针对野外地质调查连续发生意外死亡事件，印发《中国地质调查局关于加强安全工作的通知》（中地调电〔2009〕7 号）。7 月 10 日，针对乌鲁木齐市发生打砸抢烧严重暴力犯罪事件，印发《中国地质调查局关于做好新疆野外地质调查安全工作的通知》（中地调电〔2009〕8 号）。7 月 23 日，针对地质灾害、雨水、洪水主汛期野外地质调查安全生产问题，印发《中国地质调查局关于做好汛期安全生产工作的通知》（中地调电〔2009〕10 号）。

2. 野外工作站。2009 年，中国地质调查局拉萨、乌鲁木齐、西宁野外工作站和喀什、格尔木、玉树野外工作分站认真做好地质调查项目组接待服务、安全生产监督检查、安全生产宣传培训、后勤保障和应急救援工作，共接待 147 个项目组，2092 人次，362 辆车辆；实施紧急救援 2 起，协调野外地质调查项目组与地方相关部门、村民纠纷 19 起。

六、安全生产基础建设

1. 规章制度建设。为适应国家安全生产工作和新时期地质调查工作任务新要求，地质调查单位不断加强安全生产规章制度建设。2009 年度中国地质调查局及局属单位重新制订、修订安全生产管理规章制度 30 件。中国地质调查局组织起草《地质勘查野外劳动防护、救生和特殊生活用品

（具）配备标准》；天津地质调查中心等单位重新修订《车辆管理办法》；成都地质调查中心对野外地质调查项目组实行野外作业安全准入制度；中国地质科学院矿产综合利用研究所探索建立安全生产轮流值班制度。

2. 信息化建设。中国地质调查局继续组织开展《中国地质调查局安全生产管理平台》建设和西部野外地质调查安全保障管理系统建设。沈阳地质调查中心建立野外地质调查项目安全生产数据库。

（覃家海　唐承敏）

纪检监察审计工作

纪检监察工作

中国地质调查局监察审计室

2009年，局系统反腐倡廉建设全面贯彻党的十七大和十七届四中全会、中央纪委三次、四次全会和国务院廉政工作会议精神，认真落实部党组的工作部署，按照局党组“扎实推进惩防体系建设”的总体要求，上下联动，多管齐下，攻坚克难，取得了新进展、新成效。

一、深入开展廉政教育

根据局党组要求，由局监察审计室和财务部联手在局系统组织开展了广泛深入的案例警示和财经法规的普遍教育。监察审计室根据近年来查处的6起经济案件，通过案件的原因分析、教训总结，提出防范的要求。财务部根据审计发现的问题，从分析违规问题和管理薄弱环节入手，宣讲财经法规明确整改要求。宣讲组历时3个月，深入26个局属单位逐一进行宣讲，近2500名干部职工接受教育。

各单位配合这次教育活动，根据单位实际也组织开展了形式多样的廉政教育。物化探所、力学所、资源所等单位邀请审计署的有关领导讲课，进行遵守财经纪律的法制教育。岩溶所在对干部进行学习教育中，还组织党风廉政法律法规测试。南京地调中心举办预防职务犯罪图片展览。天津地调中心组织中层干部参观反腐倡廉教育基地，并开展“做党的忠诚卫士、当群众贴心人”的主题实践活动。

在普遍教育的基础上，针对不同层次人员、不同时机开展个别教育。新提拔干部任前和新进入人员岗前廉政教育，野外出队前的廉政教育，对存在苗头性倾向性问题进行诫勉谈话，已成为各单位的普遍做法。局系统各级领导干部述职述廉675人，纪委负责人同下级党政主要负责人谈话214人，各级领导干部任前谈话144人，诫勉谈话54人。

二、充分发挥监督作用

高度重视发挥巡视的监督作用。组织开展对沈阳地调中心、武汉地调中心、青岛所、郑州综合所、成都工艺所、地质所、资源所、水环所、岩溶所9个单位的巡视工作。通过民主测评、个别谈话、查阅工作资料等方式，广泛获取了干部职工的评价和意见，基本了解掌握了被巡视单位领导班子和领导成员的真实情况，及时发现了班子建设和工作中存在的问题。局党组及时听取巡视工作汇报，认真研究班子运行情况，对于反馈的意见和需要改进的工作提出了明确要求，对表现突出的给予通报表扬，对存在的苗头性、倾向性问题给予高度关注。分管的党组成员和巡视组长一起反馈巡视结果，提出整改要求。对存在的一般性问题和苗头性问题，及时提醒引起注意。对存在的较突出问题，由党组成员进行个别谈话，指出问题，批评教育，思想疏导。同时，注意跟踪了解改进情况，适时做好说服教育工作。被巡视单位对巡视非常重视，积极主动地配合巡视组开展工作，通过巡视意见的反馈和整改，领导干部接受监督的意识进一步增强，领导班子的思想作风建设进一步加强，比较好地促进了各项工作的开展。

加强“四项费用”支出的监督。局监察审计室组织对20个局属单位出国（境）费、购车及运行费、会议费、公务接待费“四项费用”支出情况进行专项监督检查，对发现的支出不规范、超额支出等问题，及时提出整改要求。对检查发现的疑点问题，责成相关单位进一步核查。对问题较多的单位，采取约谈方式督促整改，由局领导向领导班子通报情况、指出问题、分析原因，提出核实和整改的要求，监察审计室跟踪督促检查。航遥中心领导班子对存在的问题高度重视，对需要核实的抓紧进行核实，对需要纠正的认真进行纠正，并及时反馈核查整改情况。经过局和局属单位的共同努力，违纪违规问题得到较好控制。

继续加强对易发腐败关键点的防控。多渠道、多方式开展对重点部门、重点部位、重点环节的监督检查。局重点加强了“野战军”技术装备政府采购、局属单位人员招录、副局级领导干部选拔、局大型会议费支出结算、重大项目合同谈判以及地质调查项目立项论证评估等活动的监督，发现问题及时提醒纠正，有针对性地提出改进工作建议，促进了工作的规范有序开展。局属各单位充分发挥纪检监察审计部门的监督作用，认真履行职责，积极参与本单位基建、物品采购、选人用人、合同谈判等方面的相关工作，强化对重点环节和部位的监督检查，对管理工作规范有序开展起到了积极的作用。

三、加大案件查处力度

针对审计发现的问题和线索加大查处力度，重点查处了挪用公款、私设“小金库”、套取资金私存私放、虚开发票报销等问题。局和局属单位共查办案件7起，其中4起为2008年度结转。查办案件坚持以事实为依据，以党纪法规为准绳，充分考虑主客观因素和本人态度，本着批评教育从严处分处理从宽的原则，实事求是地作出处理。给予党纪政纪处分9人，其中开除党籍开除公职2人，对3名领导干部进行了责任追究给予通报批评，对5名干部进行了诫勉谈话。

涉案单位认真进行案例分析，深刻吸取教训，举一反三，加强教育，完善制度。广海局制定印发了“加强处级领导班子和机关处（室）主要负责人监督暂行办法”。沈阳地调中心陆续制定和修订了20余项规章制度，进一步强化内部控制与管理。青岛所结合本单位经济案件的查处，对全体中层干部进行警示教育，还采取措施进一步加强所属企业的监管。

局系统受理信访举报28件，已办结26件，其中：局收到信访举报13件，已办理12件。经过初步核实，对举报失实的在一定范围予以澄清，对苗头性的问题及时谈话提醒，对存在明显问题的予以及时纠正，对管理中的薄弱环节及时督促整改。

2009年度党风廉政建设责任制考核结果表明，26个局属单位领导班子综合测评得分都在84分以上，其中20个单位在90分以上；局机关和局属单位参加考核的112位领导干部综合测评得分都在80分以上，其中95位在90分以上。测评结果好于往年。在肯定成绩的同时也清醒地看到，在加强经济管理方面虽然做了大量工作，也取得了一定成效，但成果还不够巩固，基础还不够牢靠；转变思想观念、改进管理方式、完善管理制度、提高管理能力仍然是一项重要而紧迫的任务；对照中央提出要加快推进惩防体系建设的要求，工作的深度和力度还需要进一步加强。单位之间开展工作还不够平衡，教育、制度、监督等方面还存在薄弱环节，引发违纪案件的因素还没有得到有效控制等问题，需要认真对待。

（马江芬）

内部审计工作

中国地质调查局监察审计室

一、开展“四项费用”管理和支出情况的检查

为贯彻落实中共中央办公厅、国务院办公厅《关于党政机关厉行节约若干问题的通知精神》，按照《局党组2009年反腐倡廉工作安排》的要求，7月至10月，监察审计室组成检查组对武汉地调中心、南京地调中心、成都地调中心、航遥中心、青岛海地所、水环地调中心、成都综合所、探矿工艺所、勘探技术所、地质研究所、矿产资源所、地质力学所、环境监测院、地质图书馆、广州海洋局、实验测试中心、水文环境所、物化探所、岩溶地质所、探矿工程所20个单位2009年一般性出国（境）费、购车及运行费、会议费和公务接待费等“四项费用”的支出情况进行了检查。

从检查的情况看，按照局的要求，各单位十分重视“四项费用”的管理和支出控制，积极采取措施，压缩支出。

通过检查也发现了一些单位“四项费用”管理

和使用存在不规范的问题。一是租车费支出不规范。存在项目租用车辆无合同，租车合同不够规范以及个别单位租车费报销凭证不规范等问题。二是会议费支出不规范。存在会议费报销手续不完备，在会议费中列支劳务费以及个别单位会议费报销凭证不规范等问题。三是一些单位在公务接待中一次性消费金额较大。

监察审计室将检查的情况及时通报了相关部门，并针对发现的问题提出了整改要求。一是责成有关单位对检查中发现的报销发票疑点问题进行核实，并报结果。二是强调严格公务接待管理。加强勤俭节约、艰苦奋斗教育，控制好单笔大额度招待费开支。三是加强监督检查的力度，建议相关业务部门在职责范围内加强监督检查。四是加强项目野外租车的管理，野外租车管理对交通安全管理和保证经费的合理安全支出都十分重要，建议局相关部门加强对项目野外租车的管理。

10 月 ~10 日，李广湧同志带队分别到检查发现问题较多的航遥中心、矿产资源所、地质研究所 3 个单位通报情况，提出整改要求。各单位领导班子对局检查组发现的问题高度重视，召开了专门会议，要求有关部门对检查中发现的问题认真进行核实，及时整改。航遥中心一是针对出现的野外租车无合同或合同不规范的问题，积极进行整改，明确规定野外项目组要租赁正规租赁公司的车，签订租赁合同，规范租车内容，取得合法正规票据，报销租车费时附租赁合同。二是针对个别项目会议费支出不规范的问题，拟定了《航遥中心会议费管理办法》，明确了会议申报、审批程序，完善会议费支出和报销手续，杜绝违规违纪现象的发生。三是加强公务接待费的管理。对所有大额招待费进行了核实，查明原因。四是对个别项目使用虚假发票报销的问题进行了进一步调查核实，对相关责任部门和责任人进行了批评，并追回了违规资金。

二、推进内部审计整改工作

针对审计和财务检查发现的问题，局党组决定在 2009 年采用借助中介机构技术优势委托审计方式，进一步加大内部审计力度，积极主动规范财务行为。2009 年完成了局所属 18 个单位和局机关 2005 ~2008 年度的预算收支、基本建设、经济实体、资产与技术装备、会计核算、经济管理制度与执行力的全面审计。对此次内部审计发现的问题，局下发了《关于切实做好审计问题整改工作的通知》，要求每个被审计单位就审计发现的问题，限期完成自行纠正，严肃处理违纪违规问题。各单位均成立了“一把手”挂帅的整改小组，自行纠正工作正在开展。

为做好审计整改工作，监察审计室对其中存在需要进一步核实问题的 13 个单位的整改情况进行调查了解，汇总分析情况提出整改要求，并对继续做好审计整改工作提出了建议。

（王　昭）

党群工作

党建工作

中国地质调查局直属机关党委

2009年，中国地质调查局党建工作坚持以邓小平理论和“三个代表”重要思想为指导，以巩固和扩大学习实践科学发展观活动成果为主线，以贯彻落实党的十七大和十七届四中全会精神为重点，以“解放思想、改革创新、改进作风、增强执行力”为抓手，围绕中心、服务大局，全面加强党组织的思想、组织、作风、制度和反腐倡廉建设，为推进地质调查和队伍建设提供了坚强的政治保证、思想保证和组织保证。

一、理论学习

印发了《中国地质调查局党组中心组2009年理论学习计划》，以分专题、有重点的学习带动和促进全面、系统的学习。重点安排了“解放思想、改革创新，使地质调查工作更加紧密地与国民经济和社会发展相结合”、“巩固和扩大学习实践科学发展观成果，深入开展地质找矿改革发展大讨论”、“针对地质找矿中的重大问题，深化讨论研究，提出解决的措施建议，更好地推进地质调查工作科学发展”和“学习贯彻党的十七届四中全会精神”4个专题理论学习。各单位党委中心组也都根据部、局党组的安排，紧紧围绕贯彻落实科学发展观和本单位改革发展中的重大问题，确定学习重点，开展专题研讨，推动工作开展。

认真学习贯彻党的十七届四中全会精神。制定学习贯彻方案，组织局属在京单位领导班子成员和局机关党员干部参加4次学习辅导讲座。局属各单位也及时召开会议进行传达贯彻，研究落实办法，制定具体举措。通过自学、辅导报告、座谈讨论等形式组织党员干部认真学习，引导党员干部从自身做起，增强党员意识，牢记党的宗旨，发挥先锋模范作用。航遥中心、发展研究中心召开学习贯彻十七届四中全会专题研讨会，紧密围绕中央精神，结合思想和工作实际谈体会、谈设想、谈问题不足、提意见建议，共谋单位发展大局。沈阳地调中心结合工作实际，制定了贯彻落实党的十七届四中全会精神工作方案，广泛开展了学习贯彻会议精神活动。广州海洋局举办两期“领导干部理论学习暨纪律教育培训班”，领导班子成员结合各自分管的工作，从不同角度谈学习四中全会精神的体会，发挥领导干部学习理论的带头作用。

积极开展读书活动。局机关设立图书阅览室，定期更新藏书，购买《紧迫感——在危机中变革》等10本思想性、可读性较强的书，为干部职工读书学习提供条件。积极开展读书交流，组织局机关及在京10余个直属单位提交读书心得159篇，并进行网络交流。局机关举办了党性教育讲座，全体党员观看了《延安时代》内部资料片。

二、作风建设

按照国土资源部的统一部署和要求，局机关和所属27个单位2009年认真组织开展了作风建设活动。局机关各部室和局属各单位结合实际，牢牢抓住梳理突出问题、开好专题民主生活会和建立长效机制等3个关键环节，切实抓好各阶段的工作落实，从认真做好动员部署，集中梳理突出问题，认真做好调查研究，精心开好民主生活会，积极推动各项工作，认真做好作风建设活动总结等环节有序铺开、层层推进，使作风建设活动达到了预期目的，取得了较好成效。

作风建设活动中，局机关和各单位努力把转变作风与地质找矿改革发展大讨论、业务工作推进紧密结合，围绕中心抓落实、凝聚合力抓落实、营造氛围抓落实，以优良作风落实好部和局党组的各项重大决策部署。通过广泛深入调研，多方听取意见，印发了《局党组关于深入基层改进作风增强服务意识提高执行力的意见》和《地调局作风建设评议工作方案》。局属各单位转变工作作风，进一步促进地调科研工作的有效开展。通过作风建设活动，全局上下谋发展、干事业、比奉献、树形象的自觉性和主动性明显提高，深入实际、服务基层的意识明显增强，局机关各部室、各单位领导班子进一步发挥整体功能，增强了沟通和理解，营造了团结和谐的工作氛围。2009年局机关各部室作风建设测评结果均在91分以上，作风建设活动初显成效。

三、基层党组织建设

局系统各级党组织充分利用开展作风建设活动的良好契机，认真组织开展学习讨论，召开专题民主生活会，查找作风建设方面存在的主要问题，分析原因，坚持围绕中心，服务大局，找准切入点和结合点，不断加强党的基层组织和党员队伍建设。

按照部、局作风建设有关要求，局党组、局机关各部室、各单位领导班子认真组织开展以“加强党性修养，树立良好作风，努力提高执行力”为主题的领导干部专题民主生活会，深入查找问题和不足，认真研究整改措施。局党组重点围绕党性修养、作风建设、党风廉政建设、推进地质调查改革发展等方面征求意见和建议35条，确定整改落实重点和措施。环境监测院、航遥中心召开了领导班子和支部两个层面的民主生活会。中国地质科学院机关明确提出加强院领导班子建设，推进学习型、创新型、服务型、节约型、和谐型“五型机关”创建等15条整改措施。

召开局系统党办主任座谈会。传达贯彻全国机关党的建设工作会议精神，交流局系统近年来党建工作和实施凝聚力工程的经验体会，研究探讨深入开展作风建设活动以及新形势下如何进一步加强和改进党建工作。紫光阁杂志社曹博慧副社长就党建工作的定位、党建工作的基本经验和党建工作过程中需要注意的问题作了报告。通过学习研讨，大家对如何做好新时期党建工作思想认识上有了新的提高，工作思路上有了新的拓展。

局直属机关党委组织召开局机关党支部书记、组织委员会议，就党建工作如何紧密围绕中心工作、如何针对中心工作的薄弱环节开展工作、如何充分发挥局机关部室党支部的作用等进行深入研讨，为做好2009年局机关党支部工作奠定良好基础。组织开展“两优一先”评选活动，推荐的18个先进党支部，39名优秀共产党员，20名优秀党务工作者，全部获得部直属机关党委的表彰。承担《部机关党建创新研究》软课题。提交的《坚持党建工作创新，发挥服务和保障作用》专题研究报告获中央国家机关工委优秀论文一等奖。

四、组织宣传工作

组织开展纪念建党88周年党日活动和新中国成立60周年庆祝活动。局机关和各单位党组织采取讲党课、社会实践、参观革命旧址和建设成就展览等多种形式开展主题党日活动。航遥中心、南京地调中心召开举行纪念建党88周年暨“两优一先”表彰大会，表彰先进，凝聚力量。水文地质环境地质研究所制订了爱国歌曲大家唱活动实施方案，举办了庆祝新中国成立60华诞歌咏比赛。西安地质调查中心以此为契机开展了一系列庆祝活动，先后举办了庆祝新中国成立60周年和建局10周年庆祝大会及反映地质工作为主题的书画图片展览、“我为地质工作献青春”演讲比赛。天津地调中心组织干部职工开展颂歌献给祖国60华诞歌咏活动，参加天津市科技系统庆祝新中国成立60周年歌咏、书法、绘画、征文比赛，荣获优秀组织奖。发展研究中心开展“牢记党史，缅怀先烈，改进作风，增强凝聚力”为主题的实践教育活动，参观李大钊纪念馆，各支部开展座谈讨论，交流体会和收获。中国地质科学院组织干部职工参观“辉煌六十年”成就展，学唱爱国歌曲，观看国庆献礼影片《建国大业》，举办庆祝新中国成立60周年知识竞赛。地质力学研究所组织党员、入党积极分子到河北易县参观“狼牙山五勇士”革命教育基地；地质所组织党员干部参观顺义区焦庄户地道战遗址，深入开展爱国主义和革命传统教育主题实践活动。局机关总工程师室、机关党委等党支部组织党员职工分别参观革命传统教育基地、社会主义新农村等，进行爱国主义教育，增强广大干部职工积极参与改革的自觉性和坚定性。

中国地质调查局党组和国土资源部党组先后追授李向同志为“优秀共产党员”称号，号召国土资源系统党员干部向李向同志学习。各单位结合实际，组织开展向李向同志学习的活动。西安地调中心利用网络等宣传手段，深入报道李向同志先进事迹，征集纪念李向同志事迹的文章，编辑文集，设置李向同志生平事迹展室，号召干部职工发扬李向同志精神，继承李向同志遗志，增强西安地质调查中心的凝聚力和向心力。

五、推进学习型机关建设

开展各类学习活动，积极推进学习型机关建设。一是开展专题讲座和培训。制定专题业务讲座和培训计划，邀请国内外知名专家、学者来机关讲学。举办各类勘查方法技术培训班15期，来自全国地勘教学、科研和应用等单位的1000多名学员参加了培训。二是做好干部教育培训工作，选派22名处级以上干部参加中央党校及其分校、延安和井冈山干部学院培训；选派3名处级以上干部参加高等院校MPA学历学位教育；选派3名年轻干部到局属单位和地质调查院进行基层工作锻炼。开展海外高层次人才引进工作，起草海外高层次人才引进办法。三是充实领导干部队伍。

六、组织发展工作

按照“坚持标准，保证质量，改善结构，谨慎发展”的方针，局直属机关党组织全年共发展党员22名，预备党员转正35名。

（黄　海）

精神文明建设

中国地质调查局直属机关党委

2009年，在局党组和部文明办的指导下，中国地质调查局精神文明建设工作以邓小平理论和“三个代表”重要思想为指导，全面贯彻和落实科学发展观，围绕局中心工作，开拓创新，完善机制，突出特色，丰富载体，积极开展精神文明创建活动，较好地完成了各项创建工作任务。

一、完善组织领导

局党组始终把加强精神文明建设工作列入重要工作日程，及时调整精神文明建设领导小组。一是对涉及文明创建工作的党风廉政建设领导小组、保密委员会、社会治安综合治理委员会、安全生产领导小组等及时调整完善，切实加强组织领导。二是制定了《中国地质调查局机关2009年精神文明建设工作方案》，提出了保持“首都文明单位”和“中央国家机关文明单位”的目标，同时明确责任部门，确定完成时限，确保各项工作落到实处。三是印发了《中国地质调查局直属机关2009年精神文明建设工作安排》。对局属在京单位文明创建工作进行统筹部署，抓好分类指导。四是将精神文明创建工作纳入党支部考核体系，健全考评机制。逐渐形成了党组负总责，精神文明建设领导小组具体负责，党政工团、职能部门齐抓共管，干部职工积极参与的精神文明建设工作长效机制。

二、实施凝聚力工程

按照局党组的部署，在局系统组织实施凝聚力工程，坚持从事业、形象、人才、环境和精神5个方面增强凝聚力，使广大干部职工一心一意谋发展、聚精会神干事业，为建设世界一流地调局奠定坚实的基础。将实施凝聚力工程作为精神文明创建工作的重要抓手，持续推动工作思路、工作方式、自身建设方面的创新，打破“过去怎么干、现在还怎么干”的习惯，着力转变管理方式，改进工作作风，提高工作能力。开展局系统第一届职工篮球赛和职工文艺会演，进一步增强了局系统意识、加强了局属单位的交流、活跃了气氛，更激发了广大职工积极向上的劲头。组织召开局系统实施凝聚力工程座谈会，学习贯彻党的十七届四中全会和李克强副总理在国土资源部和地科院考察调研时的重要讲话精神，总结交流实施凝聚力工程的成果与经验，分析面临的形势和任务，研究新形势下如何进一步加强和推进凝聚力工程建设，部署今后一个时期的主要工作。

三、开展精神文明创建工作

文明单位创建活动是一项全面提高单位整体素质的基础性工作。按照中央国家机关文明办和部文明办的要求，积极开展丰富多彩的各类精神文明创建工作。一是积极推进城乡文明共建活动。对直属机关文明共建工作进行摸底调查，重点了解各单位开展“城乡共建”活动的主要做法、经验体会以及存在问题和下一步要采取的主要措施；同时积极协调指导荣获“首都文明单位”称号的局直属单位，开展“携手共建京郊行”活动。目前，局直属机关6个首都文明单位、2个首都文明单位标兵全部开展了此项活动。二是认真组织开展“迎国庆、讲文明、树新风”活动。开展了“时代领跑者——新中国成立以来最具影响的劳动模范”评选投票，积极组织干部职工参加中央国家机关工委庆祝新中国成立60周年大型歌会，在局机关和直属单位广泛传唱爱国歌曲，积极参加“光彩献祖国”摄影展等系列活动，唱响祖国好和社会主义好的主旋律。三是组织开展多种形式的群众性活动。首次举办了局系统篮球赛和文艺会演活动；组织了局机关2009年春节联欢会；开展了庆“三八”座谈会；举办了局机关青年干部团队凝聚力训练；组队参加了部直属机关第八届乒乓球比赛和第七届羽毛球赛；先后开展多场足球、篮球友谊赛。四是积极开展文明细胞工程建设。修改了局机关文明处室评选办法，研究部署了局机关2009～2010年文明处室评选工作。

四、切实做好维稳和综合治理工作

局直属机关高度重视维稳和综合治理，认真抓好3个方面的工作。一是围绕新中国成立60周年，做好有关安保维稳工作，同时，坚持做好“两节”、“两会”、“敏感日”等期间的“零”报告制度。二是认真落实节能减排工作要求，积极开展相关宣传，制定具体节能措施，全面实现节电、节油目标。三是认真做好综合治理。注重安全防范，未发生安全事故、食物中毒事件，无内部责任性刑事案件，无交通甲方责任事故。加强保密教育，狠抓保密管理。抓好安全生产，提高安全意识。落实计划生育目标责任制，计划生育、晚育、综合节育率保持100%、晚婚率100%。

五、局属单位精神文明建设概况

局属各单位2009年精神文明建设以实施“凝聚力工程”为载体，认真开展“城乡统筹，文明先行”主题教育社会实践活动，围绕单位中心工作，大力营造和谐融洽的氛围，优化工作环境，理顺工作秩序，开展了一系列丰富多彩和形式多样的文明单位创建活动，精神文明建设工作取得了较好成效。广州海洋局开展丰富多彩的全民健身活动，被评为全国“2008年度全民健身活动先进单位”；地科院深化“四项建设”，着力打造“五型机关”，得到部文明办的充分肯定和好评；武汉地调中心获得2009年度湖北省最佳文明单位、宜昌市最佳文明单位荣誉称号；地科院、矿产资源所、地质研究所、环境监测院、发展研究中心等单位开展了“城乡统筹、文明先行”活动，特别是环境监测院的共建工作得到了中央国家机关工委的好评，并作为典型单位在中央国家机关城乡共建工作会上做了经验介绍。

（于海涛）

工会　共青团　妇女工作

中国地质调查局直属机关党委

一、工会工作

2009年局的工会工作在党组织的领导和支持下，紧紧围绕单位的中心工作，从增强职工队伍的凝聚力和工作热情入手，开展丰富多彩的群众性活动，不断丰富职工文化生活，营造和谐的工作氛围。

积极参与地质找矿大讨论活动。各级工会组织按照部、局党组的统一部署，配合并协助各级党委广泛征求和听取干部职工对地质找矿改革发展大讨论活动的意见和建议，发挥工会组织桥梁纽带作用。同时，也通过开展这一活动以党建带动工建，借鉴大讨论好的经验和做法，抓好工会自身建设，促进职工队伍素质的提高；认真落实《劳动合同法》，大力推进基层民主制度建设，积极推行政务公开，发挥工会自身优势，为地质调查和科研工作服务。

各级工会组织大力推进文化建设，结合庆祝新中国成立60周年，开展读书竞赛、摄影展览、劳动竞赛及各类文艺演出和体育比赛等丰富多彩的活动。组织“时代领跑者——新中国成立以来最具影响的劳动模范”评选投票，组队参加中央国家机关工委庆祝新中国成立60周年大型歌会，广泛开展爱国歌曲传唱，举办各种讲座，参加“光彩献祖国”摄影展，营造喜迎国庆的浓厚氛围。举办了中国地质调查局第一届职工篮球赛，局属单位24支代表队近300人参加，预赛在南京、西安、广州和保定4个赛区举行，决赛于2月中旬在河北廊坊进行。经过激烈的角逐，广州海洋局代表队获得冠军，物化探所代表队获亚军，南京地调中心和航遥中心代表队并列季军。比赛体现了团结协作的精神和顽强拼搏的意识。10～11月，以“唱响主旋律，展现新风貌”为主题的中国地质调查局第一届职工文艺会演分组会演分别在成都、青岛、石家庄3个城市相继拉开帷幕。局系统27个单位及局机关近600名演职人员参加了演出，节目类型有：舞蹈、小品、相声、诗歌朗诵、合唱、独唱、魔术、戏剧、器乐等，形式多样、内容丰富，有很多反映地质工作和生活内容的自创节目，节目具有较高的思想性和欣赏性。文艺会演展示了单位风采，促进了工作交流，凝聚了干群情感。局直属机关还组队参加了部直属机关第八届乒乓球比赛，地调局直属机关代表队获乙组第一名。这些活动的开展，为丰富职工文体生活，增强队伍凝聚力提供了很好的平台，得到各单位的好评和广大干部职工的欢迎。

局直属机关工会和局属单位各级工会组织还对离退休老领导、老专家及生活困难、身患疾病的职工、职工遗属进行节日慰问。南京地质调查中心组织开展“送温暖 献爱心”和慈善“一日捐”活动，共有223人募捐34390元，体现了全体职工对社会扶贫济困慈善事业的支持和对困难群体的关爱。矿产综合利用研究所对住院的职工按照社保报销基数的20%给予医疗补贴，提高职工的医疗保障水平。

二、青年工作

2009年，局直属机关各级团组织坚持以中国特色社会主义理论为指导，以提高团员青年综合素质为目标，以开展特色主题活动为载体，服务中心，服务青年，团结进取，扎实工作，充分发挥桥梁纽带作用，为推动和谐机关建设和业务工作发展作出了积极贡献。局团委组织机关青年参观了北京延庆生态村，实地感受了新农村建设的巨大成就，还举行了团队协作力锻炼，展示了蓬勃的朝气和昂扬向上的精神。南京地质调查中心团委在调查研究的基础上，建立了团委信息交流平台，开展了团员青年“学团史知团情、学团章知团事”的主题教育活动，加强了团员青年的思想作风建设。开办了“青年之声”专栏，为团员青年提供了表达思想的平台，加强了团员青年文化建设，并以“加强人才培养建设”为主题，策划了“青年地学论坛”活动。广州海洋地质调查局组织团员青年开展篮球比赛、外出联谊、野外拓展等丰富多彩的文体活动，参观“五四”活动图片展、参观广东科学中心和观看爱国主义教育片，弘扬爱国、科学、民主、进步的“五四”精神，开展了“青年岗位能手”等评选推荐。

三、妇女工作

2009年局妇女工作以党的十七届三中全会和全国妇女十大精神为指导，深入贯彻落实科学发展观，紧紧围绕局中心工作，按照服务大局、服务女职工的宗旨，顺利完成了各项工作。“三八”妇女节来临之际，中国地质科学院（京区）工会组织女职工开展了以创新、展现、和谐、快乐为主题的巧手厨艺竞赛活动。地质研究所在“三八”妇女节组织女职工观看文艺节目，参观首都博物馆。矿产资源研究所组织30多名女职工到温都水城欢庆“三八”妇女节。广州海洋地质调查局深入推进女职工素质提升工程和女职工建功立业工程，组织女干部参加“广东女干部学习讲堂”，举办计生干部培训班等活动，以公开招聘的方式选拔局女工委主任，极大地调动了女职工的积极性，广州海洋地质调查局妇委会被评为2008年“全国巾帼文明岗”。

（胡　影）

局属单位工作

天津地质调查中心工作

天津地质调查中心

基础地质调查

一、区域地质调查

基础地质调查在早前寒武纪地质研究、造山带构造单元划分、古生代—中生代地层划分对比和构造-岩浆与成矿作用研究等方面取得重要进展。

（一）华北重要经济区基础地质综合研究。

编制了兴蒙造山带中段1:50万片区地质图。对大兴安岭南段—太行山北段中生代地层进行了划分对比研究。在兴蒙造山带内部，筛分出两条早古生代活动大陆边缘—岛弧岩浆岩带，探讨了兴蒙造山带加里东运动的性质。编制完成了晋冀成矿带1:50万区域地质图、构造建造图、航磁异常图、重力异常图和单元素地球化学图件。

（二）内蒙古索伦山—锡林郭勒地区基础地质综合研究。

在原林西组中划分出一套中晚三叠世火山-沉积岩系。在满克头鄂博组、玛尼吐组和白音高老组获得新年龄。在林西双井片岩的变质辉长岩分别获得核部和变质边的年龄分别为296Ma和243Ma，为兴蒙造山带构造变质变形演化提供了重要信息。

二、环境地质调查评价

在天津滨海新区、曹妃甸工业园区地面沉降分层标建设，深孔基础综合研究，活动断裂调查等方面取得了显著成果。

（一）天津滨海新区海岸带环境地质调查评价。

完成了天津滨海新区塘沽地面沉降分层标建设用地划拨，获得建设用地12.13亩。创造了华北地区松散沉积层全孔取心最深的纪录（1226m），实现了松散地层钻探取心技术和工艺的重大突破（全孔岩心完整性好，砂层取心率达90.14%，黏性土取心率达92.58%）。开展了地层、工程地质、水文地质综合研究，为建立华北平原松散地层基准孔奠定了基础。建立了目前亚洲控制深度最大的地面沉降分层标组（1218m）。开展了工程建筑、地下水开采、地热开发引起的地面沉降机理研究，为天津滨海新区地面沉降预警系统建设奠定了基础。深部地下水勘查取得重大突破，在800～1200m之间首次取心发现3个重要的含水砂层，第一含水砂层抽水试验表明，矿化度小于1g/L，最大单井出水量达2275吨/天，对改善天津滨海新区供水安全，增加水资源战略储备具有重大意义。

（二）河北曹妃甸滨海地区海岸带环境地质调查评价。

对可能影响曹妃甸国际生态城和新区重大建设工程规划布局的高柳断裂、柏各庄断裂、西南庄断裂进行了详细探查，获得了重要进展。初步掌握了曹妃甸新区地面沉降现状速率及其成因。首次建成一组曹妃甸岛区地面沉降分层标。从区域上开展近岸海洋水动力条件与沉积环境调查，获得了一批最新实测数据。对曹妃甸国际生态城规划区、曹妃甸工业区等重点地段和曹妃甸新区南部地区的土地工程能力进行了分区评价，为生态城规划布局提供了直接依据。

矿产资源调查评价

一、固体矿产资源调查评价

在二连浩特—东乌旗成矿带航空物探异常查证、

矿产勘查选区及综合研究、矿点检查和铝土矿选区研究等方面取得主要进展，新发现一批矿点和重要异常，经钻探验证取得较好的找矿效果。

（一）内蒙古索伦山—东乌旗地区航空综合站测量异常查证与勘查选区评价。

综合研究了区域矿产与区域物化探异常的关系和规律，为异常筛选、靶区圈定和工作部署提供了一大批基础资料。内蒙古赛尔音呼都格工区新发现5条矿化蚀变带。内蒙古胡吉尔特工区发现2条近东西向明显的褐铁矿化、硅化、碳酸岩化蚀变矿化带。内蒙古东乌旗矿产远景调查，发现了4处可供进一步详细查证的重要激电异常。阿巴嘎旗布尔其格呼都格等矿产调查，新圈定出找矿前景较好的金和多金属异常11处，新发现3处矿点。内蒙古东乌旗狠麦温都尔工区，3个钻孔深部见矿效果均较好，见矿累计厚度在18.30～43.50m，单层最厚12.6m，具有较好的找矿前景。

（二）河北陈三陵—邢家湾地区富铁矿资源远景调查。

有2个钻孔见到磁铁矿体。

（三）华北地区铝土矿找矿选区评价。

完成了华北地区铁矿、铝土矿地质调查工作成果总结，华北地区铁矿、铝土矿“十二五”调查评价规划部署方案，华北地区铁矿、铝土矿地质矿产保障工程部署方案编写工作。

二、矿产资源潜力评价

全国矿产资源潜力评价

完成了典型示范成果审查与省级项目数据库验收工作，组织华北地区各省项目组开展了省级成矿地质背景研究、编图和铁、铝两个单矿种的成矿规律研究和资源量预测工作。

地质科学研究

科研工作充分发挥前寒武纪、第四纪和同位素年代学优势，以科研项目管理为重点，促进学科建设。进行了渤海湾西北岸埋藏牡蛎礁古环境重建等5个自然科学基金面上项目和天津科研项目立项申请。

（一）中国与亚洲地区关键地层划分与对比研究。

厘定了天津蓟县—辽南晚前寒武纪岩石地层序列，修订晚前寒武纪岩石地层和重大构造事件的年代格架，对华北、俄罗斯、印度中新元古代地层划分进行了对比研究。

（二）东北、华北元古宙构造体制及对成矿作用的制约研究。

开展了野外地质调查与研究，结合国家自然科学基金项目，在冀北厘定了一条古元古代晚期的碰撞造山带，并在崇礼-赤城地区的红旗营子杂岩中发现了晚古生代—早中生代的多阶段变质作用，表明华北陆块北缘是中亚造山带的一部分，将对华北北缘的地质找矿产生影响。

地质资料社会化服务

全年直接接收华北地区25个地质调查项目的29种成果资料，转交资料33种，发放批准书31个。组织召开了华北地区成果地质调查资料管理工作年会，主要对华北地区资料工作进行了梳理与总结、业务交流与培训。

开展华北地区国家基础地质数据库建设与维护。组织完成了60幅1:5万和10幅1:25万区域地质图空间数据库建设，完成了区内矿产地数据库、工作程度数据库和地质调查工作部署数据库的更新与维护，按工区建立了物化探元数据库。建立了规范的地学数据库系统数据维护与质量管理体制。

加强信息资料服务。搭建了中心“现代电子化图书馆网络信息系统”，完成了中文图书与期刊的联机编目数据库建设。开展了地质调查数据共享服务平台建设的相关支撑工作，搭建了面向社会公众的天津地质调查中心网格节点平台，进行了地质图数据上载、发布和服务等工作。在中心门户网站上进行了成果目录发布，向华北地区及有关高校用户分发了《华北地区成果地质调查资料服务指南》手册及光盘。编写了《信息资料服务手册》。

地质调查项目管理

天津地质调查中心承担地调项目44个，其中基础地质调查项目9个，矿产地质调查与评价项目12个，水资源与环境调查项目10个，其他大调查项目10个，国际合作和援外项目3个。

主要实物工作量完成情况：各项目全部完成了年度设计（计划）的实物工作量，其中：钻探工作量1.53万m，为计划的106%。1:5万矿产地质测量1487km^2，为计划的103%。1:5万高磁测量607km^2，为计划的101%。1:5万土壤化探测量1487km^2，为计划的 103%。

面积性工作：1:5 万区调完成 900km²，1:5 万环境地质调查完成 400km²，1:5 万水工环境地质调查 600km²，全部 100% 完成计划。

一、地质调查项目立项管理

根据《国务院关于加强地质工作的决定》，按照《国土资源大调查“十一五”规划》和国土资源部对地质调查工作的要求，配合局研究提出地质调查工作部署与项目设置建议，制订调查项目立项论证工作方案。围绕华北地区重要成矿区带和主要经济区，部署年度区域地质调查、区域物化探、矿产资源评价、水文地质和环境地质评价工作，通过资料调研、立项建议书编制、专家和社会需求座谈会等形式开展立项论证工作。中心成立地质调查项目立项论证工作领导小组和专家组，严格依据国土资源部《国土资源大调查“十一五”规划》和中国地质调查局地质调查工作部署方案进行审查论证。

组织预算专家对华北地区 2010 年地质调查项目立项论证申报和续作项目评估报告经费预算的合规性、与工作安排的相关性，内容、额度和采用预算标准的合理性进行审查。

二、地质调查项目组织实施管理

华北地区开展的国土资源大调查主要围绕重要成矿带和经济区部署，计划项目有 6 个：华北地区基础地质调查及数据更新、内蒙古二连浩特—东乌旗铜多金属矿评价、华北地区（晋冀）铁矿调查评价、豫西成矿带地质矿产调查评价、环渤海重点地区环境地质调查及脆弱性评价和地质调查标准化建设。华北地区 2009 年度投入地质调查总经费 1.5 亿元，钻探工作量 3.29 万 m，工作项目共计 63 个。工作单位 14 个。

按局要求，完成了 32 个项目设计审查；根据项目任务书要求，对 3 个区调项目、2 个资源评价项目、3 个化探项目、4 个矿产远景调查项目进行了野外验收。按照局有关要求，安排了野外施工项目数的 20% 进行野外检查，结合野外检查召开了现场研讨会。进行 17 个项目成果报告评审。

按照局成果梳理工作安排，完成了全国基础地质调查系列图件和报告，中国主要成矿带基础地质背景与成矿潜力、华北陆块铁矿调查评价、内蒙古索伦山-东乌旗铜多金属矿评价、重要经济区环境地质调查评价和地质调查标准化建设项目的成果梳理工作。

三、地质调查项目质量管理

天津地质调查中心组织举办了质量管理体系基础知识和内审员资格培训班；完成了中心质量管理体系文件（2006 版）的修改、发布与实施；组织开展了中心质量管理体系运行情况的内部审核；组织开展了中心质量管理体系运行情况的管理评审，对各部门、各单位质量管理体系的运行情况和存在的问题进行了全面的分析总结，对于发现的问题，及时制定整改措施并进行纠正；组织开展质量管理体系运行情况的外部审核工作，并通过了中国地质调查局 GB/19001:2000 质量管理体系的认证。

国际合作与对外交流

中蒙边界重要成矿带 1:100 万成矿规律图编制与研究项目：全面收集了中蒙边界重要成矿带的矿产资源资料，分析和对比境内外成矿地质背景、成矿作用和成矿特征，初步编制了中蒙边界 1:100 万地质图、大地构造图和矿产图，两国分别建立了矿产地数据库。

津巴布韦 1:25 万区域地球化学测量项目全面完成了调查任务，通过异常检查在 Tarka 地区 AS－31 号异常发现了原生金矿，初步评价前景很好；在 Moosgwe 地区 HS－14 异常发现含铜铁矿，为境外风险勘查提供了重要勘查基地。同时项目依托津巴布韦东部 Chimanimani 地区的地球化学调查，对津巴布韦全境进行了超低密度的地球化学调查，获得了津巴布韦全国地球化学背景数据。为了解津巴布韦地球化学省和进一步的战略性找矿等提供了重要依据。

签署了坦桑尼亚 Mkuvia 金矿共同开发合作协议。完成了国土资源部坦桑尼亚 Liganga 钛铁矿风险勘查项目资料收集工作并在外围开展了磁法剖面调查工作。

为切实落实“走出去”战略，保障国外矿业勘查持续健康发展，中心在坦桑尼亚、津巴布韦申请建立了矿业公司。

综合行政

一、文秘档案管理及保密工作

天津地质调查中心制定了综合档案工作管理办法及印章管理办法，修改了保密制度，进一步加强了制度建设。

二、新闻宣传和政务信息工作

完成政务信息的撰稿和组稿工作。《工作简报》是中心政务信息交流的媒介，已经成为配合阶段性工作重点，对中心地调和科研成果及重要工作情况进行交流和宣传的主要平台。共报送了35篇工作简报。其中，地质找矿改革发展大讨论专报8期，深入学习实践科学发展观活动专刊3期。

经济与财务管理

一、地质调查项目经济管理

完成了华北地区41个地质调查项目的设计预算的评审、修改、认定与审批工作。举办了2009年华北地区地质调查项目预算人员培训班。组织开展了华北地区1999~2008年期间的35个项目总预算额1.27亿元的预算执行情况、经费支出使用情况的监督检查。审查验收了9个项目单位24个已完项目经费支出使用情况总结报告。

审查、汇总与编制了2008年华北地区20个项目单位，216个项目资金使用情况年终决算报表。审查、汇总与编制完成了2008年华北大区27个单位211个项目的统计年报和定期报表，全面反映了华北地区地质调查项目的进展情况、经费支出情况、主要实物工作量完成及取得的地质成果。

对2008年地质调查项目取得的重要成果进行了跟踪调查，并对2009年地质调查阶段性成果进行归纳、整理和总结工作，编制完成了2009年项目续作评估报告，并通过了项目论证审查。

建立了华北地区地质调查项目预算标准跟踪评估组织管理体系和网络信息采集系统，开展了华北地区国土资源调查预算标准执行情况和影响国土资源调查预算标准水平因素的调查，筛选出10个项目承担单位，35个地质调查项目开展跟踪评估。

二、单位经济管理

（一）预算管理。

组织对中心全体预算人员进行了培训，完成了中心2009年项目设计预算和2010年立项论证和续作项目评估经费预算的编制工作。

天津地质调查中心2008年结转资金2850.78万元；2009年预算收入10013.78万元，同比增长26%，总支出9875.61万元，实现收支结余2988.94万元。其中，结转下年使用的资金2870.44万元。本年财政资金国库执行率达86%，财政预算执行率为81%，财政预算执行率指标达到上级要求。

（二）统计管理。

编制完成了2008年中心的综合统计和地质调查项目统计年报（43个项目），组织编写了2008年中心综合统计和地质调查项目统计分析报告。

（三）财务管理。

制定了《天津地质矿产研究所差旅费开支管理办法》，进一步加强了财务管理制度建设。

按照部局要求，组织使用了国土资源部财务管理信息系统。组织财务人员利用会计电算化手段，设置并试运行了项目预算执行控制系统，随时对项目设计预算的执行情况进行预警。

通过了亚太审计师事务所的审计。实现了“四项费用”零增长的控制目标。进行了“小金库”自查自纠工作。

基建与装备管理

一、基本建设管理

科研综合楼于2009年4月落成并投入使用，总建筑面积为12663.5m^2。综合科研楼正式投入使用，极大地改善了中心的办公条件，为职工提供了更加整洁、舒适的办公环境。中心新盖样品库房21间，共计450m^2，为地调科研提供了后勤保障。整修了42间900m^2的单身宿舍，给新职工提供单身宿舍，为研究生培养基地建设提供了良好的场所。对院落进行了整体规划布局，铺设沥青路面2750m^2，铺装了办公楼前石质路面896m^2，绿化种植180m^2，从根本上改善了办公环境。配置了新办公家具，从根本上改善了办公条件。

二、装备管理

完成了浅层取样钻、野外数字采集系统等委托装备的验收、调拨和培训工作。制定了电子探针、瞬变电磁仪等大型仪器设备的技术方案，采购了野外用车、日常办公和生产设备，保证了中心各项工作正常开展。

干部人事教育

一、干部人事工作

1. 按部局事业单位人事制度改革总体安排，天津地质调查中心进行了专业技术岗位聘任试点工作。

天津地质调查中心是部、局事业单位岗位设置的8家试点单位之一。遴选出专业技术二级岗位拟聘人员3人，三级岗位拟聘人员8人，五级岗位拟聘人员7人，六级岗位拟聘人员13人，八级岗位11人，九级岗位5人，十一级岗位23人。岗位设置聘用工作的基本完成，进一步深化了用人制度改革，使身份管理向岗位管理迈进了一步。

2. 根据中心业务定位、队伍建设发展规划和目标，按照2009年招聘计划，组织了人才招聘工作，招收了15名硕士及本科毕业生。

二、职工教育培训

1. 中心与吉林大学地球科学学院、中国地质大学（北京）建立了地学研究生联合培养示范基地。中心与两所大学进行产学研合作，有利于实现双方优势互补，促进文化和理念的交融，达到双方共赢，为中国地质事业培养更多实用型人才。

2. 继续加强人才培养。继续选送有潜力的专业技术骨干参加在职硕士、博士学习。同时，以地调项目为依托，在实践中给年轻技术骨干成长锻炼的机会，已有33名年轻专业技术人员担任项目负责人。

三、离退休干部管理

天津地质调查中心坚持按照党和国家的政策，做好离退休职工工作。充分发挥好离退休党支部作用，根据中心党委的统一安排，坚持以党小组的形式组织党员进行党的路线方针和时事政策学习。组织离退休职工开展各项活动，丰富离退休老同志的业余生活。元旦期间举办了离退休职工第21届迎新春书画展；“三八”节日期间组织离退休职工举办“棋牌乐”活动。

安全生产管理

2009年，天津地质调查中心重视安全管理和安全教育工作，对全体职工进行安全教育，强化安全意识，严格执行安全生产责任制，加强野外生产和交通车辆安全管理，加强安全检查。通过安全教育、制度约束、安全投入，2009年中心无安全责任事故发生，实现了安全生产。

纪检监察审计工作

一、制定了《天津地质调查中心2009年党风廉政建设和反腐败工作实施意见》，为保证中心党风廉政建设各项工作顺利开展和各项任务的落实，签订了2009年廉政建设责任书。

二、开展财经法规和党风廉政教育专题讲座，对全体职工进行财经法规和党风廉政教育。3月份举办财经法规和党风廉政教育两场专题讲座。

三、加强惩防制度体系建设，从源头防治腐败。根据构建惩防体系的要求，结合深入学习实践科学发展观活动整改落实方案要求，围绕易发腐败关键点，督促和协助中心有关部门对现行管理制度进行检查、修改、补充和完善。

四、贯彻民主集中制，构建监督体系。凡中心的重大决策、人事事项、重大项目安排均由领导班子集体研究决定。为加强民主监督，设立民主意见箱。加强了经济责任审计、领导干部收入申报和领导干部报告个人重大事项制度。严格执行四大纪律、八项要求。加强对领导干部特别是领导班子主要负责人，严格遵守党的政治纪律、组织纪律的监督。

党群工作

一、党建工作

1. 完成了深入学习实践科学发展观活动的收尾工作。按照天津市的统一部署，学习实践活动完成了整改落实、满意度测评、总结等相应阶段的工作。根据天津市进行“回头看”的有关要求，对“回头看”工作进行了自查并接受了科技工委检查。召开了主题为“坚定信心，全面提升中心发展水平”的领导班子专题民主生活会。

2. 加强党建，开展文明创建活动。①加强了思想建设。按局要求，开展了改进作风建设活动。开展了“讲党性、重品行、做表率”活动。开展了庆祝建党88周年和新中国成立60周年庆祝活动。②加强了组织建设。组织了新调整机构负责人的竞聘上岗工作，协助地调局进行局属单位副局级干部竞争上岗考察人选民主测评工作。新发展党员3名，完成7名预备党员的转正工作。

二、精神文明建设

1. 组织文明创建活动。1名同志荣获天津市劳动模范，1名同志荣获科技系统“五一”劳动奖章；基础地质调查院荣获科技系统“五一”劳动奖状。3名同志荣获2007～2008年度科技系统“女职工建功立业标兵”；信息资料室数据处理组荣获2007～2008年度科技系统“女职工建功立业示范岗”；中心工会女工委员会荣获2007～2008年度科技系统“女职工建功立业优秀组织单位”。

2. 加强了文化建设。以新办公楼落成组织职工庆典为契机，开展了文化建设活动。大力宣传中心文化核心理念，通过中心刊物《地调园地》和网络进行宣传，组织学唱中心歌曲《新时代地质人》。在庆典仪式上，举行了升中心旗帜和合唱中心歌曲的活动，激发了职工的向心力和凝聚力。

三、工会、共青团、妇女工作

1. 组织职工开展文娱活动，丰富职工精神文化生活。组织参加了地调局系统组织的职工篮球赛。为庆祝新中国成立60周年，组织职工开展了颂歌献给祖国60华诞歌咏活动，并组织参加天津市科技系统庆祝新中国成立60周年歌咏、书法、绘画、征文比赛，荣获优秀组织奖。参加局第一届职工文艺会演并荣获优秀表演奖。

2. 加强了共青团建设。“五四”青年节前夕，召开了青年科技论坛，组织团员青年参加科技团工委开展的评选表彰活动，有1名同志获得科技系统“优秀团干部”荣誉称号，2名同志获得科技系统“优秀青年”荣誉称号。

（刘　洁）

沈阳地质调查中心工作

沈阳地质调查中心

基础地质调查

2009年，沈阳地质调查中心共承担9幅1:5万区域地质调查工作，工作区均在内蒙古地区，完成1:5万区域地质调查7081km^2、完成槽探工作量11000m^3。

在孟恩套勒盖等地区，对测区侵入岩时代进行初步厘定，初步建立了测区侵入岩建造序列。地层厘定为13个填图单位，划分了20个填图单位；火山岩方面，初步划分了3个火山盆地，圈定火山机构9个；发现其中1个火山机构对应于1:20万航磁异常并具有较好的蚀变矿化；新发现蚀变矿化点4处等。其中一条矿化蚀变带出露宽约20m，北东向延伸长大于300m，延伸稳定，其中见有铁矿体及铅锌铁矿化。拣块分析样品，分别发现有铁铅锌银钼矿化、铅锌铁矿化，铁品位33%～61%，铅品位最高为6.7%，锌最高为6.5%，银11.3×10^{-6}，钼品位最高为0.014%。矿化与绿帘石化、强硅化关系密切，在强硅化及绿帘石岩石中银、铅、锌、钼含量高。矿化蚀变与火山机构断裂及火山期后岩浆热液活动密切相关。

在南木、四道沟、柴河林场、固里河林场地区，新发现白音高老组（J_3b）火山岩地层、老虎洞碎斑熔岩及中生代侵入岩岩基或岩脉，划分了3个火山岩浆带，确定了区内不存在塔木兰沟组（J_2t）火山岩地层。发现了约0.8m宽的矿体和约7m宽的绢英岩化蚀变带，其围岩是满克头鄂博组球粒状流纹岩，矿体和围岩蚀变带走向均为北东；在百里河中生代侵入岩和满克头鄂博组接触带附件发现了面积性黄铁绢英岩化蚀变带，面积1.5km^2；并发现3～5条强黄铁矿化硅化蚀变带，其宽度一般在1～2m，走向均为北东，具有良好的找矿前景。

矿产资源调查评价

一、油气资源调查评价

沈阳地质调查中心承担了“松辽外围油气地质调查”项目。2009年初，召开了项目的工作年会，确定了加强盆地分析和石油地质条件研究的工作方向；经过多次与大庆油田公司研究院交流、磋商、研讨及联合考察，一致认为，松辽西部中新生代盆地群的断陷和火山－沉积作用，为晚古生代以来的4套生烃层系的保存提供了有利条件，是实现松辽外围新区新层系战略性突破的可行区域；双方签署了“加快推进松辽外围油气基础地质调查”协议。部、局与大庆油田公司的领导、专家和沈阳地质调查中心项目组科技人员一起对松辽外围油气基础地质调查工作取得的初步进展以及新层系地质井部署等进行了联合野外地质考察，达成共识。通过大调查项目支持，在松辽盆地外围开展野外地质调查、非震物探剖面测量和综合研究，初步圈定扎鲁特-阿鲁科尔沁、突泉、龙江、巴林左、乌兰盖5个中新生代油气远景盆地，初步查明晚古生界存在4套潜在烃源岩层系和4类油气储层。中石油和大庆油田公司对地调局组织开展的松辽外围基础地质调查的初步认识和成果表示出浓厚兴趣，双方在对松辽盆地外围中新生代盆地及其周边晚古生代烃源岩开展联合考察的基础上，根据1:10万石油地质填图和非震物探剖面测量工作，研究提出在扎鲁特－阿鲁科尔沁盆地周边出露的上二叠统林西组实施“鲁D1”井，以进一步了解盆地内地层的岩性、物性及沉积特征，揭示盆地火山岩及其下覆地层的生、储、盖组合特征及含油气情况，对目的层烃源岩进行综合评价。

2009年年底，深度为1500m的鲁D1井顺利完工。钻探层位为上二叠统林西组一段，岩石为上二叠统林西组灰黑色、黑色粉砂岩、泥质粉砂岩、泥岩。显示的沉积相主要为半深湖—深湖相。常发育水平层理、块状层理以及生物扰动构造。常见顺层分布的黄铁矿。岩性横向分布稳定，沉积厚度大，有利于油气的生成。TOC最大为1.59%，最小为0.4%，平均0.73%；泥岩的产油潜率（S1+S2）极低；氢指数（HCl）也极低；综合评价为中等烃源岩。

二、固体矿产资源调查评价

2009年，沈阳地质调查中心承担矿产远景评价、矿产勘查综合技术方法试验及示范及综合研究项目共3项，工作区分别在大兴安岭成矿带和辽东吉南成矿带。主要完成机械岩心钻探2047m、浅钻1500m、槽探22000m^3。发现硅化绢英岩化蚀变带19条、铜矿（化）体3条。

黑龙江多宝山地区，完成了各工作区的1:1万物化探测网，重点检查区的地质检测、土壤取样工作；重点工作区的1:1万高磁、激电中梯、激电测深；概略检查区的1:1万土壤取样；两个重点工作区的异常查证工作。完成区调及异常检查浅钻工作。在北岗窝棚重点检查区，发现7条硅化绢英岩化蚀变带；土壤化探测量发现一条规模较大的北东向延伸的异常集中带，以Au，Ag化探异常为主。通过槽探揭露，发现蚀变花岗岩中有硅化、黄铁矿化、绢云母化等蚀变，黄铁矿呈细粒浸染状；在505高地重点检查区，发现6条硅化绢英岩化蚀变带，Au，Ag异常规模大，强度高；在531高地重点检查区，发现6条硅化绢英岩化蚀变带。

在大兴安岭中兴地区地表探槽中，发现有3条铜矿（化）体，其中北部矿体宽5m，平均品位为0.6%，最高达到2.23%，富矿段以出现孔雀石化为特征，伴有铅锌矿化；中间矿体宽2m，平均品位为0.2%；南部矿体宽3m，平均品位为0.3%；在中兴地区共施工6个钻孔，在矽卡岩与侵入岩接触部位，铜矿化较好，另外可见有辉钼矿化、镜铁矿化等；ZK1401号发现品位高，厚度大的钼矿体。在孔深17.9～53.5m处连续35m见有钼矿体产出，钼矿体单样最高品位为0.35%，平均品位为0.6%。

辽东吉南成矿带铁铜矿选区，确认了鞍山-本溪地区“鞍山式”铁矿均产于鞍山群；明确了红透山铜（锌）矿床产于红透山岩组薄层互层带上部；完成了区域地质矿产图、成矿规律和成矿预测图的编制工作；重新划分成矿单元和重点找矿工作区；进一步明确了辽东吉南地区铁铜矿主攻矿床类型。

三、地下水资源调查评价

2009年，主要开展了东北平原区地下水动态、东北地区地下水污染情况和东北地方病严重区地下水勘查及供水安全示范等3个项目，完成1:10万水文地质调查5000km^2、1:5万水文地质调查6050km^2、1:5万地下水污染调查1000km^2、水文钻探3511m。

（一）松嫩平原地下水动态调查。

在研究区内完成水位统测1092点、已有长观点水位监测227点，16080次，新增长观点水位监测83点，2860次；完成15台自动监测仪的第二次维护工作、抽水试验227小时；完成1:10万水文地质调查完成5000km^2、钻探工作2261.5m。调整了本区原有地下水动态监测网，提高了地下水监测层位的控制程度，监测手段得到初步改善，取得了2008年与2009年地下水位统测数据，掌握了工作区地下水流场现状；编制了2008年度阶段性图件、2008年动态监测网点分布图、2008年第四系潜水和承压水水位埋深及等水位线图、第三系承压水水位埋深及等水压线图、白垩系承压水水位埋深及等水压线图、第四系承压水水位变差图、泰康组和大安组、依安组承压水水位变差图等图件。

（二）三大平原地区地下水地球化学特征。

2009年完成1:5万地下水污染调查1000km^2、水文地质钻探300m。取得有机污染分析样160组、无机污染分析样278组、水现场物理化学指标测试数据160组。结合野外调查和实验数据分析得出：

三江平原水田区取样均为$HCO_3-Na+Ca$型水，主要离子Na^+，Ca^{2+}，HCO_3^-，Cl^-平均含量均较高，SO_4^{2-}含量也比较高。在三线图上各样点集中分布，区域地下水化学特征一致。

松嫩平原旱田区地下水有机污染物检出组分种类少，浓度低，且均未超标。无机超标组分较多，有13种，且铁、挥发酚、硝酸盐、亚硝酸盐等组分超标严重。

浑河冲洪积扇地超标组分种类较多，共16种。其中锰、挥发酚、铅、亚硝酸盐、硝酸盐、化学需氧量超标率均在50%以上。而且超标严重。地下水的漏斗区主要集中中部市区内城市集中开采的水源地附近，在工作区南部的红菱堡镇地区也形成了一个较大的漏斗，可能的原因是该地区的红阳煤矿大量用水造成的。研究区内地下水有机污染物普遍检出，分布区域广泛，卤代烃和多环芳烃分布在整个研究区内；单环芳烃多分布在城区。有机污染较严重点主要集中在化工、制药、造纸等工业厂区或城市排污沟渠附近。研究区内有机物污染可能已威胁到居民的饮水安全。

（三）地方病严重区地下水勘查工作取得的进展。

基本查清地方病地质环境有控制意义的地质构造和地形地貌，尤其是微地貌、盐碱地分布区，工作区内地下水水化学特征和致病离子富集特征。确定致病含水层及可以安全供水含水层，编制完成各省工作区1:5万水文地质专项调查报告及供水安全示范工作报告。

完成示范工程钻探施工任务，至今已完成钻探进尺950m，成井7眼。分析研究东北地区饮水型地方病与地质环境的相关性；并总结以往防病改水经验探索改水防病措施，指导饮水型地方病严重区打井改水。

四、矿产潜力资源评价

在东北片区项目组实施的督促指导下，省级潜力评价项目积极推进。辽宁省潜力评价项目先后完成了辽宁鞍山－本溪地区铁矿典型示范区、全国矿产资源潜力评价辽宁省铁矿物探专业阶段成果报告示范验收获得优秀成绩，为全国项目全面有序开展作出了贡献。工作进度和工作质量获得了各方面专家的肯定。

疏理总结了东北片区内制约矿产资源潜力评价的重大地质问题；在充分利用1:25万和1:5万区调及矿产资源调查评价与综合研究取得的实际资料和调查研究成果的基础上，从地质建造角度提出了早元古代地层区域对比方案。

同时组织、指导省级项目组开展铁、铝2个矿种德尔菲法矿产资源预测工作，初步了解和明确了东北地区铁、铝2个矿种的资源潜力；编写了“东北地区重要固体矿产潜力分析”报告；对东北地区重要成矿远景区的资源潜力进行了分析、评价；基本了解和明确了东北地区油气、煤炭、铁、铝土矿、铜、铅锌、金、钨、锡、钼等矿产的资源潜力；完成了东北地区遥感影像图、遥感蚀变信息图（1:50万）编制。

东北片区矿产地，工作程度基础数据库通过了全国数据汇总组的验收。

地质科学研究

一、基础地质

在辽西义县组、冀北大店子组火山地区开展的沉积地层对比工作，初步查清了义县盆地、建昌盆地、喀左盆地的义县组岩石地层、基本层序特征、生物组合特征，开展了初步对比研究工作。

在东北经济区按照全区性、片区性（成矿带）和专题研究等方面并遵循计划项目总体工作进程开展综合研究及成果资料集成工作，收集整理了东北地区最新的区域地质调查成果资料、区域综合研究资料，总结了东北地区大调查以来基础地质调查工作进展和成果。重点开展了辽东吉南成矿带基础地质调查总结和1:50万地质图、成矿背景与成矿规律、地球化学图和航磁及区域重力等系列图件编图工作，编写并提交了辽东吉南成矿带基础地质综合研究报告；开展了吉黑东部成矿区基础地质调查总结和第四纪地质综合研究，完善了东北地区新生代火山活动研究报告。及时更新了东北地区1:150万地质图，更新和增加了属性数据资料，总结了计划项目取得的主要成果，梳理了区内存在的重要地质问题，对区内部分基础地质调查项目进行了技术指导。

完成了大兴安岭地区图幅总面积4/5的编图工作，其中完成1:25万地质图缩编15幅，1:20万地质图67幅，完成1:50万大兴安岭地区地质图编图工作。对研究区地层开展了系统研究工作，将古生代地层划分为兴安地层区和内蒙古草原地层区，对各地层区和地层分区的古生代地层进行了岩石地层清理和合并，建立了各自的岩石地层序列，同时建立了各自的生物地层组合（组合带）序列；基本理清大兴安岭地区中生代主要地层问题，并初步统一了大兴安岭南北、东西坡地层的划分、对比和命名；将中新生代盆地进行了重新划分，共划分49个中新生代盆地并进行了命名。

二、岩矿测试技术

“近现代分析测试设备配套方法研究”项目，补充采集了两种高岭石样品，制作了20片岩石薄片，并进行了详细鉴定，拍摄了10张显微照片，电子探针、红外光谱和激光拉曼光谱分析共80余件，半定量与定量分析样品100余件。确定了目的样品，提纯了高岭石样品。对6个样品进行了粒度检验，结果合格；对6个样品进行了均匀性检验，结果合格；对6个样品进行了稳定性跟踪检验；确定了6个样品的初值。

“金刚石矿床标型矿物的 X 射线衍射特征”项目，收集了山东蒙阴金刚石矿床地质资料，在山东蒙阴金刚石矿床采集金伯利岩样品 120 件，样重约 2600kg，并做了详细的野外记录；完成蒙阴金伯利岩人工重砂碎样和分离 120 件，完成镁铝榴石和铬铁矿挑选各 120 件；完成辽宁瓦房店金刚石矿床金伯利岩岩石鉴定报告 127 份，彩色显微照相 200 张；完成辽宁瓦房店金伯利岩及山东蒙阴金伯利岩样品蚀变矿物组分 X 衍射半定量分析 160 件，完成瓦房店金伯利岩 120 件镁铝榴石和铬铁矿样品单晶 X 射线衍射晶胞参数测定及相应矿物图谱采集工作。

地质调查信息社会化服务

一、地质资料

2009 年，中心积极组织开展地质调查成果社会化服务工作。一是开展社会化服务调研工作，在本中心和外部使用者中开展了数据资料服务利用调研工作；二是提供地质调查成果资料和信息服务 200 余人次；三是组织召开东北地区资料汇交工作业务培训会议、学术研讨会议各 1 次；四是开展服务宣传工作，编印《沈阳地质调查中心资料馆地质资料服务指南》200 册，为合理开发利用地质资料信息资源，推动辽、吉、黑、蒙“三省一区”地方矿业经济的全面发展，更好地服务于不同资料用户开展地质勘查工作，特别为政府部门决策管理提供了服务；五是积极开展为地方经济建设的信息资料服务，多次到吉林省长春市、白山市、江源县等地区开展地方合作洽谈。依托地质专业知识、各类专业资料，为吉林省江源县地质博物馆的建设服务，与当地政府达成了合作意向，为其提供地学知识的指导、部分展厅的设计。通过合作，尝试如何为地质资料的社会化服务工作寻找新的平台。通过上述工作的开展，使东北地区地质调查成果资料的相关管理工作更加规范、有序，通过学习国家新出台的规范、标准，为更好开展好地质调查成果资料的社会化服务工作奠定了基础。

二、地质图书

据数据库统计，沈阳地质调查中心图书馆现有馆藏地学文献 3 万余册。图书 2.6 万余册：其中中文图书 2 万册，英文图书近 3 千册、俄文图书近 3 千册；过刊近 8 千册：中文期刊 3 千余册，英文期刊 3 千余册，俄文期刊 4 百余册；现刊 8 百余册。报纸 14 种。

2009 年共办理书刊文献借阅、归还 500 余人次，千余册，借阅范围除沈阳所馆藏纸质文献还包括地质图书馆纸质文献及电子资源。

地质调查工作战略研究

2009 年，根据中国地质调查局“十二五”地质调查规划部署的安排，沈阳地质调查中心围绕东北地区大兴安岭、辽东-吉南重点成矿区带，中部经济区、沿海经济带及辽宁“五点一线”等重要工程区部署地质调查工作。“十二五”期间拟设置计划项目 21 项，工作项目 427 项，经费约 41.4 亿元；其中：基础地质计划项目 5 项，工作项目 147 项，经费约 12.34 亿元；矿产地质计划项目 4 项，工作项目 203 项，经费约 19.37 亿元；水工环地质计划项目 8 项，工作项目 43 项，经费约 6.77 亿元；地质科技计划项目 4 项，工作项目 28 项，经费约 2.31 亿元；信息化与地质资料服务工作项目 5 项，经费约 5700 万元；地质调查发展战略研究工作项目 1 项，经费约 500 万元。

根据国土资源部和中国地质调查局要求，在“十二五”地质调查规划部署的基础上，沈阳地质调查中心编制了地质保障工程实施方案，提出了 2010～2020年东北地区地质工作规划以及东北地区整装勘查建议。这些规划部署的实施，将极大提高东北地区地质工作程度，东北地区地质找矿将会实现重大突破。

地质调查项目管理

一、地质调查项目立项管理

2009 年东北地区地质调查项目共计计划项目 5 项，工作项目 67 项，由大区负责的地质调查评价类的 48 项，其中区域地质项目 18 项，区域物化探项目 10 项，矿产地质项目 16 项，水工环地质项目 4 项；综合研究类 19 项，主要围绕大兴安岭成矿带、辽东吉南成矿带、东北经济区开展。资金总投入约 1.42 亿元。

东北地区地质调查项目经费 21200 万元（包括国土资源大调查经费 10015 万元，增量资金 8304 万元），安排地质调查项目 125 项，其中新开项目 29 项，续作项目 48 项，结转项目 48 项。按专业性质划分：矿产资源评价类 41 项，区调 33 项，地球物理地球化学 18 项，水工环 9 项、遥感 4 项、地质灾害预警工程 3 项、数字国土 3 项、技术发展工程 6 项，其他 8 项。在东北地区开展工作的项目承担单位共有

19家，其中省级地调院8家（辽宁、吉林、黑龙江、内蒙古、陕西、安徽、河南、山西、省地调院），省环境监测站4家（辽、吉、黑、内），地勘各工业部门3家（辽宁冶金局、辽宁有色局、有色地调中心），院校3家（中国地大、吉林大学、北京大学），局属单位3家（沈阳地调中心、地科院物化探所、地科院资源所）。

二、地质调查项目组织实施管理

2009年，东北地区地质调查项目组织实施管理情况良好，各项目承担单位均完成了年度工作目标。

基础地质调查工作共完成1:25万区域地质调查17500km^2，完成设计工作量的116.67%；完成1:5万区域地质调查7081km^2，完成设计工作量的101.4%；区域重力完成调查面积45274km^2，为年度工作量的71%；区域化探完成调查面积36474km^2，为年度工作量的101.7%。

矿产地质调查共完成1:5万测量15503km^2，完成设计工作量的100%；1:5万高磁8103km^2，完成设计工作量的100%；1:5万重力300km^2，完成设计工作量的100%；1:5万水系沉积物测量15418km^2，完成设计工作量的100%；1:5万土壤测量1685km^2，完成设计工作量的100%；钻探10880.63m，完成设计工作量的99.6%；槽探79231.13m^3，完成设计工作量的98.5%。完成1:5万航磁航放综合测量12.695万测线千米，测量面积约6.08万km^2。

水文地质调查共完成1:5万调查7000km^2，1:10万调查5000km^2，1:25万调查23470km^2，水文地质钻探3511.5m，地下水有机采样510套，均100%地完成了设计工作量。

三、地质调查项目质量管理

2009年，在中国地质调查局、东北大区项目管理办公室和项目承担单位的共同努力下，项目实施过程各阶段质量良好，为保障项目取得好成果奠定了基础。

组织完成了51个工作项目任务书编写工作，其中基础地质调查项目23个，矿产调查项目14个，水环项目4个。

组织完成设计审查30项，其中：区域地质调查工作项目12项，4项优秀，8项良好；区域重力4项，均为良好；区域化探2项和多目标地球化学6项，均为优秀；矿产资源评价项目4个，均为良好；水工环调查评价项目2个，1项优秀，1项良好。优秀率为43.33%，优良率100%。

开展了野外质量检查11项，其中：区域地质调查3项，物化探3项，矿产3项，水工环1项。

完成了野外最终验收和阶段性验收10项，其中：区域地质调查2项（8幅图为优秀，6幅图为良好）；物化探8项，最终验收4项，为优秀，阶段性验收4项，均获通过。

完成了成果报告审查11项，其中：区域地质调查3项，1项优秀，2项良好；区域化探2项为优秀，多目标地球化学3项为优秀；矿产评价3项，1项优秀，2项良好。

开展了工作项目经费监督检查，完成了10个工作项目《经费使用情况总结报告》审查验收工作；完成了2009年财务报年报、统计年报的编报、审核、汇总上报工作。开展了东北地区地质调查预算标准动态评估工作。

沈阳地质调查中心获得方圆标志认证ISO9001质量管理体系认证证书和标志使用权以来，中心质量管理体系运行基本正常。2009年6月，中心ISO9001质量管理体系顺利通过方圆标志认证集团复核审查。

国际合作与对外交流

一、重要国际合作与交流

2009年，“中-俄合作额尔古纳—上黑龙江成矿带成矿规律对比研究”项目，综合总结了额尔古纳-上黑龙江成矿带的成矿区划；开展了境外典型矿床考察，进行了综合对比研究。在此基础上，根据中-俄-蒙毗邻地区区域地质特点和典型矿床研究，初步编制完成了1:100万额尔古纳—上黑龙江成矿带境内外地区地质图、断裂构造略图、大地构造与主要矿床分布图、成矿规律图等4幅草图，在额尔古纳—上黑龙江成矿带地区新划分出5个成矿带、14个成矿亚带和68个成矿远景区。

沈阳地质调查中心成功举办了“中俄蒙等毗邻地区第八届地质及成矿对比研讨会”，讨论会由中国地质调查局主办，沈阳地质调查中心（沈阳地质矿产研究所）、俄罗斯联邦矿产资源署后贝加尔边疆区自然资源局和俄罗斯科学院远东分院大地构造与地球物理研究所承办。参加讨论会的有中国地质调查局、俄罗斯联邦矿产资源署后贝加尔边疆区自然资源局、中国地质调查局沈阳地质调查中心、俄罗斯科学院远东分院大地构造与地球物理研究所、俄罗斯科学研究院西伯利亚自然资源环境生态地质研究院、俄罗斯科学院地质学与金属矿床研究所、俄罗斯科学院西伯利亚分院地质研究所、俄罗斯托木斯克国立大学、俄罗斯沃斯托克地质有限公司、俄联邦《东方地质》企业、日本国家地质调查局、中国地质调查局发展研究中心、中国地质科学院矿产资源研究所、中国地质科学院地质研究所、北京大学地球与空间学院、南京地质矿产研究所、吉林大学地球科学学院、中国地质科学院物化探研究所、中国地质科学院地质力学研究所、黑龙江省地质勘查局矿业集团、内蒙古自治区地质调查院等单位。会议参加人员共60多人，其中：10名俄罗斯地质专家学者，1名日本国家地质调查局专家学者，40多名国内的专家学者。会议共交流论文38篇。

二、境外地质矿产工作

“马达加斯加北部地区绿岩带成矿规律及找矿方法研究”，通过积极与马国同行研究讨论，针对马岛及其中北部 Tsaratanana 岩席3条绿岩带开展相关地质矿产资料的收集和整理工作，收集1:10万地质图15份、航磁图件5份、区调报告2份、马岛有关矿产专著4份、相关地区学术论文和报告97篇（册），完成对马岛中北部地区基础地质和矿产资源的了解和掌握。项目组克服诸多困难，保质保量完成了对 Andriamena 中北部条带状磁铁矿和南部 Kraoma 铬铁矿、Beforona 北部钒铁磁铁矿及锰铁矿、Maevatanana 金（砂金）矿和 BIF 铁矿及相关绿岩带地层的野外调查。通过资料整理和实地调研得出，马达加斯加中北部3条绿岩带均形成于晚太古代，新元古代发生大规模岩浆岩侵入，发生变形变质作用，变质程度由高绿片岩相到麻粒岩相。带内含与绿岩带密切相关的矿产：石英脉型金矿、BIF 铁矿、铬铁矿等，另外在新元古代岩体内形成大型铬铁矿、钒钛磁铁矿及镍矿。总之，马岛绿岩带同世界典型绿岩带在形成时代、岩石组成、赋存矿产具有相似性，其内蕴藏着丰富的矿产资源，具有巨大的开发潜力。

“马达加斯加塔马夫省阿巴通德拉扎卡市阿巴里安博尼铁锰矿普查”项目，对 Andriamena 绿岩带进行野外调研，发现与基性-超基性岩相关的镍矿点和铬铁矿点多处，同时另发现条带状磁铁石英岩多条，磁铁矿含量20% ~40%。对安博尼铁锰矿普查，通过地质填图、高精度磁测和槽探揭露，确定锰铁矿体由多条平行矿体组成，目前可确定有7条，矿体延长6km以上，其中最大矿体宽12 ~ 14m，露头延长500m，呈北西向展布，倾向北东，倾角70° ~80°，目估矿体品位全铁20% ~30%。

综合行政

一、文秘档案管理及保密工作

沈阳地质调查中心认真做好文秘档案管理工作，克服人员少工作杂等困难，在做好各类文件、简报起草、编发的同时，按照新的归档文件整理方法，对2008年度各类和载体文件材料开展立卷归档整理工作，并对2009年度以文件形式下发的各项规定和制度编制成册，下发各部门，最大限度地发挥档案的特殊作用，做到了管理规范，注重利用与服务工作。

沈阳地质调查中心领导高度重视保密工作，把保密工作列入重要议事日程。按照中国地质调查局的部署要求，定期召开工作会议，切实做到了保密工作“大事有人抓，小事有人管”。一是加强保密规章制度建设、结合业务工作涉及国家秘密的环节制定和落实具体的保密制度和防范措施，确保保密工作有章可循；二是与涉密部门负责人层层签订保密责任书，落实岗位责任制，认真落实人防、物防、技防管理的责任和具体措施，为保密工作的顺利开展提供有力保障；三是工作中，能够严格贯彻执行保密规章制度，切实加强保密工作日常监督和管理，按照《关于进一步加强计算机网络通信设备保密管理的通知》文件要求，重点对涉密计算机、网络和通信设备开展经常性保密检查。2009年，沈阳地质调查中心未发生任何失、泄密事件。

二、新闻宣传和政务信息工作

沈阳地质调查中心领导班子，紧紧围绕中国地质调查局工作部署和沈阳地质调查中心的工作任务，切实发挥新闻宣传和通报政务信息通报的重要作用，积极宣传报道中心地调与科研新进展、队伍建设、党建与精神文明、贯彻落实局工作部署、重要会议、等方面内容。2009年，完成简报27期，出版《东北地质工作动态》小报3期，报送网络要闻70余条。

通过开展多角度，多层次的宣传工作，及时通报中心整体工作进展情况，充分展示了中心科技人员爱岗敬业、默默奉献的精神风貌，为中心今后发展和提高名度提供了精神动力和舆论支持，也创造了良好的舆论氛围。

经济与财务管理

为适应和推进地质调查工作新机制，沈阳地质调查中心进一步加强经济管理工作，陆续修订、制订并实施了《财务收支审批制度》、《合同管理办法》、《经济目标责任管理办法》、《会议费、培训费管理办法》、《项目会议管理暂行制度》、《野外雇工费支出管理办法》、《设备管理办法》等10余项管理制度，并开展培训、讲解工作，强化职工执行各项管理制度的意识，邀请审计、财务方面专家，结合实际案例，在经济法规知识方面进行全员教育培训，牢固树立遵纪守法观念，杜绝经济犯罪。严格控制会议费、出国费、车辆购置费和招待费，堵塞资金、收入和支出的管理漏洞。

各项费用控制已大见成效。严格执行《中国地质调查局财务管理办法》，强化预算执行全过程管理，重视、强调内部监督、控制，确保资金规范安全使用。进一步加强财务会计基础工作，提高预算与会计核算的质量，核算执行预算。严格控制“四项费用”，压缩基本支出，节约行政开支。

基建与装备管理

一、基本建设管理

2009年6月，在国土资源部和中国地质调查局领导亲切关怀和大力支持下，沈阳地质调查中心与辽宁省沈阳市皇姑区政府签署了土地与房屋资产置换的补充协议，皇姑区政府将皇姑区北部经济园区易地置换土地（四台子地块），划分为科研办公用地21447.313 m^2，职工住宅用地29163.409 m^2（占地面积50610.722 m^2）。2009年，沈阳地质调查中心向中国地质调查局上报了《沈阳地质调查中心地调科研新基地建设规划》；完成了新基地地块1:1000的测绘报告；完成了新基地办公区和住宅区的规划测绘图等前期工作。获得了《建设项目选址意见书》和《建设用地规划许可证》。

二、装备管理

沈阳地质调查中心加强地质装备管理，增强统一采购统一调配能力，提高资产利用率，购置新设备向生产一线倾斜。进一步完善设备计划、采购、使用、报废的程序。沈阳地质调查中心得益于“野战军装备”的统一集中采购配备，地质装备水平得到大幅度提升，极大地提高了队伍承担国家基础性、公益性地质工作的生产能力，改善了从事野外生产的技术条件，在很大程度上加快了项目实施进度，客观上保证了预算执行率的完成。截至2009年末，“野战军装备”采购计划基本完成。

干部人事教育

沈阳地质调查中心紧紧围绕中心“搞好两个服务干好3件事”的工作目标，在保证完成日常工作的基础上，重点开展了建立新体制、完善新机制等相关工作，通过完善人事制度建设、开展内部结构、岗位调整和人才引进、人才培养等具体措施，较好地完成了年度工作任务。

一、完善人事教育规则制度，努力提高综合管理水平和服务水平

按照建立新机制的要求，沈阳地质调查中心制定并下发了《沈阳地调中心业务部门综合考核与绩效奖励办法》、《沈阳中心浮动绩效工资分配暂行办法》、《安全生产考核管理暂行办法》、《沈阳地调中心劳动防护用品发放管理办法》、《沈阳地调中心职工教育培训管理暂行办法》、《设立职工退休过渡期的规定》等人事教育方面的规章制度，进一步完善了适合当前管理与服务的工作程序和工作办法。

二、加速人才培养和引进，进一步提高队伍的综合素质和竞争实力

根据地质调查工作新形势、新任务的需要，沈阳地质调查中心坚持以人为本，以用人制度改革和创新激励机制为动力，紧紧抓住培养、引进、用好人才3个环节，按照局和中心工作计划的要求认真组织开展了新技术、新方法以及保密工作等方面的业务岗位练兵培训活动。我们从加速培养现有人才和引进外部人才两个方面同时入手，努力提高专业技术队伍的综合素质和竞争实力。

现有人才培养方面，一是修订出台了《沈阳地调中心职工教育管理办法》，鼓励职工有针对性的参加地质相关专业的学历教育；二是组织开展以青年技术人员为主的业务培训活动，印发了地质调查工作学习培训教材，从中发现、选拔一批能够承担地质调查项目的青年项目负责人和技术骨干；三是对新参加工作和转岗人员开展了集中培训，以便使他们尽早融入单位这个大集体，更好更快地熟悉本职工作。全年参加各种业务学习、培训班655人次，共计参加外地培训805天。

引进外部人才方面，2009年度接收应届高校毕业生共8人，社会人员调入2人。从学历来看，1名博士研究生（海外留学人员），4名硕士研究生，5

名本科毕业生，地质相关专业9人。

三、突出研究室的地位和作用，不断加强地质调查队伍建设

一是做实做强各业务研究室。研究室是实现单位地质调查工作目标的支撑力量，它的作用是推动学科领域发展、人才培养和学科建设。只有建设好各相关领域研究室才能满足大项目科学部署与合理实施的需要。为此，沈阳地质调查中心新领导班子进一步突出各业务研究室的项目管理的主导地位和作用。明确了室主任负责本部门的全面建设，对项目质量、进度、预算执行负责，对项目组人员、经费以及绩效工资有一定管理权和决定权。

二是开展完善体制和内部结构的有关工作。开展了中心部分内部组织结构、部门职责和人员调整的有关工作。为进一步加强业务体系建设和加强业务研究室建设，按照《干部选拔任用工作条例》的有关规定，开展了水环、基础、资源、方法技术研究室、资料信息室、东北亚研究室等部门业务干部人员聘任的相关工作；调整了地勘院、总工办、办公室、党办、人事教育处等部门职能，完成了相关干部人员的调整工作，有12名同志从管理或辅助岗位调整到业务研究室，直接从事地调项目或管理服务工作。

通过结构和人员调整，使沈阳地调中心定位更准确，专业、人员结构更合理，机构设置更规范、运转更协调，为确保高质量完成国家基础性、公益性和战略性矿产勘查任务打下坚实的基础。

四、职工工资等其他日常管理与服务工作

按照辽宁省沈阳市有关政策和领导班子“努力提高职工收入”的要求，2009年，沈阳地质调查中心开展了全中心400多名职工提高生活补贴或预发临时性补贴、2009年正常晋升薪级工资工作、兑现野外地勘队伍工资标准和2008年绩效工资的审核发放等工作，职工收入显著提高。

此外，沈阳地质调查中心组织完成了2009年中级专业技术职务任职资格申报、审查、评审及高级职称任职资格评审材料上报等工作。完成了中国地质调查局、沈阳市统计局、沈阳市人事局各类统计工作。完成了职工医疗保险月缴费核定填报、调入、调出、死亡（新到所）人员增减（参保）申报审批、参保人员的信息变更、外地就诊费用报销、异地就诊定点医院申报审批、年度缴费基数核定申报等工作。

五、离退休干部管理

1. 沈阳地质调查中心认真贯彻《关于加强新形势下离退休干部工作的意见》（中组发〔2008〕10号文件）的通知精神，认真落实好离退休干部的“三项待遇”问题。

2. 加强了离退休干部的思想政治工作建设。认真组织离退休干部阅读相关文件，听报告，向他们通报国家和单位的情况，组织参观和考察，使他们及时了解党的路线、方针、政策及单位的发展情况，把思想统一到党中央和单位改革发展的目标上来。

3. 加强离退休的党支部建设。组织离退休干部开展有益的活动，让他们讲党性，讲奉献，不断增强凝聚力和战斗力，充分发挥支部的战斗堡垒作用，促进了沈阳地质调查中心的和谐与发展。

安全生产管理

一、坚持不断完善安全生产规章制度。为适应地质调查工作新形势需要，在原有30多项安全生产制度的基础上，进一步建立或完善了《沈阳地调中心劳动保护用品管理办法》、《野外车辆管理暂行办法》等多项安全生产方面管理制度使中心安全生产制度建设进一步加强。

二、进一步完善了安全生产责任制，中心领导与各部门签订了安全生产目标责任书23份；生产一线研究室主任与项目组负责人签订安全目标责任书21份，办公室、实验测试中心、车队、资料信息室等安全生产重点部门与所属重要岗位职工签订安全目标责任书35份，做到了安全生产目标任务层层分解，为强化安全保障责任，营造和谐安全环境，提供了措施保障。

三、充分利用标语、专栏、网络、安全生产知识答卷、安全知识教育培训等形式广泛宣传安全生产知识、法规，营造安全工作氛围，提高了职工的安全文化素质。

四、加强野外项目组安全生产工作管理，采取动态管理与流动管理相结合的管理办法，建立了包含从项目组项目名称、联系人、工作区域变化情况、具体住址、通信联络方式、车辆等内容的信息库。多次与各野外项目组进行联络，项目组也能定期向中心有关部门汇报工作进展和安全生产情况。特别是今年第二季度，地质灾害频发、甲型H1N1型流感高发，有关部门及时与野外项目组进行电话沟通联系，指导帮助他们做好防范工作，2009年7月中旬，沈阳地质调查中心主任、安全委员会主任单海平带队到6个野外项目组进行安全检查，检查了野外生产安全情况和车辆运行使用情况。

五、加强车辆统一管理。将车队从原物业部划分出来，调整为副处级辅助性服务部门，由中心地质调查工作分管主任直接管理。负责对全中心机动车辆的统一管理，加强车辆制度建设、日常调配、驾驶员教育与培训、车辆的保养与维修管理、车辆技术档案建设及安全生产工作管理工作，进一步强化了车队的安全责任和管理任务。

六、是为野外工作人员统一配备了质量优良的野外登山鞋，确保野外工作人员出行的安全，同时，还为项目组配备了野外应急设备和一定数量的应急药品，高山林区工作人员还注射了森林脑炎疫苗，为120名野外工作人员购买了重大意外伤害保险，解决了发生意外伤害的后顾之忧。

纪检监察审计工作

一、纪检监察工作

1. 贯彻落实中央《建立健全惩治和预防腐败体系2008～2012年工作规划》，进一步推进惩防体系建设。2009年，中心深入贯彻落实中央纪委推进惩治和预防腐败体系建设、构建惩防体系第二阶段的工作要求，继续深化教育、完善制度、巩固提高、加强监督。

在深化教育方面，始终把廉政宣传教育作为中心党政班子的重要议事内容，结合实施凝聚力工程、深入学习实践科学发展观、地质找矿改革发展大讨论和加强作风建设等活动开展经常性教育。教育中明确主题，突出重点，层次分明，把普遍教育和重点教育相结合。在完善制度方面，清理了原有的制度体系，进一步加快了健全和完善内控制度、强化内部约束机制的步伐，陆续制定完善了20多项规章制度（重点涉及地调科研、行政管理、人事管理、财务管理和经济管理等方面）。加强制度执行的监督检查，把发挥内部审计工作的作用作为加强监管体系建设的重要内容，配备专职审计员，健全完善了内部审计制度。在2009年9月下旬接受了地调局巡视组的巡视考察。

2. 落实廉政建设责任制，加强专项工作的组织实施。按照中国地质调查局党组关于加强廉政建设的要求，沈阳地质调查中心坚持“党委统一领导，中心主任负总责，班子其他成员根据责任分工抓好职责范围内的廉政建设，实行党政齐抓共管，纪委协调落实”的领导体制和工作机制。2009年初，制定并下发了反腐倡廉建设工作计划，并召开党风廉政建设工作会议，进一步贯彻落实党的十七大精神，贯彻落实中纪委十七届三次全会及部、局党风廉政建设工作会议精神，认真部署2009年党风廉政建设工作任务的同时，由主要领导与部门负责人签订了廉政建设责任书。

3. 加强监督检查，不断规范权力运行。一是认真执行党内监督条例，对领导班子和领导干部开展监督。中心经常召开党政联席会议，讨论决定重大事项。在深入学习实践科学发展观、加强作风建设等活动中，多次召开专题民主生活会。每次都围绕不同的会议主题，查找问题、开展批评与自我批评，研究提出整改措施。同时，积极推进党务公开，发扬党内民主，定期或不定期召开党员组织生活会，确保党员民主权利；二是加强职工民主监督。积极推进事务公开和阳光操作，通过年度工作会议、月度工作会议、职工大会，报告工作进展、重要政策出台、重大事项决策等情况；遇有涉及职工切身利益的重大问题，注重倾听群众意见，交给职工充分讨论；认真受理信访，严肃查处违法违纪案件。中心领导班子高度重视信访举报工作，对来信来访及时组织调查处理。2009年5月份，中心纪委接到局监察审计室2009第3号信访转办单后，对有关情况进行了认真调查核实，确认举报不实，并将调查情况及时向地调局监察审计室做了书面汇报。2009年5月，根据地方检察机关和中心专案组对原财务处负责人违法违纪事实的调查情况，依据《中国共产党纪律处分条例》和事业单位工作人员管理有关规定，经中心党政联席会议讨论，决定给予汪X开除党籍、开除公职处分。

二、审计工作

按照地调局党组强化监管的要求，沈阳地调中心实行了业务归口管理，强化各主体责任，促使各职能部门严格按照职责权限办事，加强自律和监督。特别是经济管理方面，以强化责任为重点，构建单位法定代表人负总责，相关部门逐级审核、层层把关的经费支出内部控制体系。严格执行《沈阳地调中心财务收支审批制度》等相关规定，明确相关部门和人员在经费管理中的责任，保证了各项经费支出的合法、真实、规范。

2009年，中心重点加强了预算执行的工作力度和监督检查，一是解决了预算与会计核算、财务决算脱节的问题，严格控制、削减事业运行等经常性经费支出。二是在总体执行地质项目预算的前提下，要求项目实施以按时完成项目任务为目的，进一步改进经济管理方式。三是增强责任感、紧迫感，加快项目实施，提高财政预算资金执行率。

在预算执行过程中，财务部门强化核算、监督管理工作，加强资金流向控制，同时，结合清查“小金库”，围绕外协费、大额支出资金等加强经常性自查自纠工作，保证经济运行健康高效。

2009年，沈阳地调中心领导班子认真贯彻落实中央有关厉行节约、反对铺张浪费的规定和5部委《关于加强党政干部因公出国（境）经费管理暂行办法》，进一步规范了会议和公务接待标准，严格控制各项经费支出。根据中国地质调查局《关于开展“小金库”专项治理工作的通知》（中地调发〔2009〕89号）精神，成立“小金库”专项治理工作领导小组，在各职能部门和项目组认真开展了清查工作。

党群工作

一、党建工作

1. 坚持落实党建工作责任制，为实现中心又好又快发展提供思想和组织保证。2009年，中心党委进一步明确了抓党建工作的主体责任，明确了党委成员抓党建工作的责任分工，党委书记作为中心党建工作的第一责任人，党委其他成员根据党政工作分工，负责职责范围内的党建工作。

党委书记带头认真履行职责，把抓好党建工作作为自己的首要任务，亲自主持党委会议，研究部署党建工作。尤其是通过参加中央党校学习两个月以后，进一步充实了头脑，丰富了知识，更加注重理论研究，在完成繁重的学习任务同时，结合中心工作，理论联系实际，向辽宁省省直机关工委提交了理论中心组组长专题文章。在深入学习实践科学发展观活动中，他带头学习，带头实践，带头参加“党员干部走进千家万户”活动，不仅为本单位的党员同志做出了表率，而且得到了其帮扶对象所在乡镇、村屯人民群众的赞扬。中心主任积极支持和配合党委书记开展党务工作，为开展好党建工作创造条件，提供支持，有效地促进了党建工作健康发展。

2. 坚持理论武装工作格局，用中国特色社会主义理论体系武装党员干部和职工头脑。

按照中央的要求，中心党委把社会主义核心价值体系建设融入党建工作，将中国特色社会主义理论体系和社会主义核心价值体系的学习作为全年理论学习的重点。领导班子理论中心组首先发挥带头作用，在深入学习实践科学发展观、地质找矿改革发展大讨论、开展作风建设活动、庆祝新中国成立60周年之际，多次开展专题学习研讨，结合中心的实际工作进行深入思考，撰写体会文章，用理论指导实践。

中心党委把理论武装工作摆在重要位置，结合实际科学安排，各支部也都正确处理工作和学习的关系，组织党员和职工认真学习理论。尤其是党的十七届四中全会召开之时，正是野外工作的繁忙季节，党委制定了《贯彻落实党的十七届四中全会精神工作方案》，广泛开展了学习贯彻会议精神活动。领导班子理论中心组组织了专题学习会，深刻理解和把握中央提出的党建工作的总体要求和目标，结合工作实际，紧密围绕中心事业发展目标和工作部署，进一步明确中心党建工作目标任务和工作要求，进一步提高中心党建工作水平和工作成效。各党支部也按照党委部署组织了学习讨论，进一步统一了思想认识，为更好地发挥党组织的战斗堡垒作用和党员的先锋模范作用奠定了坚实的思想基础。

3. 加强组织建设，充分发挥基层党支部和广大党员的主体作用。2009年，根据部门调整、工作职责变化和党员分布情况，中心党委及时调整党支部设置，加强基层党支部建设，为党支部能够更好地发挥战斗堡垒作用创造条件；同时加强党员队伍建设，使广大党员在各自的工作岗位上能够充分发挥先锋模范作用。

在工作中，中心党委始终高度重视发挥党支部的战斗堡垒作用，尤其重视发挥党支部书记作为所在支部党建工作第一责任人的作用，注重培养和提高党支部书记履职的能力。在支部调整、支委选举过程中，有意识扩大青年支委的比例，有9名青年党员当选支部委员，占支部委员总数的37%。中心党委不断加强对青年职工中要求入党积极分子的教育和培养，坚持做好发展新党员工作，2009年又有2名入党积极分子加入党组织，成为党组织的新鲜力量。

4. 加强领导干部作风建设，树立领导班子新形象。按照地调局党组的工作要求，中心党委把加强党员干部修养，树立和弘扬优良作风作为重大政治任务来抓。首先，认真贯彻落实胡锦涛总书记在中纪委十七届三次全会上的重要讲话，认真贯彻落实中央有关厉行节约、反对铺张浪费的规定。根据部、局党组的决定和要求，2009年5月~7月，中心党委于在中心领导班子和处级干部两个层面，集中开展了以“解放思想、改革创新、改进作风、增强执行力”为主题的作风建设活动。

2009年6月，召开了领导班子作风建设座谈会；在庆祝中国共产党成立88周年之际，以作风建设主题，中心党委组织开展了缅怀革命先辈、发扬优良作风系列活动，激励党员干部继承和发扬党的优良传统和优良作风，以更加昂扬的精神，积极投身地质找矿事业。2009年8月，又召开了2009年度领导班子民主生活会暨作风建设专题民主生活会。会议期间，每位领导都从作风建设的角度，按照党对领导干部的要求，开展座谈、进行批评与自我批评。

二、精神文明建设

2009年，沈阳地质调查中心以实施凝聚力工程为重点，扎实推进精神文明建设，按照中国地质调查局党组《关于实施凝聚力工程的意见》（中地调党发〔2008〕2号）要求，深刻认识领会实施凝聚力工程的重要意义，以科学发展观为统领，紧密围绕建设一流大区地质调查中心的目标，以促进业务建设和人才队伍建设为重点，努力增强职工队伍的凝聚力和向心力，单位和谐向上的氛围不断加强，凝聚力工程深入开展，精神文明建设取得可喜成效。

1. 加强领导，明确指导思想和工作目标，全面推进凝聚力工程建设。实施凝聚力工程是地调局党组提出的一项重要工作任务。中心领导班子深刻认识局党组实施凝聚力工程的重要意义，始终把凝聚力工程建设作为加快推动中心事业发展的重要工作和重要抓手，摆在重要的工作日程，使中心凝聚力工程扎实开展，有效推进，并在工作中不断充实和完善工作内容，确保凝聚力工程取得实实在在的成效。

2. 以科学发展观为统领，为精神文明建设，实施凝聚力工程提供坚强的政治保障和组织保障。中心领导班子坚持以邓小平理论和“三个代表”重要思想为指导，认真学习贯彻党的十七大会议精神，深入开展学习实践科学发展观活动，认真贯彻落实局党组的工作部署，紧密围绕中心的工作目标，全面推进大区中心的建设。班子成员带头学习，深入思考，在“学习实践活动专题研讨班”和“处级干部培训班”作了专题辅导报告和专题讲课。领导班子积极务实的工作作风，不仅得到了行业地勘单位的认可，也得到了来所指导检查工作的辽宁省委学习实践科学发展观活动指导检查组和辽宁省省直机关目标责任制年度工作考核组领导的充分肯定。通过一系列工作，较好地营造了积极向上的良好氛围，为凝聚力工程建设提供了坚强的组织保障。

3. 抓住以事业凝聚人心的关键，以富有感召力的奋斗目标鼓舞士气、凝聚队伍。在开展精神文明建设，实施凝聚力工程过程中，中心领导班子紧紧抓住事业凝聚人心这个根本，提出了“搞好两个服务、干好三件事”的工作目标，即搞好为地方经济社会发展和生态环境建设服务、全心全意为职工群众服务这两个服务，干好地质工作取得新成果、新基地规划建设取得实质性进展和全所经济效益、职工收入不断提高这三件事；并确定了坚持以资源与环境并举，不断提高东北地区的基础地质调查研究工作程度和积极拓展地质调查工作服务领域为业务发展的指导思想，业务发展方向进一步明确，业务基础建设进一步加强。

三、工会、共青团、妇女工作

1. 工会工作。沈阳地质调查中心工会充分发挥职工在社会主义物质文明、精神文明和政治文明建设中的主力军作用，调动广大职工的积极性，充分发挥工会的维护、参与、教育、建设四项职能，创造性地开展工会工作。

一是发挥工会维护职能和做好职工思想政治工作的作用。积极参与中心举办的4个问题讨论题目《关于今后发展必须重点解决的四个突出问题的建议》为沈阳地矿所的发展献计献策。

二是围绕中心工作，开展“创业立功”竞赛活动。团结和引导广大职工坚定信心，投身改革，战胜困难，勇于创新，为所的各项事业发展建功立业。组织开展了系列“创业立功”活动，号召广大职工为所的发展建设献计献策，鼓励广大职工在各自的工作岗位争先进，创最佳，争一流，比贡献。

三是开展多种多样的文体活动，活跃职工文化生活，陶冶职工情操，凝聚团队精神。积极响应全总和省直工会工委的号召，组织职工开展多种文体、娱乐活动，做到有条件的活动经常搞，缺乏条件的争取搞。由于单位工作特点，在夏季大部分专业技术人员出野外从事地质调查项目工作，在这种特殊情况下，工会鼓励职工在野外工作期间结合实际开展一些适应自己特点的体育活动，增强职工身体体质。有的职工在野外工作期间参加当地举办的乒乓球比赛，并取得较好的成绩。为了让大家积极参加体育活动，今年春节前组织了一次“迎新春联欢会”，“三八”妇女节期间，组织召开了女职工联谊会，开展小型娱乐比赛，组织女职工体检等活动。“五一”节期间组织职工开展了跳绳，踢毽，投篮、拔河、扑克、象棋等小型比赛，为庆祝新中国成立60周年工会组织职工到本溪关门山旅游，同时开展了文艺演出活动，还举办了篮球比赛活动。

通过这些高雅、文明、健康的业余文化活动，增强了职工的体质，丰富了职工文化生活，凝聚了团队精神，陶冶了情操。

四是加强工会自身建设，提高工会干部的整体素质。为了搞好工会的基层组织建设工作，提高工会组织的凝聚力和战斗力，工会将原有的9个分会重组为11个分会，使各分会相互关系更加理顺，工作更加便于沟通和管理。工会多次召开会议，进行工会干部培训工作。工会组织工会干部进行了《工会法》学习和工会工作知识培训，传达了省直机关工会会议精神。通过学习和培训，不断提高工会干部了解和掌握工会工作的知识，进一步增强了做好工会工作的使命感和责任感。响应省直工会工委关于创建职工之家的要求，积极参加创建职工之家活动。

五是关心职工生活，实施送温暖工程。工会把送温暖工程作为一项重要工作来抓，通过各种途径全面掌握困难职工实际情况，认真落实慰问必访制度，特别是对因病和突发事件导致生活困难及患病职工更是给予关注。坚持做到了职工家中有困难，找到工会必到，职工有病住院必访，职工故去送葬必参加，尽力为职工排忧解难。目前工会基本做到在重大节日开展帮困送温暖活动，2009年慰问病号（包括离退休人员）20多人次，补助金额12000余元，协助家属办理丧葬后事5人次。积极响应党委的号召，动员职工向贫困地区献爱心，积极开展捐款捐物活动。

2. 共青团工作。2009年，沈阳地质调查中心团委围绕年初所制定的工作计划和单位中心工作，全面落实科学发展观的要求，立足新起点，着眼新发展。在辽宁省直属团工委和中心党委的领导下，紧密围绕中心党政工作，抓好团的组织建设，提高服务青年的水平，开展适合青年特点的活动，做好青年工作的研究和创新，与相关部门密切配合，发挥团组织团结、教育青年的核心作用，全面加强团的组织建设，广泛开展团员主题教育活动，开展了丰富多彩的团员活动，切实提高了广大青年团员的综合素质及创新意识，开创了我中心共青团工作的新局面。

一是完善和改进团的组织建设。按照《团中央合格团委、团支部建设基本标准》要求，在辽宁省直属团工委指导，将中心团总支部升格为团委，中心团委成立后，结合中心团员青年实际情况，积极主动的向所党委汇报工作思路和活动方案，加强对团员日常行为规范的管理，充分发挥团总支的核心作用，体现团是党的优秀助手的作用性。

二是加强团的作风建设。组织团员认真学习《共青团中央关于加强和改进团的作风建设的决定》，把团的先进性贯彻于团员的日常学习、生活中去，要求团员青年在实践“爱国守法、明礼诚信、团结友善、勤俭自强，爱岗敬业”基本道德规范中起模范带头作用，倡导健康文明的生活作风，切实加强和改进团的作风建设。

三是积极开展思想教育活动。组织广大团员青年认真学习了党的十七大及省委十届七次全会的有关文件，组织学习了中央及省部委重要文件，从总体上把握主要内容和精神实质，将学习贯彻全会精神与学习邓小平理论和“三个代表”的重要思想中蕴涵的丰富思想结合起来，理论联系实际，结合振兴辽宁老工业基地的实践及团的历史和青年运动史，激发全所团员青年的爱国热情。

四是组织开展文化建设活动。“五一”国际劳动节和“五四”青年节其间，举办了主题为《弘扬“五四”精神 创造美好明天》活动；举办《认识地球 保障发展》第40个“世界地球日”的宣传活动；为庆祝新中国成立60周年，按照中国地质调查局有关要求，精心组织编排了歌曲、舞蹈、小品等文艺表演，并进行了汇报演出，取得了圆满成功；组织开展了拔河比赛、投篮比赛、跳绳比赛等文体活动等。

3. 妇女工作。一是“三八”节开展了“提升品质、愉悦身心、内外兼修、完善自我”的主题活动；二是开展关爱女性身心健康活动，为在职愿意参加国寿团体女性安康保险等的女职工继续办理女性安康保险；三是关心女职工的婚姻和家庭情况，走访和探视住院职工，关心年轻职工的个人婚姻问题，为创建精神文明单位、和谐家庭贡献了力量，努力做好排忧解难工作，化解矛盾。

（袁曙光　滕　睿等）

南京地质调查中心工作

南京地质调查中心

2009年，南京地质调查中心共承担地质调查工作项目36项。其中完成1:5万区域地质测量800km^2，完成率100%；1:5万地下水污染调查500 km^2，完成率100%；1:1万工程地质测量、地质草测、土壤测量254.7km^2，完成率111%；钻探13250m，完成率103%；槽探3000m^3，完成率100%；地下水污染有机、无机样品采集668组，完成率101%。完成22项新开、续作地质调查工作项目设计评审，其中优秀7项，优秀率31.8%。完成项目野外验收3项，其中优秀1项，优秀率33.3%。完成项目成果报告评审10项，其中优秀8项，优秀率80%。

基础地质调查

一、区域地质调查

安徽1:5万km^2、江潭、瑶里、虹关幅区调项目重新厘定了测区元古代地层单位系统，确定了测区浅变质岩系形成时代为新元古代（820~840Ma）；建立了原始资料数据库、地质图空间数据库、遥感解译数据库，划分了4个成矿远景区，提出了1个金铜找矿靶区。成果报告通过局组织的专家评审，评为优秀级。

江苏1:5万扬中市、江都市、谏壁镇、泰州市幅区调项目在工程地质钻探控制区，划分出3个工程地质区，8个工程地质层。进一步划分了河道、边滩、心滩、牛轭湖等地貌单元。开展了测区地层划分与对比、沉积环境分析、长江古河道变迁研究。

二、多目标区域地球化学调查与评价

“长江三角洲地区多目标区域地球化学系列图”的编制取得重要成果。首次编制了该区表层和深层土壤系列地球化学图、土壤环境质量分级图、土壤污染等级图、第四纪地质图、遥感影像图、土壤类型图等基础性图件，全面总结了该区土壤地球化学分布分配特征，将该区分为7个地球化学区、12个地球化学子区，为该区基础地质研究、土地整理和土地利用、农业区划、矿产资源潜力评价、环境保护等提供了基础资料。全面收集了中国不同景观区地球化学普查方法技术，编制了《地球化学普查规范》。进一步开展了“主要城市生态环境地球化学特征及风险分析”、“富硒土壤资源评价”和“长江镉高含量带生态地球化学特征及其安全性分析”的专题工作，建立了长江沿江地区镉安全评估模型。

三、城市地质调查

南京城市地质调查项目，通过京沪高铁南京火车南站地区的三维地质结构调查和地下空间利用的综合评价，对开发利用南站地区地下空间的方案提出了建设性调整意见方案，并最终被铁道部采纳。该方案的实施增加了地面可利用空间约17公顷，新增地下可利用空间约4公顷，产生经济效益10亿元。完成南京市城乡用地评定工作，建立了城乡用地评定标准和主题数据库，确定了城乡用地评定中主城、新市区、新城3级重要的规划单元，通过规划单元与用地分类单元的空间复合，进而分析确定了各个规划单元的用地评定结果，可作为城市现状用地风险分析的支撑。重新厘定了南京市域构造格架，认为近东西向断裂在与北西向断裂的综合作用下，具有一定的活动性，其活动性对南京市域的地壳稳定性存在一定的影响。

城市立体地质方法技术研究及成果集成项目，总结了新一轮城市地质调查试点工作现状、工作进展与主要成果。结合上海、北京、杭州、天津、南京、广州等试点城市，建立了一套比较完善的城市地质调查的技术体系，编制了《城市地质调查工作指导意见》、《城市地质调查工作指南》、《城市地质调查遥感工作指南》、《城市地质调查钻探工作细则》、《城市环境地球化学调查与评价工作指南》和《城市地质调查数据库与信息系统建设指南》等城市地质调查工作的系列技术要求与工作指南，为中国其他地区开展城市地质调查工作起到示范、指导作用。

四、水文地质环境地质调查评价

基本查明长江三角洲地区污染源类型和地下水无机污染现状，总结了该区地下水有机污染特征，并通过对数十个癌症村的调查和研究，初步分析了其与地下水污染特别是有机污染之间的联系。应用地质雷

达、电阻率法等物探手段，对加油站的泄漏污染风险进行了监测和评估。开展典型污染场地的调查研究和数值模拟工作，为研究和总结典型地下水及土壤高浓度有机污染的迁移规律奠定基础。

开展了长江三角洲经济区地面沉降、地裂缝野外调查及地下水污染、土壤、地面沉降和供水安全对策专题研究，编制了30张区域性综合图件。对京沪高铁和城际铁路重大工程及沿线的地质环境功能区划评价方法进行了研究。修编长江三角洲经济区环境地质图件13幅和11个中心城市的建筑用地扩张演变图。完成上海和南京两个城市的环境地质功能区划试点研究，形成了两套评价方法体系。

分析了淮河流域平原地区区域地下水有机污染特征，有机组分主要在浅层地下水中有大量检出。区域上三氮污染是主要因素之一，但呈逐年下降趋势。开封置地农药厂等污染场地地下水污染专项研究，基本查清了地下水水质状况和污染特征。基本查清了淮河流域区域高碘地下水分布特征。与淮北、徐州、开封等政府部门合作开展地下水资源调查，为地方政府制定水资源合理开发利用规划和供水安全提供科学依据。参加编写《国土资源部抗旱应急方案》，完成了淮河流域抗旱应急方案的报告及图件的编制，为淮河流域抗旱救灾提供了科学依据。

开展了海峡西岸经济区重大环境地质问题调研、地质环境功能区划方法研究、沿海岩土体工程稳定性研究及海岸带变迁研究专题研究，完成了海峡西岸经济区地质环境调查评价实施技术细则和重大环境地质问题调研报告，编制了海峡西岸经济区地质图、地下水资源开发分布图等，编写了海峡西岸经济区“十二五”地质调查工作部署材料，目前项目工作重点是开展福建平潭岛水工环地质调查、沿海临港工业区工程地质调查、沿海地下水资源潜力调查等。

矿产资源调查评价

一、固体矿产资源调查评价

长江中下游地区深部矿勘查方法技术示范项目，基本建立了深部找矿数据平台系统、区域物性库及庐枞地区深部实测找矿模型。在庐枞盆地南缘的枞阳高甸地区进行了勘查选区试点，在960.64～999.30m间见两个铜矿化带。在江宁南门头地区ZK4001孔中243.3～250m处见镜铁矿化和黄铁矿化，其中243.5～246.3m镜铁矿体，目估平均品位可达30%以上；全孔有磁铁矿化的32层，视厚度273.5m；强磁铁矿化的11层，视厚度47.5m，显示南门头地区深部有较好的找矿前景。

广东始兴-连平地区钨钼多金属矿调查评价项目，根据矿区地质、地球化学成果、土壤化探异常和槽探、坑探及钻探成果，将南山矿区初步划分为近东西走向的富背坳-沙木窝钨多金属矿带（Ⅰ号）和松岗梗-牛骨顶锡多金属矿带（Ⅱ号）两个矿带；将良源矿区分为上营花岗岩型、云英岩型钨锡钼多金属矿带和河渡石英脉-破碎带型钨锡多金属矿带。

湘赣粤相邻地区钨矿远景调查项目找矿成果显著。通过测区1:5万水系沉积物测量、1:1万土壤和地质测量、1:1万地质填图，以及矿点、异常检查、槽探、坑探和钻探等工作，在南岭成矿带东段湘赣粤相邻地区圈定了赣粤交界大吉山—大尖山等10个钨多金属矿找矿远景区，提交了湘赣交界坳背垅等4处钨多金属找矿靶区，找到了2处矿产地。

对武夷山成矿带7个重力异常区进行了分析，对区内银、金、铜、铅、锌、钨、锡、钼8种元素的水系沉积物测量异常分布特征及其含矿性进行了分析总结；开展武夷山成矿带重点勘查区资料收集和编图工作，编制了永梅拗陷成矿亚带岩相古地理与矿产的关系图件。

二、地下水资源调查评价

计算了淮河流域地下水资源补给量和可开采量。地下水天然补给资源量为每年394亿m^3，其中山区地下水天然补给资源量为每年47亿m^3，平原区为每年347亿m^3。淮河流域地下水可开采资源量为每年338亿m^3，其中河南每年90亿m^3，山东每年68亿m^3，安徽每年89亿m^3，江苏每年91亿m^3。为淮河流域地方政府制订地下水资源合理开发利用规划提供了科学依据。

初步掌握大旱季节淮河流域平原区浅层地下水位变化特征。2009年严重干旱季节地下水位统调结果显示，安徽淮北平原浅层地下水位下降明显，普遍较平常年份同期下降1～2m，最大幅度达2.4m，最小0.5m；山东南四湖平原大旱期间浅层地下水水位平均下降0.56m，下降幅度较小。

三、矿产资源潜力评价

华东地区矿产资源潜力评价项目，组织和指导浙江嵊县地区、安徽庐枞地区成矿背景典型示范区的工作；参与组织和承办了全国成矿地质背景典型示范成果初审会；归纳整理9个省级典型示范区遥感成果及经验。制作完成了华东片区1:100万遥感影像图，为华东片区成果汇总做好基础性工作。

地质科学研究

2009年，南京地质调查中心实施科研项目共11项，获国家青年基金资助1项，国土资源部公益性科研专项1项。出版专著两部，发表论文41篇，其中SCI论文6篇。

一、基础地质

部公益性科研专项“华夏-扬子板块结合带北东段的形成与破坏及其成矿作用”项目，较系统厘定了钦杭结合带及其两侧前寒武纪地层时代，采用锆石SHIRMP U－Pb法测年技术，将以往长期认为的中元古代地层重新厘定为新元古代（830～840Ma），重构了区域前寒武纪地层系统的时空格架，对扬子-华夏两大板块碰撞拼贴时限提出新看法。

国家自然科学基金项目取得阶段性成果。对华南白垩纪红层时代进行修订，确定区域白垩纪红层主要形成于早—晚白垩世之间；在浙江白垩纪陆相沉积盆地红层中陆续发现大量恐龙骨骼及蛋化石，确定了化石出露的准确层位，可鉴定的恐龙种类包括暴龙类、伤齿龙类、盗蛋龙类、慢龙类、巨龙类和甲龙类等。解决了塔里木北缘长期受到争议的基性岩墙的年代问题，获得阿克苏基性岩墙的年龄为760Ma，并获得库鲁克塔格地区新元古代基性岩墙斜锆石TIMS U－Pb年龄为770Ma，这些成果提高了塔里木新元古代火成岩的综合研究水平。在新疆且干布拉克杂岩体中发现镁铁钛矿、钙锆钛矿等碳酸岩和超基性岩所特有、国内尚未报道过的矿物。

总结了韩国、日本中新生构造-岩浆事件的时空年代学特征及地球化学特征，并对华南与韩国、日本中生代花岗岩进行了对比；收集了马来西亚、菲律宾、印度尼西亚、新加坡4国地质资料，并对火山-侵入作用进行了初步的分析总结。

海峡两岸地学合作取得进展，目前已收集台湾省相关地质资料共计267份，初步对台湾省的地质构造单元划分、出露的地层、岩浆作用及地质矿产进行了综合分析整理。

二、矿床地质

国家科技支撑专项“阿尔泰成矿带整体研究及勘察技术方法集成”编图工作进展显著，已完成1∶100万矿产分布图（第一稿）编制工作。总结研究区矿产地质概况，划分出优势矿产及近期可望突破的找矿地区。通过对比认为，华力西期是阿尔泰造山带铜多金属成矿的一个重要期。

深部找矿勘查方法技术示范有力支撑安徽庐枞地区深部找矿。主要体现在4个方面：一是建立了集数据采集、传输、存储、查询功能为一体的深部找矿数据平台系统，涉及安徽庐枞地区地质、矿产、物化遥、矿产勘查开发、工作程度、综合部署等数据信息；二是建立了安徽庐枞地区深部找矿勘查实测模型；三是在庐枞盆地南缘的枞阳高甸地区进行了勘查选区试点，在钻孔960.64～999.30m间见两个铜矿化带；同时在庐枞盆地北缘的庐江杨柳圩地区选出3个异常区进一步安排深部矿勘查定位示范；四是对安徽庐枞地区进行部署与综合研究，形成不同矿产类型深部找矿方法技术组合与工作流程。

三、水文地质、工程地质与环境地质

南京地质调查中心在国内首次使用地质雷达技术对苏南地区加油站的泄漏和污染状况进行了调查研究，总结了该地区不同地质背景条件下的加油站泄漏物地质雷达探测特点和应用效果，使用已知场地进行了验证，并对不同年龄段的加油站泄漏污染风险进行了监测和评估。

四、岩矿测试技术

南京地质调查中心完成了大功率X－射线衍射仪等大型仪器设备的安装调试，配置了X－射线荧光光谱仪、高分辨激光等离子体质谱仪等大型仪器设备；可承担无机测试2821个参数，有机测试127个项目，农产品23个品种。具备开展地质和地下水、生态环境及商检测试的技术能力，承担地质调查测试技术方法研究任务和江苏省环境地质检测公共技术服务平台建设任务。2009年样品测试内控检测报告差错率≤0.05%，在用设备总体完好率≥98%。

五、地球物理和地球化学勘查

南京质地查调中心仪器研制平台成果显著。在成功研制开发便携式近红外矿物分析仪、便携式近红外药物分析仪、多参数粮油近红外定量分析仪的基础上，研制成功“可见光-近红外光纤光谱矿物分析仪”样机，完成了系统的组成原理分析、光学、机械、电子学和软件等设计，采用3个线阵CCD探测器立体交错拼接，实现了400～2500nm宽谱段探测，仪器整体结构紧凑，适合于野外工作。目前正在开展“机载高分辨率矿物成像光谱仪研制”和“便携式热红外傅立叶矿物分析仪的研究”项目工作，形成仪器应用领域的多样化。其中机载高分辨率矿物成像光谱仪研制项目取得重要进展，仪器的扫描镜系统的相

对转镜效率提高了60%，望远镜系统的结构能量提高了30%，谱仪系统的分光性能好，使仪器具有体积小、重量轻、结构紧凑、易于安装等特点。

地质调查方法应用

一、综合地球物理

物探方法示范为长江三角洲区调和水环工作提供技术支撑。通过多种电法、高精度重磁、浅地震和天然源面波法的剖面测量对比示范，建立了岩性和断裂构造的重磁标志，计算了基岩面埋深，确定了第四系分层，划分了咸淡水分界，为区域地质填图和水环境地质评价提供了基岩构造、第四系结构、含水层等信息。

二、地质实验测试

“引进现代分析测试设备配套方法研究”项目取得进展。充分利用现有配置的大型仪器设备，选择海岸带沉积物样品作为研究对象，探讨从样品的采集、运输、保存条件、保存时间到样品前处理、样品测试、数据处理等过程影响因素，初步建立了地质调查中海岸带沉积物样品挥发性有机物、多环芳烃、有机氯农药及多氯联苯等有机污染物检测的配套分析方法及与之相适应的质量控制方案。

“地下水无机检测方法溯源系统的建设”项目取得重要进展。在收集和整理地下水47个无机检测项目的472个标准检测方法的基础上，通过分析研究及实验验证，形成了33个方法整理报告，初步建立了一个全新的数学模型——不确定度连续传递模型，并在分析不确定度的方法及装置方面申请发明专利一项。

地质调查信息工程

完成《国家基础地质数据库更新与维护（华东）》年度任务。基本完成华东地区1:25万地质图空间数据库的建库任务。完成了“矿产资源潜力评价”项目华东地区基础数据库维护的组织实施及管理工作，同时完成了矿产资源潜力评价项目华东地区工作程度数据库、矿产地数据库和物化遥数据库的大区汇总工作。

地质调查信息社会化服务

一、地质资料

完成了2009年华东地区地质调查成果资料的接收、验收和转交工作。及时更新了南京地质资料馆成果地质资料、科技档案资料目录数据库，积极开展成果地质资料社会化服务，全年共提供数字化服务达58424Mb。完成了南京地质调查中心14个结题项目的检查、整理和归档，立卷48卷。目前已完成5409种、6100余卷地质资料的清理工作。

南京地质调查中心为扩大内需积极提供地质信息资料服务。系统梳理“长三角”地区地面沉降和地裂缝、水资源和土壤环境质量、地下空间结构、海平面上升、沿海沿江沿湾岸线活动性断裂等状况，分析评估对区内城镇化建设和工程建设的影响，提出对策和建议。积极参与海峡西岸经济区改革试点工作，启动海峡西岸经济区公益性地质调查及战略性矿产勘查统一部署实施工作，为重大工程规划和建设提供了地质资料及技术支撑。

二、地质图书

南京地质调查中心完成图书管理系统的改版，实现了图书的网络化管理，新书采集419册，编目、制卡419张，整理上架入库图书1600余册，编目中外文期刊200余册。加强了《资源调查与环境》编校规范化，严把质量关，影响因子稳步提高，2008年是0.539，2009年为0.67。

地质调查工作战略研究

积极开展华东地区地质调查“十二五”规划部署研究和华东地区地质矿产保障工程实施方案编制工作。按照中国地质调查局的统一部署，编制了华东地区1:100万数字地质图、“华东地区‘十二五’地质调查部署研究指导意见”、“水环部署初步意见”、“基础地质部署初步意见”，组织协调大区12个地质调查单位、中心（所）8个业务部门召开了两次部署工作研讨会，系统总结华东地区大调查的成果和经验，统筹考虑华东地区经济社会发展对地质工作的需求，共同编制完成了《华东地区“十二五”地质调查部署研究报告（讨论稿）》及32张系列地质图件，向中国地质调查局提交了《华东地区“十二五”地质调查部署建议（讨论稿）》。

大力推进地方公益性地质调查队伍能力建设评估工作。按照中国地质调查局的统一部署和要求，参加了局组织的“地方公益性地质调查队伍能力建设评估二组（华东、中南片）”的工作，参与完成了华东地区江苏、上海、安徽、福建、浙江省地质调查院，安徽省地质环境监测总站，中南地区湖南省地质调查院等7个单位的队伍能力建设评估工作。

地质调查项目管理

2009年华东地区实施的地质调查工作项目（含区外）共68项，项目总经费14580万元。分别隶属于28个计划项目。其中，新开23项，2755万元；续作45项，11825万元。

上述项目分别由16个地质调查单位承担。其中，地调局直属单位5个，承担项目25项，经费5000万元，占34%。区内地方地调单位10个，承担项目42个，经费9500万元，占65%。高校1个，承担项目1全，经费80万元，占0.5%。

2009年实际完成设计审批38项。其中通过不评级6项，良好25项，优秀7项，设计优秀率18%。

全年完成检查10个项目，其中单独质量检查6个项目，质量及经费检查2个项目（优秀1项，良好7项），单独经费检查2个项目。

全年已完成野外验收12项（区调2项，矿产6项，水环4项）。其中优秀6项，良好6项。优秀率50%。

完成成果报告评审21项（基础5项，矿产14项，水环2项）。其中优秀11项，良好10项，优秀率52%。

完成大区2008年度13个单位、172个项目的统计年报会审上报和2009年度16个单位、141个项目1期半年报、5期月统计报告的汇总编报。完成大区2008年度13个单位、113个项目财务决算报表的会审上报。完成大区2009年度13个单位、104个项目1期半年报、9期月财务报表的汇总编报。

梳理总结华东地区地质调查成果。组织编制并汇总提交了“华东地区基础地质调查成果梳理总结报告”，“全国城市地质调查成果梳理总结报告”，“华东基础地质调查系列图件编制、武夷山成矿带基础地质背景与成矿潜力、城市地质调查成果评估报告”，“华东地区矿产成果梳理报告”，“华东地区矿调项目成果初步总结”，“华东地区水工环地质调查10年成果总结报告”。在“十二五”部署研究过程中，汇总编制了32张华东地区系列地质工作程度图、系列工作部署图。

国际合作与对外交流

南京地质调查中心“走出去”工作取得进展。考察了菲律宾中南部斑岩型、岩浆热液型铜矿床和红土型镍矿，收集了有关地质资料，中菲双方就合作项目广泛地交换了意见，签署了与菲律宾矿业与地球科学局地学合作项目协议。

在秘鲁伊洛地区开展了踏勘、1:5万地质填图、1:1000勘探线剖面测量，在秘鲁伊洛地区发现了延伸达3700m的铁铜金矿化含矿岩脉带。在秘鲁博友邦玛区完成遥感解译225km^2，地质踏勘路线7条计26km，采集各类样品64件，发现铜铅锌多金属矿化点12处；在一处近1km^{2}浅色蚀变区内发现一辉锑矿矿脉，延长150m，最厚处3.9m，连续拣块样锑含量达1.29%。

综合行政

一、文秘档案管理及保密工作

2009年办公室收文（函）近1100件，各类简报、会议纪要、要情专报300余件，发文（函）127件，整理形成了上一年永久保存的文书档案6盒41件，长期保存的5盒124件，短期保存的4盒143件。完成了档案室的搬迁工作。收归本年度各类合同（协议）102份。

2009年，南京地调中心开展了全员保密工作培训，重点抓好领导干部、涉密人员和保密干部的教育培训。各部门签订保密责任书，在职所有人员签订了保密承诺书。重视抓好保密宣传教育，在5月份《保密法》实施20周年之际，组织开展“保密宣传月”活动，充分运用宣传画、板报等方式，营造浓厚的保密宣传氛围。加强对文件、资料、刊物、会议、通讯、印信、计算机及网络、档案、涉密地质资料、涉外工作的保密管理。进一步加大督促检查力度，南京地调中心保密委员会组织进行6次保密工作检查，重点检查便携电脑、移动U盘和保密要害部门、部位。对各部门保密文件、计算机上外网、网络信息安全和保密责任责任制落实情况进行了检查。2009年10月接受了国土资源部保密检查组的检查。对检查出来的问题及时进行了整改，堵塞漏洞，把泄密隐患消除在萌芽状态，确保保密工作落实到位。

二、新闻宣传和政务信息工作

按照局党组、局大讨论办公室的统一部署和要求，南京地调中心广泛深入地开展地质找矿改革发展大讨论活动。在半年多的大讨论活动中，组织职工深入学习中央和部、局的文件精神，重点学习了《国务院关于加强地质工作的决定》、温家宝总理关于地质工作的6次重要讲话、李克强副总理“8.17”重要讲话和徐绍史部长关于地质找矿改革发展的重要讲话和批示，开展5个重点主题研讨和8项专题研究。在大讨论过程中，各部门集中学习讨论百余次，进行专题调研50余次，深入野外一线开展调查研究，了解实情，梳理问题，总结经验，分析形势，寻找差距，研究对策。在中心网站专门开辟了“大讨论专栏”供职工学习讨论，还采取“走出去，请进来”的方式与华东地区国土资源厅、地勘局、地调院、环境总站进行沟通交流，主动征求意见和建议。共在网站发布有关文章29篇，报送大讨论简报23篇，被部大讨论办公室引用6篇，局大讨论办公室引用10篇，江苏省国土资源厅大讨论办公室引用4篇。通过大讨论活动，推动了职工队伍的思想大解放，观念大转变，推动了华东地区地质找矿重大突破，促进了队伍能力建设，为中心可持续发展奠定了基础。

在网站发布和更新各类时事报道202篇，其中各类时事新闻161篇，地质大讨论文章29篇，《踏遍青山》12期。

认真抓好政务信息工作。密切跟踪南京地调中心地调、科研进展情况，关注工作热点、难点问题，及时收集、报送了大量信息，为部、局领导了解情况、指导工作和决策发挥了积极作用。2009年上报部、局政务信息200余篇，被国土资源部《部内要情》采用62篇，被局《地调工作动态》等采用34篇，得到了部、局有关部门的好评，同时也为南京地调中心的地调科研工作进展及成果的宣传起到了积极的推动作用。

经济与财务管理

一、合理安排收支预算，严格预算管理。2009年上级批复南京地调中心基本支出预算1561.2万元，预算执行率为100%。2009年批复项目预算3850万元，2008年结转1372万元。2009年实现货币工作总量8490万元，其中对外及科研收入1706万元，同比增长71%。2009年累计完成支出7361万元，国库预算执行率为87.66%。资产负债率16.28%，同比下降了5个百分点。全年“四项费用”支出基本控制在局下达控制指标内，均未突破控制指标。

二、加强日常财务收支管理，保证了地调、科研等一系列正常业务活动和财务收支健康顺利地开展，使各项收支的安排使用符合事业发展计划和财政政策的要求，提高了资金的使用效益，达到了增收节支的目的，确保了资金的安全。启用国土资源部统一的财务管理信息系统，加强会计基础工作，改进会计核算。

三、加强对固定资产的管理，固定资产同比增长了19.5%。开展了历时一个多月的设备资产清查工作，并接受中国地调局设备资产核查组对资产设备清查核查，完成了设备数据库上报和设备清查汇报材料上报。

基建与装备管理

南京地质调查中心装备专项第一批计划数量67台套，计划投资3063万元。已采购设备数量按计划口径62台套，已全部到货，完成验收工作的设备按计划口径约61台套。已采购设备计划投资为2816万元，中止采购设备数量4台套，需继续执行采购设备数量1台套。

装备专项第二批计划数量86台套，目前已到货71台套，其中完成验收工作的设备70台套；尚未到货设备15台套（地面物探设备1台套“电法二三维反演软件1套”，地面化探设备14台套“便携X荧光光谱仪5套，样品细碎机9台”）。

与有关单位签订了“地质装备委托管理协议书”40份，委托管理设备59台套。

干部人事教育

一、领导班子建设

坚持中心组理论学习制度，加强作风建设。中心领导班子及时组织学习贯彻中央、部和局的有关文件精神，内强素质，外树形象，努力把班子建设成为既能真抓实干，又能团结战斗的领导集体。2009年，领导班子在想问题、办事情、作决定时，始终把职工利益摆在突出位置上，逐步改进工作作风，不断提高工作效率。领导班子以“地质找矿改革发展大讨论”为平台，扭转作风建设为重点，紧紧围绕主动谋划够不够、工作办法多不多、协调联动足不足和落实能力强不强4个重点问题，从思想认识和实际工作层面进行梳理、查摆，研究制定解决措施，紧密结合业务工作开展作风建设活动，努力发现问题，解决问题，想方设法帮助职工群众解决实际问题和困难。

中心党委召开民主生活会，充分发扬民主集中制原则，对深入学习实践活动第一阶段工作进行总结，对第二阶段工作进行部署。按照地调局党组安排，党委组织召开了以“加强作风建设、提高执行力”专题的民主生活会，首次邀请各部门党员负责人旁听了民主生活会。

二、干部人事工作

做好部、局下达的关于人才队伍、事业单位岗位设置、绩效工资等多项调研工作，并形成书面材料上报有关部门。在2008年实施绩效工资的基础上，进一步完善了绩效工资分配管理办法，完成了2009年度绩效工资的核定和发放工作。

加强与有关院校的交流合作，据不完全统计，南京地调中心现有在各类院校担任兼职教授、研究生导师等30余人，在读研究生20余人。2009年与中国地质大学（武汉）联合举办博士班，签订了委托培养协议书。

认真做好各类人才的推荐工作，其中一人被授予“国土资源部优秀青年科技人才”称号，一人被推荐为新世纪百千万人才工程候选人。

大力培养选拔青年人才。目前已选送15名青年职工攻读在职研究生，选拔3名优秀青年担任中层干部，10名担任项目负责人和副负责人，17名担任项目专题组长。

三、职工教育培训

加大职工培训力度，提高职工的综合素质和专业技能。根据工作需要，制定了2009年度职工培训计划。同时强化了培训工作的针对性和计划性，全年安排各类培训共计60项，投入经费41万元。其中专业技能培训48项，岗位资质培训8项，质量体系培训1项，综合类培训3项。共计约800人次。制定了2009年度学科带头人考核计划与考核细则，10名学科带头人全部考核合格，其中8人考核优秀。

四、离退休干部管理

利用定期召开离退休党支部会议，通报近期工作情况，听取离退休干部的意见和建议，做好沟通工作，发挥离退休党员和党支部作用，努力做好维护稳定工作。组织离退休党支部和党员，参与学习实践科学发展观和地质找矿改革发展大讨论活动，充分发挥老同志的作用。同时充分发挥老专家的传帮带作用。办好《踏遍青山》小报，做到按期刊出。举办了离退休老同志春节团拜会，把领导和全体职工的新春祝福和关怀带给他们。做好离退休老同志的文化娱乐活动，坚持每周一次的合唱团活动和舞蹈练习。使广大离退休干部老有所乐、老有所为。

安全生产管理

中心签订了2009年度安全生产综合治理目标责任书，制定了切实可行的防火、防盗和防安全生产事故的有效措施，扎实抓好行车安全、人身安全、资料安全，认真抓好稳定工作。认真贯彻落实地调局安全生产工作会议精神，召开职工大会进行安全和维护稳定工作全员培训，2009年领导为地调科研人员，物业服务人员、驾驶员讲授安全课4次，利用大会小会、“冬防”、“夏休”、“安全月”等活动，广泛宣传“安全第一、预防为主、综合治理”方针，对职工进行安全生产、火灾扑救、安全行车、治安防范教育。对车队驾驶员发放了中国地质调查局《野外安全行车手册》，强化驾驶员安全意识，每月进行安全学习教育和车辆检查，逢会和出车前必提安全要求，出车到达地点和完成任务回单位，都要通过短信或电话把安全信息向有关部门负责人报告。

加强野外工作安全教育，给每个业务人员发放了中国地质调查局《野外地质调查安全手册》，项目组出队前进行野外安全生产培训。

确立了车队、实验室、档案与资料室、网络中心、配电房、监控室等6个安全重点部门，作为安全生产的重要目标。抓好隐患整改，全年投入10余万元，对配电房、监控室进行系统调试，对破损的房屋进行加固，对大院的电线、电路进行了更换。

2009年9月接受了中国地调局安全检查组的检查。坚持节日检查与平时检查相结合，定点检查与活动检查相结合，专项检查与综合检查相结合。全年进行了10次安全检查、5次野外安全检查、2次车队安全培训教育、5次安全学习、4次车辆全面检查、110次车辆维保，全年安全行车63.8万km。实现了2009年度安全生产工作目标。

纪检监察审计工作

一、纪检监察工作

2009年，中心开展了以党风廉政建设为主要内容的干部廉政谈话活动。专门邀请了中国地质调查局财务部、纪检审计室两位同志讲解财经法规知识，开展典型案例剖析警示教育工作。配合南京市白下区检察院开展了预防职务犯罪警示教育图片展。通过宣传教育，干部职工思想认识有了明显提高，廉洁自律意识明显增强。完成了惩治与预防腐败体系建设情况的梳理和自查自纠工作，对存在的问题进行了分析，通过系统总结，明确了下一步工作思路。

中心与各部门直接责任人签订了党风廉政建设目标责任书。纪检监察部门根据目标责任书明确的内容和要求，有目的、有重点加强了人事、资产管理、财务等重点部门、关键岗位的监督检查，做到了经费执行有预算，开支有计划，出国（境）有地调局审批手续，未发现有超“四项费用”行为发生，也未发现存在“小金库”的现象，为单位的稳定发展提供了有力的支撑。

及时开展了领导干部2008年下半年和2009年上半年个人收入申报，收入申报结果及时汇总上报中国地质调查局；坚持领导干部个人重大事项报告和出差登记制度，掌握干部的工作动态。

二、审计工作

按中国地调局要求，积极配合会计事务所对中心2005年至2008年经济运行情况进行的全面审计。

2009年，审计部门聘请工程审计事务所对实验室改造工程进行了外部审计，同时经与施工单位对接，核减金额计18.99万元，取得了较好的社会效益与经济效益。

对两个地调项目进行了内部审计，提出了在劳务费、工程款等经费支出中存在的主要问题，并与有关项目组负责人及时沟通协调，提出解决问题的措施。

党群工作

一、党建工作

坚持中心组理论学习制度。及时组织学习贯彻中央、部和局的有关文件精神，完成了全年个季度的党课教育，开展了爱国主义教育。召开了建党88周年庆祝活动，组织评选出2008~2009年度先进党支部3个、优秀共产党员13名。

健全完善基层党支部组织建设。新成立基础室支部、水环室支部、矿产资源勘查支部、信息实验支部、科技实体支部。选派1名同志到中央党校国土资源部分校培训学习，2名同志参加省委组织部举办的入党积极分子培训。完成了7名预备党员的转正工作，发展2名同志为预备党员。充分发挥离退休党员和党支部作用，发挥离退休职工的作用。积极做好维护稳定工作。

协助局考核组完成对中心领导班子及成员2008年度的考核工作，完成了中层干部2008年度的考核和意见反馈工作。加强了对中层干部出差请假等日常行为的跟踪管理工作。举办了中层干部集中学习培训暨党委扩大会议，专题研究加强干部队伍建设工作。

二、精神文明建设

加强组织领导，认真贯彻落实局实施凝聚力工程座谈会的有关精神。注重发挥党员干部在凝聚力工程建设中的示范作用；加强对群团工作的领导，充分发挥群团组织在凝聚力工程建设中的主体作用。评选出南京地调中心2009年度文明单位8个、文明集体8个和先进工作者15名、优秀职工23名。

举办了中心第九届迎新春联欢会。圆满完成了中国地质调查局第一届职工篮球比赛南京赛区的组织服务工作，获得了局领导及参赛兄弟单位的好评，同时中心篮球队获得了第三名的好成绩。组织参加了局第一届职工文艺会演（青岛组），荣获优秀表演奖。

三、工会、共青团、妇女工作

由工会牵头对离退休老领导、老专家及生活困难、身患疾病的职工、职工遗属进行了节日慰问。组织开展“送温暖 献爱心”和慈善“一日捐”活动，共有223人募捐34390元，充分体现了全体职工对社会扶贫济困慈善事业的支持和对困难群体的关爱。

南京地质调查中心团委在调查研究的基础上，建立了团委信息交流平台，开展了团员青年“学团史知团情、学团章知团事”的主题教育活动，加强了团员青年的思想作风建设。开办了“青年之声”专栏，为团员青年提供了表达思想的平台，加强了团员青年文化建设。团委发起了科学面对甲型H1N1流感的倡议，并制作了展板，开展宣传预防活动。积极组织团员开展抗灾救难“献爱心”活动，2009年11月组织团员青年为西部冰雪灾区捐款。组织团员青年参加单位所在的瑞金路街道的共建文明城区活动，做义工志愿者。以庆祝新中国成立60周年为主题，团委组织举办了“迎国庆篮球赛”活动、组织团员青年观看爱国主义教育影片《建国大业》活动、组织团员青年参加中国地质调查局职工文艺会演歌唱比赛活动。以深化地质找矿改革发展大讨论为主题，团委主办了“纪念李四光先生诞辰120周年学术活动”。以“加强人才培养建设”为主题，团委策划了“青年地学论坛”活动。通过团委策划主办的系列活动，增进了团员青年间沟通交流，激发了团员青年的工作热情，提高了团员青年的业务工作能力，体现了团员青年健康活泼的精神风貌，增强了团组织的凝聚力和战斗力。

（程忠富）

武汉地质调查中心工作

武汉地质调查中心

2009年，武汉地质调查中心承担地质调查项目24项。地质调查项目的项目设计、野外验收、成果报告优良率均100%。其中，野外验收4项，优秀2项；成果报告验收4项，优秀2项。承担各类科研及横向项目33项。全面完成了野外实物工作量。出版专著4部，发表学术论文74篇，其中SCI论文3篇，核心期刊51篇。“新疆全区优势金属矿产成矿作用同位素年代学研究”获国土资源部科学技术奖二等奖，“硬质高岭土在药用橡胶中的应用”项目获湖北省科学技术进步奖三等奖。

基础地质调查

一、区域地质调查

“湖北1:5万分乡、莲沱、三斗坪、宜昌市幅区调”：将寒武统娄山关组至志留系罗惹坪组划分为13个三级层序，13个生物相。在上述地层中初步划分出2个风暴事件、1个暴露面，1个火山事件、1个生物灭绝事件。“湖北1:5万汪家营幅、利川市幅、忠路幅、黄泥塘幅区调”：发现黄泥塘一带泥盆系黄家磴组与二叠系栖霞组不整合接触，对探讨该时期古地理格局，研究油气资源分布规律有重要意义。

二、环境地质调查评价

“珠江三角洲经济区地质环境调查与区划”、“北部湾经济区地质环境综合调查评价与区划”、“长江中游城市群地质环境调查与区划”项目，制定了相关技术细则、编图方案，编制部分图件，对工作区环境地质问题进行初步梳理。成立珠江三角洲地区地质环境保障工程协调联动专家组，组织和协调工作项目的顺利进行。长江上游宜昌-江津段环境工程地质调查：基本完成两流域环境工程地质调查工作。对流域进行工程地质分段，开展岸坡结构调查与评价工作。对重要灾害点进行勘查。继续对廖家坪、横石溪等7处灾害点进行监测。

三、灾害地质调查评价

“清江流域地质灾害详细调查（建始县、利川市）”：查明区内地质灾害类型、更新地质灾害数据库。调查发现各类地质灾害点471处，其中建始县183处，利川市288处。查明地质灾害的空间分布及发育特征，查明控制地质灾害发育的背景条件。

矿产资源调查评价

一、油气资源调查评价

“雪峰山西侧地区海相油气地质调查”项目，将调查区台地相区划分为3个含油气保存单元：湖北咸丰沙溪-马河坝（花果坪复向斜）、湖北咸丰沙道沟（来凤复向斜）和湖北桑植（桑植复向斜）。

二、固体矿产资源调查评价

“上扬子地块及其周缘铅锌多金属矿综合评价”：对陕西镇坪县庙坪4A22乙3Zn-Ag-U-Sb-Ni、湖北省竹溪县天宝乡4B1乙2综合异常进行查证，发现有庙坪钒锌矿点、查家院钒锌矿点及望鱼河钒锌矿点。在竹溪向坝新发现的十八里长峡铅锌矿点，品位高，伴生有大量的炭泥质成分，有发现类似康滇汉源黑区-雪区铅锌矿床的找矿前景。“南岭地区锡矿选区评价与成果集成”：系统总结地质大调查以来取得的主要成果与认识，划分出11个成矿远景区。编制1:100万钦-杭结合带南段地质矿产图和1:100万异常图。对“钦-杭”成矿带南段成矿特征及成矿规律进行初步总结，划分14个找矿远景区。“湘西、鄂西地区铅锌多金属矿勘查选区研究”：划分大巴山东段、湖北神农-黄陵、湖北鹤峰-重庆酉阳、湖南张家界-贵州松桃和湖南沅陵-怀化5个成矿区带。提出找矿预测，进行工作选区部署，划分出5个找矿极为有利（A类）区，6个找矿有利（B类）区和3个找矿远景（C类）区。

三、中南地区矿产资源潜力评价

编写中南地区矿产资源潜力评价2009年工作方案，组织审查中南地区省级2009年工作方案。组织专家对中南片区5省提交的基础数据库维护成果进行评审验收。组织召开中南地区矿产资源潜力评价物探、化探、遥感和自然重砂省际接图与技术研讨会。

参加全国矿产资源潜力评价典型示范成果报告的初审和相关的汇总工作，参与全国铁铝矿产资源潜力评价德尔菲法预测汇总工作和全国矿产资源潜力分析汇总工作。

地质科学研究

一、基础地质

“中南地区基础地质综合研究”：划分6种成矿沉积建造。将南岭地区划分为2个一级构造单元，5个二级构造单元和9个三级构造单元。提出南岭燕山期花岗岩有关成矿年龄集中在3个阶段。划分出10个成矿远景区。“三峡库区基础地质综合研究”：新发现厚度达10余米的巫山黄土剖面，对中国黄土的分布南界研究有重要意义。“关岭生物群特征及其环境演化研究”：证明“罗平生物群”和盘县动物群应为同一生物群在不同地区死亡和埋葬的结果，“罗平生物群”是盘县动物群的一部分。在云南罗平钟山发现兴义动物群的新产地，采获保存完整的蛇颈龙类化石。在盘县关岭组上部发现另一原始鱼龙化石—新民鱼龙的完整头骨和保存较为完整的肩带，完善了具有指示鱼龙演化重要意义的新民鱼龙的骨骼学特征。“海南岛泥盆纪—杜内期地层与生物群”：确定保亭县南好铅锌矿区剖面和毛感-南好（新、老）公路剖面的前人所称南好组与下志留统足赛岭组是一同套地层，均为下志留统。两者之间不存在不整合接触关系。确认昌江县鸡实剖面上泥盆统昌江组的层序正常，并不存在构造混杂现象。完成《海南岛泥盆纪—杜内期地层古生物》专著古生物部分有关牙形刺、珊瑚、三叶虫、腹足类、介形类等门类的系统描述，共32属51种。“青海南部地区二叠纪䗴类生物群及其与火山事件的响应关系研究”：研究表明，早二叠世早期扎日根组为灰岩夹火山岩带的海山型序列，而非稳定的碳酸盐岩。重新厘定火山-沉积背景下的岩石地层序列，诺日巴尕日保组和九十道班组在青海南部地区具穿时性；重新划分出异地与原地埋藏的沉积序列。

二、岩矿测试技术

“同位素年代学方法技术研究”：获得了部分农产品、土壤和环境样品的Pb含量和Pb同位素比值；获得了14件湘西凤凰茶田铅锌矿床和新晃打狗洞铅锌矿床闪锌矿矿物Rb－Sr同位素组成；获得了12件闪锌矿矿物分相Rb－Sr同位素组成，并得到新晃打狗洞闪锌矿矿物分相Rb－Sr同位素等时线年龄为486.8±3.1Ma，其结果与矿床地质特征相符。

地质调查方法应用

“地质调查LIMS的完善与推广”：完成了多数用户本地化编程工作。根据各单位不同的设备配置情况，通过对仪器输出文件的格式解析，新完成了一批仪器联机编程工作。完成了水分析专业的有关编程工作。完善了化探样品分析的生产质量管理编程工作，采用可视化编程技术，对于原始数据的跟踪、检索及结果异常的查证更加方便。

地质调查信息社会化服务

接收中南地区23个地质调查项目的437件成果资料，接收武汉地质调查中心9个项目的679件原始地质资料、1个横向项目的32件原始资料；向各级国土资源资料管理部门汇交18个项目的成果地质资料。提供20366页地质资料、406幅地质图件的查阅、借阅、复制服务。建立青藏高原实测地层剖面数据库与网络检索系统，开展青藏高原地质资料开发利用与服务试点研究。顺利完成资料馆、标本库、网络中心、编辑部清理与搬迁工作。完成中南地质调查科技楼网络设备的集成、安装、调试、开通与运行。龙化石博物馆获批成为国土资源部首批“国土资源科普基地”，年接待5000人次参观访问。

地质调查工作战略研究

组织召开中南地区“十二五”地质调查工作部署研讨会，邀请中南各省（区）国土资源厅（地勘处、环境处）有关领导与会指导，各省（区）地质调查院、环境总站做了“十二五”地质调查工作设想汇报。编写完成中南地区“十二五”地质调查部署建议方案。

地质调查项目管理

一、地质调查项目立项管理

积极抓好地质调查项目立项工作，2009年新开项目9项，年度总经费3630万元。

二、地质调查项目组织实施管理

组织设计审查21项；野外验收11项；质量检查6项；组织报告验收和最终成果验收45项。完成2009年中南地区基础、水工环和增量项目设计预算审查工作。完成《地质调查预算标准跟踪评估体系和动态调整机制研究（中南地区）2009年工作方案》

编写及中南地区地质调查预算标准跟踪评估的部署工作。完成2009年版地质调查项目统计数据库清理、建库和衔接工作。参加局组织对华东、中南地区7个地调院（站）的能力建设评估。

三、地质调查项目质量管理

1. 中央地勘基金项目管理工作。中南地区共有地勘基金项目18项，总经费8000多万元。按照中央地勘基金中心的要求，对除铀矿以外的11个项目开展了野外质量检查和评估验收工作。对工作进展缓慢找矿前景不大的，或外部环境不好而无法进行施工的项目（如湖南油麻洞铅锌矿、湖南温水重晶石矿、湖南陈家岭铅锌矿、湖南大神山钨矿、湖北柘木坪铅锌矿、广西北香铅锌锡矿、海南俄贤岭金矿等）及时提出终止或调减工作量的处理意见，以减少风险投入，严格把好监理关。

2. “自查自纠”工作。根据中国地调局《关于开展地质调查项目预算财务管理自查自纠工作的通知》要求，组织专家对中南区项目承担单位自查自纠工作情况进行抽查。目前已上报11家单位。完成了对湖南、广西、湖北3省的地质调查院、地质环境监测总站以及广东省地质调查院7个单位的“自查自纠”情况评估工作以及15个地质调查项目的抽查，并提出了进一步整改的建议和要求。

国际合作与对外交流

一、重要国际合作与交流

1. 2009年10月，埃塞俄比亚地质调查局局长在宜昌听取了埃塞俄比亚西部地区1:25万地球化学调查项目进展情况报告，对项目工作和取得的成果给予了充分肯定，并表达了进一步工作的强烈愿望。埃方还选派了高级地质师1人在宜昌进行为期半年的学习交流并合作编写项目最终成果报告。通过对外交流与国际合作，争取到一项科技部“走出去”项目：“埃塞俄比亚西部地区优势金属矿产成矿规律研究”，已签订项目任务书，到位经费200万元。

2. 与德国波恩大学、马丁路德大学开展了为期20天关岭生物群合作研究，重点考察了关岭生物群及其他相关生物群的埋葬环境。首次在竹竿坡组底部发现了保存完整的海参化石等。

3. 与丹麦哥本哈根大学开展了扬子地区志留系野外露头层序地层学考察项目，发现了一些暴露标志，进一步确定了扬子地区志留系露头层序地层划分对比框架。

二、境外地质矿产工作

“埃塞俄比亚西部地区1:25万地球化学调查”：全面完成野外工作和大部分样品分析测试任务。结合2008年度的工作，初步确认各类矿（化）点或矿化信息点80余处，圈出32处地球化学异常，确认8个异常为矿致异常。经综合分析，埃塞俄比亚西部地区划分出了2个主要成矿带，1个次一级成矿带。已有中国企业在该项目的带动下在埃塞俄比亚登记了探矿权。“巽他群岛-新几内亚岛地区地质矿产综合图件编制”：完成项目结题报告。

综合行政

一、文秘档案管理及保密工作

1. 公文及档案管理。2009年，共收到外部来文673件，收到涉密外部来文115件。武汉地调中心制发公文164件。完成了2008年度档案的立卷归档工作，共立卷22盒301件。

2. 保密工作。完成保密承诺书补签工作，与所有在职人员、聘用人员签订保密承诺书286份。搬迁前，与宜昌市保密局取得联系，将废旧的资料、文件等送保密局统一销毁。搬迁过程中，档案资料由专人负责清点、登记、包装、贴条，专人负责押运，全程跟踪监管，绝不让档案资料脱离保密人员的视线，杜绝失泄密事件发生。

二、制度建设

2009年开展对现有制度实行回头看，抓制度的“立改废”。制定了《会议费管理办法》、《绩效考核暂行办法》、《质量管理体系运行维护管理办法》、《目标管理考核办法》等13项新制度；对《公务接待管理办法》、《地质调查与科学研究项目管理办法》、《经费开支与资金管理办法》等36项制度进行修改和完善；对6项制度进行合并或废除。以上工作基本完成。目前，正着手制度汇编。

三、新闻宣传和政务信息工作

一是突出抓地质找矿改革发展大讨论、科学发展观学习实践活动宣传报道，武汉地调中心局域网报道13篇，宣传专栏2期，《中南地调园地》专版3期，1篇论文被人民日报作品定制网转载。向中国地调局报送简报或专报10篇，其中2篇被局采用，《地质勘查导报》专版刊登武汉地调中心地质找矿改革发展大讨论活动专报和专家征文9篇。二是抓重点项目宣传，报道了“珠江三角洲经济区地质环境综合评价和区划”召开的“面向社会各相关部门的需求调研会”、“项目内部工作协调调度会”、“成果推介暨专家咨询”等3个会议。三是做好日常工作信息编报。编报工作动态12期、《中南地调园地》12期、《桑榆园地》12期，出宣传栏10期，编发会议纪要8期。及时反映单位工作重点，为单位改革发展稳定工作创造良好的氛围。武汉地调中心政务信息稿件10余份被部内要情和中国地调局网站转载。完成了年鉴的编写。

经济与财务管理

一、主要经济指标

2009年，实现总收入9954.04万元，其中，上年结转资金1585.41万元，财政拨款6466.14万元，事业收入1255.34万元，经营收入524.8万元，其他收入122.35万元。

2009年，总支出8305.25万元，其中，基本支出3213.83万元，项目支出5091.42万元（含基本建设支出1233.63万元）。

2009年末固定资产（固定基金）7179万元，比上年末的6964万元增加了215万元。资产总额10809万元，比上年末的10066万元增加743万元。

年末总结余1123.99万元。

二、重要预算财务管理活动

1. 切实加强预算执行管理，提高财政资金使用效率。积极落实加强预算执行的具体措施，实行预算执行情况跟踪检查、分析和月度及周报告制度。全年财政资金预算执行率达到86%。

2. 认真贯彻执行国家财经法规政策，健全完善有关规章制度，依法理财。按照中国地质调查局的要求，组织开展了经济法律法规的学习宣传活动以及经济案例警示教育。修订并印发了有关财务管理制度。

3. 结合中国地质调查局审计组对武汉地调中心2006~2007年度财务收支情况的审计意见书和地质调查项目经费检查要求，召开财务、审计专题会议，认真研究部署整改措施，组织开展整改落实工作。并向局上报了审计整改情况报告。

4. 根据中央关于开展“小金库”专项治理工作的要求，认真组织开展了“小金库”专项治理的自查自纠工作，接受并通过局检查组现场检查。年底上报了“小金库”专项治理工作总结。

5. 加强“四项费用”支出管理。根据中央关于加强“四项费用”控制的要求，认真清理、统计2006年以来“四项费用”预算安排及支出情况，组织编制各类资金安排的“四项费用”2008年预算执行情况及2009年预算安排编制情况报告。7月份局检查组对“四项费用”管理情况进行了实地检查。

6. 加强资产和技术装备管理工作。根据中国地调局的规定和要求，组织开展了设备清查盘点工作，4月接受中国地调局设备清查盘点核查组现场检查，6月编制完成了设备清查明细表及说明分析报告。

三、企业管理

（一）基本情况。

武汉地质调查中心经营开发实体有2家，主要从事技术服务和地质勘查业。

2009年期末从业人员46人，其中正式职工33人。从业人员劳动报酬及补贴112.9万元。其中，正式职工劳动报酬及补贴95.7万元。

2009年期末实现总收入524.8万元，总支出512万元。期末总资产939.7万元，其中：流动资产342.4万元，固定资产597.3万元。负债562.1万元。其中：流动负债484.3万元，长期负债77.8万元。所有者权益为377.6万元。

（二）管理情况。

1. 开展投资兴办企业清理整顿工作。成立清理规范工作领导小组，两次召开专题会议讨论研究，制定上报了所属企业清理规范工作方案和清理规范报告。清理撤销“中国地质科学院工程勘察院宜昌分院”，规范发展“宜昌长江地质灾害防治工程勘察设计院”和“宜昌地调科技开发研究院”。

2. 开展“两院”财务收支审计。邀请地矿系统兄弟单位财会、审计专家组成审计组，对宜昌长江地质灾害防治工程勘察设计院、地调科技开发研究院2007年7月至2009年6月期间的财务收支情况进行审计。经过审计，审计组对“两院”财务管理方面存在的问题提出了建设性的意见，审计组专家还就各自工作中积累的经验作了交流。之后，“两院”按审计报告要求进行了整改。

基建与装备管理

一、基本建设管理

武汉基地中南地调科技楼项目全部完成，交付使用。完善实验测试楼项目初步设计，2009年投资1000万元；组织编制项目环评报告并获批准，完成施工图设计并通过审查，对实验测试楼的净化及通风工程设计进行修改、完善，顺利完成项目电梯采购、土建及水电安装、工程监理等招标工作；实验测试楼项目已开工建设。武汉基地配套工程可研报告得到批准。修建了960m^{2}停车场。修改、完善职工食堂设计并开工建设。宜昌基地重点组织了雨水排放工程改造，力学楼内、外装修，更换了19~24号楼防盗门及楼宇对讲系统等。

二、装备管理

组织开展设备资产、装备的清查盘点，配合上级主管部门加快技术装备计划执行进度。落实惰性气体质谱仪、瞬变电磁仪、多功能电法仪、激光拉曼光谱仪等大型设备采购合同的签订工作，完成了气相色谱仪、离子色谱仪、底本底液体闪谱仪安装、调试及人员培训工作。

干部人事教育

一、干部人事工作

组织开展领导干部述职述廉和考评工作。共34名中层干部作了述职述廉汇报，并参加民主测评考核，其中8名中层干部综合考核为优秀，31名干部廉政考核达到90分以上。对3名新选拔干部和3名考核期满的干部进进行廉政考察和任前廉政谈话。

二、职工教育培训

2009年，通过公开招聘，录用硕士、本科生共17人。培养博士2人，硕士2人，举办内部培训班3期，参加外部培训班21期，培训人员405人次。首次为10人办理了人事派遣。

三、离退休干部管理

深入开展离退休职工的思想政治工作，让离退休职工不断分享单位改革发展成果。坚持情况通报制度。重点结合武汉基地启用等热点问题，加强了情况通报和解释说明工作。广泛开展有益老同志身心健康的各项活动。

安全生产管理

2009年，中心未发生安全生产责任事故。签订二级安全生产目标管理责任书、防火目标管理责任书及社会治安综合治理责任书各21份，督促、检查了三级安全生产责任书的落实。组织安全生产大检查3次，查出安全隐患6个并全部整改到位。组织驾驶员专项安全学习5次，进行车辆专项安全检查4次。对新任职工作人员进行上岗前安全生产培训，全国“安全月”活动期间，出安全生产知识宣传专栏1期。对“雪峰山西侧走廊大剖面油气地质调查及地层研究”等5个项目组进行实地野外安全生产检查。

纪检监察审计工作

一、纪检监察工作

1. 认真落实局党风廉政建设工作会议精神，制定了《2009年纪检监察审计工作计划》、《2009年反腐倡廉建设任务分工》，将反腐倡廉工作任务进一步分解和细化，落实到责任部门和责任人。分解党风廉政建设工作目标任务34项。与各部门、各单位签订了《党风廉政建设责任书》。

2. 为严格控制公务购车用车、会议费、接待费、出国费等支出，确保“零增长”，认真清理并编制了有关“四项费用”的报告及报表，出台了《公务接待管理办法》、《会议费管理办法》、《外事工作管理办法》、《车辆管理办法》等4项制度。

3. 加强监督。纪检监察部门参与了武汉基地“中南地调科技楼二楼多功能厅及三楼会议室弱电工程”、“中南地调科技楼景观绿化工程”、“中南地调科技楼办公家具采购”等项目的市场调研、合同谈判。对职工住宅13~16栋外水管维修改造工程进行了监督。

二、审计工作

为加强企业的财务管理与监督，邀请地矿系统兄弟单位财会、审计专家组成审计组，对宜昌长江地质灾害防治工程勘察设计院、地调科技开发研究院2007年7月至2009年6月期间的财务收支情况进行审计。“两院”按审计报告中要求进行了整改。

党群工作

一、党建工作

1. 理论学习。制定《武汉地调中心党委中心组2009年理论学习计划》，重点学习了《地质找矿改革发展大讨论学习材料》和胡锦涛同志在深入学习实践科学发展观活动动员大会暨省部级主要领导干部专题研讨班上的讲话，就如何加强学科建设，建设国家一流地调中心，在中南地区地质找矿中的地位、如何发挥作用，长期困扰单位发展的关键问题，如何破解等进行了研讨，进一步理清了工作思路。结合科学发展观的学习，邀请宜昌市委党校教授作《学习科学发展观辅导报告》；邀请中国地质调查局审计、财务部门负责人举办财经制度改革与预算财务规范管理知识和经济案例警示教育讲座。

2. 基层党组织建设。对基层党支部进行适时调整，制定《宜昌地质调查中心党支部建设目标管理考核办法》，对党支部考核进一步细化、量化。开展党组织主题日活动，通过外出参观、学习讨论、民主生活会等形式，增强支部的凝聚力和战斗力。结合学习实践科学发展观、地质找矿大讨论、作风建设活动，开展讨论30余场次，领导深入基层调研10次。组织开展纪念建党88周年活动，举行“让党旗更鲜艳”文艺晚会。做好党员发展工作，共9名预备党员按期转正。

3. 作风建设活动。按照《中国地质调查局深入开展作风建设活动实施方案》的要求，从6月开始，集中开展以“解放思想、改革创新、改进作风、增强执行力”为主题的作风建设活动。一是抓学习教育，提高认识。作风建设活动开始时，对中层干部、机关服务部门人员提出了8个方面具体要求。期间，组织干部职工观看电影《铁人》，教育大家树立艰苦奋斗的思想；观看电影《杨德志围城打援》和大型音乐诗画剧《楚水巴山》等，对干部职工进行爱国主义和革命传统教育。二是广泛征求意见，找准主要问题。分层次发放了《武汉地调中心党委作风建设征求意见表》、《中层干部作风建设征求意见表》和《机关、服务部门作风建设征求意见表》等，认真梳理征求的意见建议近20条，制定了相应的整改措施。三是转变工作作风，深入基层调研。领导带队，行程3000多千米，重点对“雪峰山西侧走廊大剖面油气地质调查及地层研究”等项目组野外地质调查工作进行全面检查，现场解决相关问题。精心组织，周密安排，确保武汉基地搬迁过程中的安全和稳定。本着边查边改，边干边改的原则，针对干部作风方面存在的问题，从制度上分析原因，从工作机制上找缺陷，从监督措施上找不足，初步形成了作风建设活动长效机制。四是取得了较好效果。领导干部的思想观念、宗旨意识、群众意识得到增强，开拓创新、奋发向上的精神状态逐步树立，干部工作作风明显得到转变，党员队伍的凝聚力和干部的执行力得到进一步提高，职工队伍的精神面貌焕然一新。

二、精神文明建设

2009年，中心再度荣获湖北省最佳文明单位、宜昌市最佳文明单位荣誉称号。10月，中心党委书记在局召开的凝聚力工程座谈会上，作了“加强凝聚力建设 促进单位健康快速发展”的典型发言。11月，中心参加中国地质调查局第一届职工文艺汇演青岛片演出的3个节目“征服格拉丹东”、“红叶”、“鸦雀子”取得了第一名的好成绩。

（李海波）

成都地质调查中心工作

成都地质调查中心

基础地质调查

一、区域地质调查

青藏高原基础地质调查成果集成和综合研究项目取得系列成果。青藏高原地质成果数据库与管理系统建设完成了122幅1:25万地质图数据库的更新，首次实现了1:25万地质图成果的信息化和地质图数据库的标准化、规范化。青藏高原1:150万比例尺的地质、物化探、矿产、岩浆岩、沉积相、旅游资源图等100余份系列编图已全部定稿，2010年将陆续出版提供使用。

二、灾害地质调查评价

针对2009年西南地区出现的特殊气候条件，成都地质调查中心应各级政府的需要，开展峨边县“6.28”洪灾次生地质灾害调查，派出技术人员参加四川康定“7.23”特大泥石流和“8.15”泸定县牦牛沟泥石流灾害调查，积极组织技术人员开展大渡河沿岸（丹巴-泸定段）地质灾害巡排查工作，新排查地质灾害隐患点71处。为防灾减灾提供了技术支撑，得到了各级政府的好评。

矿产资源调查评价

一、油气资源调查与评价

“青藏高原油气资源战略选区与调查评价”项目完成了托纳木重点区块的地表地质工作和重点地段的二维人工反射地震勘探方法试验，经专家认定和实地检查，托纳木重点区块成油条件和保存条件极好，二维人工反射地震勘探方法取得了明显突破，在重点区块开展油气勘探前期工作条件基本成熟。

二、固体矿产资源调查评价

1. 四川里伍铜矿有望实现新增一个大型铜多金属矿的目标。2009年，成都地质调查中心在里伍铜矿外围和深部新施工钻探约9000m，见矿效果良好，新增铜储量/资源量累计超过30万吨、锌25万吨，接近了新增一个大型铜多金属矿的目标。

2. 经调查显示，云南麻栗坡地区钨锡矿潜力巨大。成都地质调查中心与紫金矿业集团在云南麻栗坡地区合作开展的矿产远景调查，对4个重点勘查区进行了资源估算，施工钻探2万余米，累计新增钨资源量约20万吨。经初步研究认为，该区主要矿床类型为元古界中的层控型矿床，在中国尚属首例。在该区有望提交6处成矿条件很好的钨、锡勘查靶区。

3. 根据工程控制情况，估算波龙矿区铜金属（334+334）资源量383.7万吨。其中（333）铜金属资源总量268.9万吨、（334_1）铜金属资源量114.8万吨、（333）伴生金98.1吨。铜平均品位0.53%。加上以往在多不杂矿区评价获得的成果，多不杂铜金矿床已经被证实达到了超大型矿床的规模。

4. 贵州那雍枝铅锌矿床具的大型规模。截至2009年，贵州那雍枝铅锌矿床经工程估算的资源量（333+334_1）：铅锌200.29万吨，其中（333）资源量：铅锌52.94万吨。可望成为贵州省第一个大型规模的铅锌矿床。

5. 攀枝花钒钛磁铁矿区兰家火山矿段有巨大的资源潜力。攀枝花钒钛磁铁矿区兰家火山矿段，全面完成了2个验证深孔的施工（P3线的ZK0801孔、P11线的ZK0802孔）和样品测试等工作。估算铁矿石资源量15840.04万吨，伴生TiO_2 1543.70万吨，伴生V_2O_5 34.42万吨。

6. 云南红山铜矿由中型规模跃升至大型规模。红山铜矿区HZK0305孔揭露到两层铜矿化矽卡岩，并于552.96～711.34m揭露到厚158.38m的弱黄铜矿化硅化石英闪长玢岩，孔内见多层铜矿，累计垂厚63.7m，平均品位0.52%。红山铜矿区新增铜资源量近25万吨，加上以往已探明的资源量，红山铜矿区控制的资源量已超过50万吨，达大型矿床规模。

7. 在西藏程巴矿区施工的5个钻孔后，估算（333+334）铜金属资源量12.84万吨、钼金属资源量7.9万吨，达到中型矿床规模。在西藏、四川等地，发现和初步评价了磨莫亚铅锌矿、红军山银铅锌矿、乡城108条沟铜矿、曲里沟铅锌银矿、玛孜错铜矿等矿床。

地质科学研究

云南罗平生物群发掘与研究工作受到国内外地学界强烈关注，罗平生物群基地已有十余所中外知名学校（院所）参与。发现了以海生鱼类、爬行类为主的等11类化石。已发现8种鱼类化石大部分为新属种，新发现的鱼类化石填补了西南地区中三叠世鱼类化石的空白记录。首次在中国境内新发现鲎类和千足虫类化石。

成都地质调查中心在成都承办的“青藏高原地质学术讨论会”展示了地质调查及科学研究成果，得到了国内地学界的好评，引起了地学界对地质调查成果的重视。

成都地质调查中心有利于学科建设的研究基地正在形成。四川里伍铜矿、云南麻栗坡地区、滇中—会理元古代基底地区成为成都地质调查中心新的研究基地。

地质调查方法应用

一、综合地球物理

成都地质调查中心实现了双频激电、大地电磁测深EH4、地质雷达测量、地质灾害调查、油气地质调查遥感数据处理与解译、GPS和INSAR综合监测的工作能力。

二、地质实验测试

成都地质调查中心实现了高分辨等离子体质谱仪进行各类样品稀土元素测试等3项技术方法革新；

建立了中国地质调查信息网格成都地质调查中心结点。实验与分析测试室经国家质检总局审核批准再次获得国家级实验室计量认证资质。全面开展了1:5万地球化学普查样品测试质量监控工作。

地质调查信息社会化服务

2009年，西南地区地质资料馆对外资料服务400余人次，查阅资料900余份，数据加工400余档，计33Gb。实现了成果资料的查询和统计的计算机化。

地质调查工作战略研究

成都地质调查中心精心组织完成西南地区“十二五”地质调查区域部署研究。在系统梳理已有地质找矿成果工作的基础上，主动加强与西南各省市的联系，了解地方需求，达成了共识，发挥了对地方地质工作的引领作用。我们以提高工作程度为基础，以集中突破为目标，以加强中央和地方公益性地质工作结合为手段，统筹安排各类地质工作，将解决国家资源瓶颈问题与各省（区、市）经济建设相结合，将地质找矿工作与西部大开发重大工程建设和区域经济规划相结合，将近期重大找矿突破与长远的地质工作相结合，将实现重大找矿突破与调动各方积极性相结合，按地调局的要求按期提交了部署研究报告。

地质调查项目管理

一、地质调查项目立项管理

成都地调中心组织开展大项目的工作能力进一步提高。组织各相关单位，细化了西藏、西南三江、川滇黔等重点成矿区带、重大地质问题区，青藏高原油气、南方海相油气地质工作区，西南重要经济区、重大工程建设区的各项地调科研工作部署方案。《青藏高原地质矿产调查评价专项（西藏片区）总体部署方案》，《云南省公益性地质调查及战略性矿产勘查总体部署方案》于2009年6月下旬在玉溪经专家评审通过。

二、地质调查项目组织实施

成都地调中心积极推进地质找矿工作新机制建设。为贯彻落实李克强副总理“要立足国内解决资源瓶颈问题”、“减少矿产资源对国外的依存度”的指示精神，成都地调中心采用走出去，积极沟通的方式，与西南地区各省（区、市）国土资源厅共同召开座谈会，研讨如何加快实现地质找矿重大突破。与重庆市国土资源与房管局形成了共同打造重庆铁矿和铝土矿基地的共识；与贵州省国土资源厅形成了加强双方合作，尽快实现铝土矿、铅锌矿、金和锰矿重大突破的共识；与四川省国土资源厅、四川省地勘局、贵州省地勘局、云南省地勘局、云南省有色局共同开展重要成矿区带铜、铁、铅锌、铝土矿、金矿找矿工作，形成了尽快实现重大突破的初步工作方案。通过这些交流合作，为下一步西南地区开展整装勘查，实现地质找矿重大突破奠定了坚实基础。经过成都地调中心的指导、协调和沟通，全国矿产资源潜力评价项目得到了各省的进一步重视，各省（区、市）的工作机构进一步完善，人员得到加强，配套经费基本落实，年度工作任务按计划全面完成。

青藏高原地质调查与评价专项西藏项目办公室经批准成立后，成都地调中心与西藏国土资源厅商定了确保进藏工作队伍工作顺利和安全措施和预案，2009年进藏工作队伍工作基本顺利，反映良好。

国际合作与对外交流

一、重要国际合作与交流

成都地质调查中心与美国地质调查局合作开展“地震滑坡灾害危险性评价与编图”项目正式启动。

成都地质调查中心与美国麻省理工学院形成了进一步开展云南及东南亚地区合作研究和加强我方人员培训的意向。

成都地质调查中心与台湾大学、台湾中央研究院、台北科技大学签署了青藏高原东缘及前陆盆地之活动构造分析合作协议。

成都地质调查中心在香港与香港大学、中科院广州地球化学研究所联合举办了学术交流会，巩固了合作关系。

二、境外地质矿产工作

成都地质调查中心对越南北部和老挝境内开展了系统踏勘，全面了解了这些地区的矿床（点）分布、主要矿床类型、矿权登记情况，基本确立了资源远景区和重要工作区。与在老挝的主要中资矿业企业召开了座谈会，与河内矿业地质大学在成都联合举办了“东南亚中南半岛及中国西南邻区地质矿产国际研讨会”，增强了对中南半岛地区的影响力，为开展地质矿产科学研究和矿产勘查开发的跨国合作奠定了基础。与秦皇岛鑫河集团、老挝矿产测试中心签署了合作协议，与河内矿业地质大学签署了全面开展合作研究的协议。首次获得了国外矿产资源风险勘查资金320万元的对老挝矿产勘查的援外项目。

综合行政

成都地调中心完成了质量管理体系文件改版，开展了质量管理体系内部审核、管理评审、通过了三方认证工作。

2009年，成都地调中心的政务信息投稿被部《部内要情》、局《地调工作动态》的采用量均排名位列局系统前列。

经济与财务管理

进一步规范了内部经济管理。有针对性地开展财经法规宣传、培训和业务交流活动，加强学习掌握财经管理新制度，提高了经济管理政策水平。加强了项目外协费、野外施工费、会议费、交通运输费、临时用工费等大额支出的监控力度。进一步完善了现金使用、借款、转款和财务报账的审批程序。系统开展了“四项费用”控制和“小金库”治理活动。全面接受了局组织的内部审计，针对审计提出的问题，逐一进行了分析整改。

全面完成了年度预算执行率目标。2009年，成都地调中心年度预算总收入约1.96亿元：国家财政资金预算收入15615.06万元（其中地调项目经费约1.1亿元）；其他来源的项目经费约4000万元。进一步细化了项目预算和核算的指标体系，保证年度项目预算总量与结构的科学性。从7月份开始，建立了月度工作完成情况和预算执行情况分析会议制度，使预算执行情况和进度做到心中有数。项目野外年度实物工作量完成率为90%以上，经费预算执行率达84%。

基建与装备管理

成都地质调查中心职工经济适用房和新基地建设工作进展顺利。经济适用房工程主体建设于9月25日通过市质检站验收；购房个人贷款获建行同意贷款额度为3000万元，实际贷款1032万元已到账。新基地办公楼主体工程于11月5日通过了优质工程验收。两项工程可望在2010年7月份竣工。

成都地调中心全年新增设备826台/套，新增固定资产1631万元、其中自筹资金约237万元，极大地提高了装备水平。

干部人事教育

一、职工教育培训

加大对科技人才的培养力度。围绕中心承担的国家油气专项和八大计划项目组建项目工作团队，以出大成果培养领军人才。新引进高级技术人才2位，12位青年科技人员担任项目负责人，经局组织考查选拔到局挂职科技干部1名，选送在职研究生5名。“青年科技基金”新资助了3个项目。与中国地质大学（北京）共同建立了“地学研究生联合培养示范基地”，创新了人才培养模式。

二、离退休干部管理

自筹资金落实了离休人员规范津补贴的发放；安排了全体职工进行了健康体检；对13名困难户给予了困难补助，对17名离休干部、1名革命伤残军人、烈属和年满80岁以上的离退休人员进行了慰问。

安全生产管理

成都地质调查中心通过多种方式，抓好安全生产和保密工作宣传培训，坚持一年一度的全员安全培训教育，强化野外项目负责人安全生产责任意识和涉密关键岗位的保密责任意识，增强职工安全生产和保密意识。完善了安全生产的管理和措施，严格落实安全生产责任制和保密工作责任制，加强事故隐患排查治理，对60%以上野外作业组进行了野外作业安全检查。实现了全年无重大责任安全事故发生，无泄密事件发生。

纪检监察审计工作

成都地质调查中心领导干部廉洁自律工作扎实推进。将年度党风廉政建设和反腐败工作进行统筹安排，认真落实党风廉政建设责任制；进一步对资金使用管理的工作程序进行了严格的规定，推动了制度建设的不断完善；对重大事项，对党员干部，对重点环节和重点部位的权力行使加强监督管理；加大内部审计监督力度，高度重视信访举报工作，促进监督功能的有效发挥；全年无重大违纪违规事件发生。

党群工作

一、党建工作

1. 深入开展学习实践科学发展观和地质找矿改革发展大讨论活动。成立了学习实践活动和大讨论活动领导小组和办公室，结合中心实际，制定了开展活动的具体实施方案，在开展学习实践中，中心领导干部深入实际，身体力行，为中心广大党员群众树立了榜样。加大宣传力度，从活动一开始就在门户网站内开辟了“学习实践科学发展观活动”专栏，并充分利用网络、宣传专栏、简报等，及时宣传报道活动进展情况，积极营造学习实践活动的氛围。

2. 完善党支部组织建设和管理。顺利完成了对在职党支部的改选工作，对原有的4个党支部重新组合为9个支部。新支部的建立，突出了党建工作更好地服务于业务建设的要求，体现了老、中、青三结合的结构形式，使党支部的组织结构更趋合理。坚持在野外工作期间建立野外临时党支部，积极协助项目组顺利完成野外工作任务，发挥党员干部的模范带头作用。同时，抓好对一线青年科技人员的组织发展工作，2009年，发展预备党员2人，预备党员转正1人。在建党88周年纪念活动中，表彰了在工作中表现突出，成绩优异的先进党支部、优秀共产党员和党务工作者。

二、精神文明建设

组织参加成都市科技局举办的庆祝新中国成立60周年歌咏会，为祖国母亲献上深情的祝福；组织召开纪念“5.12”大地震一周年活动，通过精心制作的主题展板和音像资料宣传以及现场开展为对口支助的地震灾区学校送温暖和回访活动，使广大职工深受教育和鼓舞，积极开展对口扶贫结对和“献爱心”募捐活动，全年中心和广大职工共捐款13036元，捐衣物200余件，继续加快推进基础设施建设，电梯公寓、新办公区施工进展顺利，有效改善了中心的工作生活条件，提升了中心的对外形象。

三、工青妇工件

积极发挥工会、共青团组织在开展精神文明建设活动中的作用，组织参加地调局举办的第一届职工文艺会演；开展了纪念第四个地球日活动。向广大市民宣传环保意识；加强与老同志们的沟通交流，组织春游、秋游，购买学习资料，适时召开情况通报会，让离退休老同志了解中心发展情况，解决了离休老干部的生活待遇问题。坚持召开民主派座谈会，广泛征求意见建议，加强与民主党派的沟通与联系。认真处理群众来信来访，开展情况了解，加强思想疏导解释工作，认真听取和妥善处理职工群众的意愿和诉求，保证了中心各项工作的顺利推进。

（张明春）

西安地质调查中心工作

西安地质调查中心

一、地调与科研

（一）基本情况。

2009年，西安地质调查中心承担中央财政资金类项目56个。其他项目63个，新获2项国家自然基金项目。

全面完成总的实物工作量。其中完成钻探总量16654m，创历史新高。编制完成国土资源大调查工作项目设计和年度工作方案38份，评审优秀18份，良好17份，优良率92%。年度结题项目共计18个。已有15个项目成果报告通过了中国地质调查局等组织的评审，优秀10个，良好5个，优良率100%。有2个项目成果获国土资源部科技进步二等奖。

在国内外期刊杂志上共发表各类学术论文85篇，其中，SCI发表或收录的论文10篇，EI1篇，ISTP（科技会议索引）4篇。

（二）项目工作进展。

基础地质领域编制完成青藏高原1:150万前寒武纪地质图和古生代7个断代构造-古地理图，提出青藏高原古大洋闭合残存位置、古大陆边缘系统演化等创新认识。紫阳志留系文洛克统底界层型剖面研究中新采获一批珍贵的笔石化石，为系统界线划分打下了基础，研究成果在国际笔石学术年会上进行交流，引起国际专家的高度重视。西北几个重要成矿带地质背景系列图件编制完成，西北地区矿产资源潜力评价工作受到国土资源部和中国地质调查局充分肯定，重要矿产预测类型划分及成矿预测研究不断深入；祁连山火山岩浆作用与成矿、阿尔金南缘镁铁-超镁铁岩体时空格架及含矿性研究，为进一步找矿部署提供了依据。

矿产业务领域以省部合作为平台，围绕新疆、青海成矿地质背景、成矿地质条件和勘查靶区优选，全力推进综合部署研究工作。祁漫塔格构造-岩浆作用与演化、祁连山-龙首山镁铁-超镁铁岩浆演化与成矿获得新认识；陕西平利-镇坪矿调项目新发现矿产地4处，二台子磷灰石-钛磁铁矿已列为陕西省地质勘查基金的铁矿普查项目；内蒙古月牙山-盘陀山项目发现铜矿化点4处；内蒙古国庆钨矿普查初步圈定矿体特征，估算了资源量；国际合作项目成果进一步凸现，中吉天山和西昆仑兴都库什成矿规律和成矿地球化学条件对比研究成果不断深化，通过筛选靶区，开展野外异常查证和矿点检查等工作，在吉尔吉斯斯坦选择出3个工作区进行了矿权申报。

能源基础地质调查稳步推进。额济纳旗及其邻区石炭-二叠系油气基础地质调查在原形盆地恢复与盆地演化研究方面取得新认识，生烃条件研究有新进展，发现了与石炭-二叠系烃源岩有关的油气赋存信息，解译了石炭-二叠系厚度与分布，指出了新区、新层系油气地质调查有望取得突破的地区。与内蒙古自治区第一地质矿产勘查开发院联合承担的“内蒙古自治区东胜煤田新街勘查区煤炭资源普查”项目成果显著，证实含煤20~26层，煤层总厚度平均15.95m，预计可提交煤炭资源量10亿吨。

水工环领域在原有成果的基础上，鄂尔多斯能源基地地下水勘查又有新的进展，其中省部合作“陕北能源化工基地地下水勘查”项目新探明了20处水源地，核查评价了13处水源地，提交地下水可采资源量达每天247万m^3，项目成果总体达到国际先进水平。在地下水与植被生态关系研究等方面具有原创性，达到国际领先。地调科研成果得到有效转化，2009年度新签订4项技术服务合同，推动了能源基地建设，深化了地调科研成果的转化。西北黄土高原区地质灾害详细调查完成了47个县，12万km^2地质灾害详细调查工作，更新了滑坡、崩塌、泥石流地质灾害数据。通过详细调查，新发现地质灾害隐患点1910个，排除已有群测群防地质灾害隐患点231个，协助地方政府进一步完善了群测群防网络建设，为减灾防灾提供了科学依据。

物探、测量、遥感工作的统筹部署与施工为地调科研任务的顺利完成提供了保障。

实验测试实现了多年来科研项目零的突破。

GIS应用拓展技术服务领域，在获取测绘乙级资质的基础上，参与开展农村土地“二调”工作，开展矿业权实地核查，土地利用现状调查比对，为西北土地督察提供技术支撑服务。

二、改革与管理

（一）人才队伍建设。

2009年，西安地质调查中心调整业务团队，完善业务结构，积极适应大项目机制。目前已形成了15支特色鲜明的业务团队，业务能力和技术水平在西北地区同行业间处于前列。

2009年，西安地质查调中心调入业务骨干17人，接收学生43人，外聘返聘150余人，博士后工作站进站2人，中国地质大学（北京）和长安大学基地研究生20人，年内与中国地质大学（武汉）签订了《地学人才合作培养实践基地协议书》。

重视职工的教育与培训。年内送出参加各种业务培训112人；内部举办各类业务培训11次，有530余人次参加；资助2人攻读博士学位，3人攻读硕士学位，全年支出培训经费35万余元。

（二）资质建设。

2009年，西安地质调查中心获得国土资源部水工环及液体矿产勘查甲级资质证书，至此，共取得地质勘查8项甲级资质，基本解决了中心业务发展有关勘查资质制约的瓶颈问题；首次获国家测绘局测绘乙级资质；又有5人通过国家环境影响评价工程师资格考试，目前我中心拥有环评工程师资格的共有25人。

（三）管理服务工作。

1. 管理体系建设。2009年，西安地质调查中心顺利通过了“三标一体”管理体系第三方年度监督审核和地质勘查基金项目监理扩项审核。通过每年两次的管理体系培训，管理体系已逐渐深入人心。各部门在工作中能够严格按照“三标一体”管理体系的相关要求开展工作，各项目组均能按照规定开展野外工作，针对项目特点识别环境因素和危险源，对评价的重要环境因素和重要危险源制定管理措施和应急预案，建立野外施工过程控制记录，收集野外项目实施有关管理文件等。

2. 大区管理工作。大区管理工作更加顺畅。在完成日常地调项目和中央地质勘基金项目的设计立项论证审查、野外检查、成果评审等工作外，2009年，组织编制了“西北地区2010年度地质矿产保障工程实施方案”。推动省部合作协议落实，参与各省整体方案与年度方案的编制。按照中国地质调查局统一安排，开展“十二五”地质调查工作的部署研究和西北地区公益性地质调查队伍建设能力评估工作。2009

年7月正式启动了中央地质勘查基金西北项目监理工作，对西北地区2007～2009年度开展的43个中央地质勘查基金项目进行了全面监理。

履行资料信息服务职责。2009年，西安地质调查中心接收了40多个单位提交的88个项目共98份地质调查成果资料。对辖区31个地勘单位10年来承担的794项地质调查项目成果资料进行了梳理汇总。西北地调网站建设取得了实质性进展，全年新增文章2650篇，着重增加了中心及西北地质资料馆的地调科研成果，提升了网站的专业水平，网站总点击量达到了119万次。同时，开展了地学空间数据网络集成、发布与共享系统平台的研发工作，为提升信息社会化服务水平奠定了基础。

3. 物业管理与安全生产。2009年，西安地质调查中心加强后勤服务工作，努力为职工办实事，完成了紫晶大厦住户房产证的发放和紫晶大厦地下室资料库消防安装工程的验收；安装了紫晶大厦地下室防水报警系统；改善办公条件，完成办公楼六层办公室及“358”项目办公室的装修工作；用电节能获供电局增容奖励；在西安市创卫工作中因成绩突出受到碑林区政府表彰。

安全工作常抓不懈。2009年全年安全行车115万km，全中心无重大责任事故发生。

三、经济管理

2009年，财务管理坚持以“围绕中心、服务大局”为宗旨，以“促进经济行为规范、保障预算执行率和加强基础能力建设”为核心，严格内部预算执行，发挥业务、预算、核算互动的作用，合理安排支出，安全使用资金，预算执行率达到了中国地质调查局要求；接受中国地质调查局组织的审计，发现问题，总结经验，积极整改；积极适应地调科研工作的要求，不断提高财务人员的业务水平和素养。

2009年，中心下属经营开发部门效益稳定增长。环境影响评价业务结算收入1383万元（合同款超过2400万元）；实验测试业务实现收入650万元；GIS与制印中心实现收入620万元；中地工程公司实现产值1300万元；地矿宾馆实现收入295万元。

四、党建与精神文明建设

（一）党建工作。

地质找矿改革发展大讨论活动是2009年西安地质调查中心党建工作的一项重要内容。由于大讨论活动与学习实践科学发展观活动时间重叠，中心党委研究决定将两项活动结合起来进行，以大讨论将学习实践科学发展观引向深入，用科学发展的理念指导大讨论活动开展。首先，明确了活动的组织机构；其次，按照国土资源部、中国地质调查局安排，按阶段梳理和分析了自身发展以及中国地质工作中的一些体制机制性问题，并提出了解决思路和整改建议。除了在中心内部开展学习讨论活动以外，分别在西宁、兰州、乌鲁木齐组织和参与了一系列活动，通过与地方政府、有关地勘单位、企业的交流，不仅对自身发展中存在的问题进行了审视，还分析了当前中国地质工作面临的公益性队伍建设、找矿突破新机制、“十二五”部署等更高层面的问题。

2009年，西安地质调查中心从建立学习型党组织入手，结合学习实践科学发展观和地质改革发展大讨论活动，组织了9次党委中心组学习活动。深入贯彻学习十七届四中全会精神和国务院副总理李克强关于地质工作的4次讲话精神，使广大党员提高了判断形势的能力，理清了新形势下的工作思路，有力地推动了中心各方面的工作。通过凝聚力工程建设和“讲党性、重品行、作表率，树形象”活动的深入开展，使中心党员干部的作风建设得到了进一步加强。

（二）宣传和精神文明建设工作。

在西北地调网站上发表新闻稿件百余篇，宣传了西安地质调查中心地调科研及各项工作成果；2009年是新中国成立60周年和建局10周年大庆之年，中心以此为契机开展了一系列庆祝活动，先后举办了“新中国成立60周年”和“建局10周年”庆祝大会；以反映地质工作为主题的书画图片展览；“我为地质工作献青春”演讲比赛；参加了西安市石化农林工会举办的文艺会演；参加了中国地质调查局组织的文艺会演，并在石家庄分赛区中获得优秀表演奖（2010年3月26日，在中国地质调查局举办的第一届职工文艺会演——北京会演中，西安地质调查中心参演节目舞蹈《踏歌》获一等奖）；在杨家村家属区举办了老年节庆祝活动；成立了老年合唱团，参加西安市委老干部局举办的歌咏比赛并获优秀组织奖。

2009年，西安地质调查中心因全面完成了各项工作任务且成绩突出，获得中国地质调查局表彰，这是中心自2001年以来连续第八次获得中国地质调查局表彰。

（三）开展学习宣传李向同志先进事迹的活动。

李向同志曾担任西安地质调查中心主要领导职

务，是新时期地质工作者的优秀典范。2009 年 11 月以来，中国地质调查局、国土资源部先后追授李向同志为“优秀共产党员”，号召国土资源系统全体党员干部向李向同志学习。作为李向同志生前主要工作过的单位，西安地质调查中心把向李向同志学习作为一项重要工作来抓。通过转发国土资源部党组“关于追授李向同志优秀共产党员称号的决定”，要求各部门认真学习；利用网络等宣传手段，深入报道李向同志的先进事迹和各部门学习动态；征集职工撰写纪念、颂扬李向同志事迹的文章；全力配合国土资源部和中国地质调查局开展宣传李向同志的先进事迹的活动，特别是做好部、局组织的巡回宣讲工作；编辑纪念李向同志文集；设置纪念李向同志生平材料展室等措施，号召全体职工发扬李向同志精神，继承李向同志遗志，增强西安地质调查中心的凝聚力和向心力。

（郝晓红）

青岛海洋地质研究所工作

青岛海洋地质研究所

地调与科研

全所 2009 年共承担各类地质调查科研项目 39 项，包括国土资源地质大调查专项中计划项目 2 项，工作项目 9 项；国家海洋专项工作项目 13 项，其中“118”专项 2 项，“729”专项 7 项，“920”专项工作项目 4 项；全球油气资源战略选区项目 4 项，全国油气资源战略选区项目 2 项；国家自然科学基金项目 3 项，大洋专项“十一五”研究项目 2 项，“863”项目子课题 1 项，“973”项目子课题 1 项，国家重大科技专项子课题 1 项，地方科技合作项目 3 项。新获批国家自然科学基金项目 3 项。

一、项目完成的外业工作量

全年共完成浅地层剖面测量 11301km，旁扫声呐测量 1108km，重力测量 13415km，磁力测量 16610km，单道地震测量 13974km，多道地震测量 7943km，多波束测量 18010km，单、双频水深测量 34326km，地质浅钻 48 口（总进尺 1716m），地质取样 1050 个站位，海洋沉积动力走航调查 1818km，海洋环境调查 30 个站位。采集的各类调查数据均通过了中国地质调查局组织的验收，2 项良好，其他均为优秀，全面圆满地完成了 2009 年度外业调查任务。

二、重要项目进展

（一）海洋区域地质调查。

1. “1:100 万大连幅海洋区域地质调查”项目与“1:100 万上海幅海洋区域地质调查”两个项目，通过资料处理解释与综合研究，系统获取了所涉图幅海区地形地貌特征、浅部地层的结构构造及演化机理、地球化学场和地球物理场特征及成因机制、新构造运动特点及规律等基础地质信息，特别是通过对东海 SFK－1孔的层序地层学、地球化学、微体古生物、古地磁及年代学方面的综合研究，提出了新的东海陆架海区浅部地层的划分方案。

2. “1:25 万青岛幅海洋区域地质调查”项目，开展了中比例尺海洋区域地质调查的试点工作。系统获得了测区内地形地貌、地质结构及沉积动力特征基础数据，初步划分了全区海域浅层地震相单元。开展了图幅内陆与遥感调查及现场勘测工作，初步划分了本地区主要地层的界线，并研究分析了地层与分布状况。

（二）海洋油气资源调查与评价。

1. “南黄海前第三系油气前景研究”项目探索形成了一套适用于获取南黄海海域深部地层反射地震采集技术方法，首次建立了南黄海古生代盆地的地质结构框架，并以优异的成绩通过了部油气中心组织的绩效考评，被考评专家评为“绩效考评项目的示范”。

2. “南黄海油气资源普查调查”项目，在二维地震的外业测量中系统地开展了采集参数试验，通过对试验资料的处理和对比分析，确定了合理采集参数，大大提高了深部弱信号的反射能量及信噪比，获得了高质量、高精度的地震剖面，为项目的下一步综合研究打下坚实的基础。

3.“920专项”油气资源评价项目发现了区块断裂构造对地球化学异常的控制作用，分析了烃源岩特征，确定了盆地主力生烃岩。在此基础上优选出两个有利油气勘探远景区，对指导下一步钻探和资源评价工作具有重要意义。

4.“墨西哥湾地区油气地质综合研究与区域优选”项目系统收集和分析了墨西哥湾海域油气勘探、开发和投资环境的各类资料，总结了墨西哥湾油气成藏模式和主控因素。对比研究成果对中国南海深水油气勘探开发具有重要的借鉴意义。投资环境分析对中国参与墨西哥湾油气勘探开发具有重要的指导性。

（三）天然气水合物资源勘查与开发的技术研究。

天然气水合物模拟实验室2009年又研制出两套具有自主产权的设备，分别用于天然气水合物热效应研究和天然气水合物力学特性研究，并开发出一系列实验测试配套设备，进一步拓宽了天然气水合物模拟实验的研究领域，使青岛海地所在国内水合物模拟实验研究方面保持领先地位，国际影响不断扩大。

该实验室成为中国目前唯一拥有海域和陆域天然气水合物样品的实验室。正开展中国海域天然气水合物样品的实验测试研究工作，多方位地开展含天然气水合物沉积层的物化性质研究。参加了祁连山冻土带水合物钻探工作，负责了样品的采集、保存与测试工作，完成了祁连山冻土带水合物样品结构的激光拉曼光谱测定，获得了可靠的实验谱图和数据，为国土资源部在国庆前夕宣布中国在祁连山冻土带发现天然气水合物提供了重要依据。

（四）海洋固体矿产等资源勘查。

中德合作“现代海底热液硫化物矿床成矿特征与古代相似矿床的比较研究”项目，系统总结了现代海底热液硫化物矿床产出的空间特征、构造环境与矿床类型，对印度洋西南中脊的硫化物成矿特征进行了总结，分析对比了古代与现代的Cyprus型和黑矿型矿床间的成矿特征差异与共性特征，编制了现代海底热液硫化物矿床成矿潜力图，初步建设了现代海底热液硫化物矿床成矿特征数据库。

（五）海洋环境地质调查与评价。

1.“黄河三角洲滨海湿地系统综合地质调查与评价”项目，建立了新生湿地三角洲沉积序列和时间框架、湿地系统生境演替与水化学空间配置模式，开展滨海湿地水文建模及水环境演化预测，通过实践形成了滨海湿地综合地质调查研究的系列技术方法和评价指标体系，为进一步开展全国滨海湿地综合地质调查与评价工作提供了示范和宝贵经验。

2.“长江口以北沙泥质海岸带地区环境地质调查与评价”项目，通过对日照-连云港海岸带海滩剖面监测及海岸带地质调查，揭示了人类活动对海岸带变迁的影响；编制了南黄海西部海岸带-陆架区1:25万底质类型图和灾害地质图；通过对钻孔岩心的综合地质分析和浅地层剖面解译，揭示了长江口滨外区自末次冰期最盛期以来沉积环境演化和地层结构，指出过去600年以来黄河沉积物对长江水下三角洲的发育的积极贡献。

（六）海洋地质和油气地质综合编图。

1.“我国海域1:100万地质地球物理系列图编制”项目，完成了南海幅空间重力异常图、布格重力异常图、磁力ΔT异常图、沉积物类型图和区域构造图等图件作者原图与说明书初稿的编制。《中国海陆地质地球物理系列图编制》项目完成了地理底图初稿的编制和各种草图初稿的编制。首次提出了以全球构造活动论和板块构造理论为基础的“块体构造理论”，并将“块体构造理论”应用于指导中国海陆地质地球物理系列图的编制中。

2.“中国海域油气勘探开发数据库及形势图”项目总结中我国海域油气勘探的最新形势与动态，完成了2009年度成果图件编制工作，并汇总了国家油气战略性调查的工作成果，提出了下一步可能的勘探区域。成果图件及时提供给国家等有关管理部门使用，为及时了解中国海域的油气勘探开发现状、资源开发战略与利用形势等提供地质信息服务，取得了良好的社会效益。

（七）淡水资源调查。

“舟山海域海底淡水资源调查”项目，作为中国首次在群岛海域开展的系统性海底淡水资源调查工作，对获取的单道地震资料，进行了数据初步处理，获得了调查区内比较清晰的地球物理反射界面；进行了舟山群岛岛上和上海邻近东海陆地地区水文地质踏勘工作，收集了上海地区的地质、水文地质资料（水文地质报告、地下水长期观测孔资料），对上海地区的第四纪水文地质条件有了更深入的认识。

三、获奖和论文情况

1. 青岛海地所承担的“山东半岛北部滨海环境地质调查与评价”项目获得国土资源部科技进步二

等奖；2009年青岛海地所荣获国土资源部、国家发改委、财政部“新一轮全国油气资源评价工作先进单位”荣誉称号；2人荣获先进个人称号；1人荣获优秀组织者称号；“我国其他海域油气资源潜力分析及发现趋势预测”获优秀成果荣誉称号。

2.2009年青岛海地所第一作者发表论文68篇，会议论文11篇，其中SCI，EI检索论文15篇，核心期刊论文46篇。《我国近海海域多目标区域地球化学数字图集管理软件》等获得计算机软件著作权登记2项。

四、新上项目申请情况

2009年，新上项目14项，主要包括国土资源大调查项目3项，729新开项目2项，920专项新开项目1项，全球油气选区项目2项、863项目子课题1项，国家重大科技专项子课题1项、地方合作项目3项。

五、地质调查科研创新机制建设

1. 积极推进“中国地质调查局海岸带和大陆架地质研究中心”建设。5月17～19日在青岛召开了中心第一次执行委员会工作会议，局系统和沿海省市地质调查院共22家单位参加了本次工作会议。确立了以“中心”为纽带，组织协调全国地质调查科研力量，推进海岸带地质工作的机制，明确了“中心”的定位和职责。“中心”作为中国地质调查局的海岸带地质和大陆架地质工作的业务支撑机构，将在海岸带地质工作统一部署、组织实施、人才培养、国际合作交流等方面发挥重要作用，集成全国优势地质调查科研资源开展海岸带地质大陆架地质工作，全面推动海岸带地质事业的发展。

2. 继续做好“国土资源部海洋油气资源与环境地质重点实验室”的运行工作，加强科技创新平台与地质调查科研项目的结合。颁布了《重点实验室2009年度开放基金项目申请指南》，经专家评审，确定了22个资助项目，包括2个重点项目和20个面上项目。开放项目紧密围绕重点实验室的学科建设方向，密切结合所地质调查科研项目，集中开展基础地质科学问题和关键技术的攻关，综合提高重点实验室的创新能力。

3. 继续积极参与“青岛海洋科学与技术国家实验室”的筹建工作。目前国家实验室建设项目详细规划已经获得批准，首批建设工程已经启动。功能实验室和平台建设论证工作稳步推进。

六、学术期刊、实验测试和信息服务工作

1. 本年度出版完成《海洋地质与第四纪地质》5期、《海洋地质动态》11期。《海洋地质与第四纪地质》本年度出版增刊1期（其中第4期为第四届全国沉积学大会专刊）。《海洋地质与第四纪地质》在2009年中国科学技术信息研究所中国期刊计量指标数据库公布的影响因子为0.616，被引频次为798，5年影响因子为0.958。《海洋地质动态》针对海洋地质科技发展新动向，组织编辑出版了《油气地球化学》专集，并在2008年获得山东省优秀期刊的基础上，2009年又入选中文核心期刊。

2. 2009年海洋地质样品库，共整理入库已分剖的样品182箱，共计578件。同时，对已整理样品进行电脑录入工作，共录入1587条记录。完成27项课题，715件原始资料的归档工作，科技资料归档完成报告及附图、海图件共445件。

3. “海洋地质数据库”2009年完成10余个项目的公众服务数据产品，编制了海洋地质数据库建设工作指南，开发了数据库专业应用子系统，实施了地质调查数据共享服务平台建设。“海洋地质数据库系统”已在国家地质信息网内运行，实现了元数据、地质调查原始数据、分析测试数据、成果图、研究报告和专业应用等内容的网络服务。

七、稳步推进国际合作与对外交流

1. 国际合作交流成果丰硕。2009年，青岛海地所共派出22人次出国访问与交流，接待国外专家到访与合作洽谈9个批次，接待来访人员共26人次。

2. 积极推进以“中荷海岸带地质研究中心”为平台的交流活动。开展人员交流和互访。确定了海岸带地质环境监测、海岸带全球变化响应、海岸带空间规划等重点领域的合作和交流主题，为下一步工作部署打好了基础。

经青岛海地所推荐，荷兰专家Cees Laban博士先后获得青岛市人民政府颁发的“琴岛奖”和国务院颁发的“国家友谊奖”，并参加了国庆60周年国庆观礼。

3. 成功承办了第四届全国沉积学大会。经过4年的积极筹备、协调和组织，来自国土资源部、中石油、中石化、中海油、中科院及地勘单位、大专院校等45家单位的770余人参加了此次会议，是历届沉积学会会议规模最大的一次。大会共收到论文176篇，论文摘要372篇。组织编录了《第四届全国沉积学大会论文摘要汇编》、《第四届全国沉积学大会论文集》等大量的文献资料。

改革与管理

2009年，强化基础管理和队伍能力建设，保障全所各项工作的有序开展。

一、加强目标管理

所领导与各部门负责人签订年度综合目标责任书16份。内容包括：主要工作、安全生产、社会治安综合治理、人口与计划生育、保密等目标责任；各专业委员会也及时召开了相关年度工作会议，部署相关工作、确定年度工作计划。

二、修订完善规章制度

依据国家相关法规，对正在执行的规章制度进行全面清理，使之完善。修订出台了《地质调查研究项目采购和招投标管理办法》、《差旅费管理办法》、《通讯管理规定》、《工作规则》、《企业管理办法》、《地调科研管理办法》、《年度考核办法》、《非在编人员管理暂行办法》等19项管理制度。并结合审计整改，建立适合青岛海地所工作特点的分配制度及激励机制，召开职工代表大会讨论通过《内部收入分配调整暂行办法》。

三、做好安全生产和保密工作

1. 加强安全管理。年初落实安全生产责任制，完善外业调查的安全生产管理程序；认真落实安全生产“三项行动”要求；建立健全安全生产管理网络，完善我所安全生产管理制度体系；进一步理顺项目管理、外业协调以及安全生产关系；建立船舶档案和落实船舶作业安全检查制度。开展“安全生产月”活动，加强全员安全培训和外业安全检查监督、车辆运输安全管理。年度外业作业船只18艘，安全优质地完成了外业施工任务。

2. 做好保密工作。按照国土资源部办公厅、中国地质调查局的工作部署，进一步加强保密宣传教育，修订完善相关保密制度，落实全员签订保密工作承诺书。强化了保密责任意识。继续做好所出版各类专著、文章发表、涉密资料复印的保密审查；按保密要求做好地质成果资料的管理。加大所涉密计算机、移动存储设备的使用管理力度。加大对保密工作重点部位、重点岗位的保密检查力度。将检查结果纳入年度考核，将细致的保密工作落实到工作的全过程中。使青岛海地所保密工作更加扎实有效，保障地调与科研和各项工作的顺利进行。

3. 加强社会治安和综合治理工作。进一步加强社会治安和综合治理工作。2009年，全所无重大治安案件、刑事案件、火灾、交通等重大灾害事故发生，也无非法集会、示威、集体上访等闹事事件。做到政治稳定，单位工作秩序和生活秩序正常，保障了全所地调与科研各项工作的顺利进行，有力地维护了社会的政治稳定。

四、基础设施建设不断完善

1. 加强队伍能力建设，适时进行组织结构及人员结构的局部调整，进一步明确各部门的职责。为加强青岛海地所外业调查能力，充实一线调查人员队伍，年初组建了“海洋地质调查技术方法研究室”。

2. “业治铮号”调查船首次进行了单道地震、多波束测量工作，2009年高质量、高效率地完成了1:100万上海幅海洋区域地质调查项目多波束测量18010.8km；单道地震测量3310km；ADCP走航调查150km。

3. 完成第一批“野战军”装备规划专项设备采购收尾和第二批“野战军”装备规划专项的15套设备采购工作；完成第三批“野战军”装备规划专项的3套设备采购合同的签订。并组织完成2009年所内政府采购设备336套，招标采购设备48套。

4. 实验室测试能力不断加强。2009年，实验室参加国家地质实验测试中心组织的有机地球化学样品比对测试，通过了有机污染物中有机氯农药（OCPs）和多氯联苯（PCBs）两项能力验证。显示了良好的分析测试水平，获得同行实验室的一致认可。

5. 通过对测试人员上机操作能力及样品测试结果的准确度、软硬件检查、计量认证知识、授权签字人能力等全面的考核、审查和评估，评审专家一致同意实验检测中心和珠宝玉石检测中心通过计量认证工作。

6. 建立了针对中国海域天然气水合物地震资料精密处理的两项特色技术流程，新方法提高了水合物预测的精度，提高了海域水合物的勘探识别能力。

7. 2009年加快了青岛海地所东部基地前期调研、筹划进程，在部、局领导的支持下，经与地方政府及相关部门多次沟通协商，已达成选址初步意向。

8. 年初制定了质量管理体系认证工作计划，重新编制完善质量管理体系文件，进行了内审员培训，开展了内审和管理评审，于3月底通过认证公司的审核并获得了认证证书。并严格按照质量管理体系文件的要求开展工作，各个环节得到了有效控制，质量管理体系运行有效，确保了成果质量。

五、加强队伍能力建设

1. 人才培养和引进。2009 年，青岛所在读博士 9 人；在读硕士 6 人；毕业 4 人。根据所 2009 年度招聘计划，2009 年引进录用 13 人，其中博士 4 人（其中博士后 2 名），硕士 9 人。

2. 重点加强以施工监理为核心的外业生产质量控制和监督工作，部署安排 2009 年外业调查基础培训工作。组织了“海上调查施工监理培训班”，邀请专家对所 52 名外业调查生产技术和管理人员，开展了“海上物探采集与监督”、“海洋地震探测”、“重力、磁力测量”“海上地质取样”和“浅地层剖面测量”等外业调查技术方法的业务培训和技术监理工作要点培训。

3. 为适应地质调查工作的需要，保障野外工作人员的安全和提高其作业能力，所组织了两次“四小证”培训，累计培训人员 72 人，70 人获得合格证书。

4. 继续做好在职人员继续教育工作。2009 年安排 1 名所领导参加井冈山干部学院培训，1 名处级干部参加了中央党校国家机关分校培训；3 名处级干部分别参加了省委统战部和青岛市委统战部组织的脱产学习。1 人顺利从泰山外语培训班结业，有 1 人博士后出站。

5. 做好青岛海地所工人技术等级的考核和聘任工作。青岛市人事局组织的工人技术等级考试，青岛海地所共有 14 人获得相关证书。并对 6 名取得高级工资格的人员予以聘任。

六、广泛开展地质找矿改革发展大讨论

根据部、局部署，开展了地质找矿改革发展大讨论活动，完成了 4 个阶段的任务，实现了各个阶段的任务目标，获得一系列成果。

按照部、局的总体部署要求，成立领导小组和工作班子，制定实施方案，编印了学习材料；通过召开党委会、中层干部会议、全所职工动员大会，广泛发动、部署到位。活动中，印制大讨论学习资料 120 份；完成调查问卷 100 份；召开各种研讨会 26 次；撰写大讨论简报 12 期；各研究室撰写总结与分析报告 12 份。组织开展了多种形式的座谈研讨和调研工作，院士和部局领导专题报告 9 个，进行专题研究 9 次，走访调研 20 多家兄弟单位；修改制度 9 项，形成新制度 10 项；针对重大问题，深化讨论研究，分层次、分领域提出解决的措施建议。针对突出问题，提出相应的解决方案，按照轻重缓急和难易程度，分阶段逐步推进，解决重大突出问题 12 项。对讨论活动进行认真总结，形成阶段性总结报告报局。

通过大讨论活动，解放了思想，统一提高了认识，查摆梳理出了海洋地质工作中存在主要问题及建议，解决了部分久推不决问题。根据大讨论专题成果，重新编制了《青岛海洋地质研究所中长期发展规划》，明确了青岛海地所的战略定位、发展方向、主要任务、中长期目标。

经济管理

2009 年，财政资金支出为 17133.18 万元，财政支出预算中，上年结余数为 3402.08 万元，本年基本支出预算为 1928.36 万元，本年项目支出预算为 15204.82 万元。财政资金预算总额 15022.23 万元，2009 年全所预算执行率达到 93 %。

一、科学编制项目预算，强化预算约束力，确保国家资金安全和高效运行

严把项目立项和设计审查环节预算关，统筹协调技术与经济管理，强化财务管理，加强项目实施进度、预算执行、经费支出的有效监督。查找漏洞，完善管理，明确各个环节的审查、审核责任，规范运行程序，着力提高预算管理和财务管理的水平。

二、加强审计整改工作，完善制度，提高运行效率

针对审计署资源环保局对所 2008 年预算执行和其他财政收支情况审计发现的 15 个主要问题，所高度重视，并认真进行了整改工作。按照审计署和部、局党组的要求，提高认识、端正态度，认真查找问题，多次召开不同层面的专题会议，研究整改方案，着力加强基础管理，使青岛海地所今后的工作步入规范、健康有序发展的轨道。

三、做好企业的清理规范工作

按照部、局的统一部署，对所属企业进行全面清理。对发展前景和经济效益好的企业进行规范；对规模小，发展前景不理想的企业予以撤销或重组。现拟撤销所属企业 4 个，撤并 1 个。此工作方案已上报地调局，相关审计、清算及注销工作正在进行之中。

四、规范任务分包，严格执行政府采购相关规定

根据2008年审计署对青岛海地所审计工作的整改要求和国家相关规定，2009年青岛海地所进一步规范外协分包的管理工作，认真组织了大型外协分包项目的招投标工作。出台了所《地调科研项目招投标管理办法》和相关细则，制定了招投标工作计划。完成了本年度全部外业调查分包任务、调查船和设备租用、地球物理资料处理、样品测试分析的分包和外协任务的竞争性谈判工作。

五、开展“小金库”专项治理自查自纠工作

“小金库”治理工作，所成立了专项治理领导小组及工作机构，并印发文件部署“小金库”专项治理工作。按照局文件精神，从进一步加强作风建设、建立健全惩治和预防腐败体系、推进党风廉政建设的角度出发，为确保将“小金库”治理工作的责任落到实处，并按要求提交了承诺书，明确责任，认真开展自查自纠和清理工作。

六、发挥海上技术优势，积极开拓市场

1. 所属企业海洋地质工程勘察院2009年共承揽了99个项目，其中岩土工程勘察项目61个，施工项目2个，工程测量项目36个。年完成产值3100万元。

提高企业在行业中的影响力和知名度。获2008年度青岛市优秀建设工程勘察设计二等奖、三等奖各一次。获得山东省优秀测绘产品二等奖一次。青岛海洋地质工程勘察院被评为2008年度山东省测绘行业协会先进单位。

2. 积极为国家和地方经济建设服务。通过竞标获得了“港珠澳大桥人工岛填筑砂源地勘查”与“宁波舟山海域海砂资源调查”两项社会项目。“珠港澳大桥人工岛填筑砂源地勘查”项目完成了外业调查及样品测试、综合研究等工作，编制了项目勘察和储量报告，提交了近亿立方的海砂资源储量，有力地支持了国家重大工程建设。“宁波舟山海域海砂资源调查”项目，完成宁波舟山海域内海砂勘查调查工作，详细查明勘查区的海砂资源量，编制海砂开采规划与采矿权设置方案，将为浙江省国土资源厅进行海砂矿政科学管理提供依据和技术支撑。通过开展上述科技服务项目，实现了青岛海地所海砂勘查市场的开拓及海砂资源调查工作的社会化服务功能，延长了海洋地质工作服务链，同时为所的稳定和发展创造了经济社会效益。

党建与精神文明建设

以党的十七大精神为指导，以深入学习实践科学发展观为统领，紧紧围绕“地质找矿改革发展大讨论”和加强作风建设活动为目标的任务，抓班子、带队伍、促活力，确保为地调科研工作和职工队伍稳定提供了强有力的政治保证和组织保证，全力推动海洋地质整体工作健康协调发展。

一、扎实开展深入学习实践科学发展观活动

根据青岛市学习实践活动的统一部署，青岛海地所作为青岛市学习实践活动第一批参加单位，3～9月份分3个阶段开展了为期6个月的学习实践活动。活动中，制定和落实青岛海地所实施方案，认真贯彻落实学习实践活动各个阶段的工作部署和要求，坚持解放思想、突出特色、贯彻群众路线、正面教育自我教育为主，坚持学习实践活动和推动工作“两不误、两促进”，把理论学习贯穿始终，扎扎实实地抓好3个阶段9个环节的工作，青岛海地所学习实践活动取得了较好的成效。

通过学习实践活动，加深了对科学发展观的理解，进一步增强了贯彻落实科学发展观的自觉性和坚定性；广大党员受到了一次较为深刻的思想教育，提高了认识，统一了思想，凝聚了合力；在深入调查研究的基础上，制定了促进青岛海地所发展的战略蓝图，初步解决了制约青岛海地所科学发展、群众反映强烈的突出问题，促进了青岛海地所地调科研工作科学发展的长效建设机制，有效地提升了全所的整体工作能力。活动结束时，对学习实践活动在所领导、中层以上领导干部和群众代表中进行了满意度测评，经评议，满意率达96%。

二、固本强基，强化党建工作作用

1. 建立健全党内各项规章制度，不断夯实党群工作基础。紧密结合青岛海地所地调科研工作的实际，遵循在实践中探索、用实践检验的原则，起草了《所党委议事规则》、《党委中心组学习制度》、《党支部组织生活会制度》等办法，进一步夯实了党群工作基础。

2. 规范组织发展程序，做好党员发展和入党积极分子的培养工作。认真贯彻上级组织部门关于党员发展的要求，印制了《入党积极分子考察表》，进一步规范了入党程序。在发展党员工作中，坚持端正入党动机，注重工作表现，加强培养考察，严格发展程序等方面严把“入口关”，发展新党员2名，预备党员转正5名。同时注重积极分子队伍的培养，引导生产骨干、专业技术人员向党组织靠拢，不断壮大积极分子队伍。

3. 不断加强统战工作。所党委高度重视统战工作，加强与统战人士的沟通联系，抓好民主党派、少数民族和侨眷及无党派人士的各项工作，定期召开统战座谈会，认真听取他们的意见，从工作上、生活上进行关怀和帮助，落实有关政策，解决相应的困难。

年初安排3位党外处级干部参加了由省委统战部和市委统战部组织的学习培训活动。党委办公室负责统战的同志也获得了山东省委统战部的表彰，被评为全省统战先进个人，并记二等功一次。

4. 加强共青团工作。按照所的总体工作要求，组织团员积极投身于所的各项工作中、在本职岗位建功立业。

5. 加强离退休管理与服务工作。调整充实机构与人员，提高管理和服务水平。充分重视离退休人员的诉求，对他们提出的问题，做好解释、沟通、协调，增进相互理解，能解决的尽快解决。按照中组部有关文件精神，及时兑现了离休人员规范性补贴和退休人员部分生活补贴的发放工作。

三、加强纪检监察审计工作

搞好纪检监察审计工作，推动制度执行力建设，进一步加强反腐倡廉教育，邀请市检察院来所进行预防职务犯罪教育，推进惩防体系的建设，进一步加强监督检查和内部审计工作。

2009年根据审计署审计移送书和局党组、纪检组的要求，成立案件查处领导小组，组织开展了案件查处工作。在局党组、纪检组的领导下和局监察审计室的具体指导下，已办结1件，2人受到政纪处分。并召开了全所中层干部会议通报相关情况，进行警戒谈话。

四、加强凝聚力建设，创建和谐海地所

以学习实践科学发展观和开展地质找矿改革大讨论工作为主线，围绕所中心工作，加强“凝聚力”建设，大力营造和谐融洽的环境氛围，优化工作环境，理顺工作秩序，保持旺盛的工作精力，全身心投入到工作中去。

1. 1月份组织了建所30周年庆典活动。总结和展示了所30年来的成长发展历程及取得的重要科研成果。

12月份成功承办中国地质调查局第一届职工（青岛组）文艺会演。通过一系列活动进一步凝聚力量、激发全所职工奋力拼搏、无私奉献的工作热情。

2. 对职工食堂进行了改造装修，为职工提供了良好的就餐环境；改造篮球场、修建了室内灯光篮球场和职工健身活动室。

3. 2009年为参与野外作业的119人购买了意外人身保险。

4. 根据人事部的相关规定，完成了地勘工资的测算、上报和兑现工作。

5. 组织开展丰富多彩文体活动，活跃职工和离退休人员的生活，组织了春节游艺会、职工运动会、外出考察参观等活动，营造了互相理解、支持的良好氛围，保障了全所整体和谐稳定。

在2009年评先选优活动中，所先进集体5个，先进班组4个，先进个人16个，优秀中层干部4个。《海洋地质与第四纪地质》被山东省新闻出版局授予学术类优秀级科技期刊；所工会被青岛市总工会授予“青岛市工会工作优秀单位”称号；1人被国土资源部、发改委、财政部联合授予“新一轮全国油气资源评价工作优秀组织者”，2人评为“新一轮全国油气资源评价工作先进个人”；1人被山东省委统战部授予全省统战先进个人、并记二等功一次；1人被中国地质调查局授予“女职工建功立业标兵”称号；1人被青岛市科学技术协会授予2009年度学会工作先进个人；1人被青岛市保密委员会授予“区域保密先进工作者”；3人被青岛市委统战部和青岛市侨联授予“侨联先进工作者”；1人被青岛市总工会授予“青岛市先进女职工”；1人评为“青岛市建功女明星”；2人被青岛市地质学会授予“青岛市地质学会先进工作者”，1人被山东省编辑学会评为第二届山东省优秀编辑奖。

（臧运波）

广州海洋地质调查局工作

广州海洋地质调查局

地质矿产调查

2009年中国地质调查局下达的地质调查项目共有10项："北部湾广西近岸海洋地质环境与地质灾害调查"、"华南西部滨海湿地地质调查与生态环境评价"、"南海北部湾全新世环境演变及人类活动影响研究"、"1:100万海南岛幅区域地质调查"、"1:100万中沙群岛幅区域地质调查"、"东沙群岛海域陆坡深水区油气资源调查"、"南海北部陆坡深水区油气资源普查"、"南海科学考察"、"南海海域陆坡深水区天然气水合物资源调查"和"南海北部中生界油气资源前景与战略选区"。

国土资源部油气中心下达的地质调查项目有1项："南海北部中生界油气资源前景调查与战略选区"。

针对地勘科研任务较为繁重的特点，广州海洋局提前进行了部署和安排，从船舶设备维修保养、人员调配、物资供应到施工设计、设备引进等各个环节均做了精心准备。3月9日南海海况刚好转，广州海洋局就启动了海上地质调查工作，创造了历年计划内项目出海作业最早的纪录。全年先后组织4艘调查船出海28艘次，累计海上生产作业时间长达604天，安全航行约79464海里。克服了恶劣海况等种种困难，抢抓海上生产的有利时机，创造了同一天码头最繁忙（1艘船出港、3艘船陆续进港）的纪录。海上调查工作共完成工作量：多道地震18290km，准三维多道地震3241km，单道地震8440km，重磁测量26834km，综合物探1768km，单波束水深测量27437km，多波束水深测量25658km，地质取样331个站位（含热流测量），海水取样138个站位，温盐深测量81个站位，走航海流观测1494km，定点海流观测2站次，海滩剖面观测10个桩位，浅钻井1口，进尺35.8m。项目设计均通过专家评审，优良率100%；野外工作质量全部评为优秀。

中德合作在南海北部湾开展海上资料采集工作尚属首次，广州海洋局高度重视，精心组织，制定了野外调查工作系统工程表，召开协调会，加大船舶改造维修和船容船貌的整改，调配好仪器设备，确保"奋斗五号"船安全生产并顺利完成任务。为确保南海科考任务完成，杜林坚副局长亲临一线随"探宝号"船出海。于10月21日全面完成海上调查工作，其中包括"863"海试任务。充分展现了广州海洋地质调查局作为国家海洋地质野战军能打硬仗、善打硬仗的主力军形象。

此外，广州海洋局有10名科技人员参加了中国大洋协会组织的"大洋一号"船大洋科学考察第21航次（DY115－21）6个航段的调查。

主要工作成效如下：

1. 历时6年呕心建造的"海洋六号"调查船终于在2009年10月18日入列，广州海洋局海洋地质调查技术基础支撑能力得到了很大的提升。

2. 原位孔隙水采样技术获得成功，在国际上首次直接从深海海底沉积物中获得原位孔隙水样品。是天然气水合物勘探开发技术的重大突破，也是国家"863"项目又一项具有开创性的成果。

3. 由广州海洋局自主研制的单道地震震源电火花电极首次投入到地质大调查野外工作中，采集的野外资料质量良好。打破了中国电火花电极长期依赖进口的被动局面。

4. 生产调度通讯指挥监控系统已建成并投入使用，加强了海上作业船舶的科学调度与实时监控，为提高工作效率，降低风险系数增加了保障。

5. 挂靠广州海洋局的海洋地质专业委员会被评为中国地质学会科普工作先进单位。

地质调查项目管理

2009年广海局共完成地质调查成果报告12份，其中7份成果报告已通过了地调局组织的评审，均评为优秀级；向地调局资料馆汇交地质调查成果资料5份，同时也向全国地质资料馆进行了汇交；联合勘探专项在三维地震资料精细解释和第一批3口预探井钻探成果综合研究基础上，及时提供井位地质设计，确保了联合勘探第二批油气钻探的顺利实施。

承担科研项目33项，其中“863计划”研究课题11项（主持8项，参加3项）、“973计划”研究课题3项（主持2项，参加1项）、主持国家基金项目研究课题1项、国土部研究专项课题7项、大洋专项研究课题10项、公益性行业科研专项经费课题1项。目前各科研项目按计划进展顺利。

广海局科技人员全年公开发表论文73篇，出版专著4部。其中在SCI刊物上发表论文7篇、核心刊物发表论文34篇。取得发明专利5项，其中2项是广州海洋局单独申请的，3项是与石油大学、无锡研究所和地质大学共同申请的。2009年广海局科研立项申请工作进一步加强，成功申请到国家“863计划”重大项目“天然气水合物综合探测系统集成技术”及“天然气水合物成矿预测技术”课题，科研能力与水平进一步提升。

实施管理效能制度化，是单位能否实现年度工作目标的前提与保障。过去的一年，随着广海局各项管理制度的日趋完善，无论是人才的培养、岗位设置、质量管理还是安全生产及管理力度方面都有所加强。质量管理体系运行正常，地勘项目的年度工作方案和项目设计全部通过评审，优良率100%。质量管理工作根据国际和国家标准的变换，完成了新进人员培训、内审员的换版培训、《质量管理手册》和相关文件修订改版等工作，内审和管理评审皆采用2008版标准进行审核和评审，年底顺利通过中国检验认证集团公司的第二次监督审核。局船舶大队ISM安全管理体系运行正常，通过了年度审核。实验测试所通过了国家认监委组织的实验室认可和计量认证复评审。

国际合作与对外交流

广州海洋地质调查局始终如一地坚持加强国内外合作与交流，为科技人员提供了良好的学术交流平台。继2008年与中山大学签署战略性合作协议共建“海洋学院”和“海洋研究院”后，2009年又成立了局校合作委员会，并达成共同建立中山大学广州海洋地质调查局博士后科研流动站、共建中山大学海洋学院人才培养基地等合作意向。全局共有22位教授级高工被聘为中山大学客座兼职教授。

2009年广州海洋局共组织南海资源学术交流会、中非油气资源学术座谈会、“海洋地质、矿产资源与环境”研讨会等各种交流活动、学术讲座10多次，并邀请来自德国、英国、美国、加拿大及国内的专家学者就当前地质前沿问题进行学术交流。中德两国政府共同出资的合作项目“南海北部湾全新世环境演变与人类活动影响研究”，中德双方26名技术人员紧密配合、齐心协力，顺利完成了2009年度的海上调查任务和部分2010年度的工作，双方还签订了下一步合作计划备忘录。不仅增强了彼此之间的友谊，也达成了合作发展的共识。

综合行政

2009年，广州海洋地质调查局不断改进和完善文秘档案与保密工作。逐步完善公文处理办公自动化系统，加快办文速度，通过提高效率，进一步加大文件的催办力度。通过规范了档案的日常管理，提高档案管理的工作效率，广海局被广东省档案局评为“2009年度省直档案工作评估优秀单位”。

按照国家保密局和省保密局统一部署。广海局采取自查和实施抽查相结合的方式，对全局计算机及网络安全进行了全面严格的排查，并认真开展保密承诺书的签订工作，加强了保密工作的建设。

广海局宣传工作围绕海洋地质工作中心，在局域网宣传栏开辟“科学发展观”、“地质找矿大讨论”等专栏，为局中心工作营造了良好的舆论氛围。编辑《广州海洋地质》简报9期36版约18万字，在局域网宣传栏组织发布信息1200篇，编制宣传橱窗、张贴宣传图片、挂页等20期次，全面、及时、准确地报道了局各项重要部署和工作成果，宣传工作质量稳步提升。及时组织对外新闻报道工作，据初步统计，全年在人民日报、科技日报、中国国土资源报等主流及专业媒体刊发广海局有关报道30多篇。其中采访马申达局长的访谈文章《海洋地质工作任重道远》、反映中国海洋石油地质调查成就的通讯《踏浪中国海》、反映广海局天然气水合物综合调查船设计始末的通讯《梦圆海洋六号》等多篇重点报道皆被中国国土资源报评为好稿，并受到广泛关注。陈惠玲被国土资源报评选为2008年度优秀记者。《世界第一艘综合地质地球物理调查船下海》被评为2009年十大地矿新闻。

广海局按照地调局党组的部署，科学合理地组织开展地质找矿大讨论活动，历时5个月取得了预期成果：

在局域网开辟“地质找矿改革发展大讨论专栏”，刊登学习信息101篇，编写38期简报，超额完成了地调局下达的任务指标。局简报有7期内容被地调局简报摘编、4期被地调局采用并全文转发、5期被地调局网站“深入开展作风建设活动”专题栏目全文转载、1期内容被《部内要情》摘编。地质勘查导报登载了广州海洋局科考人员《大洋探宝300天》的采访对话；《广海局紧密结合实际开展大讨论》的消息在地调局系统第一个为地质勘查导报找矿大讨论专栏刊载。中国国土资源报也刊发了金庆焕院士《开发海域资源，实现勘探突破》的建言和马申达局长《海洋地质工作任重道远》的访谈录。

成功组织各类专题研讨会15次，形成专题研究报告8篇并提出《需部局协调和国家层面解决的问题与建议》；组织上报地质找矿改革发展大讨论征文15篇，收回局情调查问卷7篇和地调局大讨论问卷调查479份；被地调局称为“在征文活动中表现尤为积极的单位”。挂靠广海局的中国地质学会海洋地质专业委员会，在大讨论活动中依照学会的总体布置较好地完成了各个阶段的工作，受到学会的表扬。

经济与财务管理

2009年，广州海洋地质调查局认真总结经济运行政策和运行方式，全面完成审计整改工作，加强费用的审查监管，严格控制会议费、招待费、出国费；全面落实各项资金，保障用款需要；全面落实年度基层单位的内部经济责任制；认真开展小金库的检查和大调查项目的自查自纠工作；做好关停企业的资产处理、审计、工商税务注销和产权注销等工作；接受了科技部对“863”项目审计、地调局对“四项费用”及竣工项目的检查，以及大洋项目评估和油气中心的绩效评估。2008年度的部门决算、大调查决算、企业决算、基本建设决算年报均获地调局一等奖。

为贯彻落实中共中央《关于党政机关厉行节约若干问题的通知》、《关于坚决制止公款出国（境）旅游的通知》等文件精神，局专门制定下发了《关于实行开源节流增收节支措施的通知》。已连续3年实行了《局机关办公综合经费定额方案》和《调查船用油量化考核方案》，实施情况良好；2009年广海局未安排车辆购置经费，公务接待经费减少13万元，无超预算因公出国（境）情况。

本年度受宏观经济形势的影响，海洋地质市场创收项目萧条，陆地地质市场和多种经营企业也同样受到波及。但当国家计划任务与市场创收有冲突时，广海局仍坚持以国家任务为重的原则，上半年放弃了近3000万元二维地震创收业务。下半年在保证完成国家地勘任务的前提下，调整运营策略，积极公关承揽海上地质市场项目。实现全局对外创收约22392万元，其中海洋地质市场创收1500多万元，多种经营创收20892万元。全局经营、物业单位实现无一亏损。

根据部和地调局的要求，年底撤销了二海勘察公司；原服务公司进行重组，更名为广州基地管理处；对四海开发实业公司进行调整，缩小了公司经营权限，原物业划归基地管理处；关闭了四海液化气站，消除了基地的最大隐患，从根本上彻底解除了职工、居民的后顾之忧。

基建与装备管理

南岗基地基础设施改造工程已全面铺开。这是继供电、供水系统改造和设立监视系统后，对排水、排污、道路、绿化、车库全面改造提升的配套工程，整个工程预计2010年6月完工。到时职工的生产生活环境将得到大幅度的改善。

2009年还相继完成了信息所资料库图书馆扩建装修、扩建了新网络机房，并对码头的电力设施、消防设施，南岗基地配电房消防器材进行修理改造，加固危险地段的围墙，为安全生产打下坚实的物质基础。

实施海保工程装备计划是广海局近年来最为重要的装备更新换代计划，将决定全局未来的发展方向。在人手紧、生产任务重的情况下，局组织相关专业技术人员，配合上级有关部门，及时提交了“初步项目建议书”和“详细的项目建议书”，编制了基本项目可行性研究报告，并向地调局、国土部和国家发改委进行了专题汇报。

在局系统内首次改建海洋地质单身职工公寓并投入使用，既是精神文明建设的典范，也是吸引人才、留住人才的一大举措。为改善职工的就餐条件，让大家在品种和口味上有更多的选择，局加大了资金投入，添置了不少设备，使南岗基地自助餐在新年一上班就正式开业。广州片也采取了根据职工个人爱好自助灵活的就餐方式。

干部人事教育

坚持引进人才与培养人才两措并举，高学历人才显著增加。去年选派13人参加各类学历教育，有1

名博士、3名硕士完成学业，取得学位证书；新引进科技人才34人。目前，全局有博士30人，硕士93人。先后组织70人参加2009年全国BFT考试，全局有141人获得BFT证书，其中高级85人，中级30人，初级26人。组织岗位技能等培训242人次，选派35人参加船员“四小证”培训、技术人员到国外培训和学术交流77人次。同时做好科技人员的推荐选拔工作，已初见成效。

为深化劳动用工制度，根据实际情况努力做好新《劳动合同法》的学习贯彻实施工作，注意合法规范用工，杜绝劳动争议。根据工作需要，与到期仍用的合同工续签了劳动合同；与新招临时工及时签订了规范的劳动合同，缴纳了社会保险；同时加强人员的合理调配，妥善安置了14名关闭企业的职工。

根据国家收入分配制度改革精神和2008年职工年度考核情况，完成了全局在职职工考核晋升薪级工资工作，建立和实施了离休人员生活补贴。年度人才统计报表、工资统计报表、职工工资测算表、人事综合报表均被地调局评为优秀，质量综合评定为一等奖。

目前，全局实际离退休人员已达856人，管理和服务难度日益加大。广海局从政治和生活上关心离退休人员，坚持召开季度例会和每年一次局领导与离休干部的座谈会，听取老同志的意见和建议；认真落实探访慰问工作制度，及时送去组织的关怀；组织离退休人员参观“海洋六号”船，让他们感受广州海洋局改革发展的新气象；举办各种文体活动，丰富老同志的晚年生活。尽管国家拨的离退休费用严重不足，2009年局又补贴离退休人员拨款缺口3001万元，让老同志深切感受到单位尊老敬贤的关注之情，共享局改革发展成果。

安全生产管理

认真执行“安全第一，预防为主”的工作方针，层层落实安全生产目标责任制。每次海上生产协调会，都在部署工作任务的同时部署安全工作。局相关部门密切关注气象状况，做好防台风准备，安全度过了近年来影响广东最强台风“莫拉菲”的正面袭击；全年组织安全检查40次，对检查中发现的问题及时进行了整改；开展了安全生产月活动，宣传普及安全知识。全年共投入安全隐患整改和教育经费1656.8万元。全局安全工作形势平稳，实现了全年无人员死亡、无人员重伤、无重大经济损失责任事故的安全管理目标。去年9月初，地调局安检组来广海局进行安全大检查，给予了较高评价。

纪检监察审计工作

党风廉政建设坚持“标本兼治、综合治理、惩治并举、注重预防”的工作方针，并结合全局实际工作先后印发了《贯彻落实<建立健全惩治和预防腐败体系2008~2010年工作规划>的实施办法》及《加强处级领导班子和机关处（室）主要负责人监督暂行办法》；纪检干部全程参与基建项目的招投标和验收工作，加强了对敏感项目的监督管理。同时，认真做好案件的查处工作，并与局属16个单位签订了年度《廉政建设责任书》。

党群工作

2009年，广州海洋局紧紧把握住政治大方向，全面加强党的建设，深入开展宣传工作和精神文明建设，创造稳定的政治环境，党群部门围绕中心，服务大局，为完成各项工作提供了强有力的保证。

努力建设学习型党组织，坚持和完善理论学习制度，并结合局生产、科研、经营和管理工作实际，制定了党委中心组理论学习计划，明确了学习专题。定期召开中心组理论学习研讨会，把大讨论学习内容纳入党委中心组学习计划，着力破解影响海洋地质找矿工作重大突破的难题。

党的十七届四中全会召开后，局党委中心组及时组织学习全会公报和人民日报社论，研究部署全局学习贯彻四中全会精神相关工作，及时购买有关书籍发放到基层党支部，举办了两期“领导干部理论学习暨纪律教育培训班”。局领导班子成员结合各自分管的工作，从不同角度谈了学习四中全会精神的体会，发挥了领导干部学习理论的带头作用。

2009年，学习实践科学发展观进入整改阶段。广海局以学习调研和分析检查阶段梳理汇总的各类突出问题为依据，结合当前国内外海洋地质工作的形势，研究制定了具有针对性和可操作性的整改落实方案。在努力完成去年生产、科研和经营管理任务的同时，把整改方案中提出的10项措施，逐一落实。

为巩固和扩大学习实践科学发展观活动成果，年初广州海洋局按照广东省直工委的部署，开展了“转变作风抓落实”主题实践活动，把转变机关作风与抓工作落实紧密结合起来。围绕海上生产任务的要求，机关各部门在主动服务、提高效率、健全制度上认真抓落实。地科处、人事处、财务处、装备处急基层之所急，提前做好出海前的各项施工设计和人、财、物等生产准备工作；安保处及时做好防台风预案，排除事故隐患；生产调度处科学指挥精心调度，抢抓海上生产的有利时机；离退休人员管理处提出“让领导放心，让老同志满意”的工作目标，在市内增设财务报销点，解决居住在市内的老同志返回南岗基地报销药费的不便，让广大职工真切感受到了作风建设活动带来的新变化。

局工会加强民主管理，围绕中心、服务大局。结合2008年审计和2009年清理小金库发现的问题，组织召开了全局事务公开制度研讨会；开展了“送温暖”活动，慰问了特殊困难职工家庭；为调查船赠送了一批书籍杂志和体育用品，以调节职工野外枯燥生活。开展了丰富多彩的全民健身活动，组队参加了地调局第一届职工篮球赛并获得冠军和优秀组织奖；积极编排节目参加地调局首届职工文艺会演（成都组）获优秀表演奖第一名；组织全局职工参加广州市2009年全民健身活动启动仪式和登山健身活动，都取得了良好的成效。广海局被评为全国“2008年全民健身活动先进单位”，并获广东省第九届“体育节”活动“优秀组织奖”，局机关被评为广东省第九届“体育节”活动“先进单位”。

共青团建设不断加强。组织团员青年开展篮球比赛、外出联谊、野外拓展等丰富多彩的文体活动，参观“五四”活动图片展、参观广东科学中心和观看爱国主义教育片，弘扬爱国、科学、民主、进步的“五四”精神。开展“青年岗位能手”等评选推荐，评选表彰了局2007～2008年先进团支部、优秀团干和优秀团员，曾宪军被评为广东省优秀团员。

深入推进女职工素质提升工程和女职工建功立业工程。组织女干部参加“广东女干部学习讲堂”，举办计生干部培训班等活动，以公开招聘的方式选拔局女工委主任，极大地调动了女职工的积极性。局妇委会被评为2008年“全国巾帼文明岗”。测试所化学室获全国能源化学系统“女职工建功立业标兵岗”，张欣同志获全国能源化学系统“女职工建功立业个人标兵”荣誉。

（陈成毅）

中国国土资源航空物探遥感中心工作

中国国土资源航空物探遥感中心

航空物探测量（磁、重）全年完成30.3万测线千米。航空遥感摄影全年飞行面积为8.7万km^2。完成国家财政项目工作量10万测线千米，完成率达100%。

地质矿产调查

一、国家专项获得重大成果

国家专项工作任务全面完成，首次实现中国海域高精度航空磁力、重力大面测量，共完成磁、重测量160万测线千米。航空物探仪器研发和方法技术研究取得重大进展，在海洋油气评价方面取得重大成果。2009年7个工作项目报告终审均获“优秀”评价。2010年1月项目总报告通过终审，评为“优秀”获“总体达国际先进水平”的评价。“海洋地质保障工程”全面启动，3个课题设计均获“优秀”评价。

二、固体矿产资源勘查成果丰硕

依托部省合作平台，新疆1:5万航磁勘查连续3年取得突破，取得了当年飞行、当年检查、当年见矿、当年勘查的效果。累计发现铁矿17处，多金属矿2处，估算铁资源量23亿吨，有力地推动了西部矿产资源勘查进程，受到新疆和部、局的高度重视和肯定。

“重要铁矿成矿区带航磁靶区优选”项目提取与铁矿有关的异常3000余个，远景区5处。“江西武夷山北部地区直升机航空物探测量试生产”项目经地面查证，确定了7处具有铁、铅锌矿潜力的找矿目标。“青藏铁路沿线航磁成果综合研究”项目总结了青藏铁路沿线航磁调查找矿效果，发现磁铁矿体1处。

遥感技术在矿产资源潜力评价方面也有建树。西昆仑-阿尔金成矿带和青藏铁路沿线利用遥感异常提取技术，综合遥、地、物、化资料信息，圈定172处找矿靶区。

三、环境地质调查与监测亮点频出

“长江中上游（江津-宜昌段）1:5万航空遥感地质调查”项目2009年全面完成航摄工作，获取了4万km^2分辨率为0.35~0.5m的全数字航空数据及重点区1000km^2的机载雷达数据。这是中心继2003年在长江最低水位时记录了三峡库区历史现状后，再次获取了三峡库区蓄水后影像，为三峡库区生态地质环境变化，地形、地貌微变化遥感调查与库岸稳定性评价提供了高质量信息源，再一次得到部、局领导高度肯定。

“全国区域地质环境遥感调查与监测”项目实现了全国陆域覆盖，全面开展了第四纪地质、地貌，现代冰川雪线、河流湖泊、湿地、荒漠化、城市扩展等生态地质环境因子遥感调查与监测，为国家和各级政府部门开展环境治理、合理制定开发利用规划提供了依据。

“喜马拉雅地区重大地质灾害调查与监测”项目完成全区重大地质灾害调查与评价，为喜马拉雅山地区减灾防灾工作提供基础决策依据。

InSAR技术研究通过近年来不懈的努力，建立了趋于完善的方法技术体系。在中国首次实现了大区域地面沉降InSAR监测，覆盖华北平原、“长三角”地区等中国主要沉降区面积近30万km^2（包含北京、天津、上海3大直辖市的完整行政区域）。首次在中国应用InSAR技术监测高速铁路沿线地面沉降，并在京津城际高速铁路中取得成功应用，开拓了InSAR技术应用的新领域。

四、环境地质调查服务政府，提高国土资源管理支撑能力

经过4年多的努力，“矿产资源开发多目标遥感调查与监测”项目形成了以航遥中心为龙头，各省（区、市）公益性地质调查单位、行业及科研院所遥感力量共同参与的、实力雄厚的矿山遥感监测队伍。该项目由2008年的85个重点区增加至2009年的163个，开展了矿山开发和矿山环境动态监测，发现各种涉嫌违规开采点1.79万处。今年这一项目正式纳入全国“一张图”工程，成为国土资源部矿政管理的基础业务工作。

自1999年以来，中心已成为国土资源部土地管理长期稳定的遥感技术支撑单位。2009年在完成全国第二次土地质调查查工作的基础上，开展了“第二次全国土地质调查查统一时点底图生产”项目，继续服务于全国“一张图”工程和国家土地管理工作。

五、灾害地质调查评价为政府应急事件处理提供了快速准确信息

2009年朝核试验发生后，航遥中心在48小时内完成了航空物探调查系统集成和飞机改装，并立即赴测区开展工作，72小时内飞行了6个架次、2573.8km的调查任务，首次圆满完成了国家环境保护部交付的航空物探应急调查任务，其测量结果及时为政府决策提供了技术支持。

重庆武隆县铁矿乡鸡尾山山体滑坡后，中心再一次立即启动应急灾情调查工作，快速获取影像数据，开展了潜在滑坡危害评价。其航空遥感影像图与解译成果被及时送往部环境司等相关部门，为排查处置地质灾害险情和可能带来的次生地质灾害提供了直观依据。

地质科学研究

一、依托重大项目，研发能力不断增强，装备水平不断提高

“863”重大项目各研究课题进展顺利。自主研发的全轴航磁梯度勘查系统完成飞机改装并试飞成功，集成的航重系统已成为实施海保工程主要装备，航空TEM和能谱仪研制及综合勘查系统集成取得重要成果，标志着中国航空地球物理勘查技术方法研究和仪器研制取得了突破性进展，得到科技部高度重视和评价。

承担的国家高分专项有关工作，为7颗星开展了国土资源分系统顶层设计与论证，以及面向国土资源应用的国产卫星遥感图像质量改进关键技术及指标体系研究。为部的国产资源卫星业主制战略提供了有力的支撑，也为部拟依托航遥中心建设国土资源卫星应用中心提供了重要的技术基础。

“次生地质灾害航空遥感调查”项目凝聚了“5.12”大地震应急调查的成果，为中国今后利用航空遥感技术手段开展大面积、突发性地质灾害调查总结了宝贵经验，并为建立中国航空遥感应急监测体系奠定了坚实基础。

二、业务基础建设扎实推进，科研和信息化保障能力不断加强

对地观测技术工程实验室建设取得实质性进展。经过多年谋划与准备，2009年9月10日，实验室在航遥中心内部挂牌运行，标志着航遥中心由调查型单位向调查、科研与服务一体化单位转变迈出了重要的、实质性的一步。实验室挂牌后，积极完善组织建设和制度建设，并积极开展学术活动，已组织国内外顶尖技术专家举办了2场学术报告会。

野外仪器研发实验基地和动态试验场建设稳步推进。经过对预选出的3个基地选址和5个试验场区选址进行野外实地考察。选定北京延庆张山营镇聚龙山庄村南为仪器研发野外实验基地，内蒙古四子王旗大井坡被初步确定为航空物探动态试验场，新疆哈密为遥感综合试验场。仪器研发野外实验基地建设工作取得重要进展，在北京市国土资源局的大力支持下，延庆县已经将基地建设纳入土地规划修编内容，国土资源部和中国地质调查局已批复开展立项工作。

地质调查信息社会化服务

信息化建设取得重要进展。2009年实现野战军装备中的大型存储设备、计算设备与奥运大厦的服务器的整合，建立统一的机房，使信息中心具备了海量数据处理和存储能力，为国土资源遥感应急监测等应用系统建立奠定基础。同时将原物探、遥感两个资料室划归信息中心，进一步完善了信息中心机构设置，为全方位开展航空物探遥感信息社会化服务提供保障。中心的决策支持系统开发已进入实际应用阶段，将有效提高航遥中心的决策和管理水平。

地质调查项目管理

2009年，航遥中心共承担项目113项，其中大调查计划项目4项、大调查工作项目37项、国家专项工作项目7项、海洋保障工程工作项目3项、863计划课题10项，科研项目5项及社会项目47项。

37项大调查项目设计评审优良率为100%。7个成果报告全部被评为“优秀”。全年汇交成果资料11份。发表专著6部。发表论文67篇，其中：核心期刊36篇，SCI、EI刊物11篇。

“西藏申扎那曲地区固体矿产航空物探勘查”获国土资源部科技进步二等奖；“国产卫星遥感影像压缩质量评价技术及应用”和“新疆北天山西段铜多金属矿找矿方向和勘查模型研究”2项目，航遥中心作为参加单位获国土资源部科技进步二等奖。

国际合作与对外交流

国内外学术交流与合作不断加强，中心科技水平和影响力不断提升。

与国家遥感中心等3家单位联合主办第30届亚洲遥感会议，与上海科协共同组织承办了2009上海国际城市遥感大会，受部委托承办了中德地学合作2009年度会晤会议等国际性会议。与会的外国专家超过千余人。全年还组织9批/次专家参加出国考察、培训和技术交流，接待外宾近20批/次。依托863等项目的出访，目标明确、任务清楚、交流深入，对解决项目中的关键技术问题起到很好的促进作用，得到部、局外事部门的好评。这些活动使航遥中心技术人员拓宽了视野、学习了技术、广交了朋友。

航遥中心参加的境外矿产资源重要成矿带遥感地质解译与战略选区工作在非洲埃塞俄比亚工作取得明显效果，为局“十二五”境外工作部署和境外遥感矿产资源工作部署提供了依据，为“走出去”做好充分准备。

组织承办全国航空物探成果交流暨工作协调会、全国遥感勘查新技术新方法培训交流会等重要国内行业会议，为实施统一部署、多方联动、凝聚力量、实现找矿新突破做了很好的探索，得到部、局充分肯定。

综合行政

强化制度建设，工作效能不断提升。任务目标督查机制得到加强，加强了任务目标日常管理的督查。各部门紧密围绕航遥中心目标进行分解，明确了分目标部门日常管理人员并实行任务目标季度报、半年报和年终报制度。

认真落实保密工作责任，签订责任书，开展经常性保密教育培训和检查，对查出的问题进行及时整改。

ISO9001质量管理体系得到持续改进。通过了第三方质量管理复评认证审核。完成了2009年度航遥中心内部管理评审。

经济与财务管理

预算管理水平有了进一步提高，全年财政拨款项目预算国库资金执行率达到82.12%。

财务规章制度进一步完善，归并、修改、补充和完善了航遥中心财务、预算、资产管理办法，制定了航遥中心《“863”经费管理办法》和《会议费管理暂行办法》等，逐步理顺了财政项目和科研项目的关系，规范了财务行为。

加大清理和规范企业的力度，企业经营管理进一步规范。撤销了富士公司，对北京五环托运站进行了撤销清算。

北京奥运大厦圆满完成服务国庆60周年指挥部工作。大厦物业以优质的服务保障了国庆筹备和组织工作的顺利进行，以实际行动向祖国60华诞献礼。大厦物业获得服务保障国庆60周年若干荣誉称号和“全国青年文明号”、“北京市五星级物业管理示范大厦”及“全国优秀物业管理示范大厦”等一批荣誉称号。

基建与装备管理

后勤保障能力继续加强。办公区和职工住宅区的综合治理工作不断完善，航遥中心被评为北京市交通安全和爱国卫生先进单位、海淀区社会治安综合治理先进单位。保障了全年水、电、暖正常供应。完成了南五楼、信息中心数据机房、航遥中心健身房的装修改造工程，完成春44、45楼南北两侧绿化改造等工程。医务室迁入新址，就医环境得到根本改善。

干部人事教育

以人才队伍建设为重点，队伍结构进一步优化。首次专业技术岗位设置及分级遴选工作顺利完成。作为部开展此项工作的试点单位之一，中心扎实稳妥地推进各项工作，积累了宝贵经验，“航遥模式”得到认可，在部、局系统推广。通过本次专业技术岗位设置及分级遴选工作，评出二级专业技术岗7人，三级专业技术岗14人，五级专业技术岗9人，六级专业技术岗28人，八级岗专业技术岗39人，九级专业技术岗51人，十一级岗37人。

建立了干部选拔聘用的长效机制。出台了《航遥中心处级领导干部选拔聘用工作办法》。完成了新一轮处级干部的选拔聘用工作和一般管理干部岗位聘用工作。选拔聘用工作坚持公平、公正、公开、择优。通过选拔聘任，中层干部文化素质、年龄结构进一步优化。航遥中心共有34人受聘处级领导岗位，本科以上学历人员比例由68.97%上升到79.42%，平均年龄由聘前的46.7岁下降到43.5岁。45岁以下中青年干部比例由44.83%上升到58.83%。

毕业生引进和职工培训工作进一步加强。2009年引进各类毕业生18人，其中博士研究生4人，硕士研究生11人，本科生3人。全年举办各类培训51期，培训817人/次，培训次数和人数较2008年均有显著增长。积极落实《教育部与国土资源部关于共建吉林大学地学部的协议》，12月航遥中心与吉林大学签订了联合建立产学研基地协议，为中心人才培养，向实现产学研有机结合迈出了扎实的一步。

安全生产管理

安全生产和计划生育工作常抓不懈。认真落实安全生产和计划生育工作责任，签订责任书。对各部门2008年安全生产工作进行了考评，开展经常性安全教育培训和检查，对查出的问题进行及时整改。出台了《航遥中心人口与计划生育奖励与处罚规定》，加大了奖惩力度，人口和计划生育工作更加规范化、人性化。

纪检监察审计工作

加强反腐倡廉建设，廉洁自律、拒腐防变的意识和观念更加深入人心。通过党风廉政建设工作会议、签订责任书、廉政谈话、诫勉谈话、警示教育、反腐讲座等活动，切实提高了广大党员干部职工的廉洁自律意识。认真开展“小金库”专项清理工作。积极配合检察部门处理经济违法案件。结合案例开展警示教育活动，教育广大党员干部正确认识，吸取教训，引以为戒。针对经济案件和局“四费”检查反映出的问题，制定出台了相关办法，修订完善了《航遥中心党风廉政建设若干规定》，切实加强经济管理。

认真开展审计工作，确保了资金安全。委托会计师事务所完成7项工程的结算审计工作，送审金共计182.82万元，审减8.1万元，审减率达4.44%。

党群工作

加强党建和精神文明建设，团结奋进、和谐发展的氛围和环境进一步形成。

精心组织深入开展作风建设活动，切实改进作风，增强执行力。召开了地质找矿改革发展大讨论暨作风建设研讨会，针对航遥中心当前存在的发展观念落后、运行机制不活、创新能力不强、队伍建设不到位等突出问题以及不想改、不会改、不敢改思想意识和观念等进行了充分的研讨和论证，着重解决了领导班子和领导干部主动谋划不够、工作办法不多、协调联动不足和贯彻落实不力等四个方面的突出问题，明确了工作思路和整改措施，为“大讨论”活动取得实效提供了有力的思想、组织和作风保障。召开领导班子专题民主生活会，通过发放《领导班子作风建设征求意见表》等形式，征求意见和建议81条，推进了一批关键问题的解决。

充分发挥党组织的思想政治优势抓好理论学习，干部职工政治素养和大局意识进一步提高。大力推进学习型党组织和单位建设，全年重点学习了科学发展观、中国特色社会主义理论体系、党的十七届四中全会和中央经济工作会议精神等。特别是7月份和12月份分别召开两次学习研讨会，举办一期处级干部培训班，切实发挥了先进理论武装头脑、指导实践、推动工作的作用。班子决策能力、执行能力，干部职工的理想信念、大局意识、战略思维和分析问题解决问题能力都有较大进步和提高。

发挥党政工团合力，围绕国庆60周年开展系列宣教活动，营造了和谐氛围，增强了队伍凝聚力。组队参加中央国家机关歌唱祖国大型歌会，开展职工摄影作品展、“爱我中华登长城比赛”等，大大激发了干部职工的爱国热情。结合“三八”、“五四”、“七一”、“十一”等重大节庆日开展了系列主题活动，讴歌了党的丰功伟绩，坚定了改革开放、科学发展的信心。积极参加局第一届职工文艺会演、系统篮球赛、部乒乓球赛、羽毛球赛等，展示了风采，争得了荣誉，增强了队伍凝聚力。

大力推进精神文明建设。启动“共建文明京郊行”城乡结对子活动，初步选定了共建对象；组织开展“凝聚力工程”建设，着力打造航遥特色文化；围绕奥运大厦高端品牌促进社区综合治理，提高了航遥中心精神文明创建水平。

以完善职工代表大会制度为重点，继续推进民主政治建设。分别召开了职代会和职代会专题会议，审议航遥中心大政方针和关系职工切实利益大事。职工代表全面参与航遥中心专业技术岗位设置分级遴选聘用、新一轮处级干部聘任、干部职工年终考核等工作，保证了过程和结果的公开、公平和公正。坚持事务公开，继续推行职工提合理化建议制度、重大事项通报制度、重大决策征求意见制度和意见反馈制度；坚持领导接待日制度，全年安排领导接待日10次，共接待来访群众20人次。通过这些措施，进一步拓宽了职工参与民主管理和监督的渠道，保障了职工群众的合法权益。

充分重视离退休工作，离退休队伍思想稳定。从思想和生活上关心老同志。开展春节送温暖、国庆慰问工作，帮助老同志解决实际困难。积极开展各类健康向上的文体活动，承办部老年乒乓球比赛，参加部乒乓球赛、门球赛、书画摄影展，开展歌咏活动、春游秋游活动等，丰富了离退休职工的文化生活。

在2010年，航遥中心将进一步解放思想，改革创新，开拓进取，坚定不移地推动业务建设，巩固和扩大“大讨论”活动成果，加快构建保障航遥事业科学发展新机制，夯实基础，深化应用，以国家和社会需求为导向，以提高调查、科研和服务能力为重点，发挥好国家地质调查工作中的先导作用、在航空物探与遥感应用领域中的龙头作用、在国土资源管理中的支撑作用。以实施地质矿产保障工程、海洋地质保障工程、“863”重大项目和重点项目、矿山开发多目标遥感调查与监测、全国生态地质环境遥感调查与监测等重大项目为抓手，加快推进国土资源遥感对地观测应用技术体系、航空地球物理探测技术体系、航空物探与遥感成果信息服务体系等三大业务体系建设以及科技创新平台建设。加强以预算管理和项目管理为重点的综合管理工作，不断提升管理水平。加强人才队伍建设，推进人才队伍结构优化。进一步加强和改进党建与精神文明工作，加强反腐倡廉建设，不断提高党员干部和职工拒腐防变的意识和能力，抓好关键环节，提高执行能力，不断增强航遥中心对经济社会可持续发展的服务能力，为航遥中心又好又快发展提供政治保障和精神动力，实现航遥事业新跨越。

（邵　帅）

中国地质调查局发展研究中心工作

中国地质调查局发展研究中心

2009年，发展研究中心共执行各类在研项目122项，其中地质大调查项目46项，地质矿产资源调查项目6项，矿产资源补偿费项目5项，探矿权采矿权使用费和价款项目1项，公益性行业科研基金项目1项，科技支撑项目2项，国家“863”项目1项，国际合作项目1项，行业基金项目1项，横向项目（外协）58项。3个项目获2009年国土资源科学技术二等奖（已公示）。出版著作3部，发表各类科技论文58篇，其中SCI（ISTP）论文3篇，中文核心期刊论文35篇。获国家发明专利授权1项。

矿产资源调查评价

一、全国危机矿山接替资源找矿专项

全国危机矿山接替资源找矿工作取得重大突破，新增一批资源储量。截至2009年底，230个勘查项目中41个取得突破性进展，探获资源量达到大型矿床规模；70个取得重要进展，探获资源量达到中型矿床规模；76个探获资源量达到小型矿床规模。理论和方法技术获得创新，关键技术应用取得突破性进展。完成全国危机矿山接替资源找矿专项“二期工程”实施方案编制并上报全国项目办公室。完成2008年第二批危机矿山接替资源找矿项目设计审查和设计调整工作。协助CCTV、国土资源报等宣传报道全国危机矿山接替资源找矿成果、社会和经济效益。

二、全国矿业权实地核查

全面支撑全国矿业权实地核查工作，外业实测工作按计划完成。及时编制全国矿业权实地核查规章规范，补充完善工作要求，认真进行试点示范和实地检查指导，加强培训，全年培训人员达8000多人，全力进行点对点督促并注重宣传激励工作。截至2009年12月底，全国累计完成149110个矿业权的实地核查外业实测工作，完成了部年初制定的年度目标，2010年1月30日，新华社向全球发布了这一消息。辽宁、江苏全面完成实地核查任务，通过了部级验收。汪民副部长对矿业权实地核查工作取得的成果，用“超乎想象”给予了高度评价。“矿业权实地核查”入选2009年基层国土资源管理十大关键词。

三、全国矿产资源潜力评价

作为全国矿产资源潜力评价主要支撑单位之一，组织完成了全国重要矿产资源潜力评价数据模型定稿，完成了成矿地质背景、重力、化探、自然重砂典型示范总结工作及相应技术要求、成果要求和数据模型的修订及相关培训工作，完善了铁铝等矿产资源定量预测软件。

地质调查信息化工程

一、主流程信息化建设与推广应用

自主研发的数字地质调查系统功能得到进一步完善，完成了三维电子罗盘整机设计（带LCD+大电池+GPS）和样机定型工作；完成了野外地质调查数码纸数据采集本的样机定型；国家地质空间数据网格服务系统获国家发明专利授权，且已进入实用推广阶段。本年度共申请3项专利（国土资源信息集成与平台申请1项，矿产资源调查数据处理与综合分析子系统项目申请2项）。研究开发的危机矿山勘查成果报告编制GIS系统已全面推广应用。继续推广已经开发的成熟软件系统，举办物化探软件、中国地质调查信息网格平台、危机矿山资源量估算、空间数据库技术等培训班19次，培训各类技术人员1000人次。

二、数据库建设

全面完成全国1:25万区域地质图空间数据库回溯性建库工作；完成326幅1:5万区域地质图空间数据库的入库，总图幅达2223幅；完成12个省（自治区、直辖市）多目标地球化学分析数据入库和矿产地数据库、地质工作程度数据库数据的更新；国家自然资源数据库（地质调查部分）建设得到进一步推进；组织完成67个矿产远景调查项目原始资料和成果资料数据库验收工作。

三、网络系统与实验室建设

地质调查骨干网络系统的总体技术框架和网络分

级管理体系已基本形成。建立起了覆盖中国地质调查局及直属单位的AD域环境、视频会议系统和网络电话语音系统；初步建立了业务网门户系统和互联网网站集群。中国地质调查局网站2009年采集发布动态信息3267条，比2008年增加一倍。网站访问量60万人次，年度增长5.23%。

地质信息技术实验室建设工作稳步推进，完善了实验室各项规章制度、搭建了用于科学与实验研究的软硬件工作环境。积极向中心有关处室、中国地质大学（武汉）、天津地质调查中心、广东省地质调查院等部门和单位提供对外服务达45人次，累计超过200人·月。

四、信息标准化工作

牵头研制的6项地质调查信息化标准即将由中国地质调查局发布实施；协助局完成《地质数据质量检查与评价标准》的培训工作；发布了《中国地质调查信息网格资源聚合描述规范》（试行），为中国地质调查信息网格节点的全面建设奠定了基础。作为主要承担者，在中国地质调查局发布的《地学信息元数据标注》和ISO 19115元数据标准的基础上，为东亚东南亚地学项目协调委员会（CCOP）制订并出版了《CCOP元数据标准》；为CCOP研发和部署的基于WEB的元数据采集、发布管理系统，展示了中国技术实力和地学大国形象，受到多方关注与称赞。

地质调查信息社会化服务

一、地质资料管理

2009年，共接收地质资料2450种，电子文档2408种，馆藏资料达120439种。完成6000种图文地质资料数字化工作，馆藏电子资料总量达49594种，约占馆藏资料总量的41%，单套电子数据量达11.82TB。实现本地和异地两种方式的资料数据安全备份。完成3.5万种成果地质资料涉密清理。举办7期地质资料管理培训班，计有600余人参加培训。

二、地质资料社会化服务

积极开展地质资料信息服务集群化产业化研究，形成推进地质资料信息服务集群化产业化的目标、任务、思路和工作重点，为部地质找矿改革发展大讨论成果报告中地质资料社会化服务部分的起草提供了支撑。

地质资料数据服务能力得到进一步提升。开发了《全国地质资料馆区域地质调查资料检索图集》等系列产品；新增上网图文地质资料3000种，计有1.1万余种图文地质资料上网提供服务。积极主动为国家扩内需项目提供地质资料数据服务，被国土资源部评为“双保行动”成效显著单位。向全国31个省（区、市）地质资料馆分发全国1:20万地质图空间数据库等11个地质数据库，为整体提升地质资料数据的服务能力提供条件。

2009年，通过到馆借阅、电话、电子邮件及网站接待阅者共计137410人次。纸质地质资料复印服务309946页，比2008年增长13%；电子地质资料复制服务938396页，比2008年增长43%；加工处理和复制地质图件服务52036幅（按1:20万标准图幅计算），比2008年增长7%。

地质调查工作战略研究

一、重大战略问题研究

发展研究中心承担了“国家可持续发展国土资源战略研究”项目中的中国地质调查发展战略研究、地质工作信息化与地质资料社会化服务战略研究、地质工作可持续发展体制机制研究3个专题，形成了阶段性成果；承担的“地质调查发展战略研究”项目形成了《中国地质调查局中长期发展战略》、《中国地质调查局公益性队伍建设方案》等成果；地质调查条例立法前期研究进展顺利，形成条例草案。

二、规划部署研究

协助中国地质调查局完成了《“十二五”地质调查规划部署总体框架》、《地质矿产保障工程总体方案》（建议稿）和《地质矿产保障工程实施方案》（建议稿）的编写；在广泛调研的基础上，研究形成《地质调查科技工作“十二五”部署方案》（建议稿）；结合地学发展趋势研究和国家及地质调查相关专业规划研究工作，提出地质调查信息化工作5～10年发展战略和规划建议；开展了能源与重要矿产资源跟踪、中国西部资源接替区选区、基础调查成果集成与综合评价、国家基础地质数据更新和发布机制、煤层气综合勘查开发利用政策等研究，及时向局报送部署建议3份，出版了《中国地质勘查工作现状分析与发展规划研究》等专著。

三、管理技术支撑研究

受部地勘司委托，开展全国地质勘查机制进展分析研究，组织完成的《全国地质勘查成果通报及分析报告（2008年）》，产生一定社会影响。

积极为局财务管理工作提供支撑，开展地质调查预算财务管理政策、制度与机制研究，建立和维护局预算管理数据库，开发了预算执行月报系统、综合统计年报系统和快报系统并投入应用；开展了地质技术装备优化研究，参与研究起草了地方公益性地质调查队伍能力建设评估办法，并参与11个单位的队伍能力建设评估工作；协助局完成了中央公益性地质调查队伍规模论证报告。

四、境外地质矿产战略研究

进一步扩充全球矿产资源数据库建设，境外矿产资源信息服务得到提升。完成俄罗斯、吉尔吉斯斯坦的国家地质矿产数据的收集整理和入库工作。在全国地质资料馆网站上建立了“境外矿产资源信息服务”栏目，提供300条境外矿产信息目录，全年为20多家单位提供了服务。中国及邻区矿产资源潜力定量评价研究和中美矿产资源评价合作研究项目成功结题，获优秀评价；完成了中国大陆周边地区主要成矿带成矿规律对比及潜力评价计划项目成果梳理汇总报告的编写；完成了外交部委托的中国与东盟10国地质与矿产资源信息共享机制研究项目和国家开发银行委托的全球主要矿产资源勘查规划的编写；出版了《中亚五国矿产资源开发指南》和《俄罗斯地质》。

协助举办“境外矿产信息发布与矿产勘查论坛2009”，为会议准备了俄罗斯、哈萨克斯坦等8个国家的国别报告和矿业法汇编（亚洲卷），制作了成果展板并发布了矿权信息。共有包括政府、事业、企业计232家单位的450名代表参加、43位领导或专家在会上作了发言，会议获得成功。成功承办了“中亚5国地矿官员研修班”，历时20天，共培训22位中亚地质矿产官员。

五、情报期刊出版

结合经济形势，主动研究并形成的“金融危机对矿业的影响及分析预测”，得到了部、局领导的肯定。全年编辑印刷《地质调查动态》26期、《地质工作战略研究参考》12期、《地质资料动态与参考》12期；编印发行了《中国地质学会科技情报专业委员会首届学术研讨会论文集》、《地质调查工作战略与思考》和《地质工作战略研究参考》(2004～2009年论文选编)，社会影响较大。

《中国地质》和《地质通报》学术影响进一步扩大，“影响因子”在国土资源部主管的几十种期刊中连续5年保持第一、第二名。两刊全年共接收作者来稿1100多篇，刊载402篇，其中自然投稿刊载率在30%左右；策划、编辑出版了大量由两院院士和地学知名专家撰写的论文，出版了一系列专辑。两刊全年合计出版18期，文字刊载量650多万字。

地质调查项目管理

组织完成2009年度发展研究中心承担的37个地质调查项目设计的初审，经地调局评审，“地质调查工作部署综合研究”等17个项目设计获得优秀评价，项目设计优良率达到100%；全年共审核外协合同155份，评审外协工作方案143项，评审外协成果101项。努力推进项目成果评审和成果资料汇交工作，组织完成了“区域重力数据库完善与推广”等20个项目（课题）的成果资料汇交和“全国矿产资源宏观部署研究”等14个项目（课题）成果的评审，其中11个项目成果获优秀评价。积极做好2010年度地调项目立项论证工作，组织完成发展研究中心承担的34个工作项目续作评估报告的初审和组织实施的8个计划项目、96个工作项目的立项论证，完成了项目申报采集系统数据的分发和汇总工作。编制了发展研究中心2009年度项目计划和会议计划，完成了项目半年报和年报的编报工作，组织编制印发了《发展研究中心2007～2008年科研业务工作报告》。

国际合作与对外交流

2009年共开展外事活动18项135人次，其中派出10项18人次，接待来访5项14人次。协助国土资源部和中国地质调查局在上海成功举办“CCOP地学信息与天然气元数据工作研讨会”和“东盟‘10+3’地学信息共享机制研讨会”。

综合行政

一、新闻宣传和政务信息工作

进一步加强公文管理工作，全面推广使用OA系统，公文运转安全顺畅。全年共编发简报60期，稿件124篇，累计字数达10万多字，其中有3篇被新华社采用、34条信息被局《工作动态》采纳、26条被《部内要情》采纳。

2009年，正值发展研究中心成立10年。为发扬成绩、总结经验，宣传中心，组织了“走过十年”系列活动：一是在中国矿业报、中国国土资源报、地质勘查导报上组织刊发了3个专刊，二是编纂了《发展研究中心大事记（1999～2009)》，三是编印了《发展研究中心职工手册》，四是在内网开辟“荣誉栏”，引导积极向上的工作氛围，五是开展有“突出贡献”职工的评选活动。

二、文秘档案管理及保密工作

完成了2005~2008年近6000份文书档案的立卷归档工作。认真做好涉密资料、数据和文件的管理，组织全体职工包括外聘人员签订保密工作责任书和承诺书，组织开展涉密载体专项清理和登记工作，并在内网开设“保密工作”专栏。全年共召开保密委员会工作会议4次，进行保密检查3次，没有发现失密问题。制订了《中国地质调查局发展研究中心地质资料定密暂行规定》。

经济与财务管理

2009年，中心经济运行情况良好。积极推进预算执行，财政预算执行率达到87%以上；严格控制会议费、出国费、公务用车费和招待费支出，保证了“四项费用”支出不超过局下达的额度。为提高财务管理工作水平，加强了财务审核、监督和财务预算管理，保证了发展研究中心的资金安全；完善了《中国地质调查局发展研究中心现金管理制度》和《中国地质调查局发展研究中心发票管理制度》。

积极推进企业清理工作；加强保留企业审计监督和整改工作。2009年企业签订合同额计3861.39万元，利润总额386.16万元。

基建与装备管理

较好地保障了办公楼的设备运转、系统维护、餐饮、医疗、交通等后勤服务工作。完成了全国地质资料馆（国家地质资料数据中心）基地建设项目建议书基本素材的编写工作。

2009年新增固定资产总量约为3746万元，设备报废及调拨核减资产总量386.4万元。2009年配置设备40多批次，230多台套，全部实现实名管理并登记录入数据库。

干部人事教育

明确提出了处（室）负责人要切实履行带队伍的职责要求。完成了5名处级干部的选拔聘用工作和8名处级干部的试用期考察工作。2009年共接收毕业生和引进人才11名。完成了2008年度的各项考核工作。修订了技术业务部门处室的主要职责。组建了离退休干部管理处和资料管理处。结合发展研究中心的相关预算和执行情况，完善了内部绩效分配。开展了青年职工工作成果汇报活动。启动发展研究中心岗位设置管理工作。

安全生产管理

积极落实《国务院办公厅关于进一步推进安全生产“三项行动”的通知》等一系列安全生产文件精神要求，在加强安全生产领导、完善安全生产规章制度、大力开展安全教育活动、加大安全检查和落实整改措施等方面做了大量行之有效的工作。组织全体职工观看“关爱生命，共创和谐”为主题的全国重大交通事故案例和交通安全、防火自救知识系列教育片；结合在十三陵培训中心发生的意外溺水死亡事件，召开全体职工安全生产现场工作会，提高了职工的安全意识；进一步明确了各级领导、安全监督员在责任书中所承担的责任和义务，强化安全责任制的落实；制订了《关于加强会议（培训班）安全管理的规定》。

纪检监察审计工作

一、纪检监察工作

重视廉政惩防体系建设，召开发展研究中心2009年党风廉政建设工作会，向全体职工传达部、局2009年党风廉政建设会议精神，部署年度党风廉政建设和反腐败工作；组织党员领导干部分级、分层次签订廉政建设责任书。积极推进源头治理，与人事、财务、经营工作紧密结合，进行介入式事前事中监督。多次邀请有关专家作经济法规培训和正反典型案例讲座，认真做好监督，努力营造崇尚廉洁的工作氛围，增强干部职工拒腐防变和自我约束能力。

二、审计工作

完成了对北京勘察技术工程公司、上海中浦勘查技术研究所、上海浦江勘查工程公司、国土资源部十三陵培训中心等单位2008年年度经营情况的考核和审计。积极配合审计署进行审计和检查工作，对审计出来的问题，认真进行整改。主动并全面完成“小金库”专项治理整顿工作，做到发现问题，及时纠正。

党群工作

一、党建工作

2009年，发展研究中心从抓党员干部作风建设入手，精心组织了作风建设活动，相继开展了“改进作风，增强执行力，加强领导干部作风建设工作”专题理论学习和研讨会、领导班子务虚会、“加强党性修养，树立良好作风，努力提高执行力”专题民主生活会等有关会议。通过多次不同层次、不同方面、不同形式的征求意见，整理形成了加强党性修养、加强作风建设、切实履行职责、促进科学发展4个方面共16条发展研究中心党委整改措施。工作中坚持把推进作风建设与推进中心各项重点工作的落实相结合、与地质找矿改革发展大讨论活动相结合、与中心班子建设相结合、与解决中心存在的问题相结合，班子和职工的作风建设得到加强。

结合工作实际，采取多种形式推动理论学习和基层党组织建设的深入开展。如组织党员集中上党课，加深党员对党的十七届四中全会精神的了解；开展“牢记党员义务，常思执政党责任，树立清风正气”主题实践活动，组织15个支部的全体党员参观李大钊纪念馆，使党员和职工受到切实教育；举办支部委员工作培训班，提高了做好支部工作的能力。2009年，共接收4名同志为中共预备党员，完成4名预备党员的转正工作，接转18位同志的组织关系，选送11名入党积极分子参加入党积极分子培训班。

二、精神文明建设工作

2009年，在获得“2008年度中央国家机关文明单位标兵”荣誉称号的基础上，围绕巩固创建成果，提升创建质量，保持“中央国家机关文明单位标兵”和“首都文明单位”荣誉称号的目标，制定了创建计划，并认真组织实施，通过了部的审查。继续与城乡共建单位延庆县张山营镇开展共建活动，巩固共建成果；2009年，荣获首都文明办颁发的“城乡携手迎奥运、共建文明京郊行”先进单位荣誉称号。

三、工会、共青团、妇女工作

发展研究中心经常听取工青妇等群众组织的工作汇报，帮助解决实际问题。具体包括：一是重视单位民主建设，坚持职代会和党政与工会联席会议，及时听取职工的建议和意见，就职代会提出的职工带薪休假、加强预算执行力度等10件事，进行了专题研究，责任到人。到2009年底，共落实了8件事（单位门口停车已于2010年春节前落实，扩展职工就医点因客观原因没有解决落实）；二是重视青年职工的培养，组织青年到西柏坡参观学习，重温党的历史，开展“我与中心共成长”主题团日活动，增强团员青年的荣誉感、责任感；三是坚持定期开展文体活动，组织职工进行打羽毛球、篮球，练习瑜伽、舞蹈等活动，强身健体，活跃文化氛围。

地质找矿改革发展大讨论活动

中心领导班子高度重视大讨论活动。活动之初，成立了由党委直接领导的中心大讨论办公室，下设综合组和战略研究、信息资料研究、管理建设研究等3个专题研究组。

中心大讨论的实施方案切实可行，职工参与广泛，专题研究认真，形成一批成果。同时，促进了中心的战略研究，推动了中心一些问题的整改。通过学习思考，中心职工共撰写文章30余篇，归纳出14个不同层次的问题。经过深入讨论和调研，形成8项有针对性的专题研究成果，即：①地质找矿工作“十二五”规划部署思路；②公益性地质调查队伍建设思路；③建设一流中国地质调查局思路；④地质工作“走出去”的思路与措施；⑤关于全面推进已有矿山深部找矿的思路和建议；⑥地质资料服务集群化产业化工作建议；⑦发展研究中心业务团队建设的思路；⑧发展研究中心预算规模经费结构和预算执行的思路。上述成果涉及上级机关的，已采取不同形式提交上级机关，涉及中心自身的，已在积极进行整改和建设。

所属单位管理

一、国土资源实物地质资料中心（简称实物资料中心）

2009年，实物资料中心狠抓业务建设和规划，业务工作实现越跃式发展，不断强化层级管理，管理和服务工作水平逐步提高。

1. 深入研究业务规划发展问题，承担了“实物地质资料管理政策与措施研究”、“实物中心‘十二五’业务规划研究”等课题；全面开展了实物采集工作，库藏实物数量大幅增加。截至2009年12月底，整理上架实物资料116份，岩心150孔70835.09 m，岩屑9005袋，标本7722块，薄片21582件，副样81件，并开展了矿山系列标本和大标本、精品标本和重要古生物化石的采集工作；初步建立了资料服务的工作内容、工作流程和发展方向；初步提出了实物地质资料服务体系建设方案、科普基地建设实施方案，建设了展览展示室。

2. 队伍、行政、经济管理工作水平不断提高。稳步推进人事制度改革，完成了内设机构调整、中层干部竞聘和一般职工调整工作；制定了人才队伍建设规划，顺利完成2009年人才引进计划；稳妥推进岗位设置管理工作，进行分配制度改革；积极做好离退休老同志管理与服务工作。完善层级管理制度，实行重大事项通报制度，涉及多数职工切身利益的事项，经职代会民主表决通过后执行；严格会议制度；继续完善签报审批手续，简化领导决策程序，强化督察督办。修订《医药费报销规定》、《费用开支报销规定》、《差旅费管理办法》；构建起了经费支出层级管理控制体系，确保经费支出的规范性。

3. 2009年各类项目总经费实到2819.8万元，比2008年增加了1384.8万元，翻了一番，其中市场和横向项目经费总额达到479.5万元，实现了历史性的突破。

4. 科技管理工作得到加强，组织完成了地质勘查资质申报工作；开展2010年项目立项论证和申请科技部《2010年度国家软科学研究计划》项目；加强业务培训和学术交流及对外宣传工作。全年共承揽科研项目14项，公开发表论文34篇，出版专著2部。

5. 综合治理工作取得实效。把推进住房改革作为重要民生工程，完成了购房补贴发放和提前退休人员住房公积金的补发工作；出台了旧房遗留问题处理办法和院外职工住房情况调查和处理细则，完成了旧房拆迁改造方案和旧房出售办法初稿；顺利实施了水、气、暖改造项目；改造了家属区道路，解决了人员出行和车辆的停放问题；建成了职工活动中心，大院生活、工作环境发生较大变化。物业整体工作得到了进一步理顺和加强；全年未发生一起治安或刑事案件，无泄密、失密事件。

6. 党建、精神文明和党风廉政建设有序推进。认真开展地质找矿大讨论活动，推进制约发展的问题的解决。党的组织建设不断加强，2009年发展9名同志入党；坚持开展党风廉政教育工作，举办了3期廉政教育培训班；开展了文明处室、文明职工评选和庆祝新中国成立60周年系列活动；完成职工活动中心的建设，获得中国国家机关工会联合会合格职工之家称号。

二、国土资源部十三陵培训中心（简称十三陵培训中心）

2009年，十三陵培训中心在中心的领导下，调整了领导班子，进一步厘清了发展思路，加强单位内部综合管理，服务水平有了进一步提升。职工队伍思想稳定，经营活动正常开展，基本完成了年初制定的任务目标。

2009年，十三陵培训中心重点加强了单位内部综合管理工作，修改完善了《员工手册》、《销售奖励办法》和《工资发放办法》等一批规章制度；从降低采购成本、加强安全管理、改善卫生环境、提高餐饮服务水平4个方面提升了管理和服务水平。

十三陵培训中心全年共接待会议（培训班）417次，接待人数8500人次；全年总收入750万元，其中，经营收入677.3万元，事业收入72.6万元。

（张　宇）

中国地质环境监测院工作

中国地质环境监测院

基础地质调查

一、地质灾害监测预警与应急能力建设成效显著

（一）地质灾害调查任务全面完成。

2009年度是中国地质环境监测院承担的“云南哀牢山地区地质灾害详细调查”项目的收尾之年，元阳、绿春、金平、河口、南涧5县的调查成果报告全部完成审查验收和资料汇交，红河县调查成果审查验收正在进行。深化了山地丘陵区地质灾害调查与区划综合研究和地质灾害详细调查信息系统建设，开发完成了“县（市）地质灾害调查信息管理系统”和“地质灾害群测群防信息系统（网络版）”，实现了各县（市）地质灾害调查数据、图件、报告、多媒体等成果资料的查询浏览、图库互查、统计分析、数表生成等功能，汇总集成了全国30个省（区、市）10万多条地质灾害群测群防点记录，并在国土资源部主干网上发布运行。在陕西、湖南2省率先开展了县（市）地质灾害调查与区划省级成果集成研究示范，

为建立国家、省、县3级地质灾害群测群防体系提供了强有力的信息与技术支撑。完成《中国崩塌滑坡泥石流地质灾害图》编制和数据库建设，为国家防灾减灾规划提供了科学依据。

（二）地质灾害监测试验基地形成雏形。

截至2009年12月，中国地质环境监测院已建立三峡库区、四川雅安、云南新平、陕西子长4个地质灾害监测预警示范区，正在建设福建德化、甘肃兰州等2个地质灾害监测预警示范区，形成西南、西北、东南等地质灾害多发区和三峡工程、西气东输工程等重大工程建设区典型地质灾害类型的专业监测、预警预报和科学研究基地雏形。示范区内安装了自动雨量计、单体滑坡多参数监测仪、泥石流多参数监测仪等自动监测设施，研究建立了降水-边坡二维剖面包气带水分运移模型和斜坡稳定性动力学模型，研究开发了基于三维地理信息系统的地质灾害监测预警预报系统和基于北斗一号卫星的地质灾害监测数据远程系统，三峡库区、四川雅安等地的82处地质灾害监测点实现了监测数据的无线传输，提高了地质灾害监测预警效果和精度。协助示范区地方政府开展了地质灾害防治知识培训，安装群测群防报警器和伸缩仪300套，推动了地质灾害群测群防体系建设。

（三）地质灾害应急体系建设稳步推进。

按照国土资源部要求，中国地质环境监测院组建成立了由院长任主任的地质灾害应急办公室，选调配备了6名专职工作人员，选聘了36位经验丰富的地质灾害应急专家。成功申报了“国家级地质灾害应急防治”财政事业专项。购置配备了4套单兵应急装备、10台激光测距仪、10套对讲机等应急装备和办公设施。制定了地质灾害应急工作规章制度和《地质灾害应急响应工作方案》，实施了24小时不间断汛期地质灾害应急值守制度，为重庆武隆滑坡、重庆云阳凉水井滑坡、重庆忠县黄金镇滑坡、兰州九州开发区滑坡等10余次重大地质灾害事件应急提供了技术支持与服务。11月26日举办了湖北黄石板岩山地质灾害应急技术演练，实战检验了应急调查监测、单兵应急装备与无人飞机、飞艇、三维激光扫描仪等联合作战效果，应急演练取得圆满成功。

（四）重大工程地质灾害防治成效显著。

2008年9月至2009年12月是三峡库区地质灾害防治的关键时期。三峡库区处在坝前水位156～175m之间波动，并首次出现坝前水位从172m快速下降至144m的状况。汛前腾库容水位落差和汛期水库蓄水高水位浸泡均对涉水崩塌滑坡稳定性不利，库区地质灾害治理工程经历着前所未有的重大考验。中国地质环境监测院三峡地质灾害监测中心组织湖北省、重庆市三峡库区地灾防治机构和专业单位完成三峡库区地质灾害防治项目后续规划编制与修改，完成三峡库区地质灾害防治后续规划项目的现场核查。建立了3期地质灾害监测预警和指挥系统建设，建立了三峡库区地质灾害险情预警联席会议制度和预警技术会商制度，对255处地质灾害点实施了专业监测，对3113处崩塌滑坡和塌岸段实施了群测群防，投入技术、管理与监测人员438人，群测群防现场监测人员5956人。组织开展了三峡库区地质灾害防治集成技术研究等科学研究，实现了灾害现场—三峡中心—中国地质环境监测院之间的远程会商及远程指挥。加强了汛期地质灾害群测群防、专业监测和预警预报，严格了应急值班和灾情速报制度，落实了搬迁避让措施，把地质灾害损失降到最低程度。

中国地质环境监测院积极开展油气管道工程地质灾害防治，先后完成西气东输一线、二线、三线、四线、中俄原油管道等8项国家工程建设的地质灾害危险性评估、地质安全评价和压覆矿产资源评价等工作。截至2009年底，中国地质环境监测院完成了80%以上的长输管道工程及其附属设施的地质灾害危险性评估，组织编制了《中国石油油气管道地质灾害防治规划》。陕西省子长县地质灾害监测预警与科学研究基地，把高精度无人机航拍、三维激光扫描等先进技术运用于油气管道地质灾害评估、地质安全评价及相关科研工作中，保障了西气东输工程运行安全。

二、地下水监测预报体系建设不断完善

（一）国家级地下水监测示范区建设继续完善。

中国地质环境监测院2009年继续推进北京平原、济南泉域、乌鲁木齐河流域等国家级地下水监测自动化监测示范区建设。新增地下水自动监测仪器200套，示范区内自动监测井数达到494个。联合开发了集地下水信息采集、传输、处理、分析与发布于一体的地下水监测信息管理系统中的3个模块，完成了地下水自动监测数据的定期采集数据，实现了网络适时发布。开发建设了REGIS系统，完善了地下水监测数据库和预报模型，在北京平原区建立了102个监测孔的预警模板，开展了动态预警研究。编制提交了《中国地下水信息中心能力建设技术成果报告》。

（二）国家级地下水监测网运行维护走向规范。

中国地质环境监测院委托31个省级地质环境监测总站（院、中心）完成了国家级地下水监测点的运行与维护任务，开展地下水水位监测、水质监测、污染监测和自动监测系统建设。汇总入库了2008年度地下水监测数据，入库数据总量197462条，包括2006个点的水位监测数据，1184个点的水质监测数据、859个点的水温监测数据、77个点的水量监测数据，编制发布了《我国主要城市和地区地下水水情通报——2008》，编辑出版了《中国地质环境监测地下水位年鉴——2008》。组织北方6省（市）对200个国家级地下水监测井进行了洗井与修复，安装了孔口保护设施，为自动监测仪器的安装做好了准备。完成主要城市水源地地下水有机污染监测，采集地下水样品200件，已送交国家地质测试中心测试。

（三）国家地下水监测工程立项筹备顺利。

中国地质环境监测院2009年继续协调水利部水文局、中国国际工程咨询公司、国家发改委等单位，积极推进国家地下水监测工程立项。6月，由中国地质环境监测院和水利部水文局联合编制的《国家地下水监测工程项目建议书》顺利通过中国国际工程咨询公司的咨询评估，报国家发改委批复。中国地质环境监测院成立了国家地下水监测工程工作组，负责立项批复和基地选址过程中的组织协调。编制完成了《国家级地下水监测井建设标准》、《国家级地下水监测井建设预算标准》、《地下水水位监测网络优化技术要求》、《地下水水质监测网络优化技术要求》、《国家级地下水监测井信息化标准》等系列标准，开展了一井多层监测井建设示范和水位水温自动监测系统建设示范，为国家地下水监测工程建设做好了技术准备。

（四）北方主要平原地下水动态评价体系基本形成。

2009年，中国地质环境监测院组织开展了华北平原、松嫩平原、鄂尔多斯盆地、银川平原、河西走廊、准噶尔盆地南缘等平原盆地的地下水动态监测网络建设和地下水动态评价工作，新增自动化监测井150台，北方主要平原盆地自动监测井数达到600台。其中，华北平原共建立地下水自动监测点155个、水位统测点1680个，地面沉降基岩标5座、分层标7座，GPS基准站5座、GPS观测墩137座，并在北京、天津、沧州形成了3个地面沉降监测研究基地，形成了地下水-地面沉降综合监测网，建立了区域地下水数值模拟模型和典型地段地面沉降数值模拟模型，完善了地面沉降信息系统平台，基本具备了地下水年度动态评价条件。

三、矿山地质环境动态评估取得突破

（一）建立了全国矿山地质环境统计报表制度。

中国地质环境监测院积极贯彻落实国土资源部第44号部长令《矿山地质环境保护规定》，充分利用已经完成的全国矿山地质环境调查与综合研究成果，结合正在进行的矿山地质环境动态评估工作需求，筛选提出了矿山地质环境动态调查监测指标体系，推动国土资源部以正式文件下发，建立了全国矿山地质环境统计报表制度，开辟了矿山地质环境调查监测新途径，实现了技术手段、行政手段和法制手段的有机融合。

（二）启动了矿山地质环境监测示范区。

基于中国重要矿业开发区中存在的主要矿山地质环境问题，中国地质环境监测院选择矿山地面塌陷作为首要监测目标。总结了国内外闭坑矿井地面塌陷监测的技术现状，提出了国家级地面塌陷监测示范区的选择原则、建设目标、监测技术方法、监测网点布置思想和监测数据处理方案。选择著名的锑都——湖南冷水江市宝大兴塌陷区建立了第一个国家级闭坑矿井地面塌陷监测示范区，采用高分辨率遥感解译、1:5万精度矿山地质环境调查、位移监测桩和GPS测量等手段，开展了地面塌陷变形监测，取得初步成效。

（三）强化了矿山地质环境保护决策支持能力。

中国地质环境监测院开展了典型矿区地质环境动态调查与评估示范研究，为开展全国矿山地质环境动态评估提供了经验借鉴。配合国土资源部规划司和地质环境司编制了《全国矿山环境保护与治理规划》，初步落实了全国矿山环境治理工程。按照《矿山地质环境保护规定》要求，修订了《矿山地质环境保护与治理恢复方案编制规范》，为全国矿山地质环境保护与治理恢复方案的编制提供了依据。参与了中国地质调查局关于《矿山环境“十二五”工作部署建议》和《地质保障工程“十二五”规划》等方案的编写。

地质调查信息工程

按照国土资源管理“一张图”思想和以信息化推动国土资源管理科学化的总体要求，2009年中国地质环境监测院重点加强了地质环境信息服务平台建设。对过去多年来建立形成的一批具有历史意义的全国性地质环境调查监测数据库进行了梳理，初步建立了地质环境数据库体系架构，形成了地质环境信息平台框架，整合地质环境调查、监测与遥感数据总量达4TB，为开展地质环境信息服务、建立全国水工环信息中心奠定了数据资料基础。主要包括1:10万山地丘陵区县（市）地质灾害调查数据库、全国1:20万国际标准图幅水文地质图数据库、全国1:50万分省环境地质数据库、全国矿山地质环境数据库、国家级地下水动态监测数据库、地下水自动监测示范区数据库、地质灾害监测预警试验基地数据库、汶川地震区42个重灾县地质灾害调查数据库等。

经过中国地质环境监测院多年研究开发，地质灾害应急远程会商系统基本成熟，在2009年11月26日湖北黄石地质灾害应急演练中得到实践检验，实现了部地质灾害应急指挥中心与地质灾害现场之间的多点远程会商和数据传输。该系统基于卫星网络资源的控制和分配，引进了卫星网络资源管理系统，建立了地质灾害应急卫星网络环境，实现了多点卫星资源统一调度和管理。系统稳定实用，并可与小飞机等航拍系统配合使用。

地质调查信息社会化服务

地质灾害气象预警预报走过了7年征程，提高了社会公众防灾避险意识和群测群防针对性，有效减轻了地质灾害造成的人员伤亡和财产损失。2009年中国地质环境监测院全力推进了基于地质环境要素组合与激发因素耦合的第二代预警系统的应用，实现了地质灾害气象预警系统的升级，并在预警模型的完善性、操作的便利性、界面的美观性等各方面不断修正完善。利用第二代预警系统开展全国地质灾害气象预报预警159天，制作预警预报产品159份，在中央电视台、中央人民广播电台和国土资源部政府网上发布地质灾害预警预报信息40次，在中国地质环境信息网上发布地质灾害预警预报信息109次。

地质灾害气象预报预警与群测群防体系紧密结合，在2009年的地质灾害防灾减灾工作中发挥了重要作用。据统计，2009年5月到9月，全国各地共成功避让地质灾害178起，安全转移13744人，避免财产损失约1.51亿元。

地质调查工作战略研究

2009年中国地质环境监测院以承担国家级地质环境监测预报财政专项、规划司国土资源综合监测成果集成与评价、国土资源大调查计划项目综合研究为契机，结合地质找矿改革发展大讨论，形成了一系列综合研究成果。《全国地质环境监测规划》、《矿山地质环境保护与治理规划》、《国土资源监测体系建设框架思路》、《国土资源监测“十二五”工作部署建议》和《地质环境监测管理办法》等，为部、局规划决策和工作部署提供了依据。新编、修编各类地质环境监测标准14项，进一步推动了地质环境监测、预警和应急工作的标准化，主要包括《国家级地下水监测井建设标准》、《国家级地下水监测井建设标准》,《地下水水位监测网络优化技术要求》、《地下水水质监测网络优化技术要求》等地下水标准；《国家级地质灾害综合应急数据库表结构规范》、《省级县（市）地质灾害调查综合研究技术要求》、《突发性地质灾害监测预警试验基地建设技术标准》、《地质灾害预警预报技术要求》（试行）等地质灾害标准；《矿山地质环境保护与治理恢复方案编制规范》、《有色金属矿山地质环境治理评价标准与恢复治理标准》、《贵金属矿山地质环境治理评价标准与恢复治理标准》等矿山地质环境标准；《国家级地下水监测井信息化标准》、《省级县（市）地质灾害调查综合研究信息化成果技术要求》、《车载地质调查数据实时传输系统配置方案》等信息化标准。

地质调查项目管理

中国地质环境监测院一贯重视项目组织实施与全面质量管理。2009年，中国地质环境监测院下大力气开展了国土资源大调查项目清理，对1999年以来未完成、未归档、未结题的38个项目，采取分类指导、分批验收、分期归档措施，已于12月20日全部完成。逐步理顺了外协经费与外协成果管理，从7月开始组织对2008~2009年度外协成果进行了全面验收。制定了《中国地质环境监测院关于加强科技创新能力建设的实施意见》、《给压力挑担子工程实施意见》、《关于加强技术质量管理的实施意见》，对科技创新、人才培养等提出了明确思路和要求。整编了

《中国地质环境监测院情况介绍》、《地下水领域工作进展》、《地质灾害领域工作进展》、《矿山地质环境领域工作进展》、《综合研究领域工作进展》、《地质环境信息领域工作进展》等工作介绍材料，更新制作了中国地质环境监测院宣传走廊。制定了野外记录本，规范野外工作记录。

2009年，中国地质环境监测院完成了30项新开项目总体设计和单项设计，设计优秀率66%、优良率100%；提交了35项结题项目成果报告，报告优秀率54%、优良率100%。《山东省地质环境监测研究报告》和《云南省新平县地质灾害详细调查》获得国土资源科技二等奖。发表科研论文23篇，其中SCI、EI、ISTP检索论文4篇。公开出版科技成果专著与科普读物13项。中国地质环境监测院被北京质量协会授予“质量信得过单位”，地质调查与科技外事处处长吴爱民被授予“质量管理先进个人”。

国际合作与对外交流

2009年中国地质环境监测院共进行外事出访活动5项，包括赴美国地下灌注技术考察团、赴乌拉圭参加国际地科联环境管理专业委员会年会、赴澳大利亚地热能勘查开发技术考察团、赴瑞士中瑞合作——中国西部干旱区含水层存储与利用问题合作交流考察团、赴加拿大矿山地质环境恢复技术考察团（办理过程中）。

接待和参与组织外事活动5项。分别是：中德合作地面沉降和矿山环境专题研讨会；中德地学合作30周年纪念暨2010~2011合作框架签署仪式；国际地热协会西太平洋分会年会；接待俄罗斯水文地质专家来访；接待美国劳伦斯伯克利国家实验室专家来访。

综合行政

一、文秘档案管理及保密工作

2009年，中国地质环境监测院进一步严把公文质量，按程序办文，不发不合格的文件，通过组织有关部门的同志参加中国地质调查局举办的公文写作培训班，参观国土资源部举办的公文展览，有效地提高了公文水平。及时印发文件，需上网的及时在中国地质环境监测院内网上刊载。加快来文处理速度，规范文件运转流程，按时督办催办完成落实情况。全年共办理各类收文1056件；发文109件，上报中国地质调查局请示24件，报告49件；发函43件。进一步落实《中共中央关于加强新形势下保密工作的决定》，围绕部、局保密工作要求，健全保密制度，完善保密措施，重新签署了保密责任书。完成2次保密自查并将结果报局。

二、新闻宣传和政务信息工作

中国地质环境监测院加强信息上报的针对性、实效性和准确性，紧紧围绕工作重点，按照部、局要求及时上报政务信息。全年共上报部、局政务信息43次，在《部内要情》上刊载14次，在《地调工作动态》上刊载15次。及时编制印发《地质环境调查与监测工作简报》，将中国地质环境监测院《院务信息通报》改为院内部信息，按时编制并在中国地质环境监测院内部办公网上发布。

经济与财务管理

一、地质调查项目经济管理

2009年中国地质环境监测院承担各类财政项目共57项，项目经费总额为8? 396.82万元。其中，2009年新开项目25项，包括国土资源大调查18项、监测专项2项、两权项目2项、接受外协财政项目3项，经费总额5? 124万元；续作项目32项，包括国土资源大调查20项，监测专项2项，科技项目3项，两权项目6项，土壤专项1项。

二、单位经济管理

2009年，中国地质环境监测院加强计划引导，合理确定年度经济规模，统筹安排年度收支；规范预算管理，强化预算执行，加强工作任务与预算执行的统筹协调，将预算执行率纳入年度目标考核体系并加大奖惩力度；修订和完善经济管理制度；强化了对外协费、劳务费、会议费、出国费以及野外津贴、租车费等重要经费支出的监督控制；加强了政府采购全过程控制，努力推进实物资产信息化管理；全面启动了国土资源部账务处理系统、工资管理系统、预算管理系统和固定资产管理系统，充分利用财务信息系统管理手段，及时纠正错误与偏差；配合各主管部门的审计、检查、项目绩效考评和项目经费使用情况总结报告验收，作好沟通、协调、整改工作；加强对中层干部、管理部门、重点岗位人员和项目负责人的思想道德和财经纪律教育，强化业务培训。2009年中国地质环境监测院（本部）全年财政资金预算总额9288.3万元，其中本年下达预算6049.2万元，上年结余3239.10万元。支出7753.4万元(约)，剔除年终下达的220万元预算指标未能执行的因素，综合执行率约为85.5%；事业收入2006万元，比年初计划的1800万元增加206万元，完成计划的111.4%；经营收入580万元，比年初计划的480万元增加100万元，完成计划的120.8%；完成采购资金344.4万元，采购210台(套)设备。

三、企业管理

2009年，中国地质环境监测院重视国有资产管理，对存在法律风险隐患的企业予以了撤销，并如数收回对外投资。

干部人事教育

一、干部人事工作

1. 开展岗位设置试点，优化专业技术人才结构。2009年中国地质环境监测院在局系统率先实施岗位设置管理工作，在部、局的指导下，顺利完成了岗位设置和专业技术岗位分级遴选。通过岗位设置，中国地质环境监测院专业技术人才结构得到了进一步优化和调整，初步形成领军人才、学科带头人和技术骨干三级人才梯队。

2. 筹建地质灾害应急办公室，强化对部局的支撑。为进一步做好全国地质灾害应急防治工作，经局批准，中国地质环境监测院于8月份成立了地质灾害应急办公室，承担突发地质灾害应急响应和相关技术支撑服务。

3. 制定了“加快人才培养的实施意见”，推进了大项目“双项目负责人制”。中国地质环境监测院2009年以地质科研项目和地质环境监测试验基地为平台，通过给压力培养人，通过挑担子锻炼人，努力营造人才成长环境，让优秀青年人才脱颖而出，努力培养领军人才、项目负责人、业务骨干三级人才梯队，增强地质环境事业发展后劲。

二、职工教育培训

中国地质环境监测院2009年继续加大干部队伍建设力度和技术培训力度，先后举办了原始地质资料立卷规则、地质调查项目预算管理、劳动合同法、野外应急救护知识等专题培训班。加强人才引进和交流，共引进5名应届高校毕业生和4名社会在职人员到院工作，先后输送6名同志到局机关或兄弟单位工作。通过人才引进和交流，院技术力量得到进一步充实，同时也激发了干部队伍的活力和积极性。以地质环境监测试验基地为平台，积极鼓励年轻技术人员深入一线，不断丰富野外实践经验，加强专业知识储备，全面提高专业素质。

安全生产管理

中国地质环境监测院坚持“安全第一，预防为主，综合治理”的方针，贯彻落实安全生产责任制，强化安全生产教育培训，加强安全隐患的整改，实现了安全生产零目标，保证了地调科研工作的顺利推进。一是强化安全教育培训，增强了全体职工的安全生产意识。二是落实安全生产责任制，健全完善了中国地质环境监测院、各部门、安全员三级责任体系，基本形成了安全生产人人关心、人人有责的安全生产格局。三是突出重点，努力抓好野外人身和道路交通安全。坚持在出队前进行安全培训，掌握和了解工作地区的自然地理环境和社会治安情况，有针对性地加强防范措施。在车辆和驾驶员增加的情况下，实现了道路交通安全，2009年又被海淀区评为交通安全先进单位。四是开展安全大检查，加强隐患整改。在自查的基础上，针对局安全检查组提出的意见和建议，院制定了防范措施和整改方案。

党群工作

一、党建工作

1. 深入开展作风建设活动。中国地质环境监测院成立了作风建设领导小组，制定了实施方案，全院320人次参加了有关会议和学习活动，圆满完成了学习讨论、整改提高和建立长效机制3个阶段的任务，参加人员进一步找准了在作风方面特别是主动谋划、工作办法、协调联动和落实能力等方面存在的突出问题及原因，形成了整改措施，取得了一批成果。

2. 进一步加强理论武装和党员队伍建设。中国地质环境监测院组织开展了学习贯彻十七届三中、四中全会精神，贯彻落实中纪委全会精神和全国机关党的建设工作会议精神等专题学习。积极开展读书活动，进一步了提升了干部职工思想政治素质、业务素质和党性修养水平，提高了运用理论解决实际问题的能力。组织开展了“争先创优”活动，4名同志获得部直属机关优秀党员、优秀党务工作者称号，2个支部、13名同志被评为院“两优一先”。发展了4名同志入党。

3. 不断推进党风廉政建设。中国地质环境监测院调整了党风廉政建设领导小组，院领导与分管部门签订了《廉政建设责任书》。认真贯彻中纪委三次、四次全会和胡锦涛同志重要讲话精神，大力倡导“八个方面的良好风气”，“讲党性、重品行、作表率”，筑牢拒腐防变的思想基础。提出了中国地质环境监测院《关于贯彻落实中央反腐倡廉四个法规文件推进惩防体系建设的意见》，不断完善惩治和预防腐败体系建设。

二、精神文明建设

中国地质环境监测院2009年度继续保持“中央国家机关文明单位标兵”和“首都文明单位标兵”光荣称号。2009年，中国地质环境监测院积极组织开展了以“迎国庆、讲文明、树新风”为主题的系列活动，收到了良好效果。两个节目获得了局第一届职工文艺会演优秀表演奖。开展了城乡共建活动，与昌平区老君堂村正式签订了城乡共建协议，为老君堂村提供了部分建设资金，捐赠了书籍和计算机。中国地质环境监测院城乡共建工作在年底召开的中央国家机关城乡共建工作会上进行了经验介绍，受到了表彰。组织开展了文明单位创建活动，4个部门、40名同志被评为中国地质环境监测院文明处室和文明职工。开展了以“增强责任心，提高执行力”为主题的文化研讨活动，参加了部乒乓球、羽毛球比赛和局职工篮球赛，获得了部直属机关羽毛球团体赛乙组第三名的较好成绩。

三、工会、共青团、妇女工作

继续实施“凝聚力工程”和“群众满意工程”。通过“凝聚力工程”建设，形成了以目标、事业、形象、文化和情感为主体的凝聚力体系，增强了集体凝聚力。中国地质环境监测院作为代表之一在地调局系统实施凝聚力工程座谈会上进行了典型发言。继续实施“群众满意工程”，召开了中国地质环境监测院二届二次职代会，积极为职工办实事。

（王选革）

水文地质环境地质调查中心工作

水文地质环境地质调查中心

地质与科研

2009年，中心承担地质调查计划项目2项，工作项目18项，科研项目12项。外审地质调查年度设计18份，成果报告1份，野外资料验收2项，其中5份设计评为优秀，1份成果报告评为优秀，2项野外资料验收优秀，12份设计良好，1份设计合格。整体优秀率为38%，优良率为95%，合格率100%。全年申请专利5项，授权13项。

一、地质调查项目进展及阶段性成果

（一）地方病严重区地下水勘查与供水安全示范。

该计划项目野外工作已全部完成，完成的主要实物工作量为1:10万水文地质调查22721km²、1:5万水文地质专项调查9598km²，水文地质钻探11281m，物探2259点，岩土水、农作物样2035组，施工示范井150眼，直接解决了7万人的饮水安全问题，取得了显著的社会效益。

1. “全国地方病严重区地下水勘查与供水安全综合研究”项目，总结了中国北方高砷地下水的分布规律及形成机理，划分了成因类型；对银川平原、河套平原、大同盆地及松嫩平原等集中分布地区的高砷、高氟水与地质环境关系进行了对比研究；高砷水水质改良技术在大同盆地山阴县（0.319mg/L）和河套平原临河区（0.650mg/L）野外现场试验6个月，稳定去除率达到90%以上，改良后的水质满足农村饮用水分散供水砷含量小于0.05mg/L的国家标准。小型轻便化分层采样系统基本定型，并编写了说明书。

2. “华北地方病严重区地下水勘查与供水安全示范”项目，利用水文地质、遥感、物探、钻探等多专业配合、验证的优越性，提高了勘查成果准确性；总结出燕山期褶皱与断裂对地下水分布起主要控制作用的规律；总结了各种物探技术方法在山区找水工作中的适用性及特点；编制了华北平原（黄河以北）氟离子等值线图，并分析了其成因，划分了成因类型。

3. “四川阿坝州地方病严重区地下水勘查与供水安全示范”项目，大骨节病研究区域以红原县为重点，向外扩展到整个阿坝州，红原县野外实施探采结合井和示范井7眼，同时对黄土高原病区与非病区开展了野外调查和取样分析，进行全国范围的对比研究。除若尔盖县外，其余5县大骨节病患病与饮用水源低矿化度（矿化度低于150mg/L）及高腐殖酸（腐殖酸总量高于5mg/L）密切相关。在大骨节病区实施的探采结合井水量较为丰富，单井出水量可达到30m³/d，水质具有矿化度高于150mg/L，腐殖酸含量小于5mg/L的特征。

（二）地质灾害监测技术方法研究。

1. “地质灾害监测技术方法示范”项目，对滑坡常用监测技术方法进行了系统总结，初步确定了各种监测方法的适用条件；在探讨了滑坡主控因子并对其混合简化的基础上，提出了岩土类型分类、动力成因分型、变形运动特征分式的三层次法滑坡监测分类方案，将滑坡分为2类5型3式并组合命名；总结了各类滑坡的变形特征和主要监测内容、部位，按地质有效、技术可行、经济合理的原则对监测技术组合方法进行了优化，提出了每一类型滑坡的推荐监测方案。巫山示范站取得各类监测数据量百万余条，为野外科学观测站建设及进一步的科学研究提供了宝贵的资料。

2. “地质灾害光导监测仪器研制与示范”项目，进行了样机的温度和应变室内模拟试验。FBG监测解调仪已完成优化设计，进行了温度和应变测试的室内模拟试验。光纤监测技术方法研究，完成了分布式光纤应变标定试验台和应变模拟试验台的设计和加工制作，在巫山邓家屋场滑坡和巫山中学滑坡铺设了分布式监测试验光纤11800m，安装FBG传感器22只，并实施了对比监测试验。

3. “地质灾害群测群防监测技术研发与示范”项目，完成拉绳式伸缩传感器、智能报警器、含水量

监测仪、分布式孔中电导率监测仪、激光多点位移监测仪、磁致伸缩多点位移监测仪、无线射频传感器监测系统的研制工作，样机组装完毕；完成水富县180个群测群防灾害点的简易工程地质测绘工作，平面及剖面成图比例尺为1:10000；完成1:1000航测5~8处，10km²；完成1:25000遥感图像处理426km²；完成示范区伸缩仪、位移计2000套的生产、布设工作；水富县示范区的监测仪器装置已经布设完毕并开始工作，地质灾害群测群防预警信息管理系统已经运行。

（三）青藏铁路沿线水文地质环境地质调查评价。

对清水河两岸的冻胀丘详细调查，初步分析了冻胀丘的成因及对铁路的危害，同时对清水湖的成因及水质进行了调查；对昆仑山垭口盆地、清水湖盆地的水文地质结构和地下水赋存规律进行了调查；通过野外地面调查和河流测流，查清了昆仑垭口盆地和清水湖盆地内的地下水与地表水的相互转化关系。

详细调查了昆仑山口-清水河段青藏铁路、公路的主要水害类型，并选取了典型地段进行了水文地质剖面测绘；详细调查了小南川—清水河段格尔木—拉萨输油管沿线存在的环境地质问题，并选取典型灾害地段绘制了地质剖面，分析了各种典型灾害的产生机理；全面调查了清水河—巴拉大才曲间楚玛尔河高平原风蚀荒漠化分布规律及程度。

完成了沿青藏铁路昆仑山口—清水河段两侧各20km范围内，总面积2500km²的1:10万水文地质环境地质遥感解译；在选定的两个重点工作区（清水河段、不冻泉段）进行了1:10000水文地质环境地质遥感解译，总面积合计83km²。

（四）典型污染场地土壤与地下水调查技术与评价研究。

编写出了具有中国特色的污染场地土壤与地下水调查技术要求征求意见稿。该技术要求，将中国污染场地质调查查评价工作划分为场地污染识别、场地污染确认、场地污染特征调查3个阶段。

综合物探技术解译污水灌渠影响范围。

重点勘查区三维精细测试，圈定污染物空间分布形态。

直接推进原位取样技术取得初步成果。设计完成直接推进原位（土层、地下水、气体）取样器，并进行了初步野外试验。

（五）建设用地土壤与地下水污染风险评价示范研究。

初步构架中国建设用地土壤及地下水污染风险评价方法，将示范评价区划分为某种用地情况下的不同风险区。通过地面调查及便携式仪器测量，初步勾勒出几种污染物可能分布的平面范围。采用地质雷达方法，解译出路基层、原状土层、砾石层、风化带和基岩层厚度等异常信息。

（六）陇东地区地质灾害详细调查。

在遥感解译的基础上，完成了泾川县1:5万地质灾害详细调查及县城周边1:1万的重点区的调查，调查点286个，查明了地质灾害点及地质灾害隐患点205个，调查总面积1409km²。编制完成了《陇东（灵台县）地质灾害详细调查报告》及成果图件、《陇东（泾川县）地质灾害勘察报告》及系列图件、《陇东（泾川县）地质灾害详细调查报告》（初稿）及《泾川县地质灾害分布图》、《泾川县地质灾害调查实际材料图》等图件。在详细调查过程中，对某些威胁程度较大的灾害点安装了监测仪器，对居民的防险避险起到了很好的预警作用。

（七）华北平原地裂缝调查与评价。

完成了保定市、廊坊市、沧州市3万km²野外调查工作，发现地裂缝295条（不包括地面塌陷），方向主要以北西，北东为主。地裂缝分布规律：地裂缝一般发生在浅层地下水开采较强烈的地段，尤其是沿古河道带沿线发生的频率较高；地裂缝成因初步分析：太行山前倾斜平原地裂缝，如涿州市地裂缝、地面塌陷以非构造类型为主。主要因素是地下水的潜蚀作用，其次天气干旱、超采地下水造成地下水位大幅下降，土体干缩，形成干裂成缝。

（八）贵州岩溶地区岩溶水文地质地球物理勘查。

选择贵州遵义地区的凤冈县开展遥感、综合物探技术勘查岩溶地下水的应用研究工作。基本查明了凤冈县以及重点地区地质构造分布规律，圈定出找水靶区，配合贵州二水确定宜井孔位5处，出水4眼。初步总结出以高密度电阻率、音频大地电磁测深、大地电场和激电法为主的泥质灰岩和纯质白云岩两种不同地质单元地下水物探勘查技术应用模式，为进一步勘查类似地下水提供技术方法指导。通过室内物理模拟试验研究初步认为，岩溶管道充填物性质判别需要采用虚分量参数且频率0.01~1Hz段是重点要研究的谱段。总结出碳酸盐岩应力、应变等影响水力压裂效果的工程地质与水文地质特征因素，建立了水力压裂时与实际地层状况变化相符的裂缝发展数学模型，开发出了面向碳酸盐岩地层水井水力压裂裂缝的拟三维可视化模拟软件。

（九）汾渭地区地裂缝调查综合地球物理勘查。

工作区主要分布在太原、运城、临汾3个盆地4个地段，针对不同地区进行了野外噪声调查实验，确定了地震勘探效果最佳的偏移距及采集参数。地震勘探野外数据采集经处理后，地震时间剖面反射波组清晰、丰富。根据速度分析的结果，工作区第四系地层结构已基本查明，新近系顶面清晰可见。为开展地裂缝的主控因素、成因等研究提供了充分的地球物理论证资料。

（十）强震区斜坡地脉动特征研究。

完成15条工程地质剖面测绘工作；完成了强震区斜坡地脉动野外测试，取得了大量山体斜坡地层、岩性数据和地脉动测试数据，对北川新县城、地脉动曲线进行了初步分析，为进一步分析次生地质灾害打下基础。

（十一）中国二氧化碳地质储存关键技术研究。

追踪国内外二氧化碳地质储存研究动态，系统梳理了全球已建和在建二氧化碳地质储存示范工程信息，编绘了全球已建和在建二氧化碳地质储存示范工程分布图。系统总结了油田、天然气田、煤层气、深部咸水含水层4种二氧化碳地质储存类型的储存理论储存量和有效储存量的计算方法，为开展全国级别二氧化碳地质储存潜力评价奠定基础。对中国59个主要油田、46个天然气田、68个主要煤田和24个咸水含水层沉积盆地资料进行了统计分类，同时对，中国主要含油、含气盆地分布图、深部咸水含水层沉积盆地分布图等图件进行了数字化。开展了二氧化碳地质储存场地风险性评估研究，对二氧化碳地质储存逃逸机理及其预案进行了总结。

（十二）水文地质调查方法研究与手册编制。

集中国内70余位水文地质界专家和教授，修编完成了《水文地质手册》，全书约160万字。新版《手册》在系统总结国内外水文地质发展基础上，全面编著与系统总结了中国水文地质科学领域的基础理论研究、先进技术方法实践应用、历史民间传统经验和成果，较为全面地反映了水文地质调查与研究新的理论、内容与工作方法，增加了新的专项调查工作内容，补充了原有的物探、钻探、水文地质试验等技术方法，扩充了遥感、地下水监测等章节内容；增加了同位素技术和样品采集与测试技术、信息系统与图件和报告编制等新的章节，对促进我国水文地质调查与研究工作，具有一定的指导意义。

（十三）水工环地质调查技术方法应用服务系统。

通过收集与整理资料，收集到各类技术方法资料共计200余种，并进行了整理。其中整理了技术方法资料130种，规程规范资料50余种，典型案例资料40余种，初步建立了一套基于SQL Server 2005的数据库，包括技术方法信息数据库、规程规范数据库和典型案例数据库；开发部分系统功能模块：系统权限模块、角色分配权限、数据录入模块、系统管理模块；基本构建了应用服务平台。

（十四）地质调查安全保障体系研究。

编写了《野外安全行车手册》，已于2009年11月由地质出版社正式出版发行；研究制定了《地质调查劳动防护和野外救生、特殊生活用品（用具）配备标准》，已形成报批稿；中国地质调查局地质调查安全生产管理系统已开发了野外地质调查安全保障、事故应急与管理、教育培训和安全生产法律法规等4功能模块，进入软件测试阶段。

二、科研项目成果及立项

（一）饮用水源开发利用技术研究与设备研制。

国家科技支撑计划项目，研究形成了咸淡水地区寻找淡水体物探勘查技术模式。初步形成的新型粗骨料井成井技术可有效减小水跃值，增加单井出水量。研制的新型全塑贴砾过滤器为有效开采细颗粒地层地下水提供了一种新型的成井工艺技术。研究的慢滤式人工含水层辐射井技术可用于地表污染水源的预处理，最大限度地开发利用浅层地下水和河床渗透水，对降低水厂处理难度、减少深层地下水开采、保证城乡供水安全和改善环境具有重要作用。研制的新型水平辐射管全液压施工设备针对原有全液压施工设备的突出问题和不足，增加了冲击功率较大的液压冲击器，对有效地开采粗颗粒含水层地下水，增大单井出水量具有重要作用。

（二）地质灾害监测光纤传感技术应用研究。

国家科技支撑计划项目，对传感器的封装形式、方法进行了深入研究，设计制作了光纤光栅应变传感器、钢筋计、位移计；在自行设计制作的试验工作台上进行了分布式光纤传感监测系统室内温度和应变模拟试验；通过室内试验和野外应用试验对光纤监测技术方法与工艺进行了深入研究，FBG 监测仪野外监测试验取得了较好的应用效果。

（三）浅层低渗透性含水层水平井开采技术研究与示范。

该课题完成了水平井井壁管的室内研究工作，制备井壁管试验及性能测试，并对其进行了抗拉、抗压性能测定；完成了水平双面试验井的施工、洗井和抽水试验工作，施工垂直井 1 眼，井深 12m；施工水平双面试验井 1 眼，钻进进尺 150m。水平双面井的试验成功，为浅层低渗透性含水层地下水开采提供了一种新型的开采井型。

（四）地下水多级分层自动监测技术体系研究。

该课题完成了 6 种复合式传感器信号处理电路设计、元器件及电极传感器的选型、硬件电路调试与试验，开展了可连接不同传感器的 6 通道数据采集系统的研究，完成了多通道数据采集系统的整体结构和软硬件设计、元器件的选型与采购，完成了监测主机电路板的调试与制作，编写调试了主机的硬件控制程序与操作程序。进行了地下水监测信息管理与发布系统（演示版）软件等设计。

（五）含水层含水量预测综合物探技术研究。

国土资源部公益性行业科研专项经费项目，在确定项目实施方案和相关技术的基础上，收集整理了保定市区大量的测井资料，选择北京潮白河水源地开展了综合物探勘查技术应用研究工作，并进行了复电阻率判断含水层水力系数的新技术应用研究，查明了潮白河水源地含水层空间分布特征，总结优化了勘查技术方法，开展了测井资料求取水地质参数软件编制工作。

（六）地下水动态自动监测仪 WS－1040。

国家重点新产品计划项目，针对存在问题召开了质量分析会、进行室内研究、调试、试验；对国外同类产品进行了调研，与日本地下水位仪和荷兰地下水监测仪 Diver，从整体外观机械设计、工艺的区别，管理软件功能的优缺点及操作性等方面重点进行对比，为下一步仪器的改型换代做准备。

（七）滑坡深部位移示踪监测系统研制。

三峡库区 3 期地质灾害防治重大科研项目，课题实施方案通过评审后，完成了仪器硬件的设计，正在进行调试试验。

（八）地下水渗漏监测技术与仪器研发。

该课题隶属“十一五”国家科技支撑计划专题“基坑地下水控制方法与渗漏检测技术研究”。上半年子课题启动，签署任务书，完成了项目的总体设计，该课题在顺利进行中。

（九）地层水热参数原位检测方法研究与传感器研制。

该项目获国家自然科学基金资助，项目已经启动。

（十）典型矿山地质环境监测预警关键技术研究。

国土资源部公益性行业科研专项项目，编写项目建议书和实施方案。该项目已通过专家论证，并于 12 月 20 日召开项目启动会。

（十一）地下水典型试验场科学观测与综合研究。

国土资源部公益性行业科研专项，水环地质调查中心承担“污染水文地质试验研究”课题已经启动。

（十二）岩溶富钙环境胁迫对作物水分影响典型研究。

中国地质科学院重点开放实验室专项资金项目已经启动。

三、遥感技术取得突破性进展

2009 年遥感技术开发应用在低空遥感领域取得突破性进展。完成了 20 公斤级无人直升机与大面阵可见光传感器系统的匹配组合试验研究，该重量级无人直升机智能遥感系统应用于典型地质灾害体调查，在国内尚属首次。

利用无人机低空遥感成像系统，在云南昭通地区水富县，获取了 15 组滑坡、向家坝水电站新移民点不稳定斜坡、T25 高速路沿线 3 处滑坡体的 1:2000 高分辨率可见光摄影图像。通过地面控制点定标测量和空三软件对图像进行了正射纠正处理，获取了滑坡体的正射影像，提取了高精度的 DEM 地面高程数据，建立了滑坡体的三维立体模型，为滑坡体详细调查、研究，以及数字滑坡分析开辟了全新的技术方法。

四、国家应急任务

1. 积极投入抗旱救灾工作。年初，按照部、局要求，紧急部署抗旱救灾工作，成立中心抗旱救灾工作组，依托“华北地方病严重区地下水勘查及供水安全示范”项目，发挥专业优势，在受旱严重区开展找水打井工作。2月19日，在太行山严重缺水地区河北顺平县大黄峪村成功实施探采结合井一口，井深160m，日出水量480m^3，解决该村300余人饮水困难，同时为附近近百亩农田提供了灌溉水源。3月，中心抗旱找水再获突破，在太行山严重缺水地区顺平县偏罗裕村成功实施示范井一口，井深185m，日出水量1000m^3，解决周围村700余人安全饮水问题。在国土资源系统抗旱打井竣工验收现场会上，顺平县委、县政府向中心赠送“一心帮扶助抗旱，全身投入保民生”的锦旗。

2. 全力以赴，支援重庆武隆山体垮塌抢险工作。6月12日，接到局紧急指示，要求我们利用跨孔物探扫描技术查明垮塌体区地下巷道具体位置。中心主任傅秉锋立即调度部署，由郭建强副主任带队，组织有关专家以最快速度奔赴现场，开展地面物探勘查工作，全力抢救掩埋在大山下27条矿工生命。

五、科技开发工作

以地质调查科研项目为依托，以满足社会需求和提高成果社会应用水平为出发点，发挥水工环技术和人才优势，积极寻找地质调查项目与地方需求的结合点，采取具体措施，鼓励地质调查项目延伸服务，探索科技开发新机制。

承担的国储惠尔地下油库工程物探，为解决油库工程两大技术问题（地下水、围岩质量）提供了物探测试资料；内蒙古林白铁路声波测井与电法、地震勘探，为铁路选线与路基设计提供了翔实的岩土体物理参数；山西朔州煤矿浅层地震勘探，为煤矿开采巷道设计、采空区避让、断层避让提供了准确的依据。

承揽了国家重点工程建设项目曹妃甸地区主要活动断层地震勘查，保定市东三环南段建设用地地灾危险性评估，顺平县城供水水源地水文地质勘察、设计等开发项目。

六、国际合作与对外交流

2009年，水文地质环境地质调查中心100余名业务人员参加各类技术交流55次，公开发表学术论文64篇，《水文地质工程地质技术方法动态》出刊6期。

年初，中心召开了2008年度地调项目成果汇报与学术交流会。会上有18个项目进行了成果汇报，30篇论文、3份出国调研报告进行了交流。

3月，中心主任傅秉锋一行4人参加了全国地质环境管理工作会议。中心研发的一系列水工环监测仪器在会议上进行展示，技术人员演示了仪器操作使用情况，并发放了120套裂缝报警器，扩大了中心在水工环监测领域的影响。

8月，承办了“地方病及地质环境国际研讨会”，来自美国、日本、俄罗斯、联合国儿基会和中国的140余名地质、水利和卫生等领域的专家参加了会议，就高砷高氟高碘地下水和大骨节病区地下水成因与分布、地方病区防病改水及地下水勘查技术等研究成果进行了交流，并以此为契机，搭建了多部门合作开展地方病防治工作的平台。

9月，中心参加了“2009年中国（北京）国际地质技术装备展览会暨论坛”。会上展示了水环地调中心地质灾害监测预警、地下水监测以地质钻进等领域的新技术新仪器，中国地质调查局王宝才副局长等领导参观了展台，并给予好评。

中心与山东科技大学按照优势互补、互利共赢、共同提高、共同发展原则达成战略合作意向，双方将在能源特别是煤炭领域水文地质环境地质教学、科研及人才培养方面进行密切合作，互聘客座教授、联合办学、联合开展科技攻关，搭建人才、科技交流平台。

10月，中心参加了长沙全国地质灾害防治会议，会上展出了中心研发的新型数字显示滑坡监测预警仪，受到部领导和与会专家的高度关注和好评。

改革与管理

一、完善管理制度

在2008年制度建设基础上，继续健全完善管理制度，并将各项制度编辑成册，形成一套完整的水环地调中心制度体系。

二、人才队位建设

围绕中心业务定位，紧紧抓住人才招聘、培养、成长等关键环节，加强人才队伍建设。

1. 积极与高校联系，公开招聘应届毕业生。通过中心领导带队到高校招聘宣讲、在中心网站及有关高校就业网发布信息等形式，公开招聘水工环及技术方法类人才，组织2次公开招聘面试会，2009年新进应届毕业生10名。

2. 加大人才引进力度，面向整个行业吸引优秀人才。年初，抓住青海、甘肃两省地质调查院业务结构调整的机会，中心积极联系，引进2名具有丰富野外经验的水工环地质高级工程师和1名工程师。11月，引进1名博士，充实水工环地质调查技术力量。

3. 建立竞争、择优和人尽其才的用人机制。择优选拔中青年技术人员担任工作项目、工作内容负责人，给年轻人压担子，充分调动和发挥职工的积极性，为中心发展提供人才保障。

4. 加大学历学位教育。2009年在职学历教育入学7人，其中硕士4人，博士3人，为中心发展储备人才。

5. 加强培训，提高业务能力。根据各部门培训需求及中心地调科研工作需要，完成计划培训18项，参加计划外培训7项，培训人员140余人次；新进人员的岗位培训、安全培训率达100%。

6. 充分发挥激励机制作用。印发了《野外津贴实施办法》、《职工绩效考核办法》，讨论了《绩效管理办法》、《部门绩效考核办法》，通过季度考核、职责量化、目标考核等手段，激励人才干好事业，干成事业。

三、加强财务管理

2009年，中心强化财务经济管理，财务处增设了定额统计岗，加强定额管理；业务室设置综合预算员，负责部门执行预算的审核和报销，协助项目预算的编制；简化了合同审批程序，提高了办事效率。邀请局财务、监察审计人员进行财务知识讲座和警示教育，普及财经法律知识，增强依法理财意识。同时，按照局要求，开展了地质调查项目预算财务管理自查工作、落实局对中心审计整改意见及“小金库”清查整顿工作。

四、推进质量管理体系建设

水环地调中心质量管理体系已运行4年，为更加有效地控制地调科研成果质量，抓住过程管理各环节，促进中心管理水平的提升，2009年进行质量管理体系改版工作，并通过了北京中设认证服务有限公司的审核，继续保持认证资格。

五、加强安全生产及保密工作

2009年初，中心召开安全工作会议，对安全生产工作进行总结与部署。全年共组织安全培训5次，车辆安全检查2次，开展安全生产大检查3次。8月，由中心领导带队，分三个检查小组，赴青海、四川、甘肃等地进行野外安全检查。9月，局安全检查组来中心检查工作，对中心安全生产工作给予高度评价，在局2009年安全生产责任制考核中获优秀，被局授予“2008～2009年度安全生产先进单位”荣誉称号。

全年开展保密检查2次，签订保密工作承诺书257份，接受地调局及保定市保密局保密工作检查各1次，开展了移动存储介质统计备案工作。

六、基地建设

按照局批复的地调综合实验楼建设项目，2009年基建工作全面展开，中心严格执行基本建设程序和部、局有关规定，成立了基建组织机构，基建领导小组下设基建办公室和基建监督小组，各小组明确职责，紧抓工程质量、投资预算、工期等环节，确保施工安全，监督到位，真正把实验楼建设成职工满意的一流工程。截至2009年底，项目前期准备工作已完成，正在办理相关手续。

经济管理

2009年中心实现总收入7490万元，比上年增加2029.37万元，增长37.16%；科技开发收入580万元，比年初确定的550万元目标增长了5.45%；职工个人收入5.28万元/人年，比上年增长10%；新增固定资产753.03万元，较上年增加了13%。

2009年地调科研项目经费4066.8万元，超过年初确定地调科研项目经费3800万元的目标。全年财政资金总预算执行率82.87%，完成了中国地质调查局制定的目标。

党建与精神文明建设

2009年，中心党委以深入开展学习实践科学发展观活动为契机，加强党的思想组织建设，构建惩防体系，凝聚队伍力量，凝聚力指数达到9以上，全年发展5名新党员。

一、深入开展学习实践科学发展观活动与地质找矿改革发展大讨论活动

2009年3月，中心全面启动学习实践科学发展观活动，召开动员会，制定了活动实施方案，紧密联系单位实际，积极谋划，精心组织，狠抓落实，圆满完成了3个阶段11个环节的学习实践活动。党委结合科学发展观活动，扎实开展地质找矿改革发展大讨论，广大干部职工积极投入到大讨论活动中，撰写大讨论征文16篇，参与问卷调查200余人次。在学习讨论过程中，紧密结合中心实际，召开各类研讨会，开展实地调研，启动了9项专题的研究并进行广泛讨论，汇总梳理，查找出在思想观念、业务能力、体制机制、人才队伍建设等4方面制约中心发展的主要问题，剖析原因，形成了9项专题研究成果。同时，水环地调中心积极参加局及保定市开展的“干部作风建设”活动，采取多种形式开展教育活动，引导党员干部加强作风建设，增强工作效能，促进科学发展。

二、加强党风廉政建设

围绕中心工作，首先抓好廉政教育，结合学习实践科学发展观活动和干部作风建设活动，以集中培训、专题报告、知识竞赛等形式开展活动，同时加强内部审计，对2个市场开发项目进行审计，加强廉政建设。

三、开展主题教育活动

“七一”组织广大党员参观平西抗日纪念馆，缅怀革命先烈，深化思想教育；组织广大党员观看爱国主义教育影片《铁人》；开展“我与祖国同行”签名活动，喜迎新中国成立60周年。

四、实施凝聚力工程

中心党委围绕“凝聚力工程”，组织开展了一系列活动，增强了队伍凝聚力和战斗力。召开离退休迎新春茶话会；参加局首届篮球赛；“三八”妇女节组织女职工登八达岭长城；举办职工摄影展，营造人文工作环境；组织青年团员游野三坡地质公园；召开春季职工运动会；积极参加局首届文艺会演活动等，增强了凝聚力，为构建和谐水环地调中心创造了良好氛围。

五、履行承诺，为职工办实事

2009年党委确定为职工办5件实事，经过努力，5件实事已全部落实。办公区和3个家属区均安装了监视探头，加强了安全保卫工作；维修了家属区单元门和楼道窗户，平整了家属院道路，增加了职工伙食补贴费，从细微处关心职工生活。

六、职工获得荣誉

2009年，中心干部职工中先后获得全国“野外科技工作先进个人”、河北省“全省优秀共产党员”、地调局“女职工建功立业标兵”、河北保定市“先进青年科技奖”、“先进科技工作者”等荣誉称号。

（刘迎娟）

中国地质图书馆工作

中国地质图书馆

地质图书

一、积极推进局系统地学文献信息资源共建共享体系建设

1. 文献资源建设。2009年按计划完成了中外文书刊印本资源和电子资源的采购工作。其中采购中文地学图书2058种/3037册，外文地学图书、地图642种册。订购中文期刊439种/465份，外文期刊555种/3500份。采集各类电子资源数据库29个。其中订购数据库13种，共享电子资源一种（GSW），搜集OA（开放获取）电子资源数据库3种。采集各类试用电子资源数据库共12种。电子资源采购中，在满足大多数读者需求的基础上，对一些与地学重要相关和热点学科，进行重点试用和订购，如2009年根据读者和部局科研生产需求新订了ACS电子期刊、PA（美国石油文摘）。丰富的网络地学资源为图书馆的网络远程服务及数字图书馆建设提供了有利的条件，并取得了良好的经济效益和社会效益。如果每个单位自采其相关资源，估计平均要付出至少50万元/年，局系统单位估计要花费1000多万元/年。2009电子资源访问量超过2008年的100万篇次，达120万篇次。

2. 加快地学文献数字产品开发。2009年共数字化中西文图书12000册，已发布可供读者网上检索利用的全文图书9094册。完成《国外地质资料目录·地质学》、《中国地质文摘》（中文版）、《中国地质文摘》（英文版）等3刊的出版发行工作。完成中国地质文献数据库（中文）文献选题、加工入库数据15648条。完成《地质学汉语叙词表》（第三版）的文字修订及终审工作。中国地质文献数据库（英文）

系统设计开发工作基本完成，并开始试运行。

3. 推进文献资源联合联机编目及共享服务系统的建设。2009年，根据项目安排，项目组先后完成了天津地质调查中心、南京地质调查中心、沈阳地质调查中心、成都地质调查中心的文献联机联合编目系统客户端系统安装、原书目数据处理、中国地质图书馆书目数据的导入、本地书目数据与中国地质图书馆书目数据的归并、系统模块基本使用培训、MARC基本培训等工作。基本完成《中国地质调查局中西文文献联合编目机读目录手册》的编写工作。目前中国地质调查局局属单位联机联合编目客户端系统已经在4个局属单位正常运行，为地学文献资源的共建共享奠定了良好基础。

二、在重点领域推进学科服务和项目服务

1. 积极开展文献信息服务。2009年接待来馆读者共计34192人次（其中阅览2861人次）。借还书刊合计141303册。提供文献全文传递3516页。提供咨询服务1626人次，复印喷绘打印及大图幅扫描共335531页幅，其中一般复印、喷绘打印及大图幅扫描59920页幅，双面复印275611页（共1536册）；为中国地质科学院提供了229人次的上门服务，外刊展示7批次、160种1410册。为中国地质科学院、水文地质环境地质研究所等多家单位提供专题文献服务与定题检索服务11例。全年完成科技查新服务21例。

2. 加快学科馆员建设，做好学科馆员服务。加强与相关单位的联系，主动服务，为地质力研究学所“地质力学文献分析与发展趋势专题研究”项目、发展研究中心“国外典型成矿区带基础地质问题研究”和“全球矿产资料信息检索与编译”、中国地质环境监测院“地质环境监测预警国内外资料检索与综合研究”项目、中国地质科学院矿产资源研究所“世界海洋矿产资源文献调研分析”、“全球矿产资源勘查开发态势文献调研分析与综合研究”项目以及中国地质科学院“世界海洋矿产资源文献调研分析”、“全球矿产资源勘查开发态势文献调研分析与综合研究”等项目开展学科馆员服务工作。学科馆员的服务领域、服务范围有了新的拓展，服务水平得到进一步提升，受到了需求单位的好评和欢迎，为全面开展学科馆员服务奠定良好基础。

3. 提高远程服务能力与水平。网络已成为图书馆对外服务的重要窗口。2009年图书馆进一步加强网络安全管理，改进馆业务工作及读者服务平台，及时维护网络系统及网络信息，为馆业务工作及读者服务工作提供强有力的网络支持。2009年全年图书馆网站访问次数超过30万。

4. 延长服务链。为进一步开拓图书馆服务业务，延长服务链，充分发挥为整个行业服务的职能，图书馆主动出击，深入各省（区、市）国土资源厅（局）、地质调查院、地质环境监测站及相关单位，介绍图书馆资源、服务项目等，收到了很好的效果，目前已经和多家单位签订了远程服务合同。另外，为使各基层单位能够获取国外文献，图书馆加大了双面复印业务的宣传力度，修订外文现期期刊目录，并向各省（区、市）国土资源厅（局）、地质调查院、地质环境监测站及相关60多家单位免费发放。图书馆通过主动宣传，使服务范围进一步扩大，服务链条进一步延长，深受基层用户欢迎。

5. 继续深入开展数据库使用培训，引导读者利用现代数字化文献资源。2009年图书馆集中力量，精选师资，充分准备，先后为中国地质调查局南京地质调查中心、沈阳地质调查中心和在京单位的科研人员开展相关电子资源使用方法培训班，同时也利用培训机会向广大科研工作者介绍推广图书馆各类文献资源，使大家对图书馆的文献信息资源情况和全方位、多层次服务有了深入全面的了解。

6. 继续做好地学科普工作。结合图书馆网站开辟的地学科普专栏，根据不同读者的兴趣爱好，不断充实完善现有地震知识专题，增加地质灾害、全球变化、地学文化等专题，增强科普知识的趣味性和可读性。目前专题科普栏目已达到5个，包括地震、地质灾害、火山科普、全球变化讲堂、地学文化。2009年，图书馆成功入选第一批“国土资源科普基地”，举办了一期地学科普讲座，开辟了地学科普阅览室，制定了《中国地质图书馆中长期（“十二五”）科普发展规划》，提升了图书馆服务能力和形象。

地质调查项目管理

一、项目概况

2009年，中国地质图书馆开展的地质大调查项目12个，其中大调查纵向项目2个，横向课题10个。

纵向项目为、《地质文献资料共享服务体系建设》和《馆藏重要地学文献数据库建设》。

横向课题为、《国外典型成矿区（带）基础地质问题研究》、《全球矿产资料信息检索与编译》、《文献计量统计与地质勘查技术发展趋势》、《地质力学文献分析与发展趋势专题研究》、《地质环境监测预警国内外资料检索与综合研究》、《全球矿产资源勘查开发态势文献调研分析与综合研究》、《国内外矿产资源远景调查工作对比研究》、《世界海洋矿产资源文献调研分析》、《青藏高原及邻区地学文献数据库建设（中文）》、《国外矿产资源概略性评价规范研究》。

二、项目进展与成果

（一）《馆藏重要地学文献数据库建设》项目。

1. 馆藏文献数字化、馆藏文献清理及珍本保护。本子课题于2008年全面启动。目前共完成馆藏数字化31082册，已发布14703册。珍本文献的研究与保护工作2009年完成200套、600册，2009年完成60种300册再造制作。

2. 中国地质文献数据库（中文）运行、维护及更新。修改完善了中国地质文献数据库（中文）的联机标引系统，加强了标准化规范化建设，编写了“《<中国地质文摘>（中文版）年度索引审校方法》”、修订了《地质学汉语叙词表》，完成入库数据15648条，建库数量有较大幅度提高；刊物报道时差缩短为4个月左右。

3. 中国地质文献数据库（英文）建设。初步完成中国地质文献数据库（英文）系统开发工作，完成3643条数据制作。运行测试结果良好，能够满足英文文献的建库及刊物编辑出版的需要。

4. 国内外地学及相关文献数据库资源建设及服务。采购续订9个大型数据库，收集9个试用数据库在网上为读者免费试用。同时组织师资力量对3个大区所开展的电子资源使用方法培训，宣传推广图书馆的文献信息资源。

（二）《地质文献资料共享服务体系建设》项目。

1. 文献信息联机联合编目系统。完成了编目中心系统的前期调试改造工作。完成局属4家研究所客户端系统的安装调试、数据处理和使用培训，试运行效果良好。举办了一期联机联合编目系统维护和图书编目技术培训班。初步完成了《中西文文献联合编目机读目录手册》的编制工作。目前完成中国地质图书馆等4家单位的集成数据共计20万条。

2. 网络采集系统。完成网络信息采集系统调研和资料的初步整理。提出了信息采集系统基本需求，初步完成了《网络信息采集系统概要设计》工作。对地学类网络进行了基本调研，同时搜索整理了部分国内外相关地学信息网站。包括馆藏书刊目录数据库等各类地学文献信息数据库全面开展网络在线服务。

经过项目组全体成员的共同努力，较好地完成了年度任务，并在地质调查共享服务体系建设规划、数据库建设、网络服务平台建设等方面均取得较好的社会、经济效益，使图书馆的对外服务能力得到了极大的提高，为推动中国地质图书馆的业务能力建设起了重要的作用。

（三）横向课题。

2009年图书馆先后承担了10个横向课题，目前进展情况良好。基本每个课题都按进度进行，按计划完成了工作任务。横向课题内容涵盖地学情报研究、地学情报信息服务等领域，为大调查项目研究提供了有力的基础信息保障和专业信息服务，为图书馆服务功能的拓展提供了有效支撑。

三、项目质量管理

在项目管理上，坚持项目为单位核心业务服务，项目管理为科研人员服务。实施了积极的项目管理措施，规范了项目的工作流程。实现项目到室、责任到人，同时加强项目实施过程监督和项目统计分析工作，确保项目任务顺利完成，经费按计划执行。2009年度重点完成3项任务，一是做好上通下达工作，保证上级项目政策及时传达到项目人员，同时把项目人员、项目实施中遇到的问题反映上去；二是参与项目实施过程监督，及时督促项目任务和经费的执行；三是及时做好项目实施过程中的统计分析工作，为领导决策提供数据依据。

国际合作与对外交流

一、国际交换

2009年，中国地质图书馆与72个国家和地区近300多个单位有书刊交换关系，有8个单位停止交换，用于国际交换的经费达7.2万元（主要为邮寄费用）。收到中国地质科学院、中国地质大学等12个单位赠刊600多册；2009年共收到国内外交换书、刊、图等1379册（件）；向国外发刊2855册；收到国外来刊、连续出版物、书、地质图、期刊、光盘共11184册件；处理国际交换信函168封。国际交换工作一方面扩大图书馆的文献采集范围，丰富了馆藏；另一方面也节约了有限的图书购置费，有效宣传了中国的地学文献。

二、外事接待

2009年9月21日，中国地质图书馆组织接待了东亚“地质与矿产资源评价与管理官员研修班”到馆参观考察。向来宾介绍了图书馆概况、发展历史、文献资源、服务内容等。带领参观了图书馆的中心书库、阅览室和文摘编辑室等。来宾对图书馆丰富的外文期刊收藏和国际合作产生浓厚的兴趣，咨询了许多相关问题，并希望建立国际交换关系。

三、学术交流

中国地质图书馆作为地质行业的总书库，国家地学文献信息的中心，需要保持技术上的和业务上的先进性。国土资源部在图书馆“三定”方案中赋予图书馆参与国际性专业学术活动，开展与国外专业图书馆界的交流与合作的职能，而且开展国际性的考察和学术交流是图书馆发展的重要推动因素。2009 年，图书馆未单独组织进行国外考察和学术交流活动，主要是参加中国国际矿业大会等在国内举行的国际会议。

综合行政

一、文秘工作

2009 年从规范、准确、精减、节约方面下工夫，不断地改善政务工作规程，共接收部、局文件 340 份，承办文件 104 件；接收机要文件 202 份，都按规定程序对其进行了签收、登记、批文、传递、归档。接收简报 70 余份，地质找矿改革发展大讨论简报 58 期，并完成传阅工作。

二、政务信息

负责起草各类文件 100 多份，其中包括馆发文 58 份，党发文 20 份及信函类发文 5 份，其他请示件 8 份和信函 2 份，组织起草和汇编图书馆工作要点和工作总结以及图书馆的年鉴。根据上级要求，精简信息专报，编发简报 12 份。接收并整理技术档案 27 份。

三、综合协调

通过加强学习、交流、培训和内部管理，不断提高了工作人员的办文、办事和办会能力，组织协调能力。2009 年共组织和配合举办各类会议 20 多次，接待国内外组织参观考察 3 次，接待各类调研和检查 10 多次。负责编制 2010 年图书馆运行费项目方案，并作好组织实施工作。组织作好基地规划和新馆建设建议书和方案设计等相关工作。

经济与财务管理

2009 年，实现总收入 2252. 19 万元，其中：财政预算拨款 1958. 63 万元、其他资金来源 293. 56 万元，完成总支出 2253. 11 万元。

2009 年实现项目总收入 1500. 56 万元，其中：公益服务专项 855. 06 万元、地调项目 570 万元、横向项目 75. 5 万元，完成项目支出 1503. 43 万元。

财政资金预算总执行率达到 94%，其中：财政项目资金预算执行率达到 90. 05%（其中地调项目执行率 86. 61%），超额完成地调局下达的预算执行率目标。

2009 年末资产总额达 1. 42 亿元，其中：固定资产 1. 32 亿元（图书资料占 62%），流动资产 0. 09 亿元；负债总额为 0. 05 亿元；净资产为 1. 37 亿元，其中：固定基金 1. 32 亿元（占净资产的 96. 35%）。

2009 年，财务管理以预算管理为主线，不断推动财务核算和财务监督工作向前发展，努力解决经济运行过程中存在的突出问题。

一、加强预算管理体系建设。以规范经济行为和提升预算执行能力为主线，努力解决预算执行过程存在的问题，一是做好事业立项论证预算和设计预算经费测算编制工作，优化经费支出结构，从源头解决预算管理不规范的问题；二是做好综合预算具体实施方案编制工作，各项经费打捆使用，统筹安排经费支出，实施经费归口管理，比较明确的经费随工作量分配下达的各处室，一般性经费根据经费保障程度统一标准分配或按照实际需要分配下达到各处室；三是继续实施以处室为单位的预算执行管理责任制度；四是严格预算执行过程的监督和服务管理。

二、加强会计核算体系建设。一是及时办理收支业务，认真审核经济业务，发现问题及时处理，将违规事项减少到最低限度；二是提高会计核算质量，确保信息真实、准确、可靠。

三、加强会计监督（服务）体系建设。一是修订制度，完成了固定资产管理办法、经济合同管理办法的修订工作；二是落实制度，做好事前宣传、事中服务、事后检查分析；三是及时总结进行信息反馈，为决策层提出建设性意见。财务管理坚持和围绕图书馆事业发展这个核心。

基建与装备管理

一、总体资产存量、增减变动情况。图书馆 2009 年年初固定资产净值 128566034. 01 元，年末固定资产总值为 132923 971. 35 元。2009 年资产增加值 5575597. 71 元，其中，专用设备 9000 元，一般设备

786064.70 元，图书及音像制品 4780533.01 元，共计 7107 册件。2009 年固定资产减少值 1217660.37 元，其中，专用设备 8369 元，一般设备 1208379.90 元，将三菱牌野外用车（车牌号：京 LF6308，价值 332094.90 元）调拨到成都地质调查中心，将切诺基牌野外用车（车牌号：京 JY7567，价值，482 265.00 元）调拨到西安地质调查中心。图书损失 911.47 元。

二、资产配置、处置管理情况和相关制度执行情况。图书馆严格按照财政部和部局关于国有资产管理的相关规定进行管理，合理配置相关资产，最大限度地利用现有设备，以减少闲置和浪费。图书馆配备有专职的资产管理人员，每个处室有一人负责资产的管理的相关事务，做到逐级管理、层层责任到人。

三、对外投资、出租出借等资产管理情况。图书馆没有对外投资、出租出借的资产。

四、历年来，图书馆应收与应付账款都没有呆账或死账，其他各账户增减变化情况均属正常。

干部人事教育

突出以人为本，加强队伍建设。一是积极引进人才，通过公开招聘 5 位应届毕业生，不断充实情报研究、网络信息技术队伍。二是认真编制人才队伍建设规划，制定了《中国地质图书馆关于进一步加强科技创新人才引进与培养的暂行办法》，为落实人才队伍建设奠定基础。三是积极开展学术活动，提高馆员素质。积极营造图书馆学术研究氛围，在内网发布相关学术活动信息，鼓励馆员积极参与，组织馆员参加各类学术报告会。举办图书馆学术年会和各类知识讲座，结合提高执行力，举办《中国地质图书馆岗位制度》全员培训班，通过走出去和请进来，开阔了馆员的视野、拓展了思维，提升了全体职工的学术水平和业务素质。四是继续开展岗位教育。树立“事业立馆，业务兴馆，人才强馆”的理念，坚持开展岗位学习、岗位培训、岗位研究。2009 年选派各类人员参加外单位培训 100 多人次，选派了 1 名中层干部参加党校的学习。选派 2 名同志参加 MBA 考试，1 名同志参加博士学习，为提高职工素质和业务水平创造良好的环境和条件。

安全生产管理

根据部局安全工作要求，认真制定了图书馆 2009 年安全生产工作要点，强化工作措施。一是健全组织。以馆发文件的形式，建立安全领导小组，明确安全生产领导职责和任务，成立了办公室，配备了专兼职安全工作人员。二是明确责任。为抓好安全生产责任目标落实，逐级明确责任分工。馆领导与各部室主任签订了《2009 年度安全生产目标管理责任书》，一把手负总责，处室主任对本处室的安全生产负责，每个部室设置安全员，协助主任做好本部室安全检查工作。三是组织落实和监督检查。召开了安全工作会议，部署 2009 年安全工作；加强了临时工管理，制定值班守则，认真做好元旦、春节、清明、五一、端午等节日的值班工作，并做安全检查；组织安全讲座、演讲比赛，开展安全月宣传，提高大家的安全意识；认真召开安全员安全工作研讨会着重研究各部室安全工作中隐患的处理和安全管理方面的问题。根据消防和安全工作的新要求，认真做好消防、安防设施的更新维护，做好电梯年检和日常维护工作。为保证安全行驶，及时安排车辆保养、加油、故障维修、年检、机动车保险等工作，确保了全年无事故。

根据局《安全生产责任书》中的控制目标，地质图书馆因工责任死亡率为零；因工责任重伤率为零；重大经济损失责任生产事故为零；轻伤率为零；直接经济损失为零。2009 年，图书馆被授予“国土资源部综合治理先进单位”、“中国地质调查局 2008 ~2009 年度安全生产先进单位”、“2009 年度中央国家机关平安单位”称号。

纪检监察审计工作

一、认真开展作风建设活动

结合实际制定图书馆深入开展作风建设活动的实施方案，及时召开大会进行了动员部署；组织中层干部认真学习了《中共国土资源部党组关于解放思想改革创新改进作风增强执行力的决定》、《胡锦涛在十七届中央纪委三次全会上重要讲话》等文件和辅导报告；组织全体党员到房山区十渡镇参观了平西抗日战争纪念馆，重温入党誓词。组织党员干部开展读书活动，副馆长薛山顺的《因特网——图书馆发展中的“黑天鹅”事件》获得国土资源部 2009 年度优秀读书心得奖。组织全体职工观看了“一个明星区长的堕落轨迹——周良洛受贿案警示录”录像片。各支部开展了一次以“树一流作风，服务地质找矿改革发展”为主要内容的主题党日活动；馆党委内外结合认真查找问题，寻计问策，共形成 2 个方面、

14项主要问题，针对作风建设中存在的问题，馆党委撰写了分析检查报告，并及时制定了解决问题、完善制度，建立长效机制的具体办法，做到整改内容、目标、措施、时限、责任“五明确”。通过开展作风建设，馆党委班子和中层干部的服务意识、责任意识、谋划意识、协作意识和创新意识进一步增强，执行能力进一步提高。

二、完善惩治和预防腐败体系，加强反腐倡廉建设

一是坚持党风廉政建设责任制。图书馆认真制定了《党风廉政建设和反腐败任务分工情况表》和《部门党风廉政建设责任书》，细化分工，明确责任，落实措施，做到年初有计划和部署、中期有督促和自查、年终有检查和总结。年初，图书馆领导与11个部室主要负责人按时签订了《党风廉政建设责任书》，将廉政责任分解到部室，落实到个人，一级抓一级，层层负责。二是强化监督手段。对重要事项、重大决策和事务充分征求意见，积极推进党务公开，自觉接受职工群众监督，如上半年图书馆分别对人事招聘、住房和供暖补贴、奖励评比、推荐入党积极分子及党费使用和管理等进行公示，满意率达到了100%，也保证了党员群众行使各项民主权利。三是加强廉洁从政教育，依法用权，严格自律。组织全体党员开展了理论学习，开展了“深入学习实践科学发展观，扎实推进惩治和预防腐败体系建设”理论征文活动，并择优推荐了4篇征文参加评选获优秀。通过举办财务管理、内部审计辅导讲座，组织全体职工观看了反腐倡廉录像片和举办了提高制度执行力全员培训班，使广大干部职工增进了相互理解和协作意识，增长了财务管理知识，提高了的思想道德素质，净化了心灵，进一步增强了法纪意识和廉洁自律意识，制度执行力明显提高，有力推进了图书馆党风廉政建设和作风建设。

党群工作

一、加强理论学习和思想政治工作

组织全体党员同志学习十七大三中四中全会精神，听取辅导报告，展开讨论，使党员凝聚在党旗之下，提高了马克思主义理论水平，决心不辱使命，争做先锋。丰富党建宣传教育载体，调整完善了图书馆“党团工作网页”栏目，为党建工作提供了更加丰富的信息交流互动平台；组织职工学习了胡锦涛总书记“12．18”重要讲话、十一届全国人大二次会议和全国政协十一届二次会议精神。积极探索思想政治教育的方式方法，发放知识读本，帮助我们从现实的角度重新汲取哲人工作、生活的伟大智慧。按照部“业务工作地薄弱环节既是党建工作重要抓手”的工作要求，制定印发了《中国地质图书馆党委关于进一步开展“创建学习型党支部”创建活动实施意见的通知》，努力促使党建工作与业务工作更加相互融合，相互促进。根据部、局部署，开展了图书馆党员干部队伍思想状况开展专题调查，并形成分析报告，为下一步开展思想政治工作奠定了良好的基础。

二、认真开展地质找矿改革发展大讨论活动

地质找矿改革发展大讨论开展以来，按照部、局的总体部署和具体要求，中国地质图书馆认真开展地质找矿改革发展大讨论活动。馆领导班子高度重视，加强领导，精心组织，顺利完成了各项工作任务，取得初步成效。在活动开展过程中，馆领导班子以科学发展观为指导，结合图书馆实际，精心设计了大讨论研究专题，各处室重点围绕“集群化”、“产业链”“定位”、“岗位聘任方案”等内容开展了深入的学习研讨，馆领导班子集思广益撰写了大讨论分析检查报告。共撰写完成了“地质信息资料集群化产业化研究”，“延长图书馆工作链拓展服务领域研究”，“加强人才队伍建设和岗位聘任研究”，“加强规章制度建设研究”，“中国地质图书馆‘十二五’发展规划”等6项专题研究报告，为图书馆今后一个时期更好地服务于国家地质找矿工作奠定了良好的基础。

三、积极开展文明单位创建活动，凝聚人心促进和谐

以争创“中央国家机关文明单位标兵”为目标，党政工团齐抓共管，开展了一系列丰富多彩和形式多样的文明单位创建活动。年初举办了一届“春节民俗”知识展览。“三八”妇女节，召开了以“家庭、婚姻、教育子女”为主题的女职工座谈会，帮助女职工解决思想上一些困惑的问题。安排职工参观西藏解放50年展览。组织观看了电影《牛虻》，用“牛虻”精神感染和激励全馆职工为图书馆事业积极进取，努力拼搏。组织职工举办了“中国地质图书馆第二届棋牌赛”和“基础业务知识竞赛”。成功组织职工参加了中央国家机关工委举办的“庆祝新中国成立60周年大型歌会”，精心编排3个节目参加中国地质调查局第一届文艺会演。组队参加了国土资源部第七届羽毛球团体赛，获得乙组第三名的良好成绩。组织在职职工和退休职工开展有益的户外活动。积极开展文化体育活动，为文明单位创建和凝聚力工程建设提供了良好的氛围。2009年度，中国地质图书馆被授予“中央国家机关文明单位”称号。

（王世轶）

中国地质科学院工作

中国地质科学院

地质科学研究

一、深部探测技术与实验研究

国土资源部于2009年4月22日在第41个“世界地球日”正式宣布深部专项启动。到2009年底专项财政拨款2.7亿元，先后启动8个项目、42个课题（其中21个课题公开竞争负责单位和负责人），共有723位科研人员参加实验研究。专项已经取得一批重要发现和进展，探测技术实验进展顺利。

二、汶川地震断裂带科学钻探

项目主要研究工作依据汶川大地震北川—映秀中央断裂及安县—灌县前缘断裂实施的4口科学群钻展开，通过对取得的岩心、岩屑和流（气）体样品的分析、测试，进行地质构造、地震地质、岩石力学、化学物理、地震物理、流体作用和流变学等多学科研究，揭示汶川地震断裂带的深部物质组成、结构、产出和构造属性；恢复地震过程中的岩石物理和化学行为以及能量状态与破裂演化过程，深化认识汶川地震发生的应力环境、地下流体在地震过程中的作用和揭示汶川地震断裂带的发震机理。完钻后，将在深孔中安放地震探测仪器，以实现井中地震监测和提高预报能力的目的，在地震断裂带上建立深孔长期地震观测站。“汶川地震断裂带科学钻探”项目专项自启动以来已取得一批重要发现和研究进展，得到党和国家领导人的高度重视，2009年8月17日，国务院副总理李克强来到中国地质科学院考察工作时参观国土资源部大陆动力学重点实验室时，由项目首席科学家许志琴院士介绍了项目进展和取得的初步成果。李克强观看了“汶川地震断裂带科学钻探”一号孔（WFSD-1）的岩心和成果展示，对此项工作给予了积极肯定和高度评价，并激励地质科学工作者努力取得更好、更多一流科技成果，为中国地震科学研究作出贡献。

三、典型地学景观形成背景国际对比研究

该项目通过合作完成了云台地貌与美国大峡谷、黄山峰林与美国约塞米蒂公园花岗岩景观、广东丹霞与国际红砂岩、中国岩溶与国际岩溶等景观的对比研究，深化了地质公园研究水平；参与并资助组织3次国际地质公园发展科学研讨会，建造地质公园科学交流的国际平台，广泛研讨了地质公园管理、教育、保护等共同关注的问题；策划组织联合国教科文组织（UNESCO）和国际地质科学联合会官员（IUGS）与专家访问及讲课，进行国际交流与对比研究，在国际平台上建立了典型地质景观科学的分类、分级和评估标准；参加联合国教科文组织世界地质公园标准、评估表格和评估办法的讨论及修订，直接应用研究成果以引导国际地质遗产保护和地质公园建设；完成了世界地质公园数据库的建设；发表论文6篇，专著3部，大会论文集4部，出席国际会议30人次，其中国外会议7人次。该项目的实施进一步巩固和发展了与UNESCO，IUGS的全面、战略合作关系，并与美国、德国、奥地利、英国、马来西亚等相关的国家地质公园建立了长期稳定的合作。对中国地质公园建设、世界地质公园申报、世界地质公园评估创造了更加良好的外部环境。成果得到UNESCO世界地质公园专家执行局的高度评价，专门对项目写了评语，2009年11月通过科技部验收。

四、探月工程中有关地质科学问题研究

该专题在现有条件的基础上，广泛收集国内外的相关资料、数据，特别是收集美国月球遥感多光谱数据，获取了5种数据类型，为开展国土资源部的探月地学研究积累了资料；在跟踪国内外研究进展的基础上，提出了月球地学研究的科学问题，确定了国土资源部月球地学研究的方向和切入点，编写完成了《国土资源部探月科学研究规划纲要》，提出了中国首先开展月球遥测数据综合研究的建议；利用国外数

据，开展了月球重力场特征及与构造、资源关系的研究，对重力异常进行了初步分析，分析了月球表面金属钛、铁、镁、铀、钍、钾金属资源地区的岩性及各种元素可能的来源；提交了《国土资源部探月科学研究规划纲要》、《月球地质遥测信息综合分析研究建议》等阶段性成果，并发表论文3篇。

五、加拿大萨斯喀彻温省找钾勘查

在加拿大萨斯喀彻温省钾盐成矿带周缘进行找钾勘查，通过大量地震物探、钻探取心、测试分析和综合地质研究，在KP488区块找到了大型优质钾石盐矿床。该钾矿层赋存于中泥盆统顶部，共有3个钾矿层，埋深1229～1308m，矿层平均厚度19.25m。钻孔控制矿体面积37km²，矿石类型为氯化钾矿，KCl平均品位32.8%。KCl资源量巨大，达50255.85万吨，其中：控制的内蕴经济资源量（332）KCl 3330.84万吨，推断的内蕴经济资源量（333）KCl 46925.01万吨。勘查表明，这是一个具有良好开发前景的大型优质钾石盐矿床。

六、矿产资源与中国的工业化——资源安全与可持续发展

本成果在揭示资源与经济发展的诸多相关规律的基础上，从矿产资源安全、资源产业、资源环境和资源经济4部分，系统分析了全球及中国资源供需趋势和面临的资源安全问题，提出了保障国家资源安全和可持续发展的系统对策。

通过揭示的工业化过程人均能源消费与人均GDP的近线性关系、人均矿产资源消费与人均GDP的“S”形关系等若干重要规律，创建了综合预测模型，系统预测了中国及全球未来20～30年资源供需形势，深入分析了全球资源供需格局以及中国面临的资源安全问题。系统论述了中国矿产资源安全理论，首次建立了中国矿产资源安全评价模型和供应安全预警体系，定量评估了资源安全状况。从国家发展模式的高度提出6项资源战略安全和7项市场安全政策要点。深刻地分析了全球铁矿石供需格局和中国工业化进程，前瞻性地指出2008年全球铁矿石供需格局将发生转折，有效地影响了钢铁产业政策和铁矿石价格谈判。以揭示的需求峰值（拐点）理论为基础，结合中国原材料产业发展趋势，明确指出产业结构调整的方向和紧迫性。把资源与环境密切结合，科学地分析了资源—经济—环境污染之间的相关关系，预测了环境污染趋势，指出实现“十一五”节能减排目标的艰巨性。

地质调查项目管理

在地质调查项目质量管理方面，地科院进行了项目抽查及质量检查工作。

1. 抽查工作概况。根据《关于开展2009年地质调查项目质量抽查及2008年检查盘点整改情况复查工作的通知》（中地调函〔2009〕86号）的要求，地科院会同中国地质调查局相关部室，按负责单位和专业组成抽查小组，于2009年7月8日至12月4日分别对地科院所属单位地质研究所、地质力学研究所、矿产资源研究所、国家地质实验测试中心、地球物理地球化学勘查研究所、水文地质环境地质研究所和岩溶地质研究所承担的共25项地质调查项目进行了质量抽查工作。在所抽查项目中，基础地质研究10项；矿产资源评价5项；水工环4项；物化探方法技术4项；测试分析2项；室内抽查22项，野外抽查3项。针对院属各所的专业特点，分别按基础地质研究、矿产资源评价、灾害与环境、水文地质与环境、测试分析和物化探方法等组成抽查小组开展抽查工作，共聘请检查专家95人次。

此次抽查的项目均为在研项目，重点检查项目设计质量与评审程序、原始资料质量、工作量完成与工作质量、工作进展与成果；对负责单位重点检查该单位项目管理、自查盘点发现问题的整改及项目资料汇交情况等进行检查。在检查过程中，首先，听取项目组的汇报，审阅、核实项目组所提交的技术文件；其次，对照项目设计检查工作进度和工作量完成情况，检查资料收集、野外记录、样品采集与分析等工作原始资料；第三，对项目设计质量、工作质量、管理程序以及单位三级质量检查情况等进行检查；最后，在上述工作的基础上，对项目质量作出整体评述，提出存在的问题和整改建议，形成检查报告，并与项目负责单位交换了意见。

经审查，所抽查的25个项目均按照中国地质调查局有关规定和技术要求进行，总体质量达到良好。各项目工作进展良好，能够按设计完成工作任务，达到预期目标。

2. 质量检查情况。经审核，检查组专家一致认为，所抽查的项目设计编写认真，内容完整，符合地质调查项目设计编写要求，设计质量均达到良好或优秀级。项目设计评审程序按规定进行，设计修改的审核审批工作均按时完成。抽查项目基本按设计要求开展工作，截至11月底大部分项目已完成了野外考察或完成了设计的主要工作量，整体进展良好。个别项目由于多种原因未能按计划完成工作量。从检查情况看，未能完成的工作量均是由于项目组无法改变的原因，但项目组都在采取相应措施保证项目目标任务的完成。大多数项目原始资料完整齐全,野外记录认真,图文并茂,野外工作质量能够满足相关规定要求,阶段性的综合整理工作较及时到位。但由于长期从事科技类项目,较关注项目进展和成果,某些项目原始资料存在野外观测记录较简单,欠规范,尤其是研究生和刚毕业的学生。对于早已建立了完善的质量管理体系的单位,严格按照质量管理体系运行,项目各工作环节严格执行过关规范和项目设计,从野外采样、记录等各环节进行了三级质量检查,各项检查均留有文字记录,有效保证了样品采集、加工等环节的工作质量。一些单位,按照地质调查项目管理办法,对本单位承担的地调项目从设计编写、技术报告提交、成果报告验收和资料汇交等实行规范化管理,但由于2008年刚建立了比较完善的质量管理体系,在运行上还存在不足,如三级质量检查没有全面实行,检查记录不全或没有记录。各单位针对2008年检查盘点工作中所发现的问题,以及作为负责单位所赋予的管理职责,在地质调查项目设计初审、质量检查、任务变更、成果报告提交以及资料汇交等方面加强管理,全面保证所承担的地调项目按计划完成任务,达到预期目标。

国际合作与对外交流

2009年中国地质科学院共执行外事项目总计为130项，454人次，其中派出项目73项，191人次，请进项目57项，263人次。

一、中国-俄罗斯“青藏高原联合科学考察”

与俄罗斯矿产资源署所属的全俄地质研究所（VSEGEI）有着长期密切、友好的合作关系。2007年初地科院代表团应邀参加全俄地质研究所建所125周年庆祝活动期间，双方提出联合开展“双极科学考察”活动（青藏高原第三极和俄罗斯北极地区），并签署了合作意向书。2007年11月，中国地质调查局与俄罗斯矿产资源署签署合作备忘录，再次明确了“双极联合科学考察”的内容。

应国土资源部副部长、中国地质调查局局长汪民的邀请，俄罗斯联邦矿产资源署列多夫斯基（A. Ledovskikh）署长于2009年9月5～17日，率俄罗斯矿产资源署代表团一行6人来华考察地球第三极——青藏高原。在西藏期间，俄罗斯代表团由董树文副院长与西藏自治区国土资源厅领导等陪同，考察了尼洋河与拉萨河的河谷地貌、米拉山口山岳地貌、念青唐古拉山脉、纳木错湖泊地貌、当雄-羊八井地堑、活动断层等地质现象及羊八井地热电站。9月12日下午，国土资源部副部长汪民在西藏拉萨会见了列多夫斯基署长一行。汪民介绍了中国地质调查和矿产资源勘查的进展，展望了两国地质科学合作前景。列多夫斯基强调中俄地质工作者的友谊源远流长，在资源、地学领域合作空间巨大，俄罗斯与中国资源互补，将会为中国提供更多的能源和矿产资源。列多夫斯基热情地邀请汪民和中国科学家明年到俄罗斯考察访问。俄罗斯代表团考察青藏高原，是中俄“双极联合科学考察”计划的一部分，对拓宽中俄地球科学、矿产资源领域合作、促成中国科学家考察俄罗斯北极地区具有现实而深远价值，在中国全球资源战略布局中具有开拓性意义。

二、主要国际科技合作项目

1. 亚洲北-中-东部三维地质结构及成矿规律研究国际合作项目。于2009年6月22～28日在俄罗斯圣彼得堡召开了项目工作会议。中国、俄罗斯、蒙古和韩国代表共55人参加了会议。交流研究进展情况与初步研究成果，安排今后工作日程；四国代表共同考察了拉多加湖北岸索尔塔瓦拉地区（约北纬62°）早前寒武纪地质与成矿特征；由四国团长共同签署了《会议纪要》，与会代表一致认为：会议不仅交流了初步成果、明确和落实了今后工作计划，而且更进一步体验到5国共同打造的国际合作“协调计划、分工实施、资金共助、资料共用、成果共享”的模式，越来越显示出极大的优越性和生命力。会议决定，下届工作会议于2010年在韩国召开。2009年7月13～24日，地质研究所薛怀民研究员和曾令森研究员与俄罗斯全俄地质研究所以V. I. Shpikermam为首席研究员的研究小组一行8人对俄罗斯Kolyma地区的岩浆岩和矿床进行了考察，主要目的是评估Verhojano-Kolyma增生碰撞带与Ohotsk-Chukotka火山带结合部的成矿潜力。2009年10月15～24日，俄罗斯全俄地质研究所V. I. Shpikermam和A. A. Alenicheva两位研究员在地质研究所薛怀民研究员的陪同下，赴我国长江中下游地区开展了为期10天的考察，考察主要集中在庐枞地区、铜陵地区和宁芜地区。

2. 1:500万国际亚洲地质图第四次工作会议在京召开。2009年10月24～27日，“1:500万国际亚洲地质图编制”项目在京召开了第四次国际工作会议。世界地质图委员会主席、国际地科联副主席、世界地质图委员会秘书长、国际古生物协会副主席、世界地质图委员会副主席兼中东分会负责人，以及来自亚欧14个国家的地质学家、GIS（地理信息系统）专家、数字制图专家共80多人出席了会议。会议期间，与会人员就图例、数据库、接图、说明书和后期合作等问题展开了讨论，各方代表积极发言，最终达成共识。各方均表示要积极合作，在年底前提供最新修改和补充数据，在明年世界地质图委员会理事会议上展示新版草图。同时，各方也一致认为1:500万国际亚洲地质图项目建立起了良好的国际合作平台，希望在这一平台基础上，继续开展各领域的双边、多边国际合作，共同努力提升亚洲地质的研究水平。

3. 国际科技合作重点项目“典型地学景观形成背景国际对比研究”通过科技部验收。2009年12月15日，科技部组织专家在北京召开会议，对国际科技合作重点项目“典型地学景观形成背景国际对比研究”进行了结题评审验收。专家组认为项目按计划开展了国际科技合作与学术交流，完成了各项工作任务，取得大量宝贵的观测资料和创新成果，实现了预期工作目标，项目顺利通过结题验收。

三、国际会议

1. 第三届国际地质公园发展研讨会成功举行，会议期间召开联合国教科文组织世界地质公园网络执行局会议和亚洲-太平洋地区地质遗迹与地质公园网络会议。第三届国际地质公园发展研讨会由国土资源部科技与国际合作司和地质环境司、山东省国土资源厅、联合国教科文组织、中国联合国教科文组织全国委员会、国际地质科学联合会地质遗产北京办公室、泰山世界地质公园管理委员会、中国地质科学院、中国国际地学计划全国委员会、和共同主办的第三届国际地质公园发展研讨会于2009年8月23～25日在山东省泰安市举行。来自12个国家和地区的近300名代表参加了研讨会。这是中国第三次举办国际地质公园发展研讨会，会议的主题是地质遗迹保护与合作。国土资源部党组成员、副部长兼中国地质调查局局长汪民，山东省人民政府副省长郭兆信，联合国教科文组织地质公园协调人、世界地质公园网络执行局成员玛格丽特·帕扎克女士，国际地质科学联合会主席阿尔伯特·里卡迪等出席开幕式并致辞。地质矿产部原副部长、国际地质科学联合会上届主席张宏仁教授出席开幕式。开幕式上，玛格丽特·帕扎克女士宣布了世界地质公园5名新成员，包括中国阿拉善沙漠和秦岭-终南山两家世界地质公园，日本北海道有珠山、新潟系鱼川和长崎县岛原半岛等3家世界地质公园。迄今为止，中国已有22家世界地质公园。研讨会取得了丰硕的学术成果，出版了一本论文集，收集境内外论文75篇；共有40位代表作了口头发言；举办了地质公园展览，近20家地质公园共提供展板80块；此外，还组织与会代表进行了会间泰山世界地质公园和会后野外地质考察。

会议期间，根据教科文组织生态地学部（IGCP秘书处）的要求，召开了教科文组织世界地质公园网络（GGN）执行局会议和亚太地区地质遗迹与地质公园网络会议。执行局委员还听取了董树文副院长有关科技部国际科技合作重点项目“典型地学景观形成背景国际对比研究”的汇报，对中国科学家在地学景观国际对比研究方面作出的突出成绩给予了高度评价。

2. 成功承办2009年北京探月与地学科学研讨会。由中国地质调查局主办，中国地质科学院具体承办的探月与地学科学研讨会，于2009年6月15～19日在北京成功召开。来自美国华盛顿大学（圣路易斯）、布朗大学、圣母大学、霍普金斯大学的7位专家教授与日本月光女神探月首席科学家，围绕美国、日本、印度近期探月动态及最新研究成果作了15个精彩的学术报告。来自国土资源部、中国地质调查局、中国国家航天局、国家探月工程中心、中国科学院、教育部、测绘局、地震局、民政部及香港、澳门相关院校的百余位中方专家学者参加了研讨会，30余位专家分别作34个学术报告。新华社等多家媒体对会议进行了宣传报道。中外科学家的学术报告基本反映国际探月科学研究的最新进展及中国月球与行星科学研究动态。会议学术交流主题包括：①行星探测与行星科学；②月球遥感与月球地质；③月球地球化学与月岩样品研究；④月球地球物理；⑤当前月球探测动态；⑥未来月球与行星探测计划。会议期间，中外科学家还围绕中国探月与行星科学研究进行座谈并提出相关建议。

3. 组织承办IGCP－516项目“东亚和南亚的地质解剖：东特提斯的古地理和古环境”第五次国际学术研讨会。由中国国际地球科学计划（IGCP）全委会、国家自然科学基金委员会、中国地质科学院地质研究所联合筹办的IGCP－516项目“东亚和南亚的地质解剖：东特提斯的古地理和古环境”第五次国际学术研讨会于2009年10月22～30日在云南昆明举行。来自菲律宾、日本、印度尼西亚、俄罗斯、英国、波兰、泰国、伊朗、缅甸、中国（包括中国台湾地区）共计10个国家的35位代表参加。会议共收到摘要35篇，全文3篇，经过两轮修改，收入会议摘要集。摘要集以《地球学报》增刊的形式于会前正式出版。

会议还组织了两条野外地质考察，分别为主题是“晋宁运动以来扬子地台的沉积序列——以昆明以东和以南地区为例”的会前野外地质考察和赴哀牢山构造带及其邻近地区的会后野外地质考察。

四、推动并不断完善国际岩溶研究中心正常运行

2009年国际岩溶研究中心（IRCK）代表团参加了联合国教科文组织37届IGCP科学执行局第37次会议，汇报了中心2008年进展及2009年工作计划的报告；积极与UNESCO水资源部、国际水资源科学计划（IHP）官员接触，交流了各自研究计划和科学活动，就共同关注的岩溶地区水资源评价、保护和科学研究达成共识，商谈了合作意向；考察了瑞士纳沙泰尔大学水文地质研究中心（CHYN）及奥地利格拉茨水资源管理水文地质和地球物理研究所（WRM），学习借鉴其先进的研究体制，了解学科重要发展趋势，签署合作谅解备忘录，向国际宣传了中心。中心确立了“立足国内，面向世界，创新理论，服务经济”的工作方针；成立学术委员会，成功召开第一届学术委员会和第一届理事会会议，承办了商务部的岩溶水文地质与生态国际培训班。目前中心正在进入正常运行的轨道，并在全球岩溶地质科学领域，尤其是在发展中国家中正发挥着自己独特、积极的作用。

五、策划并推动向教科文组织申请在中国廊坊建立国际地球化学填图研究中心（二类中心）

1988~1998年IGCP批准实施完成了2项地球化学填图的项目，即IGCP-259项目“国际地球化学填图”和IGCP-360项目“全球地球化学基线”。中国地质科学院地球物理地球化学勘查研究所谢学锦院士作为国家工作组负责人，与国际工作组合作，创建性地完成了项目的研究工作，其研究成果得到国际同行的高度认可。为推动全球地球化学填图的发展，近年来中国正开始新一轮全国性地球化学填图，包括多目标地球化学填图，农业地球化学填图，生态地球化学填图及76种元素地球化学填图等，以显示地球化学填图在解决资源与环境重大问题上日益扩大的作用。可以说我国地球化学填图工作已经走在世界的前列。为实现“地球科学为社会服务”的宗旨，中国有能力也有必要建立国际地球化学填图研究中心。中国国际地学计划全委会已为此目的开展工作。董树文秘书长多次听取谢学锦院士关于建立地化填图中心的设想和意见，在陪同UNESCO科学助理总干事Erdelen博士考察克什克腾世界地质公园期间，正式提出申报国际地球化学填图研究中心的动议，Erdelen博士非常支持，并建议与2011年“联合国化学年”活动结合；9月28日利用Missotten秘书长来京参加“友谊奖”颁奖活动的机会，刘敦一研究员和谢学锦院士向Missotten提出了在中国廊坊建立国际地化填图研究中心的设想；10月10日在廊坊召开的国际地球化学填图会议开幕式上，董树文秘书长代表全委会致辞，宣布全委会将全力支持谢学锦院士建议在廊坊建立教科文组织二类中心——“国际地球化学填图研究中心”。这一建议也得到了与会10个国家的14位外国专家的赞同和响应。

六、联合国教科文组织生态地学部地学主管、国际地学计划（IGCP）秘书长R. Missotten博士荣获2009年度中国政府“友谊奖”

经国家“友谊奖”评审委员会评审并报请国务院批准，由地质科学院推荐、国土资源部申报的联合国教科文组织生态与地球科学部地学主管、国际地学计划（IGCP）秘书长Robert Missotten教授荣获2009年度中国政府“友谊奖”，这是由地质科学院推荐的第九位获此殊荣的外国专家。

七、地科院有25位专家学者在地学类国际组织中任职

（具体略）

综合行政

一、文秘档案管理及保密工作

中国地质科学院档案管理实现了集中管理，综合档案室运行良好，减轻了各处室（中心）的负担，有专人负责。档案室有专人负责管理，定期进行除湿防潮、通风换气、防虫防腐的处理，档案室安装有防护网，防盗门，并配备有灭火器。档案目录实现了现代化查询，提高了档案查询速度和工作效率。

在保密工作方面主要做了如下工作：

1. 计算机、存储设备和网络信息系统的管理情况。由院办公室副主任具体负责计算机、存储设备、网络信息系统的管理工作。按照有关规定，建立了涉密、非涉密计算机、移动存储设备登记档案。按照涉密计算机进行管理的台式计算机5台，非涉密计算机114台。移动存储设备55件。专门为重点处室（科技处、外事处、人事处、院办、党群处）配备了单独操作的计算机，以方便处理涉密信息和内部信息。这些计算机由专人管理，不上网，使用专用存储设备。为各处室配备了正版杀毒软件，对这些软件进行了登记，专人管理，及时对每台计算机进行杀毒处理并及时更新，防止病毒侵入和传播。全院计算机网络是由内部网络和外部网络组成的。其中，内网：由院、所两级局域网互联组成，是全院内部办公网络，并与国土资源部的国土资源信息网络互联。院机关大院内各所级网络通过光纤接入院级网络，院机关大院外的各所级网络通过国家保密许可的公用信道加密方式与院连接；外网：是与因特网互联的非保密局域网，由院、所两级非保密局域网组成，院机关大院各所和地质力学所通过院级网络数据专线接入因特网。其他各所非保密网，在当地接入因特网。院级信息发布的管理与保密审查，由院办公室负责，院各职能处室负责分管职能范围内的信息发布与保密审查。所级网络信息发布、保密审查，由各所相关主管人员负责。按照“涉密信息不上网，上网信息不涉密”的要求，严把关口。按照“谁上网，谁负责”的原则，落实责任。杜绝泄密事件的发生。

2. 涉密文件的管理情况。机要文件、国务院文件及其他涉密文件，由专人管理。文件的收发，严格按照有关规定，履行交接手续。使用手工登记秘密文件号、密级、编号，传递文件用专车，不在途中办理其他事情。按照规定传阅范围，进行传阅，不擅自扩大或缩小传阅范围。机要文件，每年清退两次，保证文件整洁无损，如数清退。其他部门来文，凡是涉密文件，做到严格按照有关规定办理。近几年内，未出现遗失、泄密等事件。机要文件及其他涉密文件存放在专门的密码柜中。机要室安装了防盗门，窗户安装了防护网。门口安装有监视器。到目前为止，近几年内，未销毁过涉密文件。除清退的文件外，其他涉密文件都存放在档案室内作为资料保存。按照有关规定，复制涉密文件，须报经发文机关批准，单位负责人签字，复制件按原件管理，考虑到复制文件手续多，地科院的复印设备又不符合复制涉密文件的要求等原因，故我单位除特殊情况外，不复制涉密文件。按照“谁主管，谁负责”的原则，落实责任制。层层签订保密工作责任书。院负责保密工作的负责人分别与各所、院机关各处室负责人签订责任书；2009年，全院职工签订了保密工作承诺书，把保密工作的责任分解到每个职工。

二、新闻宣传和政务信息工作

2009年，中国地质科学院新闻宣传工作紧密围绕院的中心工作，在做好日常性报道的同时，以宣传地质科研优秀成果和人才为主，组织宣传了贯彻落实李克强副总理重要讲话精神、2009年度地科院工作会议、纪念汶川地震一周年、2009年度科技成果汇报交流暨十大科技进展评选会等重大会议和活动，开展了第40个世界地球日、地质找矿大讨论、深部探测与实验研究专项启动等专题宣传活动。据不完全统计，源发性消息和报道达到53篇，主要刊登在《科技日报》、《科学时报》、《大众科技》等科技类媒体，人民网、新华网、新浪网等网络媒体，《中国国土资源报》、《中国矿业报》和《地勘导报》等行业内报刊。

重大活动宣传：先后组织了2009年度地科院工作会议等重大会议和活动、以“侏罗纪/白垩纪之交的东亚板块汇聚及其资源环境效应”为主题的第343次香山科学会议、2009年度科技成果汇报交流暨十大科技进展评选会、地质找矿大讨论、作风建设大讨论等重大会议和活动的宣传。

重要成果、人才宣传：在做好日常宣传地质科研成果最新进展的基础上，重点宣传报道了地质所发现孔子天宇龙和入选“心系桑梓、报效祖国、创新创业取得显著成就的典型人物”地质所杨经绥同志等重要成果和优秀人才。

2009年，在部局政务信息工作的指导下，围绕地质找矿改革发展大局、科技创新等内容，不断强化政务信息工作，努力提高信息质量和工作水平。全年共编发院简报34期，工作动态12期，大讨论简报8期；2009年度各单位（部门）深入贯彻落实科学发展观和开展地质找矿与改革发展大讨论，围绕全院的中心工作，关注工作热点、难点问题，科研地调成果，人才培养，经验交流等，向院报送了大量信息，为院领导了解情况、部署工作提供了信息参考，同时丰富了院网站信息，为社会了解地科院工作发挥了宣传作用。2009年度，全院各单位（部门）报送信息共427条，采用信息（院简报、网站、部内要情、地调工作动态、地质调查要情专报、局网站转载，不重复计算）353条；部分信息被部内要情、地调工作动态采用。为提高信息采用率，办公室选取比较有价值的信息按照政务信息要求，及时编发成政务信息上报；并加强了信息报送情况的通报，每季度和年底都进行了通报，提高了各单位信息报送的积极性，取得了较好的效果。地科院机关政务信息工作得到了部、局表扬。

经济与财务管理

一、经济管理

1. 预算管理情况。2009 年地调局批复院机关一般预算收入 11016.39 万元，其中财政拨款预算 9862.39 万元，基本支出预算 2824.39 万元，项目支出预算 8192 万元。

2009 年预算管理主要工作有：按季度编制上报 2009 年院机关分月用款计划；编制了 2010 年国土资源调查经费预算、院机关部门预算和项目预算；组织完成 2010 年修缮购置专项申报工作；积极参与部、局各类项目预算审查和规划研讨等工作；采取积极措施，密切配合各项目组，大力推进预算执行。

2. 收支与会计核算情况。2009 年院机关本年收入 11075.45 万元（包含财政拨款 9943.39 万元，事业收入 348.60 万元，其他收入 783.46 万元），上年结余 5677.47 万元。院机关 2009 年支出总额 9917.01 万元，其中：人员经费支出 4403.95 万元（含离退休经费及补助家庭和个人的支出），商品和服务支出 5513.06 万元，资本性支出 730.45 万元，基本建设支出 1177.30 万元。

2009 年会计核算主要工作有：汇总、审核全院 2008 年部门、住房改革支出、企业、基建和地调项目等 5 套财务决算；编制完成院机关 2008 年 5 套财务决算和地质学会 2008 年部门决算；承担院属 7 家单位 2008 年地调项目财务数据的汇总分析工作；办理野战军技术装备、基本建设直接支付、资金结算等相关业务；编报完成 2008 年地调项目统计、局属单位综合统计和科技项目统计年报；完成院机关日常财务管理工作，调整机关与后勤中心财务管理关系，规范医务室财务资产管理。

3. 审计与财务检查工作。积极配合审计署、国土资源部和地调局等上级单位对地科院的审计和财务检查工作。组织地科院京区 5 家单位配合审计署审签 2008 年度决算工作，并根据审计意见，提出清理地科院挂账核算款项和整理横向项目资料等整改措施，进一步规范横向项目核算；积极配合地调局对院机关的内部审计工作，针对审计报告所提出的问题，进行了认真整改；根据地调局要求开展全院设备清查盘点工作，一方面组织院属单位进行设备清查盘点的自查工作，另一方面，按局统一部署，组织了对院属 7 家单位设备现场核查工作；根据国土资源部要求开展院机关“小金库”治理自查工作，一方面组织院属单位完成了“小金库”治理的自查工作，另一方面，按照地调局统一安排，组织完成了对岩溶所、水环所、地质所“小金库”治理工作的重点抽查；配合国土资源部审计部门和中介审计机构完成对中国地质学会的审计工作。

4. 资产及负债情况。2009 年末院机关资产总额 29487.52 万元，其中固定资产 14241.03 万元（其中新增固定资产 1015.77 万元，报废固定资产 17.38 万元，其中房屋建筑物面积 73284 m^2，原值 11576.83 万元；汽车 16 辆，原值 492.77 万元；单价 20 万元以上设备 11 台套，原值 750.88 万元；其他固定资产原值 1420.54 万元），流动资产 10540.37 万元，对外投资 52.63 万元，其他资产（财政应返还额度）4653.48 万元；负债总额 3540.72 万元；净资产总额 25946.80 万元，其中事业基金 2729.38 万元，固定基金 14241.03 万元，专用基金 4108.76 万元，其他净资产 4867.63 万元。

2009 年固定资产管理主要工作有：一是根据中国地质调查局《关于开展设备清查盘点工作的通知》要求，组织院属单位进行自查，并完成院机关的设备资产自查。自查工作完成后，受地调局委托，对院属单位和部分局属单位进行设备核查工作，完成设备核查工作报告；二是做好资产管理基础资料登记、填报工作，上报、批复大型仪器设备的购置、调拨、报废等请示、报告，参加资产管理相关会议；三是上报地调局《关于报送中国地质科学院设备资产整改情况的报告》和《关于报送装备专项第一批预算项目结余资金统计表的报告》。

5. 制度建设。与时俱进，不断加强制度建设，适应经济管理工作的需要。2009 年主要工作有：制定了《中国地质科学院大型科学仪器设备共享管理办法（试行）》和《中国地质科学院大型仪器设备共享平台建设实施意见》，以推动建立院系统大型科学仪器设备资源共享机制，进一步提高地科院大型科学仪器设备使用效率，促进其高效配置和综合利用；制定了《中国地质科学院修缮购置专项组织实施方案》，进一步加强院修购专项的统一组织管理工作，建立健全公开、透明、规范和高效的工作机制，确保各项目单位修购专项工作的进度与质量；制定了《院机关差旅费管理办法》，规范管理机关差旅费支出。

二、企业管理

企业经营状况：截至2009年末，地科院机关所属企业4家，即科地公司、地外普公司、海南公司和山野旅行社。2009年总收入1175.93万元，总支出1188.65万元，利润总额-12.72万元。2009年末资产总额1452.91万元，其中流动资产1304.76万元，固定资产55.62万元，长期投资92.52万元。负债总额773.52万元，其中流动负债758.52万元，长期负债15万元。所有者权益679.39万元，其中实收资本992.63万元，资本公积159.16万元，盈余公积18.41万元，未分配利润-490.81万元。

企业管理情况：为进一步做好院属企业清理整顿和规范发展工作，按照部、局企业清理整顿有关文件精神，在2008年工作的基础上，严格按照国资委《企业国有产权转让管理暂行办法》（国资委3号令）、《企业国有资产评估管理暂行办法》（国资委12号令）等相关文件要求，聘请多家会计师事务所和资产评估公司对科地、地外普、海南公司和天津鸿泰公司开展了资产清查审计、经济责任审计和资产评估工作，委托代理公司在上海联合产权交易所先后完成了科地、地外普公司产权和海南公司所持天津鸿泰公司股权的公开挂牌转让工作，目前，各公司正在办理产权或股权工商变更登记工作。另一方面，按上级文件要求，对现存院属企业重新提出了一揽子处置建议，院长办公会研究决定撤销北京科地招待所（志强园招待所）、中国地质科学院招待所一所（279楼招待所）和北京山野旅行社3家企业，暂保留北京地科嘉苑宾馆有限公司（野外楼招待所），收回国有资产，妥善安置人员，进一步贯彻落实部、局有关企业清理规范工作的任务目标。目前，地科院已成立企业清理工作小组，正在对已决定撤销企业进行清产核资工作，预计2010年完成企业撤销工作。此外，加强了对院属单位所属企业清理整顿工作的业务指导工作。2009年，先后指导了水环所、物化探所、测试所和地质所的企业处置工作，保障了各所企业处置工作的顺利进行。

基建与装备管理

一、基本建设管理

2009年，根据建设与发展规划，认真开展了全院新建工程的规划、立项申请、设计、勘察、招投标、施工等工作，严格了对京区基建在建工程的质量、进度的监督管理，并做好工程的竣工验收及相关工作。

全年基本建设工程项目，“北京离子探针实验研究基地建设”初步设计在经国土资源部批复后，完成系列开标手续，该项目计划投资土建部分1050万元，实际招标1680万元，建筑面积3780m^2；签订了总包合同，施工单位进驻现场。为确保工程进度和质量，地科院派专人负责落实计划，办理各种手续，组织了多次设计方案、施工图会审等。由于总包方施工技术人员配备不足、使用方案修改、设计变更等诸多原因，到12月底项目完成一层的二次结构施工，未能按照计划完成。

完成了“大院消防系统改造”、“新综合楼、主楼、东西专业馆、测试楼供暖管线改造”“主楼电梯改造”等修缮专项工程项目。“综合楼礼堂加层改造”项目的前期方案论证、图纸设计、施工准备已经完成。

“中国地质调查局京区科研实验基地建设”项目，截至2009年底，按中国地质调查局项目领导小组工作布置，组织项目8个相关单位进行资料收集，完成了项目规模的初步测算和项目意向选址工作。“水文所创新基地科研楼项目”初步设计及概算方案通过评审。国际岩溶研究中心基地项目申报正式获国土资源部批准。“李四光纪念馆暨科研实验楼项目”初步设计方案通过专家评审。

管理中加强了合同资料管理。共签订合同30份，包括12份施工合同、2份工程监理合同、1份施工图审查合同、4份工程造价咨询合同、1份程招标代理合同、7份小型修缮工程合同、3设计合同。过程资料完整是基建管理极其重要的工作，档案验收及结算资料的归集上报工作贯穿项目申报到项目实施过程的始终，2009年，地科院组织的项目通过严谨的工作态度和大量的时间保证，很好地完成了基建资料和档案管理工作。

项目管理中严格招投标程序，对工程项目及设备分别采取公开招标、邀请招标、竞争性谈判或询价的方式，严格把好招标第一关，进行经费审计及材料物资采购调研，以保证质量同时节约费用。2009年组织监理工程师配合审计公司对“大院消防系统改造工程”、“新综合楼、主楼、东西专业馆、测试楼供暖管线改造”工程进行竣工结算审计。大院消防系统改造工程原报审金额合计342.58万元，审定后金额合计329.07万元，审减额13.51万元；新综合楼、主楼、东西专业馆、测试楼供暖管线改造工程原报审金额合计 311.40 万元，审定后金额合计 270.29 万元，审减额 41.11 万元。节余部分资金用于改善主楼办公环境，项目的实施，部分改善了百万庄院区的科研办公条件。

二、装备管理

1. 技术装备专项采购情况。截至 2009 年底，地科院机关技术装备专项已完成 362.17 万元采购工作，结余金额 52.83 万元，预算执行率为 87.27%。2009 年完成采购的装备有：数据库管理软件和数据库应用开发服务软件（数据库管理系统）、网管软件（网络系统）、安全系统、服务器（存储系统）等。

2. 政府采购情况。在政府采购工作中严格遵守《政府采购法》和相关政策法规，凡是纳入政府采购目录的项目均严格按照相关规定实行政府采购，在政府采购程序上做到公开、透明，没有违规现象。2009 年地科院政府采购的规模为 800.47 万元，与当年采购预算的 903.92 万元相比节约资金 103.45 万元，节约比率为 11.44%。其中集中采购的货物类产品，如计算机、服务器、网络设备、软件、打印机、复印机等信息类产品和空调、家具等定点采购产品均按要求由政府采购中心统一组织采购，主要采购方式为协议供货和网上竞价，采购金额 275.59 万元；部门集中采购的货物主要为地质勘查行业专用科研仪器设备，采购方式均为委托招标代理机构进行公开招标，采购金额 285.43 万元；分散采购的货物主要为未列入集中采购目录的产品，如实验室器皿、仪器设备配件等，采购金额 28.89 万元。工程类项目实行部门集中采购，2009 年批复地科院科研楼电梯井修缮及电梯安装工程类项目 1 项，预算金额 60 万元，采购金额 48.84 万元。服务类项目主要是定点印刷和定点会议，采购金额分别为 15.94 万元和 145.79 万元。

3. 设备管理工作。为加强院机关设备管理工作，2009 年着重开展了 5 方面的工作：一是做好设备报废的审查上报工作；二是做好第二批技术装备所购设备的验收和结算工作；三是根据部、局要求，做好机关设备清查盘点和院属单位设备核查工作；四是做好修缮购置专项设备采购和政府采购进口产品的审核、申报工作；五是办理进口产品的免税申报工作。

干部人事教育

一、干部人事工作

根据《中国地质调查局局属单位领导班子和领导干部年度考核办法》和局 2008 年度考核工作安排，中国地质科学院院组成考核组，院领导带队，完成了对院属 7 个单位的领导班子和领导干部考核工作；对院级考核先进单位进行了表彰。完成机关中层干部和职工的年度考核工作，并对考核优秀的工作人员进行表彰和奖励。

根据《地质力学所理事会聘任所长考核办法》的有关规定，受汪民理事长的委托，由朱立新常务副理事长任组长的考核组，完成了对龙长兴所长的聘任期满的考核工作。

深化人事制度改革、加强人才队伍建设：组织院属单位人事处长开展深化人事制度改革调研活动。就理事会制度试点工作、岗位设置试点工作、地科院人才队伍目标建设等问题到中国气科院、中科院地质所、中科院广州地化所、林科院、地质所、地质力学所进行了调研和专家座谈，完成了“理事会制度试点工作调研报告”，参与了国土资源部岗位设置管理试点工作的指导和《国土资源部引进海外高层次人才实施办法（草稿）》的起草。

积极开展岗位设置试点工作。协助地质所、水环所完成了岗位设置试点工作，根据进入国家创新体系科研事业单位的特点有针对性地开展试点工作，为院属单位全面推开岗位设置工作积累了经验，奠定了基础。

二、离退休干部管理工作

根据国土资源部办公厅“关于所属事业单位离休人员待遇有关问题的通知”精神，按照中纪发 41 号文规定的标准，为院机关 31 名离休干部调整增加了规范后的津补贴，人均月增 1732 元。

根据中国地质调查局《关于提高部分离休干部医疗待遇的通知》精神，院机关共有 4 名离休干部符合提高医疗待遇的条件，经中组部和国土资源部批准，两人符合提高享受副部长级医疗待遇、两人符合提高享受副司局级医疗待遇。

安全生产工作

制定了《中国地质科学院 2009 年安全生产工作要点》，院与中国地质调查局签订《安全生产目标管理责任书》，并分别与院属各单位签订《安全生产目标管理责任书》。先后印发了《关于 2009 年安全生产责任制考核结果的通知》、《中国地质科学院野外安全生产工作手册》、《中国地质科学院安全生产“三项行动”工作落实方案》等 7 个安全生产文件，对全院安全生产工作进行总体部署。召开了全院安全生产工作总结培训会，各单位安全生产工作分管领导、负责单位安全生产管理人员、科技处野外项目管理人员、野外项目安全员等近40人参加。通过交流培训强化了各级领导和安全生产管理人员的责任意识，提高了工作水平。统一组织开展了院属各单位安全生产检查工作，组织了5个野外检查组，分别对院属单位四川汶川、新疆、青海、黑龙江等地区的野外项目组进行了安全生产检查。

2009年的8月17日，副总理李克强来到我院，视察前地科院研究制定的《中央领导同志视察院百万庄大院安全保卫工作预案》等工作方案并进行了实地演练，并反复排查了水电气等使用隐患，确保视察期间安保工作万无一失。一年内共接待部安全检查6次，自查6次，切实达到了预防事故和消除隐患的目的。

今年投资300多万元在对东科研楼的烟感、消防系统进行更新改造的基础上，为主楼、东西专业馆与新综合楼加装了烟感、消防及报警系统。提高了百万庄大院的整体生产安全保障能力，确保了大院安全、稳定。

完成了安全生产责任制考核。根据《中国地质调查局安全生产管理规定》和《中国地质调查局安全生产责任制考核暂行办法》的规定，按照院《安全生产目标管理责任书》的要求，经院安全生产领导小组研究，局党组批准，岩溶地质所、水文环境所、物探所安全生产责任制考核等次为优秀，实验测试中心、地质研究所、矿产资源所、地质力学所安全生产责任制考核等次为合格；岩溶地质所、水文环境所获得局“2008～2009年度安全生产先进单位”荣誉称号。

学位与研究生教育

一、招生工作

2009年地科院学位与研究生教育工作以培养创新人才为目标，不断加强院研究生招生、培养、学位管理及学科建设管理工作。按照教育部下达的招生计划全年共招收硕士研究生41名、博士研究生35名；制定了2010年研究生招生计划，计划在7个博士学位授权专业的52个研究方向招收博士生35名，在11个硕士学位授权专业的47个研究方向招收硕士生40名。

二、学生工作

加强对243名在校生的管理，对76名新生进行入学教育，明确培养要求，为研究生顺利进入学习阶段，确定今后的学习目标和专业发展打下坚实的基础；举办了“2009年院研究生部迎新生·庆中秋联欢会”。丰富了学生的生活，增进了学生间的交流；开展优秀研究生评奖工作，经过推荐、评审，授予5名研究生“程裕淇优秀研究生奖”、5名研究生“程裕淇优秀学位论文奖”；授予25名研究生“三好学生”荣誉称号，6名研究生“优秀毕业生”荣誉称号；举行2009届研究生学位授予仪式。

三、研究生党建工作

2009年发展6名研究生为预备党员。

四、学位管理工作

通过院学位评定委员会审议，遴选通过新增博士生导师1名，硕士生导师4名。审议通过授予34名研究生博士学位、39名研究生硕士学位。毕业研究生73名，其中34名研究生取得博士学位、39名研究生取得硕士学位。

五、学科建设工作

根据北京市学位委员会《关于对2006年北京地区硕士点定期评估结果为基本合格硕士点进行重新评估的通知》要求，开展了固体地球物理学硕士学位授权点的重新评估工作，自我评估为合格。

六、博士后工作

2009年博士后招收22名博士进入流动站从事研究工作，8名博士后经考核合格期满出站。1名博士后获得博士后科学基金二等资助金；根据人力资源和社会保障部《关于开展博士后科研流动站、工作站评估工作的通知》的要求，开展了地质资源与地质工程博士后流动站的评估工作，评估为合格。为不断提高研究生培养质量，2009年12月地科院召开2009年研究生教育、博士后管理人员研讨会，总结了2009年工作情况，分析存在的问题，提出了2010年重点工作计划。

纪检监察审计工作

一、纪检监察工作

2009年，地科院认真贯彻党的十七大和中纪委三次、四次全会精神，在部、局党组的领导下，在局纪检组、监察审计室的悉心指导下，结合单位实际，以继续推进惩治和预防腐败体系建设和加强党员干部队伍思想作风建设为重点，坚持标本兼治、综合治理、惩防并举、注重预防的工作方针，针对工作中存在的薄弱环节和不足之处，抓整改、抓完善、抓落实，反腐倡廉各项工作取得了明显的进展和成效。

1. 认真部署，抓好落实，全面推进惩治和预防腐败体系建设各项工作。2009 年 3 月，院在京召开了 2009 年度院系统党风廉政建设工作会议，会议在深入学习贯彻党的十七大和中纪委三次全会精神以及部、局党风廉政建设工作会议精神的基础上，对上年度工作情况进行了认真回顾总结，并对 2009 年的反腐倡廉工作做了全面部署，同时制定印发了《院党委 2009 年反腐倡廉工作要点》。会后，院属各单位结合实际，对会议精神进行认真的学习贯彻。各单位结合实际制定了年度工作计划和实施方案，并通过签订党风廉政建设责任书的形式将各项工作任务落实到各个主管领导和责任部门及责任人。

2. 创新反腐倡廉教育长效机制，提高教育实效。在开展反腐倡廉教育过程中，各单位将反腐倡廉教育与党建和精神文明创建学习教育有机地结合起来，大力开展廉政文化建设。在工作中注意加强纪检监察部门与各级组织及相关部门的沟通配合，做到统筹计划、相互协调，保证了反腐倡廉教育工作的深入持久，基本形成了大宣教的工作格局。其主要特点：

一是坚持以党员领导干部为重点，通过示范教育、警示教育和岗位廉政教育等形式来教育广大党员干部，进一步增强了教育的效果，使各级领导干部在执行廉政从政各项制度规定方面发挥了表率和带头作用。

二是反腐倡廉教育做到经常化、制度化。院机关坚持开展反腐倡廉《每月一课》系列教育活动，通过定期组织干部职工观看反腐倡廉题材电教片、组织专题辅导报告会和外出参观学习等，对干部职工进行反腐倡廉宣传教育，不仅拓展了教育形式、丰富了教育内容，也为反腐倡廉宣传教育注入了新的活力。

三是联系实际，不断提高教育的针对性和有效性。院及所属各单位通过利用局系统近年中发生的违纪违规案件，并针对日常在财务管理、项目管理中存在的一些突出问题及薄弱环节，专门请审计署和上级财务、监审部门的领导来单位进行警示教育和法纪法规培训讲座，使广大干部职工的法纪意识、思想防范意识进一步增强，起到了有效防范的目的。

3. 加强制度建设，加大制度的宣传执行力度。2009 年，院系统各单位按照局党组《贯彻落实〈实施纲要〉实施意见》中有关制度建设的目标要求，继续健全完善各项规章制度，努力构建反腐倡廉制度体系。各单位紧紧围绕人、财、物管理等一些容易发生问题的重点领域和部位，如财务、项目、物资设备采购、干部人事、基建工程、会议培训与外事管理等，不断加大制度建设工作力度，逐步形成较完备的制度保障体系。

各单位在加强制度建设过程中，还进一步加强了对制度执行的宣传教育和监督检查，维护制度的严肃性和有效性。一些单位组织职工开展规章制度知识竞赛，有的还将相关制度编印成管理手册，发放到各个部门，并对执行情况经常进行监督检查，有效发挥了规章制度的刚性约束力。

4. 强化监督制约机制，推进民主科学管理。自 2008 年以来，审计署和上级财务审计部门进一步加强了对国家财政预算资金和科研经费执行情况的审计监督力度，在审计检查中，各单位在科研项目经费运行和财政资金管理等方面不同程度地暴露出一些问题与薄弱环节。针对这些问题，各单位在按照审计部门意见积极整改的基础上，积极探索有效的监督机制和工作途径，并取得了较好的效果。许多单位在工作中逐步建立起集体决策和监督制约机制，坚持做到凡是涉及制度制定、干部人事管理、项目采购、职工考核、奖金分配等重大事项的决策，都要按照民主集中制的原则，广泛征求各方面的意见后，由会议集体研究决定，充分发挥了民主监督的作用。

2009 年，院、所纪检监察部门还多次配合上级参加了由地科院承担的深部探测专项组织的部分项目任务公开招投标过程的现场监督工作，这是地科院系统纪检监察部门首次对科研项目运行过程进行现场跟踪监督，体现了纪检监察工作在发挥效能监督和加强源头防治功能方面有了新的立足点和结合点，也是更好地发挥保障服务于中心工作职能的有效途径。

5. 加强党性修养和作风建设，促进党员干部廉政勤政。2009 年，院属各单位围绕贯彻落实党的十七大和中纪委三次、四次全会精神，根据作风建设活动的工作部署和总体要求，结合巩固和扩大落实科学发展观和地质找矿改革发展大讨论活动成果，在党员干部和广大职工中开展了以“加强党性修养，树立和弘扬良好作风”为主题的作风建设活动。在活动中，各单位结合实际，认真查摆工作中存在的突出问题，研究制定整改措施并抓好落实，从而进一步促进了党员干部队伍的思想作风转变，并带动了单位风气的进一步好转。地科院党委在开展作风建设活动中，要求各级党组织和广大党员干部起好模范带头作用，以“五个坚持”和“五个认真查摆”为指导原则，重点围绕主动谋划工作思路、协调联动提高干部职工执行力等方面，认真梳理和查摆在作风建设中需要迫切解决的突出问题，并针对存在的问题提出整改意见和实施计划。在开展作风建设活动中，地科院党委先后形成了《关于深化学习型机关创建工作的实施意见》和《领导班子整改措施》。进一步巩固扩大了作风建设活动的成果。

2009年，按照地调局的统一部署，地科院完成了对所属7个单位的党政领导班子及班子成员落实党风廉政建设责任制的年度考核工作。

6. 强化经济管理，加大重点部位和关键环节监督整改力度，深化治本抓源头工作。2009年，院系统各单位在强化经济管理、开展源头防治方面进一步加大了工作力度，并取得明显效果。这主要反映在强化项目、财务资产管理和对所属公司企业的清理整改等方面。

2009年，地科院系统各单位以科研地调项目和财务资产监管工作为重点，在狠抓项目预算执行率的同时，加强资金使用的监管，严格审批程序，对劳务费、租车费、外协费等重点环节严格审核把关，防止私费公报、虚报冒领、超标准报销、无合约汇出外协经费等行为发生。一方面，通过加强经济法规和财务知识培训，不断提高职工尤其是财务人员和科研人员遵纪守法意识和思想道德素质；另一方面通过完善相关制度，规范财务与资产管理，不断提高管理水平。

地科院机关为适应国家财政体制改革和人事制度改革的需要，在坚持后勤服务企业化改革方向的基础上，对院后勤服务中心管理方式进行调整，使后勤服务中心的人事、财务及经济管理工作更加顺畅有序，同时也为进一步强化单位内部管理工作创造了良好的环境。

7. 认真解决群众关注热点、难点问题，做好群众信访及案件查处工作。2009年，院系统除个别单位有遗留案件尚未处理结束外，未有发生新的违纪违法案件。在受理群众信访方面，各单位情况不一，但从院掌握的情况来看，所收到的各类群众来信数量比上年度有所增加。各单位的党政领导和纪检监察部门对群众信访工作给予了高度的重视，尤其是对一些较为重要的信访，能够在第一时间做出反映，基本上做到了及时办理、及时反馈。

二、审计工作

1. “小金库”专项治理。2009年，院系统各单位根据中央和上级部署，开展了“小金库”专项治理工作。对此项工作各单位领导都给予了高度的重视，成立了专项治理领导小组，进行了认真的动员部署和自查自纠。有的单位还接受了审计署和上级部门的专项检查和抽查。通过此次“小金库”专项治理情况反映，院属各单位收入支出全部纳入了本单位财务部门统一核算，未有发现侵占、截留国家和单位收入等违纪违规的问题，也未发现存在任何形式的“小金库”。

2. 控制“四项费用”执行情况审计检查。按照局的统一部署，完成了院所属水文地质环境地质研究所、地球物理地球化学勘查技术研究所、岩溶地质研究所、地质研究所、矿产资源研究所、力学研究所、国家地质实验测试中心、勘探技术研究所等7个单位控制“四项费用”执行情况的审计检查工作。此外，还配合局审计部门完成了局属南京地质调查中心、宜昌地质调查中心、水文地质环境地质调查中心和中国国土资源航空物探遥感中心、中国地质环境监测院、北学探矿工程研究所、中国地质图书馆等单位四项费用开支的审计检查工作。

3. 公司、企业经营状况审计。为配合院对所属公司、企业的清理处置工作，完成了对地科院北京山野旅行社、北京科地招待所、地科院招待一所撤销前资产及经济状况的审计调查工作。

4. 专案调查。2009年，院审计部门还参加了局专案调查组，对审计署审计移交的广海局违纪违规案件进行了专案调查。

党群工作

一、党建工作

2009年，中国地质科学院党委在局党组和局直属机关党委的直接领导下，坚持以邓小平理论和“三个代表”重要思想为指导，以科学发展观为统领，认真学习贯彻党的十七大、十七届三中、四中全会精神，充分利用开展地质找矿改革发展大讨论和深入开展作风建设活动的良好契机，着力解决思想认识和工作实践问题，以贯彻落实部党组《关于解放思想改革创新改进作风增强执行力的决定》为重点，进一步加强机关党的思想、组织、作风、制度和反腐倡廉建设。重点抓了下面几项工作：

1. 坚持抓政治理论和业务学习不放松。地科院党委根据形势任务、结合工作部署，联系工作实际，用理论武装头脑，指导实践，推动工作，确保党的路线、国家政策、上级指示精神能在本单位贯彻执行，确保广大党员和干部职工在政治上、思想上和行动上同党中央保持一致。地科院机关率先推进学习型单位建设，出台了《中共中国地质科学院委员会关于深化学习型机关创建工作的实施意见》，并取得初步成效。全年重点开展了6个方面的专题学习：研究规划全年目标任务；加强党员领导干部党性修养和作风建设；学习实践科学发展观活动“回头看”；地质找矿改革发展大讨论；学习李克强副总理重要讲话精神；党的十七届四中全会。

2. 进一步加强党的基层组织和党员队伍建设。坚持理论学习制度。坚持每月安排理论或业务学习辅导报告和开展警示教育活动，累计举办辅导报告12次，举办座谈讨论会多次。

重视思想建设。组织部分院属（京区）单位干部职工848人参加了“团结动员职工当好推动地调事业发展主力军”专题教育知识答卷活动。在机关党员干部中开展了党员干部思想状况调查活动。组织党员干部认真学习优秀人物的先进事迹，认真开展“迎国庆、讲文明、树新风”活动，切实唱响主旋律。

抓好组织建设。2009年继续推进合格党支部和学习型党支部创建工作，支部工作与部门业务工作的结合更加紧密，作用发挥更加明显；3名预备党员转正，发展新党员6名；积极开展党内的创先争优活动，评选表彰了2008年度院机关先进党支部和合格党支部，“七一”前夕，院京区单位共有8个党支部、17名党员、9名党务工作者受到部直属机关党委的表彰，院党委为8个先进党支部颁发了奖金并配套奖励了优秀共产党员、优秀党务工作者；通过上下结合、自下而上、自上而下等方式选举产生了12名部直属机关第二次党员代表大会代表表候选人预备人选，并全部通过了上级党组织的资格审查。

3. 深入开展作风建设活动，进一步加强院领导班子自身建设。自5月底开始至8月上旬结束，按照《地科院机关深入开展作风建设活动工作计划》，按照“坚持规定动作不走样，自选动作有新意，联系实际，务求实效”的基本原则，重点安排了动员部署、学习讨论、查摆问题、整改落实4阶段工作，其中召开党员干部大会4次，累计240余人次参加；处级以上干部会议2次，近60人次参加；座谈讨论会2次，以党支部为单位，累计150余人次参加；专题民主生活会1次；发放调查问卷2次（分别是地科院领导班子作风建设征求意见表、党员干部思想状况调查表，累计近200人次参加）。

主要做法及特点：迅速行动，及时做出工作部署；立足当前，着眼长远，抓好结合，作风建设与“学习型、创新型、服务型、节约型、和谐型机关创建活动”结合；查摆问题坚持实事求是，剖析原因立足主观自身，整改措施强调可操作性。活动达到了预期目标，受到上级单位的肯定和好评。

二、精神文明建设

2009年，院机关按照“高举旗帜，围绕大局，服务职工，改革创新”的创建要求，立足“五个始终坚持”（始终坚持“两手抓，两手都要硬”的工作方针；始终坚持围绕中心、服务大局的指导思想；始终坚持上下联动，共建共享的创建格局；始终坚持重在建设，务求实效的工作原则；始终坚持示范带动，全面推进的发展目标），以深入开展作风建设活动为契机，以“迎国庆、讲文明、树新风”活动为载体，巩固和扩大学习实践科学发展观活动成果，扎实推进凝聚力工程建设，着力打造“五型机关”，“城乡统筹、文明先行”主题教育社会实践活动稳步推进，干部职工素质和单位的文明程度得到进一步提高。主要工作情况如下：

进一步巩固和扩大学习实践科学发展关活动成果，着力推进整改落实工作，坚持学用结合、狠抓落实、建立长效机制，各项工作取得新进展、新突破。以“五型机关”建设为抓手，认真实施凝聚力工程：为巩固和扩大学习实践科学发展观活动成果，切实贯彻落实部党组《关于解放思想改革创新改进作风增强执行力的决定》精神，2009年继续深化“四项建设”活动，着力打造“五型机关”。此项工作得到了上级党组织和精神文明办公室的充分肯定和好评。

认真开展“迎国庆、讲文明、树新风”活动：通过组织干部职工参观“辉煌六十年——中华人民共和国成立60周年成就展”，学唱爱国歌曲，观看国庆献礼影片《建国大业》，参加“中国：走向光明，走向辉煌——庆祝中华人民共和国成立60周年知识竞赛”，举办系列文体活动，制作宣传标语和宣传橱窗等，积极营造欢乐祥和的喜庆氛围，热烈庆祝新中国成立60周年。

认真开展“城乡统筹、文明先行”主题教育社会实践活动：在积极参加各类扶贫济困献爱心和其他社会公益活动的同时，院机关继续加大对北京通州光爱学校（流浪孤儿学校）的帮扶工作，与学校建立了良好的关系，不定期沟通情况，尽单位微薄之力给予经济和物质上的帮助，受到学校师生的好评。

三、工会、共青团、妇女工作

2009年，院属各级工会在院、所党委的领导和支持下，紧紧围绕单位的中心工作，从增强职工队伍的凝聚力，调动干部职工的工作热情入手，组织开展各项活动；以夯实工会工作基础，创新工会工作思路为重点，增强工会自身建设；以贯彻落实《中国工会十五大精神》为契机，拓展工会工作领域，积极发挥工会自身特点和优势；扎实开展职工之家、职工小家建设活动，深化政务公开、所务公开；在推进改革、促进发展、构建和谐、维护稳定工作中做出了成绩。

1. 加强基层组织建设，增强基层工会活力。一是单位领导进一步提高对民主管理工作重要性的认识，更加重视发挥职代会的作用，职工参与民主管理的深度和广度不断加大。各单位工会坚持把单位发展、民主建设和涉及职工切身利益的事项作为职代会的重要议题，并辅以必要的思想工作。院、所两级工会组织在主动接受职工监督的同时，也加强了对领导干部和单位各项规章制度执行情况的民主监督。

二是民主管理制度更加规范，民主管理形式更加丰富。各单位工会从制度建设入手，适时修改完善职代会制度，严格按照职代会有关条例，组织、引导、教育职工通过合法、有序的渠道参与单位的管理。

地科院工会始终坚持工会主席理论学习制度，积极督促各单位工会健全工会组织机构，对任期已满或工会负责人空缺的单位敦促及时换届改选或增补工作，确保工会工作的连续性与稳定性。

2. 以人为本，认真实施“送温暖工程”。各单位工会坚持以人为本为职工办实事、办好事，积极协助党政领导解决职工生活困难，认真开展送温暖活动，走访慰问特困职工，协助党委做好慰问老领导、院士、民主党派、劳模等工作。

3. 以推进文化建设为目标，开展丰富多彩的主题活动。院工会深入开展“同舟共济保增长，建功立业促发展”竞赛活动；举办了庆祝新中国成立60周年摄影展；以“讴歌地质人、光辉耀祖国”为主题，积极参与国土资源部新中国成立60年“光彩献祖国”摄影展活动，展出作品近千幅，其中获奖作品52幅；组队参加国土资源部、地调局举办的乒乓球、羽毛球赛、篮球赛等，取得优异成绩，提高了职工团结合作意识和集体荣誉感。“三八”节来临之际，部分院属（京区）工会组织女职工开展了以创新、展现、和谐、快乐为主题的巧手厨艺竞赛活动。组织全院900余名职工参加了《团结动员职工当好推动地调事业发展主力军》专题教育知识答卷活动。各单位工会分别组织参加了地调局第一届职工文艺会演活动，并取得好成绩，院机关集体创作的配乐诗朗诵《地质人的脚步》得到好评。

4. 认真做好劳模推荐评选工作，组织开展评优活动。认真做好中央国家机关工会联合会关于做好劳模推荐评选活动的推荐工作，地质研究所所长侯增谦荣获了中央国家机关劳动模范称号。

（张 华）

中国地质科学院地质研究所工作

中国地质科学院地质研究所

2009年，地质研究所承担的地质调查项目共63项，其中新开续作项目46项，结转18项，新开续作项目总经费4420万元。2009年初全部通过设计评审，其中12项获得优秀，并按照项目工作方案顺利开展工作。结转的项目中有12项2009年结题项目，全部通过评审验收，成绩全部优秀。

在研自然科学基金项目共计30项（其中包括1项杰出青年基金、2项重点基金、19项面上基金、8项青年基金）。自然科学基金项目结题12项。

国家自然科学基金资助获新突破，获得重大研究计划重点项目资助1项，重点基金项目1项、联合资助项目1项，青年基金项目4项、面上基金项目3项。2009年资助金额达到了1300万元。另外，首获国家自然科学基金“创新群体”项目资助1项，资助经费达500万元。

2009年以第一作者公开发表论文210篇，其中SCI检索刊物论文120篇（在国外SCI检索刊物发表的论文40篇），核心期刊论文90篇。公开发表专著

2 部。1 项科研成果获国土资源科技进步一等奖，1 项科研成果获国土资源科技进步二等奖；1 人获李四光地质科技奖，2 人入选人事部百千万人才工程，1 人获尹赞勋地层古生物学奖，1 人获青藏高原青年奖。3 项成果入选中国地质科学院 2009 年度十大科技进展成果。

地质科学研究

一、南秦岭主要构造岩带及其形成环境

重新梳理了白水江群、碧口群、横丹群、西乡群、三花石群、耀岭河群、郧西群、洞河群的岩石组成特征，建立了这些地层的岩石组合-序列，并结合构造变形样式及古生物化石赋存状态，研究认为分布于南秦岭白水江群等志留系及北大巴山地区洞河群和部分志留系分别具有增生杂岩和弧后混杂岩的典型特征，碧口群、西乡群与耀岭河群/郧西群则为晚古生代岛弧杂岩，北大巴山地区则为古生代弧后杂岩及弧后陆缘组合序列。

在碧口群和三花石群的白勉峡组和三湾组中分离并鉴定出丰富的中泥盆世孢子、几丁虫、虫颚等微体化石，为确定碧口群和广义的西乡群主体时代为晚古生代提供了重要证据。在原洞河群中发现多种泥盆纪几丁虫、虫颚和孢子化石，这对前人的北大巴山腹地没有晚古生代地层的普遍认识，作出了重要更正。并在综合研究的基础上，提出原洞河群为混杂岩带。在安康一带耀岭河群中发现早石炭世微体化石；并利用 SHRIMP 锆石 U－Pb 同位素测年，分别获得了玄武岩 659～847Ma 以及凝灰岩 418±8Ma，377±7Ma，334±13Ma，283±10Ma，258±3Ma 等一系列年龄数据，认为安康一带耀岭河群主要形成于晚古生代。

通过 SHRIMP 锆石 U－Pb 同位素测年和古生物研究，发现白水江群中包含有 660～770Ma 和 440～450Ma 的镁铁质岩块，在原划为奥陶系大堡组的生物灰岩块中发现中泥盆世化石，在白水江群浊积岩中碎屑锆石最小 U－Pb 年龄为 271Ma。结合侵入其中的花岗岩 220Ma 左右的年龄，认为南秦岭增生杂岩带形成的最终时间为二叠纪末或三叠纪初。在以上研究成果的基础上，提出了南秦岭地区的大地构造格局与构造演化的新认识。

二、祁连-阿尔金造山带构造演化及其对成矿作用的制约

进一步深化了祁连-阿尔金造山带早古生代时期的基本构造格架的认识，划分出祁连-阿尔金造山带的构造单元，并确定了每一构造单元的组成和构造属性，进一步明确了被阿尔金断裂所切割的阿尔金山和祁连山古构造单元的可对比性；首次在柴北缘榴辉岩中发现柯石英，并在都兰地区识别出新的高压麻粒岩单元。在此基础上，通过详细的岩石学和年代学工作，建立了南阿尔金-柴北缘高压/超高压变质带从原岩、峰期变质到折返过程的年代学格架，重塑了南阿尔金-柴北缘高压—超高压变质带 6 个块体的变质演化过程；进一步明确了北祁连-北阿尔金早古生代具有冷洋壳俯冲性质，确定北阿尔金-北祁连早古生代洋壳俯冲存在穿时性；进一步确定了北阿尔金红柳沟蛇绿岩的完整组合，获得北祁连具有 SSZ 性质蛇绿岩形成于 500Ma 的重要年代学证据；通过综合研究，提出祁连-阿尔金地区南北两条俯冲（碰撞）杂岩带控制了这一地区基本的古构造格架和矿产资源的时空分布。

通过变形构造几何学、岩石学，以及区域构造对比研究，进一步识别出阿尔金断裂带的多个强烈活动期，提出了阿尔金断裂的最大走滑位移量由韧性和脆性走滑位移量组成，并对阿尔金断裂的累积滑移量进行了讨论；对祁连山西段新生代火山岩和东段白垩纪火山岩的分布及其岩石地球化学特征进行了初步研究，为确定阿尔金断裂活动时限及演化提供了新的佐证；综合分析认为区域山脉的形成可能与阿尔金断裂走滑作用伴随的逆冲断裂活动有关，祁连山在白垩纪时期开始抬升，形成了青藏高原雏形的北部边界，新近纪的快速抬升造就了现今的高原北部面貌。基于昆仑山前且末江尕勒萨依剖面和柴达木盆地西北缘红三旱地区中新生代地层古地磁样品的系统测试和分析，提出阿尔金断裂新生代的走滑过程中至少存在 30Ma 左右、8.26Ma 和 2.15Ma 左右 3 次快速隆升过程；并发现白垩纪昌马盆地具有较大的旋转量，而柴达木地块并没有作为一个刚性块体发生整体顺时针旋转作用。研究认为，柴达木盆地和酒西盆地的主要油气构造是伴随阿尔金断裂走滑过程的产物，对冲构造发育区是上述盆地中的有利储油构造。

三、中国西北地区若干重要演化阶段地层格架建立与对比研究

1. “中国西北部前寒武纪地层对比研究” 专题：基本查明了赵池口群、贺兰山群和千里山群的分布、组成特征和形成环境，通过锆石 SHRIMP U－Pb 年代学研究，初步确定了它们的形成时代，改变了以往将贺兰山群和千里山群划归太古宙的认识。基本查明了贺兰山地区早前寒武纪岩浆事件的期次、各期岩浆作

用的基本特征，根据锆石 SHRIMP U－Pb 定年，建立了该区岩浆演化序列。通过综合对比，提出华北克拉通的西北缘古元古代晚期的岩浆启动和结束事件均早于北缘。在阿拉善岩群中发现和确认一些变质变形的新元古代、晚古生代和中生代的岩浆岩，对认识阿拉善地块的演化和大地构造归属具有较重要的意义。通过矿物温压计获得了不同阶段的变质作用的温压条件，建立了贺兰山群变质过程的 PT 演化轨迹，说明该区变质晚期是较慢的抬升减薄过程。通过对阿拉善地块和贺兰山-千里山地块演化的对比，提出了阿拉善地块在不同地质阶段的大地构造属性。

2. “塔里木重要区段古生代和中生代地层格架的建立及对比研究”专题：在赛力亚克达坂群、温泉沟群、木吉群中分别采集到孢粉、疑源类和几丁虫等微体化石，为这些地层时代的确定与对比和构造演化研究提供了新的证据。发现了晚白垩世钙质超微化石、晚白垩世—古近纪沟鞭藻化石，进一步厘定了该区中—新生代地层层序，建立了整个盆地的地层对比关系，证实了库车坳陷及塔东北地区晚白垩世存在海相和陆相两类沉积体系，塔西南是近岸滨海—浅海沉积环境。确定麻扎地区火成岩主要由中酸性侵入岩和火山岩组成，具有岛弧性质，锆石 SHRIMP U－Pb 定年时代为早石炭世。在柯坪地区奥陶系、志留系、泥盆系中分别建立了三级层序，并进行了二级层序归并。层序地层格架反映了在相对海平面变化过程中，中—上奥陶统自东向西发生超覆。

3. “晚元古—早古生代重大转折期的同位素记录和生物与环境的协调发展”专题：通过陡山沱组盖帽碳酸盐岩 Sr 同位素研究，揭示了新元古代“雪球地球”事件之后强烈的化学风化作用和巨量的陆源物质输入。在国内首次开展了过渡族元素（铁、铜、锌）同位素测试工作。测试了陡山沱组碳酸盐岩和黑色页岩的过渡族元素同位素数据。相对于碳酸盐岩，黑色页岩 Fe 重同位素富集、Zn 重同位素亏损、Cu 同位素组成无明显差异。Fe，Cu 和 Zn 同位素在不同沉积相存在着差异，表明海水存在化学分层。通过 Fe 同位素研究，证实陡山沱早期，从台地相、斜坡相到深海盆地相，海水由表层氧化状态逐渐向深海的还原状态转化。

四、内蒙古中部晚新生代湖泊演化与古气候研究

结合卫星遥感影像解译及野外地质调查，对本区晚新生代湖泊沉积分布范围及地貌特征进行了探讨和划分。综合分析湖泊沉积地层的沉积特点、孢粉组合、地球化学元素及环境磁学特征，探讨了湖泊的发育演化过程，尤其是第四纪晚期以来的气候环境变化特点。将内蒙古中部地区第四纪晚期以来湖泊演变及气候环境演化划分为 3 个阶段。在 150ka，21ka 和 10ka 前，曾大范围发育湖泊，推测当时的降水量显著增加，为一较温暖的半湿润气候环境。将内蒙古中部湖泊沉积记录与阳原全新世剖面的综合环境指标对比分析，证实了中国北方第四纪晚期气候变化的波动性与阶段性，同时也存在区域性的差异。对浑善达克沙地及邻区的初步考察，发现这些地区的沙漠，特别是浑善达克沙地在晚更新世（约 190ka）就已经存在，并于 190 ka，39ka 和 12ka 经历了 3 次明显的气候干冷事件。

五、全国区域地质综合研究试点

完成了“全国区域地质志”编写主要工作所包括的技术要求的研究，基本满足了地质志编写的专业构架内容的要求，整体构架完整、合理，符合区域地质综合研究和编志的实际需要和下达任务的要求。在区域地层综合研究、大地构造综合研究、岩浆岩综合研究、地球物理和深部地质综合研究和编图、第四纪地质综合研究及地质志数据库建设方面提出了整体编图的指导思想、编图原则和地质志图件、数据库的基本构架，具体提出了编图精度要求、表达方式，基本符合地质志地质研究程度和实际。报告也对区域矿产资源、区域环境地质的综合研究提出了在编志工作中的具体工作要求和相应的方案，为“区域矿产志”、“区域环境地质志”的编写做了有益的探索。

江西省的试点工作全面覆盖了区域地质、区域矿产、区域地质环境三部分。详细编写了各自的综合研究方案和具体要求，在总结及分析了江西省的重大地质问题和难点，通过资料总结研究和初步的野外调查，对江西省的诸如双桥山群研究等重大地质疑难问题的研究有了重要的新发现与新认识，为指导和规范“全国地质志”的编写，提供了有益的经验和范例。首次在双桥山群横涌组和安乐林组的斑脱岩中获得大量锆石，进行了 SHRIMP U－Pb 测年分析，分别为 831 ± 5Ma，829 ± 5Ma，在河上镇群上墅组获得 SHRIMP U－Pb 年龄 767 ±5Ma。这些年龄为准确标定赣东北地区中新元古界双桥山群、河上镇群年代提供了新的重要依据。

六、中国大陆科学钻探工程综合研究（东海）

通过地质、地质物理、地球化学的精细研究

和大量的岩石、矿物学工作，建立了中国东海大陆科学钻探主孔的岩性、地球化学元素、构造、年代谱等系列剖面，为后续深入研究奠定基础。

通过钻探在原有的金红石矿体下又发现了厚达400m的金红石矿体，认为其成因是在大陆地壳深俯冲和超高压变质作用过程中，富含钛磁铁矿的辉长岩转变成了富金红石榴辉岩，进而形成了超高压变质的钛矿床。在岩心及附近地表露头岩石的锆石中，普遍发现以柯石英为代表的超高压矿物包体，确定各类岩石超高压峰期变质的矿物组合，表明了苏鲁地体由榴辉岩及其围岩的原岩所组成的巨量陆壳物质曾整体发生深俯冲。发现了不同成因类型的地幔岩，确认CCSD主孔和CCSD-PP3卫星孔中石榴橄榄岩为古生代的超镁铁质侵入体，CCSD-PP1和CCSD-PP6卫星孔中石榴橄榄岩为早期大陆地幔或亏损地幔楔，在板块折返过程中被带到地表。在主孔岩心橄榄岩和榴辉岩岩屑中，鉴定出金刚石、方铁矿、自然铁、自然铬、自然金、自然铝、镍纹石、铁纹石等数十种矿物，初步判断它们来自于深部地幔。通过超高压岩石的岩石组合和氧同位素组成研究，进一步证实超高压地体的原岩形成于被动大陆边缘的构造环境，并记录了陆壳岩石曾与寒冷的冰水发生过广泛的交换作用，为新元古代全球“雪球”事件存在提供了重要证据。建立了苏鲁地体“俯冲—超高压变质—折返—隆升—去顶”全过程的年龄谱系和各阶段的俯冲与抬升速率，表明苏鲁超高压变质带经历了快速俯冲—快速折返以及慢速隆升和极慢速去顶的演化过程。通过详细的显微构造分析，确定了绿辉石的位错蠕变由［001］（100）和1/2<110>$\{1\bar{1}0\}$滑移系控制，以及橄榄石、辉石、金红石、石榴子石等超高压矿物高密度位错残留，反映橄榄岩和榴辉岩在深俯冲过程中经历了强烈的高温塑性变形。将苏鲁超高压岩石的流体-岩石相互作用划分为7个演化阶段，提出大陆板块的深俯冲可以将相当多的流体和其中的溶解物质从地表带入到地幔深处；在锆石中发现了与柯石英共存的原生流体包裹体和超临界富硅酸盐的含水熔体，表明苏鲁地体的榴辉岩及其围岩在超高压峰期变质阶段处于有流体参与的相对“湿体系”环境。提出了苏鲁地体分片俯冲-折返的穿时模型和深俯冲的物质沿板块汇聚边界的多层隧道呈多重/分片样式“挤出”的折返模式，探讨了郯庐走滑断裂的形成对苏鲁高压/超高压变质地体演化的影响。首次利用科学钻探验证了结晶岩区地球物理成果，并建立了CCSD-MH孔区的6000m深度的结构剖面，为陆-陆碰撞带的深根和苏鲁UHP变质地体三维结构的建立奠定了基础。

七、内蒙古1:25万西老府（K50C002003）、多伦（K50C002002）幅区调修测及蒙南-冀北地区晚中生代地层格架与重要地质事件和年代地层系统研究

对区内早前寒武纪变质基底的物质组成、原岩建造及变质、变形特征和空间展布等进行系统调查研究，重新厘定了填图单位。对区域变质岩岩石学、矿物学及岩石地球化学特征进行了系统总结，详细研究了区域变质作用的期次、类型和温压条件，探讨了变形变质作用关系。鉴别出其经历了阜平-五台期、吕梁期和华力西期等多期变质变形构造运动，为区域早前寒武纪地质对比研究提供了基础资料。在系统查明岩石组合、地层序列、成因特征、空间展布和接触关系的基础上，将区内古生代地层重新厘定为锦山组、三面井组、额里图组和于家北沟组。对晚古生界二叠系进行了深入研究，提出晚古生代华北陆块北缘为增生活动大陆边缘的新认识。

在查明中生代火山岩岩石类型、组合特征及空间关系的基础上，将区内划分了Ⅴ级火山机构、Ⅳ级火山构造洼（盆）地和Ⅲ级火山喷发带。研究了中生代火山岩形成的大地构造背景。对区内侵入岩进行了系统调查，依据岩石类型、接触关系、侵位序次、同位素年龄等划分了岩石单位，对成因类型、形成环境、演化规律等进行了探讨，取得了重要进展。基本查明了区内主要构造形迹特征及形成序次和空间配置关系；对围场—赤峰、林西—上黄旗、西拉木伦河断裂带进行了详细研究；新识别出劈柴拌沟—小老婆沟和朝阳地岗子两条华力西末期—印支期韧性剪切带。对本区构造单元划分和构造演化序列进行了初步探讨，建立了区域构造格架，总结了研究区大地构造发展史。系统调查了区内第四系物质组成、成因类型、空间展布和形成时代，并对其物理、化学、生物（孢粉）、年代（^{14}C，光释光测年）进行了深入研究，为研究区内第四系地质及其环境、气候变化和荒漠化进程提供了精细的基础资料。重点研究了北西、北东向次级构造对有色金属和贵金属矿产的控制。在多伦幅第四系中新发现一定规模的硅藻土矿产。对测区灾害地质、环境地质、旅游地质进行了调查。在张家口组年代学研究、大北沟组古生物研究等方面取得了重要进展。系统建立了晚中生代岩石地层、年代地层格架，深化了区域中生代地层学对比研究。

八、青藏高原周缘造山带的崛起及资源效应

在拉萨地体中部发现松多榴辉岩高压-超高压变质带，榴辉岩原岩为MORB型，变质年龄261Ma，认为代表古特提斯洋壳深俯冲产物，把拉萨地体解体为北拉萨地体（NLS）和南拉萨地体（SLS），为古特提斯洋盆演化和多地体存在提供了新证据。发现拉萨地体中部印支造山运动的存在，使青藏高原印支造山带的范围向南拓宽。厘定了南迦巴瓦的构造格架、地质年代序列和重要的构造岩浆事件。提出南迦巴瓦岩群经历了多期造山与再活化过程；获得了拉萨地体前寒武纪构造热事件的年代学证据；证明拉萨地体存在同俯冲/碰撞型埃达克岩；探讨了雅鲁藏布江大拐弯缝合带的性质、形成时限、运动学特征和动力学机制。发现了高喜马拉雅造山带的东西向拆离构造，详细研究了地壳物质向东移动的特征，认为拆离构造开始时限为24～27Ma，与南迦巴瓦变质地体向北挤出时限相当，提出新的隧道流和物质侧向运动的模式。确定了北喜马拉雅穹窿带中的两期富钠过铝质花岗岩浆事件。提出在异常快速折返、异常热的构造变形域（地壳深度<10km）和饱水条件下，高级变质岩的部分熔融，可能是形成埃达克质岩浆及相关斑岩型铜金矿床的重要机制。

通过阿尔金断裂、康西瓦断裂及喀喇昆仑断裂的几何学、运动学、年代学、走滑速率及地震位移的研究，阐明青藏高原西缘大型走滑断裂的动力学与青藏高原西部物质运动方式，探索了地震强震复发周期。厘定了青藏高原东缘龙门山—锦屏山西缘的前震旦纪基底和盖层（Z—S）之间的一条大型拆离断裂（ETD）；提出了龙门山—锦屏山在白垩纪（112～100Ma）开始强烈隆升的挤出机制，认为青藏高原北缘和东缘的强烈隆升发生在印度和亚洲碰撞（50～60Ma）之前的白垩纪，可能与班公湖-怒江特提斯洋盆的关闭有关。提出四川前陆盆地是晚三叠世—侏罗纪松潘-甘孜前陆盆地和白垩纪—第四纪龙门山-锦屏山再生前陆盆地叠合的中新生代前陆盆地。探讨了前陆断褶带与锑金多金属矿床的成矿关系，认为成矿作用与特提斯喜马拉雅前陆断褶带沿逆冲推覆构造事件诱发地壳部分熔融、导致岩浆侵位及成矿流体的物理化学条件改变，成矿物质沉淀形成似层状、脉状和透镜状锑金多金属矿床。开展了青藏高原西北缘西昆仑和塔里木盆地盆山耦合研究，提出塔里木南缘的前陆盆地的北界为麻扎塔格逆冲断裂，重新厘定天山构造系和青藏高原构造系的界限以及动力学机制。

九、青藏高原演化与资源环境效应

对羌塘中部高压变质带中已发现的榴辉岩、蓝片岩等进行了详细的岩石学、矿物学和年代学研究，建立了榴辉岩变质作用PTt轨迹；在绒玛地区发现了典型的蓝闪石；在冈玛错地区发现了新的榴辉岩出露点。上述成果对认识青藏高原早期形成演化、板块闭合及碰撞造山过程的研究具有重要意义。

通过果干加年山和桃形湖地区的研究，发现了典型的蛇绿岩组合；经锆石SHRIMP定年和岩石地球化学等研究，初步确定了羌塘中部早古生代蛇绿混杂岩的存在，对探讨青藏高原特提斯洋的构造演化具有重要意义。通过对羌塘中央隆起地区花岗片麻岩的研究，获得了464Ma花岗片麻岩岩浆结晶年龄，推断羌南-保山板块基底与羌北-昌都板块和松潘-甘孜板块基底性质不同，而与印度板块和喜马拉雅造山带之间有很好的亲缘性，这对研究羌塘地区的基底形成演化有重要参考价值。对晚古生界—三叠系实测剖面11条，采集并鉴定了古生物样品620多件，取得了以下新认识：①证实了北羌塘盆地南缘存在中下二叠统含特提斯暖水动物群的碳酸盐岩相地层的存在。②上三叠统望湖岭组中发现浅海相生物化石。③提出上二叠统吉普日阿组更可能为早中三叠世地层。对戈木错、布尔嘎错等剖面进行了实地观测和室内分析研究，对第四纪以来该区气候环境变迁做了探讨。发现了新石器时代遗存，对古人类活动、考古学提供了较重要资料。通过综合分析研究，提出青藏高原油气成藏地质背景与西特提斯有一定对比性，并指出青藏高原具有寻找油气藏的前景。建议开展“多能源综合研究和协同勘探”。提出“幔源（流）合成催化生油论”。

十、青藏高原南部地幔岩及铬铁矿成因

罗布莎铬铁矿中发现呈斯石英假象的柯石英，推测是由更高压相的斯石英（形成压力$P>9$GPa）在一个压力降低的环境相变形成，不同于造山带中常见的由板块俯冲增压过程中形成的柯石英。提供了铬铁矿可能来自地幔深部（形成深度>300km）的重要证据；在罗布莎铬铁矿的锇铱矿中发现原位金刚石，表明金刚石形成在高温高压（$T>2000℃$，$P>5GPa$）环境，不同于板块俯冲过程中形成金刚石的高压低温环境；在罗布莎、康金拉和香卡山矿区的铬铁矿中均发现了金刚石，扩展了金刚石超高压矿物的空间分布范围，为探讨铬铁矿成因提供新的重要证据；在罗布莎和康金拉铬铁矿床的围岩地幔岩中发现金刚石等异常地幔矿物，为探讨蛇绿岩和铬铁矿的成因提供新的重要证据。

与俄罗斯极地乌拉尔铬铁矿进行对比研究，在乌拉尔矿的大样中首次发现金刚石等异常地幔矿物，并在金刚石中发现纳米级柯石英包裹体，证明金刚石为原位产出，提供了铬铁矿成因的关键证据；罗布莎铬铁矿中所发现的4个新矿物（罗布莎矿、曲松矿、藏布矿和雅鲁矿）获国际新矿物委员会的批准；通过高温高压实验研究，证明铬铁矿中发现的硅金红石为超高压环境形成；通过碳硅石（SiC）的原位碳同位素研究，发现$\delta^{13}C$亏损的同位素成分，并与月岩、陨石等对比研究，认为其可能来自下地幔；经过地幔橄榄岩的岩石地球化学和矿物学的研究，提出其为经历了洋底扩张作用的MOR型、又在板块汇聚边缘经历了高Mg熔体的成分交代的认识；地幔橄榄岩中的锆石获得130Ma的事件年龄，根据锆石的微量元素及同位素研究，认为形成于MOR地幔橄榄岩侵位阶段，来源于大洋岩石圈高温橄榄岩区；通过矿物成分研究，提出康金拉矿区的铬铁矿成矿物质来自深部而不是来自容矿围岩，对铬铁矿的成因认识提出了新思路。地幔橄榄岩中发现地壳成因的老锆石（最老可达太古代2770Ma），及石英、红柱石、蓝晶石等地壳岩石矿物，认为可能存在早期俯冲地壳物质的再循环，支持了“地幔不均匀”理论；矿物学、岩石学、同位素地球化学和年代学研究结果表明，罗布莎地幔橄榄岩和铬铁矿体均可能来自深部地幔（>300km深度），认为罗布莎超镁铁岩形成于地幔柱背景。

十一、典型珍稀化石特征研究

完成化石标本的统计、分类、鉴定、照相、登记等工作；完成化石标本的基本数据档案信息采集工作，并完成了重要化石标本基本信息登记表；根据以往文献资料查阅和实地调研，基本查明了这批恐龙蛋化石、哺乳动物化石，以及其他类型化石的产出地点和时代分布；完成了中国恐龙蛋化石分布、河南省恐龙蛋化石分布、和政地区晚新生代哺乳动物化石分布图等几个图件。对河南潭头盆地、甘肃兰州盆地恐龙蛋的研究取得新进展。对发现于河南潭头盆地的恐龙蛋壳进行了详细研究，确定了2属3种恐龙蛋，极大丰富了前人对该盆地恐龙蛋的认识；在甘肃兰州盆地中铺一带发现了恐龙蛋壳，为甘肃省境内恐龙蛋化石的首次纪录。识别出了恐龙蛋化石、和政哺乳动物头骨化石标本中几类不同形式的作假现象。这些作假手段的甄别，对以后相关工作的开展具有借鉴意义。

地质调查信息社会化服务

一、地质资料

为科研人员办理资料的借阅、申购等工作。对项目所购资料17套、地形图484幅进行编号、登账等工作，借还档案资料18册次；借还地形图800余幅。新建了地形图个人电子账，方便科研人员查询。本年度累计为科研人员提供查询及借阅服务超过200人次。

完成了9项地质调查项目原始资料的立卷归档工作。包括：全国1:100万地质图空间数据库；内蒙古中部晚新生代湖泊演化与古气候研究；东北典型休眠性火山、深部岩浆房与火山灾害；郯庐断裂带元古代—古生代的演化；雅鲁藏布江构造带（中东段）及邻区构造变形与现今地壳活动性调查研究；基础地质调查多媒体专业指南与制作；博斯藤湖地区第四纪环境变迁和构造隆升研究；青藏高原演化与资源环境效应成果报告；中国大陆科学钻探长期观测。

二、地质图书

地质研究所图书室专业性较强，年购期刊经费支出20万元，每周一至周五开放。图书室共藏书3万余册，中外文专业书8000余册，工具书700册，中外文期刊合订本5000余册，中外文期刊共200余种。

图书室2009年为科研人员提供服务2600余人次，并接受项目订刊咨询，推荐订课题最适合的刊物；接受研究人员委托代购国外原版书；为全所研究人员申请cgl. VPN. 远程访问系统，让他们随时随地可以访问、浏览地学文献信息，提供VPN故障咨询服务；同时为中国地质科学院内各单位科研人员提供借阅、查询服务。

地质调查项目管理

一、地质调查项目立项管理

结合国土资源部、地调局及地科院的战略发展规划，参照科学家提出的项目建议，确定了近期（3～5年）的计划项目实施建议，并进一步与上级主管部门进行沟通。根据部、局项目计划要点拟定工作项目内容，由工作项目负责人编写详细的立项论证报告，包括技术方案和经费预算。地质所组织专家通过初审后，上报上级主管部门，并组织有关专家进行立项论证。通过论证的项目由上级部门下达任务书。

二、地质调查项目组织实施管理

对于计划项目，地质所实行计划项目负责人负责制，通过竞争及领导小组研究确定计划项目负责人后，计划项目负责人全面负责计划项目的组织实施，包括协助上级部门进行有关的设计审查及业务沟通。

工作项目在实施过程中严格执行中国地质调查局的地质调查项目管理办法及有关的法律、法规，同时在项目实施过程中运行ISO9001质量体系。科技处、财务处、综合办公室及条件保障处从科技、财务、安全及设备保障等方面给项目的实施提供有力的支持和服务。

三、地质调查项目质量管理

项目严格按照地质调查项目质量管理要求执行，做到自检、互检，每年上级项目管理部门进行部分项目的抽查，抽查率占约20%。

建立完善的质量管理体系。根据局对地调项目管理要求，地质所于2008年建立了“质量管理体系及职业健康安全管理体系”，2009年度对地质所指定的《质量安全管理手册》、《质量安全管理程序文件》等重新修改。经北京华电万方管理体系认证中心的审核，认为地质所2009年度“质量管理体系及职业健康安全管理体系”执行良好，推荐继续保留资格。

国际合作与对外交流

2009年，地质研究所执行外事计划23项，49人次，其中考察访问合作研究，17项，37人次，国际会议4项6人次，境外地质考察2项，6人次。随项目经费逐年大幅度增加，国际合作与交流也越来越趋于活跃，一些中青年学者崭露头角，在国际地学舞台上已占有一席之地，发展势头良好。

1. 应中国台湾“中央”研究院地球科学研究所所长江博明教授的邀请，地质研究所侯增谦所长等一行6人于2009年3月16日至25日期间赴中研院地球科学研究所等机构进行学术交流及访问，并在中研院地球科学研究所建立了北京离子探针中心SHRIMP Ⅱ中国台湾地区远程工作站（SROS工作站），培训并指导地球所的多名研究人员完成了约80小时的锆石样品实际远程同位素定年工作。实验过程中，SHRIMP Ⅱ仪器和SROS系统运转稳定，测试工作获得了圆满成功。

2. 2009年7月4日至12日，地质研究所以杨经绥研究员为团长的6人代表团，赴俄罗斯科拉半岛的俄罗斯科学院科拉地质研究所开展合作研究和野外考察。目的是为今后开展中国大陆科学深钻做准备。

综合行政

一、文秘档案管理

从档案人员的岗位职责，到档案的保管、查询、移交、保密、安全、统计、销毁、接收、利用等各个方面严格遵守文秘档案管理管理制度。全面落实了各种登记制度，从收藏、借阅、利用，到保管接交，都统一实行严格的登记签字制度，有效杜绝了丢失、泄密、损毁等各类事故的发生，实现了档案管理的规范化、程序化和制度化。2009年全年收文409件，所发文93件，向上级行文107件。

对历年的收、发文件进行了全面的清理清查，对每个部门或个人保存的文件全部进行了清理收回。

二、保密工作

（一）健全组织机构。

地质研究所保密工作管理机构健全。保密委员会在党政一把手领导下负责全所保密工作。保密委员会办公室设在所综合办公室，负责保密管理的具体工作。各研究室、实验室、职能处室各设一名保密员，在室主任、处长的领导下，落实所保密委员会的工作部署，抓好本处（室）的保密工作。

（二）加强保密工作。

根据部、局保密委员会的部署，10月14～21日，广泛、深入开展了保密检查工作，涉及每个在岗职工、每台联网计算机，有效推动了保密工作。

1. 机要文件的管理。办公室设有文秘人员专人管理。机要文件（包括中央文件等）实行专人核对领取，手工单独登记，按照传阅范围进行签字传阅手续。机要文件存放在专用密码柜中，并按规定时限及时进行清点上交清退。不存在自行复印中央文件和绝密文件的情况，对上级下发的复印文件，按同类机要文件进行管理。

2. 涉密地质资料管理。资料室设专人负责秘密载体的管理；地形图、涉密基础地理资料和涉密地质资料的购买、保管、出借、收回等严格按照国家有关法律法规执行，地形图一件一号按项目存放保管；涉密基础地理资料和涉密地质资料由资料室登记备案，科研人员借用后交回统一专人保管；涉密资料递送由国家专设的邮递机构邮寄；涉密资料和涉密载体的销毁，按照所里的规定，首先登记造册，经所保密委员会和有关领导批准、签字，送中央国家机关涉密载体销毁中心销毁。

3. 计算机网络管理。一是地质所站点上的网络信息严格按照规定由相关部门负责人、所级领导等审批后由网管信息员制作信息网页上网发布，任何个人无权自行制作和发布有关本单位的信息，从而从源头阻止了有关涉密资料的泄露；二是涉及单位管理工作秘密的计算机严格控制不允许介入互联网，包括财务、人事档案、资料档案（地形、地质图等）。三是加强对移动存储设备的管理，重要场合严禁使用带有音视频、无线上网及蓝牙功能的计算机；对移动存储设备严禁含有涉密图件资料电子版的问题三令五申，并进行了清查，并进一步加强了这方面的防控。

三、新闻宣传和政务信息工作

2009 年，地质研究所综合办公室在局办公室和院办公室的指导下，深入贯彻落实科学发展观，紧紧围绕地质找矿改革发展大局，锐意进取、开拓创新，不断强化政务信息工作，努力提高信息质量和工作水平。全年地质所共编发简报 59 期，工作通讯 12 期，上报“地质找矿改革发展大讨论”专报 8 期。向地调局报送信息 66 条，12 条被采纳，赢得“中国地质调查局 2009 年度政务信息报送工作先进单位”荣誉。

经济与财务管理

2009 年，所财务工作紧紧围绕中心工作任务，在贯彻执行国家法律法规的前提下，进一步加强会计基础工作，在财务工作中强化管理与制度落实，加强预算管理，提高了预算管理水平和预算资金的使用效益。从所领导到科研人员都增强了预算管理的意识，逐步适应了预算管理的要求，合理使用各项资金，严格预算管理。进一步加强了项目管理工作，各类项目严格按照《地质研究所科研项目管理办法》进行管理，保障了财政资金的安全使用。2009 年紧扣局的工作部署开展了地质所的经济管理工作。进一步提高加强经济管理的认识，为科研工作健康有序的开展提供保障。

一、财务决算的审查工作及 2010 年部门预算的编报

圆满完成 2008 年度财务决算的审查工作及 2010 年部门预算的编报工作。根据财政部《关于印发 2008 年度部门决算报表及编报说明的通知》精神，及国土资源部、中国地质调查局关于编报 2008 年度财务决算的编制要求，地质所在认真核实财务基础数据的基础上，填报了 2008 年财务决算报表，包括部门决算、国土资源大调查决算、住房改革支出决算、基建决算、企业决算等 5 套决算。顺利通过了部、局的决算会审，并得到了上级部门的认可。地质所获得 2008 年度部门决算报表一等奖。

根据中国地质调查局《关于编报 2010 年部门预算的通知》及财政部、国土资源部相关文件精神，按照 2010 年部门预算编制的指导思想和总体要求，结合所实际情况，合理安排了 2010 年的各项支出编报了部门预算。

二、努力做好“四项费用”的控制工作

切实有效落实国务院精神，努力做好“四项费用”的控制工作。通过采取积极有效措施，有效落实国务院关于严格控制一般性支出，勤俭办一切事业，对公务购车用车、会议费、接待费、出国（境）经费等支出实行零增长的精神，根据财政部、国土资源部及中国地质调查局的相关部署，所高度重视此项工作，立即召开有关部门人员会议，并给所有项目负责人转发了相关文件，安排落实。要求所有科研项目根据 2009 年项目工作量及预算要求，加强项目预算执行，做好“四项费用”的控制工作。所内也采取积极措施，实现“四项费用”零增长：①加强车辆管理。由条件保障处负责管理，车队具体实施，对现有车辆进行核查，严格执行保险、加油和维修的政府采购制度，控制和节省所内用车费用；②加强会议费支出的管理。切实落实会议定点管理，减少会议数量及规模，严格按照局发会议费管理办法执行。召开的每个会议，都要事先填写申请表（包括项目预算及所内预算），严把项目会议关，规范会议费的管理；③加强公务接待管理。细化了所内各部门的公务接待预算，减少公务接待次数，严格标准；要求项目人员尽量降低接待费用支出，提倡工作餐。根据招待费控制额度严格控制支出；④落实出国管理规定，根据项目预算合理安排出国数量及规模，根据预算批复及外事计划必须先上报批准后，方可办理出国相关手续。力争通过以上措施努力做好 2009 年“四项费用”的控制工作。

积极配合中国地质调查局对“四项费用”的检查工作。7、8 月份，地调局组织监审室对 12 个单位 2009 年上半年“四项费用”执行情况进行了检查。地质所通过检查未发现重大问题，地调局对地质所领导班子重视经济管理给予了高度评价，对地质所近年来经济管理取得的进步也给予了肯定。

10 月 10 日，地调局有关领导同志到地质研究所向领导班子正式通报了对地质所“四项费用”控制情况的检查结果，肯定了地质所在严控“四项费用”方面采取的措施和取得的效果，同时提出有关整改要求。对此，所班子高度重视、认真落实，要求大家进一步提高认识，严格执行有关控制措施；对规范野外租车合同和加强会议费预算的科学性等问题明确了整改措施。

三、积极争取修缮购置专项资金，组织完成 2010 年专项申报工作

为加强地质科技事业发展，推进科技创新能力建设，改善科研基础条件，根据《国家中长期科学和基数发展规划纲要（2006～2020 年）》和财政部《中央级科学事业单位修缮购置专项资金管理办法》的精神和要求，结合所现状和实际，在 2009～2012 年规划的基础上，组织了 2010 年修缮购置专项的申报工作。为保证申报工作顺利进行，所领导班子高度重视，所财务处会同条件保障处及各申报的专项负责人在项目申报的前期精心准备，详细筹划，圆满完成了此次申报工作。

四、大力开展宣传与培训

针对 2009 年国土资源大调查项目设计审查预算编制以及 2009 年部门预算下达后项目预算落实案的编报工作进行了两次培训，详细讲解了预算编制及落实案填报的方法和要求，为以后更好地执行预算打下了良好的基础，收到了较好的效果。

针对局近年来发生的经济案件，地调局监审处处长为地质所职工讲解了相关案例，对大家起到了警示作用；地质所也针对财务报账及各项审计中发现的问题，在全所大会上详细为大家进行了分析，并提出了具体的要求。

针对局 2010 年国土资源大调查项目立项申报预算编制的工作部署，为所有地质调查项目负责人详细讲解了预算编制的方法及所内的要求，为顺利通过立项审查提供了保障。

通过大力开展的宣传教育活动，使大家认识到了国家财经法规、制度的严肃性，使大家逐步意识到依法理财的重要性，使得财政资金更加合理、安全、高效地使用。

五、扎实做好地调项目盘点的自查自纠工作

根据《关于开展地质调查项目预算财务管理自查自纠工作的通知》的要求，在 2008 年地质调查项目“大检查、大盘点”的基础上，对地质所 1999 年以来承担的大调查项目进行了一次全面的自查自纠工作。按照中国地质调查局地质调查项目自查自纠工作的总体部署和要求，地质所上下对财务管理工作的重要性有了更进一步的深刻认识，严格执行各项财务管理制度，争取更科学合理的编制和执行预算。

六、认真做好“小金库”专项治理工作

根据《国土资源部关于开展“小金库”治理工作的通知》和中国地质调查局的有关要求，地质所积极动员和部署，成立了所“小金库”专项治理工作领导小组，认真开展“小金库”专项治理工作。

5 月 20 日所召开了全所项目负责人、研究室（实验室）负责人和职能处室负责人会议。会上传达了上级精神，强调了此项工作的重要意义，就地质所开展“小金库”专项治理进行了工作部署。根据专项治理的范围和内容，对“小金库”问题进行了全面深入的自查自纠，检查了所有资金及银行账户，检查了各类项目 383 项（包括国土资源大调查专项 62 项、地质及矿产资源勘查专项 2 项、公益性行业基金专项 2 项、深部探测专项 2 项、基本科研业务费专项 57 项、科技支撑专项 3 项、科技条件专项 13 项、汶川专项 8 项及一般科研项目 234 项）；检查了招待所等经营性收入；检查了实验室的测试费收入等。自查面达到 100%，未发现私设“小金库”问题。

七、大力加强预算管理与预算执行，全面完成年初制定的各项经济指标

1. 加强对预算管理与预算执行的领导。根据国家对预算管理的新要求，在经济管理工作中强化了预算管理。重点抓好项目立项论证，合理编制项目预算，切实从源头上解决预算执行中发生的问题。在预算执行时，通过对重点科目和重点环节的严格管理，保证科研经费安全合理的使用。

所领导高度重视预算执行工作，从影响全局事业发展的高度来认识预算执行的重要性。地质所把预算执行仍然放在了所工作安排的重中之重，多次召开所办公会及项目负责人会议，就如何执行好预算进行部署。针对重点项目（如地质调查项目、基本科研业务费及修购专项）逐项安排预算的落实。2009 年地质所预算资金（包括本年预算及上年结转预算）为 2.6 亿，预算执行工作对于地质所来说面临着更大的压力，广大科研人员也逐步认识到预算执行的重要性，认真分析原因，就每个项目预算执行不力的原因，提出了需要采取的措施，合理统筹安排项目进度，争取如期完成各项预算。

2. 全面完成了年初制定的各项经济指标。截至 2009 年 10 月底，资产总额 3.08 亿元，负债总额为 5009 万元，主要为合同预收款数额，净资产为 2.58 万元。固定资产 7441 万元，比 2008 年 6954 万元增加了 487 万元。2009 年总收入中机构基本运行费 1204.69 万元，住房改革支出 334 万元；项目经费财政拨款 17311 万元，包括国土资源大调查 4420 万元、地质及矿产资源调查 210 万元、应用研究和社会公益研究 11766 万元（包括基本科研业务费 450 万，非营利专项 750 万，公益性行业科研专项经费 122 万元，深部专项 10444 万元）、科研业务管理费 20 万元，科技条件专项 895 万元。事业收入预计 2736 万元，其他收入 60 万元。预计 2009 年全年总收入 2.16 亿元左右，比 2008 年全年总收入 1.74 亿元，增长 24% 左右。全面完成了年初制定的任务目标。

干部人事教育

一、领导班子建设

地质所从加强班子思想、组织、作风及廉政建设等方面着手，高度重视领导班子建设。不断加强学习，提升理论和业务素质；始终坚持民主集中制，加强班子成员间的思想交流，注重发挥领导班子的整体功能；? 广泛听取广大干部的意见，采纳合理的建议，坚持重大问题集体研究决定；自觉把作风建设的任务和要求融入到领导班子经常性工作之中；坚持廉洁从政，做好表率；增强工作的开放度和透明度，认真倾听群众呼声，接受群众批评，有力促进了领导班子科学决策的提高。地质所领导班子的领导能力日趋增强。

二、干部人事工作

（一）抓好岗位设置试点工作，加强职工队伍建设。

事业单位岗位设置工作是事业单位人事制度改革的重要内容，作为国土资源部所属事业单位岗位设置管理的试点单位，地质所在部事业单位岗位设置工作指导小组的指导下，周密部署、精心组织，于上半年圆满完成此项工作。

地质所的岗位设置工作严格依照《国土资源部所属事业单位岗位设置管理实施细则》的规定执行，体现出了几个特点：

1. 领导重视、周密安排。地质所领导班子高度重视岗位设置工作，认为实施岗位设置管理、推进收入分配制度改革，是一项政策性强，涉及广大职工切身利益的重要工作，成功与否直接影响到队伍的稳定和研究所的发展。因此多次召开会议，学习研究、全面掌握文件精神和政策要求；针对遇到的问题，及时研究提出解决措施。所成立了由侯增谦所长担任负责人的岗位聘用领导小组，全面负责此项工作。所领导的高度重视和周密安排是岗位设置试点工作顺利开展的关键。

2. 坚持以人为本，从实际出发。地质所人员结构具有高层次人才密集的特点，所领导班子坚持做到既坚决维护国家政策的严肃性，在政策许可内办事，又兼顾历史、面向未来，重点考虑现有人员所在的岗位、能力、贡献、承担任务和任职年限等因素，按核定的岗位分级进行遴选。在保证各层次人员切身利益的同时，努力营造人岗匹配、人尽其才、才尽其用的人才成长环境。

3. 组织完善，程序规范。由所领导、所内外有关专家以及职工代表组成岗位遴选委员会，下设 3 个遴选小组，具体承担不同类别岗位应聘人员的遴选、推荐、组织公开答辩工作。由纪检、监察和工会、职工代表组成监督委员会，负责对岗位聘用工作的监督及受理群众举报。岗位聘用领导小组下设办公室，负责日常管理工作。分工明确、职责到位，规范地完成了遴选过程各个环节的工作。

4. 坚持竞争、择优、民主、公开的原则。一是全部遴选工作均以公开答辩形式开展，职工可以参加旁听；遴选小组成员在认真审阅个人申报材料、听取答辩的基础上进行投票，择优确定拟聘人员；投票过程在监督委员会的监督下进行。二是努力做到政策公开、过程公开、结果公开，地质所多次召开全所职工大会和职工代表大会，宣讲文件和政策要求，通报岗位设置工作的原则、范围和程序。岗位聘用方案经局核准后，马上召开职工代表会议征求意见，形成岗位聘用实施办法；遴选结果出来后，及时进行公示，并设立意见箱。切实保证了职工的知情权、参与权、表达权和监督权。

5月18日，国土资源部事业单位岗位设置工作指导小组到地质所检查试点工作进展情况，对地质所岗位设置遴选工作给予了高度评价，认为政策研究透彻，措施得力，操作规范，工作扎实，为部属事业单位全面铺开这项工作开了好头，提供了经验。

（二）人才培养。

认真落实“地质所科技人才发展战略规划”，加强人才队伍建设。进一步研究分析地质所的人才优势与不足，制定了加强人才队伍建设的具体措施。在出国经费紧张和出国团组数限制的情况下，仍然没有放松对年轻人才的培养力度，按照地质所年初工作计划和“四个一”工程中选派青年才俊出国培养的目标，2009年选派了2名青年科技骨干，以合作研究等形式被选派出国，目的是培养其专业能力和外语能力。

（三）做好新进地质所人员的选配。

通过报名材料的审核、现场答辩、学术委员会投票和所办公会讨论，对新增人员的选配严格把关。2009年，地质所新增9人，其中科研人员7人，管理岗2人。2009年退休4人。

地质所非常重视博士后引进工作，是人才选拔最重要的渠道，2009年引进博士后人员9人。目前在站博士后人数已达15人。

（四）高端人才引进。

为加强高层次人才队伍建设，吸引一批优秀科技人才，造就高水平学科带头人，形成优秀创新团队，2009年年底，地质所制定了“黄汲清学者”和“黄汲清青年人才”两项招聘计划，面向国内外公开招聘。2010年将全面实施招聘计划。

安全生产管理

所领导班子、所党委高度重视安全保卫和综合治理工作，提出并贯彻开展加强安全保卫和综合治理工作措施，签订综合治理、安全生产责任书，明确责任。2009年地质所荣获“国土资源部2009年度社会治安综合治理工作先进单位”。

一、领导重视。每年的安全工作有计划、有步骤、有检查、有措施。

二、明确责任。及时与上级主管部门和驻地安委会签订各类安全责任书，所领导和所内各部门负责人签定年度安全责任书；及时与驾驶员签订相关的安全驾驶责任书。

三、加强安全生产教育和宣传工作。要求职工时时树立“安全第一，预防为主”的防范意识。利用各种不同形式及时向职工传达、宣传各级领导部门下达的各类安全工作文件、通知。根据各个工作时期的不同要求下发所内安全文件，到2009年12月底共印发了地质所所内安全文件10份。

四、继续坚持做到每月一次安全检查，重点时刻重点检查。

五、继续加强野外工作前的安全教育与提示。地质所要求科研人员出野外前要履行野外科研工作时间、地区、项目组人员，以及联络方式等内容的登记报告手续，并签订野外作业的安全保证书。

六、关心职工健康。认真组织职工及时参加每年的身体健康检查外，我们还要求从事实验室工作的人员要定期进行专业检查，及时发现健康隐患。

反腐倡廉建设

一、深入开展反腐倡廉教育

及时学习贯彻中央和上级精神。把深入学习贯彻党的十七届四中全会、中纪委三次、四次全会和胡锦涛同志重要讲话精神、中央及上级关于加强反腐倡廉建设的决策部署列为党委中心组学习重点，多次集中学习研讨，深刻理解中央关于党风廉政建设和反腐败斗争的决策部署和基层党组织肩负的重大责任，并结合部、局关于加强经济管理、严格财务纪律等工作部署认真贯彻落实中央精神，推动反腐倡廉建设不断取得新成效。

年初，召开全所职工大会，一是传达学习部、局、院党风廉政建设工作会议精神；二是对近年来局系统发生的经济违法违纪案件的大致情况进行了通报；三是进一步通报分析了所在财务大检查、有关审计和报账中发现的主要问题，提出了整改要求，要求干部职工加强廉洁自律，严格规范自己的经济行为，营造清风正气的良好氛围，确保资金的安全运行。

深入开展警示教育。4月24日，召开了全体职工大会，特邀请局监察审计室的同志到所做了关于经济案例的警示教育报告。增强了干部职工的预算意识和法律意识，强化了遵纪守法、廉洁自律、依法理财、办事的观念。

二、深入开展作风建设活动

按照部、局党组的总体部署，6月至8月，地质研究所集中开展了以“解放思想、改革创新、改进作风、增强执行力”为主题的作风建设活动，主要是在所班子和管理处室两个层面开展，重点放在所班子。在作风建设活动中，地质所召开了动员部署会、管理人员作风建设座谈会、党支部书记会、领导班子专题民主生活会、梳理问题、提出整改讨论会、通报所班子民主生活会情况的职工大会等一系列会议，全所干部职工还积极参加了征集意见建议活动。作风建设活动收到较好的效果。

开展作风建设活动期间，中国地质调查局党组派出巡视组到地质所开展巡视工作，对所党政领导班子的思想工作作风、履行职责、选人用人、党风廉政建设等方面情况进行了全面了解。10月20日，局领导和巡视组组长到地质所向所班子全体成员反馈了巡视意见。通过巡视组有效加强了对领导干部的监督，进一步促进了地质研究所作风建设活动的深入开展。

三、扎实推进惩防体系建设

8月份，根据部局党组、纪检组的部署，认真开展了关于贯彻落实中央《建立健全惩治和预防腐败体系2008~2012年工作规划》和局党组构建惩防体系第二阶段工作任务的情况总结和自查工作，进一步掌握了地质所惩治和预防腐败体系建设的总体情况。针对不足，狠抓了所内各项规章制度的健全完善，继续推进所的惩治和预防腐败体系建设。新修订了《地质所项目管理办法》。《地质所合同管理办法》、《地质所资产管理办法》、《地质所开发实验室管理办法》等一批新的规章制度将出台。

四、加强对重点部位和关键环节的监督检查

紧扣局的工作部署开展经济管理工作是近年来地质所加强管理的重点，同时一直把加强预算管理，确保资金安全运行作为反腐倡廉的重点部位和关键环节抓好监督检查。一是抓好宣传培训，针对2009年国土资源大调查项目设计审查预算编制以及部门预算下达后项目预算落实案的编报工作进行了两次培训，深入宣传了加强预算管理的重要性，详细讲解了预算编制及落实案填报的方法和要求，为广大科研人员增强预算管理的意识、适应预算管理的要求、认真执行预算、提高预算资金的使用效益打下了良好的基础。二是在财务工作中强化管理与制度落实，进一步加强会计基础工作，规范报销程序，尤其是各类项目严格按照《地质研究所科研项目管理办法》进行管理，加强了有效防控，保障了财政资金的安全使用。三是纪检监察、财务部门参加了“深部探测工程”中有关地球物理工程项目等招标工作的全过程，保证了资金量较大的项目确定合作单位及经费外拨的合法合规、公开透明，为科研工作健康有序的开展提供保障。

五、充分发挥监督作用

充分发挥党内监督、职工民主监督和职能部门监督的作用，认真坚持重要情况通报和重大事项征求意见制度，经常召开相关会议，及时传达上级的重要会议精神和工作部署，重大决策前经过相应调研和征求意见，不断加强民主监督的力度，深入推进所务公开。

作为国土资源部所属事业单位岗位设置管理的试点单位，在整个过程中，认真坚持了民主、公开的原则。切实保证了职工的知情权、参与权、表达权和监督权。

召开了2009年度职工代表大会。会上传达学习了部、局关于工作的各项部署要求，审议了所2009年工作要点、2008年财务决算和2009年财务预算，确定了全所2009年度各项工作的目标任务。有关所领导就会前征集到的职工代表提案的情况进行了通报，并就提案涉及的有关问题做了说明。职工代表围绕所的改革发展以及职工所关心的其他问题开展了深入讨论，提出了不少好的意见和建议，充分发挥了职代会推进所务公开、实施民主管理的作用。

六、认真贯彻党风廉政建设责任制和领导干部廉洁自律各项规定

加强组织领导。地质研究所不断巩固完善党委统一领导、一把手负总责、党政齐抓共管、纪委组织协调、部门各负其责、依靠群众支持和参与的党风廉政建设和反腐败工作领导体制和工作机制。

在所级层面上，班子坚持做到党风廉政建设的目标任务与所的业务工作同研究、同部署、同落实；在推进反腐倡廉工作方面，党委负责统一安排部署、检查落实；班子成员根据责任制要求，在组织人事管理、项目管理、财务资产管理等方面各自承担反腐倡廉监管责任，分工明确；一把手及时了解把握工作进展，指导重点问题的解决；纪委组织协调各方面力量抓好党委工作部署的具体落实。

在职能处室和研究室（中心）层面，根据每年与所长签署的《地质所廉政建设责任书》，明确了职能处室和研究室（中心）负责人对本处室、本部门的廉政建设负总责，包括开展反腐倡廉教育、带领职工严格执行廉洁自律各项规定，以及发生问题进行责任追究的范围等，按照责任书的内容，一级抓一级。各处室和部门负责人熟知党风廉政建设责任制的内容，担负起加强所在处室和部门党风廉政建设的责任，基本做到工作职责和权力管到哪里，反腐倡廉建设的职责就延伸到哪里，把党风廉政建设责任制落到实处。

班子成员严格要求自己，认真履行职责，自觉遵守领导干部廉洁自律各项规定，坚持领导干部述职述廉、民主评廉、收入申报和个人重大事项报告等制度，努力做到勤政廉政。

党建和精神文明建设

一、深入开展地质找矿改革发展大讨论

开展地质找矿改革发展大讨论是国土资源部党组为加快推进地质工作的根本转变、实现重大突破做出的一项重大战略部署。所党委认真贯彻落实这一部署，动员组织全所干部职工积极投入到这场大讨论。在大讨论活动中，地质所组织干部职工共召开了22次不同范围和层次的会议进行传达学习和座谈讨论，同时还多次组织专家学者参加部、局组织的大讨论相关战略研讨会建言献策。真正做到了领导班子高度重视，群众发动比较广泛，组织周密有序，主要活动按照要求认真开展，查找问题和提出对策等实事求是。

尤其是8月17日李克强副总理来地质研究所视察重点实验室之后，广大干部职工深受鼓舞，所党委及时结合大讨论组织全所深入学习贯彻李克强副总理视察期间的重要讲话精神，就如何把握机遇，围绕国家需求，加强基础地质工作，争取为增强国内矿产资源保障能力作应有的贡献等问题进行了深入研讨，重点结合地调局“地质矿产保障工程实施方案”、“国家公益性地质队伍建设方案”和“京区科研实验基地建设初步设想”等讨论稿中提出的目标措施，进一步分析了人才队伍、科研布局、机构设置、仪器设备等的现状及存在的问题，研究如何在新形势下以国家需求为目标改进各方面工作。在此基础上，所领导率科技处和综合办公室负责人分别到10个研究室、实验室与全体科研人员座谈，开展调研。逐个了解分析各研究室的定位、重点研究方向和人才需求，并就全所的学科结构、体制机制的调整、队伍建设等问题听取大家的意见，为下一步制定地质所加强业务建设和队伍建设的方案提供了坚实的依据，提出了有关解决措施。

大讨论活动取得了预期的效果：一是广大干部职工进一步转变了观念，加深了对中央精神的理解，提高了对地质找矿改革发展面临新形势的认识。二是认真梳理、归纳总结了影响和制约地质找矿实现突破的有关问题和地质所的各类问题，使解决问题的思路更加清晰。同时由于干部职工广泛参加了大讨论，在大到影响和制约全所长远发展、小到某个专业面临的困难等问题上都基本取得了共识。三是坚持边讨论边落实，把讨论成果转化为工作实践，重在见实效上下工夫。一批在大讨论期间形成的思路、措施已经开始落实。

二、抓好理论武装工作

认真落实上级党委关于理论学习的各项工作要求和年初制定的2009年所党委中心组理论学习计划，坚持不懈地用马克思主义中国化的最新理论成果武装干部职工头脑，及时组织学习贯彻中央重大决策部署和重要会议精神，重点抓好所党委中心组理论学习，地质所党委中心组以学习中纪委三次全会精神和胡锦涛同志在三次全会上的重要讲话、学习胡锦涛同志关于切实加强领导干部作风建设的论述和部、局党组关于开展作风建设活动的工作部署、学习李克强副总理的重要讲话精神、学习党的十七届四中全会精神为主题，全年组织中心组集中学习研讨4次，着力提高所班子成员和中层干部的理论素养和政策水平，在学懂弄通重大理论和方针政策上下工夫，指导实践，推动工作。

三、切实加强党的建设

一是着力建设高素质的领导班子。所党委高度重视加强班子自身建设，通过坚持民主集中制、党委中心组学习制度、民主生活会制度等不断加强党政领导班子的思想作风建设和领导管理能力。2009年地质所班子在努力提高战略研究水平和驾驭处理复杂问题的能力、重大问题集体讨论决策、团结协作、深入基层和群众、为职工办实事等方面有了进一步的改进和提高。

二是坚持和完善党支部工作制度。继续开展“创建学习型党支部，争做知识型党员”活动，着力提高各党支部自主开展活动的能力。围绕科研业务工

作自主开展了有声有色的学习教育活动，呈现你追我赶的良好势头，充分发挥了党支部推动发展、服务群众、凝聚人心、促进和谐的作用。

三是不断加强对党员的教育、管理和监督。高度重视党员的思想教育和日常管理，通过坚持党内生活各项制度、开展党内思想教育和丰富多彩的党日活动，使党员不断增强党员意识，提高思想政治素质，积极发挥先锋模范作用，影响和带动身边群众。2009年，地质所2位同志获部机关党委优秀共产党员称号，1位同志获优秀党务工作者称号，1个党支部获先进党支部称号。

四是认真做好组织发展工作。加强对入党积极分子的教育和培养，不断扩大要求入党积极分子队伍；注重在科研管理一线培养考察入党的积极分子，2009年地质所发展了2名新党员，为2名预备党员办了转正手续，为党组织增添了新鲜血液。"七一"期间举办了新党员入党宣誓仪式。

四、深入开展精神文明创建活动

地质研究所已连续6年获得"中央国家机关文明单位"称号，2008年，跨入了"首都文明单位"行列。2009年提出在创建过程中，以深入开展地质找矿改革发展大讨论活动为重点，以实施凝聚力工程为抓手，重在构建和谐单位、建设创新型研究所上下工夫，得到全所职工的热烈响应。地质所党政班子对精神文明建设的各项工作舍得给予经费支持，并逐年加大投入力度，为巩固和扩大创建活动成果提供了强有力的物质保证。通过扎实推进精神文明创建活动，广大职工享受到了文明单位的创建成果，创建热情越来越高，共建共享，成效显著。

一是加强对精神文明建设的组织领导。所党委始终把加强精神文明建设工作放在重要工作日程，年初制定计划，明确目标和责任，做到任务分解，层层落实，不断完善所党委统一领导，党政一把手负总责，精神文明建设领导小组具体负责，各处室齐抓共管，干部职工积极参与的工作局面。

二是推进思想道德建设，要求干部职工在工作和生活中自觉遵守"爱国守法、明礼诚信、团结友善、勤俭自强、敬业奉献"的基本道德规范。通过持续开展创建优秀团队、先进党支部、合格职工小家，争当荣誉职工、优秀党员、先进个人等活动，落实"文明细胞工程"。同时不断创新评选表彰形式，提高奖励力度，吸引和激励职工爱岗敬业、积极向上、争当先进，自觉为所的全面发展贡献力量。

三是继续推进凝聚力工程的实施。面对岗位设置工作带来的利益调整、中国科学院院士增选过程中地质研究所出现的一些不同意见，所党委开展了大量的调查研究和思想疏导工作，保证了相关工作的顺利推进和职工队伍的稳定，努力营造和谐、包容、宽松的氛围。

四是加强科技创新文化建设。进一步美化、改善了职工工作条件和科研环境，突出宣传具有地质所的特色科技文化，弘扬团结协作、求实创新的科学精神。

五是认真开展城乡精神文明共建活动。2009年继续利用退役计算机等设备支持城乡共建对口单位怀柔区渤海镇铁矿峪村村里网络建设；协助村农产品推销；还开展了一些联谊活动，包括党支部间共同过组织生活，促进共同进步。

六是开展主题鲜明、形式多样的教育、实践、文体活动。以建党88周年和共和国60周年华诞为契机，开展"迎国庆、讲文明、树新风"等活动；组织党员、干部和职工参观了顺义区焦庄户地道战遗址，深入开展爱国主义和革命传统教育主题实践活动；举办职工摄影比赛、春节团拜会；组织23名职工参加地质调查局系统第一届职工文艺会演，并获优秀表演奖；每月给职工发放生日礼物；大力开展职工健身行动，督促职工做工间操，在体育场所租羽毛球场地；增加音响设备，活跃职工业余文化生活；举办了"喜迎国庆，研究生和导师友谊篮球赛"；"三八"节组织妇女职工观看文艺节目，参观了首都博物馆；国庆期间开展了慰问离休老干部活动。这些活动的开展提高了职工的思想政治素质，激发大家爱党、爱国、爱所的情怀。

七是切实加强安全生产、综合治理和维护稳定工作。做好节假日值班巡逻、安全保卫、防火防盗等工作，认真落实安全生产责任制和各项措施，继续保持中央国家机关、上级部门、地方授予的安全生产、平安单位、义务献血等各项荣誉称号。2009年没有违规违纪案件，也没有安全事故和影响稳定的问题发生。

八是努力为群众办好事、办实事，积极解决涉及职工切身利益的有关问题，为职工报销了自购住房的取暖费和物业费、提高了职工的医疗费报销额度、为执行野外任务的科研人员购买了意外伤害保险等，得到职工群众的肯定和好评。

（李朋武）

中国地质科学院矿产资源研究所工作

中国地质科学院矿产资源研究所

矿产资源调查评价

一、油气资源调查评价

青藏高原冻土带天然气水合物调查评价

2008年10月，中国地质调查局组织中国地质科学院矿产资源研究所、勘探技术研究所和青海煤田地质105勘探队等单位，选择成矿条件有利、海拔较低、施工条件相对容易的祁连山南缘永久冻土区实施钻探验证，钻探试验井中发现并成功取得天然气水合物的实物样品。2009年5~11月，项目组在祁连山木里地区继续施工，均钻获天然气水合物实物样品，还发现一系列与天然气水合物有关的异常标志。

初步的测试结果显示，祁连山天然气水合物中的气体组分以甲烷为主（55%~76%），此外还含有较高的乙烷、丙烷等重烃组分，部分样品中甚至还含有一定量的CO_2。气体成因上主要为煤层气，但不排除深部迁移上来的热解气。与国外相比，祁连山冻土区天然气水合物具有埋深浅、冻土层薄、气体组分复杂、煤层气为主等明显特征，初步分析应为一种新类型水合物，具有重要的科学意义。

二、固体矿产资源调查评价

（一）全国矿产资源潜力评价。

2009年整体工作有序推进，省级工作全面展开并取得实质性进展，基本完成除新疆、西藏、青海、内蒙古、黑龙江5省（区）外的全国各省（区、市）铁矿和铝土矿单矿种资源潜力评价工作（包括与铁、铝潜力评价相关的成矿地质背景、成矿规律、物探、化探、遥感、自然重砂、矿产预测、数据库建设等项工作），及省级基础编图工作（包括1:25万实际材料图和建造构造图、全省/区/市重力、磁测、化探、遥感、自然重砂等基础编图）。煤炭、铜、铅、锌、钨、锑、稀土、金、钾、磷等单矿种资源潜力评价工作正按计划有序推进；全面完成全国典型示范工作，成效显著并及时应用于矿产勘查年度工作安排和“十二五”规划部署研究中；完成技术要求的最后审定和编制，交付正式出版；成功举办全国新一轮技术培训；成功召开了2009年度全国工作会议，进一步加强和推进了项目组织管理和工作进度；开展了自2006年以来省级项目工作进度统计分析，按月及时、全面地掌握了工作进展情况；以开通专门网站和签订宣传合作协议方式，加强了项目成果的宣传。

（二）中国成矿体系综合研究。

该项目在“中国成矿体系与区域成矿评价”项目的基础上，通过对成矿作用和成矿系列的深入研究，充实了成矿系列内容，提升了中国成矿体系和成矿规律的认识；根据新资料，重新划分了全国范围的Ⅰ，Ⅱ，Ⅲ级3个层次的成矿区带，增加了海域成矿区带的划分，首次实现了国土面积的全覆盖；从唯物辩证法的角度提出了“全位成矿-缺位找矿”及必然性和偶然性、一般性和特殊性、现实性和可能性揭示成矿规律，指导地质找矿，体现了根据“现实”来预测“可能”的基本思路，对拓展找矿思路具有重要意义；在深入研究各主要地质历史时期成矿体系的地质构造环境等重大成矿基础地质问题的基础上，进一步确立了中国前寒武纪以陆核构造为主的成矿体系、古生代的板块构造成矿体系和中、新生代的大陆成矿体系，充分体现了中国四大成矿体系各自的本质和特点；探索并已初步构建了数字化和系统化的中国成矿体系专家系统，为地质矿产资源勘查和矿产地质基础研究等提供了便捷的查询服务。该项目2010年1月，通过中国地质地调局成果报告评审委员会验收，成绩为优秀。

（三）青藏高原火山沉积硼矿成矿条件与找矿标志研究。

该项目通过多年深入研究区调查，取得下述主要成果。

1. 发现和确认在青藏高原存在富硼二元结构火山沉积岩系，经K-Ar和SHRIMP测定年龄为16~21Ma。其成矿时代与土耳其安纳托利亚主成硼带相同。

2. 首次发现该火山沉积二元结构硼和锂、铯、铷，以及砷正异常，且与安纳托利亚火山沉积岩系硼、锂、铯、铷相当，并已在火山沉积岩层中发现钠硼解石和硼砂矿物，局部硼矿层已达工业品位。

3. 遥感、水化学、岩石矿物等多学科研究，充分揭示卡湖地区有广泛的硼、锂（铷铯）地球化学高丰度显示，其正异常面积约1万 km^2。

4. 通过区域地质和岩石学研究，查明色卡执早中新世火山沉积岩形成地质构造背景，该区与安纳托利亚同处于板块边缘附近，卡湖富硼超钾质火山沉积岩系是在印度板块与欧亚大陆陆陆碰撞期后、地壳东西向伸展背景下的封闭断陷盆地中形成的，硼（锂）物质可能是代表来自深部岩石圈和地幔部分熔融的产物。

5. 调查发现现代卡湖产硼砂和钠硼解石的厚度达1m多，发现10个现代盐湖和咸水湖，湖水硼或锂达到工业品位，初步估算的 B_2O_3 和 LiCl 资源量分别为830万吨和4.6万吨。

6. 指出青藏高原同属中新世早期沉积（五道梁群和查保马组）的可可西里至青藏铁路中段等地，值得进行火山沉积硼矿探索。

总之，调查结果表明，西藏卡湖地区火山沉积硼矿化区，具备火山沉积硼矿床构造地质、岩石矿物和地球化学的找矿先决条件，具有找寻超大型火山沉积硼矿的潜力，该成果是为在中国突破超大型火山沉积硼矿先导性成果，为在青藏高原找寻该类型矿床提供重要的科学依据。

（四）新疆北天山西段铜多金属矿找矿方向和勘查模型研究。

该项目采用现代成矿学最新理论和最新的找矿技术方法，通过对新疆天山西段大地构造演化、岩浆活动与铜多金属矿床成矿作用的关系、铜矿床成矿地质背景和时空分布特点进行研究，总结了区域成矿规律和找矿标志，并提出区域成矿模型找矿勘查模型，开展找矿预测。主要成果包括：以构造单元时空叠覆理念，在前人工作基础上，结合精确定年，提出构造单元划分新方案；理顺了本区不同时期的地层系统，恢复了古构造沉积环境，划分了在构造演化进程中的成矿阶段及期次；通过大量火成岩岩石地球化学分析、同位素测年，以及区域遥感影像解译，结合前人大量资料，重新厘定了西天山造山带各阶段演化史；分别建立了铜金多金属矿床的矿床尺度典型矿床模型和区域成矿模型，精确定年基础上厘定了喇嘛苏、达巴特和菁布拉克等矿床形成的地球动力学背景和形成环境；通过西天山与东天山和巴尔喀什成矿带综合对比，提出了西天山地区铜金多金属矿床找矿方向；综合研究区铜金矿区地物化和蚀变异常遥感等找矿标志，建立了铜金找矿模型并提出了一系列靶区。该项目获国土资源科学技术奖二等奖

（五）甲玛项目找矿进一步取得突破性进展。

通过近1年7个月的艰苦卓绝的勘探工作，在短短的15个有效工作月内，施工钻孔201个，完成钻探工作量70616.65m。主矿体长度4200m，倾向方向延深500～2200m。主矿体矽卡岩型矿体真厚度从数米到252m、角岩型矿体最厚达700m以上。取得备案的、探明的铜资源量232.43万吨、钼资源量23.69万吨、铅资源量56.15万吨、锌资源量16.49万吨、金资源量75.7吨、银资源量4608.23吨（国土资储备字〔2009〕179号，中矿联储评字〔2009〕30号；国土资储备字〔2009〕99号，中矿联储评字〔2009〕21号）。未备案的矽卡岩+角岩型矿体铜资源储量2124万吨，钼资源储量29.1万吨，银资源量716吨。

甲玛铜多金属矿是一个典型的矽卡岩-角岩-斑岩型铜钼多金属矿。项目不仅查明了矿体的形态、产状和规模，查明了矿床规模和矿石质量，而且基本查明了矿床的开采技术条件和矿石加工技术性能。在控矿构造、矿床类型、矿化分带、成矿时代、矿石学、岩石学、岩石地球化学和流体包裹体、成矿规律等方面均取得进展。

2010年计划完成4.6万m钻探工作量，将极大地提高资源量的级别。

（六）新疆准噶尔盆地周边斑岩铜矿成矿条件研究。

该报告将新疆准噶尔斑岩铜矿床成矿时代分为4期，即晚志留世—早泥盆世（427～411Ma），主要分布在东准噶尔琼河坝地区；中泥盆世（378～376Ma），主要分布在准噶尔北缘的卡拉先格尔一带；石炭纪（327～296Ma），主要分布在准噶尔北缘的希勒库都克和西准噶尔的包古图一带；三叠纪，主要见于希勒克特哈腊苏铜矿，叠加在中泥盆世成矿作用中。新疆准噶尔斑岩成矿带体现出从东到西成矿时代逐渐变新的规律，从427～418 Ma（铜华岭铜矿）→411 Ma（蒙西铜钼矿）→374～378 Ma（希勒特克哈腊苏铜矿和玉勒肯哈腊苏铜矿）→327 Ma（希勒库都克钼铜矿）→310～296 Ma（包古图铜矿）。境外的东西两段均发现了许多大型、超大型矿床，因此，处于中段过渡带的准噶尔也有形成大型、超大型矿床

的条件。对包古图大型斑岩铜矿进行了系统研究，建立了包古图斑岩铜矿成岩成矿年代学谱系，探讨了成矿作用。测定了哈腊苏斑岩铜矿成矿时代，对成矿流体性质和来源进行了研究，建立了矿床模型，提出早期成矿作用发生在中泥盆世，与斑岩有关，晚期叠加成矿作用发生在中晚三叠世，与构造-岩浆-热液活动有关。

（七）“玢岩”型铁、硫矿床及控矿构造的反射地震探测研究。

高分辨率反射地震在探测深度和分辨率方面具有其他方法无法比拟的优势，为试验该方法在探测深部“层状”矿床和控矿构造方面的有效性，吕庆田研究员团队在国家危机矿山专项计划项目的支持下，于2008年在安徽庐枞（庐江-枞阳）矿集区的罗河-泥河-大包庄矿区采集了2条10km的高分辨率反射地震剖面。尽管矿区构造十分复杂，但叠加剖面仍然发现了很多反射：白垩纪沉积红盆清楚的反射特征，揭示出红盆具有3层结构，厚度约1200m。从沉积韵律分析，白垩纪以来该地区在伸展构造背景之下伸展速度和沉积环境还存在阶段性变化；火山岩层大致呈现3层结构，火山沉积岩层（双庙、砖桥组）的厚度在800～1000m，火山沉积岩之下有明显的“穹窿形”反射，推断可能存在“鼻状”隆起的侵入体。对照精细建立的地质剖面，罗河矿体、泥河矿体上方存在清晰的反射，与矿体位置基本对应，初步证实利用高分辨反射地震可以直接探测到矿体；同时也发现，当矿体陡倾、或结构形态复杂、或空间尺寸较小时，对应矿体无反射，或呈零乱弱反射。试验结果表明高分辨率反射地震可以用于探测深部控矿构造，在条件合适情况下，可以探测层状矿体。

三、矿产资源储量核查

全国矿产资源利用现状调查

该项目是国土资源部开展的矿情3项调查任务之一。

经过努力，本项工作已在全国全面展开。2009年主要取得如下进展：①按6大区片系统组织了全国技术培训，另应安徽、广东、广西、河南、山西等10多个省（区、市）的要求，针对性地开展了省级培训，共计培训技术人员5000人次，为本次核查工作奠定了坚实基础；②全面展开了全国矿产资源储量动态监督管理支持系统建设，包括煤炭矿区三维可视化系统开发，矿区资源概略技术经济评价软件开发及试点等；③省级试点及调研工作全面推进。为了发现和解决实际工作中的问题，全国项目组开展了黑龙江鹤岗煤炭矿区储量核查试点、煤炭三维可视化系统试点、湖北、北京单矿种汇总试点、北京评审验收办法细则试点等一系列试点工作，并组织了山西、黑龙江的省级调研，这些工作均取得了良好的指导示范效应；④矿区资源储量核查工作取得阶段性成果。全国计划核查矿区为22589个（含各省自选矿种），已完成核查4838个，完成比例为21%；部规定核查的大中型矿区5175个，已完成核查1196个，完成比例23%。

地质调查信息社会化服务

岩矿和化石标本标准化整理、整合及共享试点项目采集或收集整理了湖北大冶铁矿、江西德兴斑岩铜矿、云南个旧锡矿、山东焦家、新城金矿等43个大中型金属矿床标本共2882件，编写完成了所有43个矿床和2882件岩矿石标本的描述和信息记录工作。标本全部保存于资源所专业展览馆内，每一个岩矿石均建立了相关信息数据资料。可以通过网络查阅了解矿床的位置、用途、资源编号、规模大小、矿床特征、矿石和矿体特征、品位、主要地质图件、分析数据等51项信息内容；同时提供单个岩矿石标本的结构构造特征、矿石照片、提供标本的联系方式等29项具体信息。主要应用网络服务面向社会和地质专业部门提供浏览性服务，为地质科学院研究生教育提供试验教育服务。

地质矿产工作战略研究

我国战略性矿产勘查工作运行机制研究项目以科学发展观为指导，深入分析了中国矿产勘查面临的国内、外环境和形势；详细阐述了战略性矿产勘查工作的基本内涵、性质定位、主要任务和部署原则等；系统剖析了中国矿产勘查工作管理体制的变迁与特点，对计划经济和社会主义市场经济两个时期中国地质工作体制和运行机制取得的成绩和存在问题等进行评价；全面收集了世界主要以市场经济体制为主体国家的矿产勘查工作管理制度、运行机制等基本资料，结合中国实际特点，从产业管理体制、矿产勘查投资、矿产勘查主体、矿业权运作等方面进行了对比分析研究，提出构建适合中国社会主义市场经济体制的矿产勘查运行机制的基本要素和下一步改革建议；对中国战略性矿产勘查的市场准入及退出、工作部署、找矿激励、科技引领、主体互动、风险勘查投资融资、质量监控、勘查利益调配、矿产战略储备、资料公共服务等各环节的运行机制进行了细致阐述分析；深入探讨了中国战略性矿产勘查中有关公益性地质队伍建设、国家公益性地质工作对商业性矿产勘查的引导和拉动作用，以及“走出去”等若干重大问题。提出的这些认识和建议对推动中国战略性矿产勘查工作具有重要参考意义。

综合行政

一、文秘档案管理及保密工作

（一）档案管理。

1. 一般性的文件。一是在传阅方面，收到文件后，根据文件出处分别用电子文档逐一详细登记在册，同时打印出相关的传阅单，让领导一一阅示；根据单位领导的批示安排相关部门或负责人来落实或执行该文件，并在规定的时间内上报文件要求处理的各类情况结果。二是在保管方面，每年的4月份将本单位收到的或下发的当年的各类文件，根据部门和年代分别装入文件盒中存档保管，并附以目录，以备使用查阅。电子档的文件目录也会及时刻录成光盘进行电子化的保存管理。纸质和电子化的双保管，既利于文件长期查找，同时也实现了文档的电子化管理。通过这种有条不紊的存放管理模式，真正达到了文件可以长期查阅、迅速查找、永久保存的目的。

2. 带密级的机要文件。按机要文件的管理规定传阅以及保存管理，严格按照《矿产资源研究所机要文件管理规定》（矿研〔2006〕44号）的要求执行，一是收到机要文件后只能使用手工用纸质登记在册；二是传阅机要文件不许留在外面过夜；三是机要文件不允许带离阅知的场所；四是每年清退两次机要文件，每次都要清楚的登记造册；五是机要文件存放的场合严格按照规定做到防火防盗防潮，以及使用密码柜保管等安全措施。

对于部、局下发的带密级的项目任务书或下达的资金预算等文件，也要根据机要文件的传阅方式与保管方式来管理。如确需使用该文件的人员，在经领导批示同意后，逐一加盖“受控”标志章印、使用人签字后方可使用该复印件，并及时传达“谁主管、谁负责；谁使用、谁负责；谁出问题、谁负责”的原则，增强保密意识与责任心，杜绝隐患的发生。

（二）保密工作。

矿产资源所实行保密工作领导责任制。专门设有保密委员会领导小组，负责全所的保密工作，组长由所长担任，副组长由4名副所长担任，成员是职能主要部门负责人和保密重点实验室、处室的主要负责人。

1. 涉密项目、涉密岗位的保密工作情况。所内的海洋项目组、资料档案管理员、文秘岗等项目组及人员为涉密项目及涉密岗位。共计涉密计算机6台。对这些人员的保密工作进行不定期的检查督促，防止失密、泄密。这些岗位的规章制度比较健全，从每个环节做起，保密观念较强，措施比较得力，落实较好。如：档案室制定档案工作人员保密职责，查、借、阅档案手续齐备；机要文秘人员有保密守则及管理办法，秘密文件、内部资料的传递、回收、注销都严格按照市保密局的规定办理，形成了一整套制度、规定，管理渠道畅通。涉密人员有变动后，及时要求签订保密承诺书，加强保密工作的学习，提醒其做好日常的保密管理工作。

2. 涉密计算机（含笔记本电脑及移动存储介质）管理。对于涉密项目的所有涉密移动存储介质从发放到应用直至最后收回，均做到专人管理。从领用登记、设备编号、标清密级标识，到最后领用人签字确认，管理程序清晰。交付使用者后由使用者承担U盘保存的责任。为了对涉密机的文件做定期备份，配备了专门的指纹识别硬盘，加大了保密的安全程度。

为加强计算机信息系统的保密检查工作，我所加大了保密工作的经费投入，购买了计算机保密检查系统和涉密计算机监控与审计系统，对6台涉密计算机进行了上网行为、移动存储介质的交叉使用、木马病毒的监测等内容进行了检查，均没有上网行为也没有感染木马病毒。封存了涉密机的USB口，从根源上杜绝了因使用移动存储介质导致敏感信息泄露以及非授权人员利用USB接口将敏感数据非法拷贝。所有涉密计算机（含笔记本电脑）严格执行不上国际互联网和其他公共信息网的规定，未安装无线网卡、无线键盘等无线设备。严格执行不安装来历不明的软件和随意拷贝他人文件。对于涉密机的杀毒软件升级都采用光盘刻录升级补丁的办法来升级病毒库。涉密计算机的用户名及口令符合计算机口令安全的最高级，即字母、数字和符号结合应用。

3. 涉密载体管理。涉密的项目组，均有专人负责管理涉密载体，在日常工作中严格逐台清点、登记、编号，在交接时履行签收手续，人员因项目结束或退休等原因离岗时，均要求他们清退个人持有、使用的涉密载体。

文秘岗及资料服务室的房间配有铁门铁窗，保存的涉密资料单独存放在专用防磁柜中。

4. 保密规章制度的建设情况。根据部有关信息安全的规定，结合实际情况完善了以下保密工作制度：①计算机机房管理制度，②计算机日常使用制度，③计算机上网管理制度，④文件传阅、管理、归档制度，⑤档案管理制度，⑥保密审查、失泄密报告制度。关于计算机网络方面的制度还在进一步的完善中。

5. 对全所干部职工开展保密教育情况。所保密委员会领导小组高度重视保密教育工作，采取多种方式，利用各种机会对全所干部职工进行经常性的保密教育。对于有关保密事项的文件及资料均交付给各实验室及处室领导进行传阅，定期召集涉密人员座谈，传达最新的保密精神，提醒大家注意保密工作！还制作了“请您注意保守国家机密”的提醒贴，粘贴于每台电脑上，实施提醒大家保密工作无小事！

二、新闻宣传和政务信息工作

2009 年，分别在《国土资源报》、《中国矿业报》和《地质勘查导报》共约发表通讯报道 10 余篇，分别宣传报道了“中国地质工作在探索中前进——访中国工程院院士陈毓川”、“盐湖学，点盐成金——访中国工程院院士郑绵平”、“大漠深处探钾盐”、“专家称油钾兼探有利钾盐找矿突破”、“郑绵平当选国际盐湖研究会副主席”、“批量地球物理数据采集公开招标”、“罗布泊找钾迎来第二次创业”等。这些稿件的发表及时报道了矿产资源所的科研成果，宣传了所科学家取得的成就，充分显示了所在行业领域里的影响力，凸现了科技创新的引领作用。

“七一”前夕，郑绵平院士被推荐为全国 8 个优秀共产党员的典型代表之一，在人民大会堂参加座谈会，并受到党和国家领导人的亲切接见。所党办撰写代表发言稿，做了协调工作。

在地质找矿改革发展大讨论中，在行业报刊上以 2 个整版专版发表文章，全面反映矿产资源所开展地质找矿改革发展大讨论活动的整装成果和学术成果，进一步增强中央公益性地质队伍在全国地矿工作中的引导和辐射作用。与多个省市实施合作战略，全年起草党委文件、党务上报材料、大讨论材料约 80 余份；行政汇报材料 20 余份，发简报 33 期，网站所内要闻 60 余条。

经济与财务管理

一、单位经济管理

1. 总体情况。2009 年矿产资源所总收入 16064.09 万元，其中财政拨款 13386.53 万元，事业收入 2602.04 万元，其他收入 75.52 万元；总支出 18063.14 万元，其中工资福利支出 1720.02 万元，商品和服务支出 15166.72 万元，对个人和家庭补助支出 1176.40 万元。

主要财务指标：总收入增长率 15.87%，事业收入增长率 13.71%，资产负债率 1.92%，预算执行率 83.26%。

2. 预算执行情况。2009 年矿产资源所按照地调局关于预算执行率必须达到 80% 的要求，广泛宣传、制定办法、及时监控、严格把关。所领导多次召集相关职能管理部门开会通告国土资源部和地调局对预算执行的要求并制定一系列的办法狠抓落实情况；同时，所长也在多次全体职工大会和主要项目负责人参加的会议上做了关于加强预算执行的动员，把地调局关于加强预算执行的精神和要求灌输给每一位职工。在具体执行过程中，除了提高预算执行率之外，各审核部门严格把关，确保支出合法合规，报销手续完备。在全所上下的努力下，2009 年矿产资源所预算执行率达到 83.26%，顺利达到了地调局的要求。

3. 加强出国费等“四项费用”的控制。2009 年矿产资源所严格按照国土资源部和地调局批复的“四项费用”支出计划执行，财务处和科技处共同把关，及时监控，根据批复的计划逐一落实，有效地控制了“四项费用”的支出水平。

4. 小金库治理。2009 年 6 月上旬，根据审计署和国土资源部的要求，矿产资源所成立了“小金库”专项检查领导小组，进行了全面的“小金库”自查，并按照要求上报了自查报告。

2009 年 7 月 22～24 日，审计署资源环境审计局按照既定工作部署对矿产资源所进行了 3 天的“小金库”专项检查。检查内容包括调阅有关账目和会计凭证、到召开会议所在宾馆调查有关记录、约见有关项目负责人等。检查结果没有发现重大违纪违规问题。

5. 加强制度建设。2009 年矿产资源所根据 2008 年中国地质调查局对矿产资源所的审计检查情况以及近两年来矿产资源所在财务管理方面发现的一些问题，相继制定并出台了一系列的规定，加强了矿产资源所内控制度建设工作力度。2009 年矿产资源所相继出台了《矿产资源研究所野外工作期间相关费用管理暂行规定》、《中国地质科学院矿产资源研究所劳务性支出管理办法》、《矿产资源研究所会议费管理暂行规定》、《矿产资源研究所外协费管理暂行规定》、《中国地质科学院矿产资源研究所劳务性支出管理办法》、《矿产资源研究所野外劳动保护用品发放暂行规定》等制度。

6. 审计情况。2009 年审计署、中国地质调查局等单位共对矿产资源所进行了 7 次审计检查。包括：审计署对所属盐湖中心进行了全面审计；审计署对所 2008 年预算执行情况及决算审查；审计署对所进行关于“小金库”治理工作的专项检查；局监察审计室对所进行关于“四项费用”支出的检查；其他单位对所进行的项目竣工决算和年度决算审计 3 次。包括科技部委派的会计师事务所检查 2 次、内蒙古财政厅1 次。

针对审计过程提出的 10 个方面 29 个问题，所纪委积极参与了问题的整改和督促落实工作，组织力量处理往年呆账坏账等遗留问题也取得了结果。

二、企业管理

对所内北京紫祥科技开发有限责任公司、北京矿之源科技发展有限公司和北京所利德科贸开发咨询公司进行清理规范管理。注销了北京所利德科贸开发咨询公司。

基建与装备管理

一、基本建设管理

“野战军”技术装备激光等离子质谱仪已经开发出年代学测试方法，并开始为地质调查、科技创新研究提供服务。资源馆标本已经完成向地下室的搬迁。区划室资料完成向密集柜的搬迁。科研人员实物资料完成了向地下室实物资料柜的搬迁。完成了矿产资源科技资料室修缮，资料整理工作正在进行。配合院修购项目，完成了所暖气改造。组织编写了成矿作用与资源评价重点实验室（国家）与盐类资源工程研究中心（国家）基地建设项目建议书及用房需求报告。新增用房需求 44464m^2（建筑）。为保障科技创新研究与地质调查工作任务的顺利进行，编写了条件保障（办公）用品管理办法，并已经开始运行。

二、装备管理

①第一批“野战军”技术装备最后一项是“关系数据库管理软件购置”，已经支付了预付款。②完成了第二批“野战军”技术装备“紫外激光器”的验收。③组织准备了地质队伍“野战军”技术装备透射电子显微镜和场发射扫描电镜的招投标技术方案，并已经选定仪器设备供应商；正在实施水热实验体系和高温高压活塞圆筒装置自行采购工作。④完成了修缮购置基金项目电子探针购置、傅里叶变换红外光谱仪购置和偏反光显微镜购置项目的国际公开招标工作，并已经签订相关合同。⑤所实验室以实验测试收入购置地球物理设备和阴极发光显微镜等设备购置工作正在进行。

干部人事教育

5 月 5 日，矿产资源研究所举行野外地质现象观察记录与描述培训班开学典礼。资源所联合中国地质大学，举办为期 15 天的野外地质现象观察记录与描述培训班，分别进行室内讲解和野外观察记录。

安全生产管理

一、以人为本，加强野外安全防护

所领导班子高度重视安全生产和综合治理工作，召开会议部署工作，制订工作要点，中层干部签订安全责任书。出队前举办了“安全生产和消防知识讲座”活动。安委会、办公室和科技处联手加强对野外地质工作的安全生产管理。凡出队的项目组到科技处和办公室办理登记备案手续，有 89 个项目组进行登记。到西藏、新疆、青海 3 省区进行野外作业的项目组，在进入野外作业区和工作结束后向野外安全工作站（分站）登记和报告。所安委会还对新疆、青海项目组进行安全检查。实行野外租车审批制度。修订《车辆管理办法》，公开招聘驾驶员 4 名，10 台车实现一人一车，加强了车辆的集中管理和统一调度，在重点保证科研人员野外作业用车的前提下兼顾所的公务用车，提高车辆的有序使用效率和安全保障程度。

二、消除隐患，加强检查整改

根据国务院办公厅《进一步推进安全生产和综合治理“三项行动”有关要求的通知》，结合所实际，制定了工作方案。重点对各部门制度建设、安全教育、安全检查、野外作业、擅自租车、违章驾车、新职工培训、人身保险等 9 个方面进行检查。对各部门尤其是实验室的仪器、电器、电线进行一次全面仔细检查，对易燃物堆放、消防通道堵塞进行彻底清理。对施工现场电、气焊和乱拉临时电线、地下空间的易燃易爆化学物品和杂物堆放、出租房屋的生活用火等，进行了全面检查整改。对库存的过期和废旧化学试剂净重30余公斤进行无害化处理。

2009年，在安全经费的投入：车辆保养费3.1718万元；提高野外防护标准发劳保用品42万余元；野外安全装备包括卫星电话及GPS等9.4240万元；实验室修缮改造共计245.53万元，其中通风改造、防渗水、水管、电路改造等提高了工业卫生标准，消除了水电的隐患。

三、落实责任，加强监督考核

2009年初，将本年度安全生产和综合治理工作任务进行分解，并将安全生产和综合治理第一负责落实到15个部门的领导，对违反各类安全生产、交通、消防法规等而发生事故的，除追究直接责任人责任（包括经济处罚等）外，安委会还将追查其相关领导责任，年终考核实行一票否决，做到用制度管人，强化制度治本。年终考核矿产资源所被地调局评为“安全生产合格单位”，按责任制向相关人员兑现奖金。通过了“GB/T28001：2001职业健康安全管理体系”的复查认证。

四、加强内部防范和保密措施

围绕新中国成立“60周年大庆系列活动”，开展安全隐患专项检查治理，节假日加强了所领导带班、中层干部值班的力量，制订了火灾、交通事故、装修事故、突发事件等应急预案。进一步强化防失泄密等工作。保密委员会采取多种方式，利用各种机会对全站干部职工进行经常性的保密教育。制订并下发《矿产资源研究所计算机网络系统保密检查工作表》，形成了一整套制度、规定，管理渠道畅通。还加强了所网站的管理和非传统安全问题的防范，密切关注网上动态，防止泄密和错误言论。2009年，被评为国土资源部安全和综合治理先进单位。

纪检监察审计工作

一、认真学习贯彻中央纪委十七届三次、四次会议精神，不断推进惩防体系建设

2009年，针对地调局的管理工作重点，3月17日，举办财经法律法规学习讲座。请审计署资源环保审计局负责同志给全所科研人员和管理人员做了“加强党风廉政建设，净化理财环境”的专题报告。4月29日，局监察审计室的同志通报了局系统查处的6起经济违纪违法案件，报告通过系统讲解与地质工作相关的国家财经法律法规、分析局系统典型案例产生的原因，提高了干部职工依法理财依法办事的意识，对从源头上预防和减少违纪违规行为的发生起到了重要作用。召开了党支部书记和中层干部会议，传达学习徐绍史同志在部传达学习贯彻党的十七届四中全会和中纪委十七届四次会议精神大会上的讲话和局党组《关于深入基层改进作风增强服务意识提高执行力的意见》，并就当前学习贯彻要抓的工作重点进行了部署。11月初，在局召开的纪委书记座谈会上，矿产资源所提供了惩防体系建设的书面总结材料并在会上做了汇报交流。

二、重视和加强领导干部的作风建设，认真落实廉洁自律各项规定和党风廉政建设责任制

所党委明确提出要通过贯彻落实中央关于加强领导干部作风建设的要求，抓好领导班子的作风建设，并以此促进干部的廉洁自律。所班子及处以上干部要在落实中央提出的控制公务购车用车、会议经费、公务接待费、出国（境）经费等“四项费用的零增长”的工作中发挥带头作用，在公务活动中严格执行中央纪委《关于严禁利用职务上的便利谋取不正当利益的若干规定》、严格执行5部委《关于加强党政干部因公出国（境）经费管理暂行办法》和中央有关厉行节约、反对铺张浪费的规定，严格自律。7月16日，所领导班子以“增强党性修养，加强作风建设，努力提高执行力”为主题，召开专题民主生活会。班子成员转变思想观念和工作作风，带头学习、带头思考，深入基层和科研一线，谋大事，出实招，求实效，拨亮点，带动了职能部门作风的进一步好转、廉政意识的进一步增强和队伍素质的进一步提高。

2009年，为确保财政资金和项目经费的运行安全，各级干部以落实党风廉政建设责任制为抓手，按照分解的任务和确定的分工推进工作，做得扎实，效果明显。

三、认真执行党内监督条例，坚持事务公开，建立和完善对领导班子和领导干部的监督机制

所领导班子成员注重在重大决策中认真执行民主集中制和各项廉洁从政规定，自觉接受党员和群众的监督，进一步改善了党群关系、干群关系。在项目和经济管理工作中注意发挥纪检、监察、审计等部门的监督职能，参与过程管理，提升纪检、监察、内审工作关口前移的作用。积极拓宽职代会议事和实行民主监督的渠道，完善所职工代表大会制度，认真落实职工代表提案，保障广大职工对所内重大事项的知情权、参与权和监督权，强化了民主监督的作用和效果。各职能部门之间加强沟通与协调，重视对本部门确定的易发腐败和不廉洁行为的关键点和重点环节的监督检查，避免出现问题。高度重视和认真做好信访工作，扩大监督源，进一步完善所的内部监管体系建设，提升了监督工作的针对性。

8月18日，所党委召开党支部书记和中层干部参加的座谈会，会议通报了地调局对矿产资源所开展巡视工作和所领导班子召开民主生活会的基本情况，广泛听取了与会同志对所作风建设存在问题提出的加强和改进的建议，并对下一阶段所加强作风建设的工作进行了具体安排。

按照《党政干部任用工作条例》规定的程序选拔任用了2名年青处级干部所纪委按照规定与2位同志进行了任职廉政谈话。

四、加强制度建设，规范权力运行，强化对重点部位和关键环节及预算执行情况的监督检查

2009年，矿产资源所针对局财务检查报告中提出的问题和建议，以加强预算执行和经济管理的要求为重点，多次召开办公会议，先后研究制定了《资源所会议费管理暂行规定》、《资源所外协费管理暂行规定》、《资源所野外工作期间相关费用管理暂行规定》，《资源所野外劳动保护用品发放暂行规定》，《资源所办公用品购置与发放暂行办法》、《资源所外事工作管理暂行办法》、《资源所劳务性支出管理办法》和《资源所外聘人员管理办法》。这一整套制度的出台，从源头上进一步规范了全所的地质科研和经济业务活动，强化了对地质科研和经济业务管理的重点部门、重点岗位和预算、合同、审批和凭证等关键环节的监管，在确保预算执行达到局的要求的同时，做到确保财政资金使用和管理的安全。

五、认真开展“小金库”专项治理、“四项费用”控制、政府采购和修购基金项目实施工作

2009年，根据国土资发〔2009〕59号文件精神和局的要求，矿产资源所成立了“小金库”专项检查工作领导小组，5月15日召开了“小金库”治理中层干部动员部署会，各部门和项目组签了承诺书，组织开展了“小金库”自查工作。7月22～24日，审计署资源环境审计局对所进行了“小金库”专项检查，没有发现重大违纪违规问题。

严格遵守公务购车用车费、会议经费、公务接待费、出国（境）经费等“四项费用的零增长”的规定。8月3～4日，地调局监察审计室对所“四项费用”支出情况的检查，未发现重大违纪违规问题。

在企业清理和规范工作中，所清理领导小组对所控北京紫祥科技开发有限责任公司、北京矿之源科技发展有限公司和北京所利德科贸开发咨询公司进行财务审计和摸底清理。注销了北京所利德科贸开发咨询公司。决定对紫祥公司和矿之源公司合并经营，规范管理。

党群工作

一、党建工作

2009年，所党委认真传达和学习贯彻党的十七届四中全会、中纪委十七届四次会议精神，深入学习贯彻李克强副总理关于加强地质工作的讲话精神。结合贯彻局、院2009年工作会议精神和党风廉政建设工作会议精神，召开所2009年工作会议和三届三次职工代表大会，全面部署2009年的地调、科研、党建、党风廉政建设和精神文明建设工作。制定了所党委理论中心组2009年学习计划并组织开展相关理论学习活动。突出加强地质科技管理和经济管理工作，认真开展廉政教育和加强作风建设活动，切实加强“四项费用零增长”控制，努力促进财政资金预算执行率的提高。

2009年发展预备党员4人，预备党员转正3人。选派11人参加了国土资源部直属机关入党积极分子培训班。所深入开展创建学习型党支部的活动，充分发挥党的基层组织和党员在各项工作中重要作用。海洋与非金属研究室党支部与业务工作紧密结合，召开研究室战略发展研讨会。青海陆域冻土带天然气水合物勘查项目组临时党支部创新开展野外党建活动取得新的经验。所党委6月组织党员在河北盘山开展以新党员宣誓、老党员重温誓词为主题的党建活动，进行革命传统教育。“七一”前夕，郑绵平院士被推荐为全国8个优秀共产党员的典型代表之一，在人民大会堂参加座谈会，并受到党和国家领导人的亲切接见。

2009年，金属矿产研究室党支部获国土资源部直属机关“先进党支部”称号，有3位同志分获国土资源部直属机关“优秀共产党员”和“优秀党务工作者”称号。

二、精神文明建设

2009年，继续巩固和扩大中央国家机关文明单位和首都文明单位创建成果，积极参加首都“城乡统筹、文明先行”主题实践活动，与北京市平谷区南独乐河镇新立村“结对子”，在新立村设立了共建基地，5月举行了隆重的揭牌仪式，全体职工参加，并邀请部文明办、局有关领导出席。8月所工会主办全所职工参加的《庆祝中华人民共和国成立60周年摄影展》，并参加国土资源部、中国地质科学院主办的摄影展，矿产资源所职工以野外地质工作为题材的参展作品，获得了多项一、二等奖和优秀奖。9月份，作为中国地质调查局的其中9个单位之一，所党委在中国地质调查局凝聚力工程座谈会上进行了大会汇报发言，在局系统产生了良好的反响。10月，所组织干部职工参观游览了河南省红旗渠工程和云台山地质公园，以发扬红旗渠精神为主题内容开展艰苦奋斗教育取得良好效果；11月，积极组队参加地调局举办的文艺会演，并获得青岛片区优秀组织奖，其中原创的合唱作品《我们是光荣的地质队员》是资源所广大干部职工继承和弘扬地质工作“三光荣”精神在新时代的真实写照。

三、工会、共青团、妇女工作

所工会委员学习了工会十五大文件精神，制订2009年工会工作计划。

精心组织全所新年团拜会，对先进处室、科研团队、先进个人进行了表彰。会后职工们表演了自编自演的节目，广大职工通过活动增进了团结，振奋了精神。“三八”国际劳动妇女节99周年之际，应多数女职工的要求，去温都水城活动，30多名女职工在欢声笑语中加深了友谊，忘却了工作的疲劳，体验了妇女的优越。节前，工会还慰问了病休的女职工。挑选职工组成地科院篮球队，并出资18900元，参加地调局篮球赛，取得较好成绩。

组织召开了第三届第三次职工代表大会，职工代表畅所欲言，为所的发展建言献策。

在迎接新中国成立60周年华诞之际，所举办了“我的祖国”职工摄影展，并参加了“中国地质科学院庆祝新中国成立60周年摄影展”。

11月参加地调局第一届文艺会演，2个节目18位同志利用大量业余时间排练，在青岛组会演中取得优秀组织奖。

10月16至19日，所工会组织所内职工参观了红旗渠工程及云台山国家地质公园。举办了红旗渠、云台山专题摄影比赛，投稿者非常踊跃，为所摄影的普及、交流、提高搭建平台。

组织“团结动员广大职工当好推动地调事业发展主力军”专题教育知识答卷活动，全所177名职工都参与了活动。组织职工参与“时代领跑者——新中国成立以来最具影响的劳动模范”的评选活动。

春节前工会看望了生病职工，慰问了老劳模。

（徐从荣）

中国地质科学院地质力学研究所工作

中国地质科学院地质力学研究所

基础地质调查

一、区域地质调查

全球构造体系图展示了11种不同型式、不同规模的构造体系，新建立了“全球棋盘格式构造格架；”发现并厘定了：“全球大扭转构造体系”、“南大洋裂离式旋转构造体系”、“大洋裂谷系经向构造体系”、“大西洋-马里亚那非对称型壳裂式构造体系”；建立了“块缘歹字型构造体系”概念；认定北古老地块系及南古老地块系，分别组成了3个超巨型纬向构造体系和4个超巨型经向构造体系，围绕北极是一个“挤压型同心圆辐射状超旋转构造体系”。

6张辅助图件分别揭示了全球构造对固体金属矿产、石油天然气的形成与分布的控制作用；全球构造对地震和火山活动规律与分布的控制意义，以及全球构造对洋流、热带风暴和自然灾害的控制作用和发生、发展规律，为减灾、防灾提出了建议。

二、环境地质调查评价

川西河谷第四纪地质环境调查与灾害效应研究：川西典型风尘堆积底界年龄为1.15Ma B.P.，其磁化率、细颗粒含量可分别指示西南季风和西风环流的演化特征，它们明显受天文因素控制；青藏高原东南缘的气候环境有逐步变干的特征，并在自约250ka B.P.以来急剧变干。金川地区的阶地序列最为完整、典型，最高阶地的时代为1.950～1.790Ma B.P.。第四湖相地层呈岛状、片状广泛分布于大渡河、岷江流域河谷区，构成低阶地的基座（T1 ~ T5），可划分为300ka B. P. 左右、200ka B. P. 左右、50ka B. P. 左右、20 ~ 30ka B. P. 和6.7ka B. P. 左右几个重要的成湖期，崩塌、滑坡、泥石流均可形成古堰塞湖堰塞坝。第四系残坡积物、第三系昔格达组是大渡河流域滑坡、泥石流形成的重要载体。滑坡是汉源县城一带地质灾害的主要类型，而地层、地形地貌、植被等是影响滑坡形成发育的重要因子。

矿产资源调查评价

一、油气资源调查评价

大巴山前陆构造演化与油气远景研究以深反射地震技术为前导揭示大巴山地壳精细结构，确立大巴山侏罗纪叠加变形的时空格架，建立大巴山前陆构造地壳规模的结构与组成断面，探讨大陆缩短或俯冲过程的流体大规模排泄、集散过程，为在大巴山地区油气资源勘探的突破提供科学依据和寻找油气方向。核心目标是部署穿越大巴山侏罗纪推覆构造和前陆多重综合地震剖面，揭示大巴山侏罗纪深部滑脱构造和前陆地壳精细结构。确定大巴山侏罗纪弧形褶皱的构造归属，建立大巴山三叠纪—侏罗纪复合前陆和叠加褶皱的演化模式；探讨大巴山侏罗纪陆内缩短过程大规模流体排泄的特征、轨迹和集散及其与油气聚集关系；研究内容包括构造变形、流体追踪、深部探测和油气远景分析。

二、固体矿产资源调查评价

（一）阿尔金山东段红柳沟矿带大型铜金铅锌矿床找矿靶区优选与评价技术与应用研究。

本项目在喀腊大湾地区新发现13个铁矿（点），确认了3条铁矿（化）带，铁金属量从不足1000万吨增加到超过4600万吨（未计算第三条铁矿化带），矿石量1.1亿吨以上，达到大型铁矿床的规模。通过成矿大地构造背景分析、区内铁矿的野外调查、矿石特征、蚀变矿物等方面详细研究，认为铁矿床成因类型属于火山-沉积改造型，具成带分布的特点。依据已有铁矿床产出的火山-沉积岩系组合特征，结合已经掌握的大理岩带展布特点，提出了喀腊大湾地区“八八-4337高地”和“白尖山-3121高地”两个东西向呈带状的铁矿找矿靶区。

（二）广西岑溪市佛子冲铅锌矿矿产预测。

以成矿作用“三条件”→控矿因素“三位一体”→矿产预测“三步骤”（三·三程式）指导思路，提出了该矿早期隆坳构造次级盆地边缘成矿作用重要性，总结了燕山期“灰岩层位+花岗闪长岩+NNE向构造破碎带”的“三位一体”的新认识，建立了综合找矿模型图表，提出了6个成矿预测区；提出了矿产预测验证方案，2个验证钻孔分别见到厚达9m和6m的富铅锌（铜）工业矿体；结合前期探矿工程见矿情况及成矿地质条件分析，本次矿产预测佛子冲背斜西翼334资源量估算为Pb+Zn（+Cu）66万吨。总结的矿产预测思路、找矿标志及预测准则，不仅为今后佛子冲背斜两翼的扩大找矿提供了重要信息，而且通过全程指导后续勘查项目实施，为矿山新增Pb+Zn（+Cu）333资源量64万吨。

（三）山东省招远市玲珑金矿田成矿规律和深部外围预测。

研究提出，“胶东金矿”产于剪压造山带，是中生代活化改造花岗绿岩带产物；通过成矿深度的构造校正测算数据，预测深部发育第二富集带，并得到探矿工程证实。提出“构造作用力通过改变物理化学参量而影响地球化学过程”的思路；建立矿源岩系列的概念，提出以矿源岩系为指导的找矿路线。根据研究成果在矿山靶区勘查新增金金属量33吨，可延长矿山服务年限约7年。

地质科学研究

一、基础地质

（一）博格达山（东天山）新生代再造山的隆升特征和演化。

对博格达山链新生代的隆升过程进行了系统研究，获得如下重要结认识：①博格达山链新生代抬升过程存在3个明显阶段：5.6 ~ 19Ma、20 ~ 30Ma和42 ~ 47Ma，其复活造山隆升的启动时间不晚于65Ma。②中新世是山体最显著的一期整体隆升，20 ~ 5.6Ma之间山链表现为不均匀-差异隆升状态，而且随着年龄变新，隆升速率有加快的趋势，这与西天山以及青藏高原北部同期的构造事件相似，说明该期隆升意味着青藏高原向北扩展已经影响到了天山一线。③山体在东西和南北方向上的隆升具有明显的差异性特点。表现为冷却年龄自西向东、自北向南有逐渐变新的趋势；博格达山3次隆升都有显示，而东侧的巴里坤山主要为中晚两期隆升。④博格达-巴里坤山链中新世以来的2期隆升很可能是青藏高原尤其是北部演化的响应。至于博格达山链中生代末期的缓慢隆升可能与西伯利亚板块的作用有关。

（二）湖北宜昌地区下三叠统及二叠系—三叠系界线附近高精度磁性地层研究。

通过地层剖面磁性地层研究，获得了早三叠统地层剖面的磁极性序列，巢湖剖面早三叠统印度阶磁极性序列总体以反极性为主，包含有3个明显的较宽的正极性带和两个非常薄的正极性，奥伦尼克阶最底部处在反极性带中，位于正极性带（WP4n）以下0.6～1.0m，结合该剖面已获得的国际通行的牙形石和菊石等生物地层为主线的生物地层研究资料，认为二叠系—三叠系界线（PTB）位于早三叠世底部正极性带的下部，印度阶/奥伦尼克阶的界线位于印度阶上部反极性带的顶部，在巢湖剖面正极性带（WP4n）可以作为奥伦尼克阶/印度阶界线标志之一。以上研究成果进一步修订和完善了国际早三叠统印度阶及二叠系—三叠系界线附近的磁极性年表，为二叠系—三叠系界线以及下三叠统地层的精确划分与对比提供磁性地层证据，从而进一步提高中国早三叠统层型剖面及二叠—三叠系界线的研究水平。

（三）面波频散、波形及接收函数的三维非线性联合层析成像研究。

成功开发了一种高精度、高扩展性、可实现面波和体波等多种地球物理观测进行联合反演的高效岩石圈三维结构探测方法。该方法得到国际同行认可。利用该方法和公开地震观测数据对中国大陆岩石圈地震热学结构进行了研究，获得了中国大陆及邻区400km以上高精度三维横波速度结构模型，以及地壳和岩石圈厚度模型。这些模型为中国大陆的构造格局和新生代以来的动力演化提供了重要的深层依据。波速模型显示高速的印度岩石圈板片在50Ma左右与欧亚大陆发生碰撞以后，可能大约在20Ma发生了折断。而青藏高原地壳急剧增厚也正好发生在大约20Ma以来。这些证据表明俯冲至青藏高原下方的印度岩石圈板片可能在20Ma左右发生了俯冲角的改变，早期的可能为大角度俯冲，而20Ma以来则变为近水平俯冲（碰撞）。

（四）西藏阿里札达盆地晚新生代沉积建造及其构造意义。

重新划分和建立了札达盆地晚新生代河湖相沉积地层序列，确定了札达盆地晚新生代以来河湖相地层的年代序列，首次在札达盆地上新世—早更新世河湖相沉积中发现了两个不整合面，首次在札达盆地上新统地层中采集到犀类和鼠兔类化石；首次确定了札达等盆地的成因、构造属性及其演化过程，划分了札达盆地河湖相地层的层序地层，厘定了札达盆地河湖相地层层型剖面及其构造属性，并与青藏高原及邻区的晚新生代地层进行对比；确定了沉积物的成因类型与突变事件的地层层位和年代，揭示了水动力、湖水盐度变化过程和构造事件的关系；确定了札达盆地上新世—早更新世的古植被、古环境与古气候演化过程，划分了古环境演化阶段，厘定了札达盆地南缘西喜马拉雅山在上新世—早更新世的隆升速率和强度。

二、水文地质、工程地质与环境地质

（一）新构造与重要经济区和重大工程安全系列图件编制。

编制完成了1:500万中国新构造图、中国现今地应力状态图、中国地质灾害易发区分布图、中国区域稳定性评价图及说明书，编制完成了1:20万京津地区区域稳定性与城市安全图、京沪高速铁路沿线新构造活动与工程安全图及说明书。

该系列图件更新了中国新构造图的地质信息，总结了中国不同地区新构造运动特征，进行了新构造分区；总结了中国现今地应力方向和大小的变化规律，探讨了不同地区地应力的变化特征，建立了中国地壳表层现今地应力测量最大主应力值分级标准；从地质灾害形成与发展的基础条件、动力条件或激发条件、现今地质灾害点分布情况，对地质灾害的易发区进行了区划。以地壳结构、地质构造背景、活动断裂、地震活动、现今地壳垂直运动速率、地应力、地热和地质灾害等作为评价因子，进行了区域稳定性综合评价。指出了影响京津地区区域稳定性和城市安全、京沪高速铁路工程安全的主要地质问题。认为其内动力因素主要是地震活动、活动断裂；外动力因素主要是地面沉降、地裂缝、崩滑流和地面塌陷等地质灾害。京沪高速铁路沿线新构造活动与工程地质特性可分为北京—济南、济南—徐州、徐州—上海3段。影响铁路安全的主要地质因素包括地震活动、活动断裂、岩土体性质和地质灾害。

（二）地质灾害风险评估技术研究。

研究提出地质灾害风险评估理论基础、基本理念、原则和技术方法，研究完善地质灾害风险评估主要内容、层次结构和评估指标体系，研究攻克地质灾害风险定性-定量评价的若干技术难题，进而提出中国大陆第一版《地质灾害风险评估技术指南和技术流程》；初步在陕西省宝鸡市、延安市宝塔区和三峡库区万州市建立地质灾害风险评估实验基地；初步提出计算区域地质灾害活动强度指数的基本原理、测量计算方法和分级标准，并以汶川地震诱发地质灾害强度测量计算评价为例，初步提出区域地质灾害活动强度8级标准；研究形成基于RS和GIS系统的地质灾害风险评估制图技术方法，为汶川地震灾区地质灾害灾情快速评估和重建规划过程中的地质环境适宜性快速评估作出重要贡献。

（三）灾区次生灾害隐患排查与工程设计示范。

阐述了各类次生灾害分布特征、形成条件，分析了次生地质灾害的易发地层和工程岩组，进行了危险性评价分区，对重灾区的次生灾害隐患点进行了危险性评价。编制了次生灾害的分布图、工程地质条件图和地质灾害危险性评价分区图（1:50万），提出了有关堰塞湖风险等级评判方法，已经被水利部相关标准采纳。初步建立了灾区次生灾害危险性评价的模型和评价方法，提出了各类次生灾害应急危险性评价的技术流程和方法。对典型灾害隐患点进行了稳定性分析和模拟计算，提出了有针对性的防治方案和措施，对其他灾点防治具有典型示范作用。取得了大量的环境分析测试数据，开发了一套高危化学品和放射源远程监测系统。

（四）深切河谷地应力分布规律和卸荷裂隙形成机理研究。

以锦屏一级水电站深切河谷为例，综合考虑区域构造应力环境演化、河流下切和地壳抬升过程、河谷形态演化、边坡岩体结构构造、岩体工程地质特征、岩性组合、岩石物理力学特性、地形地貌、人类工程活动等因素，深入开展复杂地质要素和复杂结构面组合的深切河谷地质建模研究，配合岩石物理力学参数测试，按重力、构造作用力、地震作用力等不同组合应力边界条件，运用三维应力场有限元数值模拟方法，基本查明锦屏一级电站深切河谷谷坡和谷底应力降低区、应力增高区和原岩应力区的空间分布范围和应力量级，揭示其深切河谷地应力分布规律、边坡岩体结构的表生改造和时效变形，以及边坡卸荷裂隙的形成机理、发育类型、展布规律、主控因素及其相关性，并以地应力测量、实际工程地质问题等相佐证。

（五）空心包体三轴地应力测量系统升级改造。

对地质力学所20世纪60年代研制的空心包体地应力系统进行了大幅度改造，研制成功了具有国际先进水平的空心包体精密原岩三轴地应力测量系统。该系统具有如下特点：①体积小，集成度高。②系统设置灵活，自动化程度高。③实现了自动巡回检测。利用先进的电子开关技术，实现了1秒至12小时采集控制时间间隔。④配备强大的计算软件。改造完成后，经过多次实验室和野外实测验证，仪器各项参数都达到了设计的要求，使测量过程得到很大简化，测量速度和精度大大提高。

地质调查项目管理

一、地质调查项目立项管理

按中国地质调查局有关项目管理规定，新开计划项目1项，工作项目7项，组织项目组人员，按照大项目机制，根据专业方向、专业技术职称、工作经验确定项目负责人、核定项目参加人员及分工，提出经费预算，上报局相应部室，获得局批准后建立相关档案。

二、地质调查项目组织实施管理

1. 组织进行地调项目设计编写，组织初审和参加评审共计21项，最终评审结果5项为优秀，14项为良好，2项为通过。

2. 按项目预算和设计书组织地质大调查项目实施：计划项目3项，工作项目22项（含青藏专项项目1项和基础性公益性地质调查项目4项）和专题1项。

3. 组织地调项目成果验收3项，均被评为优秀。

三、地质调查项目质量管理

按照中国地质调查局地调项目有关规范对全部执行中的地调项目组织正常质量监督检查。中国地质调查局对所“陕西宝鸡地区地质灾害详细调查”项目进行野外验收。中国地质科学院对所4个项目进行质量抽查。所还对6个项目开展了野外工作质量和安全生产综合检查。

国际合作与对外交流

国际合作派出项目8项，20人次。其中参加国际会议1项，1人次14天；开展合作研究、考察5项，7人次130天；承担技术工程1项，10人次36天；技术培训2项，4人次（加拿大1人次152天，美国3人次11天）。

国际合作接待项目3项5人次64天，接待美国、挪威等国专家到山西、云南、河北及青海地区考察，开展合作研究和学术交流。

综合行政

一、文秘档案管理及保密工作

严把公文质量，为确保公文的权威性、严肃性和准确性，2009年处理上级来文500余份，完成了各类文书、文件的起草，其中制发文件81件，函20余份，纪要11期。文件阅办完毕后，及时归档、保管，对一年的所有的档案和文件进行归案和整理，保持档案归档规则的一致性和方便查询。

2009年加强保密工作，与全所职工签订保密承诺书，向全所职工发放保密手册及保密宣传卡片，共340册。2009年保密委召开了3次专题会议，学习传达贯彻落实保密工作有关精神，做好所保密自查和上级检查工作，购置保密设备。

二、新闻宣传和政务信息工作

2009年重点宣传科研成果以及优秀科研、管理人员的事迹，在国土资源报、地勘导报以及地调局网站等媒体上连载报道，加大科研成果、人才等方面的宣传。2009年以纪念李四光诞辰120周年为主题，组织系列活动，召开纪念座谈会、学术研讨会以及地质力学报专刊等宣传活动。

同时，以地质找矿改革发展大讨论活动为契机，编写了8篇地质找矿改革发展论文，形成了地质力学所地质找矿改革发展大讨论总结报告和3个专题成果报告。

经济与财务管理

一、地质调查项目经济管理

严格执行国土资源调查专项资金管理暂行办法，按照规定的用途和批复的预算额度使用国土资源大调查项目经费，预算额度调整按照规定的渠道报批。

项目结题后，按照有关规定及时提交经费使用情况总结报告，组织专家对经费的使用情况进行审查，保证专项资金的使用效率。

二、单位经济管理

中国地质科学院地质力学研究所设独立的财务处，负责全所的财务收支和经费核算。

在制度建设方面，制定中国地质科学院地质力学研究所的财务管理办法、专项资金管理办法和相关实施细则。

在支出管理方面，实行分类、限额管理，需要审批的费用及达到规定限额的支出，必须经相关职能部门负责人和分管所领导签批。

在资产和设备管理方面，资产购置需事先填制设备申请单，经相关部门负责人签批后方可购买。资产购置后需到资产管理部门办理固定资产验收手续后到财务部门报销。

在内部控制方面，财务印鉴和银行支票分别由两人保管。出纳人员不兼任会计账簿的记录和会计凭证的保管等工作，实行不相容岗位互相分离的原则。

三、企业管理

按国土资源部企业清理和规范工作要求，地质力学研究所组织进行了所属企业的清理整顿工作，撤销的企业1个，北京吉姆装饰装潢公司；保留企业3个，按要求进行规范管理：北京瑞达思科技开发公司、北京立地岩土工程有限公司、北京天利通技术服务中心。

基建与装备管理

一、基本建设管理

2008年底地质力学研究所取得“发改委关于中国地质科学院地质力学研究所李四光纪念馆暨科研实验楼项目建议书”的批复后。2009年进行了设计、勘察的招投标工作，中机十院国际工程有限公司设计中标，中国建筑技术集团有限公司勘察中标。初步设计方案通过了北京市规划委员会审查。同时完成了人防审批、用地预审、初步设计的内审以及施工现场勘察施工工作。

二、装备管理

2009年到位的野战军技术装备有移动式钻孔测斜仪、监测站自动记录控制传输报警仪、土壤渗透实验仪，并已办理了调拨手续并建卡入账。空间数据管理软件、井下超声波电视监测仪，热导仪完成了开箱验收，并进行了安装、调试及使用培训。古地磁进口设备高场交变退磁仪，已到货，数量清点完毕。

2009年修购专项购置仪器设备有2项，高清晰测量系统280万，核磁共振测深仪200万，进口申请已得到财政部批复，经公开招标。高清晰测量系统2套以220万中标，附属配套设备也与中标商签订了合同。

在房屋修缮改造项目中配合局域网、十三陵基建，完成60万以下工程项目在中央政府采购中心的申请审核及备案。

2009年实施政府采购总额1108万元，其中通过中央政府采购网招标31项647万元。政府采购目录内的设备656台/件，总金额387万元。

干部人事教育

一、干部人事工作

在人才培养方面，选送1名同志参加中央党校中央国家机关分校2009年春季直属班学习，1名副局级干部参加领导干部能力培训班和总工程师培训班，2名民主党派人士参加中央国家机关民主党派基层组织负责人研讨班，选送4位有培养前途的年轻科研人员出国进修，3位攻读在职博士学位，1位攻读在职硕士学位等。

在队伍建设方面，接收应届毕业生6人，其中博士4人，硕士2人；招聘1名北大博士后出站人员来所工作，接收2名博士后进站从事研究工作。

二、职工教育培训

为加强地质调查项目统计、预算编制水平和质量，提高项目管理人员的业务素质，统计、科研人员参加了地质调查项目统计、预算编制培训。加强职工岗位教育培训，派出2人参加工勤技能岗位培训，分获电工高压和低压本；选派财务人员参加财务管理知识培训4人次，参加公费医疗管理软件培训1人次；实验室人员参加放射工作人员防护知识培训1人次；后勤服务人员参加房产管理软件培训1人次；党群管理人员参加党员统计培训、人事干部培训、工会干部培训4人次。

安全生产管理

2009年，地质力学研究所进一步充实了安全委员会成员。安委会负责人与各野外地质作业项目组负责人签订2009年度野外项目安全生产工作责任书59份。修订了《地质力学研究所安全生产管理规定》。规范了野外项目组租赁车辆，要求必须签订租赁合同。

积极开展安全生产检查，加强隐患整改，保证了生产安全“安全第一，预防为主”。2009年安全生产自检自查12次，组织了5个安全生产检查组，分别对青海、西藏、滇黔桂、云南等地野外地质项目组进行专项安全生产检查。近两年来在自查中发现事故隐患10处，包括电梯运行故障、高压配电柜无继电保护装置等，已整改9处。近两年投入隐患整改和安全生产经费92万元。

积极开展安全宣传教育活动，有212人次参加安全生产培训。印发“野外勘探道路行车安全及安全驾驶”讲义，保证所交通安全管理人员与专职司机人手1份，共计20余本。向各研究室和项目组发放野外地质调查安全手册100本。

保持着10余年交通安全无事故的纪录。

2009年，成立甲流防控小组、发放宣传材料、防控重点人群、组织职工接种疫苗；做好食堂和科研办公环境的卫生工作。2009年国庆前夕，开展流动人口、出租房屋调查。

纪检监察审计工作

加强财经法规知识培训。先后邀请审计署资源环保审计局负责同志、中国地质调查局财务部负责同志、监察审计室负责同志分别做专题讲座，开展系列经济法律法规培训和警示教育活动。

认真开展“小金库”专项治理工作。成立专项治理工作领导小组，召开职能处室负责人会议，部署“小金库”专项治理工作。签订承诺书79份，其中与项目负责人签订72份，与部门及公司负责人签订7份，承诺书签订率达到100%。

党群工作

一、党建工作

加强理论学习，组织干部职工认真学习十七届三中、四中全会精神，学习胡总书记在中纪委全会上的讲话精神。

“七一”前夕发展2名预备党员，1名同志转为正式党员。开展争先创优活动。在“七一”前夕，第一、二党支部荣获地质力学研究所2007~2008年度先进党支部；负责同志7位同志荣获地质力学研究所2007~2008年度优秀共产党员。

开展爱国主义教育和革命传统教育活动。组织部分党员及入党积极分子到河北易县参观狼牙山5壮士革命传统教育基地。旅途进行了党的基本知识竞答和革命歌曲大家唱活动。

二、精神文明建设

利用网络、板报、宣传橱窗等宣传工具，深入宣传党的方针政策和本所的好人好事，用身边的人和事来激励先进、鞭策后进。全年共制作6期。

提高了在职工和离退休职工的医疗费报销比例标准。组织开展送温暖活动，看望和慰问离退休干部，老同志及生病住院职工，为生活困难职工申报和发放困难补助16600元。在建军节到来之际，走访慰问在职和离退的复转军人；国庆和春节前夕，看望和慰问离休老干部和生病住院的同志。

开展“双百”评选活动和向知识分子的优秀代表、共产党员的学习楷模吴大观同志学习。通过这两项活动，引导和激励广大干部职工加强自身修养，弘扬优良作风。

三、工会、共青团、妇女工作

开展群众性文体活动，创建精神文明单位，主要开展了篮球队参加局系统西安赛区的预选赛、职工新年棋牌赛和新年团拜会；组织女职工到天津杨柳青参观；组织全所职工到十三陵实验基地义务植树；组织全所职工观看共和国成就展及“红色”电影活动；参加局系统首届文艺会演。

关心群众，走访慰问困难职工，帮助及协调相关部门来解决困难职工的生活、工作问题，改善现有状况，并建立困难职工基本情况档案。

地质力学研究所现有共青团员6名，其中研究生学历有4名，本科学历2名。现有女职工36名，其中已婚32名，在计划生育方面连续10年荣获北京市海淀区计划生育先进单位。

离退休人员141名，其中离休8名。

（杨　健）

中国地质科学院水文地质环境地质研究所工作

中国地质科学院水文地质环境地质研究所

基础地质调查

一、区域地质调查

典型地区1:5万水文地质调查示范项目开展了水文地质调查、水文地质物探、水文地质钻探、水文地质试验（抽水试验和渗水试验）、水化学样品采集、同位素样品采集，工程测量等工作。查明了水动力场、水化学场的空间分布特征，对水文地质参数进行了精细刻画。详细研究了1:5万水文地质调查技术方法体系，对各种图件的表达内容和编制方法进行进一步的总结和优化，制定了1:5万水文地质调查的编图技术要求。

二、城市地质调查

全国主要城市环境地质调查评价项目共完成浙江、云南、四川、甘肃等15省区196个地级以上城市环境地质调查评价，建立了188个城市地质环境数据库，为177个城市的规划、建设、管理及汶川灾区灾后重建提供了地质依据。项目组查明152个城市地质灾害特征与发展趋势，为78个城市地质灾害防治、49个城市地下水保护与污染治理、13个城市地下热水开发利用、17个城市建筑地基适宜性利用提出了合理对策建议，为75个城市论证了后备地下水资源208处，为17个城市未来垃圾的填埋处置初选了26个场地，编制了中国主要城市环境地质图集，各类图件共2168张。

三、水文地质调查评价

（一）华北平原地下水污染调查与评价。

通过对地下水污染的调查、采样和测试技术进行详尽研究，研制了采样设备，建立了有机污染分析测试体系，提出了新的评价方法。通过对华北平原区14万km^2开展的1:25万和对重点地下水污染区开展的1:5万地下水污染调查发现：不用任何处理可直接可以饮用的地下水（Ⅰ~Ⅲ类）占36.49%，经适当处理可以饮用的地下水（Ⅳ类）占24.25%，有39.26%的地下水（Ⅴ类）需经专门处理后才可利用。华北平原地下水污染的特点：一是污染检出指标多、超标少；二是多为点状污染，分布广，多集中在城市周边和重化工开发区及影响带范围内；三是以浅层地下水污染为主。

（二）珠江三角洲地区地下水污染调查评价。

这是中国首次完成的区域性地下水污染调查评价成果。项目探索了地下水污染调查评价工作流程、技术方法、编图内容，完成了地下水污染防治区划，编制了具有创新性的地下水污染防治系列图件，自主研发了定深取样设备并获得国家专利，创新性地提出了“层次阶梯”地下水污染评价方法，为该地区地下水污染防治和地下水资源保护提供了科学依据和应用平台，也为中国其他相类似地区开展地下水污染调查提供了经验和示范。

（三）华北平原地下水可持续利用调查评价。

该项目依靠原始水文地质方法，应用同位素水文学、计算机模拟和GIS技术，厘定了华北平原第四系地层系统、建立了水循环模式、进行了地下水资源及功能评价、预测了未来水资源情势。在此基础上编制了《华北平原地下水可持续利用图集》、《华北平原地下水可持续利用调查评价》、建立了华北平原地下水资源数据库系统。专家认为，该成果是地下水调查评价领域的重大成果，是华北平原50年来水文地质工作经验的总结。为国家全面掌握华北平原地下水可持续利用模式提供科学依据，是一份具有历史意义的、承前继后的优秀成果。

四、环境地质调查评价

污灌区水土污染自然衰减调查评价经过多年的努力，2009年项目组成功建立了微生物分子生物学检测高新技术。该技术由微生物DNA提取纯化、扩增、DGGE分析和测序等多个环节组成。目前利用该技术完成了28m深包气带土样和地下水样DNA提取纯化、扩增、DGGE分析和测序，取得了国内首批厚层包气带和地下水样微生物DNA数据，为污染物在包气带和地下水中的自然衰减评价提供了依据。

矿产资源调查评价

一、全国地下水资源及其环境问题综合评价及专题研究

项目阐明了中国北方平原（盆地）地下水系统的演化趋势；划分了该区地下水系统，对比了华北平原、东北平原、西北内陆盆地地下水系统间的差异性。提出了地下水功能评价方法，首次建立了北方地区地下水功能评价指标体系，并完成了北方8大平原（盆地）的功能评价与区划。系统总结了北方各平原（盆地）地下水数值模拟方法、应用状况以及模型建立条件；建成了基于大型数据库的地下水资源数据共享与动态评价平台，整合完成了北方8大平原（盆地）地下水资源与环境实体数据库，实现了动态评价服务。重新评价了中国北方各主要地下水盆地的地下水资源及其开发利用潜力，系统分析了地下水资源变化的影响因素和各主要平原（盆地）地下水开采程度的差异。

二、全国地热资源现状评价与区划

项目收集汇总了全国31个省（市、自治区）的地热井、温泉开发利用资料，修编了“中国地热资源利用现状图”、“中国地热资源分布图”等图件，编制了《浅层地热能勘查开发技术规程》，完成了《全国地热资源现状评价及区划技术要求》及《全国地热资源现状评价与区划编图技术要求》的编制工作，开展了地热资源评价方法研究，提出了中国山区对流型和沉积盆地型地热可开采资源量计算方法，提出了在全国进一步开展地热资源勘查评价的建议及工作部署。

三、河套平原地下水资源及其环境问题调查评价

该项目2009年开展了河套平原1:10万第四纪地质和水文地质调查、水文地质物探和钻探、测试分析、遥感解译等工作，对调查区内的土地利用、盐渍化、沙漠化及与地质环境相关的地方病状况有了较详细的了解；建立了野外包气带水盐运移试验场；对河套平原已建立地下水模型中存在的问题进行了总结，并提出建模思路，初步建立起区域水资源优化配置模型。同时，还建立了河套平原区地下水同位素剖面和社会经济数据库系统，为开展地下水循环演化研究奠定了基础。

地质科学研究

一、基础地质

黄河流域基岩区侵蚀成因及预测预报为科技部科研院所社会公益项目，负责人石建省研究员和叶浩研究员。主要完成人员包括程彦培、侯宏冰、石迎春、郭娇、吴利杰、王强恒等。项目主要研究内容是砒砂岩的侵蚀机理。该项目经过3年的研究，结果表明，粉红色的砒砂岩抗侵蚀性相对最强，灰白—紫红色交错互层的砒砂岩抗侵蚀性相对最弱；利用“3S”技术，对砒砂岩沟边线的蚀退进行了预测，预测结果表明，砒砂岩的侵蚀不但与岩石的地层组合有关，而且与地表覆盖物的厚度和松散程度有关；研究认为，在现有水土保持工程的基础上，应针对地表不同类型的覆盖沙进行重点治理，以减轻该地区岩土侵蚀的强度。

二、水文地质、工程地质与环境地质

（一）华北平原地下水演变机制与调控。

该项目立项并于2009年启动，是中国首次将地下水科学研究列入国家“973”计划，项目总经费4500万元。该项目预期通过项目组的共同努力将为发展大型平原（盆地）地下水系统科学理论、实现华北平原和谐水资源利用提供有力支撑，具有重大国家需求和现实意义。

（二）华北平原区域水资源特征与作物布局结构适应性研究。

该项目查明了区域水资源变化与作物布局的区位关系，揭示了近50年来华北平原地下水流场异常演化过程机制，阐明区域地下水流场变化与气候及农业活动强度变化关系，确定了涵养超采区地下水的作物布局结构调整方略。揭示了区域地下水位持续下降、包气带增厚对降水入渗补给地下水存在不同影响模式，阐明了区域地下水可持续开采量与地下水自然属性功能之间的内在关联性，发展了区域地下水功能可持续利用性评价理论与方法。

国际合作与对外交流

组团参加了在印度召开的国际水文地质大会，赴曼谷参加了“地下水资源有效管理国际会议”，组织召开了亚洲地下水与环境编图国际研讨会。与全俄水文地质工程地质研究所签署科技合作备忘录，与美国、俄罗斯、德国、印度、蒙古、韩国、泰国、伊朗等国家的同行开展了科技交流与合作，国际交流共计28人次。

综合行政

2009年，在中国国土资源报、地质勘查导报、科技日报、科学时报、中国矿业报、河北日报、石家庄日报等报纸刊发所内新闻稿件共计61篇（条）。政务信息和新闻宣传工作在局系统继续保持领先地位，连续4年在部、局、院政务信息上报评分中位列局、院属单位前列，提高了所的影响力和显示度，被国土资源部、中国地质调查局及中国地质科学院评为政务信息上报先进单位。

经济与财务管理

水文环境所经济形势进一步好转，职工收入稳步增长。2009年，水环所可动用财政资金共计10662.6万元，事业收入1634.78万元，合计可动用资金总量为12297.38万元，其中2009年财政收入7724.03万元，上年结转财政资金2848.66万元，动用上年净结余89.91万元。本年共支出9678.67万元。财政资金执行率为90.77%。对外收入增长率为115.31%。资产总额达到1.13亿元，职工人均收入达到7.73万元，比上年增长10%左右。进一步修改完善了水环所《野外工作差旅费报销规定》、《固定资产管理办法》和《所属企业转制过渡期财务监管办法》，在规范会计基础工作的基础上，制定了《票据报销规程》。配合上级部门完成了2009年度预算执行情况审计工作。

干部人事教育

作为国土资源部岗位设置管理试点单位，在上级的指导下，岗位设置试点工作圆满完成，干部和队伍建设呈现新气象。经过深入细致的调研，制定了《岗位设置方案》（水研发〔2009〕26号）和《岗位聘用办法》（水研发〔2009〕32号），规范了岗位职责和薪酬待遇，从2009年6月5日至23日，组织完成了岗位聘用工作。通过公布岗位、报名、资格审查、遴选推荐、确定拟聘人员、公示等程序，所党委研究确定了管理岗位、专业技术岗位、工勤技能岗位遴选聘用人选。作为试点单位，在有些复杂问题没有明确规定的情况下，从尽力有利于职工的角度做了一定的探索，提供了有益的试点经验。本次聘用共确定管理岗位43人、专业技术岗位187人、工勤技能岗位33人。管理岗聘用工作与新一轮中层干部竞岗同步进行，将干部选拔任用和管理岗位聘用有机融为一体，提高了岗位聘用对管理队伍格局优化的调整作用；专业技术岗位聘用与科技体制改革成果相衔接，有利于维护科技体制改革成果，保持非营利创新队伍稳定和政策延续；细心准备，科学编制《岗位设置方案》，严密组织、认真编制和实施《岗位聘用办法》，加强监督，维护广大职工的民主权利，深入教育，耐心做好思想政治工作；大力推进干部交流，大胆培养使用优秀青年干部，管理部门中层干部岗位调整率达80%以上，7位优秀年轻干部走上中层领导岗位。新的中层干部队伍朝气蓬勃，干劲十足，工作呈现生动活泼的新气象。

在上级的关心下，增配了一名所级领导，所级领导班子得到一定程度加强。根据新的岗位情况，调整了支部设置，配齐了支部干部。做好了召开党员大会，进行党委、纪委换届选举的各项准备工作。

张礼中博士圆满完成挂职支援灾区任务，获得广元市“优秀挂职干部”和“特殊贡献奖”。

安全生产管理

水环所切实加强安全生产和社会治安综合治理工作，安全意识明显提高，社会治安综合治理各项措施得到很好的落实。坚持安委会例会制度、安保科月检查制度、出野外备案教育制度以及节假日严管期制度。通报表彰了所安保人员勇斗狂犬的英勇事迹，鼓舞了安保工作人员斗志，连续4年胜利实现全年安全零事故。在2008年被评为地调局安全生产先进单位后，2009年再次被地调局评为安全生产先进单位。

纪检监察审计工作

水环所传达学习了胡锦涛总书记在中纪委全会讲话精神，印发了《2009年党风廉政建设工作要点》，同各处室签订了《党风廉政建设责任书》，明确了各处室在反腐倡廉工作中的第一责任。班子成员能够带头严格执行党风廉政建设责任制的各项规定，严守政治纪律，保证政令畅通，严格履行责任制规定的职责，执行各项廉政政策措施，各级干部能够在思想作风、学术作风、工作作风、领导作风、生活作风等方面做出好表率，坚持“两个务必”，保持廉洁自律，在单位范围内无违纪违规问题发生，通过“抓作风、提效率、促成果”主题教育活动，风气进一步好转，凝聚力进一步增强。组织完成了项目内部审计，加强了制度的建设和修订，推进了反腐倡廉制度建设。根据支部和党员推荐，经党委研究确定了6名纪委委员候选人预备人选，为召开党员大会进行纪委换届改选做好了准备。

党群工作

一、党建工作

水文环境所圆满完成学习实践科学发展观活动，解决了一批制约科学发展的突出问题，建立了14项保持科学发展的长效制度。经测评，群众满意率和比较满意率为100%。

深入开展地质找矿改革发展大讨论。制定了大讨论实施方案，组建了大讨论办公室，编印了学习材料，设立了专门网页，编发了19期简报，提交大讨论论文13篇。通过大讨论活动，进一步统一了思想，明确了定位，协调了关系，树立了积极应对、主动服务、面向需求的意识，形成了水工环科研工作在支撑地质找矿上的重大突破、拓展服务领域、应对气候变化等方面如何发挥作用的思路、机制和规划部署建议。

扎实开展作风建设活动，首次评选出10位正风正气典型人物。深入开展“抓作风、提效率、促成果”主题教育活动。结合地质找矿改革发展大讨论，制订了《水环所深入开展作风建设实施方案》，在全所掀起作风建设大讨论。启动实施了“正风正气典型人物评比”活动，评选出10个方面正风正气典型人物进行宣扬，努力营造风清气正、干事创业的浓厚氛围。他们中间有勇斗狂犬的赵贵喜同志、老有所为的秦毅苏同志、爱岗敬业的刘君发同志、勤学苦读的宋超同志等。

二、精神文明建设

水文地质环境地质研究所在2007年、2008年连续两年被中国地质调查局考核评为优秀单位后，2009年再次受到中国地质调查局考核表扬，被评为部、局、院政务信息报送先进单位、河北省直机关思想政治工作先进单位、省直反腐倡廉宣教工作先进单位和省直先进职工之家。水文环境所职工中还获得了全国野外科技工作先进个人、省先进工作者、省直新长征突击手、省直优秀共青团员、省直优秀团干部、省直优秀工会工作者等称号荣誉。

中国地质调查局第一届职工文艺会演（石家庄组）精彩上演。在中国地质调查局成立10周年之际，水文环境所承办了中国地质调查局第一届职工文艺会演（石家庄组），9个局属单位、150余名演员在近4个小时的演出中，充分展示了“唱响主旋律，展现新风貌”的活动主题，送上了一台异彩纷呈的视听盛宴。水文环境所荣获优秀表演奖。精心的组织及周到的服务，得到了中国地质地调局及参演单位的高度评价。

开展庆祝新中国60周年系列活动，努力为职工办好事。庆祝新中国成立60周年之际，开展了“双百”人物评选，制订《水环所“爱国歌曲大家唱”活动实施方案》，举办了庆祝新中国60华诞歌咏比赛、离退休职工联欢茶话会，组织开展了“祖国强、地质强”主题摄影展览活动。“十一”前夕，由所领导带队走访慰问了老专家、老领导、老工人和老党员代表。召开了两年一度的第18届职工运动会，全所职工进行了一年一度的健康体检，兑现了离休人员津贴补贴，发放了购房补贴，为在岗职工统一购置了野外服装，组织安排了职工年休假，积极稳妥地推进石站职工住宅改造工程，为在岗职工办理了团体意外伤害保险和交通工具乘客意外保险，做好石站办公楼拆除后的办公、交通、就餐及午休安排，为正定新调整办公室统一安装了电话并执行所内虚拟网优惠资费标准，正定大院完成住宅煤气入户工作，利用修购项目资金，做好大院的安全、美化和绿化工作。

（李　凯）

中国地质科学院地球物理地球化学勘查研究所工作

中国地质科学院地球物理地球化学勘查研究所

基础地质调查

一、区域地球物理调查

长江中下游重点成矿带综合地球物理立体地质填图示范项目在九瑞示范区完成了下述工作：①区内沿南北方向、2km 间隔的 12 条（3505，3025，……，3705，3725）测线，-2000m（高程）以上地质剖面切绘及地质构造推断；②区内 23 条（3505，3515，3025，……，3705，3715，3725）测线的二维电阻率反演，及其初步地质解释推断；③根据 1:5 万航磁数据三维反演——视磁性成像，及其“平化曲”处理结果，按南北方向及实际地形，绘制了 1km 间距的视磁化率（-2000m 以上高程）断面组合图，为 AMT 二维电阻率反演资料解释，提供了岩浆岩分布的大体部位等；④完成了九瑞地区 1:5 万高精度布格重力异常，示范区外扩20 km范围 1:20 万布格重力异常的三维反演——视密度成像，并分别按南北方向和东西方向，以 1km 间绘制了视密度（-3000m 以上高程）断面组合图，为 AMT 二维电阻率反演资料解释提供构造及岩性密度结构方面的资料；⑤对区内岩石标本测试及收集邻区的物性资料进行了较系统的整理，重新按地层（统、系级）及岩浆岩岩性，进行了电阻率、磁性、密度参数统计，绘制了地层-物性参数柱状图及岩浆岩岩性-物性参数图，为物探方法的地质解释提供了基础；⑥根据重力和航磁资料的基本图件，及其物理场转换处理的辅助图件，并基于音频大地电磁法二维反演及其解释推断结果，区内岩石密度、磁性特征，提出了九瑞示范区初步解释推断成果图及进一步找矿有利部位的选区；⑦完成了 33km 重、磁综合剖面观测和地震反射波多次叠加法剖面测量实施前的方法技术与技术指标的系列试验；⑧基本完成了区内找矿有利部位及重点地段可控源音频大地电磁法（CSAMT）37km 和激电测深（IP）9km 剖面测量的野外作业；⑨举办了第一次专题研讨会，与会专家基本肯定了本项目所取得的成果；并对下一步工作提出了很好的建议和切实可行的实施方案。

在宁芜示范区：①对宁芜示范区及周围约 1702km^2 的 1:5 万航空磁测数据，按 125m×125m 进行了网格处理；编绘了相应的平面等值线图、平面剖面图等。此外，根据所绘航磁图件和示范区 1:5 万地质草图，初步选定 8 处航磁异常，布置 7 条查证剖面，总长度 110.627km，并结合已完成的 1:5 万高精度重力面积测量绘出的重力异常草图的初步分析，将重点查证区放在示范区东南角，施工剖面已基本完成；②1:5 万高精度重力已基本完成示范区面积测量的外业施工，提出了重力异常等值线平面草图。

二、区域地球化学调查

西藏 1:20 万羊八井幅等两幅区域化探项目成果如下：综合考虑异常元素组合、产出位置地质地理情况，从 40 处多元素组合异常中选择 8 处进行了异常查证，查证工作重点是 1:5 万水系沉积物测量，同时辅以地质填图等手段。

1. 白玛工区：在白玛异常区内出现了两个多元素组合异常带。其中以位于工区北部、基本上呈北东东向展布的异常带最为明显。该带元素组合有 Au，Ag，Cu，Ni，Co，Zn 等，Cu，Ni，Co，Zn 等元素浓集中心基本重合，而与 Au、Ag 的浓集中心并不一致。

2. 尼河桑工区：1:5 万水系加密后在异常区内发现了明显的 Cr 异常，同时在工区东南角出现了 Cu，Ag，Mo 等元素的组合异常。

3. 贡都错工区：1:5 万水系加密后该异常区内 Au 异常仍然存在，同时在工区西部出现了 Cu，Cr，Ni 等元素的组合异常。岩性以石英砂岩和花岗岩为主，并出露少量灰岩。工区中南部石英砂岩中见有 3 处红褐色肾状赤铁矿矿化露头，赤铁矿矿化呈块状产出，肾状构造特征明显。3 处露天总体走向为 160°～170°，每个露头出露面积均不小于 100m^2。

4. 扎木错工区：经水系沉积物加密后该工区中部出现了明显的 Au，Cu，Mo，Zn 等元素的组合异常。岩性以石英砂岩和花岗岩为主，并有少量板岩出露。工区南部山坡上见有红褐色块状褐铁矿矿化、深灰色及蓝紫色铅锌矿化，由于植被覆盖，未见到大面积出露的基岩露头，地表只见到零星分布的风化转石。

5. 甲布穷工区：异常元素主要为 Ni，Cr 等。其中尤以 Ni 元素异常强度高，范围大。异常产出部位岩性以辉橄岩和灰岩为主，在辉橄岩中见多处深黑色磁铁矿矿化，但矿化露头规模较小，多以脉状和条带状产出。

6. 那木角工区：经水系沉积物加密后该工区中部出现了明显的 Ag，Pb，Zn，Cu 等元素的组合异常。工区中部 Ag，Pb，Zn 组合异常区内见有黑褐色、蓝紫色铅锌矿化，但由于植被覆盖，只见到转石，未见明显的基岩露头。在该山坡靠近山顶处发育数条石英脉，个别石英脉脉宽 >1m，在石英脉中可观察到明显的褐铁矿化现象。在工区东南角 Ag，Pb，Zn，Cu 组合异常部位见有两条宽约 2 ~ 3m 的石英脉贯穿于厚层板岩中，石英脉裂隙中褐铁矿化发育，并可见细小的黄铁矿颗粒；在石英脉周围的板岩中见有淡黄色—银灰色黄铁矿，黄铁矿颗粒细小，呈透镜状和团块状集合体产出。

7. 鲁玛拉工区：经水系沉积物加密后该工区出现了明显的 Au，Cu，Mo，W 等元素的组合异常。工区内岩性以石英砂岩、斜长角闪岩和似斑状黑云母二长花岗岩为主。在该工区见有几处黑色致密块状 Mo 矿化露头。一处矿化带南北向长约 200m，东西宽约 180m，根据野外观察认为该处为石英砂岩与似斑状二长花岗岩的接触带部位。另外 3 处矿化呈条带状近东西向展布，长 20 ~ 50m，宽约 10 多 m。

8. 亚弄工区：经水系沉积物加密后在该工区中部出现了明显的 Au 异常，伴生有弱的 Ag 异常。岩性以石英岩、石英砂岩、变粒岩和花岗岩为主，花岗岩呈指状侵入到石英砂岩中。石英岩中可见褐铁矿化及细小的黄铁矿颗粒，黄铁矿呈星散状产出，根据地表褐铁矿化推测该石英岩可能与金矿化有关。

地质科学研究

深穿透地球化学异常形成机理研究为研究干旱荒漠戈壁覆盖区元素如何穿透覆盖层到达地表，选择新疆哈密金窝子金矿区为研究对象，使用浅钻钻透矿体上方覆盖层，研究干旱荒漠区准平原化过程中异常的侧向分散和垂向迁移规律。从中发现，超微细金可以被垂直向上穿透覆盖层迁移至地表，到达地表以后被上覆土壤或其他疏松物的地球化学障所捕获，而土壤中细粒粘土等物质所具有的强吸附性和可交换性能是元素的天然“捕获井”，使得成矿元素在地表细粒物质中得以富集，形成于矿体对应的地球化学异常。

研制了直接用于 TEM 观察测试的地球气纳微金属微粒物质取样装置及捕集器，采用此装置获得自然产状地球气纳微金属微粒物质。试制形貌观测低本底载样基体材料，低本底捕集液和固体捕集吸附材料。测量实证了覆盖层中成矿元素以地气微粒的存在形式，取得极有意义的成果。

通过室内迁移柱的实验证明：①矿石某些元素可以在短时间内（1 个月）迁移到矿石与沙土接触层，在 1 年以后（13 个月），迁移到迁移柱顶部。如果按照这一观测结果，元素每年可以至少以米的距离迁移，在上百万年的第四纪演化历史中，元素完全有能力迁移几百米的覆盖层到达地表，这为深穿透地球化学技术的使用提供了理论基础。②矿石中绝对浓度越高的元素迁移速率越大。在无水（干旱）条件下，绝对浓度大的元素，如 Zn，Pb，Cu 和地球化学活动性较强的元素，如 As，Sb，Cd，在 13 个月的实验时间内，这些元素均从矿石向上覆沙土发生了明显迁移。③在水介质存在的条件下，元素迁移速率加大，并且以金属活动态形式迁移。

地质调查方法应用

一、综合地球物理

（一）复杂地电条件下瞬变电磁三维异常特征反演。

首次实现了定源回线瞬变电磁三维异常特征反演，反演能获得复杂形状的地下三维体参数，为瞬变电磁实测数据的三维处理和解释最终走向实用化提供了一套新的方法技术。并应用该程序对不同三维理论模型正演数据进行了大量反演试算。

在进行定源回线瞬变电磁三维异常特征反演过程中，采用改进的阻尼广义逆反演方法，迭代计算地下三维异常体参数的修正量，从而最终获得地下三维异常体参数。

采用异常场分离技术，从总场数据中获得三维反演所需异常场数据。总结出了地下三维异常体的参数变化对三维异常场特征的影响，为选取异常场特征数据开展定源回线瞬变电磁三维异常特征反演提供理论依据。

实现了复杂地电条件下瞬变电磁三维有限差分法正演数值模拟算法，完成了瞬变电磁三维正演数值模拟计算程序的编制。实现了复杂地电条件下瞬变电磁三维正演数值模拟。应用该程序对不同三维模型进行了大量正演计算，结果表明所研究的正演方法和编制的正演程序是正确的。

首次实现了瞬变电磁场与三维地质体相互作用的动态可视化。研制了动态可视化地下三维瞬变电磁场体积数据程序模块。通过图形显示三维正演数值模拟获得的体积数据，能形象地描述瞬变电磁场不同衰减时间在地下的空间分布形态，从而为研究瞬变电磁法的机理及扩散过程，理解瞬变电磁法基本原理打下了基础。

项目出版专著《瞬变电磁三维异常特征反演与瞬变场可视化》1 部，培养硕士研究生 1 名。

（二）大深度高分辨电磁测量技术与多功能电法仪器研制。

在研究攻克多频等幅同步供电、密集频点供电、大功率励磁稳流供电和高精度混合同步技术的基础上，研制出了电磁法大功率发射机、多功能同步宽带接收机，开发了相应的数据处理与解释软件，形成了具有中国自主知识产权的大功率多功能电磁法勘查系统。

该系统具备天然源场的音频大地测量、人工源场的激电测量、可控源音频大地电磁测深功能，并具有进一步扩展的潜力。

勘查试验表明，该系统的性能指标达到或优于设计要求。与国外的电磁多功能仪器（增强型 GDP32）整体水平相当，具有大功率多频等幅发射、密集频点发射和同步接收、微弱信号提取与处理和抗干扰能力强的优势。

该系统填补了中国多功能电磁测量仪器的空白，将为打破国外仪器一统天下的局面奠定基础。

（三）尼玛盆地 MT 调查。

完成了穿过洞错、尼玛盆地的大地电磁测深剖面 3 条，总长 100km，采集了部分物性标本，同时收集了中国地质调查局、中国地质大学（北京）及中石油在工作区取得的重磁、大地电磁测深及人工地震等资料。

对测量数据进行了认真处理及解释，结合区域地质地球物理资料，分析了班公湖—怒江陆相盆地带中的洞错—尼玛段盆地范围、基底埋深及构造格架特征，为盆地带油气资源潜力评价及油气地质调查工作部署提供了重要依据。

资料解释和综合研究工作中，充分利用了前人取得的大地电磁测深和二维反射地震资料，提高了解释结果的可靠性，节约了工作成本。

工作部署上，以野外地质调查工作为基础，结合区域重磁资料，由地质和地球物理两方面的技术人员共同讨论，使地球物理测量剖面能部署在关键位置上，取得了明显的地质效果。

二、地球化学

（一）矿产勘查中地球化学异常评价新指标及其应用研究。

同位素、硫（碲）、稀土元素等指标为地球化学异常评价提供了更加系统全面的信息。发生贫化的元素与发生富集的元素在地球化学勘查中具有同等重要的作用，综合利用元素的富集和贫化规律构建异常结构模型，是实现地球化学异常评价指标定量化的基础。这项研究成果不仅为大兴安岭中北段异常成矿前景评价提供了切实可行的方法技术，更重要的是丰富了地球化学勘查指标和方法技术应用基础理论，对促进学科领域进步和发展将产生深远影响，为地球化学异常评价方法技术研究指明了方向。本项目由中国地质科学院地球物理地球化学勘查研究所完成。培养硕士研究生 3 名。获地质学会 2009 年度十大地质科技进展之一。

（二）重要成矿区带区域化探资料开发与利用及 1:5 万化探方法技术。

通过对大兴安岭重要成矿带区域化探资料的利用程度和区域成矿预测水平，以及对大兴安岭、北山两成矿带和晋冀辽地区元素表生地球化学特征研究、采样介质中干扰物分布与干扰特点研究提交了大兴安岭中南段重要成矿带区域化探资料的开发与利用及其方法，研究制定了大兴安岭中南段半干旱草原山地（丘陵）景观和甘肃北山干旱荒漠戈壁残山景观的1:5 万化探方法技术，在河北、山西和辽宁选择试验区开展表生带元素分布特征及干扰物分布与排除干扰方法研究，制定出了 3 省以区域化探为主的方法技术。

（三）Pd，U，Co，Cr 矿地球化学勘查中的关键技术研究。

通过试验研究，确立 Pt，Pd 矿床地球化学勘查方法技术为：1:20 万区域化探扫面副样（1 点/4km^2）加测 Pt，Pd，圈定 Pt，Pd 区域异常，在异常区采用 1:5 万水系沉积物测量进行检查，用 1:1 万土壤（岩石）测量进行详查，寻找Pt，Pd找矿靶区，提交Pt，Pd矿产勘探靶区。样品分析指标如下所述。通用勘查指标为：Pt，Pd，Au；Ag，Ni，Cr，Co，Cu，有机C。黑色岩系型铂钯矿床勘查指标为：Pt，Pd，Au；有机C，Ag，Ni，Co，Cu，Cr、As，Sb，V，Ti，Zn，Pb。基性-超基性岩型铂钯矿床勘查指标为Pt，Pd，Au；Cu，Ni，Cr，Fe，Mg。

根据表生地球化学研究成果，提出东昆仑地区（有风成黄土干扰）新类型Co矿地球化学勘查关键技术为：采用水筛、截取-60～+140目粒级，开展1:5万水系沉积物测量。样品分析指标为Au，Co，Mo，Na_2O，MgO。

Ge矿床地球化学勘查方法技术为：1:5万水系沉积物测量普查，1:1万土壤（岩石）测量详查。样品分析指标为Ge，Zn，Pb，Ag，As，Sb，Na_2O；Cu，Fe_2O_3。

根据水系沉积物、土壤、岩石（矿石、围岩、风化基岩）中矿物组成及矿物成分研究成果，对Pt，Pd，Co，Ge的存在形式获得如下初步结论：①铂钯矿区：Pt，Pd主要以超微细颗粒形式存在。主要载体矿物在岩石中是黄铁矿；土壤中转为白钛石、褐铁矿；水系沉积物中则是褐铁矿、白钛石、磁铁矿。②黄铁矿型钴矿区：Co的主要载体矿物是黄铁矿和褐铁矿。其中褐铁矿中Co是黄铁矿的1/2左右，表明黄铁矿氧化为褐铁矿时，Co大量流失。③锗矿区：Ge的主要载体矿物是闪锌矿和方铅矿。同时，Ge具有次生富集现象，从岩矿石→土壤→水系沉积物，Ge含量有增加的趋势。

在本项目实施过程中，发现了甘肃省白龙江复式背斜轴部和文康断裂构造带铂钯找矿远景区。确立了四川省小关河-大黑依异常区和贵州省遵义黑色页岩镍钼矿区为铂钯找矿靶区，分别在异常区或矿区中发现了Pt的单矿物。

地质调查项目管理

一、地质调查项目立项管理

物化探所通过积极努力，2010年将负责地调局科外部地球物理勘查技术与装备研发、勘查地球化学方法技术研究，基础部多目标、区域地球物理调查、区域地球化学调查共5个计划项目的组织与实施。

二、地质调查项目组织实施管理

2009年，物化探所所承担（参加）地质调查项目（含计划项目、工作内容）38项，经费3704万元。地质调查项目中，新开22项，续作16项（含2009增量5项）。其中基础地质调查项目8个（青藏高原1项），资源评价类项目3个，资源调查与利用技术发展类项目25项（青藏高原1项），标准修订1项，安全保障体系1项。

物化探所承担的38个项目或课题、工作内容的设计、工作方案均通过了局组织的专家审查，其中9项优秀，25项良好，4项通过验收（未评级）。优秀率30%，优良率100%，高于2008年的优良率80%。

三、地质调查项目质量管理

1. 根据中国国家认证认可监督管理委员会和中国地质调查局下发“关于做好质量管理体系文件换版工作的通知”相关要求，物化探所对ISO9001:2008质量管理体系转版认证工作做了统一部署并制定了详细计划。新的体系文件编写实现所的管理一体化。预计2010年4月通过三方体系认证工作。

2. 加强过程管理，严把质量关，注重项目在实施过程中的监督与检查。2009年物化探所定位全所“质量年”，围绕所的工作重点，加强了项目的监督与管理，组织完成了承担的地质调查工作项目（含工作内容）38个项目的年度设计初审、续作中期评估；所有新上项目（16项）立项审查；分别赴江西、四川、内蒙古等地野外质量检查6项；室内资料检查验收（16项）提交报告初审（20项）等工作，一系列管理与监督措施的实施，确保了物化探所提交项目的成果质量。

国际合作与对外交流

一、重要国际合作与交流

1. 邀请加拿大Aeroquest公司总裁Roy Graydon先生、Geophyex公司总裁Alex先生、总工Jonathan Rudd先生及美国劳雷工业有限公司总裁方励来所进行了“航空地球物理测量与应用技术”学术交流，36人参加交流会。

2. 组织勘查地球物理专家赴澳大利亚参加了澳大利亚阿德雷德市举办的第11届ASEG澳大利亚地球物理年会及展览，在澳期间先后考察了必和必拓（BHP）资源评估部、辉固（Fugro）集团，以及澳大利亚联邦科学与工业研究组织（CSIRO）和澳大利亚地球科学研究院（Geoscience Australia）。为中国的时间域固定翼航空电磁系统研制提供了重要、直接的参考，取得了丰硕成果。

3. 筹备、承办了中国地质调查局召开的“国际地球化学填图会议”。国土资源部科技与国际合作司、中国地质调查局、中国地质科学院和物化探所等有关领导出席会议。来自美国、加拿大、澳大利亚、印度、挪威、德国、芬兰、南非、哥伦比亚、墨西哥等10个国家的14位应用地球化学专家，国内19个省地调院、地质环境总站和中国地质大学（北京）等高校的专家100余名代表参加了本次会议。这次会议旨在展示各国地球化学填图的新进展，交流各国地球化学填图的经验，探讨地球化学填图未来的发展方向，重点研讨世界河流地球化学填图的采样代表性及具体的实施方案。对谢学锦院士提出的在中国廊坊建立“国际地球化学填图研究中心”的建议，与会代表表示全力支持。

二、境外地质矿产工作

开展了中蒙边界地球化学编图项目。出访团组由中国地质科学院地球物理地球化学勘查研究所和中国地质调查局发展研究中心科技人员组成，前往蒙古与蒙古矿产资源局和蒙古地质调查中心开展合作工作。此项工作的开展是基于蒙古矿产资源与石油局和中国地质调查局于2008年5月7日共同签订的“中蒙边界地区1:100万地球化学填图合作计划”协议。举行了为期2天的1:100万地球化学填图培训班，参观了Ulaan多金属矿和Marday铀矿。通过此次访问与蒙古对未来3年的合作研究内容和合作方式等相关问题逐一进行了落实，为今后项目顺利实施和成果的取得奠定了基础。

综合行政

一、文秘档案管理及保密工作

1. 召开保密工作会议，传达部、局、院有关保密会议的精神；完善所保密制度，对重点涉密部门的保密硬件设施进行完善，并根据物化探所人事变动对保密委员会进行了及时调整。

2. 完成了所属各单位计算机网络及存储介质保密情况自查、国家秘密载体检查、地形图清理工作、保密自检自查等4个专项检查，配合部、局对所保密工作落实情况进行了实地检查。

3. 所领导与所属各部门、各单位领导签订了《物化探研究所保密工作责任书》，落实责任制和责任追究制，对全体涉密人员提出了具体要求。

4. 由所保密委组织所有职工签订了《保密工作承诺书》，此次承诺书的签订覆盖面广，保证了保密责任制的层层落实。

5. 在海报栏张贴保密宣传挂图，增强全体职工的保密意识。

二、新闻宣传和政务信息工作

有多项科技成果参加了部、局、院举办的相关展览和宣传，先后在国土资源报、中国矿业报、地质勘查导报等行业报纸上发表文章8篇，全面介绍了物化探所50多年的成就、物化探学科未来发展及应用思路、地球化学填图进展与成果，起到了科技宣传的作用。

加强对内外宣传报道工作，全年出宣传栏5期20个版面、月讯12期，简报59期、地质找矿改革发展大讨论简报13期。多条被局《地调工作动态》和院网站刊登。

经济与财务管理

一、单位经济管理

1. 编制了2009年预算落实方案和2009年财务收支计划，将“四项费用”的控制作为今年财务管理的一项重大任务来抓，通过财务知识主题宣讲活动，加强全体职工的财务管理规范意识。

2. 认真组织安排所的专项项目，财务部门参与所专项项目的合同洽谈、签订、过程监督和项目验收等工作，确保专项资金专款专用。

3. 对“小金库”专项治理工作进行部署，并组织落实。

4. 制定《物化探所财务管理暂行补充规定》，加强物化探所预算及财务管理，严格控制费用支出。

5. 组织安排财务管理知识讲座和局系统经济案件警世教育等活动，进一步提高全所职工执行财经法规的自觉性。

6. 按期启动新旧两套财务管理信息系统并行工作。编制的项目管理核算系统对项目预算管理、预算执行和会计核算起到积极的促进作用。

二、企业管理

对所属企业进行了进一步的清理、规范。对物化探所（香港）工程物探有限公司、廊坊市物华劳动服务公司和廊坊市鑫宇工程检测有限公司进行转让或撤销；对上海京海工程技术公司进行了整体转让评估和审计，进入公司挂牌转让实施阶段；将廊坊迪远仪器有限公司并入廊坊开元高技术开发公司，由股份制变更为国有独资；目前所将只保留一个国有独资企业——廊坊开元高技术开发公司，并制定了有关公司规范发展的方案。

基建与装备管理

一、基本建设管理

1. 总投资920万元的所标准物质样品楼改扩建工程已于2009年10月中旬投入使用。

2. 职工集资楼已进入入户装修阶段，极大改善了职工的生活居住条件。

3. 向部报送了依托物化探所建立的“国土资源部地球物理电磁法探测技术实验室”建设与运行机制的建议。完成了国家地球物理地球化学勘查技术研究重点实验室筹备、申报工作。

二、装备管理

1. 加强国有资产管理监管，各类物资采购采取计划审批和实物验收制度，加强实物采购的监管，确保国有资产安全。对于批量或大宗材料采购，由所组织或参与实施采购工作，采购实物验收合格后办理资产登记、领用、报销手续，年底对实物资产进行盘点清查、核实，确保固定资产实物与价值相一致。

2. 依据“国土资源部国有资产管理暂行办法”（国土资发〔2008〕148号）文件精神，对《物化探所固定资产管理办法》第5章第34条固定资产的处置有关条款进行了修改，制定了《物化探所固定资产管理办法补充规定》。

3. 为加强工作用车管理，结合物化探所科研工作和车辆使用实际，制定了《关于加强物化探所工作用车管理的通知》，要求全所各类工作用车（包括共有车辆和租用车辆）均须填制《物化探所工作用车行驶记录表》，作为交通费用报销和办理相关业务的依据和备查文件。

干部人事教育

一、干部人事工作

为适应当前工作发展的新形势、新任务、新要求，根据所的安排，对所部分组织机构进行调整，年内先后组建信息中心、重组开元公司，对技术业务部门组织结构进行了适当调整；按照党政领导干部选拔任用工作条例规定，先后完成信息中心、开元公司、后勤服务中心、10个技术业务部门等部门的25名中层干部聘任工作，其中11名同志为新任中层干部。对物化探所的20个组织机构进行了人员调整，并对不符合工作实际需要的23个组织机构进行了撤销。

二、职工教育培训

1. 共有20名专业技术人员获得相关技术职务任职资格，其中正高级6人、中级14人；对15名工人的技术等级进行聘任。

2. 新进学生13人（硕士12人，本科1人），调入2人（引进重力方法技术人才1人，安置退伍兵1人）；组织面试并初步落实2010年新录用毕业生18余人。

3. 2009年学历教育毕业硕士3人、本科1人，2009年新入学硕士2人，批准硕士培训申请4人。组织开展专业业务知识培训、岗位技能培训、质量管理体系培训、安全知识培训等各类培训近300人次。

三、离退休干部管理

物化探所现有离退休职工：381人，其中离休干部：23人（含代管4人）。目前，离退休职工队伍整体状况基本稳定。日常工作中做好离退休职工来信来访工作，围绕所的工作中心，做好老同志日常的思想政治工作，做好离退休职工看病就医工作，关心离退休职工生活，把为老同志服务落到实处，开展丰富多彩的文化体育娱乐活动。

安全生产管理

制定了所2009年安全生产工作要点、综合治理工作要点。各个行政单位主要负责人与所长签订了安全生产、社会综合治理任务目标责任书。表彰奖励2008年安全生产先进个人。制定“物化探所安全生产3项行动工作方案”，进行了5次所内安全生产大检查。积极开展安全生产月宣传活动。开展安全生产知识竞赛、安全生产培训、组织开展“消防应急演练和消防知识宣传教育活动”，参加了“全国职工安全健康知识竞赛”答题活动。对院区的外来租房户进行了4次清查、核实登记。开展野外安全生产大检查。印发了所安全生产综合治理文件汇编和安全生产工作手册，加强化学试剂剧毒物品的保管使用监管工作，加强了院区治安值勤管理工作。

2009年，物化探所安全生产、综合治理工作形势较好，未发生任何责任事故。全面完成了安全生产任务目标。

纪检监察审计工作

一、纪检监察工作

1. 所主要领导与各部门负责人签订了物化探所2009年反腐倡廉建设工作责任书，建立起反腐倡廉建设工作网络。

2. 学习贯彻中纪委、国务院廉政工作会议和国家领导人重要讲话精神，把党员领导干部党性教育和作风建设作为党风廉政建设和反腐倡廉工作的重点内容，引导广大党员干部牢固树立正确观念，提高党员干部廉洁自律的意识。

3. 做好信访举报和案件查处工作。认真接待和处理群众来信来访，积极稳妥地解决群众反映的问题。年内对职工提出的相关住房、购房补贴、职称、工资、待遇等方面信访均耐心做好解释说明工作。

4. 参加局系统纪委书记座谈会，进行经验交流。根据局要求，完成了物化探所党风廉政建设工作情况统计表的填报和上报工作，向局报送了《物化探所构建惩防体系第二阶段工作自查总结报告》。

二、审计工作

1. 根据局《关于委托中审亚太会计师事务所开展审计工作的通知》精神，依照局统一安排，中审亚太会计师事务所审计组进驻物化探所，对所2005~2008年4个会计年度的经济管理、财务状况进行全面审计，配合审计组顺利完成审计工作。

2. 开展警示教育，邀请审计署资源环保审计署局徐克广处长、局财务部胡思敏副主任来物化探所进行经济法规培训，邀请局监察审计室王昭处长开展经济案例警示教育，并对个别科研人员违规问题进行通报批评。

3. 根据上级的统一部署，认真开展清理规范企业、“小金库”治理工作。

4. 成立“2009年局系统内部审计工作协调小组”，现场审计已圆满完成。邀请专业审计机构对京海公司进行全面审计；对锅炉修理工程、基建改造工程、基建物资采购等，所进行公开招标和委托审计，节约了项目经费。同时，按照上级部署和安排，配合相关部门对地质调查专项装备采购等进行审计，项目执行情况总体良好。

党群工作

一、党建工作

1. 根据上级部署，结合所的中心工作，系统部署2009年党建、反腐倡廉建设等各项工作。先后印发了所党委2009年党建工作安排、反腐倡廉建设工作安排等。

2. 通过召开党委会、支部书记会等，传达部、局、院反腐倡廉建设会议精神、两会精神、上级文件和中央领导的一系列讲话精神等，要求各单位、各支部结合实际，认真学习，研究讨论物化探所2009年相关工作的落实措施，切实把会议精神和各项要求落到实处。

3. 积极开展党建工作，做好党员信息库建设和党员统计工作，参加局直属机关党委举办的研讨会，加强组织建设和作风建设，2009年所发展预备党员1人，转正2人，结合建党88周年开展相关庆祝活动，开展了部直属机关“两优一先”的评选推荐工作。

4. 积极做好准备，认真开好领导班子民主生活会。班子成员结合实际，就职工提出的意见和分管工作，在简要总结工作的基础上深入查找班子和个人存在的突出问题，深刻分析原因，提出了改正不足的整改措施（努力方向）。

二、精神文明工作

召开了物化探所第23届职工运动会和第7届离退休职工运动会，组织职工和离退休老同志参加了所及上级部门组织的其他一系列文体比赛、参观展览等活动，承办并参加了局系统第一届职工篮球赛决赛，并获得第二名的好成绩；组织职工参加庆祝新中国成立60周年文艺会演。

三、工会、共青团、妇女工作

1. 努力做好日常性的思想政治工作。针对职工关注的集资建房、收入分配制度改革、个人待遇、住房补贴发放等热点问题，积极协调，继续耐心做好释疑解惑，宣传政策，化解矛盾的工作，为所的稳定发展提供保障。

2. 先后召开了有建房监督委员会、老职工代表参加的11次职代会主席团扩大会议，4次全体集资户会议。及时通报了职工集资楼内装及验收有关情况，以及政府有关部门对住宅楼验收程序、标准，对职工反映的问题进行答复，通报对职工提出的意见进行整改情况、存在的问题及解决的办法。充分体现职工的知情权、监督权、参与权和决策权。

3. 为物化探所所内7人的大病救助（医疗保险救助金）申报审核做了积极努力，最终为大病职工取得2. 5万元的大病救助款额。为479人次离退休职工报销（报送）门诊医药费和住院费296万元。

4. 为所内25名困难职工发放补助共计20800元，使困难职工得到帮助。

5. 开放科技交流中心的部分场地，积极鼓励职工参与体育锻炼活动，增强职工体质。

6. 做好为职工生日送上生日蛋糕和鲜花的祝福

工作。

7. 为纪念“五四”青年节90周年，组织团员开展篮球比赛等系列文体活动。

8. 努力做好工青妇及统战工作。开展与工会、妇女组织、共青团组织、民主党派的各种活动，做好青年人的思想政治工作，凝聚团员青年的向心力。

（杨亚琴）

中国地质科学院岩溶地质研究所工作

中国地质科学院岩溶地质研究所

地质科学研究

一、广西岩溶石漠化环境信息系统和防治研究

以地理信息系统软件为平台，重点进行了ArcGIS8.0的空间分析功能的开发。建立了广西岩溶石漠化信息系统。利用信息系统平台，开展了岩溶石漠化危害的风险评估。选择了碳酸岩盐出露面积、地形坡度、地貌类型、植被类型与覆盖率、土地开发利用方式等一系列相关因素建立了石漠化评价指标，并对石漠化发展趋势进行了预测。进行了石漠化综合治理规划分区，结合广西自然地理、地貌、水文地质及环境地质条件，分区依据充分，合理。并以分区为单元提出了综合治理措施。在核心刊物上发表了2篇论文，以项目为依托培养了2名硕士研究生。

二、利用洞穴沉积物重建石漠化演化历程及驱动机制的研究

主要选择贵州荔波董哥洞、广西乐业熊家洞、蚂蜂洞、武称洞和桂林盘龙洞等作为研究对象，通过洞穴地表覆盖的植被演替的类型，就生态退化的过程、洞穴滴水及沉积物进行动态监测研究。分析了不同植被与土壤厚度对表层带调蓄能力的影响，认为土壤的作用相对植被而言更加明显。提出随着植被群落退化，石漠化形成，土壤、植被的组合特征差异均能在洞穴滴水中得到响应。取得较多原创性的成果，对下一步关于岩溶作用与环境变化，岩溶作用与碳迁移研究打下了良好基础。

三、牛栏江-滇池补水工程库区及泵站、输水线路岩溶水文地质专题研究

通过研究认为，德泽库区不存在库水向左岸低邻谷河间地快产生大范围、永久性渗漏问题；库区右岸，天然状态下，地下水能够比较顺利地沿岩溶管道向库区排泄，但水库蓄水后，水位抬高到1790m时，库水可能会沿着岩溶管道向上游回水、壅堵，水力坡度降低，地下水排泄速度减慢，加重或延迟上游岩溶谷（洼）地的浸没内涝等环境地质问题。

干河泵站处在岩溶强发育区，浅部以溶洞、暗河管道、伏流进出口、溶缝发育为主。中—深部以溶隙、溶孔、小溶洞、缝隙发育为主。泵站地下厂房施工时，涌突水条件有利、几率较高。

输水线路大部分地段处在岩溶强或较强发育区，以溶洞、暗河管道、岩溶洼地、落水洞、溶缝隙等为主。输水线路地灾类型，主要是当隧道施工时，易产生围岩稳定性、隧道涌水突泥、泉水或井水干枯断流等岩溶环境地质问题。

通过隧道涌水量计算、分析、对比，认为“水均衡法”算值偏大；“地下水径流模数法”算值偏小；“专家评判系统法”算值居于两者之间。

国际合作与对外交流

2009年执行出访项目10项27人次；来华访问、培训、合作研究、会议等接待项目9项67人次。3人参加UNESCO第37届国际地学计划会议并访问欧洲的2个研究中心；2人参加在泰国举行的“地下水资源有效管理”国际会议；1人赴美国进行“中国环境健康项目”中美合作；1人赴美国参加“首届PAGES年轻科学家论坛及第三届PAGES开放科学论坛”国际会议；3人前往越南进行国际岩溶研究中心岩溶考察和学术交流、咨询；4人前往克罗地亚参加岩溶环境可持续性国际学术讨论会；3人前往印度出席第8届国际水文科学协会暨第37届国际水文地质学家协会科学大会；1人前往丹麦哥本哈根参加气候变化峰会“碳公平”边会；对联合国教科文组织国际泥沙研究培训中心、中国科学院对地观测与数字地球科学中心进行了访问。

聘请了31位国内外著名的岩溶学者组成了国际岩溶研究中心第一届学术委员会，并召开了第一届第一次学术委员会会议。1月8日至12月5日成功承办了“岩溶水文地质与生态国际培训班”，扩大了中心的对外交流合作和知名度。

综合行政

1. 保密工作。根据局的要求，开展了全员签署保密责任书工作，增强干部职工保密意识。岩溶所还顺利通过了部、局、自治区保密局、自治区国家安全局的4次保密检查。

2. 宣传工作。制定了《新闻宣传工作管理办法》，加大对外宣传工作力度，以新闻、简报、板报等形式宣传岩溶所科研进展及新风正气。政务信息、简报明显增多，去年共发简报53期，上报地科院政务信息46条，被地科院采用40条，上各类报刊稿件16篇。

经济与财务管理

一是加强学习教育。为提高财务管理水平，多次组织财务管理方面的讲座与培训，学习有关财经制度、预算管理规定等，通报违纪典型案例，提高干部职工执行财务制度的自觉性，确保资金安全运转。

二是规范财务管理。对原财务管理制度进行修改完善，及时修改完善了现金管理细则规定等8项财务管理规定；制定了《会议费管理办法》等两项新制度，规范了单位各项经济活动，使财务管理做到有章可循、有法可依，提升了财务管理水平。

三是强化预算管理。加强预算编制工作，并严格预算执行，对执行预算中发现的问题如外协费、野外租车费等加强了管理。积极推进预算的执行，使预算执行率超过了局的要求。

四是按照局的加强和规范实体管理的要求，对所办企业进行了清理整顿。申请撤销了所属企业基础工程公司和工程勘察院，成立善后工作领导小组，聘请专业审计人员对企业进行审计，并对审计中发现的问题进行整改。

五是认真开展了“小金库”治理自查自纠工作，经自查没有发现“小金库”问题。

基建与装备管理

1. 会仙岩溶生态研究基地已完成道路、水电等基础工程建设，基地雏形已形成；武隆喀斯特研究基地得到了地方政府的支持，拟同意给岩溶所划拨土地进行基地的建设；寨底地下河流域水文地质研究基地已开展水文监测站等方面的建设；丫吉村、毛村等试验场的观测与试验设施进一步改善添置了比较先进的环境地球化学测试仪器，岩溶所的实验条件得到改善。

2. 改善了职工的办公环境。仅用3个半月的时间，全面装修改造办公大楼，对供电和供水系统全面改造，增加一层办公大楼，新增约1200 m^2 办公用房，极大改善了科研人员办公条件。

3. 全面改造办公系统网络。经过升级改造，使岩溶所的网络由10M带宽，增至30M，为科研和地调工作提供快捷的信息通道。

4. 提高了供电能力。投入65万元进行电力增容改造，2009年解决了所内供电负载过大的问题，保证了办公和职工生活供电。

5. 新增仪器设备392台套，其中10万元以上仪器设备15台套，总值937万元。

6. 组织编写了岩溶动力学国家重点实验室申报书，并已列入国土资源部优先申报计划中。

安全生产管理

所领导班子高度重视安全生产和保密工作，2009年初与所属各研究中心、各部门主要负责人签订安全生产目标管理责任书和保密承诺书，各重点单位的主要负责人与所属职工签订目标管理责任书，做到任务层层分解，责任层层落实。岩溶所通过项目实施前安全生产交底、外业工作前培训、请专家讲座、现场安全检查以及增加安保资金的投入等措施，确保安全生产工作的落实到位，保证了年度安全生产目标的全面完成。岩溶所被评为局2008～2009年度安全生产先进单位。

纪检监察审计工作

1. 落实责任制。岩溶所在工作安排时把党风廉政建设与业务工作紧密结合、同步推进，做到一起部署、一起落实、一起检查、一起考核。制定了《岩溶所2009年反腐倡廉工作要点》和《2009年党风廉政建设工作责任分解》，签订了党风廉政建设责任书。

2. 开展全方位教育。举办了“新时期加强党风廉政建设和反腐败斗争的思考”的专题讲座，观看警示教育片等；把反腐倡廉教育纳入党员干部培训教育计划，融入党的建设等各项工作之中。每年开展两次以上干部集中学习培训，廉政教育列为干部教育的一项重要内容。

3. 坚持干部述职述廉。结合年终工作总结，对中层干部从德、能、勤、绩、廉5方面述职考核，对部分考核结果不理想的中层干部进行警示谈话，强化干部自律意识。

4. 加强对各项工作的监督检查。重点加强对领导班子在贯彻落实科学发展重大决策部署，在涉及人、财、物等重大事项过程中执行民主集中制等情况的监督。逐步完善职工民主监督机制，在项目管理、采购、基建、招标等活动中，纪检监察全程参与，认真履行监督检查责任。班子成员中没有违纪现象发生。

党群工作

注重加强党员干部思想、组织、作风建设，认真组织党员干部学习国家和上级领导的重要讲话精神，树立新三观“事业观、工作观、政绩观”。进一步激励干部提高推动地质工作又好又快发展的使命感、责任感和紧迫感。为树立正气，弘扬积极向上、无私奉献的精神和为促使党支部更好的发挥战斗堡垒作用，党员更好的发挥先锋模范作用，党委组织评选了2007~2008年度先进党支部和优秀共产党员，进行了表彰和宣传。重视和加强党的组织建设，2009年有3名预备党员按期转正。各支部也根据各自的特点开展了调研和形式多样的组织活动。

加强知识创新、科研地调成果等信息的宣传交流，鼓舞职工士气，充分发挥“科技创新文化长廊”、网络宣传功能，宣传重要科研成果、科技精英、先进典型、团队创新精神等文明创建活动，积极营造推进我所又好又快发展良好氛围，让职工感觉到一种精神。

2009年局举办第一届职工文艺会演，所领导高度重视，组织文艺演出队，认真排练节目，投入资金组织积极参演，舞蹈《走在山水间》在中国地质调查局第一届职工文艺会演中获得了二等奖，为所争得了荣誉，也体现出岩溶地质所的风采。

围绕“立足岩溶，开拓创新，构建和谐，持续发展”的建所方针，奉行真抓实干，求真务实，积极推进，努力作为的工作作风，强化思想政治工作的重要性，通过多种渠道的沟通，发现不稳定的苗头，积极进行引导和教育，化解和解决问题。与此同时积极为职工办实事，通过一件件实在事，使职工群众得到了实惠，使职工队伍得到了稳定，使凝聚力工程建设取得了实效。

1. 完成3#职工集资楼验收并顺利交付使用，为职工安装了供暖设施，岩溶所有199户具备供暖条件，全面改善了职工住房条件。

2. 更换了院内地下供水管道，改善供水设施。所投入50万元更新了所供水管道，实现一户一表，提高供水保障能力，解决职工后顾之忧。同时更换了办公大楼及家属区的消防系统，确保办公及家属区消防安全。

3. 所投入37万余元为全体职工（含离退休人员）办理了公务员补充医疗保险，解决职工大病救助问题。

4. 改善了餐厅经营管理。制定餐厅经营管理办法，投入资金对岩溶餐厅进行改造，提高了职工午餐饭菜质量。

5. 制定和完善职工劳动保护用品的管理办法，保证职工的劳动安全。

6. 根据岩溶地区野外工作条件艰苦的实际情况，适当提高了野外地质工作人员的津贴补贴标准，调动了科技人员的积极性。

7. 职工住宅免费安装宽带网。

8. 搞好节假日职工福利慰问品发放，2009年职工福利水平比2008年提高。

9. 为职工（包括离退休人员）每年的生日送生日蛋糕。

10. 坚持每年免费为职工健康查体。

11. 为生病住院职工送上一份爱心，组织到医院进行探望。

12. 积极向上级反映，为离休干部解决生活补贴问题。

13. 为职工发放了一次性房屋补贴。

14. 为了确保基地大院的安全，投资20余万元，安装摄像头32个，进行全方位监控，不留死角。此项工作，得到地方政法机关高度评价。同时，为保证职工住宅区安全，为家属区楼道窗户安装防盗网。

15. 体现人文关怀，修改了职工丧事管理规定等。

（杨初长）

国家地质实验测试中心工作

国家地质实验测试中心

岩矿测试技术

一、不同景观城市的生态地球化学环境调查与风险评估方法技术研究

项目强调城市环境地球化学调查技术方法是生态地球化学系统研究的一部分，主要环境要素包括地质背景、水文地质、地理环境、土壤母质、社会环境等条件，多介质（土壤、水、大气）全方位（土壤垂向剖面、土壤元素全量和形态）和规范部署地下水及地表水样品的采集与分析，开展大气和大气悬浮物化学组分的研究，有助于全面反映生态系统元素的迁移转化规律，完整、综合地开展生态环境风险评价。项目利用大气主动、被动采样技术，以及源解析技术对POPs的大气传输通量、污染物的来源开展了研究。利用时间序列分析方法以及逸度模型进行OCPs和PCBs预测预警分析，得出生态或健康风险值，进行了综合生态风险评价。利用遥感生态地球化学技术对工业城市大气环境进行监测，圈定了城市大气沉降异常区域，开发了《土壤地球化学环境重金属污染动态监测及预测/预警系统》。通过研究证明上海崇明岛表层土壤目前是清洁的，土壤垂向剖面显示，重金属元素含量逐年增长，易于进入生态链的离子交换态和碳酸盐结合态也在逐年增长，主要受长江上游水体环境和污染物排放的影响。南京市栖霞山铅锌多金属矿区土壤和地下水中重金属元素存在较严重的污染，蔬菜中的重金属超过国家标准，生态环境中的重金属污染来自矿山排污，并已经对周边环境和人体健康造成威胁。

二、地球化学调查土壤样品有机分析技术研究及其应用

项目采取实验室和野外紧密结合，积极探索野外采样与实验室测定结果的关系，打破传统的实验室工作模式，有效延伸了实验室工作链。取得的主要成果：①建立了土壤和沉积物样品中25种持久性有机污染物的系列分析方法和分析质量控制方案。该方法分析速度快、效率高，技术指标远好于地质调查规范要求，达到国际先进水平。系列方法具有技术互补性和应用配套性，通过不同类型土壤200多个样品应用考察，证明其适用于不同基质土壤有机分析，已在地调系统有机实验室推广。②首次开展了区域性有机地球化学调查，获得$100km^2$1:5万区域有机污染物地球化学分布图，为开展面积性农业生态地球化学调查在野外样品采集、制备、保存，以及分离测定等方面进行了积极的探索。其中野外样品采集与保存技术已为区域调查工作部署所采用。③面向行业26单位培训学员50多人，技术研讨两次60多人次参加，全国有机分析比对两次，发表论文3篇。

三、地下水污染测试技术研究

项目围绕全国地下水污染调查评价工作的要求，研究制定了地下水有机污染组分分析技术和方法，研究制定了地下水污染调查评价样品分析质量控制方法，对地下水污染样品分析测试工作中野外样品采集方法和质量控制方法、实验室日常分析质量监控方法和地下水样品测试质量远程实时监控系统等共性及关键技术问题进行研究并实施应用，取得了显著成果。经过实验测试中心短短的3年的努力，通过交流培训、现场指导、仪器设备购置等工作使地质实验室从无到有，形成了有机污染物样品分析技术能力。13个经认定具备资格的实验室近3年间累计完成了2万余组样品的110万余项有机污染物分析，满足了全国地下水污染调查评价工作的要求，有效培育和提升了承担地下水污染样品测试任务的实验室有机污染物样品分析的技术能力。为全国地下水污染调查评价样品测试工作的顺利进行和取得数据的可比性及有效性提供了有效的技术支持。项目组率先提出的地下水远程实时监控的质量控制方法和野外加标控制方法具有创新性。

地质调查项目管理

一、地质调查项目立项管理

2009年承担计划项目“现代实验测试技术在地质调查中的应用研究”，根据中国地质调查局下达的

项目计划，积极组织中心、天津地质调查中心、成都地质调查中心、宜昌地质调查中心、地科院地质所等单位开展了立项论证工作，编写了立项论证材料。2009年测试中心共承担计划项目1项、工作项目9项（其中新开2项）。到位经费797万元。

二、地质调查项目组织实施管理

2009年中心承担7项地质调查项目通过了中国地质调查局组织的设计审查工作，其中3项优秀，4项良好。

2009年中心6个项目通过了地质调查局组织的专家验收。总体验收等级情况为：2项优秀，4项良好。

2009年中心3个项目进行了资料汇交作，并完成了项目经费审查等工作（2个优秀，1个良好）。

三、地质调查项目质量管理

2009年中心“地下水污染测试技术研究”项目参加了地调局组织的项目质量抽查工作，质量良好。

为加强项目管理，全面了解所属各工作项目进展和存在主要问题，督促各项目按时、保质、保量完成各研究任务。2009年12月组织召开了计划项目所属工作项目中期汇报会，所属“同位素实验测试技术与方法研究”、“引进现代分析测试设备配套方法研究”、“现代有机分析技术在地质调查中的应用研究”、“现代分析技术在矿物、矿石样品中的应用方法研究”、“重点同位素地质分析标准物质研制”、“地质调查实验室信息管理系统（LIMS）的完善与推广应用”、“区域地质调查样品测试方法应用研究”“地质调查无机实验测试标准体系研究”、“现代地质调查分析测试技术综合研究”等9个工作项目及35个工作内容负责人共计50余人参加了会议。

测试中心承担的其他地调项目在中心召开的科技年会上进行了项目汇报，并对项目进度、质量进行了考核。

四、对外测试服务

2009年12月19～21日，测试中心通过了中国实验室认可委员会与国家计量认证评审组的实验室认证认可“二合一”现场监督评审，使实验室认证认可继续有效。

2009年，中心对外检测总收入达到878.34万元。

国际合作与对外交流

2009年测试中心承担的2项科技部国际合作项目分别派出合作研究人员赴美、德各1人次。1名德国博士研究生在测试中心进行了为期3个月的学习培训。测试中心科技人员出国参加国际会议5人次。邀请国外专家来测试中心开展学术交流3人次。由于“四项费用”控制，开展国际交流活动明显少于往年。

综合行政

一、开展地质找矿改革发展大讨论

按照部、局党组的统一部署，自4月起中心开展了地质找矿改革发展大讨论，全体干部职工积极参加，大讨论活动进展顺利，完成了准备动员、学习讨论、解决问题、总结完善4个阶段各项任务，取得了较为明显的成效。党委、领导班子注重加强领导，精心组织；认真学习，开展专题研讨；结合实际，深入调查研究；针对工作的现状和存在的突出问题，梳理问题，分析原因。并把完善措施，解决问题作为重中之重的工作抓紧、抓实。

地质找矿改革发展大讨论活动取得了较明显的成效。

二、召开测试中心2009年工作会议

中心于4月1日召开了2009年工作会议。会议的主要任务是：以邓小平理论和“三个代表”重要思想为指导，以开展深入的地质找矿改革发展大讨论活动为契机，按照局、院2009年工作会议部署，总结2008年的工作，明确2009年工作任务和目标，以改革为动力推动各项工作；科学规划，统筹安排，认真安排好“十一五”后两年的科技工作，为全面实现“十一五”科技发展目标奠定坚实的基础；加强队伍和创新能力建设；加强领导班子建设、党风廉政建设、精神文明建设和综合治理工作，为各项工作的顺利推进创造良好氛围，确保各项任务的顺利完成。

三、制定完善了相关制度

加强制度建设，提高管理水平。研究制定了《职工医疗费报销补充办法》、《出差管理、差旅费报销的补充规定》、《工会经费管理办法》、《“四项费用”管控办法》、《法人项目经费管理办法》；修订了《对外检测服务管理办法（暂行）》；讨论通过了《大型仪器使用管理办法》。同时，还制定了《关于调整机动车辆使用费用的通知》和《关于调整在读研究生工作待遇的规定》，使管理更加规范、合理。

经济与财务管理

2009年，中心总的经济运行情况良好，全年总收入达到创纪录的5161.3万元。2009财政预算总执行率达到了82.21%。2009年末，固定资产为4358.5万元，较2008年末的3931.2万元增长了10.9%。

一、加强财务、资产管理

结合2009年中国地质调查局统一组织的内部审计中出现的问题，有针对性地改进和完善中心的会计基础工作，严格财务审核、报销、记账等会计核算的各个环节。注重对审批的管理，严格审批依据，规范审批程序、界定审批权限，加强审计监督，从源头抓起。同时强化了各类实物采购的出入库登记制度，保证国家资金、资产的安全。

二、探索法人项目的预算管理办法

为从根本上解决科技项目预算执行率低的问题，2009年重点探讨并形成了法人科技项目经费管理办法。其核心为：①实行部门归口管理。充分发挥管理部门在法人科技项目预算管理中的主导作用，明确了各部门的职责。②实行“两级统筹”。地质调查项目实行工作项目、计划项目“两级统筹”；基本科研业务费项目实行研究室、单位“两级统筹”。并明确规定了原则，界定了权限，规范了程序。③实行“二级预算”。制定了“二级预算”的制定原则、审核和下达；“二级预算”的实施、管理与监督办法；强调了各级项目负责人在“二级预算”实施中的主导地位和职责。并编制建立了实时运行软件，使各级项目负责人、研究室主任和管理部门能随时了解“二级预算”执行的情况，为“二级统筹”的实施提供依据。同时，注意了“二级预算”与“一级预算”在财务科目上的衔接。

三、认真清理企业

根据部、局的统一部署和要求，2009年集中清查、清理了对外投资的3家公司。对于投资5万元入股（占该公司投资的10%）的北京优联光电技术有限公司作撤股处理，经有资质的专门机构评估，已收回股金1.8万元。对投资5万元于1997年成立的全民所有制企业北京市湛兴技术服务中心，已作为公开出售处理。国土资源部已对该公司清理方案作了批复，正在按法律程序操作，有望近期完成出售，收回投入资金。1992年投资20万元入股的北京红白兰日化有限公司，因该公司经营不善，2001年因债务问题被起诉、查封，2003年工商已注销，原公司负责人已退休多年，且相关的公司原始档案材料在公司挂靠单位（北京二七机车制造厂科协）多次搬家过程中已丢失，难以取得相关的资料和收回投入的资金。已上报部财务司，申请认定损失，作财务核销处理。

基建与装备管理

落实李克强副总理考察国土资源部和中国地质科学院时的重要讲话，测试中心召开各层次科技、管理人员会议，根据国家地质工作发展的需求和测试中心中长期发展规划（2020年），认真筹划国家级地质实验测试中心的基地建设，提出了现代实验测试基地的扩建方案。

2009年中央公益性科研事业单位修购专项和地质“野战军”装备规划的仪器设备超高压液相色谱仪、吹扫捕集样品浓缩仪、凝胶渗透净化系统、自动抽提系统、激光熔蚀进样系统、快速溶剂萃取仪、红外光谱仪等仪器设备陆续到位。另外，利用发展基金50万元购置了气－质谱联用仪和原子荧光分析仪。这些仪器设备已全部投入运行，在科研和检测工作中发挥了重要作用。2009年修购专项购置的负离子热电离质谱仪也已完成了各项相关手续，等待到位。实验室仪器设备的引进进一步加强了中心的科研和检测服务能力。

干部人事教育

一、队伍建设

2009年通过应届毕业生应聘笔试和面试答辩，接收应届本科毕业生2名，硕士毕业生5名（包括1名复转军人），博士毕业生1名。其中，6名充实了科研和测试队伍，2名充实了管理队伍。

通过职工在职学历教育、结合科研和检测工作举办各种类型的专业学习班、参加行业、部门和社会的各类专业技术培训班，参加各类学术会议等方式，加强对在职管理和科技人员的培训，提高在职职工的业务能力和水平。

二、岗位设置

根据“部属事业单位全面实施岗位设置管理工作会议”的精神，11月24日召开主任办公会议，研究成立岗位聘用领导小组和办公室，研究和部署了岗位设置工作。11月30日召开全体职工大会，及时传达会议精神，并进行动员和部署。在多次召开职工大会和职工代表大会，并广泛征求意见的基础上，完成了《国家地质实验测试中心岗位设置实施方案》（讨论稿）和《国家地质实验测试中心岗位聘用实施办法》的编写。12月31日，岗位聘用领导小组，在认真研究上级意见和职工代表意见的基础上，形成正式《国家地质实验测试中心岗位设置实施方案》上报地调局。

三、业务培训

1. 由中国地质调查局、国家地质实验测试中心主办，西安地质调查中心承办的“2009年实验测试技术培训暨研讨会”于9月8日在西安举行。来自全国地矿、有色、冶金、核工业、科研院校、武警黄金支队50个单位共120人参会。会议就地调项目对实验测试的要求、化学分析中的不确定度评估、地下水中挥发和半挥发有机污染分析方法的建立、电感耦合等离子光谱/质谱技术在岩石矿物分析中的应用、地矿实验室LIMS的开发、应用及推广中的有关问题、原子光谱仪器在地质样品中的应用等新技术作了专题讲座和研讨。此次培训结合实际，瞄准实验测试新技术、新方法，将为今后的地质实验工作的发展提供新思路。

2. 由中国地质调查局科外部主办，中心承办的“2009年全国地质行业实验室总工培训班”，于11月2日至5日在北京举行。来自国土资源部矿产资源监督检测中心、中国地质调查局地调中心、有色、冶金、核工业以及大专院校等66家实验室的100多名代表参加了培训。国土资源部总工、中国地质调查局副局长张洪涛、局总工程师主任严光生、基础部调查副主任奚小环、水文地质环境地质部副主任文东光、国土资源部科技外事司高平和文波两位处长为培训班授课。各位专家就当代地质工作形势、“十二五”地质调查工作设想、基础地质调查规划及对测试工作的需求、“十二五”水环地质调查工作部署研究、地质工作中的科技创新以及现代地质实验室管理等内容作了深刻的讲解。国家技术监督局李雨田研究员和10多位来自基层单位专家围绕着地质实验测试技术方法和国内外相关进展作了专题讲座。

安全生产管理

认真贯彻落实上级机关关于做好安全稳定工作的部署，抓好安全生产教育，开展“迎国庆、保安全”活动，落实各项安全生产措施，确保单位全年安全无事故。一是结合本单位实际，制定了《2009年安全生产及治安综合治理工作要点》，统筹安排全年安全生产、治安综合治理工作。二是与各部门签订了《安全工作目标管理责任书》，落实安全生产责任制。三是继续搞好安全教育，开展了安全生产知识答题，加强专兼职驾驶人员和出野外人员的安全教育。四是更换了防盗报警系统、消防器材，安装了自动门管理系统，加强日常巡查，开展了4次安全检查，及时处理有机废液，固定高压气瓶，消除安全隐患。五是做好好新中国成立60周年纪念活动期间的安全防范工作以及节假日和特殊时期的安全值班工作。六是做好行政工作，组建条件保障室，加强后勤部门建设，提高科研综合保障能力和服务水平。

纪检监察审计工作

根据部《关于开展“小金库”治理工作的通知》要求和上级领导的讲话精神，测试中心党委及时研究印发《测试中心开展“小金库”治理工作的通知》，并及时召开由全体职工参加的“小金库”治理工作动员大会，按计划完成“小金库”治理自查自纠工作。

党群工作

一、探索基层党建形式，开展纪念建党88周年活动

一是以庆祝新中国成立60周年活动为主线，以歌颂党、歌颂祖国和歌颂社会主义为主题，组织开展“爱国歌曲大家唱”群众性歌咏活动，并积极参加局文艺汇演取得了好成绩。二是“七一”召开党员干部大会，组织共产党员、入党积极分子重温入党誓词，以“深入学习领会胡锦涛总书记在中纪委三次全会上重要讲话精神，加强党员干部党性修养和作风建设”为主题讲党课，并组织各党支部召开座谈会。各党支部组织召开了生活会，组织带领本支部范围内的群众共同参加学习和郊游等活动。三是广泛组织开展廉政教育。2009年，着力抓根本、夯实基础，利用召开中层干部会议、年度工作会议、科技例会（年会）等会议进行廉政教育。举办以国家财政经济法规和典型案例为主要内容的培训和警示教育，请局机关有关部门负责同志亲自授课，并开展讨论，使全体职工提高了思想觉悟，增长了相关知识。

二、按照上级部署和要求，积极参与和配合中心重点工作

1. 认真开展作风建设活动。认真研究部署，制定开展作风建设活动工作计划，组织召开了中层以上干部、党支部书记动员会，传达部、局领导重要讲话精神及作风建设活动目标任务、方法步骤和有关要求，统一思想、提高认识，明确作风建设活动的重点对象是中心领导班子；明确作风建设活动的方法要把握好3个环节；明确作风建设活动的中心任务是要以业务工作的薄弱环节为抓手，为推进改革创新提供思想和作风保证；明确作风建设活动要与业务工作有机衔接、与地质找矿改革发展大讨论活动有机结合，做到相互促进、取得实际效果。

中心党委根据上级文件精神和有关要求，召开了党员领导干部专题民主生活会。按照作风建设的新要求，对照检查梳理突出问题，深入分析原因，研究提出整改措施。会后，研究制定了“测试中心领导班子整改措施”，并切实抓好整改。召开中层以上干部会议，通报了党员领导干部民主生活会及整改落实情况。

2. 深入学习、扎实落实李克强副总理在国土资源部和中国地质科学院考察调研时的重要讲话精神。及时召开党委扩大会，领导班子成员、党委委员、各部门负责人、党支部书记、科技委员会成员和部分专家参加会议。传达学习地科院党委扩大会议精神和《地科院党委关于贯彻落实李克强副总理重要讲话精神的实施意见》及地调局2009年地质调查进展与部署研讨会议精神；围绕会前布置的思考讨论题，着重就测试中心贯彻落实李克强副总理重要讲话精神、促进学科发展、推进结构调整、完善运行机制、加强队伍建设和“三定”方案等问题进行集中研讨。与会同志会前认真思考准备，会上畅所欲言，充分交流意见和想法。

3. 组织开展迎新春送温暖工作。加大春节送温暖工作力度，测试中心拿出38000元为16名特殊困难和生病的职工送温暖，还组织看望离退休老领导老专家等8人。

三、加强组织领导，进一步做好工会、共青团工作

支持工会独立开展群众性的活动和创建活动；凡涉及职工切身利益的政策出台前，党委都要征求工会和职工代表的意见；关注工会关心职工生活的情况，特别是在慰问有病职工、困难职工和关心女职工等工作上，注重发挥了工会组织桥梁和纽带作用；2009年工会组织了文艺联欢、春秋郊游等有意义的活动。注意发挥团支部作用，围绕中心工作，动员广大青年团员积极投身于各项工作中，支持团支部开展适合青年人特点的活动，凝聚和培养后备力量。

（王军芝）

中国地质科学院郑州矿产综合利用研究所工作

中国地质科学院郑州矿产综合利用研究所

地质科学研究

一、岩矿测试技术

该项目选取赣州于都县铁山龙钨锡矿的钨精矿、钨中矿、钨尾矿，赣州大余县漂塘钨锡矿的锡中矿、锡尾矿为5个标准矿样。2009年郑州综合所完成了标准样品制备，并对样品进行了粒度检查，对WO_3，Sn，Ca，Cu，Pb、Fe，S，P 8个元素进行了偏倚性试验，部分元素进行了均匀性检查、化学稳定性试验。

项目目前处于样品分发到各定值中单位阶段。

二、矿产综合利用

2009年，郑州所共提交各类试验报告29份，论文32篇，授权专利1项，申请专利2项，申报科技成果奖2项。对难利用铝资源、难利用钒资源、锰银共生矿等开展了系统的研究，在非金属矿专用浮选机、中、高场强湿式磁选机、表面改性专用装备等方面取得了明显的成果。

（一）非金属矿专用分选加工装备开发。

研制了3种非金属矿专用装备，申请专利4项，已批准2项。编写试验报告和验收申请，其中制作4立方和1.2立方非金属矿专用浮选机各两台，其关键点已获得国家专利，叶轮和充气方式是突出特点，并且能耗低。针对某萤石矿进行了中间扩大试验，取得了较好指标，正准备进行工业试验的有关准备工作。已加工出了中、高场强湿式磁选机各一台，同时选择了几种不同的矿样进行了选别验证试验，取得了较为理想的效果，与同类电磁磁选机相比，节能效果显著，其中湿式永磁立环可调高梯度强磁选机已成功申请了国家专利。

（二）新疆白干湖钨锡矿综合利用实验研究。

取得了的主要技术指标如下：在原矿品位为$WO_3$0.79%，Sn为0.103%情况下，黑钨精矿产率为1.049%、WO_3品位WO_3为66.01%、回收率为90.03%；锡精矿产率为0.116%、Sn品位Sn 64.25%、回收率为72.50%，达到了项目任务书规定的要求。

（三）我国复杂难选铁矿可利用性调查及典型难选铁矿选矿新技术研究。

解决了微细粒嵌布复杂难选红铁矿和磁铁矿选矿技术难题，其中袁家村铁矿采取阶段磨矿—磁选—反浮选的原则工艺流程，一段磨矿后采用弱磁、中磁、强磁选抛除大量尾矿得到混合粗精矿，磁选粗精矿再磨后，采用一粗一精三扫阴离子反浮选工艺提高精矿品位，取得如下试验结果：石英型镜铁矿原矿品位为33.95%，精矿品位为66.07%，精矿回收率为80.53%；石英型氧化矿原矿品位为32.81%，精矿品位为65.12%，精矿回收率为76.51%。贾家堡子铁矿采取阶段磨矿（三段）全磁选工艺流程，根据磁铁矿嵌布粒度确定相应磨矿细度，并且使用新型高效选别设备磁场筛选机进行最后精选，可以取得如下试验结果：七号矿体原矿品位为27.41%，精矿品位为67.19 %，精矿回收率为84.84%；八号矿体原矿品位为24.97%，精矿品位为65.86%，精矿全铁回收率为70.43%。微细粒难选磁铁矿创新点在于使用磁筛精选而非反浮选精选。

本项目还对目前中国铁矿资源开发利用现状和中国主要复杂难选铁矿进行了可利用性调查，并且根据最新科研技术和行业动态，对难利用铁矿重新进行了可利用性评价，同时给出了中国难利用铁矿资源开发利用建议。

（四）西部铜铅锌复杂多金属高效选冶新技术研究。

针对中国地质大调查的重要成果之一——西藏驱龙铜矿进行了矿石综合利用评价，驱龙铜矿铜资源储量达830万吨，矿山调查表明，该铜矿储量大，矿体厚，同时矿山开发利用条件较好，矿石可选性好，研究表明通过混合浮选-铜钼分离工艺，可获得铜精矿品位为27.5%，回收率为87%，钼精矿品位为55%，回收率为75%的优异指标，查明矿石中金银走向，其富集到铜精矿中，可以综合回收。其开发利用可有效地缓解中国铜资源短缺的矛盾。

（五）河南省光山县千鹅冲钼矿可选性研究。

采用粗磨粗选，粗精矿再磨精选流程，选矿技术指标钼精矿品位为48.23%，钼总回收率为88.74%，完成了合同要求。

（六）洛宁三官庙钼矿有用矿物综合利用选矿试验。

综合回收了其中的黄铁矿，磁铁矿，获得钼精矿品位为53.17%，回收率为88.48%，黄铁矿精矿硫品位为46.92%，回收率为91.04%，磁铁矿全铁品位为68.71%，回收率为8.84%的较优指标，同时对伴生的少量铜、铅、金、银、钨可利用性作出了评价，目前根据郑州矿产综合利用研究所提供的报告正进行现场改造。

（七）河南卢氏县假沙爬钒矿岩矿鉴定。

确定了原矿中V_2O_5含量为0.6545%，碳质含量为29%，钒主要赋存在白云母和粘土矿物中，白云母和粘土矿物主要呈脉状集中分布，然而脉体较窄，不利于其回收利用；碳质可能为隐晶质石墨，粒度极细，呈集合体产出，集合体中多含有粒度为0.001～0.05mm的白云母、粘土矿物包裹体，不利于其综合回收利用。

地质调查项目管理

一、地质调查项目立项管理

郑州综合所组织编写的9个地质调查项目设计书，均通过了中国地质调查局组织的专家评审，其中2项优秀、7项良好。同时组织完成了2010年地质调查项目续做报告的编写、初查、上报，并通过了中国地质调查局组织的专家论证。

二、地质调查项目组织实施管理

1. 郑州综合所组织所学术委员会对“十二五”国家科技支撑计划项目和地质调查项目进行了研讨，完成了“十二五”矿产综合利用工作部署编写。对中国地质调查局《“十二五”地质科技工作部署研究报告》提出了修改建议。

2. 参与国土资源部储量司和规划司“矿产资源

节约与综合利用工程”实施方案的编写和研讨，以及专项运行机制和管理办法的研讨工作；积极参与了财政部公益类项目的论证工作。

三、地质调查项目质量管理

郑州综合所将2009年命名为“质量和规范管理年”。这一举措也是根据研究所任务不断增多，新职工逐步增加，对外开放和交流的需要而提出的。

郑州综合所组织了ISO9001质量体系管理评审并顺利通过年度监督审核；组织人员参加局举办的GB/T19001—2008体系标准内审员培训；开展了3次科技质量检查；完成了计量设备、热工设备的检定工作。研究所检测中心取得了CNAS2005（等效ISO/IEC17025）国家实验室认可证书。

质量管理体系开展3年来，通过不断地宣传贯彻，研究所的科技质量有了一定的提高，郑州综合所在地调局组织的检查中，是为数不多的全面完成资料汇交和登记、成果验收的单位之一。

国际合作与对外交流

所长冯安生、金属矿研究室主任赵恒勤于2009年12月15~21日出访澳大利亚。期间访问了澳大利亚联邦科学与工业研究组织和其所属矿物研究院、FEI、澳大利亚昆士兰地质调查局、昆士兰大学、澳大利亚国立大学。

综合行政

一、文秘档案管理及保密工作

（一）公文和文秘工作。

严格按照公文规范要求，严把公文流转关，对部、局等来文、来件做到及时登记、分类和传阅，确保了研究所公文运转的准确、及时、有序，并积极做好落实过程中的催办和督办工作。全年共收到红头文件396份，部、局及兄弟单位简报等729份，完成所发文70份，党发文7份，工会发文2份，各类会议纪要14份。

（二）保密和机要文件管理工作。

密级文件从登记、运转、传阅、保管及销毁等各个环节都严格按照《郑州综合所机要文件管理办法》执行，始终坚持专人专柜保管，严格各项签字手续，杜绝横传，阅后及时退回，随时挂号销号，文件做到了随用随取，人走入柜。同时，根据要求严格控制传阅范围，不允许向规定范围以外的人员泄露文件内容，任何个人不得擅自翻印、复印、转载或汇编秘密文件内容。全年共收到涉密文件357份。

2009年，所组织全体在职职工签订了“保密承诺书”。自2009年7月起，研究所新上岗和离岗的涉密人员，必须在上岗前和离岗前签订保密承诺书；不签订的，不得上岗或办理离岗手续。全年组织了两次全所保密工作检查。

（三）档案管理工作。

1. 文书档案。2009年完成2008年文书档案的归档工作。档案按机构分卷，办公室、财务处、人事处、科技处单独立卷；技术装备处、后勤处和西区办公室文件较少，合为一卷。2009年归档永久卷共8卷，30年卷1卷，共计228份文件。

2. 合同档案。合同档案的归档和管理严格按《郑州综合所合同（协议）签订与管理规定（试行）》中的存档和查询程序的规定进行管理。2009年郑州综合所共签订合同191份，已全部录入计算机以备查阅。

二、新闻宣传和政务信息工作

1. 郑州综合所为河南省科技厅“闪光的足迹——河南科技60年”编写了宣传材料。

2. 为宣传矿产资源合理开发和综合利用对实现资源优化配置和可持续发展的重要意义，郑州综合所对研究所近年来的科研成果进行汇总、编辑，并在中国矿业报整版刊登。

3. 为回顾建所30年的发展历程，总结研究所的辉煌成就，郑州综合所正组织编撰“成长的丰碑——中国地质科学院郑州矿产综合利用研究所画传”。

4. 郑州综合所充分利用专题简报和局域网等信息渠道，向上级领导和兄弟单位汇报和通报工作成绩，2009年共编发简报28期，被地调局采用7篇。

经济与财务管理

2009年所本部收入3256.73万元，较2008年增加145.2万元。其中地调项目1115万元，较2008年增加200万元；产品开发收入76.86万元，较2008年减少81.42%；横向科研经费375.8万元，较2008年减少23.84%；检测中心横向收入48.72万元，较2008年减少27.04%；河南省珠宝检验站外部收入8.23万元，较2008年减少33.45%；物业收入309.86万元，较2008年增加24.57%；其他收入增加56.63%。

富龙公司销售收入2121.2万元，与上年同比减少295.9万元，利润-22.2万元。

基建与装备管理

一、基本建设管理

2009年6月所科学实验楼改造项目得到部、局批复。8月份，郑州综合所成立了科学实验楼装修改造工作小组负责该项目实施。根据项目特点和相关地方规定，经研究后将本项目分4个标段发包，分别为装修装饰工程、实验室通风、中央空调系统，以及室外供配电工程，全部实行公开招标。

二、装备管理

2009年，严格按照《郑州综合所装备、仪器管理暂行办法》实施管理。截至12月底，共采购设备170台/套，采购金额201.8602万元。其中，政府采购63台/套，采购金额51.6046万元，分散采购107台/套，采购金额150.2556万元。

在ISO9001质量管理体系程序文件的基础上，针对装备采购方面的问题，还编写了“设备采购规范和注意事项”作为程序文件的补充规定。

针对研究所设备现状，在2009年年初装备核查的基础上，对所里现有在册的设备（西区的设备除外）进行了逐一核查和照相，对新购置的设备进行了编号。

干部人事教育

一、干部人事工作

2009年共引进博士1人、硕士4人，均已充实到科研一线。

2009年下半年重点开展了定岗定编及专技岗位分级遴选条件等材料的起草制定和国土资源部相关文件的宣传学习工作，制定了岗位设置实施方案。

按照部局人事管理有关规定，研究制定了《郑州综合所临时聘用人员管理规定》。对机构进行了调整：新的业务部门包括资源环境研究室、金属矿研究室、非金属矿研究室、地质采矿研究室、信息标准研究室、选冶装备研究室和检测中心；撤销西区办公室，改组技术装备处为基建装备处，成立纪检监察审计室（离退休工作处）。

二、职工教育培训

2009年共291人次参加各类培训，其中选派2名职工参加了中国地质大学（北京）MPA专业学历教育；推荐1名职工报考国家行政学院公共管理硕士；选派1名职工到南非攻读博士学位；选派1名处级干部参加了河南省党校培训；推荐1名职工攻读博士学位。李洪潮同志喜获“全国野外科技工作先进个人”荣誉称号。

三、离退休干部管理

现有114名离退休人员，其中异地安置离休干部一名。研究所坚持节假日看望、慰问老同志，发挥老同志余热，为研究所发展献计献策，为年满70周岁老同志50余人送生日蛋糕，为年满60周岁的职工及家属98人办理了郑州市公交免费乘车证。2009年6月，组织离退休老同志到豫西参观考察。

安全生产管理

郑州矿产综合利用研究所严格执行安全生产责任制，与各部门签订了安全生产责任书。2009年组织了4次全所范围的安全生产大检查，并特邀郑州市消防支队教官为全所职工进行了一次消防安全宣传讲座，提高了职工的消防安全意识，强化了火场逃生知识，全所上下反应良好。

2009年所治安、消防、生产方面未发生任何安全事故。

纪检监察审计工作

一、纪检监察工作

郑州综合所始终坚持教育、制度、监督、惩处4个环节并举，惩防并重的原则。4月初，郑州综合纪委制订了《郑州综合所党委2009年纪检监察审计工作要点》，着重以反腐倡廉教育，提高制度执行力为重点，增强党员干部遵纪守法的意识和自觉性。2009年3月25日和4月3日，郑州综合所邀请地调局财务部申勤处长和监察审计室王昭处长作专题讲座，进行经济法规培训和违规违法案例警示教育。

监督环节上，郑州综合所重点加强对基本建设合同谈判、签订，建设工程结算、实验装备采购和在人财物上具有一定权力的岗位人员的监督。2009年纪检监察部门共参与合同洽谈、结算等8个项目的监督。

为防止在“易发腐败关键点”上发生腐败现象，所严格执行《郑州所合同（协议）签订与管理规定（试行）》和《郑州综合所廉政公约》，对于合同洽谈不符合合同管理规定的，办公室不予盖章，这一措施有效地把住了滋生腐败现象的关口。

二、审计工作

1. 国家财政资金支持的项目审计。2009 年 11 月，所纪委牵头，纪委委员、内审员在财务人员的配合下，从国家财政资金支持的 9 个项目中抽查审计了重要矿产资源综合利用标准体系研究、复杂共生金属矿综合利用技术研究、大中型难利用铁矿资源工艺矿物学研究及选矿试验等 3 个项目，抽检率为 33%，重点检查项目中外协费、会议费、材料购置费、劳务费等支出情况，是否有预算，是否签订外协合同，会议费有无会议通知，材料购置有无项目预算，是否经过审批和实物验收等。

2. 基建项目的竣工结算审计。2009 年委托会计师事务所重点审计工程变更引起的增加造价。经过几十轮的争辩，施工单位虚列的变更项目、不实的工程量得到了纠正，该项工程审计，审减工程造价 36.8%。

党群工作

一、党建工作

（一）制定学习计划，强化理论学习。

根据中国地质调查局局 2009 年工作会议和党风廉政建设工作会议精神，按照河南省科技厅机关党委的要求，郑州综合所制定了《郑州综合所党委中心组 2009 年理论学习计划》、《郑州综合所 2009 年党风廉政建设和反腐败工作要点》、《郑州综合所党委 2009 年纪检监察审计工作要点》，明确了 2009 年理论学习重点和党风廉政建设工作要点。

党委中心组一如既往地坚持学习制度，采取集体学习和自学相结合，理论学习和座谈讨论相结合等学习方式，集中学习了十七届四中全会《中共中央关于加强和改进新形势下党的建设若干重大问题的决定》、《中国共产党巡视工作条例（试行）》、《关于开展工程建设领域突出问题专项治理工作的意见》、《国有企业领导人员廉洁从业若干规定》、《关于实行党政领导干部问责的暂行规定》。

（二）开展“讲党性修养、树良好作风、促科学发展”教育活动。

按照河南省科技厅工作部署，郑州综合所成立了“讲党性修养、树良好作风、促科学发展”教育活动领导小组，研究制定了活动实施方案，2009 年 4 月专门召开职工大会，对开展活动进行了布置，所党委和各支部重点学习了胡锦涛总书记在十七届中纪委三次全会上的重要讲话和习近平副主席视察河南时的重要讲话，对照胡总书记指出的 6 个方面的突出问题和省委指出的 4 股歪风，认真进行自我检查、自我剖析，查找领导班子在党性、党风、党纪方面存在的突出问题，并结合自身工作实际，认真找差距、思不足、搞整改。

（三）扎实开展领导干部作风建设活动。

为巩固和扩大深入学习实践科学发展观活动成果，切实提高党员干部在党性、党风、党纪和执行力等方面的能力，郑州综合所按照局党组的统一部署，2009 年 5～7 月，组织开展了以“解放思想、改革创新、改进作风、增强执行力”为主题的作风建设活动，召开党委会集体学习文件精神，布置学习总书记胡锦涛在十七届中纪委三次全会上的重要讲话，提高党性修养，对照检查在加强党性修养和作风养成、落实“六个着力、六个切实”方面存在的问题，对照检查作风建设中存在的突出问题，对照检查制约改革发展的思想障碍和制约地质调查事业科学发展的问题，深刻分析原因，提出整改措施。

召开专题民主生活会前，专门向各支部发放了征求意见表，征求各支部和全体党员对领导班子和班子成员在作风建设方面的意见和建议。反馈的意见表明，各支部对如何加强青年科技人才培养、如何加强和大型矿山企业的互动，提出了具体的意见建议，对单位在国家公益性地质调查队伍建设中的定位、收入分配、津补贴及住房补贴等问题也表示了极大的关注。2009 年 7 月 16 日，所党委召开了专题民主生活会，局巡视组的同志列席了会议。5 位党委委员开诚布公先后发言，认真查找自身在党性修养、作风养成和执行力等方面存在的差距和不足，明确了努力的方向，制定了整改措施。民主生活会召开后，形成了党委民主生活会专题报告，上报中国地质调查局。

2009 年所党建工作取得了一定的成绩，也得到了上级机关的肯定，所党委被科技厅评为“五好基层党组织”，冯安生同志荣获省直机关“优秀党务工作者”称号。

二、工会、共青团、妇女工作

2009 年，工会组织召开多次职代会，通报研究所工作进展和经济状况。同时听取职工意见，改善了办公、居住环境。加强“职工之家”管理，适时调整“职工之家”报刊资料种类，满足职工群众精神文化生活的需要，使职工有一个更舒适的活动场所。

在所党委支持和指导下，所工会组织参加了中国地质调查局第一届职工篮球赛，第一届职工文艺汇演，均获得了优秀组织奖。在河南省第四届科技系统运动会上，郑州综合所包揽了羽毛球比赛男、女单打前3名。

所工会开展了各项文体活动丰富职工生活。10月举办职工运动会，11月组织了全体工会会员到开封参观游览。向在职职工和离退休老同志发放4个月降温补助。对2008年大病住院的14名同志补贴了医疗费。2009年所党委、领导及有关部门负责人慰问看望老干部、军属、困难职工、生病住院老同志及去世职工家属30余人次。“三八”国际妇女节妇联组织全所女职工（含离退休人员）到鄢陵花都踏青。5月，共青团组织青年科研人员一行21人到郑州市上街区国土资源局、中国铝业河南分公司氧化铝二厂、选矿厂进行参观交流。

2009年所工青妇工作成效显著：有的职工还获得省直工会“优秀工会干部”、有的职工还获得省直团委“优秀团干部”，有的职工还获得河南省“优秀团员”等荣誉称号；珠宝玉石质量检验站、金属矿研究室两个青年集体双双被河南省直团工委、省直青联联合授予“青年文明号”。

（罗　璟）

中国地质科学院矿产综合利用研究所工作

中国地质科学院矿产综合利用研究所

矿产综合利用

2009年共承担各类科研项目66项。其中新立项目37项，续作项目29项。项目来源为地调项目6项，科技部项目4项，国土资源部项目1项、横向科研项目35项，国家发改委项目1项、四川省国土资源厅项目2项、四川省科技厅项目2项、所基金项目15项。2009年完成项目11项（其中纵向项目4项，横向项目7项）；编写试验研究报告59份，发表学术论文57篇，申请国家发明专利5项。

一、尚难利用钒钛铁矿资源高效利用技术研究

该钒钛磁铁矿是攀枝花钢铁公司的主要炼铁原料，钛精矿从选铁精矿的尾矿中选矿富集获得，不仅硅含量高，而且钙镁含量较高，用于制取低钙镁的高品位富钛料技术难度大（电炉熔炼制取的高钛渣含TiO_2仅70%左右），无法用于生产。本研究通过对钛精矿预处理样的还原熔炼试验研究和对钛渣产品的除杂试验研究，获得TiO_2含量大于90%、钙镁含量小于2.5%的优质钛渣产品，为攀西高镁钛精矿制备氯化钛白提供了技术依据。

二、鄂西宁乡式铁矿利用工艺技术研究

经过两年的研究，已基本掌握该资源难于利用的关键问题，完成的小型试验结果指标较同类研究有着明显的进步，获得的铁精矿TFe品位为58.5%、含P 0.23%，已经达到入炉原料的合格要求，TFe浮选作业回收率为89.22%，对原矿回收率约为72%。通过项目的继续深入研究并进行工业试验，该“呆置”资源将很快变为可利用的有效资源。

三、四川省白玉铜铅锌共生矿清洁分离新技术研究

采取部分混合优先浮选流程试验，得到了合格的锌精矿、部分合格的铅精矿和铜铅混合精矿，锌回收率达到86%，铜回收率达到82%，铅在混合精矿和铅精矿中总回收率达到80%。混合精矿湿法冶金浸出试验表明，锌的浸出率较高达到93%，铜浸出率为70%，浸出效果良好。在浸出过程中99.9%的铅在浸渣中，可为铅精矿产品。本工艺的出现，将有效实现该复杂资源的充分综合利用。

四、长江上游煤系硫铁矿综合利用技术研究

完成浮选流程选矿扩大试验，获得的技术指标为硫精矿产率28.95%，精矿品位含硫49.57%，选矿回收率93.47%，大大超过了项目预期硫铁矿精矿品位含硫≥45%，选矿回收率>80%的技术指标。项目成果将达到既根本解决长期困扰长江上游的硫污染问题，又充分合理利用资源的目标。

五、滇东南地区锡多金属矿综合利用技术研究

对国内有代表性的多金属矿山企业进行了矿产资源状况、矿产资源综合利用现状、新工艺新技术新设备的应用及进展状况、企业生产过程中存在的问题、

发展趋势等进行了深入的矿山企业现场调研，进行了铜锡矿的铜、锌闭路选矿试验，获得铜精矿含 Cu 23.34 %，回收率 86.08%；锌精矿含 Zn 48.19% ，回收率 86.48% 的优良指标。研究实现了降低铜、铅、锌、锡的产品互含，获得优化的技术经济指标的目标。

六、复杂贫锰矿高效选冶技术研究

国内从 20 世纪 60 年代就对利用低品位碳酸锰矿的合理利用进行了深入研究，较为经济合理的利用方法未见报道。本项目经过近两年的调查研究和选冶工艺试验研究，对低品位碳酸锰矿采用加压氯化钙浸出工艺，锰直浸率可达 90% 以上，溶浸剂的再生率为 93% 以上，"人造"氧化锰产品含 Mn≥48%，杂质符合冶金标准要求，研究工作已有一定突破。下一步将在此基础上进行扩大试验研究，有望为该类锰矿资源的合理化利用提供新技术支撑。

七、西部危机矿山共伴生矿产和尾矿综合利用现状调查研究

对西部 43 个危机矿山进行了调查，对其共伴生矿产和尾矿综合利用现状有了比较清晰的量化估评：含有有益共伴生组分的矿山有 41 个，占 93.34%；进行了不同程度的综合利用的矿山有 32 个，占 74.42%，综合利用成效显著的矿山有 6 个矿山，占 11.62%；未进行综合回收的矿山有 11 个，占 25.58%；可提高再利用潜力的矿山有 28 个，占 65.12%，没有再利用潜力可挖的矿山 15 个占 34.88%；综合利用潜力较大的仅 3 个矿山，占 6.97%。

八、四川会理小关河—河口铜多金属资源远景调查

找矿获得突破，01 号钻孔见矿 4.7m，02 号钻孔见矿 6.0m，03 号钻孔见矿 4.0m，均为黄铜-黄铁矿化。

九、选冶试验样品 X 射线荧光光谱测定方法研究

仪器于 2009 年 2 月 23 日安装调试完毕，收集采购钒钛磁铁矿标样 16 个，铁矿石标样 14 个，完成钒钛磁铁矿标样 Cr，Cu，Co，Ni 补充数据分析样品 7 件 170 次分析测试工作，高含量钛精矿 1 件 40 次样品分析测试工作，统计处理结果说明，试验所建立的分析方法可以用于钒钛磁铁矿中 TFe，SiO_2，CaO，Al_2O_3，MgO，Mn，P，S，TiO_2、V_2O_5，Cr，Co，Ni，Cu 的分析测定。

另外，西藏墨竹工卡邦铺铜钼矿选矿试验研究采用优先浮钼—钼粗精矿再磨再选—钼尾矿选铜的浮选流程，实现了铜钼矿的有效分离，为该资源的开发利用提供了建厂设计依据。

重庆市巫山鲕状赤铁矿利用工艺技术研究确定"脱泥—阴离子脱磷—阳离子脱硅浮选"流程，采用高效脱磷浮选药剂，精矿中 P 含量降低到 0.12%，在浮选脱磷脱硅方面取得突破。

技术合作与学术交流

成都综合所于 2009 年 8 月 12 日、12 月 4 日分别与四川省地质矿产局四零三地质队、四川省里伍铜业股份有限公司签订了战略合作协议，约定通过合作，促进科技成果转化，为矿产综合利用技术、重大采选业技术、循环利用技术的研究开发与成果转化搭建新的平台。

6 月 12 日，在"四川省矿产资源三率控制研究"项目成果验收之际，邀请四川省国土资源厅原厅长付应铨、成都理工大学副校长倪师军、四川省地质矿产局原总工骆耀南、成都岩矿测试中心教授级高级工程师杨晓军等近 20 位领导、专家召开座谈会，就我所如何在矿产资源管理中发挥应有的作用出谋划策。

8 月 21 ~ 22 日，由中国地质调查局主办，成都综合所承办的"循环经济与矿产综合利用技术发展研讨会"在成都顺利召开，来自各省地勘局、地调院，综合利用科研院所、高校，国土资源经济研究机构等 20 余家科研单位的专家、学者、技术人员共 70 余名代表参加会议。会议围绕传达学习李克强副总理讲话精神及会议主题进行了广泛交流和深入研讨，达成争取矿产资源综合利用立法、整合行业力量以更好地发挥综合利用作用等共识。会议收到论文 27 篇。

9 月 8 日，由国土资源部规划司、中国地质调查局主办，成都综合所承办的"攀西钒钛磁铁矿综合利用研讨会"在北京召开。部、局领导及成都综合所、郑州矿产综合利用研究所、国土经济研究院、中国地质科学院、四川地质矿产局的有关领导、专家近 20 人参加会议。会议就攀西地区红格多元素共生矿的开发利用情况及前景进行了认真讨论，达成进一步摸清攀西地区资源赋存状况和资源开发利用现状、更好地发挥两个综合所作用等共识。

地质调查工作战略研究

按中国地质调查局统一部署，成都综合所参与了“中国地质调查局‘十二五’地质科技工作部署”、“中国地质调查局矿产综合利用工程中长期规划”、“地质调查矿产资源综合利用‘十二五’工作部署”、“资源开发利用技术与应用计划实施方案”、“地质矿产保障工程实施方案”、“矿产资源节约与综合利用工程”、“十二五时期矿产资源合理利用研究”子课题“矿产资源可持续利用”等各项规划、部署的编写工作。

地质调查项目管理

一、地质调查项目立项管理

按照局“2010 年资源调查与利用技术发展工程项目建议”总体实施方案，组织完成“复杂铁矿资源利用工程技术研究”、“钒钛磁铁矿资源高效利用研究”、“三江地区铜多金属矿利用工程研究”、“低品位锰矿开发利用研究及工程示范”、“难利用磷矿资源利用工程研究”等 5 大工作项目及下设 10 余项子课题立项申报材料的编写上报工作。申报 2009 年度国土资源部公益性行业科研专项经费项目 3 项，与郑州所联合申报 2 项。其中“贵州地区中低品位高硫铝土矿综合利用研究”和“矿产资源综合利用重要技术标准研究”通过财政部和科技部初审，将于 2010 年 1 季度安排执行。

二、地质调查项目组织实施管理

组织完成 2009 年度承担的 3 个地调工作项目的中期评估和 2010 年续作申报工作。对大地调项目根据科研实际需要，协商核定并下达了经费预算，要求各项目组严格执行预算，确保预算执行率。科技处与项目组随时保持联系，所有纵向科研项目均按计划完成年度工作任务。

三、地质调查项目质量管理

在已获得 ISO9001:2000 质量管理体系认证的基础上，组织质量管理受控部门负责人及内检员共 15 人参加质量管理体系 ISO9001:2008 换版培训，所有参训人员均顺利通过考试，获得质量管理体系内部审核员资格证书，为 2010 年质量管理体系换版升级做好了准备。按照质量管理体系要求，加强了所有在研项目过程管理，对项目立项、过程检查、成果验收、归档均各环节严格按照规范进行，全年无不规范情况发生。

国际合作与对外交流

2009 年 11 月 30 日，越南煤炭矿产集团到所交流访问，访问团对其先进的综合利用技术和装备非常震惊。双方就越南稀土选冶技术研究达成初步合作协议。

综合行政

一、文秘档案及保密工作

2009 年共有行政发文 84 件，行政收文 324 件，党务发文 19 件，党务收文 57 件，简报 42 份（其中地质找矿大讨论简报 14 份）。按照地调局要求，组织保密检查 2 次，组织集中补签保密承诺书一次。12 月 10 日，国土资源部保密工作检查组到所检查保密工作，听取保密工作汇报，对保密设备和设施配备、机要文件管理、阅读和存放情况、计算机和移动存储介质使用情况等进行了实地查看，给予总体较高评价。

二、新闻宣传和政务信息工作

编写稿件，在 2009 年 2 月 19 日《四川日报》发表《众手浇开文明花 和谐发展谱华章》一文；在 7 月 17 日《地质勘查导报》发表《我国低品位钒钛磁铁矿开发利用有望》一文，多家报刊及网络媒体予以转载，数十家企业致电咨询技术合作事宜，反响较大；稿件入选中国资源综合利用协会《中国资源综合利用成功典范优选要目》一书（将于 2010 年出版）。向地调局报送政务信息 18 条，被《地调工作动态》采用 1 条，局大讨论简报采用 3 条，国土资源部《部内要情》采用 1 条。

经济与财务管理

2009 年全所收入总计 5202 万元，其中上年专项结存 754 万元，财政拨入科学事业费 817 万元，纵向科研经费 1225 万元（国土资源大调查经费 830 万元，矿产资源补偿费 300 万元，发改委专项 95 万元），横向科研收入 709 万元（含分析测试外部收入 121 万元），经营性收入 853 万元，其他收入 844 万元。

2009 年支出总计 5133 万元：其中基本建设支出 670 万元，离退休费用支出 571 万元，社会保险费 103 万元，住房公积金支出 145 万元，在职职工人员经费支出 800 万元，公用经费支出 2844 万元。

2009 年财政预算执行率为 86.01%，国库预算执行率为86.46%。

所参股的科技企业积极采取措施应对经济危机，全年实现产值2.2亿元，利税5459万元，与2008年相比基本持平。按股份折算，成都综合所占有产值7580万元，利税1880万元。

基建与装备管理

一、基本建设

2009年，所自筹资金的“峨眉中试基地改造”工程全面完工，顺利从成都搬迁安装了全部试验设备，峨眉中试车间于9月形成碎矿能力，新的中试车间具有更大的扩试能力。“环境基础设施改造工程”竣工，所内科研、生活环境得到全面改善。“地震灾后房屋维修加固和综合科研楼外立面改造工程”于11月开始施工，预计2010年竣工。

二、装备管理

2009年投入资金592万元，采购设备92台（包括等离子光谱仪）；为科研、资环、基建采购材料上百种，采购金额达188万元；根据科研人员的建议，经过多次调研、反复论证，自筹资金50万美元购买了具有世界先进水平的“自动矿物分析仪”，该仪器的先进功能丰富和完善工艺矿物学的研究手段，使成都综合所岩矿鉴定和选冶科研工作水平迈上新的台阶，为综合利用工作提供了有力的支撑。按照地调局要求，开展了野战军技术装备自查并接受局野战军装备的核查，建立了所有装备的档案卡片，做到一器一卡，账目清晰。

干部人事教育

一、干部人事工作

配合中国地质调查局完成科技副所长聘任上岗工作（原科技处处长陈炳炎同志被聘任为副所长），随后聘任熊述清为科技处处长，聘任刘厚明为科技处副处长，从野外队引进张贻研究员担任资环中心副主任。为培养后备干部，通过广泛征求群众意见和组织考察，聘用了5位部门主任助理进行岗位培养。接收硕士研究生4人、本科生1人，并先后与东北大学、中国地质大学（北京、武汉）、中南大学、重庆大学、四川大学等15位学生签订了就业协议。新晋升研究员1人、副研究员1人、工程师3人。

二、职工教育培训工作

全年职工参加各类培训151人次（其中外部培训45人次）。经过继续教育，有1人获得工程硕士学位，6人由所资助攻读博士学位。在2009年四川省推荐、中组部批准的16名“西部之光”访问学者中，所青年科技人员戴新宇光荣入选，她将跟随孙传尧院士进行为期一年的访问学习。

三、离退休工作

按照《国土资源部办公厅关于所属事业单位离休人员待遇有关问题的通知》（国土资厅发〔2009〕19号）要求，经地调局批准，及时兑现了4位离休干部津、补贴，规范后离休干部平均月增资3720元。为营造和谐氛围，确保新中国成立60周年的稳定，回应离退休职工对住房补贴问题的强烈呼吁，参照四川省有关规定，经请示局批准，用自有资金发放离退休职工住房补贴，由所垫支479.44万元兑现了222位离退休职工的住房补贴。

安全生产管理

按中国地质调查局的要求开展了“安全生产三项行动”，认真落实安全生产责任制。组织7名安全生产管理人员参加安全培训，并全部取得资格证书。在野外地调项目组和随队司机出队前进行安全培训，宣讲法规、规程和规定，提高出野外作业人员的安全意识，并于2009年10月12～14日由胡泽松副所长带队前往四川会理地区野外工作现场，检查安全生产和项目进展情况情况。坚持小长假各部门自查、所抽检和大假统检的安全检查模式，做好安全生产记录。2009年成都综合所未发生重大安全事故，在地调局的安全生产检查中得到好评，并获得地调局2009年度安全生产先进单位。

纪检监察审计工作

一、纪检监察工作

制定了《廉政建设责任书》、《2009年党风廉政建设和反腐败工作实施意见》等文件，在年初所务工作会上，所长、分管领导和部门负责人共同签署了《廉政建设责任书》。组织中层以上的干部学习了中央纪委第三次全会、国务院党风廉政工作会议精神、中央国家机关第23次党的工作会议暨第21次纪检工作会议文件资料，传达学习了部、局党风廉政建设工作会议精神。为进一步落实坚持标本兼治、注重预防的党风廉政建设工作方针，防患于未然，加强财务管理，特别邀请了中国地质调查局财务部胡思敏副主任、纪检监察审计室王昭处长到所进行财务管理制度培训和就发生在局系统的案件进行了警示教育。

二、审计工作

配合北京中审亚泰会计师事务所对2005年至2008年的财务工作进行了为期21天的审计，并对审计提出的问题进行了整改。

党群工作

一、党建工作

按照部党组、局党组的统一部署，自2009年2月25日开始，全所干部职工积极行动，迅速投入到地质找矿改革发展大讨论活动中。所党委专门成立了大讨论办公室，制定了《地质找矿大讨论实施方案》，为全所职工印发了《地质找矿改革发展大讨论学习资料》光盘，组织职工开展了全面、深入、系统地学习中央关于加强地质找矿工作的一系列重要文件和指示精神。副总理李克强发表重要讲话后，专门召开职工大会进行传达学习。在扎实学习和广泛调研的基础上，大家围绕思想观念、体制机制、队伍建设、技术管理等方面的关键问题，立足自身实际，放眼全局，广泛深入地开展了多层面、多领域的大讨论。在讨论中大家认真分析了地质找矿工作所面临的内外部环境的巨大变化，努力理解和把握经济社会发展和中央对地质工作的新要求，以战略的眼光审视形势，针对当前本所及地勘行业普遍存在的忧患意识、责任意识不强，缺乏推动地质找矿事业全面发展的紧迫感和主动性，习惯于传统工作领域和工作模式等问题，认真查找制约地质找矿改革发展特别是制约发展的重大问题。通过大讨论活动，干部职工进一步统一了思想，转变了观念，树立起大地质、大服务理念，切实把思想认识统一到中央的指示精神和部、局党组的要求上来，统一到提升服务能力上来，统一到促进地质找矿重大突破上来。

按照国土资源部党组、中国地质调查局党组关于深入开展作风建设活动的部署，成都综合所开展了以“解放思想、改革创新、改进作风、增强执行力”为主题的作风建设活动，结合工作实际与正在开展的地质找矿改革发展大讨论活动，按照局《深入开展作风建设活动实施方案》的要求，一把手亲自抓、全体党员干部和职工积极参与，高标准、严要求，精心组织，落实到位。发放了《党委作风建设征求意见表》，征求全体职工对所党委思想作风、工作作风的意见，专门召开了所班子民主生活会，认真剖析存在问题，并对征求到的意见进行认真分析，结合局巡视组去年来所巡视的意见，研究提出8项改进措施，认真进行整改。按局要求，及时上报了《巡视工作反馈意见的整改措施》、《巡视工作反馈意见整改措施的落实情况》。

2009年成都综合所开展了“创先争优”活动，在“七一”前夕对全体党员和群众代表评选出的先进党支部和优秀共产党员进行了表彰。

二、精神文明建设工作

按照局关于开展凝聚力工程的要求，成都综合所以“努力建设和谐单位，为凝聚队伍，促进发展提供有力支撑和保障”为总体目标，结合一直在开展的文明单位创建活动，制定了《2009年保持省级文明单位创建工作计划》和《综合所实施凝聚力工程2009年工作计划》，持续开展精神文明建设活动，顺利通过省直文明办重新登记，继续保有“省级文明单位”荣誉称号。

三、工青妇工作

一是精心组队参加局文艺会演，经过5个多月的准备，组织12人参加了局在青岛举行的系统文艺会演，获得组织和参赛单位的一致认可。二是组织了两年一次的全体职工体检工作。三是坚持对住院的职工按照社保报销基数的20%给予医疗补贴，提高职工的医疗保障水平。四是对请病假的职工尤其是危重病职工病休分别作出规定，在政策范围内给予一定关照，病危期间享受在岗待遇，确保危重病人不因收入降低而影响治疗，使危重病人感觉到组织的关心和温暖。五是积极支持职工子弟的教育培养，出台了高考奖励政策，得到职工的高度评价。

（王群栗）

中国地质科学院勘探技术研究所工作

中国地质科学院勘探技术研究所

地质科学研究

2000m岩心钻探示范工程位于山东省乳山市金青顶金矿区，该工程钻孔为倾角80°的斜孔，设计深度2000～2200m。钻孔施工由勘探技术所组织实施，山东省正元地质勘查院烟台分院承担施工任务。使用勘探技术所最新研制的YDX－5型全液压岩心钻机和先进的钻探参数监测系统，并采用了H规格双密封不对称梯形螺纹高强度绳索取心钻杆（Φ89mm）、大深度绳索取心液动锤、超高胎体二次镶焊金刚石钻头、新系列高强度套管、不提钻换钻头、钻具等先进工艺器具。截至2009年12月31日，钻孔深度达到1461.90m。这一深度创造了国内H级口径（Φ95mm）绳索取心钻进深度及Φ91mm×4.5mm岩心钻探套管应用深度两项最深纪录。

地质调查方法应用

一、陆地天然气水合物钻探技术研究

2009年5月至10月，在青海木里地区继续实施陆地冻土带天然气水合物取样钻探施工，先后完成了DK2～DK4科学钻探孔，每个钻孔都发现了水合物样品和异常区。通过将钻获的岩心样品送到国内天然气水合物权威检测机构青岛海洋地质研究所检测，证明所钻获的岩心样品确实含有天然气水合物。

二、高精度定向中靶系统研究

2009年10月1日，由勘探技术所胡汉月教授级高级工程师主持研究，具有高技术含量和自主知识产权的地调项目研究成果——高精度定向钻进中靶系统，在土耳其天然碱钻井3期工程进行中靶引导作业中，成功避开了V004LB和V004U＋LA溶腔边缘。最终在与水平井井距569.5m，水平钻井段长度399m，水平井井深890.5m时与V004LA一次对接连通，该成果的成功应用标志着国内在定向钻进对接井钻探施工测量仪器领域彻底结束了高价租用进口仪器的历史。

地质调查工作战略研究

在中国地质调查局开展地质找矿改革发展大讨论动员部署会议后，所领导高度重视，积极行动，2009年4月9日，成立了所地质找矿改革发展大讨论办公室。通过开展地质找矿改革发展大讨论活动，取得了以下成效：一是受国际合作与科技司委托，由勘探技术所牵头组织所内技术专家及行业专家负责起草完成了“国土资源科学技术发展规划及专题研究报告（钻探技术部分）”。二是完成了《地质矿产保障工程实施方案》（钻探技术部分）的编写。

地质调查项目管理

一、各类项目总体情况

勘探技术所2009年共承担地调、科研项目25项，其中：地质大调查项目13项（9项续作、4项新开）、国土资源部百人计划项目3项、科技部项目7项（5项续作：“863”重点项目1项、“863”项目目标导向子课题1项、科研院所专项资金项目4项、公益性行业科研专项项目1项）、危机矿山找矿专项项目1项，河北省发改委项目1个。2009年勘探技术所新增地调、科研项目经费2309万元（其中地调项目经费1770万元、科技部“863”项目经费295万元、科研院所专项资金项目94万元、公益性行业科研专项项目150万元）。

二、结题项目验收情况

1. 600米全液压岩心钻机及其配套器具的研究。专家组认为600米岩心钻探设备研究、长寿命高效液动锤及其钻进工艺研究、具有取心及冲击功能的定向钻进系统的研究等所取得的成果具有创新性和实用性。

2. 全液压多功能车装深水井钻机研制。这是国内首次研制出的具有多工艺空气钻进功能的1000米全液压深水井钻机，可用于干旱地区深层地下水开发、矿山抢险救援等；试验中首次在煤层气钻井中配套液动潜孔锤钻进工艺，解决煤层顶底板钻进效率低

的难题；评审专家认为 SDC－1000 全液压水井钻机设计合理、性能先进。

3. 车装全液压取样钻机研制及推广应用。该项目研制的150米履带式全液压多功能钻机设计独特、功能强大、性能良好。采用大扭矩双通道动力头，液压系统设有压力保护和报警装置，配备加接钻杆的液压机械手和辅助液压绞车，可实现空气潜孔锤反循环等多工艺钻探；独创钻机的伸缩钻架，获国家发明专利；推广 QK 系列取样钻机35台套。

4. 陆地永久冻土天然气水合物钻探技术研究。该项目研究开发了经济实用的陆地冻土天然气水合物钻探取样钻具、辅助器具、泥浆配方及制冷方法、破碎地层取样技术、施工经验等，为高原冻土天然气水合物调查钻探施工提供了成套的装备和可靠的技术支撑。

5. 高效液动潜孔锤系列研究与开发。该项目发明了双喷复合式液动锤，研制了5种规格10种产品的 YZX 系列高效液动锤及配套钻头。该系列液动锤使用维修方便，时效和回次进尺与回转钻进相比有较大提高（平均可提高70%或以上），孔斜明显降低，在泥浆环境下寿命超过50小时，清水条件下寿命超过100小时，推广各种液动锤近300台套，钻探工作量50万 m 以上，较好完成了该系列高效液动锤的开发推广工作。

6. 多工艺旋挖钻进技术的研究与开发。该项目研究开发的大口径旋挖钻斗、螺旋钻头、筒钻、扩底钻头、多层伸缩钻杆等5个系列产品和施工工艺，设计新颖、结构合理、加工工艺性好、实用性强。充分发挥了无水、无泥浆施工技术的优势，解决了多种复杂地层施工的技术难题，提高了国内大口径无循环工程施工的技术水平。

三、在研项目进展情况

1. 1500米地质取心钻探技术研究。完成了1500米全液压岩心钻机总体方案、各主要部件设计，外购件选型，零部件加工试制，钻机整体组装正在进行中。

完成了600米坑道钻机的主要技术参数的确定、总体方案与各主要部件的设计、外购件选型、零部件加工试制。

岩心钻探孔内事故处理工具的研究完成了1000m Φ54×6正、反丝钻杆的加工和拉扭实验、Φ89、Φ71绳索取心钻杆水力内割刀加工、完成 Φ96、Φ76、Φ60口径磁力打捞器加工和吸力试验、Φ96、Φ76绳索取心钻具内管总成三球打捞桶和2000m示范孔事故工具的配套加工。

2. 深孔复杂地层取心钻具研制。完成了 SS－150绳索取心钻具、KZ－150提钻取心钻具第一轮样机试制；KZ－150钻具在 WFSD－2孔孔深512m 始入孔试钻3个回次，完整内管总成与半合内管总成均适应孔内工况。

3. 深孔膨胀套管护壁技术研究。该项目通过计算机仿真和室内膨胀试验数据对比，确定了膨胀套管在膨胀过程中各种参数的相互关系，掌握了膨胀套管在膨胀过程中的膨胀机理，研制出一套结构合理的扩孔钻头和一套适合地质岩心钻探用膨胀套管护壁用的下入工具；建立了实体锥型膨胀套管模型程序。

4. 地质钻探技术综合研究与应用示范。完成了《钻探技术成果梳理报告（2009）》、《钻探装备现代化与国产化发展战略》、《国土资源科学技术发展战略规划及专题研究（钻探）研究报告》、《理论与技术创新工程》钻探技术部分的报告；地质矿产保障工程实施方案中《钻探技术发展计划实施方案》等报告的编写工作，协助中国地质调查局完成了“十二五”钻探技术规划的制定。

举办了13期新技术新方法应用培训班。在由勘探技术所承办的局深部钻探技术培训交流会上，来自全国24个省（区、市）的地勘、冶金、煤炭、武警黄金、科研单位、生产企业等70多个单位的168人参加了培训交流。

5. 地质钻探铝合金钻杆研制。该项目与中国铝业总公司东北轻合金有限公司合作，完成了高强度铝合金管小样试制和中试材料订购和铝合金管小样热处理试验。

6. 多功能车载野外实验分析装备。完成了“反循环快速取样钻探技术研究”钻机及器具的试制，并完成了野外生产试验。

7. 海洋区域地质、环境地质与工程地质调查高效取样钻探设备及技术研究。完成了海洋钻机的设计，特别是海洋钻机的补偿机构的设计，能在一定海浪的情况下进行钻探取样施工，增强了现有钻船在一定海浪下工作的能力。钻机的所有零部件的加工已经完成，正在进行组装工作。

8. 高强度自润滑地质钻杆接头的研究。选取常见的钻杆接头进行了钻杆丝扣失效分析；完成了低温离子渗硫工艺及表面层研究、摩擦学性能、腐蚀性能等方面的研究；已发表论文两篇。项目于12月10日通过部科技司的中期评估。

四、各类项目预算执行情况

截至2009年12月31日，财政预算执行率为83.17%（国库预算执行率为84.59%），其中基本支出预算执行率为100%、地质大调查项目预算执行率为81.36%（国库预算执行率83.23%）、地质与矿产资源项目预算执行率为85.31%（国库预算执行率86.70%）、社会公益研究项目预算执行率为61.17%（国库预算执行率61.29%）。

国际合作与对外交流

2009年，承接了土耳其贝帕扎里天然碱钻井3期工程，该工程共16个井组，设计钻进进尺为18846.62m。针对该工程地层透水风险高、井距井深大、井组结构复杂 、地层硬度差别大、井眼易出现狗腿角、水平段长、容易塌方和涌水等难题。施工中采取了3项措施：一是利用地调项目开发出的“高精度定向钻进中靶系统”进行中靶测量作业，有效地实现了各井组靶点的连通和完井。二是采用地质建模软件对地下矿层进行分布预测，有目标地设计定向钻进轨迹，使钻进顺利进入矿层并保持在矿层中行走。三是合理调配钻井液，避免孔内坍孔及埋钻事故的发生。该工程于2009年5月18日正式开工，截至12月31日，已完成16口垂直井和6口水平井的工程量，完成钻进进尺为12755.01m，占全部工程量的67.68%。其中6个井组已连通并得到业主连通确认书。

综合行政

一、文秘档案管理及保密工作

2009年，根据《国土资源部办公厅关于开展保密检查的通知》要求，开展了保密检查。由于勘探所从事钻掘技术研究的特殊性，地质调查项目较少，目前没有涉密项目、没有涉密计算机和涉密存储介质。根据中国地质调查局的安排和勘探所的实际要求，勘探所与每位职工都签署了保密承诺书，与各部门负责人签署了安全生产、保密、廉政建设责任书。机要文件严格按照中国地质调查局《关于加强机要文件管理》的精神，由专人、专车、专柜进行管理。机要文件及时进行手工登录并且不在传阅人手中过夜。

二、新闻宣传和政务信息工作

2009年，勘探所报送局信息10篇，其中被地调工作动态采用4篇。

2009年，勘探所简报印发46期，地质找矿改革发展大讨论简报印发4期。勘探所网站新制作中文网页51页，更新网页110页，勘探所网站全年发布图片新闻达175张。

经济与财务管理

一、审计整改

6月16日~7月20日局委托中审亚太会计师事务所对勘探技术所2005~2008年的内部控制制度的建立和执行、预算管理、专项项目管理、所属经济实体管理、资产和技术装备设备管理、会计核算等进行了审计，根据局审计组提出的审计意见和建议，制定了勘探所现金管理办法，修订完善了所费用借支及核销管理办法，对审计组审计出的问题，召开专题会议研究，提出了核实整改工作建议并分解到各相关部门。

二、“小金库”清理

在“小金库”专项治理工作中，按照国土资源部、中国地质调查局要求，所成立了“小金库”治理工作领导小组，制定了自查自纠和重点检查的主要内容，先后以不同的方式召开了4次“小金库”专项治理工作会议。分别上报了所“小金库”自查自纠情况报告和“小金库”专项治理工作总结报告。

三、地调项目管理

根据中国地质调查局“关于开展地质调查项目预算财务管理自查自纠工作的通知”要求，成立了自查自纠工作办公室，制定了自查自纠工作实施方案。完成了勘探所1999~2008年地质调查项目预算财务管理自查自纠工作。

基建与装备管理

按中国地质调查局要求，完成了对地调装备审计的整改，重新对相关设备进行了登记，1月8日上报局“关于勘探所地质队伍野战军技术装备专项资金效益审计整改情况的报告”。4月14~17日，中国地质调查局局设备清查小组到所开展设备清查工作，完成了勘探所的设备清查盘点工作。对账实不符的问题进行了纠正，对中国地质调查局设备核查组提出的建议进行了专题研究，并提出相应整改措施。

为解决地调科研中试手段缺乏，场地不足的问题，启动了地调科研中试基地建设事宜。9月16日，上报了《关于建设地调科研中试试验基地的请示》，期间，领导与国土资源部规划司、中国地质调查局装备部进行了多次沟通。11 月 23 日，地调局下发了《中国地质调查局关于勘探技术研究所开展地调科研中试基地建设前期工作的批复》，同意所开展地调科研中试基地建设前期工作。12 月 15 日，中国地质调查局财务部来所核实资金落实情况。

干部人事教育

2009 年，有 4 位同志参加局级岗位竞聘，一名副所长竞聘成为北京探矿工程研究所副所长，一名处级干部竞聘成为所行政副所长。竞聘上岗后，2009 年勘探所所级领导 2 人。

按照河北省文件精神，调整了离休干部护理费标准。按照上级统一部署，进行了离休人员津补贴归并工作，并兑现了离休人员的津补贴。

制定了 2009 年职工培训计划并实施。组织开展了勘探所科技人才成长与培养情况问卷调查并起草总结报告。组织了 2009 年河北省职称计算机、外语考试及新进人员招聘工作，开展了 2009 年度职称评审工作。按规定组织干部职工考核，开展了“讲党性、重品行、作表率”学习教育活动。

在离退休干部管理上，2009 年 4 月 17 日，组队参加了国土资源部离退休干部局（以下简称部老干部局）组织的在京单位离退休职工乒乓球比赛，原勘探所副所长李振亚同志荣获个人单打第五名，勘探所荣获精神文明奖。6 月 3 日，在由勘探所作为协办单位之一的部老干部局举办的“国土资源第十一届‘京星杯’老年门球赛”活动中，勘探所 6 名老同志参加比赛并获优秀组织奖。

4 月 22 日，离退休办公室（简称离退办）组织离退休职工参观了北京植物园和国家大剧院。6 月 18 ~19 日，离退办组织离退休老党员参观李大钊同志纪念馆。

“十一”前夕，勘探所领导先后慰问了在廊坊和北京的离休干部。

安全生产管理

一、签订责任书

2009 年，重新调整了安全生产领导小组。年初所长在全面安排全年安全工作的基础上，与各部门第一负责人签订了《安全生产、综合治理目标责任书》，各部门负责人与项目组、生产班组、重点岗位签订了《安全生产目标责任书》，与汽车驾驶员签订了《驾驶员安全责任书》、与施工单位签订了《工程施工安全生产责任书》，与野外实验项目组签订了《地调项目野外作业安全生产责任书》，并与参加实验的单位签订的《安全生产协议书》。形成了安全生产分级负责，逐级控制，责任到人的格局。

根据国土资源部、中国地质调查局的安全生产工作通知要求，先后下发了《安全生产“三项行动”实施方案》及《进一步落实“三项行动”的措施及 2009 年 6 月至 12 月安全生产工作重点》，成立了以所长为组长的领导小组，制定了指导思想、工作目标、范围内容和实施步骤。

二、安全培训

2009 年 4 月 23 日，特邀中国地质调查局人教部覃家海处长、科外部蒋仕金处长为赴土耳其施工对接井人员进行安全生产及外事纪律培训。

4 ~5 月，先后组织天车工、叉车工、焊工等特殊工种到廊坊市安全生产监督管理局进行安全生产培训。7 月 30 日，勘探所对参加《2000m 全液压岩心钻探装备示范工程》全体工作人员进行了安全生产培训。8 月 6 日，勘探所对新进大学生进行了入所的安全教育。

三、安全检查

全年进行安全大检查 13 次，交通运输车辆专项检查 1 次、特种设备专项检查 2 次、安全生产用电专项检查 1 次。所长带队进行野外设备实验现场检查 4 次。安全生产电话监督 4 次。发出隐患整改通知单 9 份，共发现安全生产隐患 18 处。整改率100%。2009 年实际使用安全生产费用 24. 67 万元。安全教育宣传 0. 53 万元，劳动保护费用 10. 59 万元，安全培训费 0. 65 万元，消防器材、电梯锅炉特种设备检测 1. 45 万元，安全奖励 5 万元，隐患整改经费 5. 32 万元。

2009 年，勘探技术研究所安全生产工作被中国地质调查局评为安全生产合格单位。

纪检监察审计工作

2009 年，勘探技术研究所认真组织学习贯彻中纪委会议和国务院廉政会议精神、胡锦涛总书记在十七届中央纪委第三次全会上发表的重要讲话及《建立健全惩治和预防腐败体系 2008 ~2012 年工作规划》，组织学习国土资源部 2009 年党风廉政建设工作会议和中国地质调查局 2009 年党风廉政建设会议精神，并在全体职工中开展了财务法规知识教育。2009年勘探所已逐步形成了各有关部门共同参与的党风廉政建设宣传教育格局。

每年年初组织处级干部签订《党风廉政建设责任书》。坚持“三谈两述”制度。2009年新建了地调科研项目、市场开发经营、办公设备采购、基建工程4项内部控制制度，不断加大制度的宣传和执行力度。对大额度资金使用等，坚持民主集中制，实行集体决策。

坚持职工民主管理制度，2009年，勘探所召开了五届四次职工代表大会，审议该所工作报告、招待费支出情况，听取职工意见建议。继续实施《勘探技术研究所职工沟通制度》，对于重点工作部门、重点岗位和重要环节适时开展有针对性的谈话提醒。利用支部和领导班子两级民主生活会，发挥党员和领导班子内部监督作用。在重要规章制度出台、大额资金使用、干部任免等工作中，坚持事务公开。

党群工作

一、党建工作

2009年，所党委坚持以加强党支部建设为重点，全面推进党建工作的思路，进一步规范党支部的活动，坚持党支部目标化管理考核工作制度。2009年1月，组织开展2008年度党支部目标化管理考核工作，进行党支部工作总结、交流和互评，评出优秀党支部6个，合格党支部5个。2009年6月，各党支部按照所党委的安排进行了党支部目标化考核半年自检。2009年12月，按规定开展了党支部工作总结、交流和测评。

坚持开展创先争优活动，每两年进行一次“两优一先”评选。2009年2月，评选出2008年度文明处室13个、文明班组3个，并予以表彰。“七一”前夕，所第四党支部（新技术一室、新技术二室党支部）被评为国土资源部直属机关先进党支部；两位同志被评为优秀共产党员；一位同志被评为优秀党务工作者。

“七一”前夕，在所党委统一部署下，各党支部根据实际情况，以党课、座谈、参观等形式开展纪念活动。在宣传栏制作了“纪念建国六十周年大事记”系列版面，开展爱国主义教育。

2009年所党委认真贯彻“坚持标准，保证质量，改善结构，慎重发展”的方针，严格按照组织程序做好组织发展工作。2009年1名预备党员按期转正。

二、工会、工青团、妇女工作

2009年1月19日，所工会开展了春节大观园活动，共有400多名职工参加。1月份，所工会对所3名困难职工进行了慰问，共发补助金2000元。

2009年2月19日，所召开了五届四次职工代表大会，对所2008年工作总结和2009年工作安排进行了讨论。另外，所工会还定期召开职工思想季度分析会。

2009年3月8日、10日，所工会先后组织了在职、退休女职工参加的休闲游览活动。3月15日，组织部分女职工前往北京观看歌剧“大红灯笼高高挂”。组队参加了中国地质调查局第一届篮球比赛。4月29日，所举办了第20届职工运动会。

8月份，所各分工会先后组织了夏季旅游活动。9月份，组织开展了“迎国庆”系列文体活动。

10月30~31日，在廊坊市体育馆举行的由国土资源部直属机关工会主办、勘探技术所参与承办的第七届羽毛球团体赛活动中，所羽毛球代表队获得了甲组第三名。

11月19日，在山东青岛由中国地质调查局党组组织的局系统首届职工文艺会演活动中，所组队参加了演出并获优秀组织奖。

所工会积极组织全所职工参加“团结动员广大职工当好推动地调事业发展主力军”专题教育知识答卷活动，共有148人参加了此次活动。

2009年，勘探技术所团委组织全体团员学习上级各项文件，参加部第一届青年论坛。在业余时间所团委还组织广大团员前往北京植物园参观及参加部羽毛球比赛等活动。

（方光沛）

中国地质科学院探矿工艺研究所工作

中国地质科学院探矿工艺研究所

地调科研

一、地调科研项目经费稳步上升，科研实力不断增强

2009年探矿工艺研究所共承担科研项目20项主要包括国家科技计划项目（863项目、国家科技支撑项目、国际科技合作计划项目，科技部科研院所开发研究专项项目、创新方法研究项目）和部门科技项目（国土资源大调查项目、国土资源部公益性行业科研专项）等，下达科研经费约5532万元（其中包括国家科技计划专项“汶川地震断裂带科学钻井与测井”项目4363万元）。

2009年各类科研项目按部就班开展，获得“无缆多参数组合钻孔测漏仪”、“超小直径钻孔测斜仪”、“地质勘探钻孔煤层瓦斯压力测定仪”和“滑坡体滑动姿态加速度自动监测仪”4项实用新型专利，在全国性学术会议、公开出版的专业杂志上发表论文27篇。

二、钻探技术领域

（一）钻探技术研究与开发项目进展顺利。

2009年，探矿工艺所承担的钻探技术研究主要是涉及新技术、新方法的钻探技术研究与开发，包括：

国土资源大调查项目：“钻孔漏失判层监测和快速堵漏技术研究”、“小直径深孔测斜技术研究”、“多功能模块化岩心钻探技术研究”项目；科技部科研院所技术开发研究专项资金项目：“钻孔测斜技术及产品研究开发”、“潜孔锤取心跟管钻进技术研究及产品开发”、“定向钻探新型连续造斜器及使用工艺研究”项目；公益性行业科研专项项目：“煤田地质勘查钻孔煤层气压力测量技术研究及测量规范制订”。各项研究正常开展并取得阶段性成果。

（二）汶川地震断裂带科学钻探工程全面推进。

探矿工艺所作为汶川地震科学钻探工程中心的前线办公基地和汶川地震断裂带科学钻探项目（WFSD）科学钻探和科学测井项目的承担单位，为地震科钻承担有效的组织、协调和服务工作，并取得重要进展。

1. 一号孔（WFSD－1）成功穿过“5.12”汶川地震主断裂面顺利终孔。汶川地震断裂带科学钻探项目一号孔（WFSD－1）在余震不断地情况下，针对龙门山断裂带受多次地震作用造成的涌水、地层破碎、孔壁坍塌、钻孔严重缩径、卡钻等一系列困难，采用金刚石绳索取心、定向钻探、高比重低失水泥浆护孔、半合管取心等先进技术和工艺，成功穿过了“5.12”汶川地震主断裂面，完成钻进1201.15m，钻孔顺利终孔。2009年7月29日，汶川地震断裂带科学钻探一号孔完成钻探工程现场验收及钻孔移交，WFSD－1孔取心总进尺1368.29m，取心回次数1042，岩心采取率94.3%，岩心原状性好，平均机械钻速1.07m/h，平均回次长度1.31m，终孔顶角13.5°，终孔方位角168°，所有指标都达到了设计要求。2009年10月顺利通过了该课题的验收。

2. 二号孔（WFSD－2）顺利开钻。2009年7月5日，汶川地震断裂带科学钻探项目二号孔（WFSD－2）在四川省都江堰市虹口乡顺利开钻。WFSD－2孔原设计孔深3000m，根据WFSD－1孔施工结果以及2009年“7.17”泥石流的情况，钻孔深度调整为2000m。截至2009年12月30日，完成钻进深度614.21m。

3. 三号孔的先导孔（WFSD－3－P）终孔并完成验收。2009年12月8日7时30分，汶川地震断裂带科学钻探项目三号孔的先导孔（WFSD－3－P）钻达551.54m，钻孔进入侏罗纪的红色砂砾岩44.10m后完钻，WFSD－3－P孔开孔顶角0°，终孔顶角3.0°、方位角134°，总取心进尺551.54m，全孔岩心采取率95.1%，岩心原状性好。2009年12月14日完成验收，该孔获得的数据，将为三号孔的钻孔和套管程序设计提供参考，为三号孔地学目标的实现打下良好的基础。

4. 三号孔（WFSD－3）顺利开钻施工并进展顺

利。2009年12月15日，汶川地震断裂带科学钻探项目三号孔（WFSD－3）在四川省绵竹市九龙镇以西5km外的猫儿坪山谷深处顺利开始实施钻进施工。WFSD－3孔设计孔深1200m，钻孔倾角90°，全孔连续取心钻进，终孔口径150mm。截至12月30日，完成钻进深度53.89 m。

（三）重庆武隆应急救援，再次展现打硬仗能力。

2009年6月7日下午3时，接到重庆武隆铁矿乡山体垮塌现场救灾指挥部的通知，要求立即组织队伍参加救援工作，负责从地面打一个直径为110mm、深度为120～150m的钻孔，打开通向井下的“生命通道”，便于建立与井下的联系和救援被困人员。

探矿工艺所迅速响应，立即组织相关人员研究施工技术方案，部署设备管理部门调集救援的设备和物资，并成立赴武隆参与抢险救灾的救援队。2009年6月8日凌晨1时，救援队伍专业技术人员4人、技术工人10余人，携两大卡车救灾设备器材和物资，包括高风压、大风量空压机一台、全液压动力头钻机两台及相关配套钻具等设备整装启程，冒雨星夜赶往事故现场。

6月8日中午，救援队伍抵达武隆，现场一直下雨，道路泥泞，坡陡路窄，所载的空压机重达7吨，运输难度大；现场浓雾弥漫，能见度不足10m，救灾施工难度极大。探矿工艺所救援队伍克服了种种困难，在现场指挥部的协调下和当地政府、部队官兵的大力支持下，设备于6月9日上午10时安装到位并及时开钻实施救援工作。

救援队伍充分展现能打硬仗能力，连续奋战数个日夜，身体经受了极大挑战，克服了重重困难，为了援救同胞的生命，坚持在救灾第一线。按照现场救援指挥部的部署，直至6月25日，救援队共完成8个钻孔，总计钻进625m，为武隆抢险救灾提供了有力的支持。

同时，救援队伍火速响应，救援迅速，不畏困难，吃苦耐劳的作风以及救援行动中的过硬技术，很好地展现了地质调查野战军队伍“特别能吃苦，特别能战斗，特别能奉献”的精神风貌，得到了国土资源部、重庆市委市政府的高度赞扬。

（四）钻探技术成果转化能力提高，服务社会效益明显提升。

1. 万米岩心钻探支持体地质找矿。2009年探矿工艺所加强岩心钻探队伍建设，加强与四川、甘肃、新疆、青海等地勘队伍的合作，先后承担甘肃玛曲县格尔珂金矿、肃北县红珊瑚铜矿、青海都兰县大卧龙多金属矿、新疆博乐市赛里木湖铜矿、若羌县维宝铅锌矿、新疆和静县资博铁矿等8项岩心钻探工程，利用潜孔锤跟管钻进工艺、潜孔锤空气连续反循环钻进工艺等钻探技术，完成钻探施工10747m，为地质找矿提供了有力的支持。

2. 钻凿技术新产品推陈出新。2009年探矿工艺所研制的金刚石钻头系列产品、潜孔锤跟管钻具、钻井堵漏材料等技术产品继续保持技术特色，显示出较好的市场前景，取得较好的社会经济效益，全年完成技术转化总收入900万元左右。其中，用于煤田瓦斯抽放孔钻井施工的刚体式/胎体式全面复合片砖头，潜孔锤跟管钻具展现了强劲的市场竞争力，堵漏材料走出国门，出口伊朗。

3. 定向钻进技术焕发青春。2009年共销售LZ73和LZ89连续造斜器32台套，广泛应用到四川、河北、新疆、湖南、江苏、河南、湖北等省份的黄金、地矿、煤田、冶金、化工、有色等行业。

三、水文地质、工程地质与环境地质领域

（一）水工环的地质灾害防治技术相关项目进展顺利。

2009年探矿工艺所承担的水文地质、工程地质与环境地质项目主要是涉及地质灾害防治技术研究，取得进展如下。

国土资源大调查项目：“滑坡防治工程技术方法示范及指南编制”项目、“修订《滑坡防治工程设计与施工技术规范》”项目已完成系列阶段性工作，先后于2009年12月组织中国科学院、铁路、公路、院校、四川省地质矿产勘查局所属地质队等单位的相关专家完成了《滑坡防治技术指南》初稿研讨和《滑坡防治工程设计与施工技术规范》的技术方案及初稿修订工作。“高陡边坡地质安全监测预警技术示范”项目正在准备结题报告，准备项目验收。

公益性行业科研专项项目“滑坡体滑动姿态、加速度自动监测系统的研究”按照计划任务书进度要求完成了研究工作任务，并进展顺利，于2009年10月通过了国土资源部国际合作与科技司组织的项目检查，检查结果评定为优秀。

科技部项目“地质灾害应急处置快速治理技术研究与示范”项目，完成了相关器具的设计改进和现场试验，为地灾防治提供了新型防治技术，具有较

强的创新性，取得实用新型专利1项，目前还在进一步做机理和设计方法的研究。

（二）地质灾害监测为三峡库区保平安。

2009年探矿工艺所研制的地质灾害监测仪器继续得到推广应用，地质灾害监测站及监测网络在长江三峡库区奉节、云阳两县的3期地质灾害监测中长期发挥重要作用。同时并承担备受国务院、国土资源部、中国地质调查局领导重视和当地政府、群众关注的“凉水井滑坡”的监测任务。

（三）地质灾害调查和防治技术为地震灾区重建作贡献。

2009年探矿工艺所组织精干队伍奔赴四川省南江县、理县、大邑县等灾区开展地质灾害详查、勘查设计、评估和治理工作，工作遍及南江县494个灾害点，完成工程地质测绘1250余平方千米、1:2000地质剖面测量6km、物探测量5km、探槽25m^3，编制了南江县地质灾害分布图、易发性分区图和危险性分区图等图件，为灾区重建提供了技术支撑。

地质调查项目管理

针对2009年承担的地调、科研任务比较繁重，探矿工艺所进一步加强了制度建设、过程管理和检查督促，保证按季度对照检查以确保任务目标完成。修改完善地调、科研项目管理办法，完善鼓励地调科研工作的激励机制，充分调动各方面的积极性，规范科研外协行为。积极组织地调科研项目立项工作和“十二五”规划，发挥所学术委员会的作用，加强对上报项目材料的技术和预算的审查，提高上报项目的命中率。注重项目开展与人才队伍建设的有机结合，提高了项目研究质量，促进了业务发展和人才储备。

综合行政

进一步规范了行政公文管理，加强了对上级文件和管理制度的催办督办，要求公文传送高效、有序，完善了文书档案、合同、资质、项目资料管理；建立了每月的行政例会制度，加强会议管理，对会议议定事项加强执行的检查和督促；进一步规范了保密工作，健全管理机构，完善管理制度，规范保密工作环节，深入开展保密宣传和教育，坚持组织开展经常性的保密检查及问题整改，确保了全年无任何失密、泄密事件发生，2009年12月10日顺利通过了国土资源部保密检查组的检查，并获得好评。

经济与财务管理

积极适应财政体制改革，严格财务管理和成本管理，依照中国地质调查局财务管理办法，完善财务管理，制订了财务报销办法，现已在试行阶段；加强了预算管理，财务预算逐渐由粗线条方式向全员参与、全过程控制的全面预算过渡；如实开展财务审计整改，按照中国地质调查局财务审计小组对财务审计的要求，全面彻底进行财务审计整改；加强内部自查，开展“小金库”治理工作；进一步改进工作，提高效率，为解决全所职工借款、取款等现金领取的时间耽误，通过与中国建设银行联系，开通了网上银行业务，方便了广大职工，也提升了服务水平。

基建与装备管理

针对基建工作任务重、科目多的特点，2009年探矿工艺研究所进一步加强了组织机构建设、业务学习与经验交流、程序控制，保证了各个项目的有序推进。

一是所职工经济适用住房建设情况。职工经济适用住房建设是事关职工福利、队伍稳定和事业发展的重点工程。所领导和相关部门投入了巨大的精力，耐心做本所职工的思想政治工作，多次就资金缺口的问题找银行等相关单位沟通、协商，多次与建设单位谈判施工细节，现阶段已经取得重大进展。建设现场的旧房全部拆除完毕，与建设单位最终也达成一致，地基施工已进入准备阶段，建设施工指日可待。

二是汶川地震断裂带科学钻探研究实验中心科研楼和岩心库项目。在上级领导的关心指导下，现已完成科研实验楼项目可行性研究报告编写和初步设计工作，为该项目的顺利实施做好了前期的准备工作。科钻岩心库已经完成工程勘察、施工设计和报建相关手续，计划2010年初动工修建。

三是地震灾后房屋维修加固项目。完成了对该项目的各项维修加固内容的核定和测算，鉴于该项目包含内容多，建设施工、用电改造、消防设施补给等所属行业专业性强的特点，及时请示具体招标和政府采购方式。截至2009年12月30日，该项目完成80%的工作量。

四是网络装备建设情况。积极配合中国地质调查局局专项网络系统集成建设工作总体安排，按照统一步调执行专项网络系统软硬件设备的安装、调试、验收、支付等工作。目前所有设备都已全部到位，并开箱验收完毕；UPS系统安装完成，并投入使用，其他设备尚未安装到位。

干部人事教育

一是继续同职工签订年度岗位聘任协议书，明确岗位职责任务，继续参加成都市社会保险体系；二是积极配合中国地质调查局关于局属单位副局级领导干部竞争上岗工作，完成了探矿工艺所业务副所长的竞争上岗工作。三是积极引进应届毕业大学生，完成引进4名研究生、2名本科生以充实地调、科研和管理队伍。四是完成所总工办主任的公开竞争上岗工作。五是按规定完成全所在职职工2009年度年公积金核算和变更业务。根据国家新出台的办法，对所原有《带薪年休假》管理办法进行了完善。六是按照中国地质调查局要求，在所组织人事部门开展“讲党性、重品行、作表率”活动，制定了活动方案，切实实施。

安全生产管理

全面落实安全生产责任制，紧抓野外安全生产和野外交通安全的工作重点，开展了夏季野外安全检查，并积极配合完成了中国地质调查局系统安全生产的大检查。同时，积极开展特种装备的专项自查，认真组织全体干部职工的安全教育和培训，不定期开展自检自查，坚持重大节假日的专门检查。经过全所干部职工的共同努力，2009年度探矿工艺研究所安全生产责任制考核获得“优秀”。

纪检监察审计工作

2009年是加强党风廉政建设、加大预防腐败工作力度的一年。主要开展了4个方面的工作。一是加强理想信念宣传教育和道德教育，狠抓干部素质；二是全面开展深入学习实践科学发展观活动，加强领导班子廉政建设，强化民主生活会的作用，实现干部思想教育；三是继续坚持落实党风廉政建设责任制、民主科学决策制和谈话制度，建立和健全新的管理制度，强化制度建设；四是紧抓关键环节、重点项目，开展内部监督。

党群工作

进一步加强了党的建设和党委领导，坚持民主集中制基本原则，坚持重大事项党委集体研究的制度，坚持所党委领导下的所长负责制；全年召开党委会10次，对干部任免、重大项目、重大开支等重大事项进行研究。

2010年的党群工作重心主要集中在深入开展学习实践科学发展观、作风建设、党风廉政建设和凝聚力建设方面，继续巩固党员先进性教育、提倡“讲党性、重品行、作表率”，强化党员战斗力和凝聚力。根据2009年初工作会的安排部署，结合所的发展要求，继续实施凝聚力工程、“四个一”工程建设，提出了和谐单位建设总体方案，不断加强党的建设、党风廉政建设和干部队伍的建设。

（田　深）

北京探矿工程研究所工作

北京探矿工程研究所

地质调查与科学研究

2009年，北京探矿工程研究所共承担16个地调和国家科研项目，其中地质大调查续作项目6项（含上半年验收的两项地调项目）、新开地调项目1项；科技部科研院所技术开发专项续作1项，新开1项；国家高技术研究发展计划（863计划）专题课题续作项目8项。截至2009年底，项目到位经费1003万元，其中地调项目830万元（含协作20万元），科技部科研院所技术开发专项116万元，863项目57万元。2009年，各科研项目进展顺利，均按项目任务书要求完成了项目进度。重要项目进展情况及成果如下：

一、地质大调查项目

1. 精细原位保真多元取样技术的研究。完成了第四纪非固结地层取样钻具现场试验；完成复合衬管材料研究、结构设计、复合工艺研究与测试；完成了集气密封装置的研究。

2. 难钻进地层钻探设备仪器及钻进工艺的研究。完成300m全液压岩心钻机部件的生产、采购及样机组装工作；完成全自动动态钻井液抑制性和流变性测定仪膨胀量测试系统样机和流变性测试系统的裸机的试制；进行了油页岩PDC钻头优化设计和试制；进行了取心钻具的研制和试验；进行了泥浆体系的设计和室内试验及钻孔水力开采的经济技术分析。

3. 复杂地层高效钻进技术的研究。完成了超高金刚石层钻头胎体配方、结构设计和钻头试制工艺及野外实验；完成新型液压剪切式取心工具、空心螺旋钻具外管及内管总成的图纸设计及关键部件的试制与试验；完成接枝淀粉共聚物、溶胀型随钻堵漏剂等钻井材料的研制及现场试验，已成功完成钻探工作量2000m。

4. 沼泽浅滩多功能钻车的研制。完成了多功能钻车钻机部分的设计；完成了多功能钻车具有提拉钻具和多功能钻车自救功能的主卷扬选型；完成了多功能钻车液压系统的设计；完成了多功能钻车的底盘选型设计加工。

二、科技部“863”项目

1. 多功能车载野外试验分析装备。在内蒙古西乌旗地区进行了生产试验，完成钻孔157个，进尺870m，完成30m以上的孔位2个，日孔位4~13个，试验证明30m车载钻机的主要技术参数基本达到了设计和施工要求，关键部件质量合格、运转状况良好。

2. 整体倒转式孔底换钻头技术的研究。开展了总体设计方案；研制了两种特殊钻头。

3. 油气田硬岩钻进用耐热抗磨型复合片钻头的研究。建立了较先进的原材料净化工艺流程，在硬地层中进行了初步的试验，效果明显。

4. 湿地沉积岩快速取样钻机具的研究。完成了直推式振动取样钻机的设计和钻机整机安装调试试验，实验效果明显；完成了ϕ32mm、ϕ71mm和ϕ91mm 3种特殊扣型钻杆的设计、加工和试验工作。

5. 钻井液循环及固控系统研制。研究出应用于地质钻探领域的离心机，现场使用效果良好。

6. 2000m深孔用高效长寿命金刚石钻头的研究。完成针对坚硬致密弱研磨地层胎体配方和钻头制造工艺的研究，在辽宁本溪进行了钻头野外试验，在9~11级地层中，钻头时效为1.2~1.3m/h，NQ钻头寿命最高达80m；在石英含量到达90%的地层中，HQ钻头寿命达30m，比普通钻头提高3~5倍。

7. 高温高压钻井液抑制性及动态膨胀量测定仪的研究。完成了高温高压钻井液抑制性及动态膨胀量测定仪的样机试制和调试。

三、科研院所技术开发资金项目

易流失解吸地层多元保真取样技术研究与开发。完成了射流式长筒取样钻具的研制。经现场试验，平均岩心采取率为96%，轴承平均寿命达到145小时，超过设计的技术性能指标。完成绳索取心压入式钻具整体结构设计和零部件图纸的绘制，建立了液压剪切试验平台。完成绳索取心回转式钻具整体结构和零部件设计。

四、获得专利情况

2009年北京探矿工程研究所获得“人力钻进成孔取样装置”和“带有液动振动冲击器的只推式取样钻机”实用新型专利2项。

经济与财务管理

2009年，北京探矿工程研究所以地调和国家经济建设服务为主要责任，积极推进技术成果的转化，重点突出了钻头、取样钻机、大口径钻具、新型泥浆处理剂、新型泥浆仪器以及废气净化等技术的开发。科研成果转化成效明显，形势良好，全所克服金融危机带来的冲击和影响，实现技术和试制收入5016万元，比2008年增长20%左右，人均对外收入达52.3万元，经济实力明显增强。

在经济与财务管理方面，北京探矿工程研究所重点做好了以下几方面工作：

一、合理安排收支预算，严格预算管理

严格控制预算执行，不随意调整预算，严格履行审批程序，以充分发挥资金的使用效益，确保各项工作的顺利完成。在各科研部门的共同努力下，北京探矿工程研究所实现了财政资金经费预算和基本支出的基本平衡。2009年，北京探矿工程研究所全年预算额度1810.29万元，支用额度1621.59万元，顺利完成财政资金预算目标，预算执行率达到89.58%。剔除地质野战军装备预算执行情况，考核预算执行率达91.21%。

二、重视日常财务收支管理，做好财务决算工作

通过认真落实执行日常财务收支管理，保证科研和经营等正常业务活动顺利开展，使各项收支的安排使用符合事业发展计划和财政政策的要求，极大地提高了资金的使用效益，达到了增收节支的目的。北京探矿工程研究所很好地完成上一年度财务决算工作，年度决算实现了质量上的飞跃，被评为优秀年度决算。

三、加强监管审计，配合完成部、局和地方相关部门要求的各项任务

北京探矿工程研究所高度重视监管审计工作，结合部、局和地方相关部门要求的各项经济管理工作，有效开展经济管理。2009 年度，北京探矿工程研究所配合完成大调查项目自查自纠工作，对已完成和在做项目财务预算管理情况进行了全面检查；完成了事业单位办企业清理规范工作的全过程工作、小金库自查清理阶段性工作等经济管理工作，并配合完成地调局安排的全面审计工作。

四、加强有关财务制度建设

2009 年，北京探矿工程研究所制定和完善了《财务报销管理办法》和《差旅费报销管理办法》等规章制度，以制度建设规范财务管理。

基建与装备管理

2009 年，北京探矿工程研究所继续高度重视科研生产条件建设，地调科研装备不断到位，周口店、良乡生产基地的改造得力、维护到位，单位可持续发展保障有力。

一、装备到位情况

截至 2009 年底，对地质队伍“野战军”技术装备支付 1106.75 万元，所有装备基本到位。精良的装备为单位研制开发更高更新的技术创造了重要条件，新型专利钻头、新型取样钻机等新技术产品已经走出国门。

二、基地改造维护

北京探矿工程研究所周口店基地基础设施改造项目已顺利竣工，水电暖施工、路面改造、锅炉维护、消防设施改造及路灯架设等工程业已完成，周口店基地职工工作条件明显改善；良乡基地设施已趋于完善，维护良好，宽敞的车间、精良的装备、完善的后勤条件为北京探矿工程研究所的长久、可持续发展提供了根本保障。

干部人事教育

北京探矿工程研究所一直高度重视队伍建设，干部人事教育有效开展，“以人才兴所，靠队伍强所”已经成为北京探矿工程研究所广大干部职工的共识。2009 年，北京探矿工程研究所不断加强队伍建设各方面制度的制定和完善，以制度优化管理，以管理推动队伍建设。队伍建设着眼长远、立足实际，扎实有效。

一、放眼长远，研讨制定人才队伍建设规划

以服务地质调查为宗旨，北京探矿工程研究所专门召开了专题研讨会，研究完善中长期发展规划（2009～2015），探讨所人才队伍建设规划。通过召开研讨会，讨论、细化各个部门的发展远景规划和人才队伍建设规划，明确定位了单位的发展方向和人才兴所的具体方略。

二、重视人才引进，有序开展职工培训工作

按照北京探矿工程研究所中长期人才队伍建设规划的要求和各部门要人计划申请，根据人才梯队和专业需求，2009 年北京探矿工程研究所共引进各类人员 8 名，充实了人才队伍。同时高度重视人才培训和青年人才培养，通过组织新职工入所培训、分批轮换实习、开展讲座学习等方式，有针对性地做好职工培训工作，并积极为北京探矿工程研究所职工科研和发展创造条件，使职工各司其职、各得其所、各尽其能。

三、认真执行干部管理条例，完善各处室领导班子

2009 年，北京探矿工程研究所各处室领导班子不断完善，完成了对试用期满的 15 名处级干部的考核工作；组织中层干部的专题座谈会，通过对业务工作薄弱环节的分析，采取了明确职责、落实责任、完善制度等措施，提升管理工作水平。

四、认真开展岗位设置工作

2009 年年底，按部局统一要求，认真开展岗位设置初期工作，积极制定《岗位设置实施方案》，为岗位设置全面开展做好前期准备。

五、不断做好离退休人员工作

2009 年，北京探矿工程研究所按上级规定规范离休职工生活补贴，完成退休人员津补贴测算工作，不断落实退休干部、职工的各项待遇；高度重视离退休职工的体检和医疗费用的报销工作；同时北京探矿工程研究所积极于春节、国庆等重要节日期间开展走访慰问、组织参观、座谈会等活动，多项措施相结合，努力提升离退休工作水平。

六、非事业编制人员管理逐步规范

2009年，北京探矿工程研究所制定完善了《北京探矿工程研究所劳动合同书》、《北京探矿工程研究所合同工入职离职管理制度》、《北京探矿工程研究所竞业限制协议》、《北京探矿工程研究所司机岗位保证书规定》等文件规定，非事业编制人员管理制度化、规范化成效显著。

安全生产管理

2009年，北京探矿工程研究所的安全生产综合治理工作，以全国安全生产“三项行动”各项工作部署为主线，紧密围绕北京探矿工程研究所科研生产业务，努力实现了“大事不出、小事减少、管理严格、秩序良好”的工作目标。2009年度北京探矿工程研究所社会治安综治工作成效明显，获“国土资源部社会治安综治工作先进单位”称号。

一、领导高度重视，统筹部署，落实责任

2009年，领导高度重视综治安全工作，切实将综治安全工作与其他工作同部署、同检查、同评比、同考核、同奖励。通过加强领导、加强协调、加大投入，探工所安全综治工作取得明显成效。

二、注重宣传培训，加强引导，营造氛围

北京探矿工程研究所抓住新消防法的贯彻实施、国务院安全生产“三项行动”开展、安全月等有利时机，加强引导，并认真开展了消防宣传、交通宣传、生产安全宣传和卫生宣传等方面宣传，营造了共创平安单位的良好氛围。

三、完善安全措施，防治并举，讲求实效

从严格保安人员、临时用工人员、施工人员、车辆驾驶人员等的管理入手，坚持定期例行安全检查，不断加强安全防范，强化综治措施，确保了全年的安全稳定。

纪检监察审计工作

2009年，北京探矿工程研究所纪检、监察、审计工作顺利开展，惩防体系稳步推进，党风廉政建设成效显著。

一、认真贯彻中央精神，稳步推进惩防体系建设

北京探矿工程研究所按照局党风廉政工作会议要求，重点通过以下几方面工作推进惩防体系建设：一是明确领导干部责任，签订《党风廉政建设责任书》；二是扎实开展党风廉政教育，形成良好的廉政文化气氛；三是进一步完善经济管理制度，开展内部审计工作，加强对制度执行的监督检查力度，重视资金使用规范；四是坚持纠建并举，上下联动形成合力，突出组织和群众监督。

二、落实党风廉政建设责任制，开展专项治理活动

北京探矿工程研究所将加强财务管理，规范资产运作程序作为2009年落实廉政责任制建设的重点。按局整体部署，开展了日常和专项内部经济审计工作，积极布置了治理小金库专项活动，对所经济运行的各方面进行了全面审计。

三、加强重点环节管理，完善管理制度

2009年，北京探矿工程研究所将地调科研项目监管检查列为重中之重，对易发腐败的关键点和关键环节进行了梳理，确定要重点监控的关键环节，逐步加强了制度建设、内部审计等防控工作，通过新建、修订和完善财务、科技、人事、行政管理等方面的制度，坚持制度管人，依制度行事。在科研项目管理方面，将加工费、测试费、出国费、会议费等的监管作为重点，制定了《关于地调科研项目外协加工费和会议费支出管理的规定》等制度，完善了科研项目的经费管理制度。

四、高度重视审计工作，规范财务运作

根据中国地质调查局内部审计工作整体部署和所内审计计划安排，2009年，北京探矿工程研究所高度重视所内审计工作，并配合中介会计师事务所对北京探矿工程研究所基本情况、内部制度建设、预算编制与执行、专项资金的使用管理等方面进行了审计；配合地质调查局专项审计组对北京探矿工程研究所出国费用、会议费等4项费用进行专项审计。审计结果显示，北京探矿工程研究所会计资料真实合法，能够及时客观地反映探工所的收支情况，较好地完成了2009年的财政预算。

党群工作

密切结合队伍建设，2009年北京探矿工程研究所的党建和精神文明工作，主要是全面落实科学发展观，继续实施凝聚力工程，以服务地质调查为中心，以参与开展地质找矿改革发展大讨论为契机，推动队伍建设长效机制的建立和完善。

一、深入开展作风建设活动

按照局党组统一领导和部署，北京探矿工程研究所领导高度重视，认真研究制定方案，广泛动员开展作风建设活动。通过发放所党委作风建设征求意见表、召开民主生活会等方式，广泛征求各部门干部群众意见和建议，并结合地质找矿改革发展大讨论活动，细心梳理问题，认真改进工作。

二、不断完善惩治和预防腐败体系，加强反腐倡廉建设

通过签订廉政建设责任书，履行责任制要求，认真查找各项制度的漏洞，制定内部控制措施。同时结合作风建设活动，大力开展党风廉政宣传教育，认真学习相关文件精神，通过对党员干部在科研开发、日常管理中党风廉政制度的履行职责进行监督检查，不断完善反腐倡廉机制。

三、继续推进开展凝聚力工程，推动和谐探工所建设

一是坚持科学发展，鼓励科技创新，以科研成果通报的形式，激发各处室“创优争先”意识，以实现科研突破，增强凝聚力。二是加强领导班子作风建设，充分发挥领导干部的表率作用，强化党支部教育管理监督和服务党员的职责，依靠形象凝聚队伍。三是加强所人才队伍建设，建立健全合同工管理、考核办法、人才激励等制度，优化人才成长环境，依靠人才凝聚队伍。四是切实改善科研和办公条件，加强硬环境建设；创造沟通条件，加强内外部软环境建设，使干部职工全身心投入到工作当中。

四、积极开展精神文明建设活动，增强全所凝聚力和执行力

2009年，北京探矿工程研究所以“迎国庆、讲文明、树新风”为主题，认真组织开展新中国成立60周年庆祝活动，大力开展群众性精神文明创建活动。所工会、共青团组织的形式多样的精神文明创建活动，职工领导共参与，管理科研齐进步，丰富了职工生活，提升了职工精神状态。同时积极推进实施“健康工程”，大力开展职工文体活动，做好职工体检和医疗保险工作；广泛开展“冬送温暖、春送春风、夏送清凉、金秋助困”活动，实现“活动暖人心、组织得人心”，全所凝聚力和执行力不断加强。

（李海鹏）

地方公益性地质调查单位工作

北京市地质调查研究院工作

北京市地质调查研究院

2009年北京市地质调查研究院承担的项目涉及基础调查大类和矿产资源调查评价大类。主要项目有基础调查大类：遥感地质调查项目“晋陕蒙能源成矿带与辽宁主要矿集区矿山开发遥感调查与监测”和灾害地质调查评价项目“北京地区滑坡泥石流灾害监测预警示范研究”；矿产资源调查评价大类：地下水资源调查评价的项目“华北平原（北京）地下水污染调查评价”和矿产资源潜力评价的项目“北京市矿产资源潜力评价”。

基础地质调查

一、遥感地质调查

晋陕蒙能源成矿带与辽宁主要矿集区矿山开发遥感调查与监测项目完成《晋陕蒙能源成矿带与辽宁主要矿集区矿山开发遥感调查与监测（北京地调院）2009年度阶段》和《晋陕蒙能源成矿带与辽宁主要矿集区矿山开发遥感调查与监测（北京地调院）2009年度》两份成果报告、17幅成果图件及《内蒙古自治区矿产资源开发多目标遥感调查与监测成果2009年度成果数据库》。

在内蒙古自治区开展工作的5个矿区内，矿产资源丰富，矿山开采企业众多，存在矿山开发秩序混乱、开发不规范、矿山环境污染严重等问题。通过开展本项目，查清了工作区内矿山开发和矿山地质环境状况，为国土资源部门制定矿产资源规划、整顿矿业秩序，以及矿山地质环境治理恢复政策提供了依据，同时，为政府部门加强监督管理、保证矿产资源的可持续开发与利用创造了条件。

二、灾害地质调查评价

北京地区滑坡泥石流灾害监测预警示范研究项目截至2009年底，项目任务书规定的各项任务均已完成。主要成果是：《北京地区滑坡泥石流灾害监测预警示范研究报告》、北京示范区预警区划图及北京示范区预警预报系统。

北京是燕山地区滑坡、泥石流灾害较为严重的地区，且目前尚未建立突发地质灾害的专业监测站点。本项目运用多种手段，通过在北京典型地区系统开展区域地质灾害调查、区域地质灾害分布发育与成灾规律研究，滑坡、泥石流地质灾害变形特征研究与监测，成灾机理研究与监测、地质灾害主要控制因素研究与以监测为主要内容的区域地质灾害监测预警网络建设，探索建立了群专结合的北京地区滑坡、泥石流灾害监测预警示范区。为科学进行地质灾害群测群防体系建设，逐步提高区域地质灾害监测预警技术水平，达到防灾减灾的目标提供了技术支持。

矿产资源调查评价

一、地下水资源调查评价

北京地下水污染调查评价项目是“华北平原地下水污染调查评价”项目的子课题。2009年完成了北京西郊地区和房山区1:5万地下水污染调查面积1000km^{2}及140组地下水有机样品采集测试工作，为典型场地地下水污染评价及污染防治区划奠定了基础；通过系统的资料整理及综合研究分析，编写了《北京地下水污染调查评价》初步成果梳理报告及50幅相关成果图件；进行了北京市平原区地下水水质现状评价、地下水污染评价、主要水源地适宜性评价；在地下水污染评价及地下水防污性能评价的基础上，结合污染源分布现状，编制了北京市地下水污染防治区划等。

北京地处半干旱半湿润地区，是世界上严重缺水的大城市之一，由于污染原因造成的地下水水质恶化加剧了北京水资源短缺的紧张局面。通过开展本项目，查明了北京市平原区区域地下水水质现状及水源地水质状况，基本掌握了地下水污染主要来源，为北京市地下水污染防治、地下水资源保护，以及保障饮水安全提供科学依据。成果具有实用性，为首都城市建设、规划，以及地下水资源的可持续开发利用提供了技术支撑。

二、矿产资源潜力评价

2009年6月8日，中国地质调查局向北京市地质调查研究院下达了“北京市矿产资源潜力评价”项目任务书。

项目下设10个子课题。截至2009年底，项目下设的地下水、地热、浅层地温能、尾矿，以及建筑用矿种5个子课题已全部完成，并通过评审；项目其余的5个子课题正常开展，进度与全国一致。

（一）北京市地下水资源潜力评价。

查明北京平原区地下水资源总储量为1107.52亿m^3，150m以上浅储存量为581.31亿m^3，150m以下到基底储存量为526.21亿m^3（截至2008年6月）。

（二）北京市地热资源潜力评价。

探明地热资源总量为70130×10^{12}kJ，相当标准煤40亿吨；地热水储存总量为250亿m^3，折合标准煤约2.52亿吨。

（三）北京市平原区浅层地温能资源潜力评价。

初步预测出平原区（五环以内地区）浅层地温能资源量（热能存储量），其中适合地下水地源热泵分区的可开采资源量折合标准煤为180万吨，适合地埋管地源热泵分区的可开采资源量折合标煤为360万吨。

（四）北京市尾矿调查与评价。

通过遥感解译和野外调查，对煤矸石、铁和金尾矿堆放量进行了预测，煤矸石堆放量约7252.91万吨；铁尾矿3672.2万吨；金尾矿176.74万吨。调查分析了煤矸石及尾矿对环境的影响，并对开发利用提出了合理化建议。

（五）北京市建筑用矿产（水泥用灰岩、砖瓦用页岩、建筑用砂石）资源潜力评价。

对水泥灰岩、砖瓦用页岩和建筑用砂石含矿层岩相古地理环境进行分析，对其空间分布进行了分析，按有关规范预测了资源量，其中，水泥用灰岩预测资源量98.45亿吨；砖瓦用页岩预测资源储量162.98亿m^3；建筑用砂石预测资源储量168.14亿m^3，并对以后的勘查工作部署提出了建议。

正在实施的5个子课题在2009年度取得以下进展：

（六）成矿背景地质研究。

初步完成省级图件包括实际材料图和建造构造图，以及和铁矿相关的地质构造专题底图的编制工作。

（七）成矿规律与矿产预测。

对铁矿各预测工作区采用了MRAS地质经济模型法、地质体积法、德尔菲法、磁法反演预测等多种方法进行资源量预测，最终以磁法反演预测为准，预测的铁矿资源量为12.77亿吨，并完成本市铁矿预测评价报告及其图件编制工作。

（八）物化遥自然重砂综合信息评价。

完成省级基础图件的编制和针对铁矿种预测的预测工作区和典型矿床工作和相关报表的编写工作。

（九）煤炭资源潜力评价。

完成图件编制3类46幅，开展了煤炭资源勘查开发现状分析和资源远景区的优选和圈定，完成《北京市煤炭资源潜力评价资源远景圈定和优选成果报告》，报告分别对北京市石炭—二叠纪、侏罗纪含煤预测区，进行了合理预测，并对预测区煤层分布规律、地质构造进行了认真分析。

（十）综合信息集成。

完成有关北京市的基础地学数据库更新和维护工作。其中矿产地数据库设计新增26处，实际新增矿产地48处（要求资料截止日期为:2006年12月，实际为2007年12月），为北京市潜力评价提供直接信息。完成了地质工作程度数据库的维护，新增408份资料；其中新中国成立后地质工作程度2465条记录，含矿产地工作程度437处。为了保证北京典型示范区重砂数据精度，新建成了北京市青龙桥幅1:5万重砂数据库建库工作，完成共1071个重砂样，5张数据表近18000条记录27Mb数据录入了重砂数据库。新建了北京市沙峪幅1:5万重砂数据库，完成847个重砂样录入，共11487条记录。

（梁亚南）

天津市地质调查研究院工作

天津市地质调查研究院

基础地质调查

一、区域地质调查

（一）天津1∶5万团泊乡、咸水沽、大沽幅区。

调项目完成了成果最终审查，成果评定为良好级。

（二）天津1∶5万武清城关镇、大口屯镇、黄花店乡、武清县幅区调。

完成了全部外业和资料整理工作，并编写了工作总结，野外验收为优秀级。

二、多目标区域地球化学调查与评价

天津市多目标区域地球化学调查（近岸海域）

完成设计编写，被评为优秀设计。完成了海域和滩涂样品采集、加工及测试等工作，表层样300件，深层样（沉积柱）102件。

三、城市地质调查

天津城市地质调查项目主要完成了工程地质结构调查、基岩地质调查、活动断裂及地壳稳定性调查、中心城区地下空间资源开发利用评价、地面沉降预警系统研究、地热资源开发潜力评价和水土环境地球化学调查7个子项目、专题已通过了审查。

四、环境地质调查评价

（一）天津地下水污染调查评价。

完成了天津地下水污染调查评价2009年年度设计及相应附图，完成年度设计评审，并完成了项目设计书认定。2009年完成了1∶5万地下水污染综合调查1000km^2；共调查机井50个点，填写水文地质钻孔卡片50张；拍摄照片100张；填写水文点调查表5张。采集地下水有机污染水样70组；无机污染水样70组；现场物理化学指标测试70组，采集地下水有机污染质控样（包括平行样、空白样、加标样）10组；采集土壤化学性质及常量养分测试、土壤水溶性盐分析测试、土壤微量元素和重金属元素分析测试、土壤有机污染分析样品数70组。

（二）中新生态城地质环境保障性调查评价。

完成工程、水文地质钻探69个孔，总进尺940m。施工浅层地下水抽水试验孔2组6个孔，总进尺90m，开展了浅层地下水抽水试验2组。水样采集32个，土壤污染样32个，土常规270个，可溶盐352个。进行资料整理和综合研究，采用ANN和GIS技术结合开展了中新生态城地质环境脆弱性评价，编制了地面沉降速率等值线图、地面沉降累计沉降量等值线图、饱和粉砂土液化分布图、软土等厚等值线图、地下水腐蚀性分区图、土壤腐蚀性分区图、浅层地下水矿化度等值线图、浅层地下水水位埋深等值线图、浅层地下水等水位线图、浅层地下水化学图、土壤全盐量等值线图（不同深度）、土壤盐碱化程度图（不同深度）、地下水污染分布图、土壤污染分布图等20余张图件。

五、灾害地质调查评价

天津市蓟县矿山地质环境调查与监测项目完成蓟县双安、庄果峪、五名山及五名山东（石矿）4处危岩体监测点累计监测36点次；3处危岩体累计监测45点次，全年累计监测81点次。7～8月在庄果峪和五名山东共安装了4台滑坡伸缩仪和5台裂缝报警器，实现了地质灾害及时预警。7～9月联合蓟县地矿局开展了蓟县山区汛期地质灾害巡查1期，共巡查隐患点38处，并向天津市国土资源和房屋管理局提交了《天津市蓟县山区2009年度汛期地质灾害巡查报告》。

矿产资源调查评价

一、固体矿产资源调查评价

天津市静海县贾口–三呼庄煤/煤层气普查项目2009年5月开始野外施工。共完成主测线D2、联络线L2两条地震测线，施工测线长22km，共完成物理点1006个，其中生产物理点996个，试验点10个。2009年7月1日完成资料处理工作后，立即进行解释工作，本次解释工作包括了20世纪80年代由原石油部门施工的79－278线、79－244线、c80－052三

条测线。为此，勘查区内共5条测线，可形成一个地震测网。

二、地下水资源调查评价

（一）天津市西北部应急供水水文地质详查。

完成3个孔的钻探工作，钻探进尺902m，采取土样195件；完成地面调查200km²，勘探区开采量调查工作，采取水样30件，地下水动态监测点15点900点次，水位统测90点次。

（二）天津市七里海洼应急供水水文地质详查。

2009年完成1眼钻孔（孔号为QLH04，钻探至737.83m，成井于625m）。并完成该钻孔的岩心采取、物探测井、成井、抽水试验，以及水土样品采取等工作。本钻孔共采集水土样品42件，包括饮用水水质全分析1件，原状土样5件，颗粒分析36件。2009年度完成了水文地质调查工作400km²，野外钻孔水质全分析样品2件，简易抽水试验4台班，以及有关地质、水文地质资料搜集等工作。

三、天津市矿产资源潜力评价

1. 成矿地质背景课题：全面完成天津市1:25万实际材料图和建造构造图编制及其建库工作。开展1:50万大地构造图编制及建库。

2. 成矿规律和成矿预测课题：编制完成了钨、铜、金、磷预测区的成矿要素图，编制完成了金典型矿床成矿要素图和成矿预测图、钨矿典型矿床成矿要素图。

3. 物探、化探、遥感和自然重砂课题：完成了铁矿远景区的圈定和异常筛选工作。完成了其他矿预测区重磁编图。完成省区遥感资料推断地质构造图的编制与研究。完成铁矿预测区（常州沟铁矿预测区）遥感图件的编制。完成6个预测工作区遥感资料推断地质构造图的编制。完成全市遥感资料的处理和地质解释工作。完成全市地球化学采样点位图、地球化学工作程度图、地球化学地理景观图、全市单元素地球化学图、全市单元素地球化学异常图、全市地球化学组合元素异常图、全市地球化学综合异常图、全市地球化学推断解译地质图、预测工作区单元素异常图、预测工作区地球化学组合异常图、预测工作区地球化学综合异常图、全市地球化学找矿预测图（靶区图）12个类别，共计109张。

4. 信息课题：编绘完成全天津市范围的1:25万和1:50万地理底图。编制预测底图的地理用图3张。完成了天津市基础地质数据库维护更新，已于2009年3月通过全国矿产资源潜力评价项目验收。数据库建设，完成本市1:25万实际材料图数据库、1:25万建造构造图数据库的建设。按照数据模型规范，1:25万实际材料图建立图层13个，1:25万建造构造图建立图层8个。

四、矿业权实地核查

完成了蓟县、宝坻、宁河、大港、武清、静海6个区县范围内的全部矿业权核查工作，完成了125个粘土矿，13个矿泉水，东矿、西矿和陈家园石灰岩探矿权3个石矿，累计141家矿业权的实地核查工作。

国际合作与对外交流

2009年开展印度尼西亚锰矿找矿工作，工作两个月，找到了氧化锰达50%以上的富矿，提交了资源评价咨询报告。

安全生产管理

2009年6月10～11日接受长城质量认证中心对天津地调院质量安全双体系审核。

顺利通过GB/T190001—2008/ISO9001：2008质量、安全管理体系三方认证。

（王国良）

河北省地质调查院工作

河北省地质调查院

地质矿产调查管理

一、2009年8月15日，由河北省国土资源厅、河北省财政厅组织进行“河北省矿产资源潜力评价”、“河北省矿产资源储量利用现状调查”、“河北省矿业权实地核查”三个项目总体方案评审并通过，

3个项目预计总资金额2.6亿元。

1.“河北省矿业权核查”项目实地核查工作全面完成，共计实地核查、测量采矿权4449处，探矿权564处。

2.“河北省矿产资源潜力评价”项目，成矿地质背景、物化探、遥感信息研究等基础地质研究，以及铁矿、铝土矿成矿规律及资源潜力预测工作基本完成。

2009年3月，河北省地质调查院提交的《河北冀东沉积变质型铁矿潜力评价典型示范成果报告》，评为“优秀”成果报告。冀东地区共圈定各类预测区224处，预测铁矿潜在资源量338.7亿吨。

2009年12月，提交了《河北省铁矿资源潜力评价成果报告》，评为“优秀”成果报告，名列全国第一。河北省在冀东、邯邢、冀北、涞易、张宣等铁矿成矿有利地带，圈定各类预测区343处，预测铁矿潜在资源量440.7亿吨，显示河北省具有巨大的铁矿资源潜力。

二、2009年7月12日，由中国地质调查局和河北省国土资源厅共同组织，对河北省地质调查院提交的《河北省多目标区域地球化学调查评价报告》进行评审验收，报告评为“优秀”级报告。

“河北省农业地质调查”项目，全面完成河北平原区及近岸海域1:25万多目标地球化学调查，完成采样面积8.47万km^2。查明了河北平原土壤、近岸海域沉积物及浅层地下水中元素分布、分配和富集状况，进行了土壤、近岸海域和浅层地下水有关环境质量评价等，为农业规划、土水环境保护、发展地方性特色农业等提供基础地质资料。

三、2009年2~3月，河北省地质调查院实施的地质大调查资源评价项目“河北遵化—建昌营一带铁矿调查评价”，在滦南县杜蒿坨施工钻孔DZK001，见铁矿层厚17m；在北套施工钻孔NTZK001，见铁矿体两层，厚度分别为25m，8m。在冀东地区南部厚大覆盖区深部发现了较好的铁矿体。本区资源潜力较大，预测铁矿资源量可达4亿吨，有望成为新的铁矿勘查基地。

四、2009年5月，《河北1:5万大庙、谢家堡、大河南、紫石口幅区域地质调查报告》和《内蒙古东乌旗地区1:20万区域重力调查成果报告》通过了天津地质调查中心的评审验收。

2010年1月，《河北省涞源县司格庄-王安镇铜铅锌矿评价成果报告》通过了天津地质调查中心的评审验收。

2009年8月，“西藏1:5万革吉县哥布弄巴地区五幅区调”项目野外工作通过了成都地质调查中心组织的验收。

基建与装备管理

一、省地勘局已通过基地建设方案，拟在国土勘查中心基地新建地质大厦一栋，由地调院、国土勘查中心共同使用，基地建设正在积极筹建中。

二、在暂时租住的原海关办公区设立了“职工之家”，购置了大批图书和文体用品，安装了电视机和DVD机各1台。

三、河北省地质调查院信息中心更新电脑一批。

四、河北省地质调查院还设置了公用澡堂、车棚、公用热水器等，改善了职工的办公和生活条件。

安全生产管理

河北省地质调查院成立院安全管理处，调整安全生产委员会和应急救援组织，完善“应急救援预案”，抓好安全生产责任制的落实，保持因公伤亡率0.35‰以下，保持尘毒作业场所治理合格率75%以上。保证安全生产投入，按上年总产值3‰足额提取安全措施费，用于劳保用品和安全生产设施。强化安全生产责任目标管理，加强对职工安全教育和管理。重视交通运输安全管理工作，坚持驾驶员“双证上岗”制度，重视车辆的维修维护，车况较差的申请报废，更换新车。组织开展安全生产大检查，对全院各野外项目组进行了3次安全生产大检查，检查过程有记录，对安全隐患和管理漏洞提出限期整改。

（王鸿卓　韩亚斌）

山西省地质调查院工作

山西省地质调查院

基础地质调查

完成1:5万地质测量8420.43km²，1:20万区域重力调查3780.5km²，1:20万水系沉积物测量3650km²。

一、区域地质调查

1. 内蒙古1:5万勃洛浑迪、贺斯格乌拉牧场、冈干哈尔、包格德呼和哈达幅区域地质调查（2007～2010）项目，对测区内的地层填图单位进行了重新划分，在区内东部首次发现白垩系；经本次工作，测区内共发现23个侵入体，发现古火山机构14处；认为贺斯格乌拉幅内乌散查干高吉高尔构造带为一近东西向的脆韧性断裂带；共发现金属矿化点4处。

2. 内蒙古1:5万哈丹沟巴润布郭、干其硝、巴彦毛敦、扎德盖索格木、图木特、呼日其格幅区域地质调查（2008～2011）项目，完成了项目总体设计，并通过天津地调中心组织有关的评审。项目在基础地质方面有新的认识，有待下步进行验证。

3. 岔口测区1:5万区域地质矿产调查项目，将区内原太古宙混合杂岩和吕梁山群进行了解体，分别为太古宙片麻岩、吕梁期花岗岩、界河口群等。在石盒子组首次发现安山质凝灰岩，反映当时区内有中酸性火山喷发。圈定化探单元素异常168个，综合元素异常30个，重砂异常39个，磁异常14处，新发现矿（化）点25个，矿产地3处。全区共圈定局部磁异常14处，其中M1～M2异常位于岔口区，M3～M14异常位于古洞道工区。新发现矿（化）点14处。

4. 方山测区1:5万矿产调查项目，发现铅矿化一处，钾长石矿一处，云母矿一处，山西式铁矿、铝土矿点两处。

5. 侯马测区1:5万区域矿产调查，通过1:5万水系沉积物测量，在测区共圈出单元素金异常6个，银异常4个，铜异常15个，铅异常11个，锌异常12个，钼异常13个，钨异常13个，锑异常9个，砷异常11个，铬异常11个，钴异常16个，镍异常14个，钴异常16个，铀异常12个，钍异常4个。通过1:5万高精度磁测扫面，测区圈定出磁异常17处，其中较有找矿意义的有6个。

6. 娄烦测区1:5万区域地质矿产调查项目，发现8处矿点、矿化点。

7. 宁武测区1:5万区域地质矿产调查项目，在阳方口镇山前首次发现逆冲推覆构造带，新发现矿化点10余处。

8. 天镇测区1:5万区域地质矿产调查项目，查明区内新生代盆地为由边界断层为多条斜列的北东向断层及北西向断层所围限的构造断陷盆地，该类断层切割了新近系上新统玄武岩及中更新统离石组，又被晚更新统马兰组覆盖。发现金矿化点一处。

9. 神池测区1:5万区域地质调查，发现贺职幅内三山子组白云岩化层位已至上奥陶统炒米店组层位，而八角镇幅八角镇一带白云岩化层位已至上奥陶统冶里组中部层位。发现区内多处有小型山间盆地，多呈北西向或近东西向，地形较为开阔平坦，地层为峙峪组，该类盆地的发现为灰岩区地下水找寻有一定指导意义。

二、区域地球物理调查

1. 内蒙古1:20万阿荣旗、布特哈镇、绰尔、塔尔其幅区域重力调查，完成1:20万阿荣旗幅（除1:5万13—51—128—甲幅外）区域重力测量，面积3780.5km²，物理点806个。

2. 山西省中部1:20万区域重力调查，完成重力基点标石埋设16个，在固定建筑物上建立重力基点标志17个，重力基点联测35个。

三、区域地球化学调查

1. 山西省北部及南部1:20万区域地球化学测量，完成水系沉积物野外采样20556km²。

2. 山西省中部1:20万区域地球化学测量，完成野外采样3650km²。

3. 山西省太行山西南端1:5万水系沉积物地球化学测量，完成野外采样152km²。

4. 山西省1:5万区域地球化学测量，完成野外采样218km²。

四、多目标区域地球化学调查与评价

1. 山西省典型市县级土地质量地质化学评估(2007~2008),进行了地表水采样和农作物样品采集各30件,布置了降尘点30件,完成了部分工作,土壤采样完成野外采样467km^2,占总工作量的49.37%。

2. 山西省黄土高原盆地经济带多目标区域地球化学系列编图,完成了部分地球化学图108张的编制工作,占总工作量的64.32%。

3. 山西省黄土高原盆地经济带土地质量地球化学评估与典型地区生态环境评价(2007~2008)项目,完成了山西省土地质量评估的方法体系,并对山西省的土地质量进行了评估,完成了典型地区土地质量地球化学评估的野外工作。基本完成了全国碳库、基准值背景值汇总。

五、环境地质调查评价

1. 山西省主要城市环境地质调查评价项目,编制2009年度工作方案1份,地形图数字化15幅,调查垃圾场31个;调查地质灾害点504个,采取水样150组、土样60组,调查面积2500km^2。完成6个城市的报告初稿编写和图件的编制工作。

2. 山西省汾河流域生态地质环境调查评价项目,2009年度完成1:25万生态地质环境调查和水文地质调查面积约8336km^2;遥感解译面积39471km^2;水土样品采集测试工作量各为500件。

矿产资源调查评价

一、固体矿产资源调查评价

1. 山西省沁水煤田固县勘查区煤炭普查项目,初步估算,2、3、9、11号煤层333+334资源量250531万吨,其中333资源量97400万吨。另外9、11号煤层高硫煤求得333+334资源量104575万吨。

2. 山西省沁水煤田安泽县唐村勘查区煤炭普查项目,初步估算,3号煤层333+334资源量111044万吨,其中333资源量32181万吨。另外10号高硫煤层求得333+334资源量91323万吨。

3. 山西省沁水煤田沁源县定阳北勘查区煤炭项目,初步估算,9号煤层334资源量66943万吨。

4. 黑崖底—米岔沟一带铜矿勘查区经估算求得推断的内蕴经济的资源量(333)0.764万吨,预测的资源量(334?)2.734万吨,合计3.5万吨。

5. 上马寨勘查区煤炭详查,根据钻探施工及测井成果,上马寨勘查区可采煤层7层,即2、3、6、9、10、$10_下$、11号煤层,其中2、3、9、11号煤层稳定可采,6、10号煤层部分可采,$10_下$号煤层局部可采。

6. 山西省恒山-五台山地区铁矿普查项目,在呼延庆山普查区发现了呼延庆山隐伏磁铁矿体,赵北普查区发现了赵北、黑峙、西玄风、温子堡、新河峪5个铁矿带,黑圪坦尖普查区发现了羊角沟—康家沟、旋风口—二茄兰一带数条铁矿体。

7. 山西交口汾西地区铝土矿远景调查项目,经对灵石县城以南区域初步估算资源量3.8亿吨。

二、矿产资源潜力评价

项目完成了铁、铝、稀土3个矿种的工作。全省铁矿预测资源量总计116.1488亿吨,其中1000m以浅预测资源量114.5231亿吨;全省预测铝土矿1000m以浅1082056万吨,2000m以浅1383994万吨;伴生稀土1000m以浅1308万吨。对铁矿和铝土矿远景区勘查工作进行了部署和建议,对未来矿产开发基地进行了预测。

三、矿产资源储量核查

所承担的6个山西省矿业权价款项目的矿产资源储量核查工作(均为普查阶段工作),目前正等待山西省地质矿产科学技术馆资源储量认定。

地质调查信息工程

2009年山西地调院承担了大调查项目1:5万地质图空间数据库建设,具体图幅为新平堡、阳高县、罗文皂、古店村、王官屯、峙峪、神头镇、下大林、上寨、忻口村等10幅。目前项目等待最终成果验收。

地质调查信息社会化服务

一、地质资料

按照“以防为主,防治结合”的原则,加强馆藏地质成果资料的保管,配备了必要的防潮、防水、防火、防盗、防尘、防虫、防霉等防护措施与设备。

成果地质调查资料服务对象主要为山西省地质调查院从事地质调查项目、省矿业权价款项目的技术人员。2009年查阅人数330人次,查阅资料800余件。

制定了“山西省地质调查院地质资料管理制度”,按照ISO9001:2008标准建立的质量管理体系中编制了“立卷归档、资料汇交作业指导书”,使地质资料从立卷归档、资料汇交、资料保管、资料借阅等方面都有章可循。

二、地质图书

山西地调院馆藏地质图书1080册。2009年新增各类技术标准、图书30余种、170余册。

装备管理

山西省地质调查院成立设备管理领导组，安全设备部是专门的设备管理部门（装备管理部门），共有4人，负责全院设备督促、检查、指导和管理工作。各使用单位设兼职设备管理人员，负责本单位设备日常管理工作。建立健全规章制度——《山西省地质调查院设备管理办法》，设备台账、档案等基本齐全，设备从选型、购置、维护保养、修理、报废等实行规范化管理，优化配置设备，保证和满足生产需要，实现了装备良性循环。2009年，2个集体获局"2009年设备管理工作先进单位"。

山西省地调院从设备更新、选型、购置安装等方面入手，紧紧围绕生产和在技术先进、经济合理、安全环保等综合因素考虑配置设备，符合设备可靠性、适用性和安全性等相关要求，保证和满足生产需要，实现投资回报的最大化。从专业上把好关、选好型，遵循标准化的原则，为日后的设备使用、维护检修和配件管理，以及实施设备技术改造工作等打好基础。严禁发生因选型不当或盲目抉择，造成新增设备低效、闲置或检修中出现备品配件不通用、难购买，造成延误检修等问题。2009年全年投入698万元购置了一批野外和生产急需的仪器设备，购置进口国外多功能物探数据采集系统（V8）、重力仪（CG-5）先进的物探仪和等离子体质谱仪、气相色谱仪、液相色谱仪、液相色谱质谱联用仪等先进的实验测试仪器和国产车辆、测量等生产投备，年底设备原值近3600万元，进一步提升了全院装备水平。

2009年，积极做好设备使用、维护和检修工作，做好职工培训并指导正确使用设备，严格按照设备操作规程操作，树立人人爱护设备，用好和管好设备。加强重点设备的管理工作，加大设备使用的监督检查力度，切实做到安全生产、清洁生产，全面提高全院的装备管理水平。认真编制装备购置计划，不断应用新工艺、新技术，增加装备技术储备，适时报废、更新陈旧装备，逐步实现装备良性循环。各分院（项目组）在用设备或野外施工现场所有设备安全防护设施要齐全、设备表面清洁。加强设备的日常维护保养和定期保养，严禁带病运转。山西地调院每年组织有关人员对设备使用单位设备检查不少于3次，项目组对设备能经常进行检查，加大监督检查力度，杜绝违章作业，基本能做到全员参与设备管理。重点检查监督各主要生产单位的设备使用、维护情况，保证设备使用安全和设备利用率，为完成生产任务提供良好的装备保障。

安全生产管理

2009年，在局党委的正确领导和工勘处的大力支持下，山西地调院认真贯彻执行国家对安全生产工作的一系列重要指导及省局安全生产工作会议精神，深入开展安全生产专项整治和"三项行动"，以隐患排查为重点，认真落实省政府要求的"八项制度"，扎实抓好安全生产各项工作，在全院干部职工的共同努力下，实现了全年安全生产平稳运行的良好态势，全面完成与局签订的安全生产责任目标，获山西省安全委员会"2009年安全生产先进单位"称号。

一、领导重视，安全生产组织机构健全

山西省地质调查院成立了行政一把手亲自挂帅的安全生产委员会，院长为安委会主任、安全生产第一责任人，工会主席和主管安全院领导为副主任，其他院领导及各部室负责人为安委会成员，并成立了安全生产委员会办公室，设立了专职安全员，负责全院的安全生产工作，各生产经营单位相应成立了行政一把手任组长的安全生产领导小组，项目组（班组）也相应配备了专（兼）职安全员，形成了从上到下的安全生产组织网络机构。年初，针对地调院机构变化和人员发生变动的情况，院及时调整了安委会成员。院安委会定期或不定期召开安全工作例会，解决生产中的突出问题，会议均形成了纪要。

二、责任明确到人，措施落实到位

2009年山西省地质调查院充实、完善《安全生产管理办法》，尤其是安全生产责任制，强调了领导班子成员"一岗双责"责任制，明确了院长、分管院领导、其他副院长的安全生产责任；院属各单位行政一把手是本单位的安全生产第一责任人，班子其他成员分工抓安全工作，各基层班组长是本班组的安全生产第一责任人。"一岗双责"已在全院上下全面实行，收到较好效果。

另外，实行了安全生产目标管理，院与15个生产经营单位或车辆使用单位签订安全生产目标责任书，院将局下达的安全生产各项指标进行分解，将目标层层分解到生产经营单位或项目部，落实到人头上，形成至下而上一级保一级，自上而下一级抓一级

的安全生产保障体系。年终，院成立经营目标考核组对生产经营单位安全指标进行考核，依据责任书控制目标和工作目标内容一一核实打分。晋中分院等五个单位被院评为“2009年度安全生产工作先进单位”。按照年初与各单位签订安全责任书兑现奖励35500元，各生产经营单位与各项目（班）组签订了安全生产责任书，各个项目负责为项目安全生产的第一责任人，落实了各个项目的兼职安全员，保证全年安全生产责任的落实。

三、完善安全生产管理制度，夯实安全生产基础

根据法律法规要求，针对日常安全管理中遇到的问题，山西省地质调查院都是认真研究加以解决，并结合实际情况，制定出台相应的安全管理制度，补充和完善了各项规章制度和操作规程，使制度和规程覆盖所有领域和作业场所。2009年，全院上下狠抓了《山西省地质调查院安全生产职责》、《山西省地质调查院安全生产事故隐患排查智力暂行规定》、《山西省地质调查院安全生产事故应急救援预案》等制度的落实。

为进一步健全全院安全生产工作制度，加强和改进安全生产工作，强化安全生产管理，推动安全生产长效机制建设，促进山西省地质调查院安全生产状况持续稳定发展，根据开展“安全生产年”的各项工作要求，院安委会组织制定了《山西省地质调查院安全生产管理办法》、《山西省地质调查院交通安全管理规定（暂行）》、《山西省地质调查院安全生产专项整治实施方案》、《山西省地质调查院开展“安全生产月”活动实施方案》、《山西省地质调查院开展安全生产“三项行动”实施方案》、《关于开展夏季安全生产暨三项行动第二阶段工作的通知》、《山西省地质调查院维护稳定工作应急预案》、《山西省地质调查院粉尘与高毒物品危害治理专项行动工作方案》。为贯彻落实省政府要求的8项制度，院安全生产委员会组织制定了《山西省地质调查院安全生产委员会制度》、《山西省地质安全生产工作约谈制度》、《山西省地质调查院重大危险源监督管理制度》、《山西省地质调查院安全生产事故隐患排查治理制度》、《山西省地质调查院安全生产隐患和事故举报奖励制度》，确保各项安全政府的顺利实施，有效地利用人力、物力资源，为安全生产提供了有力的制度保障。

四、扎实开展安全生产专项整治和“三项行动”

为做好安全生产专项整治和“三项行动”工作，山西省地质调查院制定了工作方案，召开了动员大会，成立了工作领导组，层层签订了责任书，配备了专职人员，进行了分类整治。各生产经营单位也成立了相应的组织机构，由主要负责人任组长，分管安全负责人及专（兼）职安全员组成安全生产专项整治和“三项行动”领导小组，对本单位安全生产专项整治和“三项行动”工作进行统一组织、统一安排、统一协调。

各生产经营单位按照院安全工作总体部署，大力开展安全生产隐患排查治理工作，重点抓了危险化学品、道路交通、野外地质勘查、设备安全、人员安全及防火、防触电等其他容易引发生产安全事故的重点领域，制定安全隐患防范措施，及时杜绝安全隐患，使安全突发事故多发势头得到了有效遏制，完善和规范了安全管理，促进了安全生产专项整治和“三项行动”工作的深入开展。

充分发挥安全检查这一手段，以日常检查和突击检查相结合，以专项检查和综合性检查相结合，院全年组织开展3次安全大检查，下发事故隐患整改通知书2份，现场整改隐患8项，隐患整改率100%。通过开展安全生产专项整治和“三项行动”，进一步推动了山西省地质调查院安全主体责任的落实，提升了安全生产保障能力，避免了多起事故的发生，有效地将事故苗头消除在萌芽状态。

五、扎实开展第八次全国“安全生产月活动”

为深入开展“关爱生命、安全发展”为主题的第八次全国“安全生产月”活动，一是按照上级要求山西省地质调查院成立“安全生产月”活动领导组，制定并下发安全生产月活动实施方案通知；二是利用板报、标语和挂图宣传道路交通和消防安全知识；三是组织全院驾驶人员观看《警惕交通事故的杀手》光盘；四是院安全设备部和党群部在6月14日向院领导、各生产经营单位（项目部）以短信的形式发了安全宣传教育信息；五是6月17日山西省地质调查院在晋中分院模拟“野外作业人员发生高处坠落造成1人骨折”的事故现场，编制了应急演练手册，准备了3部救援车辆、担架1副、医用药品及急救箱等器材和设备，并在演练前进行了现场急救培训，整个培训和演练过程制作了光盘并将光盘发放到各生产经营单位，取得了显著效果，并获局“安全生产月”活动优秀组织奖。

通过开展“安全生产月”活动，增强广大职工对安全工作重要性的认识，进一步提高全员安全意识和安全素质，全院安全生产继续保持平衡态势，为院经济快速发展创造了一个安全健康稳定的环境。

六、加大安全投入，为安全生产工作提供了保障

山西省地质调查院是省内第一支参加西部大开发的地勘队伍，赴地处新疆昆仑山中段和藏北羌塘高原腹地，平均海拔5200m左右，高寒缺氧、交通不畅和高山疾病的威胁，人称“生命禁区”七载，省内新闻媒体多次报道其先进事迹。安全工作始终列入地调院工作重要议事日程，对赴西部人员从身体体验严格把关，做到不达条件不上，办理意外伤害保险，降低风险；投入GPS全球定位装置、海事卫星电话、最好的车辆及足够药品等生产生活安全保障物资；年年组织赴西部人员进行安全培训教育，人人绷紧安全这根弦，职工安全意识进一步增强。工作精心组织安排，认真分析每一个环节存在的安全隐患，确定采取应急之策及应急救援方案，人人做到心中有数，全员互相提醒，互相监督，形成了安全保障的系统网络。通过扎实细致的安全工作，从未发生安全事故，填补了青藏高原近十万平方千米地质空白，圆满完成了国家地质调查任务。

安全投入是安全生产的基本保障，山西省地质调查院领导深知安全投入的重要性，由工会组织牵头为离退休职工和在职职工进行体检；购置消防器材64个；全年对赴西部艰险地区工作的人员进行了两次安全教育培训，对14名新聘人员进行了岗前安全教育培训；有40多人参加了太原消防中心组织的消防安全知识讲座；5名注册安全工程师均按国家有关规定参加了继续教育再培训，非煤矿山企业负责人和安全员共5人参加了省安监局组织的继续教育再培训；为了职工更好地了解学习国家、行业新的法律法规，院里购置了50本《野外地质调查安全手册》，并发放到院领导、安委会成员、各生产经营单位，这些投入为全院安全生产工作打下良好基础。

七、努力提升安全生产保障能力

交通安全始终是山西省地质调查院安全生产管理工作的重中之重，全院现有大小车辆62辆，在用车辆57辆，分布范围广，遍及省内外，多为长途运输，管理难度大，为加强对各单位驾驶人员和车辆的管理，全院实行专职驾驶员内部上岗证制度。外聘司机经使用单位结合本人驾龄、个人技能、应急能力等方面面视，选用安全责任心强，并在试用期考核合格，方可录用。外聘司机须在人事部办理劳动协议，双方签字。安设部和使用单位经常对司机车辆督促检查，院安委会对录用合格司机和在岗专职司机核准发放驾驶员内部上岗证，驾驶员基本能遵守《中华人民共和国道路交安全法》和院《交通安全管理规定》。各级基本能做到层层落实安全责任，层层把关。另外，对考核不合格优点关系的司机，院领导坚决回绝、杜绝人情网，决不留安全隐患。2008年，山西省地质调查院完成了驾驶员第二次内部上岗证换发工作，共换发内部上岗证52个。2009年，经院安委会严格审查，核发内部准驾证5个。

2009年，全院上下做了大量安全生产工作，保持了平稳的安全生产态势，但随着地勘经济的持续快速发展，生产领域不断扩宽，项目战线长，地域分布广，将安全生产管理工作提高到一个新的高度势在必行。2010，我们以继续深入开展“安全生产年”活动、深化安全生产专项整治为主线，以“杜绝重特大事故、减少一般事故”为目标，扎实推进安全生产“三项行动”，全面加强安全生产“三项建设”，切实真抓实干，搞好安全生产工作，为山西省地质调查院安全发展、和谐发展做出努力。

（潘永胜）

内蒙古自治区地质调查院工作

内蒙古自治区地质调查院

基础地质调查

一、区域地质调查

完成1:25万填图面积10000km^2，1:5万填图面积1235km^2，1∶10000地质填图65km^2，探槽7130m^3，各类地质剖面190km，采集各类样品2956件。

（一）内蒙古1:5万额仁布格、乌日尼图、巴彦哈拉特、达布哈尔、胡格吉力图生产队幅区调。

查明区内仅出露古生代和中新生代，详细划分11个岩石填图单元。对测区侵入岩划分出中晚石炭世、早二叠世两个时代的侵入岩。获得了16个比较精确的单颗粒锆石同位素年龄。新发现有价值的矿点、矿化点多处，成矿类型多为构造-岩浆热液型，总结了5个主要成矿靶区。

（二）内蒙古1:5万孟恩陶勒盖、敖兰敖日格、科尔沁右翼中旗、马家窑、哈日道布幅区调。

对区内侵入岩划分出15个岩石填图单位，并对孟恩套勒盖岩体进行了详细的解体。新发现矿点、矿化点2处。

（三）内蒙古1:5万郭挠特乌拉、巴尔陶勒盖、素金达坂、乌苏伊和牧场幅区调。

查明索金达坂幅地层岩石组合特征及展布规律，划分出3个Ⅴ级火山构造。重点对东老头山喷发中心进行调查，在索金达坂幅东老头山附近的岩脉或闪长玢岩与火山岩的接触带附近，主要见铜矿化、铅锌矿化等，从肉眼判断矿化较好。

（四）内蒙古1:25万宝格达山林场分场、霍林郭勒市幅区调修测。

重新厘定了区内出露的地层，对区内侵入岩划分出12个岩石单元，对霍林郭勒火山喷发盆地进行了较为详细的调研，通过岩性发育分布规律和产出状态初步划分出数个火山喷发中心。在满克头鄂博组中发现多处松脂岩等非金属矿产，规模一般较大，值得进一步工作研究。

二、区域地球物理调查

内蒙古苏尼特右旗-准索伦地区1:20万区域重力调查项目克服设备短缺等困难，到目前，外业生产已全部完成，现为室内资料的整理、重力图件的编绘及重力报告编写工作阶段。

三、区域地球化学调查

（一）内蒙古河套农业经济区生态地球化学调查。

经过6年多的艰辛工作，已完成了报告的编制工作，以及各种资料的汇交工作，总体报告验收为优秀级。

（二）内蒙古1:20万乌力吉特敖包幅、白音图嘎幅、布林郭勒幅、吉尔嘎郎图幅、巴彦宝力格幅区域化探。

完成了全测区16590km^{2}野外样品的采集工作，获得39个元素的分析数据，填补了该区区域化探资料的空白。根据分析结果共圈定43处地球化学异常，异常强度一般为Ⅰ级、Ⅱ级，最高大于Ⅳ级。其中矿致异常9处，其他异常34处。测区内铜、锌、铅等多金属异常反映较好。

本次异常查证工作重点对16处异常进行了三级查证，其余异常进行踏勘性检查。发现了数条规模不等的构造破碎带及蚀变带，矿化、蚀变非常强烈，裂隙面可见到孔雀石、铜蓝等，具有进一步工作的价值。

目前所有的原始资料全部整理完毕，现在正在进行数据处理及说明书编写工作。

（三）内蒙古桑根达莱-二连浩特地区1:20万区域化探。

完成取样面积16501km^2，单点样（件）21403件，组合样（件）4162件，重复单点样（件）525件，组合重复样（件）89件，岩石样（件）813件。所有样品现为分析阶段。

矿产资源调查评价

一、固体矿产资源勘查评价

（一）内蒙古中西部铁矿成矿区航磁靶区优选与异常查证。

钻孔在320～510m间发现8层铁矿（化）体，累积假厚度27.8m，样品分析结果显示（mFe）平均品位在15.4%～23.64%之间。

（二）内蒙古西乌旗-霍林郭勒地区铜多金属矿远景调查。

新发现矿化点5处。全区共圈定磁异常12处。

（三）内蒙古达来庙一带铜多金属矿勘查。

敖包矿区共完成5个钻孔，钻探工作量2010m。在异常带北中部见细粒花岗岩，其外接触带砂质板岩具云英岩化、硅化、黄铁矿化，蚀变较强，宽度达10～30m，其蚀变带内细脉状辉钼矿化，矿化最厚可达49.75m，钼品位在0.03%～0.12%之间。细粒花岗岩矿化蚀变较弱，仅见黄铁矿化，黄铁矿呈自形晶浸染状分布。

特别是矿区中成矿元素钨、锡、钼、铋元素异常套合较好，组成内带，近矿指示元素铜、锌、铂形成中带，而远程指示元素银、砷、锑以内带为中心形成范围更大的异常，各类元素叠合较好，各元素具有与斑岩型铜矿床相似的水平分带特征；地表露头石英斑岩中发育不均一矿化蚀变，深部细粒花岗岩外接触带已发现一定规模的钼矿体。

目前控制钼资源量1万吨左右，预测该矿区钼资源量可达中型以上。与该钼矿集区内乌日尼图钼矿相比成矿地质条件相似，与乌兰德勒钼处于同一成矿带，因此预测该区是找寻斑岩型钼、铜多金属矿有利地区。目前矿体产状、细粒花岗岩产状未控制，需进一步工作，该区有望发现与斑岩体有关的铜钼矿床。

（四）内蒙古索伦山－东乌旗地区航空综合站测量异常查证与勘查选区评价。

1. 分别在查干敖包工作区、阿登锡勒工作区完成1:5万矿产地质填图800km²，对上述区域内的重要成矿地段，确定划分了所测区域内岩石地层单位、侵入岩岩石单位。特别是对成矿有力地段的主要侵入岩类及岩石地层单位的含矿性进行了综合研究。

2. 分别在阿登锡勒工作区、巴润尚德查证区中蒙边界航飞空白区完成1:5万地面高精度磁测800km²。

3. 充分研究了2008年度所获取的1:5万、1:20万土壤化探测量成果资料，以及航空综合站测量成果最新资料，综合分析各类异常特征，筛选异常，具体利用大比例尺地质、物化探综合剖面测量开展了异常查证，对具有进一步工作意义的异常和矿化有力地段进行了槽探、钻探工程验证。

其中，在阿登锡勒工作区着重对吉尔嘎朗图幅乌兰冈干AS9化探异常；阿登锡勒幅花敖包—乌兰额热格一带AS19化探异常及D-07-106、D-07-109航电异常、C1980-20航磁异常；朝力更爱力幅札木音敖包一带AS35化探异常及D-07-110航电异常、阿登锡勒幅哈尔诺尔一带C1980-16航磁异常进行了查证。

通过钻探工程验证，在哈尔诺尔工作区所施工的HZK3号钻孔109.3m，175.3m，196.8m处泥鳅河组变质粉细砂岩中所取HZK3g4，HZK3g5，HZK3g6光片（构造角砾岩）内发现星散浸染状金矿化，并伴生有黄铜矿化、黄铁矿化；自然金呈深橙黄色带红色，圆柱状、三角状、长条状等，以分布于裂隙中为主，0.004~0.08mm大小，统计结果为9粒、11粒、3粒。化验分析结果目前尚未收到，结合2008年在该区内所施工的HZK2号钻孔中已发现的黄铜矿、方铅矿、闪锌矿、石榴子石等，黄铁矿化强烈的粉砂质板岩热接触变质明显。

另外，在德勒敖包工作区所施工的DZK1号钻孔109.3m，175.3m，196.8m处泥鳅河组变质粉细砂岩中所取DZK1g14，DZK1g16，DZK1g18光片内发现金矿化，并伴生有黄铜矿化、黄铁矿化，化验分析结果目前尚未收到。

二、矿产资源潜力评价

（一）成矿地质背景。

编制完成：①1:25万实际材料图；②1:25万建造构造图；③预测工作区地质构造专题底图。取得如下主要成果：

1. 沉积岩。①对狼山和狼山西部地区1:20万区调划为中元古界的马尼图群，根据其变质岩石组合特征及构造变形程度改划为古元古界。②渣尔泰山群的划分方案，各家分歧意见较大。通过地质背景项目的研究，书记沟组、增隆昌组和阿古鲁沟组没有异议，刘鸿湾组是否存在？经过许多剖面资料的研究，特别是门根陶勒盖剖面，在典型的阿古鲁沟组板岩之上，整合地发育一套浅变质的灰色调的长石石英砂岩、千枚岩化的粉砂岩等陆源碎屑岩组合，局部夹白云质灰岩透镜体，独立分出，划为刘鸿湾组是必要的。这对研究本区铜、铅、锌等有色金属的控矿层位是很有意义的。③对1:5万、1:20万、1:25万区调成果资料和部分原始剖面资料，进行了研究和清理，对一些地层柱和一些不符合岩石地层单位规范要求的内容进行了适当的修正和修改，并对于划分不合理，以及区域上无法展开的岩石地层单位进行了套改、合并或细分，使之趋于合理。④对于含矿的岩石地层单位，在详细划分的基础上，进一步划分了沉积岩建造和沉积相分析，明确了含矿层位在建造中的位置和它们所处的构造古地理环境，这给有关矿种不同类型矿产预测工作提供了比较翔实的地质背景资料，同时使基础地质研究工作程度提高了一级。

2. 火山岩。在充分研究分析前人有关火山地层资料的基础上，进行了火山构造的划分，划分的火山构造有Ⅲ级火山喷发带；Ⅳ级火山构造盆地（洼地）、火山构造隆起；Ⅴ级火山喷发中心、破火山、层状火山等。根据原始资料的详略程度，尽可能划分岩性岩相界线，根据火山岩岩石类型划分了火山岩建造，图面以花纹和符号表达。本次工作对潜火山岩给予了重视和识别。

3. 侵入岩。利用能收集到的1:5万、1:20万、1:25万区调资料和地质志等论文资料，按侵入岩区研究工作技术要求对复式岩体进行了尽可能的分解，从矿物学和岩石学的角度，统一了侵入岩岩石分类和命名，确定了岩石系列，探讨了岩石成因，划分了岩石构造组合。

4. 变质岩。①对研究工作区早前寒武纪表壳岩和变质深成岩进行了系统的划分，确定了变质岩类型，分析总结了各填图单元，各变质建造类型在变质岩石组合、变质矿物组合、变质作用、变质时代、原岩建造、大地构造环境及含矿性等方面的特征，并将这些内容系统地、准确地标绘在相关图件上，为矿产预测和大地构造相图提供底图。②对分布在华北陆块区的10个1:25万图幅中的早前寒武系表壳岩进行了初步总结，共划分出10个构造岩石地层单位，44个变质岩建造类型，19个含矿变质建造，其中含铁变质建造16个，含石墨变质建造2个，含金变质建造1个。③通过多幅区调资料和相关文献资料的研究，从变质建造、变质作用和原岩建造多方面的对比，发现以下一些基本规律:a. 新太古界色尔腾山岩群、二道洼岩群、古元古界宝音图群，三者可能属于同一时代的产物，与它们共生的花岗岩一起组成花岗岩-绿岩带，为低级变质区，色尔腾山岩群可能属于绿岩带的下部，二道洼岩群和宝音图岩群属于绿岩带上部。古中太古界之兴和岩群、乌拉山岩群和集宁岩群没，以及与之共生的变质深成体共同组成高级变质区。b. 从原岩建造、变质建造和变质作用分析，古太古界集宁岩群、乌拉山岩群应予重新厘定。集宁岩群为孔兹岩系，乌拉山岩群包括了上部的孔兹岩系和下部的变质含铁火山岩系，这一方案如果得到认可，即可以形成含铁片麻岩建造、孔兹岩系和大理岩3层结构的层序模式，既解决了集宁岩群和乌拉山岩群的关系，又将对地质构造产生重要影响。

5. 地质构造。

试编了东胜市幅（1:50万）、偏关县幅（1:50万）大地构造相图。

（二）成矿规律及矿产预测。

1. 成矿区带划分:在全国Ⅲ级成矿区带划分的基础上，划分了49个Ⅳ级成矿亚带，107个Ⅴ级矿集区。

2. 完成铁、铝、铜、磷、钨、锑、稀土、铅锌、金10个矿种（组）的矿产预测类型分布图10张，并确定了各预测区的范围。

3. 收集典型矿床资料300余份，搜集各类相关文献百余篇，并对收集的资料进行扫描、复制、编绘，共绘制典型矿床矿区地质图、勘探线剖面图及典型矿床相关图件270余份，为典型矿床研究提供基础资料。

4. 单矿种典型矿床研究:开展铁、铝、铜、铅-锌、金等单矿种典型矿床的资料收集和研究工作，填制了64个典型矿床的地质描述模型、评价找矿模型卡片；编制51个典型矿床成矿要素图、5个典型矿床预测要素图、39个典型矿床成矿模式图。

5. 预测工作区研究:主要开展铁、铝矿种的预测工作区研究工作，完成10个铁矿床、1个铝土矿床的预测工作区成矿要素图及预测要素图。

6. 定位、定量预测工作:进行定位预测、含矿系数计算方法、定量预测方法探索研究，开展了1个铝矿床（城坡铝土矿）、5个铁预测类型（地营子式、谢尔塔拉式、梨子山式、哈拉火烧式、温都尔庙式）定位预测成果图。

7. 为满足编制“十二五”规划的需要，根据全国项目办的要求，运用德尔菲法对铁、铝、铜、铅、锌、金、磷、钨、稀土、锰、镍、钼等矿种的远景区进行了资源量估算。其中铁、铝分别进行了概率为10%，50%，90%和500m以浅，1000m以浅，2000m以浅的资源量估算。

（三）综合信息集成。

主要完成：①1:50万数字地质图空间数据库建库。②为各课题提供了全区统一地理版。③为各课题提供GIS和计算机技术支持。④各专业成果数据库抽查。⑤地学基础数据库已提交成果。

（四）物化遥应用。

1. 重力。

A. 全区。①收集了区内全部重力基础数据，收集了重力成果报告及相关图件15份。②完成了全区（1:50万、1:150万）工作程度图、布格重力异常图、剩余重力异常图。③对全区（110万km^2）重力数据进行上延2km，5km，10km，20km，40km 5个高度数据延拓处理，对原平面及上延不同高度的布格重力值进行了0°，45°，90°，135°四个方向的水平一阶导数求导，对原平面重力数据进行了垂向一阶导数、垂向二阶导数的求导和剩余重力异常计算，并编制了相关图件共30套。④全区重力解释推断图基本完成了断裂构造、岩体、盆地的解释推断工作。⑤研究了全区重力异常特征，提取了800多个重力异常，并完成了重力异常的综合解释推断工作。

B. 预测区。①完成了典型示范区各类基础图件的编制及报告编写工作。②完成了全区铁、铝矿预测区的布格重力异常图、剩余重力异常图及各类数据处理图件的编制工作。但预测区的解释推断图正在编制。③完成了全区金、铜矿预测区的重力异常图、剩余异常图的编图工作。④区内其他矿种的重力异常图、剩余重力异常图的编图工作已经开展。

C. 典型矿床。由于区内重力测量最大比例尺为1:20万，所以对于典型矿床完成了典型矿床所在区域的重磁系列图件。典型矿床所在地区所在位置的重力图件因无大比例尺资料故未编制。

D. 成果图数据库。①成果图数据库完成了工作程度图数据库。②完成了全区布格重力异常图、剩余重力异常图的数据库建设。③完成了铁、铝预测区的布格重力异常图、剩余重力异常图的成果图数据库建设。④全区及铁、铝矿预测区解释推断图成果数据库尚未开始。

2. 化探。

A. 全区。①该项目自2007年6月开始运行，首先进行资料收集工作和编写设计，12月提交设计并对已收集的化探数据进行入库工作和维护。2008年首先完成全区已收集到的1:20万区域化探扫面39种元素分析数据的建库工作并通过全区项目组的验收。而后对这些数据进行整理，完成数据系统误差的调平工作，对全区数据进行聚类分析和因子分析等多元统计，制定编制化探基础图件和成果图件的基本方法和工作流程。②编制完成全区地球化学地理景观图2张、全区区域地球化学工作程度图2张、全区单元素地球化学图78张、全区单元素数据图39张、全区单元素异常图78张、全区组合异常图10张、全区综合异常图10张，对全区组合异常进行筛选编号，填写异常登记卡，并进行成果图的建库工作。③正在编制全区地球化学地质构造解释推断图和成矿预测图。④编制了内蒙古东部区Cu，Au，Pb，V，MgO，Fe_2O_3，W，Bi，Co，Cr，Cd，Mn，Ni，Ti，Hg，Sn，Zn元素的单元素地球化学图的主体部分17张。

B. 预测区。按照全国矿产资源潜力评价项目的总体要求，2009年在全面收集1:20万区化扫面报告和预测区及矿区的大比例尺化探资料的基础上完成全区图件和7个矿种预测区及典型矿床相关图件。①完成铁矿3个预测区单元素地球化学图60张、单元素异常图60张、组合异常图15张、综合异常图15张。②完成金矿20个预测区的单元素地球化学图400张、单元素异常图400张、组合异常图100张、综合异常图100张。③完成铅锌矿3个预测区的单元素地球化学图39张、单元素异常图39张、组合异常图15张、综合异常图15张、解释推断图3张。④完成铜矿17个预测区的单元素地球化学图340张、单元素异常图340张、组合异常图85张、综合异常图85张。⑤正在编写金矿种预测专题报告。其他矿种铅、锌、钨、锑、稀土的预测区单元素地球化学图、单元素异常图、组合异常图、综合异常图等图件正在编制。

C. 典型矿床。①完成金矿11个典型矿床的异常剖析图、综合剖面图等图件，共计35张。②完成铅锌矿3个典型矿床的异常剖析图、综合剖面图等相关图件5张。③其他矿种的典型矿床相关图件正在编制。

D. 成果图数据库。

成果图数据库按照全区化探项目汇总组的要求，只对全区的图件进行建库工作。截至目前，已完成全区工作程度图、地理景观图和全区单元素地球化学图的建库工作，其余图件的建库工作正在进行。

3. 磁法。截至目前，2009年的工作任务完成情况如下：

A. 收集、整理资料。自治区以往所做各种比例尺航磁工作报告有69份，收集了63份，采用了54份，地磁工作报告上百个，报告中图均需做矢量化。整理了磁测有关的报告和磁性参数，以及其他有关资料。

所能收集到的航磁报告60个，包括1:5万、1:10万和1:20万的航磁报告，全区共登录航磁异常卡片6300多个。

B. 编图及建库。航磁异常卡片登录工作已经完成，省级综合类图件8张，现已基本完成（磁性矿产分布图和推断地质构造图还需补做工作），内蒙古铁矿预测工作区26个，17个为半成品（磁性矿产分布图和推断地质构造图还需补做工作）。25个已知铁矿典型矿床大比例尺地磁图，收集到并整理作图了21个。收集并整理了已知铁矿的有关资料，铁矿资源量预测计算已完成约90%（其余部分资料无法找到或不具备计算条件），其中已知铁矿262个，预测铁矿点30个，共计算剖面1438条。还有100多个小的铁矿点需查找落实，除铁、铝外其他7个矿种的各类图件还未做，内蒙古自治区铁矿资源潜力评价磁测资料应用研究报告刚开始着手写。

物性表、推断断裂构造表、铁矿预测类型分类表，定量计算资源量表正在编制中。数据库在建设中。

4. 遥感。

A. 遥感任务从层面上来看，分为3个层次：首先是全区性的工作，即1:50万全区遥感工作，其内容有3方面：①遥感影像图；②遥感地质构造解译图；③遥感异常组合图。目前已经完成了全区遥感影像镶嵌图的制作、地质构造解译图和异常组合图已接近尾声，数据库还未完成。因此未完成部分占1:50万比例不到1/3。

B. 第二是覆盖全区1:25万标准分幅（计138幅）遥感工作内容有4方面：①遥感影像图；②遥感地质特征解译图；③遥感羟基异常分布图；④遥感铁染异常分布图。目前完成了其中的任务有138幅遥感影像图的制作、100幅遥感地质特征解译图、138幅遥感羟基异常分布图的制作、138幅遥感铁染异常分布图的制作。所占比例为这项工作90%。

C. 第三是铁矿预测工作区。全区铁矿预测区共有28个，涉及工作也有4方面：①遥感影像图；②遥感地质特征解译图；③遥感羟基异常分布图；④遥感铁染异常分布图。目前完成了其中的任务有：遥感影像图的制作全部完成、15幅遥感地质特征解译图、15幅遥感羟基异常分布图的制作、15幅遥感铁染异常分布图的制作。所占比例为这项工作60%。

D. 通过一年半的工作，获得的一套校正好的ETM数据、一套正射的TM数据，还有一套融合到15m分辨率的数据，这批数据为今后的遥感工作提供了便利。

E. 已经编制完成了覆盖全区的遥感影像镶嵌图和一套完整1:25万标准分幅的遥感影像图。

F. 解译了1:25万遥感矿产地质特征解译图100幅和1:25万铁矿产预测区遥感矿产地质特征及近矿找矿解译图15幅。

G. 两套1:25万标准分幅的羟基异常图。

5. 重砂。①省级单矿物（组合矿物）异常图已完成。②预测区编图完成700张。③其他图件（点位图、分级图、八卦图）已完成。④全省自然重砂工作程度图已完成。

（五）煤炭资源潜力评价。

内蒙古自治区煤炭资源潜力评价工作从2007年6月开始启动。2007年主要是参加培训、学习，编写《内蒙古自治区煤炭资源潜力评价》设计工作，同时对煤炭资源潜力评价工作所需资料进行了收集。

2008年到目前，已经对巴彦宝力格、东胜、准格尔、白音乌拉、额合宝力格、红花尔基、乌尼特7个主要矿区开展潜力评价工作，其中大部分图件已基本完成，充分利用已有煤炭勘查、石油钻孔、物探等资料，基本了解含煤地层的分布范围，初步确定了预测靶区。

另外，对原第三次煤田预测的183个区进行了清理。根据第三次煤田预测内蒙古自治区分区煤田预测表，分深度对各个预测区从1992年至2007年12月底的勘查现状及施工面积进行了调查统计，最终保留具有预测潜力的150个区，其中包括10个主要矿区。目前已经对道德庙、准哈诺尔、巴其北、乌套海、查干诺尔、达来6个预测区开展了潜力评价工作，基本完成了勘查开发现状图、煤田地质图、主要煤层底板等高线图、煤层累积厚度等值线图、资源潜力预测图。

（霍　燕）

辽宁省地质矿产调查院工作

辽宁省地质矿产调查院

基础地质调查

一、区域地质调查

2009年度基础地质调查部承担中国地质调查局1:5万区域地质调查项目2项14幅，辽宁省地质系列图件编制与综合研究项目（地质志修编）1项。

承担中国地质调查局1:5万区域矿产调查项目1项4幅，辽宁省国土资源厅1:5万区域矿产调查项目1项2幅。

承担1:100万大连幅海洋区域地质调查辽东半岛地区地质综合研究项目1项。

1:5万铧铜镇等10幅区域地质调查，完成地质填图1266km^2；报告正在编写中。

内蒙古1:5万1314.4高地等4幅区域地质调查，

已完成1:5万区域地质填图800km²，并通过了1:5万区调总体设计的审查。

辽宁省地质系列图件编制与综合研究（地质志修编），完成编制辽宁省1:50万地质图，并进行了野外调查及古生物化石采集和同位素测年采样。

内蒙古东部博克图地区矿产远景调查，完成采集水系沉积物1373km²、高磁测量1373km²、地质填图1373km²；1:5000地质剖面80km²。

1:5万白旗、黄旗堡幅区域地质矿产调查，完成1:5万水系沉积物测量工作及1:5万地质填图工作。共完成1:5万水系沉积物测量788km²，1:5万地质填图300km²。水系沉积物样3249个，薄片116个。

1:100万大连幅海洋区域地质调查辽东半岛地区地质综合研究，该项目是青岛海洋地质调查所委托辽宁地调院的编图项目。主要是系统、全面收集1:100万大连幅辽东半岛地区（38°~40°以北，120°~126°以东陆域，含朝鲜半岛部分地区）地质数据、资料，编制了地质图、矿产图、构造图及编图说明书。

二、多目标区域地球化学调查与评价

辽河流域农业地质调查项目第一层次的多目标调查成果获得优秀成绩，得到国土资源部和省国土厅认可；完成的第二层次区域评价报告，成果通过中国地质调查局审查，取得优秀成绩；第三、第四层次的局部和整体综合评价工作陆续展开，共安排部署了11个专题。

完成辽河流域土地质量评估、典型市县级土地质量评估，以及辽河流域土地利用条件调查3项土地质量评估项目野外调查和实验测试工作。

开展辽河流域生态地球化学编图项目，编制完成相关基础性地球化学图件150张。

挖掘多目标调查成果，计算辽河流域土壤碳库储量，从改善土壤结构，发展低碳经济角度提出建议，使多目标调查有了进一步工作的方向，农业地质调查工作得到延续。

在辽宁省东西部山区1:25万多目标调查项目，以及市县级—乡镇级土地质量评估和省二次土地调查专项研究项目中，把地球化学图与土地权属图斑相结合，真正意义上赋予了土地图斑以土壤营养、健康、污染程度、大气环境和农产品安全水平等地球化学信息，使多目标工作从调查研究走向实际应用；对低碳经济研究领域，首次精确计算出辽河流域土壤中碳储量，为土壤固碳提供了科学依据。

三、水文地质调查评价

下辽河平原地下水污染调查评价取得的成果如下：

1. 系统分析了下辽河平原区新构造运动特点与新生代以来地层沉积特征，尤其是第四纪地层岩性与结构。划分了下辽河平原区地下水系统，研究了区域地下水补给、径流、排泄条件及其动态特征。

2. 调查了区域地下水资源条件、开采状况及其存在的主要水文地质问题。

3. 下辽河平原区地下水污染调查及其进行的现场物理化学指标测试、有机与无机污染分析样采取测试结果表明：下辽河平原局部地区，地下水无机污染较严重。铁、锰、氨氮、硫酸盐、氯化物、硝酸盐氮、亚硝酸盐等主要污染物超标区比较广泛，有机物污染在一定范围内也有检出。有机污染主要为苯并（a）芘、甲苯和对+间二氯苯、乙苯、邻二氯苯和1，2-二氯乙烷等。

4. 下辽河平原区地表水污染比较严重。“三废”排放，直接污染了地表水水质，进而污染或威胁到沿岸地下水和海域。

5. 下辽河平原区地表土壤亦受到污染，镉元素污染面积为3.87km²，污染指数为2.81；汞元素污染面积为71.75km²，污染指数为5.53；硫元素污染面积为224.61km²，污染指数为5.48。有机污染物（POPs）在生态环境中广泛存在。

6. 研究表明下辽河平原区地下水污染程度不仅受污染源的污染物排放量、浓度的控制和影响，还与水文地质条件、含水层结构，尤其是包气带的地层岩性、结构有关。

矿产资源调查评价

一、固体矿产资源调查评价

1. 查明辽宁省沈阳市河砂资源的形成与分布规律。建筑用河砂主要分布在浑河、辽河、蒲河、沙河等现代河道、古河道、河流冲洪积扇、古冲洪积扇区，为第四系上更新统及全新统冲洪积成因。浑河冲洪积扇均蕴藏丰富砂矿资源。

2. 分析研究了沈阳市河砂资源的埋藏条件、地下水位埋深等建筑用砂开采条件。采取砂样进行分析测试，初步计算沈阳市河砂资源储量与质量，分析了沈阳市城市建筑用砂开采状况、建筑用砂供求关系，以及建筑用砂经济半径。

3. 依据沈阳市河砂资源条件、建筑用砂供求关系，以及建筑用砂经济半径，结合沈阳市城市建设总体规划与沈阳市土地开发利用规划，初步提出沈阳市河砂资源开发利用规划建议。

4. 调查表明，目前沈阳市为建筑行业提供混凝土的企业共有34家，其中规模较大的16家，中等规模的18家；2007年用砂量约为500万 m^3。近几年的建筑用砂量在逐年递增，年约增加10% ~15%。

5. 随着建筑市场的快速发展，建筑用砂量的需求也在逐渐递增。目前，各建筑用砂分布区尚存在无序开采、无证开采，盗采等乱采乱挖现象，不但破坏环境、损毁土地、浪费资源，造成阻断河道，洪灾泛滥；侵占基本农田，群众上访增加；毁坏基础设施，直接威胁人民生命财产安全；资源不清，劣次砂产品泛滥，直接影响建筑工程质量等，带来了一系列资源、环境等问题，甚至影响到公共安全。尚需政府相关部门进行规划整顿，达到科学合理地开发砂矿资源的目的。

二、矿产资源潜力评价

1. 通过铁矿典型矿床及区域成矿规律的研究、物化遥自然重砂综合信息的提取工作，总结了各预测类型成矿要素与预测要素。圈定了铁矿最小预测区364个，估算了全省铁矿预测资源量726.7628亿吨，新增资源量567.4229万吨。编制了全省铁矿预测成果图、进行了勘查工作部署和未来矿产勘查基地预测。

2. 提交了辽宁省铁矿资源潜力评价成果报告，并取得了评审的优秀成绩。

3. 通过对红阳铝土矿典型矿床的研究，总结了辽宁沉积型铝土矿的含矿建造是中石炭世本溪组、早二叠世石盒子组泥质砂质页岩。总结了成矿要素与预测要素。圈定了铝土矿最小预测区76个，估算了资源量3242.6万吨，新增资源量2030万吨。编制了全省预测成果图，进行了勘查工作部署和未来矿产勘查基地预测。

4. 提交了辽宁省铝土矿产资源潜力评价成果报告，取得了评审验收的良好成绩。

5. 提交了辽宁省矿产资源潜力评价磁法阶段性成果报告、辽宁省矿产资源潜力评价重力阶段性成果报告，全国示范验收并取得优秀的评审成绩。

6. 完成辽宁省成矿地质背景、物探、化探、遥感、自然重砂全省基础性编图工作，为辽宁省矿产资源潜力评价提供了预测的综合信息。

三、矿业权核查

1. 通过铁岭县矿业权实地核查试点摸索出了一套工作流程。在铁岭县矿业权实地核查试点工作之初就提出了适合于铁岭县试点的工作流程。随着试点工作的不断深入，并汲取其他几个试点好的经验和做法，使得铁岭县试点的工作流程逐渐成熟，参与核查工作的主要技术负责人多次受邀在全国的培训会上做经验交流，铁岭县试点的工作流程逐渐被全国项目办采纳，并在全国推广应用。

2. 为工作指南和技术要求提出了修改建议。通过铁岭试点工作我们提出的基础控制网的基线边长、高程控制测量的拟合精度适当放宽的建议，在《全国矿业权实地核查工作指南与技术要求》（修订本）被采纳。

提出的数据录入与整理、数据库建设中坐标精度标准的建议被《全国矿业权实地核查技术要求补充说明及数据规范化整理实施细则》所采纳。

3. 整体矿业权拐点坐标转换法得到推广。根据控制网的1954年北京坐标系和1980西安坐标系两套坐标成果计算出整体区域的坐标转换参数，然后进行矿业权拐点坐标整体转换。这种方法具有误差分布均匀，矿业权间拐点的相对精度高等优点，而且省时省力，提高了工作效率。因此矿业权拐点坐标的整体转换法被全国项目办所采纳并在全国推广。

4. 参与数据库建设软件的研发和测试。参与开发的空间数据成图和数据处理专用软件KYQHC已被全国项目办所推广，为全国矿业权核查工作的推进作出了贡献。

参与部研发的《矿业权实地核查数据采集系统软件》的测试工作，提出了很多修改软件的宝贵意见和建议，为软件的成熟与完善起到了一定的作用。并率先使用该软件进行矿业权核查属性数据库的录入工作，在全国起到了领先和示范作用，为国家软件的推广应用，起到了重要的技术支撑作用。

装备管理

随着技术力量的增强，2009年辽宁省地质矿产调查院购进高精度磁力仪3台、卫星定位仪等设备12台，台式电脑15台，笔记本电脑10台，设备原值约为40.73万元。新装备增加进一步加强了单位的综合实力，促进了地质调查工作的发展。

安全工作

辽宁省地质矿产调查院建院初期成立了以院长任组长的安全生产委员会，对下属的各项目组设立了安全联络员，使安全工作做到具体有分工，责任落在实处，明确各自的职责。贯彻“谁主管，谁负责”的原则，做到职责明确，责任到人。

建立了各项规章制度，并根据安全工作形势的发展，结合自身的工作环境，不断完善充实，加强了安全生产工作的主体责任。建立健全定期检查和日常防范相结合的安全管理制度，对涉及院安全生产的各项工作，都做到有章可循，违章必究，不留盲点，不出漏洞。组织安全检查小组对野外易发事故类型、重点部位保护、工作薄弱环节、各类人员安全意识与安全技能等方面开展深入全面的大检查，消除隐患，有针对性地扎实地开展教育和防范工作。在院领导班子的正确领导和全院职工的共同努力下，辽宁地调院安全生产无任何事故，并连续6年被沈阳市安全生产监督管理局考核为优秀。

（王　萱）

吉林省地质调查院工作

吉林省地质调查院

基础地质调查

一、区域地质调查

吉林省地质调查院2009年开展的“吉林1:5万退抟、西北岔屯、义气岗子、胜利河幅区调”项目为续做项目，本年完成1:5万数字填图390km^2，累计完成了1490km^{2}的总体任务。于2009年9月通过了中国地质调查局沈阳地质调查中心组织的野外验收，其中2幅质量获优秀，2幅质量获良好。

“内蒙古1:5万河源、1355.3高地、基尔果山、毛尧口幅区调”项目为2009年新开项目。本年完成1:5万数字填图450km^2，累计完成850km^2；编写完成了总体设计。

二、区域地球物理调查

“内蒙古1:20万来达滨湖、兴安里、阿里河、克一河镇幅区域重力调查”项目是吉林省地质调查院2009年新开项目。2009年度设计调查面积为10632km^2，完成8705.8km^2；因环境艰苦未完成的面积同2010年的任务面积一起完成。

三、遥感地质调查

2009年吉林省地质调查院的遥感地质调查工作是“矿产资源潜力评价项目”中的典型矿床及预测工作。

在遥感地质调查工作中，对13个铁矿预测工作区、11个典型矿床分别进行了遥感影像图制作、近矿找矿标志解译、异常提取，为预测要素和预测模型建立提供了遥感依据。首次按1:25万国际标准分幅编制了全省各图幅的遥感影像图、遥感矿产地质特征解译图、遥感羟基异常分布图、遥感铁染异常分布图编图及数据库，为全省基础地质和资源评价提供了遥感资料。编写了遥感专题阶段性研究报告。

四、多目标区域地球化学调查与评价

“吉林省农业地质调查”项目2009年续做，新的内容有“吉林省土地质量地球化学评估”、“吉林省典型市县级土地质量地球化学评估”。已完成了区域生态地球化学评价项目；局部生态地球化学评价工作已完成部分区域；土地质量地球化学评估工作平原区已完成；典型市县级土地质量地球化学评估项目野外采样已完成。吉林省多目标地球化学系列图编制项目已完成地理底图制图工作。

矿产资源调查评价

一、固体矿产资源调查评价

（一）吉林塔东-汪清地区铁矿资源调查。

2009年为续做项目，完成了当年任务:1:1万地面高精度磁测19.10km^2；1:2000高精度磁测剖面15km；槽探5000m^3；钻探1801.70m（2009年度503.7m，2008年度剩余1298m）。该项目2010年继续做工作。

（二）吉林长白地区矿产远景调查和吉林临江地区矿产远景调查。

为结题项目，2009年编写成果报告，年底已完成沈阳地调中心组织的成果验收。

（三）内蒙古东部扎鲁特旗地区矿产远景调查。

为2009年新开项目，已完成了工作全区的1:5万水系沉积物测量、1:5万地面高精度磁测、1:5万

矿产地质填图、1:5 万遥感解译工作（$1460km^2$）；发现矿化线索 7 处，磁异常 21 处，2010 年进行矿产评价工作。

（四）新疆若羌县白干湖-吐拉地区铜钨锡多金属矿远景调查。

完成了年度设计的工作量：1:5 万水系沉积物测量 $6800km^2$；1:5 万遥感解译 $12000km^2$；槽探 $20026.96m^3$；钻探 1302.91m。

在巴什·尔希矿床西段、中段、东段共发现矿（化）体 45 条。矿体平均厚度 5.20～27.63m，矿石品位 WO_3 0.18%～2.18%，对白干湖钨锡矿田 2 号异常进行槽探揭露，发现矿体 6 条；戛勒赛钨锡矿区阿瓦尔西段、东段共发现主要矿体 23 条。

（五）新疆东昆仑西段白干湖成矿带金、铜多金属矿勘查。

在 4 个重点勘查区内，共完成：1:2.5 万地质测量（草测）$675km^2$；1:1 万地质测量（草测）$165.06km^2$；1:2000 地质测量（草测）$7.30km^2$；1:25000岩屑测量 $110km^2$；1:10000 岩屑剖面地球化学测量 901.19km；钻探 2503.93m；槽探 $163984.11m^3$；

1. 吐拉重点勘查区：在孜鲁克、克孜勒萨依地区经 1:1 万岩屑测量，共圈定单元素异常 433 处，确定综合异常 19 处。经野外工作发现了木孜鲁克铜矿点。根据异常的揭露及路线地质调查的成果，在木孜鲁克区圈定了长 19km，宽 700～800m 的矿化蚀变带一条，带内见有黄铜矿化、孔雀石化、黄铁矿化、磁黄铁矿化、硅化、透闪石化、矽卡岩化等矿化蚀变。在矿化蚀变带内分布有矿（化）点 8 处，其中有工程控制的 2 处，控制铜矿体 9 条。

在野狼沟工作区圈定矿化蚀变带一条，长大于 2000m，北西方向还未完全控制，蚀变带宽近 1500m，蚀变带走向北西-南东向，带中多见孔雀石化、黄铜矿化、黄铁矿化、硅化、碳酸盐化。有 4 个岩屑综合异常分布于矿化蚀变带中，已发现野狼沟铜多金属矿点，圈定矿体多条，铜平均品位 0.60%，矿体最高品位达 4.025%，大多在 0.4% 左右，控制矿体最大厚度 15.09m。

2. 古尔嘎重点勘查区：经岩屑剖面测量，圈定单元素异常 460 个，确定组合异常 50 处。

3. 黑山-祁曼塔格重点勘查区：共圈定综合异常 53 处。大沙沟地区发现铜矿点一处（大峡谷东山 2 号铜矿点），共圈定 3 条铜矿体；日吉普异常区内发现金、钨、铜、铅锌矿点多处；大峡谷地区发现金、铜、钨矿化点 3 处。

4. 鸭子泉重点勘查区：经岩屑测量，发现单元素异常 126 处，综合异常 46 处；通过对诺勒更阿勒克区内异常查证，发现两条铜矿（化）体带；在西回头沟工区的砂岩、凝灰质砂岩中发现一处铜矿点。

另外，经年度的工作，在新疆于沟子矿区发现含矿矽卡岩带长 8000m，宽 10～800m；其中见铁矿体 11 条，铁铜矿体 1 条，钼矿化体 1 条；在内蒙古矿产评价项目中，控制银矿化蚀变带 2 条，长 350～2300m、宽 2～100m，发现 3 条银矿体、1 条银矿化体及 7 处矿化线索；在和龙地区发现了规模较大、异常值较高的 Mo 和 Cu 元素异常，2010 年计划进行重点勘查。在临江小四平地区发现含金 9.0×10^{-6}～11.9×10^{-6}，宽 2.5m 的金铁矿体；在汉阳沟地区发现了较好的 Au 元素异常，找矿前景较好。在王家店金矿勘查项目中，预测金矿储量可达中型规模；松江河项目预测金资源量可达 2 吨；奶子沟地区金矿床预测金资源量可达 4 吨。

另外，在对“新疆若羌县柯可·卡尔德钨（锡）矿床的补充勘探”工作中，共完成钻探 4453.01m、槽探 $2544.00m^3$。

通过 2010 年野外地质工作共查明矿体 11 条，矿体形态呈板状及似板状、长度 50～350m，厚度 0.54～22.38m，厚度变化系数 68%～122%；矿石品位 WO_3 0.08%～2.945%、平均品位 0.163%、品位变化系数 29%～342%。

矿床资源量为：矿石量 518.73 万吨、钨金属量 8372.06 吨、平均品位 0.163%。

推断的内蕴经济资源量（333）矿石量 480.86 万吨、钨金属资源量 7817.19 吨、平均品位 0.163%。

低品位（333）矿石量 37.87 万吨、钨金属资源量 554.87 吨、平均品位 0.11%。

333＋低品位矿石量 518.73 万吨，钨金属量 8372.06 吨，平均品位 0.16%。

（六）吉林省三井子-大林子油页岩矿详查。

完成钻探 30577.86m，估算出总资源（矿石）储量 1190711.3 万吨，其中控制的内蕴经济资源（332W）455149.6 万吨。

二、矿产资源潜力评价

1. 成矿地质背景。完成吉林省 1:25 万吉林市幅等 18 幅实际材料图和建造构造图编制；完成吉林省 6 个 1:5 万预测工作区的图件编制工作。

2. 成矿规律与成矿预测。典型矿床研究完成了

11个铁矿典型矿床研究；成矿及预测要素编图说明书22份。

预测工作区编制了铁矿预测工作区成矿要素图、成矿模式图和成矿及预测要素编图说明书14份。

全省1:50万编图编制了与铁矿预测有关的图件及编图说明书。

预测成果图编制了吉林省鞍山式沉积变质型铁矿区域预测成果图、吉林省塔东塔东式沉积变质型铁矿区域预测成果图、吉林省沉积型铁矿区域预测成果图、吉林省头道沟-吉昌式层控内生型铁矿区域预测成果图、吉林省铁矿预测成果图。

3. 物探。省级重力图件编制完成了吉林省重力工作程度图、布格重力异常平面图、剩余重力异常平面图、重力推断地质构造图，另外还编制了其他数据处理1:50万重力图件。

铁矿预测区编制了与重力有关的图件；铁矿典型矿床所在区域、地区、位置地质矿产及物探剖析图；省级磁测编制了有关图件。

4. 化探。编制完成了全省图件65张，已挂接属性；预测区图件已经基本编制完成共408张（51个预测区8个预测矿种）。

5. 重砂。完成吉林省自然重砂图件4张；自然重砂预测区编图工作已经基本完成共198张；完成了吉林省自然重砂单矿物异常图20张；

6. 数据库的维护。完成16幅1:20万地质图数据库的维护工作，其他图幅已完成50%。

在完成省级矿产资源潜力评价项目中，认为吉林省南北板块对接碰撞时间起始于早古生代末至晚古生代末（或早三叠世），以“软碰撞”的方式进行，碰撞类型属“弧-弧-陆”碰撞；并确立了吉林省南华系的存在；经过对南华系细河群钓鱼台组沉积建造构造图及岩相古地理图的编制，不仅为寻找“浑江式”铁矿指明了方向，也为在吉林省寻找元古代“砾岩型”金矿奠定了基础。

用地质体积法预测吉林省500m以浅铁矿资源量57.99亿吨，1000m以浅铁矿资源量129.89亿吨，2000m以浅铁矿资源量259.79亿吨。

（刘培喜）

黑龙江省地质调查研究总院工作

黑龙江省地质调查研究总院

一、通过对松嫩平原南部82936km^{2}的表层及深层土壤地球化学调查野外工作，查明了松嫩平原元素的分布特征及其与地质背景的关系。计算了表层土壤元素地球化学背景值及深层土壤地球化学基准值，研究了松嫩平原土壤元素富集与贫化程度。研究了不同土壤类型，不同成土母质元素的地球化学特征。编制了表层土壤及深层土壤54项指标地球化学图，研究了元素的区域分布特征及其与地质背景的关系，并进行元素地球化学分区。

二、按照国家《土壤环境质量标准（GB15618—1995）》对松嫩平原土壤环境质量进行分级。松嫩平原南部96.34%的土地属于没有任何重金属污染的一级土地；松嫩平原满足二级土地环境质量的土地仅占研究区总面积的2.9%，二级土地主要分布在甘南-龙江火山岩分布区；松嫩平原三、四级土地占研究区土地总面积的0.76%，三、四级土地主要零星分布在城镇周边。对测区土壤农药残留研究，松嫩平原土壤有机农药残留量一级土地占总评价面积的97.3%，二级土地占2.7%。可见，松嫩平原农牧业用地基本是没有污染的洁净土地，这从数量和质量两个方面保障了国家粮食的安全性。

三、按《无公害食品大田作物产地环境条件》（NY 5332—2006）对松嫩平原大田作物无公害种植土壤条件进行划分。松嫩平原适宜种植无公害大田作物的面积占调查区面积的99.6%。

按《绿色食品产地环境技术条件》（NY/T 391—2000）标准对松嫩平原的土地资源进行了绿色食品基地区划。松嫩平原天然满足A级以上的土地面积达82015km^2，占调查区总面积的98.89%；其中满足AA级绿色食品基地条件的土地面积达61124km^2，占调查区总面积的73.7%。松嫩平原AA级绿色食品基地的土地分布特征与测区农业主要耕作土壤黑土、黑钙土的分布特征基本相似，主要呈半环形分布在松嫩高平原区；以牧业为主的松嫩低平原的草原区土壤环境条件也满足A级绿色食品基地要求。可见松嫩平原南部地区占98.89%的土地资源满足绿色食品基地生产条件，这为松嫩平原大力发展绿色农产品奠定了有利的基础条件，使松嫩平原成为全国知名的绿色食品生产基地成为可能。

四、首次在松嫩平原发现了富硒、富锗土地资源。黑龙江松嫩平原土地资源缺乏硒元素，由此引发了克山病。本次多目标地球化学调查首次在研究区内的甘南县双河农场一带、望奎县东效—灯塔一带及呼兰—绥化一带的基本农田区发现了2188km^2 的富硒土壤。同时在拜泉县双阳河两侧及富裕县忠厚乡一带发现富锗的基本农田469km^2。测区富硒、富锗土壤的发现，不仅能够提高该地区的农业经济效益、增加农民的收入，而且可以减少地方病的发生，提高当地居民的健康水平。

五、对松嫩平原不同生态系统、不同土地利用方式及不同的土壤类型分别进行了土壤碳储量的估算。调查区内土壤碳储量约为26.6431亿吨，单位面积碳储量为32125吨/km^2。测区有机碳储量为16.7629亿吨，单位面积有机碳储量为20212吨/km^2。松嫩平原有机碳主要储存在农田生态系统中，农田生态系统有机碳储量占测区有机碳总储量的72.3%，单位面积有机碳储量最高为沼泽湿地地区，沼泽湿地地区单位面积有机碳储量达到40897吨/km^2。松嫩平原碳及有机碳储量主要集中在草甸土、黑钙土、黑土三大类中，其中沼泽土、黑钙土单位面积碳储量较高。

六、对比研究了从1986年到2006年近20年来松嫩平原南部地区不同生态系统、不同土地利用方式表层土壤中有机碳的含量及其分布特征。近20年来，松嫩平原表层土壤中有机碳总量由4.281亿吨下降到3.188亿吨，研究区土壤中有机碳总量减少了1.093亿吨，减低幅度达到25.53%。松嫩平原南部地区仅沼泽湿地生态系统土壤有机碳增长了9.20%。其他生态系统土壤中的有机碳含量均有不同程度的降低，其中降低幅度最大的是草原生态系统，降低幅度达到34.03%，农田生态系统有机碳降低幅度达25.88%，森林生态系统有机碳降低幅度为24.40%，城市生态系统有机碳降低幅度达20.33%。

七、对松嫩平原10个亚地貌单元的元素含量特征进行了统计，研究了各地貌单元元素的富集与贫化程度，从元素地球化学角度，探讨元素与亚地貌单元之间的成因关系。以表生地球化学作用类型和元素地球化学分异特征，结合区域地质背景和景观环境特征进行地球化学分区，在测区划分出3个区16个亚区，探讨了2个区16个亚区元素地球化学分布特征。

八、研究了松嫩平原大气干湿降尘的分布特征及其输入通量。松嫩平原大气干湿降尘年降尘总量约为3243.7万吨，平均每平方千米年降尘量为398吨。降尘量较大的地区是松嫩平原西部的低平原地区，而五常—哈尔滨—绥化松嫩高平原地区年降尘量较少。分别计算了每年通过降尘形式输入研究区的主要元素通量。

九、对松嫩平原生态环境的防治重点及经济结构调整的方向提出了合理建议。探讨了农业地质调查成果在基础地质及矿产资源评价方面应用的可行性。对农业地质调查成果的社会效益和经济效益分别进行了定性和定量评估。

（崔玉军）

上海市地质调查研究院工作

上海市地质调查研究院

基础地质调查

一、多目标区域地球化学调查与评价

上海市近岸海域多目标区域地球化学调查项目通过对上海市近岸海域7000km^2 的沉积物（表层、深层）的高精度多目标调查，首次获得了沉积物（表层、深层）的重金属类、常量元素类、微量元素类、卤族元素等54项指标的系列地球化学基准值和背景值，制作了元素地球化学图、异常评价图、环境质量评价等图件。

获得了全区表层沉积物类型和空间分布特征，研究了元素区域地球化学组成与分布分配特征，进行了

区域地球化学分区和异常分类。获得了元素地球化学分布特征基本上符合粒度控制规律，绝大多数元素的含量随沉积物粒度变细而升高。未发现特别明显的区域地球化学异常，以点状富集为主。总体来讲，表层沉积物当中重金属残渣态的含量都低于表层土壤，以镉、汞、铅较明显。镉元素的地球化学生态效应应引起高度关注。开展了表层沉积物质量评价，沉积物质量总体以第一类为主，但值得提出的是超三类地区占到15%左右，其主要影响因子为硫。沉积物中有机氯农药类基本未检出。多环芳烃类有机污染物具有检出率高的显著特点，其中在黄浦江入海口地区含量最高。多环芳烃的来源主要为石油泄漏，其次为石油的燃烧源。初步建立了长江河口地区沉积速率的总体特征，最大区主要分布在崇明东滩和九段沙边缘的东侧地区，向北、东和南逐步减小。

二、城市地质调查

项目首次建立了三维基岩地质、第四纪地质、工程地质和水文地质结构模型；系统查明了环境地球化学状况，建立了基本农田质量动态监测网并投入运行，开展了地下空间开发的地质环境适宜性评价；首次系统开展了上海市地质环境容量评价研究，建立了评价体系和评价模型；建立了全面系统、开放共享、动态更新的上海城市地质数据平台，研发了具有自主版权的三维可视化城市地质信息管理和服务系统，实现了三维地质结构动态建模、地质过程模拟和空间分析评价。

三、环境地质调查评价

上海地区地下水污染调查评价项目初步研究结果表明，从区域分布特征来看，区域性沉积环境分带是影响浅层地下水中各元素含量分布的首要因素，浅层地下水中常量元素如溶解性总固体、氯、钠、总硬度等组分在滨海沉积相和河口沉积相的滩涂地区多为高含量背景，而在湖沼相沉积环境中相对较低；咸、淡水区分布状况与卤族元素的分布形态有比较好的对应关系，卤族元素在淡水沉积环境地区表现为低值区，在由淡水环境向海水环境条件过渡地段中含量逐渐增高，高值区的分布范围与受海水影响的范围比较接近。浅层地下水酸化现象明显、酸化趋势加剧，且与土壤低 pH 值位置相对应。区域性浅层地下水中有机指标检出率大幅低于化工区周围浅层地下水中有机指标检出率；有机指标类别中，挥发性指标检出点数最多，有机氯农药和多环芳烃次之，苯系物最少，氯代苯类指标未检出。

四、灾害地质调查评价

上海市地面沉降监测与风险管理

2009 年完成实物工作量主要包括水文地质钻探501m；GPS 一级网测量（含综合剖面测量）38 点次，基岩标分层标测量 319 组次，控制性水准测量 78km，工程性沉降水准测量 83km，GPS 固定站维护 4 座，地面沉降自动化监测系统运行 15 座，超额完成了2009 年设计部署的工作量。在风险管理方面，采用层次分析法对地面沉降危险性进行评价，绘制了上海市地面沉降危险性评价图；采用模糊综合评判法对地面沉降易损性进行评价，绘制了上海市地面沉降易损性综合评价图；在地面沉降危险性及易损性评价基础上进行地面沉降风险评价，绘制了上海市地面沉降风险综合评价图；结合地面沉降风险的大小和性质，以行政区为管理单位进行风险划分，绘制了上海市地面沉降风险管理区划图。

2009 年，上海地区 2009 年度地面沉降控制效果比较显著，全市平均地面沉降量为 5.2mm。项目结合区域地下水动态监测，继续深化以地下水开采为主要控制因素的地面沉降机理研究，完成上海地面沉降风险管理区划研究，分区制订控沉措施，建立了上海地区地面沉降综合防治技术体系；完成上海工程建设规范《地面沉降监测与防治技术规程》（DG/TJ08—2051—2008）的编制，于 2009 年 4 月 1 日颁布实施。

矿产资源调查评价

在“矿业权实地核查”项目实施期间，上海市共有探矿权 6 个，主要勘查矿种为地热、矿泉水、砂矿 3 类。至 2009 年 6 月 30 日核查统计基准日，有两家仍为有效，其余的在完成工作后均已核销了探矿权。现有采矿权数共计 94 个，其中井下采矿权（系指矿泉水井）共 15 个，露天采矿权（系指砂石粘土采矿权）79 个。对目前登记在册的 6 个探矿权和 94 个采矿权全面进行了实地核查，对所有矿业权核查成果，全部汇总形成探矿权和采矿权实地核查对照表。根据核查结果，更新完善了矿业权管理信息数据库。上海的探矿权与采矿权登记数据信息齐全完整，与实际情况相符。上海的矿证管理规范有序，未发现矿业权登记遗漏、无证探矿、无证采矿、矿业权重叠等问题。

上海除井下采矿的矿泉水为采矿区内开采以外，大量的露天采矿砖瓦粘土厂大多利用辖区以外的外来粘土、河道疏浚淤泥、建筑与生活垃圾等作为砖瓦生产原料，而并非本地开采，实测或矿证反映的拐点坐标均为厂区范围，而不是采矿的实际区域。在上海设置砖瓦粘土采矿权，存在历史原因，是以利于矿政管理，弥补矿证类型上的欠缺和不足作为核发与颁发采矿许可证的出发点的。

地质调查信息化服务

上海市地质资料信息服务集群化和产业化三年行动计划。2009年，项目具体开展了地质资料汇交制度落实、工作实施方案编制、工作流程梳理、地质资料信息服务示范需求调研、地质信息服务平台技术研究等工作。

2009年，通过市建管办窗口共汇交岩土工程勘察资料348份；通过市城建档案馆收集1988～2004年的工程地质勘察资料总计2974份，地下空间利用资料351份，通过青浦区城建档案馆汇交2004～2006年工程地质勘察资料446份；通过与勘察设计单位、建设单位建立合作共享机制收集地质资料3175份。

梳理建立了地质资料数据库建设与更新维护的标准化工作流程。2009年，共完成工程地质项目4123个，约8.9万个钻孔入库，数据库总项目达8051个，钻孔112542个；完成地下水开采量、回灌量、水位动态监测数据入库（7.9万余条记录）；完成69组地面沉降标组、502个分层标设施土层变形观测数据（28万余条记录）；完成2008年度中心城区99307个InSAR遥感监测数据入库；完成6条轨道交通线（一、二、三、四、八、九号线）共6万个监测数据点2008年数据的入库；完成2008年城市高架道路监测数据点（1.34万个）数据入库；完成2008年天然气管网808个数据监测点数据入库；完成2008年防汛设施497个数据监测点数据入库；完成海域50个短柱样，1028个表层样，170个深层样54种指标测试数据、10幅河口海岸地形数据入库；完成1078个地下构筑物的地下地籍数据入库。

10～12月，根据3年行动计划要求，结合上海城市规划重点发展区域，通过社会需求调研，部署地质钻孔野外采集工作。根据“有序推进，分布实施”的精神，目前虹桥商务区及拓展区产业化示范工作方案已编制完成，嘉定新城、金山新城的产业化示范工作方案初稿已完成。

地质科学研究

（一）地面沉降监测与防治技术规程。

经过一年多的编制工作，已按照项目任务书和总体设计要求，形成了征询意见稿，并开始公开征询意见。该规程主要由范围、规范性引用文件、术语、总则、地面沉降调查、地面沉降监测、地面沉降评价、地面沉降防治、成果编制与归档等9章组成，涵盖了地面沉降（包括伴生地裂缝）灾害调查、监测、评价和防治的全部工作流程的技术要求和相关规定，能够为中国地面沉降发育地区的研究和实践工作提供技术指导。

（二）地面沉降测量规范。

项目工作期间，主要开展了收集资料、调研、综合分析、试验、规范编制（初稿）5项工作。2009年，在研究报告和规范初稿编制、精密水准测量实验成果两个方面取得了成果。在规范初稿编制方面，完成规范初稿，内容主要包括范围、规范性引用文件、术语和定义、坐标系统、精度等级、地面沉降监测网点设计、选点、埋石、仪器、观测、跨河水准测量、分层标相对升降观测、外业成果的记录、整理与计算、地面沉降监测成果的综合分析，共计14章，细分至三级标题，随着编制工作地进一步深入可适当修改、调整、完善；在精密水准测量实验方面，2009年6月11～25日唐镇精密水准测量试验结束后，对实验结果及时总结，主要试验结论有两项。其一，进一步验证了数字水准仪与光学水准仪精度相当，可以用于精密水准测量；其二，东西方向的测线对日照影响观测结果必须引起重视，因此在本次编制的规范中应强调，凡东西方向的测线必须分上、下午对称观测，以期在往返测高差中数中充分抵消此影响。

（何中发等）

江苏省地质调查研究院工作

江苏省地质调查研究院

基础地质调查

一、区域地质调查

2009年，开展的“区域地质调查”工作主要有江苏1:5万南通市、南通县、小海镇、海门市幅区调；江苏1:5万昆山市、高桥镇、安亭镇、吴江市、芦墟镇幅区调及江苏1:25万淮安市、盐城市幅区域地质与环境调查3个项目。项目均属于“华东地区基础地质调查与数据更新”计划项目，涉及1:5万图幅9个，调查面积4000km²，1:25万图幅3个，调查面积25800km²，投入总经费1552万元。

（一）江苏1:5万南通市、南通县、小海镇、海门市幅区调。

1. 全面系统划分了地层单位，厘定了地层层序。

据钻探资料，自下而上可划分为下更新统海门组（Qp*h*）、中更新统启东组（Qp*g*）、上更新统昆山组（Qp*k*）、滆湖组（Qp*g*）和全新统如东组（Qh*r*）。其中，地表均为全新统如东组（Qh*r*）覆盖。

2. 总结了松散层沉积特征。区内松散沉积层包括第四纪和新近纪地层。松散层分布明显厚薄不一。晚更新世以来，长江河口地区经历了海退—海进的海平面变动旋回，形成了下切古河谷—古河谷充填—海泛沉积—河口湾充填的海退-海进沉积旋回。本区末次盛冰期以来，地层层序内部存在两个重要的界面——海侵面和最大海侵面。层序中海侵面标志着海侵的开始。

通过此次工作说明本区不是河间地区，而是古河谷的发育区。

3. 进一步深化、修正对基底构造特征的认识。通过对重力、航磁、遥感、浅地震及钻探资料的综合研究，进一步深化、修正了对基底构造特征的认识。

4. 总结了工作区工程地质分层及特征。区内50m以浅的松散堆积物可分为4个工程地质层。

5. 总结了数字填图工作方法。通过方法实践对比研究，认为1:5万深覆盖区数字填图线距2000～2500m比较合适，点距1500～2000m比较合适。槽型钻揭露深度一般1.2～2m。覆盖区填图时，钻探点位应选择在原状土区。基岩出露区填图，因山体较小，为控制层位，点距宜在200m左右。剖面测制比例尺1:500比较合适。路线需尽量沿倾向方向，沿途细致观察岩性变化及断层、褶皱及裂隙等构造形迹，描述其特征。

（二）江苏1:5万昆山市、高桥镇、安亭镇、吴江市、芦墟镇幅区调。

1. 界定了全新统冲湖积相与三角洲滨海沉积的界限沿太仓—葛隆—外冈一线分布。初步确定了甪直盆地内第四纪及新近纪沉积物结构特征及边界断裂性质，初步确定了吴淞江河道沉积物分布特征。

2. 通过两个测区的可控源音频大地电磁工作，在蒲庄测区1线和3线上追索到湖州-苏州断裂F1的位置，同时在2线和3线上还发现了次级断裂F1a，F1和F1a距离约3km。

3. 对第四纪松散沉积物研究方法进行了总结。测区第四纪地层厚度巨大，发育齐全，变化也较大，实际调查中根据需要采用不同手段进行研究。平原区采用槽形取样钻或人工陡坎揭露全新统沉积，50m工程孔在进行工程钻探的同时也可用于晚更新世地层研究，100m工程孔可用于中晚更新世研究，200m孔揭示区内主要含水层分布，400m孔可以揭露全部第四纪地层和新近纪地层，研究基底岩石。

4. 利用浅地震勘探成果对松散层地层结构进行了详细划分，圈出第四系、新近系中数处古河道位置；详细划分出基岩面（前新近系顶界面），解释了古潜山2处；确定基底白垩纪碎屑沉积岩和侏罗纪火山碎屑沉积岩的分布及断裂构造具体位置，解释了断点9个、古河道5处。

从地震资料成果的进行分析研究新生界沉积主要发育于3个时期。早期（约250m以下至基岩面）除昆山嘉定断裂古潜山以东区域沉积较稳定之外，新生界沉积大部很不稳定，反射波大多呈“蚯蚓状”。中期（160～250m）除中部甪直凹陷内沉积不很稳定外，南北两个区域沉积较稳定；中晚期（相当于启东组至海门组上部）全区地层沉积极为稳定。晚期（0～160m）中部角直凹陷内沉积不很稳定，南北两个区域沉积相对较稳定。

（三）江苏1:25万淮安市、盐城市幅区域地质与环境调查。

通过本次工作，对过去的淮阴-响水断裂进行修订，在涟水段，断裂沿淮阴西—涟水县梁岔镇娃庄呈NE30°方向伸展，断裂西北地区为苏鲁造山带，地层是太古界云台岩组片麻岩，东南地区为扬子地块的一部分，地层是震旦系黄墟组。太古界云台岩组与震旦系黄墟组接触关系是断层接触，而不是过去的认识按不整合对待。由于对淮阴-响水断裂的修订，原来该段的断裂，降为苏北盆地内部断裂，重力上将滨海重力高、建湖重力高、淮阴重力高3个重力高同样对待，分别为苏北盆地次一级隆起，即滨海隆起、建湖隆起、淮阴隆起。淮阴隆起呈NE30°方向分布，松散沉积物下覆地层为震旦系黄墟组灰岩、白云质灰岩夹似千枚状泥岩，西北与苏鲁造山带以断层接触，东南与阜宁凹陷以断层接触，宽约6.5km。

1. 野外数字填图中对 Qp^3 地层分布的新认识。在野外数字填图过程中发现，不仅在码头镇幅东部、洪泽县幅东部、清江市幅西部和中部、宝应县幅有上更新统出露地表，而且在地势最低洼的里下河地区的建湖县幅，也发现了上更新统出露地表的现象。该地层成岛状分布，岩性以灰绿色、棕黄色粉砂质粘土为主，致密，钙质结核发育，为河流相沉积。与相邻地区全新统下伏的上更新统一致。

在苏北盆地中部平原有较大面积的上更新统出露地表，这一现象可能说明在晚更新世末次冰期最盛期的低海平面时期，苏北平原因侵蚀形成了起伏不平的微地貌。因此通过测区的野外调查，需要我们对苏北平原形成的地质过程进行重新认识，合理地解释上更新统在苏北盆地中部平原出露地表的现象。

2. 调查方法初步总结。填图观察路线安排采用穿越为主、追索为辅的方法，以穿越区内主要第四纪地层和沉积相，结合穿越主要地貌单元为准则。

精度1:25万区域地质与环境调查路线，原则上线距10km，点距一般4km，局部有时根据实际情况适当放稀，但不大于线距。

路线方向:苏北平原构造方向以北东向为主，大的地貌单元和微地貌发育受构造控制，也呈北东向展布，因此本次调查路线垂直该方向，在中部平原以北西向为主；东部沿海平原微地貌发育受海洋作用影响，以平行海岸线发育为主，因此本次调查路线以垂直海岸线方向为主。

二、区域地球化学调查

（一）江苏省近岸海域多目标区域地球化学调查。

通过对江苏省浅海沉积物区域生态地球化学调查、入海河流沉积物与滩涂土壤环境生态地球化学评价研究数据的深入分析与总结，获取了关于江苏沿海地区地表丰富的生态地球化学调查与评价研究成果，掌握了江苏沿海地区第一手区域生态地球化学调查与评价信息，在对江苏沿海地区生态地质环境“家底”认识上又有了一系列的新认识。

（二）无锡市耕地质量生态地球化学调查与等级评价。

通过开展无锡市耕地质量生态地球化学调查与等级评价，对前期调查数据及有关历史资料进行整合分析，主要取得了以下4点新的认识:

1. 土地质量生态地球化学评价所要求的野外采样与传统的多目标区域地球化学调查野外采样有一定区别，掌握工作区的土地利用分布、土壤分布、土地资源总体规划、宏观产业布局、地形地貌等基本生态地质环境背景资料是作好土地质量生态地球化学评价的前提，按照土地利用的自然状况进行针对性调查采样可收事半功倍之效。无锡市土地富硒资源丰富、天然肥力优良、土地利用变数大，选择无锡市耕地资源质量评价作为全省生态地球化学调查成果资料转化应用的主要突破口十分明智，本项工作可为长江三角洲地区耕地资源质量调查与保护利用方案的进一步完善提供示范经验。

2. 掌握了人类活动可影响局部土地资源质量的新证据，认识到土壤环境中的Cd，Hg，Pb，Se，S，N，P，C，Sn等元素含量分布差异是示踪人类活动影响土壤环境变化的重要标志。初步确定将依据耕地土壤的物质组成、微量元素分布差异，结合当地土地利用保护最关切的问题，选择无锡市优质基本农田保护规划、无锡市土地整治合理选区规划、太湖富营养化防治对策研究作为本次地质环境调查资料应用的主攻方向，可望为今后开展类似项目的工作提供成熟的技术思路。

3. 对无锡全市耕地及其附近土壤环境的重金属、营养元素（含肥力指标等）、酸碱度等空间变化特征的分析、比较，意识到一些人为污染源是导致部分土地质量下降的主要原因，存在部分优质耕地土壤将被规划为建设用地的趋势，这部分优质营养土地应被视为一种特殊的耕地资源，宜妥善加以保护利用。

4. 以无锡市耕地质量生态地球化学调查与等级评价的部分经验为线索，通过不同渠道的宣传，不断与各级地方政府的交流与合作，已经逐步使一些有识之士感触到生态地球化学调查与国土资源管理，尤其是实行土地资源的合理规划利用具有密切的联系，正在为社会各界高度关注。

（三）扬州市土地质量生态地球化学普查与等级评价。

通过实施扬州市土地质量生态地球化学普查与等级评价，开辟了省级地质勘查基金支撑江苏地方基础地质调查的新途径，为江苏平原地区第四纪地质调查，并且能够使调查成果真正服务地方国土资源管理的具体需求探索了新的方式。多目标区域地球化学调查与评价在江苏取得了丰富的基础性调查成果，如何开发利用这些丰富的调查数据也一直为社会各界所高度关注，建立土地质量生态地球化学调查评价数据库，将该数据库与当地土地资源规划利用调整方案联系起来就不失为一条有效途径。扬州市土地质量生态地球化学普查与等级评价就是这方面的一个实例，其最后所提供的以生态地球化学调查历史与现实数据为基础的土地资源科学保护利用对策一定会促进其国土资源管理工作。

三、遥感地质调查

2009 年度完成的主要实物工作量包括 1:25 万基础地质背景遥感编图 28000km^2，1:1 万矿产资源多目标遥感调查 6000km^2。

完成冶山、宁镇、徐州、龙固 4 个工作区矿产资源开发秩序遥感调查面积共 6000km^2，3 个工作区设置有采矿权 146 处，分别为煤矿 37 处、铁矿 6 处、铜矿 3 处、锌矿 1 处、盐矿 2 处、石膏 1 处、膨润土 3 处、水泥用灰岩 9 处、建筑材料用灰岩（玄武岩）50 处等。

从 2009 年度整个调查结果来看，以下 4 个方面的现象具有普遍性，并通过适当形式建议各级矿政管理部门在今后的管理工作中予以重视：①露天开采矿山在江苏地区是监督管理的重点对象，特别是建材类矿山和砂石矿，由于开采方式简单，无证开采及越界开采现象比较普遍，应当加强遥感动态监测，及时发现问题，保证区域矿产资源开采秩序的稳定。②由于部分地段大型交通工程（如高速铁路、地铁等）施工，存在无证取用资源的状况，其危害不仅仅在于无偿占用了资源，对当地的矿业活动秩序也带来负面的影响，需要进一步规范其行为。③矿山开采废石废料的利用问题，随着加工技术的提高及资源的紧缺，部分原来的废矿石、尾料都有了再次加工取用的价值，对于这种资源的开发利用的定性及管理需要进行规范。④江苏属于中国东部发达地区，对于环境的治理要求比较高，如何合理高效地开展此项工作需要遥感监测的技术支撑，我们在工作中已经发现个别矿山复垦工程质量不高，甚至造成小型的地质灾害隐患点，开展有关矿山环境治理效果遥感监测非常必要。

四、城市地质调查

按计划完成二等水准测量 20km，第四系钻探勘查工作量 1500m，工程地质勘查工作量 1700m，采取各类测试样品 2585 件。初步确定了第四纪地层划分标准；根据已有地质资料，确定了测区 50m 以浅工程地质层标准层建立，为工程地质钻孔数据库建设奠定了扎实的基础；构建了 10 条第四纪结构剖面、两条工程地质结构剖面和两条水文地质结构剖面；基本确定了湖苏断裂的具体位置及深部形态特征，初步确定了用直盆地内第四纪及新近纪沉积物结构特征及边界断裂性质。

五、水文地质调查评价

2009 年度续作的“江苏地区地下水污染调查评价（长江三角洲）”和“江苏平原地区地下水污染调查评价（淮河流域）”取得如下认识。

1. 基本查清污染源分布类型及特征。江苏地区地下水污染调查评价（长江三角洲）项目共调查污染源点 1441 个。调查发现苏州工业污染源主要集中在纺织印染、化工制药、电子电器等产业；无锡工业污染源主要集中在纺织印染、机械制造、冶金等行业；常州工业污染源主要集中在纺织印染、化工制药、机械制造等行业；南通工业污染源主要集中在纺织印染、化工制药、冶金等行业；扬州市区主要水污染物是化学需氧量和氨氮，并以有机污染为主；泰州全市首要污染物化学需氧量排放量为 19373.29 吨；南京市工业废水中的主要污染物氨氮、化学需氧量、挥发酚和石油类 4 项污染物分担率之和达 98.65%；镇江市区工业废水占全市工业废水排放总量的 56.18%。

江苏平原地区地下水污染调查评价（淮河流域）项目共调查污染源点 2420 处。调查内容包括工业污染源调查（机械、电子、化工、采矿、冶炼、石油等企业）、生活污染源调查（生活污水产生量、处理与排放方式）、土地利用历史与现状、农业污染源调查（化肥和农药、污灌区范围、灌溉污水、养殖场）、地表污染水体调查、地表水体水质、底泥等。

经调查，20世纪90年代以来，江苏地区（淮河流域）经调查确证的污染事件，大约有上百余起，2009年爆发了淮安、盐城等水源地特大污染事件。以动植物死亡最为常见，淮河干流污染由于为跨省案件，次数最多、危害最大，关注度最高。

淮河自1978年以来重大污染事故经常发生，主要是淮河过境水引起的。根据淮安市环境保护局提供的资料，1991～2005年洪泽湖共发生不同程度的水污染事故85起，其中特大水污染事故3起，重大水污染事故13起，较大水污染事故10起，一般水污染事故59起。其中3次特大水污染事故分别发生在1994年7月23日、2000年7月3日和2003年2月16日，受到入湖的客水水质影响，从1992年到2009年的17年间，污染事故经济损失达到5.73亿元，对流域内居民生产生活造成巨大影响。

2. 基本查清了工作区地下水水质基本特征。长江三角洲（江苏域）地区浅层水矿化度大部分区域介于350～950mg/L之间，空间上分布呈东西部较高，中间较低，北高南低的趋势。检出率高于90%的毒理元素为钼、钡、总铬，与地表水检出率高于90%的元素为镍、钼、总铬、砷、氟化物相近。

三氮及COD的检出率都相对较高，除氨根离子为49.01%外，其余均高于55%，其中COD的检出率高于90%。究其原因：居民区检出率较高主要由于生活污水排放；农田分布区检出率较高主要由于污灌、生活垃圾堆放渗滤液和化肥的使用所致。化工、冶金、纺织印染以及造纸工业废水中COD含量尤其高，大多直接排入河流，通过灌溉导致农田分布区污染。

统计结果表明，有机物各类指标检出率大多小于10%，仅二氯甲烷、多环芳烃类总量大于10%，分别为20.20%，69.89%。各类有机组分检出浓度较低，超标现象亦零星分布。

水质质量评价结果表明，浅层水以较差级水为主，占浅层水样的84.5%，较好占9.11%，良好、优良级零星分布。

淮河流域（江苏域）潜水TDS含量与两种因素有关，一与沉积环境有关，沿海地区普遍较高；二与岩性有关，砂层不发育区含量往往较高，可能与地下水流动速率慢，矿物质易于聚集有关。

3. 基本完成地下水天然防污染性能评价。主要采用DRASTIC模型进行了地下水天然防污性能的评价。

江苏地区（淮河流域）防污性能大致可以分为4块：即以丘陵岗地为主的防污性能良好区，以广大平坦平原为主的防潮污性能较好区，以废黄河高漫滩、长江北高沙土地区为主的一般区，以沿海冲海积平原为主的较差区、差区。

江苏地区（长江三角洲）防污性能较好区主要位于太湖平原，防污性能一般区分布于长江北部三角洲平原，防污性能较差区：仪征部分区域、扬中南部区，以及沿江两岸、海岸沿海地区。

4. 对七里沟水源地四氯化碳污染做了深入研究。研究结果表明：七里沟水源地岩溶裂隙具有容量大、不规则等特性，为污染物的贮存提供了大量的空间；四氯化碳的重质非水相液体物质特性使四氯化碳在地下水流场和含水岩组等水文地质条件相似的情况下，其在含水层中的分布主要受重力影响。农药厂排放的四氯化碳非常巨大，达46.5吨，为地下水提供了大量的污染物质来源。四氯化碳在运移过程中沉淀在溶洞、盲谷、落水洞、岩溶裂隙中，重新污染地下水需要适宜的水动力条件。

六、环境地质调查评价

（一）苏锡常地区禁采地下水的地质环境效应分析、苏锡常地面沉降监测与风险管理。

1. 优化地面沉降监测网络。在集成GPS测量、水准测量，（包括人工、自动化）、InSAR测量，以及水文地质勘查方法的基础上，重点加强GPS测量，按A，B两级测量网相结合的方案进行监测，A级点持续观测72小时，B级点持续观测12小时，对观测人员进行了严格的技能培训并考核，有效保证了所采集数据的质量。数据处理采用了通常在高精度GPS数据处理中应用的若干技术措施。经检查，A级网大地高内符合精度不超过2.5mm左右，B级网平均值为4.4mm左右，81.6%的监测点点位中误差≤3mm左右。优质的GPS监测成果为地面沉降分析提供了可靠依据。

2. 地下水禁采实施后，地质环境明显好转。自从2000年实施苏锡常地区禁采深层地下水政策以来，区域内地下水资源得到明显调蓄，水位持续上升，无锡—苏州中部一线普遍回升幅度超过20m。现状中，沿江地区水位普遍在10m以浅，向南逐渐变深。据统计，水位回升区占全区面积70%，基本稳定区占

20%，10%的地区水位略有下降，新增可采资源量约2700万 m^3/a。

禁采以来，长江三角洲（江苏域）地面沉降得到有效控制，沉降区面积不断缩小，除个别点年度沉降差异较大外，大多数监测点的年沉降速率表现为持续减小规律。原来区域性沉降格局正转变为局部性沉降，沉降核心区大致分布在常州南部—锡西—澄南一带，吴江南部地区，南通东部县市的城镇集中区。

苏锡常地区地面沉降（>5mm/a）主要分布在常州—无锡地区和吴江南部地区。大于10mm/a的沉降区面积约500 km^2，主要分布在常州南部、江阴南部和吴江南部。受地下水位稳步回升效应作用，常州-无锡沉降区范围继续缩小。

地面沉降是松散地层孔隙释水过程中的固结作用，具有普遍性，地表以下不同深度均存在此类现象，只是地层结构在地区间的差异，会使沉降的垂向分布有所区别。总体上，第二承压含水层及以上层位是苏锡常地区地面沉降的主要地层，常州、无锡地区地层相对简单，多为弱透水层与砂层的二元结构，地面沉降以砂层压密为主。苏州地区地层变厚，软土层及含水层接触关系错综复杂，Ⅰ，Ⅱ，Ⅲ，Ⅳ承压均有分布，上下存在水力联系，这一地区对Ⅰ承压含水层有一定的开采量，沉降集中在Ⅰ，Ⅱ承压及弱透水层，由于软土层比较发育，对地面沉降贡献较大。

3. 划分地面沉降易发区。根据地面沉降产生机理，确定高压缩性软土、地下水含水层和地下水位作为地面沉降易发性评价的3个基本因子，进行区域地面沉降易发区分区。

轻度易发区：主要包括常州市南部的鬲湖至南宅一带，北部的沿江地区、江阴中部及北部地区，无锡东部的羊尖、安镇、厚桥、荡口、鸿声等地，苏州除太仓昆山市区和吴江东南部地区以外的绝大部分地区，总面积约6500km^2，随着地下水位的继续回升，轻度易发区面积将不断扩大。

中度易发区：主要分布在常州城市规划区、锡西地区、太仓北部、吴江南部的汾湖、盛泽，以及常熟梅李镇等地。这些地区是目前地面沉降最严重的地区，常州北部至沿江一带含水砂层发育，有利于产生地面沉降，但地下水位已恢复至临界水位，对地面沉降起到明显的控制，而南部至锡西地区地下水位仍偏低，地面沉降仍处于发展中。其中锡西地区、太仓、汾湖—盛泽等地软土相对发育，浅部软土层厚度大于20m，地面沉降一般>20mm/a。

低度易发区：主要分布在无锡—苏州间、苏锡交界地区、苏州市规划区北部、昆山太仓边界地区，表现为中度易发区和轻度易发区之间的过渡区。苏州无锡边界地区和吴江南部地区具有较高的易发性。

4. 进行了地面沉降风险分区。高度风险区，主要分布在：常州市区、无锡市区及东部、苏州市区及北部，高风险源自相对过快的城市化发展速度与地面沉降灾害之间的矛盾。

中度风险区，主要分布地区有：常州市北部的新北区、武进南部、锡西地区、江阴南部、无锡市区周边、常熟的梅李、杨园—莫城、苏州市区南部，太仓的沙溪—浏河、昆山的陆家—蓬朗一带、吴江的盛泽—震泽一带。这些地区社会经济水平相对较高，年沉降量一般已小于10mm，灾害风险相应降低。

低度风险区，分布在地面沉降高、中度风险区周边，包括常州市周边、无锡惠山边缘区乡镇、苏锡边界地区、昆山北—太仓南和吴江汾湖-平望地区。这些地区地面沉降程度相对较低。

轻度风险区，分布最为广泛，地面沉降基本稳定，风险最小。

（二）长江三角洲地区（长江以北）环境地质综合调查评价。

结合前人成果资料及本项目的调查及勘探成果，深入研究了工作区基底构造、第四纪地质、水文地质、环境地质特征，建立了基底构造、第四纪地层结构及含水系统结构模型框架。

通过调查分析，取得了对工作区地面沉降现状及发展变化的系统性认识。

系统研究了海岸带的变迁规律及侵蚀、淤积现状，并对滩涂资源、深水航道及港口资源进行了遥感解译和地面调查，对现有港口及规划建设港口功能进行了初步评价。

七、灾害地质调查评价

2009年，主要发展了“丹阳、扬中、沛县、高淳、溧水和无锡市区6市、县地质灾害调查”和“江苏省地质灾害综合研究”两个项目。取得如下成果。

1. 深入研究了6县（市、区）地质灾害致灾背景。

采用“3S”技术、传统野外调查和综合研究等方法对区内地形地貌、地层、构造、水文地质、工程地质条件、气候，以及人类活动特征进行了深入的分析研究，提高了各县（市、区）地质环境研究程度，为地质灾害发生发展、形成机制的认识提供了翔实、可靠的依据。

2. 摸清了各县（市、区）地质灾害家底，总结了地质灾害发生发展特点。

依据国土资源部县（市）地质灾害调查要求，结合江苏省实际，在各县（市、区）地质灾害调查工作中，重点调查滑坡、崩塌、岩溶塌陷、采空塌陷、地面沉降、地裂缝灾害。

滑坡、崩塌主要分布在镇江、南京、连云港、宜兴、盱眙、仪征等地，已发生约800处，存在滑坡、崩塌地质灾害隐患约1100处。滑坡、崩塌的发生具有明显的规律性，在空间上主要分布在山区，在时间上多发生在汛期，在成因上与人类工程活动密不可分。具体表现为滑坡规模小（小型滑坡约占90%），多位于居民生活区、旅游区和交通干线旁，具有群发性、周期性、突发性和危害性大的特点。

岩溶地面塌陷主要分布在徐州、南京、无锡、苏州、宜兴等地，约39处。岩溶塌陷严重影响城市规划和建设，对铁路等重大设施构成潜在危险，徐州岩溶塌陷曾造成京沪铁路中断22小时，岩溶塌陷还直接毁坏建筑设施，造成房屋倒塌，给国民经济带来巨大损失。

采空地面塌陷主要分布在徐州、南京、连云港等地，全省塌陷面积约159km^2，其中徐州煤炭采空面积高达157.2km^2，占总塌陷面积的98.8%。采空地面塌陷破坏生态环境，导致建筑物和大片农田毁坏，严重时可造成人员伤亡事件。据估算，江苏因采空塌陷造成房屋、道路、水利等方面损失超100亿元。

地面沉降灾害主要发生在苏锡常及南通、盐城等地。

地裂缝主要发生在苏锡常地区，无锡市地裂缝灾害主要发生在1990~2001年间，截至2009年年底，无锡市共调查出地裂缝灾害点16处，地裂缝带多呈北东向展布，延伸长度一般100~600m，最长约1000m，带宽20~80m，个别达300m。

3. 建立群测群防网，优化专业监测网络。在各县（市、区）灾害调查中，把危险性大、稳定性差、成灾率高、灾情严重并威胁人民生命财产、重大基础建设工程、重要生命线工程安全的灾害点作为群测群防点，以省、市、区（县）、街道（镇）4级领导体系为抓手，以防灾避险卡、明白卡为纽带，以专家组为技术骨干，协助各级政府，建立了在各级政府组织领导下的群专结合的防灾网络，其中群测群防网络由336个滑坡、崩塌、地面塌陷危险点构成。正是有了群专结合的防灾网络，才能及时发现险情，及时预报险情，有效预防灾情，最大限度减少地质灾害造成的经济损失和人员伤亡。

4. 深入研究了无锡市地下水禁采后地质环境变化。研究结果表明，地下水禁采后，无锡市地下水水位普遍上升，上升幅度从小于5m到30m不等；地面沉降速率明显减缓，由最高时的大于50mm/a降至10mm/a左右；地裂缝活动趋缓，并向稳定方向发展。

5. 科学划分地质灾害易发区。通过对影响地质灾害发育分布的众多因子进行分析、分类，略去一般因子，选择重要因子建立科学评价指标体系，在此基础上，按1km×1km的精度将工作区进行剖分，采用地理信息系统空间分析方法对每单元进行评价划分易发区，划分结果科学合理。

6. 圈定地质灾害重点防治区。在地质灾害易发区划分的基础上，把受地质灾害威胁的人类活动聚集地、经济开发区、重大项目建设区和旅游区为地质灾害防治重点，划分地质灾害重点防治区，一般防治区以及非防治区。

7. 协助政府制定符合实际、可操作性强的地质灾害防治规划。

部分县（市、区）建成高效实用地质灾害信息系统。地质灾害信息系统主要有图层操作（添加、删除等）、图形显示（放大、缩小等）、图形信息查询、数据库操作。属性表查询、打印、行政管理（信息录入、浏览、防灾预案、群测群防、统计查询）等功能；数据库主要由图形库、属性数据库（内部属性库、外部数据库）、多媒体数据库等组成。该信息系统能够快速地进行各种数据分析及各种专题地图和报表快速生成，能够适应动态的地质灾害评价要求，为地质灾害管理和研究提供了方便高效的工具。

矿产资源调查评价

一、固体矿产资源调查评价

（一）江苏省宁镇地区铁铜矿远景调查。

在大金山地区1:1万矿产地质调查过程中发现了多条含铜硅化褐铁矿脉，显示该地区存在较强的铜矿化作用。开展的复电阻率试验剖面根据CR法异常组合特征，以及CR法异常响应的强弱，结合地质资料，在该区划分4个CR法异常并进行了初步解释与判断。CR剖面还揭示该区存在多条控矿断裂构造，且主要断裂深部延伸达900m以上，断裂带中有高激化高阻地质异常显示。通过CR法异常分析可发现异常的分布与断裂构造有着密切关系，断裂附近及电性分界面附近往往是成矿有利区域。

大金山地区施工的大功率激电测量结果显示：

1. 全区异常具有高视电阻率低视充电率（高阻低极化）或低视电阻率高视充电率（低阻高极化）组合特征；测区内视充电率异常背景在20毫秒左右；测区中部视充电率局部异常强度一般在30余毫秒，且临近异常梯度带；测区东部东山—关帝庙一线以北视充电率值普遍在40毫秒以上，局部可达50余毫秒。

2. 测区中部的低阻高极化异常，位于岩体与地层的接触部位（或可能的构造部位），特别是300线中部的异常，处于视充电率低背景上，视充电率异常范围200m×200m，峰值40余毫秒，异常区见褐铁矿露头，应为硫化矿体的反映。激电测深显示异常延伸大于400m，总体倾向北东东向。

3. 测区东部的低阻高极化异常，范围和强度都较大，地表物性测定结果表明，各岩石充电率未见明显异常，因此，深部应存在硫化矿体的可能。

4. 测区内异常总体具一定走向，并以北北西向为主，北北东向次之。测区中部有明显的异常梯度带，其展布方向为北北西，与大金山西-早山-杨家大山的断裂破碎带的展布方向基本一致，位置在上述断裂破碎带东约300m附近。

在以上工作的基础上对异常进行野外调查，在300线异常位置发现了一个宽3～5m的黄铁矿化、褐铁矿化、硅化等矿化破碎带，局部有少量黄铜矿化，破碎带总体呈北东向展布，与激电异常展布方向一致。结合异常分析和调查成果，对300线1550点的低阻高充电率异常首先进行了钻探验证，施工ZK0901孔，孔深651.61m，孔内岩石主要为安山质火山岩、闪长玢岩和角岩等，全孔黄铁矿化十分强烈，局部见细脉状黄铜矿化。钻孔验证了该地区存在较强的多金属矿化作用，但激电异常可能主要是黄铁矿化的综合反映。结合地质矿产特征与电法异常特征，2009年6月至8月布置并完成了钻孔ZK0902的施工，完成孔深500.57m，对大岭岗-大金山主破碎带进行验证，孔内岩石主要为闪长玢岩与安山质火山岩，普遍黄铁矿化，硅化、钾化、高岭土化也较为强烈，孔内见多段强烈破碎的构造带，各类矿化与蚀变作用强烈，应是铜金成矿的最好地段。

据资料初步整理，韩胡村地区面积性磁测工作显示该地区地磁异常较多，磁场也较为杂乱，共发现了DC-1等6个主要地磁异常（区），它们基本上与原有航磁异常对应。

对韩胡村地区面积性磁测工作中发现的王家店异常开展重磁精测剖面测量结果表明，该地磁异常主要位于重力异常的梯度带上，结合地质调查，认为该地区存在一个以出网山次火山岩为中心的火山机构，成矿地质条件较有利；结合地面调查发现的矿化破碎带的存在和局部重磁异常，布置了ZK0801孔进行验证，所见岩性主要为玄武玢岩、火山角砾岩并见火山弹，证实了火山机构的存在，但钻孔中的多条破碎带中矿化主要见硅化、褐铁矿化、重晶石化、碳酸盐化等，总体多金属矿化作用较弱。

高公山ZK0903验证孔已结束，孔深1070m，打穿火山岩地层，揭示深部有辉石闪长玢岩的存在。地表磁异常有待进一步解释。

据吴庄地区大功率激电测量初步显示，区内存在北东向展布的极化率异常，与区域主要成矿构造方向吻合，激电测深显示在约600m深部极化率异常明显，钻探验证正在进行。

（二）江苏省南京市江宁区西横山金矿普查。

1. 1:1万地球化学测量圈定14个金异常，经异常查证圈定10个金矿体都位于金异常区内，金矿体与金异常高峰值套合较好，如Ⅰ矿体位于Ht1异常33.7ng/g高峰值区内，Ⅲ，Ⅳ-2，Ⅳ-3，Ⅴ，Ⅵ矿体位于Ht3异常124ng/g、84ng/g高峰值区内，又如Ⅳ-1矿体位于Ht6，Ht7异常209×10^{-9}，413×10^{-9}高峰值区，Ⅶ矿体位于Ht4异常436×10^{-9}高峰值区。金的重现性比较好，金化探异常可作为找金矿的直接标志。

2. 所圈定的10个金矿体均赋存在北东东向断裂破碎带分布中，走向75°～80°，倾向北、南，倾角70°～88°。矿体长50～500m，视厚度0.50～9.64m，倾向延深50～135m。

3. 地表所见为氧化矿石类型，以0.50×10^{-6}圈定矿体密度为1.93～3.03g/cm^3，取平均值为2.54g/cm^3。普查区内圈出10个金矿体，根据现有成果初步估算金金属量（333+334）4540.91kg。根据地质、矿产、物化探成果资料，在燕子口地区进一步工作，有望扩大矿体规模。在本区寻找构造破碎带型（层间破碎带型)、接触破碎带型金矿均具备优越的成矿地质条件。

（三）江苏省溧水县石坝-后村铁铜矿普查。

在东岗水库—爱景山—后方一带，开展 5.29km^2 面积性激电中梯剖面测量，对异常地段采用偶极-偶极激电测深法做进一步评价。结果发现存在北西向视充电率异常带，异常规模长大于 2000m，宽 500m 左右，峰值 42msec，与铜、硫、锶含矿构造破碎带基本吻合。

在石坝矿段以 160m 线距在 S35 ~ S03 线施工 12 个孔，有 9 个孔见多层铜、硫、锶矿，推测主矿带走向长大于 500m，以 SZK3501（铜矿钻厚 10.47m，平均品位 Cu 0.65%）和 SZK1902 孔（铜、硫矿层钻厚 61.94m）见矿厚度较大。SZK1902 于孔深 141.15 ~ 227.49m 见主矿带钻厚 86.34m，带内铜、硫矿层钻厚 61.94m，其中铜矿层钻厚 11.85m，平均品位 Cu 0.52%；铜硫矿层钻厚 14.66m，平均品位 Cu 0.79%，S 16.28%；硫矿层钻厚 9.70m，平均品位 S 15.70%；低品位铜硫矿层钻厚 25.73m。估算主要矿体资源量：铜金属量 1.5 万吨、硫矿石量 200 万吨（中型）、锶矿物量 6 万吨。

在后方村物探视充电率异常中心布施 HZK0001 钻孔进行验证，孔深 350.30m，上部 201.28m 为黄铁矿化闪长玢岩，下部为黄铁矿化角砾凝灰岩、凝灰岩和安山岩。HZK0002 孔在孔深 461.76 ~ 605.09m（钻厚 244.33m）见矿化断裂带，带内分布上下两层锶、硫矿体，其中锶矿钻厚 27.33m，平均含 $SrSO_4$ 33.57% ~ 50.77%；硫铁矿钻厚 7.89m，平均含 S。14.16% ~ 16.47%。预测锶矿物量大于 20 万吨（大型）。

二、矿产资源潜力评价（含上海市）

（一）地质背景。

目前已按照“五统一”的要求全面开展并完成了 5 幅 1:25 万分幅实际材料图的编制工作（南京市幅、常州市幅、上海市幅、徐州市幅、连云港市幅，另外 6 个图幅均为严重覆盖区，经请示全国项目组同意仅编制基岩建造构造图，不开展实际材料图的编制）；并完成了该类图件的数据库建设。

全面开展并完成了 11 幅 1:25 万分幅建造构造图的编制工作（按大区协调的工作量，编制了南京市幅、常州市幅、上海市幅、徐州市幅、连云港市幅、淮安市幅、盐城市幅、滨淮农场幅、南通县幅、吕四镇幅、川沙县幅），并完成了该类图件的数据库建设。

全面开展并完成了与铁矿预测有关的 11 个预测区的预测底图的编制工作（丰沛地区、徐州利国地区、东海-新沂地区、盱眙地区、南通地区、宁芜地区、宁镇地区、溧水地区、宜溧地区、苏州西部地区），并完成了该类图件的数据库建设。

完成以上各类图件说明书的编写，正在开展阶段性成果报告的编制工作。

（二）物探化探遥感自然重砂。

1. 重力。按省级、铁矿预测区编图范围分别编制了重力工作程度图和重力推断地质构造图。

按省级、铁矿预测区和铁典型矿床 3 种编图范围分别编制了布格重力异常图、剩余重力异常图、区域重力异常图（典型矿床除外），对局部异常进行了编号。

建立专题数据库 83 个（含区域重力 19 个），其中省级专题数据库 5 个，预测区专题数据库 78 个。

重力反演盆地 38 个、反演侵入岩体 25 个，重、磁联合反演典型矿床 7 个。

2. 磁法。编制了 1:50 万省级航磁工作程度图、地磁工作程度图、航磁 ΔT 等值线平面图、航磁 ΔT 化极等值线平面图、航磁 ΔT 化极垂向一阶导数等值线平面图、磁性矿床分布图、磁异常分布图和磁法推断地质构造图等省级成果图件 8 张。

编制了 12 个铁矿预测工作区 1:5 万（上海市金山预测工作区 1:10 万）航磁 ΔT 等值线平面图、ΔT 剖面平面图、ΔT 化极等值线平面图、ΔT 化极垂向一阶导数等值线平面图、ΔT 化极剩余异常等值线平面图、ΔT 化极剩余异常剖面平面图等基础图件，合计 72 张；12 个铁矿预测工作区 1:25 万航磁 ΔT 等值线平面图、ΔT 化极等值线平面图、ΔT 化极垂向一阶导数等值线平面图等基础图件，合计 36 张；6 个预测工作区 1:5 万地磁 ΔZ 等值线平面图、ΔZ 剖面平面图、ΔZ 化极等值线平面图、ΔZ 化极垂向一阶导数等值线平面图、ΔZ 化极剩余异常等值线平面图、ΔZ 化极剩余异常剖面平面图等基础图件 36 张。

编制了铁矿预测工作区 1:5 万铁矿预测类型磁法推断磁性矿产分布图 11 张，12 个铁矿预测工作区1:5 万磁法推断地质构造图、磁异常分布图、磁异常范围分布图合计 36 张。

编制了 12 个典型铁矿床（含梅山铁矿、吉山铁矿、凤凰山铁矿、麒麟山铁矿、龙旗山铁矿、东岗铁矿和中巷铁铜矿 7 个陆相火山岩型铁矿及冶山铁矿、韦岗铁矿、墓山铁矿、王浩铁矿和谈家桥铁矿5个矽卡岩型铁矿）物探背景剖析图，矿床剖析图，合计79张。

对1381个航磁异常进行了分类编号，其中甲类异常67个，乙类异常141个，丙类异常877个，丁类异常296个。对与磁性矿产有关的66个航磁异常，用RGIS 2.5D人机交互拟合方法累计估算铁磁性矿体资源量134271.1万吨。

按省级、预测区编图范围分别编制了磁法推断地质构造图，省级和12个铁矿预测工作区编图比例尺分别为1:50万和1:5万，推断了包括断裂构造、火山构造、火山岩地层、变质岩地层、侵入岩体和磁性蚀变带等地质构造内容，其中省级推断地质构造图共推断了包括断裂构造43条、火山构造1个、侵入岩体125个、火山岩地层16处、变质岩地层3处等地质构造内容，对部分与预测矿床有关的地质构造进行了定性、半定量解释。

对1:50万江苏省（含上海市）航磁工作程度图、地磁工作程度图、磁法推断磁性矿床分布图、磁异常分布图和磁法推断地质构造图等省级图件和12个铁矿预测工作区磁法推断磁性矿产分布图，磁法推断地质构造图、磁异常范围分布图共40张，建立了相应图件属性数据库。

3. 化探。编制了1:50万江苏省（含上海市）地球化学工作程度图、组合样品点位图、地球化学推断地质解译图、地球化学景观图、元素地球化学图、单元素地球化学异常图、组合异常图（按特征元素组合）及综合异常图（按矿种分类）等基础性图件，图件总数89张，按数据模型要求，建立相应属性数据库。

编制了9个预测区元素地球化学图、单元素异常图、组合异常图，图件总数达240张，根据数据模型要求，建立相应属性数据库。

将前人已有1:5万地球化学测量圈定的单元素异常、综合异常进行扫描、数字化，结合本次软件圈定的异常，结合成矿地质背景，按矿种圈定了9个预测区的综合异常。

4. 遥感。按数据模型要求完成1:25万标准分幅遥感影像图18幅、遥感矿产地质特征解译图及属性库18幅、遥感羟基异常分布图及属性库18幅、遥感铁染异常分布图及属性库18幅。

按数据模型要求完成1:50万全省遥感影像图1幅、遥感地质构造解译图及属性库1幅、遥感异常组合图及属性库1幅。

按数据模型要求完成铁矿种预测工作区遥感影像图12幅、遥感矿产地质特征与近矿找矿标志解译图及属性库12幅、遥感羟基异常分布图及属性库12幅、遥感铁染异常分布图及属性库12幅。

5. 自然重砂。系统分析江苏省1:20万自然重砂数据库中自然重砂数据分布情况，了解重砂矿物的报出率、含量分布状况，结合本次预测矿种（组）需要，结合江苏省成矿地质背景，确定20余种重砂矿物参与本次编图研究。

编制了全省自然重砂工作程度图、采样点位图、单矿物异常图及综合异常图（累计24张），并按数据模型，建立相应属性数据库，对全省Ⅰ，Ⅱ级自然重砂异常进行定性解释与评价。

编制了9个预测区自然重砂单矿物异常图与综合异常图（累计226张），并对重点的Ⅰ，Ⅱ级重砂异常进行了定性解释与评价。

（三）成矿规律与矿产预测。

1. 成矿规律。根据本次工作技术要求，结合近年来勘查工作进展，对全省矿产地数据库进行了更新和维护，其中铁矿床（矿点、矿化点）194个。

通过12个铁矿典型矿床成矿特征研究，编制了典型矿床成矿要素图和成矿模式图各12张，确定了矿床成矿要素，为开展区域铁矿预测研究工作打下了基础。

对全省铁矿预测类型进行了总结划分，确定本省开展矿产预测的主要铁矿预测类型为陆相火山岩型、矽卡岩型、沉积变质型，并划出预测工作区11个。编制全省铁矿预测类型及预测工作区分布图1张，预测工作区区域成矿要素图12张、成矿模式图12张。

通过区域成矿规律研究，总结了全省铁矿成矿规律，进行了成矿单元划分，江苏省（含上海市）共划出5个Ⅲ级成矿区带、7个Ⅵ成矿亚带、14个Ⅴ级成矿区。编制了江苏省（含上海市）铁矿单矿种成矿规律图，并编写了说明书。

2. 矿产预测。完成12个典型矿床预测要素图和预测模型图、11个预测工作区预测要素图和预测模型图的编制和相关数据库。

完成全省铁矿定量预测工作，共圈出最小预测区129个，其中A类31个，B类30个，C类68个，预测铁矿资源总量181420.73万吨。编制预测工作区铁矿预测成果图12张及说明书，全省铁矿预测成果图1张及说明书。

根据预测成果，提出了全省铁矿勘查工作部署建议。

（四）综合信息集成。

根据矿产资源潜力评价总体要求及实际工作任务变动情况，本年度具体维护的数据库有1:50万地质图空间数据库、1:20万地质图空间数据库、1:5万自然重砂数据库、重力数据库。

1. 1:50万地质图空间数据库。对江苏省1:50万地质图空间数据库修改了已有的界线图层，并对地质区进行了重新拓扑造区，完成原有图形库的维护工作。本数据库要求于2010年验收。

2. 1:20万地质图空间数据库。对江苏省14幅1:20万地质图空间数据库进行了全面的检查和维护，补充了图外柱状图和剖面图，已基本完成其中8个套改图幅的“原汁原味”建库工作，并替换为矿产资源潜力评价统一系统库。

3. 自然重砂数据库。对江苏省9幅1:20万自然重砂数据库进行全面的检查和维护；新增宁镇、宁芜、溧水、宜溧、徐州、东海6个地区共35个1:5万图幅的重砂数据采样点数据入库工作。

4. 重力数据库。将总项目提供的江苏省（上海市）1:20万及1:100万4个重力成果数据文件装入RGIS3.0系统，对“江苏省宁镇地区1:5万重力测量工作成果报告”、“江苏省六合县—安徽省天长县重力普查工作成果报告”、“江苏省苏州西部地区1:5万重力测量工作报告”、“江苏省溧水地区1:5万重力测量工作报告”、“江苏省南京南部地区物化探普查工作报告”、“丰沛地区物探工作成果报告”中的布格重力异常图进行了数字化，并装入RGIS3.0系统，形成以*.mdb为格式文件的重力数据库(GravityData.mdb)。

5. 地理底图数据库。对各专题所采用的1:5万、1:25万及1:50万地理地图进行统一系统库替换，并根据数据库模型要求进行了统一规范整理。

6. 对其他专题组的GIS技术支持。为其他专题组的基础数据、工具软件使用、数据加工处理、图件编辑处理、图库建设等提供技术支持，为各专题组需建库图件按照数据模型建立了属性结构及最终成果数据库的规范整理，为各专题组成果数据库建立元数据。

（五）煤炭资源潜力评价。

完成江苏省及上海市煤田地质图、江苏省及上海市煤炭资源开发现状图、江苏省煤田地质工作程度图、江苏省及上海市煤炭地质勘查工作部署图、江苏省及上海市煤田构造纲要图等省级综合性图件24幅的编制，完成7个矿区系列图件193幅的编制，初步完成上述图件属性库的建设。

完成了煤炭资源潜力评价资源远景区圈定及靶区优选，初步预测煤炭资源总量50.14亿吨，并编制了省级、矿区级预测成果图。

三、矿业权实地核查

1. 夯实了矿政管理基础，提升了矿政管理水平。通过矿业权实地核查，彻底查清了江苏省矿业权的分布与现状，摸清了矿业权家底，核实了矿业权的基本信息，纠正了矿业权存在的问题。将矿业权坐标管理纳入到统一的坐标系中，为一张图管矿和建立矿业权监督管理信息支撑系统奠定了坚实基础。

2. 锻炼了队伍，为规范矿政管理提供了技术保障。江苏省矿业权实地核查，投入了大量的地质、测绘技术人员和设备，开展了大规模的技术培训。通过实地核查，能够形成一支比较稳定的矿山地质测量专业队伍，提高了专业技术人员的实际操作能力，为日后矿政的规范化、科学化管理奠定了技术保障。

3. 建立了一批基础控制点，为后续矿山地质测量提供了基准。开展矿业权实地核查，各矿区均引入了2~3个控制点，精度优良，为矿区勘查和矿山生产提供了基准点。同时，形成了一批矿区勘查或开采的基础图件，为矿山生产管理和矿政管理提供了基本用图，应用潜力巨大。

四、矿产资源储量利用调查

截至2009年年底，全省已完成矿区核（调）查报告26份，其中已通过评审验收的7份，正在审查的14份，核查单位初审的5份。

地质调查方法应用

一、地质实验测试

2009年，江苏地调院积极运用先进测试技术开展地质调查项目研究：

在江苏平原地区和长江三角洲地区地下水污染调查项目中，运用先进的气相色谱-质谱（GC-MS）、高效液相色谱（HPLC）技术开展有机污染物分析测试，取得了苯系化合物、氯代苯类化合物、持久性有机污染物、多环芳烃、有机膦农药、邻苯二甲酸二甲酯等82项有机污染物分析数据，有机污染物分析质量在中国地质调查局2009年度评审中获得了第一名，为查清该地区地下水环境质量提供了重要支撑。

在扬州、无锡两地开展的1:5万土地质量地球化学评估项目中，运用先进的等离子质谱（ICP－MS）、X荧光光谱（XRF）、气相色谱-微电子俘获（GC－ECD）等分析技术，开展土壤（沉积物）样品中I，Ge等超微量元素测试、重金属元素分析、有机氯农药测试，取得了包括土壤理化性质、重金属元素及有机氯农药等环境质量指数，为土地质量地球化学评估建模提供了准确的测试数据。

在固体矿产资源勘查项目中，综合运用化学分析、化学物相分析、X射线衍射、岩矿鉴定、人工重砂等技术手段，取得了Au，Fe（mFe），Cu，矿物组成等重要分析数据，为找矿提供了有益的信息。

向中国地质调查局提交了“钨钼矿石分析方法研究”报告。

二、地矿测绘工作

（一）GPS测量。

江苏省地质调查研究院自1999年起就开展了苏、锡、常及其周边地区的地面沉降研究工作，建立了长江三角洲（江苏域）地面沉降GPS监测网，并于2002～2005年间对全区进行了每年一期的GPS监测，为长江三角洲（江苏域）地面沉降GPS监测奠定了基础。

为进一步提高沉降监测成果质量，自2007年6月开始，江苏省地质调查研究院又与相关高校合作，对原有的GPS监测网与监测方案进行调整，期望通过对GPS网优化改造、完善监测技术方案、改进数据处理方法等技术措施，有效地提高GPS测量精度，使GPS监测结果能够比较真实地反映地面沉降现状，从而为地面沉降防控实效评价提供科学依据。

经过调整后的长江三角洲地区（江苏域）地面沉降GPS监测网，分A，B两级布设。A级基准框架网由41个GPS监测点组成，其中江苏省测绘局CORS点13个，基岩深标5个（其中苏州篓葑为江苏省地调院CORS点），埋设观测墩的GPS点23个。B级监测网由48个GPS监测点组成，其中苏北地区27个，苏南地区21个。分布在苏北地区的27个监测点中，25个为GPS观测墩，2个为埋石点。苏南地区的21个监测点，全部都是埋石点。在布网时兼顾了3条区域性控制剖面的测量要求，保证在完成区域性测量任务的同时同步完成控制剖面的测量任务。

数据处理采用了高精度GPS数据处理的GAMIT软件，并在数据处理中采用了若干重要技术措施，其中包括：采用IGS站的高精度三维地心坐标、运动速率与同步观测数据，使计算纳入ITRF2005参考框架，采用无电离层影响的双频LC数据、IGS精密星历、精密钟差与大气层改正模型、海潮改正模型等。这些措施保证了数据处理成果的质量，达到了项目预期目的。

（二）InSAR测量。

根据“苏锡常地区地面沉降监测与风险管理”项目工作的需要，2007年江苏省地质调查研究院在总结过去GPS测量经验的基础上，优化了测量方案。另外，在与相关科研高校、单位合作加强地面沉降地区GPS测量的同时，开展了InSAR测量方法的研究工作，以期为地面沉降防控实效评价提供全面、科学的依据。通过对常州-无锡地区InSAR/GPS测量方法的研究与探索，为以后地面沉降监测的新技术的应用提供借鉴，为后续实现地面沉降大范围、低成本的有效监测提供技术基础。为地面沉降防治管理以及评价地面沉降防治效果提供技术支持，为建立区域地面沉降防治联动机制，实现地面沉降综合防治提供决策依据。

（三）水准测量。

在“苏锡常地区地面沉降监测与风险管理”项目中GPS测量和InSAR测量开展的同时，进行了高精度的水准测量工作，从2004年至2009年，合计一等水准测量2000余千米。

地质调查信息工程

江苏地调院地质调查信息化建设是在中国地调局“国家层次地矿信息化建设”工作推动下，在江苏省国土资源厅的领导下，通过统一规划、统一部署、统一标准和试点示范逐渐深入展开。

其中2009年度的地质调查信息化建设在以往的基础上取得了丰硕的成果，主要包括地质图空间数据库建设、基础地质专业数据库建设和地质调查专题成果数据库建设等。主要开展的项目有2项，“江苏省（含上海市）矿产资源潜力评价综合信息集成”课题和“1:5万地质图空间数据库”。

1:5万区域地质图空间数据库（江苏）建设项目是在已有的1:5万地质图成果基础上，严格按照“1:5万区域地质图空间数据库（分省）建设实施细则”进行数字化采集、建库。最早开始于2000年，至2008年年底累计完成59个标准图幅空间数据库建设。2009年度要求完成7个1:5万标准图幅的数据库建设。为配合“江苏省（含上海市）矿产资源潜力评价”项目的需要，选取了江苏省竹镇幅、马集幅、仁和渠幅、施官集幅、六合县幅、陈集幅、仪征县幅进行了数据库建设。

提交的空间数据包括水系图层、交通图层、居民地图层、境界图层、地形图层、地层图层、火山岩岩性图层、侵入岩图层、脉岩图层、围岩蚀变图层、断层图层、构造变形带图层、矿产图层、产状符号图层、化石采样点图层、同位素年龄采样点图层、钻孔点图层、各类火山口图层、剖面线图层。成果数据库为高斯投影与经纬度投影数据格式。

12 月初该成果数据库已经验收。

地质调查信息社会化服务

2009 年，根据江苏省地质灾害预警要求，汛前对各类地质灾害隐患点、危险点进行排查，编制《江苏省 2009 年度地质灾害防治方案》。按照方案对所有隐患点，将监测和预防责任落实到具体单位、责任人和基层乡（镇）国土资源所，共发放地质灾害防灾明白卡和避险卡 310 张。对防治方案中列出的隐患点、危险点进行重点监控和防范，各项防治措施到位。

2009 年 6 月 1 日至 9 月 30 日汛期，共制作预警产品 122 套，继续完善地质灾害气象预警信息查询系统，通过江苏卫视、江苏省国土资源厅门户网站、手机短信平台等媒体发布地质灾害预警信息 4 次，成功避灾 7 起，未出现人员伤亡事故，有效避免了人员伤亡和重大财产损失，预警效果明显。

通过对汛期地质灾害进行预报预警，对江苏省地质灾害的防治起到了积极的指导作用，变被动救灾为主动防灾避灾，使全省地质灾害的防灾减灾水平取得了质的飞跃，有效地确保了人民群众的生命财产安全，达到了最大限度地避免和减少地质灾害危害的目的，值得进一步加强和推广。

基建与装备管理

一、基本建设管理

基本完成地质大厦的建设。地质大厦地上 13 层，地下 2 层，总建筑面积为 26903m^2，其中 7 ~ 13 楼共计 7713m^2，是江苏地调院业务办公楼；地下 2 层停车场共计 7337m^2。地质大厦的落成，大大改善了单位的办公条件，增强了为公众提供良好服务的能力，标志着江苏地调院已初步建成功能齐全、设施良好的现代化一流地调院。

二、装备管理

在管好用好原有设备仪器的基础上，根据各项业务工作的需要，江苏地调院 2009 年增添购置了 86 台套近 400 万元的仪器设备。其中测量仪器 8 套，物探仪器 5 台套，物性检测设备 13 台套，电脑、数码相机、打印机、复印机等办公设备 40 余台。大大增强了单位开展地质调查等业务工作的能力。

安全生产管理

2009 年江苏地调院一如既往，认真切实地抓好安全生产，特别对野外地质调查项目的安全生产更是常抓不懈，重点在于人人树立安全意识，做到在制度上健全，教育上狠抓，条件上保证。2009 年均签订安全责任书，逐级负责，全年未发生任何安全事故。

（郝社锋）

浙江省地质调查院工作

浙江省地质调查院

2009 年浙江省地质调查院承担省级、中央财政各类公益性项目共计 41 项，其中纯公益性项目 32 项，包括新开项目 9 项。项目进度正常，按年度任务要求，进展顺利，工作质量总体达到良好以上，涌现一些地矿成果。

基础地质调查

一、区域地质调查

2009 年完成浙西北淳安、建德、开化和宁波慈城地区 1:5 万区域地质填图面积 5174. 8km^2、矿产资源调查评价面积 3182 km^2、剖面测量 340. 06km。施工固体矿产异常验证钻探2孔750m，均见锡与多金属矿化；第四系调查钻探4393m，合计5143m。完成槽探5720m^3、坑探500m，检查矿点50余处，新发现矿点与矿化点10处。

二、区域地球物理调查

2009年完成浙西北淳安唐村-临岐地区1:5万高精度磁测865km^2，基本查明了该区域地磁场特征，为区域地质调查和矿产资源评价提供了地球物理依据。

三、区域地球化学调查

2009年在慈溪、嘉善、龙游、安吉、路桥等农田质量调查试点区内，共完成1:5万和1:1万土壤地球化学调查1864km^2。5个试点区成果报告，均被评为"优秀"级。

同时，在配合浙西北1:5万区调中，完成了大面积水系沉积物测量，2009年新圈定地球化学异常146处。

四、遥感地质调查

2009年配合浙西北地区1:5万区域地质调查，完成遥感解译面积6753km^2。

五、城市地质调查

由中国地质调查局和杭州市合作开展、浙江省地质调查院负责实施的"杭州城市地质调查"项目，提交综合性成果5份和专项调查、专题研究报告8份。2009年6月，通过中国地质调查局、杭州市人民政府和浙江省国土资源厅共同组织的评审与鉴定，最终成果评定为"优秀"级，科技鉴定结论认为总体达到国际先进水平。该项成果对杭州市区地下三维地质结构、工程地质及周边地质构造与区域稳定性等城市地质环境，作出了调查与评价，建立了开放、动态、定时的三维可视化城市地学信息管理服务系统，为杭州城市发展规划、城市建设与管理、实现社会与经济的可持续发展，提供了基础资料和科学决策依据，发挥了全国试点作用。

六、海洋地质调查

完成了国家海洋局委托的"浙江省海岸带地貌及第四纪地质调查"项目。

七、灾害地质调查评价

浙江地质调查院地质灾害评估、治理和勘查设计，分别拥有甲、乙、丙级资质。2009年完成了浙江省海洋学院迁建工程地质灾害一级评估等灾害地质调查评价项目近百项，其中"提高小流域泥石流地灾隐患判别的准确性"项目，获浙江省工程建设优秀成果二等奖。

矿产资源调查评价

一、矿产资源潜力评价

2009年由浙江省地质调查院承担的"浙江省矿产资源潜力评价项目"，按任务和矿种设置了若干课题与子课题，其中，"成矿地质背景研究"课题在全国年终考评中被评为"好优"级，阶段性成果评为"优秀"级。

二、矿业权实地核查

2009年由浙江省地质调查院承担的"浙江省矿业权实地核查项目"，其中内、外业核查和市、县两级验收工作已全面完成，由浙江省国土资源厅组织的省级验收已开始进行。长兴县核查成果获得国家项目办好评，并在全国推广应用。

三、矿产资源储量核查

2009年由浙江省地质调查院承担的"浙江省矿产资源储量核查项目"，其中全省矿区资料收集基本完成，已核查矿区420个，矿区核查成果编制343个，进度位居全国前列。

地质调查信息工程

2009年主要完成12幅1:5万地质图空间数据库建设任务，并完成矿产资源潜力评价、矿业权核查、储量利用调查等三大项目中的信息工程工作。

地质调查信息社会化服务

在地质资料社会化服务方面，浙江地调院2009年度为有关部门提供的地质资料信息服务，涉及原始地质资料和成果地质资料两类。合计提供原始地质资料12人次的查阅，计312份；成果资料8人次的查阅，计11份。

提供的地质信息资料，一是用于国土资源调查，包括地质调查、矿产勘查、地质灾害评估、地质勘查及矿产资源规划编制等；二是用于促进地方经济社会发展相关的交通、水利、农业、旅游建设等项目，如：水库和水利建设项目选址、地质遗迹（产）申报、地质公园建设、农业生产基地建设，以及地方政府编撰地方志等。资料使用单位有国土资源部门、水利水电部门、化工部门、农业部门及地方政府等。

国际合作与对外交流

2009年分别参加了国土资源部组织的赴加拿大女王大学学习矿山治理及省厅组织赴南非的矿政管理

学习等对外交流与学习活动。

基建与装备管理

2009年浙江地质调查院开展了新基地筹建工作，目前已落实建设地块选址、用地许可证审批和项目建议书编制，浙江省发改委已正式受理进入审批阶段。

2009年在浙江省国土资源厅、省财政厅的支持下，获得480余万元设备专项资金，用于设备更新。

安全生产管理

2009年院安全生产管理领导重视、制度落实、强化责任，实现了全年的安全生产责任目标，做到安全无事故。

一、健全安全生产组织网络，完善安全生产管理制度。院成立了以院长为主任的院安全生产领导小组，下属各单位（部门）建立了以负责人为组长的安全生产小组。院及下属各单位都配备了安全员。全院安全生产组织网络建全。

二、建立安全生产责任制考核制度。2009年初院与各生产单位（部门）签订安全生产责任制，明确安全生产责任目标、权利与义务、奖罚考核细则。年底对安全生产责任进行检查考核。

三、安全生产检查、督促、监控贯穿全年工作的始终。野外工作、车辆管理是安全生产工作的重点。针对野外工作山高地形复杂、植被茂密、野兽蛇虫多等特点，在出队前详细了解工作区的自然状况，分析可能遇到的问题，提出相应的预防措施，配备相应的防护用品。进入工作区后及时与地方政府取得联系，详细了解当地村民风俗及狩猎（放置老虎铗等狩猎器具）情况。在野外工作过程中始终坚持安全第一的思想，确保自身安全。院安委会通过电话提醒和不定时的野外现场检查等相结合的方法进行安全生产管理。确保安全生产工作目标实现。

四、搞好安全培训，提高安全意识。搞好安全培训是提高安全意识、增强安全防范能力的重要措施。根据不同专业进行安全培训，2009年院组织了物探电法野外安全知识培训，提高了新设备新仪器在野外生产过程中的安全使用。对新进员工或岗位变动人员都进行岗前培训，使员工提高自己从事本职工作的安全知识及防范、处置能力。

（杨建梅）

安徽省地质调查院工作

安徽省地质调查院

基础调查

一、区域地质调查

承担“1:5万和县等5幅立体地质填图示范”、“1:5万内蒙古武乌兰察布等4幅区域矿产调查”项目，累计完成1:5万填图1000 km^2。

二、遥感地质调查

承担“长江流域环境地质遥感动态监测”、“安徽矿产资源开发多目标遥感调查与监测”、“福建永定-新罗能源多金属矿集区遥感地质综合调查”等项目，完成遥感地质调查5000km^2。

三、多目标区域地球化学调查评价

完成安徽省灵璧-怀远地区1:25万多目标区域地球化学调查12276km^2，《安徽省江淮流域区域生态地球化学评价报告》、《安徽省江淮流域局部生态地球化学评价报告》通过中国地质调查局组织的成果评审，正在编制整体综合评价报告。“安徽省重点地区富硒资源调查评价”取得阶段性成果，显现良好推广应用前景。

四、城市地质调查

“合肥城市地质调查”项目主体工作已基本结束。合肥城市地质调查成果在合肥大建设中得到广泛应用、产生了示范效应:安徽省黄山、淮北、铜陵等城市也相继在2009年立项开展城市地质调查工作。

五、水文地质调查评价

承担“淮河流域平原区安徽段地下水质污染调查评价”、“淮北平原地下水环境演变调查评价”、“安徽平原区地下水污染调查评价”等项目。

六、环境地质调查评价

通过安徽省阜阳市地面沉降调查、合肥市矿山地质环境保护与治理规划编制等工作为省（市）政府部门进行宏观决策、矿政管理和环境治理与保护提供了大量基础资料和建设性意见。

七、灾害地质调查评价

完成了合肥—福州铁路客运专线、安徽望东长江大桥、池州长江大桥、西气东输定远中心站、漯河—阜阳铁路复线、皖赣铁路扩能改造等国家重点工程项目的地质灾害调查评价。

矿产资源调查评价

一、固体矿产资源调查评价

泥河铁矿资源量进一步扩大、庐枞地区显示良好找矿前景。根据现有勘探结果估算磁铁矿石资源量1.8亿吨左右，共伴生硫铁矿石资源量约3500万吨，硬石膏资源量1000万吨左右；结合测井资料和地表地磁、重力资料推断，泥河铁矿规模有望再扩大2000万～3000万吨。勘查成果显示，在安徽庐枞地区，除黄寅冲地区发现有望达到中型规模铅锌矿外，围绕罗河、泥河周边及其深部，寻找玢岩型铁矿仍有很大潜力，应加强综合研究和钻探验证工作。

安徽旌德县碧云钨钼矿（整体）普查已列入2009年度安徽省地勘基金项目，有望形成新的大型钨、钼矿产地。

二、矿产资源潜力评价

安徽省重要矿产资源潜力评价项目，先后完成了安徽省庐枞地区陆相火山岩型铁矿潜力评价的典型示范、全省基础性图件编制（包括地质背景、成矿规律、成矿预测、煤炭、物探、化探、遥感、自然重砂等课题）、安徽省铁矿资源潜力评价等工作，并同步完成了相应的数据库建设工作。

国际合作与对外交流

安徽省地质调查院参与由安徽省地质矿产勘查局控股的澳洲矿业宝石有限责任公司在澳大利亚进行的矿产资源勘查，出资50万美元，派驻2名地质矿产勘查高级工程师对6个矿权开展了初步地质勘查，其中两宗矿权发现矿化线索。

基建与装备管理

2009年，安徽省地质调查院自筹资金建设的新办公楼正式投入使用，职工的办公生活环境得到较大改善。新添置各类仪器设备231台套，价值736.45万元，地质装备水平进一步提高。

安全生产管理

安徽省地质调查院根据国家、省、市及中国地质调查局有关安全生产的一系列文件、精神，不断完善院安全管理体系，落实各项安全技术措施，注重赴野外一线进行定期和不定期的安全检查，消除安全事故隐患，全年没有发生任何轻伤以上人身事故，实现了保零效果。

（李敬一）

江西省地质调查研究院工作

江西省地质调查研究院

基础地质

一、区域地质调查

江西1:5万桃墅店、大江村、余干县、古楼埠、江埠、社赓幅区调：完成了两份1:5万区域地质调查成果报告（南区、北区）；完成了1:5万桃墅店、大江村、余干县、古楼埠、江埠、社赓幅地质图及分幅说明书；建立了1:5万桃墅店、大江村、余干县、古楼埠、江埠、社赓幅地质图空间数据库。

（一）南区。

1. 第四纪地质研究成果丰富。通过野外地质填图和钻孔资料研究，建立了测区第四纪地层层序。通过钻孔系统采样和研究，有望提供鄱阳湖地区第四系地质年代学和古气候、古环境的新资料，正确建立鄱阳湖地区有年代意义的第四纪地层序列，探讨和恢复第四纪沉积环境。本次第四系上更新统新创名了古竹组，本组广泛分布于鄱阳湖滨及信江河谷Ⅰ级阶地，地表未见出露，为全新统鄱阳湖组和联圩组所覆盖。

2. 地质年代研究取得一批新的可靠的数据。为解决侵入岩形成时代，区内侵入岩均采集了同位素年龄样，在南京大学壳幔演化与成矿作用国家重点实验室测得 LP－ICP－MS 锆石 U－Pb 法同位素年龄。这套年龄的测定，否定了区内原燕山期花岗岩，确定区内存在一条北东向加里东期花岗岩带，为区域岩浆岩研究和区域构造研究提供了可靠的基础资料。

为研究区内第四纪地层时代，区内第四纪地层中采集了大量的年龄样，^{14}C 同位素年龄、ESR 年龄由地震动力学国家重点实验室测试。这批年龄数据的获得，为区内第四系研究提供了基础。

3. 推-滑覆构造研究取得新进展。测区推覆构造分布较广泛，卷入了中新元古代基底变质岩，向上波及石炭纪—侏罗纪地层并影响到白垩纪地层。测区总体表现为北西部向南东推（滑）覆、南东部向北西推覆，形成相对推复的叠瓦状双向对冲构造。可分为:北部余干推覆构造，南东部汪家-钟陵推覆构造。

4. 新构造运动研究成果突出。区内新构造运动表现活跃，测区北西部北东、北西的两组断裂在赣县组、进贤组中较为发育，反映了早、中更新世以来本区仍有构造活动。在濠湖早更新世赣县组剖面北东侧20m 左右的平行位置上，发育一条明显的北西向断层，赣县组砾石层与上白垩统茅店组呈断层接触。在余干县仙姑岭一带，早更新世赣县组砾石层中发育两组北西向断裂构造。区内第四纪沉积序列发育完整，新构造运动具有东弱西强的演变趋势。

5. 隐伏煤田预测研究。根据测区工作成果，结合地、物、化、遥及区内主要煤矿与各类钻探等资料综合分析研究，初步认为该区双桥山群变质岩应属外来推覆体，其下掩盖了大面积石炭纪—二叠纪、三叠纪地层，推覆构造形成时代大致为燕山期。钻探工程等资料证实在大面积第四纪地层之下全部为石炭纪—二叠纪、三叠纪、古近纪等地层。

在测区北西部双桥山群变质岩应属外来推覆体之下，掩盖的大面积石炭纪—二叠纪、三叠纪原地系统地层区，通过区内成煤条件、富集规律和推、滑覆构造基本特征的综合分析研究及资源潜力分析，将测区北西部隐伏煤田的理想靶区，划分为枫港-余干和余干古埠-万年大黄 2 个Ⅰ类预测区；古竹-三塘－江埠 1 个Ⅱ类预测区。对Ⅰ类预测区煤炭资源量采用相邻矿田平方千米平均储量丰度类比法，进行了预测估算，估算 334 煤炭资源总量 25993 万吨。

（二）北区。

1. 经野外填图初步查明了调查区地层横涌组、计林组、安乐林组的岩性组合特征：①横涌组可进一步划分为上下两段，下段岩性为暗灰色厚层状变余含泥砾砂岩、变余细粒凝灰质砂岩、变余粉砂岩夹同色中薄层状粉砂质板岩、碳质板岩及变余钙质砂岩透镜体。上段岩性为灰黑色中薄层状条带状粉砂质板岩、碳质板岩夹变余细粒凝灰质砂岩、变余粉砂岩及变余钙质砂岩透镜体。厚大于 2708.87m。②计林组岩性为一套灰紫色中薄层状粉砂质板岩、条带状板岩与翠绿色中薄层状粉砂质板岩、泥质板岩互层，常夹似层状变沉凝灰岩，局部夹变余细粒岩屑砂岩或变余含泥砾砂岩，而且层位较稳定，原生沉积构造较为发育，主要有水平层理、粒序层理、滑塌构造等，含微古植物化石，厚 306.2～481.07m。③安乐林组可以进一步划分为上、中、下三段，岩性下段为灰绿色厚层状变余含砾砂岩、变余中细粒岩屑砂岩夹同色薄层状粉砂质板岩、变余钙质砂岩透镜体。中段深灰色薄—中薄层状变余粉砂岩、粉砂质板岩夹灰白色中厚层状变余细粒岩屑砂岩、泥质灰岩透镜体及透镜状变沉凝灰岩，风化呈粉红、紫红色。上段为灰绿色厚层状变余含泥砾砂岩、变余钙质凝细粒岩屑砂岩夹深灰色中薄层状粉砂质板岩。厚大于 1553m。

2. 经野外地质调查，对北区中元古代浅变质岩系岩石地层单位沉积环境作了初步划分，初步认为测区“双桥山群”为一套陆棚浅海相碎屑岩沉积。其中，横涌组下段为陆棚浅水浊积岩，横涌组上段为潮坪相。计林组为滨岸相。安乐林组下段为障壁岛沙坝相，安乐林组中段为潮坪相，安乐林组上段为陆棚浅水浊积岩。明显地提高了中元古代浅变质岩的研究程度。

3. 在浮梁县经公桥的西湾桥北和港口桥南两处计林组板岩内采获了丰富的微古植物化石，经孙淑芬鉴定，计有化石 22 属 46 种。微古植物群可与中国蓟县青白口系微古植物群对比。

4. 在桃墅店幅高滩一带计林组中新发现一套灰白色变沉凝灰岩中获 SHRIMP 锆石 U－Pb 法同位素年龄值为 831 ±5Ma；获 LA－ICP－MS 锆石 U－Pb 法同位素年龄值为 879 ±5Ma。因此，测区计林组地质年代有可能为青白口纪。

5. 在桃墅店幅在岩体侵入于双桥山群计林组中的辉绿玢岩侵入体中，获锆石 LA－ICP－MS U－Pb

法同位素年龄值为 801 ±4Ma，限定了计林组地层沉积时代的年龄上限。

6. 通过对北区水系沉积物测量 100km^2 成果资料总结，在桃墅店幅圈定了 Au，Ag 地球化学综合异常 1 处。在桃墅店幅大港附近计林组地层中发现一层厚约 10m 之变沉凝灰岩，呈透镜状，风化呈白色高岭土矿产，化学分析成果显示符合瓷土工业要求。

二、多目标区域地球化学调查与评价

（一）江西省鄱阳湖及周边经济区农业地质调查。

1. 通过鄱阳湖及周边经济区多目标地球化学调查，系统采集了表层（0 ~ 20cm）、深层（150 ~ 200cm）土壤和湖泊沉积物及其地表水、浅层地下水样品共计 51649 件（含平行样品），其中土壤样品 45531 件、湖泊沉积物样品 1817 件、水样品 4301 组。样品采集的规范化，样品控制的代表性和多介质、多层次的区域性地球化学调查，在省区实属首次，为规划和建设环鄱阳湖生态经济区，提供了适时的基础地学资料。

2. 多指标、高精度的样品测试分析数据填补了江西省数字化国土资源空白。土壤和湖泊沉积物样品测试分析了 54 项指标，获取了 663930 个数据；水样品分析了 26 项指标，获取了 111826 个数据，共计获取 775756 个测试数据。样品分析采用国家一级标准物质（GBW）和中国地质调查局专家组制备标准物质的多标准平行监控，所获取分析数据准确、真实、可靠。如此高精度的海量数据不仅为调查区生态地球化学环境评价提供扎实的数据基础，也为区域生态农业发展规划与布局、国土整治、环境保护、生态建设、地方病防治等方面提供高精度的环境地球化学数据。

3. 根据土、水样品的测试分析成果，依据有关规范和标准，编制了土壤及湖泊沉积物 54 项指标地球化学图 108 张，水体 26 项指标地球化学评价图 52 张，展现了区域生态地球化学环境中各指标的空间分布特征及迁移转化规律，客观反映了区域地球化学环境质量现状，为合理的利用土地资源提供了基础的地球化学系列图件资料。

4. 利用土、水样品分析数据，分别按照不同单元类型统计了各指标的地球化学参数值 36516 个，其中土壤指标地球化学参数值 34020 个、水体指标地球化学参数值 2496 个。获取了区域表层土壤环境指标背景值和区域深层土壤指标基准值，为建立省区生态地球化学评价标准体系提供了极其宝贵的地球化学参数数据。

5. 发现了多达 4205.05km^2 的富硒土壤资源，为发展江西省的富硒产业提供了物质基础。同时，通过区域富硒农产品的初步调查，又发现了一批天然富硒农产品，如富硒猕猴桃、富硒大豆、富硒大米、富硒大蒜籽、富硒百合、富硒茶油、富硒春笋、富硒蕨菜、富硒芝麻、富硒花生、富硒梨和富硒辣椒等。另外，还发现了天然富锌茶。富硒农产品的发现，为振兴区域特色产业经济具有重要的现实意义。

6. 区域多目标地球化学调查成果转化取得了初步的社会经济效益。已经开发的乐平市富硒野山菜、高安市的富硒梨、奉新县的富硒猕猴桃、丰城市的富硒大米等，经投放市场产品供不应求。2007 年，丰城市开始建设董家、荷湖绿色生态富硒农产品产业基地，打造"中国硒谷"。据此，区域富硒产业经济将呈现快速发展的趋势，在社会经济中发挥更大的作用。

7. 经区域地球化学环境的初步评价，对区内生态地球化学环境质量有了较全面的认识。调查区土壤地球化学环境质量总体优良，以Ⅰ类和Ⅱ类土壤为主，占总面积的 98.02%，Ⅲ类和劣Ⅲ类呈小面积或零星分布，占总面积的 1.98%，劣Ⅲ类土壤主要是砷或镉严重超标所致。区域水体地球化学环境质量总体良好，浅层地下水八成多达优良（Ⅰ类）至较好（Ⅲ类）的水质标准，占总面积的 83.62%，其中Ⅰ类水只占 0.001%，以Ⅱ类和Ⅲ类水为主；地表水质量以Ⅱ类水为主，占总面积 88.15%。依据《生活饮用水卫生标准 GB5749—1985》评价标准，浅层地下水超标率 66.36%、地表水超标率达 70.63%，反映了生活饮用水水源地浅层地下水略优地表水，而水体符合饮用水卫生标准的不足三成，绝大多数水体都不宜直接饮用，说明了区域水地球化学环境质量不容乐观，要加强水资源的管护，以保障饮用水安全。

8. 对多目标区域地球化学调查资料进行了数据化处理，建立了多源数据的空间信息、属性信息、拓扑信息的查询平台，实现了地球化学调查成果的社会共享，符合农业地质调查为"三农"服务的项目宗旨。

9. 建立了江西省鄱阳湖及周边经济区 1:25 万多目标区域地球化学调查样品库，保存土壤及湖泊沉积物副样 59643 件（含测试分析组合样品副样）和河漫滩沉积柱副样 614 件，湖区沉积柱 4 孔副样心，累计总长度6.42m，为今后进一步研究调查区生态环境变化保留了重要的实物样本。

（二）江西富硒土壤资源开发利用试验研究。

1. 通过试验区富硒土壤的研究，查明了富硒土壤的供硒水平和主要理化性质，分布区域及分布面积等。丰城董家镇富硒土壤区无论是全量硒还是水溶态硒，或是有效硒均达到富硒土壤的标准，同时其他有害元素含量低，适合大规模开发利用。

2. 经对区域及试验区天然农产品的采样调查，发现了一批天然富硒农产品，为下一步大规模开发富硒土壤提供了重要的资源。在乐平富硒茶的种植试验中，发现了富锰茶叶，为当地茶叶的规划开发提供了重要的资源信息。

3. 通过试验，首次取得了两项新的操作简单、投入成本很低的富硒农产品生产实用技术：一项是富硒红壤地区白芝麻富硒种植技术，即加生石灰1kg（即每亩施石灰27.5kg）与土壤混合均匀后播种，常规管理技术方法，这项技术既能提高白芝麻硒含量又能提高白芝麻产量，操作最简单，经济成本最低；另一项是富硒红壤地区花生富硒生产技术，即加火土4.5kg，盖种，常规施肥和管理的技术方法，是目前试验中提高花生硒元素含量最有效的一种方法，同时发现经过添加石灰、火土灰、有机肥等处理后能够明显控制花生对有害元素Cd的吸收。

4. 种植试验结果显示，旱作物富硒效果明显好于水田作物。

5. 水稻富硒种植试验虽没有生产出符合食品卫生安全的富硒稻米，但是试验中发现通过处理能够明显提高晚稻米中硒元素含量并达到富硒稻米的硒含量要求，这为今后进一步研发富硒稻米的生产技术提供了重要的参考资料。

三、环境地质调查评价

萍乐坳陷带水文地质环境地质调查：通过高密度电阻率法与地质雷达探测、浅层地震测量相互配合，取得了较好的探测效果，对各测区基岩面形态、基岩埋深、隐伏岩溶发育情况有比较好的反映。

杭桥测区高密度电法采用5m极距300m排列施工。反演电阻率剖面图对测区基岩面形态、埋深、岩溶发育段反映较好。其中HQ6线、HQ7线低阻层较厚，显示多处基岩凹陷，HQ6线1600桩号附近为岩溶发育区，已发生地面塌陷。

本测区测线密度较大，据此，根据各剖面资料绘制了基岩顶界线埋深等值线图，可以划出3个较明显的基岩凹陷区块:自北向南分别为A，B，C区。

A区位于1线2020至3线2020桩号连线方向，凹陷最深处为1线2020桩号，基岩面埋深约27m。区内基岩岩溶较发育。

B区包括杭桥村及村北部分地段，该区基岩面最深处7线1660桩号埋深26m。B区基岩埋深的一个较显著特征是起伏变化较大，基岩面坡度大者可达30°~40°。在灰岩分布区，这种特征往往是岩溶发育的标志，基岩面附近溶沟溶槽发育。

C区位于南部，凹陷最深处为8线1160桩号，基岩埋深约22m。

大桥测区DQ1线位于稻田区，采用5m极距300m排列施工，其他测线位于丘陵区，覆盖层较厚，采用10m极距600m排列施工。本区为第四系覆盖，基岩以灰岩较多，部分为碳质灰岩或碳质页岩。资料对地层岩性分界线有较明显反映，对灰岩段的溶蚀发育区亦有较明显显示，但部分地段的低阻区是溶蚀发育引起还是碳质地层反映需结合地质资料综合判断。所获资料可为划分隐伏基岩岩性及可能存在的岩溶区段提供物探依据。

钻探验证表明，物探方法探明的基岩面形态、基岩埋深、隐伏岩溶发育状况等可靠性较强，取得了比较好的效果。

矿产资源调查评价

一、固体矿产资源调查评价

开展了江西九岭地区矿产远景调查、江西九瑞地区矿产远景调查、铅山-永平地区矿产远景调查、江西崇义-定南地区矿产远景调查工作，以上项目均正在实施过程中。

二、矿产资源潜力评价

项目正在实施过程中。其中，对江西新余式沉积变质型铁矿、宁乡式沉积型铁矿的资源量运用MRAS矿产资源评价系统进行了定量预测，资源量预测结果汇总为:铁矿资源总量29.56亿吨，预测资源量22.67亿吨，其中334_1类预测资源量7.03亿吨，334_2类预测资源量11.68亿吨，334_3类预测资源量3.96亿吨。

国际合作与对外交流

江西省地质调查研究院为贯彻实施国家和省政府“走出去”的发展战略。于2007年12月经商务部核准在莫桑比克国注册成立了“华夏国际矿业有限公司”控股子公司。2009年开展的主要工作如下：

一、国际合作与对外交流工作情况

2008 年 5 月中旬莫桑比克共和国地矿部官员专程来江西省进行访问，签订了江西省地质矿产勘查开发局与莫桑比克共和国矿产部矿产资源勘查开发合作备忘录。由江西省地质调查研究院具体组织实施矿产资源勘查开发合作工作。

为了加快江西省地质矿产勘查开发局与莫桑比克共和国矿产部矿产资源勘查开发合作备忘录内容的推进，莫桑比克共和国矿产部于 2008 年月 10 月底邀请了以江西省熊盛文副省长为团长的代表团一行对莫桑比克共和国进行考察访问，其间熊盛文副省长分别与中国驻莫桑比克大使、莫桑比克共和国矿产部部长、莫桑比克共和国对外经济合作部部长、莫桑比克共和国马普托省省长进行会谈与交流。

2009 年境外地质工作得到了莫桑比克共和国相关部门的大力帮助与支持，各项工作开展顺利。与莫桑比克共和国地矿部办公厅主任、矿业司司长、矿权处处长、地勘技术与经济发展处处长、法规处处长等保持着密切工作关系和较深厚的友谊。也得到了中国驻莫大使馆及商务经参处一如既往的大力支持和帮助。积极参加了在莫中国商会组织的各项活动，扩大了公司在莫中资企业中间的影响，树立了江西地矿人的新形象。

二、2009 年境外地质工作情况

2009 年度继续开展了综合成矿条件比较有利的莫桑比克太特省帕特沙地区（2253L）铜镍铬多金属矿预普查工作；对 2242L，2248L，2249L，2251L 及 2275L，2278L，2677L 等 8 处矿权进行了野外勘查，对预下证 2337L，2338L，2271L，2272L，2273L 等 5 宗矿权也进行了野外踏勘检查，对莫桑比克 Bala Ussokoti 公司所提供的 3 处矿权（1873L 为铁矿，1870L 为铜多金属矿，2143L 为铀矿）进行了野外调研，以对其合作或收购价值做出评估。

完成了已下证矿权 2242L，2248L，2249L，2250L，2251L，2252L，2253L，2275L，2278L，2677L 矿权维护工作，包括矿权年度工作报告编写、翻译、地质师签字、续交地表税等。按照莫桑比克共和国地矿部要求，完成了已下证矿权 2242L，2248L，2249L，2250L，2251L，2252L，2253L，2275L，2278L 环境评价工作，包括野外调研、环境评价报告编写，并获得环境许可（PGA）证书 9 个。

2009 年底对莫桑比克北部东非大裂谷带上国家马拉维共和国地质矿产勘查与开发情况考察的基础上进行了进一步考察，注册成立了 JX Company Limited 矿业公司，并申报探矿权 2 宗：一宗位于北部 Kapaka 地区，矿种为金、铜、镍，面积约 180km^2；一宗位于中部的 Salima 地区，矿种为独居石砂矿。

三、取得的工作成果

（一）2253L 矿权预普查成果。

2253L 矿权预普查又名莫桑比克太特省帕特沙地区（2253L）铜镍铬多金属矿预普查 2009 年完成的工作量有：1:5 万地质矿产填图（草测）235.2km^2、1:2000 地质矿产剖面测量 10km、1:5 万水系沉积物测量 235.2km^2、化探分析样 1500 件、岩（矿）鉴定样 40 件、基本分析 15 件。

通过 1:5 万地质矿产填图（草测），基本查明了矿权区地层、岩浆岩、变质岩、构造、蚀变、脉岩等成矿地质条件特征。对矿权区矿化类型、蚀变分带与分布特点、矿体展布、矿石的物质组成，矿石矿物、脉石矿物、结构构造、矿石品位有了大致了解。

矿权区矿化类型有矽卡岩型铜多金属矿化、铁镁岩墙有关的铜镍矿化和与基性-超基性杂岩有关的岩浆型铬铁矿化。

矽卡岩型铜多金属矿化产于中元古代花岗岩与片麻岩（含大理岩）外接触带中，共发现矿化露头 8 处，通过追索与圈连初步可连出 3 条矿化，长约 20～80m，呈北西向—近南北向展布。矿体宽 3～12m，含铜硫化物呈细脉－浸染状或块状分布于透辉石矽卡岩、钙铁-钙铝榴石矽卡岩中。主要金属矿物有黄铜矿、方黄铜矿、磁黄铁矿、磁铁矿、黄铁矿、辉钼矿、方铅矿、闪锌矿等。围岩蚀变有钾化、钠化、透辉石化和基性斜长石化、矽卡岩化、绢云母化、绿泥石化、碳酸盐化及硅化等。有关样品化学分析成果尚未报出，但据肉眼目估，矿化较强。

与铁镁岩墙有关的铜镍矿化分布于矿权区南西部新元古代铁镁质岩墙中。共发现矿化露头 5 处，通过地表追索与圈连大致可以圈连出 3 条矿化体，矿化体宽 1.2～2.5m，长 30～68m，矿化体产状：230°～250°∠60°～70°。矿化体中铜、镍硫化物呈细脉-浸染状分布于辉长辉石岩-辉石岩等铁镁质岩石中。主要金属矿物有黄铜矿、辉铜矿、镍黄铁矿、辉钼矿、黄铁矿、磁铁矿、镍华、孔雀石、铜蓝。围岩蚀变有蛇纹岩化、绿泥石化、透闪石化、碳酸盐化等。有关样品化学分析成果尚未报出。

与基性-超基性杂岩有关的岩浆型铬铁矿化产于本

区西部新元古代基性-超基性杂岩中。共发现矿化露头8处。通过追索与圈连，初步连出矿化体3条，矿化体产状：260°~270°∠65°~75°。矿化呈条带状或不规则状赋存于斜方辉石岩、纯橄榄岩岩相中，矿化呈多层状产出，单层厚几十厘米至几厘米厚。矿化体长约25~85m，宽0.80~3.8m。主要金属矿物或含铬矿物有铬尖晶石、铬绿泥石、铬云母、针镍矿、镍黄铁矿。围岩蚀变有蛇纹岩化、绿泥石化、透闪石化、碳酸盐化、绢云母化等。有关样品化学分析成果尚未报出。

（二）其他工作成果。

在2337L矿权北部外围约1km处发现一宽约10m，走向长约100m的北北东向萤石带，带中萤石脉宽几厘米至40cm不等，萤石带含脉率约10%~40%，萤石脉中萤石含量85%~95%。根据矿带走向推测，该萤石矿带应当延入2337L矿权区。在现场遗留有初加工设备，据了解，20世纪70~80年代葡萄牙人在该处进行过萤石采掘活动。

通过对1873L矿权Honde铁矿调研了解到，该矿位于马尼卡北东约70km的Honde河边。铁矿石呈透镜状产于古元代Gairezi群云英岩、角闪岩和石榴石片岩中。该矿由大量独立的富磁铁矿透镜体组成，矿体构造变形复杂，为不同的断层系统所切割而形成分支。矿带内矿体规模最大长为1000m，宽度在15~80m。主要矿石矿物是磁铁矿，假像赤铁矿，含铁氢氧化物和赤铁矿。在近地表面，发生氧化（假像赤铁矿化）作用导致铁品位变富。TFe含量25%~40%，选矿试验表明简单的磁选能生产70%左右的铁精矿粉。矿权区内铁矿品位较低，且没有系统的勘查评价资料，不宜进一步工作。

通过对马拉维共和国考察，收集了大量的有关成矿地质条件、矿产资源类型与种类、分布，勘查与开发现状；矿业政策、经济文化、基础设施、人文地理等资料，注册成立了矿业公司与申报了勘查矿权，与马拉维有关矿业主官部门建立了较好的人脉关系，为在马拉维进行矿产资源开发奠定较好的基础。

装备管理情况

江西省地质调查研究院现有各类设备2366万元，其中地质专用设备592.1万元，实验专用设备869.2万元，交通运输设备465.1万元（含越野车），通用办公设备439.6万元。房屋设施1733.2万元。

为了加强装备管理，保证设备的完整、完好，充分发挥设备资产在地质调查工作中的保障作用，特制定了设备管理办法。

安全生产情况

2009年，全院的安全生产工作始终按照“安全第一，预防为主、综合治理”的方针，遵循“横向到边、纵向到底、责任到人、不留死角”的安全生产工作原则，通过开展“安全生产年”和“三项行动”等专项活动，2009年全院没有发生一起安全生产事故和车辆运输安全事故，确保了全年安全生产的良好局面。具体做法是：

一、领导重视、责任明确、安全生产的各项基础工作都落到实处

牢固树立安全第一的思想，坚持以人为本，把安全生产提到重要议事日程。院领导高度重视，召开了多次专题安全工作会议，集中讨论、研究带有全局性的生产安全工作问题。一是调整了安委会组织机构，进一步健全安全生产网络，各二级单位都成立了生产安全小组，配备了安全员，形成了一张覆盖全院的安全生产网络。二是落实了安全责任，建立了“分级管理、按级负责、权责一致、各负其责”的安全责任体系，做到了安全工作的三落实，包括：①第一责任人、分管领导和其他班子成员对于安全责任的落实，按照管生产必须管安全的原则，明确主要领导为安全生产第一责任人，分管领导为直接责任人，班子成员人人有责；②基层负责人安全责任的落实。院长和19个基层单位负责人签订了2009安全目标管理责任状，规定了安全生产管理年终考核具体的奖惩目标；③一线员工的安全责任的落实，基层领导又和本部门职工签订安全责任状，把安全责任作为硬任务、硬指标分解到每个层面和每个员工，将安全生产实绩与工资奖金捆在一起进行考核。三是制定了年度的安全生产工作要点及实施意见，在意见中着重强调了以培养职工的安全生产意识为安全生产之本，并对今年全院安全生产工作的重点及具体要开展的安全生产活动进行了部署。四是要求各二级单位对一年来安全生产工作开展情况用台账进行详细的记载，作为年底参加安全考核的重要依据。五是健全了安全生产制度，对江西地调院的劳保规定进行了完善等。

二、扎实开展各种安全生产（专项）活动

1. 全面开展了“安全生产年”活动。按照省局决定2009年在全局范围内推进“安全生产年”活动要求，江西地调院重点开展了安全生产知识的宣传和安全生产的隐患排查活动，继组织举办了野外救生知识培训班、消防安全知识培训班、特种作业人员安全培训；组织职工参加“全国职业安全健康知识竞赛”活动，普及职业病防治知识。充分利用网络、电子大屏幕、在安全宣传月通过悬挂安全生产宣传横幅、张贴宣传标语等形式，大力宣传安全生产知识，组织开展了以“关爱生命，安全发展”为主题的安全教育活动。在安全生产的隐患排查方面，重点排查了各部门安全生产责任制的落实情况；岩土、选矿、分析测试等部门仪器设备的安全和用电安全情况；驾驶人员是否有违规违章驾驶单位车辆的情况；野外地质工作人员在工作过程中的人身和资料是否安全及劳动防护用品配备和使用情况。

2. 组织实施了安全生产“三项行动”。根据中国地质调查局4月份印发的《关于落实国务院办公厅进一步推进安全生产“三项行动”有关要求的通知》（中地调发〔2009〕79号），江西地调院制定了安全生产“三项行动”实施方案。在全院扎实开展安全生产依法行动、治理行动和宣传教育行动，“三项行动”有总体目标、工作重点、工作要求和进度安排，2009年，安全生产“三项行动”工作的开展江西地调院取得了良好的效果，并得到了中国地质调查局充分肯定。

3. 提足用好安全措施经费，开展专项整治，排查和整改安全隐患。全面加强了对全院安全生产工作的监督检查，及时掌握安全生产宣传行动和隐患排查工作的进展情况，对发现的问题和隐患，做到发现一起整改一起，有力把握了单位生产工作的安全防线。今年主要对下面几起在排查中发现的安全生产隐患进行了全面整改：①由于分析测试业务范围的不断拓展，业务的大量增加，仪器设备的不断添置，分析测试大楼的主供电缆明显偏小，若不尽快对此加以改造，就会可能会发生安全事故。院领导、院安全管理部门立即组织相关部门进行协调，提出整改的方案和时限，共投入11万多元，及时解决了这个问题。②对电路存在安全隐患的办公大楼，需要更新线路和改造电路，院投入资金15.9万元，对它的电路进行了专项整改，彻底消除了这一隐患。③今年3月份，在排查中发现了一台FD-3013数字辐射仪（俗称黄金成色仪）还存放在江西地调院仓库里，根据国家环境保护总局颁发的《城市放射性废物管理办法》规定，它必须要交给专业单位进行收储存放，江西地调院及时和省环保局、省辐射环境监督站取得联系，通过他们并投入资金2.5万元将该仪器进行了安全处理。④如何进一步加强职工的劳动安全保护工作也是我院抓好安全生产的一个重要方面。根据江西地调院的生产作业特点在今年8月份制定了新的职工劳动用品管理办法，并投入30多万元采购了一批劳保用品，发放到了职工手中，切实保护了职工在工作中享有劳动保护的权利。⑤重点加强了对车辆运输安全、野外地质作业、有害有毒化学药品的检查和隐患治理。⑥元旦、五一、国庆、春节和“两会”等节假日和敏感期前开展安全生产大检查为江西地调院的一个惯例，安全生产重点查和专项查也是江西地调院安全检查的常态，对查出来的问题及时警示，通知隐患单位限时整改，以消除各类隐患，防范事故发生。

4. “安全生产月”开展了丰富的安全生产宣传活动。在第八个全国“安全生产月”活动中，江西地调院按照上级文件精神的安排部署和要求，认真组织开展了以围绕“关爱生命，安全发展”的安全教育活动，包括以下内容：①为开展好“安全生产月”活动，江西地调院下发了要求院各部门在安全生产月期间做好安全生产工作的通知，提出了全院在这期间确保安全生产的具体要求和工作目标。②在院内张贴悬挂了“安全生产月”宣传画、标语和横幅，营造了安全生产月活动氛围。③利用院网站刊载安全生产警示用语，将江西地调院开展的各项安全生产活动在第一时间告诉全体职工。④在宣传月期间以安全生产年作为重点，开展隐患的排查和整治工作，抓好分析测试室、车辆安全和野外地勘等重点部门的安全隐患整治，安全科定期不定期对这些单位进行督查，发现问题当场指出，要求及时整改。⑤对赴西藏、新疆、省内野外作业项目队发出安全生产通知，要求这些项目队实施生产过程中遵循“安全第一，预防为主”的方针，建立健全安全生产工作制度，加强安全教育，提高作业人员的安全和自我保护意识，严防各种安全事故的发生。⑥院党政主要领导多次去野外检查项目队的安全生产工作。院分管领导和安全科负责人去了部分项目队，就这些项目队的生产安全、交通安全工作进行重点督促专项检查和慰问。

三、把安全生产提升到全院的战略高度来认识

在肯定成绩的同时，我们也深知，江西地调院的安全生产管理（特别是交通运输的管理上）存在一些不足：如①怎样进一步增强做好安全生产工作，如何把全院的安全生产工作提升到一个战略高度来认识；②对个别单位负责人的安全意识不强，安全生产的观念还较薄弱的问题如何进一步加强和改进；③安

全生产宣传教育需要怎样持久深入开展等。安全生产工作是一项需要常抓不懈的工作，稍有不慎，就会给职工群众的生命和财产带来损失。我们必须保持清醒的头脑，持续高度重视生产安全，要把安全生产提升到战略高度来认识，本着对职工群众负责的态度，进一步增强责任意识，确保安全生产的长效管理机制，加大安全监督力度，尽最大的力量，争取生产安全上的最好效果，使全院的安全生产工作发展得更好。

（孙国发等）

山东省地质调查院工作

山东省地质调查院

基础地质调查

一、区域地质调查

（一）1:25万济宁市、临沂市幅区域地质调查。

通过锆石SHRIMP U－Pb年龄测定，确定泰山岩群形成年代为2750～2700Ma；获得了济宁岩群年龄为2561Ma，将该群厘定为新太古代，将傲徕山期、四海山期花岗岩重新划归新太古代晚期。对测区震旦纪—古生代地层建立了岩石地层序列。对中新生代盆地内火山-沉积地层进一步理顺了地层关系。建立了第四系钻孔古地磁极性柱、第四系岩石地层和年代地层格架。新建立了中更新统陈坡组、早更新统郓城组。初步探讨了成矿规律，划分了成矿预测区。提交了《鲁西地区早前寒武纪地壳物质组成及地质演化研究》、《鲁西南第四纪地层划分及环境演化研究》专题报告。

（二）1:5万莱阳市、万第、姜山、行村幅区域地质调查。

通过锆石SHRIMP U－Pb年龄方法，测定侵入荆山群的辉石二长岩锆石年龄为1852±9Ma，脉状二辉麻粒岩的变质年龄为1833±11Ma，为荆山群时代的确定提供了新资料；建立了中生代陆相盆地（莱阳盆地）岩石地层序列。在中生代火山岩中发现大店和教格庄两个Ⅴ级火山机构。在硅化角砾岩和硅化带新发现金矿化点2处，铁矿点3处。

二、区域地球物理调查

山东省中南部地区航空物探测量：获得了工作区1:5万比例尺、面积19800km^{2}的高精度航磁、航放基础数据。全区圈出航空物探异常307个，其中航磁异常189个，航空γ能谱异常118个。完成了23个航磁异常的地面查证工作。在工作区中部地区的沂沭断裂带内及附近地段推测了较多的富铁磁异常区段。

三、多目标区域地球化学调查与评价

（一）山东省黄河下游流域生态地球化学调查。

在黄河下游流域多目标区域地球化学调查和生态地球化学评价基础上，依据重要元素地球化学分布特征、存在状态、演化规律和环境条件，进行地球化学变化趋势研究和中长期预测与预警，综合资源、环境各方面成果进行总体评价，为经济社会发展提出规划建议。

（二）山东省东部地区农业生态地球化学调查。

基本查明了该区内54种元素或指标地球化学含量与分布特征，对其土壤环境质量状况进行了初步评价，发现了一系列具有生态环境意义及资源潜力价值的地球化学异常区、带。

（三）山东省典型市县级土地质量地球化学评估（章丘市）。

广泛搜集评估区内已有的区域地质、土壤调查、土地利用、农业规划等资料，分析整理现有的多目标调查和区域评价资料，全面了解工作区土壤和水体中元素及相关地球化学指标的含量、分布特征及主要地质背景、植被分布特征，合理部署土地质量评估工作。

四、水文地质调查评价

（一）山东地下水污染调查评价（华北平原）。

完成全区1:50万土地利用现状图及部分成果图编制，完善了地下水污染空间数据库。取得的认识主要有：地下水有机污染程度，总体上地表水高于浅层孔隙水，浅层孔隙水高于深层孔隙水。农村地区浅层地下水形成以村庄为中心的岛状污染，成为区域地下水污染继农药化肥施用的重要污染方式。浅层地下水

无机有毒超标组分主要为砷、铝；深层地下水主要有毒超标组分为锌、铝；河流无机有毒超标组分主要为硒、锌、砷。垃圾场污染物淋滤下渗污染地下水的影响范围有限，一般150～200m。

（二）山东平原地区地下水污染调查评价（淮河流域）。

完成了全区1:50万土地利用现状图、浅层地下水等水位线及埋深等成果图，完成了济南泉域岩溶地下水有机污染特征、汶泗河冲洪积平原区地下水污染特征研究总结和淄博市孝妇河沿岸水质型缺水区典型调查总结等。

矿产资源调查评价

一、固体矿产资源调查评价

（一）1:5万平里店、道头幅区域矿产调查。

1:5万水系沉积物测量、土壤测量、自然重砂测量及高精度磁法测量工作结束，圈定水系异常33处，土壤测量圈定异常15处，自然重砂测量圈定异常32处，其中以金为主的异常13处。

（二）山东省昌邑市德胜庄地区铁矿普查。

完成1:1万高精度磁测及1:2000磁法剖面测量工作，圈定了4处矿致异常，推断了引起异常的磁性体的位置和埋深。经ⅠZK0－1钻孔验证，在480.65～652.14m之间见磁铁矿体7层，矿体总厚度32.74m，单层厚度在1.07～13.54m之间。

（三）山东省莱芜市莱城区东尚庄地区铁矿普查。

1:1万高精度磁法测量圈定有意义的异常3个，经钻探验证，在ZK0901钻孔的311.40～312.83m（发现磁铁矿层，mFe 24.85%，TFe 29.04%）。在ZK0603钻孔的338.26～343.8m发现磁铁矿化矽卡岩，mFe 4.05%～11.73%，TFe7.33%～19.13%。

（四）山东省邹平县石樊鲁地区铜矿普查。

累计完成钻探工作量为8258.13m，施工的ZK306孔在钾化、硅化石英二长闪长岩和钾化石英二长闪长岩中见到品位大于0.2%的铜矿体厚度19.92m。品位大于0.1%的矿化体累计厚度91m。在ZK403孔灰白色—青灰色角闪石英二长闪长岩中，见7个矿（化）体，单层厚度2～5.2m，总厚度15.3m，铜品位0.1%～0.2%。ZK405孔见铜品位大于0.1%的矿化体厚度101m，品位大于0.2%的铜矿体厚度11.40m。

二、矿产资源潜力评价

完成了铁、铝资源量预测工作，提交了其成果报告及相应的成果图件，完成了全省1:25万实际材料和建造构造图编制工作，完成了航磁、重力、化探、遥感的基础、综合图件的编制工作，提交了阶段性成果报告，完成了所提交图件的数据库建库工作。

基建与装备管理

一、基本建设管理

山东地调院拥有固定的办公场办公场合建筑面积2000m^2，由国土资源厅划拨山东地调院使用。

二、装备管理

现拥有车辆9辆，其中自有野外交通用车6辆，净值149.90万元，天津地调中心委托山东地调院管理使用越野车3辆；物化探测试仪器18台（套），净值388.65万元；野外通信及定位设备90台（套），净值62.98万元；计算机设备113台（套），净值149.47万元；其他设备329台（套），净值252.13万元。

山东地质院拥有地质调查的基本装备、设备和仪器。相应的设备台账和财务报表齐全。

安全生产管理

一、加强组织领导，落实安全责任

院长是院安全生产第一责任人，负责全院的安全生产工作，分管领导是安全生产的直接责任人，院属各部门负责人是该部门安全生产第一责任人，对单位（各部门）的安全生产负责。为加强安全责任制落实工作，单位负责人与院属各部门全面签订安全生产责任状，各业务部门也分别与项目组或作业组签订了安全生产责任状，安全生产工作做到了层层落实。

二、定期排查安全隐患，抓好重点部位的安全防范

认真开展隐患排查治理工作，每月对防火防盗、安全用电、安全行车等情况进行逐项检查。对办公楼、样品库的电路、管道定期进行检查，对用电设备定期进行检修，排除火灾隐患。院内所有车辆，按时保养，及时维修，严禁疲劳驾驶、超员超载等现象。认真制定工程项目安全技术措施。野外地质勘探人员遇恶劣天气情况，不得从事野外生产工作。财务部、档案室、机房等重要部位，由专人负责，按消防要求配置了火灾应急所需的设备设施，加强防火防盗。

三、健全规章制度，加强节假日值班工作

为了认真贯彻“安全第一、预防为主”的安全生产方针，进一步加强安全生产管理，保护劳动者的安全和健康，根据国家有关政策和省国土资源厅有关安全生产规定，结合实际制定了《山东省地质调查院安全生产管理办法》。在安全的基础工作、领导职责、违章及事故处罚、安全奖励等方面做了详细规定。

（倪振平）

河南省地质调查院工作

河南省地质调查院

基础地质调查

一、区域地质调查

河南1:5万潭头镇、古城、陶湾、栾川县幅区调成果通过评审，2幅获得优秀、2幅良好。新疆1:5万阿勒塔什、恰克拉克、阿克别尔迪沟、布伦口幅区调完成剩余填图面积430km²，通过野外验收，获优秀。新疆1:5万空贝利、霍什别里、阔勒阿依尔克、木吉幅区调完成填图面积750km²，新发现铜、铅锌、铁等矿（化）点13处。内蒙古1:5万陶其格廷温多尔、阿拉哈达、古恩肓哈、查干陶勒、哈如林沟、舍特音浩来、塔尔根敖包边防站、哈日宝椤幅区调完成填图面积850 km²，新发现铁铅锌矿化点4处。

二、区域地球物理调查

内蒙古1:20万巴彦公社、加格达奇、松林区、十五里河幅区域重力调查，完成物理点1071个，控制面积6000km²。发现5个重力梯级带和20个局部重力异常。

三、区域地球化学调查

西藏1:20万罗拉木等两幅区域化探完成剩余面积扫面876km²，查证8个异常区，采样3003件。圈出综合异常40个，查证了8处异常，发现4个矿（化）体。西藏仁多岗地区4幅、金达地区3幅1:5万区域化探完成扫面1150km²，采样5300件。查证4处异常，发现了2处铜铅锌矿化线索。新疆布伦口一带1:5万区域化探完成扫面1510km²，采样4650件。

四、遥感地质调查

河南中西部重点成矿带和矿集区矿山开发遥感调查与监测完成河南省灵宝-栾川一带1:25万矿山地质环境遥感解译20000km²，西峡县、栾川-汝阳两个重点区1:5万矿产资源开发状况和矿山地质环境遥感解译10000km²，鲁山铁矿区、信阳上天梯非金属矿区、渑池铝土矿区、灵宝金矿区4个矿区1:1万矿产资源开发状况和矿山地质环境遥感解译及野外验证2300km²。西藏昌都、山南等地区遥感地质综合调查完成噶尔-革吉和山南两个工作区1:25万区域成矿地质背景与成矿远景遥感解译25000km²，阿里砂金矿区、山南曲松砂金矿区、山南加查砂金矿区、那曲砂金矿区1:1万矿产资源开发状况和矿山地质环境遥感解译5000km²。

五、多目标区域地球化学调查评价

黄淮平原经济区1:25万多目标区域地球化学调查完成海河流域扫面10000km²，采集土壤样品12803件。河南温县土地质量评价（示范）完成1:5万土地质量调查560km²。开展了河南省非煤矿山有毒有害元素调查与居民健康状况评价。

六、城市地质调查

开展了中原城市群城市地质调查工作。完成中原城市群郑州、洛阳、开封城市地质调查报告编写；继续开展中原城市群新乡、许昌、漯河城市地质调查，完成1:5万城市调查面积980km²。

七、水文地质调查评价

黄淮海平原（河南部分）水质型缺水区洁净地下水勘查，完成杞县、虞城县地下水调查2800km²，钻探及试验2孔组。河南淮河流域和华北平原地下水污染调查，完成1:5万调查面积2000km²。积极参加抗旱打井工作，在宜阳县缺水地区打井15眼，解决了15个村镇居民饮水与部分农田的灌溉问题。

八、环境地质调查评价

全国主要城市环境地质调查评价，完成河南省内

14个城市的环境地质调查评价，提交了14个城市的分报告和总报告。矿山地质环境治理工作，开展了6处矿山地质环境治理恢复，2009年完成登封市大冶、巩义市小关铝土矿区、新乡市凤泉区西张门泥灰岩矿区矿山地质环境治理。

九、旅游地质调查

河南省地质遗迹调查与区划及示范研究，完成调查面积964km^2；成功申报西藏羊八井、红旗渠·林虑山两个国家地质公园和河南宜阳花果山、新县大别山两个省级地质公园，完成河南省政府援藏项目——西藏羊八井地热地质公园建设的总体规划和核心景区建设工程设计与环境评价工作；完成了云台山、嵩山、王屋山-黛眉山3个世界地质公园和信阳金刚台国家地质公园规划修编工作；开展地质遗迹保护项目23个，已完成洛宁神灵寨、信阳金刚台、郑州黄河国家地质公园和嵩山、王屋山-黛眉山世界地质公园共11处地质遗迹保护工作。

矿产资源调查评价

一、固体矿产资源调查评价

（一）河南省固体矿产资源调查评价

开展项目主要有河南省濮阳县城西-滑县王三寨煤预查、豫西陕县-新安-济源铝土矿远景调查、河南杜关-云阳地区钼铅锌多金属矿评价、河南省濮阳县梨园盐矿预查、河南合峪地区1∶5万矿产远景调查。

豫西陕县-新安-济源一带铝土矿远景调查，初步圈定铝土矿资源量1.16亿吨，提交矿产地4处，其中大型矿产地2处；郁山矿区通过普查推断和预测铝土矿资源量4900万吨，通过详查，2009年新增铝土矿资源量1540万吨，累计新增资源量3125万吨，成为河南省“煤下铝”及共伴生矿产综合勘查重点示范区。豫东南新蔡地区铁矿勘查，在练村镇铁矿区通过钻孔验证，估算铁矿石资源量1.6亿吨；在师灵地磁异常区，钻探发现近20m厚的磁铁矿层。河南杜关-云阳钼铅锌多金属矿调查评价项目，新增钼资源量20余万吨；在嵩县白河-南召云阳地区新发现长度大于900m的铅锌多金属矿化带；栾川、卢氏、官道口、米坪地区新发现矿（化）点20余处，对两处铅铜银矿体进行了初步控制。豫北濮阳、滑县煤预查，钻孔见煤厚度3.74～8.50m，初步计算煤资源量7.24亿吨。

（二）西藏固体矿产资源调查评价。

在西藏开展项目主要有西藏金达地区地质矿产调查、仁多岗地区地质矿产调查、嘉黎县昂张铅锌矿普查、工布江达县亚贵拉铅锌银矿普查和丁青县驼热玛地区金铜多金属矿调查评价。金达地区和仁多岗地区1∶5万矿产远景调查和水系沉积物测量，圈定单元素异常162处、综合异常37处，圈定找矿靶区19处，新发现矿（化）点8处，新圈定2个铁铜矿化体和5个铅锌矿化体，新发现小型矿产地1处，预测铅锌资源量16万吨；亚贵拉铅锌银矿普查，新增资源量铅10.22万吨、锌9.22万吨、银425吨；班-怒带中西段镍多金属矿调查、丁青县驼热玛地区金铜多金属矿调查评价、昂张铅锌矿普查等项目，新发现铅锌矿化体3条、铅锌铜矿化带3条、铁矿化带5条。

（三）新疆固体矿产资源调查评价

新疆西昆仑塔什库尔干地区铁铅锌矿远景调查，新增铁矿石资源量9854万吨；新疆青河县江布塔斯一带1∶5万区域地质矿产调查，新发现4条铁矿体、2条铅锌矿化体。

（四）内蒙古固体矿产资源调查评价

在内蒙古开展的固体矿产资源调查评价工作主要有：内蒙古西乌珠穆沁旗乌素图如等4幅、呼伦贝尔市忠工屯等4幅共8个图幅1∶5万区域矿产地质调查和内蒙古牙克石市大旱山钼矿预查、牙克石市横道沟钼矿普查、巴林左旗哈达音阿日多金属矿预查。新发现铜铅锌银锡多金属矿（化）点11处，新发现钼铅锌多金属矿（化）点16处，圈定了6处工作靶区。

（五）国外固体矿产资源调查评价

刚果（金）加丹加地区铜钴多金属矿预查、刚果（金）利卡西（Likasi）地区铜、钴矿预查，圈定平均厚度分别为20.06m和13.97m的2个铜钴矿化体，初步控制1处平均厚度0.8m、品位5%砂岩型铜矿体，估算铜资源量50万吨。津巴布韦东北部金多金属矿调查，控制1处长550m的金矿体，初步计算金资源量2.3吨。

二、地下水资源调查评价

河南省沿黄城市后备地下水水源地普查，完成1∶2.5万水文地质测绘500km^2。

三、矿产资源潜力评价

河南省矿产资源潜力调查评价，完成铁、铝资源潜力评价，报告通过国土资源部审查验收。通过遥感、重磁、化探、重砂等大量数据分析和成矿地质背景、区域成矿规律研究，圈定出49个铝土矿找矿靶区，75个铁矿找矿靶区。预测1000 m以浅铝土矿资源量56亿吨，铁矿石资源量37亿吨。

地质科学研究

一、基础地质

开展河南省华北板块中元古代—古生代主要成矿期岩相古地理和构造古地理研究和河南省1:50万第四纪地质图编制与第四纪地质环境变迁研究，提交了《河南省华北板块中元古代—古生代主要成矿期岩相古地理和构造古地理研究报告》。

二、矿床地质

开展河南省成矿规律和找矿技术研究，提交了3项研究成果，《豫西南地区铅锌银钼矿集区成矿规律及找矿方向研究报告》，“河南省覆盖区隐伏铝（粘）土矿资源潜力评价和找矿技术研究”和“内生金属矿产大比例尺成矿预测选区及综合勘查技术方法研究”。

三、水文地质、工程地质与环境地质

开展了城市地热能开发利用研究，提交了《河南省重点城市地热能资源评价与开发利用研究报告》，成果达“国际先进”，部分达“国际领先”水平。初步查明城市规划区内适宜利用地下水源热泵技术开采浅层地热能的区域占57%，可利用的浅层地热能1645.48×10^{12} kJ，折合标准煤5512万吨。

四、岩矿测试技术

河南省地质调查院联合河南省岩矿测试中心、河南理工大学，经河南省科技厅批准建立了河南省金属矿产成矿地质过程与资源利用省级重点实验室。

地质调查方法应用

国土资源遥感方面，开展了河南省重要成矿带高光谱遥感找矿方法技术研究，在河南省卢氏-栾川地区开展1:5万、1:2.5万、1:1万多源、多尺度、高分辨率遥感解译与研究，初步建立了成矿遥感解译标志和典型矿床遥感识别模型，初步圈定羟基、铁染混合遥感异常40处，圈定绿泥石化、高岭土化、明矾石化等单矿物遥感异常50处，对其中30处异常进行了检查。

地质调查信息工程

开展河南省内18个图幅1:5万区域地质图数据库建设，其中8幅通过中国地质调查局组织的验收；完成了矿产勘查原始编录数据采集及整理技术课题设计和河南基础地质数据库更新与维护。

地质调查信息社会化服务

一、地质资料

2009年汇交地质项目成果资料47份，实物地质资料7份；归档原始资料17档，计1700余件，归档参考资料123档，计1900余件。在河南省地质调查院网站（http：//www. hnddy. com）建立了“地质资料管理与服务”（科技成果）栏目，与河南省国土资源厅门户网站“河南省地质资料管理与服务”栏目实现了链接，公开了汇交成果地质资料目录与内容简介。

二、地质图书

图书阅览室面积120m^2，图书涉及地质学、矿物学、岩石学、矿床与矿产资源、历史地质学、古生物学、区域地质测量、普查勘探方法及国标、国家、地质矿产行业标准等，共计6000余册，学术期刊45种。

地质调查工作战略研究

参与河南省地矿局组织的“三门峡市优势矿产资源勘查及地质环境治理（战略合作）”和“嵩县矿集区金多金属矿整合勘查”等重大项目策划；按照河南省国土资源厅要求，编写了部省合作豫西南深部找矿协议，开展了“河南省2010年矿产资源勘查部署研究”；策划编写了“河南栾川矿集区钼多金属矿勘查”深部找矿示范和“与鲁山县人民政府开展资源勘查及地质环境治理战略合作”方案。

成果获奖情况

西藏当雄-嘉黎一带铜铅锌银矿产资源调查评价成果获国土资源部科技成果一等奖；参与完成的华北平原地下水可持续利用调查评价成果获国土资源部科技成果一等奖；河南卢氏-栾川地区铅锌银矿产资源调查评价成果获河南省科技进步二等奖；河南新安县郁山探明大型铝土矿床成果被中国地质学会评选为2009年度“十大找矿成果”之一；参与完

成的华北平原地下水污染调查评价研究成果被中国地质学会评选为2009年度“十大地质科技成果”之一。另有7项成果获得河南省地矿局科学技术奖，其中新疆塔什库尔干-莎车铁铅锌多金属矿评价、西藏念青唐古拉山地区铜铅锌银矿产资源调查评价获找矿一等奖；淮河流域（河南段）环境地质调查获勘查一等奖；豫西南地区铅锌银成矿规律研究、1:25万内乡县幅区域地质图空间数据库建设获科技进步一等奖。

国际合作与对外交流

河南省地质调查院与兄弟地勘单位和国内大企业“手拉手走出去”，努力在一些矿产资源丰富、地质工作程度低、政局稳定的国家开拓矿产勘查基地。2009年在国外开展的地质勘查项目6项，其中津巴布韦2项：津巴布韦北东部Mutawatawa地区金多金属矿调查、津巴布韦1:25万区域化探；刚果（金）2项：刚果（金）科尔韦兹地区铜钴多金属矿勘查、刚果（金）加丹加地区铜钴多金属矿预查；塞拉利昂1项：塞拉利昂共和国苏拉山（Sula Mountains）地区金矿勘查；澳大利亚1项：西澳洲凯斯地区镍、金矿勘查。

基建与装备管理

一、基本建设管理

河南省地质调查院办公地址位于郑州市高新技术产业开发区科学大道81号地质科技大厦，占地面积10944.57m^2，建筑面积23309.05m^2，地上15层，地下1层。其中，河南省地质调查院有7层，面积12376.64m^2。

二、装备管理

为不断满足深部找矿、试验测试、基础地质研究与创新等工作的需要，河南地质调查院2009年购置了工程地震仪、X荧光光谱仪、多功能测井仪、野外数据采集设备等一大批高新设备114台套，总价值400余万元。截至2009年12月31日设备数量共1603台/套，总价值6877.82万元。其中：电气设备60台/套、电子产品及通讯设备1022台/套、交通运输设备34辆、通用设备55台/套、仪器仪表及量具95台/套、专用设备334台/部。

安全生产管理

河南省地质调查院全面推行质量/环境/职业健康安全一体化管理体系贯标工作。加强安全生产制度建设，编制印发了地质勘查安全生产工作实施细则、汽车运输安全管理办法、安全生产检查、考核、奖惩制度等15项管理制度。全面落实安全生产责任制，建立了二级单位安全管理与监督体系，层层签订安全生产目标责任书。组织开展了“安全生产月”、“安康杯”竞赛活动和安全生产大检查，重点加强了车辆管理和国外安全生产工作。实现了全年无安全事故责任目标和队伍和谐。

（刘新号）

湖北省地质调查院工作

湖北省地质调查院

基础地质调查

一、区域地质调查

1:5万金牛幅、高桥幅区域地质调查：通过1:5万金牛幅、高桥幅区域地质调查，运用现代沉积学、层序地层学理论，对金牛、高桥地区志留纪—早中三叠世地层进行了多重划分，共划分出25个正式岩石地层单位。区内识别出两个Ⅰ型界面与7个Ⅱ型界面，划分16个Ⅲ级层序，系统建立了测区岩石地层系统及岩石地层格架；采用火山旋回—火山构造—火山地层—岩性、岩相一体化思路在火山岩区进行地质填图，查明了金牛火山盆地生成、发展及演化特征；确定了马架山期初始火山喷发、灵乡期火山间歇、大寺期火山强烈喷发等3个火山活动旋回构成金牛火山岩盆地中生代火山岩演化的全过程。并进一步划分出爆发空落-溢流-侵出-溢流、溢流-火山沉积-溢流-强烈火山喷发-溢流-火山沉积-溢流-小规模火山喷发-火山消亡等火山喷发韵律。根据火山活动不同类型划分出火山溢流相、火山爆发相、火山喷发沉积相、火山颈相、潜火山相等不同火山岩相。

通过开展1:5万高精度磁测，共圈定局部磁异常15个，确定成（找）矿有利异常（地段）4处，可进一步工作异常（地段）4处，为区内地质找矿提供了新的资料。

二、区域地球物理调查

湖北神农架地区1:20万区域重力调查项目通过对重力原始数据进行区域场与剩余场的分离、求导、延拓等处理，获得了测区内翔实丰富的地质信息，圈定局部重力异常41个，其中岩浆岩类异常3个，地层岩性类异常23个，综合类异常8个，地形类异常7个；依据重磁场特征推断主要断裂构造23条，其中新推深断裂3条，基底断裂6条（新推1条），盖层断裂14条（新推6条）；经过对地壳重力剖面拟合计算，较为准确地划分了测区内地层密度分界面；应用小波细节多尺度分析技术，采用"剥皮"方式，揭示了测区基底构造特征；利用重力上延水平总梯度模，结合航磁资料，对测区深部构造进行了分区；对黄陵结晶基底与神农架褶皱基底的分界线提出了新认识，并依据重磁场特征提出神农架基底为"外来之物"的观点，认为神农架基底原处于黄陵结晶基底北侧，晋宁期构造变形使神农架基底向南运动，与黄陵结晶基底拼贴在一起，两者虽然距离较近，只有18km，但地球物理特征明显不同，特别是磁场特征有较大的差别；通过对长江三峡及周边地区均衡异常分析研究，对研究区地壳稳定性作出了初步评价，划分了相对活动区及相对稳定区，为三峡移民地区地质灾害防治、移民选址提供了决策依据。

矿产资源调查评价

湖北武当-神农架地区铅锌矿评价项目以现代成矿理论为指导，依据前人及本次工作所获资料及成果，较全面系统的总结了评价区地、物、化、遥特征。查明了区内主要铅锌及异常产出的地质背景，矿床（点）特征、矿化类型、控矿因素、分布特征及找矿标志。湖北武当-神农架地区铅锌多金属矿化主要受震旦纪陡山沱期、灯影期局限海陆棚潟湖相、蒸发台地相、滨海三角洲相黑色岩系中的碳酸盐岩控制。初步将评价区内铅锌矿划分为：正常沉积-轻微改造型矿床（以沐浴河铅锌矿为代表），沉积-改造型矿床（以冰洞山铅锌矿为代表），改造型矿床（以朝阳铅锌矿和贵子沟锌矿为代表）的碳酸盐岩型3种类型，对成矿模式进行了初探。通过归纳、总结，确定了成矿远景区的预测依据、初步确立了不同时期、不同类型铅锌矿床的找矿标志，进行了成矿远景预测，重新划分出20个Ⅴ级铅锌成矿远景区和48个Ⅵ级铅锌多金属成矿远景区，其中A级12处，B级18处，C级18处。

本次工作重点在7个矿区对矿体进行了圈定，初步估算经工程验证（333 + 334_1）铅锌资源量3046456.94吨，其中333铅锌资源量330174.09吨。伴生铅锌234356.93吨，伴生银701667.13kg，伴生镉9010.31吨。其中冰洞山矿区铅锌资源量为1438268吨，沐浴河矿区铅锌资源量为731408吨，均达大型矿床规模，展示出区内巨大的找矿潜力。

（曾　云）

湖南省地质调查院工作

湖南省地质调查院

一、公益性地质矿产调查

湖南地调院承担的公益性地质矿产调查项目按专业性质可分四大类，即区域地质、矿产地质、水工环地质和物化探遥感地质。所取得了如下主要成果。

（一）湖南省矿产资源潜力评价。

完成了包括1:20万地质图数据库、1:50万地质图数据库、矿产地数据库、航磁数据库、重力数据库、化探数据库、遥感数据库、自然重砂数据库、工作程度数据库等9种基础数据库的维护工作；全面完成了全省1:25万实际材料图、建造构造图和铁铝地质构造专题底图的编制；编制了省级物化探遥感自然重砂图件；编制了铁、铝预测工作区物化探遥感自然重砂图件；全面开展了地质构造、物化遥、自然重砂综合信息及成矿规律等课题的研究工作，划分了矿产预测类型及预测研究区范围；开展了铁铝矿产定量预测工作。

（二）长株潭城市群地质环境调查与区划。

2009年，通过对工作区内地下水资源的调查，基本查明了区内地下水资源分布状况；通过1:5万和1:25万环境地质调查，基本查明了地下水污染和土壤污染情况；通过1:25万环境地质调查，基本查明了区内的矿山固体废弃物、垃圾填埋场情况；通过对工作区新近发生的地质灾害补充调查，基本查明了地质灾害的分布、危害程度，以及发展趋势；通过1:5万环境地质调查和1:1万水文地质测绘，已基本确定长株潭应急水源地勘探靶区。

（三）湖南锡田地区锡铅锌多金属矿勘查。

锡田矿区至今累计估算332+333+334_1资源量Sn+ WO_3 27.04万吨，其中332+333资源量Sn+ WO_3 6.05万吨，334_1资源量Sn+WO_3 26.4万吨。2009年度勘查示范新增332资源量Sn+$WO_3$1.76万吨，大调查334_1资源量新增3.5万吨，年度施工钻孔见矿率达89%左右；面上评价，在锡田矿区桐木山矿段、山田矿段、园树山矿段、邓阜仙矿田鸡冠石矿区、太和仙铅锌金多金属矿区及风米凹钨多金属矿区等都发现了矽卡岩型、云英岩型钨锡矿体。项目找矿效果良好。

（四）花垣-凤凰地区铅锌矿调查。

已经完成施工的ZK2601孔和ZK1002孔，经所取样品化验测试2孔均见有四层铅锌矿体，累计矿体厚度分别为6.33m和8.78m，品位Zn+ Pb 2.2%和2.6%；凤凰矿田通过开展地质1:1万地质填图、槽探揭露发现良好的铅锌矿体。

（五）湖南铜山岭地区矿产远景调查。

① 已全面完成测区内1:5万高精度磁测工作，相关数据和图件2009年底正在整理中。② 测制了区内花岗岩及其与围岩蚀变带剖面，划分出了区内花岗岩的过渡相和边缘相，过渡相岩性主要为粗中粒-细中粒斑状二云母二长花岗岩，边缘相岩性主要为细粒斑状二云母二长花岗岩。围岩蚀变带主要岩性有角岩化砂岩和斑点板岩。③ 厘定出泥盆纪黄公塘组、棋梓桥组、佘田桥组、寒武纪、奥陶纪、泥盆纪下部地层。④ 结合对区内钨锡、铅锌矿床的路线踏勘，对区内典型类型重要矿床的区域背景、地层、构造、岩浆岩等控矿地质条件及矿化蚀变特征、物化探异常特征有了初步的认识。

（六）桂东地区矿产远景调查。

该项目在矿产地质调查中新发现了矿（矿化）点19处，7处转入重点检查的矿产地共估算334资源量为：$WO_3$2.12万吨、Pb+Zn1.83万吨、Cu0.50万吨、Ag9吨。项目野外验收为良好，成果报告评审优秀。

（七）湖南大坪地区战略性矿产远景调查。

新发现矿产地3处，初步估算334资源量为:高凹背 WO_3 1.16万吨、Mo 0.36万吨，走牛垄Mo+WO_3+Bi 0.13万吨，狮形坳 WO_3 0.68万吨，竹瓦辽 WO_3 0.16万吨，走马 WO_3 0.80万吨，并认为高凹背钨钼矿与走马钨矿具中-大型矿床的找矿潜力。项目野外验收为良好，成果报告评审优秀。

（八）湖南新田县重点地区岩溶水勘查与开发示范。

① 在新田县金盆圩乡王惠孙村冲沟内，根据物探结果与地面调查资料选择井位钻探并成井，涌水量大于130m^3/d，2009年底为王惠孙村民生活饮用水源，水塔、取水管道等已建设安装完毕，已彻底解决该村近千村民长期以来的饮用水匮乏问题。② 在新田县枧头镇贺家井、十字乡响水岩等地开展岩溶地下水开发示范，在三井乡塘坪村进行地下水开发示范论证。对开发示范点地下河、岩溶泉经长期监测和专项抽水试验，确定可采量流量为1600m^3/d，解决了枧头镇及周边近2万人的饮水困难。水质经新田县卫生防疫站检测达到饮用水标准。

（九）湖南省重点岩溶流域水文地质与环境地质调查。

2009年完成1:5万湘西澧水水文地质及环境地质调查面积2000km^2，水文钻探200m/1孔。重点查明了岩溶地下水资源分布及开采条件，以及与岩溶有关的石漠化、干旱等环境地质问题，为石漠化综合整治提供了地学支撑。

提出了开发意义相对较大的待开发点总共约200个（处），其中地下河13条、岩溶大泉12处、岩溶泉（含表层岩溶泉）165个、储水构造及富水块段约10个（处），总流量约3000L/s，以直引、堵引、扩泉、凿洞截引及机井提水（富水地段）相结合，可解决干旱地区10余万人的饮水困难和近10万亩农灌等问题。

施工的1个水文钻孔，探采结合，可缓解决周边城镇村民的饮水困难问题，其社会、经济、生态效益较大。

（十）城步平滩矿区钨矿预查。

为湖南地调院1:5万城步地区区调工作中新发现的一处钨矿产地，通过2009年的野外工作，证实为一个具有大型找矿潜力的热液充填型（岩体型）白钨矿床。地表已控制矿体长1190m，矿体厚度不稳定，矿体厚度最大达23.61m，最小为1.17m，平均厚度为8.46m。矿石中主要有用化学成分为WO_3，伴生Mo，Bi。化学分析结果：WO_3最高含量为1.773%，最低含量为0.054%，平均品位为0.30%。伴生Mo最高含量为0.17%。

已施工6个钻孔（400m线距），孔孔见矿，见矿率100%。其中：在0线施工了ZK001，ZK002孔，初步圈出3层矿体，第一层矿体从13.88～36.21m，矿体平均厚13.0m，WO_3平均品位0.243%，单样最高品位0.881%。第二层矿体从57.25～64.75m，矿体厚7.5m，WO_3平均品位0.164%。第3层矿体从81.21～83.46m，矿体厚2.25m，WO_3平均品位0.208%，伴有Mo品位0.160%。矿石均为含钨蚀变花岗岩。

4线、8线施工了ZK401，ZK402，ZK801，ZK802孔，深部均见有多层厚1.5～6.50m不等的白钨矿体，品位WO_3从0.14%～0.882%不等，部分样品正在测试分析中。

二、商业性地质工作

全年商业性地质工作完成经营额逾千万元。主要开展矿产资源储量评估、储量检测、矿山地质环境影响评估、建设用地地质灾害危险性评估、土地利用总体规划修编、矿山地质环境调查与评价、矿产资源储量利用现状调查、地质灾害防治规划、矿产资源总体规划编制、矿业权实地核查、矿产勘查等。其中年度经营额大于50万元以上的项目有：

1. 东安、祁阳等6县（区）土地利用总体规划修编。
2. 湘潭市矿山地质环境调查与评价。
3. 湘潭市及各县区地质灾害防治规划。
4. 湘潭市等矿产资源储量利用现状调查。
5. 湘潭市等矿业权实地核查。
6. 湘潭市及各县区矿产资源总体规划编制。
7. 湘潭市等城镇建设用地地质灾害危险性评估。
8. 邵阳云峰水泥灰岩勘查。

三、地质工作质量情况

坚持“狠抓质量、多出成果”质量方针，加强质量全过程跟踪管理，以“技术要求”为指南，从工作程序与原始资料入手，全方位、全过程加强了工作的检查与指导。由中国地质调查局（或武汉地质调查中心）、湖南省地质调查院、各项目组组成的三级质量管理体系运转正常，各项目委任或返聘了有丰富实践经验的地质技术骨干作为兼职或专职质量检查员，对各项目原始地质资料进行了较严格的质量把关检查，对所发现的问题及时反馈给项目组进行修改与完善。各项目所形成的原始地质资料均进行了100%的自、互检及30%的抽检，质量体系健全。地调院成立技术质量管理委员会，根据各项目实施情况，对项目进行定期或不定期质量检查，对即将结题的项目进行内部项目野外验收，全年共完成桂东地区矿产远景调查等6个项目野外验收工作，地质工作质量良好。

基建与装备管理

根据湖南省地质矿产勘查开发局党组决定，2007年5月，由原湖南省地质调查院及原湖南地质调查研究院重组合并为现建制的湖南省地质调查院。2009年拥有基地4处（长沙1处，湘潭2处，株洲1处），其中，湘潭、株洲基地建址史长达26～50年。湘潭基地使用面积12144.5m^2，办公楼面积3151.34m^2，已办理土地使用权及房屋产权手续。长沙院部办公楼暂为租借省地勘局原招待所改造而成。长沙新基地正在筹建中，其中，长沙云塘职工住宅楼业已竣工且分配到位，新办公楼建设在即。

2009年在省地质矿产勘查开发局的努力协调下，争取到省财政的资金支持。通过政府采购，购买了一批先进的地质仪器设备，提高了单位技术装备水平，改进了地质矿产勘查方法、手段，提高了生产效率，推动了技术进步，提升了成果质量。截至2009年底，湖南地质调查院拥有各类设备、仪器501台套，设备原值3582.3万元，为承担各类地质调查项目奠定了坚实基础。

安全生产管理

“安全重于泰山”的意识在湖南地调院深入人心，安全生产网络机构相对稳定。院设13人编制的安委会，院长任主任；常设安全管理机构—安全技术科；各部门和下辖生产实体配备1～2位兼职安全员，全院兼职安全员20人；安全管理制度比较完善。持有由湖南省安全生产监督管理局检审核发的安全生产许可证（（湘）FM安许证字〔2007〕3338号）。根据中国地质调查局和湖南省地质矿产勘查开发局的统一部署，2009 年开展“安全生产年”、“现场规范管理年”活动，重点加强野外工作现场安全规范、交通运输管理等工作，共组织 4 次全院大检查及多次责任单位自查，全年未发生一起安全生产重大责任事故，获评省地勘局 2009 年度安全生产先进单位。

（李志高）

广东省地质调查院工作

广东省地质调查院

2009 年，广东省地质调查院以科学发展观为指导，深入贯彻落实国务院《关于加强地质工作的决定》，努力提高地质工作服务地方经济社会发展水平，统筹安排国家与地方基础性、公益性地质工作和战略性矿产勘查工作。全年共开展工作项目 21 项，其中续作项目 18 项、新开项目 3 项。已有 7 个项目完成了野外验收。9 个项目成果报告通过中国地质调查局组织的报告评审，取得了 2 个优秀、7 个良好的好成绩。总体工作量完成情况良好。

基础地质调查

一、区域地质调查

（一）广东 1:25 万韶关市、连平县幅区调（修测）。

应用多重地层划分对比方法，对测区进行了岩石地层和生物地层划分；搜集了较多的沉积相资料，对沉积环境进行了分析；重点研究了古生代地层的地层层序、岩石组合、沉积构造及形成环境等，建立了岩石地层和年代地层序列，提高了测区地层研究程度；确定调查区存在青白口纪的片麻状二长花岗岩体，总结了花岗岩的时空分布规律、探讨了花岗岩的成因类型以及形成的大地构造环境；初步分析了各矿种的控矿因素和成矿规律，划分了找矿远景区。

该项目已通过报告评审，其中，韶关幅为良好级，连平幅为优秀级。

（二）广东 1:5 万畲坑、水车圩、五华县、丰良镇幅区调。

将调查区地层初步划分为 13 个组，2 个构造岩石地层单位；将调查区侵入岩初步划分为 9 个时代岩性单位；筛分出了加里东期和燕山期两期褶皱形迹，认识到莲花山断裂带形初始形成于燕山运动晚期，早期为剪切兼压性，后拉张，查清了其展布情况及活动期次；圈定了马图、永和、梅南—博溪共 3 个找矿靶区。

该项目通过了野外验收，为良好级。

二、区域地球物理调查

广东省 1:20 万区域重力调查综合研究

根据广东省布格重力场分布特征，通过对广东省 1:20 万区域重力资料系统的处理研究，编制了广东省 1:50 万重力系列基础图件及 100 万系列处理解释成果图件，对全省重力划分二级分区 2 个，三级分区 5 个，其中 3 个三级分区细分出 14 个四级分区。根据地质构造分区，共划分出Ⅲ级构造单元 5 个，Ⅳ级构造单元 11 个；首次把全省断裂带划分为一般（盖层）断裂、大断裂（地壳）、深断裂（岩石圈）为主的 3 个层次深断裂带；推断岩石圈断裂 4 条，断裂（地壳）13 条；一般（盖层）断裂 16 条。根据重磁局部异常解释推断圈定了 195 个侵入岩体；研究了大型—超大型多金属矿床（田）深部地球物理背景和分布规律，划分了 21 处多金属矿床成矿远景区，提出了钨、锡、铜、铅、锌、金、银、铀等矿找矿方向。

三、多目标区域地球化学调查与评价

广东省珠江三角洲经济区农业地质与生态地球化学调查项目共分 4 个层次 27 个专题组织实施，其中第一层次和第二层次已通过中国地质调查局宜昌地质调查中心组织的野外验收，均评为优秀级。27 个专题中，有 13 个专题通过野外验收，其中 10 个专题的成果报告通过评审，优秀级 7 个，良好级 3 个。

通过第一层次多目标区域地球化学调查和第二层次区域生态地球化学评价的资料整理和综合研究，证明了珠江三角洲地区整体环境状况良好，拥有大面积优质土壤环境，而且蕴涵着丰富的富硒土壤资源，具有发展特色农业巨大潜力；获得了珠江流域（广东省境内）元素的输入输出量特征，计算了珠江水系

各口门输送入海的元素通量及珠江水系主要支流河道对珠江三角洲平原区河道环境元素的输送量和贡献率；查证了珠江三角洲经济区有毒有害元素中以F最高，Cd，As，Zn，Pb等都有不同程度的超限量现象；首次获得了珠江三角洲经济区71项指标的地球化学数据；首次建立了高质量的农业地质调查数据库和评价信息系统；对人工消除或降低污染途径进行了初步探索，利用矿物治理土壤镉和砷污染的实验室研究取得新的进展。

四、城市地质调查

广州城市地质调查项目共分为5个专项和5个独立研究专题展开。基本查明了广州市三维地质结构，对影响及制约城市规划建设、发展的软弱岩性层和断裂构造的分布、发育情况进行了勾绘，并编制了1:5万广州市地质图、广州市基岩地质图、广州市断裂构造图等系列图件；根据广州地下空间开发现状和广州地质特征，建立了包含13个评价因子的广州城市地下空间资源质量与容量评估的指标体系，运用模糊数学原理，构建了广州城市地下空间资源综合评估模型；基本查明广州市岩溶地面塌陷、地面沉降、地下采空区潜在地面塌陷和低山丘陵区的崩塌、滑坡、泥石流等地质灾害发育现状；对潜在的各类地质灾害危险性进行了研究，查清了各类地质灾害发育规律；首次系统调查核实了广州市72处，垃圾处理场特征及基本地质环境条件等情况，建立了广州市垃圾处理场分布和垃圾填埋场址优选区划数据库；完成广州城市地质测试数据的建设工作；完成地质灾害数据库、垃圾场数据库、绿色农业数据库等的建库工作；完成基础地质南沙、花都、都会、白云新城、荔城三江5个片区三维模型制作；基本完成软件系统开发工作，实现了数据结构的动态管理，建立了二维通用评价模型，实现了大数据量剖面三维模型的构建、显示和分析。

五、水文地质调查评价

（一）珠江三角洲地区地下水污染调查评价。

探索总结了地下水污染调查、采样技术方法，规范了调查、采样工作程序，为地下水污染调查评价工作的全面铺开积累了经验；通过收集资料研究与实地调查，基本掌握了重要污染源分布规律和土地利用现状；充分利用区域水质分析资料，采用舒卡列夫分类法进行了区域浅层地下水水化学分类，并分析研究了区域浅层地下水水化学特征；采用层级阶梯评价法对区域与重点地区地下水质量和污染进行了评价，并对评价结果进行了分析研究；建立了地下水污染监测网络体系，并进行了优化设计；对所获得的调查数据资料进行了整合集成，录入调查资料1352份、各类测试数据123819个，建立了地下水污染调查评价数据库；对重点地区高铵地下水进行了深入调查研究，研究其分布特征、水化学特征与同位素组成，发现有价值水点21处；编制附图80幅，并参加了计划项目成果图集的编制。

该项目通过了野外验收和成果报告评审。

（二）珠江三角洲经济区城市群地质综合调查与区划。

为新开项目。2009年，完成了总体设计编写、审查和设计修改。制作1:5万野外手图33幅，设计表格3大类。完成了3个时相1:25万遥感影像图、1个时相1:5万遥感影像图的制作，建立的解译标志。初步编制完成设计的13幅1:25万环境地质基础图件。完成地球物理勘探，水文地质钻探，工程地质钻探，样品采集、送检工作。

通过承办珠江三角洲地区改革发展地质环境保障工程需求调研会，掌握了各级政府和相关部门对地质环境工作的需求，加深了地质部门与其他相关部门的相互了解，达成了重要共识。这为下一步工作的针对性和实用性打下了基础。综合分析相关资料，将填海造地区土地利用划分为3个阶段；对区内环境地质问题进一步梳理，认为地面塌陷、软土地面沉降、水环境污染是珠江三角洲地区目前最具影响力的环境地质问题。基本查明了工作区地质环境条件、主要环境地质问题和地质灾害，取得了一些新的成果和认识。通过1:5万遥感解译结果证明近10年填海造地工程是造成海岸变迁最主要的原因。制作完成了1:25万珠江三角洲经济区地貌单元分区图、地质图、第四纪地质图、水文地质图、地下水水化学图、人口密度图、土地利用现状图、活动断裂与历史地震分布图等13幅基础图件。

六、环境地质调查评价

广东省典型市县级土地质量地球化学评估项目完成设计书的编写，完成土壤地球化学测量、水地球化学测量、植物样品采集等野外工作任务。完成了表层土壤测量744km²、3024件土壤样品的采集；灌溉水样51组；垂向剖面15条，共30m，采集土壤和岩石样品81件；植物样和根系土样各90件。完成了所有土壤样品的加工与包装；完成实际材料图的编制；完成了全部灌溉水样品和部分植物样品的测试工作，对测试数据进行了初步整理。

矿产资源调查评价

一、固体矿产资源调查评价

（一）广东粤北地区锡铅锌多金属矿评价。

提交新发现乳源天门嶂锡矿、连州潭岭锡矿、阳山保耳垌锡多金属矿，始兴沟子坑锡多金属矿，乳源和尚田钨锡矿等5处矿产地；对预查和普查区都大致查明了矿体的数量、形态、产状、规模及其变化；圈定1:5万化探综合异常71处，其中乙类异常62处；通过异常查证发现了始兴沟子坑锡多金属矿、阳山保耳垌锡多金属矿、乳源野鸭塘锑矿等；划分了9个找矿靶区，其中始兴沟子坑锡多金属矿、乳源天门嶂钨锡矿、乐昌和尚田钨锡多金属矿等均具较大的找矿潜力；提交新增资源量 Sn（333 + 334_1）11.75 万吨，其中 Sn（333）1.86 万吨；Pb + Zn（334_1）7.03 万吨；WO_3（334_1）5.84 万吨；Sb（334_1）3.98 万吨。

（二）广东怀集连麦地区铅锌铜矿评价。

通过开展地质物化探工作，初步总结了本区成矿类型，成矿特征和找矿方向，为下步找矿工作提供依据；通过开展青皮铁铜多金属矿区预查、大坪铁铜多金属矿区预查及佛仔洞铅锌多金属矿区异常查证、河坝、大鱼铜矿等矿点检查，取得新发现矿产地1处，具有进一步工作前景的靶区4处；提交青皮和大坪矿区估算资源量（333 + 334）铁矿石量516.20万吨，铜金属量43948吨，铅金属量24647吨，锌金属量33272吨，锡金属量9562吨，银金属量253吨。

（三）广东龙门拗陷铅锌矿评价。

对区域成矿地质条件进行了初步了解，提交了龙门县马星-热水（铅锌锡）、桃子窝-山羊寨2处新发现矿产地；1:5万水系沉积物测量圈定了综合异常28处，查证了异常8处；根据地球化学异常特征与地质矿产特征，圈定了找矿靶区8个；划分了龙门拗陷铅锌铜银、火山岩盆地及其周缘紫金曾公嶂锡多金属、紫金清溪铜铅锌、梅南铜多金属等4个找矿远景区；提交审查的（334）资源量共计 Pb + Zn 4.98万吨、Sn 0.50万吨（伴生 Sn 0.14万吨）。其中马星-热水矿区 Pb 0.12万吨、Zn 4.86万吨、Sn 0.21万吨（其中伴生 Sn 0.14万吨）；桃子窝矿区 Sn 0.29万吨。

（四）广东九连地区矿产远景调查。

在建立和完善测区地层系统的基础上，建立地层填图单位32个（合4个非正式岩性段）；建立侵入岩填图单位17个；初步查明了测区构造变形总体特征，分析研究了重要构造的控矿作用；1:5万物、化探发现和圈定了高精度磁测异常24处，水系沉积物综合异常26处；提出找矿靶区5处、具找矿前景的矿（化）点5处、提出预测远景区5个，并从中筛选15个分别进行了矿产资源远景评价。

（五）广东省城口地区矿产远景调查。

基本厘清调查区地层，划分为13个地层单位；基本查清区内控矿及容矿构造；按照侵入时代及顺序，将区内花岗岩划分为11个岩浆期次的填图单元；圈定地球化学特征综合异常区15处（其中甲类异常4处，乙类异常5处，丙类异常6处）；圈定地球物理特征局部异常4个；初步划分3处预测远景区，其中A类1处、B类2处；圈定松子岭、西坑、中山坑、乐昌林场、土冲和九峰林场等找矿靶区7处。

（六）广东始兴地区矿产远景调查。

对本区侵入岩与成矿的关系进行了初步探讨，发现金属矿产以钨矿为主，次为锡多金属矿、铅锌矿；在本区花岗岩中 Cu，Pb，Zn，Be，Nb，Ta 等成矿或与成矿有关的元素明显高于维氏值，且含有黑钨矿、辉钼矿等副矿物；在测区厘定出褶皱11条、断层49条，建立了测区构造格架；共圈定79个物探异常、圈定水系沉积物综合异常51处；圈定了5处找矿远景区，其中A类远景区2处、B类远景区2处、C类远景区1处；圈定了找矿靶区11处。

（七）广东省梅县区矿产远景调查。

完成了全部野外工作。取得的主要成果有：初步查明了测区地层层序、岩性、岩相、厚度、地球化学特征及含矿性，建立11个岩石地层填图单位；根据1:5万水系沉积物测量测试数据，对各元素的区域地球化学特征进行了系统总结，初步圈定了 W，Sn，Mo，Bi，Cu，Pb，Zn，Ag，Au，Mn，As，Sb，F，La，Y，Ce 共16个元素的异常，编制了16个元素的单元素异常图及元素组合异常图；初步圈定了24个具有找矿前景的综合异常，其中乙1类异常7个，乙2类异常2个，乙3类异常15个；解译出断裂200余条，主要断裂20多条，初步了解了田东异常区、飞鹅山异常区及宝山异常区的地质构造概况，判断了区内主要矿化类型和矿体空间展布特征，并圈定了一些矿体，取得了较好的找矿效果。

（八）广东连平地区锡铅锌多金属矿远景调查。

已全面完成面上调查工作。主要成果有：收集了前人实测的大坑口幅、沙口圩幅1:5万地质测量的成果资料，对设计书中所涉及的地层进行整合与归并；建立了25个岩石地层填图单位和5个岩浆岩时代岩性填图单位；完成了大坑口、沙口圩、隘子和翁城幅4幅图的1:5万水系沉积物测量野外样品采集工作；完成了隘子和翁城幅的1:5万矿产地质测量；完成了连平地区1500m钻探工作；完成了大坑口、沙口圩、隘子和翁城幅的1:5万高精度磁法测量。

上述6个项目共圈定物探异常107个，化探异常234个，圈定综合异常76个；划分找矿远景区15个，圈定找矿靶区23个，并提供了一批可供矿产评价的新区。其成果报告通过评审，均为良好级。

二、矿产资源潜力评价

广东省矿产资源潜力评价项目共分成矿地质背景研究、成矿规律与矿产预测、物探化探遥感和自然重砂综合信息研究、广东煤炭资源潜力预测评价和综合信息集成5个课题组开展工作，各课题组全省基础图件已编制完成。

基本完成1:25万分幅实际材料图面编制工作，建库工作完成50%；基本完成1:25万分幅建造构造图面编制工作及建库工作；全部完成全省铁矿、铝土矿预测工作区地质构造专题底图编制工作；基本完成全省铁矿铝矿各个预测工作区最小预测区的圈定及资源量的估算；基本完成全省各预测区的基础图件及解释图件，共编制图件3982张，反演剖面415条；化探完成了1:20万区域化探数据库的维护、完善；完成了全省综合性7种图件和全省5个矿种找矿预测区图；完成了全省性94个单矿物重砂异常图圈定工作；完成圈定13个矿族的自然重砂异常图；完成50多张省级重砂汇水盆地异常图属性卡片填写并录入电脑中；完成200多张预测区异常图的圈定工作及建库工作，累计新填综合信息集成卡1403份，并全部安排入库；完成了全省所有图幅共42幅的1:20万地质图矢量化工作，并开展部分图幅的矢量化质量检查工作；完成了1:5万云浮幅2615个样品的自然重砂数据库的录入及自检工作；完成全省21幅1:25万地理底图的换库及整理工作；完成了工作程度数据库的维护工作，补充收到了27份相关地质工作程度资料，填写了相应的属性，并完成入库工作。

三、矿业权实地核查

广东省矿产资源储量核查工作严格按照“了解情况、具备资质、区域分区”的原则，项目办公室在全省范围内优选了30多家地测单位，324名技术人员，以任务书形式委托相关地测单位进行矿业权实地核查工作。全面完成野外实测矿业权2141个（详查以上探矿权121个，采矿权数2020个（省部级发证202个，市、县级发证1818个）。

四、矿产资源储量核查

广东省矿产资源利用现状调查主要以核查煤炭、铁、锰、铜、铝、铅、锌、钨、锡、锑、钼、稀土、金、银、硫、硼、重晶石、萤石、高岭土、油页岩、地热、矿泉水等22个矿种资源储量为重点，摸清资源家底，更新矿产资源储量库数据，建立矿产资源储量核查数据库。截至2009年底，已完成核查报告的矿区数475个，完成比例80.4%。省内新增加的地热与矿泉水矿种矿区已完成报告11个，完成比例11.7%。

安全生产管理

2009年，广东省地质调查院以申报办理“安全生产许可证”为契机，集中专门力量，在组织编写“地质勘探行业安全生产许可证”申报材料和进行安全评估的同时，对该院安全生产岗位责任及操作规程等进行了全面修订和完善，共拟制下发了安全生产责任制2章27条、安全管理制度24个，内容涉及安全管理工作的方方面面。并先后两次邀请广东省安监局培训中心的专家到该院进行安全生产培训；选派2人参加了省安监局举办的“非煤矿山企业主要负责人和安全管理人员培训班”学习；选派1人参加了“地质勘查安全生产专修课程培训班”学习；为职工发放各类学习材料9种80本。全年共投入安全经费221810.48元，发放各类防护用品共1677件（套），野外应急救治药品10批次，为确保做实做好安全工作打下了坚实基础。

（郑建平）

海南省地质调查院工作

海南省地质调查院

基础地质调查

一、区域地质调查

（一）1:5万昌洒市、文昌县、清澜港、铜鼓嘴幅联测。

1. 应用多重地层划分对比方法，将测区地层分区划分为12个岩石地层单位，提高了测区地层研究程度。

2. 获得了一批测年数据，为新近纪石马村组、石门沟村组、第四纪多文组火山岩的时代归属，以及中更新世松散沉积物的物质来源提供了可靠依据。

3. 根据岩性、岩体接触关系，结合同位素年龄资料，将区内侵入岩划分了5个侵入期次，开展了岩石学、岩石地球化学资料分析研究，探讨了成因类型和形成的构造环境。

4. 运用火山岩双重填图法，对测区新近纪、第四纪火山岩进行了岩石学、岩石化学、岩相、火山活动旋回及火山机构的调查研究，将测区火山岩划分为3个火岩活动旋回，厘定出3个火山机构，对蓬莱镇一带上新世碱性橄榄玄武岩及其中的幔源包体进行了系统的岩石学、岩石地球化学、同位素地球化学研究，为深部地壳结构研究提供了依据。

5. 在收集前人资料的基础上，基本建立了测区断裂构造格架，开展了区域地壳稳定性初步评价。

6. 新发现了1处钼矿化点和1处石英砂矿，初步总结测区成矿规律，划分出5个成矿远景区。结合社会经济发展需求，基本查明了测区水文地质、工程地质、环境地质特征和旅游地质资源。

（二）1:5万兴隆县、陵水县、什岭市、吊罗山幅联测。

1. 对测区侵入岩进行了较系统的调查研究，根据岩石类型、岩浆演化序列、侵入体之间的接触关系及同位素年龄，将测区侵入岩划分为22个填图单位，基本查明了测区侵入岩时空分布和演化序列，为研究测区构造岩浆演化提供了基础地质资料。

2. 据最新同位素年龄值，将原归属于中三叠世的尖石岭岩体侵入时代重新厘定为中二叠世，将廖次岭岩体的侵入时代从早白垩世重新厘定为晚侏罗世。

3. 在中三叠世碱性岩中（麻山田石英正长岩）发现辉石麻粒岩包体，为研究该期花岗岩体成因及构造背景提供了依据。

4. 在芒山水库—吊罗山林场一带发现花岗质韧性变形带，并分别获得了La-ICPMS锆石U-Pb年龄为265.9Ma和285.8Ma，为研究测区华力西构造运动特征及构造单元划分提供了基础地质资料。

5. 采用1:1万土壤测量、地质草测及少量地表工程等手段，对调查区局部地段进行了矿点检查，发现钼、铁、稀土等多处矿化信息。

二、区域地球物理调查

2009年，海南省地质调查院开展的区域地球物理调查工作主要为“海南岛1:10万高精度航磁测量”。截至2009年底，已完成了海南岛1:10万的高精度航磁41103.9km测量工作及相应的图件编制。本次的1:10万高精度航磁测量成果与过去的海南岛1:10万航磁测量成果相比，在海南岛中部地区各种地质体的磁场特征反映非常明显，有望在测区圈定多处有找矿意义的航磁异常，为测区今后的地质找矿提供有用信息，为海南岛的区域地质、矿产地质、科学研究，以及地震等部门提供更丰富的地球物理资料。

另外，2009年，在“海南保亭同安岭-尖峰岭地区铜金矿远景调查”、“海南省尖峰-千家地区钼铜钨多金属矿潜力调查评价”、“海南省同安岭-牛腊岭地区铜金钼多金属矿潜力调查评价”、“海南省东方公爱-乐东南寨地区金钼多金属矿资源潜力评价”等项目中，海南省地质调查院同时开展了地球物理勘查工作。其中，完成可控源音频大地电磁法剖面测量38.62km、测点数966个，编制视电阻率等值线剖面图32幅，完成可控源音频大地电磁法报告7篇；完成中梯激电剖面测量18km，中梯激电扫面2km^2，编制视电阻率、视极化率剖面图各7幅，综合剖面图7

幅；编制视电阻率、视极化率平面等值线图各1幅，综合平面图1幅。完成中梯激电报告1篇；完成1:1万高精度磁法剖面测量31.7km，面积性测量33.1 km^2，编制ΔT等值线剖面图18幅、ΔT等值线平面图3幅，完成磁法报告1篇。

三、区域地球化学调查

2009年，海南省地质调查院在实施“海南保亭同安岭-尖峰岭地区铜金矿远景调查”工作中，开展了区域地球化学调查工作。完成1:5万水系沉积物测量2170 km^2，圈定综合异常32个。对部分水系沉积物综合异常（面积90.17 km^2）进一步开展了1:1万土壤测量工作，圈定综合异常27个；圈定二级浓度分带的Au异常17个，Mo异常6个，Ag异常8个，Pb，Zn异常6个，Cu异常4个。

四、遥感地质调查

（一）海南非金属矿集区遥感地质综合调查。

2009年，通过对工作区的遥感调查与监测，发现工作区中有部分地区存在违法开采现象，如文昌-琼海工作区锆钛砂矿越界开采、无证开采共11处；昌江石碌工作区水泥用灰岩越界开采、无证开采21处；琼中什统工作区灰岩矿无证开采5处。通过多目标遥感调查与监测，发现了这些非法采矿活动，为海南省的矿产资源管理、行政执法及时提供了可靠直观的信息和依据，同时也为开展矿山环境恢复与治理提供了相关信息。

（二）海南省及广东省1:25万基础地质遥感解译编图。

1. 充分搜集了调查区地质、地震、航磁及重力等资料，利用各种卫星遥感数据进行了第四系、地貌及断裂构造遥感解译编图工作，完成了野外检查验证路线2000km，野外地质检查点120个。处理1:25万地形图31幅。在综合分析的基础上完成了海南省和广东省1:25万基础地质遥感解译图、地貌图及断裂构造遥感解译图各一套。

2. 通过影像信息提取圈定了调查区地层与岩浆岩类型，并论述了其岩性及空间分布特征；建立了第四系地质遥感解译标志，基本查明了调查区第四系成因类型及其空间分布特征。

3. 通过影像信息提取，共解译出26种地貌类型，并叙述了其分布及岩性特征。

4. 通过收集研究区有关构造方面的研究成果，特别是广东省、海南省地震活动资料，提高了断裂构造解译的可信度和研究程度，对区域新构造活动特点进行了初步分析。为区域城市建设与规划、交通发展建设、重大工程建设以及地质环境保护提供基础性资料和科学依据。

五、多目标区域地球化学调查与评价

（一）海南岛1:25万多目标区域地球化学调查。

截至2009年底，已全部完成了项目的野外调查工作，并提交了第一层次区域调查的成果报告，第二层次的区域评价和第三层次的局部评价工作已进入报告编写阶段。

第一层次区域调查成果如下：

1. 首次获得了海南岛表层土壤、深层土壤、近岸海域沉积物中54项指标、全岛地表水、浅层地下水36项指标的高精度地球化学数据；建立了海南岛土壤与沉积物中52种元素地球化学基准值和背景值，编制了元素地球化学图及其他基础图件，将海南岛划分为3个地球化学区和2个亚区，全面系统更新了海南岛区域地球化学资料，深化了对海南岛区域地球化学特征的认识，展示了调查成果广泛应用前景。

2. 深入研究了海南岛土壤中元素含量特征和空间分布规律。研究表明，与全国平均水平相比，海南岛土壤中铝、锡、铊等元素基准值显著偏高，碱金属、碱土金属等其他元素偏低；土壤中铝、锡、氟等元素背景值偏高，其他元素偏低；进一步分析了土壤元素分布特征与成土母岩母质、地形地貌、土壤类型、土地利用的关系。表层土壤相对于深层土壤明显富集碳、有机碳、氮等元素，贫化碱金属、碱土金属和多数微量元素。

3. 参照土壤、水、海洋沉积物等环境质量标准，对海南岛生态环境质量进行了评价，结果表明94.5%的土地为绿色、优质、安全土地，近90%的土壤为一、二级水平，清洁（Ⅰ～Ⅲ类）地表水占98.5%，环岛潮间带和近岸海域沉积物十分洁净，为建设海南生态省、国际旅游岛提供了地学依据。

4. 与全国第二次土壤普查标准相比，海南岛土壤中缺少有机质、氮和磷，钾含量丰富。首次发现了面积达9545km^2的富硒土壤区，初步研究了土壤硒来源和硒地球化学特征，提出了富硒土壤开发利用建议，为富硒农产品发展规划、农业结构调整提供了基础依据。

5. 对调查发现的重金属等元素异常进行了初步的查证。根据地球化学异常分布与异常查证成果，综合区域地质和成矿规律认为，海南岛具有良好的铁、锆、钛、铝、金、钼、铅、锌等17个找矿远景区。首次在海南岛西部近岸海域发现和初步评价了5个锆钛砂矿体，展示了海南岛西部浅海区锆钛砂矿资源的良好前景。

6. 对海南岛潮间带与近岸海域沉积物调查成果进行了综合研究与评价，其调查与评价的工作思路和方法技术为中国沿海地区潮间带与近岸海域沉积物调查与综合研究提供了重要经验。

7. 以多目标区域地球化学调查为基础，进行了区域土壤环境质量、营养有益元素分级、地表水环境质量等评价与分区，为海南省国土规划、农业区划、环境保护、资源潜力评价等提供了依据。

8. 建立了海南岛区域地球化学数据库，实现了海量数据信息化、系统化管理，为“资料共享”提供了技术平台，为“数字海南”提供了地学支持。

第二层次区域评价：通过区域生态地球化学评价工作，量化了海南岛海陆交互作用的地球化学过程；提出了农业用地科学施肥、种植结构调整和富硒农产品开发建议；证实了海口、三亚两市大气环境质量的优越性。

第三层次局部生态地球化学评价工作，催生了海南省第一件富硒农产品——定安火山富硒香米，评价了海南省优质农产品树仔菜等的土壤环境种植适宜性等。

（二）海南省土地质量地球化学评估、海南省典型市县级土地质量地球化学评估。

项目于2009年1月启动，截至2009年底，前者已进入评估研究报告编写阶段。后者在定安县南部五镇首次系统开展1:5万土壤地球化学测量、1:5万生态环境地质草测、灌溉水地球化学测量和农产品测量等，对该区的土地状况、地质背景、生态环境等有了初步了解；灌溉水地球化学测量显示，评估区农田灌溉水环境质量普遍较好，全部样品均符合灌溉水水质要求，各评价因子浓度普遍较低，其中重金属元素浓度远低于灌溉水水质标准。评价结果显示，灌溉用水不会对农作物生态环境造成危害。

六、城市地质调查

通过对海南省主要城市环境地质调查评价工作，查明了海口市、三亚市、儋州市、琼海市、万宁市、东方市、文昌市、五指山市等主要城市的地形地貌、地质构造、水文地质、工程地质、环境地质等地质环境条件及存在的主要环境地质问题；分析了主要环境地质问题的发育特征、分布规律形成条件及影响因素，对城市环境地质问题造成的危害、社会经济影响和损失进行了评估；对主要环境地质问题进行评价，并提出防治对策建议；初步查明了主要城市区内的应急（后备）地下水水源地、热矿水资源、地质景观资源等城市地质资源；对城市建设用地地质环境质量进行了评价，为城市规划和建设提供了科学依据。

七、海洋地质调查

琼州海峡多目标区域地球化学调查项目取得的成果如下：

1. 首次获得了琼州海峡表层和深层沉积物54项元素指标的高精度地球化学数据，建立了琼州海峡沉积物元素地球化学基准值和背景值，表明琼州海峡沉积物的物质组成总体上较中国浅海和南海更“洁净”，人为作用影响甚微，从而找准了琼州海峡沉积物在中国海洋国土中所处的地球化学“位置”。

2. 参照海洋沉积物质量标准，对琼州海峡沉积物中重金属元素和有机碳指标进行了质量评价，表明琼州海峡沉积物环境质量除个别港湾外均为优良级，适宜海洋渔业、自然保护区、海水浴场等使用功能。结合沉积物中与海洋生物正常生长有关的营养与微量元素丰缺状况，进行了沉积物综合质量分等，表明琼州海峡一等沉积物绿色区占总面积的11.33%，二等沉积物优质区占总面积的59.96%，三等沉积物安全区占总面积的28.71%，没有四等和五等的重金属元素超标区域。海洋沉积物质量状况与综合分等结果对琼州海峡的利用和规划具有科学的指导意义。中国生态地球化学调查项目首席科学家、中国地质大学（北京）杨忠芳教授评价说，琼州海峡沉积物环境质量优良，表明海南生态省和国际旅游岛建设基础良好，也为海南省发展“蓝色经济”、打造海洋绿色产业提供了得天独厚的自然条件。

3. 根据元素地球化学异常分布特征，圈出了锆英石砂矿的找矿远景区，其中三级远景区2处；根据与油气资源有关的指示元素异常指出了2处油气资源预测区。海南省地质矿产勘查开发局副局长兼总工程师廖香俊研究员说，该成果为新形势下规划海南省优势滨海砂矿矿产资源的勘查和开发开辟了新的“战场”，巩固并提高了海南省滨海砂矿在全国的优势地位。

4. 以区域地球化学调查成果为基础，进行了基础地质与海洋环境研究，探索了琼州海峡沉积物物质组成及来源演化，形成了关于琼州海峡基础地质的新资料和新认识，为进行深层次的科学研究提供基础的地质地球化学资料。

5. 建立了琼州海峡区域地球化学数据库，实现了调查数据的信息化和系统化管理，为“资料共享”提供了技术平台，为“数字琼州海峡”提供了地球化学支持。

琼州海峡多目标地球化学调查项目的实施，是新时期国土资源大调查工作在海域国土地球化学调查方面的第一次系统性、区域性的调查，填补了琼州海峡此类工作的空白，调查与评价工作形成了一整套完善的方法技术，为中国其他海洋国土进行多目标区域地球化学调查与研究提供了宝贵经验。

八、水文地质调查评价

2005～2009 年，在“海南省主要城市环境地质调查评价”项目的实施过程中，海南省地质调查院同时开展了琼北盆地水文地质调查评价工作。通过工作，基本查明了琼北供水水源地区域地下水系统的空间分布与结构、地下水补、径、排条件；建立了琼北盆地区域三维流数值模型，通过模拟计算，得到琼北盆地现状开采条件下的天然资源量为 674.8 万 m^3/d，其中潜水补给资源量为 501.7 万 m^3/d，承压水补给资源量 172.7 万 m^3/d；地下水可采资源量为 240.08 万 m^3/d，其中潜水开采资源量为 96.28 万 m^3/d，承压水可采资源量为 143.20 万 m^3/d；琼北盆地应急（后备）地下水源地开采量约为 60 万 m^3/d，与琼北地下水可采资源量（承压水）143.20 万 m^3/d 相比，预测琼北盆地承压水开采量仅占其可采资源量的 65.64%，琼北盆地地下水资源保证程度高，作为应急水源地是有保证的。

九、环境地质调查评价

海南旅游地质调查评价示范项目共完成海口、三亚、文昌、儋州等 13 个市（县）的 1:50 万旅游地质资源调查，调查面积 26564km^2。参照《旅游资源分类、调查与评价》规范，将已完成调查工作的区域内旅游地质资源划分为 17 种类型，基本查明了旅游地质资源的分布特征、开发利用现状及开发利用条件，已完成旅游地质资源调查工作占海南岛面积的 78.3%。

另外，2009 年，先后完成了三亚市田独镇白石岭建筑石料矿、定安县定城镇南珠瓦灶洋粘土矿矿山地质环境治理设计编写，同时完成了临高县博厚镇和天村粘土矿矿山地质环境治理的施工工作，消除了矿山地质环境问题，提高了矿山土地利用率，为矿山地质环境治理探索了一条新路。

十、灾害地质调查评价

2009 年，海南省地质调查院对保亭县南林学校河岸侵蚀崩塌、五指山市冲山镇省民族博物馆东南侧崩塌、五指山市冲山镇荣最岭西北侧崩塌等地质灾害场地开展了调查评价。通过灾害地质调查评价，为地质灾害的治理提供技术指导，对地质灾害防治工程提出科学建议，消除了地质灾害对当地群众生命财产安全的威胁，改善人居环境、促进和谐社会建设。

矿产资源调查评价

一、固体矿产资源调查评价

2009 年，海南省地质调查院开展的固体矿产资源调查评价工作，主要包括中国地质调查局下达的国土资源大调查项目、中央地质勘查基金项目、财政部财政补贴地质勘查项目、国土资源部下达的资源补偿地质勘查项目、海南省国土环境资源厅委托的矿产勘查项目，以及对外开展的商业性矿产勘查项目等。

（一）国土资源大调查项目。

1. 海南保亭同安岭火山岩盆地铜金矿评价。

共圈定了 1:5 万水系沉积物单元素异常 349 处，综合异常 75 处，其中 11 处综合异常已进行 1:1 万土壤化探详查；圈定了 1:1 万土壤测量单元素异常 359 处，综合异常 74 处，其中 21 处综合异常已进行不同程度的工程验证；新发现矿产地 2 处和金、钼等金属矿（化）点 8 处，提交 333 + 334_1 铜资源量 11844.81 吨，铅锌资源量 103047 吨；圈定了 3 个找矿远景区和 9 个找矿靶区，指出了区内的优势矿种、主攻矿床类型和找矿方向。

2. 海南尖峰岭-雅加大岭金多金属矿评价。

共圈定 1:5 万水系沉积物单元素异常 131 个，主要综合异常 37 个，圈定 1:1 万土壤 Au，As，Sb 3 种单元素异常 38 个，综合异常 17 个。新发现矿产地 4 处，其中抱告村钼矿床共探获 333 + 334 钼金属量 14135 吨，平均品位 0.073%，其中 333 钼金属量 1823吨，平均品位 0.084%；牙老金矿区共求获金 333 + 334_1 金属量 5.13 吨，平均品位 7.94×10^{-6}，其中 333 金属量 0.99 吨，平均品位 $9.33\times^{-6}$。圈定了 3 个 A 类找矿远景区，11 个找矿靶区（A 类 6 个，B 类 2 个，C 类 3 个）。

3. 海南保亭同安岭-尖峰岭地区铜金矿远景调查。

2009 年主要开展地质填图、物化探、槽探、钻探等工作。经过工作，在新村什堆矿段布设的钻孔ZK002和ZK402中共圈定钼矿化体25个，其中ZK002圈定钼矿化体7个，工程真厚度1.04～2.90m，平均品位0.0298%～0.0561%；ZK402圈定钼矿化体18个，工程真厚度1.00～3.62m，平均品位0.0320%～0.3260%。在红岭矿区布设的钻孔ZK00307中，圈定钼矿化体9个，矿化体工程真厚度1.00～1.20m，平均品位0.043%～0.462%。

（二）资源补偿地质勘查项目。

1. 海南同安岭地区矿产远景调查。

一是对区内的地、物、化、遥等资料进行了综合整理，对区内的基本成矿地质背景、遥感地质特征、物化探异常分布特征及与矿化的关系进行了综合分析和研究，确定了工作的主攻矿种及找矿方向；二是总结了同安岭地区9种元素的空间分布规律、在各种地层及岩体中的分布特征、富集规律及其组合特征。对同安岭地区各元素的活化迁移、矿化富集与地层、岩浆岩、构造断裂、破碎带的关系进行了地球化学初步解释；三是把工作中所获取的资料与前人资料进行对比研究和分析，对振海山地区的矿床成因、矿床类型提出了新的观点，指出了新的找矿方向；四是综合分析地、物、化、遥和矿产等各类信息，对成矿规律进行了初步研究，建立了铁、铜矿床区域找矿模型和钼矿床区域找矿模型；五是对同安岭地区的找矿远景进行了初步预测和评价，共划分了9个成矿预测远景区和9个找矿靶区，其中A类成矿预测远景区5个，B类成矿预测远景区4个，A类找矿靶区6个，B类找矿靶区3个，并对找矿靶区内的主要1:5万水系沉积物异常进行了资源量（334_1+334_2）估算，对调查区进行了资源潜力（334_1+334_2）预测。

2. 海南牛腊岭地区矿产远景调查。

根据综合研究结果，结合调查的实际情况，按照矿种、类型确定预测对象，以已知矿床、矿（化）点及成矿地质条件为基础，化探信息为先导，综合地、物、化信息标志的圈定原则，在调查区内圈定了亳仲岭-豪岗岭铁、钼、金多金属成矿预测远景区（A类）、石门山-福报钼、铅、锌多金属成矿预测远景区（A类）和牛腊岭金、银、铅、锌多金属成矿预测远景区（B类）。

（三）中央地质勘查基金项目、财政部财政补贴地质勘查项目。

1. 海南省昌江县峨贤岭金矿普查。

为中央地质勘查基金项目，2009年编写了《海南省昌江县峨贤岭金矿普查工作总结》，并已通过评审。

2. 海南省琼海烟塘梅岭铜钼矿勘查。

为财政部财政补贴地质勘查项目，2009年主要实施钻探工作，共布设2个钻孔，深度分别为450m、500.20m，均见Cu，Mo矿化。

（四）海南省国土环境资源厅委托的矿产勘查项目。

戈枕断裂（南区段）中深部金矿资源潜力调查评价项目2009年主要开展物探和钻探工作。经钻探，在ZK6807孔中圈定金盲矿体3个。一见于孔深179～182m，见矿标高－18.5m，真厚度2.64m，品位$1.96\times^{-6}\sim5.08\times10^{-6}$，平均品位$3.52\times10^{-6}$；二见于孔深198～200m，见矿标高－35.2m，真厚度度1.81m，平均品位8.19×10^{-6}；三见于孔深171～173m，见矿标高－10.6m，为表外矿体，真厚度1.81m，平均品位2.11×10^{-6}。

“海南省千家地区钼钨铜多金属矿潜力调查评价”、“东方公爱-乐东南寨地区金钼多金属矿资源潜力评价”、“海南南丰-仁兴地区金铜多金属矿预查-普查”、“海南省同安岭-牛腊岭地区铜金钼多金属矿潜力调查评价”等项目，2009年度主要开展1:1万地质填图、1:1万土壤测量、1:5万水系沉积物测量、1:5万高精度磁法测量及槽探等工作。经过工作，“海南省千家地区钼钨铜多金属矿潜力调查评价”项目，在峨文岭矿区，通过1:1万土壤测量圈定了6个Cu，Mo，W，Au综合异常，5个Pb，Zn，Ag，As综合异常；“东方公爱-乐东南寨地区金钼多金属矿资源潜力评价”，经1:5万高精度磁测和1:5万水系沉积物测量，分别圈定物探异常35处，1:5万水系沉积单元素异常119处，综合异常20处；“海南南丰-仁兴地区金铜多金属矿预查-普查”项目，经1:5万水系沉积物测量，圈定单元素异常272处，组合异常50处。

（五）商业性矿产勘查项目。

2009年，开展的商业性矿产勘查项目有：“昌江石碌矿区及外围铁多金属矿勘查”、“海南省乐东县后万岭矿区铅锌矿详查”、“乐东县利国镇红岭钼多金属矿普查”、“保亭县新村铜钼矿普查”、“保亭南茂矿区铜矿普查”、“昌江县昆雅岭石灰岩矿详查”、“昌江县七水村石灰岩矿普查”、“乐东县乾言岭钼矿普查”、“乐东县尖峰黑眉岭钼矿普查”、“琼中县什晏岭铅锌多金属矿普查”、“海南省三亚市楠顶岭铜钼矿普查”、“陵水县田仔乡常树岭金矿普查”、“东方市风水山金矿普查”、“东方市罗旺岭金矿普查”、

"东方市风塘岭金矿普查"、"东方市俄龙岭金矿普查"、"东方市峨麻岭金矿普查"等。

此外，对保亭县南林腰岭铁矿详查区、乐东苗村金多金属矿普查区、千家镇西郎岭铅锌矿普查区、昌江乌烈白石岭铅锌多金属矿普查区、白沙元门东风村金多金属矿普查区、乐东孔毛团金矿普查区、乐东南扁岭北钼矿普查区、那大西培金矿普查区、白沙县峨赞岭金多金属矿普查区、东方市志院山铅锌多金属矿普查区、三亚市凤凰镇白毛村钼多金属矿普查区开展了1:1万土壤测量工作。

以上项目除"昌江石碌矿区及外围铁多金属矿勘查"提交成果外，其他均在续作中。

二、矿产资源潜力评价

（一）完成了海南省东方县、琼海县、乐东县和陵水县4个1:25万图幅的实际材料图、建造构造图等图件的编制及数据库的建设工作。

（二）按照项目技术要求完成了海南省磁力、重力、化探、重砂、遥感资料收集、数据处理、异常解译工作、地质构造推断工作，编制了相关的一系列图件。

1. 完成了海南省航磁、地磁工作程度图、1:50万航磁 ΔT 等值线平面图、1:50万航磁 ΔT 低纬度化极等值线平面图、1:50万航磁 ΔT 低纬度化极垂向一阶导数等值线平面图、1:50万磁法推断地质构造图、海南省磁异常分布图及海南省磁法推断磁性矿产分布图、海南省重力工作程度图、海南省布格重力异常等值线平面图、海南省剩余重力异常等值线平面图、海南省重力推断地质构造图等省级物探图件的编制及数据库建设。

2. 完成了海南省化探工作程度图、地球化学景观图、单元素地球化学图、单元素异常图、元素组合异常图、综合异常图90张等省级化探图件的编制及数据库建设。

3. 完成了海南省自然重砂工作程度图1张、自然重砂图10张、自然重砂分级图8张、自然重砂组合矿物异常图18张、自然重砂综合异常图3张等省级重砂图件的编制及数据库建设。

4. 完成了1:25万分幅遥感基础图件16张，1:50万全省遥感综合性图件4张，铁典型矿床遥感类图件4张，铁、铝预测工作区遥感类图件16张等省级遥感图件的编制和数据库建设。

（三）开展了海南省大地构造演化研究，进行了四级大地构造单元划分。把海南岛划分为武夷-云开-台湾造山系和印支地块两个Ⅰ级构造单元，对应Ⅰ级构造单元分别划分了五指山岩浆弧和三亚地体两个Ⅱ级构造单元，把五指山岩浆弧划分为雷琼裂谷和五指山褶冲带两个Ⅲ级构造单元，把五指山褶冲带划分为琼西岩浆弧和琼东陆内盆地两个Ⅳ级构造单元。

（四）进行了海南省成矿规律研究，在全国成矿区带划分和大地构造单元划分的基础上进行海南省成矿区带划分，把全岛划为1个Ⅲ级成矿区带、5个Ⅳ级成矿区带和17个Ⅴ级成矿区带。

（五）基本完成了金、铜、铅、锌、钨、磷、稀土、煤炭等矿种的预测工作区范围的确定和底图的编制。

（六）完成了铁、铝两个矿种的潜力评价工作。

1. 总结了海南省石碌铁矿、海南省三亚市红石铁矿、海南省三亚市田独铁矿和海南省蓬莱铝土矿典型矿床成矿规律及铁、铝的区域成矿规律，提取了成矿要素，总结了找矿标志，建立了典型矿床的成矿模式、预测模型及预测工作区的预测模型。

2. 完成了预测区的圈定及优选工作，最后圈定了石碌式沉积变质型铁矿9个最小预测区，其中A级最小预测区7个，B级最小预测区1个，C级最小预测区1个。圈定了大冶式矽卡岩型铁矿最小预测区27个，其中A级最小预测区8个，B级最小预测区15个，C级最小预测区4个；振海山—红石预测工作区共圈定最小预测区16个，A级最小预测区6个，B级最小预测区8个，C级最小预测区2个；海南省三亚市田独预测工作区11个，A级最小预测区2个，B级最小预测区7个，C级最小预测区2个。圈定了海南式红土型铝土矿最小预测区19个，其中A级最小预测区11个，B级最小预测区7个，C级最小预测区1个。

3. 完成了"铁矿重磁异常的反演及资源量估算"，"海南省重力资料应用成果报告"及"海南省铁矿资源潜力评价磁测资料应用研究报告"的编写。对昌江石碌铁矿区18个重力异常进行计算，共预测昌江石碌沉积变质型铁矿资源量7.55亿吨，其中 334_1 级：4.3312亿吨，334_2 级：1.0639亿吨，334_3 级：2.155亿吨；对振海山—红石预测工作区3处地磁异常进行反演和资源量估算，预测大冶式矽卡岩型铁矿资源量151.8万吨，均为 334_1 级；对三亚市田独预测工作区的6处地磁异常进行定性解释解译、反演及资源量估算，预测大冶式矽卡岩型铁矿资源量5086.75万吨，其中 334_1 级：124.74万吨，334_3 级：

5682.02 万吨。

4. 采用了体积法进行了资源量定量预测。本次预测海南省石碌式沉积变质型铁矿资源总量为89065.8 万吨（2000m 以浅）；预测海南省大冶式矽卡岩型铁矿资源量5414.62 万吨（500m 以浅）；预测海南省海南式红土型铝土矿资源量 3676.16 万吨（50m 以浅）。

5. 编制了“海南省铁、铝矿潜力评价成果”报告、相关附图，并完成了相关图件的数据库建设。

海南省地质调查院开展的“海南省矿产资源潜力评价”项目，属于“全国矿产资源潜力评价工作”的子项目。项目共设成矿地质背景、成矿规律与成矿预测、物化探遥感自然重砂综合信息评价、资源潜力评价综合信息集成、煤炭资源潜力预测评价等5个专题。2009年，项目工作进展与主要成果表现在以下几方面：一是成矿地质背景研究专题方面，完成了铁铝预测区构造底图的编图和建库工作，煤炭、铜、铅、锌、钨、钼、金、磷等矿种构造图底图完成编图分别达60%～80%，完成编图说明书6份；二是对石碌铁矿区13个重力异常的反演及计算其资源量，其结果铁矿资源量为5.413亿吨，完成了“海南省重力资料应用成果”报告的编写及“海南省铁矿资源潜力评价磁测资料应用研究”报告的编写；三是化探方面，完成全部省级图件共89张，并按“一图一库一书一元数据四大件”要求打包准备验收；四是完成铝土矿遥感专题报告的编写；五是完成了《海南省铝土矿资源潜力评价成果报告》、《海南省铝土矿成矿规律研究成果报告》、《海南省铝土矿资源定量预测报告》的编写。

三、矿业权实地核查

2009年，受海南省国土环境资源厅的委托，海南省地质调查院开展了“海南省矿业权实地核查”工作。截至2009年12月，已完成省部发证采矿权79个、详查以上勘查程度探矿权13个的实地核查工作，占设计工作量100%，完成市、县发证采矿权核查374个，占设计工作量100%。

四、矿产资源储量核查

截至2009年12月，已开展核查的矿种有煤炭、铁、铜、铅、锌、铝土矿、镍、钨、锡、钼、金、银、硫铁矿、重晶石、萤石、锆英石、钛铁矿、石英砂、水泥灰岩、饰面用花岗岩等20个矿种，开展核查矿区68处，完成核查矿区52处（大型矿区12处、中型矿区17处、小型矿区23处）。其中全国规定矿种的矿区32处，约占国家规定矿种矿区总数42处的76%。已全部完成核查的矿种有铁、铜、铅、锌、镍、钨、锡、钼、银、硫铁矿、萤石等11个，占海南省内国家规定核查的18个矿种的61%。

地质科学研究

一、基础地质

海南岛大地构造演化特征及钼（铜）成矿作用项目取得的成果如下：

1. 新元古代前，澳大利亚东部、扬子地块和劳伦-华夏西部之间很可能存在一个大洋。海南作为华夏一部分，前寒武纪至少经历了以下4个大的发展阶段：一是1300Ma前，2500～1700Ma基底岩石和1450Ma非造山火成岩等统一基底的形成与裂解和大洋的形成；二是1300～1000Ma，随着大洋岩石圈俯冲、消减，昌江-扬子板块与华夏-劳伦板块发生碰撞，在地表形成双向逆冲带及前陆盆地；三是1000～830Ma，陆壳进一步缩短，地壳加厚，逆冲带和前陆盆地继续向内陆迁移；四是830～542Ma（?），碰撞统一的陆壳在825Ma因地幔柱影响再次发生裂解，形成伸展或裂谷盆地及相应沉积建造，并逐渐发展成洋壳，统一的大陆再次发生裂解和分离。海南石碌铁矿主体矿床的形成可能与这个演化过程相关，也类似于澳大利亚 Hamersley 赤铁矿的形成。

2. 海南岛发现有加里东期构造-岩浆-沉积作用的部分信息，可以作为华南加里东期构造演化的重要补充。华南加里东期造山作用的动力学机制可能在海南找到答案。经历 Rodinia 期造山作用而拼合在一起的澳大利亚-华南-劳伦超级大陆，在经历了短暂的统一后，于新元古代南华纪（830～725 Ma）因地幔柱的影响发生裂解，有可能在早古生代（寒武—早中奥陶世）出现洋壳，然后（中奥陶世—志留纪末），洋壳发生俯冲消减，直至大陆发生碰撞与挤压造山作用，形成前陆盆地系统，这一事件可能延续到石炭纪末。

3. 海南岛保存了一系列反映印支运动存在的证据。海南岛在晚古生代—中生代存在两组方向明显不同的韧性变形构造形迹。一是北西向，具有右行走滑逆冲性质，形成时代不晚于250Ma；另一是北东向，具有左行走滑逆冲性质，可能发生在早二叠世。海南岛北西向构造体系可能是印支板块北部北西向构造体系的南延部分，是古特提斯洋闭合演化过程中所留下的痕迹。海南北东向构造明显晚于北西向构造，其运动方向发生显著改变，其发生时间、空间及性质与华南内部北东向构造一致。华南包括华力西、印支期北东向构造形迹及其相应的花岗岩是古太平洋板块向北西平板俯冲导致而成。显然，海南岛所存留的印支期北西向和北东向构造形迹可能记录了古特提斯和古太平洋两大板块先后对海南岛的地质作用和影响。

4. 海南岛昌江-万宁一线发现多种MORB和OIB基性岩石的密切共生，为洋中脊发育地幔热柱的提供了一个重要证据，同时说明海南岛中部地区在晚古生代晚期可能发育洋壳或有限洋盆。这一有限洋盆的发展经历了成洋—洋壳板片俯冲消减—弧—陆或陆—陆碰撞3个阶段。海南岛中北部可能属于华南板块的一部分，而中南部可能属于印支板块的一部分。三江构造带可能往南延伸到海南中部，即昌江-万宁一线。

5. 华南晚古生代—早中生代构造演化与古特提斯洋从南到北的剪刀式扩张与俯冲而所导致的两个板块的剪刀式碰撞有关。

6. 海南与中国东部或者华南一样，经历了燕山期强烈的构造-岩浆活化及相应的成矿作用。从燕山期早期到晚期，可能经历了由高原向“平原”的转变。在同一时期内，东亚大陆地势也发生了东高西低向西高东低的转变，大致与印度板块碰撞于亚洲大陆及特提斯洋关闭的时期相一致。这种东西向翘变导致了新生代地质环境的巨变，对地质地貌、矿产资源、气候生态等产生了深远的影响。其地球动力学机制在于中国东部巨厚的岩石圈发生崩塌（100～150km厚），导致软流圈物质从它的两侧或周边做侧向补偿，牵引太平洋板块向西俯冲，印度洋板块向北东俯冲，甚至包括西伯利亚陆块与华北陆块碰撞。

7. 海南岛迄今已发现的钼（铜）（多金属）矿化在时间和空间上也均与燕山晚期（白垩纪）侵入的斑状花岗质岩石或花岗斑岩密切相关，许多矿床成因类型上可归属于斑岩型矿床（成矿系列）。

8. 低Re，^{187}Os含量是海南岛辉钼矿矿床的一个重要特征。罗葵洞矿床3个辉钼矿的粗粒结晶习性以及Re－Os年龄的相似性，可以认为其加权平均年龄99.7±0.4Ma代表了矿区钼矿化的形成时代。这个年龄也与廖香俊等（2008）报道的高通岭石英脉型钼矿的Re－Os年龄一致。显然，100Ma左右在海南岛有一次重要的钼成矿事件；另一方面，文且钼矿床103.9±1.0Ma的辉钼矿Re－Os年龄和石门山矿床两个辉钼矿Re－Os年龄（88.6±1.0Ma和80.2±0.6Ma）的可靠性仍有待进一步检验。

二、矿床地质

2009年，海南省地质调查院开展的矿床地质研究工作情况如下：

1. 开展了海南省岭壳铜矿床地质特征及找矿方向研究。①从岩体赋矿专属性看，已知矿体与岩体的对应关系及赋矿岩体的分形统计学研究表明，流纹质凝灰熔岩多具Cu，Ag矿化，而花岗闪长岩则为Cu，Au矿化。应进一步在流纹质凝灰熔岩寻找Cu，Ag矿，而在花岗闪长岩中以寻找Cu，Au矿为主。此外，根据岩体中Mo元素的多重分形特征，也表明侵入岩中可能存在具工业价值Mo矿化。②从蚀变矿化模式看，赋矿花岗闪长岩体岩石化学、矿化蚀变及元素分布特征都可与斑岩型铜矿床类比。矿区岩石蚀变因叠加作用强烈，没有明显分带特征。但硅化、绢云母化与Cu矿化，强高岭土化、绿泥石化与Au，Ag矿化有一定对应关系。该蚀变特征与经典斑岩铜矿矿化模式一致。目前，矿区勘探工作主要集中于20线以西，蚀变为整体的钾化→绢云母化→强高岭石化、绿泥石化单边分带，应加强20线以东地区勘探工作。

2. 对海南省同安岭、牛腊岭火山岩盆地的基本成矿地质背景、遥感地质特征、物化探异常分布特征及与矿化的关系进行了分析，进行了成矿规律研究和总结，认为华力西-印支期侵入岩与盆地内钨、锡、金、钼、铜，燕山早期侵入岩与钨、铅、锌、稀土、钼、锡、铜，燕山晚期侵入岩与铁、铜、铅、锌、硫、锡、钼等矿产成因联系密切。初步建立了与华力西-印支期、燕山期侵入岩相关的两类主要矿种组合的区域找矿模式。

3. 开展了海南省铁矿的成矿规律研究，总结了石碌式沉积变质型铁矿和大冶式矽卡岩型铁矿的成矿规律和找矿标志，建立了成矿模式和区域找矿模型。

4. 开展了海南省铝土矿的成矿规律研究，总结了海南式红土型铝土矿的成矿规律和找矿标志，建立了成矿模式和区域找矿模型。

5. 开展了海南省金矿的成矿规律研究，总结了海南戈枕剪切带地区蚀变岩型金矿、抱伦式石英脉型金矿、白垩纪火山岩盆地内层间破碎带型金矿的成矿规律及找矿标志，建立了金成矿模式和区域找矿模型。

三、水文地质、工程地质与环境地质

2009年，在海南省国土环境资源厅的指导下，开展了海南省重要地质遗迹详细调查（第一批）工作，调查对象包括五指山市五指山，保亭县仙安石林、千龙洞、七仙岭，西沙群岛，儋州市石花水洞、龙门激浪，临高县南宝硅化木8处重要地质遗迹，调查总面积约120km^2。对这8处重要地质遗迹的形成条件、动力机制、演化过程、分类系统等方面进行科学的调查研究和评价，提出具体有效的保护措施及合理的开发利用建议，为地质遗迹的保护及合理开发利用提供可靠的地质依据。另外，和“中国喀斯特石柱林地貌（石林）对比研究项目课题组”合作，完成了海南喀斯特石林地貌综合研究课题（属项目的第九子课题）。该子课题将保亭县仙安石林和儋州市英岛山石林分布区作为调查研究的重点工作区，通过研究工作初步查明了海南喀斯特石林地貌地理分布及大地构造背景、水文地质背景、地貌形态特征，并对其成景母岩特征和母岩岩石性质、喀斯特石林地貌形态机理进行初步的分析研究。从地质遗迹的典型性、稀有性、自然性、优美性、科学性方面对海南喀斯特石林地貌价值进行评估，并根据其特点提出了保护和开发利用建议。提交了《海南喀斯特石林地貌综合研究报告》。

四、地球物理和地球化学勘查

2009年，海南省地质调查院地球化学与地球化学勘查工作主要从事了以下三方面的研究。

在环境地球化学方面，进行了海南岛砖红壤固碳机制研究。该项目通过对砖红壤类型的海南岛主要农作物栽培实验和取样分析，以全碳和有机碳为主要指标，研究砖红壤的固碳容量和机制，为查明全球碳循环提供基础资料；在农业地球化学方面，进行了海南省全省和典型市县土地质量地球化学评估。基于全海南岛1:25万多目标区域地球化学调查资料（省级）和定安县南部五镇1:5万表层土壤地球化学调查成果（市县级），以农业营养元素、人体有益元素、重金属元素和土壤理化指标等为对象，结合国土部门的土地分等定级资料，对土地质量进行地球化学评估和分级，为农产品质量和数量双升、农业生产区划等提供地球化学依据；在勘查地球化学方面，利用区域化探和自然重砂资料进行了海南省矿产资源潜力预测评价研究，为地质找矿提供有力依据。

地质调查方法应用

一、综合地球物理

主要在“海南省同安岭-尖峰岭地区1:5万矿调”、“海南省同安岭-牛腊岭地区铜金钼多金属矿资源潜力调查评价”、“海南省公爱-南寨地区金钼多金属矿资源潜力调查评价”、“海南省后万岭矿区”等地质调查项目中，开展可控源音频大地电磁测量、激电中梯、高精度磁测等地球物理工作。另外，还开展了海南省铁铝矿资源潜力评价重磁资料应用研究。

二、航空地球物理

开展了“海南岛1:10万高精度航磁测量”工作。主要是航空磁测在项目中的应用。

三、地球化学

地球化学勘查是地质调查工作十分有效的方法，对肉眼难以识别的地质现象能起到“见微而知著”的作用。2009年，海南省地质调查院实施的地球化学调查方法包括多介质取样和多指标分析等。多介质包括大气干湿沉降物、农田灌溉水、耕作层土壤（0～20cm）、耕作层以下土壤（20～40cm）、农作物根系土、土壤垂直剖面样、成熟期农作物样（根、茎、叶、可食部分）、水系沉积物、岩石（包括岩心）等，多指标包括农业营养元素、人体有益元素和有害元素、常量元素、理化指标、成矿元素及其伴生元素等。通过这些介质样品采集和测试，以查明农作物土地营养状况、农产品营养与食用安全状况及大气、灌溉水和土壤对其的影响、地质找矿靶区预测等，实现了地球化学调查方法服务于环境评价、农业应用和资源调查的目的。

四、国土资源遥感

2009年，开展了“海南省与广东省基础地质遥感解译编图”和“海南非金属矿集区遥感地质综合调查”项目工作。前者是“中国东部重要经济区带基础地质环境遥感调查与监测”项目中的重要内容之一。项目主要利用美国陆地卫星ETM数据，从宏观的角度，着眼于由空中取得的地质信息，即以各种地质体对电磁辐射的反应作为基本依据，结合其他各种以往地质资料及遥感资料的综合应用，以分析、判断一定地区内的地质构造情况。

“海南非金属矿集区遥感地质综合调查”项目，利用遥感技术，在海南非金属矿集区开展区域成矿远景、矿产资源开发利用状况、矿山环境和矿产资源规划执行情况遥感调查与监测工作，适时获取客观数据，形成综合分析、评价报告，为国土资源部制定矿产资源规划，保持矿产资源的可持续开发与利用提供技术支撑及决策依据。项目利用中等分辨率数据（如TM、中巴卫星数据等），在1:25万工作区开展矿产资源开发基础环境调查工作，查清工作区地形地貌、地质构造、岩性等情况；了解工作区矿产资源分布特点；对重要矿种进行成矿远景区预测；圈定矿山开发集中、环境破坏相对严重地区。利用空间分辨率优于1m的遥感数据（如航空遥感，IKONOS，Quick-Bird数据）开展矿产资源开发状况、矿山环境和矿产资源规划执行情况等遥感调查与监测，同时配合适当的地面调查，验证有关遥感调查及监测结果，通过综合研究提出矿产资源开发利用与综合整治规划建议。在2009年的工作中，利用卫星数据的实时性，从快速接收、高效室内影像处理及解译、及时野外实地调查，在尽可能短的时间内调查取证矿山开发利用中的违规违法现象及矿山环境问题，具体发现了文昌-琼海工作区锆钛砂矿越界开采、无证开采共11处，昌江石碌工作区水泥用灰岩的越界开采、无证开采21处，琼中什统工作区灰岩矿的无证开采5处。通过多目标遥感调查与监测，发现了这些非法采矿活动，为海南省的矿产资源行政执法及时提供了可靠直观的信息和依据，打击了矿山开发利用中的违法活动，同时也为开展矿山环境恢复与治理提供了相关信息。

五、钻探技术

在地质调查过程中，地质岩心钻探技术主要采用金刚石绳索取心钻进、金刚石单动双管钻进、SYZX75或SYZX89液动冲击器钻进、全液压动力头不倒杆钻进、空气潜孔锤钻进和合金与钢砂钻进等。

六、地矿测绘工作

地矿测绘工作主要是采用控制测量和地质碎部测量两种方法。

1. 控制测量。采用全球定位静态GPS布测的方法进行测量控制，包含布网、选点与埋石、GPS网测量及基线处理和GPS网平差计算3个要点。

2. 地质GPS－RTK和全站仪测量。在利用已布测的控制点基础上，采用GPS－RTK和全站仪测量技术。GPS－RTK测量主要应用在空旷且在信号接收不受限制的地区。而在信号接收受限制的地区测量时可以使用全站仪，全站仪的记录模式按测距高程导线执行。全站仪在使用前，需要鉴定仪器的加、乘常数。需要了解全站仪的气象改正公式，在需要测温度、气压的时候要求测量温度气压，使全站仪的边长精度得到保证。测量方法参照相关要求与规定。

地质调查信息工程

2009年，提交了8个图幅“1:5万区域地质图空间数据库建设”（2007年度）复核数据，验收成果为优秀级；开展了“1:5万区域地质图空间数据库”（2008年度）4个图幅的建库工作并提交了验收成果。此外，还开展了“国家基础地质数据库维护与更新”（2009年度），其中海南省“矿产地数据库”、“地质工作程度数据库”、“基础地质数据库元数据库”的维护和更新成果已提交验收。

各个地质调查项目均按要求开展了相应的信息化工作。其中，提交的重要信息数据库成果涉及的项目有“省级矿产资源潜力评价”（阶段性成果）、“1:5万昌洒市、文昌县、清澜港、铜鼓嘴四幅区域地质调查”等。

地质调查信息社会化服务

2009年，海南省地质调查院向全国地质资料馆、全省地质资料处（馆）共汇交地质资料9份，通过这些馆藏机构向社会提供有关地质资料的服务。此外，2009年完成的“全省地质资料涉密清理”将会极大地促进地质资料的社会化服务工作。

地质调查工作战略研究

以科学发展观为指导，围绕海南省“一省两地”和“两大一高”发展战略，以及“生态省”和“国际旅游岛”建设需要，并从国家、地方公益性和社会服务两个层面出发，将突出基础性、战略性、公益性地质工作。一是系统查明海南地质环境现状和摸清地质资源家底，为海南国际旅游岛和重大工程建设与资源环境协调发展提供基础性保障；二是在保护环境基础上，加强海南省优势矿产勘查，为矿业开发提供资源基地；三是继续扩大商业性地质工作服务领域。

一、加快基础地质调查，提高国土资源研究程度

完成海南省1:5万吊罗山、兴隆等4个图幅区域地质调查、1:25万地质系列图件编制和省级地质志编纂、数据库建设；完成“海南岛生态地球化学调查”项目的结题和继续开展海南省典型市县土地质量地球化学评估；启动海南岛砖红壤固碳机制研究；力争启动“海南国际旅游岛建设地质环境保障工程”的地壳区域稳定性评价专题和海南地质遗迹调查等工作；加强成果转化，为海南省经济社会发展提供地学支撑。

二、加大优势矿产和急缺矿产勘查力度，为海南省矿业经济发展提供资源保障

一是要重点抓好琼西金、铁、铅锌、钼和琼南沿陵水—九所东西向深大断裂成矿带钼多金属矿的调查评价与勘查工作，特别是戈枕金矿带的公爱地区及保亭南改-南茂金矿勘查工作；二是加强对石英砂、锆钛砂矿、水泥灰岩、高岭土和各市县砂石粘土矿等勘查工作；三是力争做好近岸海岛锆钛砂矿潜力调查评价的立项论证工作；四是加大自有探矿权勘查投入，力争找矿新突破。

系统查明海南地质环境现状和摸清地质资源家底，为国际旅游岛建设提供地质环境和资源保障。

“海南国际旅游岛地质环境保障工程”已完成立项建议书。项目计划6年完成（2010～2015年），经费概算为28100万元，按省部合作方式（资金共担，成果共享，各出资50%的合作方式）来共同完成项目实施。海南省地质调查院在廖正伟局长和廖香俊副局长的带领下，经与国土资源部、中国地质调查局、省国土环境资源厅等多方沟通汇报，得到积极支持。目前，项目系列材料已上报中国地质调查局、海南省国土环境资源厅。力争2010年启动项目。

三、继续强化地质工作的信息化，健全和完善地学数据库建设

在继续强化地质工作项目立项、设计编写、野外数据采集到室内处理、成果集成、社会化服务等环节的全流程信息化的同时，以海南省重要矿产资源潜力评价项目为契机，健全和完善海南省物化遥、自然重砂、矿产地、地质工作程度等数据库建设和更新维护工作。

四、进一步做好省部合作重大项目

2010年，按照省部要求，将全面完成“海南省重要矿产资源潜力评价”、“海南省矿产资源利用现状调查”和“海南省矿业权实地核查”3个重大项目。必须加大人、财、设备的保障，确保海南省3个重大项目顺利完成。

五、继续扩大地质市场，为地方经济建设服务

2010年，随着海南国际旅游岛建设的推进，基础设施和重大项目建设将是海南省工作的重点。西线铁路改造、中线高速公路、博鳌机场、文昌新型火箭发射基地、海南核电站项目及西部中心城市等一大批项目将于年内开工建设，我们要抓住机遇，紧盯重大项目工程，争取在为大项目服务上有所作为。继续完成海南省第二次土地调查，按照统一的技术标准，开展土地利用现状、权属和基本农田调查等，为海南省国土行政主管部门管理、保护和合理利用土地资源提供技术支持。

国际合作与对外交流

一、重要国际合作与交流

2009年，海南省地质调查院与澳大利亚卡瑞姆黄金有限公司合作开展了抱伦金矿区南段的详查工作。卡瑞姆黄金有限公司主要提供勘查资金，海南省地质调查院主要负责探矿权运作与勘查施工。在以往工作的基础上，通过双方在管理、勘查技术等方面交流合作，详查工作取得了较好的地质成果。

1. 发现了18个矿体，探获金资源量（122b+333）为11.76吨，其中资源储量基础储量（122b）1.19吨，资源量（333）10.57吨，预测资源量（334_1）为6.14吨，总资源量为17.90吨。

2. 对矿区内的含矿地层特点、控矿构造特征、矿体特征、土壤地球化学特征等进行了综合分析和总结，总结矿区的成矿特征、成矿规律，总结了矿区的主要找矿标志，研究了矿区的成矿作用过程（由早期的变质热液成矿到晚期的岩浆热液成矿），并对矿床类型进行了划分。

二、境外地质矿产勘查工作

2009年，海南省地质调查院积极开展境外矿产勘查工作，先后派出专业地质技术人员到印度尼西亚、菲律宾、蒙古国等国家进行矿产资源考察和勘查，选出了几处找矿潜力较大的目标区，正与相关公司进行共同开发合作商讨。

1. 印度尼西亚矿产资源考察。2009年，海南省地质调查院先后两次派地质人员赴印度尼西亚进行矿产资源考察，考察矿区20多个，矿种涉及金、银、铅、锌、钼、铁及锆钛砂矿等。考察地区主要为爪哇岛、加里曼丹岛和苏门答腊岛。

通过考察，发现多个矿区具有较好的找矿潜力。目前，海南省地质调查院正与相关公司就①西爪哇SURADE金矿区；②西爪哇Cibeber多金属矿区；③三保龙铁砂矿区；④西爪哇铜铅锌矿区商讨下一步工作事宜。

2. 蒙古东戈壁省陶日木铁多金属矿区踏勘。2009年3月，海南省地质调查院派出2名地质工作人员对蒙古东戈壁省的陶日木铁多金属矿区开展了踏勘工作，对区内相关的矿产资源情况进行了资料收集和概略调查。踏勘工作历时23天。

3. 菲律宾阿罗伊铜多金属矿区踏勘。2009年7月，受香港某化工集团邀请，海南省地质调查院派出2名地质技术人员对菲律宾阿罗伊铜多金属矿区开展了踏勘工作。历时15天。

基建与装备管理

一、基本建设管理

海南省地质调查院拥有固定的办公场所及基本的基地保障条件。自有土地488.05m²，位于海口市（原琼山市）府城镇城东管区洋上村，并建有8层的办公及住宅综合楼一幢，建筑面积2408.59m²。单位主要办公场所位于海口市南沙路88号地矿大厦五、六楼，总面积2034m²，为上级主管单位海南省地质矿产勘查开发局划拨给海南省地质调查院使用。

自有的综合楼由海南省地质调查院统一集中管理，海口市南沙路88号地矿大厦五、六楼办公楼则由主管单位统一集中管理。

二、装备管理

设备科是装备管理的第一责任部门，具体装备管理工作由设备科会同设备使用部门共同完成。设备到位后及时办理验收、入库手续。对不符合合同要求的设备，严禁办理入库手续。建立设备档案，固定资产卡片由设备科统一登记和管理。设备科和设备使用部门随时跟踪设备使用情况，使用中发现的质量问题及时反映至厂家并督促厂家尽快解决。

安全生产管理

2009年，在中国地质调查局、海南省地质矿产勘查开发局党委的正确领导下，海南省地质调查院安全生产工作始终坚持“安全第一，预防为主，综合治理”的方针，坚持“以人为本”的工作理念，加强安全生产工作的领导，切实做好安全工作。一是成立专门的安全生产管理委员会负责安全工作，项目组设一名兼职安全员，特种作业场所及要求较高的工程项目配有专职安全员。二是进一步落实安全生产责任制，海南省地质调查院与分队、分队与项目组层层签订了安全生产目标管理责任书，将安全生产工作责任分解到班组，落实到个人，形成了人人管安全、人人抓安全的良好局面。

海南省地质调查院地质调查项目组较多，野外作业分散、流动性很强，出野外前人员进行定期的身体检查，组织作业人员进行安全教育，使每个职工掌握必要的医疗护理、急救知识。每个项目组配一名兼职安全员，负责本组安全生产检查和监督，抓好隐患的整改。2009年3月，海南省地质调查院安全主管部门组织对野外住地、施工场所的防雷、防火设施进行检查，不符合要求的及时更换，根据不同岗位配备必要的劳动保护用品，还根据各项目组需要购买了急救药、防暑降温药、毒蛇药。职工作业中基本掌握防雷、防火、防猎枪、防野猪夹等常识，防止各种危险因素对职工造成伤害。

交通运输安全是安全工作的重点，每年定期组织驾驶员学习交通运输法律法规，学习海南省地质调查院及项目组所制订的安全管理制度。驾驶员安全行车和责任意识逐步增强，每次出野外前对值班车辆进行一次全面检查，存在隐患的及时维修、保养，保证车辆状况良好。组长经常督促驾驶员安全行车、不开快车，严禁酒后驾车和疲劳驾驶的行为。海南省地质调查院对项目组每月检查一次，项目组安全员对本组做到天天检查，发现存在隐患及时抓整改，2009年，安全检查发现事故隐患58宗，整改55宗，全年共投入安全经费15.6万元。确保了各地质调查组安全生产。

（陈　丽等）

四川省地质调查院工作

四川省地质调查院

基础地质调查

2009年，四川省地质调查院共承担基础调查项目17个。项目投入经费共计3434.55万元，其中：中央财政拨款3404.55万元，省级财政拨款30万元。

一、区域地质调查

（一）1:5万区域地质调查

“四川1:5万炉霍县城地区3幅区调、四川1:5万然充乡、仁达乡、蒙戈查理、夺多乡、前进乡5幅区调、四川1:5万格聂南、岗刀、定波、热打4幅区调”项目2009年完成调查面积1400km²。至2009年底，全省已完成1∶5万区调280幅（含重叠2幅），面积（省内部分）117025km²，覆盖全省总面积的23.72%。

（二）1∶25万区域地质调查。

“四川1∶25万武都县、平武县、广元市、绵阳市、成都市幅区调修测”项目，面积20000km²。至2009年底，全省共完成12幅1∶25万区域地质地质修测（甘孜幅、宝兴县幅、新龙县、康定县幅，蒙沙村、石渠县幅，阿坝幅、色达县幅、炉霍县幅、马尔康县幅、红原县幅、若尔盖县幅），总面积188726km²，覆盖全省总面积的38.9%。

二、区域地球物理调查

“四川省1∶20万绵阳、平武、广元、文县四幅区域重力调查”项目，面积13900km²。至2009年底，全省共完成1∶20万区域重力调查8.5幅，总面积62593km²；覆盖全省总面积的12.91%。

三、区域地球化学调查

至2009年底，全省共完成84个图幅（含边缘图幅）1∶20万区域化探，总面积40.68万km²，覆盖全省总面积的83.88%。

四、航空遥感地质调查

“川西南重点矿集区矿山开发遥感调查与监测”、“西南三江区域遥感地质综合调查”项目完成1∶25万遥感解译19万km²、1∶5万遥感解译2万km²。

五、多目标区域地球化学调查与评价

1∶25万生态地球化学调查：“四川阿坝州生态地球化学调查”项目，面积9500万km²。“全国土壤污染现状调查及污染防治”项目（即“四川省多目标区域地球化学调查（遂宁市）”、“四川省多目标区域地球化学调查（资阳-内江地区）”、“四川省成都经济区土地质量地球化学评估”、“四川省成都经济区多目标区域地球化学系列图编制”）。面积20648万km²。至2009年底共完成1∶25万生态地球化学调查70398km²，覆盖全省总面积的14.51%。

六、水文地质调查评价

2009年四川省地质调查院承担水文地质调查评价工作为“四川阿坝州地方病严重区地下水勘查及供水安全示范”项目，2009年完成1∶2.5万专项水文地质调查2910km²；水文地质钻探7200m；岩土水样测试1650组；1∶10万水文地质调查22700km²；红层区1∶5万水文地质调查10000km²；红层区小口径浅钻6000m。项目经费1300万元。

七、环境地质调查评价

2009年四川省地质调查院承担环境地质调查评价工作为“西藏拉萨-布江达地区环境地质综合调查评价”项目，2009年完成1∶10万区域生态环境地质调查420km²；1∶5万专项环境地质调查420km²；槽探100m³。

八、灾害地质调查评价

2009年四川省地质调查院承担灾害地质调查评价工作为“汶川地震灾区地质灾害详查（北川、平武、都江堰、南江）”项目，2009年完成1∶5万遥感调查6100km²；1∶1万遥感调查3500km²；1∶5万工程地质测绘（草测）3300km²；1∶1万工程地质测绘（草测）350km²；1∶2000地质剖面测量29km；物探18km。项目经费400万元。

同时承担完成汶川地震灾区（北川、平武、都江堰）县（市）地质灾害详细调查与区划工作，2009年，核查地质灾害隐患点1629处、避险搬迁安置调查4511户16857人，编制预案及防灾明白卡1629份。

矿产资源调查评价

一、固体矿产资源调查评价

2009年四川省地质调查院主要承担“四川中咱-得荣地区铜多金属矿勘查”、“四川木里-东地区铁矿调查”和“西藏安张地区地质矿产调查”，共3个固体矿产勘查项目。完成实物工作量：1∶5万区域地质填图895km²、1∶5万地面高精度磁测400km²、槽探10350m³、坑探512m、钻探4846.37m（2009年下达和2008年剩余钻探工作量共9236m，仅完成了52%）。

（一）四川中咱-得荣地区铜多金属矿勘查。

2009年度重点选择红军山银多金属矿、108条沟铜矿和曲里沟铅锌银矿进行勘查，红军山银多金属矿取得了较大进展。

红军山银多金属矿：通过前期的矿产调查和2009年度的坑道、钻探进一步验证，初步圈定了8个矿（化）体，1，2号矿体为主要矿体。1号矿体长度大于1500m，控制长度770m（5个工程），厚度0.55～3.21m，品位Ag 91.10×10^{-6}～312.00×10^{-6}，Pb 0.26%～4.80%，Zn 0.18%～5.74%，局部Au含量3.97×10^{-6}。2号矿体断续长2100m，厚度0.80～2.30m，品位Ag 94.50×10^{-6}～1769.98×10^{-6}，Pb 0.34%～12.33%，Zn 1.05%～1.71%。

根据目前的控制程度，1，2号矿体估算334资源量 Ag 933.30 吨，Pb + Zn 9.45 万吨，Au 3.04 吨。根据已知矿体特征、物化探异常特征及成矿地条件分析，矿区具有寻找大型矿床的前景。

（二）四川木里-会东地区铁矿调查。

1. 攀枝花兰家火山矿段深孔验证。根据潜力评价结果，在攀枝花兰家火山矿段布置 ZK0801 和 ZK0802 两个深孔（孔深 1000m）对已有矿体深部延伸进行验证，取得重要进展。

兰家火山矿段Ⅸ，Ⅷ，Ⅵ，Ⅴ，Ⅳ号矿体（层）延伸稳定，Ⅲ，Ⅱ，Ⅰ矿体（层）也存在，其规模较小、品位较低，Ⅶ矿体不发育。

Ⅸ矿体在矿段均有分布，长 2000m 左右，矿体厚度 10 ~ 50m，一般 20 ~ 30m；Ⅷ矿体是矿段主要矿体，延长 2000m 左右，厚 15 ~ 50m，一般 20 ~ 35m；Ⅵ矿体是矿段的主要矿体之一，延长 2000m 以上，厚 5 ~ 40m，走向上不稳定；Ⅴ矿体是矿段主要矿体之一，延长 2000m 左右，矿体总计厚度 30 ~ 70m，一般 40 ~ 50m。

结合前人勘查工程，估算铁矿石资源量 1.26 亿吨，TFe 品位 26.09%；伴生 TiO_2 1223.93 万吨，品位 10.15%；伴生 V_2O_5 27.20 万吨，品位 0.25%。

2. 会理拉拉—洪地区易选贫铁矿和铜矿调查。钠质火山岩型铁铜矿赋存地层主要为天生坝组、落凼组和小铜厂组。铁铜矿体严格受岩性和层位的控制，在垂向上具有“铁-铜-铁”的分布特征。

易选贫铁矿：圈定 6 个铁矿体（富矿体 1 个），其中，天生坝组中 4 个，落凼组中 2 个。Fe-1-1 号铁矿体：主要由 2 个工程控制，矿体长 650m 左右，控制厚度为 20.07m，TFe 平均品位 8.63%；Fe-1-2 号铁矿：由 11 个工程控制，长 3150m，平均厚度为 21.29m，TFe 平均品位 17%；Fe-1-3 号铁矿体：由 ZK102 单工程控制，控制厚度 115.7m，TFe 平均品位 11.37%；Fe-2 号富铁矿体：最大厚度 5.66m，一般为 3m，TFe 最高品位大于 60%，平均品位 55.71%；Fe-3 号矿体：由 2 个工程控制，长 1400m，平均厚度为 64.94m，TFe 平均品位 11.32%；Fe-4 号矿体：由单工程控制，矿体长 800m，厚为 107.68m，TFe 品位 14.22%。

铜矿：圈定铜矿体 4 个，其中，落凼组中 3 个，天生坝组中 1 个。Cu-1 号铜矿体：由 ZK701，ZK702 工程控制，走向长 1200m，倾向延深 400m，平均厚度 5.86m，Cu 平均品位 0.68%；Cu-2 号铜矿体：由 ZK702 单工程控制，长度 480m，倾向 400m，厚度 2.71m，Cu 品位 0.83%；Cu-3 号铜矿体：长 1200m，倾向延深 400m，平均厚度 7.90m，Cu 平均品位 0.74%；Cu-4 号铜矿体：由 ZK-1301，ZK702，ZK1201 3 个工程控制。矿体南北控制长度 2600m，倾斜延伸 400m 左右，矿体厚度 6.95m，Cu 平均品位 0.53%。

估算易选贫铁矿 334 资源量铁矿石 10 亿吨，其中 334_1 资源量铁矿石 6.76 亿吨；结合商业性勘查工作，估算 333 + 334 资源量铜 127.31 万吨（其中，333 资源量铜 9.76 万吨），Cu 平均品位 0.39%。该区是铁铜矿综合勘查最有利的地区。

（三）西藏安张地区地质矿产调查。

1. 基础地质方面。在拉孜县昌达一带首次发现一套基性海相火山岩及放射虫硅质岩；谢通门县拉旺孜一带新发现残存的古湖积物；拉孜县扎西林处发现发育于大竹卡组中的一条近东西向的韧性剪切带；在调查区南西侧张记拉一带的雅鲁藏布江结合带中发现了斜长花岗岩。

上述发现对研究雅鲁藏布江的形成与演化、青藏高原隆升与古气候变迁、青藏高原碰撞造山的时序与机制等方面都具有重要意义。

2. 矿产方面。新发现卡部构造蚀变岩型铜金矿、叉山母矽卡岩型铜矿和拉多山岩浆热液型铁铜矿 3 处具进一步工作矿点。圈定出了 62 处磁异常、水系沉积物综合异常 89 处。

二、矿产资源潜力评价

四川省矿产资源潜力评价编制正式图件 1203 张。取得的主要成果如下：

（一）攀枝花钒钛磁铁矿典型示范。

共圈定 7 个预测区、19 个最小预测区，在 1000m 以浅预测新增资源量 194 亿吨，伴生钛（TiO_2）17 亿吨、钒（V_2O_5）0.4 亿吨。经过对 19 个最小预测区进一步论证，筛选出 3 个重点勘查区及 7 个异常验证区，提出部署新一轮钒钛磁铁矿找矿工作的建议，新编制了相应的勘查工作部署图。

（二）铁矿资源潜力评价。

对全省铁矿 9 个预测类型、10 个典型矿床开展了地质、矿产、物化遥自然重砂等多方面的综合研究，提取了各预测类型典型矿床及预测工作区相应的预测要素，建立了相应的预测模型，圈定铁矿最小预测区 119 个；从铁矿时空分布、地层时代及建造与成矿、岩浆活动与成矿、构造活动与成矿和变质作用与成矿等方面对四川省铁矿成矿规律进行了总结，划分出 17 个Ⅳ成矿区带，22 个Ⅴ级成矿区。

（三）铝土矿资源潜力评价。

通过系统研究前人资料，确定二叠纪沉积型铝土矿是四川铝矿资源的主要铝矿产类型。通过典型矿床研究，提取了典型矿床成矿要素与预测要素，建立了典型矿床成矿模式。采用矿产地质网格法和地质单元法圈定 6 个Ⅴ级预测区、28 个最小预测区。采用地质体积法初步预测全省大白岩式和新华式铝土矿资源量 6799.43 万吨（不含已查明资源储量）。开展了四川省铝土矿成矿规律总结，划分了铝土矿Ⅳ成矿区带和Ⅴ级成矿区。

（四）省级基础编图。

完成了全省 1:25 万分幅实际材料图和建造构造图的编制，初步建立数据库；完成四川省 1:50 万重力异常图和推断地质构造图等 5 类图件的编制及建库；完成四川省 1:50 万航磁 ΔT 等值线图、推断地质构造图等全省 6 类基础图件的编制及建库；完成四川省1:50 万单元素地球化学图、组合元素异常图、推断地质构造图等 5 类全省基础图件的编制及建库；完成全省 1:25万分幅遥感影像图、羟基异常图、构造解译图，以及四川省 1:50 万影像镶嵌图异常组合图、地质构造解译图等 4 类全省基础图件的编制及建库；完成四川省单矿物异常图等全省系列基础图件的编制及建库。

（五）煤炭资源预测评价。

在全省 10 个煤田、17 个矿区内划分了 125 个预测区，预测面积 25265km^2。预测资源总量为 250.78 亿吨，其中：预测可靠的（334_1）65.03 亿吨，占总量的 25.93%；预测可能的（334_2）83.83 亿吨，占 33.43%，预测堆断的（334_3）101.93 亿吨，占 40.64%。垂深 600m 以浅资源量 39.28 亿吨，占预测总量的 15.66%；600 ~ 1000m：55.66 亿吨，占 22.20%；1000 ~ 1500m：77.71 亿吨，占 30.99%；1500 ~ 2000m：78.12 亿吨，占 31.15%。初步建立省煤炭资源数据库。

地质科学研究

一、基础地质

“龙门山地震带新构造特征及其对引发地质灾害影响与控制分析”项目，通过实施，初步查明汶川地震发震断裂的地质特征和地质背景，总结特大地震与地震地质灾害发育的关系，为制定防震、减灾和灾后重建提供基础地震地质资料，对汶川地震灾后重建和地方经济发展具有重要意义。课题研究已在国际和国家级刊物发表有关论文 6 篇。

二、水文地质、工程地质与环境地质

2009 年四川省地质调查院编制完成《汶川地震灾区震后县（市）地质灾害详细调查与区划技术要求（试行）》，该技术要求由四川省国土资源厅和中国地调局共同发布。

地质工作社会化服务

一、建设地质资料数据中心；

二、建立健全地质资料信息共享和社会化服务体系；

三、开展地质资料开发利用的基础工作。

地质调查信息社会化服务

一、地质资料

（一）地质资料管理情况。

四川地质调查院档案馆担负着所有中国地质调查局和四川省政府下达的地调项目成果资料检查汇交，和四川省地质调查院各实体单位完成的原始地质资料和实物地质资料的管理工作，并与各地质队建立了项目联系，所有的地质成果资料完成后包括院属各实体，都要先交四川地质调查院档案馆检查合格后，再由院档案馆向四川省国土资源厅资料馆、成都地调中心资料馆、四川省地矿局资料室进行汇交。原始地质资料和实物地质资料属院实体单位完成的项目，由院档案馆统一保管，各地质队完成的原始地质资料和实物地质资料由各地质队档案室保管。

（二）地质资料汇交情况。

1999 ~ 2009 年四川省地调院承担的中国地质调查局和四川省政府下达的地调项目共 159 项（中国地质调查局下达的项目 133 项，四川省政府下达的 26 项，包括部省合作项目），其中基础项目 70 项，水工环项目 33 项，矿产项目 43 项，现已完成成果资料汇交的项目 99 项（其中 11 项信息数据项目成果资料直接汇交到中国地质调查局），余下 60 项中有 14 项正在准备汇交，还有 46 项正在工作。

近 10 年我们向四川省国土资源厅资料馆汇交了 88 个项目的成果资料（地调局 78 项、四川省政府 10 项），共计 180 个报告，有些项目有多份报告，如（金土地工程 62 个，成都经济区 15 个），并且每个报告一式两份，并取得四川国土资源厅成果地质资料汇交合格证。向成都地调中心资料馆汇交了 78 个项目的成果资料，共计 156 个报告，每个报告一式两份，并取得成都地调中心成果地质资料汇交合格证。向四川省地矿局汇交了136个报告的成果地质资料，每个报告一份。

实物地质资料汇交情况（向中国地质调查局实物资料中心汇交）：

1. 西藏1:25万物玛幅、1:25万革吉幅区调、1:25万措勤幅实物标本420块，薄片398片，以及地质图、剖面图、岩矿鉴定报告、采样登记簿等相关资料。

2. 四川省1:25万炉霍幅、1:25万马尔康幅、1:25万若尔盖幅、1:25万红原幅区调实物清单。

3. 四川会理-会东铜多金属矿评价项目岩心1040m左右的实物标本及相关文档资料。

（三）地质资料馆藏建设情况。

四川省地质调查院档案室2005年3月成立，总面积204.59km^2，购置了科技档案库房密集架、防磁柜、文件柜、存放数据资料的服务器，计算机等办公设施。实物地质资料库房300多平方米，购置了存放土壤实物样钢架，解决了实物地质资料的存放问题。以上档案设施设备共投入资金50万元左右。现存放科技档案10893卷，信息数据资料2000多件，实物资料24465件。档案管理章程和制度建全，2008年10月获四川省档案局颁发的“档案工作规范化管理二级单位”。

（四）地质资料信息化服务情况。

为了档案查借阅方便直观，科技档案目录均进入计算机，调阅档案实现了电话调卷、图表查询、网络查询，近几年成果资料查借阅33227人/次，共8440份数据资料拷贝924份达到了资料利用频繁，周转快，利用率高的特点。

近两年随着大调查项目的增加，成果地质数据资料需求量大的特点，我们把形成片区的成果资料数据进行系统整理，提供给相关单位使用，如去年5.12为四川地震局提供的1:50万四川地质图新版资料和1:20万汶川、青川地震带范围的地质及数据资料，解决了地震局当时急需资料的燃眉之急，同时也为四川省国土资源厅信息中心提供了一批地质基础数据资料，为厅信息中心奠定了一定的数据资料，成果资料的二次开发利用，创造经济效益80多万元。还获得四川省档案局、四川省经济委员会颁发的“利用科技档案找水打井创效益”2006~2007年度三等奖。

基建与装备管理

一、基本建设管理

四川省地质调查院在成都市拥有两栋办公楼，一栋位于一环路北二段1号（与成都探矿工艺研究所共有的科研综合楼），该楼建筑面积7479m^2，其中四川省地调院拥有3740m^2。2009年四川省地调院出资50万与成都探矿工艺所共同对该办公楼的卫生间、大厅、楼道、电梯、变压器及消防和供水系统进行了维修和更新；另一栋位于人民北路一段25号，建筑面积1315m^2。

二、装备管理

2008年末四川省地调院共有设备657台（套），价值16548083.09元，2009年新增设备89台（套），价值1789870.00元，截至2009年末单位共有设备668台（套），价值17555682.09元。

安全生产管理

四川省地质调查院设立了负责全院安全生产管理工作的安全生产领导小组，院长任安全生产领导小组组长，党委书记、总工程师任副组长，其他院领导和相关部门负责人任成员。领导小组下设办公室，负责日常工作，配备专职技安干部一名。

2009年四川省地调院共有16人参加了由四川省安全监督管理局举办的安全管理任职资格培训班，通过考试取得了“安全生产管理资格证”。

年初，根据实际情况院制定颁发了《安全生产工作安排通知》，对2009年全院安全生产工作指导思想、工作目标及主要工作任务做了明确规定，与院属每个二级单位负责人签订《安全生产、社会治安综合治理责任状》，把安全生产管理纳入院经济责任制管理办法中直接与年终目标考核挂钩。

2009年，四川地调院相继开展了“百日安全生产活动”、安全生产“三项行动”工作，以及“安全生产月”活动。全年野外安全检查5次、组织全院职工消防培训及消防演习一次、安全培训3次。为确保野外交通运输的安全，四川地调院购置（或被委托管理）原值在20万以上的越野车有16台，对驾驶员的使用和管理有明文规定，为确保通信畅通四川地调院购置了8台卫星电话。

由于责任到位、措施到位，2009年四川地调院未发生安全生产责任事故。

（王显锋　付小方等）

贵州省地质调查院工作

贵州省地质调查院

基础地质调查

一、区域地质调查

（一）云南1∶5万由旺街、施甸、姚关幅区调。

完成1∶5万数字地质填图630km^2，1∶2.5万数字化地质填图50km^2，1∶5万地质灾害调查630km^2，1∶2.5万地质灾害调查50km^2，1∶1万地质简测42km^2，实测地层剖面41km，实测构造剖面32km，视电阻率中梯测量16km，瞬变电磁法测量500点，槽探（含剥土）3600m^3。

（二）贵州省地质系列图件编制与综合研究。

编制了1∶25万地质草图、1∶50万地质草图、1∶100万地质构造草图、1∶100万贵州布格重力异常图、1∶100万贵州自由空间重力异常图、1∶100万贵州航磁平面等值线图；收集了深部（岩石圈）地球物理资料。

（三）国家基础地质数据库更新与维护。

全面完成与潜力评价项目数据库工作：共入库贵州省180个矿产地数据及检查；完成1∶5万地质图空间数据库元数据64幅、贵州省地质工作程度数据库元数据、贵州省矿产地数据库元数据、贵州省重砂数据库元数据；完成1∶20万地质图空间数据库元数据44幅、1∶20万水文地质图数据库元数据27幅、贵州省同位素地质年龄数据库元数据维护。完成1∶5万地质图空间数据库元数据64幅、贵州省地质工作程度数据库元数据、贵州省矿产地数据库元数据、贵州省重砂数据库元数据；1∶20万地质图空间数据库元数据44幅、1∶20万水文地质图数据库元数据27幅、贵州省同位素地质年龄数据库元数据维护。

（四）1∶25万贵阳、独山幅区域地质调查（修测）。

完成填图面积约23000km^2，各类地层剖面总长约133.1km，构造剖面90km，主干地质路线总长约4150km^2，一般地质总路长线约5170km，各类测试样品共2326件。

二、区域地球物理调查

云南保山-巍山地区1∶20万区域重力测量项目完成重力测点1065个，面积约6400km^2，联测GPS固定站10个，采测岩（矿）石密度标本151组4603块，采测岩（矿）石磁性标本151组1510块。

三、遥感地质调查

贵州中西部重点成矿带与矿集区矿山开发遥感调查与监测项目完成1∶25万矿山地质环境背景调查与矿产资源规划执行情况遥感监测2万km^2；完成1∶5万重点地区矿产资源开发利用、矿山环境和规划执行情况多目标遥感调查与监测1万km^2；完成1∶1万重点地区矿产资源开发利用、矿山环境和规划执行情况多目标遥感调查与监测4000km^2。

四、多目标区域地球化学调查与评价

1. 贵州省多目标区域地球化学调查（贵阳中心区）。完成了采样、加工、组合、分析，开展了异常查证，编制了表层土壤、深层土壤的54种元素指标地球化学图，统计计算各类地球化学参数，编写完成《贵州省多目标区域区域地球化学调查（贵阳中心区）》。

2. 贵州省多目标区域地球化学调查（贵阳市地区）。完成工作总面积1万km^2，涉及1∶5万图幅有34幅，1∶10万图幅12幅；共完成表层样品工作量为：1∶5万图幅34幅表层土壤样品10237件、湖底沉积物样品11件；1∶10万图幅深层土壤样2563件，共计12811件。

五、水文地质调查评价

（一）贵州重点岩溶流域水文地质及环境地质调查。

完成主要实物工作量：1∶5万水文地质及环境地质调查调查9030km^2，水文地质钻探2000m，地下水动态监测点建设及监测25处，地下水污染调查2处，饮水安全工程点调查303处，石漠化调查30处，岩溶洪涝调查13处，洞穴调查2560m。

（二）贵州省镇远县地下水勘查。

共完成野外调查面积1878km^2，调查天然水点

349个，总流量3517L/s，其中地下河18条。岩溶地质点71个，测流点81个，建立地下水动态观测点12处，安全饮用水调查点8个。

矿产资源调查评价

一、固体矿产资源调查评价

（一）贵州罐子窑-茅口地区铅锌矿远景调查。

完成实物工作量：1:5000地层剖面40条，剖面总长47.59km，采集岩石标本150件。1:5万矿产地质填图1850km²。1:5万地面高精度磁法测量1831.5km²。1:5万水系沉积物测测量1819.5km²。槽探:完成槽探工作量2632m³。

（二）贵州遵义地区铝土矿远景调查。

完成工作量：1:5万矿产填图面积900km²、水系沉积物扫面900km²、槽探1800m³、1:1万矿产填图100km²、1:1万岩石地球化学剖面测量20km，钻探1200m。

（三）西藏改则县北亭贡南部地区地质矿产调查。

完成实物工作量：地质矿产调查填图1248km²、地质矿产调查路线1702km、1:1万地质填图10km²、剖面测制61.5km、探槽810m³、1:1万岩石剖面测量26km、1:1万瞬变电磁测量25km等。

（四）贵州省西秀区旧州（西部）煤炭普查。

完成1:2000地层剖面测量5.03km，1:1万地质填图35km²，老硐调查及定点80余处，1:1万水文、工程、环境地质调查40km²，GPS控制点（E级）测量51点，1:5000勘探线剖面测量16.45km，钻探施工4655.555m。

二、贵州省矿产资源潜力评价

全面开展了贵州省铝、铁、煤、铅锌银、铜、钨锡、锰、金、锑、磷、稀土等14个矿产的潜力评价工作。完成贵州省铝土矿、铁矿潜力评价。地质背景课题组完成全省1:25万实际材料图、建造构造图的编制工作，物化遥重砂课题组完成了全省物、化、遥、重砂面积性的资料收集和综合研究工作，综合集成信息组完成了全省主要矿产地数据库的资料收集和建设。

三、矿产资源储量核查

贵州省矿产资源利用现状调查项目完成了3个试点矿区的资源储量核查工作，启动了全省煤（大型）、铁、铜、铝4个矿种矿区资源储量核查工作：根据《贵州省矿产资源利用现状调查项目工作方案暨2008年度工作计划》方案，项目管理办公室于2009年3月启动了全省煤（大型）、铁、铜、铝4个矿种矿区资源储量核查工作（计划核查矿区总数231处，核查矿区总面积约17804.18km²，矿区内采矿权共1556个，其中大型矿区37处；中型矿区24处；小型矿区170处）。

基建与装备管理

一、基本建设管理

贵州省地质调查院2006年2月建实后，暂无固定基地，租房办公。2008年贵州省地矿局决定在贵州省贵阳市金阳新区建设地质科技园，主要解决贵州省地质调查院、贵州省环境监测院等单位的业务用房问题。2009年8月24日，贵州省地质矿产局第12次局长办公会议议定，将国家发改委“十一五”期间投入贵州省地矿局基础设施中央预算内投资补助的2731万元全部用于金阳地质科技园基础设施建设。2009年已完成了国有划拨土地立项审批及定点、选址工作，相关规划正在办理中。

二、装备管理

2009年，贵州省地质调查院设备管理重点加强了3个方面的工作：

1. 加强了设备采购的审批。设备的采购首先由使用单位填制设备申购表，然后是设备管理部门签署采购意见、分管领导审核、院长批准。

2. 加强了对设备采购过程的监管。由设备使用部门、设备管理部门、财务部门成员组成采购组现场议价，提出采购意见，报领导批准。

3. 加强了设备的使用管理。采购完成，由设备管理部门填制入库单、出库单，建立固定资产台账，设备管理责任落实到人。同时，根据贵州省地质调查院质量管理体系的要求，由设备使用部门负责设备的校验、维护与保养。

安全生产管理

2009年，贵州省地质调查院的安全生产工作以科学发展观为指导，始终坚持“安全第一、预防为主、综合治理”的方针，紧紧围绕“抓项目、促生产、保安全、谋发展”的工作目标，查隐患、抓治理，进一步夯实安全生产基础，为全年的目标任务的完成提供了较好的安全保障。全年未发生一起生产安全事故，确保了安全生产。

一、贵州省地质调查院2009年地质调查项目安全生产状况

贵州省地质调查院2009年共有13个项目队（组）、6个项目处从事野外地质调查，从业人员120余人，生产用车20辆。工作区主要分布在贵州省安顺、遵义、黔南、黔东南、毕节地区；云南省保山巍山地区、施甸地区；西藏阿里地区。野外地质调查的工作特点是点多面广、交通运输战线长、工作环境条件艰苦、高度流动分散、不可预见性因素多。安全生产隐患主要表现在交通运输、突发性地质灾害、高原病及突发性疾病等方面，治理难度大。

二、强基础、抓治理，为实现本质安全提供了重要保证

（一）强化干部职工的安全生产意识。

1. 加强安全生产的教育培训。建立了以全员安全教育培训为指导、专题培训为支架、安全交底为基础、即时培训为补充的安全生产培训体系。违章指挥、违章作业、违反劳动纪律的“三违”现象明显减少；不伤害别人、不被别人伤害、不伤害自己的“三不伤害”原则得到有效贯彻。

2. 以安全生产月活动为载体，加大安全生产的宣传力度，进一步强化广大职工的安全生产意识。①围绕“关爱生命、安全发展”的主题制定了安全生产月活动方案，成立了以院长为组长的活动领导小组。②为全院干部职工配备了安全生产法、道路交通安全法、道路交通管理条例、地质勘探安全操作规程、贵州省安全生产条例等法律法规书籍以及野外地质调查安全生产手册及野外安全行车手册。③开展了安全生产“三项行动”、“三项建设”和“两个主体责任”知识竞赛活动。④通过宣传栏、现场会等方式进行安全生产事故案例学习教育，汲取经验教训。

3. 抓了安全生产责任主体的落实。与15个项目队（组）、两个中心（贵州省地质调查院图文制作中心、岩矿鉴定中心）、两办（贵州省地质调查院综合办、总工办）签订了安全生产目标管理责任书，与20名专职驾驶员签订了安全驾驶目标责任书。建立全员安全生产风险抵押金制度。安全生产主体责任得到进一步明确。严格考核和奖惩，确保责任制落实和考核到位。

（二）突出事故的预防。

1. 建立健全了例行安全检查、重点部位重点检查、节假日另行安排检查，干旱、汛期、冬季重点排查相结合的安全生产检查工作运行机制，2009年开展全院性安全大检查8次，查出安全生产隐患28条，查出的隐患得到整改落实，发生安措经费38757元，更新野外用车3台，发生费用90余万元。实行安全生产预案管理，根据工作区的自然条件、人文环境和不安全因素，有针对性制定预防措施。配备了劳动服、鞋、药品等保护用品。艰险地区配备了车载电台、卫星电话、防寒防冻行李、简易医疗设施等装备设施。

2. 针对汛期山体坍塌、滑坡和泥石流易引发事故的特点和冬季时间紧、任务重、天寒地冻、霜雾时间长的客观实际，查隐患、抓治理，有针对性部署重点时段工作，确保了安全生产。

（三）抓好制度建设。

建立和完善了贵州省地质调查院安全生产应急救援预案；野外作业安全管理预案；安全生产风险抵押金管理制度；野外安全生产检查与交通运输管理制度；车辆强制维修制度、安全生产培训制度；安全生产与生产任务同部署、同安排、同考核、同奖惩管理制度；野外项目与院、项目成员与项目负责人之间的定时联系制度，重点时段安全管理制度，外包业务安全监管制度等，实现安全生产许可证延期审验。

（陈启飞　何　松等）

云南省地质调查局工作

云南省地质调查局

基础地质调查

一、区域地质调查

（一）1:5万瓦窑幅、永平县幅、龙街幅、板桥街幅、杉阳幅、厂街幅、保山市幅、金鸡村幅区域地质综合调查。

完成铁路沿线两侧各2km范围的1:2.5万综合地质调查430km^2 及区域上1:5万区域地质填图2900

km^2，剖面测制 80km，提交大理至瑞丽新建铁路永平至保山段 1:2.5 万带状工程地质图实材图、工程地质图、地质图及工程地质报告。

（二）1:5 万瓦渣幅、哈卜幅、元阳县幅、绿春县幅区域地质调查。

完成 1:5 万地质填图面积 $1000km^2$，剖面测制 30km。

（三）1:5 万九农幅、阿登各幅、德钦县幅、红坡幅区域地质调查。

完成 1:5 万填图面积 $1070km^2$，剖面测制 148km；新发现南左牛场铜铅矿点、永支铜矿点、永浦石英脉型铜矿点等 3 处矿点。

（四）1:5 万大寨、屏边县、白河桥、桥头街、夹寒箐幅区域地质调查。

完成 1:5 万地质填图 $1400km^2$，剖面测制 50km；新发现铜矿化点 1 处，矿化体厚 50～60cm，延伸长度因植被覆盖不清，目估含 Cu 0.2%～0.3%，矿化显示较强，有进一步工作价值。

二、区域地球物理调查

通过野外工作，获得了潞西-瑞丽幅岩石密度的初步统计成果，由布格重力异常可初步圈定瑞丽、陇川、户撒、盈江等多个沉积盆地；圈定龙陵以南及槟榔江一带多个岩体；划定南北向、北东向及北西向数条断裂。

配合矿产资源评价，开展了云南澜沧江地区矿产资源调查评价、云南省中甸地区铜多金属矿评价 2 个项目的物化探工作。通过磁、电法测量及化探工作，发现了多个较强的磁异常，并与化探异常有较好的吻合，对矿产资源调查评价工作，起到了良好的技术支撑。

三、遥感地质调查

（一）西南三江区域遥感地质综合调查。

完成了西南三江云南境内金沙江流域 1975 年 MSS、2000 年左右 ETM+、2007 年左右 TM 遥感影像数据的 41 个 1:25 万标准分幅影像图，以及东川重点区 SPOT-5 数据 1:5 万影像图 1 幅，盈江重点区 SPOT 数据 1:5 万影像图 1 幅（共 $4000km^2$）的制作。

完成了云南境内金沙江流域 10 万 km^2 面积的 1:25万第四纪地质、地貌、河流湖泊现状及变迁、湿地现状及变迁、水蚀荒漠化现状及变迁、城市现状及变迁（三期现状、两期变迁）遥感调查与编图。全面完成全年设计工作任务。

（二）云南安宁、难温河、富源等重点矿集区矿山开发遥感调查与监测。

1. 彝良矿集区，完成镇雄煤矿区 1:25 万工作区基准年（2007 年）与现状年（2009 年）矿山开发多目标遥感调查工作 $11350km^2$，以及基准年矿业开发活动占地解译工作，对规划执行情况作出了评价。完成 1:1 万工作区的矿山开发多目标遥感调查工作 $1143km^2$，以及遥感正射校正、矿山开发状况及矿山环境状况遥感解译、影像判识违法开采点的野外查证、图册制作等工作。

2. 富源矿集区，完成了 1:5 万富源煤矿区的矿山开发多目标遥感调查工作 $3700km^2$，以及遥感正射校正、矿山开发状况、矿山环境状况遥感解译、影像判识违法开采点的野外查证、图册制作等工作。

3. 安宁矿集区，利用 RAPIDEYE 数据，开展安宁县街磷矿区 1:5 万工作区的矿产资源开发多目标遥感调查与监测工作。

四、多目标区域地球化学调查与评价

承担中国地质调查局项目 1 项：即“云南省多目标地球化学”项目，工作区根据年度任务分别在滇池-抚仙湖经济区、安宁-易门经济区、峨山-元江地区 3 个片区。

通过对滇池-抚仙湖经济区研究表明，区内较明显的重金属元素异常主要有镉（Cd）、砷（As），面积较大的 Cd 元素异常主要分布在昆明市及周边地区、石林地区，As 元素异常主要分布在石林地区，其他地区仅有零星局部小异常；氮（N）、磷（P）、氧化钾（K_2O）、三氧化二铁（TFe_2O_3）、硼（B）、铜（Cu）、锌（Zn）等元素显著富集，尤以 N，P 元素为最，基本上全区都属于高含量区。新发现了有益元素锗（Ge）的高含量区：石林西街口乡-维则乡及昆明双河乡-玉溪洛河乡，提供了新的研究思路；此外，圈出了铅（Pb）、锌（Zn）、银（Ag）综合异常 17 个，其中以“宜良响水箐（Pb）、锌（Zn）、银（Ag）综合异常”找矿远景较大；经对研究区土地质量进行地球化学评估，优等土地（优质+优良）占 70.1%，较差的土地只占 0.6%，中等土地为 16.9%。研究区以优质土地为主，中等-差等的土地主要集中在昆明市及周边地区、石林县、江川县及杞麓湖等地；全区筛选异常 8 个，其中有益元素异常 2 个，重金属元素异常 5 个，矿产资源铅（Pb）、锌（Zn）、银（Ag）综合异常 1 个，进行了异常查证。

五、水文地质调查评价

云南重点岩溶流域水文地质及环境地质调查——滇池流域项目完成1:5万水文地质及环境地质调查面积3000km^2，钻探2038.17m，并完成了报告编制及全流域数据库建设。

在南丘河流域，完成1:5万专项水文地质、环境地质调查2000km^2，1:1万水文地质调查5km^2，综合物探测量38点，长观点7点，样品采集、分析66件。

六、环境地质调查评价

（一）怒江流域（云南段）环境工程地质调查。

完成1:5万环境工程地质草测2600km^2，1:1万环境工程地质草测80km^2，1:10万遥感综合调查5400 km^2，滑坡裂缝报警器安装100套，滑坡裂缝伸缩仪安装50套，样品采集分析85件。

（二）地下水环境监测。

开展昆明地区、玉溪地区地下水动态监测工作，定期对监测数据进行分析研究，观测水位点104（94，10）个，流量点19（16，3）个，水温点25（22，3）个，开采动态监测点282（202，80）个，水质点11（9，2）个（国家级点），1个雨量监测点。获得3879组地下水水位动态数据，813组地下水水温动态数据，597组地下水流量动态数据，968组地下水开采量动态数据，365组雨量数据。编制了昆明地区、玉溪地区地下水动态监测通报、预报及“2008年云南省地下水动态监测年报”。

（三）地质遗迹保护。

完成了地质遗迹保护方面的工作5项：2009年国家级地质公园申报工作；编制2009年度5个地质公园、地质遗迹保护项目费用可研报告；8个地质公园的建设情况检查及地质遗迹保护经费使用情况检查；“中国温泉之乡——洱源”（含地热地质遗迹）申报材料省内评审已通过；初步完成大理苍山世界地质公园申报书、申报综合报告、总体规划及相应图件的编制。

七、地质灾害调查评价

（一）哀牢山地区地质灾害详细调查（元江）。

完成1:5万地质灾害测量（正测）面积830km^2，1:5万地质灾害测量（草测）面积1678km^2，1:1万地质灾害测量（草测）80km^2，1:5万遥感调查面积2858km^2，工程地质钻探500m，工程物探8km，安装滑坡裂缝伸缩仪30套，裂缝报警器100套。

（二）地质灾害应急调查、预警预报、防治。

积极有效地参与了云南省国土资源厅组织的姚安“7.9”地震主要震害区地质灾害隐患排查、墨江县泗南江乡“8.5”洪灾及次生滑坡地质灾害应急调查等工作18次，派出人员29人次。汛期从5月15日至11月15日在网上发布地质灾害气象预报预警信息，共发布预警预报184天。完成地质环境治理项目共计7项：编制了“元阳县新街旅游小镇地质环境与地质灾害防治规划”、“金平县城区地质环境与地质灾害防治规划”。完成了云南省楚雄州武定县已衣乡中学及政府驻地滑坡一、二期治理工程，以及四川省“5.12”地震灾区阿坝州黑水县4条泥石流灾害的勘查、可研、初步设计和施工图设计；开展“三江流域地质灾害防治规划”。完成西山区、富宁、永德、官渡区四县（区）的县（市）地质灾害调查；以及27个县（市）地质灾害调查与区划空间数据库系统建设。

矿产资源调查评价

一、固体矿产资源调查评价

（一）云南德钦地区羊拉铜多金属矿勘查。

2009年该项目完成1:1万地质测量、1:1万高精度磁测，1:1万土壤化探测量各12km^2；钻探7458.99m；槽探9850m^3；坑道600m。重点对曲隆铜铅多金属矿区、扎热隆玛铜矿区、格亚顶铅银矿区及嘎希通等矿点开展工作。在曲隆铜铅多金属矿区共圈出铜矿体3个、铅锌矿体6个。KT6铅锌矿体有12个工程控制矿体长1600m，厚1.10～5.56m，平均2.02m。品位Pb 1.13%～25.30%，Zn 0.76%～11.22%。扎热隆玛铜矿沿加仁岩体东接触带圈出多条矿体，西接触带施工的93ZK1揭露到垂厚20多米的铜铅矿化体。加仁施工的3PD$_1$揭穿KT1矿体，矿体厚4.52m，铜平均品位2.78%。扎热隆玛、加仁、宗亚、曲隆4个矿区共估算333+334$_1$铜资源：矿石量3066.68万吨，金属量45.85万吨，平均品位1.50%。估算333+334铅锌资源：矿石量326.96万吨，铅+锌金属量18.60万吨，铅+锌平均品位6.45%，共、伴生银金属量205吨。

（二）云南省中甸地区铜多金属矿评价。

2009年完成普朗及宁蒗地区8个图幅1:5万矿产远景调查的面积性工作、1:1万高精度磁法65km^2、1:1万激电测量45km^2、1:1万土壤测量10km^3、1:1万地质测量（简测）65km^2、钻探3000m、坑探800m、槽探15300m^3。年内重点针对红山铜矿区及外围、春都铜矿区开展钻探施工，普朗铜矿区施工的坑道

PD02，已揭穿1层铜矿体，矿体厚2m，铜品位1%～2%，呈脉状产出。春都矿区施工的1个钻孔在深部揭露到矿化石英二长斑岩体，铜品位低，控制的仅是浅表层次的矿体，中、深部尚未有效控制，初步估算远景资源量在10万吨以上，显示了较好的找矿前景。红山铜矿区深部找矿取得突破性进展，在9线HZK0901孔中揭露到垂厚分别为19m、32m两层含铜矽卡岩，铜品位0.5%～5%；控制了V4，V3矿体，控制斜深增加了一倍多，向下矿体有变富趋势；3线施工的HZK0306孔，孔深857.89m，新揭露到2层厚6m和4m的矽卡岩铜矿体，目估铜品位0.5%～5%；358～787.82m为铜矿化角岩，目估铜品位0.2%～0.4%；787.82～857.89m为铜矿化石英闪长玢岩，目估铜品位0.2%～0.4%；预计矿区新增铜资源量将超过20万吨，新增钼资源量大于2万吨。热林矿区施工了1个钻孔，孔深551.01m。0～222.07m为弱铜矿化角岩，目估铜品位0.1%～0.2%；222.07～357.31m为铜矿化角岩，目估铜品位0.2%～0.40%；357.31～551.01m为弱铜矿化角岩目估铜品位0.1%～0.2%；矿区具厚大的矿化角岩带，显示较好的找矿前景。

（三）云南澜沧江地区矿产资源调查评价。

2009年完成1:5万地质填图2000km²；1:1万地质填图86km²；1:5万水系沉积物测量2010km²；1:2.5万高精度磁测370km²；1:2000实测剖面10km；1:1000实测剖面30km；1:1万激电50km²；1:1万高精度磁测50km²；1:1万土壤化探40km²；激电测深300点；瞬变电磁测量30km；槽探15000m³；钻探2000m。通过工作，在景谷半坡铂钯镍多金属矿区圈定3个磁铁矿体，铁厂梁子圈出铂钯钴镍矿化超基性岩体2个，圈定铂钯钴镍矿体5个。铁厂梁子镍铂钯矿化超基性岩体地表探槽控制矿化岩体宽150m，镍品位达0.2%～0.52%、铂品位$0.30\times10^{-6}\sim1.32\times10^{-6}$、钯品位$0.30\times10^{-6}\sim1.84\times10^{-6}$、钴0.02%～0.04%。半坡磁铁矿体主要赋存于半坡基性岩体中，原生磁铁矿呈似层状产出，长600m，厚1～10m不等，品位TFe 40%～65%；显示出较好的找矿前景。景洪南林山铜镍矿化区通过异常检查工作，发现铁矿体3个、矿化点1个，控制矿体厚2.5～5.4m，矿体长400～700m不等，铁矿品位（TFe）25.62%～61.59%。南涧安五里阱铁铜矿区圈出铜铁矿体2个、铅锌矿体1个，KT1矿体产于元古宇大猛龙群（$Pt_1D.$）中，矿体长大于1200m，厚1～8m不等，平均厚5m左右，矿体品位Cu 0.48%～3.6%，TFe 26.83%～49.95%，属热液型铁铜矿床；预估铁铜矿远景规模在中型以上。

（四）云南维登-兔峨地区矿产远景调查。

通过项目实施，新发现矿床点65个，经对维登西角、营盘科登涧、连城、宝塔、兔峨大华、打古门、大麦地等7个矿点进行重点检查，西角铜多金属矿、宝塔铜矿达新发现矿产地要求。初步认为西角铜多金属矿，属中低温（热卤水）铜矿床。6个矿体估算334_1类铜金属量13.9万吨；宝塔铜矿，属沉积—改造型铜矿，7个矿体估算333+334_1类铜金属量5.7万吨。提出营盘科登涧铜矿、兔峨大华铜矿、大麦地铜矿、打古门铜矿、鸿犹铁铜矿有进一步工作价值。2009年通过综合资料整理和研究，提交“云南维登-兔峨地区矿产远景调查报告”及6个分幅“战略性矿产远景调查说明书”和相关数据库。报告质量等级定为良好级（技术评分88分）。

（五）云南叶枝-依陇地区矿产远景调查。

提交找矿靶区12～16处，新发现矿（化）点85个，楚格扎铜铅锌金多金属矿、洛扎铅锌多金属矿、老楼房—铁厂铅锌矿、巴洛铅锌矿、白岩子铅锌矿、石门多锑多金属矿6个矿区达到了新发现矿产地（含扩大已知矿床规模、发现新矿种）。2009年通过综合资料整理和研究，提交“云南叶枝-依陇地区矿产远景调查报告”及7个分幅“战略性矿产远景调查说明书”和相关数据库。报告质量等级定为良好级（技术评分88分，数据库评分80分，综合评分87分）。

（六）云南德钦羊拉外围铜矿评价。

2009年全面完成探槽、坑道、钻探、地质填图、物化探等基础资料的检查和整理、完善工作，并根据最新地质成果修改、完成了各矿区1:1万地形地质图、采样平面图、勘探线剖面图等综合图件。年底提交了“云南德钦羊拉外围铜矿评价调查报告”。通过项目的实施，贝吾、扎热隆玛、通吉格、加仁、宗亚、曲隆6个矿区共估算331+332+333+334_1铜资源：矿石量3971.75万吨，金属量57.40万吨，平均品位1.45%。其中，331铜资源：矿石量5.53万吨，金属量753吨，平均品位1.36%。332铜资源：矿石量52.72万吨，金属量8908吨，平均品位1.69%。333铜资源：矿石量269.13万吨，金属量54164吨，平均品位2.01%。334铜资源：矿石量3644.37万吨，金属量510125吨，平均品位1.40%。估算334_1铅资源：矿石量152.34万吨，金属量2.69万吨，平均品位1.76%。估算331+332+333+334_1共、伴生银金属量29921kg。报告质量等级定为优秀级，技术评分90分。

（七）云南大羊拉地区矿产远景调查。

提交“云南大羊拉地区矿产远景调查报告”及4个分幅“战略性矿产远景调查说明书”和相关数据库。提交找矿靶区16处，新发现矿（化）点30处。经矿点检查和异常查证，曲隆、宗亚、加仁、扎热隆玛4个铜矿区达新发现矿产地要求，共估算334_1铜金属量38.70万吨，各矿床远景规模达中型。扎仁铜金镍矿、嘎希通铜矿、大马拉卡煤矿、罗多石膏矿显示较好的找矿前景。报告质量等级定为优秀级，技术评分91分。

（八）旧城-麻栗坝地区矿产远景调查。

通过系统开展矿产概略检查和重点检查，新发现的姊妹山铅锌矿、杨家寨铅锌矿、维罗山铅锌矿、狮子山铅锌矿、白马山铅锌矿、小场铅锌多金属矿、棋盘石铅锌多金属矿、麻栗坝铜铅锌矿、干柴岭锡矿、地瓜山钨锡矿、永兴钨矿和牛圈河钼矿等12处矿点具有进一步找矿前景。提交姊妹山铅锌矿、小场铅锌银多金属矿、棋盘石铅锌多金属矿等3处新发现矿产地。2009年通过综合整理与研究，提交了“旧城-麻栗坝地区矿产远景调查报告”及4个分幅“战略性矿产远景调查说明书”和相关数据库。报告质量等级定为良好级（技术评分88分，数据库评分90分，综合评分88分）。

（九）炎山街-背风地区矿产远景调查。

通过项目的实施共圈定了田坝-打厂湾（A1）、石包营-乐红（A2）、鱼坝-巧家营（B1）、洪布卡-阴口（C1）等4个成矿远景区，初步提交了找矿靶区9个，明确了下一步找矿方向，也展示了在已知大中型矿床外围良好的资源潜力。开展了系统的矿点检查，工作重点选择合理，提交了鱼坝金矿、石包营铅锌矿、打伯科铅锌矿、打厂湾铅锌矿、白牛厂-牛角铅锌矿等新发现矿产地5处，2009年通过综合整理与研究，提交了“炎山街-背风地区矿产远景调查报告”及4个分幅“战略性矿产远景调查说明书”和相关数据库。

（十）和平-那许地区矿产远景调查。

通过矿产概略检查和重点检查，新发现矿（化）点68处，其中，芒海铜矿、菠萝岭河铜矿、八落铅锌矿、下公郎铜矿、尹家山铜矿、江边铜矿等具有进一步工作价值。提交发现矿产地1处（迁德铁矿），提交334_1铁矿石资源量564.45万吨，TFe平均品位35.05%。2009年通过综合整理与研究，提交了“和平-那许地区矿产远景调查报告”及4个分幅“战略性矿产远景调查说明书”和相关数据库。

二、矿产资源潜力评价

（一）成矿地质背景研究。

充分搜集整理了1:20万、1:5万区调等各类原始资料，系统搜集整理了以往区域地质研究成果与文献资料，所编制的1:25万实际材料图及建造构造图，全面反映了区域地质调查与研究程度。

开展了系统的成矿地质背景研究工作，充分利用已有的区调资料，根据不同沉积的微环境的变化、变质矿物组合构造的不同、岩浆岩岩相特征等对岩石类型进行了分解、细化了建造类型，突出含矿岩系及矿体分布状况，编制了15个预测工作区1:5万至1:10万地质构造专题底图及铝土矿、部分铁矿预测工作区1:10万岩相古地理理图、沉积建造图。为成矿规律研究及矿产预测底图编制提供了基本框架。

对云南省大地构造进行了系统研究，划分了2个一级、6个二级、24个三级大地构造单元，并初步划分了34个四级大地构造单元，编制并完成了“1:50万云南省大地构造单元分区图”。根据云南省地质构造，结合沉积作用、岩浆作用、变质作用及构造变形特征，初步将云南省的构造发展、演化划分为以下6个大的阶段：前寒武纪基底形成阶段（包括了吕梁旋回、晋宁旋回、兴凯旋回）、加里东期地壳发展演化阶段、华力西期古特提斯地史阶段、印支期构造发展演化阶段、燕山期构造发展演化阶段、喜马拉雅期构造发展演化阶段。这一划分方案突出了古特提斯构造演化、印支运动、喜马拉雅运动对云南构造演化的重要作用。

（二）物化遥自然重砂综合信息研究。

全面搜集了云南省区域物探（部分大比例尺物探）、化探、遥感、重砂资料，深入开展了物化遥自然重砂综合信息综合研究工作，编制了新一代云南省物化遥自然重砂基础图件，丰富了云南基础资料，为提高云南地质研究程度及成矿规律和矿产预测，奠定了坚实的基础。

1. 磁测资料应用研究。编制了云南省航磁和地磁工作程度图、云南省航磁ΔT等值线平面图、云南省航磁ΔT化极等值线平面图、云南省航磁ΔT化极垂向一阶导数等值线平面图等基础图件，以及云南省磁异常分布图、云南省推断磁性矿床分布图、云南省物探（磁测）推断地质构造图等成果图件。通过对全省磁测（重力）资料的解释，推断深断裂、大断裂共48条（其中深断裂16条，大断裂32条），隐伏酸性岩体24处，隐伏基性岩体9处。编制了12个铁矿典型矿床物探系列图件，归纳总结了典型矿床磁场特征，并进行磁异常的定性、定量解释，建立了物探找矿模型，并对矿区铁矿资源量进行了估算和资源潜力评价。编制了15个铁矿预测工作区1:25万磁测基础图件和成果图件，以及中大比例尺磁测图件，归纳总结了预测区磁场特征，对预测区航磁、地磁圈定的异常进行了推断解释，根据推断的矿致异常估算了预测区资源量和进行了资源潜力评价。部分预测工作区估算了磁性矿产资源量。编写了“云南省铁矿资源潜力评价磁测资料应用研究报告”，为全省铁矿预测提供了翔实的磁测资料。

2. 重力资料应用研究。编制了云南省重力工作程度图、云南省布格重力异常平面图、云南省剩余重力异常平面图等基础图件，以及云南省物探（重力）推断地质构造图成果图件。编制了12个铁矿典型矿床物探系列剖析图，归纳总结了典型矿的重力异常特征，建立了物探找矿模型。编制了19个铁、铝矿预测工作区1:25万重力基础图件及推断成果图件，归纳总结了预测工作区重力异常特征及在预测中的应用。编制了“云南省铁矿资源潜力评价重力资料应用研究报告”，为全省铁矿预测提供了翔实的重力资料。

3. 地球化学资料应用研究。对1:20万区域地球化学数据分省级类和预测工作区类进行了数据处理和统计，预测区按切取数据处理。针对与铁矿有关的元素编制完成了省级类1:50万地球化学图和预测工作区类地球化学图、组合异常图。完成了省级基础图件104张，33个预测区图件约100张，典型矿床研究15个，编制了8大类的编图说明书。按设计和工作任务要求基本完成了2009年度的工作任务。

4. 遥感资料应用研究。为全省铁矿预测提供了翔实的遥感资料。编制了1:50万云南省遥感地质构造解译图、遥感异常组合图、遥感影像图、省级遥感成果图。按1:25万国际标准分幅编制了覆盖云南全省遥感影像图、遥感矿产地质特征解译图、铁染异常分布图、羟基异常分布图。研究并编制了8个铁典型矿床1:5万遥感矿产地质特征解译图、近矿找矿标志解译图、羟基异常分布图、铁染异常分布图。研究并编制了15个铁矿预测工作区1:25万矿产地质特征解译图、近矿找矿标志解译图、羟基异常分布图铁染异常分布图。提交了“云南省物探化探自然重砂遥感综合研究——遥感专题”阶段成果报告。遥感专题研究表明，部分地段含矿岩系的遥感影像（航片）特征清楚，但在铁矿含矿带的风化露头上，其羟基异常和铁染异常较少、较小，难于有效指导找矿。

5. 自然重砂资料应用研究。根据全省1:20万重砂数据库编制全省主要矿物自然重砂单矿物含量分级图和主要组合矿物含量分级图，对主要单矿物和组合矿物在云南省铁矿含矿岩系和含矿岩体进行逐一检索，发现与铁矿含矿岩系和含矿岩体相关联的重砂矿物有磁铁矿、赤铁矿、黄铁矿、菱铁矿、褐铁矿、钛铁矿、白钨矿等。编制完成了各铁矿预测工作区汇水盆地铁矿物组合异常图，铁矿物组合异常图分布与铁矿含矿岩系及岩体有一定关联性。编制了“云南省自然重砂资料应用研究报告”。

（三）*成矿规律及成矿预测研究。*

全面完成了铁、铝两个矿种矿产资源潜力评价工作，完成了相关的成矿地质背景、物探、化探、遥感、自然重砂基础编图及数据库建设。在充分收集省内地质、物探、化探、遥感、自然重砂、矿产勘查资料和科学研究成果等基础上，按照全国矿产资源潜力评价的总体技术要求和工作流程，对全省铁矿和铝土矿资源潜力进行了评价。

在全省铁矿、铝矿产出地质背景、成矿特征、成矿规律等预研究基础上，划分了惠民式火山沉积型铁矿、大红山式火山岩型铁矿等12个矿产预测类型；划分了铁厂式沉积岩型铝土矿、老煤山式沉积型铝土矿、卖酒坪式堆积型铝土矿和白云山式岩浆岩型霞石矿等4个矿产预测类型。划分出铁矿预测工作区15个，铝资源预测工作区4个。编制了与各预测类型的相对应的地质构造专题底图。

开展了铁矿、铝矿各预测类型的典型矿床和预测工作区成矿规律研究，对各类型铁矿区域成矿地质构造环境、成矿控制因素、矿床地质特征、成矿作用过程等做了较详细阐述，深化了主要矿产类型的成矿地质条件与分布规律的认识。编制了典型矿床成矿要素图、成矿模式图和区域成矿要素图、成矿模式图等。

较全面综合研究了各类型铁矿和铝矿典型矿床及预测工作区的重力、磁测、化探、遥感、自然重砂特征。依据铁矿石的特性特点，重点开展了局部磁异常特征研究，建立了典型矿床和预测工作区的地质-地球物理模型，为应用磁性矿产定量预测法等方法进行定量资源量估算提供了科学依据。

在典型矿床和预测工作区预测要素研究基础上，对各类型铁矿、铝矿进行了预测区圈定和优选，共圈出铁矿最小预测区 130 处，圈出铝土矿最小预测区 57 处，圈出霞石矿最小预测区 2 处。并对预测区进行了优选和分级评价。

采用了综合地质信息法、地质体积法和磁性矿产定量预测法等方法，对各类型铁矿、铝矿进行了铁、铝资源量定量预测。预测铁资源总量 204 亿吨（包括已探明储量 37 亿吨），预测潜在资源量为 167 亿吨；预测铝土矿预测资源量为 4 亿吨（不含已查明的资源储量），霞石矿预测 $Al_2O_3$54 亿吨。

按照《中国成矿区带划分方案》附图（1:500 万）的方案划分，在全国划分Ⅰ，Ⅱ，Ⅲ级成矿区带基础上，系统划分了云南省Ⅳ级矿带、铁铝矿Ⅴ级矿田，全省共划分出 2 个Ⅰ级成矿域，4 个Ⅱ级成矿省，13 个Ⅲ级成矿带，30 个Ⅳ级矿带；铁矿全省共划分出 16 个Ⅴ级矿田，铝矿全省共划分出 5 个铝矿田或矿化集中区。

在矿产预测成果基础上，编制了云南省铁、铝矿产预测成果图，云南省铁、铝矿产勘查工作部署建议图和云南铁、铝矿产未来矿产开发基地预测图，提出了铁矿、铝矿勘查部署区。

本着边工作边出成果、边应用原则，根据云南省矿产资源潜力评价确定的铜（钼）、金、铅锌（银）、铁、钨、铝、煤炭等矿种资源潜力预测区，为云南省人民政府编制了“云南省 2009 ~ 2012 年找矿行动计划”及“云南省地质找矿重大突破实施方案”，并获准实施。在 2009 年 12 月 25 日云南省地质找矿重大突破大会上，由省政府进行了统一部署。该找矿行动计划及找矿重大突破实施方案，在全省范围内优选有望近期取得找矿突破的 15 个重点勘查成矿区带（重要成矿远景区）、65 个勘查项目区块（资源潜力预测区），按整装勘查、加速勘查、合（协）作勘查的总体思路，分年度安排勘查。其中铁矿有 5 个重点勘查成矿区带（重要成矿远景区）、10 个勘查项目区块，勘查目标新增铁矿石 25 亿吨；铝土矿有 1 个重点勘查成矿区带（重要成矿远景区）、3 个勘查项目区块，勘查目标新增铝土矿 2 亿吨。

云南省铁矿、铝矿资源潜力评价完成的各项工作符合全国矿产资源潜力评价技术要求，达到质量标准，同意通过验收。

（四）编图和数据库建设。

省级矿产资源潜力评价数据库建设包含两大部分，一部分是通用性信息基础数据库建设，如基础地理数据库、基础地质数据库、矿产地数据库、地质工作程度数据库等；另一部分是省级单矿种潜力评价成果数据库和省级基础编图成果数据库（一图一库）建设。

开展了通用性信息基础数据库建设及其维护工作，包括 1:50 万地质图数据库、1:5 万地质图数据库维护、1:25 万基础地理空间数据库、1:50 万基础地理空间数据库、云南省矿产地数据库、云南省地质工作程度数据库、元数据库建设，为云南省地质背景研究、物化遥重砂研究，以及成矿规律及成矿预测工作提供了信息集成服务和编图规范化服务。

按数据模型要求，进行了规范使用工作。并按“一图一库一说明书一元数据”原则，基本建立了物探、化探、遥感、重砂成果数据库、编制相应的图件、元数据表、建库说明书。

开展了云南省铁、铝矿成矿规律及成矿预测课题成果图件数据库的建库工作，为云南省铁、铝矿资源潜力评价工作及其在将来地质工作中的检索、使用奠定了基础。

三、矿产资源储量核查

1. 系统收集了各类相关资料并进行了整理分析，夯实了项目工作的基础。调研了云南省矿产资源储量核查状况、本次利用调查工作所需资料来源途径和资料完备水平、省内可动用的矿区核查调查队伍等情况，明确了项目工作基础。系统全面收集了云南省矿产资源管理数据库（统计库、空间库、采矿权库、探矿权库）资料，对 22 矿种涉及的上表矿区、采矿证、探矿证的储量评审备案、矿区矿山归属，以及未上表矿区、未利用上表矿区、大中型上表矿区、跨州（市）矿区等情况进行了全面的摸底、梳理，编制了相关统计表格、图件。

2. 前瞻性地开展了矿区资源储量核查试点示范工作。矿产资源利用现状调查是一项全新的工作，很多地质工作人员都是初次接触，对工作流程、技术关键及提交成果报告等认识比较模糊，为防止走弯路，加快后续调查工作进度，云南省项目指导组开展了寻甸先锋煤矿区、砚山旧城-大花园铅锌矿区和麻栗坡铁厂铝土矿区等 3 个有代表性的矿区核查试点工作，及时总结经验，并整理形成文档，在技术培训、现场技术指导、技术答疑等各种场合进行下发、讲解。

地质科学研究

一、矿床地质

（一）“三江”中南段铜、铅锌、金、多金属矿床综合勘查评价技术研究。

1. 首次系统提出与古特提斯洋演化、峨眉山地幔柱活动、印度-欧亚大陆碰撞有关成矿带类型及空间分布，按前寒武纪、古特提斯和陆内造山3个构造旋回划分了中甸铜金多金属等10余个成矿带，为区域找矿部署提供了重要依据。

2. 以同位素年代学测定为基础建立了区内一系列构造-岩浆-成矿事件。

3. 完善了金顶、普朗、羊拉等典型矿床成矿模式和矿体数字化及三维立体模型。

4. 突破了重磁格架的计算机自动提取和基于开口汇水盆地的水系沉积物调查数据处理方法两项区域矿产资源预测评价关键技术。

5. 中甸矿集区5个找矿靶区已被纳入云南省2010～2012年申请全国实施整装勘查计划，羊拉矿集区4个找矿靶区被云南省2009～2011年实施的找矿行动计划应用，并指导和有力配合区内国家矿产资源评价查项目，以及社会（市场）地质矿产勘查项目的实施，发挥重要社会和经济效益。

（二）巨型矿床形成保存及资源潜力研究。

1. 充分肯定了红山-属都蛇绿构造混杂岩带的存在，从而确立了义敦岛弧带构造格架与演化过程，对认识中甸地区成矿规律有重要指导意义。

2. 明确提出了中甸火山-岩浆弧东部斑岩成矿带至少存在印支期、燕山期和喜马拉雅期3期铜多金属成矿作用，并对燕山期铜钼成矿作用与资源潜力给予高度评价。

3. 查明了中甸地区东西部斑岩成矿带大型矿床形成与保存规律，从而指明找矿与矿床勘查有利部位与地段。

4. 对羊拉矿集区海底喷流沉积铜矿床-矽卡岩型铜矿床-斑岩型、大脉型铜矿床划分了一个完整斑岩成矿系列。对找矿勘查发挥指导作用，重新厘定了羊拉矿区地层，提高了矿区基础地质研究程度。

5. 查明了“三江”北段构造-岩浆演化：印支期金沙江洋、甘孜-理塘洋和澜沧江洋俯冲增生与碰撞造山构造-岩浆活动，燕山期怒江洋俯冲增生与碰撞造山构造-岩浆活动，喜马拉雅期印-亚大陆碰撞叠加构造-岩浆活动，各期次包括多次挤压和伸展作用。

6. 查明了青海省玉树地区东莫扎抓铅锌矿床的地质特征和主控因素。

（三）云南元江撮科地区铁铜矿成矿作用研究。

在充分研究、分析了本项目及“云南元江撮科-新平地区铁铜矿评价”项目所取得资料及成果的基础上，结合前人资料，认为该地区具有找矿前景的地段为田房西部至岔河一带，寻找产于脆-韧性剪切带（岔河岩组）内的“岔河式”热液石英脉型铜矿床，即田房西部至岔河一带为找矿靶区。

二、矿产综合利用

生物活化中低品位磷矿技术开发研究项目2008～2009年开展了实验方案设计，实验分两阶段：第一阶段使木薯降解的葡萄糖发酵转化成柠檬酸；第二阶段利用柠檬酸的化学反应和黑曲霉的生长代谢来溶解磷矿石中的磷。目前项目研发获突破进展，已成功筛选和引进高产柠檬酸黑曲霉菌，木薯发酵产酸率已达8%以上，同时掌握了黑曲霉菌发酵木薯产柠檬酸实验室工艺，在此基础上已成功研创出生物活化云南中低品位胶磷矿的实验室工艺，“生物活化法”可使云南20%的低品位胶磷矿中的35%以上矿物态的磷活化为有效态的磷，即活化率高达35%以上，相对国外磷矿约10%的品位，云南20%的低品位胶磷矿中的相对活化量达70%以上。电镜扫描磷矿生物活化后的超微图像也佐证显著的“生物活化”效果。实验工艺主要流程是：①木薯粉液化成为葡萄糖；②配制培养基；③摇床发酵；④添加磷矿粉；⑤测定pH、还原糖、总糖、酸度、有效磷含量。

（段向东　尹光侯等）

西藏自治区地质调查院工作

西藏自治区地质调查院

2009年度西藏地调院共承担青藏专项项目14项，其中1:5万区域地质调查1项，1:5万矿产远景调查5项，矿产普（勘）查3项，1:20万化探3项，后勤保障系统2项。另外还有资源补偿费项目5项。项目总经费6233万元。取得的主要成果如下：

基础地质调查

一、区域地质调查

西藏1:5万协通门幅、类乌齐镇幅、瓦达昌幅、类乌齐县幅区域地质调查：2009年9月完成野外原始资料验收，评为优秀级，现已完成报告初稿。取得下列成果：将原吉塘岩群划分出晚元古代变质岩系和二叠纪花岗岩、三叠纪花岗岩等部分，并对所划分的地质体进行了较准确的年龄测定。在丁青蛇绿岩群堆晶辉长岩中获Cameca SIMS锆石U-Pb年龄217.8±1.6Ma；在原吉塘岩群的花岗片麻岩中获Cameca SIMS锆石U-Pb年龄246.3±1.7Ma，248.3±1.5Ma和247.3±1.3Ma三组年龄值，碎裂（片麻状）二长花岗岩中获得Cameca SIMS锆石U-Pb年龄215.8±3.9Ma和206.2±0.92Ma两组年龄值，绿片岩中获Cameca SIMS锆石U-Pb年龄272.6±1.8Ma，从宗白组火山岩中获得Cameca SIMS锆石U-Pb年龄30.54±0.8Ma；把班-怒结合带内的混杂岩划分为丁青蛇绿岩群和罗冬混杂岩、亚宗混杂岩并在丁青蛇绿岩中识别出了变质橄榄岩、堆晶辉长岩及深海硅质岩。

二、区域地球化学调查

（一）1:20万都吉尔六幅、1:20万措勤四幅区域化探。

目前已顺利完成年度野外采样工作任务，并及时将样品送交实验室分析。

（二）1:20万曲松-革吉区域化探。

异常查证已全部完成。编制了39种元素（氧化物）地球化学图、基本查明了测区的区域地球化学分布规律和地球化学分布与地层、侵入岩、构造的关系。在测区共选择24处不同元素组合的异常进行查证，各异常重现性较好；查证结果都见到矿（化）体，发现12处铜、铅、锌、银、金等多金属矿体或矿化体，找矿效果显著。

三、多目标区域地球化学调查与评价

西藏拉萨地区多目标区域地球化学调查

完成了拉萨城区Hg，Au，Pb异常查证、曲水县达布沟Cu，Mo异常查证，初步总结了拉萨地区土壤元素特征。

四、水文地质调查评价

西藏地热资源现状评价与区划项目2009年以室内工作为主，根据野外调查资料，重新核对、补充、完善了卡片内容，开展了卡片数据录入工作；通过扫描和MapGIS技术准确计算了各泉点的泉域面积。已完成成果报告编写与初步验收。

五、环境地质调查评价

拉萨-工布江达地区环境地质综合调查评价项目野外调查工作已完成，正在进行原始资料整理。收集和分析了2008年成果，基本了解测区主要环境地质问题，对重要矿集区进行了大比例尺环境地质调查；完成了面积性的环境地质调查，了解主要环境地质问题的分布，初步分析了各类环境地质问题的形成机制。重点对甲马矿集区水环境现状、矿集区土壤环境现状、矿山地质环境现状、生态环境现状等进行了初步评价。

矿产资源调查评价

一、固体矿产资源调查与评价

（一）班公湖-怒江成矿带西段铜多金属资源调查。

各钻孔见矿较好。波龙矿区通过钻探工程从平面上、深部的控制，扩大了矿体的规模，提高了控制程度和资源量级别。

（二）安多县木乃银铜矿普查。

通过地表工程和深部钻探工程控制，基本查明各矿体产状、品位等变化特征。

（三）双湖火箭山铜矿普查。

根据地表槽探和钻孔控制初步圈定斑岩型铜矿（化）体两个，部分分析结果及目估品位在0.3%～0.5%。估计控制（333+334_1）铜资源量约50万吨。

二、矿产远景调查

（一）林周地区矿调、贡嘎地区矿调、丁嘎门堆地区矿调。

1. 丁嘎门堆地区矿调。圈定水系沉积物地球化学异常78处、找矿靶区16处，对亚惹囊、鲁巴岗异常检查均发现铅锌矿化。初步圈定7处成矿远景区、16处找矿靶区。

2. 林周地区矿调。发现化石点15处；发现铜矿化线索4处，褐铁矿3处，煤3处，高岭土2处，石灰岩2处，石材3处。

3. 贡嘎地区矿调。清理对比了测区白垩纪地层单位，初步厘定了测区填图单元，初步进行了构造区划及地层分区。圈定化探综合异常19处，其中乙类6个，丙类12个，丁类1个，新发现了17个矿（化）点和矿化线索。

（二）帮达地区矿调和丁钦弄地区矿调。

1. 帮达地区矿调。完成全部水系沉积物测量、全测区遥感解译和蚀变信息提取、大部分地质填图和剖面测制。主要成果：基本厘定了测区地层填图单位，进行了构造区划、侵入岩体划分等。

2. 丁钦弄地区矿调。受外部环境影响仅完成了全区遥感解译和蚀变信息提取、部分面积水系沉积物样品采集，未开展地质填图工作。

三、矿产资源潜力评价

1. 已完成铜（钼）、铅、锌、金、锑、铁、钾（硼、锂）、钨、锡矿的专家预测，初步展示了西藏铜、铅锌矿的巨大资源潜力（其中铜的资源远景超过1亿吨，铅锌资源远景近1亿吨）。

2. 编制各类图件近700张（幅）。

3. 完成各类工作方案的编写工作。

4. 编写各类编图说明书近100份。

5. 确定了可以整装勘查的最重要的远景区（预测区）31个：其中铁矿4个（尼雄，加多岭，当曲，弗野岭），铜（钼）矿9个（沙让-汤不拉，驱龙-甲马，厅宫-冲江，洞嘎浦-雄村，朱诺，玉龙-马拉松多，马牧普，多龙，尕尔穷），铅锌矿7个（洞中拉-亚贵拉，蒙亚啊-龙马拉，拉屋-昂张，林周-工布江达，扎西康，则学-纳如松多，类乌齐-左贡），金矿7个（屋素拉，马攸木，崩那藏布，雄村，邦布，扎格拉，弄如日），钨锡矿2个（类乌齐-左贡，甲岗），钾、硼、锂矿2个（扎布耶茶卡-班戈错区，龙木错-鄂雅错区）。为下一步青藏专项整装勘查提供了选区依据。

6. 基本完成各类基础数据库的建立和维护工作。

四、地下水资源调查评价

西藏日喀则缺水地区地下水勘查项目完成3口探示采结合井，井深分别为129.1m，121.9m和124.5m，井口出水量1920m^3/d，1200m^3/d，1200m^3/d；对工作区地层界线的认定、划分有新认识，尤其是对第四系冲积物Ⅰ，Ⅱ阶地的界线进行了重新划分。

地质科学研究

一、西藏冈底斯成矿带构造岩浆演化与成矿作用研究

首次在拉萨地块发现了二叠纪洛巴堆组与其上的晚二叠—三叠系连续剖面，并采获大量化石，其中在中上二叠世之间发现碱性火山岩，为研究拉萨地块古生代构造演化提供了证据；研究了冈底斯成矿带东段沉积盆地演化及与成矿作用，总结了叶巴组横向变化及其控矿作用。重新厘定了冈底斯成矿带次级构造单元的划分；新获一批重要的测试数据及镜下研究资料。对驱龙、邦浦、厅宫、甲马、洞中拉等浅成花岗质岩体有关矿床进行重点评价，开展岩体蚀变分带与构造岩浆演化及岩体的矿化潜力评价工作。

二、冈底斯东段铜金多金属成矿特征与资源评价研究

甲玛-驱龙矿集区、蒙亚啊-洞中拉-沙让、亚贵拉矿集区、雄村矿集区同处于冈底斯构造带东段，在收集并分析整理冈底斯东段已有的地质、物探、化探、遥感及矿产资源评价项目和科研工作所取得的成果、资料的基础上，初步研究了地质演化及构造-岩浆-成矿作用耦合关系，总结了研究区区域成矿控制因素、区域成矿规律、区域找矿潜力和找矿方向。

三、班公湖-怒江成矿带西段铜多金属矿床调查研究

研究认为该区中特提斯洋演化大致经历了扩张阶段（T—J_{1-2}）、双向俯冲阶段（J_2—J_3）、残余洋（海）盆阶段（J_3—K_1）、弧-陆碰撞造山阶段（K_1—K_2）4个阶段。该成矿带产于近东西向展布的羌南活动陆缘内，平行于古特提斯及新特提斯洋北支缝合带方向，受后期走滑以及塔里木刚性陆块的挤压局部出现构造转折的部位，同时在构造伸展、挤压转换过程中形成的北东、北西向共轭断裂与区域性东西向断裂的交汇部位。成矿年龄介于127～90Ma，属于岛弧型斑岩铜金矿。初步研究表明：在班—怒成矿带的南、北侧均发育有岛弧环境，有利于形成与之相关的矽卡岩-斑岩型铜（金）矿床。

四、西藏班公湖-怒江断裂带以南主要含油气盆地沉积及构造特征研究

获得一批已完成路线柱状剖面图8幅、盆地综合柱状图5幅、盆地地层对比图5幅、岩相古地理图24幅、构造剖面图7幅、构造纲要图5幅，共计53幅。2009年12月底完成了项目终期验收。

安全生产管理

一、安全风险防范培训。根据各项目组野外工作区域不同的环境特点和气候特点，有针对性地开展有关该地区野外工作安全风险防范培训，培训内容概括起来有以下几点：①传达西藏自治区、中国地质调查局、区国土资源厅、区地质矿产勘查开发局、区环保局等相关单位、部门随时下发的有关文件精神；②西藏地区独特的民风民俗及宗教信仰；③社会治安综合治理；④野外地质调查工作过程中的安全问题；⑤西藏自治区青藏专项协调领导小组对项目组的要求。培训着重强调了野外地质调查工作安全危险防范，根据各项目组所处工作区域的不同，针对性地从“人员安全、设备安全、野外行车安全、自然灾害的防治、通信安全及保密”等5个方面进行了详细培训和讲解。

二、野外安全生产检查。2009年全年组织野外安全生产检查6次，分别对6家单位的10个项目组进行了野外安全生产检查，检查范围涉及阿里、日喀则、拉萨、山南及林芝5个地区，总行程达8100多km。

检查内容主要包括：人员健康、宿营安全、生活饮食、生产安全、车辆性能、通信状况、地方关系及当地社会治安状况，检查方式以现场检查、听取项目组汇报、询问等多种方式，多方了解。经检查，被检查的项目均未发现明显安全隐患，符合野外安全生产。

三、下发转发有关安全生产通知。根据西藏特殊的地理环境、气候、人文特点和2009年的实际情况，委派拉萨工作站向进藏项目组转发、下发安全生产通知如下：《关于转发进一步加强矿产资源勘查与开发环境保护工作的通知》、《关于加强社会治安综合治理的通知》、《关于做好雷电安全防范工作的紧急通知》、《关于甲型H1N1流感疫情及做好预防工作的通知》、《关于做好干燥气候安全防护工作的通知》、《关于做好萨嘎达瓦节期间安全防范工作的紧急通知》和《关于青藏公路拉格段交通管制的通知》等420份通知。

其　他

一、后勤保障和安全预警

2009年共接待进藏开展青藏专项工作的28家单位76个项目组，共计1230人，285台工作车辆，野外工作站均为其提供了热情、细致、周到的服务。协助项目组办理边防通行证174份，预订宾馆（招待所）床位253张，租赁工作车辆35台，租赁住房13套，雇用辅助人员63人次，定制样品袋6800个，收转包裹及信件126件，收发传真367页，收发电子邮件195封。

对进藏实施“青藏专项”的大部分项目组进行了安全生产宣传教育、培训共50余次，1144人参加。并根据各项目组野外工作区域不同的环境特点和气候特点，针对性地开展有关该地区野外工作安全风险防范培训。组织野外安全生产检查6次，分别对6家单位的10个项目组进行了野外安全生产检查，检查范围涉及阿里、日喀则、拉萨、山南及林芝5个地区，总行程达7000多km。同时，利用安全生产宣传教育、培训的机会，上半年向项目组成员传达交通、气象、传染病疫情信息等方面的信息50次，共25条信息内容。

完成《西藏地区地质调查后勤保障与应急救援服务指南》的修改，并向进藏项目组发放使用70余册。顺利完成工作站管理信息系统开发和《野外地质调查安全手册》改版工作。

全年协调或参与协调项目组与地方关系10次。7月上旬，在西藏地质矿产勘查局领导的亲自参与和指挥下，成功实施了对青藏项目野外工作因翻车事故导致的人员受伤救急。

二、网络与数据库建设

2009年西藏地质调查院院信息室完成了中国地质调查信息网格部署西藏试点结点数据工作，成为全国首批与中国地质调查局直接联网的六家单位之一。完成了西藏地质调查院网络一期建设，组建院部办公网。与潜力评价项目组联合开通了地学数据查询网CNKI，为院部及各分院技术人员查阅期刊文献资料提供极大地方便。

2009年西藏地质调查院信息室完成了中国地质调查局部署的2000～2005年期间完成的1:25万区域地质调查项目的“数字地质图空间数据库”建设，1:5万区域地质调查项目的“数字地质图空间数据库”建设也已完成，正在等待质量验收。

三、学术交流活动

地学数据查询网CNKI的开通，为西藏地调院了解业内科技动态和学习先进的学术理论提供了平台，燃起了全院技术人员参与学术交流和编写学术论文的热情。多年的实践积累正在转化为一篇篇优秀的学术论文，并在国内相关大型地学学术研讨会上交流，发出了西藏第一线工作者的声音。

2009年，以第一作者发表论文有：《旁那石榴蓝片岩特征及其构造意义》，作者刘鸿飞、刘焰，发表在《岩石矿物学杂志》2009 年第 3 期上；《青藏高原班公湖-怒江缝合带丁青-碧土段大地构造演化》，作者蒋光武等，发表在《地质通报》2009 年第 9 期上。

2009 年 4 月 12 ~ 13 日，由中国地质调查局主办、成都地质调查中心承办的“青藏高原地质学术讨论会”在成都召开。西藏地调院共有 6 人参会，提交学术论文 3 篇，其中会议交流 1 篇。

2009 年 9 月底在长春召开“全国岩石学与地球动力学研讨会”，西藏地调院作为会议协办方，共有 7 名专业技术人参会，提交学术论文 6 篇，其中会议交流 4 篇。会议上设立了“青藏高原构造-岩浆演化与成矿”专题，并召开了“西藏地质与找矿”沙龙，有力地展示了西藏地质与找矿方面的成果，得到了有关地学专家的重视和肯定。

第十届中国西部科技进步与经济社会发展专家论坛于 2009 年 9 月 20 日在拉萨召开，西藏地调院刘鸿飞的《西藏重要成矿带基本特征及找矿前景分析》一文在大会上交流，取得了较好的反响。

（尹淑英）

陕西省地质调查院工作

陕西省地质调查院

基础地质调查

一、区域地质调查

（一）新疆 1:5 万阿克陶县小勒布隆、土曼其、阿托依那克、阿克郎姆幅区域地质调查。

全面完成年度野外生产任务。建立了测区地层系统、构造格架和遥感解译标志，发现铜矿化线索 7 处。

（二）新疆 1:5 万达布达等四幅区域地质调查。

通过 1:5 万地质填图对部分地层的划分进行了重新厘定，发现测区内存在一系列高角度叠瓦状逆冲推覆构造。

二、区域地球物理调查

（一）青海 1:20 万章岗日松幅、扎河幅、索加幅、尕乌促纳幅区域重力调查。

进行了资料收集、室内资料整理和部分数据处理，正在进行报告的编写。

（二）云南泸水-大理地区 1:20 万区域重力调查。

完成了大部分区域重力野外扫面工作。

（三）四川省 1:20 万都江堰、茂汶、松潘、章腊四幅区域重力调查。

完成了大部分区域重力野外扫面工作。

（四）四川省 1:20 万雅安、宝兴、小金、马尔康四幅区域重力调查。

完成了大部分区域重力野外扫面工作。

三、区域地球化学调查

内蒙古 1:20 万喀喇其林场、六十林场、松岭区、十五里河幅区域化探：全面完成野外化探扫面、水系沉积物及岩石样的采集工作。

四、多目标区域地球化学调查与评价

（一）陕西省多目标区域地球化学调查（宝鸡地区）。

完善了实际材料图、野外采样手图的编制、进行了记录卡录入，编制了部分元素地球化学图。通过调查，在渭河流域发现了大面积的富硒土壤及土壤污染地区；一处位于岐山县渭河南境内石头河一带，另一处分布于渭河二级阶地上，蔡家坡东西一线；Ge，Hg，Pb，Zn 等污染元素异常集中出现于宝鸡市、虢镇、蔡家坡镇、齐镇东一带。

（二）陕西省多目标区域地球化学调查（铜川地区）。

项目的野外采样工作已完成，现转进入室内资料整理阶段。西安地质调查中心对野外工作工作质量进行了全面验收。

矿产资源调查评价

一、固体矿产资源调查评价

（一）西藏申扎县甲岗地区地质矿产调查。

全面完成年度野外生产任务。全区初步圈出各类综合异常 24 处（甲类异常 5 个，乙类 6 个，丙类 13 个），其中找矿前景较好的综合异常有 HS1，HS3，

HS8，HS14，新发现各类矿点15处；在区内初步圈定甲岗雪山周缘铅锌多金属成矿带和甲岗雪山北缘铁矿带。

（二）西藏乃东-桑日地区地质矿产调查。

全面完成年度野外生产任务。圈出各类化探单元素异常512个，综合异常79个，完成矿点检查24处。新发现矿（化）点9处，其中铜矿（化）点8处，铬铁矿化点1处，新发现的矿（化）点中洛村铜（金）矿、麻麦铜矿、通巴铜矿点前景较好。

（三）陕西南郑-镇坪铅锌多金属资源远景调查。

全面完成年度野外生产任务。共圈定化探Pb，Zn，Cu，Au单元素异常113个，其中铅元素异常25个，锌元素异常26个，铜元素异常37个，金元素异常25个；对云河铅锌矿点、双河寺铅锌矿（化）点、龙骨石铜矿（化）点进行了矿产检查，铅品位约1%～2%；含铜约0.2%；在胡家坝关幅、元坝子幅及王家庄幅3个图幅中初步圈定找矿远景区12个，其中二级锌铅找矿远景区2个，三级锌铅找矿远景区6个，二级锌铜找矿远景区1个，三级锌铜找矿远景区2个，三级铅锌铜找矿远景区1个。

（四）陕西华阴-商州地区有色金属矿远景调查。

全面完成年度野外生产任务。通过1:5万地面高精度磁测成果，绘制ΔT平面等值线图，圈定出磁异常15个；先后对芦沟钼矿点、太平峪铜矿点等14处矿点及李家洼金矿化点等4处矿化点开展了野外踏勘检查，对芦沟-潘家沟钼矿点、石撞沟铁（铜）矿点进行了重点检查。在洛源断岔沟发现钼、钨、铜多金属矿化带；发现太平峪铜矿点；在洛南县南部元古界宽坪群（Pt_2Kg）内初步发现Mu，Pb，Zn，Ag多金属矿化带（含寺沟钼矿点、爹沟铅锌矿点、盈耳沟铅银矿点）在元古界高山河群鳖盖子组新发现锰矿点1处、铜矿化点1处（牡丹沟锰矿点、草坪铜矿点）；在寒武系碳酸盐岩地层内新发现铅矿化点1处（郭板沟铅矿点）；发现石撞沟南沉积型铁矿带。

（五）新疆西南天山霍什布拉克地区铅锌矿远景调查。

完成年度野外生产任务。发现加依洛沟上游铜矿化带，矿（化）带宽度20～50m，断续出露长度7.5km左右，铜品位在1.5%～3%；发现克孜勒巴克萨依铜矿（化）带，矿带出露宽度50～80m，控制长度在5km左右。初步圈定铜矿（化）体1条，目估铜品位1%～2%；发现皮羌村北铜矿点，在蚀变带中初步圈定铜矿（化）体一条，矿（化）体出露厚度1.5～2m，地表延伸长度120～160m，铜品位2%～3%；根据1:5万高磁测量，初步划分出4个磁异常区。为寻找钒钛磁铁矿及铜矿提供了有利地段。

（六）内蒙古自治区额济纳旗二龙包西等四幅1:5万区域矿产调查。

全面完成年度野外生产任务。高精度磁法测量根据ΔT平面等值线图，初步划分出6个ΔT异常区；化探工作初步圈定了Au，Ag，As，Sb，Hg，Cu，Pb，Zn，Mo等单元素异常182个，圈定综合异常31个，其中甲类异常4个，乙类异常10个，丙类异常12个；矿产重点检查的异常在HS1 乙$_3$，HS12 乙$_3$，HS15 乙$_2$，HS27 甲$_{2-1}$综合异常等异常区内发现了多处锑、金、钨等矿化线索；将测区划分出7个Ⅴ级预测远景区，圈定找矿靶区9个。

（七）内蒙古自治区额济纳旗红石山南锑、金矿普查。

全面完成年度野外生产任务。通过槽探工程，显示1:2000填图中发现的金矿（化）体中金矿化较好。其中构造蚀变岩型金矿（化）体在TC5505中15个样品10个样达到工业品位，平均品位2.91×10^{-6}，最高15.9×10^{-6}，地表向两侧延伸大于80m，北侧构造破碎带金矿化体控制长度约880m，宽3～5m，平均品位0.5×10^{-6}～0.8×10^{-6}，最高4.08×10^{-6}，深部延伸约93m。

（八）内蒙古自治区额济纳旗望旭山钨矿普查。

全面完成年度野外生产任务。在望旭山普查区西矿段针对Ⅲ-KH1中部施工的ZK1703和ZK1704中见到了较强的白钨矿化，矿体厚0.8～4m，品位一般0.06%～0.293%，最高达0.77%；老硐沟普查区完工的5个钻孔有4个见到了明显的矿化，厚度一般0.8～1.6m，平均品位0.23%。

（九）内蒙古自治区额济纳旗盘陀山西锑金矿预查。

全面完成年度野外生产任务。圈定出78个激电剖面异常，经推断解释可能由矿化体引起的甲类异常11个；1:1万土壤地球化学测量在预查区圈出较好的Au异常2个，Sb异常1个，Zn异常2个、Pb异常1个。发现锌矿化带一条，长1.5km，宽8m，平均品位1.9%。

（十）内蒙古自治区鄂伦春自治旗奎源林场一带综合方法找矿。

全面完成年度野外生产任务。重新厘定了工作区地层系统、测区构造岩浆演化序列、测区构造系统；1:5 万化探（土壤）测量圈定了 Au，Ag，As，Sb，Hg，Cu，Pb，Zn，W，Sn，Bi，Mo，Fe 等单元素异常；圈定出 6 个找矿靶区。

（十一）内蒙古自治区科尔沁右翼前旗谢尔干扎拉格铁钼多金属矿预查。

全面完成年度野外生产任务。预查区 1:1 万地质背景、化探异常及探槽揭露说明白垩纪花岗斑岩对其成矿有利，具有形成斑岩型钼矿的地质条件；共圈定出 13 个激电异常；地质、化探及物探（激电测量）成果表明预查区北部 Mo－Sn－Bi－W 化探异常区主攻矿种为斑岩-石英脉型钼矿床为主，南部激电异常区主攻矿种为矽卡岩型或岩浆型铁钼多金属硫化物矿床。

（十二）新疆柯坪县木尔一带 1:5 万区域地质矿产调查。

全面完成年度野外生产任务，并通过新疆项目办全面验收。初步界定了含矿地层：震旦系苏盖特布拉克组寻找低温热液型 Cu 矿产；寒武系肖尔布拉克组寻找沉积型 P，U，V 矿产；丘里塔格组寻找 Pb，Zn 矿产；奥陶系萨尔干组及石炭系康克林组寻找沉积型 S，Fe 矿产，二叠纪火山岩地层中寻找 Ti，Fe 矿产。乌孜别尔铜铅锌磷钒铀一级找矿靶区矿产检查中，新圈定两条铜矿化带和一条赤铁矿化带。

（十三）新疆阿克陶县木吉西南一带 1:5 万区域地质矿产调查。

完成了区域地质、区域矿产及化探报告的编写。在调查区内新发现铜、金、铅矿（化）点 8 处，新发现金、铜、铅矿化高值点 23 处；划分出 3 个Ⅳ级成矿带、6 个成矿远景区、8 个找矿靶区；圈定单元素异常 703 个、综合异常 55 个。

（十四）新疆皮山县阿克晓地区 1:5 万区域地质矿产调查。

完成了项目地质报告、矿产报告、化探报告及相应报告图件的编制。重新厘定了地层单元，建立了调查区构造岩浆岩带及构造格架；确定了 4 个成矿远景区、6 个找矿靶区；发现铜矿化点 30 处、铁矿化点 11 处、金矿化点 5 处、煤矿点 3 处、石膏矿点 2 处；圈定综合异常 28 个（其中甲类异常 7 个）；在 4 条剖面上共确定 19 个激电异常，其中由矿化体引起的甲类异常 4 个。

（十五）新疆皮山县大西沟铜矿普查。

全面完成年度野外生产任务。圈定铜矿体 2 条。1 号铜矿体：位于 ZK001 钻孔 243～246m 处，铜品位为 0.14%～0.28%，平均铜品位为 0.21%，控制厚度 3m；2 号铜矿体：位于 ZK401 钻孔 51.2～54.2m 处，铜品位为 0.20%～0.25%，平均铜品位为 0.225%，控制厚度 3m。主要矿石矿物有黄铜矿、辉铜矿、闪锌矿、黄铁矿、磁黄铁矿、磁铁矿。

二、矿产资源潜力评价

陕西省矿产资源潜力评价进行了各课题的资料收集、图件编制及报告编写。①成矿地质背景研究：基本完成了 1:25 万建造构造图、实际材料图的编制；基本完成了铁、铝土矿预测区地质构造专题底图的编制；完成了铜、铅锌、金、磷、锑等部分矿种的地质构造专题底图编制。②物探化探遥感自然重砂综合信息研究：完成了铁、铝典型矿床、预测工作区的编图工作；编绘了铜、铅锌、金等矿种部分典型矿床和预测工作区重力、磁力图件及重力异常定量解释图；对部分化探、遥感图件进行了属性挂接；对已编制的全省自然重砂异常图进行了进一步修编。③成矿规律及矿产预测组：全面开展铁铝两个矿种预测工作区区域成矿规律研究，基本完成了铁铝预测工作区区域成矿要素图、区域预测要素图、区域成矿模型图、区域预测模型图及预测工作区矿产预测成果图编制。同步开展铜、铅、锌、钨、金、锑、稀土、磷等矿种典型矿床研究。完成了铁预测区定量预测 7 个、铝预测区定量预测 3 个。初步完成了铁、铝单矿种成矿规律、预测及成果报告的编制工作。④信息技术应用研究：协助各课题组进行图件编制并继续进行 1:25 万实际材料图、建造构造图的数据库建设。

地质科学研究

（一）西秦岭断裂构造与成矿研究。

2009 对南秦岭重点构造带进行野外研究，通过区域地层、构造与成矿关系的研究，针对不同成因的典型矿床，开展少量地球物理、地球化学、遥感调查与异常查证，揭示区域成矿规律与成矿预测。北秦岭选择眉县铜峪铜矿作为典型矿床，并采集和分析相关样品，对铜、铜锌多金属矿化进行含矿岩体与同生断裂构造关系调查；提出不同类型矿床的成矿模型和找矿模型，进行靶区预测；对北秦岭部分地区西骆峪矿点检查、异常检查 2～3 个。到眉县铜峪、西骆峪进行了实地考察，并采集了化学样品。

（二）陕西省地质系列图件编制与综合研究。

初步完善陕西省地层表划分方案，建立陕西省地层系统，初步完善陕西省构造区划和构造单元划分方案，初步完善陕西省构造岩浆岩带划分方案，建立陕西省构造岩浆岩划分系统；利用锆石 SHRIMP U－Pb 法同位素分析，为相关重要地质问题解决，提供了可靠的锆石年代学依据；将陕西省大地构造单元进行动态划分为 6 个阶段；认为秦岭造山带存在晋宁、加里东两期斜交叠加的板块汇聚结合；研究了两期板块汇聚结合带分布与区域成矿关系。

地质调查信息工程

1:5 万地质图空间数据库建设项目（15 幅）：全面完成了 15 幅地质图的数据库建设，并通过地调局发展中心评审，评为“优秀级”。

基建与装备管理

一、基本建设管理

陕西地调院 2004 年建实之后，租赁局属单位场地房屋办公。

二、装备管理

单位拥有固定资产总值 2010 万元。各类设备 594 台（套），其中各类专业设备 28 台（套），物化探设备 82 台（套），数字填图设备 50 台（套），GPS 测量仪 60 台（套），数码相机 40 台（套），摄像机 5 台（套），专用绘图设备 5 台（套），网络设备 1 台（套），岩芯钻机 1 台（套），水井钻机 1 台（套），各类车辆 30 台，野外通信息设备 11 台（套），计算机及办公自动化设备 272 台（套），野外艰险地区个人装备 100 余套。

安全生产管理

安全生产和治安保卫一直是陕西省地质调查院极为重视的一件大事，是落实管理工作的重点之一。该院工作流动性大，点多、线长、面广、工作区自然条件和社会环境复杂，存在许多影响安全的不确定因素。坚持安全生产目标管理责任制，年初院与各部门签订了安全生产目标管理责任书，并组织全院的安全生产培训和新职工的安全教育；认真制定了《陕西省地质调查院安全生产“三项行动”实施方案》，成立了安全生产“三项行动”领导小组和办公室，明确了指导思想、工作目标、工作内容和阶段安排、工作要求。7 月初终对新疆乌市“7.5”严重的暴力事件，该院专门布置安全工作，并专项发文，领导分组及时深入野外项目组实地检查指导。在单位内保方面，完善了硬件设施，安装了必要的监控设备，并坚持逐月安全应急值班制度和节假日值班。已经形成了一套行之有效的安全生产管理体制，各级领导和广大职工的安全意识浓厚，责任心强。由于全院职工、特别是生产一线同志们不懈的努力，平时严于管理，遇到突发事件处置有方，全院安全形势良好，没有发生重大事故，实现了该院第 4 个安全生产年。

（刘曦鹏）

甘肃省地质调查院工作

甘肃省地质调查院

基础地质调查

一、区域地质调查

（一）武都县幅 1:25 万区域地质调查及区域地壳稳定性评价。

针对受灾区区域地质调查程度偏低，区域地壳稳定性不清，新构造运动动态变化情况不明等问题，以区域构造调查为先导，合理划分了测区的构造单元。充分运用遥感等新技术，开展了测区区域地壳稳定性评价研究。为灾后重建、地质灾害预防提供了基础地质资料，为地方政府决策、移民点选择提供了地质依据。2009 年完成 1:25 万地质填图 8000km^2。

（二）新疆白干湖西部地区四幅 1:5 万区域地质调查（J45E013022，J45E013023，J45E014021，J45E014022）。

项目重点对鸭子泉-鸭子达坂构造混杂岩带进行

了实地调研，初步否定了原来认为是蛇绿混杂岩的认识，提出了属于早古生代大陆边缘裂谷带的观点。通过对测区地层进行研究，取得了新的认识和进展，将从白干湖组中解体出的一套变质岩组合，初步划归长城系小庙岩群。对原定二叠—三叠纪的鸭子达坂岩组暂时定在奥陶—志留纪。将志留纪白干湖组划分为4个岩性段，细化了填图单位，提高了图幅精度。项目组注重矿产调查，在工作中发现了以铜矿化为主的多处矿化线索。2009年完成1:5万地质填图1000km^2。

二、区域地球物理调查

新疆1:20万苏吾什杰、攸苏普阿雷克幅区域重力调查：2009年完成调查面积7400km^2，11月通过西安地质调查中心野外资料验收，项目共圈定重力高异常30个，重力低异常18个。对比测区地质图可以看出，北部阿斯腾塔格山前一带重力异常较为平稳，由一个重力低和一个重力高构成，反映了山前盆地内的隆起与凹陷。测区中部布格重力异常走向比较零乱，重力高与重力低相间出现，分别反映了阿斯腾塔格山隆起带、乌尊硝尔山间断陷盆地和新生代阿尔金山前盆地，阿尔金山隆起带。南部的重力低反映了柴达木-吐拉复合构造盆地在测区的沉积中心。

通过1:20万区域重力调查，为资源评价、区域地质调查和基础图件更新等提供了高质量的基础性区域重力资料，全面完成了任务书提出的野外数据采集工作及室内资料初步整理工作。

三、区域地球化学调查

甘肃1:20万明水、红石山幅区域化探：2009年完成调查面积12188km^2，11月通过了西安地质调查中心野外资料验收。该项目利用数字填图系统，保证了采样点定位准确无误。野外原始资料完整、齐全，工作总结系统全面。项目组找矿意识强，发现了铁、钨、钼、铜等矿化线索5处。

四、多目标区域地球化学调查与评价

甘肃省多目标区域地球化学调查（张掖-永昌地区)：2009年完成地球化学表层、深层样采样面积8600km^2，11月通过了西安地质调查中心野外验收。

五、水文地质调查评价

甘肃省徽县城区供水水源地勘查：基本查明了主要河谷的结构特征，绘制了河谷第四系厚度等值线图。基本查明了河谷松散岩类孔隙水的水文地质条件、地下水赋存特征和水质特征，指出了生活用水的开采目的层。高质量完成了3眼探采结合井，解决了伏镇河湾村、伏镇商贸市场和徽县三中共约5000人的生活用水需要，社会效益明显。同时为县城后备水源地指明了勘查方向。2009年完成1:10万水文地质调查445km^2，水文地质探采结合井3眼，总深度75m。

六、灾害地质调查评价

甘肃省成县地质灾害详细调查：在甘肃省陇南地区首次采用遥感、地面调查、钻探、槽探、测量、样品测试等综合手段开展了地质灾害详查工作，对甘肃省今后开展此类工作具有示范和指导意义，其成果为地方政府统筹规划、综合治理地质灾害提供了技术依据。利用大比例尺1:1万遥感RGB真彩色航空影像片完成县域内地质灾害解译，解译验证各类地质点180处。实地完成野外各类调查点456个（处)，其中滑坡88处，崩塌66处，不稳定斜坡23处，泥石流19处，其他各类地质调查点260处（点)。完成了34处（个）地震灾后重建集中安置点地质灾害危险性评估野外调查，为地方灾害重建及时提供了第一手资料。查明了地质灾害的空间分布特征及成因条件，为地质灾害的防治提供了依据。

2009年完成1:5万地质环境调查1520km^2，1:1万地质环境调查170km^2，1:2000工程地质测量1.3km^2，1:5万遥感解译1520km^2，1:1万遥感解译170km^2，钻探228m，浅井72.2m，槽探50m^3。

矿产资源调查评价

一、固体矿产资源调查评价

甘肃省地质调查院矿产资源调查评价工作包括1:5万矿产资源远景调查和矿产评价。

1:5万矿产资源远景调查项目2009年累计完成1:5万矿产地质填图4838km^2，1:5万水系沉积物测量3904km^2，1:5万遥感解译及异常提取4613km^2，1:5万高精度磁测1000km^2，1:10000土壤测量10km^2，钻探6040m，槽探20286m^3，坑探150m。

矿产评价项目2009年累计完成1:10000地质草测82km^2，1:2000地质草测5km^2，1:5万水系沉积物测量80km^2，1:10000土壤测量9km^2，1:10000磁法剖面测量25.7km，1:10000激电剖面测量25.7km，钻探16183m，槽探31323m^3，坑探2886.3m。

（一）甘肃北山地区矿调项目。

甘肃北山公婆泉-双尖山地区铜多金属矿远景调查通过1:5万矿产地质填图，发现了铜、锰、钨等的矿化线索。1:5 万水系沉积物测量圈出 Au，Ag，As，Sb，Hg，Cu，Pb，Zn，W，Sn，Bi，Mo，Co，V，Mn 等 15 种元素的单元素异常 145 个，综合异常 8 个。

公婆泉南铜矿区，ZK1801 钻孔见到 3 层铜矿化，ZK1301 钻孔见到 4 层矿化。

黑山梁钨矿区已发现的白钨矿化分布范围长约 1.7km，宽 200 ~ 700m，矿区共圈定矿化体 105 条，圈出钨矿体 43 个，概算钨资源量约 7000 吨。

（二）甘肃祁连山地区矿调项目。

1. 甘肃省五个泉子达坂-大道尔基地区矿产远景调查。

通过矿产地质填图，对测区地层、构造、岩浆岩的基本特征和空间展布有了初步的了解，在大道尔基超基性岩中发现了基性火山岩，为确立大道尔基超基性岩的构造属性提供了新的依据。通过 1:5 万水系沉积物测量，圈定了一批 Cu，Au，Pb，Zn 等成矿元素异常。在异常检查中发现了金、铜、镍、铬等找矿线索。对敖包沟金矿点、黑刺沟铜矿点、清水沟金矿点等进行了重点矿点检查评价。槽探、硐探工程施工取得了较好的效果，清水沟金矿点圈定了两条金矿体，通过普查工作，大致查明了主矿体的矿体特征、空间分布、矿石质量及矿石自然类型。

2. 甘肃省当金山-雁丹图 1:5 万矿产远景调查。

基本查清了调查区地层、岩浆岩分布及构造格架。对填图单元进行了系统划分，对地层、岩浆岩的含矿性进行了初步研究。1:5 万水系沉积物测量圈定出了 Au，Ag，Cu，Pb，Zn 等单元素异常 158 个，具有一定规模的综合异常 14 个。发现了拉排沟、东沟、西水沟等 7 个铜、金、钨、铅锌矿化点。

（三）甘肃西秦岭地区矿调项目。

1. 甘肃成县-临潭地区铜钨金矿产远景调查。

完成了 1:5 万矿产地质测量和 1:5 万水系沉积物测量工作，对地层划分、构造格架、岩体空间形态提出了新的认识。新发现了锑、金、铅锌等矿化线索。通过对葱坝矿化点进行检查，圈定了一个金矿化层。张家山铅锌矿化点检查，HS21，H25，24 综合异常的查证都有了新的进展。

甘肃省西和县大桥一带金矿区，共圈出 87 条金矿体，其中工业矿体 47 条。现已证实为一中型矿产地。

2009 年，甘肃省地质调查院在西藏自治区和青海省也进行了矿产勘查工作。

2. 青海省玉树县塔门达铅锌银矿评价。

初步查明了矿区地层、构造、侵入岩特征及其与矿化的关系；评价了物、化探异常，圈出了矿化有利地段和分布范围；大致查明了矿化带规模、形态、产状；初步圈定了 13 个矿化体，4 个矿体，有两个铅锌矿体和两个铜铅锌矿体。估算（$333+334_1$）铜铅锌资源量大于 26 万吨。

另外，在测区内发现了煤矿层，宽度达到了 8m，具有一定的规模和较好的稳定性。

3. 西藏谢通门县宗荣曲铅锌矿勘查。

通过 1:2000 地质测量工作，大致查明了东矿段和西矿段的地层、岩性、构造的展布特征，大致查明了控矿因素。控制矿化带长约 15km，宽约 7km，圈定矿体 6 条。铅锌铜矿体赋存于二叠系下部的厚层结晶灰岩、大理岩（铅锌铜）中，严格受近东西向断裂构造控制，矿化富集部位为东西向主构造与北东向次级构造的交汇部位，东西向断裂构造为主要导矿构造，目前所发现矿体均为构造热液作用形成。初步认为矿床成因为沉积改造型铅锌矿。据区域地质成矿条件分析，结合所见矿化带内矿化情况判断，该区成矿条件好，矿化发育，具有一定规模，通过进一步工作，有望成中、大型铅、锌、铜矿产基地。

二、矿产资源潜力评价

"甘肃省矿产资源潜力评价"项目已完成了省级编图及铁、铝矿种的阶段性成果，在全国统一验收中取得了四优三良的好成绩，为甘肃省地质找矿工作部署提供了依据。

地质调查工作战略研究

一、重要成矿区带基础地质调查

在甘肃北山、祁连山、龙首山、西秦岭、陇东等 5 个重要成矿区带，围绕主要成矿远景区，开展中大比例尺区域地质调查、区域重力、区域化探与遥感地质调查等，整体提高地质调查工作程度；开展区域成矿地质背景和重大找矿地质问题研究、区域成矿地质条件对比调查研究、查明主要优势矿产及其成矿背景，圈定找矿远景区。

二、重点勘查规划区地质矿产调查

在北山、北祁连、党河南山、西秦岭北带、西秦岭南带成矿带重点规划区-成矿远景区内，全面部署开展地质矿产调查工作。主要包括 1:5 万区域地质调查、高精度磁测、地球化学测量与遥感调查，矿产检查和异常查证。发现一批矿化线索与异常，筛选出一批重要找矿靶区。提交一批具有大型-超大型找矿远景的矿产地。全面提高甘肃省主要成矿带地质矿产调查工作程度。

第一阶段（2010～2013年）工作部署：主要部署在北山、北祁连、党河南山、西秦岭北带、西秦岭南带成矿带重点规划区—成矿远景区内。开展1:5万矿产远景调查图幅43幅，面积1.76万km^2。开展甜水井幅等36幅1:5万区域地质调查工作，面积1.43万km^2。开展玛曲县幅等316幅1:5万区域化探，面积约12.64万km^2。

第二阶段（2013～2015年），开展北山、祁连山、西秦岭等其他重点规划区重要矿床点周围、重要找矿新发现，以及矿集区等成矿有利地段的地质矿产调查工作。部署1:5万矿产远景调查图幅61.5幅，面积2.49万km^2。开展昌马乡幅等24幅1:5万区域地质调查工作，面积0.98万km^2。开展平凉幅等171幅1:5万区域化探，面积约6.86万km^2。

第三阶段（2015～2020年），对重要成矿带系统部署地质矿产调查评价工作，完成重点规划区及其以外的地质矿产调查评价工作。部署1:5万矿产远景调查图幅81幅，面积3.35万km^2。开展50幅1:5万区域地质调查工作，面积2万km^2。

三、重点工作区矿产勘查

在重点工作区，优选目前勘查进展大、具有形成大型—超大型矿床规模前景的矿产地与矿集区，开展较系统预查、普查、详查评价工作。加快勘查进程，促进矿产勘查重大突破，带动面上找矿，尽快形成一批可供开发的资源基地。

第一阶段，主要部署在小柳沟钨钼矿、大水及外围金矿、夏河-合作金矿、寨上金矿、锁龙-李坝金矿、西成铅锌矿田周边及深部铅锌矿、鹿儿坝-大桥金矿、阳山金矿、石鸡坝金矿集中区等地区。

第二阶段，主要部署在公婆泉、白山堂铜矿等23个二类重点勘查区和上阶段筛选出的重要矿床点分布区。

第三阶段，一是认真梳理第一、二阶段取得的地质成果，提出进一步工作靶区；二是综合研究矿产远景调查取得的地、物、化、遥各类异常成果，并通过预查、普查工作，提供后备接替资源勘查基地。

通过工作完成1:5万矿产远景调查104.5幅、地质调查60幅、地球化学调查487幅。新发现矿产地50处；提交大型—超大型矿产资源勘查开发基地22处以上。

预期提交资源量：金1650吨、铅锌1400万吨、铜300万吨、钨120万吨、钼150万吨、银5000吨、铁10亿吨、镍50万吨、煤126亿吨、铀40000吨。

基建与装备管理

一、基本建设管理

甘肃省地质调查院拥有固定办公场所2处，其中机关办公场所面积1870m^2，项目组办公场所面积2600m^2。

以上办公场所房屋、土地产权均属上级主管部门甘肃省地矿局，甘肃省地质调查院具有划归使用权证明。

2009年甘肃省地矿局已将进一步改善甘肃省地质调查院办公条件纳入局规划之中。

二、装备管理

甘肃省地质调查院拥有能够满足各类专业生产需要的设备、仪器、装备共计1084台（套）。其中：野外交通工具27台；物化探测试仪器55台（套）；野外通信及定位设备293台（套）；计算机设备405台；其他设备304台（套）。

西安地质调查中心委托甘肃省地质调查院管理的各类专业生产需要的设备、仪器、装备共计81台（套）。其中：野外交通工具4台；野外通信及定位设备12台（套）；计算机设备8台；其他设备57台（套）。

安全生产管理

甘肃省地质调查院始终把安全生产工作作为各项工作的重中之重，始终坚持“安全第一，预防为主，综合治理”的方针，坚持安全生产“五同时”（安全生产要与工作同部署、同实施、同检查、同总结、同评比。）“三交代”（交代安全、交代任务、交代路线。）“三不伤害”（不伤害自己、不伤害别人、不被别人伤害。）“四不放过”（事故发生后，要做到事故原因没有查清不放过、事故责任者没有受到严肃处理不放过、群众没有受到教育不放过、整改措施没有落实不放过。）不做“三违”（违章指挥，违章操作。违反劳动纪律）和“先安全，后生产，不安全，不生产”的原则。建立健全了组织机构和完善了各项安全生产管理制度，把安全生产工作作为一项重要工作常抓不懈，警钟长鸣。

一、基本情况

1. 机构设置。甘肃省地质调查院设10个管理职能部、室：党政综合办公室、计划财务部、总工办公室、基础地质调查部、矿产调查部、水工环调查部、矿业开发办公室、业务一处、工会和物业管理中心。

设21个野外地质调查项目组、2个室内项目组、2个辅助生产单位即汽车队和制图室。共计有在职职工211人。

2. 安全生产管理组织机构。为了确保安全生产工作的顺利进行，甘肃省地质调查院建立了由院长薛斌义同志任组长、副院长李天河同志任副组长，各部（室）主任为成员的安全生产委员会，同时也成立了安全生产工作办公室，主任由办公室主任担任，下设专职安全管理干部1人，负责日常安全生产工作。汽车队的管理是甘肃省地质调查院安全管理的重中之重，为此专门成立了“车辆安全运行工作小组”分管安全的副院长李天河同志任组长，工会副主席、汽车队长、项目负责人、专职安全干部和汽车队安全员为成员。各项目组成立了安全生产工作小组，由项目负责人任组长、技术负责任副组长、业务骨干和司机为成员，其中一人为兼职安全生产检查员。

3. 安全生产管理制度。甘肃省地质调查院为完善行政管理机制，建立规范化的安全生产管理，提高管理水平和保障安全工作，使各项安全生产工作有章可循、照章办事，制定了一系列安全生产规章制度：①安全生产责任制；②安全生产检查制度；③应急救援预案；④职业危害预防制度；⑤安全生产教育培训制度；⑥安全生产事故管理制度；⑦重大隐患整改制度；⑧重大危险源监控制度；⑨设备安全管理制度；⑩安全生产档案管理制度；⑪计算机安全管理办法；⑫地质资料安全管理制度；⑬档案资料、图书安全保密制度；⑭汽车队交通安全制度；⑮地质普查安全规程、遇险求生方法。在执行和落实的过程中院工会积极配合，参与监督管理工作，从而形成院党、政、工齐抓共管，职工群众积极参加的网络化安全管理模式，促进了安全生产工作，加大了安全管理力度和覆盖面，做到了职能到位，人员到位，责任到位，工作到位。使安全生产工作形成纵向到底，横向到边，覆盖全员的管理网络，为科学管理、规范管理安全生产工作奠定了良好的基础。形成了上下共抓，出现问题不推诿的管理体系。

二、安全生产工作情况

甘肃省地质调查院安全生产工作在院安委会的领导下，认真贯彻落实中国地质调查局和甘肃地矿局有关安全工作的部署和安排，从院实际出发，本着“安全第一，预防为主，综合治理”和从严治理的原则，把安全工作和生产经营工作放在同等重要的位置来抓，把建立健全和完善各项安全规章制度，大力开展各项安全活动，开展安全大检查及狠抓责任制落实当做搞好安全工作的重要手段，坚持以人为本、生产安全并举，安全教育培训服务于生产，经过广大职工的共同努力，全院至今无一起因公责任事故发生，实现了“四个为零”的安全生产工作目标。取得这样的成绩，主要是做了以下几方面的工作：

1. 加强安全法规学习和培训，提高安全意识。为了使每一位职工的心里牢固树立安全第一的思想，院在每年初召开的全院工作会议上，把安全生产工作作为大会重点内容之一加以强调，一是安全生产事关职工生命和单位财产安全，只有全员懂得安全知识，提高安全对生产重要性的认识，只有集中力量抓好安全生产，坚持安全第一，使职工和管理人员都牢牢树立起安全意识，真正警醒起来，才能真正保障甘肃地调院生产的安全运行。二是严格遵守安全生产责任制和安全操作规程，树立“安全生产责任重于泰山”的思想，在院各部门、各项目组要按照各自分工坚守岗位，切实负起安全责任，并实行按制度奖罚分明，对检查出的隐患整改及时到位，切实做到防患于未然，保证各项工作顺利完成。

每年院各项目组出队时间分布在3～4月份，根据实际情况依次召集即将进行野外工作的各项目组全体成员，由主管安全的副院长分别对他们进行了安全知识培训，着重强调了“先安全，后生产，不安全，不生产”的原则和要充分认识到安全生产的重要性和迫切性，在工作实践中正确处理安全与生产、安全与效益的辩证关系，没有生产的安全就没有生产的顺利实现，更谈不上效益，安全就是最大的效益。野外生产人员要严格按照《地质勘探安全规程》进行工作。特别强调了因项目多，所以汽车数量增加安全隐患也随之增加，要求全体汽车司机要严格遵守《道路交通安全法》确保安全行驶，保证生产一线安全用车。尤其是项目组要认真学习贯彻执行《地质勘探安全规程》，这是规范地质勘探行业的安全技术标准，因此订购了50本配发到各个野外项目组和有关管理科室，以便他们在具体的安全工作中加以贯彻和实施。每次的安全培训都达到了预期目的，并与各个项目组和汽车队等单位负责人签订了《安全生产责任书》，全体驾驶员与院汽车队签订了《驾驶员安全行车责任书》。要求做到人人抓安全，事事保安全，层层抓落实，狠抓薄弱环节，整改事故隐患，严格落实制度，确保安全生产目标的实现。因此安全职责明确，强化了安全生产责任制，同时也把安全生产责任落到实处，提高了职工的安全生产法制观念和安全生产意识。

根据甘肃省安全生产监督管理局的要求，院积极派出安全生产主管人员参加了省安监局举办的《地质勘探安全规程》宣传研讨学习班，通过逐章逐条地学习基本熟悉和掌握有关地质勘探安全规程的基本内容。提高了安全生产管理人员的业务技能和管理水平，并通过考试合格，取得了培训证书。并按国务院颁发的《安全生产许可证条例》的要求，经甘肃省安全生产监督管理局评审，院取得了《安全生产许可证》。

2. 领导高度重视，把安全工作放在政治的高度来抓。领导重视是实现安全生产的前提，是安全生产工作的基础。院领导在部署、安排、检查工作的同时，都把安全工作放在首位，并全力支持安全管理工作，从人、财、物等各方面给予大力支持，各基层单位在生产中都经常接到院领导的安全嘱咐电话，院安委会成员时刻关注全院安全工作状况，同时调动机关各科室参与安全生产管理和宣传报道，充分发挥工会在安全生产中的监督作用。

3. 加强安全监督检查，落实安全生产责任制。安检工作是在安全生产生产委员会直接领导下进行工作，各项目组设有安全生产工作小组，由项目负责、技术负责、司机为成员组成。安全生产检查采取了与各职能部门检查工作和野外验收工作同时进行的方式，安全检查是其中一项重要内容。检查的重点是：①在野外工作时，是否按照《地质勘探安全规程》进行工作。②车辆交通安全。③易燃易爆、防洪、施工作业、驻地工作环境等安全问题，对存在的安全隐患提出整改意见，限期纠正。

4. 加大安全投入，改善工作条件。通过对各项目组出队之前的调研和在实际工作中的安全检查，第一，及时给今年给在高原艰险地区工作的项目组配备了氧气瓶（20个）、氧气袋（40个）和抗高原反应药品（12000余元）；第二，在陇南和甘南地区工作的项目组，此地区雨水较多，道路泥泞车辆行驶存在着不安全因素，因此，购置了20副汽车防滑链(9000余元)；第三，由于各项目组工作范围大、战线长且路况差人烟稀少，汽车轮胎容易被扎破，及时购买了20个充气泵配发给所用车辆（8000余元）；第四，为保证21个野外项目组的联络信息畅通，给其中9个在高原艰险地区工作的野外项目组配发了1至2个卫星电话，同时给每一个项目组配发了5至8套高频率车载对讲机和手持对讲机（共计配发了51套），不仅保证了与院部的信息畅通，同时也保证了野外工作组与组之间的联络信息畅通，确保了安全生产，购置卫星电话和对讲机共投入资金8万余元；第五，给野外一线职工配发了高质量的工作服和登山鞋180套（234000元）。通过以上安全措施消除了安全隐患，保证了安全生产，确保了各项工作的正常进行，做到了全年无任何安全事故发生。

对所有从事野外工作的职工、聘用人员、雇用人员和相关科室管理人员都办理了意外伤害保险，对在高原工作的所有人员办理了疾病身故保险（165000元）。以上安全投入共计50.8万元。

5. 积极组织了“安全生产月”和安全行车“百日无事故”竞赛活动。根据甘肃地矿局的安排部署，院安委会立即对活动做出了安排，成立了以院长为组长的“安全生产月”和“百日无事故”领导小组。并根据院实际情况下发了《关于进一步加强安全生产工作的通知》《关于加强汛期安全生产工作的通知》和要求各项目负责人及驾驶员必须重视做好车辆的保养和维修工作，确保安全行车。如果项目组确实缺车需要租用车辆的，要严格审查车辆的手续(如行驶证、保险证、营运证、资格证)，所租用的营运车辆（客运）超过6年禁止使用，所租用驾驶员不得低于5年驾龄的紧急通知。强调了行车安全、雇佣车辆和驾驶员的要求、炸药的安全管理和使用等。切实提高安全生产意识，提高对安全生产工作重要性的认识，增强安全生产法律意识，减少和杜绝违章行为，确保安全生产。

院由安全生产领导小组牵头，专职安全干部和汽车队队长负责，召集全体驾驶员进行动员，切实遵守交通规则，认真落实与汽车队签订的《驾驶员安全行车责任书》。做到对有病、有伤的车辆进行彻底维修保养，否则不准上路行驶。通过竞赛活动，切实增强了安全意识，做到了全年安全行车无事故。共有20人次被甘肃省地矿局评为优胜驾驶员。

通过以上工作，形成“横向到边，纵向到底”的安全管理网络，做到了工作有标准、领导有责任、职工有意识、人人讲安全，营造了一个人人重视安全、人人遵守安全的良好氛围，确保了全年无任何事故发生。

虽然，安全工作取得了一些成绩，但这只能代表过去，要清醒地认识到，安全工作只有起点，没有终点，来不得半点骄傲和自满。深知安全工作责任的重大，深知其工作的复杂性和艰巨性，深知安全生产关系到职工生命安全，关系院的发展大计，全院上下一定要继续努力实现安全生产目标，为院经济发展创造一个良好的安全生产环境。

（周会武　刘建亚）

青海省地质调查院

青海省地质调查院

一、多渠道争取落实项目资金，采取多种措施创造良好的外部工作环境，保障地勘生产高效运行，较好地完成了地勘生产任务

一是在中国地质调查局的大力支持下，积极与国土资源部联系，狠抓项目落实。2009 年共承揽各类地勘项目 25 项（其中市场项目 4 项），完成货币工作量 5500 万元（未包含市场项目），其中，青藏专项 8 项，遥感调查与监测项目 3 项，省地勘基金项目 7 项（含省级重点项目 1 项），委托勘查项目 3 项，联合勘查项目 4 项。共组建了 24 个项目组，其中矿调项目组 10 个，遥感项目组 3 个，矿产项目组 11 个（含联合勘查 4 个项目组）。

二是本着“早安排、早落实、早行动、早开工”的原则，抢抓一切有利时机，推进地勘生产前期准备工作，较早落实了重型施工单位。同时，院多次组成工作组奔赴玉树地区，分别与玉树藏族自治州政府、州国土资源局、杂多县、囊谦县政府与国土资源局，以及州安全监察局、林业环保局、社会保险局、公安局、宗教局、水务局、农牧局等部门召开座谈会，就地勘工作外部环境问题进行了商谈，创造了良好的外部环境，第一批项目组于 4 月 12 日出队开展工作，所有项目比去年提前 15 天奔赴野外。

三是对全院各项目技术人员进行了合理调配，特别加强了重点地勘项目技术力量，院领导靠前指挥，加大对重点项目的督导、协调和指挥力度，区调所、矿产所领导一直在野外地区蹲点指挥、协调生产工作，院领导班子成员经常深入一线检查和指导工作的基础上定期或不定期召集生产协调会议，及时研究和解决生产中出现的问题，克服外部环境差等诸多困难，不断推进地勘生产进度，除个别项目的一部分钻探任务由于外部环境阻挠未完成外，其余地勘生产任务均圆满或超额完成。

二、超前谋划、精心组织、集中力量、突出重点、强化管理、提升工作质量，不断促使有宏观影响力成果的显现

2009 年院对内部机构进行了调整，完善了组织，修订了管理办法，采取多种措施，充分调动各部门和全院职工的积极性，紧紧围绕“立足勘查主业、谋求地质找矿重大突破”的第一要务，抓住有利时机，狠抓地勘工作，野外工作起步早、抓得紧、抓得实，地勘成果初现，尤其是“三江”地区有影响力的大成果已经显现，提交普查地一处（耐千硖日能），提交矿产地一处（陆日格），莫海拉亨新增铅锌资源量 25 万吨，基础工作在取得新认识的基础上发现一批找矿靶区。

（一）基础地质调查项目取得了一些重要的新成果，有力地推进了青海省基础地质的研究水平和调查程度。

2009 年院的基础项目主要分布在祁漫塔格成矿带、北巴颜喀拉成矿带、三江北段成矿带上。通过工作，基本建立了区域构造格架，重新厘定和细化了地质体，基本查明了不同地质体的构造属性，为查清控矿因素和区域成矿地质背景奠定了基础，同时也发现了铜、铅、锌、铁等一批矿点、矿化点。

1. 祁漫塔格成矿带。①通过不同时代花岗岩的研究，在祁漫塔格地区解体出较多的志留纪—泥盆纪花岗岩，确定了早泥盆世碰撞花岗岩的存在，为研究东昆仑早古生代构造演化提供了资料。②新发现各类多金属矿化点、矿化线索 30 余处，其中在巴音郭勒呼都森中游一带元古宙地层中发现一条长约 400m，宽 150m 的矿化蚀变带，并初步控制铅锌矿体 1 条。③在拉陵灶火河一带，圈定有找矿远景的化探异常多处。通过异常检查，在拉陵灶火河上游圈定铜矿化带一条，矿化带宽 40～50m，长 300～500m。孔雀石化、褐铁矿化强烈，多沿裂隙分布。

2. 北巴颜喀拉成矿带。①首次在扎日加地区发现一套中深变质岩系，具典型的负变质岩特征，构造变形强烈，岩石组合可与中新元古代宁多群对比，可能为巴颜喀拉沉积盆地的变质基底。它的发现为大场金矿成因类型的认识提供了新的资料。②新发现多金属矿化点、矿化线索 10 处。其中哈格特诺尔托北铜（金）矿化点，矿化规模大，蚀变强，黄铁矿、黄铜矿均以浸染状、星点状产出于构造破碎蚀变带中，具有一定的找矿前景。

3. “三江”北段成矿带。①初步确定了结多-阿多逆冲推覆构造的存在，为研究区域断裂构造特性和新生代走滑拉分盆地的形成提供了依据。②新发现多金属矿点、矿化点、矿化线索 22 处。其中有 6 处具有较好的找矿前景，并在吉龙铜矿的西沿段发现了较好的矿化信息，初步圈定两条长 60～80m，宽 1.5～4m 的铜矿化体。

（二）矿产勘查努力打造品牌项目，强化管理，均取得了新的进展，特别值得一提的是在“三江”地区找超大型矿床的潜力进一步明朗。

1. 青海省杂多县东莫扎抓-莫海拉亨矿集区铅锌矿勘查。

通过钻探控制，M1 矿化带初步控制达 3.2km，深部发现较为厚大的铅锌矿体产出，累计视厚度 41～50m，矿体连续性较好，矿化以闪锌矿及方铅矿为主，平均品位 1%～5% 之间，Zn 最高品位 21.64%；通过地表工程，在矿区外围的拉亨弄异常区初步圈定一条长约 2.8km，宽 300～400m 褐铁矿化蚀变带，并发现原生铅锌矿化露头，初步圈定一条长约 1.2km，宽约 100m 褐铁矿化蚀变带，进一步扩大了莫海拉亨矿区的找矿远景。

查明了铅锌矿体总体受一背斜构造控制，见到了 2 层铅锌矿化层，厚度在 2～20m 间不等。通过外围矿产检查工作，耐千、麦多拉、阿姆中涌、阿阿牙赛等矿点成果进一步凸显，找矿前景进一步明朗，并新发现了多改铅锌矿点。目前在耐千、麦多拉、阿姆中涌、阿阿牙赛等 4 个矿点已初步圈定 Cu 矿体 12 条，平均厚度 0.4～11m，长 100～380m，Cu 平均品位 0.3%～1.1%；Pb，Zn 矿体 16 条，平均厚度 0.8～15m，长 70～500m，Pb 平均品位 0.3%～8.9%，Zn 平均品位 0.5%～7.04%。

2. 青海省杂多县陆日格地区铜多金属矿普查。

矿区内共圈出钼矿化带 2 条，圈定钼矿体 21 条，其中 MoⅡ主矿体目前控制长大于 1000m，矿体宽度 3～46m，控制最大斜深 280m，具一定规模，连续性较好。主要为辉钼矿，呈细脉状，根据已有的成果，估算 333+334 资源量 2880 万吨。

3. 青海省都兰县大卧龙多金属矿普查。

南岔沟发现厚 2.90m，平均品位 3.2% 的铜矿层，黄铜矿呈团块状和稠密浸染状产出，伴有磁铁矿、黄铁矿、磁黄铁矿，沿倾向具有一定延深。西岔沟分别发现厚 33.35m 的磁铁矿化带和厚 4.5m 的铜矿化带。

4. 青海省杂多县纳日贡玛铜钼多金属矿详查及外围普查。

完成了矿区的详查工作，矿体向西增加了 200m。

5. 青海省都兰县克错铜矿普查。

新发现一处铜金矿（化）体，宽 3m。Cu 平均品位 0.19%、最高 0.34%。

6. 青海省格尔木市菜园子沟铜钴矿普查。

发现了 1.5m 宽的铅锌矿体，Pb + Zn 品位 3.23%，Ag9.34 $\times 10^{-6}$。

（三）其他地勘项目也取得了较好的进展和成果。

1. 重点成矿带与矿集区矿产资源开发多目标遥感调查与监测。

对鱼卡、大煤沟、江仓、锡铁山、红沟、马海地区的矿山开采状态、矿业秩序，以及矿山环境进行了遥感调查和环境遥感监测，有效配合了国土资源部“整顿和规范矿产开发秩序”行动。

2. 青藏高原生态地质环境遥感调查与监测。

通过青藏高原第四纪构造地质遥感调查发现，高原在第四纪晚期的新构造运动形式与早期板块俯冲、碰撞、挤压隆升的运动形式明显不同，即在新的动力学机制下其形式已发生了重大改变。调查结果显示，在幔柱作用下，腹地伸展垮塌而边部挤压隆升已成为高原新构造运动的主要形式。

3. 青海省矿产资源潜力评价成矿地质背景研究。

编制完成了青海省 37 幅 1:25 万实际材料图和建造构造图，完成了 19 幅的数据库建设及相关说明书的编写，完成铁预测区构造专题底图 11 幅，钾盐预测区工作底图 1 张，为全省矿产资源潜力评价提供了基础图件。

院和青海省地质矿产研究所承担的科技部、国土资源部、青海省科技厅等科技项目共计 7 项。通过与不同科研院所的密切合作，不但使院在区域找矿理论上得到了进一步提高，同时也提高了院在科研项目上的研究水平。

三、深入贯彻落实科学发展观，抓住局结构调整的大好时机，积极搭建多种发展平台，全力拓展地调院生存空间，为地调院长远发展创造了有利条件

2009年，院紧紧抓住机构调整的有利时机，认真学习落实科学发展观，并结合客观实际，立足发展和需要优化机构，抓住青海省地质矿产研究所挂靠院的契机，搭建了多个发展平台。

一是与桂林理工大学合作成立了“隐伏矿床勘查研究中心西宁工作站”，将携手运用先进的物化探技术，早日实现地质找矿重大突破，通过产学研结合培养人才，为地质找矿提供智力支持，提升勘查能力，推进青海省的地质找矿工作，尤其在青海第二找矿空间取得实质性进展等方面发挥重要的作用。

二是积极向青海省科技厅申请，成立了“青海省青藏高原北部地质进程与矿产资源重点实验室”，主要是研究和推广有色金属找矿的新方法和新技术，旨在提高青海省地质科研水平，促进产学研相结合，用新理论、新技术、新方法指导地质找矿工作，加速科技成果转化，为国家及地方地质勘查规划提供技术支撑。

三是博士后工作站建设初见成效。为进一步加强地质科研工作，培养和造就地勘行业高层次的领军人物，推动博士后事业发展，本着依托项目、联合招收、优势互补的原则，已先后与中国地质大学（北京）、中国科学院青海盐湖研究所协商签订了联合培养博士后研究人员协议，进一步推动了博士后工作站的建设步伐。

四、适应市场经济发展，推进机制体制改革，积极拓展业务范围及能力，探矿权管理和运作取得实效

一是机构改革后为提高勘查实力，积极申报资质，已顺利取得了3个甲级勘查资质证书和1个乙级勘查资质证书。同时为扩大业务范围加快发展步伐，顺应中国地质调查局能力评估需要，完成了物化探乙级资质的申报工作，现正在等待厅的审批。此外，顺利完成了测绘乙级资质的年度注册工作，测绘乙级资质的换证复审工作正在进行之中。

二是全面完成了院所有探矿权的延续和年检工作，完成延续12项，年检15项，同时对2009年新开项目办理调查证7个，新申报探矿权1个，预登探矿权2个。

三是采取灵活多样的方式加大探矿权运作力度，积极培育新的经济增长点。探矿权转让10项、联合勘查项目5项，探矿权收入及引进投入勘查资金总计1561万元，其中矿权转让收入1350万元，联合勘查资金128万元，商业性地质勘查资金83万元，咨询收入125万元。

五、顺利完成了地调院和尕庄基地管理处平稳整合工作，进一步加强管理，努力构建科学高效的运行机制，并促使各项工作逐步迈上了正规化、制度化的轨道

一是立足实际，健全规章制度。修订完善了院各类规章制度，为院达到“以制度管事，以制度管人”的目标奠定了基础，使管理更加制度化、规范化和科学化。

二是继续推行目标管理。将局下达的目标层层分解，落实到位，分别与院属各所、中心、公司、部室签订了目标责任书。

三是加强财务管理。积极响应局应对全球金融危机的措施，控制成本倡导节俭，对全院工资下调了10%以上，做到了资产清晰、账物准确。

四是加强离退休人员的管理工作。院现有离退休职工875人，其中内地安置的有271人，加强联系及时掌握老同志情况，主动解决遇到的困难和问题，与省外离退休职工互通书信380余封、互通电话1000余次，较好地稳定了队伍，配合青海省老干部局建立了退休干部信息档案。下半年，对60～70周岁退休人员近300人进行了健康检查，此外，积极做好善后处理工作，2009年共做善后处理10次。

六、未雨绸缪，加大监管，全力构筑安全生产防线成效显著，确保了全年安全生产工作的平稳态势

一是全面落实安全生产责任制。按照院2009年安全生产保卫责任目标的管理要求，层层分解、落到实处，院与所属各单位、部门均签定了安全目标责任书。

二是狠抓安全教育培训工作，聘请专家、专业安全工作者对院各岗位、各工种人员（包括外聘农民工）进行安全教育。相继举办了“安全生产法律法规学习”、“道路交通安全法”、“民用爆破器材安全管理”及各岗位、各工种安全操作技术等各种培训班14期，培训近千人次，提高了职工的法律意识和遵章守纪的自觉性，通过培训增强职工安全生产意识。

三是认真做好安全检查工作。对各项目组的安全生产准备与施工情况、外雇车辆状况及外聘驾驶员的技能和外来施工队伍进行严格的检查、审核与监督，有效地消除了可能出现的各种不安全因素和违章现象。

四是以安全生产月宣传活动为平台，全面推动院“2009年安全生产年”各项工作的落实，积极开展“三项行动”和“关爱生命、安全发展”等多种多样的各种安全活动，大力宣传预防“甲型H1N1”知识，全力构筑安全防线，有效遏止了安全事故的发生，全年没有发生一次安全事故。认真做好综治工作，2009年院被辖区办事处授予社会治安综合治理暨平安建设“先进单位”称号。

七、坚持以人为本，加大基地基础设施建设，美化和优化居住环境，着力打造温馨家园

一是改善居住小区环境。2009年绿化工作是历年投入最大，投入2．6万元，清除杂草、垃圾40余车，补种草坪400多㎡，栽种各类苗木300余株，对围墙及大院周边进行整固与修补。

二是积极配合西宁市做好“创卫”工作，投入近2万元，集中清理整治办公和生活区各类垃圾100余车，购灭鼠药、投饵器50个，做好除“四害”工作，被城中区授予“创卫先进单位”荣誉称号，并作为“样板小区”推广宣传。

三是在局资金的支持下，共投入200余万元，购买安装新锅炉一台，对三台锅炉进行了大修，并对供水、供暖管网进行了改造，解决了长期困扰院职工家属供暖质量不高的难题，得到院内住户的好评。

四是加强服务工作，进一步提高服务水平，保证水、电、暖的正常供应，群众满意率达到95%以上，各项费用收缴率达到了96．9%。

八、狠抓党建及精神文明工作，大力发展地调文化，努力构建和谐地调

一是加强党的组织建设，充分发挥党组织的政治核心作用。针对院人员调整变动的实际，健全了党的基层组织，充分发挥党组织的政治核心作用。

二是认真开展中心组学习，不断提高干部队伍的政治理论素养和干事创业的能力。

三是深入开展“地质找矿改革发展大讨论”、“抓作风建设，促工作落实”等主题活动，扎实推进改革创新的步伐。

四是加强党风廉政建设，采取签订党风廉政建设目标责任书等多种方式和措施，保证干部队伍的健康发展。

五是充分利用新中国成立60周年和妇女节、劳动节、建党节等节假日举办文体活动周、离退休职工趣味运动会、郊游、职工体育比赛和全院职工联欢会等形式多样、内容丰富的娱乐活动，提高了职工思想认识，激发了工作热情，增强了单位凝聚力和战斗力。

六是关注职工疾苦，解决职工实际困难问题。出台了“困难职工救助办法”、“职工医疗补助办法”和“职工子女上学补助办法”等，并对省级劳动模范、离休老同志以及野外项目组进行两节慰问。

七是全面构建和谐地调成效显著。上半年院区调所获青海省“工人先锋号”荣誉称号，地调院分别在10月获省“模范集体”荣誉称号，11月被中国成协企业教育专业委员会评为“学习型组织优秀单位”，12月获城中区“创卫先进单位”荣誉称号。

九、主要问题

一是外部环境差，致使野外各项工作严重滞后，虽提前做了大量工作，较早的落实了施工队伍，并于4月中旬全面开始出队。但部分施工队、普查组到达工区后，因草原补偿和采挖虫草等原因不能开展工作，最长待工时间达到了50天，当地牧民关系协调困难、易反复。

二是工作区条件差，预算外支出多，项目成本高，经济效益差。院大部分项目在青南玉树地区，到目前已发生草原补偿费及外部关系协调费用35万元。由于工作区海拔高、路途遥远、交通差，重型工程施工费用已达到预算费用，加之大部分钻孔位于山顶均需盘山修路，预算外支出大幅增加，经济效益很差。另外，基础项目成本大，利润空间小。

三是部分需兄弟单位协作项目进展缓慢或尚未启动。如1：5万水系沉积物测量及物化探等工作。

四是缺少优质矿权。青南地区矿权的联合，虽然进行了大量工作，但受政策和环境影响进展不大，可运作的优质矿权少。

十、2010年工作计划及设想

2010年，全院要紧紧围绕国家“保增长、保民生、保稳定”的目标，认真学习十七大精神，贯彻落实科学发展观，抓住国家扩大投资、拉动内需政策机遇，继续加大项目争取力度，抓好项目组织实施，与时俱进，制定院“十二·五”发展规划，明确发展思路和方向，奋发进取，扎实做好各项工作，进一步提高发展能力、发展水平，增强发展后劲，为地调院长远发展打牢基础。

（一）坚定信心，迎难而上，抓住国家开展实施“整装勘查项目”机遇，积极争取各类地勘项目，确保地勘货币工作量稳中有升。

一方面要充分利用三江北带已有的成果，积极吸引国家勘查资金和省地勘基金加大重点矿区矿产勘查力度，顺利实施和推进整装勘查项目。同时，利用已有的勘查成果，积极争取商业性矿产勘查项目。

另一方面要充分利用和发挥“隐伏矿床勘查研究中心西宁工作站”和“青海省青藏高原北部地质进程与矿产资源重点实验室”等平台，争取更多的国家地质勘查重大攻关课题、高新技术产业化课题以及各种级别的科研项目。

（二）超前谋划，广泛联系，落实重型工程施工队伍，进一步提高广大职工工作积极性，力争全面完成地勘生产任务。

施工队伍问题一直是制约青南地区矿产勘查进程的“瓶颈”，要及早联系技术力量雄厚的施工队伍。

突出重点，精心组织，采取更多的激励措施，充分挖掘广大职工潜力，力争全面保质保量完成年度工作量。

（三）强化管理，突出成果，全力提升地勘工作质量，努力实现地质找矿成果新的突破。

质量是地勘生产的生命线，是保证找矿成果的基础，要引起高度重视，抓好野外生产的关键环节，加强监督检查与指导，努力打造高质量的“品牌项目”。

进一步树立“有为才有位”的理念，充分发挥技术优势，扩大玉树地区已有的地勘成果，创造出有宏观影响的大成果。

（四）加强学习，集中培训，加大内部岗位练兵，努力提高技术人员的业务素质和战斗力。

随着项目的增多和项目规模的增大，地勘工作内容、工作方法、工作要求进一步提高，每一个技术人员必须不断加强自身业务学习，掌握更多先进的成矿理论与技术方法，提高自身业务素质，才能提高实际工作中解决问题的能力。

（五）警钟长鸣，落实措施，构筑安全防线，遏制事故发生，保持安全生产零事故的良好局面。

安全工作没有捷径可走，为此仍然从院安全制度的学习领会、安全措施的制定落实上入手，一步步扎实推进安全工作，严格执行安全规定，加大现场安全检查，加大监管力度，保持安全生产的良好局面。

（六）以人为本，凝聚人心，进一步加强作风、党建和精神文明建设工作，加强队伍建设，加大基础设施建设，优化居住和办公环境，做好离退休人员管理工作，构建和谐地调家园。

认真落实为民谋利的各项举措，切实解决职工关心的难点问题，大力构建和谐地调家园。

（王东方）

宁夏回族自治区地质调查院工作

宁夏回族自治区地质调查院

基础地质调查

2009 年，通过“宁夏中卫甘塘等四幅 1:5 万区域地质调查”的实施在测区内发现了并填绘出了发育于上古生界与下古生界香山群之间的隆滑构造、发育于上古生界中的推覆构造，为深入分析和总结本地区古生代以来的构造演化和构造式样奠定了基础；将王家庄苦橄玢岩厘定为二叠纪基性—超基性火山-火山碎屑-硅质岩组合系列，为确定本地区二叠纪大地构造环境和属性提供了依据。

矿产资源调（勘）查评价

一、固体矿产资源调（勘）查评价

2009 年，宁夏地调院固体矿产资源调查评价主要开展如下工作：由中央地质勘查基金安排的“宁夏彭阳县草庙地区煤炭资源预查”，宁夏回族自治区地质勘查基金安排的“宁夏陶乐地区煤炭资源勘查”、“宁夏同心窑山、石条梁、范家堡等地煤炭资源勘查”、“宁夏卫宁北山金场子外围及深部多金属矿预查”，中央财政补贴资金安排的“宁夏贺兰山北段牛头沟金矿勘查”，自治区地矿局安排的“宁夏香山狼嘴子地区铜矿勘查”等。分别由宁夏回族自治区地质调查院、宁夏回族自治区煤炭地质局和宁夏回族自治区地矿局其他地勘单位承担完成。

其中，彭阳县草庙地区煤炭资源预查求获预测资源量28亿吨；同心窑山、石条梁、范家堡等地煤炭资源勘查共求获资源量8000万吨以上；卫宁北山多金属矿预查和贺兰山北段牛头沟金矿勘查等虽然还在续作工作中，但在地表和深部均发现了较好的金和铜、铅锌、银、钴矿体，有望在卫宁北山和贺兰山北段发现一定规模多金属矿。

二、地下水资源调查评价

“宁夏中南部干旱带地下水勘查找水工程”分别在固原草庙地区、海原黑城地区、中宁喊叫水地区找到可利用地下水并成井3眼，出水量总计2864m^3/d。

三、矿产资源潜力评价

2009年已完成了基础编图与数据库和铁矿资源潜力评价等项成果并通过验收。宁夏铁矿资源潜力评价结果：铁矿潜在资源量约7480万吨。

四、矿产资源储量核实

2009年仅完成了方案制定、核查单元确定等前期工作。主体工作将在2010年进行并在年底完成。

地质科学研究

一、基础地质

“宁夏地质系列图件编制与综合研究”（第二轮地质志编制）项目。2009年主要开展了资料收集、野外研究及必要样品采集等项工作。

另外，所进行的“宁夏构造格架、古生代南北古脊梁特征与成矿、鄂尔多斯盆地西边界等基础地质问题”、“宁夏中南部成煤环境和条件”等项研究工作，解决了一些在地质找矿中遇到的一些地质背景难点问题。

二、矿床地质

承担了“宁夏煤层气资源勘查可行性”、“卫宁北山多金属矿同位素地球化学”等项研究工作。

三、水文地质、工程地质与环境地质

承担完成了“宁夏主要城市浅层地温能勘查与开发可行性论证”、“银川平原及周边地区生态需水量研究”、“银川市地下水资源论证”、“银川平原植被与土壤盐渍化分析评价”等项研究，为宁夏回族自治区及银川地区地下水资源科学利用与地质环境保护方面的研究做了有益的尝试。

四、地球物理地球化学勘查技术

开展了“宁夏南部金属矿产和岩盐矿电法勘查技术适应性”专项研究，主要目的是为在这一地区开展的铜、金、铅等金属矿产和岩盐矿产勘查选择有效并可行的电法仪器及技术方法。

地质调查信息工程

结合矿产资源潜力评价，完成了“宁夏地质工作程度”、“宁夏区域航磁”、“宁夏区域重力”、“宁夏区域化探”、“宁夏矿产地”、“宁夏遥感地质”和“宁夏自然重砂”等7项基础数据库的更新维护或重建工作。

另外，还开展了宁夏钻孔数据库建设的准备工作。预计将在2011年完成。

地质调查工作战略研究

结合与宁夏回族自治区政府与国土资源部关于宁夏国土资源工作合作协议（513协议）配套的总体部署方案的编制，由自治区国土资源厅组织、自治区地矿局主要承担，全面开展了宁夏地质调查工作战略研究。依据“513协议”内容和要求，与宁夏回族自治区矿产资源总体规划目标相衔接，确定了“提高宁东、首攻宁南，加强贺兰山”的地质找矿部署思路。切实提高全区煤炭资源保证程度，快速完成固原地区岩盐资源整装勘查评价，重点开展卫宁北山重要找矿远景区的系统勘查，突出贺兰山北段金矿找矿远景区综合勘查评价，开拓南西华山多金属找矿远景区的整装勘查，实施二轮优势非金属矿产资源精细分级调查评价，专项开展宁东能源化工基地地下水勘查及环境地质调查评价、宁夏回族自治区中南部严重缺水地区地下水勘查，尽快解决人畜饮水问题，保障饮水安全；加大资源枯竭型城市矿山地质环境治理和生态恢复治理力度，开展重要城区工程地质勘查评价和宁夏回族自治区南部山区地质灾害易发区详细调查。

通过地质调查工作战略研究，共规划了地质调查评价、勘查评价和地质科研项目共131项，分“十一五末”和“十二五”两个阶段实施。该项研究成果（实施方案）将对未来若干年内宁夏回族自治区地质调查工作起到重要的指导和促进作用。

基建与装备管理

一、基本建设管理

宁夏地质调查院重新组建于2007年元月。目前占用宁夏地矿局所属的地矿大厦办公楼（2007 年 7 月完工并交付使用）7 ~ 9 层办公，建筑面积 $2365m^2$，其他如停车场、库房、职工餐厅等配套设施与宁夏地矿局机关共用。办公楼的综合管理（水、电、暖、通讯、保安、卫生等）由宁夏地矿局服务中心统一负责，宁夏地质调查院按建筑面积分年度缴纳各项管理费。

二、装备管理

宁夏地质调查院现有各类地质仪器、设备（包括工作软件和作业车辆）175 台（套），仪器、设备采购大部分由院参加自治区统一招标进行，少数低价值仪器、设备由院自主采购；办公设备大部分由院自主采购，少数大型高价值设备由院参加自治区统一招标采购，具体由院技术科和办公室负责。设备的调配、分发、检查、维修、更换等综合管理工作由院技术科负责。

（孟　方　卜建军等）

新疆维吾尔自治区地质调查院工作

新疆维吾尔自治区地质调查院

基础地质调查

2009 年，新疆地质调查院承担中国地质调查局渠道项目共计 20 个，包括大调查项目 15 项，基础性公益性地质调查项目 4 项，全国土壤现状调查及污染防治专项 1 项，落实资金共计 4010 万元。

一、区域地质调查

（一）1:5 万区域地质调查。

1. 新疆白石渡泉-祁曼塔格地区八幅 1:5 万区域地质调查、新疆阿尔金山阔什布拉克地区四幅 1:5 万区域地质调查，于 2009 年 4 月通过了中国地质调查局成果报告评审，分别获良好级和优秀级，并于 6 月提交了最终成果。

2. “新疆 1:5 万若羌县阿尔金沟口泉等四幅区域地质调查”和“新疆祁曼塔格喀尔瓦地区 1:5 万区域地质调查”分别完成了 $700km^2$ 和 $800km^2$ 填图。主要成果如下：

①根据野外实地调查研究及新获得的同位素样品和化石成果等对调查区内的多数地层做了重新厘定，建立了新的地层层序，并查明了已工作区各地层单元物质组成、空间分布等。②通过 1:5 万地质填图和剖面测制，对调查区内的侵入岩进行了系统的研究和划分，初步建立了岩浆演化序列。③在新疆祁曼塔格喀尔瓦地区初步划分出碳酸盐岩片，从该岩片的绢云石英千枚岩中发现有较强的褐铁矿化蚀变带，并见有黄铁矿局部呈细脉稀疏浸染状，分布不均匀，前人在绢云石英千枚岩中有重大发现（迪木那里克铁矿），确认该区铁矿与绢云石英千枚岩关系密切，为沉积变质型。④在阿尔金沟口泉东一带新建立了新太古-古元古界沟口泉岩群，代表新太古-古元古代蛇绿混杂岩。初步确定在阿尔金北缘有两条蛇绿混杂岩，北部为新太古-古元古代沟口泉蛇绿混杂岩，南部为红柳沟-拉配泉蛇绿混杂岩带，并初步查明蛇绿混杂岩调查区的分布、物质组成、结构等。⑤沿阿尔金山北坡断裂带，白尖山断裂带发现沿断裂带发育有韧性剪切糜棱岩带和岩石蚀变带多处，发育极明显的赭石化、黄铁矿化、绿帘石化及孔雀石化，新发现大平沟金矿南金、锑（铅、锌）矿化带。在大平沟西新太古-古元古代沟口泉岩群火山岩中新发现一铜金矿化带。在克斯布拉克新太古-古元古代沟口泉岩群火山岩中新发现一铜金矿化带。在东昆仑祁曼塔格喀尔瓦地区发现了日吉普北金铁矿化点、库拉金、铁、铜多金属矿化点、喀格乌图东铁矿点。

（二）1:25 万区域地质调查。

“新疆 1:25 万富蕴县幅、青河县幅区调修测”和“新疆 1:25 万捷尔任斯克幅、托里县幅区调修测”分别完成了 $6000km^2$ 的试填图工作，取得主要成果为：

①在前人工作基础上，通过野外对比研究，对东西准噶尔的泥盆、石炭、二叠系进行了重新划分和归并。对东准噶尔的奥陶系进行了进一步厘定，自下而上分别为加波萨尔组、巴斯他乌组。②在西准噶尔发现了下二叠统卡拉岗组陆相火山岩的 4 处古火山口，其中 3 处火山颈相次火山岩特征清楚，且由次火山岩过渡为火山岩的产态及演化系列完整。③在西准噶尔

北部巴尔鲁克山南坡科克阿拉—阿克塔斯一带新发现并初步确认存在一条蛇绿构造混杂岩带。④初步查明额尔齐斯挤压带的主要物质组成和南北界线。认为额尔齐斯挤压带原划喀喇额尔齐斯组岩性大体可分为4部分，分别为中深变质岩，以含石榴黑云斜长片麻岩、斜长角闪岩为代表，岩层中穿插大量伟晶岩脉；灰色、浅灰色、灰绿色片岩建造；灰色、灰绿色、灰紫色化火山碎屑岩、酸性熔岩组合；还有一套陆源碎屑岩。⑤在东准噶尔原划喀喇额尔齐斯组石英岩中发现低品位磁铁矿化点一处。在扎河坝南发现铜金矿化点一处，初步化学样分析成果较好，具体价值待进一步工作确认。

二、区域地球物理调查

2009年主要由中国地质调查局选择一些主要成矿区带的图幅开展1:20万区域重力测量，研究深部区域构造背景和成矿条件。共完成1:20万区域重力测量面积26350km^2，完成图幅为和静幅、马兰村幅、库米什幅、底坎尔幅、库尔勒幅、博斯腾湖幅等。

通过对该工作区1:20万区域重力调查，为资源评价、区域地质调查和基础地质图件更新等提供高质量的区域重力资料。在收集以往地物化遥等资料和进行必要数据处理的基础上，以物性资料为基础，开展以重、磁资料为主的综合研究工作。

1. 划定出成矿预测区12个，其中Ⅰ级1个，Ⅱ级3个，Ⅲ级8个；圈定沉积凹陷17处；划定了基底凸起13处。

2. 划分了8个地球物理场区（A，B，C，D，E，F，G，H），提出了一些新的认识。

3. 推断划定了45条断裂，其中深大断裂5条，大断裂9条，一般断裂31条。

4. 首次根据地球物理场特征，结合地质进一步划分了3个四级构造单元，并确定了各构造单元界线的具体位置。

5. 识别出局部重力异常74个，其中：正异常41个，负异常33个，并做了统一编录。

6. 圈定各类侵入岩体24处，并对数个地质模型体分别做了重力异常拟合半定量计算分析，从空间形态上对解释推断的地质体给出量的概念。

三、区域地球化学调查

2009年新疆地调院承担国土资源大调查区域化探项目4个。新疆1:20万阿雅格库木库里、阿其格库勒、且地塔格幅区域化探和新疆1:20万新源幅、托库孜库马拉克幅、石场幅、呼图壁河幅区域化探为续作项目，2009年主要开展野外异常查证、图件编制和说明书编写；新疆1:20万阿羌幅、怀玉岗幅、黄羊沟幅、银水湖幅区域化探和新疆阳霞煤矿幅、野云沟幅1:20万区域化探为新开项目，2009年进行区域化探野外采样。项目目标为通过开展区域化探扫面，查明测区元素地球化学和浓集特征，为资源、环境评价和基础地质研究提供依据。

新疆1:20万阿雅格库木库里、阿其格库勒、且地塔格幅区域化探和新疆1:20万阿羌幅、怀玉岗幅、黄羊沟幅、银水湖幅区域化探两个项目，位于新疆东昆仑山东段，地处青藏高原北缘高海拔无人区。国际分幅编号为J-45-[24]，J-45-[26]，J-45-[27]，J-45-[28]，J-45-[29]，J-45-[30]，J-45-[32]，J-45-[33]。工作区海拔主体在4500~5000m，最高峰耸石山6307m。相对高差200~1000m不等，水系相对发育。本区属典型的大陆性高原气候，年平均气温在-11℃左右，昼夜温差大。海拔5500m以上多为常年冰雪覆盖，区内降水较少，自然条件极其恶劣，高寒缺氧，冻土发育，植被稀少，荒无人烟。

新疆1:20万新源幅、托库孜库马拉克幅、石场幅、呼图壁河幅区域化探和新疆阳霞煤矿幅、野云沟幅1:20万区域化探两个项目，位于新疆西天山，国际分幅编号为K-44-[06]，K-45-[01]，K-45-[02]，K-45-[03]，K-45-[13]，K-45-[14]。工作区海拔一般在2500~4000m，最高可达5242m，相对高差500~2000m，地形起伏大，切割深，地势险峻，3800m以上多为终年积雪区，冰雪覆盖随季节变化明显。全区水系发育，多为幼年河，是开都河、巩乃斯河、喀什河、奎屯河和安集海河的发源地。区内交通不便，多数地区野外采样需借助马匹，属西天山野外地质工作最为困难的地区。

针对工作景观特点，4个区域化探项目均统一采用水系沉积物测量方法，基本采样密度为1~2个点/4km^2，相对平缓地区适当加密，特别难以进入地区以最大限度控制汇水域为原则，采样粒级-10~+80目，野外定点全程采用GPS航迹监控技术，送组合样定量分析39种元素。

4个项目2009年共完成34079km^{2}的野外扫面采样任务。具体为新源幅、托库孜库马拉克幅、石场幅、呼图壁河幅区域化探完成3120km^2，新疆1:20万阿羌幅、怀玉岗幅、黄羊沟幅、银水湖幅区域化探完成21834km^2，新疆阳霞煤矿幅、野云沟幅1:20万区域化探完成9125km^2。两个续作项目异常查证完成的主要工作量为：1:5万化探水系沉积物测量380km^2，1:2万化探土壤测量10 km^2，1:1万地化剖面90 km，1:1万地质草测20km^2，1:2千地质草测1km^2，槽探1000m^3，各项工作任务均按计划完成。

随着新疆阳霞煤矿幅、野云沟幅1:20万区域化探项目野外采样任务的结束，标志着新疆西天山原1:50万区域化探工作区的1:20万区域化探更新工作已全面完成；新疆1:20万阿羌幅、怀玉岗幅、黄羊沟幅、银水湖幅区域化探项目野外采样任务的结束，消除了新疆东昆仑地区区域化探空白。4个项目的实施除圈定大量有找矿意义的地球化学异常外，还为新疆西天山和东昆仑开展系统的成矿区带区域地球化学研究与编图奠定了坚实基础，同时为资源潜力评价、找矿靶区优选提供了完善的地球化学资料。

四、多目标区域地球化学调查（乌鲁木齐-昌吉地区）

1. 编制了本次调查区基础成果图件：表层土壤地球化学测量组合样分析数据图、深层土壤地球化学测量组合样分析数据图、表层土壤单元素地球化学图、深层土壤单元素地球化学图、表层土壤单元素异常图、深层土壤单元素异常图各54张图件；表层土壤组合元素异常图、深层土壤组合元素异常图各4张图件；表层土壤综合元素异常图、深层土壤综合元素异常图各1张图件；编制了本次调查区地理底图、行政区划图、地貌图、地质图、土壤类型图、土地利用类型图共6张基础底图。

2. 完成本次调查区土壤基准值与背景值计算、各统计单元土壤碳储量及各类元素（氧化物）储量实测计算。

3. 圈定单元素异常675处，其中表层土壤单元素异常415处，深层土壤单元素异常260处；圈定各类综合异常79处，其中表层土壤43处，深层土壤36处。选择具有典型意义及对生态环境影响重大的8处异常进行区域或局部生态地球化学评价，对有害元素成因来源、迁移转化过程及其生态效应进行初步研究，进行近期与远期地球化学预警。

矿产资源调查

（一）新疆准噶尔盆地北缘卡拉先格尔-科克森套铜镍矿远景调查。

1. 科克森套工区。矿点检查工作主要进行了别勒吐马工区、乌图布拉格工区钻探工程，并在地质填图过程中，对部分1:5万化探异常进行了有针对性的踏勘检查。现已发现哈普什阔腊斯铜点、沙尼沙尔阔腊斯北金矿化点等几处较好的矿（化）点。

沙尼沙尔阔腊斯北金矿化点，矿化赋存于中泥盆统蕴都喀拉组的变质泥质粉砂岩中，矿化蚀变带宽5～12m，由于覆盖较为严重，可见长度约30m，蚀变带内岩石较为破碎，石英脉发育，脉宽几厘米到十几厘米，主要发育褐铁矿化、硅化，采拣块样分析Au品位0.2×10^{-6}，显示很好的金矿化，具破碎蚀变岩型金矿特征。

乌图布拉格工区施工的钻孔，整体看该钻孔见矿情况不理想，仅发现两段Pb，Zn矿化信息，其中一段含铅锌矿化，厚度约30.14m，目估含量0.5%～1.0%，铅锌矿化与硅化关系密切；另一段厚度约12.1m，矿化较好，Zn平均品位为0.80%，最高品位为2.59%。地表已圈出较好的锌矿（化）体，具有一定的找矿前景。

2. 恰库尔特工区。在青河县达布逊一带，首次在该区新发现了产于晚泥盆纪细碎屑岩中并经后期构造叠加改造的石墨矿床。初步调查表明矿化带延伸长约6km，宽约0.5km。在地表圈出矿体8个，单个矿体长400～700m，宽5～30m，单个钻孔中石墨矿最大累计视厚度为135m。矿石固定碳含量在8.5%～47.32%之间，多数为晶质石墨。预测资源量可望达到大型以上。

在富蕴县恰库尔图一带，新发现金、钼、铜矿点、矿化点6处。其中，在结勒迪卡拉一带，通过对C3号物探异常查证，钻孔中发现了产于泥质粉砂岩中的黑色岩系碎屑岩型含铀钼矿体，钼矿体视厚度1.5m，钼含量0.32%，铀含量150×10^{-6}。在温格尔阔拉一带，新发现了产于经过断裂构造改造的偏碱性斑状花岗岩中含金矿化蚀变带，地表长约1250m（两侧覆盖），宽5～10m，带内钾化、硅化、黄铁绢英岩化蚀变强烈，黄铁矿化、磁黄铁矿化、毒砂等矿化普遍，初步地表采样分析，金含量0.56×10^{-6}，钻孔验证表明，向深部延深稳定，矿化现象连续。在卡斯塔特一带，新发现了产于断裂与碱性花岗岩结合带中含金破碎蚀变带，地表规模长250m（两侧覆盖），宽20～60m，带内细脉状、网脉状石英脉极为发育，地表初步采样分析，金含量0.46×10^{-6}～$0.94\times$

10^{-6}。另外新发现铜矿化点3处。

（二）新疆西天山赛里木湖地区铜铅锌矿调查评价。

2009年优选出13处异常开展查证工作，新发现矿点、矿化点及矿化蚀变带5处，分别为佩什勒铜铅矿（化）点、喀腊萨依金铅矿点、2246高点钼矿化蚀变带、鲁苏库都克金矿化点、艾格木达坂锌矿化蚀变带。

1. 佩什勒铜铅矿化点。铜铅矿化产于华力西期二长花岗岩体中的石英脉及其间的蚀变岩石内，共发现规模较大的矿化石英脉5条，其中4号脉规模最大，矿化蚀变较强，平均宽约2m，最宽4.5m，长度2km，矿化体Cu平均0.14%，Pb平均0.35%。经物探激电剖面测量，含矿石英脉中极化率0.93%，电阻率100Ω，低电阻率异常宽20m。

2. 喀腊萨依金、铅矿点。矿化体产于上泥盆统托斯库尔他乌组中亚组凝灰质砂岩、泥质粉砂岩、凝灰质粉砂岩层中密集发育的石英脉及其间的矿化围岩内。矿区内共发现4条规模较大的石英脉带，宽约2~12m，长度200~500m。其中的q-1脉中圈出金矿化体1条，平均品位0.22×10^{-6}，厚度8m，长度近100m；在q-2脉中圈出金矿体1条，厚度1~2m；在q-3脉体群中圈出金矿体1条长度约200m，宽带2~4m，平均品位3.16×10^{-6}，铅平均品位1.51%。

3. 鲁苏库都克金矿化点。矿区内共圈出规模大、出露连续稳定的石英脉3条。Q-1石英脉长约1100m，最宽达18m，最窄大于4m，平均7~8m宽。该石英脉中采集痕金分析样30个，分析结果大于1000×10^{-9}的样品有4件，500×10^{-9}~1000×10^{-9}的样品11件。Q-2石英脉地表连续出露长度约1200m，最宽近10m，平均宽约4~5m；该石英脉中采集痕金分析样品22件。分析结果大于1000×10^{-9}的有6件、大于200×10^{-9}的有7件。Q-3石英脉长约1100m，最宽近8m，最窄约3m，平均宽约4.5m，露头连续稳定。该石英脉中采集痕金样品25件，分析结果大于1000×10^{-9}的样品有2件。

4. 艾格木达坂锌矿化蚀变带。矿区位于艾格木达坂一带。矿化带产于青白口系开尔塔斯群碳泥质粉砂岩中，长度约2000m，宽200~300m。该蚀变带地表主要发育强烈的褐铁矿化，Zn品位在0.21%~0.74%，TFe品位在17.30%~32.15%。显示出较好的找矿前景。

（三）新疆西天山阿吾拉勒东段铜铁矿调查评价。

1. 扎色勒库勒铁矿区发现含磁铁矿化矽卡岩带1条，宽约800m，长约1300~1500m，出露地层为下石炭统大哈拉军山组第二岩性段。据探槽工程按TFe品位20%以上在工区共圈出铁矿体14个，其中磁铁矿体13条，镜铁矿体一条，初步估算资源量铁为300万吨。

2. 卡特巴阿苏铜金异常区卡特巴阿苏东南部金矿化蚀变带，位于工区东南部艾伦木站科克萨依河南侧，走向为北东向，宽约160~300m，长约2200m。受F_3和F_4北东向断层控制，该带内出露岩性为石炭纪钾长花岗岩，二长花岗岩和斜长花岗岩及上志留统巴音布鲁克组大理岩化灰岩和凝灰岩的残留体。通过21个试金分析，自东向西Au：0.14×10^{-6}~6.06×10^{-6}。有4个样品达1×10^{-6}以上。岩性以黄褐色碎裂斜长花岗岩为主，二长花岗岩和钾长花岗岩次之。

3. 查岗诺尔铁矿普查区。工区共施工了两个钻孔，共圈定盲矿体共6层，均为工业矿体。矿体厚度介于2.12~20.28m之间，平均7.15m。矿体累计总厚度为42.93m，全孔矿体平均品位为：TFe为35.99%，$mFe_2$6.41%，矿石以浸染状矿石为主。部分为角砾状或浸染状。

（四）新疆东天山地区的红岭-白山泉铜镍矿远景调查。

1. 白石泉-天宇镍矿区115，135线开展了SIP和CSAMT测深测量工作。115线综合图显示出主铜镍矿层产于距地表面380~420m，位于高重力、高极化率、低阻、中低磁区，深部矿体一般位于低阻区底边部及磁电异常梯度带中。135线位于115线西500m处，地表为覆盖区，与115线磁电异常有较高的相似性。

2. 白石泉镍矿施工ZK135-1孔，426.41m以上以蚀变辉长岩为主，穿插有8层（视厚度2.08~20.4m）细粒闪长岩，426.41m至500m终孔为大理岩，侵入接触关系明显。蚀变辉长岩普遍见少量的微细粒金属硫化矿物，在293.79~342.07m含不均匀分布的浸染状-斑点状镍黄铁矿-黄铜矿集合体，采样分析含镍0.10%~0.14%。

3. 对白山泉-卡瓦布拉克地区开展了1:5万矿产地质填图，对测区进行了详细的岩石地层划分，初步建立了测区的岩石地层序列。

4. 白山泉-卡瓦布拉克地区新发现褐铁矿化线索

4处。其中，位于坐标：$X=356772$；$Y=4615583$西约600m处见一磁铁矿化点，产于冲沟南侧的基性岩中，目估品位25%～30%，具有良好的工作前景。

（五）新疆东昆仑西段鸭子泉-维宝地区铜铁矿远景调查。

1. 在鸭子泉工区新发现的泉东铁矿产于华力西-加里东期钾长花岗岩与狼牙山组灰岩、大理岩化灰岩的接触部位，铁矿（化）体呈近北西-南东走向，长200～400m，矿（化）带宽约2～6m，含矿母岩为透闪石矽卡岩，主要有用矿物为磁铁矿，局部见有孔雀石，目估品位TFe20%～30%。

2. 在维宝的南部新发现铅锌矿化蚀变带一处，矿化蚀变带主要产于狼牙山组大理岩与鄂拉山组火山岩的接触带处，矿化蚀变带沿北西-南东走向，长约800m，宽10～60m，含矿岩石具有较强的矽卡岩化，Pb+Zn目估品位3%～8%，平均5%以上，地表宽5m。

3. 阿布拉斯铜多金属矿区控制地表铜矿体2条，以L1矿体为主要矿体，长720m，沿近北西-南东走向，视厚度2～32.30m，平均视厚度17.26m，Cu品位在0.12%～0.99%，平均0.40%，并在局部伴生Au，一般Au品位在0.2×10^{-6}。

4. 阿尼亚拉铁多金属矿区共发现8条磁铁矿（化）体和1条铅锌银多金属矿（化）体。其中L1号磁铁矿（化）体长约400m，宽处约6～35m，平均宽度18m左右，目估矿体平均品位TFe40%左右；L2号磁铁矿体长度约200m，宽度8m，目估矿体平均品位TFe30%左右；L6铁矿体长约80m，最宽处18m，平均宽度8m，目估矿体平均品位TFe 40%左右；L9号铅锌多金属矿（化）体长约300m，宽15m。目估矿体品位（Pb+Zn）74%。

（六）新疆玉西地区矿产远景调查。

1. 望家山地区圈出各类单元素异常328个，综合异常18处。成矿条件较好的单元素异常为钨、锌、银。

其中，ZH-8号综合异常分布于区内东北部，处于二叠纪钾长花岗岩体南侧与古元古界长白梁组灰黑色黑云母石英片岩内外接触带附近，面积0.52km²，钨、铋为主成矿元素，伴生元素为铜、钼、铅、金、锌、锡，元素套合情况良好，NAP值为9.84，在综合异常排序中处于第一位。主成矿元素钨有3处浓集中心，最大值分别为为120×10^{-6}，6658×10^{-6}，97.19×10^{-6}；铋有3处浓集中心，最大值为185×10^{-6}。综合评价成矿前景良好，是开展岩浆热液型钨矿找矿的有利地段。

ZH-16号综合异常出露地层主要为古元古界长白梁组及大理岩、白云质大理岩、含石墨大理岩，面积0.32km²，NAP值为2.04，组合元素有银、铅、锑、钼、砷、锌、金、铜，元素套合程度良好，综合异常排序位列第三位。铅有4处三级浓集中心，最大值分别为796×10^{-6}，613×10^{-6}，715×10^{-6}，621×10^{-6}；银有3处三级浓集中心，最大值分别为1789×10^{-6}，1780×10^{-6}，345×10^{-6}。综合评价成矿前景良好，有进一步开展异常查证工作的价值。

2. 黑焰山地区圈出各类单元素异常409个，综合异常17处。成矿条件较好的单元素异常为钨、金。

其中，ZH-10号综合异常：该异常位于区内中部，出露地层为中元古界长城系星星峡群，北侧临近片麻状二长花岗岩，异常主成矿元素为金，面积0.47km²，NAP值5.57，元素组合为金、砷、锑、钨、铋、铜、锌、钼，元素套合良好，综合异常排序位列第二位。金有3处三级浓集中心，最大值分别为570×10^{-9}，150×10^{-9}，140×10^{-9}；砷有3处三级浓集中心，最大值分别为1648×10^{-6}，1647×10^{-6}，486×10^{-6}。综合评价具有形成岩浆热液及岩浆热液改造型矿床的良好条件，建议开展异常查证及进一步找矿工作。

ZH-16综合异常出露地层为中元古界长城系星星峡群，北侧临近片麻状二长花岗岩，东部有矽卡岩化。异常主成矿元素为金，面积0.32km²，NAP值1.6，元素组合为金、锑、钼、铜、砷、银、铋，元素套合良好，综合异常排序位列第六位，主成矿元素：金有两处三级浓集中心，最大值分别为330×10^{-9}，130×10^{-9}，伴生元素锑、钼、铜、砷、银、铋与金浓集中心相套和。推断该异常是形成岩浆热液型或热液后期改造型金矿的有利部位，建议开展进一步异常查证及找矿工作。

基建与装备管理

一、基本建设管理

2004年新疆维吾尔自治区地质矿产局根据《新疆地质调查院组实方案》，将新疆维吾尔自治区地质矿产局第一区调大队综合办公楼3～5层划为地调一所办公场所，建筑面积为2063.7m²，物资库房一栋（砖混平房），建筑面积为608m²；新疆维吾尔自治区地质矿产局第二区调大队综合办公楼一层为地调四所办公场所，建筑面积1509.77m²，无偿划拨新疆地质调查院。2008年，新疆维吾尔自治区地质矿产局第二区调大队综合办公楼一层划回原单位。2009年，物资库房划回新疆地矿局第一区调大队。新疆地质调查院本部没有自己的办公基地，办公地点租用新疆维吾尔自治区地质矿产局深圳城十四楼一层，面积为1354.28 m^2。2008年以前为租赁，2008年以后新疆维吾尔自治区地质矿产局同意无偿使用。上述房屋均无房产产权。新疆地质调查院无基地和职工住宅楼，职工住房均由原单位和新疆地矿局解决。

二、装备管理

新疆地质调查院目前拥有各类设备仪器价值累计达到6816836元，其中院部为1912543元；地调一所1510221元；野外工作站1312588元；中国地调局分两批陆续给新疆地质调查院装备各项地质设备仪器2081484万元。

为管理好资产，新疆地质调查院领导根据实际情况，制定了《新疆地质调查院设备仪器管理办法》，并指定专人负责设备管理，以管理制度为基础，实施装备的专项管理，并制定了相关的管理规定。

安全生产管理

新疆地质调查院的主要任务是承担国家基础性、公益性及战略性地质矿产勘查工作和自治区地质调查任务。各项任务工作区域环境较差，项目点多、线长、工作点分散，加之院部技术人员缺乏等，项目均由新疆地矿局兄弟单位和部分外省单位承担。针对上述情况，新疆地质调查院主要从以下方面开展工作：

一、建立安全管理机构

根据形式的发展和生产需要，成立了以第一安全责任人为首，一名主管安全生产的副院长为副主任及有关部门人员组成的安全生产管理委员会。配置专职安全技术人员，明确了安全生产管理委员会和安全技术人员的职责、任务等，加强安全生产的组织领导。

每年年初，安全生产管理委员会根据新疆地矿局下达的安全责任目标，及时召开安委会议，研究、制定了年度安全生产目标及工作要点，明确主体责任，安排、部署每季度安全生产和各节假日的安全保卫工作。

二、建立健全安全管理规定

新疆地质调查院在总结过去安全生产工作经验的基础上，先后制定完善了《安全管理体制》、《安全生产责任制》、《安全教育培训》、《安全检查与监察》、《外包项目安全管理制度》、《野外地质调查安全作业规定》、《车辆交通安全管理》、《消防安全制度》、《事故应急预案》等制度，形成一套有效的安全管理制度系统，覆盖整个生产环节，做到人人有责任，事事有章法，避免人为管理的随意性。

三、以安全生产合同为重点，实施全面安全管理

按照下达的项目任务书，新疆地质调查院及时同新开项目的单位签订《安全生产合同》。合同中明确了甲、乙双方在施工中的安全职责、义务、权利，规定了施工单位必须具有法人资质、安全资质、项目必须成立安全领导小组，配置专兼职安全员、交通工具和通讯工具配置等必须符合安全生产的要求。同时，要求乙方严格遵守《安全生产法》和《地质勘探安全规程》及各项安全生产的规章制度；严格执行国家《爆破安全规程》标准和新疆地矿局《民用爆炸物品管理条例》。加强爆破物品的管理和使用；加强作业人员安全培训、教育，特种作业人员必须持有效证件上岗；辨识、控制危险因素，熟练掌握事故防范措施和事故应急处理预案等内容。

四、加强安全监督、检查，抓好安全生产落实

安全检查是搞好安全生产，预防和控制事故发生的一项重要手段和措施。在安全合同管理的基础上，新疆地质调查院成立检查组，编写《出队前安全生产监督检查表》，对承担项目的单位进行出队前安全生产监督，检查，同时督促项目负责人到乌鲁木齐野外工作站进行登记。

出队前的安全生产监督、检查，主要以了解项目基本组建情况、查看安全组织和规章制度的建立、作业人员安全培训教育和工作人员的体检、野外爆炸品的运输保管使用、运输车辆、通信设备的状况等方面进行。检查主要以询问和查看记录和文件为主。对检查存在的问题，及时与单位的领导及安全管理人员进行沟通，并以文字形式通报“安全生产检查情况”，要求检查整改完成后，上报安全生产监督、检查情况回执。

认真开展生产期间的安全检查工作，安全生产检查均由一名院领导带队。在检查过程中不走形式，严格按检查表内容进行。特别是营地的选择、安全教育、爆破器材、机动车辆、制度落实等情况进行检查，对查出的问题要求逐一整改落实。进入降雨季节，新疆地质调查院要求各项目组做好汛期野外地质调查安全工作，项目负责人要切实提高防汛安全工作的认识、做好营地检查和工作中的各项防洪工作。切实做好灾害和事故超前防范工作和认真做好突发事件应急处理工作。当野外项目进入收队准备阶段时，要求各项目承担单位树立“安全第一、以人为本”的思想，以车辆运输、民用爆破物品为安全管理重点，认真开展安全检查、清理等工作，坚决消除麻痹思想和侥幸心理，确保收队期间的安全。

五、加强安全教育，提高安全意识

以科学发展观和“安全发展”理念为指导，以“治理隐患、防范事故”为主题，以“安全生产月”、119等活动为契机，充分利用各种宣传手段和各种形式对全体职工进行安全生产宣传教育，保证活动取得实效。在活动中，张贴、悬挂安全消防知识、办公室安全常识等安全生产宣传画；组织开展综合安全知识试卷答题、安全知识有奖竞赛、安全演讲等活动；开展“三不伤害”及反“三违”活动。通过各项安全生产教育活动，增强职工的安全意识、参与意识和自我防范能力。

六、加强职工劳动防护管理

2007年，依据国家有关劳动保护法规，新疆地质调查院结合自身实际，印发了《新疆地质调查院职工劳动防护用品发放暂行管理办法》，对个人防护用品的采购、发放、使用等形成了长效的管理机制，有效地，保障了职工在生产劳动过程中的安全和健康。

七、确保安全措施费到位，落实生产安全

新疆地质调查院经费主要来源于地质大调查项目，按要求不能单独提取安全措施经费，但可满足安全措施经费的需要。新疆地质调查院每年均投入5000多元用于隐患整改和安全宣传培训教育，保证安全生产工作的各项需要。

（涂其军　任安秀等）

北京市地质环境监测总站工作

北京市地质环境监测总站

基础地质调查

一、环境地质调查

（一）北京市平原区地下水环境监测与初步整治方案。

该项目在平原区范围内共布设地下水监测井1182眼。其中，区域地下水环境监测井822眼，在吸纳整合相关部门现有监测井685眼的基础上，新建监测井137眼，总进尺32369.36m；建立重点污染源监测井360眼，总进尺15137.5m。

1. 区域地下水环境监测网基本情况。在现有监测井资源整合和优化后，在2007～2009年补充新建监测井137眼（组），建成后共有监测井点822眼，形成全市平原区1:5万统一的地下水环境监测网络。

2. 污染源专网完成情况。污染源专网建设以水文地质和环境学为理论依据，在区域监测的基础上，对重点污染源和潜在污染源进行专项监测。①点源：对15个市属和区县所属的经济开发区及工业园区实施监测，共布置监测井111眼；并对14种行业大型工矿企业进行专项监测，重点监控的工业污染源主要涉及有化工、冶金、电子、医药、纺织、服装、食品加工、石油化工、电镀等，共布置监测井158眼；②线源：对永定河、潮白河、温榆河、凉水河、北运河等6条河流进行监控，共布置监测井59眼；③面源：对通州、大兴、房山区规划再生水灌区进行监测，共布设了32眼监测井。

3. 现有监测井整治。

①现有监测井整合。本次监测网整合共优选了现有监测井685眼。②监测井整治。按工作预算和工作量，对225眼监测井进行了掏井、洗井工作，对260眼监测井安装了井口保护装置。

4. 数据库建设。①数据库建设。建立了北京市平原区地下水环境监测与初步整治空间数据库，共完成图形录入18幅，地下水监测井数据录入1327眼，地层描述数据149718m，水质取样数据1590件，水位测量数据123850条。②信息管理系统开发。完成了包括基础资料数据、动态监测数据及图形数据的管理功能。进行地下水监测网络的三维可视化信息管理平台的搭建，将区域地下水系统划分、含水层分布情况与实际监测状况通过三维平台进行表达。

（二）北京市平原区地下水污染调查。

完成水文地质补充调查和环境水文地质补充调查（1:5万）调查面积6900km^2，水样采集与分析2120件，采集专题研究水样44件，同位素样采集与分析

269件，土工试验200件，岩土分析231件，钻探进尺522m，模拟试验200件，完成水质动态监测、溶质数值模拟、综合研究和报告编写等工作。所取得的成果主要有：

1. 对有机污染进行了系统的调查分析工作，查明时空变化规律和污染途径等，是北京市目前最系统、最完整的有机物研究成果。

2. 根据地下水污染的不均一性，首次采用网格图法进行地下水质量评价，使评价精度得到较大提高。

3. 对污染源自身对地下水污染的危险性进行了评价，并首次根据其对地下水区域污染的机理进行了危险性分区，使其更合理地应用于地下水系统污染风险评价。

4. 采用同位素方法对地下水污染物来源进行了辨识。

5. 研究了背景值，确定了与地下水污染调查相适应的背景值数据。

6. 区分了天然地下水质量问题和地下水污染的差别。

7. 提出了基于地下水系统风险评价的污染防治区划方案。在风险评价基础上提出污染防治区划，确定了地下水污染防治的3个环节：源防治、途径防治和地下水污染治理。

（三）华北平原（北京部分）地下水动态调查评价。

1. 完成了105个监测井枯、丰水期水位统测，共210点次，其中浅层地下水位统测55个、深层地下水位统测50个。

2. 开展了2009年北京大兴区前杨各庄村共15眼农田灌溉开采地下水量监测。

3. 安装了水位自动监测仪17台，自动监测仪的运行维护45台。

4. 对专门监测井的旧井修复工作，对顺义、昌平、大兴、通州、朝阳共18眼监测井进行了修复工作，具体方法是采用机械施工进行清堵，然后采用空压机进行洗井。

（四）华北（北京）地下水污染调查。

1. 在全市范围内，首次开展了较为详细的区域1:25万及重点地区1:5万地下水污染调查及地下水有机样品采集测试工作，为地下水污染评价及污染防治区划奠定了基础。

2. 在资料收集、污染调查及样品测试工作基础上，根据国家《地下水质量标准》GB/T14848—2009进行了全市地下水有机无机质量现状评价；①平原区第四系地下水质量总体良好，不用任何处理直接可以饮用的地下水资源（Ⅰ—Ⅲ类水）占40%左右；经适当处理可以饮用的地下水资源（Ⅳ类水）占30%左右；有30%左右的地下水资源不能直接饮用（Ⅴ类水），需经专门处理后才可饮用。②北京市通州、昌平和顺义部分地区地下水中，原生化学组分锰、铁、砷和氟化物含量较高，导致部分地下水不适合饮用。若地下水质量评价中不考虑锰、铁、砷和氟化物4种原生化学组分对地下水质量的影响，可以作为饮用水源的地下水比例可以提高约12%。③影响地下水质量的主要指标类别是一般化学指标，影响程度55%，主要超标为总硬度、锰、溶解性总固体、铁和氨氮等；其次是无机毒理指标，影响程度29%，主要超标指标为硝酸盐、碘化物、氟化物和亚硝酸盐等；毒性（类）重金属指标影响程度111%，超标指标为砷；有机指标对地下水质量影响甚微，影响程度仅为4%，主要为1，2－二氯丙烷、三氯甲烷和1，2－二氯乙烷等被检出。

3. 利用已有的多年成果资料进行综合分析，首先确定工作区地下水评价指标背景值，然后参考华北综合项目组地下水污染调查评价综合研究技术要求中的评价方法，进行地下水有机无机污染评价工作。根据《地下水污染调查评价综合研究》技术要求，结合北京市地下水水质现状评价和多年水质监测成果资料确定地下水污染评价指标，选择人类活动产生的有毒有害物质，共37项进行了污染评价，评价指标包括11项无机指标，其中毒理指标1项，常规指标4项，重金属指标6项；26项有机指标，其中挥发性有机指标21项，半挥发性有机指标5项，通过地下水污染评价结果，对污染物的来源、分布与变化规律、物理化学性质等进行了分析研究，为有机物污染防治研究提供了基础。

4. 进行了主要水源地地下水质量评价。北京市地下水水源地水质量整体良好，水源地地下水可直接饮用的Ⅱ和Ⅲ类水约80%。城近郊区水源地水质个别指标超过国家《地下水质量标准》GB/T14848—2009中的Ⅲ类标准，主要超标指标为总硬度和硝酸盐，一般超标倍数不大于1.5倍；郊区县水源地水质除个别井铁、锰和氟化物超标外，其他指标全部符合标准。北京市水源地内的水质明显好于区域地下水，远郊区县水源地的水质明显优于城近郊区水源地的水质，全市大部分水源地为Ⅱ类或Ⅲ类水体。目前，水源四厂和七厂浅层地下水遭受污染；城近郊区的水源三厂、石景山水厂、一二五厂浅层水和远郊区县的房山、大兴地区水源地内个别井也受到轻微污染；远郊区县的密云水厂和怀柔应急水源地有机指标微量检出，出现污染趋势。

5. 在综合考虑全市地下水质量现状、地下水污染评价、含水层脆弱性评价，地下水污染风险评价等基础上，完成了全市地下水污染区划工作。

在地下水质量现状评价的基础上，对已有资料成果进行深入研究，开展北京地区地下水污染评价和重点地区地下水特征污染指标研究，全面掌握地下水污染状况与发展趋势，为地下水污染防治提供基础支持。在综合分析地下水防污性能、污染源荷载和地下水自身开采价值的基础上，结合北京市划定的地下水源保护区、地下水污染现状等开展了地下水污染防治分区。

本次所取得的成果为北京市今后开展地下水环境监测工作打下了坚实的基础，为北京市地下水开发利用和保护提供了科学依据。本项工作成果具有实用性、公益性和可操作性。

二、灾害地质调查评价

（一）北京市地面沉降监测运行。

“北京市地面沉降监测运行项目”2009 年度完成的主要监测工作包括：对 7 个地面沉降监测站共进行基岩标监测 10220 次，分层标监测 77380 次，地下水水位监测 27010 次，孔隙水压力监测 11680 次，气象监测 4380 次；完成了 114 个地面沉降 GPS 监测点联测，并利用 GPS 连续监测站监测数据进行参照，完成数据解算；完成了北京市地面沉降监测网的第 6 次常规水准联测，共测量一等水准路线 3512.76km；对外围地下水动态监测网中的 315 眼地下水动态观测井（潜水动态观测井 85 眼，承压水分层动态观测井 230 眼）累计观测 22995 次；获取工作区 2009 年 ENVISAT 雷达数据 18 景，处理工作区 2008 年、2009 年 ENVISAT 雷达数据 45 景，制作了 2008 年、2009 年北京地区地面沉降速率图。项目最终提交了《北京市地面沉降监测年度报告（2009）》。

通过对地面沉降监测站、地面沉降专门测量、GPS 测量、InSAR 监测及地下水动态监测成果的综合分析，编制了北京平原区 2009 年度地面沉降量等值线图和 1955～2009 年度累计沉降量等值线图，查明了北京平原区地面沉降的发展现状，分析了地面沉降产生的原因，指出了地面沉降引发的危害，并针对重点地区和京津、京沈高速铁路等重要轨道交通工程进行了地面沉降、地裂缝发展趋势预测和安全评价，为北京市国土资源局和北京市规划委员会提供了技术支持。

（二）华北平原北京地面沉降监测与防治综合研究。

2009 年度完成的主要工作有：天竺、望京、王四营 3 个地面沉降监测站 24 组分层标监测 120 组次；完成了 14 个地面沉降 GPS 监测点第 6 次联测工作；完成了北京市地面沉降监测网的第 6 次常规水准联测，共测量一等水准路线 3512.76km；完成了地面沉降对京津城际铁路影响专项调查工作，调查面积 750km^2，对京津城际铁路沿线北京段两侧各 3km 区域范围内进行地面沉降危险性评价工作，针对评价结果提出科学合理的防治对策建议，该项专题研究工作成果已提交给铁路相关部门，得到充分认可；获取工作区 2008 年和 2009 年 ENVISAT 雷达数据，绘制了 2008 年、2009 年北京地区地面沉降速率图；完成工程地质钻探 800m。项目最终提交了《华北平原北京地面沉降监测与防治综合研究阶段报告（2009）》。

通过常规监测手段，动态监测北京市地面沉降发展过程，研究地面沉降形成机理，预测地面沉降发展趋势，针对重点工程进行专项调查工作，提出地面沉降科学合理的防治对策建议，达到全面监控和有效防治北京市地面沉降目的。同时，项目的开展实施进一步完善了北京市地面沉降预警预报系统建设，为北京市防灾减灾措施制定提供了数据支持，为城市规划建设和水资源合理开发利用提供科学依据，为区域经济社会可持续发展提供基础依据。

三、水文地质调查

（一）北京市平原区地下水资源计算评价。

1. 自气象局收集 2009 年气象站降水量、蒸发量资料，自水务部门收集 2009 年地下水开采量资料，自本单位收集 2009 年平原区地下水位动态观测点特征值和溢流量资料，并辅以必要的野外调查工作，统计分析 2009 年降水量分布、平原区开采量布局，以及地下水动力特征变化。

2. 编制“2009 年 12 月与 2008 年 12 月潜水水位（承压水水头）同期对比图、2009 年平原区垂向入渗补给量计算分区图，2009 年降水等值线图，2009 年潜水埋深图”等一系列计算图件，为平原区地下水补给量、消耗量及储变量计算奠定基础。

3. 根据集中水文地质参数进行储存变化量、平原垂向入渗补给量、山区侧向径流补给量及潜水自然蒸发量等补给量、排泄量和储存变化量的计算。通过降水相当年份计算结果与2009年对比分析本次计算结果的可靠性。

4. 根据2009年平原区第四系地下水储变量计算求得现状储存量，并计算出埋深150m以浅地下水储存量。

所获得的主要计算成果：①北京市平原区2009年地下水补给量为19.28亿m^3，其中平原区垂向入渗补给量16.40亿m^3，山区侧向径流补给量2.88亿m^3；北京市平原区2009年地下水蒸发量为0.927亿m^3；②北京市平原区2009年地下水储存变化量为亏损，亏损量为5.012亿m^3；截至2009年底埋深150m以浅平原区第四系地下水储存量为590.22亿m^3。截至2009年地下水储存变化量累计亏损98.51亿m^3，1999年以来连续枯水年累计亏损62.55亿m^3。

以上数据为地下水资源地下水合理开发利用措施的制定提供技术依据，进而为北京市用水规划、城市发展规划服务。

（二）北京市平原区地下水监测。

2009年地下水水位监测主要对北京市平原区地下水水位进行了监测，对山区地下水个别地段延续往年的工作开展监测。截至2009年12月，共有地下水水位监测井635眼（国家级40眼，市级595眼）。

1. 完成地下水水位人工监测28944点次，地下水水位自动监测50370点次，安装自动监测仪197台，自动监测仪维护138台。

2. 2009年加强了专门监测井的旧井修复工作，对顺义、昌平、大兴、通州、朝阳共18眼监测井进行了修复工作，具体方法是采用机械施工进行清堵，然后采用空压机进行洗井。

3. 在2009年6月、9月进行了地下水位统测1500点次。

4. 电脑录入2009年地下水水位动态资料79314点次；编制水位动态曲线540条，水位年报表540张；绘制2009年6月、9月地下水等水位线及埋深图共8张；绘制2009年6月、12月地下水位与2008年同期比较图共4张。

5. 完成了北京市平原区地下水情月报共12期；完成了北京市平原区地下水2009年枯水期地下水水情预报；完成了北京市平原区2009年地下水水位动态监测报告。

（赵立新等）

天津市地质环境监测总站工作

天津市地质环境监测总站

基础地质调查

一、天津市滨海新区分层标监测系统建设

完成汉沽分层标施工，钻探进尺1864.75m，成标7个，长观孔4个，采集原状土样212个，样品测试1098项。

二、华北平原（天津）地面沉降监测与防治综合研究

实施分层标监测120组次，杨村钻探孔进尺500m，取样试验130件，GPS测量35点次。

矿产资源调查评价

天津市矿产资源利用现状调查项目完成了国家要求6个矿种7个矿区的储量核查报告，按照新的技术要求修改完成了煤炭2个矿区的储量核查报告。完成了11个自选矿种36个矿区的资料收集整理和分析研究，完成了冶金用白云岩、含钾粘土岩、建筑用辉绿岩、水泥用灰岩、建筑石料用灰岩、陶瓷土、水泥配料用粘土12个矿区的储量核查报告。

安全生产管理

2009年6月10～11日接受了长城质量保证中心对我院质量安全双体系的审核，确认了我院双体系目标、指标均按要求完成。

顺利通过GB/T 190001—2008/ISO9001：2008（质量管理体系 要求）质量、安全管理体系三方认证。

（王国良）

河北省地质环境监测总站工作

河北省地质环境监测总站

基础地质调查

一、河北地下水污染调查评价

2009年主要完成了1:25万区域地下水污染调查面积14000km^2；在分析2006～2008年采集水样的基础上，对水样测试超标点和部分检出点，进行了水样的重复采集，采取复查水样176组，其中水源地复查点51组，有机组分超标及两项以上检出点79组，其他地区复查点50组；安排并完成了污水渠、垃圾场、农作物区及工业排污渠等6种典型区的调查及水土样品的采集工作，调查面积2000km^2，补充采集水样250组、土样150组；为更好的分析水源地水质污染状况，2009年在城市区水源地补充采集水样24组。

通过对地下水样品测试结果的分析，评价了河北平原地下水质量状况，结合不同类型污染源调查结果，按污染程度不同，评价了河北平原地下水污染状况。依据工作区4年来的地下水污染调查，结合地下水样品测试结果，选取了4种具有不同污染类型的地段，包括污水灌溉区、城市垃圾场地、农作物区、工业区（皮毛业），通过地下水样品及包气带土样的测试分析，研究典型区域污染特征，分析其水土污染机理。

该项目的开展，对于系统查明区域地下水水质和污染状况，对有效保护地下水资源及污染防治、保障饮水安全具有重大意义。

二、华北平原（河北）地面沉降监测与防治综合研究

2009年度，完成的主要实物工作量有建设1座GPS基准站；完成一等水准测量300km、二等水准测量1500km、GPS B级测量36点次、分层标测量156组次；进行开采量及地面沉降现象核查，工作量130点。在上述工作的基础上，利用最新数据编制了河北平原地面沉降等值线图；开展河北平原地面沉降发生机理与地层结构、地下水开采等关系的综合研究；开展河北平原地面沉降防治区划与对策研究。初步总结了河北平原地面沉降分布规律、危害程度及成因机制等内容，初步完成了河北平原第一、第二、第三、第四含水层组黏性土（砂性土）厚度图、河北平原地下水水位标高等值线图、河北平原地下水水位变差图、河北平原地面沉降易发区分布图等一系列图件，预测了地面沉降发展趋势，划分了地面沉降易发区，提出切实可行的防治对策建议，为区域经济的可持续发展提供了基础地质依据。

（王欣宝　张进才）

山西省地质环境监测中心工作

山西省地质环境监测中心

基础地质调查

一、水文地质调查评价

（一）地下水动态监测工作。

1. 2009年山西省地质环境监测中心完成了全省地下水日常监测工作，对太原、大同、朔州、长治、晋城、临汾、运城等盆地平原区的地下水水位、水质动态变化情况进行了监测。全省地下水监测点共190个，其中国家级监测点11个，省级监测点179个。

2. 按照中国地质环境监测院组织开展的“主要城市集中供水水源地地下水水质检测工作”要求，对太原市枣沟、上兰村、太化集团开化沟太钢、西山矿务局机修厂等5个集中供水水源地开展了水质检测工作。共采集了5个水源地的样品，每个样品分析项目27

项，共计135项指标；完成了25个地下水有机物指标水质检测野外采集任务，样品送至国家地质实验测试中心。

（二）山西省重要经济区地下水监测建网勘查。

2009年山西省地质环境监测中心针对太原市、大同市地下水监测网络破坏严重的现状，开展了“山西省重要经济区地下水监测建网勘查”工作。实施的工作区范围为太原市、大同市及忻州市部分地区。2009年对建网区进行1:5万专项环境地质调查，对地下水开采现状及水位、水质动态、地下水漏斗范围、地面沉降现状进行了全面调查，调查面积9370km^2（其中太原1800km^2、大同7440km^2、忻州50km^2）；调查水文地质、环境地质点9370个。2009年新建监测孔35个，钻探总进尺4200m。

（三）编制《山西省地下水动态监测年报》。

2009年对全省的地下水监测资料进行了综合整理、分析研究，并向国土资源部地质环境司、中国地质调查局和山西省国土资源厅上报了《2008年山西省地下水动态监测年报》。

二、环境地质调查评价

“大同盆地表层地质环境监测及盐碱地生物修复示范”项目。2009年度完成的主要实物工作量包括：①完成7条路线的野外地貌第四纪地质调查，路线长300km，地质点记录65个；②完成500件浅层地下水及地表水样品的采集、测试分析工作；③完成应县东辛寨300m钻孔取样、大同150m钻孔沉积物及测试分析工作；④完成了两期6500km^{2}的1:20万遥感地质解译；⑤完成了菊芋品种征集、生物修复示范基地用地租赁及土地平整。

三、灾害地质调查评价

（一）山西省地质灾害防治管理系统建设。

“山西省地质灾害防治管理系统建设”任务。①2009年完成了系统软件开发；②对山西省11个地市15000多处地质灾害点进行了核查工作；③建立了山西省地质灾害群测群防省、市、县、乡、村行政体系；④分17批次对基层地质灾害防治工作人员1858人进行了地质灾害基本知识及信息系统建设培训；⑤对山西省大部分县、市、区的地质灾害核查数据进行了整编入库工作。

该系统具有数据管理、空间查询、数据检索、分类统计及信息采集编辑功能，具有地质灾害防治、管理、速报及气象预警功能，是各级国土资源主管部门组织、协调、指导和监督地质灾害防治工作的得力助手和工具。

（二）缓变型地质灾害调查与建网监测工作。

1. 提交了“山西地面沉降与地裂缝调查”成果。包括总报告、7个专题报告及山西省地裂缝分布图（1:50万）等19幅附图、山西省地裂缝图集（1:1万）、山西省1:1万地裂缝调查照片集等。

2. 开展“山西盆地地裂缝地面沉降调查与监测”项目工作。

2009年完成的主要工作包括：①建成大同市地面沉降监测水准控制网，埋设水准标石60点；②建成太原盆地地裂缝监测网络，埋设水准标石32点；③完成太原市地面沉降监测二等水准测量380km；④完成大同市地裂缝监测短水准剖面及水准对点测量2次，共计60点次；⑤完成大同市428机车厂地裂缝仪器站监测365日次；⑥完成太原市地面沉降分层标监测5次。

（三）地质灾害调查评价。

1. 完成了大同市南郊区、新荣区、阳高县，太原市迎泽区、尖草坪区、小店区、晋源区、曲沃县、长治县等9个县区的地质灾害调查与区划成果报告审查。深化了山西省地质灾害调查与区划综合研究，基本实现了各县（市）地质灾害调查成果资料的查询浏览。

2. 完成了“太原市地质灾害防治规划”、“大同市地质灾害防治规划”的编制，通过了山西省国土资源厅组织的专家审查，太原市、大同市人民政府均已发布实施。

3. 启动了“山西省吕梁市离石区黄土边坡稳定性评价”项目工作。

（四）矿山地质环境监测。

1. 向中国地质调查局争取了矿山地质环境监测示范区建设的立项支持。

2. 基本完成了与中国地质环境监测院合作的“太原东西山煤炭集中开采区地质环境动态调查与评估”工作。

3. 开展了中国地质环境监测院部署的“山西省2009年度矿山地质环境形势分析报告”的编制工作。

4. 启动了“山西省因采矿造成村庄破坏及其他相关矿山地质灾害专项普查”项目工作。

（五）地质灾害应急调查。

2009年山西省地质环境监测中心编制完成了

《山西省国土资源厅突发地质灾害应急响应工作方案》，并为山西省内发生的10余次地质灾害应急工作提供了技术支持与服务，分别为2月份“太原市杏花岭区杨家峪街办道场沟社区黄土崩塌”、5月份的“吕梁市交城县舍堂村山体滑坡”、7月份“临汾市尧都区境内309国道1178km+112m边坡垮塌事故”、9月份的“太原市古交东曲办杨家坡滑坡”、9月份的“太原市清徐县方山至申家山公路滑坡”，以及11月份的“吕梁市中阳县张子山乡张家嘴村茅火梁黄土崩塌”等。

地质调查信息化服务

2009年汛期来临前，对山西省地质灾害预警预报系统进行了系统更新升级与维护，并启用了短信群发报警系统。

2009年6月1日到9月30日汛期期间，利用地质灾害气象预警预报模型计算分析出山西省共有15天（次）预测降水量达到了地质灾害三级预报标准，在山西卫视、山西省省国土资源厅网站与山西省地质环境信息网上进行了发布，并用短信通知三级以上地质灾害预警预报区内的国土资源局分管地质环境的领导人。

2009年11月份冰雪灾害后，于11月11日及时在山西省省国土资源厅网站与山西省地质环境信息网发布了地质灾害预警信息。

基建与装备管理

2009年将单位大门更换为自动门，安装建设了覆盖整个地环中心小区的16个监控点的视频监控系统。

安全生产管理

2009年山西省地质环境监测中心坚持“安全第一，预防为主、综合治理”的方针，贯彻落实安全生产责任制，强化安全生产教育培训，实现了安全生产零事故。2009年从硬件和软件环境两方面入手重点抓了数据安全、网络安全管理。建立健全了数据、网络安全管理制度，购置了网络安全备份服务系统设备；购置了卡巴斯基网络版系统软件，并对网络系统所有服务器设备及职工个人计算机进行了配置使用，有效地防御了病毒攻击和传播；购置了中华嘉成内核加固系统，有效地防御了网站信息通过非正常途径受到篡改。

（李　军）

内蒙古自治区地质环境监测院工作

内蒙古自治区地质环境监测院

基础地质调查

一、灾害地质调查评价

2009年，内蒙古地质环境监测院先后开展了呼和浩特市新城区、玉泉区、托克托县、多伦县、正蓝旗、太仆寺旗、敖汉旗及松山区8个县市地质灾害调查与区划工作，圈定了地质灾害易发区，进行了分区评价，共完成调查面积33559km^2，共查出崩塌、滑坡、泥石流和地面塌陷等地质灾害隐患点267个，协助当地政府建立了地质灾害群测群防网，编制了重要地质灾害隐患点的防灾预案和地质灾害防治区划，建立了地质灾害空间数据库信息系统，并将地质灾害调查与区划报告统一移交当地政府，且办理了移交手续。

二、水文地质调查评价

（一）内蒙古自治区乌兰察布市集宁区后备水源地水文地质专项调查。

2008～2009年，内蒙古地质环境监测院开展了乌兰察布市地下水开采潜力调查工作，施工大理岩钻孔6个，施工的勘探孔完全符合设计要求，水量可观，达到中型水源地规模，且水质优良，均为矿化度小于1g/L的$HCO_3-Ca\cdot Mg$及$HCO_3-Mg\cdot Ca$型水，完全符合国家饮用水标准。本项目在集宁区西部大理岩地区寻找到较为丰富的岩溶裂隙地下水，为贫水区的集宁区后备水源地的建立提供了可靠依据，有效缓解了当地人畜饮水困难，引起各级领导的高度重视。

（二）内蒙古自治区达尔罕茂明安联合旗百灵庙镇供水水文地质详查。

内蒙古地质环境监测院在充分收集、分析研究该项目区气象、水文、地质及水文地质等有关资料的基础上，2009 年按照设计要求 100% 完成了详查区面积 470km^2 及水文地质测绘、物探、钻探、抽水试验、岩土样测试、动态观测等野外工作，目前正在进行资料整理和报告编写。

（三）内蒙古自治区阿荣旗那吉镇供水水文地质详查。

内蒙古地质环境监测院经过充分收集、分析研究项目区气象、水文、地质及水文地质等有关资料，按照设计要求开展并 100% 完成了详查区面积 256km^2 及水文地质测绘、物探、钻探、抽水试验、岩土样测试、动态观测等野外工作，目前正在进行资料整理和报告编写。

（四）内蒙古自治区乌拉特中旗海流图镇供水水文地质详查。

2008 年 6 月，内蒙古自治区地质详查项目招标委员会办公室将该项目下达给内蒙古地质环境监测院，在充分收集、分析研究工作区已有气象、水文、地质及水文地质等有关资料的基础上，开展了机民井现状开采量调查，2009 年按照设计要求 100% 完成了详查区面积 260km^2 及水文地质测绘、物探、钻探、抽水试验、岩土样测试、动态观测等野外工作，目前正在进行资料整理和报告编写。

三、环境地质调查评价

（一）河套平原地下水资源及其环境问题调查评价。

2009 年完成了枯水期地下水水位、水温统测，地下水水位、水温动态长期观测，地下水水样采集及现场测试工作；1:10 万区域水文地质调查完成面积约 7000km^2，各类调查点 1252 个，完成率 41%；完成 1:10万地理地图数字化 84 幅、部分钻孔资料（约 150 个）及已有长观资料的数据录入工作，完成水文地质钻孔 2 组，进尺 800m。河套平原地下水资源及其环境问题调查评价的开展对于合理利用黄河水资源和区域地下水资源，保护和改良生态环境，防治土壤盐渍化、土地沙漠化，保障高砷高氟病区人民群众饮水安全，提高人民生活质量，促进地方经济发展等具有重要的意义。

（二）内蒙古自治区巴林右旗地方病严重区水文地质专项调查。

该项目是“东北地方病严重区地下水勘查及供水安全示范”工作项目之一，于 2009 年 8 月开始对巴林右旗地方病严重区进行调查，完成调查面积约 1500km^2，采取各类试验样品 109 件，布置电测深勘探剖面 3 条，完成视电阻率测深点 20 个，剖面线长度约 3.5km。通过本次巴林右旗地方病严重区水文地质调查及取样分析，初步圈定了区内高氟地下水分布范围，对地方性氟中毒病分布与地下水氟离子含量的关系及高氟地下水的形成有了新的认识，为解决地方病严重区饮用水困难，实施供水安全示范工程奠定了基础。

地质调查信息社会化服务

积极开展全区地质灾害气象预报预警工作，与内蒙古自治区气象台密切合作，通过互联网及时将地质灾害预报信息反馈，2009 年 5 月 1 日至 9 月 30 日共发布三级地质灾害预警预报 8 次，最大限度地避免和减少了地质灾害造成的人员伤亡和财产损失。

基建与装备管理

一、基本建设管理

内蒙古地质环境监测院位于呼和浩特市，院部占地面积 20203.24m^2，建筑面积 5500m^2；下设 6 个盟市分院，其中通辽分院占地面积 10726.17m^2，建筑面积 289.25m^2；赤峰分院占地面积 8587.5m^2，建筑面积 2381.38m^2；集宁分院占地面积 4380.5m^2，建筑面积 517.6m^2；包头分院占地面积 13550.5m^2，建筑面积 726.01m^2；乌海分院建筑面积为 247.03m^2，呼市分院与内蒙古地质环境监测院一起办公。

二、装备管理

内蒙古地质环境监测院拥有地下水自动探测与数据自动传输装置、便携式水质分析仪表、数字测井仪、综合数控测井系统等物化探测试仪器 40 余台（套），2202E－原子荧光光度计、GBC 型原子吸收仪及水质连测仪等化验检测仪器设备 20 余台（套），野外用车 12 部及办公自动化设备 370 余台（套），仪器设备原值约 925 余万元。

安全生产管理

内蒙古地质环境监测院始终坚持“以人为本、安全发展”的科学理念，认真贯彻“安全第一、预防为主、综合治理”的工作方针，严格落实安全生产主体责任，全面提高安全生产管控能力和保障能力，全力维护院安全生产持续稳定的良好局面。适时制定了《内蒙古地质环境监测院2009年安全生产工作要点》，对2009年安全生产工作进行了全面部署，深入开展安全生产宣传教育活动，不断强化安全工作理念、加强安全培训和安检力度，实行安全生产责任制，签订安全生产责任书，成立安全领导小组，配备安全管理员，特别重视机动车辆管理及勘探安全基础工作。在项目组出野外之前，院里都要对项目组全体人员进行一次安全培训，以增强安全防范意识、遏制各类安全责任事故的发生，扎实有效地做好全院安全生产工作。2009年未发生过任何重大安全责任事故。

（姜亚东）

辽宁省地质环境监测总站工作

辽宁省地质环境监测总站

基础地质调查

一、水文地质调查

（一）完成了所辖工作区地下水的常规监测。

2009年，辽宁省地质环境监测总站及各分站完成了全省地下水环境监测资料的汇总、全省及各分站所辖地区的地下水水情通报、水位预报和地质环境监测及分析报告。

截至2009年年底，辽宁省共有地下水监测点922个，其中国家级监测点39个，相比去年减少1个；省级点162个，与去年相等；市级点699个，比去年增加89个。水位监测点899个，相比去年增加89个；水质监测点323个，相比去年减少2个；泉水监测点15个，比去年减少4个。

到目前为止，全省14个分站共完成地下水水位监测29327次，枯水期采集地下水水样132套，丰水期采集地下水水样323套。

2009年，大连地区加强了海侵的监测，在枯、丰水期各取了100个氯离子分析样。锦州分站在凌海设置了海侵监测剖面线2条。取Cl^-分析样品8个，在葫芦岛地区取Cl^-分析样品11个。营口分站继续在熊岳沿海监测海侵，监测点6个；加强了对营口淡水咸化的监测，建立了6个监测点。

（二）康平县地方病严重区地下水勘查及供水安全示范。

该项目在系统总结东北饮水型地方病严重区已有改水经验和水文地质条件的基础上，选择康平县地区开展地下水勘查，查明适宜人畜饮用地下水的分布和埋藏条件；实施供水安全示范工程，提出地下水开发利用区划；开展地下水砷、氟等赋存及分布规律研究。提交《辽宁省康平县1:5万水文地质专项调查报告及示范工程论证报告》。该项目的实施将为类似地方病严重区解决饮用水困难提供地质资料和示范经验。

（三）完成两个市场项目。

辽阳市弓长岭汤河地段饮用矿泉水勘查凿井工程及矿泉水评价。辽宁调兵山（铁煤集团）煤矸石电厂2×300mW机组扩建工程事故灰场水文地质调查评价。

二、环境地质调查评价

（一）地质环境管理项目

受辽宁省国土资源厅委托辽宁省地质环境监测总站承担了“辽宁省地质环境保护前期工作及地质灾害预报预警、应急调查与处置”、“辽宁省地质环境信息网建设”、“辽宁省群测群防信息系统建设”3个地质环境管理类项目。截至2009年11月底，已完成辽宁省地质环境信息网建设工作。同时协助辽宁省国土资源厅完成了辽宁省地质环境公报、地质灾害通报、地下水水情通报及预报、地灾害防治方案的编制及出版印刷工作；汛期巡查省级重要地质灾害隐患点108个，出动地质灾害应急调查小组6组，18人次，提交应急调查报告6份；汛期地质灾害气象预报预警工作值班预报79个工作日，发布地质灾害预报79次，其中三级以上预报14次，成功预报地质灾害1起。辽宁省地质灾害群测群防网络建设正在进行后期数据整合，计划于2009年12月底完成。上述工作的开展，为辽宁省国土资源厅地质环境管理工作搭建了平台，提供了保障。

（二）地质遗迹保护项目。

辽宁省地质环境监测总站承担了“辽河口地质遗迹调查与保护”项目。该项目通过对辽河口地质遗迹资料分析和实地考察，科学分析辽河口地质地貌的演化历史和发展规律，提出合理的遗迹评价方案，对地质遗迹进行分类分级，分析人类活动和自然灾害对地质遗迹影响现状及潜在威胁。该项目计划采用定性和定量的两种方式进行地质遗迹资源评价，确定地质遗迹保护的范围、内容、保护措施和手段，提出辽河口地质遗迹保护总体规划。

（三）矿山地质环境治理工程。

2009年辽宁省地质环境监测总站共承担国家两权使用费项目7个，包括“葫芦岛八家子铅锌矿矿山地质环境治理工程”、“青城子铅锌矿矿山环境治理工程”、“弓长岭铁矿矿山环境治理项目”、“杨家杖子矿山环境治理一期治理工程”、“杨家杖子矿山环境治理二期治理工程”、“本溪县田师傅矿山治理工程”及“鞍钢弓矿附企公司排岩场二区地质环境治理工程的工程变更施工设计方案”。上述地区经长期高强度的矿产资源开发，带来了一系列矿山环境地质问题，不仅制约当地经济的发展，也威胁着当地老百姓的生命财产安全。通过治理工程的实施，将对历史开采遗留的矿山地质灾害和矿山地质环境问题进行综合治理，消除或减轻地质灾害隐患，改善矿山生态环境，确保当地人民群众生命财产安全和社会稳定。

（四）完成多项与地质环境相关的市场项目

2009年辽宁省地质环境监测总站主要完成市场项目有：“沈丹铁路穿越本溪地质公园可行性论证”、“铁岭县红印铁矿矿山地质环境保护与治理恢复方案”、“本溪市明山区矿山地质环境治理可研、规划”、“葫芦岛八家子矿业有限责任公司大杨树铜钼矿地质环境保护综合治理方案”、“葫芦岛八家子矿业有限责任公司大杨树铜钼矿土地复垦报告”、“辽宁本溪国家地质公园总体规划”、“调兵山市顾家房煤矿矿山地质环境保护与治理恢复方案”、“本溪市本溪县重要道路沿线可视范围内已关停矿山地质环境综合治理可行性研究报告”，上述工作的完成为当地经济发展和建设、为企业可持续发展提供了科学的技术保障。

三、灾害地质调查评价

（一）辽宁省县（市）地质灾害调查综合研究。

辽宁省1:10万比例尺的县（市）地质灾害调查与区划工作自1999年以来，已完成调查面积147018km^2，查明各类地质灾害点6448处。为整合集成1999年以来开展的调查成果，建立全省地质灾害信息系统，中国地质调查局委托辽宁省地质环境监测总站承担完成《辽宁省县（市）地质灾害调查综合研究》工作，目前该项目已搜集县（市）地质灾害调查与区划数据库48个。该项目将客观分析县（市）地质灾害调查与及群测群防体系运行的防灾减效果，结合政府需求与经济社会发展规划，提出合理有效的防治建议，为政府宏观决策和管理提供决策支持。

（二）完成辽东山区泥石流灾害详细调查与监测预警可行性研究报告。

辽宁省地质环境监测总站完成了《辽东山区泥石流灾害详细调查与监测预警可行性研究报告》的编制工作。项目计划建立基于GIS系统的监测预警分析系统，实现对示范区滑坡泥石流灾害的时空预警，提高地质灾害监测预警的精度和水平；加强地质灾害防治基本知识、监测预警新技术新方法的宣传培训，大力提升中国地质灾害群测群防的技术水平；提出地质灾害监测预警示范区建设经验，形成区域性降雨型地质灾害监测预警技术方法体系。

（三）完成地质灾害治理工程。

2009年辽宁省地质环境监测总站承担了“本溪市南芬下马塘施家村滚马岭泥石流治理工程”、“本溪南甸子小峪村滑坡地质灾害治理工程”。上述项目在地质灾害勘查工作的基础上，实施治理工程，并进行生态环境恢复，以消除或减轻地质灾害隐患对当地居民生命财产的威胁。项目计划完成时间为2010年7月，该项目的实施将从根本上改善生态环境，促进社会和谐发展。

（四）完成地质灾害防治工程及勘查查证项目。

依据县（市）区地质灾害调查与区划成果和汛期地质灾害巡查及应急调查结果，辽宁省地质环境监测总站在铁岭、抚顺地区选择严重威胁人民生命财产和国家建设安全的，确需治理的重要地质灾害隐患点进行勘查查证。该项目计划于2010年6月完成，通过该项目的实施，将科学地确定地质体的特征、稳定状态和发展趋势，分析地质灾害发生的危险性，论述地质灾害防治的可行性和进行防治工程方案的选择，最终为确定是否需要治理，采取避让方案或实施防治工程等不同对策提供依据。

（五）地质灾害详细调查与评价项目。

受葫芦岛市国土资源局委托，辽宁省地质环境监测总站承担了“葫芦岛市兰家沟、杨家杖子矿区地质灾害详细调查与评价”、“本溪市中小学校校区地质灾害调查”项目，其中“葫芦岛市兰家沟、杨家杖子矿区地质灾害详细调查与评价”项目通过搜集资料、现场调查及物探、钻探等方法查明采空区分布及埋藏特征，对该区地质灾害的发展趋势及其危险性进行了预测，并对调查区进行地质灾害危险性分区，在重点沉陷区布设地面变形专业监测网点，提出地质灾害监测预警及防治规划措施建议。该项目的实施将为葫芦岛市兰家沟、杨家杖子矿区矿产资源开发及地质灾害防治工作提供基础依据，以避免或减少地质灾害带来的人员伤亡及财产损失。“本溪市中小学校校区地质灾害调查”项目查清了本溪市中小学校区地质灾害隐患，为下一步防治工程的实施，提供了科学基础依据。

（六）完成重大地质灾害监测。

2009年辽宁省地质环境监测总站承担了“抚顺西露天矿地质灾害监测”、“辽宁省抚顺西露天北帮地质环境综合治理竣工报告”项目。辽宁省地质环境监测总站为做好该项目，确保西露天矿北帮安全，于2006年成立了抚顺西露天矿地质灾害监测预报领导小组及项目组，在抚顺西露天矿北帮布设了地质灾害专业监测网，开展定期监测预报工作。截至2009年12月10日，已建成的专业监测剖面12条，GPS监测点80个。其中：GPS基准点2个；GPS实时监测剖面2条，监测点7个；GPS静态监测剖面8条，监测点25个；地下水监测孔6个；先后修建简易监测点达40余个。另开展的深层岩移监测孔11个，主要位于抚顺发电厂院内及矿坑下200m三平盘。2009年度完成工作量监测7791点·次；取得监测数据57组。该项工作的开展有效预防了西露天矿坑北邦边坡滑坡地质灾害给周边企业、采煤安全和居民造成的生命财产损失，产生了良好的社会效益。

地质调查信息社会化服务

一、群测群防网络建设

辽宁省地质灾害群测群防网络体系已基本建成，截至2009年共建有地质灾害群测群防点1596个，并完成了辽宁省地质灾害群测群防信息系统的建设工作，在系统中共录入灾害点防灾预案表1596张、工作明白卡1588张、避灾明白卡1376张；行政管理信息录入包括全省14地级市73个县（区），547个乡（镇）；还添加了2608张群测群防隐患点多媒体照片和1274张避灾路线图。

由于每个地质灾害群测群防点落实了地质灾害防灾责任人和监测人，并将编制的“两卡一表”发送至地质灾害防治责任单位、责任人和广大受地质灾害威胁的群众手中，因此在汛期的地质灾害防治工作中，省、市、县、乡、村5级群测群防网络发挥了重要的作用，真正做到及时传达信息，快速掌握信息，有效预防灾害，并且使处在地质灾害隐患点的群众能够做到自我识别、自我防范、自我救治，增强社会自救互救和应急处置能力。

二、汛期地质灾害预警预报

辽宁省汛期地质灾害气象预警预报工作始于2004年，通过5年时间的不断探索与经验积累，目前已形成了一套科学合理、操作性强的预警预报理论和方法。2009年在以往工作的基础上进一步将预警预报工作方法理顺，完善了省内国土资源部门的预警预报结果接收、处理、落实的程序和方法等，并应用地质灾害预警预报软件升级版本，增加数据直接导入、计算、图片导出、自动生成预报结果、统计查询等新功能，使辽宁省汛期地质灾害气象预警预报工作又上了一个新台阶。2009年辽宁省汛期地质灾害气象预警预报工作自6月18日正式开始启动，至9月5日结束，共计79个工作日。共发布地质灾害预报79次，其中发布三级地质灾害预报14次。成功预报1次。预警预报信息通过电视媒体向社会公众发布，起到了良好的防灾减灾效果。

地质调查工作战略研究

一、辽宁省“十二五”地质调查规划

为进一步增强地质调查的资源保障能力和经济社会发展服务功能，为国民经济和社会发展提供地质基础信息资料，为国土资源规划、管理、保护和合理利用提供决策支撑服务。辽宁监测总站受中国地质调查局沈阳地质调查中心委托编制了《辽宁省“十二五”地质调查规划》。《规划》的总体目标为：进一步加强地质环境基础调查工作，基本摸清全省地下水环境、地质灾害、矿山地质环境、城市地质环境现状；建立健全地质环境监测预警体系，在全省范围内形成以群测群防为主体，站网式专业监测为先导的群专结

合监测预警网络体系；实现地质灾害预报预警工作的科术创新，提升地质灾害防治水平；提高地质成果的信息化服务功能，建立辽宁省地质环境监测信息系统。

二、规划编制

2009年辽宁省地质环境监测总站承担市、县（市）级矿山地质环境、地质灾害及废弃矿井治理规划项目7个，包括“本溪市地质灾害防治规划”、“葫芦岛市矿山地质环境保护规划”、“葫芦岛市废弃矿井治理规划”、“铁岭市地质灾害防治规划”、“沈阳市地质灾害防治规划”、“连山区地质灾害防治规划”，“全省废弃矿井调查汇总及规划”，上述规划的编制，为各级政府进行地质环境管理工作提供了依据。

基建与装备管理

辽宁省地质环境监测总站办公室负责全站装备的管理。其职责是负责装备的采购、质量验收等各项工作；制定管理规范及装备建设的规划；抓好技术装备的应用，提高使用效益。建立了设备的验收、交接建档管理，并将使用说明书、质量保证书等技术资料，进行整理、建档、登记、保管。加强设备的管理工作，组织进行设备的技术讲座、技术培训，使有关的使用维护人员都能了解和掌握设备的技术性能和使用、管理工作的要求。

全站现有设备共计151台套，其中办公设备（电脑、打印机、复印机、绘图仪、扫描仪等）103台套，野外调查设备（照相机、摄像机、手持GPS）25台套，监测设备（静态GPS定位仪、自动水位监测仪）9台套，交通设备13辆，多媒体设备1套。

根据工作实际需求，按照设备装备原则，进一步提高工作效率年内将陆续更新办公设备、监测设备及野外调查设备。

安全生产管理

2009年，我单位在省局的正确领导下，求真务实、开拓创新，紧紧围绕安全生产年任务，坚持“安全第一、预防为主、综合治理”的安全生产方针，扎实开展安全生产，创造了良好的安全生产环境。

一、健全落实安全和生产规章制度，提高安全生产管理水平。先后制定和完善了《安全生产责任制》、《安全生产管理制度》、《车辆运输管理办法》、《野外勘查、坠崖、蛇咬、车祸等应急预案》等管理制度，同时对工程项目采取技术交底，确保落实到操作者。

二、加强领导，落实安全和生产责任，科室负责人和站长签订安全生产责任书，细化了安全工作责任，全面落实安全生产主体责任。

三、抓宣传培训，围绕“关爱生命，安全发展”的活动主题，利用标语宣传画等形势开展安全警示教育，组织人员参加省安全局组织的安全培训班，根据野外工作特点，对全体人员进行野外安全知识培训。

四、深入开展安全检查，做到预防为主，加强节假日和重大活动的安全大检查。同时进行经常巡检，发现不安全状态行为，及时进行整改解决，对不能及时解决整改的制定相应的监控措施，有效杜绝安全事故隐患。

五、在开展“安全生产年”活动中，获安全生产先进集体，2009安全生产活动组织奖，先进个人3人。通过以上开展安全活动及管理措施制度，确保我单位在2009年安全生产无事故。

（冯东向）

吉林省地质环境监测总站工作

吉林省地质环境监测总站

基础地质调查

2009年，吉林地质环境监测总站完成的国家与社会地质环境调查监测项目任务包括继续坚持开展常规的吉林省地下水动态监测及汛期地质灾害预报预警工作，认真完成中国地质调查局和中国地质环境监测院下达的各项工作任务。积极做好吉林省西部土地开发整理配套工程地下水监测项目实施方案编制工作；积极做好长岭县地方病严重区水文地质专项调查；做好吉林省松嫩平原地下水动态调查评价；全面完成吉林省主要城市环境地质调查评价；积极参与援助四川灾后重建工作。

一、吉林省地下水动态监测

2009年完成城市地下水监测面积为2435km^2，区域地下水监测面积76128km^2，总监测点718个，其中国家级监测点153个，省级监测点87个，统测点541个。编制完成《吉林省2008年度地质环境状况及保护工作报告》及地质环境监测年度报表。

二、吉林省汛期地质灾害气象预报预警

吉林省2009年度汛期地质灾害气象预报预警工作于7月1日开始，9月5日结束，历时67天。汛期共发布4次预警预报信息，全部在预报范围内发生小规模的地质灾害。经过地质灾害巡查和当地国土资源部门的信息反馈，本年汛期在鸭绿江沿岸、挥发河沿岸及其支流发生了小规模的崩塌、滑坡地质灾害。其中长白山天池发生了崩塌和泥石流地质灾害。在崩塌、滑坡、泥石流高易发区的人口聚集地，当地政府和居民愈加关注新闻媒体发布的地质灾害预警信息。通过本年汛期地质灾害预警预报，成功避免了约100人伤亡，减少经济损失约230万元。

三、长岭县地方病严重区水文地质专项调查

2009年7月份至2009年11月份完成长岭县地方病严重区水文地质野外调查任务，共完成调查面积1800km^{2}左右，采取水样品60组，易溶盐和重金属土壤样品各15组，同位素样品3组，农作物样品4组，地球物理探矿20个物理点。

四、松嫩平原地下水动态调查

完成了2009年地下水位统测400个点，并完成了统测点调查卡片的整理；完成2008年15台自动监测仪的第二次安装与调试；编制完成该项目2009年工作设计及经费预算；编制完成2008年成果报告及图件，并通过沈阳地质研究中心的审查；完成新增30个群众监测点的布置和委托工作，完成了新增监测点调查卡片的整理；搜集了重点工作区松原市的部分相关资料；完成群众监测地下水长期观测点108个，其中2008年新增25个，报废2个，2009年新增30个。完成自动监测仪自动监测9个点，安装的15台监测仪。

五、吉林省主要城市环境地质调查评价

吉林省主要城市环境地质调查工作区包括长春、吉林、通化、辽源、白城、松原、四平、延吉和白山等9座城市，合计面积7297km^2，项目组在对现有资料二次开发基础上，进行了地下水、土壤样品的采集与分析、地下水动态监测与水位统测；开展了地下水污染、垃圾填埋场调查和环境地质遥感解译工作。完成1:5万环境地质调查面积7297km^2、1:5万环境地质遥感解译面积6065km^2，水文地质钻探70m、地下水化学样品441件，岩土样品151组、地下水水位统测986点；地下水动态监测182点；地质灾害及景观调查点129个、固体废弃物堆场调查43处。超额完成了中国地质调查局任务书下达的实务工作量。

查清了9座城市环境地质问题的类型、分布、发育特征、危害程度，了解城市地质工作对城市规划和城市建设作用，提出城市地质灾害防治措施，从地学角度提出城市规划建议；建立了9座城市地质环境调查数据库；编写吉林省主要城市环境地质调查评价报告和9座城市环境地质调查评价报告；编制各类图件120张。主要结论如下：

（一）查明了吉林省地下水资源衰减与短缺状况。

调查的主要城市都有地下水资源衰减现象，其中：长春、四平、辽源属于水资源贫乏城市；吉林、白城、延吉和通化属于工程型缺水的城市。

长春、延吉、吉林等城市出现了严重的地下水漏斗现象。目前，长春市地下水井全面停采，地下水开采量下降到4.0万m^3/d左右，地下水水位降落漏斗基本恢复。延吉市建成区河北地段和经济开发区有混层开采井121眼，年开采量142.8万m^3，由于开采井过密，相互干扰，水位普降遍下降了5.0～10.0m。吉林市由地下水位等值线图中圈出漏斗面积为170.2km^2，漏斗中心偏向西北部，平均水位埋深年末值由1988年的6.61m下降到2000年的10.19m，下降速率为0.29m/a。近几年，由于开展了节水灌溉措施，水位下降速率有所减少。

（二）查明了吉林省地下水污染情况，进行了地下水污染现状评价、地下水质量评价和地下水防污性能评价。

1. 吉林省主要城市地下水受污染面积比例大，中等以上污染的区域面积占调查区总面积的53%，严重污染面积为848.1km^2。地下水轻微污染和未污染的区域面积分别占21%和26%。长春、辽源、白山和白城等城市地下水污染情况不容乐观，中等以上污染面积均超过50%。其中，白城市调查区内的地下水均遭到中等以上程度污染，污染面积100%。

污染物主要为 Cl^-、SO_4^{-2}、NO_3^- - N、NO_2^- - N、总硬度、Hg 和 Cr^{+6} 等。老市区、污水灌溉区和郊区菜地附近硝酸盐污染严重，三氮普遍超标，且分布面广；工业污染源和污水灌溉区附近酚污染普遍；工业较发达的城市有零星的铬、汞和氟的超标现象，主要分布在工业污染源附近。

吉林省地下水污染造成的经济损失约为 16.84 亿元。其中，吉林市地下水污染造成的经济损失最大，占总损失的 39.83%。地下水污染的防治是极其重要的。

2. 吉林省主要城市地下水质量较差和极差区占地下水总调查评价区面积的 33.7%，其余 66.3% 区域的地下水均为较好以上水质，其中优良和良好水质共占 60.3%。

长春和白山两个城市的地下水质量恶化程度较为严重。长春市地下水质量大面积为较差区，15.22% 为极差；白山市 90% 以上为地下水较差区，9.3% 为地下水极差区。

通化和白城两市在调查区也有 40% 以上的地下水质量为较差。

吉林、延吉等城市部分地段的地下水中氟化物含量超标，不适合作为饮用水。长春、吉林、松原等城市地下水有硬度超标的现象，不适合饮用和工业生产。长春、吉林省地下水中铁、锰含量普遍超标，通化、松原还出现砷、锌等重金属超标现象。

3. 用 DRASTIC 地下水系统防污染性能指标法进行防污性能评价，评价结果表明，大部分城市地下水防污性为中等、较差和差区。

白城市调查区的防污性能均为差区；防污性能较差区主要分布在平原型城市松原市和位于东部山区的辽源市；防污性能好主要分布在东部山区城市延吉和低山丘陵区吉林市。

（三）查明了吉林省主要城市的地质灾害情况，进行了地质灾害易发性、易损性、危险性评价，预测了地质灾害造成的危害与损失。

1. 调查区内地质灾害点 122 处，其中崩塌 29 处、滑坡 12 处、泥石流 21 处、地面塌陷 27 处、地裂缝 1 处及不稳定斜坡 32 处。地质灾害点主要分布在通化、白山、延吉和辽源 4 座城市；另外，在白城市林海、金祥两乡镇有土壤沙化现象，调查发现沙化面积约 5000hm^2。

2. 吉林省主要城市地质灾害易发区 1145.374km^2，其中：高易发区 231.594km^2，中易发区 444.27km^2，低易发区面积 469.51km^2，分别占易发区总面积的 20.22%，38.79% 和 40.99%。易发区主要分布在通化和白山两座城市，通化市以地质灾害中易发区为主，占总面积的 58.28%，白山市大范围区域为地质灾害低易发区，面积比例为 95.27%。两个城市地质灾害高易发区总面积达到 20.22%。

3. 吉林省主要城市地质灾害易损区主要有高易损区、中易损区和低易损区。其中，高易损区主要分布于通化市和白山市地面塌陷高易发区和人口密集的城镇建成区；中易损区分布于通化市及白山市除高易损区之外的其他区域；低易损区分布于通化市高、中易损区以外的区域。

4. 吉林省主要城市地质灾害危险性分区情况，包括地质灾害危险性大区、地质灾害危险性中等区和地质灾害危险性小区，主要分布在通化和白山市。

通化市地质灾害危险性大区面积 142.61km^2，占全区总面积的 24.75%，灾害造成直接经济损失 6864.6 万元，威胁资产 8558.7 万元；危险性中等区面积为 443.50km^2，占全区总面积的 63.31%，直接经济损失 55.6 万元，威胁资产 64.6 万元；地质灾害危险性小区位于通化市金厂镇南部龙头村一带，面积 103.32km^2，占全区总面积的 11.94%。

白山市危险性大区造成的直接经济损失约为 15220.9 万元，威胁资产 231160 万元；危险性中等区造成的直接经济损失 30.7 万元，威胁资产 2700 万元。

5. 吉林省主要城市地质灾害造成 40078 人员伤亡、2038 间房屋毁损、约 269.53 亿元的经济损失（辽源、白山和通化 3 个城市的地质灾害经济损失分别为 236.4 亿元、31.98 亿元和 1.13 亿元）。其中，间接及潜在的经济损失预测评估结果要明显高于直接经济损失，占总经济损失的 70% 以上。

（四）查明了垃圾处置和矿山固体废弃物堆放的现状、存在的问题。

对 9 个城市现有的垃圾场进行了适宜性评价，在评价的 32 个垃圾堆放场中，适宜仅为 7 处，较适宜 1 处，较不适宜 7 处，不适宜 17 处。大部分垃圾场均属于散堆散放，未做防渗和无害化处理，对城市地质环境均有一定影响。

采用层次分析法并结合综合评价数学模型，提出垃圾填埋场选址和矿山固体废弃物处置的建议，对松原、延吉和长春几个城市的新垃圾场地进行了选取。

吉林省主要城市城市垃圾及固体废弃物造成的经济损失约为 4.14 亿元。其中，长春市垃圾污染造成的经济损失最大，占总损失的 51.79%。吉林和辽源市垃圾污染造成的经济损失分别占23.63%和19.52%。

（五）查明了吉林省主要城市应急（或后备）地下水源地情况。

吉林省主要城市调查区内有重要应急（或后备）地下水源地24处，总供水能力达到69.92亿m^3/d；

长春市齐家后备水源地分布在双阳区齐家乡双阳河下游和饮马河交汇处，面积近200km^2，每日可开采地下水量为23.05万m^3。

吉林市地下水应急水源地共有14处，总面积为158.27km^2，其中，建成区内有8处，分布面积34.40km^2，调查评价区应急开采量可达236.26亿m^3/d，其中建成区内可达34.58m^3/d，可以满足应急供水需求。

白山市后备水资源允许开采量1.12亿m^3/d。

通化市后备水资源允许开采量为68.77亿m^3/d。

主要城市调查区内的应急（或后备）地下水水质基本符合《生活饮用水标准》(GB5749—86)的要求。

（六）查明了吉林省的地质遗迹资源和旅游资源情况。

吉林省是地质遗迹资源丰富，类型多、景观奇特，按其成因及科考价值将其分为中新生代火山地质遗迹、碳酸盐岩岩溶地质遗迹、潜蚀-侵蚀地质遗迹、侵入岩地质遗迹和重要地质剖面及化石产地遗迹等。吉林省既有得天独厚的自然资源，如神奇的自然宝库长白山自然保护区，净月潭风景名胜区，松花湖风景名胜区，江城的“寒江雪柳”，世界最大的石质陨石，通化辉南县的“三角龙湾”，伊通火山群自然保护区等。也有文化气息浓厚的人文旅游资源，如集安高句丽的古迹、敦化敖东城，渤海国都城遗址，与努尔哈赤和3位皇后有关的叶赫城，长春伪满洲国皇宫，松原前郭县的辽、金重镇塔虎城遗址，清代艺术珍品满蒙文碑等历史古迹。此外还有新中国电影的摇篮——长春电影城为主体的影视文化旅游和规模宏大的长春第一汽车制造厂为主体的产业旅游。自然旅游资源和人文旅游资源交相辉映，构成了吉林省丰厚的名胜文物古迹、自然风光、影视文化等多方位、多层次的独特的旅游资源。其中，分布在调查区内的旅游资源主要有长春市的伪满皇宫博物馆和净月潭、四平山门火山群及通化市的白鸡腰国家级森林公园、千叶湖风景区、鸭园溶洞和平湖7处景观。

（七）查明了吉林省地下空间资源情况及开发利用现状。

吉林省长春、辽源、白城和延吉4个城市的地下空间91.27万m^2，其中，长春地下空间70万m^2，利用率为60%；辽源市人防工程总建筑面积9.0万m^2，综合开发利用面积4.72万m^2，占人防工程总面积的52.4%；白城市地下空间约为4.9万m^2，正在投入使用；延吉市人防工程面积达7.37万m^2，使用面积达3.71万m^2，占人防工程总面积50.4%。

（八）成果应用反馈

1. 在吉林市城市环境地质调查评价成果应用情况。①城市总体规划方面。《吉林市城市总体规划(2007—2020年)》纲要出台后，吉林地质环境监测站根据《纲要》部署，完成了《吉林市城市环境地质调查评价报告（含图集)》，提交给了吉林市规划局，为正在进行的吉林市城市总体规划的编制提供了用地条件、产业空间布局、城市供水、供热、垃圾处理等内容的重要参考。②在水工环地质工作中的应用。《吉林市城市环境地质调查评价报告（含图集)》提供给了吉林市各勘察设计单位使用，规范了地貌单元划分、地层时代、水文地质条件等方面的论述内容。增强了在提交岩土工程勘察报告、地质灾害危险性评估报告中有关基础地质方面的一致性。

2. 延吉市取得的成果在相关部门的应用情况及其反馈信息。该项目成果报告经初步审核修改后，送当地水资源、环保和城市规划等有关部门征求意见，得到各部门的认可。

地下水资源开发中存在问题也引起地方水资源部门重视，并主动与延吉地质环境监测站合作，共同于2009年开展延吉市东部工业区和经济开发区地下水资源开发利用调查评价工作。由于时间短促，垃圾填埋场污染水源及后期治理、新垃圾填埋场选址等尚未应用到实际中。

3. 辽源市城市环境地质调查评价成果应用情况。辽源市政府组织有关部门对《辽源市城市环境地质调查评价报告》进行了审查。对工作成果给予较高评价。

国际合作与对外交流

吉林省地质环境监测总站协助中国地质调查局水文地质环境地质调查中心承办“地方病与地质环境国际学术研讨会”。

2009年8月9~13日“地方病与地质环境国际

学术研讨会”在吉林长春召开，会议主要议题包括地方病与地质环境关系研究、地方病区地下水勘查技术方法、地方病区防病改水技术方法、地方病调查与防治技术方法、砷污染合作网络建设。会议由中国地质调查局、联合国儿童基金会、国际地质科学联合会环境管理地学委员会、中国国家自然科学基金委员会地学部、吉林省国土资源厅主办，吉林省地质环境监测总站协助中国地质调查局水文地质环境地质调查中心承办。来自全国地质调查等部门及联合国儿基会的代表等150余人参加了此次会议。

基建与装备管理

吉林省地质环境监测总站机关办公楼面积870m^2，原值217.5万元，车库210 m^2，原值52万元。吉林总站分别在吉林省内各市县设有8个分站，共有办公房屋650 m^2，原值102万元，由吉林总站统一管理。吉林总站共有生产设备152台，原值326万元，其中专用设备27台；电子产品及通信设备119台，交通运输设备6台。

安全生产管理

2009年吉林省地质环境监测总站确保了安全生产无事故。在安全生产管理方面，吉林省地质环境监测总站认真贯彻落实党和国家有关部门一系列安全生产工作方针，安全生产组织机构健全，制定了安全管理措施和安全岗位责任制，明确了安全生产责任人。

（刘　华）

黑龙江省地质环境监测总站工作

黑龙江省地质环境监测总站

地质灾害防治

黑龙江省地质环境总站作为黑龙江省地质灾害防治工作的重要技术支撑单位，充分发挥了技术支撑单位的作用，2009年从加强与相关单位的合作、努力提高地质灾害预警预报水平、开发和应用预警预报信息系统等3方面工作入手，促进地质灾害预报工作的系统化、专业化、准确度不断提升。

2009年黑龙江省地质环境监测总站主要完成了以下地质灾害预警预报工作：

一、2009年黑龙江省地质环境总站继续加强与黑龙江省气象部门的合作，及时掌握全省各地降水趋势、雨情变化等信息。全年汛期前及汛期期间从黑龙江省气候中心收集“黑龙江省2009年度（3～10月）气候趋势预测”1份、黑龙江省气象台发布的“气象灾害预警信号（指冰雹、雷电、强降雨）”2份，经过整理、分析上报省国土资源厅批示后，向各级国土资源部门、地质环境监测站发布地质灾害气象预报预警信息，以便及时对稳定性差、险情大的地质灾害隐患点、段采取监测、避险工作。

二、根据全省地形地貌特征、地质灾害发育现状并结合气象部门发布的气象信息，完成《2009年黑龙江省地质灾害防灾预案》。划分出突发性地质灾害重点防治区、次重点防治区、一般防治区及不发育区，详细列示了汛期受强降雨影响成灾隐患较大的地质灾害重点防治点、段121处，并对其中的13处险情隐患更大、需要特别防范的重要地质灾害隐患点提出防治措施建议。2009年6月1日，黑龙江省国土资源厅向各市（地）、县（市）有关单位下发了“关于印发《2009年黑龙江省地质灾害防灾预案（黑国土资发〔2009〕54号）》”的通知，以此《预案》作为做好汛期地质灾害防治工作的理论依据。

三、2009年黑龙江省国土资源厅向黑龙江省地质环境监测总站下达了“黑龙江省地质灾害预警系统开发建设”项目的工作任务。该项目以软件开发为主，逐步建立完善“两网、一库、四系统”的应用构架。其中，两网指利用完善现有的省国土资源广域网和Internet外网网络资源；一库指建设地质环境与地质灾害信息库作为数据支撑；四系统指地质灾害综合管理信息系统、地质灾害监测及区域地质灾害自动化预报预警系统、地质灾害数据库管理系统及全省国土资源远程视频会商系统。该系统建成后将覆盖黑龙江省全境，提升地质灾害预警预报水平。

截至2009年12月31日，黑龙江省地质环境监测总站已完成该项目的立项工作，并正在进行建立地质灾害数据库系统所需的相关资料的收集与集成工作和地质灾害预警预报模型建立所需的相关资料的收集与集成工作。

预计该系统开发建设工作将在2010年完成，并实现试运行。

基建与装备管理

黑龙江监测总站现拥有各类设备513台（套），2009年新增设备26台（套）。设备总额3854595元，其中行政办公设备有347台（套），专业设备有93余台（套），主要包括监测车3台，地下水监测仪48台套，全站仪2台套，GPS接收机21台，水质快速分析仪1套，光谱仪1台。目前，各设备运行比较稳定可靠，运行基本正常，数据传输准确及时。

2009年，黑龙江监测总站加强资产管理，开展了各科室、各分站资产清查工作，确定各部门负责人为资产管理责任人，强化责任。同时严格执行《总站资产管理办法》，以强化设备安全管理为中心，全面加强设备管、用、修、养等全过程的综合管理，不断提高设备的完好率和利用率，切实把资产管理工作做实、做细。

安全生产管理

2009年，黑龙江监测总站始终坚持“安全第一、预防为主”的方针，加强安全生产管理，认真落实安全生产责任制，努力完善安全生产自我约束机制，严格贯彻安全生产操作规程和各项安全生产规章制度，没有发生责任伤亡事故，实现了安全生产目标。

一、学习贯彻上级安全工作（文件）通知精神。我们坚持把学习贯彻上级安全工作（文件）通知精神，当做黑龙江监测总站安全管理的基础工作和重要环节来抓，全年我们定期组织野外工作人员、汽车驾驶员学习贯彻学习上级安全工作（文件）通知精神，提高了职工的法制观念和安全意识，保证安全工作按章操作。

二、落实各项安全责任制。重点强化各部门一把手负总责的制度，要求安全工作一把手亲自抓，负总责，出现安全事故首先追究领导责任。

三、健全制度，堵塞安全漏洞。针对安全工作隐患，黑龙江监测总站下发《关于加强2009年安全工作的通知》，对安全生产进行部署，提出安全工作要求。同时对容易出现问题的野外机动车进行管理，健全了出车制度，完善了驾驶员管理和操作规范等制度。

（杨　毅）

浙江省地质环境监测总站工作

浙江省地质环境监测总站

基础地质调查

一、城市地质调查

完成了宁波、温州、嘉兴等12座主要城市的环境地质现状调查，调查面积11030km²。2009年全面完成了《浙江省主要城市环境地质调查评价报告》的修改汇交工作。本项目在充分收集、系统分析研究工作区以往基础地质、水工环地质等成果资料的基础上，通过野外补充调查、物探、钻探、采样测试等，对杭州、宁波、温州、绍兴、嘉兴、湖州、金华、衢州、舟山、台州、丽水11座设区市和江山市（县级市）共12主要城市规划区实施环境地质调查评价，基本查明了各城市地质、水文地质、工程地质、环境地质背景，调查了地下水资源衰减、地下水污染、地面沉降、突发性地质灾害、海岸带地质灾害、矿山地质环境、城市固体废弃物处置场环境影响等主要环境地质问题，评价了地质灾害危害与经济损失；对地下水资源、地质遗迹资源、港口资源、地下空间等地质资源进行了调查与评价；查明了工作区内环境地质问题及城市地质资源分布状况，并进行了综合分析与评价；围绕城市发展目标和功能地位，提出了对策与建议，为各城市主要环境地质问题防治、地质资源的合理开发利用，为城市的规划建设及可持续发展提供了地质依据。编制浙江省主地城市环境地质调查评价总报告和各城市环境地质调查评价报告共13份，编制各城市1:1万~1:10万基础性、专题性和评价性成果附图共计175张。

二、水文地质调查评价

继续开展了长江三角洲浙江地区地下水污染调查评价工作。在前几年工作基础上，开展了宁波北仑港区、舟山平原野外调查、水样采集及杭嘉源平原、温黄平原重点区样品的采集测试和综合研究工作。2009年完成野外调查300km^2，采集水样118组，土样40组。累计完成1:25万调查12990km^2，1:5万调查2148km^2，样品采集498组，并对资料进了全面整理，对测试数据进行了初步分析，开展了相关综合研究和专题评价，初步建立了浙江地区地下水污染信息系统。为地下水污染监测、防治和开发利用提供了翔实的资料。11月20~21日通过了中国地质调查局南京地质调查中心组织的野外验收，野外工作质量优秀。目前，该项目正转入最终资料整理分析、综合研究和报告编制阶段。

三、环境地质调查评价

开展了浙江沿海地区环境地质综合调查评价、滩坑水电站水库区域地壳稳定性调查评价等项目，完成1:25万海岸带环境地质调查评价2000km^2，1:20万区域调查稳定性调查评价面积约500km^2。

（一）浙江沿海地区环境地质综合调查评价。

项目由中国地质调查局2009年下达，工作年限2009~2010年。2009年进行项目总体设计的编制、资料收集与整理，对宁波、温黄平原地面沉降和台州市江、海岸稳定性及港口、滩涂、地质遗迹资源开展了专题调查工作，共完成1:25万环境地质调查2000km^2，1:5万遥感地质解译1500km^2。编制了年度工作阶段性成果总结和部分地质环境调查基础性图件。

（二）浙江省新农村建设地质环境保障工程可行性研究。

由浙江省国土资源厅2007年下达，2009年完成了文成县大峃镇、衢州市航埠镇、嘉兴市王江泾3个试点乡镇的调查和资料分析与综合研究，完成了可行性报告编写和图件编制，并已通过专家论证，为下一个阶段开展新农村建设地质环境保障工程提供了依据。

四、灾害地质调查评价

本年度开展地质灾害调查评价、地质灾害气象预警和地质灾害信息系统建设等工作。继续开展了基岩标分层标、固定站的自动化监测及典型地面沉降控制管理区建设、区域地面沉降控制管理区划、杭嘉湖地区地面沉降模型建设、浙江温甬沿海地区地面沉降经济损失评估等内容的综合研究工作，GPS网测量及综合控制剖面一等水准测量工作；初步完成杭嘉湖地区地下水与地面沉降耦合模型建设，编制完成了《典型区地面沉降风险管理研究阶段报告》、《浙江温甬沿海地区地面沉降经济损失评估报告》和《杭嘉湖地区地面沉降模型建设报告》等专题报告。此外，还开展了小流域泥石流成果集成和预警预报方法研究、新昌回山下山滑坡监测示范点建设、中小学校地质灾害隐患排查等工作。

2009年继续开展沿海平原、金衢盆地等重点地区地下水动态监测网建设，控制面积达1万km^2，进一步完善了沿海平原以GPS监测为主体，重要城市以高精度水准监测为主、垂向分层监测的地面沉降监测网络，监测面积近7200km^2；开展了GPS地面沉降监测研究、地下水自动监测系统建设，并取得初步成果。全省县（市、区）、乡（镇）和村（组）三级突发性地质灾害群测群防网络建设基本建立，重要灾害点落实了监测责任人，地质灾害专业监测取得进展。2009年全省有水位监测256个（新增26个），水质监测点89个（新增2个），新建地下水位水温远程传输的自动监测点50个，地面沉降监测点811座（新增46座）。地质灾害群测群防监测点4200处，近40处滑坡点开展了群专结合监测工作，27个滑坡点安装了自动监测仪。

2009年加大了地下水位水温自动化监测系统建设力度，新安装地下水位水温远程传输的自动监测仪50套，进一步优化和健全了地下水监测网络，初步实现了地下水监测骨干网自动化监测和监测数据的实时传输，有效监控浙江省滨海平原、红层盆地、河谷地区，以及其他重要水源地的地下水环境状况。

开展了新昌县下山村滑坡监测省级示范工程建设。通过对新昌县回山镇下山村滑坡监测系统建设，实现对滑坡各物理量的可控制远程实时监测，研制具有可视界面的滑坡监测系统和防灾决策支持平台，并将其建设成为具有国内先进水平的地质灾害监控中心、滑坡监测技术推广的中试基地、滑坡监测新技术研发基地、监测技术人才培养基地、地质灾害防灾减灾教育基地。2009年完成了项目工作方案的编制、开展监测仪器设备的调研及着手相关的工程建设准备工作，并完成安装各种监测仪器现场调查与放样，正在开展相关监测仪器的安装工作。

地质调查信息社会化服务

浙江省突发性地质灾害气象预警（报）工作从2003年开始至今已经稳定运行7年时间。

2009年全年开展预报预警工作180多天，在省国土厅门户网站发布当日地质灾害预（警）报图180多张，24小时及实时预警预报图10多张，共发布地质灾害等级预（警）报24次，其中3级预（警）报11次，4级预（警）报12次，5级预（警）报1次，向省电视台提供电视播报地质灾害等级预（警）报20次，通过手机短信平台发送灾害预（警）报短信3460条。通过地质灾害气象预报预警工作，使各地各有关部门和群众及时获取地质灾害可能发生的信息，采取有效避险措施，避免或减少了地质灾害造成的人民生命和财产损失。

建立了浙江省突发性地质灾害信息管理系统、小流域泥石流地质灾害信息系统和地下水动态、地面沉降监测数据库、1:20万水文地质图空间数据库、1:50万水工环地质图环境空间数据库、矿山地质环境数据库等。初步实现全省突发性地质灾害点、地质灾害易发区、小流域泥石流地质灾害及隐患点信息查询和航片、卫片及DEM数据的管理及平面、三维展示。

地质调查工作战略研究

开展了“十二五”地质环境调查工作战略研究，围绕地质工作“更紧密地与国民经济与社会发展相结合，更加主动地为经济和社会发展服务”的宗旨，进一步深化对浙江省地质环境条件、地质资源及环境地质问题的认识，提高资源保障能力，减轻地质灾害损失，服务于浙江省杭州湾、甬台温产业带发展规划、城镇化和新农村建设、交通等重大工程建设和建设浙江海洋大省等经济建设和发展规划提供科学依据。

一、调查工作部署原则

以区域发展需求为导向，围绕环杭州湾、甬台温产业带发展规划，以及浙赣、金丽温铁路沿线城镇发展规划部署“十二五”水工环地质工作。

1. 区域水工环综合调查与专题研究并举。围绕重点主要城市（镇）密集区、城市快速发展区部署1:5万区域水工环地质调查和专题调查研究工作。

2. 突出重点，急需先行。结合以往工作程度及区域经济社会发展规划，根据地质工作的紧迫性和必要性，选择优先启动区域，重点深入，整体推进。

3. 陆上调查与近海调查相衔接。深入开展海岸带环境地质调查与区划，推进近海海域水工环地质调查工作。

二、调查工作部署建议

1. 浙江省重要经济区1:5万水工环地质调查。在环杭州湾、甬台温沿海经济（城镇连绵区）和浙赣、金丽温沿线城镇发展区，选择主要城市（镇）密集区、重要经济区，按图幅、分步骤开展1:5万区域水工环综合地质调查工作。逐步提高重要经济区1:5万水工环地质调查程度，更新区域地质、水工环地质基础数据和图件，为区域地质环境功能区划、风险评价奠定基础，为重要经济区城镇化发展和基础设施规划布局与建设提供扎实、可靠的地质依据。“十二五”期间完成环杭州湾产业带、东南沿海产业带、金衢盆地等重要经济区和城镇区1:5万水工环综合地质调查图幅46幅，面积约1.8万km^2。

2. 浙江省海岸带地质环境综合调查。在浙江沿海部署开展1:10万海岸带和海域区域环境地质调查评价，查明浙江沿海地区地质环境条件和地质灾害现状、港口码头侵蚀、淤积和岸线变迁等主要环境地质问题，查明沿海港口、滩涂资源、海砂资源和海底淡水资源分布特征，进行沿海地区地质环境功能区划与评价，编制重要经济带、沿海地区地质环境图系，为合理开发和保护港口资源、滩涂资源、海砂资源和海底淡水资源，为沿海产业带发展规划、生态环境保护和重大工程建设，为建设浙江海洋大省提供基础地质依据。调查面积2万km^2。

3. 浙江沿海平原地面沉降调查评价与监测。进一步加强全省地面沉降调查工作，建立和完善覆盖全省包括杭嘉湖、萧绍姚（包括宁奉）、温黄、温瑞平平原的地面沉降监测网络，控制面积达到15000km^2；开展以水准监测为主，GPS区域监测为辅，基岩标、分层监测标组控制的地面沉降监测，逐步实施监测点自动监测与数据实时传输；逐步开展工程性地面沉降和地下空间稳定性等试点监测及研究工作；继续加强地面沉降信息系统建设，全面建立地面沉降预测预报模型，提出控制地面沉降的方法和措施，为浙江省沿海平原地下水合理开发和地面沉降预测、防治提供科学依据。

4. 浙江省主要城市区浅层地热能调查评价与区划。按照“在开发中保护，在保护中开发”的要求，摸清浙江省浅层地热能资源，编制浙江省浅层地热能开发利用规划，科学利用浅层地热能，统筹当地经济社会与资源、环境协调发展。为浙江省城市规划、建设和管理提供先行性、基础性服务，为城市安全保障和生态环境建设提供基础地质数据，为浙江省社会经济发展提供地质科学技术支撑。

“十二五”期间选择浙江省内杭州市、宁波市、温州市、绍兴市、湖州市、嘉兴市、金华市、台州市、衢州市等9个地级市，及杭州市萧山区、宁波慈溪市、温州乐清市、绍兴上虞市、金华义乌市、嘉兴桐乡市、嘉善县等7个市区县城市，共计16个城市开展浅层地热能调查评价工作。

5. 地下水动态和应急水源地调查评价与示范建设。开展沿海平原、金衢盆地及主要河谷地区地下水动态调查评价与监测。调查地下水人工调蓄的地质、水文地质条件，评价地下水人工调蓄的容量和潜力；开展沿海岛屿水文地质综合调查，查明富水带的分布规律及空间变化，重点在海岛地区寻找地下水；开展沿海平原、金衢盆地地下水污染调查评价工作，查明地下水水质和污染状况，为地下水污染防治提供基础资料。加强沿海平原和金衢盆地开展沿海平原、主要城镇区地下水应急水源地调查评价工作，查明一批有开采潜力的城市地下水应急水源地，选择杭州、宁波、温州、金华等重要城镇开展地下水应急水源地规划与建设示范，逐步推广全省主要城镇地下水应急水源地建设，保障饮用水安全。健全和完善以城市为中心、沿海平原和金衢盆地为重点、覆盖全省的地下水环境监测网络，新建设一批专门监测孔，实现地下水监测骨干网数据的自动监测、实时采集、传输、处理的监测体系。重点工作区为沿海平原和金衢盆地，重点工作区面积2.2万km^2。

6. 浙江省重点灾害县（市）1:5万地质灾害详细调查。在县（市）地质灾害调查与区划和小流域泥石流调查基础上，加大地质灾害严重区的调查精度和灾害发育分布规律研究，选择地质灾害较为严重县（市），开展地质灾害严重区滑坡、崩塌、泥石流灾害详细调查与测绘，圈定地质灾害易发区和危险区，建立地质灾害信息系统，建立健全群专结合的监测网络，为制定地质灾害防治规划，减少灾害损失，保护人民生命财产安全服务。完成庆元县、景宁县、泰顺县、文成县、青田县、乐清市、永嘉县、临安市、淳安县、衢江区等10个县（市、区）地质灾害详细调查，面积22623km^2。

7. 新农村建设中的地质环境保障工程。以丘陵山区乡镇为重点，以乡镇为单位开展地质灾害、地下水环境、生活垃圾处置、土壤环境质量、地质环境资源等综合地质环境调查，编制地质环境系列评价图件，为新农村建设中的地质环境安全选址与避险、地下水供水安全、土地资源合理利用、地质遗迹保护与开发等提供基础资料与依据，为全面推进新农村建设，改善农村生活环境质量提供保障。“十二五”期间完成100个乡镇，面积约6000km^2。

基建与装备管理

一、基本建设管理

浙江省地质环境监测总站办公地点位于浙江省国土资源厅大楼4楼，建筑面积1032m^2，共有办公室20间，会议室1间。

二、装备管理

浙江省地质环境监测装（设）备主要有监测车4辆，地面沉降分层监测标和基岩标各2组，地面沉降自动化监测站1座，GPS固定站1座，滑坡位移监测仪27台，地下水自动监测仪20台。双频GPS 3台套，手持GPS 15套，有地面沉降分层监测标和基岩标各2组，地面沉降自动化监测站1座，GPS固定站1座，信息网络及GIS软件、图形工作站及大型输入输出设备等。

（陈建宇）

安徽省地质环境监测总站工作

安徽省地质环境监测总站

基础地质调查

安徽省主要城市环境地质调查评价

项目设计书于2009年3月26日通过中国地质调查局组织的专家审查工作。年末基本完成了安徽省淮南市、马鞍山市、铜陵市、宿州市、亳州市、安庆市、滁州市、巢湖市等8个城市的主要地质资源和地质环境调查。初步结论表明，地质资源已成为安徽省城市经济发展的瓶颈，而地质环境在很大程度上制约着城市的建设与发展。

矿产资源调查评价

2009年安徽省地质环境监测总站承担了“阜阳市采矿权实地核查”工作。根据安徽省国土资源厅安排，并经阜阳市国土资源局协调，该站对阜阳市辖颍州区、颍东区、颍泉区、太和县、颍上县和界首市3区2县1市由市、县（区、市）两级颁发采矿许可证的部分矿权进行了实地核查，共完成采矿权核查552处，年底前提交了核查报告。

地质科学研究

一、根据安徽省地质矿产局要求，安徽监测总站于2009年1月份对淮河沿岸21个行蓄洪区209个庄台逐一开展了地下水供水安全评价工作。基本查明了庄台分布特点及供水水文地质条件、供水现状，行蓄洪区地下水资源情况，提出了庄台地区人畜安全供水方向与安全供水措施。受到了评审专家的高度评价。

二、承担了安徽省公益性地质调查项目“安徽省1:10万县市地质灾害调查与区划成果集成及数据库建设”。对全省67份地质灾害调查与区划成果进行了数据库转换、升级、合并，对拼图异常区进行了现场核查，编制了分县（区、市）地质灾害图册，对安徽省地质灾害分布特点、发育规律进行了全面系统的总结。

三、该站2009年对318个地下水监测孔点投入了监测，其中国家级监测孔（点）71个，省级监测孔（点）247个。开展水位监测的监测孔（点）317个（另有1个泉水点不测水位），开展水量监测的泉水点1个，开展水温监测的监测孔（点）262个，开展水质监测的监测孔（点）170个。全年共取得地下水水位监测数据23418组，水温监测数据18726组，水量监测数据120组，采集地下水全分析与污染分析水样170组。监测结果表明，皖西北地下水越采越深，超采严重；地表河流两岸地下水污染仍较严重，局部地段癌症病村现象严重。

地质调查信息社会化服务

2009年，在安徽省国土资源厅的领导下，安徽监测总站与安徽省气象台通力合作，密切会商，做到科学预测、及时预报、主动预警，并通过省电视台、广播电台、网站、手机短信、电传、电话等多种渠道及时向社会发布地质灾害预警预报信息，为各级政府地质灾害防治决策、群众开展自我防范提供了依据，赢得了时间。8月13日，在每日正常预警预报发布之后，该站根据宁国市突降大暴雨的实时雨量动态信息，结合当地地质环境条件分析，于当日18时在宁国市加报一起黄色预警（3级），并及时通知当地政府及隐患点责任人做好防范工作，当晚该市连续发生3起体积达1.7～2.7万立方米的较大规模滑坡，由于预警及时、通知到位、防范得当、转移迅速，避免了更大的经济损失。

2009年，共发布黄色（3级）以上预警38次（其中橙色（4级）预警5次），编写地质灾害专报145期，共接报地质灾害349起，直接经济损失2179.29万元。经统计，有293起发生在预警时段的预警区内，预报成功率占84.44%。其中，入梅强降雨期间预报成功率97.08%（6月28日至7月1日，发生灾害数240起，预警时段的预警区内233起）；“莫拉克”台风期间预报成功率97.72%（8月8日至8月17日，发生灾害数44起，预警时段的预警区内43起），预警成效显著，最大限度地减轻或避免了地质灾害造成的生命和财产损失，为省政府及时调整和部署全省地质灾害防治工作提供了重要依据，为全省的防灾减灾和社会经济可持续发展提供有力支撑。

基建与装备管理

一、基本建设管理

安徽省地质环境监测总站站部位于安徽省蚌埠市治淮路570号，有1栋5层的独立办公楼一座，建筑面积1564.80m²，已办理了《国有土地使用证》和《房地产权证》。此外，该站还在宿州市、阜阳市和淮北市拥有3处基地，均分别办理了《国有土地使用证》和《房地产权证》。

二、装备管理

该站拥有较雄厚的技术装备、设备和仪器，能满足野外地质调查工作的需要。共有各类技术装备、设备和仪器420台（套），设备净值513.07万元。其中：野外交通运输车辆7辆（含中国地质调查局下拨的越野汽车2辆），设备净值192.29万元；钻探设备16台（套），设备净值28.75万元；物探设备4台（套），设备净值31.84万元；实验测试设备11台（套），设备净值37.94万元；测绘设备23台（套），设备净值55.71万元；野外通信及定位设备22台，设备净值6.82万元；计算机及附属设备153台（套），设备净值126.26万元；其他生产设备49台（套），设备净值61.47万元。

以上设备均有清单和所有权属证明资料，设备的使用、管理等基础资料单独设有明细账及固定资产卡片，由专人负责管理。

安全生产管理

安徽省地质环境监测总站非常重视安全生产工作，建立健全了安全生产责任制和各项规章制度。近5年来，未发生任何安全生产事故，连续多年被安徽省地矿局评为安全生产先进单位。该站建立了职业健康安全管理体系，该体系于2009年8月通过了北京中经科环质量认证公司的认证，取得了认证证书，目前正常运行。职业健康安全管理体系覆盖了该站所有资质的业务范围。

（曾明元）

福建省地质环境监测中心工作

福建省地质环境监测中心

闽东南地区台风暴雨型地质灾害监测预警示范项目主要采用遥感调查、地面调查、钻探、测试与试验等手段继续开展示范区地质灾害详细调查，基本查明了示范区滑坡等地质灾害的分布、发育规律和区域地质环境背景；并开展了测区岩土体结构、类型、地形地貌及人类工程活动等各种控制影响因素的分析研究工作。此外，还对区内众多的居民房后高陡边坡地质灾害隐患点进行调查，建立了调查区高陡边坡数据库。

针对以往建立的地质灾害专业监测点继续开展孔隙水压力、地下水水位、地面位移、深部位移，土壤含水量等专业监测，完善地质灾害专业监测数据的自动化传输途径，初步建立德化县台风暴雨型滑坡预测预报模型和地质灾害自动化监测预警系统。

在此工作基础上，进行了德化县地质灾害预警区划，根据闽东南地区台风暴雨型地质灾害的致灾特征，采用“层次分析法”建立预报预警模型。选择与灾害发生敏感性强的基础环境因子作为建模基础要素；选择动态要素作为诱发因子；基本建立地质灾害预警区划评价指标体系，编制示范区区域降雨型地质灾害预警区划图。

同时研发了德化县地质灾害自动化预报预警软件，结合实时降雨信息的区域地质灾害预报预警模型研究，将地质灾害监测、评估、分析技术与先进的GIS技术、网络技术相结合，以“区域地质灾害自动化预报预警模型”和“地质灾害数据库”为基础，实现区域地质灾害预报预警自动化、智能化及预报预警反馈信息统计、分析。

（黄俊宝）

江西省地质环境监测总站工作

江西省地质环境监测总站

基础地质调查

一、环境地质调查评价

（一）昌九工业走廊地质环境调查与区划。

完成了设计书的编制，开展了收集资料、遥感解译和1:25万及1:5万环境地质调查、物探及钻探等工作，完成的主要实物工作量1:25万遥感综合解译1万km^2，1:5万遥感综合解译1000km^2，1:25万环境地质调查9000km^2，1:5万环境地质调查500km^2，水文地质钻探387m，工程地质钻探316m，原位测试32次，工程点测量22点，水质全分析20组，水质污染分析20组，项目总体设计编审1份。

通过遥感解译工作基本摸清了工作区的地貌类型、主要构造分布特征、重要矿山的分布及对环境的破坏情况、规模较大的崩滑流及地面塌陷点的分布及大致的规模，为1:25万及1:5万环境地质实地调查打下了良好的基础。通过资料收集及1:25万和1:5万环境地质调查，查明了地下水开采现状、地质灾害类型和分布、矿山环境地质问题。

（二）江西省废弃矿井地质环境恢复治理规划。

完成全省废弃矿井发表调查和现场核查，共发表1977张，实地核查矿井861个，进行了室内资料整理，并完成了报告编写。

查明了废弃矿井涉及矿种、关闭的原因，废弃矿井环境灾害现状及其造成的人员伤亡和经济损失，废弃矿井的环境隐患；提出了废弃矿井的监管和治理措施。

（三）南昌市浅层地热能调查。

充分收集利用前人工作成果资料的基础上，补充完成必要的1:5万浅层地热能调查、水文地质钻探、岩土热物性测试、水质分析、抽水与回灌试验、钻孔系统测温与地温长观等工作，对工作区气象水文、地形地貌、地层岩性、地质构造、岩土结构及岩土体热物性、水文地质、浅层地温场等浅层地热能条件进行了系统分析，并对浅层地热能形成机制与补径排进行了初步分析。

在浅层地热能条件分析的基础上进行地下水地源热泵系统应用适宜性分区、地埋管地源热泵系统应用适宜性分区和地源热泵系统应用适宜性综合分区。分为地下水换热系统适宜性好区2个、适宜性中等区1个和适宜性差区2个；地埋管换热系统适宜性好区1个、适宜性中等区1个、适宜性差区2个；地源热泵系统应用适宜性好区4个、适宜性中等区3个、适宜性差区1个。

在地源热泵系统应用适宜性分区的基础上进行浅层地热能资源计算与评价。计算地下水换热系统适宜区地下水换热系统采暖期最大换热功率和最大采热量分别为19.4854×10^6kW和1.5152×10^{14}kJ，制冷期最大换热功率和最大排热量分别为24.6019×10^6kW和2.1256×10^{14}kJ；地埋管换热系统适宜区地埋管换热系统采暖期最大换热功率和最大采热量分别为31.8227×10^6kW和2.4745×10^{14}kJ；制冷期最大换热功率和最大排热量分别为28.8349×10^6kW和2.4913×10^{14}kJ。制冷期排热功率和排热量均分别大于采暖期采热功率和采热量。工作区单位温差浅层地热容量、浅层地热容量和可调蓄浅层地热容量（可利用浅层地热能）分别为2.58×10^{14}kJ/℃，55.99×10^{14}kJ/℃和7.93×10^{14}kJ/℃；估算可供暖面积和可制冷面积分为6.2050亿m^2和3.1207亿m^2。

按最大可使用面积进行浅层地热能开发利用热均衡计算，冬季总吸热量为1.3867×10^{14}kJ，夏季总排热量为3.3703×10^{14}kJ，夏季排热量远大于冬季吸热量，总余热量为1.9837×10^{14}kJ。若按此模式开发利用浅层地热能，地温将持续升高，地温每年将上升0.270~0.971℃（平均约0.6℃）。

针对浅层地热能开发利用过程中地温场吸、排热不均衡和随着时间的延长，可能发生回灌效能降低等问题，分别提出了防治对策。

（四）江西信丰、安远、定南、龙南县稀土集中开采区地质环境动态调查与评估。

在收集工作区的自然、经济、社会状况、矿山、地质、环境背景、地质资源情况、遥感数据等资料的基础上。开展矿山地质环境调查，调查工作如下：①

对信丰县安西-虎山稀土矿区地质环境突出的矿山基本情况、开采情况等展开实地调查，补充收集矿山资料，并填写《调查评价规范》中的相应表格等工作，其余矿山由国土局组织发放表格调查；②对崩塌、滑坡、地面塌陷、尾砂库、废石矿渣等矿山地质环境问题进行踏勘、拍照、访问、定位、建卡等工作。完成调查面积 2350km^2，发放调查表格并回收 200 余份，调查点 156 处。

通过资料收集和野外环境地质调查，查明了矿山地质环境现状、矿山环境地质问题、地质灾害类型和分布。

二、灾害地质调查评价

（一）县（市）地质灾害调查与区划。

1. 完成2007年度资溪、黎川、南城、金溪、峡江、吉水、吉安、吉安市（吉州区和青原区）8县（市）和于都县（2006年度）的地质灾害调查与区划项目的报告编制工作，并均通过了省厅审查，目前正进行出版和汇交工作。

2. 完成了2008年度上栗、鄱阳、东乡、丰城、湖口、全南、都昌、高安、樟树、章贡区10县（市、区）的地质灾害调查与区划项目野外调查资料进行室内整理和野外验收工作，其中东乡县、章贡区、都昌县报告已能过厅审，湖口、全南、鄱阳、高安、樟树5县（市）报告已送厅审，上栗县和丰城市两个项目2010年可完成成果报告编写工作。

通过2008年度上栗、鄱阳、东乡、丰城、湖口、全南、都昌、高安、樟树、章贡区10县（市、区）的地质灾害调查与区划项目野外调查和成果报告编制工作，基本查明了上述县（市、区）区域环境地质条件和地质灾害发育现状，建立地质灾害调查信息系统，进行地质灾害分区评价，圈定易发区和危险区，编制地质灾害防治区划（建议），协助当地政府建立地质灾害群测群防网络和编制地质灾害减灾预案，结合调查成果，对有关人员进行地质灾害减灾知识培训，指导地质灾害的监测与预警，大大提高了当地政府和人民群众防灾减灾能力。

（二）江西重点地质灾害易发区监测预警示范。

对地质灾害自动化监测点进行了修复和完善，增加了利用北斗卫星数据传送方式，开展室内综合整理和综合研究工作，编制了综合研究报告，进行了系统开发和集成。

1. 对所收集的资料进行了综合分析整理，建立了江西省地质灾害属性数据库，编制了江西省地质灾害分布图（1∶50万）、江西省防灾预案点分布图（1∶50万）、江西省岩土类型分布图（1∶50万）、江西省地貌类型分布图（1∶50万）、江西省地质构造发育图（1∶50万）、江西省水文地质图（1∶50万）、江西省工程地质图（1∶50万）、人口密度分布图、降雨强度分布图等相关基础图件，以ArcGIS为平台建立了江西省地质灾害空间数据库。

2. 全面总结了江西省地质灾害发育特征，并对致灾地质作用和各种控制因素进行关联性分析。编制了江西省临界降雨量等值线图。

3. 建立了江西省地质灾害自动化监测系统。通过安装在现场的主机进行相关的数据采集，依托中国移动通信网络进行数据传送和接受，实现了土体应力、土体含量、地下水位、降雨量等物理量的数据自动采集和远程传输，全部数据可在远程的计算机上查阅、长期保存、打印。

4. 建立了基于降水诱发的区域性地质灾害预警预报模型。地质灾害预警预报模型采用VFOXPRO为编程语言，具有通过Internet网络实时接收气象数据、气象数据预处理、更新预报降雨量、数据浏览、雨量等值线图生成、地质灾害敏感性指数分区图生成、地质灾害预警预报图生成等功能。

5. 建立了江西省地质灾害预警预报分析决策系统。江西省地质灾害预警预报分析决策系统系统由地质灾害信息管理子系统，地质灾害分析与预警子系统，地质灾害信息网络发布子系统3个子系统组成。①江西省地质灾害信息管理系统实现了地质灾害信息储存（包括文档、图形、图像、声音影像等种类数据）、查询、检索功能；空间信息可视化功能；信息远程实时更新功能等。②地质灾害评价分析与预警预报子系统的功能主要是面向专业技术人员，提供地质灾害评价分析和预测预报平台。对已有地质灾害评价分析方法、预测预报方法进行编程研发，建立地质灾害评价分析与预警预报模型库。已建立的模型库包括信息量法、地质灾害敏感性指数法。③地质灾害信息发布子系统的功能主要是面向社会公众用户和灾害应急各职能部门（公安、交通、民政等）、专业用户进行信息发布。使用ARCIMS的WebGIS功能，实现了基于INTERNET/INTRANET为用户提供地质灾害信息，包括空间数据（栅格、矢量数据）、统计报表等的浏览等功能，包括：图形显示操作、图层控制、专题地图显示、影像载入显示、地图打印输出、资料查询、雨量等动态数据在 Internet 实时传送、接收、数据处理，以及区域预警预报信息在 Internet 上实时发布等。查询方式包括由属性到图形和由图形到属性的双向查询。可以由统计结果定位到相应的图形，同时可以由鼠标选择图形对象，生成各类统计报表。

矿产资源调查评价

2009 年江西省开展了南昌、九江、吉安、赣州、萍乡、景德镇、宜春等 7 城市地下水动态监测工作，监测网控制面积为 776.39km^2，监测点共计 162 个，其中国家级监测点 21 个、省级监测点 103 个、地区级监测点 34 个，监测内容包括地下水水位、水质、水温等动态，并进行了地下水开采量调查。地下水监测点与 2008 年相比，宜春市新增监测点 18 个，但赣州市减少监测点 5 个、吉安市减少监测点 2 个。

向中国地质环境监测院和省厅提交了 2008 年南昌、九江、吉安、赣州、萍乡、景德镇等 6 城市地下水水情通报；向省厅提交了 2008 年度南昌、九江、吉安、赣州、萍乡、景德镇、宜春等 7 城市地质环境监测年度报告。地下水动态长期监测取得了珍贵的地下水监测系列资料，及时掌握了地下水动态变化特征，包括监测区内地下水的赋存条件、水位水质的时空变化、地下水污染程度、地下水开发利用及由于超量开采而引起的地下水水位持续下降等环境问题，为所在城市地下水资源的管理、合理开发利用、城市规划及政府宏观决策提供了有关科学依据。

地质调查信息社会化服务

2009 年初，根据气象部门、水文部门的中长期天气趋势预测，编制了全年地质灾害趋势预测分析报告。汛期间，与省气象部门密切配合，联合开展地质灾害气象预报工作，共进行并发布全省地质灾害气象预报 17 次。预报信息除了在江西卫视天气预报节目中播出外，还在省厅网站、省气象局网站上发布，对于预警等级较高的重点地区，省厅还利用电话、传真及时通知市、县国土资源主管部门和防灾责任人。

地质调查工作战略研究

随着中国，尤其是江西省国民经济的迅猛发展，江西省环境地质工作正迎来一个大的发展机遇，鄱阳湖生态经济区规划已上升为国家级规划，即将出台的“十二五”规划必将加大地质环境保护力度，据此，确定今后几年江西省环境地质工作的重点为：

一、地质灾害防治。地质灾害防治调查与区划，包括市县级、重点地区、交通干线等；重点项目和城镇地质灾害危险性评价；地质灾害监测、预报，实时灾情评估；典型地质灾害的减灾示范，防灾知识普及和培训等。①进一步开展地质灾害调查工作；②建立地质灾害应急调查机制；③与气象部门合作，开展汛期地质灾害预警预报工作；④开展自动化地质灾害专业监测。

二、区域地质环境。地质环境调查、评价；各级地质环境区划，区域地质环境功能区，进行地质环境预测与风险分析，确定地质环境容量。

三、城市地质环境。开展重点城市区域地壳稳定性评价、地基稳定性调查评价、供水条件与水资源保护调查、固体废弃物处置地质条件评价、城市地质灾害隐患评价与监测，为城市规划和建设提供基础资料。

四、地质环境。矿产资源开发对生态环境影响现状的调查与评价；矿山环境监测及预测预报；矿山生态环境恢复治理。

五、重大工程建设项目前期综合地质论证。改变过去单一的地质论证为水文、工程、环境、矿产和区域地质等综合地质论证。全面论证地质环境现状及容量、供水及水源保护、区域和基础稳定性、地质灾害影响，以及压覆矿产和地质环境的承受能力等。

六、地质遗迹。地质遗迹的调查评价；地质遗迹保护区规划。

七、地下水、地热、矿泉水。地下水调查评价与勘查工作。重点是红壤丘陵、鄱阳湖滨岗地、赣西岩溶山区等地区。地热、矿泉水开发利用潜力调查评价、地下水污染调查。开展地下水、地热资源的人工调蓄研究和示范。

八、监测工作和信息系统建设。加强地下水动态与监测，优化监测网点；拓宽监测内容，地质环境和地质灾害监测；建立鄱阳湖流域系统地下水监测站网，实现监测信息自动采集传输；建设地下水监测数据库。

国际合作与对外交流

吉安市青原区东固乡俄罗斯矿泉水水源地勘察项目合作方为俄罗斯时代有限责任公司。

对水源地及其外围地质环境条件进行了详细的调查工作，完成的主要工作量有：水源地地面调查 2km^2；电阻率联合剖面线 11 条，测线总长 10.26km，测定 394 个物理点，对称四极电测深 7 个点；钻孔 4

眼，总进尺 403.83m；矿泉水水质全分析样 12 组（其中泉样 4 组，井孔样 8 组），钻孔抽水试验 4 眼。进行了厂房建设排洪渠施工图设计。

ZK1，ZK2 孔由俄罗斯方聘请的中国地质大学教授和博士定孔，水量在 50～80 吨/日，不能满足开采需要；ZK3，ZK4 孔由江西监测总站技术人员定孔，单孔出水量均在 1000 吨/日以上，H_2SiO_3 含量为 48～50mg/L，属优质偏硅酸矿泉水，开创了江西省花岗岩地区找到大流量、优质饮用天然矿泉水的先河。单井出水量创造了江西省在贫水的花岗岩地区找水的奇迹，为吉安市政府招来了 4000 万欧元的特大型矿泉水投资项目。

基建与装备管理

2007 年江西省地质环境监测总站与江西省水文地质大队重组，重组后原总站和原水文队实现资源共享，江西省地质环境监测总站基建和装备能力明显提高。

一、基本建设管理

江西省地质环境监测总站基建以基地建设为主，除南昌总部基地外，九江、吉安、上饶等分站也拥有自己的基地，此外，景德镇、萍乡、宜春、赣州的办公楼为自购房产。

二、装备管理

江西省地质环境监测总站装备主要围绕水工环地质调查与研究进行，目前主要设备有野外交通车、实验测试、物探、测绘、野外通信以及计算机等设备。

另外，原水文队钻探、桩基施工等设备大大加强了江西省地质环境监测总站的水工环地质勘察及工程治理能力。

安全生产管理

江西省地质环境监测总站贯彻落实安全生产责任制，加强安全生产目标管理考核；加大了安全宣传、教育和培训力度，并顺利通过了健康安全体系认证，提高了广大干部职工的自我安全意识和安全生产技能；强化安全检查督促，隐患排查和整改取得了明显成效；加大安措费用投入，有针对性改善安全生产条件和作业环境。完善了安全管理规范，建立完善了二级实体单位安全生产管理基础工作。江西省地质环境监测总站各相关科室，均按照要求，制定了《安全生产管理制度与操作规程》，建立起安全生产管理体系。

一、建立安全生产管理小组，一般由科室负责人担任组长，负责领导安全生产工作；下设安全生产员，负责检查与监督安全生产工作。

二、实行安全生产月报制度，各项目负责每月向负责人汇报本月各项目的安全生产工作状况，经审核后由安全生产员归纳总结向总站上报科室本月的安全生产工作月报表。

三、实行安全生产工作自检、三级安全教育、安全技术交底制度。要求每个地质调查项目都要做到这 3 项要求，保证项目安全、顺利地进行。各个项目安全生产管理工作一般由负责人统一管理，主任工程师负责指导，项目负责在项目具体的实施阶段进行安全生产教育、检查、监督、记录等工作。各个项目组成员必须遵照《安全生产管理制度与操作规程》进行工作，确保项目的各个环节安全工作都要落实，定期组织专家对野外工作进行安全生产检查，如有问题，立即整改。各项目在完成后项目负责要将项目实施的过程及安全生产管理记录编制成册，交由负责人审核后统一上交总站总工办备案。

（周玉才）

山东省地质环境监测总站工作

山东省地质环境监测总站

基础地质调查

华北平原（山东部分）地面沉降监测与防治综合研究的项目成果如下：

1. 重点开展聊城地区地面沉降 1:10 万调查工作，完善鲁北平原地面沉降区域调查范围。面积

$2300km^2$。

2. 开展聊城地面沉降区二等水准测量，全面建立鲁北地区地面沉降水准测量网。工作量为399.2km。

3. 建设聊城和滨州两市GPS监测墩，全面建立鲁北地区地面沉降GPS监测网。在聊城市和滨州市建设了30个GPS墩。

4. 继续开展聊城市地面沉降区地下水动态监测和深层地下水开采量调查工作。

2009年12月，在资料整理和综合分析研究的基础上，编制了《华北平原（山东）地面沉降监测与防治综合研究年度报告》。通过地面沉降调查，未在聊城发现明显的地面沉降现象。

地质调查信息社会化服务

2009年在以往研究的基础上，完善了预报工作流程、优化了预报预警软件；加大了与省气象局、地震局、省电视台的合作力度，并与山东省测绘局合作，将"影像山东三维地理信息平台"应用于当年的地质灾害预报预警工作中。该系统信息量丰富，包含了全省15m，2.5m，0.3m等多分辨率的影像数据，5m格网间距的高程数据及地名、交通等基础矢量框架要素，平台加载了地质灾害点信息后，实现了与地质灾害气象预报系统的结合，并基于该平台建立了山东省地质灾害应急指挥系统。当年发布三级以上预报预警产品6次，3次成功预报地质灾害的发生，预报期间预报区内有17起地质灾害的发生时间、地点与预报预警相吻合，由于提前预警、及时撤离危险区居民及游客，极大程度地避免了可能造成的人员伤亡及财产损失，取得了良好的防灾减灾效果。

基建与装备管理

截至2009年底，山东省地质环境监测总站总资产为6029.95万元，其中固定资产1890.74万元。2009年新增固定资产586.69万元，其中：新建1400余m^2的办公楼1座，价值135.5万元；购置了3台野外工作用车，价值73.39万元；购置手持测距仪、地下水远程监测仪、滑坡监测仪、手持GPS、等离子体发射光谱仪、示波极谱仪、酸度计等专用设备72台，价值262.06万元；购置笔记本电脑、台式电脑、传真机、打印机、扫描仪等办公设备53台，价值115.74万元。

山东总站一直在积极筹措资金，加大投入，加强基础设施建设、努力创建良好的站容站貌。通过不断优化办公条件，为广大干部职工创造了良好的工作环境。

随着经济社会的迅速发展，资源的开采引发了一系列的地质环境问题。国家对基础性、公益性地质工作的重视程度不断提高，山东总站的工作重点也逐步转向公益性地质环境监测和地质灾害防治。自2006年以来，省总站先后投入130余万元，更新了7辆野外工作用车，为地质环境监测、地质灾害巡查等工作提供了更加及时、高效的技术支撑和交通保障。2007年，投入115万元购置了80多台远程自动化监测仪，保证了全省地质环境自动化监测项目的顺利实施。2008年，站领导主动放弃了更新公务用车的预算，将预算指标调整用于实验测试设备的购置，投入80余万元购买了ICP发射光谱等先进的实验测试设备，又自筹资金投入40万元购买双频静态GPS。随着这一大批高、精、新设备的配备，进一步提高了业务工作的设备保障能力，为山东总站的长效发展打下了坚实基础。

安全生产管理

2009年，山东总站认真贯彻落实上级有关安全生产管理工作的指示精神，牢固树立"警钟长鸣，安全第一"的思想，在抓好中心工作的同时，不断加强安全生产管理工作，把安全生产管理作为一项经常性的工作常抓不懈。工作中不断完善安全生产规章制度，建立健全隐患排查治理监控的长效机制，强化安全生产基础工作，狠抓隐患整改工作，确保了各项工作安全稳定运行。2009年度主要开展了以下几个方面工作：

一、建立健全组织，加强组织领导。抓好安全工作，组织领导是关键。站领导班子高度重视安全生产管理工作，每年年初都召开专题会议，统一思想，认真研究部署组织实施工作；站安全生产委员会积极展开工作，认真学习站安全工作会议精神，把安全生产管理工作作为重中之重的工作来抓，逐一明确成员职责，制定组织实施计划。

二、抓好学习教育，强化安全意识。思想是行动的先导。为提高干部职工的安全意识，主要分3个层次抓干部职工的学习教育：一是组织站领导班子先学。通过学习，使大家充分认识到安全工作的重要性，必须集中精力，把安全工作抓紧抓好。二是组织站安委会成员学。定期组织安全生产委员会18名成员，学习有关文件，认真领会上级指示精神，明确责任到人。三是组织各部门负责人和安全员学习。通过学习教育，全站干部职工的安全意识进一步增强。

三、全面排查安全隐患，认真抓好治理整改工作。为有针对性地做好安全隐患排查治理工作，山东总站“安委会”结合季节转换和汛期特点，认真梳理出安全管理工作中3个潜在的、易发生安全的问题：一是夏季雷雨天多，降雨量比较集中，易发生地质灾害，大批专业技术人员从事野外工作，不安全因素多；二是单位近几年进行基础设施建设，外来人员、车辆进出频繁，易发生被盗和人员安全问题；三是夏季天气炎热，正值用电高峰期，易发生用电安全事故。

四、完善安全措施，整治薄弱环节。针对梳理出的安全问题，山东总站从事故预防、隐患整改、强化基础工作等方面，进一步完善安全管理工作的制度和措施，集中整治薄弱环节，确保安全工作落到实处。一是加大特殊岗位人员管理力度。对从事野外调查工作人员及特种工作人员（如：生产一线、驾驶员、门卫、食堂、维修人员等）制定严格的岗位职责和工作流程，对外出人员做到离开单位前有要求、中途有联系、返回有汇报，保证流动人员不失控。二是完善车辆管理。严格车辆派遣手续，特别对雷雨天和节假日动用车辆作了严格的规定，与驾驶员签订安全责任状，严禁违章驾驶、疲劳驾驶、超速驾驶。无特殊情况恶劣天气下不出车。组织驾驶员认真学习《道路交通安全法》，对车辆进行定期全面检查、保养和维修，把安全隐患及时消灭在萌芽状态。三是认真落实值班制度。坚持24小时全时在位，认真做好值班信息的收集、报告和登记工作，强化信息调度，保持信息畅通。特别加强了汛期地质灾害预警预报及节假日的值班和保卫工作，站领导在岗带班。

五、加强安全监管，杜绝事故发生。为切实消除事故隐患，杜绝事故发生，山东总站建立了经常性的安全工作监管机制。一是认真组织安全工作大检查。结合节假日、季节转换和重要活动组织安全大检查。站领导带领相关部门负责人开展纵到底、横到边的拉网式检查，认真查找事故隐患和不安全因素。二是认真抓好安全生产教育工作。结合安全大检查情况，组织相关人员进行安全防事故教育，进一步强化相关人员的责任。三是进一步抓好防火防盗安全监管工作。由办公室负责，集中对供电设施、灭火设备、自动报警系统、办公室、资料档案室、仓库等部位，进行了安全排查工作，及时发现和消除安全隐患。四是加大车辆安全监管力度。实施全方位监控，随时掌握车辆动向，抓好车辆的动态管控。五是认真做好职工的饮食安全工作。从源头抓起，保证职工用餐安全。

六、认真抓好汛期值班工作，做好抢险救灾准备工作。汛期加强了日常值班、情况掌控和信息报送工作，保持24小时值班联络通畅，确保随时掌握雨情、汛情和安全动态。一旦发生较大事故和重大险情，立即启动应急预案，确保安全度汛。同时不断完善防汛预警、预报工作机制，认真检查抢险救灾应急预案和各项应对措施落实情况，精心准备了抢险救援物资，从而进一步提高了防灾预案的实用性。

（高赞东）

河南省地质环境监测院工作

河南省地质环境监测院

基础地质调查

一、环境地质调查评价

河南省氟病区地质影响调查与防治项目完成1:50万区域地质调查与地方性氟中毒现状调查16.7万km^2，1:20万高氟重点地区环境地质调查1.5万km^2，1:20万生态地质专项调查1.1万km^2。采集水化学分析样品812组，植物样品50组，土壤样品600组。

1. 初步查明了高氟地下水的分布情况，与20年前相比，总的趋势是高氟水分布范围变小，氟离子浓度降低，但随着地下水流场的改变，局部地区存在高氟水向人口密集区运移问题。

2. 氟病区分布和发病程度与地下水含氟量并不是一一对应的正相关关系；地下水、地表水、土壤中的含氟量均高于人体血液和骨骼中的含氟量，说明所有人群均处于高氟环境中，但并不是所有人群都存在氟病，氟病发病机理除了与食物链中的高氟物质有关外，还有更深层次的原因有待研究。

3. 高氟区粮食安全问题。通过对高氟地下水区的玉米、小麦、蔬菜，以及其他植物样品测试，结果表明高氟区粮食氟含量不高，说明高氟地下水不足以影响河南省粮食安全。

4. 茶叶经济及饮茶型氟中毒问题。据以往资料河南省著名的信阳毛尖产地信阳董家河乡和浉河港乡均位于高氟地下水分布区，本次调查表明该地区地下水、地表水氟含量均小于1.0mg/L，属良好水质区。该地区土壤氟含量不高，地质环境不足以对河南省茶叶经济产生不利影响。调查表明茶树的根、茎、叶氟含量均高于其他植物，说明茶树是一种聚氟能力很强的植物。

二、灾害地质调查评价

河南省地质灾害综合研究项目：在66个县（市、区）1:10万地质灾害调查的基础上，对全省地质灾害灾情和险情进行了分类统计；对全省地质灾害分布发育规律进行了系统研究，划定了地质灾害易发区，完善了地质灾害群测群防体系，确定5处地质灾害重点防治区；对288处特大型、大型地质灾害隐患点提出了防治措施或搬迁避让建议，建立了河南省地质灾害信息管理系统。

水文地质调查评价

一、地下水资源调查评价

鹤壁市岩溶地下水后备水资源地普查。2009年完成水文地质调查300km^2、普查区35.41km^2；遥感解译300km^2；地下水水位动态5日观测井30眼；地下水统调3次，共计120点；地表水测流断面9处；水质统调点80个；天然电场选频法：测线长19km，物理点935个；激发极化测深法：测线长67.98km，激电测深点72个；钻探进尺3000m，单孔抽水试验4组，群孔抽水试验一组；数值模拟面积500km^2。

二、矿产资源潜力评价

河南省地下水、地热及矿泉水资源潜力评价。采集水化学样品35组，实地调查地热及矿泉水井（泉）点150个；完成全省18个省辖市地热、矿泉水开发利用现状调查。收集地下水方面有关报告70份、地热及矿泉水报告210份，水质资料620份、同位素资料102份、钻孔资料330个，水位动态点1115个，以及15个井（泉）点水位或水温动态长观资料等。基本查明了全省地下水、地热及矿泉水地质条件、赋存规律及开发利用现状和存在问题；预测了地下水、地热及矿泉水资源量，评价了地下水、地热流体及矿泉水质量，研究了地下水、地热水及矿泉水资源潜力评价指标，完成了地下水、矿泉水资源潜力评价。

地质科学研究

河南平原第四纪地质演化与地下水系统研究的项目成果如下：

1. 河南平原第四纪地层下限和各内分界限的研究，以千余个钻孔沉积物宏观特征、古地磁、孢粉、重矿物、^{14}C等测试资料以及脊椎动物、微体化石和考古学资料挖潜分析为依据，根据气候地层学原则，采用比较岩石学的方法，结合河南平原周边，乃至东亚黄土-古土壤序列、深海沉积物和冰心氧同位素（δ^{18}O）阶段（MIS）等区域性研究的成果，重新厘定了河南平原第四纪地层的下限和各个内分的界限。

2. 河南平原第四纪地层沉积演化过程与分布特征的研究，进一步丰富完善了河南平原第四系层型剖面和第四纪综合地层表，给出了河南平原邻近地区不同命名地层之间对应的关系。

3. 河南平原第四纪古气候演变的研究，重点分析了古气候冰期、间冰期的演替和全新世以来气候的演变，初步预测了河南平原未来若干年气候环境变化的趋势。

4. 河南平原第四纪沉积物的沉积环境与沉积模式、古地理与古地貌变迁特征的研究，以及新构造运动的形式和作用等，编制了1:50万河南平原第四纪不同时段岩相-古地理系列图。

5. 黄、淮河形成的地质作用过程与河南平原第四纪地表水、地下水的形成条件和富存分布特征的研究，结合研究区地质、水文地质条件和地下水流场分布规律，重新对河南平原第四系地下水系统进行了划分，并对各系统的特征进行了研究。

6. 河南平原第四系地下水同位素特征及其水化学分布规律的研究，结合研究区地质、水文地质条件，建立了河南平原不同地下水系统水流循环演化的模式。

7. 河南平原地下水年龄和循环速率的研究，结合研究区地质、水文地质条件等，建立了地下水可更新能力评价的指标体系，确立了区内地下水资源可更新的能力。

8. 河南平原地下水变异演化的研究，在界定变异条件和识别变异因子的基础上，分别研究了气候变化、傍河开采、南水北调人类作用等变异因子对河南平原地下水循环和演化的影响，综合分析预测了各种变异条件下地下水流系统演化的趋势。

该成果可为河南平原地下水优化监测布设、地下水资源时、空、质、量优化配置和科学管理提供科学依据，对于河南平原水资源的合理利用与管理以及地质环境的保护、促进中部地区的崛起、保障河南粮食核心区生产和国家粮食安全、构建和谐河南等有着重要的理论意义和指导作用。

地质调查信息社会化服务

河南省汛期地质灾害气象预警预报。为保证2009年度预警预报工作的完成，河南省地质环境监测院从人员、设备、交通工具、技术支持等各个环节做了周密部署和安排，对预警系统进行了维护和数据更新，提高了系统的稳定性和识别精度，保证了预警系统的全天候运行。

2009年度河南省汛期地质灾害气象预警预报工作从6月1日起正式启动，至9月30日结束，历时122天，共发布地质灾害预警预报信息31次，其中：预报发布等级达到3级的19天，未达到预报发布等级的天数共有103天。

基建与装备管理

资产管理严格按照省有关规定执行，在政府采购申批、资产领用、设备登记、资产处置等各环节做到规范运行，定期组织检查与盘点，做到账实相符、账账相符。2009年度河南省地质环境监测院共新增固定资产22台（套）原值10.8万元，经主管部门批准报废固定资产31台（套）原值23.7万元。至2009年底共拥有固定资产257台（套）原值890万元。专用、通用、电子产品和科学实验等专业技术设备占总资产原值的75%。

（宋云力等）

湖北省地质环境总站工作

湖北省地质环境总站

基础地质调查

一、水文地质调查评价

1. 认真开展地下水环境监测工作。2009年完成湖北省武汉、黄石、孝感、襄樊、荆州、咸宁等6个主要城市地下水水位（温）5（10）日动态监测6809次/153孔，完成了6个城市地下水枯（丰）水期153组水质取样分析，所有原始监测数据均已录入地下水动态数据库。编制汇交了湖北省主要城市和地区地下水水情预报及水情通报、地质环境监测年度报告。

2. 积极开展了武汉市邻近地区地热调查工作。完成了罗田大河岸镇汤河地热田地热资源勘查探矿权申报，湖北省国土资源厅已审查登记认定；完成咸宁市温泉地热田深部普查工作；完成湖北省罗田县许家冲地热田地热资源普查项目；英山县温泉镇地热资源勘查和湖北省钟祥市长寿地热资源预查项目2009年工作任务。

3. 大力开拓海外水工环地质市场。2009年承接了加纳水厂建设项目，承接并完成了几内亚80眼水井工程，承接缅甸密松、其培水电站库区勘察施工。

二、环境地质调查评价

1. 编制完成2008年度《湖北省地质环境公报》、湖北省地下水污染防治规划、湖北省重大地质灾害5年防治规划、湖北省39个重点督办监测区点地质灾害防灾预案，为政府部门防灾减灾决策发挥了技术支撑作用。

2. 按计划组织实施武汉城市圈地质环境调查与区划项目，完成1:25万地质环境调查2000km^2，1:5万岩溶地质调查工作、1:5万后备水源地调查1500km^2，实施了水文地质、工程地质钻探3800m等设计工作量，编制完成了《武汉城市圈地质环境调查与区划项目评估报告》；继续组织实施了武汉市地面塌陷灾害调查与监测预警项目长期监测工作。

3. 武汉城市圈岩溶地质调查与岩溶塌陷重点区监测预警立项建议书于2009年6月通过了中国地质调查局的评审，并作为部省共建项目立项，为今后长期性监测工作的开展奠定了良好的基础。

4. 承担完成了神农架机场详勘，湖北省房县平度河流域水电梯级开发初设勘察、重庆沿江高速公路、乐昌-广州高速公路等大型工程勘察项目。

三、灾害地质调查评价

1. 按计划完成清江流域咸丰县、来凤县、宜都市、鹤峰县、宣恩县等5县（市）地质灾害详细调查项目2009年工作任务。

2. 按计划开展了地质灾害调查和监测预警工作。开展了三峡库区湖北省4县（区）地质灾害群测群防技术指导和地质灾害专业监测工作，开展了湖北省巴东县二期、三期共28个地质灾害体专业监测和湖北省地灾防治中心管理的库区二、三期7个地质灾害体专业监测工作，按要求提交了监测月报、季报和专报；开展了黄石板岩山危岩滑坡区危岩体裂缝相对位移监测，坚持进行宏观地质巡查，并提交了相关报告。

3. 积极完成全省地质灾害应急调查任务。成立了应急调查领导机构和应急分队，在全省范围内开展地质灾害应急调查工作，全年完成93次汛期地质灾害应急调查，出动专业技术人员197人次，向当地行政主管部门提交应急调查报告93份。总站领导参加了国土资源部、省国土资源厅组织的湖北省重点地区地质灾害巡视。

4. 认真开展了矿山地质环境治理工作。2009年完成了武汉市凤凰山和砞山、石首市笔架山、宜都市松宜矿区、兴山县耿家河煤矿、宜昌石灰垭磷矿等20多项矿山地质环境治理方案编制及治理施工。

5. 积极参加四川灾后重建地质灾害应急勘查工作。顺利完成了2008年承接的80个勘查设计监理项目任务和2009年承接的第三期12个地灾应急勘查项目。

6. 承担了南阳至荆门、荆门至长沙1000kV输电线路建设和武咸公路改造工程等80余项建设项目地质灾害危险性评估和压覆矿产调查工作任务。开展了湖北省鹤峰县梅家台滑坡治理项目和湖北省巴东县新城区童家坪库岸崩岸防护工程封边及植被护坡工程施工项目的监理工作。

地质调查信息社会化服务

一、湖北省地质环境总站继续开展了地质灾害远程会商及应急指挥系统建设，进行了5次地质灾害应急处置演练，先后向省委省政府、国土资源部信息中心、中国地质环境监测院及甘肃省国土资源厅、南宁市国土资源局领导进行了专题汇报。11月下旬，湖北省地质环境总站参与配合完成了由国土资源部环境司、中国地质环境监测院组织的湖北黄石板岩山地质灾害应急演练。积极开展了湖北省地质灾害信息管理与气象预报预警系统试点建设、地质灾害综合管理信息系统建设、极端冰雪条件下地质灾害应急抢险关键技术研究等项目工作。湖北省地质环境总站承担了湖北地质大楼网络中心建设任务，建成了总站、地调院、科研所、实验室等4家单位为一体的网络中心，建立了省市县三级地质灾害气象预报预警系统、地质灾害防治管理信息平台、应急管理工作信息平台，并承担日常管理维护工作。

二、认真开展地质灾害气象预报预警工作。全年制作预报预警产品16份，经省国土资源厅和省气象局联合签发，在湖北卫视天气预报栏目和湖北省地质环境信息网上同时发布。

基建与装备管理

2009年，湖北省地质环境总站搬进了由局兴建的办公楼，办公面积约5000m^2，配置了办公设施和家具，极大地改善了办公条件；总站十分重视分站的基地建设，近几年先后为襄阳站、黄石站购买了办公楼，2009年又为孝感站购置了500m^{2}的办公楼。

在装备建设上，2009年新投入200余万元建立了地质灾害远程会商应急指挥系统。投入100余万元新购置3辆越野车，服务于地质大调查工作。

安全生产管理

2009年，湖北省地质环境总站为确保地质大调查项目的安全实施，建立了安全生产责任制，层层签订责任状。为全体职工购买了意外伤害保险。深入开展“安全生产月”活动，开展了安全宣传、培训、检查、隐患整改工作。对汛期安全生产、车辆运输、野外作业等进行了重点部署和安排，落实了各项具体措施，加大了督促检查力度，实现了安全生产目标，全年没有发生安全责任事故。

（周衍龙）

湖南省地质环境监测总站工作

湖南省地质环境监测总站

基础地质调查

一、遥感地质调查

（一）长江流域基础地质遥感调查与监测。

1. 完成长江流域外贵州和湖南境内3个时相图像制作95幅、进行第四纪地质、地貌，三期河湖湿地、水蚀荒漠化、城市扩展等遥感调查与编图面积6万km^2；开展第三期河湖湿地、城市扩展、三期水蚀荒漠化遥感调查与编图面积24万km^2；进行野外验证1300km。

2. 利用遥感技术，在前期工作的基础上，继续开展长江流域上游地区三期1:25万比例尺第四纪地质、地貌、河流湖泊、湿地、荒漠化、城市扩展等专题因子分布与动态变化遥感调查，编制相应1:50万比例尺专题因子系列成果图件和1:100万系列成果图件。

3. 取得的效益。①为区域经济建设、规划等提供了基础地质资料。②为长江流域水蚀荒漠化治理指明了方向。③为洞庭湖及湘江流域治理提出了有关建议。

（二）湘中南、湘西重点成矿带与广东韶关矿集区矿山开发遥感调查与监测。

1. 2009年度实际完成的工作量。①完成1:25万矿山地质环境背景调查与矿产资源规划执行情况遥感监测5万km^2；②完成1:5万重点地区矿产资源开发利用、矿山环境和规划执行状况多目标遥感调查与监测1.3万km^2；③完成1:1万重点地区矿产资源开发利用、矿山环境和规划执行状况多目标遥感调查与监测6000km^2。

2. 通过对湖南重点矿山的矿产资源规划执行情况、矿山开发状况和矿山环境的遥感调查与监测，为矿产资源规划的修编提供了依据；在全省共查处违法开采矿山51处，为矿业秩序的整顿治理提供了依据；为矿山环境恢复治理区域的确定提供了依据。

二、主要城市地质环境调查评价

完成1:5万环境地质调查4731km^2、1:5万遥感解译5141km^2、水质分析541组、岩土试验200组、土壤综合分析260组、水文地质钻探500m。提交了湖南省主要城市环境地质调查评价总报告1份、分城市报告11份、湖南省主要城市环境地质调查评价图集1套、城市环境地质调查数据库11套。

查明了湖南省主要城市环境地质问题及地质灾害类型、分布及危害程度，提出了防治措施建议；查明了城市地质资源，提出了合理利用地质资源和城市规划建设地学建议。

三、矿山地质环境调查与评价

是中国首次系统全面开展省级矿山地质环境调查评价工作，开发了省、市、县三级矿山地质环境动态信息系统软件及野外调查录入系统。查明了湖南省矿山建设基本情况、主要矿山地质环境问题及发展趋势、矿山占用破坏土地的恢复治理潜力。掌握了湖南省矿山地质环境质量现状及保护治理现状。根据湖南省矿产资源总体规划，划分了禁采区、限采区，根据矿山地质环境现状，结合其影响程度、危害及潜在威胁情况，按照“轻重缓急”的原则，对湖南省矿山地质环境保护进行了亟待恢复治理区、一般恢复治理区和加强保护区划分。系统建立了湖南省矿山地质环境档案7328个。建立了省、市、县三级矿山地质环境数据库，为今后矿山地质环境保护、监测与管理提供了全面、扎实的基础资料。全面落实了生产及在建矿山地质环境监测责任单位与责任人，提出了矿山地质环境监测方案，确定了重点监测区、一般监测区及重点监测矿山、一般监测矿山。

四、灾害地质调查评价

湖南省双牌县、宁远县、蓝山县、江华县、冷水滩区、辰溪县、麻阳县、新晃县、怀化市区、洪江区、邵阳县、武冈市、株洲县、桂阳县、益阳市赫山区、衡山县、衡南县、衡阳市区、南岳区、长沙县、长沙市区、安乡县、汉寿县、临澧县、津市市、湘阴县、沅江市地质灾害调查与区划：完成调查区面积41444.562km^2，调查行政村11836个，查出灾害点（隐患点）1005处，其中崩塌72处、滑坡791处、泥石流 32 处、地面塌陷 95 处、其他地质灾害点 15 处。

项目的实施极大地促进了地方各级政府地质灾害防灾减灾应急处置能力建设；提高了社会公众、特别是山地丘陵区人民群众地质灾害防灾减灾意识；建立了县级地质灾害信息系统。项目成果的应用，大大减少了地质灾害造成的人员伤亡和财产损失。

该项成果目前广泛应用于湖南省地质灾害气象预警预报、湖南省综合研究、省级和市县级地质灾害防治规划、矿山地质环境调查、汛期巡查及应急调查等专业领域。

矿产资源调查评价

一、矿产资源潜力评价

1. 完成湖南省 27 个图幅的遥感矿产地质特征解译图的编制及数据库建设及说明书、元数据库，

2. 完成湖南省 22 个图幅的遥感羟基异常分布图的编制及数据库建设及说明书、元数据库，

3. 完成湖南省 24 个图幅的遥感羟基异常分布图的编制及数据库建设及说明书、元数据库，

4. 完成湖南省铁矿、铝土矿 17 个预测工作区工作：包括工作区遥感影像图、遥感近矿找矿标志解译图、遥感羟基异常分布图、遥感铁染异常分布图。

5. 完成 5 个典型矿床的遥感解译及异常提取工作。

湖南省地质矿产遥感资料应用研究项目提供的多种比例尺的遥感影像、遥感矿产地质特征解译图件、遥感异常（羟基和铁染）提取图件已经成功应用于湖南省矿产资源潜力评价项目，为湖南省成矿控矿规律研究、成矿远景区预测、找矿潜力评价提供了遥感信息参量。

二、益阳市城区天然矿泉水评价

1. 初步查明了工作区地下水资源量：9397.235m^3/d。其中：偏硅酸含量≥30mg/L 的矿泉水：5439m^3/d；偏硅酸含量 < 30mg/L 的饮用水：3958.235m^3/d；矿泉水开发利用潜力：4812m^3/d；饮用水开发利用潜力：3315.235m^3/d。

2. 查明了工作区地下水水质：天然矿泉水为低钠含偏硅酸、重碳酸钙镁型优质饮用天然矿泉水，生活饮用水为重碳钙镁型中性良好淡水。

3. 查明了工作区地下水区域水位年动态变化情况：区域水位最低在枯季、最高在丰季与大气降水量及资江水位变化相吻合，表现出水文动态变化规律，变幅范围一般 1～2.6m。

4. 初步查明了矿泉水分布范围：火成岩（玄武岩）中矿泉水（H_2SiO_3≥30mg/L）分布于海棠路以北资江以南玄武岩地段，埋深一般 20～60m，单位涌水量一般 0.05～0.16L/s·m。板岩中矿泉水（H_2SiO_3≥30mg/L）分布于断裂带（据钻孔资料），埋深一般 20～40m，单位涌水量 0.436～0.054L/s·m。

地质调查信息社会化服务

共向社会公众发布 26 期预警产品，通过湖南卫视天气预报节目播出 26 次；向各级国土资源部门发送传真 171 份；累计发送手机短信 123735 条，其中预警预报普通短信 102706 条、紧急警报加强短信 21029 条；完成地质灾害预警预报工作简报 32 期；完成地质灾害预警预报专题报告 17 期，完成灾情反馈专题报告 20 期。

在湖南省国土资源厅和湖南省气象局的授权下，湖南省地质环境监测总站联合湖南省气象台，对每年汛期（4 月 1 日至 9 月 30 日）暴雨引发滑坡、崩塌、泥石流等突发性地质灾害开展趋势预测，并且通过电视、广播、手机短信、传真、电话等多种方式，将预警信息直接传送至各级地质灾害防灾部门和个人，指导地方防灾部门及时部署地质灾害预防工作。

一、汛期地质灾害气象预警工作卓有成效。

2004～2009 年 9 月，湖南省国土资源厅和湖南省气象局通过多种方式联合向外界发布湖南省地质灾害预警预报消息共计 231 期，其中通过湖南卫视发布 203 次，向各国土资源部门发送传真共计 1519 份，发送手机短信 38.6 万条，发布短时加强警报 180 批次，派出省级专业应急调查队伍 22 批次。在发出的 231 期预警产品中准确预报了 239 次群发性地质灾害，地质灾害伤亡呈下降趋势。

二、成功避灾典型案例。

2009 年 6 月 7～11 日，湖南省大部分地区出现了暴雨、局部大暴雨的强对流天气过程，湖南省国土资源厅地质灾害预警总值班室采取双人双岗 24 小时不间断监测的工作方式，值班工作状态提高到橙色预警状态，保持与湖南省气象台 2 小时每次的联系频率，密切关注湖南省降雨情况，随时发出最新预警信息。6 月 7 日 22：05 时，湖南省国土资源厅厅长方先知及地质环境处龙负责人到达预警总值班室，全方位调

度全省地质灾害防灾工作。方先知厅长现场签发“关于严防强降雨引发地质灾害的紧急通知”，以省国土资源厅明传电报的形式下发各预警区市（州）国土资源局，预警值班员电话核实明传电报均已成功接收。期间，各市州国土资源局认真落实会议精神，做好相关防灾工作，积极主动地应对地质灾害。6月7～11日，地质灾害预警总值班室在省厅授权下会同省气象台发布预警产品5期次，通过湖南卫视天气预报节目播出5次，向各级国土资源部门发送传真31份，发送手机短信24415条，预警通知电话40余次。6月9日，因强降雨，邵阳市绥宁县发生地质灾害达134处，直接经济损失为4900万元；怀化市通道县发生地质灾害22起，直接经济损失为1655万元。由于科学调度和提前预警并合理部署，湖南省各级国土资源部门积极应对，采取了有效措施防范地质灾害，取得了没有因地质灾害造成人员伤亡的成绩。

基建与装备管理

湖南省地质环境监测总站成立之初，在长沙市郊大托铺拥有固定的办公场所。1990年迁入长沙市区，由原湖南省地矿厅行政划拨土地2188.16m²，建有办公大楼1栋（8层），为现在的办公场所。随着单位的发展，现有的办公场地受限，根据湖南省国土资源厅的决定，湖南省地质环境监测总站将在长沙市南郊暮云镇兴建新的办公基地，该基地目前已完成包括土地手续、拆迁调查、整体布局、功能分区、投资分析等方面的工作，拟定新址办公用房面积4000m²，预计2012年搬入新址。

湖南省地质环境监测总站现拥有野外交通工具汽车10台（套），净值331万元，越野自行车9台，净值1万元，野外通信及定位设备51台（套），净值28万元，计算机设备256台（套），净值166万元，其他设备104台（套），净值91万元。

安全生产管理

湖南省地质环境监测总站结合单位的实际，制订了一系列安全生产管理的规章制度，如《生产科研成果及其质量统一管理暂行办法》、《湖南省地质环境监测总站（中心）完善经济责任制度的若干具体规定》、《技术资料统一管理制度》等，以保证单位的规范化运行。2004年，按照GB/T19001－2000/ISO9001:2000质量管理体系标准要求，湖南省地质环境监测总站建立了质量管理体系，制定了《湖南省地质环境监测总站质量手册》、《湖南省地质环境监测总站作业指导书》、《湖南省地质环境监测总站质量记录》等一系列质量管理体系文件。并成立了质量管理办公室负责全站质量管理体系运行。

2005年12月，湖南省地质环境监测总站通过了埃尔维质量管理体系审核认证，并颁发了认证证书（证书编号：EWC129705Q，有效期自2005年12月6日至2008年12月5日），2008年12月，通过了第二次换证审核，并重新颁发了认证证书（证书编号：EWC129705QR1，有效期自2008年12月9日至2011年12月8日）。

湖南省地质环境监测总站质量管理体系涵盖了水工环地质勘查、监测、设计、监理；国土资源遥感、规划和信息化建设；矿产地质勘查等专业领域。该体系运行以来，严格要求，规范运作，每个工作环节都是按步骤，按程序进行，地质调查项目在实施的过程中，坚持每年进行一次内部审核，一次管理评审，项目合格率达100%；优良率在95%以上。全部完成质量目标管理。

（邱业惠）

广西壮族自治区地质环境监测总站工作

广西壮族自治区地质环境监测总站

基础地质调查

一、区域地质调查

2009年度，广西地质环境监测总站牵头，与广西区域地质调查研究院、中国地质科学院岩溶地质研究所继续开展广西地质遗迹资源调查工作，完成工作区调查总面积3.12万km²，其中重点调查区13319km²，一般调查区17859km²；完成重要调查点

382 处，一般调查点 259 处，完成保护现状核查区 7 处、核查点 5 处。通过调查，发现部分具有保护价值而尚未保护的珍贵地质遗迹点及部分处于自然保护区范围内尚未认识其重要意义的地质遗迹，目前正在进行成果报告编制工作。

二、城市地质调查

2009 年度广西继续开展主要城市环境地质调查工作，项目由广西地质环境监测总站承担，2009 年度主要工作任务：完成广西壮族自治区来宾、贵港、玉林、百色、河池、崇左、贺州、梧州、防城港等 9 城市地质灾害、环境地质问题、地质资源的调查评价。截至 2009 年 12 月 31 日，完成的主要工作量：9 城市资料收集和调查，1:5 万环境地质草测面积 $2850km^2$，遥感解译面积 $2850km^2$，取岩土水样共 135 组；完成的主要成果有：来宾、贵港、玉林、贺州、梧州、防城港等 6 城市环境地质调查报告，编制地质、水文地质、岩土体类型等基础图件和地质灾害易发程度分区、地质灾害危险程度分区、海水入侵、海岸侵蚀、垃圾填埋场环境适宜性评价、矿产资源和旅游资源分布等图件共 136 张。

三、环境地质调查评价

2009 年度广西开展北部湾经济区环境地质调查评价与区划项目，项目由广西地质环境监测总站承担，项目起止年限：2009～2010 年，开展北部湾经济区环境地质综合调查，查明北部湾经济区水文地质、工程地质和环境地质背景，查明主要环境地质问题的发育现状、危害程度、成生机理与演变态势，进行地质环境开发利用条件评价，为北部湾经济区经济社会发展规划等提供水工环地质基础资料。2009 年工作任务：开展北部湾经济区北海市、钦州市、防城港市及南宁市的邕宁区 1:25 万环境地质调查评价，初步编制环境地质基础图件；开展钦州市、防城港市港口区 1:5 万环境地质调查评价；开展北部湾经济区环境地质调查评价数据库建设。2009 年度完成的主要实物工作量：1:25 万环境地质调查和遥感解译 2 万 km^2；重点地区 1:5 万遥感解译和环境地质调查 $1000km^2$；物探综合测点 15700 点；工程地质钻探 1000m，标贯 85 次，地下水动态监测 65 点，岩土试验 135 组；水质分析 295 组，Cl^- 单项检测 150 组；土壤微量元素及重金属分析 50 组。提交的主要成果为北部湾经济区 1:25 万环境地质调查阶段成果。

四、灾害地质调查评价

2009 年度广西地质环境监测总站继续开展广西浦北县 1:5 万地质灾害调查工作，野外实地调查的 685 个地质灾害（隐患）点。通过调查工作，基本查清了区内影响地质灾害发育的因素、地质灾害的分布特征；同时，对地质灾害的形成机理进行了专题探讨，对 15 处重要灾害地质体进行了地质测绘，对 3 处进行了控制性勘查，分别选取其中发育较为典型的 2 处滑坡、2 处崩塌、2 处不稳定斜坡、2 处泥石流做了专题评价；针对本区地质环境、地质灾害及人类工程活动特点，提出了地质环境保护建议、地质灾害防治对策和措施，完善了浦北县地质灾害监测预警体系，进行了地质灾害防治规划分区评价，对地质灾害发生与降雨关系进行了专题研究，提出了浦北县地质灾害气象预警的临界雨量值，完成了广西浦北县地质灾害信息系统建设。建立了 3 处专业地质灾害自动监测点。

2009 年新开的广西灵山县 1:5 万地质灾害调查项目已经通过工作设计审查。

地质调查信息社会化服务

2009 年，广西全区汛期（5～9 月）共开展预报 153 天，通过电视、手机短信和互联网等形式向公众发布 3 级以上地质灾害预警预报信息共计 59 天次，3 天（次）含有 4 级（预警级）。汛期发生的 280 起地质灾害共有 177 起落在 3 级以上（含 3 级）预报区内，占地质灾害总数的 63.21%。发生在 3 级以下预报区内的地质灾害，共有 103 起，占地质灾害总数的 36.79%。全年成功预报并避险地质灾害 6 起，避免 42 人伤亡。

基建与装备管理

一、基本建设管理

2009 年，广西地质环境监测总站下属分站基地建设立项获得了自治区发改委的批准，9 个下属分站基地总建筑面积 $2776m^2$，财政预算投资 802.42 万元，2009 年初步完成了基地的选址等前期工作，2 个分站完成了征地手续。

二、装备管理

2009 年，广西壮族自治区财政厅、国土资源厅投入了 803.23 万元购置了地质灾害应急装备，其中 350.1 万多元用于地质灾害防治技术装备的投入，增添了瑞典地质雷达天线两套，建设了 12 处地质灾害自动监测站、10 处地下水自动监测站，购置了手持 GPS、滑坡监测仪、裂缝报警仪、流量仪、剪切仪等野外应急调查技术设备和用品一批。另外453.13万元用购置了12辆三菱帕杰罗V73越野车，用于广西地质环境监测总站和下属分站地质灾害应急调查。以上应急装备和设备的投入，进一步加强了广西地质环境监测总站地质灾害应急反应和处置能力。

安全生产管理

2009年1月，广西地质环境监测总站与下属各分站签订了安全责任书，层层落实安全生产责任制。围绕广西地质环境监测总站安全生产责任书的要求，始终坚持“安全第一，预防为主”的方针，重点做好野外地质调查安全生产工作和交通安全工作。定期开展安全生产检查，排除安全隐患，加强安全监管，2009年全年无安全生产责任事故。

（曾维刚）

海南省地质环境监测总站工作

海南省地质环境监测总站

基础地质调查

一、水文地质调查评价

1. 地下水环境监测。完成海口地区及海南省其他地区国家级监测网点地下水动态监测。

海口地区监测点29个，其中国家级监测点6个，省级监测点23个。与2008年年底相比，减少监测点1个（M41监测井）。其他市县地下水监测点5个（均属国家级监测点）。

海口地区监控面积1100km^2，控制5个含水层，包括潜水，第1层承压水，第2层承压水，第3+4层承压水，第5层承压水。其他市县监控琼海市官塘、万宁市兴隆、三亚市凤凰山庄、儋州市蓝洋农场等地区地下水。监测频率3次/点·月，全年全省共监测1197点次。

4月和9月，分别统一采取地下水水样一批，采取18个孔井水样各一套，两批共38套，其中1孔井均每批取两套，一套外检。

提交地下水监测季报、半年报、年报。

经监测、研究认为，2009年度海南省地下水环境总体优良，主要水源地地下水水位基本稳定，水质除个别控制浅层水孔井轻度污染外，其余的水质均达Ⅲ类以上标准。

2. “琼北地下水盆地东部地下水监测试验场建设”项目。6月份，完成了《琼北地下水盆地东部地下水监测试验场建设实施方案》，随后进入现场钻井施工，已完成4个钻孔施工任务，进尺1039m，分别控制潜水，第1层承压水，第3+4层承压水，第5层承压水。

3. “海南岛东北部裂隙型地热资源调查评价”和“琼北盆地地下水、矿泉水、热矿水机井分层开采量调查”项目。2009年已完成资料的收集和设计的编制及审批工作，年底开始进行野外调查工作。地热的研究、利用，对海南省发展低碳经济，建设国际旅游岛具有重要的意义。

完成“三亚湾新城热矿水资源建设”项目水资源论证报告表；完成“琼州学院三亚校区供水井水资源建设”项目水资源论证报告表；完成海南三亚湾新城开发有限公司和海口思维投资有限公司热水机井各1口，进尺分别为201.6m和806.8m，孔口水温均为45℃，提交单井涌水量分别为240m^3/d和1200m^3/d；完成中国热带农业科学院两院三队橡胶林水量平衡观测场测井施工，钻孔24个，总进尺258.9m。

二、环境地质调查评价

1. 完成海南省废弃矿井调查成果报告。该项目系海南省国土环境资源厅下达的工作项目。2008年8月即开始项目的前期准备工作，主要是进行项目的组织机构成立、工作部署及前人工作成果资料的收集、设计书的编制。2009年主要是对海南省各矿区分主次进行实地调查核实，共调查矿山60个，调查区面积1595km^2，累计调查线路里程约20000km，填写调查表1247张，略超额完成设计工作量，8月份完成成果报告的编制。

通过查明海南省范围内废弃矿井的现状（分布、数量、规模、存在的危害、隶属关系及现阶段有无开展有效的监督、治理工作等），明确各级政府、矿山企业及有关行政主管部门的相关责任，提出相应的监管措施，一方面为下一步开展废弃矿井的规划和治理工作提供基础技术资料；另一方面为改善矿区人民生产、生活环境，切实保障人民生命财产安全，“建立资源节约型、环境友好型”社会及构建和谐社会提供技术服务。

2. 编制及出版《2008年度海南省地质环境公报》。主要内容包括地质环境调查、地质灾害、地下水环境、地热和矿泉水地质遗迹保护及地质公园建设，矿山地质环境等。

3. 编制《白沙县荣邦乡七水村建筑用石灰岩石场矿山环境保护与综合治理方案》。

三、灾害地质调查评价

1. 开展1:10万海南省陵水县、东方市和临高县等3市县地质灾害调查与区划工作。系续做项目，为海南省最后一批开展1:10万市县地质灾害调查与区划项目。2009年分别完成上述3市县地质灾害野外调查和地质灾害调查与区划报告的编制，工作成果通过海南省国土环境资源厅组织的专家验收评审，并作为基础性地质灾害调查研究资料，对指导当地进行地质灾害群策群防和编制应急预案具有重要的意义。

2. 修编海南省地质灾害防治规划。系跨年度工作项目，9月开始启动，主要任务是在2004年原海南省地质灾害防治规划的基础上，根据现行法律法规、技术规范规程，结合几年来海南省地质灾害防治的实际进行修编。

3. 完成琼海博鳌机场、海口海事监管基地等建设项目地质灾害危险性评估报告9份（其中一级评估2份，三级评估7份）。

矿产资源调查评价

一、地下水资源调查评价

协助海南省环境科学研究院完成海南省典型乡镇和农村集中式饮用水水源地基础环境调查及评估。主要内容为参加海南省18个市县农村集中式饮用水水源地野外调查及提供相关资料等。

二、矿产资源储量核查

完成了“海南省矿产地调查清理”工作，在海南省18个市县圈出未设置矿业权的国家出资探明矿产地139处，成果已公告于海南省国土环境资源厅网站。

地质科学研究

一、项目库建设

根据海南省国土环境资源厅的安排，海南省地质环境监测总站负责海南省省级财政地矿专业（基础地质调查、矿产地质调查、地质环境调查与地质灾害防治等）项目库的建设工作。9月22日海南省地质环境监测总站向海南省地矿局、海南省地勘局、各地勘单位和各市县国土环境资源局印发了关于地矿专业项目库建设的函（海环站函〔2009〕7号），2009年已征询项目达30多个，并商请海南省国土环境资源厅地质环境与矿产资源储量处和地质勘查与矿产开发管理处及有关专家遴选有代表性的项目列入海南省国土环境资源厅项目库。

二、积极参与地勘项目立项

完成《海南岛浅层地热能调查评价与开发利用规划项目可行性研究报告》、《万宁市北大镇映田小学河岸崩塌治理项目可行性研究报告》及《文昌市昌洒镇昌烈村矿区石英砂矿详查项目可行性研究报告》。

地质调查信息社会化服务

一、利用数据模型进行预警预报。

海南省汛期地质灾害预警预报工作从5月1日开始，11月1日结束。共接收处理数据3864点次，在海南电视台新闻综合频道发布过三级预报产品3次，四级预报产品2次。

二、汛前地质灾害排查。

4月28日至5月14日，组织技术人员参加由海南省国土环境资源厅组织的对昌江、乐东、白沙、澄迈、琼中、五指山、保亭和三亚等市县进行汛前地质灾害排查。通过与各市县国土环境资源局主管地质灾害工作的领导和基层工作人员座谈，了解各市县地质灾害群测群防系统运行情况以及地质灾害发育、发展情况，实地调查了各辖区内存在的主要地质灾害隐患点，提交了汛前地质灾害排查工作总结报告。

三、汛期地质灾害应急调查。

配合海南省国土环境资源厅有关部门进行汛期地质灾害应急巡查。

在汛期对地方政府发生的地质灾害进行调查，包括澄迈县文儒镇土腰村委会石村的崩塌调查和琼中县营根镇的滑坡调查，并相应提交了调查报告。

完成海南省中小学校校舍地质灾害隐患核查。根据海南省国土环境资源厅《关于做好2009年地质灾害防治工作的通知》(琼土环资储字〔2009〕2号)和《关于开展我省中小学校舍地质灾害隐患核查工作的通知》(琼土环资储字〔2009〕9号),在各有关市县国土环境资源局的配合下,对海南省24所存在地质灾害隐患的中小学校,进行了实地调查,并根据实地调查核实结果,按照地质灾害危险性大小将24所中小学分为3类,提供地方部门进行防患或治理。

地质调查工作战略研究

承担了《海南省地质矿产"十二五"规划》编制工作。2009年完成工作方案和思路框架的编制工作,并正在开展海南省重要成矿区带矿产资源潜力分析研究、海南省"十二五"矿产资源综合利用和循环经济研究、海南省海洋矿产资源勘查开发利用研究、海南省地质灾害防治与地质灾害预警研究、海南省地下水、地热及矿泉水开发与地质环境效应研究等专题研究。年底提出规划大纲。

基建与装备管理

一、基本建设管理

海南省地质环境监测总站自有土地6.04亩。其中海口市南海大道96号1.64亩,并建有8层局部9层的办公及住宅综合楼一幢,面积4648.8m^2;万宁兴隆土地4.40亩,前几年由于万宁市政府改变用地性质收回该地,现正在进行换地商议。2009年海南省国土环境资源厅正着手厅下属事业单位办公楼的建设工作,据悉,前期工作正在进行中。

为改善办公条件,2009年1月20日海南省地质环境监测总站办公地址由海口市南海大道96号搬迁至海口市红城湖路115号水工大厦3楼办公,办公面积由原来的500m^2 增加到1400m^2。

为不断适应和发挥现有技术人员的专业优势,4月,向海南省编办申请扩大业务范围并得到批准,扩大后的业务范围为"地质环境勘察、监测,水工环地质勘查,液体矿产勘查,固体矿产勘查,地质测绘,土工试验,地质灾害防治工程勘查、设计、研究,地质灾害危险性评估,物探,钻井。"

二、装备管理

单位主要装备均建立台账,并相应填制固定资产卡片。2009年新购置电脑11台、打印机1台、复印机1台、摄影机1台、办公桌10套、铁皮文件柜22个、书柜1个及会议室椅子50张等办公设备及家具一批,总值约12.7万元,大部分为海南省财政出资政府协议采购购置,小部分为海南省地质环境监测总站自有资金采购购置。

安全生产管理

落实安全生产责任制,兑现2008年度安全生产奖,共发放2008年度安全生产奖共10155元,职工29人。安全生产管理主要是以项目为单位,以科学发展观为统领,坚持以人为本,落实"安全第一、预防为主、综合治理"的安全生产工作方针,抓好项目的生产安全工作,重点是交通安全和公共场所消防安全。

订阅有关报刊如《中国安全生产报》和《安全生产法》、《中华人民共和国道路交通安全法》、《办公室安全常识》等,加强对项目承担人员及职工的安全生产法规宣传和安全生产知识培训。

做好职工的劳动保护工作,向职工发放劳动保护用品,组织全体职工体检,保障了职工身体健康。同时严格执行野外地质调查安全保障工作制度,根据作业地区安全保障需要,配备野外健康保障药品。

2009年使用自有及租用的各类汽车9辆,摩托车2辆。7月报废2部摩托车,改为一部猎豹小汽车作为海府地区地下水观测用车,全年累计行车里程185044km,交通事故经济损失0元,小于300元/万千米;11月9日15人参加了海口市消防部门主讲的消防知识讲座,有效地控制了消防事故的发生,全年无消防安全事故,实现了全年安全生产的目标。

(彭粉光)

四川省地质环境监测总站工作

四川省地质环境监测总站

一、地质灾害防治

（一）地质灾害气象预警预报。

根据川国土资电发〔2009〕30号文《关于切实加强汛期地质灾害防治工作的紧急通知》的精神及要求，总站启动了汛期地质灾害预警预报工作，旨在通过电视、网络、媒体向全社会预报全省未来区域性地质灾害发展趋势的预报工作。在省气象局的大力支持和通力合作下，汛期地质灾害预警预报从5月1日起正式开始，至10月15日，历时168天，根据天气情况实际预报131天，在省电视台及四川地质环境信息网上发布，全年共发出市（州）级预报1130次/市（州），整个汛期向省厅领导、各市州县国土资源局地质灾害管理部门主要负责同志发送短信10万余条，接收21个市（州）、县（市、区）的反馈信息1547次/市（州）。

汛期地质灾害气象预警预报工作开展以来，各市（州）国土资源行政主管部门对此项工作十分重视，一旦接到省地质灾害防治应急指挥部的预报信息，立即逐级下发至相关县（市、区）和乡（镇），并迅速启动防灾预案，做好临灾准备，同时加大区内地质灾害巡查力度，加强对地质灾害隐患点的监测并对易发区的泥石流沟口、高陡斜坡及危岩做好巡查，采取撤离避让等防灾措施，以确保人民群众的生命安全。自2003年启动气象预警预报工作以来，为四川省各级各地地质灾害防治工作提供了重要的参考依据，加强了地质灾害预警预报的针对性及可操作性，降低了地质灾害的危害。

（二）汛前检查、汛期巡查。

2009年度，面对严峻的防灾形势，部、省厅多次召开全省地质灾害防治工作会、地质灾害防治应急会商会，并及时发文要求各地切实加强地质灾害防治工作。根据四川省2009年地质灾害防治工作电视电话会议精神及省国土资源厅《关于开展全省2009年地质灾害防治汛前检查工作的通知》（川国土资办发〔2009〕14号）通知要求，3月份，四川省地质环境监测总站先后派出6个检查组共24人，分6条线路，行程总计14000km，历时16天，对全省21个市（州）进行了地质灾害防治工作汛前检查，共抽查了48个县（市、区），实地重点抽查了81处重大地质灾害隐患点的防治现状、“群测群防”网络。全面检查各市（州）地质灾害防治工作落实情况，核实省级预案点的发育现状，确定其稳定性及危害性，对省级灾害点进行核查，抽查市级监测点，对机构设置、人员编制、防灾措施的落实、信息畅通、资料的编制、防灾制度的落实、文件上传下达及“群测群防”体系运行等进行了重点检查，对检查中发现的问题及时要求有关部门予以整改，变被动救灾为主动防灾。

（三）地震重灾区汛期地质灾害防治督导与应急抢险。

2009年5月4日，省国土资源厅下达《关于派驻四川省地震重灾区2009年汛期地质灾害防治督导组及应急抢险小分队的通知》(川国土资电发〔2009〕32号)，根据要求，5月至10月中旬，四川省地质环境监测总站作为组长单位，抽调6名技术骨干任组长，并在地矿、煤田、冶金等兄弟单位的大力支持和配合下，组成阿坝、广元、绵阳、德阳、成都、雅安等6个工作组，开展汛期驻点督导。督导组与当地政府和国土资源等部门紧密配合，认真履行职责，积极开展地质灾害巡查、检查、培训等工作，指导督促当地政府加强汛期地质灾害防治工作，协助做好突发险情应急处置等。各督导组先后对6个地震重灾市（州）37个县（市、区）的637个乡镇进行了巡查，对已检查的1278处危及167623人生命安全的地质灾害隐患点，及时督促和协助当地政府落实防灾措施，协助当地政府建立、完善防灾预案4214份，发放防灾明白卡和避灾明白卡8962份，设立警示牌2720个，培训人员20177人。同时，还针对发现的问题，发出整改通知360份，要求当地政府对存在的问题和工作中的薄弱环节迅速整改完善。省厅部署安排的督导工作为地震重灾区各级政府做好防灾减灾提供了坚强的技术支撑和保障。

（四）地质灾害防灾预案编制及信息收集整理。

根据川国土资电发〔2009〕18号《关于转发国土资源部办公厅〈关于做好2009年地质灾害防治工作的通知〉的通知》、全省2009年地质灾害防治工作电视电话会议等文件会议的精神及要求，在汛前检查的基础上，对2009年全省地质灾害发展趋势进行了分析研究，分析了全省地质灾害灾情预测、分布规律及影响因素，编制了四川省2009年地质灾害防灾预案，确定省级地质灾害隐患监测点70处，核实省级预案点的发育现状，确定其稳定性及危害性，完善并落实省级预案点的防灾措施，落实防灾及监测责任人，并变更相关信息，建立动态到点的“群测群防”、群专结合的监测预警网络。

完成全省地质灾害相关资料的统计、整理、上报、录入。共计统计各类地质灾害点882处，隐患点398处，按照要求进行建表并录入微机1275份。汛期每旬一次、非汛期每月一次对2009年70处省级地质灾害防御点进行电话动态追踪查询，累计查询1518点次。收集、整理各市（州）局上报预案、文件、调查报告等133份；收集整理气象快报、预报和情报等资料202份。收集、整理、编录部、省、厅有关文件20余份。

（五）严格落实地质灾害的各项防灾制度。

省国土资源厅成立了省汛期地质灾害防治应急指挥部，总站由站领导带班，技术骨干参与，积极开展汛期地质灾害防治的各项工作，认真落实了汛期值班、险情巡查、灾情速报、预警信息发布、应急调查等地质灾害防灾制度。汛期，总站均实行了24小时专人值班，值班电话、传真做到了24小时畅通，确保了防灾指令和灾情信息及时快速上传下达。总站在汛期不但要值好班，还经常对市（州）局的值班工作进行检查和督促，根据检查情况，各市（州）国土资源局均实行24小时值班制度，落实专人负责文件及信息的上传下达，遇有强降雨天气，指挥部及时向各地市（州）国土资源部门发布《关于切实加强强降雨天气过程中地质灾害防治工作的紧急通知》。以上措施的有效实施，确保了2009年地质灾害信息的畅通，确保了地质灾害抢险救灾工作的顺利开展，确保了汛期地质灾害防灾效果。

2009年，汛期值班共168天，累计编写重大地质灾害灾（险）情报告42期，上报国土资源部月报12份，发布预警信息1130次，为各级领导及时了解全省重大地质灾害灾情动态提供了保障。

（六）汛期地质灾害应急调查。

入汛以来，根据省委、省政府、省国土资源厅领导的指示精神及各地地质灾害的发生情况，总站先后组织百余人次专家工作组，分赴各突发地质灾害点开展应急调查工作。2009年，总站在全省21市（州）开展汛期地质灾害应急调查共计50余次，累计行程达20080km，编制地质灾害应急调查报告30份，汇总整理地质灾害应急调查报告86份。工作组在现场调查了解各灾害点的基本特征、稳定性、发展趋势、危害性及主要诱发因素等的基础上，对防灾预案的贯彻落实情况进行了检查，并提出针对性的防灾、减灾措施及建议，为各级各地开展防灾、救灾工作提供了重要的决策依据，取得了积极的防灾成效。

（七）灾后恢复重建地质灾害防治专项规划（2008～2010年）修编。

按照2009年8月24日四川省人民政府召开的全省灾后恢复重建规划项目调整工作电视电话会议和四川省发展和改革委员会《关于做好四川省汶川地震灾后恢复重建规划项目调整审核工作的函》（川发改投资函〔2009〕1000号）的相关要求，根据各地灾后恢复重建工作开展情况，结合震后县（域）地质灾害详细调查工作成果，经市（州）、县（市、区）人民政府申报，四川省国土资源厅及时组织有关专家开展《四川省“5.12”特大地震灾后恢复重建地质灾害防治专项规划》修编工作。根据省厅要求，四川监测总站积极派出技术骨干参与该项工作，为修编工作的及时完成，进一步提升规划的指导性及顺利实施全省地震灾区重大地质灾害防治工作作出了积极贡献。

（八）地质灾害防治知识宣传培训。

在华蓥山地区地质灾害监测预警示范区开展地质灾害减灾防灾科普知识和监测预警方法的宣传培训，在当地县（市、区）国土资源部门组织下，主要针对乡镇分管领导、国土员、隐患点监测负责人、监测人及广大山区群众开展。培训方式以集中讲解、发宣传资料、张贴宣传画、利用板报、在街道悬挂宣传条幅、使用多媒体演示、在电视台和广播电台广泛宣传等方式进行。授课培训着重围绕“弄懂”、“管用”做文章，紧密结合本地实际，灵活通俗地讲解示范、演示防灾科普知识和监测方法，备受参训人员好评。

监测预警示范区内邻水县、华蓥市、大竹县和广安区开展了华蓥山区地质灾害监测预警方法和防灾减灾科普知识培训，通过采取划片集中授课和分散现场讲解宣传，宣传培训共30场次，参训人员达480余人，受益群众约5200人，发放宣传资料1000余份。通过培训宣传，400多名基层国土资源管理人员，特别是担任华蓥山区地质灾害监测预警项目仪器监测的200余名工作人员增长了地质灾害防治监测方法和监测仪器维护使用知识，收到了预期效果。

在德阳市县两级国土资源局的重视和配合下，德阳督导组要求各县充分利用广播、电视、警示栏、宣传资料等手段，在乡镇、村、组群众中广泛宣传地质灾害防治知识。督导组在什邡、绵竹、罗江等地开展宣传培训工作，充分发挥了地质灾害专业知识和相关法律法规熟悉的优势，工作开展得有声有色。什邡市国土资源局对此相当重视，不仅专门安排对每个山区乡镇的相关人员、村干部、监测人员进行了逐乡镇培训，8月10日，还组织了全县所有在建工程项目施工安全负责人和安全员进行了地质灾害防治知识培训，单次培训人数就达106人。

（九）地质灾害调查与区划、重大地质灾害治理监理。

2009年初，受省厅委托，四川省地质环境监测总站完成了攀枝花市、广元市朝天区、广安市武胜县、南充市南部县、西充县及阿坝州阿坝铝厂应急治理等40个重大地质灾害点勘查监理工作，确保了工程质量及进度，编制了勘查监理报告，获得了有关部门及甲方的好评。

积极承担了丹巴县地质灾害补充调查与区划，进一步查清了调查区内地质灾害的发育分布规律，核查受威胁对象，确定危害性，逐户核实搬迁农户，确定搬迁对象及搬迁紧迫性，规划搬迁农户600多户，制定了搬迁规划，完善了防灾预案与防治规划，为丹巴县防灾减灾工作提供了技术保障。

根据川国土资电发〔2009〕52号文《关于切实加强地震灾区建设工程地质灾害防范工作的紧急通知》的要求，开展了大渡河流域在建水电建设项目的地质灾害督导检查，对宝兴河、革什扎河、小金河、东谷河及大渡河干流在建水电工程进行地质灾害检查，基本查清了工程可能诱发的地质灾害隐患，查看了相应的地质灾害防灾资料及已采取的防灾措施，对存在问题的工地要求其及时整改，并由县国土资源局负责监督检查，确保防灾效果。

查明全省50处重大地质灾害隐患点位置、规模、背景，调查险情及灾情，分析成因，评估损失，完成资料整理，形成了《重大地质灾害调查报告》并上报中国地质环境监测院。

（十）地质灾害防灾效果。

面对地质灾害防治工作的严峻形势，在各级党委政府的坚强领导下，全省国土资源系统干部职工奋起抗击地质灾害，顽强防范，扎实工作，地质灾害防治工作取得了一定成效，主要体现在两个方面：一是严密防范，全省实现成功避险37起，成功避免5797人伤亡，避免可能造成的直接经济损失3184万元，最大限度地减轻了灾害损失；二是切实加强“群测群防”工作，对已排查的28000余处隐患点逐点细化落实防灾措施，广大农村城镇全年尚未发生因地质灾害造成的重大群死群伤灾害。

2009年7月17日，安县高川乡二郎村二、三组发生泥石流，当地妇女主任接到预警后及时组织64名群众及时撤离危险区，刚刚撤离，20户房屋顷刻被毁和淤埋，有效避免了人员伤亡。尤其是四川省凉山州，在多次局地强降雨天气作用下，地质灾害频繁发生，由于州、县、乡政府和国土资源等相关部门切实履行防灾职责，及时预警、果断避灾，措施得力、应对得当，实现成功避险11起，避免2093人因灾死伤，取得了良好的主动防灾效果，地质灾害防治工作取得了较为明显的进步，得到了部、省有关领导的高度赞扬和肯定。

二、地下水监测与调查

（一）成都平原地下水动态。

1. 区域地下水水位动态特征。2009年，成都平原地下水平均水位450.26～663.52m，最高水位663.59m，最低水位450.2m。全区地下水一般埋深在1.5～6.2m之间，地下水变幅在0.2～7.2m之间。与上年同期相比，总体上处于基本平衡态势，无上升区，弱下降的监测点占总数的9.5%，强下降的监测点占总数的4.8%，处于基本平衡的监测点占总数的85.7%。

2. 区域地下水水质动态。2009年，成都平原绝大部分地区的地下水为无色、无味、无嗅、透明、pH值6.1～7.7，溶解性总固体小于1000mg/L的中性淡水。枯水期地下水水化学类型HCO_3-Ca型水为主，分布于测区广大地区，其次为$HCO_3 \cdot SO_4-Ca$型水；丰水期地下水水化学类型以$HCO_3 \cdot SO_4-Ca \cdot Na$型水和$SO_4 \cdot HCO_3-Na \cdot Ca$为主，分别占总数的39%，其次为$HCO_3 \cdot SO_4-Ca$型和$SO_4 \cdot HCO_3-Ca$型水，分别占总数的12%和10%。统计结果显示区内地下水主要化学成分检出情况变化不大，总体来说趋于稳定。

3. 区域地下水水温动态。成都平原地下水位埋藏浅，地下水温随季节变化明显，而钻孔、机井受季节影响较小，水温变化幅度亦小。民井水温一般为13～22.0℃；机井（钻孔）地下水温一般17～21℃。水温年变幅多在4～10℃之间。从总体上看，观测井越深，地下水温随季节变化越不明显。

（二）成都市地下水动态。

1. 水位动态。2009年，成都市中心城区地下水最高水位504.76m，出现于西北金牛坝一带，最低水位482.57m，位于城东南锦江区，平均水力坡度2.0‰～2.5‰，与监测区地形坡度基本一致，其地下水流场亦与测区地形坡降基本一致，由西北向东南径流排泄。成都市中心城市地下水位变化受周围环境影响较大。成都市中区地下水位埋深在3.26～12.1m，水位变幅在0.1～9.7m之间，主要受监测点附近工程活动降水影响所致。

2. 水质动态。成都市区地下水为无色、无味、无嗅、透明、pH值在7.44～8.0之间的中性淡水。地下水水化学类型枯期以HCO_3-Ca型水为主，个别监测点为$HCO_3 \cdot SO_4-Ca$型水，分布于城北凤凰山和城西南双流通江乡一带；丰水期以$HCO_3 \cdot SO_4-Ca$型水为主，其次为$HCO_3 \cdot SO_4-Na \cdot Ca$，呈点状分布于北洞子口和城东南四川大学。成都市区主要地下水化学成分趋于稳定，波动不大。

3. 水温特征。监测区内地下水埋藏浅，地下水水温受气温影响较大，平均水温18.5～19.3℃，最高水温20.93℃，最低17.20℃，同一监测点水温变幅0.53～2.6℃。

三、地质环境监测的技术培训、交流与合作

（一）华蓥山地区地质灾害监测预警示范。

2009年，完成地面调查工程地质点、水文地质点、环境地质点及地质灾害调查点数354个，调查面积217km^2；完成工程地质钻探200m。完成华蓥市马安坪滑坡、邻水县鸳鸯寺滑坡等监测仪器的安装，完成1.5km^{2}的1:1000以及1.3km^{2}的1:500的地形测绘，对示范区内邻水县、华蓥市、大竹县、广安区群众开展了30次地质灾害防治知识宣讲和培训，形成年度建设总报告。

（二）地质学会环境专委会动态。

地质学会环境专委会自2005年成立至今已5年多时间，在各单位的大力支持下，专委会在学术交流、论文出版、科普活动等方面取得了成效。

2009年11月6日至11月7日，由地质学会环境专委会组织召开四川省水、工、环地质学术交流会，与会代表来自各大院校及企事业单位，主要有四川大学水电学院、成都理工大学、四川省地质学会、四川省水电学会、水电学会地勘专委会、水利学会地岩专委会、地质学会环境专委会等，会上交流论文28篇（其中总站8篇），在下午的交流会上，9位专家、学者分别作了交流发言，就水、工、环领域的新方法、新理论、新实践等进行了交流讨论。

在当前震后新形势下，继续把抗震救灾作为主要任务，为灾区抗震救灾和灾后重建提供地质技术支持，为各级政府决策提供地质技术方面的数据和资料。在新形势下力求实现学会的新定位，充分发挥学会作为学术交流的主渠道，科普的主力军，对外民间交流与合作的主代表和科技工作者之家的作用。

（三）初步建成突发性地质灾害远程会商系统。

四川省地质环境监测总站初步完成会商中心机房建设、野外会商移动站、会商中心大型液晶显示系统、SDH专线，以及省级应急支撑数据库管理系统等，对成都、攀枝花、凉山州、甘孜州、阿坝州等5个市（州）布设野外会商移动卫星小站，实现了野外移动小站与中心主站的视音频实时会商，实现与国土资源部、中国地质环境监测院联网会商，通过SDH专线并入国土资源厅视频会议系统，从而实现与全省各市（州）国土资源管理部门的视频会商。

（四）无人机初步实现应急飞行。

为提高地质灾害应急处置能力，购置了图形工作站、航拍相机、无人机等相关设备，完成无人驾驶飞机外业培训任务。自接受装备了无人遥感飞机后，组织无人机的野外飞行和数据处理培训，共计13天，39次，已基本具备独立飞行及遥测处理能力。为四川省地质灾害防治、国土监测、土地开发利用等提供先进的应急平台。

（五）以培训增强专业技术实力。

加强对技术人员的专业技能与业务培训，全年共组织27人次参加部、省有关部门及学会组织的各类培训、学习，开阔了视野，进一步提高了业务能力。5名职工晋升高级职称，7名职工晋升中级职称，2名工人晋升初级职称。组织6名技术人员参加了

“2009四川省水、工、环地质学术交流会”。

四、地质环境信息管理系统建设

2009年度，四川省地质环境信息管理系统建设包括应用软件系统建设、地质灾害数据库建设、网站信息发布及网络维护、其他信息化成果建设工作。

（一）应用软件系统建设。

已经建设完成了华蓥山地区地质灾害监测预警示范区三维软件平台和四川省44县地震地质灾害应急排查信息系统。华蓥山地区地质灾害监测预警示范区三维软件平台是利用遥感影像、数字高程模型和计算机三维可视化技术、网络通信技术建立的具有数据采集、数据管理、数据分析等基本功能的综合应用平台，用以管理华蓥山地区地质灾害监测示范区地质灾害数据、监测数据和“群测群防”数据，分析该地区地质灾害发育规律和可能造成的危险区域，为全省地质灾害群专结合监测预警应用推广积累经验。四川省44县地震地质灾害应急排查信息系统是在“5.12”地震灾区地质灾害排查工作成果和巡查工作成果的基础上，基于MapGIS7.X平台开发的一套集数据管理、查询、统计为一体的信息系统，实现震后地质灾害排查数据的汇总、集成、管理一体化作业，为地震重灾区各级国土资源管理部门对本地区的地质灾害进行全面了解和动态管理，为灾后恢复重建规划、避险搬迁选址等提供有力的数据支持。

（二）地质灾害数据库建设。

2009年，完成了华蓥山地区地质灾害监测预警示范区1:5万详细调查数据库、丹巴县县市地质灾害数据库建设、四川省44县地震地质灾害数据库和全国1:50万区域环境地质调查空间数据库整合建设工作。华蓥山地区地质灾害监测预警示范区1:5万详细调查数据库包括华蓥山地区、华蓥市、邻水县、大竹县4套地质灾害详细调查数据库，每套数据库主要内容包括地质灾害危险性分区图、地质灾害分布图等7个专题图、25个空间数据库图层、486条空间数据库外部数据记录；丹巴县县市地质灾害数据库共计滑坡93处，崩塌47处，泥石流113处，潜在不稳定斜坡29处；四川省44县地震地质灾害数据库建设包括全省地震重灾区44个县的6类数据表12296条数据记录的校核、整理、汇总和入库建设工作；全国1:50万区域环境地质调查空间数据库数据整合共计上海、江苏、浙江、四川、重庆等15个省的专题图、空间数据库图层等90个图幅3130个图层的数据和图形的编制和整理工作。地质灾害数据库的建设为准确掌握华蓥山地区和丹巴县各类地质灾害的概况和具体的数据，为下一步实施地质灾害监测和治理，提供了准确的依据。此外，全省44县地震地质灾害数据库的建立还为地震灾区震后重建规划和地质灾害防治提供了准确的数据。

（三）网站信息发布及网络维护。

在网站信息发布方面，据统计，全年在四川地质环境信息网上发布地质灾害专题信息、事件及科普知识，共计368次。从2009年5月1日至2009年10月30日，在四川地质环境信息网上及时向社会公众发布了预警预报信息204次。通过地质灾害信息和预警预报信息的发布，提高了全民防灾减灾的意识，能够最大限度地避免和减少灾害造成的人员伤亡和财产损失。同时，全年对4个服务器、2个路由器及相关防火墙等设施进行检查175天/人次，杜绝了安全隐患，有效地保障了地质环境信息网的运行和信息的发布。

（四）其他信息化成果。

全年完成了华蓥山地区1:5万3000km^{2}遥感数据解译和华蓥山西侧1:1万180km^{2}的遥感资料解译；完成了华蓥山地区1:5万3000km^{2}的地形图绘制和数字高程模型、华蓥山西侧1:1万180km^{2}的地形图绘制和数字高程模型建设工作；编制了“5.12”汶川地震灾区44县地质灾害分布图集。

（胥　良）

贵州省地质环境监测院工作

贵州省地质环境监测院

基础地质调查

一、城市环境地质调查

贵阳市城市环境地质调查及脆弱性评价项目：研究区域包括贵阳市3县1市、7辖区，涵盖区域为东经106°07′~107°16′，北纬26°11′~27°21′，总面积8034km^2。在充分收集研究区地质、水文地质、地质灾害、地热、矿产等相关资料的基础上，开展了1:2.5万环境地质调查4055km^2，1:5万环境地质调查3979km^2；共采集地下水样206件。基本查清了贵阳市的环境地质背景；地下水污染现状及地质灾害的类型、分布、危害；垃圾填埋场的分布及其地质环境影响；进行了地下水污染和质量评价、地质灾害易发、易损和危险性评价，以及垃圾填埋场适宜性评价；摸清了地热、矿产资源、地质遗迹和后备水源地的分布情况；并针对本区的环境地质问题提出了防治对策建议。

二、水文地质调查评价

贵州省地下水污染现状调查项目：开展了贵州省范围内地下水污染情况普查。工作区范围为东经103°36′~109°36′，北纬24°35′~29°09′，总面积176167km^2，重点调查范围为28677km^2，共采集地下水样品399件。通过资料收集分析和实地调查基本查清了贵州省的水文地质条件；地下水水源地状况；地下水监测情况及地下水环境质量状况；对地下水污染现状进行综合评价；进行了贵州省地下水污染防治分区；在此基础上编制地下水污染防治规划。

三、环境地质调查评价

（一）湄潭县优质茶叶产地农业环境地质调查。

调查区位于湄潭县中部，其地理坐标为东经107°26′51″~107°41′23″，北纬27°37′35″~27°46′09″，总面积143.75km^2。项目采用野外实地调查、土壤剖面挖掘、介质样品采集等技术方法，横向与纵向调查相结合的方式综合展开。开展了工作区1:1万环境地质调查，采集岩石样25件，表层土壤样96件，土壤剖面样75件，水样8件，茶叶样69件。查清了优质茶叶产地环境地质特征，研究了优质茶叶和地质环境之间的关系，探索了茶叶优质的根本原因，并根据茶叶种植进行了环境地质分区。

（二）修文-清镇铝土矿矿山环境地质调查评价。

工作区位于贵阳市西部，包含白云区、清镇市和修文县的铝土矿产区，地理坐标东经106°08′38″~106°51′43″，北纬26°33′39″~26°59′13″，工作调查区总面积1598km^2。项目共收集水、工、环地质资料、矿产资源开发利用规划等35份，开展1:5万遥感地质解译面积为1598km^2，1:5万矿山环境地质调查1598km^2，采集矿渣、废渣样121件，采集水样88件，表层土壤样45件，调查各类观察点共289个。项目查清了区内的主要矿山环境地质问题及分布特征，对区内主要环境地质问题及地质环境质量进行分区综合评价，并对矿山地质环境进行了防治区划，提出了矿山环境地质问题防治措施建议。

（三）国酒基地——茅台环境地质调查。

研究区域包括仁怀市12镇4乡，地理坐标为东经106°03′44″~106°28′40″，北纬27°38′16″~28°06′02″，面积共982.99km^2。项目收集了研究区的地质、水文地质、地质灾害、地表水、生态保护、水土流失、煤矿鉴定报告等资料25份。1:5万遥感解译面积1157.22km^2，开展1:1万专项水文地质调查171.21km^2，1:5万专项水文地质调查811.78km^2；钻探61.6m，浅井90.3m，共采集浅深土样各60件，岩样70件，地下水样45件，地质剖面测量3.1km。项目基本查清了工作区的地形地貌等环境地质工作背景；工作区的生态环境保护现状；地质灾害的类型、分布、危害；垃圾填埋场的分布及地质环境影响；赤水河四级流域地表水及区域水文地质条件、地下水分布条件；区内矿业分布及产生的环境地质问题；对区内地质环境进行质量分区，并结合地区远景规划对具体的环境地质问题提出了相应防治对策建议。

（四）贵州织金、纳雍矿产资源集中开采区矿山地质环境动态调查与评估。

研究区域包括织金县大部分区域和纳雍县南部，地理坐标为东经104°55′～106°11′，北纬26°21′～27°05′，总面积约3000km²。项目收集区内各方面的资料共42份，填写矿山地质环境调查表137份，实地调查与核查区内各矿山企业。完成工作区内3景1:5万遥感影像资料野外核查工作。项目基本查明区内地质环境条件、矿山主要环境地质问题；阐明各类矿山环境问题的表现特征、分布范围、发育程度及危害程度；分析其产生原因、形成机理、发展趋势等；评估其所造成的危害、社会经济影响和损失；建立矿山地质环境动态调查数据库信息系统；针对存在的主要矿山环境地质问题，提出了在矿产资源开发中地质环境和生态环境保护的措施与对策建议。

四、灾害地质调查评价

（一）贵州省六盘水市钟山区、六枝特区采煤沉陷区地灾危险性评估。

研究区面积为六盘水市钟山区9个煤矿和六枝特区8个煤矿，面积共47.77km²。项目查明了2个沉陷区内2672户用户受到地质灾害威胁情况，查明了两个沉陷区的矿山地质环境条件，地质灾害的类型、规模、分布特征、稳定状态及危害对象，核实了2个采煤沉陷区的矿山分布情况，各煤矿的采空区范围。进行了地质灾害危险性评估。评价结果为沉陷区的搬迁项目提出科学依据和合理建议。

（二）贵州省地质灾害调查与区划综合研究。

研究范围涵盖贵州省90个县（市），项目在总结贵州省县（市）地质灾害调查与区划成果的基础上，建立了贵州省地质灾害调查数据库，开展了贵州省地质灾害调查综合研究。项目基本查明了各类地质灾害分布范围、规模、结构特征、影响因素和诱发因素；基本查明了调查区地质环境条件和地质灾害现状与发育特征；建立了全省县（市）地质灾害调查与区划技术管理工作5项制度；对全省地质灾害易发程度进行了评价；划定了地质灾害重点防治区；建立了90个县级地质灾害调查和区划项目信息系统。

（三）乌江流域（遵义县）地质灾害详细调查。

研究区域为遵义县辖区，下辖31个乡镇。项目收集了研究区的区域地质调查资料、环境地质调查、水文地质普查资料，以及《贵州省遵义县地质灾害调查与区划报告》等基本资料。进行1:5万遥感调查4093km²，1:1万遥感调查100km²，1:5万地质灾害草测2793km²，1:5万地质灾害正测1200km²，1:1万地质灾害测量100km²，1:2000地质剖面测量10km，1:1000地形测量1km²，工程地质钻探301.9m，浅井51m³，岩土样试验71件，综合物探2km，安装群测裂缝报警器100套，安装群测裂缝伸缩仪50套。通过详查，查明了遵义县内地质灾害的类型、规模及发育特征、形成的地质环境条件及分布规律；查明了遵义县境内地质灾害点的稳定程度、危害程度。

地质调查信息社会化服务

2009年是贵州省正式开展地质灾害预警预报工作的第5年，根据已完成的全省各县（市）地质灾害调查与区划资料编辑的《贵州地质环境》一书中的全省地质灾害易发程度分区图，更新了地质灾害预警预报地质环境条件。经统计，工作期为2009年4月3日至2009年9月30日，共计5个半月，172个工作日。发布了3级以上“全省24小时地质灾害气象预报预警”95期，占工作日的55.23%。按发布的预报预警等级统计，共发布三级以上信息95期、在发布期中占100%，四级以上信息30期、在发布期中占31.6%，五级信息1期、在发布期中占1.05%。

所作的地质灾害预报预警信息除全部在《贵州地质环境信息网》刊载外，还通过手机短信发送了108060条（人·次），“贵州卫视一频道天气预报栏目”中播放38次，“贵州省人民广播电台”早、晚7点新闻栏目中播报38次。从2009年6月9日起，通过传真向如有四级以上的地质灾害预报区域的各市（地、州）相关负责部门发布。

地质灾害预报预警信息为有关部门提前采取防范措施提供了依据，已越来越受到主管部门和社会各界的重视。地质灾害预警预报信息被贵州新闻媒体广泛采用，并与贵州省国土资源厅网站、贵州省地质矿产勘查开发局网站实现了链接。在全国首个“减灾防灾日”由贵州省人民广播电台“午间关注”栏目专访了贵州省地质环境监测院院长、水工环地质研究员杨胜元。

根据各市（地、州）地质灾害情况月报，对照所发布的各期预报预警看，总体效果较好。预报期内共计上报实际发生地质灾害点 249 处，成功预报 84 处，成功预报率 34.3%。

基建与装备管理

2009 年度，贵州省地质环境监测院基地建设规划正式纳入金阳地质科技园并实施征地和完善开工手续。对所有物资、设备的管理严格按照《贵州省地质环境监测院物资设备管理办法》进行管理，即对所有装备物资一律实行建账、设卡，实行账物分离的管理模式，财务必须有物资、设备账，物资、设备管理部门有物资账、设备卡，有专人保管，做到账、物相符。

安全生产管理

2009 年贵州省地质环境监测院的安全生产工作在上级安委会的指导下，通过院领导的高度重视和全院职工的共同努力，安全生产责任目标全面完成。首先是坚持“安全第一、预防为主、综合治理”的安全生产方针，认真学习《中华人民共和国安全生产法》、《地质勘探操作规程》、《贵州省安全生产管理条例》和地矿局安全生产管理规定，以人为本、安全发展，全面落实安全生产责任制。其次是加强管理，突出“关爱生命、安全发展”这个主题，修改完善院的各项安全生产管理制度和安全生产责任制，遵循“横向到边、纵向到底、责任到人、不留死角”的安全生产管理格局，加强安全生产监督管理的力度，按照年初与省地矿局局长签订的安全生产目标责任制的要求，认真贯彻，逐条落实，逐条实施，一年来未发生重、特、大安全事故，确保了安全生产目标的实现。

（张　浩　杨森林等审核）

云南省地质环境监测院工作

云南省地质环境监测院

一、水文地质调查评价

（一）云南重点岩溶流域水文地质及环境地质调查（滇池流域）。

2009 年完成了《云南重点岩溶流域水文地质及环境地质调查（滇池流域）报告》编制。《报告》系统总结了岩溶发育规律及特征；圈定了 28 个水文地质单元；查明了岩溶水分布赋存规律和开发利用现状。运用多种方法，复核计算了区内的岩溶水资源量，提高了资源评价精度。对流域地表水和地下水分别进行了水质评价，对 20 年来地下水水质变化作了深入分析。初步研究了浅层地下水对滇池污染的影响。查明了流域岩溶塌陷发育特征、成因，预测了岩溶塌陷发展趋势，提出了防治对策。查明了区域地下水位降落漏斗的分布现状，以及区内泉流减小或枯竭现象的分布特点。综合分析了昆明市地面沉降的原因、发展趋势。查明了区内石漠化现状及发展趋势。提出了岩溶水开发与石漠化综合治理区划及 4 个城市应急后备水源地。建立了滇池流域 1:5万水文地质与环境地质空间数据库。《报告》2009 年 7 月通过了中国地质调查局组织的成果评审，评为良好级。

（二）云南重点岩溶水文地质及环境地质调查（南丘河流域）。

2009 年开展了南丘河流域调查。完成 1:5 万水文地质及环境地质调查 2000km^2，水文地质钻探 200m。项目查清了流域的水文地质条件、岩溶发育特征、石漠化的分布特征、泉流减小现状、干旱灾害的分布、岩溶水资源分布特点及开发利用现状、圈定了岩溶水富水块段，提高了流域调查精度。

（三）地下水环境监测。

2009 年云南省地质环境监测院开展了昆明地区、玉溪地区地下水动态监测工作，定期对监测数据进行分析研究，观测水位点 104 个，流量点 19 个，水温点 25 个，开采动态监测点 282 个，国家级水质点 11 个，1 个雨量监测点。获得 3879 组地下水水位动态数据，813 组地下水水温动态数据，597 组地下水流量动态数据，968 组地下水开采量动态数据，365 组雨量数据。编制了昆明地区、玉溪地区地下水动态监测通报、预报及《2008 年云南省地下水动态监测年报》。

二、环境地质调查评价

在地质遗迹保护方面，2009 年云南省地质环境监测院开展了大理苍山世界地质公园申报材料编制工作，完成了申报综合材料及相应图件的编制。编制完成石林世界地质遗迹、玉龙黎明-老君山国家地质遗迹、九乡溶洞国家地质遗迹、丽江玉龙雪山国家地质遗迹等地质遗迹保护项目可行性研究报告。

三、灾害地质调查评价

（一）哀牢山地区地质灾害详细调查（元江）。

2009 年完成 1:5 万地质灾害测量（正测）面积 830km^2，1:5 万地质灾害测量（草测）1678km^2，1:1 万地质灾害测量（草测）80km^2，1:5 万遥感调查面积 2858km^2，工程地质钻探 500m，工程物探 8km，安装滑坡裂缝伸缩仪 30 套，裂缝警报器 100 套。通过遥感调查，掌握了调查区地质环境背景，为地质灾害形成条件及诱因分析提供了依据；对调查区现状地质灾害进行了调查，并对其发展趋势和危险性进行了评估；对潜在地质灾害隐患点进行了危险性评估；协助地方政府开展了地质灾害防治知识宣传、培训，完善了群测群防网络，提高了应急预警能力。

（二）怒江流域（云南段）环境工程地质调查。

2009 年开展了怒江流域中游段泸水县和隆阳区的调查。1:10 万遥感调查 8400km^2，1:5 万遥感调查 4600km^2，1:1 万遥感调查 200km^2，1:5 万环境工程地质草测 4600km^2，1:1 万环境工程地质草测 200km^2，工程地质钻探 700m，浅井 100m，槽探 400m^3，安装滑坡裂缝报警器 300 套，安装滑坡裂缝伸缩仪 100 套。对区内的岩土体结构类型、主要断裂的活动性进行了初步研究。采用遥感、地面调查、钻探、山地工程等综合手段对重点的丙中洛地区进行了详细勘查。对河谷区工程地质条件和河谷岸坡条件进行了综合调查和分析。对流域内地质灾害类型及分布特征、形成原因进行了调查分析，查明了地质灾害的分布规律，共调查地质灾害点 1204 个，其中包括崩塌 146 个、滑坡 460 个、泥石流 396 条、不稳定斜坡 192 处。在滑坡危险区安装了地质灾害监测设备，完善了地方国土部门的地质灾害监测体系，对保护滑坡危险区人民的生命财产安全起到重要作用。

（三）地质灾害调查与区划。

2009 年云南省地质环境监测院组织完成了 20 个山地丘陵县区地质灾害调查与区划。划定了地质灾害易发区，建立了地质灾害信息系统，进一步完善了省、市、县、乡四级群测群防指挥管理和巡查、监测系统，提高了政府应急预警能力。

（四）地质环境治理、勘查、设计。

2009 年云南省地质环境监测院完成了四川省“5.12”地震灾区黑水县红岩乡政府驻地云林寺泥石流沟、黑水县慈坝乡政府驻地泥石流沟、黑水县红岩乡俄恩村俄罗瓜子组泥石流沟、云南省楚雄州武定县已衣乡中学及政府驻地滑坡一、二期治理防治工程的勘察、设计。编制完成了《元阳县新街旅游小镇地质环境与地质灾害防治规划》、《金平县城区地质环境与地质灾害防治规划》。

（五）地质灾害巡查、应急调查、排查。

2009 年云南省地质环境监测院参与云南省国土资源厅、云南省地质调查局组织的姚安“7.09”地震主要震害区地质灾害隐患排查、墨江“8.05”洪灾及次生滑坡灾害应急调查、凤庆小湾电站库区大型滑坡灾害应急调查、昭通市威信县扎西镇小坝村羊梯岩滑坡灾害应急调查等工作 18 次，派出人员 29 人次。

（六）县（市）地质灾害调查与区划信息系统建设。

2009 年云南省地质环境监测院完成了墨江、景谷、香格里拉、古城区、威信、大关、鲁甸、巍山、漾濞、宾川、弥渡、峨山、瑞丽、华坪、个旧、富民、祥云、勐腊、勐海、思茅、洱源、剑川、鹤庆、丘北、保山、广南、景洪共 27 个县（区）的地质灾害调查与区划信息系统建设工作。

（七）地质灾害预警预报。

2009 年汛期，云南省地质环境监测院从 2009 年 5 月 15 日至 2009 年 11 月 15 日在网上发布地质灾害气象预报预警信息，共发布预警预报 184 天。

（张　贵）

西藏自治区地质环境监测总站工作

西藏自治区地质环境监测总站

基础地质调查

一、水文地质调查

西藏自治区马乡达琼果站段水文地质环境地质调查评价项目分别编写了年度工作方案和项目实施方案，通过了中国地质调查局在保定组织的审查，按照大调查的技术要求和进度安排，完成了野外调查和钻探施工、试验、取样、野外验收等各项工作，编制了年度报告。

二、地质灾害调查

（一）喜马拉雅山地区重大地质灾害调查与减灾措施研究。

编写了年度工作方案，通过了中国地质调查局在成都组织的审查。完成了该项目的专项梳理报告、设计规定的野外调查和取样工作、室内资料分析、整理和专题研究，编制年度工作报告，编制完成了《喜马拉雅山地区重大地质灾害调查与减灾措施研究报告》及其附图、附件。

（二）2009 年地质灾害巡检与应急调查。

2009 年西藏自治区共发生突发性地质灾害 655 起，其中：滑坡 111 起（占 17%）、崩塌 351 起（占 54%）、泥石流 191 起（占 29%）、地裂缝和地面沉降各 1 起。地裂缝、地面沉降是近年来西藏矿业活动引发的新的地质灾害类型。全区地质灾害以自然因素引发为主、占灾害总数的 99%，人为因素引发地质灾害仅占灾害总数的 1%。

在 2009 年发生的 655 起突发性地质灾害中，有 576 起为 5 月 25 ~ 27 日受孟加拉“艾拉”风暴形成的暴雨过程产生的群发性地质灾害，其中：山南地区洛扎县发生 269 起、错那县发生 120 起、日喀则地区亚东县发生 187 起；本次灾害涉及亚东全县 7 个乡镇、洛扎县 2 镇 5 乡 26 个村（居）委会，受灾群众 709 户、2752 人，房屋损毁 567 户，牲畜死亡 11677 头（只、匹），冲毁桥梁 32 座、冲毁道路 318. 58km，本次灾害共造成直接经济损失 11906. 79 万元。

（三）专项经费开展地质灾害勘查与治理。

1. 在自治区各级财政的大力支持下，本年度实施了昌都镇鲁然滑坡、樟木镇后山崩塌灾害应急治理、西藏樟木口岸重点地质灾害应急治理工程等项目的施工；完成了昌都地区八宿县城泥石流、萨嘎县城西侧泥石流、萨嘎县城东侧泥石流、波密县城那哈弄巴沟泥石流、昌都农牧中学滑坡、工布江达县扎西折蚌沟泥石流、扎囊县塔巴林村及敏珠林寺滑坡（泥石流）灾害、樟木镇口岸消防队次级滑坡、林管站-电视台变形体治理工程、昌都俄洛镇加林村滑坡等重大地质灾害隐患点的勘察和治理工程设计。

另外，区交通厅投资 8000 多万元，对樟木口岸边贸市场门口滑坡和 318 国道 K5374 + 930 ~ K5375 + 050 路段滑坡进行治理，取得了良好效果。

2. 地质灾害监测。2009 年继续开展了樟木口岸和昌都化肥厂滑坡等地质灾害的监测预警工作。在本年度实现了樟木口岸地质灾害自动化监测，截至 2009 年 12 月 31 日，共形成了由 47 个专业监测点（其中：自动监测点有 35 个，包括斜坡地表裂缝位移监测 6 个、雨量监测点 3 个、气温监测 3 个、深部位移监测点 2 个，激光测距监测点 21 个）和 12 个常规点组成的樟木镇地质灾害监测网络。

2009 年 12 月完成了《西藏林芝地区冰川泥石流灾害监测预警工程（调查评价）报告》的编写，为林芝地区冰川泥石流灾害监测预警工程的实施提供了技术资料。

区地质环境监测总站编写的《西藏自治区地质灾害监测预警工作方案》于 2009 年 10 月 23 日通过了自治区人民政府专题会议的审查，西藏自治区地质灾害监测预警体系建设的前期工作正在有序进行。

3. 地质灾害气象预报预警。2009 年 5 月 1 日至 2009 年 9 月 30 日继续开展了地质灾害气象预报预警工作，历时 153 天，制作地质灾害气象预报预警产品 153 件，发布预报信息 96 件，其中：发布 3 级（注意级、可能性较大）预报91次、4级（预警级、可能性大）预警5次。

本年度，成功预报地质灾害15起。5月25～27日成功预报了受孟加拉“艾拉”风暴影响引发的群发性地质灾害576起，及时组织灾区群众转移，保障了灾区1000多人生命财产的安全，大大减轻了本次地质灾害的损失。地质灾害气象预警预报在西藏地质灾害的防灾减灾工作中发挥了越来越重要作用。

三、环境地质调查

（一）地下水环境监测工作。

截至2010年6月底，拉萨市现有各类地下水环境监测点27个，其中国家级监测点11个，地方级监测点16个；日喀则市现有各类监测点15个，均为地方级监测点。地下水环境监测主要内容为：地下水位、水质、水温和地下水开采量等。监测频率：地下水位监测：国家级3次/月，逢10日进行；地方级1次/月，每月10号；水质监测时间2次/年，3月和8月份各一次；地下水温监测与水位监测同步进行；地下水开采量调查每年11月份调查一次。

（二）国家级地下水环境监测点建设工作。

根据中国地质环境监测院要求，于2009年底对西藏8个国家级地下水环境监测点实施了安装自动水位仪工作，于2010年1月1日调试成功，并正式投入运行。所有自动水位仪均由中国地质调查局提供。

（三）地下水环境监测工作经费来源。

西藏地下水环境监测工作经费来源于两部分，一部分是中国地质环境监测院计划项目资金，另一部分是西藏自治区地方财政配套资金。

（四）矿山地质环境监测。

2009年度，根据中国地质环境监测院要求，西藏监测总站开展了全区矿山地质环境调查与监测工作，对西藏山南地区、阿里地区、昌都地区在采的30余个矿山地质环境进行了全面系统地调查，初步了解到这些矿山开采现状，存在的地质环境问题，以及发展趋势和目前恢复治理措施，最终提交了《西藏自治区2009年矿山地质环境形势分析报告》。由于西藏幅员广大，环境恶劣，矿山多分布在高山峡谷地带，全区矿山地质环境调查工作难度较大，目前仅调查了3个地区，还有4个地区未作调查，该项工作正在进行中。

基建与装备管理

一、基本建设管理

1. 办公基地建设：办公楼由西藏自治区国土资源厅安排与厅所属西藏自治区土地规划开发研究院合用。后由于办公条件拥挤，总站出资给区土地规划开发研究院，该院迁出，产权属国土资源厅所有，总站只有使用权。

2. 职工居住建设：职工自筹资金，在办公基地院内修建周转房一栋，其中16户为西藏监测总站职工居住。周转房与区土地规划开发研究院合用，部分职工无房在外租房居住。

二、装备管理

技术装备严格按照西藏监测总站制定的《总站设备管理办法》进行管理。技术装备，主要通过自筹资金、财政补贴、中国地调院调拨等方式筹集。

主要技术设备：笔记本有电脑IBM、联想、SONY、华硕共计13台，台式电脑有扬天M6000、联想未来之星720、扬天A6800C、扬天E4600C、扬天M6000共计8台，数码相机有SONY、SONY828、COOLPI5600、佳能Canon共计6部，打印机有联想一体机、EPSOA5100、HP5000LE、HP1300共计5台，GPS有Map76、奇遇、Mp76共计3台，水准仪DS221台、铟钢标尺3M1个、全站仪GES－33IN1台、投影机1部，复印机康柏（amon3100jm）1台、Konnica，刻录机、扫描仪紫光6800各1台，创维51寸背投1台、海尔空调1台，别克轿车君威2.5型1辆（财政补贴）、丰田100型1辆（自筹资金）、水位自动监测仪8套，便携式测斜仪（航天科工惯性090907）一套，切诺基（BJ2021V8）越野车1辆（地调局调拨），总站只有使用权。

（刘伟等）

陕西省地质环境监测总站工作

陕西省地质环境监测总站

地质调查

一、灾害地质调查评价

汶川地震陕西受灾地区略阳、宁强、勉县、南郑、太白、留坝6县地质灾害详细调查，共完成调查面积15288.54km^2，1:5万比例尺填图84幅，遥感解译13236km^2。对18处和46处重大地质灾害点分别进行了勘查和测绘，取得钻探进尺81.1m，浅井294.12m，槽探485m^3。采取岩土样307组、水样20组，进行了物理与化学试验与测试。确认地质灾害1359处、照相14674张、摄像1518分钟。

二、地质灾害预报

2009年汛期，共发布10次省级地质灾害气象预报预警，其中有5次在预报地区和时段内发生了地质灾害险情和灾情，及时转移避让了大量群众，避免了人员伤亡。同时，基层单位和群众成功预报8起地质灾害，避免了238人伤亡和770万元经济损失。

地质灾害成功预报典型案例：2009年7月9日至13日，陕西省安康市岚皋县民主镇地区累计降雨量达166mm。7月9日气象预报预警安康市岚皋县等地发生地质灾害可能性较大。7月10日岚皋县各乡（镇）、村组织有关人员进行各辖区地质灾害排查，岚皋县民主镇农田村二组杜家湾发现地质灾害险情，3户村民房屋出现明显裂缝，且有下滑迹象。有关领导果断决策，立即组织人员紧急转移受滑坡体威胁范围内的村民。7月11日7时45分，长约300m、宽120m、平均厚度8m，总体积约30万m^{3}中型滑坡发生，整个坡体大面积突然向前滑移十几米。导致6户村民房屋垮塌，3户村民房屋严重受损。由于人员撤离及时，未造成人员伤亡，确保了9户、37人的生命安全，挽回直接经济损失500万元。

安全生产管理

在开展地质灾害调查之前，各单位主管安全生产领导对参加项目调查人员进行安全生产教育，要求“开展各项工作必须安全第一、以人为本”的原则。各项目调查组设置一名安全员，负责该项目组人员、设备和仪器及车辆的安全工作。

地质灾害野外调查过程中，由于其野外工作的特殊性，经常是跋山涉水，要求项目组成员相互提醒、相互照顾，确保野外工作人员的人身安全。设备和仪器要做到正确使用，定期和不定期地进行检查，不符合要求的陈旧设备和仪器，应有计划地进行更新，使获得的数据质量安全、可靠、准确。要求车辆不得超负荷和带病运行，发现问题及时维修，定期检修保养确保车辆安全行使。

陕西省地质环境监测总站制订了项目管理办法和编制了调查工作技术要求，从设计编写，野外调查，成果图编制和报告的编写到最终成果提交都有具体的规定和要求。设计书编写完成后，经过有关专家审查通过方可进行野外调查工作，野外调查工作结束后，经验收合格，可转入室内资料整理分析及报告编写阶段，否则要进行工作补充或返工。要求实行原始资料三检，进行自检、互检、上级检查，从而确保整个项目资料来源可靠、调查信息准确，处理方法合理，分析结果正确，最终成果质量安全可靠、可信度高、实用性强。

（闫小灵）

甘肃省地质环境监测院工作

甘肃省地质环境监测院

地质调查工作战略研究

积极围绕当地经济发展中存在的主要问题部署工作，计划在今后 11 年内在甘肃省完成“33942”工程，即：

建立 3 个监测网络——地下水、地质灾害、矿山环境；

建设 3 个试验基地——兰州、陇南地质灾害示范基地和张掖地下水均衡试验场；

完成 9 项基础调查——地质灾害详查、水文地质详查、典型矿山环境调查、工程地质调查、地质遗迹调查、城市地质调查、地热及浅层地热能资源调查、地下水污染调查、江河源区及生态脆弱区环境地质调查；

部署 4 项战略勘查——河西走廊地下水勘查、鄂尔多斯盆地地下水勘查、城市应急后备水源地勘查、严重缺水区地下水勘查；

开展两项综合研究——河西地区水资源开发与生态地质环境研究，甘肃东部地区地质灾害发育规律和减灾防灾研究。

安全生产管理

院各部门认真落实安全生产责任制，严格责任追究制度，切实履行安全职责，开展安全生产月活动，申办非煤矿山安全生产许可证，一年安全行车 32 万 km，多方筹集资金先后投入 100 余万元用于安全生产工作：投入 130 余万元更换了燃煤锅炉，新购两台燃气锅炉；投入 9 万元对院原有陈旧配电室进行改造；投入 7 万元对甘肃监测院办公区后院围墙进行加高，对锅炉房的供电线路进行改造；投入 6 万元，在基地安全重点部位安装了监控系统。与此同时加大安全隐患的检查力度，发现隐患限时整改，决不留后患。

（魏耀文）

宁夏回族自治区国土资源调查监测院工作

宁夏回族自治区国土资源调查监测院

基础地质调查

一、多目标区域地球化学调查与评价

（一）宁夏回族自治区银川盆地多目标区域地球化学调查。

2007 年 3 月，宁夏回族自治区成立宁夏多目标化探项目领导小组，确保宁夏多目标地球化学项目的顺利开展和进行。2007 年 4 月正式开始采样，截至 2009 年 12 月 30 日，共采集浅层样 21205 件，深层样 5111 件，加工样品 26316 件，送外检样 6389 件（其中浅层样 5110 件，深层样 1279 件）。2008 年完成了数据分析研究，编制 54 种元素指标地球化学图，圈定地球化学异常区 18 个，确定异常查证 7 个区域，其中与 4 个农业有关的营养及有益元素分布区、3 个污染元素分布区。完成异常查证工作量：1:5 万土壤测量 132km^2；1:1 万地球化学水平剖面 13 条，总长 99km；地球化学垂直剖面 10 条，总长 20m。采集单点土壤样品 356 个；平面及剖面土壤样品 2572 个；水样 36 个；植物样 40 个；大气降尘样 18 个；根系土样 40 个。共计采集样品 3062 个，布置干湿降尘样 20 个。截至 2009 年 6 月，野外实物工作量全部完成。2009 年 12 月提交了《宁夏多目标区域地球化学调查

（银川盆地）碳库储量统计》和《宁夏多目标区域地球化学调查（银川盆地）元素和氧化物地球化学背景值统计》。

（二）宁夏（吴忠市）多目标区域地球化学调查。

2009年4~6月完成在麻黄山黄土丘陵沟壑区的加密采样（专家组建议），共完成浅层样536个，深层样132，组合样品167个和16个控制样。2009年11月中国地质调查局组织专家在廊坊对区域采集样品进行验收，2010年4月提交正式分析报告。

（三）宁夏（同心地区）多目标区域地球化学调查。

2009年完成野外踏勘、资料搜集，总体设计编写。总体设计通过中国地质调查局验收并获得优秀级。2009年10月，完成野外调查及采集样品，调查面积3078km²，采集浅层样3778件，深层样784件，完成样品加工及送样。

二、水文地质调查评价

宁夏回族自治区银川地区、吴忠地区常规地下水动态监测：2009年度完成银川地区全年监测水位5880点次、水温次数5040点次，取样80个；吴忠地区监测区域为吴忠市利通区城区，面积为100km²，2009年地下水位监测点5个（全部为机井），地下水质监测点3个，全年监测水位60点次，取样3个。观测资料均进行了自、互检及分站检查工作，录入数据库并汇交中国地质环境监测院。编制了地下水水情通报，地下水环境监测年度报告，地质环境监测、分析报告及相关图件。

三、灾害地质调查评价

（一）宁夏宁南地区（西吉县）地质灾害详细调查。

1. 对西吉县全境开展了环境地质调查，查明了地质灾害发生的地质背景。

2. 查明了地质灾害的类型及发育特征。地质灾害类型主要有滑坡、崩塌、泥石流，以及不稳定斜坡4类，共计845处，其中，滑坡529处、不稳定斜坡284处、崩塌27处、泥石流5处。确认为地质灾害及地质灾害隐患点共601处，其中滑坡364处，崩塌25处，不稳定斜坡208处，泥石流4处。对1:10万确定的监测点进行认真核查，建议取消12处，初步确定新增监测点232处。

3. 分析研究了地质灾害的分布规律及发育特征。

4. 对地质灾害的形成条件进行了初步研究。

5. 对典型的地质灾害点，通过测绘和勘察，建立了数值分析模型，采用GEO-SLOPE软件，运用Janbu法，分析研究了滑坡体在不同坡度、坡高、厚度条件下，斜坡的稳定性情况。

6. 在调查分析的基础上，应用GIS对西吉县地质灾害的易发性及危险性进行了初步的分区评价。

（二）宁夏宁南地区（彭阳县）地质灾害详细调查。

1. 对彭阳县全境开展了环境地质调查，查明了地质灾害发生的地质背景。

2. 遥感解译核查了291个点、野外实地调查了1120个点，调查出602个地质灾害和地质灾害隐患点，其中滑坡170处，崩塌207处，不稳定斜坡202处，泥石流22处，地面塌陷1处。

3. 以定量评价和定量分析相结合的方法，对地质灾害易发区进行综合分析、评价，划分出地质灾害高易发区总面积约711.84km²，占全县面积的28.15%；中易发区总面积844.84km²，占全县面积的33.17%；低易发区798.01km²，占全县总面积的31.08%。

4. 将彭阳县划分为高危险区、中危险区、低危险区3个级别。同样以定量评价和定性分析进行了地质灾害危险性区划，其中高危险区总面积518.57km²，占全县总面积的20.51%；中危险区总面积1196.56km²，占全县总面积的47.32%；低危险区总面积813.52km²，占全县总面积的32.17%。

5. 对地质灾害气象预警区划进行了初步尝试，确定了气象预警临界降雨量值。对可能发生灾害的临界降雨量，按照最高级（Ⅰ）、中级（Ⅱ）、最低级（Ⅲ）是、3个预警级别，进行了地质灾害气象预警区划。

6. 通过彭阳县地质灾害点的防治区划，取消了原有监测点2处，新增加了143处。挑选出26处危险性大的地质灾害隐患点，作为彭阳县重大地质灾害点，编制防治预案。对184处地质灾害隐患点编制地质灾害防范巡查计划，需近期防治的51处，其中Ⅰ级防治点37处，Ⅱ级防治点14处；剩余的133处为远期防治点，其中Ⅰ级防治点34处，Ⅱ级防治点99处。

7. 编制了地质灾害易发区划和危险性区划图，编制了地质灾害防治规划，制定了切实可行的防灾预案，完善了县级地质灾害减灾防灾体系和覆盖全县的地质灾害监测预报网络。

矿产资源调查评价

一、固体矿产资源调查评价

（一）宁夏回族自治区灵武市甜水河勘查区煤炭普查。

查明勘查区含煤地层为下二叠统山西组、上石炭统—下二叠统太原组；勘查区构造为宽缓的褶皱构造和6条逆断层及两条边界断层，构造复杂程度属中等构造类型；见可采煤层5层，以中厚煤层为主，煤层产状沿走向、倾向均有一定变化，结构简单—极复杂；煤质变化中等，以中灰、低至中硫煤为主，煤类为1/3焦煤，部分为气煤，煤层稳定程度应属较稳定类型。勘查区内水文地质条件简单，瓦斯含量低。在勘查区范围内0m标高（按最低侵蚀基准面标高1200m计，垂深1200m）以浅共获得煤炭资源储量62745万吨，其中推断的内蕴经济资源量（333）35413万吨，预测的资源量（334?）27332万吨。

（二）宁夏灵武市甜水河煤炭详查。

确定勘查区含煤地层为下二叠统山西组、上石炭统—下二叠统太原组；构造为宽缓的褶皱构造并伴有断距大于50m的断层6条和两条边界断层，构造复杂程度属中等构造类型；见可采煤层5层（一、三、五、六、九煤层），可采总厚13.75m，以中厚煤层为主，煤层产状沿走向、倾向均有一定变化，结构以较简单—复杂为主；煤质变化中等，以中灰、特低至中硫煤为主，煤类以1/3焦煤为主，有部分气煤，煤层稳定程度属较稳定类型；勘查区富水性弱，水文地质条件简单；为低瓦斯矿井。获得煤炭资源储量59982万吨，其中控制的内蕴经济资源量（332）16753万吨，推断的内蕴经济资源量（333）29440万吨，预测的资源量13789万吨。

（三）宁夏石嘴山市石炭井二矿接替资源普查。

确定了勘查区地层层序；基本查明了勘查区的构造形态，边界断层和区内主要构造，确定了勘查区构造类型；初步查明了勘查区可采煤层的层位、分布范围、厚度变化及稳定性；初步查明了主要可采煤层煤质特征，基本确定了煤类及分布范围。获得新增资源量34409.12万吨。加上接替资源勘查区至煤矿最低等级开采标高范围之间的7223.33万吨的煤炭资源量，共新增资源41632.45万吨。2009年9月18～23日由宁夏国土资源厅组织专家进行了验收，综合质量合格。2010年2月25日，该勘查报告通过宁夏国土资源厅组织的初审。

（四）神华宁夏煤业集团石炭井二矿外围煤炭资源勘探。

详细查明了勘探区的地层层序、含煤地层的时代、含煤性，以及煤层的赋存特征；查明了勘探区的构造形态，边界断层和区内主要构造，确定了勘探区构造类型，控制程度较高；基本查明了勘探区内煤层层数、层位、厚度、产状、分布规律，查明了主要可采煤层地表露头位置、顶底板岩性特征及其对比标志层；详细查明了可采煤层的煤岩、煤质特征及其变化情况；评价了含水组富水性、水质等基本水文地质条件，评价了矿床充水水源、导水通道及充水强度，指出了供水水源方向；基本查明了工程地质条件；瓦斯取样分析结果表明为高瓦斯矿井。获得新增资源储量（331+332+333）：17199.13万吨。其中：探明的内蕴经济资源量（331）：5185.97万吨；控制的内蕴经济资源量（332）：3315.52万吨；推断的内蕴经济资源量（333）：8697.64万吨。

（五）宁夏海原县南华山芦子沟-黄石崖金（铜）矿普查。

重新划分地层，共划分出14个填图单元，确定断裂构造6条；发现铜矿（化）体2个，矿化体由铜矿化角砾岩、含石英脉碎裂大理岩、碎裂状硅质大理岩等构成。矿石含Cu 0.1%～0.31%。1:1万激电中梯测量圈出与构造有关的异常带4处。构造控矿特征明显，其中Y3-1异常长约960m，异常的极化率数值大，是本区最好的矿化带，为深部工程的验证提供了靶区。

（六）宁夏海原县西华山簸箕掌铜（金）矿普查。

重新划分地层，共划分出18个填图单元，确定断裂构造13条；对普查区矿化带、构造带进行了圈定，圈定矿体（矿化体）4处；通过老硐清理及硐探施工，发现3层矿（化）层，矿脉主要为含金铜石英脉、长英质脉、石英碳酸盐脉等，空间上呈群分布，Cu含量为0.12%～2.21%，矿化现象明显；1:1万激电中梯测量共发现了6处异常，有较好的异常前景。目前项目继续开展深部工程进行异常验证与矿化特征及延伸方向控制。

二、地下水资源调查评价

银川平原地下水动态调查评价的项目成果如下：

1. 进一步查明银川平原水文地质条件，掌握银川平原水资源开发利用现状。

2. 整理出银川平原所有气象站近20年各月的降雨量、气温、蒸发量等气象资料。

3. 建立了2009年银川平原地下水水位、水质动态数据库。

4. 依据2009年银川平原地下水水位统测、地下水动态监测等资料，查明该区地下水流场。

5. 依据2009年银川平原地下水水质监测等资料，分析出银川平原地下水质量现况及潜水的污染状况。

6. 通过建立8眼骨干点的地下水动态监测孔，进一步完善了银川平原地下水动态监测网。

7. 通过自动监测仪的安装及数据下载，增强了银川平原地下水动态监测能力，同时提高了地下水动态监测精度。

8. 编制了2009年度银川平原潜水、第一承压水流场图；潜水、第一承压水质量评价图、潜水污染图；潜水、第一承压水水化学类型图。

9. 利用新的资料更新，建立银川平原地下水动态评价体系。

三、矿产资源潜力评价

宁夏回族自治区矿产资源潜力评价

编制1:25万实际材料图、建造构造图均各5幅，铁矿预测区地质构造专题底图8幅，所编图件全部建库并编写了说明书。

四、矿业权实地核查

宁夏回族自治区矿业权实地核查的项目成果如下：

1. 查清了全区有效矿权数及其分布范围，对宁夏全区64个探矿权进行了实地核查，其中部发证6个，自治区发证58个。对全区620个采矿权进行了实地核查，其中部发证7个，自治区发证109个，市发证139个，县发证368个。编制了自治区矿业权分布图1张，自治区矿业权与矿产资源分布综合图1张。建立自治区矿业权核查数据库1个，自治区矿业权空间数据库1个。

2. 形成了大量基础资料，为矿山生产管理和矿政管理提供了基础图件。本次核查工作，根据自治区矿业权分布情况，布设了15个GPSD级网，完成加密控制点156个，控制面积21509.99km²，每个矿区均引入了2~3个控制点，完成引入矿区控制点577个，矿区控制点的引入为后续矿山测量提供了基准。编写了单矿业权核查记录表、核查对照表、基本情况说明及图件数据基本情况说明各864份，编制探矿权勘查工程实际材料图64张，采矿权采掘工程平面图620张。

3. 纠正了矿业权管理中存在的问题，依法保护了矿业权人的合法权益。通过实地核查，全区共发现“越界”采矿权数231个，“漂移”采矿权数220个，登记数据库基本信息有问题的150个。下一步随着矿界问题的处理，将更好地保护了矿权人的合法权益。

4. 建立了宁夏矿业权空间数据库，实现了矿业权属性数据库和空间数据库的有机整合，建立了宁夏矿业权管理信息系统。

五、矿产资源储量核查

根据“宁夏回族自治区矿产资源利用现状调查核查矿区划分方案”，全区共划分为66个核查矿区，细分为152个核查单元，预计共提交核查报告及数据库180份。其中：宁夏国土资源调查监测院45份，宁夏煤田地质局36份，宁夏地质调查院16份，宁夏矿产地质调查所15份，宁夏矿业开发公司18份，宁夏有色金属地质勘查院13份，宁夏核工业地质勘查院10份，宁夏建材总队27份。

截至2009年底，宁夏开展核查的矿区有63个，完成矿区资源核查报告22份，完成工作量约占总工作量的20%，核查成果数据库正在建设之中。

地质调查信息社会化服务

2009年度与宁夏气象台联合共发布三级地质灾害气象预报4次，成功预报1次。即2009年8月17日发布的三级地质灾害预警预报，预计固原市地质灾害高易发区发生山体滑坡、泥石流等地质灾害的可能性大。结果在西吉县新营乡玉皇村南湾组、新营乡玉皇村中庄组、西滩乡林家沟村刘马家组、沙沟乡桃保村东台组4处分别出现了地质灾害险情。

基建与装备管理

一、基本建设管理

宁夏国土资源调查监测院拥有基地3处，土地使用权总面积88692.67m²（约133亩）。其中：银川市兴庆区南门基地13438.87 m²（约20亩），石嘴山市分站1343.4m²（约2亩）；贺兰县73910.4m²（约111亩）。在银川市兴庆区和石嘴山市分站拥有房产2处。

2009年，经宁夏回族自治区区国土资源厅批准，同意在兴庆区办公楼原址申报建设新办公楼。2009年1月开工建设综合办公楼（天悦大厦），总建筑面积约1.5万m²。2009年6月28日天悦大厦封顶，主体工程完工。2009年12月30日室内外安装结束，全面进入装饰阶段。

二、装备管理

宁夏国土资源调查监测院拥有交通工具14台（套），原值230万元；物化探测试仪器7台（套），原值35万元；野外通信及定位设备73台（套），原值70万元；计算机设备162台（套），原值109万元；其他设备236台（套），原值123万元，设备的采购、分配、维修、检测资料以及固定资产登记账完备，装备基本满足工作需要。

安全生产管理

宁夏国土资源调查监测院坚持“安全第一、预防为主、综合治理”的方针和“标本兼治、重要治本”的原则，紧紧围绕上级业务部门和自治区政府安全部门安全生产工作的部署，以防范重特大安全事故为中心，以严格依法监管，强化安全生产责任制，加强安全检查力度，围绕隐患治理、宣传教育等重点内容开展工作，扎实推进“规范安全生产工作”专项行动，认真落实各方面安全责任。

一、建立健全安全生产责任制

1. 宁夏国土资源调查监测院坚持院长作为安全生产第一责任者，对安全生产工作全面负责。通过建立健全安全生产责任制。组织制定、督促、检查本单位的全安全生产工作，及时消除生产安全事故隐患。

2. 成立安全生产委员会，各科室设立安全员，从制度上做到“安全生产、人人有责”，使安全管理纵向到底，横向到边，责任明确，协调配合，制定了《安全生产管理办法》，《劳动防护用品管理办法》，《物资设备管理办法》，《车辆管理办法》。

二、安全生产工作开展情况

1. 一是不断完善和创新安全工作机制，严格执行安全生产技术标准体系；二是将安全目标任务进行分解，明确目标、责任，层层签订安全生产责任书，加大对安全生产指导；三是加强对各安全责任主体单位安全履职情况的检查，确保各责任主体履职到位。

2. 开展生产工作过程安全检查和安全评价，及时开展安全隐患排查和对重大危险源预防制度建设，督促各项安全技术指标的贯彻和落实。

3. 严格施工组织设计的制定，实行严格按照要求和规范对危险性较大的工程制定专项施工方案和安全技术措施。

4. 院与各生产单位签订《野外期间安全生产责任书》，严格执行院《车辆管理办法》的规定，严防各类车辆交通事故的发生。

5. 开展食堂食品安全检查活动，提高院职工食堂食品质量，防止食品安全事故在单位发生。

三、做好安全生产宣传教育工作

1. 充分利用安全专栏、问卷、安全月活动等形式，强化职工的安全观念、安全意识，规范行为。

2. 大力贯彻落实“安全第一、预防为主”的安全生产方针，落实安全生产责任制，与各单位签订了《安全生产管理目标责任书》，强化领导、单位以及个人的责任意识，做好责任落实到位，防范措施到位，消除隐患到位。

3. 针对野外工作人员复杂，工作人员分散工作的特点，院开展进行了不定期，不具形式的教育方式。通过了解和讨论谈话掌握工作区的自然环境，制定安全措施、加强防范意识，提高工作人员的安全责任，营造全站“关爱生命、关注安全”的良好氛围。

四、落实安全生产检查，及时治理事故隐患

1. 根据全院的实际情况和工作特点，对于车辆交通、野外生产及工勘方面，基地电路、危房、南门基地电路、泵站、锅炉、实验室的贵重金属、有毒有害、易燃易爆物品、试剂、站南门基地等的安全保卫工作，院高度重视，以高度的责任感加强管理，重点监督检查。严格执行车辆管理办法，加强车辆的保养检查工作，不开带病车辆，使车辆的技术状况经常保持在良好的状态。

2. 对野外工作人员及外聘人员，项目负责人经常组织安全知识学习，让他们了解安全常识和逃生施救知识，结合当地的气候条件，教育他们重视和防范雷电、暴雨、滑坡的自然灾害侵犯。

五、严格安全考核与奖励

1. 安全生产委员会年终对各科室安全管理工作实行考核。经考核达标单位，有资格参加“双文明单位”和先进单位的评选，院统一进行表彰奖励。

2. 考核成绩不及格的单位实行一票否决权，并按照站安全生产管理办法执行处罚。

3. 对发生事故隐患不报或弄虚作假的单位及个人，依照《安全生产管理办法》作出严肃处理。

（刘更生等）

新疆维吾尔自治区地质环境监测院工作

新疆维吾尔自治区地质环境监测院

基础地质调查

一、水文地质调查

（一）准噶尔盆地地下水动态调查评价。

1. 填写乌鲁木齐站、昌吉站和乌苏站现状调查表288份，其中，现状水位调查表3本，现状水质调查本3本，地下水水位统测记录表3本，227份。还编制了3个监测站的监测点分布图。

2. 编制20个废弃开采井洗井修复报告；填写重点区地下水统测井调查表9本，623份、水位统测记录表11本，594份。

3. 2009年完成重点区810个点丰、枯水期两次水位统测共计1620点次。通过统测井调查和丰枯期水位统测，编制了重点区2008年枯水期地下水位等值线图。

4. 编制《准噶尔盆地地下水动态调查评价2009年工作方案》。

（二）地下水动态监测与预测、预报。

完成了《新疆地下水动态监测5年报告（2001～2005年）及图件编制要求》；《吐鲁番市地下水动态监测5年报告》（2001～2005年）、《新疆主要城市和地区地下水动态监测5年报告》（2001～2005年），以及《乌鲁木齐河流域超采区划定报告》的编制。完成2008年度新疆主要城市和地区地下水水情通报、地下水监测年报、地下水水位动态变化分析和2009年第一、二、三季度新疆主要城市和地区地下水水位动态分析报告的编制；完成2007年新疆主要城市和地区国家级监测点地下水动态监测数据库汇总上报工作。

（三）乌鲁木齐市地下水超采区划定规划。

完成了报告、附图、附表的编制工作：①报告：《新疆乌鲁木齐市地下水超采区划定报告》；②附图：《新疆乌鲁木齐市地下水超采区分布图1:10万》；《新疆乌鲁木齐市地下水超采区地下水监测井（站）分布图1:10万》；《新疆乌鲁木齐市地下水超采区2005年末地下水埋深分区及等水位线图1:10万》；《新疆乌鲁木齐市地下水超采区地下水水质污染区分布图1:1万》；③附表：附表1《新疆乌鲁木齐市地下水超采区基本情况一览表》；附表2《新疆乌鲁木齐市地下水超采区动态监测井统计一览表》；附表3《新疆乌鲁木齐市地下水超采区地下水水位监测统计表》；附表4《新疆乌鲁木齐市地下水超采区地下水开采量监测成果表》；附表5《新疆乌鲁木齐市地下水超采区地下水水质监测成果表》；附表6《新疆乌鲁木齐市地下水超采区地下水可开采量评价成果表》；附表7《新疆乌鲁木齐市地下水超采区2005年综合评价成果表》。

二、环境地质调查评价

承担完成了新疆喀什国际机场东侧砂石料场矿区地质环境治理、新疆哈密市西出口砂石料矿区地质环境治理、新疆若羌县315国道县城段道路两侧砂石料矿区地质环境治理、新疆塔城市二工镇粘土矿区地质环境治理、新疆布尔津县至哈巴河县227省道沿线粘土矿区地质环境治理、新疆泽普县津泽工业园周边砂石料矿区地质环境治理、新疆木垒县雀仁乡砂石料矿区地质环境治理、新疆洛浦县北京工业园砂石料矿区地质环境治理等10余个地质环境治理项目的监理工作。

三、灾害地质调查评价

（一）新疆伊犁地区地质灾害详细调查（尼勒克、特克斯县）。

编制了：①伊犁地区2009年度地质灾害详细调查项目1:5万实际材料图2份。②各类调查卡片929张，其中地质环境调查卡片180张、社会经济调查卡片227张，地质灾害调查卡片522张（滑坡261张、泥石流42张、崩塌89张，不稳定斜坡98张，地面塌陷31张，地裂缝1张），并将调查卡片全部录入数据库。③钻孔综合成果柱状图24份、浅井综合成果柱状图83份、槽探综合成果柱状图14份。④水质全分析成果报告10份；现场大重度试验成果报告21份；岩土样测试成果报告170份，大面积直剪综合成果报告27份。⑤物探工作成果报告1份。⑥1:2000

地质剖面图 6 份。⑦特克斯县地质灾害详细调查遥感初步解译成果报告 1 份。

（二）新疆县（市）地质灾害调查与区划总报告。

2009 年完成了年度设计书编制、出版、归档工作，正在进行项目资料收集、照片集编辑、图册编制及报告编写等工作。

（三）新疆新源县地质灾害监测预警示范站建设及动态监测。

编制完成 2009 年度新疆新源县地质灾害监测预警示范站动态监测项目的工作总结。

（四）新疆巩留县地质灾害监测预警示范站建设及动态监测。

编制完成 2009 年度新疆新源县地质灾害监测预警示范站动态监测项目的工作总结。

（五）新疆尼勒克县地质灾害危险性评估。

1. 编写完成《尼勒克县地质灾害危险性评估项目设计》；

2. 全区采用 SPOT－5 遥感数据，完成解译面积 10130.37km^2，解译地质灾害（隐患）点 182 处，其中滑坡灾害点 141 处，泥石流 2 处，不稳定斜坡 17 处，崩塌 4 处，地面塌陷 18 处；并对解译的灾害点进行了野外验证，野外验证点 58 处，验证率 31.87%；

3. 完成调查路线 62 条，总长 1873km；完成各类地质调查卡片 576 张，其中地质灾害调查点卡片 332 张（滑坡 157 张、不稳定斜坡 98 张、崩塌 33 张、地面塌陷 31 张、泥石流 12 张、地裂缝 1 张），其他调查点卡片 244 张，照片 1107 张，对新发现的 22 处重要地质灾害隐患点提交防灾预案 22 份，防灾工作明白卡 22 份，防灾避灾明白卡 37 份；

4. 完成《新疆尼勒克县遥感解译初步成果报告》1 份。

（六）新疆汛期地质灾害调查、巡查。

根据国土资源厅地质环境处有关通知及要求，会同厅地环处共派出 12 人次组成 3 个检查组、历时 20 天，行程 13700km，巡查检查了 12 个地州（市）、30 个县（市）。检查组听取地质灾害防治工作情况汇报 42 次，查阅地质灾害防治工作档案资料 217 卷册，并实地核查了地质灾害隐患点和移民搬迁安置点 46 处。编写了《2009 年度汛期地质灾害巡查检查工作方案》和《2009 年汛期巡查检查工作总结》。

（七）地质灾害气象预报预警、汛期值班及应急调查。

1. 编制了 2009 年度汛期地质灾害气象预报预警工作总结；

2. 完成制作地质灾害气象预报预警成果 184 期；发布等级 3 级的地质灾害气象预报预警 31 期（次），1～2 级的地质灾害气象预报预警 153 期（次），地质灾害预报预警特报 1 期、地质灾害灾情通报 1 期；

3. 编制《乌鲁木齐市燕尔窝居民区不稳定边坡应急调查报告》。

（八）地质灾害危险性评估及压覆矿产资源储量评估。

2009 年承担完成了大唐乌鲁木齐城北热电厂一期工程、中石化西北油田分公司塔河油田滚动开发工程、新疆哈密地区巴里坤三塘湖风电场 49.5MW 拟建工程、新疆哈密大南湖发电厂二期 4×660MW 扩建工程、新疆塔城老风口 49.5MW 风电项目、新疆天山电力股份有限公司达坂城风力发电一期（49.5MW）工程等 20 余个项目的地质灾害危险性评估及 10 余个项目的压覆矿产资源储量评估工作。

（九）地质灾害防治工程监理。

完成新疆新源县别斯托别乡恰普河牧业村牧业学校北坡滑坡灾害防治工程、新疆尼勒克县苏布台乡博尔博松村滑坡灾害防治工程、新疆乌苏市四棵树河渠首滑坡地质灾害防治工程、新疆叶城县西合休乡伯力都热小学校区崩塌地质灾害防治工程等 10 余个地质灾害防治工程勘查项目的监理工作。

国际合作与对外交流

中国地下水信息中心能力建设——乌鲁木齐河流域示范区地下水信息中心能力建设项目是中国-荷兰国际技术合作项目“中国地下水信息中心能力建设”的一部分，2009 年上半年编制了地下水水位、水质监测网优化技术要求；编制乌鲁木齐河流域第二批 min－DIVER 调整方案工作总结，水位、水质监测网 5 年工作总结及 2003～2008 年实际材料图，不同年份丰、平、枯期水位等值线及埋深图等 8 张图件。目前该项目工作已全部结束，成果资料均已汇交。

1.《乌鲁木齐河流域地下水水位监测网优化设计报告》及附件；

2.《乌鲁木齐河流域平原区地下水流数值模拟与开采方案分析报告》及附件；

3.《乌鲁木齐河流域地下水水质监测网优化设计报告》及附件；

4.《新疆乌鲁木齐河流域示范区乌鲁木齐河流域地下水数据库和水文地质信息系统报告》。

基建与装备管理

新疆维吾尔自治区地质环境监测院位于新疆乌鲁木齐市克拉玛依东街390号深圳城大厦十层。院自2002年成立以来共拥有设备仪器百余台件，其中，汽车7辆、各式电脑50余台、GPS卫星定位仪10余套、数码相机10余部、摄像机4台，计算机图像处理系统及网络管理系统2套、大型绘图仪图像扫描仪2台、文字图像打印设备近20余台，其他设备若干台件。2009年通过政府采购60余万元的设备用以补充各项工作需要。院地质环境信息站设备先进，拥有高精度的彩色扫描仪、绘制仪、数字化仪，可承揽各种图件的数字化，图件、图像的计算机处理、数据开发研制、水文地质数值计算工作。近年来以其高质量、高效率的工作作风赢得了同行业的高度评价。

安全生产管理

自2002年新疆地质环境监测院成立以来，为保证各项工作的顺利进行，高质量、高效率地完成工作任务，特成立由院主管副院长为组长的安全生产管理委员会，制定《新疆地质环境监测院安全生产管理规定》并配有安全员，全院职工牢固树立“抓生产必须抓安全”，“安全第一、预防为主”的意识，由于院领导重视，职工在工作中安全生产意识强，几年来工伤事故、交通事故、生产事故、项目成果质量事故均为零，直接经济损失为零。

（朱欢欢）

中央管理地质勘查单位工作

有色金属矿产地质调查中心工作

有色金属矿产地质调查中心

2009年，有色金属矿产地质调查中心共承担续作项目8个，包括：甘肃中东部重点成矿带与西藏昌都等矿集区矿山开发多目标遥感调查与监测、昌都、山南等地区遥感地质综合调查、新疆乌拉根地区铅锌铜远景调查、内蒙古呼伦贝尔盟莫尔道嘎-吉峰地区铜多金属矿远景调查、广东龙川县麻布岗成矿区银铅锌多金属矿远景调查、主要有色金属矿产供需跟踪分析、祁曼塔格地区成矿条件研究与找矿靶区优选、中热红外多/高光谱矿物填图及遥感异常信息提取技术应用研究。上述项目基础工作已基本完成，进入预查阶段，并已开展野外地质调查工作。2009年完成机械岩心钻探3972 m、槽探6440 m^3。提供可供详查的矿产地1处——广东龙川麻布岗白水寨银铅锌矿，查明银（333+334）资源量1.36吨，查明铅锌（333+334）资源量32万吨。

一、新疆乌拉根地区铅锌铜矿远景调查

完成1:2.5万土壤测量100 km^2，1:1万电法测量12.8 km^2，1:1万矿产地质测量50 km^2，钻探952.0 m，槽探3300 m^3。

在调查区内共圈定出地层单元19个。填图单位40个，划分了喀瓦勒特隆起、乌浩坳陷、苏鲁切利克隆起和萨热克上叠盐圪等4个次级构造单元。确定长城系阿克苏群为铁铜含矿层位，产有沉积变质型铁矿和热液型铁、铜矿化点。初步圈定调查区中新生代地层中具有5个赋矿层位，并具有明显层控矿床的特征。分为：上侏罗统库孜贡苏组上段库萨热克铜矿的赋矿层位；下白垩统克孜克勒苏群存在库乌拉根式铅锌矿床的特征；渐新统巴什布拉克组中见断续延伸长4.5 km的含铜石英砂岩；渐-中新统克孜洛依组中新发现多处（5处）孔雀石化岩屑石英砂岩：中新统安思安组下段中新发现有两条稳定延伸的含铜矿岩带。

联得的主要成果：①在萨热克矿区施工2个钻孔，ZK407矿两层，累计见矿厚度11.9 m，见辉铜矿、斑铜矿，化验结果未报处；ZK1403钻孔两层，累计见矿厚度13.8 m，见有较多的辉铜矿，化验结果未报处。②在萨热克矿区1:1万物探扫面，初步划分4类异常：低阻-高极化、中阻-中极化、中高阻-中高极化、高阻-低极化。③在萨热克外围开展1:2.5万化探扫面，初步圈定两个综合异常区。④在加斯矿区开展1:2.5万化探扫面，初步圈定两类综合异常区。

二、大兴安岭呼伦贝尔市莫尔道嘎-吉峰地区铜多金属矿远景调查

完成1:1万地质草测36 km^2，1:5万高精度磁法测量1700 km^2，水系沉积物测量1485 km^2，完成钻探2207 m，槽探2180 m^3。

取得的主要成果：①1:5万地球化学测量发现地球化学组合异常34处，其中甲类异常9处，乙类异常13处；②大梁金矿圈出4条大规模金异常带，异常带长1600～3200 m以上，异常带宽100～350 m，Au异常含量高，浓集趋势明显，展示出一个大型金矿床的远景格架，大大扩展了大梁金矿的找矿前景；③太平川钼矿19和23线探槽中见到较好的细脉浸染状钼矿（化）体，其中Tc19线探槽矿化带宽300 m，Mo品位0.01%～0.12%，ZK2302，ZK2301，ZK1902

孔验证，见到厚度大、品位高的钼矿体，使太平川钼矿规模和资源量将会有较大幅度提升；④小尖山铅锌银锑矿化异常区通过土壤测量圈出3处范围大、含量高的Pb-Zn-Ag异常，物探剖面测量发现与化探异常对应部位存在低阻体，推测有隐伏的铅锌银锑多金属矿体赋存，有待2010年进行钻探验证；⑤异常查证发现乱石沟金异常、四棵树南山Pb-Zn-Ag-As-Sb-Hg、北梁Au-As异常可能与工业矿化有关。

三、广东龙川县麻布岗成矿区银铅锌多金属矿远景调查

2009年完成1:1万地质草测16 km^2，电法剖面测量14 km，土壤-地质综合剖面22.6 km，完成钻探813 m，老隆清理256.5 m，槽探960 m^3。矿点调查43处。

取得主要成果：①基本查明了3个重点评价区的化探综合异常由矿致异常引起的原因；大致查明了3个重点评价区的成矿地质条件、控矿因素和矿床成因等。②查明了区域上矿床的分布特征和产出矿床类型等。如在区域上北东向和北西向的断裂构造都是主要的控矿构造，成矿多与中生代燕山期的岩浆活动有关。③通过异常查证和矿点调查及区域资料综合研究，取得了一批可作为下一步开展工作区段，如金石嶂外围的山门前-岌背山区段（银铅锌铜多金属矿），山池村-笔架山区段（钨锡钼多金属矿），溪尾-湖岽区段等（钨锡钼多金属矿）。④新发现矿点1处——白水寨银铅锌矿点，估算新增银（333+334）资源量1.36吨，查明铅锌（333+334）资源量32万吨。

四、祁曼塔格地区成矿条件研究与找矿靶区优选

收集整理了工作区（新疆境内）有关的地质、矿产、物化探、遥感等资料；完成了工作区1:25万遥感地质解译及蚀变信息提取21000 km^2，1:5万遥感地质解译及蚀变信息提取800 km^2，1:1万地化剖面测量15 km，采集样品550件；编制了工作区的区域地质矿产图、成矿规律图，编写了项目年度总结报告。

五、主要有色金属矿产供需跟踪分析

提交2008年度主要有色金属矿产供需跟踪分析成果报告（数据更新版）；编写并提交项目简报5份；编写并提交2009年度主要成果报告。

六、甘肃中东部重点成矿带与西藏昌都等矿集区矿山开发多目标遥感调查与监测

完成了甘肃省30000 km^2 的矿山开发多目标遥感监测，对甘肃省100余座矿山进行了的遥感多目标的监测工作。

取得的主要成果：调查与监测了14处矿产资源规划区，规划区执行符合率为50%；调查了6处矿山环境恢复治理规划区，没有监测到矿山环境恢复与治理工程，矿山生态环境恢复治理比较滞后；完成了对100多家矿山的开发状况调查工作，查明开采点和采场共为445处，其中界外开采比例为11%；共调查了2175处矿山开发占地图斑，占地面积共计3893.34公顷；预测工作区存在重大地质灾害安全隐患8处，水环境污染1处。

七、中热红外多/高光谱矿物填图及遥感异常信息提取技术应用研究

收集整理了两个工作区（青海、新疆）有关的地质、矿产、物化探、遥感等资料；完成了工作区1:25万遥感地质解译及蚀变信息提取28800 km^2，1:5万遥感地质解译及蚀变信息提取2400 km^2；完成了工作区岩矿、植被、土壤的野外光谱测试；编制了工作区的遥感地质解译综合图、蚀变信息异常图，编写了项目年度总结报告。

八、昌都、山南等地区遥感地质综合调查

完成了西藏日喀则、昌都等地区矿产资源规划执行情况遥感调查25000 km^2，矿山开发多目标遥感调查5000 km^2。详细调查了砂金矿的开采状况，共发现采坑61处；各类矿山开发占地408.13公顷；发现泥石流地质灾害隐患3处；调查了生态环境恢复治理规划区1处。

（陈梦熊）

中国核工业地质局工作

中国核工业地质局

在铀矿资源调查评价方面，为加快推进我国清洁能源战略的实施，提高铀资源对核电发展的保障程度，中国地质调查局部署安排了“全国铀资源调查评价（2006～2010）”计划项目，实施单位为中国核工业地质局。该计划项目旨在调查和评价铀成矿区带或远景成矿带的成矿潜力，摸清我国铀资源“家底”，并引领和拉动铀矿商业性地质勘查。按照“统筹兼顾、合理布局、分布实施”的原则，2009 年共安排 7 个工作项目，其中新立 4 项，延续 3 项。

新立的 4 个项目为新疆雪米斯坦火山岩带、大兴安岭成矿带满洲里-额尔古纳地区、西藏冈底斯构造带和广西北部摩岭地区的铀资源调查评价。延续的 3 个项目为巴丹吉林盆地、柴达木盆地北缘和二连盆地中东地区铀资源调查评价项目。共下达钻探工作量 1000m，新增铀资源（334）3500 吨。

2009 年年度在全面完成项目的年度任务基础上，取得了如下主要调查评价成果：

1. 新疆雪米斯坦古生代火山岩带铀资源调查评价取得重要成果，圈定了一批铀-多金属远景成矿区带，新发现中型铀矿产地一处，为落实新的大型铀资源基地奠定了扎实的基础。

2. 巴丹吉林盆地、二连盆地中东部铀资源调查评价取得新的重要发现，进一步扩大了前期的找矿成果。在柴达木盆地北部，已发现重要的找矿线索，圈定了有利成矿地段。

3. 西藏冈底斯构造带、广西北部摩天岭铀资源调查评价大致查明了工作区的铀成矿地质背景，初步预测了成矿远景区，并发现了一批有意义的放射性异常点（带）。

（李友良）

中国煤炭地质总局工作

中国煤炭地质总局

基础地质调查

一、遥感地质调查

（一）青藏高原生态地质环境遥感调查与监测。

查明了该区河流、湖泊、湿地与城市扩展的分布现状特征及 1975～2000 年与 2000～2007 年河流、湖泊、湿地与城市扩展的演化规律。编制完成了新疆维吾尔自治区（昆仑山、阿尔金山以北）1975 年、2000 年和 2007 年河流、湖泊、湿地与城市扩展的 1:25万现状及 1975～2000 年与 2000～2007 年变化图。

（二）陕西渭北煤田及贺兰山北段矿集区矿山开发遥感调查与监测。

查明了该区矿产开发状况及土地利用情况，并对神府煤矿区、子长煤矿区、渭北煤矿区、旬阳工作区、洛南区的地质灾害情况进行了调查监测。完成了 1:1 万神府煤矿区、子长煤矿区、洛南钼矿区、凤县铅锌矿区和 1:5 万渭北煤矿区、旬阳铅锌矿区、府谷煤矿区监测。监测面积共计 26476.9km^2。

二、水文地质调查评价

（一）邯邢煤矿区矿床水环境调查评价。

解译了工作区地形、地貌及峰峰矿区、邢台矿区煤矸石分布位置、范围，矿山占用破坏土地，重新圈定了泉域边界。运用 MODEL FLOW 对岩溶地下水流场进行了模拟，分析预测了岩溶地下水流场的变化趋势。建立了岩溶地下水三维可视化模型。提出了保水开采对策及地下水资源综合利用、保护措施，为政府实施矿山地质环境治理提供了科学依据。

（二）我国大型煤炭基地区域含水层保护战略研究。

通过对山西省、鄂尔多斯盆地周边和冀鲁豫皖区域内11个大型煤炭基地和56个规划矿区的调查，统计分析各规划矿区的煤炭资源与开采状况，依据成煤时代、充水水源类型、充水方式和充水途径4种因素划分了矿床水文地质类型，对含水层破坏程度进行了分区评价。完成6张基础图层（地理图层、地质图层），6张专题图（地下水富水性分区图、生产矿井分布图），9张成果图（水文地质类型分区图、煤炭开采现状图、含水层破坏现状评价图）编制，初步完成了《山西省煤炭规划矿区区域含水层保护战略研究报告》、《鄂尔多斯盆地周边煤炭规划矿区区域含水层保护战略研究报告》、《冀鲁豫皖煤炭规划矿区区域含水层保护战略研究报告》。

矿产资源调查评价

一、固体矿产资源调查评价

（一）新疆阿勒泰地区煤炭资源远景调查。

开展了阿勒泰地区北部1:20万煤炭资源潜力评价和托斯特含煤远景调查区1:10万遥感地质调查；在托斯特重点调查区开展1:5万煤田地质填图、地震及采样测试等工作；对富煤地段开展钻探验证和地球物理测井，对该区煤炭资源潜力进行了评价。

（二）湖北省恩施州煤炭资源远景调查。

初步开展了恩施州全区煤炭资源潜力评价；基本完成鹤峰县中营坪、咸丰县杨洞、来凤县贵帽山、恩施市新塘4个调查区的煤炭资源远景调查工作。通过系统收集和分析资料，初步了解了调查区的地层分布及含煤地层、煤层厚度变化与煤质特征；初步了解了来凤县的贵帽山、咸丰县的杨洞、鹤峰县的中营坪和恩施市的新塘4个填图区块的构造形态，初步查明了填图区落差大于50m的断层；大致了解工作区的水文地质特征，含水层、隔水层的分布，煤层顶底板的力学性质，以及填图区的环境地质、灾害地质特征。对鹤峰中营坪、来凤的泡木坪、黑洞塘、茅草坝及咸丰的小河头5个块段进行了资源储量估算，预测煤炭资源量约3500万吨。

二、矿产资源潜力评价

全国煤炭资源潜力评价：结合各省煤炭资源潜力评价工作开展情况，进一步修改完善了《全国煤炭资源潜力评价技术要求》，达到出版印刷要求。完成了《全国煤炭资源潜力评价汇总工作方案》编写，进一步落实了汇总组织和工作人员。先后对宁夏、安徽、河南、湖北、山西、陕西、江苏、河北、北京、黑龙江、四川、重庆、青海、云南、湖南、吉林等省进行了技术指导，全国25个省区已完成了远景区圈定和优选工作，达到了为编制“十二五”规划提供基本数据的要求。在各省工作基础上，总结了主要赋煤区煤田地质特征，初步建立了典型成煤模式，以构造控煤作用研究为核心，揭示不同构造背景煤炭资源赋存规律。举办了煤炭资源潜力评价数据模型二次培训班，进一步完善了数据模型。参加了《我国能源与重要矿产资源潜力及保障程度分析》编写，在各省提交煤炭资源潜力评价阶段性成果素材基础上，科学分析和评价了中国煤炭资源潜力。组织完成了2009年度省级煤炭资源潜力评价资源远景区圈定和优选成果报告。

三、矿业权实地核查

全国矿产资源勘查与开发现状调查：协助中国地质调查局发展研究中心组织了2次全国性培训会议；2次工作会议；前往19个省及1个集团进行了23次技术培训会，召开了3次片区会，以授课及见习的方法向核查技术人员进行了传授；参加4个试点县的矿业权实地核查6次验收会议。完成了单机版、网络版数据库录入系统；参与编写了矿业权信息系统总体设计，对《全国矿业权实地核查工作指南与技术要求》（修订版）属性数据、空间数据附录进行了细化，编写了《全国矿业权实地核查规范化数据整理实施细则》。完善了矿业权实地核查技术，对无控制或控制稀少地区基础控制作业方法进行了试验研究，形成一套实用的单点定位方法。项目组直接参与了陕西华县、神木县矿业权实地核查工作，指导了局承揽的陕西（合阳县）、河北、山西、吉林、江苏、西藏、青海、云南等省份的矿业权实地核查工作。局累计完成实地核查的矿业权数超过2000余宗。

中国人民武装警察部队黄金指挥部工作

中国人民武装警察部队黄金指挥部

一、青海省同德县加吾及外围金矿普查

2009年，项目完成了1:1万地质修测15km²、1:1万SPOT遥感解译100km²、槽探3090m³、钻探1260m。其中，401号矿脉布置5个探槽进行地表揭露，圈定2个矿体，401-1号矿体平均厚度为2.71m，平均品位1.09×10^{-6}，估算金资源量（334）246kg；401-2号矿体平均厚度为3.89m，平均品位1.87×10^{-6}，估算金资源量（334）2694kg；504号矿脉施工一个钻孔，控制504-1号矿体，见矿厚度3.53m，平均品位为Au 1.189×10^{-6}，Ag 82.6×10^{-6}，矿体延长约250m，增加金资源量（334）242kg；ZK36-1钻孔在193m揭露到一盲矿体，金品位最高为1.61×10^{-6}，银品位最高为127×10^{-6}，铅品位最高为33.32%，锌品位最高为22.269%，估算Pb资源量（334）17645吨，Zn资源量（334）11291吨，Ag资源量（334）6586kg，伴生Au资源量（334）118.5kg。

截至2009年底，加吾矿区累计提交资源量（334）金21182kg，铅44768吨，锌15035吨，加吾金矿床规模已达到大型。

二、新疆东准噶尔成矿带金多金属矿评价

2009年，项目完成了1:5万路线地质调查102.7km、1:1万地化剖面测量10.96km、槽探3040m³、钻探1230m，编制了项目成果报告，提交3处矿产地（苏吉泉东金矿、金水泉金矿、库布苏金矿），3个金、铜矿床点（黄羊山西金矿、松喀尔苏铜矿、清水泉铜矿），4处找矿靶区。

金水泉金矿位于卡拉麦里成矿带，已发现6条矿脉，其中812号、813号规模较大。812号长大于7km，露宽90~240m，初步控制3.7km，圈定2个矿体，其中812-3-1矿体，平均品位为1.14×10^{-6}，平均厚度为3.21m，资源量2314kg。813号长3.4km，初步控制长度约1570m，圈定一个矿体。2009年底，矿区估算金资源量5900kg。

库布苏金矿位于库兰喀孜干构造带，包括南北两个矿带。北矿带延伸可达10余千米，初步控制5km圈定4个矿体，1号矿体估算资源量1578kg；南矿带延伸可达7km，初步控制2km，圈定一个矿体，获得资源量314kg。2009年底，矿区估算金资源量3700kg。

苏吉泉金矿位于卡拉麦里成矿带，已发现矿脉28条，矿化类型为破碎蚀变岩型和石英脉型。其中301，326等矿脉规模较大。301号脉体走向290°，长1500m，宽1.5~3.5m，圈定两个矿体，平均厚度1.32m，平均品位13.37×10^{-6}，资源量（333）3235kg。2009年底，矿区估算金资源量10990kg。

三、四川西北部色达-阿坝金多金属矿评价

2009年，项目完成了高密度电法测量1450点、槽探3077m³、1:1万地质草测11km²，编制了项目成果报告。通过一年工作，圈定7个找矿靶区、1处新发现矿产地（代隆金矿），研制形成一套适于川西北高原的勘查技术方法模型，即“区域上遥感+化探选区、靶区内化探查证、矿区内物探定位”。代隆金矿主要包括1、3、5、6号矿脉（体），其中1号矿体走向延长400m，赋矿围岩为花岗斑岩，矿化主要为黄铁矿化、次为褐铁矿化、毒砂矿化，截至2009年底，矿区提交金资源量（334）3412kg。

（王信虎）

中化地质矿山总局工作

中化地质矿山总局

一、固体矿产资源调查评价

（一）我国重要化工矿产成矿远景区带资源评价。

在2008年工作基础上，2009年对天山成矿带主要含磷基性-超基性杂岩体进行了研究。区内含磷基性-超基性杂岩体主要分布在塔里木地台的边缘，受深大断裂控制，侵入时代主要为华力西期。研究表明，P_2O_5 与 SiO_2 呈负相关，当 $SiO_2 < 42\%$ 时，P_2O_5 与 $K_2O + Na_2O$ 呈正相关；当 $SiO_2 > 43\%$，P_2O_5 与 $K_2O + Na_2O$ 呈负相关；含磷岩石的M/S值介于1.01～1.32之间，不含磷岩石均小于1.00。分异程度较好的岩体更有利于磷矿的形成，磷矿体一般赋存在黑云母辉石岩相、黑云母辉长岩相、碳酸岩相和磁铁矿辉石岩相、磁铁矿辉长岩相内。找矿标志为古老地台边缘＋深大断裂附近＋基性-超基性杂岩体＋磁异常。

在觉洛塔格-黑鹰山成矿远景区发现8个磷元素异常，进而确定黄土岭、沙土沟、多斯克3处极为有利的找矿靶区，黄土岭、沙土沟地区的基性-超基性杂岩体 SiO_2 含量为37.46%～43.33%，属超基性岩，（$K_2O + Na_2O$）的含量0.87%～3.66%，通过对岩石化学成分研究，初步确定属偏碱性岩系列，为铁镁质岩类，同时具低铝质特点。岩体可初划分出磁铁矿辉石岩相、磁铁矿辉长岩。与主要的含磷基性-超基性杂岩特征相似。为下一步工作提供了依据。

通过对黄土岭、沙土沟、多斯克3处找矿靶区开展验证工作：

1. 黄土岭找矿靶区。

靶区1:1万地面磁法测量异常呈条带状，走向北西西，400nT等值线呈串珠状断续延伸，异常北侧伴生负值，梯度较南侧梯度稍大。ΔT 一般400～1500nT，高值 ΔT_{max}4000nT，ΔT_{min}－600nT。分析认为引起异常之磁性体走向约275°，倾向南，倾角约74°，磁性体厚度约70m，长约6400m。

通过钻探验证，发现铁（磷）矿体产在辉石岩内，位于孔深1.05～33.25m，矿体厚32.2m，TFe品位13.60%～25.05%。平均TFe品位18.88%。P_2O_5 含量0.12%～1.14%。矿石矿物主要有磁铁矿、磷灰石。脉石矿物主要有辉石、角闪石、斜长石、少量正长石、黑云母、绿泥石等。矿石结构主要为结晶粒状结构、海绵陨铁结构。矿石构造以浸染状构造为主，团块状构造次之。

2. 沙土沟找矿靶区。靶区经1:1万地面磁法测量发现两个异常，编号为C－01、C－02。走向均为北西西，呈长条带状，两侧伴生负值，北侧梯度较南侧梯度稍大，ΔT 表现出较大梯度变化。1600nT范围C－02－1异常1.7km×0.13km，C－02－2异常1.7km×0.11km，ΔT_{max}5300nT，ΔT_{min}－600nT。

通过钻探验证，发现一条磁铁矿矿体，矿体呈似层状产于震旦系片岩中，厚度1.52～2.17m，平均厚度1.70m，断续延长约3000m。TFe品位20.17%～49.04%，平均品位36.98%。矿石矿物主要为磁铁矿。脉石矿物主要为石英，少量斜长石、黑云母、绿泥石等。矿石结构主要为结晶粒状结构，构造以块状与浸染状构造为主。

3. 多斯克找矿靶区。多斯克3处找矿靶区位于尉犁县城北东约45km。靶区内全部为第四系覆盖，1:1万地面磁法测量发现有异常，该异常面积较大，异常形状椭圆状，形态比较单一，长约1200m，宽约750m，异常最大值1400nT左右，北部等值线密集，异常值变化明显，异常值由660nT陡降到260nT，而南侧下降较慢。推测磁性体顶部埋深100m左右。经解译，推测为超基性岩类引起，与已知含矿磁异常对比，异常与已知含矿磁异常相似，推测为含矿杂岩体。通过1:2000磁法剖面测量7.5km、钻探552.62m（1个孔），发现4层铁（磷）矿体，产在辉石岩内。

第一层为磁铁矿，位于孔深155.3～159.8m，厚4.5m，TFe品位15.24%～18.02%。平均16.62%。P_2O_5 含量0.65%～1.96%。平均1.52%。

第二层为磁铁矿，位于孔深165.8～182.3m，厚16.5m，TFe品位15.30%～18.84%。平均TFe品位

17.07%。P_2O_5 含量1.41% ~2.31%。平均2.00%。

第三层为铁磷矿，位于孔深247.77 ~336.0m，厚88.23m，TFe品位11.4% ~ 18.18%。平均14.19%。P_2O_5 含量1.81% ~3.34%。平均2.71%。

第四层为磁铁矿，位于孔深336.0 ~396.0m，厚60.0m，TFe品位12.88% ~18.97%。平均17.3%。P_2O_5 含量0.80% ~2.43%。平均1.88%。

矿石矿物主要有磁铁、磷灰石。脉石矿物主要有辉石、角闪石、斜长石，少量正长石、黑云母、绿泥石等。矿石结构主要为结晶粒状结构、海绵陨铁结构。矿石构造以浸染状构造为主，团块状构造次之。

（二）新疆库车第三纪成盐盆地钾盐资源调查评价。

在2008年工作基础上，分析了区内的地质、构造、钻探等资料，确定成盐盆地的规模形态，划分盆地内次级构造，研究了盆地构造特征、盆地内地层岩性、盐类沉积规律、矿化程度等，完成项目设计工作。

通过路线地质调查、剖面测量、探井工程，基本了解了盆地内地层出露情况、岩性组合、古近系—新近系含盐特征和地貌、植被、水文及人文工程等情况。通过重力剖面测量，大致查明了测区范围的重力场分布规律，确定了4处低值布格重力异常，认为是下一步寻找岩盐的有利地区。新搜集并分析了的部分油气钻孔资料和库车盆地构造资料，初步了解了第三系（古近纪、新近纪）含盐地层在深部的变化规律，为今后进行深部勘探工作提供参考。

通过物探解译和综合研究，划分了盆地地层层序、岩性岩相变化、含盐系地层的时代、沉积韵律，研究了盐系地层化学组分及成钾特征系数的变化，预测钾盐赋存层位。编制完成成矿预测图等相关图件，提出了盆地内成钾有利地区及找矿靶区。

二、矿产资源潜力评价

2009年完成了全国典型示范区湖北鄂西地区磷矿的典型示范工作。对该区的典型矿床及区域成矿规律进行了初步研究，对区内磷矿成矿要素、预测要素进行了详尽分析，基本掌握了海相沉积型磷矿的预测评价方法。

对《全国重要矿产和区域成矿规律研究技术要求》和《矿产预测评价技术要求》中化工矿产的有关技术要求进行了修改完善，集成编写了《全国化工矿产成矿规律研究和矿产预测技术要求》，并提交地质出版社出版。

组织召开了“盐湖型钾盐矿预测方法”研讨会。制定了现代盐湖型钾盐矿预测要素、预测要素组合及分类、基础数据准备、预测区圈定及资源潜力评价流程，完善了现代盐湖型钾盐矿潜力评价数据模型，供省级项目盐湖型矿产的资源潜力评价参考使用。

为配合《地质矿产保障工程实施方案》的编制，组织编写了《我国磷矿资源潜力分析报告》、《我国钾盐矿资源潜力分析报告》。报告中分析了中国磷矿和钾盐矿资源现状、成矿有利地质背景及找矿远景，并总结研究了中国两矿种的资源潜力地区和潜力大小，提出了找矿和矿业开发建议。

完成中国6个化工矿种的矿集区初步研究。撰写了《全国磷矿主要矿集区及其资源潜力探讨》、《全国钾盐矿主要矿集区及其资源潜力探讨》、《全国硫矿主要矿集区及其资源潜力探讨》、《全国硼矿主要矿集区及其资源潜力探讨》、《全国萤石矿主要矿集区及其资源潜力探讨》、《全国重晶石矿主要矿集区及其资源潜力探讨》和《鄂西磷矿矿集区地质及资源远景分析》7篇有关化工矿种矿集区及资源潜力研究方面的文章，投送重要期刊发表。

（田升平）

中国建筑材料工业地质勘查中心工作

中国建筑材料工业地质勘查中心

内蒙古兴和-丰镇一带石墨资源评价项目2009年度主要完成：槽探2670m^3，钻探1280m，1:1万地质草测12km^2；激电中梯测量12km^2。

通过调查评价，新发现石墨矿产地2处，其中：内蒙古丰镇市老官坟矿区石墨资源量为30.8万吨；内蒙古丰镇市上天花板矿区石墨资源量为35.6万吨。

1. 内蒙古丰镇市老官坟石墨矿。石墨斜长片麻岩赋存于桑干群黄土窑组下段岩层中，矿体形态呈层状或似层状，长300m，宽10m。矿石类型为晶质（鳞片）石墨，呈灰黑色，风化面呈灰白色，地表被铁质染成黄褐色。鳞片粒状变晶结构，片麻状构造。矿物成分由斜长石、碱性长石、石英、黑云母、石墨组成。石墨片度在1～2mm之间，最大片径达2～3mm。固定碳含量在2.00%～4.50%，预测矿物量30.8万吨。

2. 内蒙古丰镇市老官坟石墨矿。石墨斜长片麻岩赋存于桑干群黄土窑组下段岩层中，矿体形态呈层状或似层状，出露矿层长400m，出露均宽10m，厚约6m。矿石类型为晶质（鳞片）石墨，呈灰黑色，风化面呈灰白色，地表被铁质染成黄褐色。鳞片粒状变晶结构，片麻状构造。矿物成分由斜长石、碱性长石、石英、黑云母、石墨组成。石墨片度在1～2mm之间，最大片径达2～3mm，固定碳含量2.50%～4.30%，预测矿物量35.6万吨。

（陈军元）

中联煤层气有限责任公司工作

中联煤层气有限责任公司

一、新疆准噶尔盆地南缘煤层气选区评价

1. 总结分析研究区地质条件、煤储层特征、煤层气保存条件。收集了大量以往煤田地质勘探和煤层气勘探资料，分7个区块进行论述，提出了富煤区分布在乌鲁木齐河-四工河区块；含气量呈西部低、中部和东部较高的分布趋势；中西部原生结构煤为主，东部碎裂结构煤-糜棱结构煤为主等分布规律和新的认识。总结认为煤层埋藏深度适中，变质程度低，煤层孔隙度、裂隙发育，储层渗透性能好。同时对煤层气的围岩封闭性和水文地质条件等进行了分析研究，提出了本区煤层气控制地质因素。

2. 计算出准南煤田煤炭资源量和煤层气资源量。煤层气资源量计算范围划分为7个区块，4个深度等级，共416个计算单元，采用地质块段法计算煤炭资源量、体积法计算煤层气资源量，本次工作计算研究区内煤炭资源量为761.56亿吨，煤层气风化带以下煤炭资源量598.55亿吨，计算煤层气总资源量3618.68亿m^3。资源丰度为0.4180～11.6694亿m^3/km^2，其中2个区块的资源丰度大于7亿m^3/km^2，说明本区煤层气赋存条件相对较好。

3. 煤层气开发前景预测。①采用“关键要素递阶优选”和“优选目标定量排序”相结合的方法，从地质条件、资源条件、储层条件3个方面，建立适宜的评价标准和指标体系，将7个区块划分为有利区（2个）、较有利区（4个）和不利区（1个）3个层次。评价结果为乌鲁木齐河-四工河区段、四工河-大黄山区段为有利区；吉木萨尔水西沟煤矿区、三屯河-乌鲁木齐河区段、霍尔果斯河-三屯河区段、后峡煤矿区为较有利区；霍尔果斯河以西区段为不利区。②从钻井、完井技术层面对目前新疆淮南煤田实施的煤层气井进行总结分析，并归纳所取得的一些认识。③从资源赋存、区位条件、经济形势、市场需求等方面对新疆淮南煤田的煤层气经济效益进行分析总结。④推荐3个煤层气勘探试验井位置，分别是乌鲁木齐河-白杨河勘探区乌试1井、阜康四工河-大黄山区段阜试2井、后峡煤矿区峡试1井。

4. 提出下一步工作建议。依据对新疆淮南煤田所做的研究，提出本区研究工作中出现的问题，并对下一步工作提出建议，包括在乌鲁木齐-四工河、四工河-大黄山两个有利区实施生产试验井，进一步掌握开采试验条件，为将来的开采打下坚实的基础，以及在后峡煤矿区、霍尔果斯河-三屯河区段、三屯河-乌鲁木齐河区段、吉木萨尔水西沟煤矿区4个较有利区施工参数井，进一步掌握煤层气资源状况。

二、晋陕蒙地区煤层气资源调查评价

1. 详细讨论了11个重点含煤层气盆地（群）的勘探开发现状及晋陕蒙地区煤层气勘探开发历史，并分析了重点区块的煤层气开发现状。揭示了沁水、霍西、鄂尔多斯东缘及渭北各含气区带的地层、构造、煤层分布及水文地质条件等煤层气赋存地质背景。

2. 对全国11个重点含煤层气盆地（群）及晋陕蒙地区煤储层物性进行了系统分析。认为沁水盆地煤储层总体处于低压状态到接近正常压力状态之间，极少部分地区存在超压环境。鄂尔多斯盆地东缘石炭—二叠系煤层含气量总的变化趋势是南高北低、西高东低，大多处于欠饱和状态。

3. 建立了灰色聚类与层次分析相结合的煤层气资源勘查潜力评价体系，包含三大准则12个指标，分别评价了全国重点含气盆地和晋陕蒙地区煤层气资源勘查潜力，将各评价单元划分成优、良、可、差4个级别。并编制了煤层气勘查潜力综合评价图。

4. 采用体积法，计算了11个重点含气盆地的煤层气地质资源量，可采资源量，资源丰度，以含气区带为基本单元，总结了煤层气资源的分布规律。全国11个重点含气盆地（群）36个含气区带2km以浅的煤炭资源量47322.69亿吨，煤层气地质资源量29.54×10^4亿m^3。

（吴　见）

院校地质调查院工作

中国地质大学（北京）地质调查院工作

中国地质大学（北京）地质调查院

一、内蒙古1:5万敖包特陶勒盖、拉名海尔罕、额热木廷色尔、准额仁、陶申陶勒盖、沙尔沟特、威廷查干、莫若格钦幅区调

（一）地层古生物。

1. 根据野外地质填图和剖面测量，结合1:20万区域地质调查资料参照《内蒙古自治区区域地质志》、《内蒙古自治区岩石地层》等，建立了测区地层序列。

2. 通过野外地质填图和地质剖面测量，对1:20万区域地质调查所划分的中泥盆统塔尔巴格特组下段和上段进行了重新厘定，中泥盆统塔尔巴格特组下段划归中上奥陶统（O_{2-3}），上段为中泥盆统塔尔巴格特组。

3. 原1:20万区调在测区北部填出了大面积的上新统宝格达乌拉组，经本次工作发现，该地层仅分布于地形较高的部位，地形低矮处大部分为第四系湖积物。

4. 通过面积性的野外填图、洛阳铲施工，合理地划分了第四系成因类型，全面地采集了热释光、C^{14}等年龄样、孢粉样、化学样、重砂样等样品。野外工作取得了关于第四纪的初步认识：①第四系沉积物成因类型多样，其沉积物主要动力条件为水、重力和风三大类，沉积物包括冲洪积物、湖积物、冲湖积物、坡积物、残积物和风成沙等类。野外工作中结合本地区的新生代以来的构造演化特征，划分为两大区域系统——隆起区和凹陷区进行分别工作，两者之间发育一条规模较大的隐伏断裂，走向约北北东向。②区内新生代盆地发育，通过对盆地地形地貌的研究及野外全区内的探勘，详细地划分了盆地的湖泊台地系统，并对湖盆台地系统通过洛阳铲等工程施工、实测剖面认为：隆起区发育有三级湖积台地，分别对应于835～840m，840～855m，855～875m等高线之间区域；凹陷区发育有五级湖积台地，分别对应于830～840m，840～850m，850～880m，880～900m，900～920m等高线之间区域。③通过第四纪孢粉组合分析，可划分为5个孢粉组合带，指示出朝不楞湖区晚更新世以来植被类型单调，植被以草原为主，气候经历了温湿→凉较湿→温和适宜→偏冷干→温偏干的演变过程。

（二）岩浆岩。

1. 区内侵入岩发育，约占测区基岩总面积的60%以上。岩石类型以酸性岩占绝对优势，基性岩也有一定程度的发育。多呈岩基、岩株产出，受控于区域构造，总体呈北东向展布。侵入岩空间上总体呈带状展布，时间上跳跃式延续，主要集中在晚石炭世和晚侏罗世。根据野外认识及同位素测年、岩石地球化学资料，确定了本区侵入岩单位划分方案。

2. 晚石炭世花岗岩分布在测区西南部浑德仑莫古钦、乌兰陶勒盖及西北部温多尔乌兰等地。以强烈的云英岩化为主要特征（发育白云母、石榴子石），地貌上以球形风化为主，可分为灰白色中粗粒云英岩化花岗岩和灰黄色中细粒云英岩化花岗岩。前者富含镁铁质暗色包体，显示岩浆混合的特征。云英岩化脉岩发育，其锆石U－Pb年龄为306.3±6.7Ma，298.3±3.7Ma，被中细粒云英岩化花岗岩侵入；中细粒云英岩化花岗岩灰黄色，普遍发育白云母、石榴子石等云英岩化矿物，局部呈岩株状侵入中粗粒云英岩化花岗岩中，偶见中粗粒云英岩化花岗岩捕虏体。

其锆石 U－Pb 年龄为 304±4Ma。岩石地球化学特征显示，两者具有同源演化的特征：SiO_2 含量高，均>75.54%；富碱，K_2O+Na_2O 均>7.8%，显示为高钾钙碱性岩石系列。贫 TiO_2（<0.1%），MgO（<0.15%），MnO（≤0.01%），Fe_2O_3T（<1.2%），CaO（<0.6%）和 P_2O_5（<0.%）。Al_2O_3 含量较高，A/CNK 均>1.1，为强过铝质花岗岩。在球粒陨石标准化的稀土元素配分图上，两者特征一致，稀土元素总量低且轻重稀土分馏不明显，表现出强烈的负铕异常（$Eu/Eu^*<0.2$），在稀土元素配分模式上均表现为明显的“四分组效应”。稀土元素四分组效应常见于与流体作用有关的强分异的岩石中，这与该期岩浆岩强烈云英岩化的特征较为吻合。

3. 晚侏罗世花岗岩分布在朝不楞、沟亭好瑙格特等地，与区内朝不楞大型铁多金属矿有密切关系，以发育灰黑色自形六方双锥石英斑晶为特征，在地貌上表现为平行于地表的面状组构发育（层节理）。根据岩石学特征，将其分为粗粒似斑状花岗岩和细粒似斑状花岗岩两类。粗粒似斑状花岗岩被细粒似斑状花岗岩侵入，有少量花岗闪长岩包体，岩体内脉岩发育，主要为花岗细晶岩脉、细粒似斑状花岗岩脉及少量的伟晶岩脉，而细粒似斑状花岗岩体内部很少发育岩脉。根据同位素测年资料，两者的侵位时代分别为 134±1Ma 和 134.6±1.1Ma，结合其相似的岩石地球化学特征，认为两者应为同源岩浆演化的产物。

（三）构造。

1. 对测区不同时代的地层进行了较为细致的构造解析。①经野外地质调查发现，中上奥陶统下段结晶灰岩经历了4期次的褶皱变形：早期为顺层流变褶皱，表现为褶皱顺层发育，总体地层层序不变，层内形成褶叠层，层理（S_0）被置换为劈理（S_1），原始层理（S_0）仅能从褶皱转折端岩石成分不同来识别；第二期次褶皱是以早期流变褶皱的轴面劈理（S_1）为变形面理形成的同斜紧闭的尖棱褶皱，枢纽走向北东向，与早期褶皱呈包含关系，该期褶皱轴面劈理十分发育，成为区内的区域性构造面理（S_2），后期褶皱构造变形均为该面理变形；第三期褶皱以区域性构造面理（S_2）为变形面，枢纽走向北东东向，是测区的主期构造变形；主期褶皱被后期北北西向褶皱近横跨式叠加，露头尺度亦有显示。成为中上奥陶统的第四期褶皱变形。中上奥陶统中段灰黄色变质砂岩、上段碳质板岩中褶皱亦十分发育，层理经过了强烈的构造置换。其与中泥盆统塔尔巴格特组具不同的构造变形样式，为不同时代的产物。②中泥盆统塔尔巴格特组变质砂岩段、上泥盆统安格音乌拉组经历了两期褶皱变形，第一期为北东东向中常褶皱，第二期为北西西向开阔褶皱，两者近横跨式叠加。③上侏罗统白音高老组凝灰岩和流纹岩的层节理和流纹面理可识别出其受到了北北西向开阔褶皱变形的影响。

2. 经野外调查，首次在测区中部发现北东向展布的糜棱岩带，其糜棱面理与中泥盆统塔尔巴格特组的顺层流变褶皱轴面劈理一起参与了北东向尖棱状褶皱。

3. 初步查明朝不楞断裂是多期次活动断裂，早期为自北向南逆冲的逆断层，晚期表现为伸展正断层，断层带内可见小型地堑地垒构造，指示了正断层的性质。

4. 依据测区褶皱变形的叠加关系、剪切变形和断裂构造、岩浆活动和变质作用，初步查明了测区的构造变形序列。

（四）矿产。

1. 初步查明朝不楞铁多金属矿床矿体赋存在外接触带矽卡岩中。矽卡岩矿化分带性明显，自花岗岩体到围岩蚀变可以划分为：肉红色钾化似斑状花岗岩、绿帘石化似斑状花岗岩、矽卡岩、矽卡岩化大理岩、硅化灰岩。在矽卡岩带中，根据特征矽卡岩矿物细分为石榴子石矽卡岩带、透辉石矽卡岩带，两者之间存在过渡，铁矿体主要赋存在矽卡岩带中。

2. 野外地质调查认为，朝不楞铁-铜多金属矿床可分为两个成矿阶段：早期矽卡岩阶段，以热液交代作用为主，矽卡岩接触带，是主要的富矿场所，代表性矿物组合为石榴子石、透辉石、磁铁矿；晚期的多金属硫化物阶段，以热液充填为主，容矿围岩的裂隙或构造薄弱面是主要的赋矿空间，代表性金属矿物组合为黄铁矿、黄铜矿、闪锌矿。

3. 物探测量。对跨越朝不楞断裂的两条浅层地震剖面进行了初步解译，初步认为朝不楞断裂为一系列产状北倾的高角度正断层。准额仁盆地内可能存在高角度的产状南倾的正断层，两者构成地堑构造。因此，推测准额仁盆地为断陷盆地。从沉积物的深度分析，断陷深度达 1200m。

盆地南缘可见产状近水平的低速体，其物质组成有待进一步研究。

二、内蒙古 1:25 万索伦（L51C002001）、乌兰浩特市（L51C002002）幅区调修测

2009 年度完成实测地质路线总长 1021.4km，实测地质点535个，引用路线总长2987.35km，引用地质点2534个。取得如下主要地质成果：

（一）地层。

1. 经野外地质踏勘、剖面测量和填图，初步查明索伦幅、乌兰浩特幅的地层层序和各地层的岩石组合。

2. 经野外踏勘和剖面修测，参照《内蒙古自治区区域地质志》、《内蒙古岩石地层》，对比1:20万前好立保幅、乌兰浩特市幅、五叉沟幅、索伦幅、索伦军马场幅、扎赉特旗幅的填图单位，初步建立了索伦幅、乌兰浩特幅的填图单元。

3. 野外地质填图发现，原1:20万索伦幅索伦组、大石寨组、吴家堡组岩石组合分别为：索伦组下部以砂质板岩及含砾粉砂岩、粉砂质细砂岩为主，夹灰岩透镜体；上部为灰色千枚状粉砂岩、含石墨绢云板岩、变质细砂岩夹厚层灰岩透镜体。大石寨组分上、下两段，上段的下部由变质安山岩、安山质火山角砾岩组成；上部为熔结凝灰岩、沉凝灰岩组成，片理化发育。下段的下部为千枚岩夹凝灰岩、灰岩透镜体；上部为粉砂岩、杂砂岩和砂砾岩、少量凝灰岩组合。吴家堡组（P_1w）为泥质粉砂质板岩，夹泥质硅质岩组合。三者为不同沉积相的产物，修测中将其分别填出。

4. 于1:20万索伦幅所定的索伦组中发现并采集了大量的腕足类、珊瑚、䗴类、海绵等浅海相生物群化石，为确定测区的地层时代和进行区域地层对比提供了依据。

5. 经野外踏勘和地质填图中发现原1:20万索伦幅、前好力保幅定义的大石寨组中的蚀变安山岩应该为下侏罗统玛尼吐组中的地层，大石寨组中的地层经历了一次区域变质作用，而安山岩没有，所以不能把它划入到大石寨组中。根据岩性特征和矿物成分把它归并到玛尼吐组。

（二）岩浆岩。

1. 经野外地质踏勘和填图，初步查明索伦幅、乌兰浩特幅的岩浆岩的岩石组合，初步建立了测区的岩浆岩填图单元。

2. 采集了重要的岩石化学、硅酸盐、稀土和微量，以及同位素测年样品，为进行岩浆岩室内研究打下了基础。

3. 对敖勒斯台岩体进行了分解，1:20万前好力保幅中定义敖勒斯台岩体为燕山晚期侵入体，岩性主要为中细粒黑云母二长花岗岩、中细粒花岗岩及文象花岗岩组成。经过我们野外踏勘发现敖勒斯台岩体岩性主要为细粒花岗岩、黑云母二长花岗岩、中粒花岗闪长岩。其中在野外可以发现细粒花岗岩侵入到黑云母二长花岗岩和中粒花岗闪长岩中，根据它们之间的侵入关系、风化程度、所含矿物成分的不同，将它们分解为3个岩体，分别为早白垩世岩体、晚侏罗世岩体和中二叠世岩体。

（三）构造。

1. 测区跨越了西伯利亚和华北两大板块，但结合带的位置与属性尚存在争议，年度野外工作中以该结合带的调查与研究为重点，基本查明了其物质组成为一套含铬铁矿的超基性岩，基本查明了其空间分布，采集了部分重要的岩石化学和同位素样品。

2. 测区经历了多期次构造运动，不同时代的地质体遭受了不同的构造变形。经剖面修测，初步查明了早二叠世和晚侏罗世的褶皱样式。

3. 经野外地质调查，发现测区SN向和NE向断裂十分发育。其中SN向断裂为伸展正断层，多被花岗斑岩侵入，可能与大兴安岭构造岩浆岩带的成因有关；NE向断裂可能与区域成矿有关。

（四）矿产。

新发现磁铁矿矿化点一个，位于1:10万萨然台牧场阿其朗图南2km。矿化发育在安山岩和细粒花岗岩接触的外接触带上，矿化沿接触带外侧安山岩中较发育。呈红褐色条带状。在安山岩中见到的矿石矿物还有黄铜矿颗粒。斑黄铜矿粒状，金属光泽，大小0.2～0.5mm，星点状分布，局部富集。矿化可能为含铁热液蚀变引起的，其成因机制有待进一步工作。

三、西藏1:5万I45E017011，I45E017012，I45E018011，I45E018012幅区调

1. 成功运用先进的地学理论指导工作区1:5万地质填图，划分出了测区岩片叠置构造，共划分出9个不同特征的构造岩片，查明了岩片之间的断裂构造和岩片内的变形特征，合理的建立了区内构造格架。建立了岩群级单位4个，岩组级单位19个，非正式填图单位4个。

2. 合理的建立了测区的构造地层格架。提出测区地质构造格架主体为印支期俯冲增生杂岩，该增生杂岩的物质组成包括：晚古生代陆缘复理石沉积体系、陆缘滑塌块体、蛇绿岩和冰海杂砾岩等。

3. 运用同源岩浆演化的理论，详细解体了冈塘错的侵入岩体，划分了4个岩石谱系，建立了各岩石谱系的地质特征。

4. 项目特别重视物质属性和构造变形的调查研究。首次在测区开展 48km^2 的 1:1 万重点区解剖填图，极大地提高了区内调查研究程度，使该区内晚古生代俯冲增生的认识有了很扎实的基础。

5. 首次在测区发现榴辉岩和含甲烷的上升热泉，这些重大发现对基础地质和寻找石油资源、地热资源等提供了重要的线索。

6. 以项目为依托，发表文章6篇。

四、内蒙古扎木钦地区矿产远景调查

主要完成了①资料收集及业务培训；②1:5 万高精度磁测；③土壤地球化学测量；④遥感解译；⑤矿产地质填图等工作。取得了以下成果。

（一）地层。

对区内上侏罗统满克头鄂博组、玛尼吐组、白音高老组和梅勒图组进行了调查。发现原 1:20 万地质图上划为满克头鄂博组的灰白色、浅紫红色流纹质凝灰熔岩、熔结凝灰岩位于地形高处，盖在紫红色凝灰质含砾砂岩之上，两者接触关系因露头极差不清，推测可能为断层接触。

五岔沟玄武岩在区内可见到3个喷发旋回，在平岗上见黑色玄武质玻璃转石，路线上在修路取土坑见到从 2m 多厚的黑土下剥出来黑色玄武质玻璃露头，推测黑色玄武质玻璃可能位于最后一次喷发的顶部。

（二）岩浆岩。

测区东北角的岩体，由浅肉红色细粒花岗（斑）岩、中粗粒花岗岩、正长斑岩组成。侵入满克头鄂博组和玛尼吐组火山岩中。野外可见到细粒花岗岩侵入正长斑岩，在边部形成冷凝边；细粒花岗（斑）岩中见到有中粗粒花岗岩的捕虏体，其侵入顺序可能为中粗粒花岗岩→正长斑岩→细粒花岗（斑）岩。

南部岩体：由北西向南东首先见到中粗粒二长岩脉侵入灰黑色粗安岩，向南则为大片细-中粒正长斑岩，再向南又见到中粗粒二长岩脉，再向南见到细粒硅化花岗岩，由于粒度细，在野外不能确切的定名，也可能是硅化的凝灰岩，岩体附近有凝灰岩出露。

东部岩体是一个小岩枝，可能是一次火山机构，由正长斑岩组成，边部有冷凝边，为超浅成侵入体，侵入于玛尼吐组火山岩中。

这3个岩体均为超浅成岩体，显示了强力主动侵位的特征，已经将深部的中粗粒花岗岩和二长岩，以气球膨胀的方式顶到了地表。由于侵位浅，快速冷却，可以起到屏蔽成矿热液的作用，有利于成矿。另一个对成矿有利的条件是有同时代的闪长质岩浆的侵入。这些岩体已经有蚀变矿化显示。

（三）矿产地质调查。

通过详细的野外地质调查，在工作区已发现多处蚀变，表现为地表见褐铁矿化转石及石英脉转石。蚀变强度较大，一般为线型蚀变。

初步识别出5个主火山口，其中1个为线状火山机构，1个为裂隙式火山通道，1个破火山口；具有找矿前景的火山机构至少有5个，其中2个为次火山机构。

五、燕山成矿带遥感地质综合调查

1. 1:25 万成果。通过对 TM 数据和 CBERS 数据的解译和其他资料的叠加分析，摸清了工作区内的成矿地质背景，并在此基础上总结其成矿规律，划定了成矿远景区。

2. 1:1 万成果。矿山开发状况：随着全国矿产资源开发秩序整顿规范活动的深入，大量违规矿业开采点被关闭，界外开采点大幅减少，乱采滥挖现象正在得到有效遏制。2009 年度监测的 328 个矿山中，有证矿山 200 个，停采或关闭矿山 116 个，发现各种涉嫌违规开采点 31 处。其中，无证开采 30 处，越界开采 1 处。违法开采点主要为非金属矿山。

3. 矿山环境。北京门头沟-房山煤矿区内由矿山开发引起的矿山环境问题突出，存在大量矿山地质灾害（隐患）。共查明塌陷区 11 处（其中塌陷坑 264 个、地裂缝 25 条），面积约 2.47km^2，此外有崩塌 4 处、滑坡 6 处。

4. 矿业活动占用大量土地，累计查明各监测区各类矿业活动占地总计 6012.3 公顷，占调查面积 1.2%。其中，合法及废弃矿山占地为全部矿业活动占地的 79.5%，违规开采占地为 20.5%。北京地区矿山地质环境恢复治理工作进展良好，恢复治理面积占总矿山占地面积的 14.14%。

六、矿山监测工作精度实验对比与分析

在如下几方面取得进展：

1. 矿山目标物遥感图像变化特征监测系统优化。

2. 批处理系统研发。

3. 矿山目标物遥感图像变化特征监测阈值选择优化。

4. 大数据量遥感图像处理技术实现。

5. 监测结果格式化输出技术研究。

6. 云南兰坪矿山目标物变化特征监测。

7. 三维矿山目标物遥感图像变化特征自动监测进行了初步研究。

（苏田梅）

中国地质大学（武汉）地质调查院工作

中国地质大学（武汉）地质调查院

基础地质调查

一、青海1:5万中灶火地区四幅区调

岩石学方面，在古元古界金水口岩群中发现含石榴子石基性麻粒岩，具体岩石类型、成分及成因有待室内进一步研究，初步认为属于深部来源，对研究该区构造演化历史具有重要意义；在地层古生物方面，在中三叠统闹仓坚沟组中发现大量软体动物及腕足动物化石，主要门类有：双壳类、菊石类和腕足动物小嘴贝类，以及海百合茎等，从化石面貌看属于中三叠世，具体属种需室内进一步鉴定；在早中三叠统洪水川组中也在3个层位中发现双壳类化石和1个层位的植物化石（初步鉴定为 *Neocalamites* sp.）；在寒武系沙松乌拉组中发现遗迹化石。

二、西藏班戈地区地质矿产调查

（一）基础地质。

1. 白垩纪花岗岩。①锆石 U－Pb 定年及侵入岩序列划分，早白垩世花岗岩序列由北向南，出现由老到新，以及由英云闪长岩序列（140.6±5.7Ma）-花岗闪长岩序列（132.1±5.2～129.5±5.3Ma）演化特征，测区中部原厘定古近纪花岗岩（K－Ar，59.48Ma，吉林地调院，2003）实为晚白垩纪侵入体（锆石 U－Pb，80.0±3.5Ma）。②地球化学特征。早白垩世花岗岩在 TAS 图解中，他们投点落在花岗岩和花岗闪长岩区域内，亚碱性系列；在 SiO_2-K_2O 图上，主要落入钙碱性岩-高钾钙碱性区，具过铝质特点。稀土总量居中，轻稀土富集，重稀土亏损，中等负 Eu 异常。富集强不相容元素 Rb，Th，U，具有高场强元素 Nb－Ta 槽和 Ti，Sr，Ba 谷特点。晚白垩世花岗岩在 TAS 图解中分布于花岗岩区域，亚碱性系列，在 SiO_2-K_2O 图中其投点落入钾玄岩和高钾钙碱性岩区域，具准铝质特点。稀土总量较高，轻稀土富集，重稀土亏损，中等负 Eu 异常。富集强不相容元素 Rb，Th，U，具有高场强元素 Nb－Ta 槽和 Ti，Sr，Ba 谷特点。

2. 地层。本次调查发现，拉贡塘组与早白垩世花岗岩侵入接触关系，地层呈 NWW－SEE 向分布，主要为一套细碎屑岩（细砂岩、泥质硅质岩等）和安山质-英安质火山凝灰岩组成，未见碳酸盐岩，其碎屑岩钙质较少，其沉积环境应在 CCD 面之下，岩层以薄层极薄层为主，发育水平层理。以上特点看出，区内拉贡塘组为一套深水相沉积，沉积时代早于140.6Ma（英云闪长岩锆石 U－Pb 年龄），可能为侏罗纪班-怒特提斯洋岛建造，这将在下一步火山岩岩石学、同位素年代学、元素和地球化学系列测试分析中得到进一步证实。

3. 构造。在测区北部拉贡塘组、早白垩世花岗岩体和南部多尼组中，发现走向 NWW－SEE 陡倾-直立的右行走滑韧性剪切带。其中，发育于拉贡塘组的韧性剪切带宽约500m，主要由条带状糜棱岩、豆荚状糜棱岩和长英质糜棱岩组成，并有硅化蚀变现象，与围岩呈渐变过渡边界，发育 δ 型、σ 旋转碎斑和 S－C组构等，以及近水平矿物拉伸线理，显示右行走滑剪切运动特征。推测为大陆碰撞产物。产生于早白垩世花岗岩体性剪切带，宽约120m，地貌上为冲沟、山垭等负地形，由眼球状糜棱岩和糜棱岩化花岗质岩石组成，具不对称透镜状构造、见有硅化、钾化、绿泥石化和黄铁矿化现象。多尼组中韧性剪切带见发育密集石英脉，微褶曲、拉伸线理等构造，地表出露宽度约50m。

（二）地面高精度磁测。

1. 查明了测区磁场分布特征。1:5万地面高精度磁测结果显示出南高北低、南陡北缓的磁场特征，以查郎拉-都如给拉一线为界分为：南部查郎拉-供玛磁场变化区、北部甲龙多-锅荣相对平稳磁场区。其中，北部相对平稳磁场区总体磁场特征呈现宽缓异常形态、场值变化不大，与原有航磁异常特征基本一致，可以认为是整个工区的背景场区。南部磁场变化区总

体处于正磁异常场区，磁场呈现杂乱特征，由多个局部磁异常构成，并连片分布，异常值变化范围100～600nT，但大多数异常极值在300nT以下，且异常展布特征略有不同，西南部为团块状异常，而普足-麦学一线之东北，呈现多条北西向展布的串珠状异常带，其方向性较强。

2. 圈定了一批具有找矿意义的磁异常。根据综合处理研究和物探异常分类原则，在全区磁异常（ΔT）等值线平面图中圈定了82处异常，包括乙类异常33个，丙类异常6个、丁类异常43个，其中乙类异常为推断的矿异常或对解决其他地质问题有意义的异常，具有较好的找矿意义。具有代表性的乙类异常为：①位于多日阿，哑铃型异常，由两个似等轴状局部异常构成，总体为北东向展布的C59异常；②位于亿拢东南约1km处。由两个局部异常组成，西部异常范围较大，为主体异常，东部叠加次级异常，范围较小的C64异常。

（三）水系沉积物测量。

1. 划分了测区地球化学分区。根据测区地球化学在元素组合、异常和背景值特征等，大致以扎个来骇-都如断裂和玛二麦扎勒-玖如错断裂为界形成3个地球化学成矿远景区，由北到南为：来谷荣错-错扎W－Sn－Au地球化学区、日阿Cu－Pb－Zn－Ag地球化学区、玖如错Au－Pb－Zn地球化学区。

2. 圈定了一批具有找矿意义的化探异常。根据主要成矿元素和指示元素的含量、空间分布及地质背景，初步圈定大小异常53处，其中甲类异常6个，乙类异常42个（乙1类5个、乙2类12个、乙3类25个），丙类异常4个，丁类异常1个。其中最主要的具有很好找矿前景的乙1类异常主要为卞嘎日异常（HS－37－$乙_1$）、龙嘎异常（HS－47－$乙_1$）、曲入异常（HS－48－$乙_1$）、扎西弄迁异常（HS－21－$乙_1$）、岗果异常（HS－49－$乙_1$）等5处，且以卞嘎日、龙嘎等异常最好。这些异常元素组合主要为Cu，Pb，Zn，Ag，其次为W，Sn。

（四）综合选区与矿产概略检查成果。

1. 主要成矿认识。在前人资料基础上，综合测区成矿特征认为，测区至少存在4种成矿系列，分别为：①与早白垩世中酸性岩浆活动有关的钨锡成矿系列；②与晚白垩世中酸性岩浆活动有关的铜铁铅锌成矿系列；③与构造活动有关的铜金成矿系列；④与第四系河流沉积作用有关的金锡成矿系列。在上述成矿系列中，第②种是测区已发现矿床（点）最多、找矿前景最好的成矿系列。

2. 划分了测区成矿远景区。根据成矿地质背景、物探、化探、区域矿化特征等，划分了3个成矿远景区，分别为日阿-多巴Cu－Pb－Zn－Ag成矿远景区、麻库曲-普保W－Sn－Au成矿远景区、玖如错Cu－Au－Pb－Zn成矿远景区。在此基础上，进一步圈定了18个找矿靶区，其中A类找矿靶区7个，B类找矿靶区5个，C类找矿靶区6个。其中，日阿-多巴Cu－Pb－Zn－Ag成矿远景区是测区具有较好的矽卡岩型多金属成矿条件，包括A类找矿靶区6个，B类找矿靶区2个，C类找矿靶区3个。

3. 新发现了若干矿化点及找矿线索。在前人工作的基础上，新发现矿（化）点3处（分别为卞嘎日、亿拢、龙嘎）、矿化线索4处（分别为亿拢拉、曲机、则日拉、班戈东）。其中，卞嘎日和龙嘎目前的见矿情况较好，找矿潜力较大。

三、江西大余-定南成矿区遥感地质综合调查

项目设置了3个工作区，分别是赣东北、赣西和赣南矿聚区。

1. 赣东北工作区。赣东北工作区面积为10836km^2，其中矿业活动占地面积为36.66km^2，占整个工作区面积的0.34%。从开采占地矿种看，煤矿、铜矿和金矿占地面积最大；从矿业开发占地类型看，固体废弃物为主要占地类型。

矿山开发诱发的地质灾害主要为滑坡、泥石流、塌陷和地裂缝；工作区还存在1处大气污染点和两处水体污染。

2. 赣西工作区。赣西工作区包括萍-乐裂陷带和武功山北缘2个成矿集中区。主要矿产资源有煤、铁、锰、铜、钼、钨、铝、石灰石、高岭土、花岗岩、矿泉水等36种，煤炭远景储量达8.52亿吨，铁矿储量6760万吨，各种非金属矿产资源具有十分广阔的开发潜力。

赣西目前应用Rapideye，Geoeye和Quickbird 3种数据对区域内的矿产资源开发现状进行调查与监测，共解译图斑4035个，其中无证234个，越界478个。

矿产资源开发秩序中煤矿、非金属和建筑材料的无序开采问题相对严重，矿山环境问题以废弃煤矿的比较突出。私营企业造成的矿山环境破坏比国有企业造成的破坏严重。

3. 赣南工作区。赣南工作区主要开发钨（黑钨矿）、离子型稀土、锡、银、铅、锌、金、水泥用灰岩、萤石、麦饭石、透闪石等。以钨、稀土、锡、铋等矿产为富，赣南是中国重要的钨（黑钨矿）生产基地，同时也是中国重要的离子型稀土生产基地。

赣南目前应用 Quickbird 和 Worldview 两种数据对区域内的矿产资源开发现状进行调查与监测，共解译图斑 3468 个，其中无证 143 个，越界 356 个。

矿产资源开发秩序中离子型稀土无序开采问题得到基本控制，赣南钨矿的无证开采业有部分抬头趋势。但矿山环境问题中的水土流失、崩塌问题十分严重，需要尽快治理恢复。

矿产资源调查评价

一、矿产资源定量化预测新方法研究

1. 开展对基于知识驱动与数据驱动混合模型的模糊证据权方法的探索。针对计划项目提出的矿产资源潜力评价中两大关键科学问题（即预测区与模型区信息量不对等问题，知识驱动与数据驱动相结合问题），重点研究了模糊证据权方法，以及相关的定量化评价原理、模型和 GIS 技术，解决了知识与数据混合驱动问题。并进一步对影响证据权方法应用的条件独立性检验问题开展了数学基础理论探讨，提出了新的证据因子条件独立性检验方法，更加适合于在矿产资源预测中应用。

2. 提出以“奇异性-广义自相似性-分形谱系”为核心的非线性矿产资源定量化预测理论和方法。深入探讨了成矿奇异性原理，建立了奇异性事件时-空结构的“密度-面积（尺度）”分形-多重分形模型，以此提出了空间结构性随机场（如岩石元素密度分布等）局部奇异性分析方法，解决了奇异性事件的识别和空间预测难题。提出了广义自相似性理论，发展了在频率域、特征域、沃尔什域等开展多重分形模拟和场分解的分形滤波技术，为叠加异常的合理分解提供了新的思路。最终建立了以“局部奇异性-广义自相似性-分形谱系”为核心的非线性矿产资源定量化预测理论和方法，开辟了应用分形/多重分形理论解决异常和背景分解和隐蔽弱缓异常提取难题和进行矿产定量化预测的新领域。

3. 完成了《矿产资源预测方法、流程与实施方案》全文与《全国矿产资源预测方法》部分章节的编写。系统探讨了开展基于 GIS 的矿产资源定量化预测的工作流程，并利用实例加以说明。在此基础上，进一步对各步骤中常用方法进行了初步总结与深化，着重讨论了方法的使用条件和适用范围。这些方法包括：通过非线性空间信息提取技术定量确定控矿要素的最优组合及其空间图层表达形式、变量提取-变换-筛选方法、组合要素变量优化的空间统计方法、预测区定量圈定方法、预测区定量评价方法（含成矿概率计算方法、预测区边界确定方法、预测区优选-分类方法、矿床数估计方法、资源量估算方法等）。

在对国内外现有矿产资源定量化预测方法总结和对比的基础上，提出了矿产资源潜力预测评价的技术流程及针对 6 种矿产预测方法类型（沉积型、火山岩型、侵入岩体型、变质型、层控“内生”型和复合“内生”型）的矿产资源定量化预测方法组合，确定了以“矿床预测类型为纲、二级预测要素为目”实施方案，及主要数据流程。

4. 提出了不规则地质单元新方法（即具有明确地质意义的不规则预测单元法），有效地弥补了规则网格单元和地质体单元的不足。预测单元的划分是开展预测工作的重要环节。传统的单元划分方法有规则网格方法和地质单元方法，这两种方法各具优、缺点，网格方法简单，便于计算机操作，但缺乏地质意义，不便于预测变量的定义。地质体单元方法具有明确的意义，方便与变量选择，但单元边界确定较困难，且往往不能覆盖整个研究区，具有很大的人为性。项目组提出新的划分方法，即采用具有地质意义的不规则单元。这样的单元是采用恰当的预测要素图层组合来形成的，具有明确的地质意义。它以各要素图层的边界作为其自然边界单元的形成和单元内变量的取值等可在 GIS 环境下自动形成。从而避免传统人工取值操作造成的人为误差，有利于提高预测精度。

5. 完善了矿产资源评价软件 GeoDAS。对地学数据处理和矿产资源评价先进软件 GeoDAS 进行了操作界面的汉化和与 MapGIS 兼容性的优化，确定最优软件技术组合。研制和开发了基于 GIS 的预测单元划分、模糊证据权、未发现矿床数估计、资源量估算等软件模块，并成功引入 ArcGIS 的建模器技术，为地质人员、矿产评价人员和 GIS 操作人员搭建了统一而便利的工作平台，并实现了建模与自动实施的有机结合与统一。并向中国地质调查局捐赠了 50 套最新版本软件（GeoDAS 4.0），国土资源部汪民副部长等出席了捐赠仪式，并给予高度肯定。

6. 开展矿产定量化预测示范研究和技术培训与技术指导。开展东天山地区海相火山岩型铁矿、冀东地区沉积变质型铁矿和个旧地区侵入岩体型锡铜多金属矿床的预测和评价工作，取得了显著的实际效果，并参与编写《成矿规律研究和矿产预测典型示范工

作总结报告》。2009年5月分别在杭州和西安召开了全国矿产资源潜力评价预测软件东部和西部培训班，并于7月应邀参加矿产预测综合技术西藏培训班，对省级项目组矿产预测专业技术人员进行了矿产定量化预测方法和GeoDAS软件培训，参加培训的人员达到300余名。此外，还对各省级项目组进行技术指导，并参与预测成果的验收等工作。

二、鄂西、鄂东南及江西大余-定南成矿区矿山开发遥感调查与监测

（一）年度调查结果。

1. 就开采点数量而言，湖北省已调查的9个工作区共有开采图斑1178个，其中界内开采图斑609个（占开采点总数的52%），越界开采图斑180个（占开采点总数的15%），无证开采图斑329个（占开采点总数的28%），关闭或废弃开采图斑60个（占开采点总数的5%）。

2. 按矿种分析，区内主要矿种之一的煤矿开采秩序良好，无违法现象；磷矿存在一定界外开采现象，越界8处，无证9处；区内主要金属矿种铁矿、铜矿开采秩序均较好，仅铁矿有2处无证、越界8处；非金属矿中石灰岩及花岗岩等建筑石材，开采秩序较差，越界及无证等违法情况严重，需进一步治理整顿。

3. 大部分界外开采为露天开采矿种。砖瓦、水泥用粘土包括了采矿证中登记的砖瓦用粘土、砖瓦用页岩、砖瓦用砂岩、水泥配料用页岩、水泥配料用红土；花岗岩、闪长岩类包括了采矿证中的花岗岩、建筑用花岗石、建筑用闪长岩、闪长岩、饰面用大理石、饰面用花岗岩；膨润土类包括了采矿证中的安山岩、凝灰岩、膨润土；石灰岩类包括了采矿证中的建筑石料用灰岩、石灰岩、水泥用灰岩、制灰用灰岩。

（二）基本情况分析。

1. 矿产资源开发状况。监测结果表明，湖北省矿产资源开发状况总体较好，各个监测区的主要矿种开采秩序较为规范，如鄂西南煤矿区；但是保康磷矿区磷矿界外开采现象出现反弹。

存在的共性问题是：各区灰岩类、建筑石料用矿产开采秩序较差，越界和无证开采现象相对主要矿种而言较为明显。

2. 矿山地质环境。近年来，随着矿产资源开发逐渐成为社会热点，矿山地质环境问题也日益严重，成为各级国土部门关注的焦点。通过对保康磷矿区地质环境状况遥感调查与监测结果可以看出，该区域的矿山地质环境问题得到了一定程度的重视并取得了一定的成果，一些对环境破坏严重的小型矿山被关闭，当地的生态环境恢复工作也在进行之中。

但同时该区域的矿山地质环境问题仍然还比较突出，主要体现以下几个方面：

1. 越界开采和无证开采的矿山所造成的固体废弃物污染，以及其对植被和土壤的污染和破坏。矿山开采面和固体废弃物的堆积面积有所增加，保康磷矿区磷矿产生的固体废弃物含有重金属、硫、磷等有害物质，经雨水淋滤作用，有害物质被溶解于水中并带入地下或地表水，对土壤、植被和水质造成了污染。

2. 磷矿开采所修建的道路，以及其固体废弃物随意堆放，对道路两侧的植被造成破坏。

地质科学研究

一、青藏高原新生代隆升与环境演变

我们以青藏高原新生代隆升相伴的重大地质事件为切入点，如构造抬升剥露、盆山耦合、沉积响应和河湖水系演化等，通过对全高原644个裂变径迹低温年代学分析测试数据的综合分析和各世构造岩相古地理的详细编图与点上精细剖面解剖，将青藏高原新生代的隆升及其沉积响应划分为8个阶段：①65～56Ma：印度与欧亚板块初始碰撞，恒河前陆盆地和成都、塔里木压陷盆地形成。②55～45Ma：印度与欧亚板块碰撞高峰期，高原北部柴达木-可可西里-羌塘压陷盆地和东北缘的兰州-西宁压陷盆地形成，高原东缘走滑拉分盆地初始形成。③44～35Ma：约40Ma藏南新特提斯残留海消亡，印度与欧亚板块全面完成碰撞；约40Ma以来：喜马拉雅沉积缺失，冈底斯带存在区域不整合面，标志喜马拉雅和冈底斯的初始隆升。④34～23Ma：沿冈底斯带南缘广布大竹卡组砾岩，可可西里-沱沱河地区角度不整合面发育，并使盆地内的古近纪地层抬升变形，指示可可西里-沱沱河开始隆升和冈底斯继续隆升，高原东北缘出现临夏-循化-贵德新的压陷盆地；约23Ma时，塔里木海相沉积结束，高原及周边不整合面广布，标志高原整体隆升。⑤22～13Ma：喜马拉雅-冈底斯-西昆仑快速隆升；高原周缘压陷盆地和高原内的大型坳陷盆地全面发展；高原东缘走滑拉分盆地发育进入鼎盛期。⑥12～8Ma：喜马拉雅-冈底斯隆升到相当高度，使该带因东西向伸展而导致南-北向断陷盆地形成。⑦7～5.5Ma：高原腹地和周缘大型湖泊进入湖退期，藏南断陷盆地发育进入鼎盛期。⑧5.4Ma以来：高原整体隆升；高原内和周缘盆地沉积萎缩；约3.5Ma高原周缘堆积巨砾岩。

二、青藏高原新生代磷灰石裂变径迹年龄直方图与构造隆升阶段划分

通过对青藏高原新生代98个残留盆地分布格局、充填序列和时空演化分析揭示出青藏高原新生代隆升的最重大地质事件是：古近纪青藏高原的总体地貌格局为东高西低，此后经过新近纪12～8Ma和5Ma以来重大的不均衡隆升，青藏高原转变为现今的西高东低的地貌格局。青藏作为一个统一的高原在新近纪晚期发生了重大的地貌反转事件。

通过典型剖面精细解剖并与新生代全球气候变化对比研究，初步建立了青藏高原新生代气候-环境变化框架。

三、东昆仑布尔汗布达花岗岩浆活动及成矿构造背景

通过对东昆仑布尔汗布达地区的广泛调查和典型地区的详细解剖，结合年代学和岩石组合特征的整体对比，研究区显生宙花岗岩类岩浆活动及成矿作用的总体规律是：

1. 研究区显生宙花岗岩类的形成时代以晚二叠世—中三叠世为主（260～230Ma），仅出露少量早古生代花岗岩类（460～400Ma）。

2. 晚二叠世—中三叠世花岗岩类岩石类型主体上以花岗闪长岩、二长花岗岩和钾长花岗岩为主，有少量辉长岩、闪长岩和石英闪长岩，花岗岩石组合中以含有暗色微粒包体、暗色矿物以角闪石和黑云母组合、结构以似斑状和等粒为特征，产于其中的岩脉类型多样，有煌斑岩脉、闪长玢岩脉、花岗斑岩脉、正长斑岩脉等。

3. 早古生代（460～400Ma）花岗岩类岩石类型以中粒花岗闪长岩-花岗岩和粗粒花岗闪长岩-花岗岩为主，前者以中粒结构、矿物组合含黑云母和石榴石、与元古代金水口群联系紧密为特征，含少量基性岩，年龄为430～400Ma，后者以粗粒结构、花岗闪长岩含角闪石、花岗岩仅含少量黑云母为特征，年龄为460～430Ma。

4. 研究区晚二叠世—中三叠世花岗岩类起始于260Ma，在240Ma达到高峰，结束于230Ma，总体上构成连续的岩浆作用序列。与全球典型俯冲带岩浆作用不同，研究区花岗岩类成分特征较为均一，源自大陆下地壳物质部分熔融，至晚期岩浆源区中大陆上地壳物质明显增加，结合火山岩和沉积学研究结果，这揭示了古特提斯洋向北消减-碰撞造山背景下的复杂壳幔作用过程。

5. 研究区早古生代花岗岩类岩石类型由早至晚明显不同，由早期I型花岗岩类转变至晚期S型花岗岩类，诺木洪南部419Ma还存在洋脊枕状玄武岩，其西部泥盆纪牦牛山组磨拉石建造形成时代为423～400Ma，这说明研究区早古生代花岗岩类由早至晚岩石属性的变化反映了始特提斯消减-碰撞造山的过程。

6. 研究区主要矿床类型为蚀变岩型金矿和矽卡岩型铁矿，金矿规模较大，如五龙沟金矿。五龙沟金矿主成矿期为印支期，矿体严格受北西—北西西向脆-韧性断裂带控制，是碰撞-碰撞后阶段热事件的产物。

四、秦岭及其邻区成矿条件及选区研究

1. 开展秦岭造山带北缘斑岩成矿带钼钨铜多金属成矿规律和找矿方向研究，提出秦岭造山带北缘斑岩型成矿带为一条巨大的跨单元的北西西向印支-燕山期斑岩型钼、钨、铜、金、银成矿带，有进一步发现大型斑岩型钼、钨、铜多金属矿床的成矿前景。并指导甘肃武山温泉斑岩钼矿、青海同仁县江里沟矽卡岩-斑岩型钨钼铜矿、陕西王河钼矿勘查有突破。

2. 开展扬子地块北缘层控铅锌矿成矿条件与找矿方向研究，指导马元式铅锌矿床找矿取得重要进展。对扬子台北缘（从陕南马元-鄂西白鸡河）震旦系铅锌矿的成因类型、控矿因素、找矿方向进行了综合研究，提出“扬子台缘型层控铅锌矿成矿系列组合”的新认识。将扬子台北缘震旦系铅锌矿的成因类型分为3类：沉积型（凹子岗式）、沉积-弱改造型（冰洞山式）、强改造型（MVT型）（马元式），它们构成一个以锌富集为主的层控铅锌矿成矿系列组合，在空间上、成因上有密切联系，形成时间上跨度大、复合型的成矿系列组合。通过对马元-白玉铅锌矿成矿作用特征及成矿条件研究，以及对贵子沟-冰洞山、白鸡河-凹子岗地区重点铅锌矿床（点）成矿作用特征的进一步研究，深化扬子北缘层控铅锌矿床成因机制和成矿规律的认识。并提出了找矿方向和工作部署建议，为马元式铅锌矿床的勘查提供了重要依据。

3. 秦岭金矿成矿条件和成矿规律的初步总结研究。纵观秦岭地区内生金矿床形成的主体地质作用成矿空间域和时间域，可以看出，最重要的金成矿作用都与印支末—燕山期秦岭陆内造山运动中的构造-岩浆-热液流体作用有密切关系，最重要的工业矿体形成时间也主要集中在印支末—燕山期（210～90Ma）。因此，可以将秦岭成矿带中内生金矿床成矿系列都归为与陆内造山过程中构造-岩浆-热液作用有关的金矿成矿系列。此外，与第四纪沉积和风化作用有关的砂金矿可单独划分为一个成矿系列。内生金矿成矿系列包括6个主要类型：①石英脉型金矿床，如文峪、杨柴峪、老鸦岔、东闯、四范沟、金硐岔、柴家庄、高庄等；②构造蚀变岩型金矿床，如煎茶岭、铧厂沟、上宫等；③微细浸染型（卡林型）金矿床，如拉日玛、邛莫、大水、鹿儿坝、李坝、早子沟、联合村、马鞍桥、八卦庙、安家岔、庞家河等；④角砾岩型金矿床，如祁雨沟、雷门沟、双王、二台子等；⑤矽卡岩型金矿床，如阿西等；⑥火山岩型金银矿床，如皇城山等。

此外，产于三叠纪硅质岩（硅质角砾岩）中的大桥金矿的归类还有待进一步研究。

4. 根据秦岭成矿的多样性，开展成矿新类型、新层位，以及成矿异常的研究，指导进一步普查工作。根据近几年的找矿成果、区域成矿异常的综合研究与考查，表明在一些地区仍具有发现新的贵金属及多金属矿化类型和新层位的可能。如凤县老厂铅锌矿床、西和县大桥金矿、雪坪沟钨矿、碧口地体中的金矿等，其赋矿层位和矿化类型有特色，通过对新发现矿产地的初步研究，提出草滩沟群黑矿型矿床、三叠纪层控金矿与韧性剪切带型金矿等在区域上有找矿前景，丰富了秦岭地区的找矿类型和找矿层位。

5. 进一步完善了秦岭成矿带成矿系统与成矿谱系。根据构造环境、成矿条件、成矿作用及矿床组合特征分析，进一步研究了秦岭造山带及邻区内生金属矿床成矿系统和成矿谱系，总结了区域成矿演化规律。从区域成矿演化规律（成矿谱系）看，秦岭地区区域成矿作用表现为多旋回性、继承性、叠加性、新生性和爆发性。不同的成矿系统对矿床类型上有选择，在成矿时间和作用强度上有变化、但空间上有重叠，显示复合成矿的特点。印支末—燕山期、海西期和晚元古代成矿强度大，是秦岭地区的主要成矿时期（成矿爆发期）。尤其有 Pb，Zn，Ag 矿和 Au 矿具有明显的叠加性和复合性，而印支末—燕山期斑岩型 W，Mo，Cu 多金属矿床具新生性，具有形成大型矿床的环境与条件。

6. 成矿预测与选区研究。综合研究了区域地质-地球物理场与成矿的关系，研究了主要成矿元素地球化学组合异常分布规律，主要成矿系列的成矿条件与时空分布规律，初步构建了与岩浆作用有关的钼钨铜多金属矿床、马元式铅锌矿床的成矿模式，提出了找矿方向，开展区域成矿预测。

通过深入挖掘和综合分析多元找矿信息，在区域成矿预测基础上，进行找矿选区研究，综合评价成矿预测区成矿概率和资源潜力，提出矿产勘查进一步工作部署建议。并注意跟踪区内矿产资源调查评价项目与矿产勘查进展，及时将研究成果与认识反馈到生产单位，对矿产评价与勘查提出建议，对本区找矿工作起到了指定与促进作用。

五、工程地质学科发展战略及对策研究

根据对重大工程的调研及区域规划的需求分析，发展了为重大工程及区域规划服务的区域稳定性理论。

我们根据中国地震特点及3种理论的适用性，提出应构建基于板块学说、地质力学和大陆动力学理论的相互补充的工程地质区域稳定性评价体系，发展和完善工程区域地壳稳定性理论。

1. 引入大陆动力学理论完善工程区域稳定性理论基础。产于龙门山造山带与四川盆地之间的挤压-走滑边界上的汶川地震是典型的板内地震，震源深度为12km左右，具有板内地震的基本特征。板块理论对大陆内部有局限性，不适用于大陆内部地壳分层结构和盆山结构，不能合理分析大陆板内的构造变形及岩浆作用、大陆下地壳的低速层和低阻层、大陆岩石圈的分层流变、和大陆板内地震的成层分布。发展工程区域稳定性大陆动力学理论基础，完善工程区域稳定性理论显得十分迫切。

2. 构建基于板块学说、地质力学和大陆动力学理论的相互补充的工程地质区域稳定性评价体系。板内地震与板缘地震在构造背景、岩石圈结构、孕震构造、蕴震构造、发震构造、震源介质、震源定位、震源层分布、地震迁移、孕震过程、震源机制等方面存在显著的差异。板块学说主要适用于板缘地区，大陆动力学后板块学说则适用于板块内部。地质力学理论可以应用于具体分析构造体系及其力学规律。因此，作为工程区域地壳稳定性重要理论基础的大陆动力学理论有其不同特征和适用范围，根据中国板内地震的特点，应更多地应用和发展大陆动力学后板块学说，以发展和完善工程区域地壳稳定性理论。

3. 活断层与地震活动性预测。在地震发育的大陆活动构造单元，下地壳孕震层、中地壳蕴震层和上地壳发震层（活断层）的共同存在是地震活动必要条件。因此，仅仅从活断层的存在及其活动强度来预测地震活动性与强度是远远不够甚至是错误的，必须将下地壳、中地壳和上地壳结构作为一个整体加以研究和判别。按照大陆动力学理论，上地壳脆性逆冲-平移断层是发震构造，它的活动性不是确定地震强度的主要依据，有时较弱的活动性反而是可能发生强震的标志。

4. 工程区域地壳稳定性评价指标体系。①区域地壳稳定性评价指标：地壳稳定程度是工程环境的基本因素，它不仅涉及地震烈度问题，也是工程地质学评价和研究的重要方面。根据大陆动力学理论，在板块内部，孕震构造为下地壳韧性层流，蕴震构造为中地壳脆-韧性剪切带，而发震构造上则为地壳脆性逆冲-平移断层。我们认为，下地壳韧性层流、中地壳脆-韧性剪切带和地壳脆性逆冲-平移断层的存在与否、发育规律，是工程区域地壳稳定性分级分区的重要指标。基于此提出区域工程地壳稳定性分级的评价指标。②区域地壳稳定性安全岛：大陆板内地震是下地壳热活动的结果，下地壳韧性流动引起中地壳顺层脆-韧性剪切和上地壳脆性断层运动。根据下地壳流层的厚度、黏度、热结构、熔融程度、热动力强度及其对上地壳应力场和脆性断层活动性的制约关系，可以对大陆地壳的活动性和烈度进行分区评价。因此，安全岛的划分亦应突出地壳结构的3个层次特点，这是大陆内部安全岛划分的核心指标。

六、汶川地震区岩体稳定性评价技术方法

（一）初步查明了地层岩性与工程地质灾害的关系。

根据野外调查，工程地质灾害除与地形地貌、地质结构和与发震断层空间关系密切相关外，地层岩性与工程地质灾害具有重要关系，彭灌杂岩体所衍生的地质灾害以崩塌、垮塌为主，灰岩与此类似；主要分为“剥皮”、楔形体滑崩、崩塌。板岩、千枚岩多形成滑塌、滑坡等次生地质灾害。

依据上述分类特点，映秀为崩塌典型研究区，映秀典型岩体崩塌包括：老虎嘴岩质边坡、兴文坪岩质边坡和百花大桥岩质边坡。陈家坝为典型岩体滑坡研究区。北川（重点是陈家坝地区）的3个典型高速远程滑坡：空坟子滑坡、崔家油坊滑坡和孙家园子滑坡。

（二）查明了典型岩体崩塌、滑坡工程地质条件。

进行了老虎嘴岩质边坡、兴文坪岩质边坡和百花大桥岩质边坡、空坟子滑坡、崔家油坊滑坡和孙家园子滑坡工程地质调查，查明了工程地质条件，初步分析了其地震条件下破坏机理。

（三）查明了汶川断裂带特征与岩体破坏的关系。

汶川地震是典型的板内地震，由映秀-北川断层与中地壳脆-韧性剪切带共同控制震源；映秀-北川断层、江油-都江堰断层和山前隐伏断层向NW方向倾斜的叠瓦状组合形式产出，老地层逆冲到新地层之上，发育飞来峰，彭灌杂岩与盖层之间的汶川-茂县断层及上盘次级断层的拆离断层的性质；汶川-茂县拆离断层具有韧脆性转换变形特征，与彭灌杂岩的隆升、剥露和盖层揭顶作用有关。北川-映秀断层和安县-灌县断层除显示逆冲兼右行平移性质外，早期存在左行平移运动。

地表破裂长度超过350km，主要分布在映秀-北川断层的中段，其次为汶川-茂县-青川断层的北段，江油-都江堰断层的南段也有地裂缝，地表破裂带呈右行左阶组合，在北川以南具有逆冲和平移性质，在北川以北以右行平移为主。小鱼洞在彭州小鱼洞至磁峰之间地表破裂发育，在约7km的地表破裂带中主体是逆冲兼右行破裂，局部出现左行破裂，最大同震垂直位移可达3.0m。

汶川地震引发了大量的滑坡，它们数量多、分布广、破坏严重，其滑移机理和特征与一般的重力滑坡不同，明显受控于强震作用，表现出高势能滑移和抛滑的特征；岩石岩性与工程地质灾害具有一定的关系，如彭灌杂岩体所衍生的地质灾害以崩塌、垮塌为主，灰岩与此类似；而板岩、千枚岩多形成滑塌、滑坡等次生地质灾害。在构造软弱面发育的地方，次生地质灾害发育的频度、强度一般较大，特别是在断层带附近，往往发育大规模的滑坡、滑塌和泥石流。

（四）建立了结构面几何特征概率模型参数。

获取了平面网络图、连通网络图、线密度分布图和RQD值分布图，为岩体稳定性分析奠定了基础，建立了结构面几何特征概率模型参数。

（五）初步提出了工程区域稳定性评价体系。

提出应构建基于板块学说、地质力学和大陆动力学理论的相互补充的工程地质区域稳定性评价体系，为强震区工程岩体稳定性评价提供基础依据。

1. 引入大陆动力学理论完善工程区域稳定性理

论基础。产于龙门山造山带与四川盆地之间的挤压-走滑边界上的汶川地震是典型的板内地震，震源深度为12km左右，具有板内地震的基本特征。

板内地震与板缘地震在构造背景、岩石圈结构、孕震构造、蕴震构造、发震构造、震源介质、震源定位、震源层分布、地震迁移、孕震过程、震源机制等方面存在显著的差异。板块学说主要适用于板缘地区，大陆动力学后板块学说则适用于板块内部。地质力学理论可以应用于具体分析构造体系及其力学规律。因此，作为工程区域地壳稳定性重要理论基础的大陆动力学理论有其不同特征和适用范围，根据中国板内地震的特点，应更多地应用和发展大陆动力学后板块学说，以发展和完善工程区域地壳稳定性理论。

2. 活断层与地震活动性预测。活断层是指目前正在活动着的断层，或是近期曾有过活动而不久的将来可能会重新活动的断层。后一种情况也可称为潜在活断层。人们都注重研究从第四纪以来反复活动着、与地震活动紧密相关、今后可能继续活动的断层。人们更为关注的是“不久的将来”断层有无活动的可能性。

按照大陆动力学理论，上地壳脆性逆冲-平移断层是发震构造，它的活动性不是确定地震强度的主要依据，有时较弱的活动性反而是可能发生强震的标志。

3. 工程区域地壳稳定性评价指标体系。①区域地壳稳定性评价指标。地壳稳定程度是工程环境的基本因素，它不仅涉及地震烈度问题，也是工程地质学评价和研究的重要方面。根据大陆动力学理论，在板块内部，孕震构造为下地壳韧性层流，蕴震构造为中地壳脆-韧性剪切带，而发震构造上则为地壳脆性逆冲-平移断层。我们认为，下地壳韧性层流、中地壳脆-韧性剪切带和地壳脆性逆冲-平移断层的存在与否、发育规律，是工程区域地壳稳定性分级分区的重要指标。基于此提出区域工程地壳稳定性分级的评价指标。②区域地壳稳定性安全岛。大陆板内地震是下地壳热活动的结果，下地壳韧性流动引起中地壳顺层脆-韧性剪切和上地壳脆性断层运动。根据下地壳流层的厚度、黏度、热结构、熔融程度、热动力强度及其对上地壳应力场和脆性断层活动性的制约关系，可以对大陆地壳的活动性和烈度进行分区评价。因此，安全岛的划分亦应突出地壳结构的3个层次特点，这是大陆内部安全岛划分的核心指标。

岛的边界特点是：①显见或隐状的活动断裂系或构造带。②地震，特别是强震、大震明显沿边界断裂分布，或走滑与升降运动最显著的地带。③重力、地磁、地电和地热等地球物理场异常带，尤以高级“岛”的边界体现突出。④自然物理地质作用或人为诱发灾害带状活跃区。

岛的内部特点是：①构造活动较均一，活动强度明显低于边界。②不存在中地壳脆-韧性剪切带；不存在上地壳脆性逆冲-平移断层，尤其该带无隆起或倾斜。③地质结构基本一致。

七、青藏高原资源开发的环境承载力评价方法研究

在制定并完善了项目总体研究思路和完成了青藏高原资源开发与地质环境相互作用机制研究的基础上开展了下述工作。

（一）构建了评价方法体系。

为了适应不同空间尺度上资源开发的地质环境评价需要，将青藏高原资源开发的地质环境综合评价工作划分为3个层次进行：第一层次为大尺度范围（1:25万）的“青藏高原矿产资源重点勘查规划区资源开发的环境敏感性评价”。第二层次为中等尺度范围（1:5万）的“资源开发的环境适宜性评价”和第三层次为小尺度范围（1:1万）的“工程布局的场地地质环境适宜性评价”。

（二）开展了示范评价。

1. 第一层次示范评价：选择西藏达孜-工布江达铜钼铅锌规划区和三江源沱沱河煤铁铅锌规划区，开展环境敏感性评价。

2. 第二层次示范评价：选择西藏达孜-工布江达重点勘查规划区内的2个铜资源接续基地和三江源沱沱河煤铁铅锌规划区内的1个煤资源接续基地，开展环境适宜性评价。

3. 第三层次示范评价：从西藏达孜-工布江达重点勘查规划区内的1个铜资源接续基地中选择1处大型矿区，开展矿山工程布局场地适宜性评价。

通过上述示范评价，对建立的评价方法进行校验。为青藏高原22个矿产资源重点勘查规划区、200多个重要资源接续基地和若干大型矿区的矿产资源开发的环境承载力评价提供基础和示范。

目前，按照任务书要求，2009年已经完成第一层次的示范评价工作，编制了相关的评价图件。

（三）完成了指南送审稿编写。

编制完成了《青藏高原资源开发的环境地质综

合调查评价技术指南》（征求意见稿），并将于2009年底提交该技术指南的送审稿。

地质调查信息工程

长江中游城市群地质环境调查信息系统和四维地质填图平台建设方法研究项目2009年度取得的主要成果包括信息系统数据库技术方法、三维地质建模和属性建模技术方法、动态评价技术方法。

（一）采用C/S与B/S结合方式。

综合考虑目前该系统建设现有软、硬件条件及未来使用该系统的实际情况，结合系统数据采集成本高、来源广、类型多、数据量大且需要进行复杂的二维、三维图形处理和操作的特点。基于对系统基本需求、系统用户和系统建设目标的分析，平台采用一种C/S结构与B/S结构并存的软件体系结构，以适应并支持局域网和广域网两种网络环境。其中政府相关职能部门用户借助其内部局域网，以C/S方式使用系统，下属单位及相关专业机构借助VPN网络，以C/S方式使用系统。系统外的其他用户通过广域网以B/S方式访问系统地质信息资源。信息发布和检索采用B/S三层结构；数据输入及管理、系统管理及维护、专业分析及应用等采用C/S结构。

（二）三维地质体几何建模技术。

三维地质体模型旨在揭示地质体的分布状态和结构形式，是地质体的三维直观反映。三维地质构造建模的目的就是将钻孔资料、柱状图、地质剖面图、等值线图等转化为直观的三维可视化信息。

在城市三维地质结构调查中，由钻探获取的钻孔信息可提供直观的地质信息，然而由于钻孔的数量有限且空间分布是离散的，要想获取钻孔之间连续的三维地质结构信息，就必须在已知钻孔处地层信息基础上，依据区域地学规律建立地层结构模型，因此，本项目成果提出了建模技术及步骤：①基于钻孔的地层划分；②基于钻孔的剖面（纵剖、平剖）地层连接；③基于钻孔和剖面（纵剖、平剖）信息的三维构模。系统采用“钻孔-剖面-地层实体”的建模方法，即可根据建模区域内钻孔、剖面等数据建立三维地层结构模型。

（三）三维地质体空间数据插值技术。

地质体内部属性特征是地质体三维可视化研究的另一个重要方向，地质体内空间属性特征主要指地质体的物理、化学、生物和力学等方面的特性，可以分为定性和定量两种属性。根据工程地质、水文地质钻孔、地球物理的测试资料，可得到表征地质体的工程地质属性和水文地质属性的三维离散数据，这些数据是城市地质调查中最感兴趣的主要属性特征。

由于地质体内的各种属性一般是在三维空间中连续变化的地学现象，对非连续性的数据进行插值处理，即可建立上述物化属性的三维属性模型。因此，本项目提出了三维属性建模及可视化的关键技术：空间统计学的属性插值，目前常用的几种空间探索方法主要有距离反比加权法、空间统计方法、多元空间统计方法等。其中多元空间统计方法又包括了多种算法，如协同克里格法、因子克里格法等。

（四）人机交互和多界约束条件下的属性建模。

受几何形态和空间展布状态的约束，地质体的属性常常具有空间突变、变异性强的特点，仅依靠地质统计学的手段难以对它进行合理的定量化描述，地质工程师的专业经验是属性自动化建模方案的必要补充。因此，本系统开发了人机交互的属性建模功能。此外，地质体中存在着形态各异、类型多样的空间分界面，他们通常造成了地质体属性特征空间分布的突变。空间插值技术本身不具备描述这种空间强烈变异的能力，需要在应用地质统计技术的时候对空间域进行多界面的限定，在满足适用条件的局部范围内进行属性建模。

（五）三维地质结构可视化系统的实现。

三维模型显示分析模块主要有以下功能：①模型切割；②单元爆炸显示；③地层剖面三维展示；④地下空间开发可行性分析。

（六）动态评价系统与四维地质填图技术方法研究。

动态评价系统的研发是本工作项目的亮点，是最有可能体现本次四维地质填图技术方法创新的前沿，也是最为关键的研究和开发内容。围绕“综合分析评价”为核心，以地下水资源动态评价建设方法研究为重点。

动态评价系统包括地下水资源量动态评价、经济或地质环境约束下的可用资源量评价，以及在经济或地质环境约束下的地下水开发利用方案评价、岩溶塌陷危险性动态预测等。

模型建立方法分为：基于网格的建模方法和基于概念的建模方法。前者是：确定模型类型—设置坐标系—网格化—设置参数；后者是：设置坐标系—基于GIS描述研究区水文地质条件（边界条件、初始条件、各种源汇项）等信息，然后网格化及网格节点或单元参数赋值。

动态评价平台的数据前处理模块与城市群地质环境调查信息管理系统实现了完全耦合，相应的数据处理和模型输入/输出模块可以采用系统的三维可视化模块显示静态参数和动态参数。

（七）长江中游城市群城市地质环境数据库标准的制定与规范化整理。

1. 2009年完成了数据库设计方案，统一了数据格式、数据项、术语符号，统一了信息分类与编码标准化，设计了数据表之间的逻辑关系，拟定了数据库结构。为进行数据统一化，标准化打下了良好的基础。

2. 完成了历史多源资料数据汇总与分析，充分收集和汇总了各类已有地质资料和成果，包括区域地质调查、矿产、水文地质、工程地质、地热、地震、物探、地球化学等。重点收集了各类钻孔资料，以及建筑地基开挖、地下工程施工等揭露的地质资料，作为项目的原始资料归类保存。

3. 完成了长江中下游城市群地质环境调查数据录入管理系统，并完成前期相应的测试。系统主要用于城市群地质环境调查数据库数据的录入、查询、修改、导入/导出、类型变换，以及数据标准化、动态数据库维护更新。

地质调查工作战略研究

国土资源调查评价需求分析与规划部署研究项目成果主要包括以下6个方面：

1. 基础地质调查评价需求分析与规划部署。

基本完成了国家基础地质调查评价的现状分析及效益分析，制作完成“全国中比例尺区域地质调查工作程度图（2008年）”、“全国1:5万区域地质调查工作程度图（2008年）”、“全国中比例尺区域地球物理调查工作程度图（2008年）”、“全国中比例尺区域地球化学调查工作程度图（2008年）”、“全国海洋区域地质调查工作程度图（2008年）”、“全国城市地质调查工作程度图（2008年）”、“全国农业地质调查工作程度图（2008年）”等基础地质调查评价工作程度图。分析了中国基础地质调查评价的主要问题在于，总体调查工作程度较低，且调查质量参差不齐，已不能完全满足现阶段社会经济发展的需求，亟待更新和完善。

通过基础地质调查评价现状及成效分析，结合国际形势并通过国内外基础地质调查评价工作对比，完成了基础地质调查国际需求分析；提出了在提高中国基础地质调查水平、应对全球变化和顺应全球一体化等方面对基础地质调查的具体需求。结合国内发展趋势，完成了基础地质调查国家主体需求分析；初步提出在促进地球科学进步、保障资源供给和发展社会公益事业等方面对地物化遥工作的具体需求；完成了在维护海洋权益、促进城市和农业发展方面对海洋地质、城市地质和农业地质的主要需求。针对中国快速城市化趋势，初步完成了“重要城市基础地质调查评价集成需求分析”。

对中国基础地质调查评价的现状与需求进行了对比，在总结中国历年基础地质调查评价的经费投入和部署工作量的基础上，完成了“十二五”期间基础地质调查需求测算，初步提出了全国基础地质调查评价“十二五”规划部署建议。

2. 土地资源监测调查需求分析与规划部署。

基本完成了中国土地资源监测调查的工作进展及效益分析，并分析了现有工作的主要问题在于：调查内容、范围、尺度不够；调查成果社会化服务水平的深度和广度不够；调查成果集成有待加强等。

从满足国家宏观决策和社会各界对土地资源监测调查信息的需求出发，初步完成了土地资源监测调查国家宏观层面的需求分析，并开展了青海、海南、广西、湖北等省的18个县（市）土地资源监测调查的调研工作，分析了九大土地利用区内影响土地资源监测调查需求的提高资源保障程度，区域经济发展，基础设施建设，生态环境保护，国土资源规划、管理、保护与合理利用等在未来规划期内的变化趋势，并初步建立了土地资源监测调查分布与区域资源禀赋、经济社会发展状况等因素之间的关系，进而将九大土地利用区土地资源监测调查需求与土地资源监测调查成效进行比配，初步明确了土地资源监测调查的方向与需求重点，初步提出了全国土地资源监测调查“十二五”规划部署建议，明确今后土地资源监测调查工作的方向、重点。

3. 矿产资源调查评价需求分析与规划部署。

从矿产资源可供性研究、区域矿产资源调查评价与勘查、危机矿山接替资源勘查、矿产资源综合利用和勘查、矿业城市（资源型城市）转型调查、境外矿产资源前期调查与研究等方面完成了中国矿产资源调查评价的现状及成效分析；总结了中国矿产资源调查评价工作问题及经验；编制完成了“全国矿产资源普查工作程度分级图”、“全国矿产资源详查工作程度分级图”、“全国矿产资源勘探工作程度分级图”。

初步完成了中国矿产资源调查评价的国家主体需求分析，提出了国家对矿产资源调查评价的5个方面的主要需求：一是增强矿产资源保障程度，二是提高重要矿产资源持续供应能力，三是提高矿产资源勘查开发水平，四是优化矿产资源开发利用布局与结构，五是积极参与国际矿业合作。完成了中国矿产资源调查评价中矿产资源可供性研究、区域矿产资源调查评价与勘查等6个方面工作的具体需求分析。

结合不同类型矿产资源调查评价工作的特点，初步提出了全国矿产资源调查评价“十二五”及远景规划部署建议。

4. 地质灾害调查评价需求分析与规划部署。

总结了中国地质灾害分布及危害情况，完成了中国地质灾害发育趋势分析，初步提出在全球气候异常变化、地壳运动活跃等自然条件变化，以及人类工程活动日愈频繁的趋势下，中国地质灾害发育形势更为严峻。总结了全国地质灾害调查评价、监测预警、勘查治理、防治科技研究、防治管理与法律建设等方面的工作进展，制作完成了“全国地质灾害调查评价工作程度图（2008年）”。完成了全国地质灾害调查评价的主要问题分析，初步提出中国地质灾害调查评价在重大地质灾害隐患调查、地质灾害监测预警，以及调查技术规范等方面还有很多不足。

开展了发达国家地质灾害调查评价工作现状分析，并完成了国内外地质灾害工作对比，初步提出对中国地质灾害防治工作的5个方面的重要启示，包括：加强地质灾害调查评价、完善地质灾害监测预警、强化地质灾害防灾意识、推进地质灾害防治立法、深入地质灾害减灾研究等。

从保障人民生命财产安全、保障基础设施建设安全、保护国土生态安全等方面完成了全国地质灾害调查评价的国家主体需求分析；完成了全国地质灾害“十一五”防治规划中16个重点防治区地质灾害及其调查评价工作的现状分析，初步提出了16个典型区域的地质灾害调查评价需求重点。完成了中国地质灾害调查评价的现状与需求对比分析，初步提出了全国基础地质调查评价“十二五”规划部署建议。

5. 水工环地质调查评价需求分析与规划部署。

从水文地质调查评价、重大工程地质调查评价、环境地质调查评价、矿山地质环境调查评价、生态环境脆弱区调查评价、地质遗迹资源调查评价等方面总结了全国水工环地质调查评价取得的工作进展和成效；完成了对美国、南非、印度等国的水工环地质调查工作评述，并与中国进行了对比；从区域水工环地质调查评价思路，区域地下水资源评价内容，矿山地质环境保护水平，水工环地质调查评价的动态性、工作针对性和成果的服务水平等方面总结了中国水工环地质工作的主要问题。

完成了水工环地质调查评价的国家主体需求分析，分析了重大工程建设、新农村建设、区域开发与发展、节能减排与生态环境建设、应对全球变化、服务型政府建设等方面的国家需求；分析完成了水文地质调查评价、重大工程地质调查评价、环境地质调查评价、矿山地质环境调查评价、全球气候变化敏感地区水文环境地质问题调查评价、地质遗迹资源调查评价等工作的具体需求；对水工环地质调查工作进行了需求与现状对比分析，编制了“城市供水调查工作现状与需求对比图”、“地下水动态监测工作现状与需求对比图”、“城市地质环境调查评价工作现状与需求对比图”、“矿山地质环境抽查调查动态监测现状与需求对比图”；初步提出了全国水工环地质调查“十二五”及远景规划部署建议。

6. 国土资源信息化需求分析与规划部署。

基本完成了中国国土资源信息化现状及成效分析，结合国内外国土资源信息化工作对比，以及国际发展趋势，提出了中国现阶段国土资源信息化建设工作存在的主要问题表现在国土资源信息化建设区域发展不均衡、地质资料数字化程度低，以及社会化服务方面的不足等。

开展了省部级国土资源信息化需求调研工作6次，初步完成了从国家宏观层面到国土资源调查评价各个领域（包括基础地质调查评价、土地资源监测调查、矿产资源调查评价、地质灾害调查评价、水工环地质调查评价）对国土资源信息化工作的具体需求，初步提出了当前中国社会经济发展及国土资源管理对国土资源信息化的需求主要表现为国土资源电子政务及信息的社会服务方面，明确了国土资源信息化需求分析工作的7个主要研究内容：基础数据库信息化、国土资源数据中心建设、国土资源电子政务平台及应用系统建设、信息服务系统建设、国土资源网络与国土资源网络安全体系建设、国土资源调查评价相关信息技术研发与应用，以及国土资源信息标准建设。

对中国国土资源信息化的现状与需求进行了对比，初步提出了全国国土资源信息化“十二五”规划部署建议。

7. 国土资源调查评价科技需求分析方面。

基本完成了中国国土资源调查评价科学技术的现状及成效分析，结合国内外国土资源调查评价科学技术发展趋势，以及通过国土资源调查评价科技工作国内外对比，总结了中国国土资源调查评价科技工作的主要问题在于，已不能完全满足现阶段社会经济发展和科技发展的需求。

从维护国家安全、满足国土资源管理工作的总体要求（包括提高资源保障度，满足社会经济发展服务，建设和谐社会与生态环境保护，国土资源规划、管理、保护和合理利用等）和提高国际竞争力等国家战略需求，以及国土资源调查评价各个行业领域对国土资源调查评价科技需求出发，初步完成了中国未来发展对国土资源调查评价科技工作的具体需求，包括：空间对地观测技术、地面及深部探测技术、矿产资源综合利用技术、土地资源监测调查技术、技术标准化等方面的需求分析，并分领域将国土资源调查评价科技需求与成效进行比配，初步明确了国土资源调查评价科技工作的需求方向与需求重点，并初步提出了全国国土资源调查评价科技“十二五”规划部署建议，明确下一步工作的重点和方向。

8. 国土资源综合调查评价需求分析方面。

基本完成了中国国土资源综合调查评价的国内研究进展分析，目前国土资源综合调查评价仍处于探索阶段。从重要经济区经济资源环境协调发展、城市地区规划决策、西部地区资源供应与生态环境良性共赢、国土规划的科学开展出发，初步分析了重要经济区、重大工程区、重要生态区经济发展与地质环境的相互关系，结合中国宏观经济发展部署，研究了不同类型地区经济活动的主要矛盾，并分析相应的国土资源综合调查评价需求，主要内容包括：国土资源调查评价工作程度需求、城市地区国土资源环境综合调查评价需求、重要经济区国土资源环境综合调查评价需求、西部地区国土资源环境综合调查评价需求、服务于国土规划的国土资源承载力综合评价需求，初步明确了各专题调查评价的需求方向与需求重点，初步提出了全国国土资源综合调查评价“十二五”规划部署建议，使国土资源综合调查评价集成成果直接服务于经济发展及资源利用决策过程。

（吴春明等）

成都理工大学地质调查院工作

成都理工大学地质调查院

基础地质调查

一、区域地质调查

云南15万骂泥街幅、牛孔幅、广丰幅、作播幅区调的项目成果如下：

1. 在充分收集前人资料的基础上，进行了分类、分析和消化，并已建档入库；结合野外实际地质情况，图幅数字化地形图、野外数据采集字典库、多元信息集成等区域地质调查的一系列准备已完成，为全面开展区内地质调查打下了坚实基础。

2. 在收集大量前人地质资料及遥感图像成像处理基础上，结合野外踏勘及剖面测制，对测区进行了全面的遥感地质解译，编制了与野外手图同比例尺（1:2.5万）的遥感解译地质图，为全区填图路线布置和扫面提供了系统的、良好的参考资料，并为重要段、点提供了较为准确和直观的信息。

3. 通过野外地层剖面实测、构造剖面测制、主干路线地质调查，确立了本区的地层层序，基本查明了各地层单元的基本特征及空间变化特点。在此基础上，建立了联测图幅的岩石地层系统，初步厘定了测区正式岩石地层填图单元（组、段级岩石地层单位）、岩浆岩填图单元和非正式单元——岩性层（体）（层级岩石地层单位）。

在踏勘、剖面实测和地质填图过程中，在剖面、填图路线及地质点上采集了较为丰富的宏体化石、微体化石，岩石标本和薄片样，岩石、矿物成分测试分析和同位素测年样品等，为图区地层的年代地层格架的建立和地层形成环境恢复奠定了实物基础。

4. 在剖面测制基础上，对区内三叠系（尤其是歪古村组和三合洞组）的空间展布、代表性的各种沉积类型的时空分布特征、岩石地层格架积累了大量的资料，并对“盆-山”耦合过程中的构造-沉积作用有了初步的认识。

5. 通过构造剖面测制和主干路线控制，对测区构造（褶皱、断裂、节理等）的展布、规模、组合等几何学特征有了全面的了解，建立了测区的逆冲推覆构造格局和“盆-山”耦合机制。并对构造发育的规律，以及大地构造背景、地质发展演化历史等方面有了更进一步的认识。

6. 收集和整理了测区内部分已知矿床、矿点、民采点、老硐、矿（化）点、含矿层、矿化带、蚀变带等矿化信息和找矿线索资料，结合地层、构造剖面测制、主干地质路线调查，对部分矿点、矿体和已登记矿权区进行了实地调查和访问，按矿种进行分类和记录；对开（试）采的矿产进行了综合调查，对成矿规律和找矿方向的认识进行了深化。

7. 收集和整理了测区相邻区域的矿产资料，按矿种、矿床特征和类型、控矿因素和找矿标志等分门别类建档，为后续成矿地质背景及控矿因素研究提供基础性资料。

8. 按照项目工作应产—学—研相结合的精神要求，本年度安排两名硕士研究生结合其专业进行毕业论文资料收集和专题研究，并顺利通过了开题报告、毕业论文编写环节的工作。

二、环境地质调查评价

川西深切河谷斜坡地震动评价技术研究项目在2009年对青川东山及狮子梁剖面的监测取得了如下认识：

1. 不同的震级、震中距离、方向的地震波传播至东山及狮子梁监测点，相对河谷，东山及狮子梁中高程及高高程监测点水平向PGA，PGV，PGD表现出一定的高程放大效应，垂直向放大效应不明显，且以上3个物理量的放大效应不同。水平向PGA放大最大为2.43倍，PGV放大最大为2.76倍，PGD放大最大3.21倍，位移放大较加速度、速度明显。

2. 青川东山及狮子梁监测完整峡谷剖面地震数据显示，不同震级、震中距的地震波传至监测剖面，其对左右岸相同高程的PGA，PGV，PGD 3个物理量的放大效应有所不同，左岸东山斜坡放大效应强于右岸狮子梁斜坡放大效应。对比左岸东山斜坡地形较右岸狮子梁凸出，地形对斜坡相同高程的放大效应有明显影响。

三、灾害地质调查评价

西南山区城镇建设地质灾害风险管制方法及示范的项目成果如下：

1. 分别建立了西南山区城镇建设地质灾害危险性（易发性）评价指标体系，包括：中等比例尺（1:20万～1:5万），大比例尺（1:5万～1:5000）（崩塌、滑坡、不稳定斜坡和泥石流）。

2. 阐述了中等比例尺和大比例尺易发性评价模型，包括Logistic回归模型理论、模糊模式识别模型理论和信息量模型，根据西南山区城镇建设地质灾害特点，推荐采用信息量模型。给出了详细比例尺单体地质灾害破坏概率和危险范围的预测方法。

3. 危险性值的计算主要采用公式：$H=P_E*P_S*P_T$，并据此进行了危险性评价。

4. 给出了易损体价值核算标准、易损体价值损失率确定方法、易损性计算模型和分区标准。

5. 地质灾害风险评价方法分为3种：①定性分析评价；②半定量分析评价。适合区域比例尺评价，评价结果分为4级：风险性高、风险性较高、风险性中等、风险性低；③定量分析评价，适合大比例尺评价。其风险定量评价模型：$R=f(H, V)=H\times V$。通过各国风险可接受水平分析，建议中国可接受的地质灾害人口伤亡风险值（年死亡概率）为5～10。

6. 开展了西南山区城镇建设地质灾害风险管制技术初步研究。包括风险控制原则及成本/效益分析、基于风险结构与准则的减灾规划与早期预警对策，以及风险控制的基本途径。

7. 采用上述方法，进行了丹巴县和汶川县地质灾害风险管制示范研究。包括：①丹巴县（1:10万）地质灾害风险评价、丹巴县城及周边村寨（1:5000）地质灾害风险评价，以及单体地质灾害红军桥2#滑坡（1:1000）和双拥路崩塌（1:1000）地质灾害风险评价。②汶川县（1:10万）地质灾害风险评价（针对震前和震后两个不同阶段分别进行评价）、汶川县城（1:5000）地质灾害风险评价，以及单体地质灾害时代广场不稳定斜坡（1:1000）和羊岭沟泥石流（1:1000）地质灾害风险评价。

矿产资源调查评价

措勤县南嘎仁错东部1:5万地区地质矿产调查的项目成果如下：

1. 通过野外踏勘、剖面测制及前人资料综合分析，确立了本区的地层层序，查明了各地层单元的沉积特征、横向相变及垂向变化；重新厘定了图幅的岩石地层系统。建立了测区正式组级岩石地层单位5个，非正式段级填图单位11个。根据侵入体特征划分出侵入体单元7个。

2. 通过遥感解译、野外踏勘及剖面测制，对测区大面积分布的第四系按成因类型进行了解体，划分出冲积、洪积、湖积、风积、冰碛、及化学沉积等8种成因类型。

3. 在测区原二叠系敌布错组地层中发现大量火山岩夹层，其类型有玄武岩、安山岩及中-基性火山碎屑岩。火山岩夹层的发现对地层对比及构造环境的研究有重要意义。

4. 在测区东部新发现一套新生代陆相地层（暂定为新近系洁居纳卓组），此套地层由河流及扇三角洲相砾岩和砂岩构成，根据此套地层时代和砾岩的砾石成分分析，可作为推断青藏高原隆升时限的重要资料。

5. 查明了测区的基本构造格架。南部为一大型走向北西西的倒转复式向斜，组成地层为石炭系永珠组；北部为一系列走向北西西的紧闭-中常褶皱。

6. 新发现铜矿化点2处；磁铁矿化点2处。赛过拉车铜矿化点发育于石炭系永珠组砂岩中，沿断层分布，主要为沿裂隙表面局部发育的孔雀石薄膜，属热液蚀变岩型，含 Cu 0.02% ~0.34%，具一定的找矿意义；所发现2处铁矿化点主要分布在测区北部岩体外接触带上，矿化点周围主要出露早白垩世二长花岗岩、斜长花岗岩及二叠系下拉组，敌布错组。围岩蚀变有角岩和矽长岩化，矿石矿物主要为磁铁矿，沿裂隙零星分布，推测后期北西西向断裂起到控矿作用。通过填图追索、穿越，尼雄铁矿在图区外围以东约6km即尖灭，该磁铁矿并未延入本测区。

7. 根据全区1:5万水系沉积物测量结果，初步圈定52个地球化学综合异常，其中乙1类异常2个，乙2类异常15个，丙1类异常30个，丙2类异常5个。2009年6~8月共选择剥云等5个化探乙类异常进行异常检查。在异常区，地表检查路线均无矿化显示，部署的11条地质地化（基岩+土壤）剖面，分析结果 Cu 322×10^{-6} ~ $<1\times10^{-6}$，仅一个最高值为 3580×10^{-6}，Pu 11042×10^{-6} ~ $<1\times10^{-6}$，Zn 3946×10^{-6} ~ 6×10^{-6}。

在矿产重点检查区，通过大比例尺填图，仅发现零星褐铁矿化沿花岗岩的裂隙带分布，探槽取样分析结果，其最高值为：TFe 7.36% ~ 17.87%，Cu 0.023% ~0.026%，Pb 0.07% ~2.35，Zn 0.99。在铁、铜矿化点检查中，通过地表踏勘、地化剖面及探槽工程，在沿永珠组断层破碎带局部地段发现团块褐铁矿化及裂隙面上发现轻微孔雀石薄膜。取样分析结果最高值为：TFe 33.82%，Cu 0.30%（连续取样中仅一个样），Pb 2.35%，Zn 0.99%。

综合异常查证、矿点检查等工作结果表明，区内零星褐铁矿化、磁铁矿化多沿古生代地层中北西向裂隙中发育，单脉矿化厚0.05 ~0.3m，品位低，基本未达到工业要求。而沿裂隙面的铜矿化仅一个样品边界品位，仅作为矿化点。

8. 在原二叠系敌布错组和下拉组的岩石地层归属及时代归属方面有重要进展。在测区原二叠系敌布错组地层中采集大量双壳类和植物化石，经鉴定其时代为早侏罗世；为此我们将此套原敌布错组地层拟新建一个组——曲洛组（暂定）。

在下拉组中新发现有层孔虫等生物化石，其生物具中生代（晚三叠世）生物特征。中国科学院地质所的纪占胜2006年在测区西部敌布错下拉组地层中发现了晚三叠世诺利期的典型牙形石——高舟牙形石，并将其新建一个组——江让组。测区该套地层岩性组合特征与纪占胜新建的江让组基本一致，拟将其归于江让组。此次晚三叠世及早侏罗世化石的发现及地层的调整对区域地层及构造演化具有重要的理论意义和实际意义。

按原来地层的时代分析，措勤盆地在晚二叠世—早侏罗世时期是处于陆地环境，在措勤县一带有一个北西西向的长期暴露的弧背断隆。此次三叠纪及早侏罗世地层的发现，突破了原来“上二叠统为陆相，三叠系和下侏罗统缺失”的认识。使得对古地理、古构造的认识发生了“从陆地到海洋，从弧背隆起区到沉积盆地区”的转变。这将使得措勤盆地中二叠统—下侏罗统将成为潜在的油气有利勘探层系。

（王际周等）

石家庄经济学院地质调查院工作

石家庄经济学院地质调查院

一、内蒙古新巴尔虎右旗宝格德乌拉一带综合方法找矿

1. 发现了奴温亭屯石格勒银矿点和沙那根呼都格大型钼钨矿化带两处矿产地。初步地质成果显示，两处矿产地均具大型矿产找矿潜力，可作为进一步开展矿产普查的基地。

2. 发现了罕乌拉褐铁矿化硅化蚀变带和阿尔查嘎乃乌也特区硅化蚀变带两处。

3. 圈定一批重要的矿致化探、物探综合异常。分别是：①查黑达根呼都格 Ap20 丙 W、Mo 化探、物探综合异常；②拉尔扎廷浑迪 Ap25 甲 Pb，Zn，Ag 化探、物探综合异常；③杭盖音浑迪 Ap16 乙 Pb，Zn，Ag 化探、物探综合异常；以上化探异常均经过 1:1 万土壤（岩屑）地球化学测量查证，异常重现性好，证实异常真实存在。各异常经 1:1 万地质填图或详细踏勘追踪。除杭盖音浑迪 Ap16 乙异常外，均发现有矿化蚀变带与之对应，1:1 万激电中梯面积或剖面测量均有异常反映。综合地物化遥多方信息资料，以上各处化探异常均具有开展进一步矿产普查找矿前景及潜力。

二、安徽省重要矿产资源发展战略研究

研究是建立开发的、市场经济的、系统和动态的思想基础之上，采用科学的思维和研究方法，通过模型分析，从定性到定量、对影响安徽经济发展的重要矿产资源需求、安徽省重要矿产资源产业经济发展战略、安徽重要矿产资源开发利用的生态效应评价、安徽重要矿产资源管理政策等方面进行研究。研究的开展既是安徽省经济社会和谐发展的需要，也保证区域经济可持续发展目标实现的需求，对安徽省经济实现跨越式发展具有重要的作用。

（高志华）

附 录

中国地质调查局机关主要领导及变动情况

局党组领导

党组书记 汪 民

党组副书记 王宝才 钟自然

党组成员 张洪涛 王学龙 李广湧

党组纪检组组长 李广湧

局领导

局 长 汪 民

副局长 王宝才 钟自然 张洪涛 王学龙

总工程师 张洪涛

副总工程师 殷跃平

局机关各部室负责人

办公室

主 任 刘延明

副主任 张 连 胡茂焱

（胡茂焱挂职新疆维吾尔自治区国土资源厅副厅长）

总工程师室

主 任 严光生

副主任 刘纪选 徐 勇

财务部

主 任 武选民

副主任 胡思敏

基础调查部

主 任 庄育勋

副主任 张海启 奚小环

资源评价部

主 任 陈仁义

副主任 薛迎喜

水文地质环境地质部

主 任 殷跃平

副主任 文冬光

科技外事部

主 任 叶建良

副主任 卢民杰 连长云

装备部

主 任 韩英哲

副主任 吴 琳

（吴琳挂职西藏自治区国土资源厅副厅长）

人事教育部

主 任 赵 奇

纪检组（监察审计室）

主 任 樊春福

副主任 马江芬

直属机关党委

书 记 王宝才

常务副书记 李明祥

副书记 张茂林

直属机关纪委

书 记 张茂林

（马成义）

中国地质调查局各局属单位领导班子及变动情况

天津地质调查中心(天津地质矿产研究所)

主任（所长）、党委副书记　金若时
党委书记、纪委书记　王凤桐
副主任（副所长）　张文秦

变动情况：

1. 2009年2月5日，中地调发〔2009〕19号，局党组2009年1月13日研究决定：免去于海峰天津地质调查中心（天津地质矿产研究所）副主任（副所长）职务，另有任用。

2. 2009年2月5日，中地调党发〔2009〕3号，局党组2009年1月13日研究决定：免去于海峰天津地质调查中心党委委员职务。

沈阳地质调查中心(沈阳地质矿产研究所)

主任（所长）　单海平
党委书记　马德有
副主任（副所长）　张允平
副主任（副所长）　邴志波
党委副书记、纪委书记　曹贵斌
总工程师　朱　群

变动情况：

2009年12月4日，中地调党发〔2009〕22号，局党组2009年9月27日研究决定：朱群任沈阳地质调查中心（沈阳地质矿产研究所）总工程师（副局级，试用期一年）。

西安地质调查中心(西安地质矿产研究所)

副主任（副所长）、党委副书记、纪委书记　樊　钧
副主任（副所长）　李文渊
副主任（副所长）　杜玉良

变动情况：

2009年9月9日，主任（所长）、党委书记李向逝世。

南京地质调查中心(南京地质矿产研究所)

主任（所长）、党委书记　陈国栋
党委副书记、纪委书记　黄　海
副主任（副所长）　郭坤一
副主任（副所长）　李君浒
总工程师　邢光福

变动情况：

2009年12月4日，中地调党发〔2009〕22号，局党组2009年9月27日研究决定：邢光福任南京地质调查中心（南京地质矿产研究所）总工程师（副局级，试用期一年）、党委委员。

武汉地质调查中心(武汉地质矿产研究所)

主任（所长）、党委书记　李金发
副主任（副所长）　潘仲芳
副主任（副所长）　姚华舟
副巡视员（副局级）　陆维忠

变动情况：

2009年11月2日，中央编办复字〔2009〕148号，同意中国地质调查局宜昌地质调查中心（宜昌地质矿产研究所）更名为中国地质调查局武汉地质调查中心（武汉地质矿产研究所）。

成都地质调查中心(成都地质矿产研究所)

名誉所长　刘宝珺
主任（所长）、党委书记　丁　俊
副主任（副所长）　王　剑
副主任（副所长）　王洁民
党委副书记、纪委书记　王全海

青岛海洋地质研究所

所长、党委委员　彭轩明
党委书记、副所长　周永青
副所长　张训华
党委副书记、纪委书记　王建华
巡视员（正局级）　朱远峰

广州海洋地质调查局

局长、党委副书记　马申达
党委书记、纪委书记　钟道权
副局长　杜林坚
副局长　温　宁
总工程师　杨胜雄

中国国土资源航空物探遥感中心

主任、党委副书记　王　平
党委书记、副主任　王殿琦
副主任　王　凯
副主任、总工程师　熊盛青
副主任　胡尚英
副主任（试用期一年）　方洪宾
纪委书记、党委委员　李知用
副巡视员（副局级）　杨家才

中国地质调查局发展研究中心（全国地质资料馆）

主任（馆长）、党委副书记　邓志奇
党委书记、纪委书记　高谊明
副主任（副馆长）　顾晓华
副主任（副馆长）　蔡　纲
总工程师　谭永杰
副巡视员（副局级）　范炎虎

变动情况：

1. 2009 年 4 月 9 日，中地调发〔2009〕68 号，局党组 2009 年 4 月 7 日研究决定：免去姚华军中国地质调查局发展研究中心（全国地质资料馆）副主任（副馆长）职务，另有任用。

2. 2009 年 4 月 9 日，中地调党发〔2009〕7 号，局党组 2009 年 4 月 7 日研究决定：免去姚华军中国地质调查局发展研究中心党委委员职务。

中国地质环境监测院

院长、党委副书记　侯金武
党委书记　康　战
副院长　田廷山
党委副书记、纪委书记　徐万忠
总工程师　李文鹏

水文地质环境地质调查中心

主任、党委书记　傅秉锋
副主任、党委副书记　高新平
副主任　郭建强
纪委书记　张国兴

中国地质图书馆（中国地质调查局地学文献中心）

副馆长（副主任）、党委副书记、纪委书记　刘丽兰
副馆长（副主任）　薛山顺

变动情况：

1. 2009 年 6 月 22 日，中地调发〔2009〕125 号，局党组 2009 年 6 月 15 日研究决定：免去段怡春中国地质图书馆（中国地质调查局地学文献中心）馆长（主任）职务，另有任用。

2. 2009 年 6 月 22 日，中地调党发〔2009〕14 号，局党组 2009 年 6 月 15 日研究决定：免去段怡春中国地质图书馆党委书记、党委委员职务。

中国地质科学院

党委书记　张　陟
常务副院长　朱立新
副院长　董树文
纪委书记　王　洁

中国地质科学院地质研究所

所长、党委书记　侯增谦
副所长　耿元生
副所长　高锦曦
党委副书记、纪委书记　沈　琳
巡视员（正局级）　汪东波

中国地质科学院矿产资源研究所

所长、党委书记　王瑞江
副所长、党委副书记、纪委书记　张佳文
副所长　毛景文
副所长　王宗起

副所长　邢树文

变动情况：

1. 2009年5月22日，中地调发〔2009〕95号，局党组2009年5月6日研究决定：邢树文任中国地质科学院矿产资源研究所副所长（副局级，试用期一年）。

2. 2009年5月22日，中地调党发〔2009〕10号，局党组2009年5月6日研究决定：邢树文任中国地质科学院矿产资源研究所党委委员。

国家地质实验测试中心

主任、党委书记　尹　明

副主任　吴淑琪

副主任、党委副书记、纪委书记　宋其敏

副主任（聘用）　罗立强

副主任　沈建明

变动情况：

1. 2009年5月22日，中地调发〔2009〕95号，局党组2009年5月6日研究决定：沈建明任国家地质实验测试中心副主任（副局级，试用期一年）。

2. 2009年5月22日，中地调党发〔2009〕10号，局党组2009年5月6日研究决定：沈建明任国家地质实验测试中心党委委员。

中国地质科学院地质力学研究所

所长（聘用）　龙长兴

副所长　赵　越

党委副书记、纪委书记　何长虹

副所长（聘用）　李贵书

副所长　侯春堂

变动情况：

1. 2009年5月22日，中地调发〔2009〕95号，局党组2009年5月6日研究决定：侯春堂任中国地质科学院地质力学研究所副所长（副局级，试用期一年）。

2. 2009年5月22日，中地调党发〔2009〕10号，局党组2009年5月6日研究决定：侯春堂任中国地质科学院地质力学研究所党委委员。

中国地质科学院水文地质环境地质研究所

名誉所长　张宗祜

所长、党委副书记　石建省

副所长　张发旺

副所长　张永波

变动情况：

1. 2009年5月22日，中地调发〔2009〕95号，局党组2009年5月6日研究决定：张永波任中国地质科学院水文地质环境地质研究所副所长（副局级，试用期一年）。

2. 2009年5月22日，中地调党发〔2009〕10号，局党组2009年5月6日研究决定：张永波任中国地质科学院水文地质环境地质研究所党委委员。

中国地质科学院地球物理地球化学勘查研究所

名誉所长　谢学锦

所长、党委书记　韩子夜

副所长　徐刚峰

副所长　胡　平

副所长　徐龙强

副所长　史长义

变动情况：

1. 2009年5月22日，中地调发〔2009〕95号，局党组2009年5月6日研究决定：史长义任中国地质科学院地球物理地球化学研究所副所长（副局级，试用期一年）。

2. 2009年5月22日，中地调党发〔2009〕10号，局党组2009年5月6日研究决定：史长义任中国地质科学院地球物理地球化学研究所党委委员。

中国地质科学院岩溶地质研究所

所长、党委书记　姜玉池

副所长、副书记、纪委书记　刘　雯

副所长（聘用）　黄庆达

副所长　蒋忠诚

变动情况：

1. 2009年5月22日，中地调发〔2009〕95号，局党组2009年5月6日研究决定：蒋忠诚任中国地质科学院岩溶地质研究所副所长（副局级，试用期一年）。

2. 2009年5月22日，中地调党发〔2009〕10号，局党组2009年5月6日研究决定：蒋忠诚任中国地质科学院岩溶地质研究所党委委员。

中国地质科学院郑州矿产综合利用研究所

所长、党委书记	冯安生
副所长	杨友生
副所长	郭珍旭
党委副书记、纪委书记	杨绍文
副所长	胡宏杰

变动情况：

2009年5月22日，中地调发〔2009〕95号，局党组2009年5月6日研究决定：胡宏杰任中国地质科学院郑州矿产综合利用研究所副所长（副局级，试用期一年）。

中国地质科学院矿产综合利用研究所

所长、党委书记	刘亚川
副所长	胡泽松
副所长	陈炳炎

变动情况：

1. 2009年5月22日，中地调发〔2009〕95号，局党组2009年5月6日研究决定：陈炳炎任中国地质科学院矿产综合利用研究所副所长（副局级，试用期一年）。

2. 2009年5月22日，中地调党发〔2009〕10号，局党组2009年5月6日研究决定：陈炳炎任中国地质科学院矿产综合利用研究所党委委员。

中国地质科学院勘探技术研究所

副所长	张金昌
副所长	高　鹏

变动情况：

1. 2009年1月16日，中地调发〔2009〕8号，局党组2009年1月16日研究决定：免去甘行平中国地质科学院勘探技术研究所所长职务。

2. 2009年1月16日，中地调党发〔2009〕2号，局党组2009年1月16日研究决定：免去甘行平中国地质科学院勘探技术研究所党委副书记、党委委员职务。

3. 2009年5月22日，中地调发〔2009〕95号，局党组2009年5月6日研究决定：高鹏任中国地质科学院勘探技术研究所副所长（副局级，试用期一年）。刘三意任北京探矿工程研究所副所长（副局级，试用期一年），免去其中国地质科学院勘探技术研究所副所长职务。

4. 2009年5月22日，中地调党发〔2009〕10号，局党组2009年5月6日研究决定：高鹏任中国地质科学院勘探技术研究所党委委员。刘三意任北京探矿工程研究所党委委员，免去其中国地质科学院勘探技术研究所党委委员职务。

中国地质科学院探矿工艺研究所

所长、党委书记	胡时友
副所长	彭文范
党委副书记、纪委书记	周良宗
副所长	宋　军

变动情况：

1. 2009年5月22日，中地调发〔2009〕95号，局党组2009年5月6日研究决定：宋军任中国地质科学院探矿工艺研究所副所长（副局级，试用期一年）。

2. 2009年5月22日，中地调党发〔2009〕10号，局党组2009年5月6日研究决定：宋军任中国地质科学院探矿工艺研究所党委委员。

北京探矿工程研究所

所长、党委副书记	何远信
党委书记、副所长	耿俊峰
副所长	刘三意
副所长、纪委书记	贾　军

变动情况：

1. 2009年5月22日，中地调发〔2009〕95号，局党组2009年5月6日研究决定：刘三意任北京探矿工程研究所副所长（副局级，试用期一年），免去其中国地质科学院勘探技术研究所副所长职务。

2. 2009年5月22日，中地调党发〔2009〕10号，局党组2009年5月6日研究决定：刘三意任北京探矿工程研究所党委委员，免去其中国地质科学院勘探技术研究所党委委员职务。

（赵　霞）

地方公益性地质调查单位领导班子及变动情况

北京市地质调查研究院

院长、党委副书记　蔡向民
党委书记、副院长　王爱军
纪委书记、工会主席　王　清
副院长　何振军　车建民　李开金

天津市地质调查研究院(天津市地质环境监测总站)

院长（站长）　赵增敏
党总支书记　崔小东
副院长、总工程师　王家兵
副院长　应耀明　李　宏
党总支副书记　丁　雍

河北省地质调查院

院长　裴晓东
党委书记、副院长　杨志宏
副院长　汪　瑾

山西省地质调查院

院长　李德胜
书记　李保福
总工　李德胜
工会主席　张满贵
副院长　郭旭煌　张京俊　闫世龙　周继发
院领导　张喜友（副处长）　孙　波（副处长）
陈　岩（副处长）

辽宁省地质矿产调查院

院长　曲亚军
党委书记　金献革
常务副院长　王文清
副院长　荣　光
党委副书记　孙仁民
总工程师　王长峰

上海市地质调查研究院

院长、党委副书记　魏子新
副院长　陆　衍　周甬涛
总工程师　严学新
党委副书记　战伟胜
纪委书记、工会主席　侯小毛

江苏省地质调查研究院

院长　袁晓军
党委书记　胡柏祥
副院长　周康民　詹庚申　朱兴贤　陈火根
总工程师　张登明
纪委书记　肖荣基
工会主席　邱祖林

浙江省地质调查院

院长、党委书记　龚日祥
党委副书记、纪委书记　张法兴
副院长、总工程师　汪庆华
副院长　王孔忠

江西省地质调查研究院

院长　祝立人

山东省地质调查院

院长　王来明
党委书记　王中良
副院长　李　壮　田　京
总工程师　庞绪贵

河南省地质调查院

院长　张　良
党委书记　孙模志
副院长、总工程师　燕长海
副院长　刘成社（兼）　赵云章（兼）
张　毅　边彦明
纪委书记　柴文杰

广东省地质调查院

院长　黄宇辉
副院长　沈新兴　李东红

总工程师 肖光铭

海南省地质调查院

院长、党委书记 吴国爱
党委副书记 叶志强
副院长 傅杨荣、陈沐龙
副总工程师 杨昌松

四川省地质调查院

院长 岳昌桐
党委书记 彭富钰
副院长、总工程师 王全伟
副院长 陈德友 成余粮 阚泽忠
纪委书记 任月兵

贵州省地质调查院

院长 代传固
党委副书记(主持党委工作)、纪委书记、副院长 刘爱民
副院长 何邵麟、胡明扬
总工程师 陶 平

云南省地质调查局

局长、总工程师 李文昌
党委书记 蒋 铮
副局长 李丛仁 王 强 卢映祥
纪委书记 张仲全

云南省地质调查院

院长、党委书记 范玉华
副院长 李开壁、侯蜀光
副院长、总工程师 李 静

陕西省地质调查院

院长 韩芳林
党委书记 韩世明
副院长 王小平 罗乾周
总工程师 董王仓
纪委书记、工会主席 侯满堂
总会计 师卢明

甘肃省地质调查院

院长 薛斌义
党委书记 崔兰林
副院长、总工程师 叶得金
副院长 李天河、李通国
纪委书记、工会主席 南居信

新疆维吾尔自治区地质调查院

院长 王克卓
党委书记 宋松山
总工程师 王 磊
副院长 门国发

北京市地质环境监测总站

站长、党委书记 张安京
副站长 张新华
副站长 刘文臣
纪委书记 姜 波

辽宁省地质环境监测总站

站长 于振学
副站长 马 彦 陈远新
总工程师 张 瑛

吉林省地质环境监测总站

站长 王延亮
副站长 姚克强
总工程师 赵清华 刘传深
党委副书记 孟庆军

浙江省地质环境监测总站

站长 黄益中
副站长 姚洪华
总工程师 赵建康

安徽省地质环境监测总站

站长、党委书记 张召民
副站长 官 煜 程 勇
总工程师 孙 健
党委副书记、纪委书记、工会主席 何公社
调研员 诸允飞

福建省地质环境监测中心

主任 周伟栋(挂职四川省彭州市任常务副市长)
副主任 涂俊芳（主持工作）

总工程师 王国民

山东省地质环境监测总站

站长、党委书记 颜景生
副站长、纪检书记 徐 品
副站长 常允新 胡玉禄
总工程师 姚春梅

河南省地质环境监测院

院长、党总支副书记 杨昌生
总支书记 刘其明
副院长 郑 拓 孔小刚
副院长、总工程师 甄习春

湖北省地质环境总站

站长 廖声银
党委书记 黄群佳
副站长 陈世礼 郭 玲 肖尚德 刘行架 陈江平
纪委书记、工会主席 鲁 玲

湖南省地质环境监测总站

站长 徐水辉
党委书记 刘湘滇
总工程师 余德清
副站长 李贵仁 陈 平 赵世华
纪检书记 王礼尧
工会主席 吴家顺
(2009 年 1 ~ 7 月)
站长 徐水辉
党委书记 刘湘滇
总工程师 余德清
副站长 李贵仁 陈 平 赵世华
纪检书记 杨 欣
工会主席 陈文光
(2009 年 7 ~ 12 月)

广西壮族自治区地质环境监测总站

站长 黄惠民

海南省地质环境监测总站

站长、党支部书记、总工程师 胡 剑
副站长 符 峰

贵州省地质环境监测院

院长、党委书记 杨胜元
副院长 王 瑞
总工程 张建江

云南省地质环境监测院

院长、党委书记 王 宇
副院长 武 军
副院长、总工程师 杨艳华

陕西省地质环境监测总站

站长 宁社教
副站长 李凌才 刘 江 高建军

甘肃省地质环境监测院

院长 黎志恒
党委书记 邓国强
副院长 孙於春 赵成(兼) 余志山
总工程师 赵 成

宁夏回族自治区国土资源调查监测院

站长、党总支书记 张 黎
副站长、总工程师 李天斌
副站长 乔元朝
总经济师 李玉珍
工会主席 王莲芳
(2009 年 10 月 16 日前)
院长 张 黎
党总书记 李天斌
副院长 马 旭 张 静 陆彦俊
工会主席 王莲芳
(2009 年 10 月 16 日起)

统 计 资 料

2009 年地质调查情况统计

地质调查项目分类

	合计	工作阶段				
		基础	预查	普查	详查	勘探
合计	**1786**	**1446**	**228**	**69**	**36**	**7**
矿产资源调查评价	**487**	**227**	**216**	**43**	**1**	
能源矿产地质调查	71	60	10	1		
其中：石油地质调查	3	3				
金属矿产地质调查	348	123	186	39		
非金属矿产地质调查	39	23	15	1		
水气矿产地质调查	29	21	5	2	1	
海洋地质调查	**19**	**13**		**6**		
水文、工程、环境地质调查	**160**	**137**	**6**	**3**	**12**	**2**
水文地质	36	26	2	1	5	2
工程地质	4	4				
环境地质	80	76	1		3	
水文工程环境地质综合调查	40	31	3	2	4	
区域地质调查	**190**	**187**	**1**	**1**	**1**	
地球物理、地球化学调查	**158**	**156**	**1**			**1**
地面物探	62	61	1			
地面化探	77	76				1
航空物探	10	10				
物化探综合调查	9	9				
遥　　感	**67**	**66**	**1**			
矿产资源	66	65	1			
土地资源	1	1				
地质灾害预警工程	**144**	**120**	**1**	**1**	**18**	**4**
地质灾害调查	126	102	1	1	18	4
地质灾害治理	18	18				
土地资源监测调查评价	**3**	**3**				

——按专业性质（一）

计量单位：个

工作进程				项目性质			
设计	施工	编写报告	汇交资料	新开项目	续作项目	结转项目	中止项目
13	**979**	**432**	**362**	**268**	**635**	**883**	
2	**234**	**128**	**123**	**29**	**154**	**304**	
	48	7	16	7	29	35	
	3				3		
1	168	102	77	20	107	221	
1	15	15	8	2	15	22	
	3	4	22		3	26	
	7	**7**	**5**	**4**	**3**	**12**	
1	**74**	**52**	**33**	**24**	**60**	**76**	
	18	11	7	4	16	16	
		4			1	3	
1	31	26	22	9	27	44	
	25	11	4	11	16	13	
	95	**47**	**48**	**8**	**85**	**97**	
1	**85**	**47**	**25**	**32**	**52**	**74**	
	33	19	10	10	20	32	
	41	23	13	18	25	34	
	5	3	2	2	4	4	
1	6	2		2	3	4	
	52	**11**	**4**	**5**	**30**	**32**	
	52	11	3	5	30	31	
			1			1	
	59	**41**	**44**	**25**	**41**	**78**	
	57	33	36	25	39	62	
	2	8	8		2	16	
	3			**3**			

地质调查项目分类

	合计	工作阶段				
		基础	预查	普查	详查	勘探
土地资源监测	2	2				
土地利用与保护	1	1				
数字国土工程	**70**	**70**				
信息化标准建设	8	8				
信息技术开发研究	42	42				
地矿基础数据库建设	42	42				
国土资源网络系统建设	20	20				
国土资源科学研究	**191**	**191**				
地质科学研究	191	191				
技术发展工程	**147**	**129**	**1**	**14**	**3**	
地矿技术发展工程	146	128	1	14	3	
区域地质技术发展工程	8	8				
地球物理技术发展工程	12	12				
地球化学技术发展工程	6	6				
遥感技术发展工程	24	24				
水、工、环技术发展工程	13	13				
探矿工程技术发展工程	28	21	1	6		
其他技术发展工程	55	44		8	3	
土地技术发展工程	1	1				
其　　他	**150**	**147**	**1**	**1**	**1**	

——按专业性质（二）

计量单位：个

工作进程				项目性质			
设计	施工	编写报告	汇交资料	新开项目	续作项目	结转项目	中止项目
	2			2			
	1			1			
	45	**17**	**8**	**4**	**33**	**33**	
	5	2	1		5	3	
	29	11	2	4	19	19	
	29	11	2	4	19	19	
	11	4	5		9	11	
1	**135**	**19**	**36**	**48**	**81**	**62**	
1	135	19	36	48	81	62	
6	**79**	**33**	**29**	**37**	**42**	**68**	
6	78	33	29	37	42	67	
	6	1	1	2	2	4	
	5	5	2	3		9	
	4		2	2	2	2	
	13	7	4	5	9	10	
	9	2	2	7	2	4	
4	9	7	8	3	9	16	
2	32	11	10	15	18	22	
	1					1	
2	**111**	**30**	**7**	**49**	**54**	**47**	

地质调查项目分类

	合　计	工作阶段				
		基础	预查	普查	详查	勘探
合　计	**1786**	**1446**	**228**	**69**	**36**	**7**
北京	279	277	2			
天津	47	47				
河北	116	87	11	7	9	2
山西	25	22	1	2		
内蒙古	106	88	17		1	
辽宁	35	31	1	3		
吉林	32	26	6			
黑龙江	40	40				
上海	10	10				
江苏	44	43	1			
浙江	19	18	1			
安徽	28	24	2	2		
福建	28	18	8	2		
江西	29	18	9	2		
山东	33	30	3			
河南	37	19	8	8	2	
湖北	70	63	7			
湖南	43	26	15	2		
广东	29	23	5	1		
广西	43	31	9	3		
海南	19	12	3	4		
重庆	16	14	1		1	
四川	101	90	9	1	1	
贵州	28	17	4		6	1
云南	64	41	18	2	3	
西藏	128	99	18	9	1	1
陕西	74	58	11	1	2	2
甘肃	50	28	8	8	5	1
青海	87	62	12	9	4	
宁夏	10	9			1	
新疆	108	67	38	3		
境外	8	8				

——按项目工作地区

计量单位：个

工作进程				项目性质			
设计	施工	编写报告	汇交资料	新开项目	续作项目	结转项目	中止项目
13	**979**	**432**	**362**	**268**	**635**	**883**	
4	148	77	50	37	99	143	
	29	9	9	9	18	20	
3	70	26	17	30	40	46	
	12	5	8	3	7	15	
1	59	27	19	9	43	54	
	23	11	1	7	13	15	
	12	11	9	5	8	19	
	30	5	5	4	16	20	
	4	4	2	1	4	5	
	26	6	12	6	17	21	
4	8	3	4	4	6	9	
	13	11	4	2	11	15	
	13	7	8	3	7	18	
	12	9	8	3	7	19	
	14	10	9	3	10	20	
	17	15	5	8	5	24	
	35	24	11	11	26	33	
	23	10	10	6	11	26	
	13	12	4	5	6	18	
	20	12	11	6	11	26	
	8	6	5	2	4	13	
	7	9			7	9	
1	63	19	18	21	40	40	
	14	10	4	3	9	16	
	41	11	12	11	26	27	
	85	18	25	24	61	43	
	39	8	27	11	24	39	
	19	9	22	3	13	34	
	50	22	15	12	43	32	
	6	1	3	3	3	4	
	60	24	24	14	38	56	
	6	1	1	2	2	4	

地质调查项目分类

	合　计	工作阶段				
		基 础	预查	普查	详查	勘探
合　计	**1786**	**1446**	**228**	**69**	**36**	**7**
一、中国地质调查局及局属单位	**780**	**725**	**4**	**26**	**19**	**6**
天津地调中心	49	49				
沈阳地调中心	26	26				
南京地调中心	35	33	2			
武汉地调中心	35	34	1			
成都地调中心	41	41				
西安地调中心	56	54		1	1	
青岛海地所	18	18				
广州海洋局	9	3		6		
航遥中心	54	54				
发展研究中心	63	63				
实物资料中心	6	6				
地调局本部	15	15				
中国地质科学院	**299**	**266**	**1**	**17**	**14**	**1**
地科院本部	19	19				
地质研究所	63	63				
矿产资源所	44	44				
地质力学所	32	31			1	
实验测试中心	12	12				
探矿工程所	6	6				
物化探所	45	44				1
勘探技术所	11	4	1	6		
水文环境所	24	14		1	9	
郑州综合所	12			9	3	
岩溶地质所	13	11		1	1	
探矿工艺所	8	8				

——按单位（一）

计量单位：个

工作进程				项目性质			
设计	施工	编写报告	汇交资料	新开项目	续作项目	结转项目	中止项目
13	**979**	**432**	**362**	**268**	**635**	**883**	
9	**492**	**155**	**124**	**155**	**310**	**315**	
	28	13	8	9	18	22	
	21	4	1	4	15	7	
	24	6	5	7	14	14	
	26	9		8	16	11	
	34		7	10	22	9	
	39	4	13	8	27	21	
	8	5	5	3	5	10	
	3	6		3	2	4	
	26	20	8	9	21	24	
1	44	4	14	4	32	27	
	5	1		1	5		
	4	11		1		14	
8	**194**	**42**	**55**	**77**	**108**	**114**	
	10	7	2	3	6	10	
	46	1	16	25	20	18	
3	25	10	6	3	22	19	
	25	3	4	8	13	11	
	8	1	3	3	4	5	
1	3		2	1	3	2	
	38	6	1	17	15	13	
3	4		4	3	3	5	
	12	10	2	4	8	12	
	9	3		7	2	3	
	5	1	7	1	4	8	
1	5		2	1	5	2	

地质调查项目分类

	合计	工作阶段				
		基础	预查	普查	详查	勘探
成都综合所	10	10				
水环地调中心	21	10		2	4	5
环境监测院	51	51				
地质图书馆	2	2				
二、省（区、市）地调院	**626**	**435**	**168**	**21**	**1**	**1**
北京地调院	14	14				
天津地调院	6	6				
河北地调院	18	12	6			
山西地调院	19	15	2	2		
内蒙古地调院	25	17	8			
辽宁地调院	13	13				
吉林地调院	18	9	9			
黑龙江地调院	22	22				
上海地调院	6	6				
江苏地调院	18	17	1			
浙江地调院	10	10				
安徽地调院	22	18	2	2		
福建地调院	23	9	11	3		
江西地调院	20	8	10	2		
山东地调院	13	10	3			
河南地调院	40	23	16	1		
湖北地调院	21	13	8			
湖南地调院	23	11	10	2		
广东地调院	16	13	3			
广西地调院	21	14	7			
海南地调院	15	11	3	1		
重庆地勘局	7	6	1			

——按单位（二）

计量单位：个

工作进程				项目性质			
设计	施工	编写报告	汇交资料	新开项目	续作项目	结转项目	中止项目
	4		6	1	3	6	
	18	1	2	8	10	3	
	16	29	6	3	13	35	
	2				2		
4	**307**	**165**	**150**	**55**	**212**	**359**	
	4	1	9	1	3	10	
	3	2	1		3	3	
	10	5	3	3	5	10	
	8	4	7	1	5	13	
	11	9	5	1	9	15	
	8	5		2	4	7	
	8	4	6	2	4	12	
	15	4	3		10	12	
	2	2	2	1	2	3	
	8	4	6	1	6	11	
4	3	1	2	3	3	4	
	11	9	2	2	8	12	
	12	5	6	1	7	15	
	9	5	6	2	6	12	
	6	3	4	1	4	8	
	18	13	9	1	12	27	
	8	5	8	1	9	11	
	11	6	6	3	6	14	
	7	7	2	2	2	12	
	8	9	4		5	16	
	8	3	4	2	4	9	
		7				7	

地质调查项目分类

	合　计	工作阶段				
		基础	预查	普查	详查	勘探
重庆地调院	3	3				
四川地调院	35	27	8			
贵州地调院	15	13	2			
云南地调局	29	15	13		1	
西藏地调院	28	23	3	1		1
陕西地调院	29	17	11	1		
甘肃地调院	21	12	6	3		
青海地调院	36	22	11	3		
宁夏地调院	4	4				
新疆地调院	36	22	14			
三、各省（区、市）环境监测站	**97**	**81**	**1**		**15**	
北京监测站	3	3				
天津监测站	2	2				
河北监测站	4	4				
山西监测中心	2	2				
辽宁监测站	1	1				
吉林监测站	2	2				
黑龙江监测站	3	3				
浙江监测站	3	3				
安徽监测站	3	3				
福建监测中心	2	2				
江西监测站	2	2				
山东监测站	2	2				
湖北监测站	6	6				
湖南监测站	8	8				
广西监测站	5	5				
重庆监测站	3	2			1	

——按单位（三）

计量单位：个

工作进程				项目性质			
设计	施工	编写报告	汇交资料	新开项目	续作项目	结转项目	中止项目
	3				3		
	19	16		5	15	15	
	11	3	1	1	8	6	
	16	6	7	1	12	16	
	17	5	6	6	10	12	
	12	6	11		11	18	
	7	3	11		6	15	
	20	9	7	4	18	14	
	4			2	2		
	20	4	12	6	10	20	
	31	**28**	**38**	**11**	**25**	**61**	
		1	2		1	2	
	2				1	1	
	2	1	1		2	2	
	1	1		1		1	
		1				1	
		1	1			2	
	1		2		1	2	
	2	1			2	1	
		1	2		1	2	
		1	1		1	1	
	1		1	1		1	
		1	1		1	1	
	1	3	2	2	1	3	
	4	1	3		2	6	
	1	1	3	1	1	3	
	1	2			2	1	

地质调查项目分类

	合　计	工作阶段				
		基础	预查	普查	详查	勘探
四川监测站	7	7				
贵州监测院	6	1			5	
云南监测站	3	1			2	
西藏监测站	6	6				
陕西监测站	2	1	1			
甘肃监测院	7	4			3	
青海监测站	5	2			3	
宁夏监测站	7	6			1	
新疆监测院	3	3				
四、地勘各工业部门	**115**	**45**	**54**	**16**		
冶金地勘系统	**20**	**4**	**12**	**4**		
冶金地质总局	18	3	11	4		
冶金东北局	1		1			
冶金四川局	1	1				
有色地勘系统	**43**	**13**	**20**	**10**		
有色地调中心	13	5	8			
有色华北局	1		1			
有色辽宁局	3			3		
有色湖南局	2		2			
有色贵州局	4	1	3			
有色云南局	1		1			
有色西北局	2	1	1			
有色甘肃局	6	1		5		
有色青海局	6	4		2		
有色新疆局	5	1	4			
武警黄金指挥部	**5**		**4**	**1**		
武警黄金指挥部	5		4	1		

——按单位（四）

计量单位：个

工作进程				项目性质			
设计	施工	编写报告	汇交资料	新开项目	续作项目	结转项目	中止项目
	3	2	2	1	1	5	
	1	3	2		1	5	
			3			3	
	1	1	4	1	1	4	
			2			2	
	4	1	2	1	3	3	
	1	4		1		4	
	3	1	3	2	1	4	
	2		1		2	1	
	51	**34**	**30**	**9**	**38**	**68**	
	8	**12**			**6**	**14**	
	6	12			5	13	
	1				1		
	1					1	
	21	**10**	**12**	**2**	**13**	**28**	
	8	4	1		7	6	
		1				1	
	2	1		1		2	
	1		1			2	
	1	3		1		3	
	1					1	
	1		1			2	
	1		5		1	5	
	5		1		5	1	
	1	1	3			5	
	3		**2**		**3**	**2**	
	3		2		3	2	

地质调查项目分类

	合计	工作阶段				
		基础	预查	普查	详查	勘探
煤田地勘系统	**15**	**12**	**2**	**1**		
煤田地质总局	13	12	1			
煤田内蒙古局	1		1			
煤田四川局	1			1		
核工业地质系统	**13**	**10**	**3**			
核工业地质局	13	10	3			
化工地质矿山局	**8**	**1**	**7**			
化工地质矿山局	8	1	7			
建材地勘中心	**6**		**6**			
建材地勘中心	6		6			
中联煤层气公司	**5**	**5**				
中联煤层气公司	5	5				
五、院校	**111**	**111**				
中国地质大学（北京）	37	37				
北京大学	1	1				
石家庄经济学院	1	1				
吉林大学	19	19				
南京大学	1	1				
中国地质大学（武汉）	34	34				
成都理工大学	11	11				
长安大学	7	7				
六、其他单位	**57**	**49**	**1**	**6**	**1**	
地质博物馆	5	5				
经济研究院	16	16				
咨询中心	2	2				
储量评审中心	1	1				
内蒙古国土资源信息院	1	1				

——按单位（五）

计量单位：个

工作进程				项目性质			
设计	施工	编写报告	汇交资料	新开项目	续作项目	结转项目	中止项目
	4	**5**	**6**	**3**	**5**	**7**	
	4	5	4	3	5	5	
			1			1	
			1			1	
	10		**3**	**4**	**6**	**3**	
	10		3	4	6	3	
	2	**5**	**1**		**2**	**6**	
	2	5	1		2	6	
	1	**2**	**3**		**1**	**5**	
	1	2	3		1	5	
	2		3		2	3	
	2		3		2	3	
	55	**37**	**19**	**23**	**30**	**58**	
	22	11	4	8	12	17	
	1				1		
			1			1	
	9	7	3	3	6	10	
	1				1		
	13	13	8	7	7	20	
	5	3	3	2	3	6	
	4	3		3		4	
	43	**13**	**1**	**15**	**20**	**22**	
	2	3		2		3	
	10	5	1	3	7	6	
	2			1	1		
	1			1			
	1					1	

地质调查项目分类

	合 计	工作阶段				
		基础	预查	普查	详查	勘探
安徽国土资源信息中心	1	1				
四川矿产资源储量评审中心	1	1				
陕西国土资源规划与评审中心	1	1				
北京地质工程设计研究院	1	1				
山西第三地质工程勘察院	1	1				
辽宁冶金地勘院	1	1				
黑龙江区域地质调查所	1	1				
安徽勘查技术院	1	1				
江西地勘局赣西地勘开发院	1	1				
山东地勘局	1	1				
山东地质科学实验研究院	1	1				
河南国土资源科学研究院	1	1				
湖南地质研究所	1	1				
广西地勘总院	1	1				
重庆地质矿产研究院	1	1				
贵州国土资源厅	1	1				
西藏地勘局第二地质大队	1			1		
西藏地勘局第五地质大队	2			2		
陕西地勘局二物	3	3				
甘肃有色地勘局三队	1	1				
青海柴达木综合地质勘查大队	2			2		
青海第一地质矿产勘查大队	1			1		
青海环境地质勘查局	2		1		1	
青海国土规划研究院	1	1				
新疆地矿所	1	1				
中国石油化工有限责任公司	1	1				
中科院地质所	1	1				

——按单位（六）

计量单位：个

工作进程				项目性质			
设计	施工	编写报告	汇交资料	新开项目	续作项目	结转项目	中止项目
	1					1	
	1				1		
	1			1			
	1					1	
	1					1	
	1				1		
	1					1	
		1			1		
	1					1	
		1				1	
	1					1	
	1					1	
	1					1	
	1					1	
	1				1		
	1					1	
		1				1	
	2			1	1		
	3			1	2		
	1			1			
	2				2		
	1				1		
		2			2		
	1			1			
	1			1			
	1			1			
	1			1			

查明矿产资源量——按矿种

	计量单位	本年查明资源量			预测的资源量
		合计	控制的资源量	推断的资源量	
一、能源矿产					
煤	千吨	4037490		4037490	48444080
二、金属矿产					
（一）黑色金属矿产					
铁矿	矿石万吨	5963	2546	3417	739
（二）有色金属矿产					
铜矿	金属吨	117901	1600	116301	618037
铅矿	金属吨	125205		125205	
锌矿	金属吨	164995		164995	47064
铝土矿	矿石万吨	1166		1166	4445
钨矿	三氧化钨吨	25277		25277	104116
锡矿	金属吨	321157		321157	25935
铋矿	金属吨	2605		2605	
钼矿	金属吨	197		197	
锑矿	金属吨	13590		13590	175469
铅锌矿	金属吨	1804826		1804826	8867987
（三）贵金属矿产					
金矿	金属千克	6252		6252	20285
银矿	金属吨	347		347	430
三、非金属矿产					
（二）化工原料矿产					
磷矿	矿石千吨	73324		73324	304922
（四）建材及其他非金属矿产					
石墨	矿物万吨				83

查明矿产资源量——按矿种分地区（一）

	计量单位	本年查明资源量			预测的资源量
		合计	控制的资源量	推断的资源量	
一、能源矿产					
煤	千吨	4037490		4037490	48444080
新疆		4037490		4037490	48444080
二、金属矿产					
（一）黑色金属矿产					
铁矿	矿石万吨	5963	2546	3417	739
西藏					17
陕西		1675		1675	
新疆		4288	2546	1742	722
（二）有色金属矿产					
铜矿	金属吨	117901	1600	116301	618037
云南		12200		12200	212000
西藏		39500	1600	37900	162772
新疆		66201		66201	243265
铅矿	金属吨	125205		125205	
湖南		125205		125205	
锌矿	金属吨	164995		164995	47064
湖北		58831		58831	47064
湖南		106164		106164	
铝土矿	矿石万吨	1166		1166	4445
贵州		1166		1166	4445
钨矿	三氧化钨吨	25277		25277	104116
江西					20000
湖南		25277		25277	84116
锡矿	金属吨	321157		321157	25935
湖南		321157		321157	25935

查明矿产资源量——按矿种分地区（二）

	计量单位	本年查明资源量			预测的资源量
		合计	控制的资源量	推断的资源量	
铋矿	金属吨	2605		2605	
湖南		2605		2605	
钼矿	金属吨	197		197	
湖南		197		197	
锑矿	金属吨	13590		13590	175469
新疆		13590		13590	175469
铅锌矿	金属吨	1804826		1804826	8867987
湖北		353526		353526	2943587
湖南		339100		339100	2216500
贵州		522200		522200	2017900
陕西		590000		590000	1690000
（三）贵金属矿产					
金矿	金属千克	6252		6252	20285
西藏					6012
新疆		6252		6252	14273
银矿	金属吨	347		347	430
湖南		347		347	
西藏					430
三、非金属矿产					
（二）化工原料矿产					
磷矿	矿石千吨	73324		73324	304922
四川		73324		73324	304922
（四）建材及其他非金属矿产					
石墨	矿物万吨				83
江西					83

新发现矿产地——按矿种分地区、矿产地（一）

	工作单位	计量单位	本年查明资源量			本年预测的资源量
			合计	控制的资源量	推断的资源量	
一、能源矿产						
煤		**千吨**	**2002**		**2002**	**1542**
湖北			2002		2002	1542
湖北恩施鹤峰中营煤矿	煤田地质总局		2002		2002	1542
铀矿		**金属吨**				*** * ***
新疆						* * *
新疆×××铀矿	核工业216队					* * *
二、金属矿产						
（一）黑色金属矿产						
铁矿		**矿石万吨**	**892**		**892**	**10000**
山东						10000
山东单县大刘庄铁矿	山东地调院					10000
西藏			892		892	
西藏康雄娘德铁矿	冶金四川局		892		892	
锰矿		**矿石万吨**	**455**		**455**	**455**
湖南			455		455	455
贵州松桃县大雅堡锰矿	冶金中南地勘院		196		196	196
湖南花垣县民乐矿区火木冲锰矿	冶金中南地勘院		259		259	259
（二）有色金属矿产						
铜矿		**金属吨**	**1600**	**1600**		**30800**
西藏			1600	1600		30800
西藏朗达铜矿	福建地调院		1600	1600		30800
铅矿		**金属吨**	**12666**		**12666**	**94486**
安徽			12666		12666	94486
安徽铜陵白牡岭铅矿	安徽地调院		12666		12666	94486

新发现矿产地——按矿种分地区、矿产地（二）

	工作单位	计量单位	本年查明资源量			本年预测的资源量
			合计	控制的资源量	推断的资源量	
锌矿		**金属吨**	**18445**		**18445**	**82399**
安徽			18445		18445	82399
安徽铜陵白牡岭铅矿	安徽地调院		18445		18445	82399
铝土矿		**矿石万吨**	**813**		**813**	**1469**
贵州			813		813	1469
贵州务川县灌水铝土矿	有色贵州局		813		813	1469
钨矿		**三氧化钨吨**	**5317**		**5317**	**33469**
湖南			5317		5317	33469
广东韶关市始兴县罗坝镇南山钨矿	南京地调中心		5317		5317	1569
湖南茶陵锡田矿区山田矿段钨矿	湖南地调院					16900
湖南汝城县高凹背钨钼矿	湖南地调院					15000
锡矿		**金属吨**	**9738**		**9738**	**22808**
湖南			9738		9738	22808
广东韶关市始兴县罗坝镇南山钨矿	南京地调中心		9738		9738	2108
湖南茶陵锡田矿区晒禾岭矿段锡矿	湖南地调院					20700
钼矿		**金属吨**	**1823**		**1823**	**17312**
湖南						5000
湖南汝城县高凹背钨钼矿	湖南地调院					5000
海南			1823		1823	12312
海南乐东县利国镇报告村钼矿	海南地调院		1823		1823	12312
铅锌矿		**金属吨**	**542030**		**542030**	**2799370**
湖北			1558		1558	490395
湖北长阳曾家墩铅锌矿	湖北地调院					104000
湖北房县雨淋沟—下甘霞铅锌矿	湖北地调院					209805
湖北兴山县坛子岭铅锌矿	湖北地调院					62300

新发现矿产地——按矿种分地区、矿产地（三）

	工作单位	计量单位	本年查明资源量			本年预测的资源量
			合计	控制的资源量	推断的资源量	
湖北竹溪县朝阳铅锌矿	湖北地调院		1558		1558	114290
广东						320000
广东龙川麻布岗白水寨银铅锌多金属矿	有色地调中心					320000
海南			20172		20172	82875
海南乐东县后万岭铅锌矿	海南地调院		20172		20172	82875
贵州			520300		520300	1746100
贵州蟒洞—箐箕湾铅锌矿	有色贵州局					99900
贵州那雍枝铅锌矿	贵州地调院		496500		496500	1506500
贵州张维水东铅锌矿	贵州地调院		23800		23800	139700
西藏						160000
西藏仁多岗墨竹工卡县嘎布拉铅锌矿	河南地调院					160000
（三）贵金属矿产						
金矿		**金属千克**	**4120**		**4120**	
西藏			4120		4120	
西藏康雄明果拉金矿	冶金四川局		4120		4120	
银矿		**金属吨**	**35**		**35**	**682**
安徽			35		35	252
安徽铜陵白牡岭铅矿	安徽地调院		35		35	252
西藏						430
西藏南木林县热当银铜矿	湖北地调院					430
三、非金属矿产						
（四）建材及其他非金属矿产						
石墨		矿物万吨				67
内蒙古						67
内蒙古丰镇市老官坟石墨矿	建材内蒙古总队					36
内蒙古丰镇市上天花板石墨矿	建材内蒙古总队					31

新进展矿产地——按矿种

	工作单位	计量单位
一、能源矿产		
铀矿		**金属吨**
内蒙古		
内蒙古×××××铀矿	核工业203所	
二、金属矿产		
（一）黑色金属矿产		
铁矿		**矿石万吨**
辽宁		
辽宁本溪市歪头山镇歪头山村设备库铁矿	冶金东北局	
青海		
青海格尔木市乌图美仁乡铁矿	有色青海局	
新疆		
新疆西昆仑塔什库尔干县老并磁铁矿	河南地调院	
（二）有色金属矿产		
铜矿		**金属吨**
西藏		
西藏桑日县明则矿区程巴铜钼矿	冶金第二地勘院	
西藏扎囊县克鲁铜金矿	福建地调院	
铅矿		**金属吨**
西藏		
西藏工布江达县亚贵拉铅锌银矿	河南地调院	
锌矿		**金属吨**
西藏		
西藏工布江达县亚贵拉铅锌银矿	河南地调院	
铝土矿		**矿石万吨**

分地区、矿产地（一）

累计查明资源量			本年查明资源量			预测的资源量	
合 计	控制的资源量	推断的资源量	合 计	控制的资源量	推断的资源量	合 计	本年
* * *		* * *				* * *	* * *
* * *		* * *				* * *	* * *
* * *		* * *				* * *	* * *
4640	**207**	**4433**	**3158**	**207**	**2951**	**18965**	**11852**
						1000	500
						1000	500
1867	207	1660	1187	207	980	4489	3469
1867	207	1660	1187	207	980	4489	3469
2773		2773	1971		1971	13476	7883
2773		2773	1971		1971	13476	7883
37900		**37900**				**425800**	**230100**
37900		37900				425800	230100
						300000	209300
37900		37900				125800	20800
267800	**224400**	**43400**	**102200**	**58800**	**43400**		
267800	224400	43400	102200	58800	43400		
267800	224400	43400	102200	58800	43400		
160500	**108100**	**52400**	**92200**	**39800**	**52400**		
160500	108100	52400	92200	39800	52400		
160500	108100	52400	92200	39800	52400		
824		**824**	**250**		**250**	**4580**	**1803**

新进展矿产地——按矿种

	工作单位	计量单位
河南		
豫西地区渑池县礼庄寨铝土矿	河南地调院	
钨矿		**三氧化钨吨**
湖南		
湖南茶陵锡田矿区垄上矿段钨锡矿	湖南地调院	
锡矿		**金属吨**
湖南		
湖南茶陵锡田矿区垄上矿段钨锡矿	湖南地调院	
钼矿		**金属吨**
西藏		
西藏桑日县明则矿区程巴铜钼矿	冶金第二地勘院	
铅锌矿		**金属吨**
贵州		
贵州赫章丫都铅锌矿	有色贵州局	
青海		
青海杂多县莫海拉亨铅锌矿	青海地调院	
（三）**贵金属矿产**		
银矿		**金属吨**
西藏		
西藏工布江达县亚贵拉铅锌银矿	河南地调院	

分地区、矿产地（二）

累计查明资源量			本年查明资源量			预测的资源量	
合　计	控制的资源量	推断的资源量	合　计	控制的资源量	推断的资源量	合　计	本年
824		824	250		250	4580	1803
824		824	250		250	4580	1803
						58500	**17900**
						58500	17900
						58500	17900
						48600	**24400**
						48600	24400
						48600	24400
						80000	**6300**
						80000	6300
						80000	6300
51900		**51900**	**1900**		**1900**	**617000**	**389300**
1900		1900	1900		1900	229900	127200
1900		1900	1900		1900	229900	127200
50000		50000				387100	262100
50000		50000				387100	262100
963	**594**	**369**	**425**	**155**	**270**		
963	594	369	425	155	270		
963	594	369	425	155	270		

提交矿产地——按矿种分列

计量单位：处

	新发现矿产地				可供普查的矿产地				可供详查的矿产地			
	合计	大型	中型	小型	合计	大型	中型	小型	合计	大型	中型	小型
合　计	**28**	**3**	**16**	**9**	**29**	**6**	**17**	**6**				
一、能源矿产	**2**			**2**	**1**			**1**				
煤	1			1	1			1				
铀矿	1			1								
二、金属矿产	**24**	**3**	**14**	**7**	**26**	**6**	**15**	**5**				
（一）黑色金属矿产	**4**	**1**	**2**	**1**	**4**	**3**		**1**				
铁矿	2	1		1	4	3		1				
锰矿	2		2									
（二）有色金属矿产	**18**	**2**	**11**	**5**	**20**	**3**	**14**	**3**				
铜矿	1			1	1		1					
铅矿	1		1		1		1					
铝土矿	1	1			2	1	1					
钨矿	3		2	1	3		2	1				
锡矿	1		1		2	1	1					
钼矿	1		1		1		1					
铅锌矿	10	1	6	3	10	1	7	2				
（三）贵金属矿产	**2**		**1**	**1**	**2**		**1**	**1**				
金矿	1			1	1			1				
银矿	1		1		1		1					
三、非金属矿产	**2**		**2**		**2**		**2**					
（四）建材及其他非金属矿产	**2**		**2**		**2**		**2**					
石墨	2		2		2		2					

提交矿产地——按单位分列

计量单位：处

	新发现矿产地				可供普查的矿产地				可供详查的矿产地			
	合计	大型	中型	小型	合计	大型	中型	小型	合计	大型	中型	小型
合计	**28**	**3**	**16**	**9**	**29**	**6**	**17**	**6**				
一、中国地质调查局及局属单位	**1**			**1**	**1**			**1**				
南京地调中心	1			1	1			1				
二、省（区、市）地调院	**16**	**2**	**11**	**3**	**20**	**5**	**13**	**2**				
安徽地调院	1		1									
福建地调院	1			1								
山东地调院	1	1			1	1						
河南地调院	1			1	4	2	1	1				
湖北地调院	5		4	1	5		4	1				
湖南地调院	3		3		4	1	3					
海南地调院	2		2		2		2					
贵州地调院	2	1	1		3	1	2					
青海地调院					1		1					
四、地勘各工业部门	**11**	**1**	**5**	**5**	**8**	**1**	**4**	**3**				
冶金地勘系统	**4**		**2**	**2**	**3**		**1**	**2**				
冶金地质总局	2		2		1		1					
冶金四川局	2			2	2			2				
有色地勘系统	**3**	**1**	**1**	**1**	**2**	**1**	**1**					
有色地调中心	1		1		1		1					
有色贵州局	2	1		1								
有色青海局					1	1						
煤田地勘系统	**1**			**1**	**1**			**1**				
煤田地质总局	1			1	1			1				
核工业地质系统	**1**			**1**								
核工业地质局	1			1								
建材地勘中心	**2**		**2**		**2**		**2**					
建材地勘中心	2		2		2		2					

发现查证物化探异常——按矿种

计量单位：处

	新发现物探异常	新发现化探异常	检查物探异常	检查化探异常	验证物探异常	验证化探异 常	见矿物探异常	见矿化探异常	查证物化探异常
合计	**1369**	**1056**	**227**	**179**	**103**	**83**	**38**	**58**	**112**
一、能源矿产	*		*		*		*		
* * *	*		*		*		*		
二、金属矿产	**517**	**615**	**136**	**120**	**58**	**79**	**33**	**51**	**72**
（一）黑色金属矿产	**153**	**66**	**56**	**20**	**27**	**11**	**20**	**6**	**29**
铁矿	153	57	56	16	27	8	20	6	29
锰矿		9		4		3			
（二）有色金属矿产	**354**	**516**	**77**	**84**	**28**	**52**	**11**	**32**	**43**
铜矿	143	345	36	49	24	35	10	14	25
镍矿	6	24	2	6	3	4			3
钨矿	84	44	5	6					
锡矿	16	7	11			4		4	14
铅锌矿	18	70	3	17	1	5	1	9	1
多金属	87	26	20	6		4		5	
（三）贵金属矿产	**10**	**33**	**3**	**16**	**3**	**16**	**2**	**13**	
银矿	10	33	3	16	3	16	2	13	
三、不分矿种	**806**	**430**	**48**	**59**	**12**	**4**	**3**	**7**	**7**

提交地质调查报告

	报告提交单位
新开续作项目	
国土资源大调查项目	
数字国土项目	
国土资源政务管理信息系统建设	**地调局本部**
国家地质工作业务管理信息系统	发展研究中心
结转项目	
国土资源大调查项目（结转项目）	
基础调查计划（结转项目）	
航空物探遥感勘查及成果集成	**航遥中心**
全国 1:25 万航磁系列图编制	航遥中心
航空物探遥感调查成果集成与综合	航遥中心
东北地区基础地质调查及数据更新	**沈阳地调中心**
黑龙江 1:25 万兴隆、呼玛县、卧都河、黑河市幅区调修测	黑龙江地调院
内蒙古 1:20 万索伦军马场幅区域化探	陕西地调院
中南地区基础地质调查及数据更新	**武汉地调中心**
湖北 1:25 万十堰市、襄樊市幅区调修测	湖北地调院
广东 1:25 万韶关市、连平县幅区调修测	广东地调院
多目标生态农业地球化学调查	**地调局本部**
江西省鄱阳湖及周边经济区农业地质调查	江西地调院
综合基础地质图件编制与更新	**地质研究所**
1:2500 万世界大-超大型矿床成矿图编制及全球矿产成矿规律研究与评价	矿产资源所
新构造与重要经济区和重大工程安全系列图件编制	地质力学所
1:250 万中俄蒙哈韩毗邻区地质图等系列图件编制	地科院本部
中国主要标准地层建立与新的地层学方法研究	**地质研究所**
中国西北地区若干重要演化阶段地层格架建立与对比研究	地质研究所
我国北方新生代地层格架建立及环境演化研究（地质研究所）	地质研究所
西南地区基础地质调查及数据更新	**成都地调中心**
四川 1:25 万若尔盖县、红原、炉霍、马尔康幅区调修测	四川地调院

一览表——审定稿（一）

报告评审机构	报告评审等级	报告审查机构	报告审批文号
地调局	优秀	地调局	中地调（总）审字〔2008〕19号
地调局	优秀	西安地调中心	中地调（基）审字〔2009〕34号
地调局	优秀	西安地调中心	中地调（基）审字〔2009〕33号
沈阳地调中心	良好	沈阳地调中心	中地调（沈）审字〔2009〕1号
沈阳地调中心	优秀	沈阳地调中心	中地调（沈）审字〔2009〕03号
武汉地调中心	良好	武汉地调中心	中地调（宜）审字〔2009〕06号
武汉地调中心		武汉地调中心	中地调（宜）审字〔2009〕07号
地调局、江西省政府办公厅	优秀	地调局	中地调（基）审字〔2008〕38号
地调局	优秀	地调局	中地调（科）审字〔2009〕8号
地调局	优秀	地调局	中地调（科）审字〔2009〕9号
地调局	优秀	地调局	中地调（科）审字〔2009〕14号
地调局	优秀	地调局	中地调（科）审字〔2009〕12号
地调局	优秀	地调局	中地调（科）审字〔2009〕10号
成都地调中心	优秀	成都地调中心	中地调（基）审字〔2008〕101－102号

提交地质调查报告

	报告提交单位
我国重要生物群的起源、演化研究	**地质研究所**
典型珍稀化石特征研究	地质研究所
城市地质调查	**地调局本部**
北京城市地质调查	北京地调院
上海城市地质调查	上海地调院
杭州城市地质调查	浙江地调院
资源与环境遥感综合调查	**航遥中心**
我国陆域边界云南瑞丽江-大盈江中下游流域基础地质遥感调查	航遥中心
松辽平原经济区第四系基础地质遥感调查	航遥中心
西南三江成矿带基础地质调查	**成都地调中心**
云南1:5万弥渡县、巍山县、祥云县、苴力、亚练、曼来、大南坝、勐赖坝幅区调	云南地调局
四川1:5万木拉、恶古、德巫、马岩、勒青贡、色达县、错俄玛、塔子乡、霍西乡、松新、大寨、转堡、宁南幅区调	四川地调院
大兴安岭成矿带基础地质调查	**天津地调中心**
内蒙古东乌旗地区1:20万区域重力调查	河北地调院
内蒙古1:25万西老府、多伦幅区调修测及蒙南-冀北地区晚中生代地层格架与重要地质事件和年代地层系统研究	地质研究所
长江中下游成矿带基础地质调查	**南京地调中心**
湖北1:5万金牛、高桥幅区调	湖北地调院
江西1:5万桃墅店、大江村、余干县、古楼埠、江埠、社赓幅区调	江西地调院
安徽1:5万平里、江潭、瑶里、虹关幅区调	南京地调中心
川滇黔相邻区基础地质调查	**成都地调中心**
四川1:5万名山幅、马岭幅、草坝幅、洪雅幅区调	成都理工大学
昆仑-阿尔金成矿带基础地质调查	**西安地调中心**
新疆1:5万阿尔金地区阔什布拉克地区四幅区调	新疆地调院
湘西-鄂西成矿带基础地质调查	**武汉地调中心**
湖北1:20万神农架幅巫溪幅区域重力调查	湖北地调院
辽东吉南多金属成矿带地质矿产调查	**沈阳地调中心**
吉林1:5万平岗、梨花、茶条沟、八道沟、天桥岭镇、小东沟幅区调	吉林地调院

一览表——审定稿（二）

报告评审机构	报告评审等　级	报告审查机构	报告审批文号
地调局	优秀	地调局	中地调（科）审字〔2009〕18 号
地调局	优秀	地调局	中地调（基）审字〔2009〕13 号
地调局、上海市政府	优秀	地调局	中地调（基）审字〔2009〕12 号
地调局	优秀	地调局	中地调（基）审字〔2009〕20 号
地调局	优秀	地调局	中地调（基）审字〔2009〕21 号
地调局	优秀	地调局	中地调（基）审字〔2008〕19 号
		成都地调中心	中地调（成）审字〔2010〕2 号
		成都地调中心	中地调（成）审字〔2010〕1 号
天津地调中心	良好	天津地调中心	中地调（天）审字〔2009〕09 号
地调局	优秀	地调局	中地调（基）审字〔2009〕16 号
武汉地调中心	优秀、良好	武汉地调中心	中地调（宜）审字〔2009〕08 号
南京地调中心	优秀	南京地调中心	中地调（南）审字〔2009〕04－1，－2 号
地调局	优秀	地调局	中地调（基）审字〔2009〕15 号
		成都地调中心	中地调（成）审字〔2009〕68 号
西安地调中心	优秀、良好	西安地调中心	中地调（西）审字〔2009〕34 号
武汉地调中心	优秀	武汉地调中心	中地调（宜）审字〔2009〕20 号
沈阳地调中心	良好	沈阳地调中心	中地调（沈）审字〔2009〕1 号

提交地质调查报告

	报告提交单位
上扬子地块及其周缘基础地质调查	**武汉地调中心**
湖南 1:25 万常德市、岳阳市幅区域地质与环境调查	湖南地调院
重庆 1:5 万鱼肚河、一碗泉幅区调	重庆地勘局
新疆-青海祁曼塔格成矿带基础地质调查	**西安地调中心**
新疆 1:5 万白石渡泉、沙泉子、白石泉西南山、小白石头幅和祁曼塔格地区四幅区调	新疆地调院
东南沿海及其他地区	**地调局本部**
福建 1:5 万闽侯县、南屿镇、福清市、江田、龙田、沙塘幅区调	福建地调院
海南 1:5 万昌洒市、文昌县、清澜港、铜鼓咀幅区调	海南地调院
矿山开发多目标遥感监测	**地调局本部**
内蒙古鄂托克旗矿产资源开发状况遥感调查与应急监测	航遥中心
全国性重大地质问题	**地科院本部**
全国区域地质综合研究试点	地质研究所
中国大陆科学钻探工程综合研究（东海）	地质研究所
中国成矿体系综合研究	矿产资源所
中国大陆周边地区主要成矿带成矿规律对比及潜力评价	**发展研究中心**
中国东南大陆周边地区成矿规律对比研究	南京地调中心
中国与亚洲地区关键地质问题对比研究	**地质研究所**
南秦岭主要构造岩带及其形成环境	地质研究所
祁连-阿尔金造山带的构造演化及其对成矿作用的制约	地质研究所
矿产资源调查评价工程（结转项目）	
雅鲁藏布江成矿区铜多金属资源调查	**成都地调中心**
西藏山南地区铜多金属资源评价	福建地调院
西藏念青唐古拉山地区铜铅锌银矿产资源调查评价	河南地调院
青藏铁路沿线铁矿调查评价	湖北地调院
青海南部地区矿产资源潜力评价	**西安地调中心**
青海纳日贡玛-众根涌角铜矿远景评价	青海地调院
西南三江云南段有色金属基地勘查	**成都地调中心**
云南大宝山-八宝山铜矿评价	有色贵州局

一览表——审定稿（三）

报告评审机构	报告评审等级	报告审查机构	报告审批文号
武汉地调中心	优秀	武汉地调中心	中地调（宜）审字〔2009〕09 号
		成都地调中心	中地调（成）审字〔2010〕4 号
西安地调中心	良好	西安地调中心	中地调（西）审字〔2009〕32－33 号
南京地调中心	良好	南京地调中心	中地调（南）审字〔2009〕03 号
武汉地调中心	良好	武汉地调中心	中地调（宜）审字〔2009〕10 号
地调局	优秀	地调局	中地调（基）审字〔2009〕20 号
地调局	优秀	地调局	中地调（科）审字〔2009〕17 号
地调局	优秀	地调局	中地调（科）审字〔2009〕15 号
地调局	优秀	地调局	中地调（资）审字〔2009〕03 号
地调局	优秀	地调局	中地调（科）审字〔2009〕29 号
地调局	优秀	地调局	中地调（科）审字〔2009〕11 号
地调局	优秀	地调局	中地调（科）审字〔2009〕号
成都地调中心	良好	成都地调中心	中地调（成）评字〔2009〕33 号
成都地调中心	优秀	成都地调中心	中地调（成）审字〔2009〕71 号
成都地调中心	良好	成都地调中心	中地调（成）审字〔2009〕101 号
西安地调中心	优秀	西安地调中心	中地调（西）审字〔2009〕03 号
成都地调中心	优秀	成都地调中心	中地调（成）审字〔2009〕93 号

提交地质调查报告

	报告提交单位
云南盈江-保山核桃坪铜多金属矿评价	云南地调局
云南元江撮科-新平地区铜铁矿评价	云南地调局
云南思茅盆地铜多金属矿评价	云南地调局
西南三江地区重大找矿疑难问题研究	云南地调局
新疆东天山地区矿产资源调查评价	**西安地调中心**
新疆天山成矿带找矿重大疑难问题研究	新疆地调院
甘南地区矿产资源调查评价	**西安地调中心**
甘肃李子园-太阳寺银多金属矿资源评价	甘肃地调院
豫西南地区铅锌银矿评价	**天津地调中心**
豫西南地区铅锌银矿成矿规律研究	河南地调院
吉林集安-长白成矿带铅锌金矿评价	**沈阳地调中心**
吉林集安地区铅锌银矿评价	吉林地调院
皖赣相邻地区矿产资源评价	**南京地调中心**
江西武宁-宜丰地区铜锡钨矿评价	江西地调院
南岭地区锡多金属矿评价	**武汉地调中心**
湖南九嶷山-姑婆山地区锡多金属矿评价	湖南地调院
湖南郴州荷花坪-香花岭锡多金属矿评价	有色湖南局
南岭地区重要矿产资源综合评估	湖南地调院
优质化工非金属资源评价	**化工地质矿山局**
川西南-滇东北地区磷矿评价	化工地质矿山局
我国磷、硼、萤石、重晶石矿产资源潜力调查评价	化工地质矿山局
新疆库鲁克塔格地区内生磷矿资源评价	化工地质研究院
新疆莎车-罗布泊地区钾盐资源评价	化工地质研究院
华北地台北缘内生磷矿资源评价	化工地质研究院
高效建材非金属资源调查评价	**建材地勘中心**
江西赣东地区石墨资源调查评价	建材地勘中心
煤层气资源调查评价与规划	**中联煤层气公司**
煤层气评价系统研究	中联煤层气公司

一览表——审定稿（四）

报告评审机构	报告评审等　　级	报告审查机构	报告审批文号
成都地调中心	良好	成都地调中心	中地调（成）审字〔2009〕100 号
成都地调中心	良好	成都地调中心	中地调（成）评字〔2009〕11 号
成都地调中心	良好	成都地调中心	中地调（成）审字〔2009〕99 号
成都地调中心		成都地调中心	中地调（成）评字〔2009〕10 号
西安地调中心	良好	西安地调中心	中地调（西）审字〔2009〕12 号
西安地调中心	良好	西安地调中心	中地调（西）审字〔2009〕24 号
天津地调中心	优秀	天津地调中心	中地调（天）审字〔2009〕01 号
沈阳地调中心	良好	沈阳地调中心	中地调（沈）审字〔2009〕07 号
南京地调中心	良好	南京地调中心	中地调（南）审字〔2009〕01 号
武汉地调中心	优秀	武汉地调中心	中地调（宜）审字〔2009〕17 号
武汉地调中心	优秀	武汉地调中心	中地调（宜）评字〔2009〕01 号
武汉地调中心	良好	武汉地调中心	中地调（宜）审字〔2009〕14 号
中化地质矿山总局	优秀	中化地质矿山总局	中地调（化）审字〔2009〕01 号
中化地质矿山总局	良好	中化地质矿山总局	中地调（化）审字〔2009〕02 号
中化地质矿山总局	良好	中化地质矿山总局	中地调（化）审字〔2009〕03 号
中化地质矿山总局	良好	中化地质矿山总局	中地调（化）审字〔2009〕04 号
中化地质矿山总局	良好	中化地质矿山总局	中地调（化）审字〔2009〕05 号
建材地勘中心	良好	建材地勘中心	中地调（建地）审字〔2009〕01 号
地调局	通过	中联煤层气公司	通过

提交地质调查报告

	报告提交单位
辽宁沈北地区煤层气资源调查与评价	中联煤层气公司
全国地下水资源及其环境问题调查评价	**水文环境所**
西北地区地下水资源及其环境问题调查综合评价	西安地调中心
平原（盆地）区地下水开采主要问题调查	环境监测院
国内外水资源与供水安全对比研究	水文环境所
水工环地质调查部署战略研究	环境监测院
全国矿产资源潜力评价	**地调发展中心**
全国矿产资源宏观部署研究	发展研究中心
重要矿区矿产资源潜力评价	发展研究中心
华北平原地下水资源可持续利用调查评价	**水文环境所**
华北地区地下水资源及其环境问题调查综合评价	天津地调中心
海洋油气新区调查	**广州海洋局**
东海陆架盆地西部坳陷带含油气远景调查评价	青岛海地所
川滇黔相邻区铜铅锌多金属矿产调查评价	**成都地调中心**
贵州丫都-蟒硐铅锌银矿评价	有色贵州局
贵州务川-正安-道真地区铝土矿评价	贵州地调院
贵州黔北地区铝土矿评价	有色贵州局
贵州张维-五指山地区铅锌矿评价	贵州地调院
昆仑-阿尔金成矿带铁铜铅锌多金属矿产调查评价	**西安地调中心**
新疆东昆仑西段黑山-祁曼塔格成矿带钨锡资源调查评价	吉林地调院
新疆塔什库尔干-莎车铁铅锌多金属矿评价	河南地调院
青海东昆仑驼路沟外围铜钴矿评价	青海地调院
青海省东昆仑祁曼塔格地区铜矿评价	青海地调院
新疆民丰黄羊岭锑矿调查评价	新疆地调院
鄂尔多斯盆地能源基地地下水勘查	**西安地调中心**
陕西省关中盆地地热资源调查评价	陕西监测站
鄂尔多斯盆地陕北能源化工基地地下水勘查	西安地调中心
陕北能源化工基地水资源监测与优化配置	西安地调中心

一览表—审定稿（五）

报告评审机构	报告评审等　级	报告审查机构	报告审批文号
地调局	优秀	中联煤层气公司	通过
地调局	良好	地调局	中地调（西）审字〔2009〕042 号
地调局	优秀	地调局	中地调（水）审字〔2010〕012 号
水文环境所	优秀	地调局	中地调（水）审字〔2009〕01 号
地调局	良好	地调局	中地调（水）审字〔2009〕26 号
地调局	良好	地调局	中地调（资）审字〔2009〕01 号
地调局	优秀	地调局	中地调（资）审字〔2009〕03 号
地调局	优秀	水文环境所	中地调（水）审字〔2009〕01 号
地调局	优秀	地调局	中地调（基）评字〔2009〕14 号
成都地调中心	良好	成都地调中心	中地调（成）审字〔2009〕94 号
成都地调中心	优秀	成都地调中心	中地调（成）审字〔2009〕104 号
成都地调中心	优秀	成都地调中心	中地调（成）审字〔2009〕95 号
成都地调中心	优秀	成都地调中心	中地调（成）审字〔2009〕103 号
西安地调中心	优秀	西安地调中心	中地调（西）审字〔2009〕22 号
西安地调中心	优秀	西安地调中心	中地调（西）审字〔2009〕20 号
西安地调中心	良好	西安地调中心	中地调（西）审字〔2009〕06 号
西安地调中心	优秀	西安地调中心	中地调（西）审字〔2009〕04 号
西安地调中心	优秀	西安地调中心	中地调（西）审字〔2009〕23 号
西安地调中心	优秀	西安地调中心	中地调（西）审字〔2009〕035 号
地调局	优秀	地调局	中地调（西）审字〔2009〕041 号
地调局	优秀	地调局	中地调（西）审字〔2009〕047 号

提交地质调查报告

	报告提交单位
华北平原地下水污染调查评价	**水文环境所**
松花江重点地段地下水环境污染调查	沈阳地调中心
华北平原水土环境研究与编图示范	环境监测院
地方病严重区地下水勘查及供水安全示范	**水环地调中心**
陕西省大荔县地区高氟水调查评价	西安地调中心
西南岩溶石山地区地下水及环境地质调查	**岩溶地质所**
岩溶地下水监测及环境敏感性评价	岩溶地质所
西南三江成矿带中段铜多金属矿产调查评价	**成都地调中心**
西藏玉龙铜矿外围铜多金属矿评价	西藏地调院
天山成矿带铜多金属矿产资源调查评价	**西安地调中心**
新疆哈密红石岗-黑山铜多金属矿评价	新疆地调院
新疆新源县玉希莫勒盖达坂一带铜多金属矿资源评价	新疆地调院
新疆西天山查岗诺尔-备战一带铜铁矿资源评价	新疆地调院
西北地区矿产勘查部署与选区研究	西安地调中心
新疆阿尔泰地区铜多金属矿产资源调查评价	**西安地调中心**
新疆清河县卡拉先格尔一带铜金矿资源评价	新疆地调院
新疆阿尔泰山诺尔特地区铜多金属矿产资源综合评价	新疆地调院
北山-祁连成矿带铜多金属矿产调查评价	**西安地调中心**
甘肃肃北白山堂外围斑岩铜矿调查评价	甘肃地调院
甘肃当金山-土达坂一带铜多金属矿评价	甘肃地调院
青海省门源县达板山地区铜多金属资源评价	有色青海局
甘肃省白银厂外围石青硐铜多金属矿普查	有色甘肃局
秦岭成矿带铅锌多金属矿产调查评价	**西安地调中心**
陕西凤县八方山-银母寺及外围铅锌矿评价	有色西北局
甘肃北秦岭温泉及其外围铜钼矿调查评价	有色甘肃局
陕西南郑县马元-白玉铅锌矿资源评价	陕西地调院
陕西洛南地区铜银矿评价	陕西地调院
甘肃西秦岭地区铅锌多金属矿评价	甘肃地调院

一览表——审定稿（六）

报告评审机构	报告评审等级	报告审查机构	报告审批文号
沈阳地调中心	优秀	沈阳地调中心	中地调（沈）审字〔2009〕05号
地调局	优秀	地调局	中地调（水）审字〔2010〕011号
地调局	优秀	地调局	中地调（西）审字〔2009〕039号
岩溶地质所	优秀	岩溶地质所	中地调（岩）审字〔2009〕06号
成都地调中心	良好	成都地调中心	中地调（成）审字〔2009〕102号
西安地调中心	良好	西安地调中心	中地调（西）审字〔2009〕17号
西安地调中心	良好	西安地调中心	中地调（西）审字〔2009〕13号
西安地调中心	优秀	西安地调中心	中地调（西）审字〔2009〕14号
地调局	优秀	地调局	中地调（西）审字〔2009〕036号
西安地调中心	良好	西安地调中心	中地调（西）审字〔2009〕18号
西安地调中心	良好	西安地调中心	中地调（西）审字〔2009〕9号
西安地调中心	良好	西安地调中心	中地调（西）审字〔2009〕09号
西安地调中心	良好	西安地调中心	中地调（西）审字〔2009〕10号
西安地调中心	良好	西安地调中心	中地调（西）审字〔2009〕05号
西安地调中心	良好	西安地调中心	中地调（西）审字〔2009〕25号
西安地调中心	良好	西安地调中心	中地调（西）审字〔2009〕31号
西安地调中心	良好	西安地调中心	中地调（西）审字〔2009〕6号
西安地调中心	优秀	西安地调中心	中地调（西）审字〔2009〕28号
西安地调中心	良好	西安地调中心	中地调（西）审字〔2009〕29号
西安地调中心	优秀	西安地调中心	中地调（西）审字〔2009〕27号

提交地质调查报告

	报告提交单位
陕西紫阳-镇坪铅锌铜多金属矿评价	陕西地调院
晋冀成矿区铁铝多金属矿调查评价	**天津地调中心**
山西交口-汾西地区铝土矿普查	山西地调院
湘西-鄂西地区铅锌多金属矿评价	**武汉地调中心**
湖北宜昌-恩施地区铅锌矿调查评价	湖北地调院
湖北武当-神农架地区铅锌矿评价	湖北地调院
湖南龙山-保靖铅锌矿评价	湖南地调院
西北大型煤炭基地后备资源调查评价	**西安地调中心**
新疆哈密市-鄯善县沙尔湖煤矿区调查	新疆地调院
青海祁连多索玛-日子山一带煤矿资源预查	青海地调院
全国油气资源战略评价	**地调局本部**
东部叠合盆地深层油气成藏潜力评价	地质力学所
矿产资源宏观战略与部署研究	**发展研究中心**
重要矿产勘查部署研究	发展研究中心
非常规能源资源调查评价	**地调局本部**
全国油页岩资源开发利用可行性研究	发展研究中心
地质灾害预警工程（结转项目）	
全国矿山地质环境调查与评估	**环境监测院**
重点矿区环境地质问题专题调查	西安地调中心
吉林辽源市矿山地质环境调查	环境监测院
全国重点地区地质遗迹区划	环境监测院
全国矿山地质环境保护区划	环境监测院
长江上游主要环境地质问题调查	**成都地调中心**
西部地区地质遗迹调查及环境保护区划	环境监测院
长江源区（1:25 万）生态环境地质调查	青海地调院
黄河下游环境地质调查	**水文环境所**
黄河下游环境地质调查评价综合研究	水文环境所
典型地质灾害监测预警与示范治理工程	**环境监测院**

一览表——审定稿（七）

报告评审机构	报告评审等　级	报告审查机构	报告审批文号
西安地调中心	良好	西安地调中心	中地调（西）审字〔2009〕30号
天津地调中心	优秀	天津地调中心	中地调（天）审字〔2009〕08号
武汉地调中心	良好	武汉地调中心	中地调（宜）审字〔2009〕21号
武汉地调中心	优秀	武汉地调中心	中地调（武）审字〔2009〕22号
武汉地调中心	优秀	武汉地调中心	中地调（宜）审字〔2009〕18号
西安地调中心	良好	西安地调中心	中地调（西）审字〔2009〕15号
西安地调中心	良好	西安地调中心	中地调（西）审字〔2009〕07号
地调局	优秀	地调局	中地调（资）审字〔2008〕11号
地调局	优秀	地调局	中地调（资）审字〔2008〕09号
地调局	优秀	地调局	中地调（资）审字〔2009〕05号
地调局	优秀	地调局	中地调（西）审字〔2009〕044号
地调局	优秀	地调局	中地调（水）审字〔2009〕23号
地调局	良好	地调局	中地调（水）审字〔2009〕27号
地调局	优秀	地调局	中地调（水）审字〔2009〕28号
地调局	优秀	地调局	中地调（水）审字〔2009〕24号
成都地调中心	优秀	成都地调中心	中地调（成）审字〔2009〕66号
地调局	优秀	地调局	中地调（水）审字〔2009〕01号

提交地质调查报告

	报告提交单位
西气东输工程重点地段地质灾害监测预警示范	环境监测院
地质灾害预警关键技术方法研究与示范	**水环地调中心**
滑坡勘查技术潜孔锤取心钻进技术应用	探矿工艺所
全国主要城市环境地质调查评价	**水文环境所**
江西主要城市环境地质调查评价	江西地调院
海南主要城市环境地质调查评价	海南地调院
黑龙江主要城市环境地质调查评价	黑龙江监测站
甘肃主要城市环境地质调查评价	甘肃省监测院
东部城市环境地质综合研究	南京地调中心
全国山地丘陵区地质灾害调查	**环境监测院**
延安宝塔区地质灾害详细调查风险管理示范	西安地调中心
西南山区地质灾害详细调查	**成都地调中心**
昆明市东川地质灾害详细调查	云南省监测站
湘鄂桂山区地质灾害详细调查	**武汉地调中心**
广西梧州地质灾害详细调查	广西监测站
西部地区地裂缝与地面沉降调查	**长安大学**
西安地区地裂缝与地面沉降调查	陕西监测站
西安市地裂缝地球物理勘查	水环地调中心
全国地质灾害调查与综合研究	**环境监测院**
全国地质灾害气象预报预警技术方法研究	环境监测院
重点地区突发性地质灾害详细调查	**环境监测院**
云南哀牢山地区地质灾害详细调查	环境监测院
鄂西恩施地区滑坡形成机制与危险性评价	中国地质大学（武汉）
华北平原地面沉降监测	**环境监测院**
地面沉降监测关键技术研究与预警示范	环境监测院
全国环境地质图系编制	**地调局本部**
全国地质灾害易发区综合评价和区划	环境监测院
中国滑坡、崩塌、泥石流地质灾害图（1:400 万）编制	环境监测院

一览表——审定稿（八）

报告评审机构	报告评审等　级	报告审查机构	报告审批文号
地调局	良好	地调局	中地调（水）审字〔2009〕22 号
地调局	优秀	地调局	中地调（水）审字〔2009〕021 号
地调局	良好	地调局	中地调（水环）审字 009－07 号
水文环境所	优秀	地调局	中地调（水环）审字 009－01 号
地调局	良好	地调局	中地调（水环）审字 009－03 号
地调局	优秀	地调局	中地调（水）审字〔2009〕02 号
地调局	优秀	南京地调中心	中地调（南）审字〔2009〕03 号
地调局	优秀	地调局	中地调（西）审字〔2009〕043 号
地调局	优秀	地调局	中地调（水）审字〔2009〕2 号
地调局	优秀	地调局	中地调（水）评字〔2009〕005 号
地调局	优秀	地调局	中地调（水）审字〔2009〕4 号
地调局	优秀	地调局	中地调（水）审字〔2009〕6 号
地调局	优秀	地调局	中地调（水）审字〔2009〕14 号
地调局	优秀	地调局	中地调（水）审字〔2009〕25 号
武汉地调中心	优秀	武汉地调中心	中地调（宜）审字〔2009〕36 号
地调局	优秀	地调局	中地调（水）审字〔2009〕29 号
地调局	优秀	地调局	中地调（水）审字〔2009〕30 号
地调局	优秀	地调局	中地调（水）审字〔2009〕32 号

提交地质调查报告

	报告提交单位
数字国土工程（结转项目）	
国土资源调查评价相关信息技术的研究开发与应用	**地调局本部**
地质调查野外数据采集系统推广与技术支持	发展研究中心
水工环地质调查野外数据采集系统技术支持与推广	环境监测院
地质调查数据处理与综合分析系统	**地调发展中心**
地下水资源调查数据处理与综合分析子系统	环境监测院
地质调查数据采集系统	**地调发展中心**
地下水资源调查野外数据采集系统	环境监测院
地质灾害数据采集系统	环境监测院
地质调查网络体系建设	**发展研究中心**
国家地质调查骨干网络系统建设（发展研究中心）	发展研究中心
网络运行与在线网上服务	发展研究中心
区域地质图空间数据库建设	**地调局本部**
1:25 区域地质图空间数据库建设	发展研究中心
国土资源基础数据库建设	**地调局本部**
1:50 万区域环境地质调查空间数据库建设	环境监测院
资源调查与利用技术发展工程（结转项目）	
遥感地质信息提取	
西藏高山地区遥感数字测图研究	河南地调院
地质调查标准化建设	**天津地调中心**
地质调查技术标准研制修订与升级（航遥中心）	航遥中心
全波段定量化遥感技术及其在资源环境调查中的应用研究	**航遥中心**
机载 POS 系统直接地理定位方法技术研究	航遥中心
干涉雷达在地表形变监测中的应用研究	航遥中心
便携式近红外矿物分析仪升级改进与矿物填图应用试验研究	南京地调中心
深部矿产资源勘查钻探技术研究	**勘探技术所**
陆地永久冻土天然气水合物钻探技术研究	勘探技术所
轻便、高效浅层取样和勘查钻探方法技术研究	**探矿工程所**
浅层取样钻探设备器具研制和钻进工艺方法研究（中国地质大学（武汉））	中国地质大学（武汉）
现代实验测试技术方法研究	**地科院本部**
地质调查多形态元素测试技术方法研究	实验测试中心

一览表——审定稿（九）

报告评审机构	报告评审等　级	报告审查机构	报告审批文号
地调局	优秀	地调局	中地调（总）审字〔2009〕04号
地调局	良好	地调局	中地调（总）审字〔2009〕30号
地调局	优秀	地调局	中地调（总）评字〔2009〕03号
地调局	良好	地调局	中地调（总）评字〔2009〕01号
地调局	优秀	地调局	中地调（总）评字〔2009〕02号
地调局	良好	地调局	中地调（总）审字〔2008〕18号
地调局	良好	地调局	中地调（总）审字〔2008〕20号
地调局	优秀	地调局	中地调（总）审字〔2009〕06号
地调局	良好	地调局	中地调（总）审字〔2009〕25号
天津地调中心	良好	天津地调中心	中地调（天）审字〔2008〕10号
地调局、天津地调中心	优秀	地调局、天津地调中心	中地调（天）审字〔2008〕13号
地调局	优秀	地调局	中地调（科）审字〔2009〕07号
地调局	良好	地调局	中地调（科）审字〔2009〕06号
地调局	优秀	地调局	中地调（科）审字〔2009〕05号
地调局	优秀	地调局	中地调（科）审字〔2009〕31号
地调局			
地调局	优秀	地调局	中地调（科）审字〔2009〕03号

提交地质调查报告

	报告提交单位
地质调查实验测试标准方法研究与标准物质研制	实验测试中心
中国大陆周边地区主要成矿带成矿规律对比及潜力评价	**发展研究中心**
东北亚地区资源潜力分析及东北老工业基地矿产资源接替战略	吉林大学
中亚地区地质矿产对比研究	矿产资源所
中美矿产资源评价合作研究	发展研究中心
深部找矿技术研究	**物化探所**
X 射线荧光测井技术研究	成都理工大学
600m 岩心钻探设备器具研制和钻进工艺方法研究	勘探技术所
深孔硬岩高效切削具及低摩阻抗盐侵泥浆体系研究与应用示范	探矿工程所
全液压多功能车装深水井钻研制	勘探技术所
特殊景观区勘查技术研究	**物化探所**
不同景观城市的生态地球化学环境调查与风险评估方法技术研究	实验测试中心
浅层取样钻探设备器具研制和钻进工艺方法研究（探矿工程所）	探矿工程所
车装全液压取样钻机研制及推广应用	勘探技术所
青藏高原地质矿产调查与评价（结转项目）	
重要成矿区带基础地质调查	**地调局本部**
青海格尔木-雁石坪一带 1:20 万区域重力调查基点网和 GPS 控制网联测	西安地调中心
西藏尼木-曲水铜钼规划区地质矿产调查	**成都地调中心**
西藏 1:5 万仁布、恩马、亚德、卡拉幅区调	西藏地调院
关键地质理论及勘查技术方法研究	**地调局本部**
青藏高原周缘造山带的崛起及资源能源效应	地质研究所
青藏高原演化与资源环境效益	地质研究所
青藏高原南部地幔岩和铬铁矿成因	地质研究所
地质调查项目组织实施费（结转项目）	
地质调查项目组织实施费	**地调局本部**
地质调查科技支撑项目组织实施费（2008 结转）	地科院本部
基础性公益性地质调查项目（增量结转项目）	
重点成矿区带（结转项目）	
非常规能源调查评价	**地调局本部**
北京浅层地温能资源评价示范	北京地调院

一览表——审定稿（十）

报告评审机构	报告评审等　　级	报告审查机构	报告审批文号
地调局	良好	地调局	中地调（科）审字〔2009〕04 号
沈阳地调中心	优秀	沈阳地调中心	沈地调（研）审字〔2009〕012 号
地调局	优秀	地调局	中地调（科）审字〔2009〕01 号
地调局	优秀	地调局	中地调（科）审字〔2009〕10 号
		科外部	待补
地调局	优秀	地调局	中地调（科）审字〔2009〕26 号
地调局	优秀	地调局	中地调（科）审字〔2009〕08 号
地调局	优秀	地调局	中地调（科）审字〔2009〕27 号
地调局	良好	地调局	中地调（科）审字〔2009〕 号
地调局	良好	地调局	中地调（科）审字〔2009〕09 号
地调局	优秀	地调局	中地调（科）审字〔2009〕28 号
地调局	优秀	地调局	中地调（基）审字〔2008〕25 号
		成都地调中心	中地调（成）审字〔2009〕67 号
地调局	优秀	地调局	中地调（基）审字〔2009〕19 号
地调局	优秀	地调局	中地调（基）审字〔2009〕17 号
地调局	优秀	地调局	中地调（基）审字〔2009〕18 号
地调局	优秀	地调局	中地调（总）审字〔2009〕14 号
地调局	通过	地调局	中地调（资）审字〔2009〕02 号

提交地质调查报告

	报告提交单位
新开续作项目	
国土资源大调查项目	
基础调查项目	
全国区域地质环境遥感调查与监测	**航遥中心**
黔西滇东岩溶石山地区高精度航空遥感调查	航遥中心
数字国土项目	
国土资源政务管理信息系统建设	**地调局本部**
国家地质工作业务管理信息系统	发展研究中心
结转项目	
国土资源大调查项目（结转项目）	
基础调查计划（结转项目）	
青藏高原空白区基础地质调查与研究	
西藏 1:25 万扎日区幅、隆子县幅区调	云南地调局
地科院结转项目（2002 年前结转项目）	
江苏 1:25 万连云港幅区调	地质研究所
青藏高原北部空白区基础地质调查与研究	**西安地调中心**
青海 1:25 万温泉兵站幅区调	成都理工大学
青海 1:25 万仓来拉幅区调	中国地质大学（北京）
青海 1:25 万库赛湖、不冻泉幅区调	中国地质大学（武汉）
青藏高原南部空白区基础地质调查与研究	**成都地调中心**
西藏 1:20 万聂荣县幅、安多县幅区域化探	河南地调院
西藏 1:20 万老巴青幅、江绵区幅区域化探	河南地调院
西藏 1:25 万嘉黎、丁青、比如、边坝县幅区调	西藏地调院
青藏高原狮泉河-康西瓦地区 1:100 万区域重力调查	发展研究中心
川渝滇黔资源与生态地质背景调查及数据更新	**成都地调中心**
云南 1:20 万墨江幅区域重力调查	云南地调局
华北重要经济区带资源与环境地质背景调查及数据更新	**天津地调中心**

一览表——正式报告（一）

报告评审机构	报告评审等级	报告审查机构	报告审批文号
地调局、成都地调中心	优秀	地调局	中地调（基）审字〔2007〕65 号
地调局	优秀	地调局	中地调（总）审字〔2008〕19 号
成都地调中心	优秀	成都地调中心	中地调（成）审字〔2006〕15 号
西安地调中心	优秀	西安地调中心	中地调（西）审字〔2005〕5 号
西安地调中心	优秀	西安地调中心	中地调（西）审字〔2006〕24 号
地调局	优秀	西安地调中心	中地调（西）审字〔2006〕20 号
成都地调中心	优秀	成都地调中心	中地调（成）审字〔2005〕82 号
成都地调中心	优秀	成都地调中心	中地调（成）审字〔2006〕138 号
成都地调中心	优秀	成都地调中心	中地调（成）审字〔2006〕3 号
成都地调中心	优秀	成都地调中心	中地调（成）审字〔2008〕90 号
成都地调中心	良好	成都地调中心	中地调（成）审字〔2005〕88 号

提交地质调查报告

	报告提交单位
河南省伊洛河流域生态地球化学调查	河南地调院
北京市国土资源遥感综合调查	北京地调院
航空物探遥感勘查及成果集成	**航遥中心**
全国省级国土资源遥感综合调查成果整理及信息系统建设	航遥中心
我国重点海岸带滨海环境地质调查与评价	**青岛海地所**
青岛 1:5 万环境地质调查与评价	青岛海地所
青岛地质环境质量评价和生态与经济可持续发展	青岛海地所
中国典型造山带岩石圈结构及动力学研究	**地质研究所**
西昆仑-喀喇昆仑地质构造演化及其成矿地质背景	地质研究所
西北地区基础地质调查及数据更新	**西安地调中心**
甘肃 1:20 万月牙湖、盐池湾幅区域重力调查	甘肃地调院
内蒙古北山地区 1:5 万航空物探综合站勘查	航遥中心
新疆 1:25 万石棉矿幅区调	天津地调中心
青海 1:25 万贵南县、河南蒙古族自治县幅区调修测	青海地调院
青海南部雁石坪地区 1:20 万区域重力调查 GPS 控制网测量	西安地调中心
华北地区基础地质调查及数据更新	**天津地调中心**
内蒙古 1:20 万白音乌拉幅、阿巴嘎旗幅区域化探	内蒙古地调院
天津 1:5 万官庄、黄骅、南排河幅泥质海岸带生态环境填图	天津地调中心
内蒙古乌达地区直升机航空电磁测量试生产	航遥中心
山西 1:25 万侯马市、新乡市幅区调修测	山西地调院
山西 1:25 万临汾市、长治市幅区调修测	山西地调院
东北地区基础地质调查及数据更新	**沈阳地调中心**
内蒙古 1:25 万红格尔（半幅）、巴音乌拉、阿巴嘎旗、吉尔噶郎图苏木（半幅）、二连浩特市区调修测	内蒙古地调院
内蒙古 1:20 万扎赉特旗幅区域化探	安徽地调院
中南地区基础地质调查及数据更新	**武汉地调中心**
海南 1:25 万东方县（半幅）幅区调修测	海南地调院

一览表——正式报告（二）

报告评审机构	报告评审等级	报告审查机构	报告审批文号
天津地调中心	良好	天津地调中心	中地调（天）审字〔2006〕23 号
天津地调中心	优秀	天津地调中心	中地调（天）审字〔2005〕09 号
地调局	优秀	西安地调中心	中地调（基）审字〔2008〕16 号
地调局	优秀	地调局	中地调（青）评字〔2005〕001 号
地调局	优秀	地调局	中地调（基）审字〔2005〕22 号
西安地调中心	良好	西安地调中心	中地调（西）审字〔2007〕05 号
地调局、西安地调中心	优秀	地调局、西安地调中心	中地调（西）审字〔2007〕35 号
西安地调中心	优秀	西安地调中心	中地调（西）审字〔2008〕2 号
西安地调中心	优秀、良好	西安地调中心	中地调（西）审字〔2008〕04 号
地调局	良好	地调局	中地调（基）审字〔2008〕26 号
天津地调中心	良好	天津地调中心	中地调（天）审字〔2006〕12 号
天津地调中心	优秀	天津地调中心	中地调（天）审字〔2007〕03 号
地调局、天津地调中心	优秀	地调局、天津地调中心	中地调（天）审字〔2007〕14 号
天津地调中心	优秀、良好	天津地调中心	中地调（天）审字〔2007〕12 号
天津地调中心	优秀	天津地调中心	中地调（天）审字〔2008〕09 号
沈阳地调中心	二优二良	沈阳地调中心	中地调（沈）审字〔2008〕01 号
沈阳地调中心	优秀	沈阳地调中心	中地调（沈）审字〔2009〕01 号
武汉地调中心	良好	武汉地调中心	中地调（宜）审字〔2008〕04 号

提交地质调查报告

	报告提交单位
湘西地区基础地质多目标遥感调查评价	湖南地调院
综合基础地质图件编制与更新	**地质研究所**
新构造与重要经济区和重大工程安全系列图件编制	地质力学所
全国综合基础地质图件编制	地质研究所
中国大陆科学钻探长期观测	地质研究所
青藏高原新生代湖泊形成、演化机制及其环境响应	**矿产资源所**
青藏高原第四纪重点湖泊环境演变序列和气候变迁	矿产资源所
西南地区基础地质调查及数据更新	**成都地调中心**
贵州 1:25 万铜仁市、锦屏县幅区调修测	贵州地调院
青藏高原改则-芒崖地区 1:100 万区域重力调查	陕西地调院
云南 1:20 万马关、金平、元阳幅区域重力调查	云南地调局
我国海域 1:100 万海洋区域地质调查示范	**青岛海地所**
1:100 万南通幅海洋区域地质调查	青岛海地所
基础地质调查成果集成与综合研究	**发展研究中心**
区域重力数据库完善与推广	发展研究中心
矿产资源调查评价工程（结转项目）	
青藏铁路沿线矿产基地调查评价	
东昆仑成矿带成矿规律和找矿方向综合研究	吉林大学
东部工业基地接替资源调查评价	
华北地台成矿规律和找矿方向综合研究	天津地调中心
全国地下水资源二轮评价	
华北平原（北京部分）地下水资源调查评价	北京地调院
鄂尔多斯盆地地下水调查评价	
鄂尔多斯盆地（陕西部分）地下水勘查	陕西地调院
雅鲁藏布江成矿区铜多金属资源调查	**成都地调中心**
青藏铁路沿线雁石坪-那曲地区富铁矿评价	西藏地调院
西藏念青唐古拉山地区铜铅锌银矿产资源调查评价	河南地调院
西藏安多温泉地区铜多金属矿评价	成都地调中心

一览表——正式报告（三）

报告评审机构	报告评审等级	报告审查机构	报告审批文号
武汉地调中心	良好	武汉地调中心	中地调（宜）审字〔2008〕01 号
地调局	优秀	地调局	中地调（科）审字〔2009〕9 号
地调局	优秀	地调局	中地调（科）审字〔2007〕11－1 号
成都地调中心	优秀	成都地调中心	中地调（成）审字〔2008〕23 号
成都地调中心	优秀	成都地调中心	中地调（成）审字〔2008〕75 号
成都地调中心	优秀	成都地调中心	中地调（成）审字〔2008〕73 号
地调局	优秀	地调局	中地调（基）审字〔2006〕31 号
地调局	优秀	地调局	中地调（基）审字〔2007〕17 号
西安地调中心	优秀	西安地调中心	中地调（西）审字〔2005〕24 号
天津地调中心	优秀	天津地调中心	中地调（天）审字〔2004〕24 号
水文环境所	良好	水文环境所	中地调（水研）审字〔2003〕003 号
西安地调中心	优秀	西安地调中心	中地调（西）审字〔2004〕056－2 号
成都地调中心	良好	成都地调中心	中地调（成）评字〔2004〕44 号
成都地调中心	优秀	成都地调中心	中地调（成）审字〔2009〕71 号
成都地调中心	良好	成都地调中心	中地调（成）审字〔2008〕69 号

提交地质调查报告

	报告提交单位
西南地区矿产勘查部署与选区研究	成都地调中心
新疆东天山地区矿产资源调查评价	**西安地调中心**
新疆阿勒泰萨热阔布地区铅锌多金属矿评价	有色新疆局
北山地区矿产资源调查评价	**西安地调中心**
甘肃省土达坂-掉石沟一带铅锌多金属矿产资源评价	甘肃地调院
北山成矿带找矿重大疑难问题研究	西安地调中心
新疆西天山-西南天山地区矿产资源潜力评价	**西安地调中心**
新疆博州汗吉尕山铜多金属资源潜力评价	有色新疆局
甘南地区矿产资源调查评价	**西安地调中心**
秦岭地区重大找矿疑难问题研究	中国地质大学（武汉）
鄂西北地区铜铅锌银多金属矿评价	**武汉地调中心**
湖北大悟芳畈铜多金属矿评价	湖北地调院
吉林集安-长白成矿带铅锌金矿评价	**沈阳地调中心**
吉林珍珠门地区铅锌矿评价	吉林地调院
皖赣相邻地区矿产资源评价	**南京地调中心**
皖赣相邻地区铜多金属找矿方向研究	南京地调中心
福建闽中地区铜铅锌矿评价	**南京地调中心**
福建建瓯八外洋-南平后坪地区铅锌矿评价	福建地调院
福建德化双旗山-仙洋地区铜多金属矿评价	福建地调院
优质化工非金属资源评价	**化工地质矿山局**
湖北宜昌-兴山地区磷矿评价	化工地质矿山局
高效建材非金属资源调查评价	**建材地勘中心**
河北省赤城县龙关一带石墨资源调查评价	建材地勘中心
我国水泥、玻璃原料矿产资源综合评价	建材地勘中心
蒙东地区玻纤用叶蜡石矿产资源地质调查评价	建材地勘中心
煤层气资源调查评价与规划	**中联煤层气公司**
煤层气评价系统研究	中联煤层气公司

一览表——正式报告（四）

报告评审机构	报告评审等级	报告审查机构	报告审批文号
成都地调中心	优秀	成都地调中心	中地调（成）审字〔2008〕76 号
西安地调中心	良好		
西安地调中心	良好	西安地调中心	中地调（西）审字〔2007〕20 号
地调局	良好	地调局	中地调（资）审字〔2008〕12 号
西安地调中心	良好	西安地调中心	中地调（西）审字〔2007〕114 号
地调局	优秀	西安地调中心	中地调（西）审字〔2007〕24 号
武汉地调中心	良好	武汉地调中心	中地调（宜）审字〔2007〕05 号
沈阳地调中心	良好	沈阳地调中心	中地调（沈）审字〔2008〕08 号
地调局	优秀	成都地调中心	中地调（资）审字〔2008〕03 号
南京地调中心	优秀	南京地调中心	中地调（南）审字〔2007〕06 号
南京地调中心	优秀	南京地调中心	中地调（南）审字〔2007〕08 号
中化地质矿山总局	良好	中化地质矿山总局	中地调（化）审字〔2007〕1 号
建材地勘中心	良好	建材地勘中心	中地调（建地）审字〔2008〕3 号
建材地勘中心	优秀	建材地勘中心	中地调（建地）审字〔2008〕1 号
建材地勘中心	良好	建材地勘中心	中地调（建地）审字〔2008〕2 号
地调局	通过	中联煤层气公司	通过

提交地质调查报告

	报告提交单位
典型煤矿区煤层气资源调查	中联煤层气公司
辽宁沈北地区煤层气资源调查与评价	中联煤层气公司
全国地下水资源及其环境问题调查评价	**水文环境所**
华北平原水文地质参数调查研究	中国地质大学（武汉）
华北平原地下水调蓄研究	石家庄经济学院
山西六大盆地地下水资源及其环境问题专题研究	中国地质大学（武汉）
西北地区地下水资源及其环境问题调查综合评价	西安地调中心
柴达木盆地地下水资源及其环境问题调查评价	青海地调院
河西走廊典型地区地下水资源合理开发利用调查评价	甘肃地调院
国内外水资源与供水安全对比研究	水文环境所
冀西北乌龙沟-上黄旗成矿带铜铅锌矿评价	**天津地调中心**
河北涿鹿鲍家口-大海坨铜铅锌矿评价	河北地调院
雪峰山地区金铜多金属矿评价	**武汉地调中心**
湖南辰溪-马底驿铜铅锌矿评价	湖南地调院
鄂尔多斯盆地地下水勘查	**西安地调中心**
鄂尔多斯盆地地下水勘查（陕西）	陕西地调院
鄂尔多斯盆地地下水勘查（甘肃）	甘肃地调院
全国矿产资源潜力评价	**发展研究中心**
全国矿产资源宏观部署研究	发展研究中心
重要矿区矿产资源潜力评价	发展研究中心
重要成矿远景区成矿区划	矿产资源所
山西中条山及邻区铜矿评价	**天津地调中心**
山西灵丘小彦-东泽沟一带银锰多金属评价	山西地调院
山东荣成-胶南地区金铅锌矿产资源评价	**天津地调中心**
山东荣成-胶南地区金铅锌矿评价	山东地调院
华北平原地下水资源可持续利用调查评价	**水文资源所**
华北平原地下水可持续利用调查评价（河南）	河南地调院

一览表——正式报告（五）

报告评审机构	报告评审等级	报告审查机构	报告审批文号
中国煤层气研究中心	优秀	地调局	中地调（中联）审字〔2007〕02号
地调局	优秀	中联煤层气公司	
水文环境所	优秀	水文环境所	中地调（水研）评字〔2007〕07号
水文环境所	优秀	水文环境所	中地调（水研）评字〔2007〕08号
水文环境所	优秀	地调局	中地调（水）审字〔2007〕11号
地调局	良好	地调局	中地调（西）审字〔2009〕042号
水文环境所	优秀	地调局	中地调（水）审字〔2007〕10号
地调局	优秀	地调局	中地调（水）审字〔2007〕13号
水文环境所	优秀	地调局	中地调（水）审字〔2009〕01号
天津地调中心	良好	天津地调中心	中地调（天）审字〔2006〕35号
武汉地调中心	良好	武汉地调中心	中地调（宜）审字〔2007〕04号
西安地调中心	优秀	西安地调中心	中地调（西）审字〔2008〕08号
西安地调中心	优秀	西安地调中心	中地调（西）审字〔2008〕09号
地调局	良好	地调局	中地调（资）审字〔2009〕01号
地调局	优秀	地调局	中地调（资）审字〔2009〕03号
地调局	优秀	地调局	中地调（资）审字〔2008〕05号
天津地调中心	良好	天津地调中心	中地调（天）审字〔2006〕33号
天津地调中心	良好	天津地调中心	中地调（天）审字〔2006〕36号
水文环境所	优秀	水文环境所	中地调（水研）审字〔2007〕005号

提交地质调查报告

	报告提交单位
华北地区地下水资源及其环境问题调查综合评价	天津地调中心
北京环保型地温地质勘查与示范	北京地调院
松嫩平原地下水资源及其环境问题调查评价	**沈阳地调中心**
松嫩平原地下水资源及其环境问题调查评价（黑龙江）	黑龙江地调院
海洋油气新区调查	**广州海地局**
南黄海盆地北部油气资源评价研究	青岛海地所
东海陆架盆地西部坳陷带含油气远景调查评价	青岛海地所
川滇黔相邻区铜铅锌多金属矿产调查评价	**成都地调中心**
四川攀西地区富铁矿评价	成都地调中心
优质煤炭资源调查评价	**煤田地质总局**
新疆乌鲁木齐县、托克逊县优质炼焦用煤资源调查评价	煤炭航测遥感局
内蒙古新巴尔虎左旗鹤门区煤炭资源调查评价	煤田内蒙古局
青海省鱼卡煤田西部滩间山地区煤炭资源调查	煤炭青海地质局
新疆富蕴县卡姆斯特煤矿区煤炭资源调查评价	煤炭航测遥感局
华北大型煤炭基地后备资源调查评价	**天津地调中心**
内蒙古乌兰察布市南部煤炭资源调查	内蒙古地调院
鄂尔多斯盆地能源基地地下水勘查	**西安地调中心**
鄂尔多斯盆地陕北能源化工基地地下水勘查	西安地调中心
鄂尔多斯盆地人为工程活动诱发荒漠化调查	西安地调中心
陕北能源化工基地水资源监测与优化配置	西安地调中心
华北平原地下水污染调查评价	**水文环境所**
松花江重点地段地下水环境污染调查	沈阳地调中心
地方病严重区地下水勘查及供水安全示范	**水环地调中心**
陕西省大荔县地区高氟水调查评价	西安地调中心
天山成矿带铜多金属矿产资源调查评价	**西安地调中心**
新疆乌什县北山一带铝土矿评价	西安地调中心
北山-祁连成矿带铜多金属矿产调查评价	**西安地调中心**

一览表——正式报告（六）

报告评审机构	报告评审等级	报告审查机构	报告审批文号
地调局	优秀	水文环境所	中地调（水）审字〔2009〕01 号
北京地调院	通过	水文环境所	中地调（水）审字〔2008〕02 号
沈阳地调中心	优秀	沈阳地调中心	中地调（沈）审字〔2007〕08 号
地调局	优秀	地调局	中地调（基）审字〔2008〕15 号
地调局	优秀	地调局	中地调（基）评字〔2009〕14 号
成都地调中心	良好	成都地调中心	中地调（成）审字〔2008〕70 号
地调局	优秀	煤炭地质总局	中地调（煤炭）审字〔2008〕04 号
煤炭地质总局	良好	煤炭地质总局	中地调（煤炭）评字〔2008〕02 号
地调局	优秀	煤炭地质总局	中地调（煤炭）审字〔2008〕1 号
地调局	优秀	煤炭地质总局	中地调（煤炭）审字〔2008〕03 号
天津地调中心	良好	天津地调中心	中地调（天）审字〔2008〕02 号
地调局	优秀	地调局	中地调（西）审字〔2009〕041 号
西安地调中心	优秀	西安地调中心	中地调（西）审字〔2008〕016 号
地调局	优秀	地调局	中地调（西）审字〔2009〕047 号
沈阳地调中心	优秀	沈阳地调中心	中地调（沈）审字〔2009〕05 号
地调局	优秀	地调局	中地调（西）审字〔2009〕039 号
地调局	良好	地调局	中地调（资）审字〔2008〕14 号

提交地质调查报告

	报告提交单位
内蒙古月牙山-盘陀山一带铜钨多金属矿评价	西安地调中心
辽吉地区铁铜铅锌矿评价	**沈阳地调中心**
吉林临江-长白地区铜铅锌矿评价	吉林地调院
全国油气资源战略评价	**地调局本部**
东部叠合盆地深层油气成藏潜力评价	地质力学所
矿产资源宏观战略与部署研究	**发展研究中心**
全国矿产资源调查评价成果综合	发展研究中心
重要矿产勘查部署研究	发展研究中心
非常规能源资源调查评价	**地调局本部**
全国油页岩资源开发利用可行性研究	发展研究中心
地质灾害预警工程（结转项目）	
首都地质环境容量评估	
首都地区地下水资源和环境调查评价	北京地调院
西南岩溶地区地下水与环境地质调查	**岩溶地质所**
广西重点地区岩溶地下水与环境地质调查	广西地调院
环渤海环境地质调查	**天津地调中心**
环渤海地区地下水资源与环境地质调查评价综合研究	天津地调中心
全国矿山地质环境调查与评估	**环境监测院**
重点矿区环境地质问题专题调查	西安地调中心
全国矿山地质环境调查综合研究及成果集成	环境监测院
新构造运动与国家重大工程安全调查评价	**地质力学所**
西气东输西段地壳稳定性调查评价	地质力学所
黄河下游环境地质调查	**水文环境所**
黄河下游（河南段）环境地质调查评价	河南地调院
黄河下游环境地质调查评价综合研究	水文环境所
国家重大工程区域地壳稳定性调查与评价	**水文环境所**
青藏铁路活动断裂调查与监测	地质力学所

一览表——正式报告（七）

报告评审机构	报告评审等级	报告审查机构	报告审批文号
地调局	良好	地调局	中地调（资）审字〔2008〕13 号
沈阳地调中心	良好	沈阳地调中心	中地调（沈）审字〔2008〕09 号
地调局	优秀	地调局	中地调（资）审字〔2008〕11 号
地调局资源评价部	优秀	地调局	中地调（资）审字〔2008〕08 号
地调局	优秀	地调局	中地调（资）审字〔2008〕09 号
地调局	优秀	地调局	中地调（资）审字〔2009〕05 号
天津地调中心	优秀	天津地调中心	中地调（天）审字〔2004〕12 号
岩溶地质所	优秀	岩溶地质所	中地调（岩）审字〔2007〕1 号
地调局	优秀	地调局	中地调（水）审字〔2006〕02 号
地调局	优秀	地调局	中地调（西）审字〔2009〕044 号
地调局	优秀	地调局	中地调（环）审字〔2008〕002 号
地调局		地调局	中地调（水）审字〔2008〕10 号
水文环境所	优秀	水文环境所	中地调（水研）审字〔2007〕001 号
地调局	优秀	地调局	中地调（水）审字〔2009〕01 号
地调局		地调局	中地调（水）审字〔2008〕016 号

提交地质调查报告

	报告提交单位
长江三角洲地区地面沉降调查与监测	**上海地调院**
上海市地面沉降监测网建设	上海地调院
华北平原地面沉降调查与监测	**环境监测院**
地质灾害监测预警战略研究	环境监测院
河北平原地面沉降调查与监测	河北监测站
山东省地面沉降调查与监测	山东监测站
华北平原地裂缝地球物理勘查	水环地调中心
典型地质灾害监测预警与示范治理工程	**环境监测院**
典型地质灾害防治示范工程	环境监测院
地质灾害危险性评估经济技术要求研究	环境监测院
全国主要城市环境地质调查评价	**水文环境所**
生态环境变化地质指标体系研究	环境监测院
全国山地丘陵区地质灾害调查	**环境监测院**
福建马尾县、晋安县、福鼎县、泰宁县、建宁县、涵江县地质灾害调查	福建监测中心
新疆区吐鲁番市、托克逊县、鄯善县、拜城县、乌什县、和硕县、且末县地质灾害调查	新疆监测院
延安宝塔区地质灾害详细调查风险管理示范	西安地调中心
西南山区地质灾害详细调查	**成都地调中心**
四川泸定县地质灾害详细调查	成都地调中心
西部地区地裂缝与地面沉降调查	**长安大学**
西安市地裂缝地球物理勘查	水环地调中心
全国地质灾害调查与综合研究	**环境监测院**
四川丹巴地质灾害详细调查与风险管理示范	成都地调中心
全国环境地质图系编制	**地调局本部**
县市地质灾害调查信息系统集成与综合研究	环境监测院
数字国土工程（结转项目）	

一览表——正式报告（八）

报告评审机构	报告评审等级	报告审查机构	报告审批文号
地调局	优秀	地调局	中地调（沪地）审字〔2007〕01
地调局	良好	地调局	中地调（水）审字〔2008〕17 号
环境监测院	优秀	地调局	中地调（水）审字〔2008〕006 号
地调局	良好	地调局	中地调（水）审字〔2008〕007 号
地调局	良好	地调局	中地调（水）审字〔2008〕009 号
地调局	良好	地调局	中地调（水）审字〔2008〕20 号
地调局	良好	地调局	中地调（环）审字〔2008〕02 号
水文环境所	优秀	地调局	中地调（水）审字〔2008〕11 号
福建国土厅	良好	福建国土厅	闽国土资环〔2007〕1 号
新疆国土厅	优秀	新疆国土厅	新国土资发〔2007〕63 号
地调局	优秀	地调局	中地调（西）审字〔2009〕043 号
成都地调中心	优秀	成都地调中心	中地调（成）审字〔2008〕02 号
地调局	优秀	地调局	中地调（水）审字〔2009〕6 号
环境监测院	优秀	环境监测院	中地环审字〔2007〕018 号
地调局	优秀	地调局	中地调（水）审字〔2008〕11 号

提交地质调查报告

	报告提交单位
国土资源调查评价相关信息技术的研究开发与应用	**地调局本部**
地质调查野外数据采集系统推广与技术支持	发展研究中心
国土资源管理信息系统建设	
地学数据库系统维护与管理（北京）	北京地调院
地质调查网络体系建设	**发展研究中心**
国家地质调查骨干网络系统建设（发展研究中心）	发展研究中心
网络运行与在线网上服务	发展研究中心
区域地质图空间数据库建设	**地调局本部**
1:25 区域地质图空间数据库建设	发展研究中心
地质调查业务管理系统建设与维护	**地调局本部**
国家地质调查项目管理信息系统	发展研究中心
资源调查与利用技术发展工程（结转项目）	
多金属矿分离提取新技术研究	**成都综合所**
低品位碳酸锰制备高纯材料技术研究	成都综合所
西部重要共伴生矿产综合利用调查评价研究	成都综合所
西部地区崩滑体监测防治新技术研究与示范	**探矿工艺所**
地质灾害防治环保泥浆研究	成都理工大学
中高山区物探方法技术研究	**航遥中心**
物探技术在新领域的应用研究	航遥中心
三频激电检测法快速普查技术示范	有色地调中心
中国重要成矿区带找矿模型及技术方法	**矿产资源所**
我国陆域永久冻土带天然气水合物资源远景调查	矿产资源所
地质调查标准化建设	**天津地调中心**
地质调查技术标准研制修订与升级（航遥中心）	航遥中心
全波段定量化遥感技术及其在资源环境调查中的应用研究	**航遥中心**
机载 POS 系统直接地理定位方法技术研究	航遥中心
干涉雷达在地表形变监测中的应用研究	航遥中心

一览表——正式报告（九）

报告评审机构	报告评审等级	报告审查机构	报告审批文号
地调局	优秀	地调局	中地调（总）审字〔2009〕04号
发展研究中心	优秀	发展中心	中地调研函〔2006〕14号
地调局	良好	地调局	中地调（总）审字〔2008〕18号
地调局	良好	地调局	中地调（总）审字〔2008〕20号
地调局	优秀	地调局	中地调（总）审字〔2009〕06号
		地调局	中地调（总）审字〔2008〕03号
		地调局	中地调（科）审字〔2008〕11号
		地调局	中地调（科）审字〔2008〕10号
地调局	优秀	地调局	中地调工艺字〔2006〕01号
地调局	优秀	地调局	中地调（科）审字〔2007〕25号
地调局	良好	地调局	中地调〔科〕审字〔2007〕023号
地调局	良好	地调局	中地调（科）审字〔2008〕5号
地调局、天津地调中心	优秀	地调局、天津地调中心	中地调（天）审字〔2008〕13号
地调局	优秀	地调局	中地调（科）审字〔2009〕07号
地调局	良好	地调局	中地调（科）审字〔2009〕06号

提交地质调查报告

	报告提交单位
便携式近红外矿物分析仪升级改进与矿物填图应用试验研究	南京地调中心
现代实验测试技术方法研究	**地科院本部**
地质调查多形态元素测试技术方法研究	实验测试中心
地质调查实验测试标准方法研究与标准物质研制	实验测试中心
难利用矿产资源综合利用技术研究	**成都综合所**
攀西地区浸染型铜多金属矿分离新工艺研究	成都综合所
西部低品位镍矿选矿新工艺技术研究	成都综合所
重要固体矿产尾矿资源调查与综合利用研究	成都综合所
难利用矿产资源潜力调查与铁钛资源利用技术研究	成都综合所
中国大陆周边地区主要成矿带成矿规律对比及潜力评价	**发展研究中心**
中亚地区地质矿产对比研究	矿产资源所
中美矿产资源评价合作研究	发展研究中心
深部找矿技术研究	**物化探所**
深孔硬岩高效切削具及低摩阻抗盐侵泥浆体系研究与应用示范	探矿工程所
特殊景观区勘查技术研究	**物化探所**
不同景观城市的生态地球化学环境调查与风险评估方法技术研究	实验测试中心
浅层取样钻探设备器具研制和钻进工艺方法研究（探矿工程所）	探矿工程所
青藏高原地质矿产调查与评价（结转项目）	
重要成矿区带基础地质调查	**地调局本部**
青海格尔木-雁石坪一带1:20万区域重力调查基点网和GPS控制网联测	西安地调中心
基础性公益性地质调查项目（增量结转项目）	
重点成矿区带（结转项目）	
昆仑-阿尔金成矿带综合地质调查	**西安地调中心**
宁夏1:25万吉兰泰、银川市幅区调修测	宁夏监测站

一览表——正式报告（十）

报告评审机构	报告评审等级	报告审查机构	报告审批文号
地调局	优秀	地调局	中地调（科）审字〔2009〕05 号
地调局	优秀	地调局	中地调（科）审字〔2009〕03 号
地调局	良好	地调局	中地调（科）审字〔2009〕04 号
		地调局	中地调（科）审字〔2008〕12 号
		地调局	中地调（科）审字〔2008〕14 号
		地调局	中地调（科）审字〔2008〕15 号
		地调局	中地调（科）审字〔2008〕13 号
地调局	优秀	地调局	中地调（科）审字〔2009〕01 号
地调局	优秀	地调局	中地调（科）审字〔2009〕10 号
地调局	优秀	地调局	中地调（科）审字〔2009〕08 号
地调局	良好	地调局	中地调（科）审字〔2009〕号
地调局	良好	地调局	中地调（科）审字〔2009〕09 号
地调局	优秀	地调局	中地调（基）审字〔2008〕25 号
地调局	优秀	地调局	中地调（西）审字〔2008〕03 号

地质灾害调查

	调查结果											
	查处危险点数量											
	崩塌（个）			滑坡（个）			泥石流（条）			地面塌陷（个）	地裂缝（条）	其他
		大	中		大	中		大	中			
合计	**1767**	**172**	**605**	**3509**	**402**	**1283**	**1026**	**45**	**204**	**268**	**641**	**1020**
河北											424	
内蒙古												
湖北	81	1	80	318	2	316	6	1	5	26		
重庆	43	10	9	238	12	109	2			6		18
四川	1215	134	394	1453	131	489	592	39	146	6	1	305
云南	81		1	529	4	8	248	2				272
陕西	234		106	246		125	53		49	224		
甘肃	44	18	1	81	13	18	59	2	3		3	
青海	46			186			64			6		425
宁夏	23	9	14	458	240	218	2	1	1		213	

结果与减灾效果——按地区

减灾效果						
受威胁人口（人）	受威胁财产（万元）	避免直接经济损失（万元）	避免人口伤亡（人）	群策群防点（处）	专业监测点（处）	应急处置点（处）
670812	**264688.18**	**9214**	**1436**	**1766**	**248**	**168**
500000	100	20				
17532	33065	8570	1436	307	13	1
77699	143093	500		1035	232	158
58661	88429	124				
5321	1			104	3	9
11599				320		

地质调查实物工作量——按工作量分列（一）

	计量单位	本年计划	上年未完	实际完成
一、钻探		**336815**	**95823**	**293080**
（一）机械岩心钻探	米	259756	92105	215509
（二）取样钻探	米	13810	331	13672
（四）其他钻探	米	63248	3388	63899
三、坑探		3068	1053	3379
机掘	米	2868	1053	3179
手掘	米	200		200
四、浅井	**米**	**7651**	**3573**	**6678**
五、槽探	**立方米**	**638416**	**192497**	**576912**
六、地形测绘				
1:1 万	平方千米	320		320
1:5000	平方千米	20		21
1:2000	平方千米	20		20
其他比例尺	平方千米	3		3
剖面千米	剖面千米	516		516
七、矿产地质测量				
（一）矿产地质填图				
1:25 万	平方千米	41100		39100
1:5 万	平方千米	60779	32164	60382
1:2. 5 万	平方千米	400	-30	430
1:1 万	平方千米	1416	429	1273
1:5000	平方千米	3	3	3
1:2000	平方千米	21		18
剖面千米	剖面千米	1329	470	1078
（二）矿产地质草测				

地质调查实物工作量——按工作量分列（二）

	计量单位	本年计划	上年未完	实际完成
1:25 万	平方千米	2500	2500	2500
1:5 万	平方千米	3240	940	3240
1:2. 5 万	平方千米	100		100
1:1 万	平方千米	1019	334	970
1:5000	平方千米	9	3	9
1:2000	平方千米	52	4	52
其他比例尺	平方千米	40	40	40
剖面千米	剖面千米	291	142	276
八、石油地质测量				
1:10 万	平方千米	15000		15000
1:1 万	平方千米	420		420
其他比例尺	平方千米	4000		4000
剖面千米	剖面千米	105		106
九、区域地质调查				
（一）区调地质调查				
1:50 万	平方千米	2400	400	2900
1:25 万	平方千米	14331	6005	10331
1:10 万	平方千米	2000		2000
1:5 万	平方千米	81991	7530	76251
1:2. 5 万	平方千米	550		550
1:1 万	平方千米	6369		6376
剖面千米	剖面千米	1782	272	1429
（二）修测				
1:25 万	平方千米	81000	34000	65443
1:10 万	平方千米	500		500

地质调查实物工作量——按工作量分列（三）

	计量单位	本年计划	上年未完	实际完成
1:5 万	平方千米	3936	3000	1906
其他比例尺	平方千米	50		75
剖面千米	剖面千米	279		279
十、水文、工程、环境地质勘查				
（一）区域水文地质调查				
1:25 万	平方千米	58720		58720
1:20 万	平方千米	2500		2500
1:10 万	平方千米	62800		65600
1:5 万	平方千米	24443	-297	25260
1:2.5 万	平方千米	200		200
1:1 万	平方千米	164		164
（二）区域水文地质调查修测				
1:5 万	平方千米	1000		1000
（三）区域工程地质调查				
1:5 万	平方千米	3261		3261
1:2.5 万	平方千米	430		430
1:1 万	平方千米	326		326
1:5000	平方千米	70		71
其他比例尺	平方千米	115		135
剖面千米	剖面千米	133	20	110
（四）区域环境地质调查				
1:50 万	平方千米	100000		100000
1:25 万	平方千米	63400		52800
1:20 万	平方千米	100		100

地质调查实物工作量——按工作量分列（四）

	计量单位	本年计划	上年未完	实际完成
1:10 万	平方千米	14420		14920
1:5 万	平方千米	41447		40747
1:2.5 万	平方千米	750		750
1:1 万	平方千米	400	60	403
剖面千米	剖面千米	101		103
其中：地质灾害调查及预测预警				
1:25 万	平方千米	50000		50000
1:10 万	平方千米	2300		2300
1:5 万	平方千米	92993	-100	93163
1:2.5 万	平方千米	270	-30	300
1:1 万	平方千米	1555		1427
剖面千米	剖面千米	115		118
（五）水文地质勘查				
1:10 万	平方千米	31700		31700
1:5 万	平方千米	7000		7294
1:2.5 万	平方千米	2910		3182
1:1 万	平方千米	30		
剖面千米	剖面千米	4	2	4
（六）工程地质勘查				
1:5 万	平方千米	3300		3332
1:2.5 万	平方千米	250		250
1:1 万	平方千米	650		651
1:5000	平方千米	15		15
1:2000	平方千米	10		10

地质调查实物工作量——按工作量分列（五）

	计量单位	本年计划	上年未完	实际完成
其他比例尺	平方千米	3		3
剖面千米	剖面千米	29		41
（七）环境地质勘查				
1:25 万	平方千米	8400		8400
1:5 万	平方千米	5500	880	5506
1:1 万	平方千米	90		90
其他比例尺	平方千米	11800		11800
（九）其他				
1:10 万	平方千米	2000		2000
1:5 万	平方千米	1000		1000
1:1 万	平方千米	400		400
十一、地球物理地球化学勘查				
（一）航空物探				
1. 磁法测量				
（1）面积测量				
1:20 万	平方千米	60000		60000
1:5 万	平方千米	29490		17500
其他比例尺	平方千米	25		25
（2）测线				
1:20 万	测线千米	30000		30000
1:5 万	测线千米	185000	25000	136900
2. 放射性测量				
（2）测线				
1:5 万	测线千米	125000	25000	101900
3. 电法测量				

地质调查实物工作量——按工作量分列（六）

	计量单位	本年计划	上年未完	实际完成
（2）测线				
1:5 万	测线千米	5500		5500
（二）地面物探				
1. 磁法				
1:25 万	平方千米	15	15	16
1:5 万	平方千米	53060	24073	47990
1:2.5 万	平方千米	570	200	570
1:1 万	平方千米	1147	123	1189
1:5000	平方千米	17	9	18
剖面千米	剖面千米	1984	501	1914
2. 电法				
1:10 万	平方千米	17		17
1:1 万	平方千米	371	67	325
1:5000	平方千米	17		17
其他比例尺	平方千米	137	13	124
剖面千米	剖面千米	955	33	955
3. 重力				
1:20 万	平方千米	257754	101618	231588
1:5 万	平方千米	300		300
1:2.5 万	平方千米	200	200	200
1:1 万	平方千米	83	63	60
剖面千米	剖面千米	1150	244	992
4. 地震	剖面千米	1060		1061
5. 放射性				
1:25 万	平方千米	400		400

地质调查实物工作量——按工作量分列（七）

	计量单位	本年计划	上年末完	实际完成
1:1 万	平方千米	2000		2000
（三）地面化探				
1. 岩石测量				
1:2.5 万	平方千米	40		40
1:1 万	平方千米	115		120
剖面千米	剖面千米	493	8	460
2. 土壤测量				
1:25 万	平方千米	9500		9500
1:20 万	平方千米	29309	22293	29298
1:5 万	平方千米	6877	1752	7353
1:2.5 万	平方千米	100		100
1:1 万	平方千米	535	160	517
1:2000	平方千米	25		27
剖面千米	剖面千米	818		806
3. 水系沉积物测量				
1:20 万	平方千米	187638	43642	187301
1:5 万	平方千米	76625	44918	76501
7. 多目标区域地球化学				
1:5 万	平方千米	10000		10000
1:1 万	平方千米	9000	5000	8600
（四）地下物探				
1. 测井	测井米	900		1122
2. 井中物探	测井米	2880		2454
十二、遥感地质				
3. 航空彩色摄影测量				

地质调查实物工作量——按工作量分列（八）

	计量单位	本年计划	上年未完	实际完成
1:5 万	平方千米	40000		40000
7. 航空侧视雷达测量				
1:5 万	平方千米	1000		1000
8. 地质解译				
1:50 万	平方千米	300000		300000
1:25 万	平方千米	2064082	419250	1670794
1:10 万	平方千米	284282		279965
1:5 万	平方千米	400596	80594	385521
1:2. 5 万	平方千米	1974	750	1974
1:1 万	平方千米	145578	65400	102618
其他比例尺	平方千米	75030		74930
十三、海洋地质调查				
1. 海域区调				
剖面千米	剖面千米	180		180
2. 海域地震				
（2）单道地震	测线千米	3510		4179
5. 水深测量	测线千米	1630		2419
十四、环境监测情况				
2. 水土污染调查				
1:25 万	平方千米	28510		28510
1:5 万	平方千米	7300		7310

地质调查项目经费完成情况

	累计预算（万元）			地质调查项目经费完成（万元）				
		国土资源大调查预算	地质及矿产资源调查预算	累计	国土资源大调查经费	地质及矿产资源调查经费	地方财政资金	其他投入
合　计	**846507**	**580327**	**166603**	**731590**	**534483**	**126181**	**69215**	**1711**
一、能源矿产	**44027**	**27810**	**8807**	**38032**	**26225**	**7448**	**4359**	
煤	13413	5223	2280	9069	4681	1529	2859	
油页岩	1843	1413	430	1789	1359	429		
石油	13330	10573	2757	12365	10215	2150		
天然气	2780	1620	1160	2626	1466	1160		
煤层气	1814	1814		1616	1616			
地热	2760	1180	80	2481	901	80	1500	
天然气水合物	240	240		240	240			
* * *	*	*		*	*			
二、金属矿产	**187492**	**123512**	**60721**	**165649**	**116500**	**46683**	**2377**	**90**
（一）黑色金属矿产	**28336**	**16469**	**11298**	**25016**	**15232**	**9190**	**569**	**25**
铁矿	25076	13609	10898	21975	12590	8816	569	
锰矿	2810	2410	400	2591	2192	375		25
钛矿	450	450		450	450			
（二）有色金属矿产	**149836**	**99926**	**48473**	**132038**	**94449**	**36703**	**820**	**65**
铜矿	76147	49916	25227	67260	48262	18320	620	58
铅矿	1602	982	620	1325	982	343		
铝土矿	4490	2380	2110	3610	2247	1363		
镍矿	1080	730	350	1001	730	271		
钨矿	5971	3771	2200	5320	3713	1606		
锡矿	9487	6307	3180	9020	6280	2740		
钼矿	445	445		397	397			
锑矿	205	205		205	205			

——按矿种分列（一）

计量单位：万元

本年计划	国土资源大调查	上年结余	地质及矿产资源调查	上年结余	本年完成	国土资源大调查	地质及矿产资源调查	地方财政	其他
345610	**178070**	**40613**	**122384**	**65054**	**230903**	**132467**	**81962**	**16406**	**68**
16760	**6606**	**2632**	**5951**	**1531**	**10675**	**4931**	**4592**	**1152**	
7270	1367	717	1700	1180	2925	825	949	1152	
453	239	189	214	14	398	185	213		
2307	1134	974	1173	333	1252	686	566		
2330	1170	70	1160		2176	1016	1160		
914	914	400			717	717			
286	282	282	4	4	6	2	4		
*	*				*	*			
76109	**28806**	**4746**	**44234**	**28414**	**54461**	**22015**	**30196**	**2246**	**4**
13511	**5985**	**705**	**6958**	**3788**	**10167**	**4748**	**4850**	**569**	
12500	5173	513	6758	3788	9398	4154	4675	569	
1012	812	192	200		768	594	175		
58658	**20673**	**4003**	**36609**	**24459**	**41079**	**15417**	**24839**	**820**	**4**
29339	10299	1390	18090	12860	20443	8636	11183	620	4
415			415	115	138		138		
1951	244	94	1708	1008	1072	111	961		
350			350		271		271		
2022	311	261	1711	711	1370	253	1118		
2699	109	109	2590	1290	2232	82	2150		
100	100				52	52			

地质调查项目经费完成情况

	累计预算（万元）	国土资源大调查预算	地质及矿产资源调查预　算	地质调查项目经费完成（万元）					
				累计	国土资源大调查经费	地质及矿产资源调查经　费	地方财政资金	其他投入
铅锌矿	31986	24777	6777	27701	22196	5297	200	8
多金属	18423	10414	8009	16199	9437	6762		
（三）贵金属矿产	**8950**	**6746**	**950**	**8282**	**6505**	**789**	**987**	
金矿	7452	5548	650	6797	5320	489	987	
银矿	1498	1198	300	1485	1185	300		
（四）稀有金属矿产	**370**	**370**		**313**	**313**			
铌矿	200	200		168	168			
钽矿	170	170		145	145			
三、非金属矿产	**35547**	**32011**	**1067**	**33521**	**30210**	**830**	**2477**	**4**
（二）化工原料矿产	**6388**	**3011**	**967**	**6087**	**2908**	**760**	**2418**	
钾盐	4461	2051		4366	1948		2418	
硼矿	130	130		130	130			
磷矿	1797	830	967	1590	830	760		
（四）建材及其他非金属矿产	**1943**	**1943**		**1938**	**1938**			
石墨	523	523		523	523			
叶蜡石	115	115		115	115			
沸石	90	90		90	90			
水泥用灰岩	80	80		80	80			
建筑用砂	880	880		880	880			
海泡石粘土	255	255		250	250			
（五）水气矿产	**27216**	**27057**	**100**	**25496**	**25363**	**70**	**59**	**4**
地下水	27216	27057	100	25496	25363	70	59	4
四、不分矿种	**579441**	**396994**	**96008**	**494388**	**361548**	**71220**	**60003**	**1617**

——按矿种分列（二）

计量单位：万元

本年计划	国土资源大调查	上年结余	地质及矿产资源调查	上年结余	本年完成	国土资源大调查	地质及矿产资源调查	地方财政	其他
10738	4766	1696	5545	3105	6680	2415	4065	200	
11044	4844	454	6200	5370	8820	3867	4953		
3665	**1875**	**15**	**667**	**167**	**2998**	**1634**	**507**	**857**	
3500	1860		517	167	2846	1632	357	857	
165	15	15	150		152	2	150		
274	274	24			217	217			
200	200				168	168			
74	74	24			49	49			
8549	**7886**	**929**	**670**	**270**	**6518**	**6085**	**433**		
1667	**1066**	**86**	**609**	**209**	**1366**	**963**	**402**		
1058	1066	86			963	963			
609			609	209	402		402		
268	**268**	**68**			**263**	**263**			
200	200				200	200			
50	50	50			50	50			
18	18	18			13	13			
6613	**6552**	**775**	**61**	**61**	**4889**	**4858**	**31**		
6613	6552	775	61	61	4889	4858	31		
244193	**134771**	**32305**	**71529**	**34839**	**159249**	**99436**	**46741**	**13008**	**64**

地质调查项目经费完成情况

	累计预算（万元）			地质调查项目经费完成（万元）				
		国土资源大调查预算	地质及矿产资源调查预算	累计	国土资源大调查经费	地质及矿产资源调查经费	地方财政资金	其他投入
合　计	**846507**	**580327**	**166603**	**731590**	**534483**	**126181**	**69215**	**1711**
北京	108870	92853	13119	99470	84801	12085	2429	154
天津	16893	12663	1730	14682	11622	1066	1994	
河北	57016	44861	3095	46870	41760	2230	2852	28
山西	18838	9971	1500	15091	8955	1035	5101	
内蒙古	48913	24367	21684	43257	23700	16695	1800	1062
辽宁	17676	11207	5314	17212	10918	5139	1155	
吉林	11031	8368	1163	10272	7979	793	1500	
黑龙江	23137	9629	8914	20097	9149	7488	3460	
上海	8792	5792		8458	5443		3000	15
江苏	25055	16396	2909	23505	15586	2303	5616	
浙江	14384	6491	1658	11820	5854	893	5074	
安徽	17269	8590	7229	13549	7554	4543	1450	2
福建	13408	7648	4210	11827	7477	2805	1545	
江西	14838	7865	4953	12703	7511	3171	2020	
山东	14279	9782	1827	11937	8666	1217	2054	
河南	18662	10734	2928	17578	10245	2333	4800	200
湖北	25018	18293	4895	21207	16041	3882	1283	
湖南	19246	12537	5469	16249	11596	4645	8	
广东	20706	12236	2870	16689	11645	2123	2921	
广西	15421	10352	2339	12005	9524	1737	743	
海南	14738	10133	1370	11465	8963	736	1766	
重庆	7418	3665	1933	5340	3381	1208	751	
四川	44928	27697	9094	39500	25280	7847	6372	
贵州	17405	7962	5443	12270	7207	4123	940	
云南	29613	12246	17286	22920	11050	11790	81	
西藏	67346	63907	3299	60778	57921	2717		140
陕西	33025	22018	6841	29638	20770	5284	3578	6
甘肃	19937	13817	5750	14764	11628	3067	69	
青海	50055	43769	2367	47589	41392	2357	3737	103
宁夏	2369	1525	544	1615	1291	324		
新疆	48589	31380	14810	39687	28085	10485	1117	
境外	1633	1573	60	1548	1488	60		

——按地区

计量单位：万元

本年计划	国土资源大调查	上年结余	地质及矿产资源调查	上年结余	本年完成	国土资源大调查	地质及矿产资源调查	地方财政	其　他
345610	**178070**	**40613**	**122384**	**65054**	**230903**	**132467**	**81962**	**16406**	**689**
39839	30697	9648	8823	3523	30434	22645	7789		
7050	4688	1163	1662	1092	4839	3646	998	195	
25141	15210	2647	2235	1535	15040	12179	1370	1488	4
7791	2201	581	1336	1036	4043	1185	871	1987	
19327	3862	742	15465	7165	13672	3195	10476		
4605	2599	539	2006	1031	4140	2309	1831		
2668	1669	859	998	408	1909	1281	628		
11253	2527	967	6192	4122	8213	2047	4766	1400	
1236	1199	414			902	850		37	15
6615	3830	1185	2535	1000	4995	2950	1929	116	
5227	1232	362	1469	709	2663	595	703	1365	
7380	2041	741	5339	2709	3657	1005	2653		
4743	968	228	3725	2475	3162	798	2320	45	
5398	1200	443	3898	1813	3263	847	2116	300	
4599	2109	889	1199	899	2508	1244	589	675	
6781	2317	482	2465	2145	5698	1828	1870	2000	
11329	7403	1753	3291	961	7518	5151	2279	88	
7703	2095	460	4368	2208	4707	1154	3544	8	
8796	2291	843	2446	1776	4779	1700	1699	1380	
7903	3478	715	1754	884	4487	2650	1152	685	
4829	1855	1455	1237	737	1555	684	603	267	
3945	652	202	1473	673	1867	368	748	751	
18407	11074	1681	5556	2956	12979	8657	4310	12	
10260	2679	824	3581	1266	5125	1924	2261	940	
15777	2628	912	13149	5639	9085	1431	7653		
28704	26349	3584	2355	755	22126	20352	1774		
12177	5748	749	5569	3319	8790	4500	4012	278	
8967	4022	1742	4589	2549	3794	1833	1906	55	
19530	16885	1877	1299	819	17063	14508	1289	1217	49
1423	663	48	460	340	670	430	240		
25709	11419	1788	11891	8491	16807	8124	7566	1117	
500	483	91	18	18	415	397	18		

地质调查项目经费完成情况

	累计预算（万元）			地质调查项目经费完成（万元）				
		国土资源大调查预算	地质及矿产资源调查预算	累计	国土资源大调查经费	地质及矿产资源调查经费	地方财政资金	其他投入
合计	**846507**	**580327**	**166603**	**731590**	**534483**	**126181**	**69215**	**1711**
一、中国地质调查局及局属单位	**303114**	**255645**	**42993**	**277156**	**236095**	**37023**	**2686**	**1352**
天津地调中心	17293	13298	3621	15893	12650	2977	266	
沈阳地调中心	12013	6047	5016	10285	5664	4001	620	
南京地调中心	12397	8594	3803	11607	8273	3334		
武汉地调中心	10644	8987	1657	9657	8497	1160		
成都地调中心	16455	12123	4332	14138	10587	3551		
西安地调中心	22698	17107	3650	21541	16330	3272	1800	140
青岛海地所	12238	12238		11918	11918			
广州海地局	7746	7746		6854	6854			
航遥中心	29642	23005	5575	26498	20436	5000		1062
发展研究中心	30224	29445	629	28640	27988	502		150
实物资料中心	2632	2372	260	2515	2321	195		
地调局本部	7179	5179	2000	5786	3786	2000		
中国地质科学院	**96643**	**84193**	**12450**	**88284**	**77251**	**11033**		
地科院本部	5638	5638		4966	4966			
地质研究所	13632	13632		11948	11948			
矿产资源所	23322	15637	7685	21844	14865	6979		
地质力学所	8408	7728	680	7500	6937	563		
实验测试中心	2718	2718		2383	2383			
探矿工程所	2130	2130		1980	1980			
物化探所	13804	11164	2640	12260	10151	2110		
勘探技术所	4064	4064		3724	3724			
水文环境所	12403	12003	400	12158	11758	400		

——按单位分列（一）

计量单位：万元

本年计划	国土资源大调查	上年结余	地质及矿产资源调查	上年结余	本年完成	国土资源大调查	地质及矿产资源调查	地方财政	其他
345610	**178070**	**40613**	**122384**	**65054**	**230903**	**132467**	**81962**	**16406**	**68**
118876	**90359**	**20085**	**27356**	**8776**	**92800**	**70693**	**21386**	**722**	
6972	4485	660	2276	776	5572	3837	1633	102	
6324	2501	519	2874	994	4596	2117	1858	620	
5068	2203	318	2865	1090	4278	1882	2396		
4541	3217	757	1324	184	3554	2727	827		
8415	5149	1017	3266	436	6098	3613	2484		
8030	5644	509	2386	256	6874	4866	2008		
1880	1880	600			1443	1443			
1932	1932	822			1039	1039			
12448	9501	1911	2947	1767	9304	6932	2372		
9186	8626	2897	560		7602	7169	433		
1390	1170	140	220	60	1273	1119	155		
5006	3006	1006	2000	2000	3613	1613	2000		
38367	**31730**	**6369**	**6637**	**1212**	**30008**	**24788**	**5220**		
2174	2174	701			1502	1502			
5863	5863	1300			4179	4179			
8693	4837	1148	3856	1056	7215	4065	3149		
4141	3461	903	680		3233	2670	563		
1004	1004	179			669	669			
1066	1066	186			916	916			
5764	4194	869	1570	125	4220	3180	1040		
1813	1813	234			1473	1473			
2756	2756				2511	2511			

地质调查项目经费完成情况

	累计预算（万元）			地质调查项目经费完成（万元）				
		国土资源大调查预算	地质及矿产资源调查预算	累计	国土资源大调查经费	地质及矿产资源调查经费	地方财政资金	其他投入
郑州综合所	2562	2562		2229	2229			
岩溶地质所	3432	3182	250	3117	2906	211		
探矿工艺所	2085	2085		2052	2052			
成都综合所	2445	1650	795	2125	1353	771		
水环地调中心	9013	9013		8317	8317			
环境监测院	14951	14951		13969	13969			
地质图书馆	1346	1346		1254	1254			
二、省（区、市）地调院	**403359**	**230484**	**98399**	**338300**	**212285**	**72742**	**52997**	**276**
北京地调院	8049	4982	320	7535	4867	235	2429	4
天津地调院	5191	2321	370	3967	1875	99	1994	
河北地调院	18741	6930	3125	11435	6712	2137	2586	
山西地调院	11417	5892	2158	8194	5311	1293	1591	
内蒙古地调院	15859	7948	6111	15007	7881	5327	1800	
辽宁地调院	10718	5141	4422	10718	5141	4422	1155	
吉林地调院	10907	6880	2527	9842	6646	1696	1500	
黑龙江地调院	14322	5669	5009	12191	5523	3828	2840	
上海地调院	5929	2929		5782	2766		3000	15
江苏地调院	13469	6013	1706	12351	5465	1270	5616	
浙江地调院	10608	3165	1208	8781	3058	649	5074	
安徽地调院	13074	6795	4829	10353	5856	3044	1450	2
福建地调院	13911	8591	3770	12544	8319	2680	1545	
江西地调院	12649	7642	2987	11272	7384	1868	2020	
山东地调院	7887	4417	800	6333	3479	800	2054	
河南地调院	21778	15951	3827	19032	13643	3389	1800	200

——按单位分列（二）

计量单位：万元

本年计划	国土资源大调查		地质及矿产资源调查		本年完成	国土资源大调查	地质及矿产资源调查	地方财政	其他
		上年结余		上年结余					
1315	1315	180			983	983			
1610	1410	417	200		1295	1134	161		
770	770	15			737	737			
1397	1065	235	331	31	1076	769	307		
4022	4022	556			3326	3326			
4604	4604	1884			3622	3622			
690	690	120			598	598			
160557	**55724**	**16134**	**74237**	**42217**	**95781**	**37814**	**48580**	**9372**	**15**
1032	470		244	124	514	355	159		
1853	782	682	370	120	630	336	99	195	
11565	1634	324	2445	1945	4258	1416	1456	1386	
4739	863	173	1918	1278	1516	282	1053	182	
4609	265	65	4344	2154	3757	198	3560		
2062	480		1582	747	2062	480	1582		
3479	1071	901	2408	1818	2414	837	1577		
6198	695	695	3919	2049	4067	549	2738	780	
531	494	99			383	331		37	15
3238	1578	778	1410	750	2120	1030	974	116	
3675	130		1019	259	1847	23	460	1365	
5344	1545	595	3799	1919	2620	606	2014		
4809	1474	234	3285	2215	3442	1202	2195	45	
4193	1543	488	2350	1080	2816	1285	1231	300	
2972	1109	519	572	272	1718	471	572	675	
7802	4578	1188	3224	2704	5056	2270	2786		

地质调查项目经费完成情况

	累计预算（）万元			地质调查项目经费完成（万元）				
		国土资源大调查预算	地质及矿产资源调查预算	累计	国土资源大调查经费	地质及矿产资源调查经费	地方财政资金	其他投入
湖北地调院	11908	6408	3670	9748	5300	3165	1283	
湖南地调院	13432	8247	3945	11485	7903	3573	8	
广东地调院	14495	7225	1670	11048	6931	1195	2921	
广西地调院	7389	5450	1939	6482	5119	1362		
海南地调院	9122	4517	1370	6506	4004	736	1766	
重庆地勘局	1361	1361		1361	1361			
重庆地调院	2043		1533	1580		1070	510	
四川地调院	28819	15060	7939	26530	13996	6714	5820	
贵州地调院	9501	4077	3424	6900	3559	2753	589	
云南地调局	20621	9161	11379	14863	8213	6569	81	
西藏地调院	20420	17886	2534	18922	16943	1978		
陕西地调院	14761	10434	3467	12406	9556	2571	278	
甘肃地调院	10499	5879	4250	6806	4589	2148	69	
青海地调院	22843	21347	1340	21706	20194	1357	102	54
宁夏地调院	1120	580	240	782	542	240		
新疆地调院	20516	11586	6530	15840	10150	4574	1117	
三、各省（区、市）环境监测站	**29666**	**27090**	**1076**	**24507**	**22456**	**551**	**1500**	
北京监测站	517	517		517	517			
天津监测站	200	200		114	114			
河北监测站	2776	2776		2534	2534			
山西监测站中心	700	700		700	700			
辽宁监测站	160	160		160	160			
吉林监测站	387	387		387	387			

——按单位分列（三）

计量单位：万元

本年计划	国土资源大调查	上年结余	地质及矿产资源调查	上年结余	本年完成	国土资源大调查	地质及矿产资源调查	地方财政	其他
5101	2537	1247	1929	629	2940	1429	1423	88	
5500	1015	180	3245	1625	3552	671	2873	8	
6505	1050	610	1396	876	3058	757	922	1380	
2432	878	428	1554	884	1524	547	977		
4056	1082	682	1237	737	1440	570	603	267	
1583			1073	273	1120		610	510	
9714	4897	392	4817	2927	7425	3833	3592		
5706	1637	522	2069	619	3105	1118	1398	589	
10504	1610	810	8894	4834	4746	662	4084		
7604	5432	307	2172	572	6095	4479	1616		
5761	2236	1066	2665	1650	3406	1358	1769	278	
5410	1739	1204	3314	1674	1716	448	1213	55	
9438	8386	1006	1052	572	8302	7232	1069		
1005	465		240	120	667	427	240		
12140	4050	940	5691	4791	7465	2613	3735	1117	
11165	**10408**	**2128**	**757**	**757**	**6006**	**5775**	**232**		
100	100				100	100			
173	173	73			86	86			
667	667	67			425	425			
200	200				200	200			
30	30	30			30	30			

地质调查项目经费完成情况

	累计预算（万元）			地质调查项目经费完成（万元）				
		国土资源大调查预算	地质及矿产资源调查预算	累计	国土资源大调查经费	地质及矿产资源调查经费	地方财政资金	其他投入
黑龙江监测站	565	565		505	505			
浙江监测站	1333	1333		998	998			
安徽监测站	470	470		429	429			
福建监测中心	473	473		435	435			
江西监测站	790	790		693	693			
山东监测站	350	350		297	297			
湖北监测站	2166	2166		1716	1716			
湖南监测站	2121	1349	772	1278	811	467		
广西监测站	860	860		738	738			
重庆监测站	1465	1465		1194	1194			
四川监测站	1340	1340		1320	1320			
贵州监测院	1047	1047		961	961			
云南监测站	317	317		317	317			
西藏监测站	1772	1772		1643	1643			
陕西监测站	2920	1420		2573	1073		1500	
甘肃监测院	2495	2495		1460	1460			
青海监测站	1153	1153		1047	1047			
宁夏监测站	1399	1095	304	983	899	84		
新疆监测院	1890	1890		1510	1510			
四、地勘各工业部门	**48150**	**33207**	**13828**	**46251**	**32530**	**12578**	**1109**	**34**
冶金地勘系统	**7816**	**5533**	**2283**	**7545**	**5428**	**2093**		**25**
冶金地质总局	**6549**	**4466**	**2083**	**6384**	**4466**	**1893**		**25**
冶金东北局	683	483	200	683	483	200		
冶金四川局	584	584		479	479			

——按单位分列（四）

计量单位：万元

本年计划	国土资源大调查	上年结余	地质及矿产资源调查	上年结余	本年完成	国土资源大调查	地质及矿产资源调查	地方财政	其　他
187	187	37			126	126			
609	609	309			273	273			
192	192	42			151	151			
199	199	39			161	161			
252	252	52			154	154			
150	150	50			97	97			
1217	1217	37			767	767			
1163	626	136	537	537	320	88	232		
441	441	41			319	319			
502	502	152			231	231			
370	370	30			350	350			
242	242	92			156	156			
1	1	1			1	1			
333	333	13			204	204			
356	356	356			9	9			
1793	1793	413			758	758			
322	322	62			216	216			
568	348	48	220	220	152	152			
1100	1100	50			720	720			
19555	**8952**	**672**	**10033**	**4723**	**17630**	**8274**	**8783**	**569**	**4**
3326	**1983**	**283**	**1343**	**253**	**3030**	**1878**	**1153**		
2843	**1500**		**1343**	**253**	**2653**	**1500**	**1153**		
200	200				200	200			
283	283	283			178	178			

地质调查项目经费完成情况

	累计预算（万元）			地质调查项目经费完成（万元）				
		国土资源大调查预算	地质及矿产资源调查预算	累计	国土资源大调查经费	地质及矿产资源调查经费	地方财政资金	其他投入
有色地勘系统	**19599**	**13829**	**5195**	**18541**	**13621**	**4342**	**569**	**9**
有色地调中心	6423	3993	2430	6023	3993	2030		
有色华北局	240	240		244	240			4
有色辽宁局	1376	1376		1377	1377			
有色湖南局	1412	1047	365	1308	1047	261		
有色贵州局	1228	850	378	1228	850	378		
有色云南局	400		400	400		400		
有色西北局	570	242	322	548	242	300		6
有色甘肃局	2495	1495	1000	2252	1495	757		
有色青海局	4250	3681		4041	3472		569	
有色新疆局	1205	905	300	1121	905	216		
武警黄金指挥部	**2243**	**1805**	**438**	**2043**	**1605**	**438**		
武警黄金指挥部	2243	1805	438	2043	1605	438		
煤田地勘系统	**4300**	**2780**	**980**	**4300**	**2780**	**980**	**540**	
煤田地质总局	3320	2340	980	3320	2340	980		
煤田内蒙古局	240	240		240	240			
煤田四川局	740	200		740	200		540	
核工业地质系统	**9942**	**5977**	**3965**	**9942**	**5977**	**3965**		
核工业地质局	9942	5977	3965	9942	5977	3965		
化工地质矿山局	**1922**	**955**	**967**	**1715**	**955**	**760**		
化工地质矿山局	1922	955	967	1715	955	760		
建材地勘中心	**808**	**808**		**808**	**808**			
建材地勘中心	808	808		808	808			
中联煤层气公司	**1520**	**1520**		**1356**	**1356**			

——按单位分列（五）

计量单位：万元

本年计划	国土资源大调查	上年结余	地质及矿产资源调查	上年结余	本年完成	国土资源大调查	地质及矿产资源调查	地方财政	其他
7066	**2332**	**72**	**4165**	**2415**	**6007**	**2123**	**3312**	**569**	**4**
2050	420		1630	180	1650	420	1230		
					4				4
200	200				200	200			
365			365	365	261		261		
378			378	378	378		378		
400			400	400	400		400		
322			322	322	300		300		
770			770	470	526		526		
2281	1712	72			2072	1503		569	
300			300	300	216		216		
883	**700**		**183**	**183**	**683**	**500**	**183**		
883	700		183	183	683	500	183		
1940	**1270**		**670**	**300**	**1940**	**1270**	**670**		
1940	1270		670	300	1940	1270	670		
4794	**1730**		**3064**	**1364**	**4794**	**1730**	**3064**		
4794	1730		3064	1364	4794	1730	3064		
609			**609**	**209**	**402**		**402**		
609			609	209	402		402		
200	**200**				**200**	**200**			
200	200				200	200			
738	**738**	**318**			**574**	**574**			

地质调查项目经费完成情况

	累计预算（万元）	国土资源大调查预算	地质及矿产资源调查预算	地质调查项目经费完成（万元）				
				累计	国土资源大调查经费	地质及矿产资源调查经费	地方财政资金	其他投入
中联煤层气公司	1520	1520		1356	1356			
五、院校	**22231**	**19133**	**3098**	**20124**	**17819**	**2305**		
中国地质大学（北京）	7346	6216	1130	6136	5452	684		
北京大学	107	57	50	82	57	25		
石家庄经济学院	20	20		20	20			
吉林大学	2919	2511	408	2514	2297	218		
南京大学	300	200	100	269	200	69		
中国地质大学（武汉）	7181	6196	985	6746	5861	885		
成都理工大学	2538	2113	425	2538	2113	425		
长安大学	1820	1820		1820	1820			
六、其他单位	**39988**	**14768**	**7209**	**25252**	**13297**	**982**	**10923**	**49**
地质博物馆	710	710		410	410			
经济研究院	6225	6225		5387	5387			
咨询中心	160	160						
储量评审中心	40	40						
内蒙古国土资源信息院	1555		1555					
安徽国土资源信息中心	839		839					
四川矿产资源储量评审中心	1837		60	63		51	12	
陕西国土资源规划与评审中心	770		770					
北京地质工程设计研究院	30		30	30		30		
山西第三地质工程勘察院	4000			3510			3510	
辽宁冶金地勘院	730		730	730		730		
黑龙江区域地质调查所	30		30	30		30		

——按单位分列（六）

计量单位：万元

本年计划	国土资源大调查	上年结余	地质及矿产资源调查	上年结余	本年完成	国土资源大调查	地质及矿产资源调查	地方财政	其　他
738	738	318			574	574			
9064	**6272**	**752**	**2792**	**1372**	**6957**	**4958**	**1999**		
3539	2409	569	1130	630	2329	1645	684		
50			50		25		25		
1420	1058	158	362	242	1015	844	172		
108	8	8	100		77	8	69		
2477	1577	17	900	500	2042	1242	800		
830	580		250		830	580	250		
640	640				640	640			
26394	**6354**	**841**	**7209**	**7209**	**11727**	**4953**	**982**	**5742**	**49**
300	300								
2554	2554	919			1786	1786			
160	160	30							
40	40								
1555			1555	1555					
839			839	839					
1837			60	60	63		51	12	
770			770	770					
30			30	30	30		30		
2295					1805			1805	
730			730	730	730		730		
30			30	30	30		30		

地质调查项目经费完成情况

	累计预算（万元）			地质调查项目经费完成（万元）				
		国土资源大调查预算	地质及矿产资源调查预算	累计	国土资源大调查经费	地质及矿产资源调查经费	地方财政资金	其他投入
安徽勘查技术院	440	440		448	448			
江西地勘局赣西地勘开发院	266		266					
山东地勘局	100	100		100	100			
山东地质科学实验研究院	627		627	17		17		
河南国土资源科学研究院	3595		595	3000			3000	
湖南地质研究所								
广西地勘总院	2730			743			743	
重庆地质矿产研究院	1360	50		291	50		241	
贵州国土资源厅	2825		825	475		124	351	
西藏地勘局第二地质大队	500	500		466	466			
西藏地勘局第五地质大队	1778	1778		1704	1704			
陕西地勘局二物	810	810		715	715			
甘肃有色地勘局三队	300		300					
青海柴达木综合地质勘查大队	4550	2140		4782	2364		2418	
青海第一地质矿产勘查大队	1484	1000		1675	1028		648	
青海环境地质勘查局	705	705		626	626			
青海国土规划研究院	327		27	49				49
新疆地矿所	555		555					
中国石油化工有限责任公司	60	60						
地质研究所	50	50						

——按单位分列（七）

计量单位：万元

本年计划	国土资源大调查	上年结余	地质及矿产资源调查	上年结余	本年完成	国土资源大调查	地质及矿产资源调查	地方财政	其　他
220	220				228	228			
266			266	266					
627			627	627	17		17		
2595			595	595	2000			2000	
2672					685			685	
1360	50	50			291	50		241	
2825			825	825	475		124	35134	
34	34	34							
1108	1108				1034	1034			
270	270				175	175			
300			300	300					
800	808	-192			1032	1032			
984	500				1175	528		648	
200	200				121	121			
327			27	27	49				49
555			555	555					
60	60								
50	50								

地质调查项目人员——按专业性质（一）

计量单位：人

	期末从事地质调查	平均从事地质调查人数	期末直接投入项目人数	直接投入地调技术人员	高级技术人员	平均直接投入项目人员
合　　计	**19030**	**16729**	**17997**	**15458**	**7019**	**16384**
矿产资源调查评价	**6298**	**5535**	**5903**	**4924**	**1777**	**5505**
能源矿产地质调查	1910	1587	1831	1505	533	1647
其中：石油地质调查	62	62	62	62	30	62
金属矿产地质调查	3730	3342	3439	2834	964	3251
非金属矿产地质调查	534	491	517	488	222	495
水气矿产地质调查	124	115	116	97	58	112
海洋地质调查	**86**	**88**	**76**	**70**	**36**	**70**
水文、工程、环境地质调查	**1488**	**1326**	**1395**	**1235**	**523**	**1290**
水文地质	356	339	339	292	123	328
工程地质	26	26	26	26	6	26
环境地质	565	497	531	475	190	492
水文工程环境地质综合调查	541	464	499	442	204	444
区域地质调查	**1483**	**1386**	**1386**	**1198**	**536**	**1377**
地球物理、地球化学调查	**1562**	**1435**	**1523**	**1202**	**505**	**1423**
地面物探	549	521	541	436	194	516
地面化探	830	740	804	603	241	734
航空物探	115	106	110	97	33	105
物化探综合调查	68	68	68	66	37	68
遥感	**1238**	**1121**	**1193**	**883**	**457**	**1113**
矿产资源	1238	1121	1193	883	457	1113
土地资源						

地质调查项目人员——按专业性质（二）

计量单位：人

	期末从事地质调查	平均从事地质调查人数	期末直接投入项目人数	直接投入地调技术人员	高级技术人员	平均直接投入项目人员
地质灾害预警工程	**1225**	**1132**	**1155**	**1059**	**455**	**1090**
地质灾害调查	1192	1096	1122	1029	442	1054
地质灾害治理	33	36	33	30	13	36
土地资源监测调查评价	**24**	**24**	**24**	**24**	**13**	**24**
土地资源监测	16	16	16	16	11	16
土地利用与保护	8	8	8	8	2	8
数字国土工程	**452**	**394**	**441**	**394**	**252**	**387**
信息化标准建设	55	47	51	46	17	46
信息技术开发研究	230	190	224	202	134	185
地矿基础数据库建设	230	190	224	202	134	185
国土资源网络系统建设	167	157	166	146	101	156
国土资源科学研究	**2049**	**1825**	**1965**	**1821**	**1107**	**1803**
地质科学研究	2049	1825	1965	1821	1107	1803
技术发展工程	**1494**	**1191**	**1430**	**1257**	**563**	**1107**
地矿技术发展工程	1494	1191	1430	1257	563	1107
区域地质技术发展工程	59	56	57	55	32	55
地球物理技术发展工程	56	54	52	49	29	50
地球化学技术发展工程	22	19	22	21	11	19
遥感技术发展工程	199	196	186	172	66	182
水、工、环技术发展工程	118	105	116	110	68	103
探矿工程技术发展工程	386	279	386	338	133	277
其他技术发展工程	654	482	611	512	224	421
土地技术发展工程						
其他	**1631**	**1272**	**1506**	**1391**	**795**	**1195**

地质调查项目人员——按矿种（一）

计量单位：人

	期末从事地质调查	平均从事地质调查人数	期末直接投入项目人数	直接投入地调技术人员	高级技术人员	平均直接投入项目人员
合　计	**19030**	**16729**	**17997**	**15458**	**7019**	**16384**
一、能源矿产	**1098**	**898**	**1071**	**814**	**375**	**939**
煤	481	347	479	333	119	403
油页岩	47	13	47	47	34	14
石油	95	80	85	68	49	66
天然气	47	42	44	44	23	41
煤层气	46	34	46	28	21	34
地热	28	20	23	23	12	20
天然气水合物						
* * *	*	*	*	*	*	*
二、金属矿产	**3258**	**2983**	**3035**	**2466**	**824**	**2864**
（一）黑色金属矿产	**530**	**489**	**501**	**434**	**161**	**467**
铁矿	451	413	429	367	141	399
锰矿	79	76	72	67	20	68
钛矿						
钒矿						
（二）有色金属矿产	**2535**	**2293**	**2357**	**1890**	**610**	**2211**
铜矿	1181	1029	1091	814	268	988
铅矿	14	10	9	9	2	10
铝土矿	82	88	80	69	18	90
镍矿	5	13	5	5	3	13
钨矿	92	89	86	60	20	83
锡矿	148	146	144	132	46	142
钼矿	15	10	15	15	8	10
锑矿						

地质调查项目人员——按矿种（二）

计量单位：人

	期末从事地质调查	平均从事地质调查人数	期末直接投入项目人数	直接投入地调技术人员		平均直接投入项目人员
					高级技术人员	
铅锌矿	421	373	396	371	105	359
多金属	577	535	531	415	140	516
（三）贵金属矿产	**155**	**163**	**144**	**109**	**38**	**153**
金矿	143	153	135	103	34	144
银矿	12	10	9	6	4	9
（四）稀有金属矿产	**38**	**38**	**33**	**33**	**15**	**33**
铌矿	30	30	25	25	10	25
钽矿	8	8	8	8	5	8
三、非金属矿产	**539**	**424**	**459**	**375**	**204**	**406**
（二）化工原料矿产	**89**	**63**	**88**	**83**	**46**	**62**
钾盐	51	27	50	50	26	26
硼矿						
磷矿	38	36	38	33	20	36
（四）建材及其他非金属矿产	**43**	**25**	**37**	**27**	**12**	**37**
石墨	30	12	25	15	6	25
叶蜡石						
沸石						
水泥用灰岩						
建筑用砂	2	2	1	1	1	1
海泡石粘土	11	11	11	11	5	11
（五）水气矿产	**407**	**336**	**334**	**265**	**146**	**307**
地下水	407	336	334	265	146	307
四、不分矿种	**14135**	**12424**	**13432**	**11803**	**5616**	**12175**

地质调查项目人员——按地区

计量单位：人

	期末从事地质调查	平均从事地质调查人数	期末直接投入项目人数	直接投入地调技术人员		平均直接投入项目人员
					高级技术人员	
合计	**19030**	**16729**	**17997**	**15458**	**7019**	**16384**
北京	2361	2054	2299	2121	1321	2019
天津	326	324	311	302	153	307
河北	1405	1059	1372	1245	538	1075
山西	603	466	529	466	150	534
内蒙古	1126	884	1043	738	367	879
辽宁	638	518	623	332	244	505
吉林	282	258	268	222	132	246
黑龙江	548	436	535	502	214	441
上海	61	53	56	56	17	49
江苏	246	243	245	238	86	242
浙江	336	247	327	308	107	195
安徽	226	214	209	175	96	200
福建	235	205	218	202	90	201
江西	243	238	243	237	135	238
山东	205	199	196	184	84	190
河南	615	525	533	480	127	495
湖北	637	629	616	579	330	631
湖南	411	386	384	355	154	375
广东	212	191	210	169	60	190
广西	539	461	487	418	196	416
海南	175	171	175	172	76	162
重庆	297	199	297	187	84	225
四川	1065	919	995	905	384	909
贵州	599	548	596	554	121	549
云南	724	666	680	598	187	656
西藏	1520	1341	1421	1092	418	1341
陕西	666	606	620	580	318	589
甘肃	398	389	353	289	103	349
青海	1017	1008	934	766	312	947
宁夏	99	95	89	80	50	88
新疆	1156	1155	1077	854	334	1097
境外	59	42	56	52	31	44

地质调查项目人员——按单位（一）

计量单位：人

	期末从事地质调查	平均从事地质调查人数	期末直接投入项目人数	直接投入地调技术人员	高级技术人员	平均直接投入项目人员
合　计	**19030**	**16729**	**17997**	**15458**	**7019**	**16384**
一、中国地质调查局及局属单位	**7177**	**6322**	**6835**	**6128**	**3382**	**6181**
天津地调中心	219	218	219	219	119	218
沈阳地调中心	356	185	310	170	121	172
南京地调中心	228	228	228	219	84	228
武汉地调中心	204	202	202	202	141	199
成都地调中心	381	288	344	293	106	284
西安地调中心	337	335	310	310	218	307
青岛海地所	56	56	46	46	21	46
广州海洋局	54	56	49	43	27	43
航遥中心	558	558	507	455	187	505
发展研究中心	433	433	433	428	271	433
实物资料中心	71	71	71	54	22	71
中国地质科学院	**3781**	**3241**	**3621**	**3320**	**1905**	**3226**
地科院本部	407	407	407	405	346	407
地质研究所	468	431	431	364	240	429
矿产资源所	441	224	422	422	286	222
地质力学所	577	577	577	570	264	577
实验测试中心	97	50	97	93	47	50
探矿工程所	108	61	108	78	39	61
物化探所	559	543	559	507	293	551
勘探技术所	243	190	243	234	74	190
水文环境所	332	227	287	238	106	251
郑州综合所	213	213	178	177	67	178

地质调查项目人员——按单位（二）

计量单位：人

	期末从事地质调查	平均从事地质调查人数	期末直接投入项目人数	直接投入地调技术人员		平均直接投入项目人员
					高级技术人员	
岩溶地质所	162	165	150	88	60	160
探矿工艺所	80	71	80	66	42	68
成都综合所	94	82	82	78	41	82
水环地调中心	280	278	280	245	101	278
环境监测院	130	129	128	124	59	129
地质图书馆	89	44	87			42
二、省（区、市）地调院	**6693**	**6053**	**6316**	**5440**	**1906**	**5860**
北京地调院	80	80	71	71	24	71
天津地调院	111	110	101	96	46	98
河北地调院	133	119	133	113	49	119
山西地调院	232	144	154	123	68	170
内蒙古地调院	230	117	210	117	27	119
辽宁地调院	97	91	97	97	32	91
吉林地调院	116	105	113	105	57	102
黑龙江地调院	328	256	328	325	113	256
上海地调院	31	23	31	31	11	24
江苏地调院	77	75	77	74	19	75
浙江地调院	273	184	265	246	86	133
安徽地调院	159	157	140	114	65	140
福建地调院	221	189	202	185	81	189
江西地调院	218	213	218	201	89	213
山东地调院	134	125	132	124	49	124
河南地调院	256	256	253	253	36	253
湖北地调院	226	225	213	210	88	216

地质调查项目人员——按单位（三）

计量单位：人

	期末从事地质调查	平均从事地质调查人数	期末直接投入项目人数	直接投入地调技术人员		平均直接投入项目人员
					高级技术人员	
湖南地调院	316	293	291	262	97	282
广东地调院	114	95	114	89	21	95
广西地调院	257	196	219	211	86	156
海南地调院	165	161	165	162	69	157
重庆地调院	116	88	116	89	33	116
四川地调院	380	380	380	357	157	380
贵州地调院	323	273	320	281	44	274
云南地调局	316	290	301	286	68	294
西藏地调院	386	381	376	214	62	373
陕西地调院	252	252	243	212	90	243
甘肃地调院	200	196	185	139	24	181
青海地调院	398	420	364	283	82	387
宁夏地调院	80	77	74	67	41	73
新疆地调院	468	482	430	303	92	456
三、各省（区、市）环境监测站	**882**	**834**	**833**	**783**	**316**	**797**
北京监测站	12	12	11	11	2	12
天津监测站	18	18	18	18	6	18
河北监测站	68	68	67	60	27	67
山西监测中心	26	23	26	22	18	22
吉林监测站	40	40	30	30	15	30
黑龙江监测站	13	11	11	11	5	9
浙江监测站	36	36	36	36	13	36
安徽监测站	16	16	16	15	12	16

地质调查项目人员——按单位（四）

计量单位：人

	期末从事地质调查	平均从事地质调查人数	期末直接投入项目人数	直接投入地调技术人员	高级技术人员	平均直接投入项目人员
福建监测中心	19	19	19	19	6	17
江西监测站	17	17	17	17	12	17
山东监测站	12	15	12	9	5	15
湖北监测站	129	121	129	117	41	129
湖南监测站	29	29	29	29	7	29
广西监测站	62	62	62	58	15	62
重庆监测站	31	31	31	23	10	31
四川监测站	49	21	49	45	17	21
贵州监测院	32	32	32	32	6	32
西藏监测站	27	26	27	26	9	26
陕西监测站	45	37	39	39	18	36
甘肃监测院	78	78	60	60	24	60
青海监测站	28	28	25	23	14	25
宁夏监测站	32	31	27	23	12	27
新疆监测院	63	63	60	60	22	60
四、地勘各工业部门	**1394**	**1266**	**1307**	**956**	**400**	**1275**
冶金地勘系统	**129**	**138**	**117**	**92**	**23**	**119**
冶金地质总局	97	107	90	67	15	92
冶金东北局	16	15	15	14	7	15
冶金四川局	16	16	12	11	1	12
有色地勘系统	**486**	**428**	**439**	**328**	**121**	**408**
有色地调中心	162	138	146	90	46	134
有色辽宁局	8	8	8	8	2	8
有色湖南局	25	25	25	25	6	25
有色贵州局	33	32	32	16	5	33

地质调查项目人员——按单位（五）

计量单位：人

	期末从事地质调查	平均从事地质调查人数	期末直接投入项目人数	直接投入地调技术人员	高级技术人员	平均直接投入项目人员
有色云南局	40	20	30	20	10	20
有色西北局	32	32	30	30	8	30
有色甘肃局	31	31	26	12	6	26
有色青海局	115	112	102	97	28	102
有色新疆局	40	30	40	30	10	30
武警黄金指挥部	**67**	**59**	**56**	**21**	**13**	**52**
武警黄金指挥部	67	59	56	21	13	52
煤田地勘系统	**210**	**157**	**208**	**138**	**66**	**202**
煤田地质总局	210	157	208	138	66	202
核工业地质系统	**395**	**409**	**385**	**308**	**134**	**406**
核工业地质局	395	409	385	308	134	406
化工地质矿山局	**38**	**36**	**38**	**33**	**20**	**36**
化工地质矿山局	38	36	38	33	20	36
建材地勘中心	**30**	**12**	**25**	**15**	**6**	**25**
建材地勘中心	30	12	25	15	6	25
中联煤层气公司	**39**	**27**	**39**	**21**	**17**	**27**
中联煤层气公司	39	27	39	21	17	27
五、院校	**1023**	**855**	**944**	**826**	**521**	**858**
中国地质大学（北京）	315	251	292	276	162	238
北京大学	10	8	8	6	6	8
吉林大学	221	189	217	138	98	188
南京大学	13	13	13	13	13	13
中国地质大学（武汉）	244	244	241	238	171	241
成都理工大学	169	106	127	114	43	128
长安大学	51	44	46	41	28	42

地质调查项目人员——按单位（六）

计量单位：人

	期末从事地质调查	平均从事地质调查人数	期末直接投入项目人数	直接投入地调技术人员		平均直接投入项目人员
					高级技术人员	
六、其他单位	**1861**	**1399**	**1762**	**1325**	**494**	**1413**
经济研究院	266	87	260	245	100	65
内蒙古国土资源信息院	18	15	15	15	10	15
四川矿产资源储量评审中心	15	15	15	10	4	15
陕西国土资源规划与评审中心	25	25	25	25	20	25
北京地质工程设计研究院	11	11	11	11	3	11
山西第三地质工程勘察院	300	256	300	286	48	302
辽宁冶金地勘院	350	320	350	150	150	320
安徽勘查技术院	30	30	30	15	5	30
山东地质科学实验研究院	8	8	8	8	4	8
河南国土资源科学研究院	320	230	268	216	52	230
广西地勘总院	50	42	50	50	28	42
重庆地质矿产研究院	120	52	120	50	30	50
贵州国土资源厅	147	145	147	146	15	145
西藏地勘局第五地质大队	84	59	67	41	6	56
陕西地勘局二物	35	31	35	10	4	31
青海柴达木综合地质勘查大队	21	21	19	19	4	19
青海第一地质矿产勘查大队	29	28	28	14	2	28
青海环境地质勘查局	28	20	11	11	7	18
青海国土规划研究院	4	4	3	3	2	3